RUDOLF SMEND

Staatsrechtliche Abhandlungen und andere Aufsätze

Staatsrechtliche Abhandlungen

und andere Aufsätze

Von

Rudolf Smend

Vierte Auflage

(Unveränderter Nachdruck der dritten Auflage)

Duncker & Humblot · Berlin

Bibliografische Informationen der Deutschen Nationalbibliothek

Die Deutsche Nationalbibliothek verzeichnet diese Publikation in der Deutschen Nationalbibliografie; detillierte bibliografische Daten sin im Internet über http://dnb.d-nb.de abrufbar.

1. Auflage 1955
2., erweiterte Auflage 1968
3., wiederum erweiterte Auflage 1994

Druck: Berliner Buchdruckerei Union GmbH, Berlin
Printed in Germany

ISBN 978-3-428-08080-9

Gedruckt auf alterungsbeständigem (säurefreiem) Papier
entsprechend ISO 9706 ♾

Internet: http://www. duncker-humblot.de

Zur neuen Auflage

Dem Verlag ist zu danken, daß er die „Staatsrechtlichen Abhandlungen“ wieder zugängig macht. Zwei Beiträge wurden neu aufgenommen, das Schriftenverzeichnis ergänzt.

Rudolf Smends Werk ist das Verständnis nicht leichtgemacht worden; sein leidenschaftliches Interesse an der Geschichte des Fachs wurde zu einem Teil angetrieben durch die Frage, wieso es dem eigenen Fach seit der nach Laband herrschend gewordenen Lehre so schwerfiel, Smends und seiner Mitstreiter Position im „Richtungsstreit“ zu verstehen. Man lese die Klage Richard Thomas auf S. 627.

Smends Verfassungsdenken fußt auf ganz persönlichen Erfahrungen und breiter historischer Anschauung. Die basler Welt der Kindheit war ihm immer gegenwärtig. Die angelsächsische Welt, ihr praktischer politischer Sinn stand ihm näher als die doktrinäre Denkweise der Franzosen. Niemand hat die Meriten der Bismarckverfassung, unter der Deutschland seinen Zusammenhalt so festigte, daß es die Katastrophen des 20. Jahrhunderts als „Rechtssubjekt“ überstehen konnte, so unvoreingenommen gewürdigt wie Smend. Die Dissertation schlug ein Grundthema an: die belgische Charte von 1830 und die preußische Verfassung von 1850 wichen kaum voneinander ab. Und doch trennte sie, auch „normativ“, „juristisch“ eine Welt. Dem preußischen Staat war anderes „aufgegeben“, ein zentraler Begriff Smends, Kerngedanke seines „geisteswissenschaftlichen“ Herangehens an politische Institutionen und Verfassungsrechtssätze. Verfassungsrecht ist „geronnener Geist“ (Max Weber), eine immer neu in Lebenszusammenhänge eingreifende Macht — und entsprechend „geisteswissenschaftlich“ zu verstehen. Im berühmten Aufsatz über „Staat und Kirche nach dem Bonner Grundgesetz“ von 1951 griff Smend den alten Gedanken wieder auf. Art. 140 GG rezipiert das Weimarer Staatskirchenrecht auf Punkt und Komma genau — aber das alte Recht ist nicht mehr das gleiche.

Sollte es sich mit dem Grundgesetz von 1949, nach so bedeutsamer Veränderung seines „Geltungsbereiches“ seit dem 3. X. 1990, anders verhalten? Sind „Land und Leute“, die konkreten Bezugspunkte einer Verfassung, die so radikal veränderte Konstellation, in der sich das vereinte Deutschland wiederfindet, für die Interpretation des Grundgesetzes ohne Belang? Es sollte heute doch nicht so schwer sein, Smends Fragen zu verstehen.

Freiburg, 30. März 1994 *Wilhelm Hennis*

Vorbemerkung zur zweiten Auflage

Die erste Auflage dieser Sammlung wurde mir von Freunden und Schülern 1954 zum Goldenen Doctorjubiläum überreicht. Wilhelm Hennis hatte sie besorgt. Ich danke ihm an dieser Stelle noch einmal.

Seit einigen Jahren ist der Band vergriffen. Der bisherige Bestand ist aus technischen Gründen unverändert geblieben. In die Erweiterung (von S. 462 an) ist von meinen kirchenrechtlichen Arbeiten der Zwischenzeit nichts aufgenommen worden.

Die Aufsätze sind in der Fassung des Erstdrucks aufgenommen worden, die Vorträge in der Fassung, in der sie gehalten worden sind.

Göttingen, im Februar 1968

Rudolf Smend

Inhalt

Für den Ort der Erstveröffentlichung der einzelnen Stücke wird auf die Bibliographie S. 634 ff. verwiesen

Zur Geschichte der Formel „Kaiser und Reich" in den letzten Jahrhunderten des alten Reiches

In der „Geschichte Gottfriedens von Berlichingen mit der eisernen Hand, dramatisiert" erwidert der Ritter auf die Zumutung, in der ihm vorgelegten Urfehde einzugestehen, daß er sich gegen Kaiser und Reich rebellischerweise aufgelehnt habe: „Ich bin kein Rebell, habe gegen Ihro Kaiserliche Majestät nichts verbrochen, und das Reich geht mich nichts an. Kaiser und Reich! — Ich wollt, Ihro Majestät ließen Ihren Namen aus so einer schlechten Gesellschaft. Was sind die Stände, daß sie mich Aufruhrs zeihen wollen? Sie sind die Rebellen, die mit unerhörtem geizigem Stolz mit unbewehrten Kleinen sich füttern und täglich Ihro Majestät nach dem Kopf wachsen. Die sind's, die alle schuldige Ehrfurcht außer Augen setzen und die man laufen lassen muß, weil der Galgen zu teuer werden würde, woran sie gehenkt werden sollten"[1].

Der historische Götz hätte schwerlich so gedacht oder sich so ausgedrückt; er hätte wohl nicht unter dem „Reich" die Stände in dem Sinne verstanden, wie es hier geschieht, und hätte deshalb auch nicht eine Treupflicht, die er gegenüber dem Kaiser anerkannte, gegenüber dem Reich bestritten. Es ist die Sprache und Denkweise des 18. Jahrhunderts, die das „Reich" gleichsetzt mit der Summe der Stände und daher unter „Kaiser und Reich" im politischen Sinne zwei gleichartige politische Mächte und im staatsrechtlichen zwei gleichgeordnete Faktoren der Reichsregierung versteht. Für das Gesamtbild der Geschichte der Reichsverfassung in den letzten Jahrhunderten ist aber die Frage nach dem Alter dieses Sprachgebrauchs und der ihm zugrunde liegenden Anschauungen nicht ohne Bedeutung, um so mehr, als sie verschieden und, soweit ich sehe, meist unrichtig beantwortet wird.

Wenn das Mittelalter rex und regnum, Kaiser und Reich einander gegenüberstellt, so wird dabei unter dem „Reich" das „Allgemeinere

---

[1] 4. Aufzug, 2. Szene. Im „Götz" fehlen die Worte von „Kaiser und Reich" an; sie passen nicht mehr in den veränderten Stil, aber vielleicht hat auch — zwischen beiden Fassungen liegt die Wetzlarer Zeit — die hohe Schule des Reichsrechts bei der Reichskammergerichtsvisitation Goethe veranlaßt, die Stelle zu streichen.

und Dauernde in der staatlichen Gemeinschaft und Ordnung"[2] gegenüber der Individualität des Oberhaupts bezeichnet. In ihrer formelhaften Zusammenstellung bezeichnen beide Ausdrücke nicht zwei verschiedene Faktoren, deren höhere Einheit durch die ganze Formel gedeckt wird, sondern mit jedem von beiden ist im Grunde dasselbe gemeint, nur mit dem zweiten mehr nach der Seite der objektiven Institution, mit dem ersten mehr nach der Seite seiner Aktualität in der Machtvollkommenheit des Oberhaupts und der diesem geschuldeten Treupflicht; insofern decken beide Begriffe sich nicht vollständig, sondern jeder greift in gewissem Sinne über den anderen hinaus, und auf ihrer damit gegebenen beiderseitigen Ergänzung, nicht auf der Zusammenfassung zweier damit bezeichneter verschiedener koordinierter Faktoren beruht der eigentümliche Charakter der Formel. Wenn einmal unter dem „Reich" geradezu die Fürsten im Gegensatz zum Kaiser verstanden werden, so erklärt sich das daraus, daß sie dann neben ihm in höherem Maße als er selbst das Reichsganze repräsentieren, sei es in anschaulicher Gesamtheit als Reichshof oder Reichsheer[3], sei es in einem großen politischen Gegensatz[4].

Das ist unverändert auch noch der Sprachgebrauch des 15. Jahrhunderts[5] und insbesondere der Reichsreformperiode. Obwohl die Gesamtheit der Stände wenigstens tatsächlich das Regiment im Reich an sich zu bringen strebt, identifiziert sie sich doch weder in ihren staatsrechtlichen Anschauungen noch in ihrer Ausdrucksweise mit dem „Reich"; diesem Wort und der Formel „Kaiser und Reich" bleibt viel-

---

[2] Waitz, Verfassungsgeschichte VI² 466.

[3] MG. SS. XXI 415 (bei Waitz VI² 467), Grimm, Weisthümer III 426 (bei Gierke, Genossenschaftsrecht II 571 Anm. 30 a. E.).

[4] MG. Const. I 158 = MG. SS. VI 757 und dazu Waitz a. a. O. S. 467 und namentlich Niese, Verwaltung des Reichsgutes im 13. Jahrhundert S. 4. Vgl. auch Fr. G. Schultheiß, Geschichte des deutschen Nationalgefühles I 280 f., und über das Verhältnis der Begriffe rex und regnum, Land, Landschaft usw. im ständischen Staat überhaupt, Tezner, Technik und Geist des ständisch-monarchischen Staatsrechts (Staats- und socialwissenschaftliche Forschungen, herausgegeben von Schmoller XIX 3) S. 15 ff., 56 ff., Gierke a. a. O. I 534 ff., II 855 ff., G. v. Below, Territorium und Stadt S. 248 ff. Wenn Gierke a. a. O. S. 569, 571 unter dem „Reich" in der Zusammenstellung mit dem Kaiser schon im Mittelalter die „Reichsgesamtheit" versteht, die das Reich mit dem Kaiser teilt, so ist dieser Sinn an keiner der von ihm angezogenen Quellenstellen evident; eine entsprechende Umwandlung in den staatsrechtlichen Anschauungen und im Sprachgebrauch hat sich nachweislich erst viel später vollzogen.

[5] Tomaschek, Sitzungsberichte der Wiener Akademie Phil.-hist. Kl. B. 49 S. 524, setzt die Entstehung des Begriffes des „Reichs" als der dem Kaiser geschlossen gegenüberstehenden Korporation der Stände in das 15. Jahrhundert, ohne einen einzigen Beleg für einen derartigen Gebrauch des Wortes.

mehr in den Reichstagsakten dieser Zeit noch unverändert derselbe Sinn wie im Mittelalter. So ist es namentlich unrichtig, wenn man herkömmlich im Anschluß an die spätere Reichspublizistik in der wichtigsten organisatorischen Leistung der Reformzeit, in der Neuordnung des Kammergerichts, eine Veränderung der staatsrechtlichen Stellung dieses Gerichts und in seiner veränderten Bezeichnung als „kaiserliches und Reichskammergericht" oder kurz „Reichskammergericht" einen Ausdruck für diese angebliche Veränderung findet. Die Reform wollte weder an dem formal-staatsrechtlichen Charakter der Reichsverfassung überhaupt noch der Reichsjustiz insbesondere irgend etwas ändern, sie war im Gegenteil in dieser Hinsicht so konservativ wie nur möglich, und so ist auch das Kammergericht seit 1495 seiner staatsrechtlichen Stellung wie seiner Bezeichnung nach durchaus identisch mit dem älteren sogenannten königlichen Kammergericht[6]. Schon das Reichshofgericht war vom Kaiser häufig als „unser und des Reichs Hofgericht", als kaiserliches und Reichshofgericht bezeichnet[7]; und das Kammergericht heißt gerade in den Akten der Reformreichstage gleichmäßig „kaiserliches", „Reichs"-, und „kaiserliches und Reichskammergericht"[8], der beste Beleg dafür, daß „Kaiser" und „Reich" hier nicht im Sinne des späteren Gegensatzes, sondern in dem mehr tautologischen Sinne der älteren Zeit verstanden werden. Die Reichskammergerichtsordnung von 1495 und ihre sämtlichen Vorstadien enthalten nur die Bezeichnung „königliches Kammergericht", und erst die nach der Einigung von König und Ständen hinzugefügte, wohl

[6] Näher begründet habe ich diese Auffassung vom Charakter der Reichsreform in einer Monographie über das Reichskammergericht, deren erster Teil demnächst in den „Quellen und Studien zur Verfassungsgeschichte des Deutschen Reiches in Mittelalter und Neuzeit", herausgegeben von K. Zeumer, erscheinen wird. — Anders Gierke I 511 f., der die Reichsreform als Einung, also als unmittelbare Veränderung der Verfassungsgrundlagen des Reichs, auffaßt.

[7] Beispiele bei Harpprecht, Staatsarchiv des Kayserlichen und Reichscammergerichts I 119, 122, Tomaschek a. a. O. S. 574 Anm., Seeliger, Hofmeisteramt S. 137, Franklin, Reichshofgericht I 345 Anm. 1.

[8] Im Nürnberger Reichseinungsentwurf von 1487 heißt es „des Reichs Cammergericht" und in demselben Artikel das „gemelt kaiserliche Gericht", im kaiserlichen Gegenprojekt und der letzten Fassung der Stände „unser und des Reichs Cammergericht" (Forschungen zur deutschen Geschichte XXIV 498 f., 501, Neue Sammlung der Reichsabschiede I 281). 1495 in Worms spricht Berthold in seinem ersten Vortrag des Reformprogramms von der Verordnung eines königlichen Kammergerichts (Datt de pace imperii publica p. 830); der ständische Regimentsentwurf bezeichnet es nacheinander als „unser und des Reichs Gericht", „unser königliches Cammergericht", „des Reichs Gericht" (Datt. p. 836 XL § 1, 839 § 32, 840 § 46), der Gegenentwurf des Königs dagegen durchgehend als königliches.

überhaupt in der Kanzlei entstandene weitschweifige Einleitung enthält den volleren Ausdruck „unser und des heiligen Reichs Cammergericht"[9]. Das Gericht selbst hat sich in seinem offiziellen Stil von 1495 bis 1806 mit absoluter Ausschließlichkeit als königliches bzw. kaiserliches Kammergericht bezeichnet, mit einer einzigen interessanten Ausnahme. In den Ausfertigungen aus dem Interregnum 1519 heißt es „des heiligen Reichs Cammergericht"; die zugrunde liegende staatsrechtliche Anschauung ist offenbar die, daß das Gericht seine Jurisdiktion letztlich vom Reich ableitet, daß diese Ableitung aber gewöhnlich durch den Kaiser vermittelt wird und nur bei Erledigung des Reichs als unmittelbare in die Erscheinung tritt[10].

Auch während des ganzen 16. Jahrhunderts läßt sich darin noch keine Änderung feststellen[11].

Als Karl V. 1521 in Worms in dem von den Ständen vorgeschlagenen Titel des Regiments „kaiserlicher Majestät und des heiligen Reichs Rat und Regiment" die Auslassung des „Reichs" verlangt, da richtet sich das nicht gegen ein damit in Anspruch genommenes Mitregiment der Stände, sondern er versteht es selbst dabei rein objektiv, „dann sich keineswegs geziemet oder gebühret, daß der Regierer, und der so regieret wird, in einem Stand und Wesen wären". Und die sich anschließende Widerlegung eines möglichen Einwandes der Stände läßt zugleich erkennen, daß für den Kaiser dieser objektive Begriff auch

---

[9] Die größtenteils ungedruckten Reichstagsakten von 1495 betr. die Reichskammergerichtsordnung werde ich a. a. O. veröffentlichen. Die Bezeichnung „unser und des h. Reichs Kammergericht" findet sich außerdem 1495 nur noch in der „Verschreibung" des Königs (Datt p. 865). — Ebenso wie früher bezeichnet das „gemeine Reich" aber auch 1495 noch die objektive Länder- und Gütereinheit, der Eroberungen (Handhabung Friedens und Rechtens § 8, Neue Sammlung II 12) und Strafen (Handel der Münz halben § 11, Neue Sammlung II 27) zufallen sollen, und ferner die Reichsversammlung als solche im anschaulichen, nicht im staatsrechtlichen Sinne (in den ungedruckten Berliner Reichstagsakten).

[10] Harpprecht IVa 72 f., 150—157. Als der befehlende Gerichtsherr erscheint in diesen Ausfertigungen statt des Kaisers der Pfälzer Kurfürst als Reichsvikar.

[11] V. v. Kraus, Nürnberger Reichsregiment S. 39 f. versteht — allerdings ohne alle Belege — schon in der Reformzeit das „Reich" auch als die den König beschränkende Gesamtheit der Stände, aber auch (S. 43) als die Gesamtheit der Reichsuntertanen. Wenn dagegen H. Ulmann, Leben des deutschen Volkes bei Beginn der Neuzeit (Schr. d. Ver. f. Ref.-Gesch. 41) S. 4 unter dem zweiten Teil der Formel „Kaiser und Reich" „die Gesammtheit der einzelnen Reichsstände, insofern sie neben dem gekorenen Kaiser und in Zeiten der Thronerledigung die bleibende Substanz des Ganzen ausmachen", versteht, so ist das überhaupt noch der alte Sinn, wenn man den Ton auf das Moment der Dauer gegenüber den wechselnden Trägern der Krone legt; und er selbst findet diese Bedeutung noch nicht in der Gesetzessprache der Zeit.

identisch ist mit dem der höheren, hinter dem Kaiser stehenden und ihn überdauernden Reichsgesamtheit: „und mag die form der eyd, so kayserlicher Majestät und dem Reich beschehen, dem nicht zugeeignet oder verglichen werden, dann dem Reich wurde darum geschworen, ob schon das Reich erledigt, daß doch der Eid bliebe und gehalden würde“[12].

Wie von weitem kündigt sich der spätere Nebensinn der Formel allerdings schon in der Erörterung der Frage des protestantischen Widerstandsrechts an, die ja überhaupt den Umschwung in den reichsrechtlichen Anschauungen der Neuzeit ausgelöst hat. Es verwundert nicht, bei einem Vertreter des leidenden Gehorsams noch das alte, beinahe tautologische Verhältnis beider Begriffe zu finden: „Der Stadtrichter schreibet sich auch nicht anderst dann: des heiligen Reichs, das ist, Kaiserlicher Majestät, und nicht derer von Nürnberg, Stadtrichter“[13]. Aber die Verteidiger des Widerstands gehen dem Verhältnis schon näher zu Leibe und stellen fest, „daß nicht die Personen der Könige den Regierungen für sich, als wären sie Geber des Gewalts, einigen Gewalt gebüren oder machen: Sondern daß die Reich, oder Regierung, den Königen ihren Gewalt, so viel sie des üben, durch die Wahl und Ordnung heimsetzen und geben“[14]. Da liegt es schon nahe, unter dem „Reich“, das den König wählt, geradezu die Untertanen oder die Stände zu verstehen; aber das beigefügte „Regierung“ zeigt, daß noch immer etwas Abstrakteres gemeint ist. Und so braucht ein gleichzeitiger juristischer Ratschlag, der als kecker Vorläufer des Bodinus und Hippolithus das Verhältnis von Kaiser und Ständen mit dem von Konsuln und Senat in Rom, von Bischof und Kapitel, von Dogen und Senatoren vergleicht, für dies Verhältnis nicht die Formel „Kaiser und Reich“, so nahe ihre Anwendung hier schon liegt[15].

Am deutlichsten läßt sich das Verhältnis der Veränderung im Sinn der Formel zu der Veränderung der zugrunde liegenden Anschauungen verfolgen in der Bezeichnung des Kammergerichts. In der ersten Hälfte des 16. Jahrhunderts und insbesondere von den Schmalkal-

---

[12] Harpprecht IVb S. 114, unter Berichtigung eines störenden Fehlers nach S. 117; siehe auch S. 107, und dieselben Stellen in lateinischer Übersetzung RTA. j. R. II 208, 213 f., 216.

[13] Gutachten eines Nürnberger Theologen um 1530, bei Hortleder, Von Rechtmässigkeit etc. deß Teutschen Kriegs 1618, Buch 1, Kap. 7 (I 10).

[14] Gutachten eines Nürnberger Theologen um 1531, a. a. O. Buch 2, Kap. 12 (I 87).

[15] A. a. O. Kap. 8 S. 84, vgl. auch die Stelle Buch 2, Kap. 5, S. 71 f.

dischen wird das Gericht durchweg als rein kaiserliches anerkannt[16]. Gegen Ende des Jahrhunderts behaupten die Protestanten die Konkurrenz der Stände; so lassen die weltlichen Kurfürsten dem Kaiser 1590 erklären, „daß Herren Cammerrichter und Beysitzer ihre Jurisdiction von Euer Kayserl. Maj. auch Chur-Fürsten und allgemeinen Ständen des Reichs samentlich haben..“[17]; dabei wird das Gericht aber stets nur als kaiserliches bezeichnet. Ebenso ist das Verhältnis in der großen protestantischen Deduktion in der Donauwörther Sache[18], während umgekehrt gerade die Liga 1613 vom Reichskammergericht spricht[19]. Eine Verwendung des Namens Reichskammergericht für die ständische Auffassung findet sich, soviel ich sehe, zum ersten Male in der hessischen Erklärung auf dem Deputationstage 1643, daß genugsam bekannt sei, „von wem, und wie solches Gericht instituirt und unterhalten werde, und dahero auch der Kayserlichen Majestät und des Reichs Cammer-Gericht genannt wird“[20]. Noch den Übergang läßt das kurfürstliche Gutachten vom April 1646 erkennen: „Wann der Frid mit Ihrer Kayserlichen Maj. und den fremden Cronen allein getroffen werden sollte... Im widrigen aber, und da die Reichs-Stände, infolgentlich das Reich selbsten, mit darunter verstanden werden sollt...“[21].

In der offiziellen Sprache hat sich dieser Übergang freilich wohl später vollzogen als in der vulgären, denn die staatsrechtliche Literatur im Anfang des 17. Jahrhunderts setzt ihn bereits voraus. Allerdings versteht Althusius in der Formel „Kaiser und Reich“ unter dem letzteren nur das corpus universalis consociationis, dem die Rechte ratione proprietatis et dominii zustehen, die der Kaiser ratione usus

---

[16] Vgl. z. B. Hortleder, Von den Ursachen des Teutschen Kriegs 1617 Buch 7, Kap. 5 (II 1258, Bedenken des Braunschweiger Tages 1538: „das Cammergericht oder die Kayserliche Jurisdiction“), Buch 4, Kap. 9 (II 250, sächsische Verantwortung 19. Mai 1540), und die Aktenstücke Buch 7, Kap. 14, 15, 16, 21 (S. 1280, 1282, 1284, 1308); auch Brandenburg, Pol. Korr. des Herzogs und Kurfürsten Moritz von Sachsen II 412 (Moritz an Philipp 14. November 1545: „die weil die gerichte in dem reich dem kaiser als dem oberherrn, soviel das kammergericht belangt, zustehen ...“).

[17] Londorp acta publica I (1668) 75.

[18] (Seb. Faber), Beständige informatio facti et juris, Wie es mit den am Kaiserl. Hof wider ...... Donawerth außgangenen Processen .... beschaffen seye (1611), S. 115, 120.

[19] Fr. C. Moser, Reichshofrathsordnung II 178.

[20] Fr. C. Moser a. a. O., II 194.

[21] J. G. v. Meiern, Act. Pac. Westph. II 927.

et administrationis hat[22]. Dagegen hat Paurmeister schon völlig den neuen Sinn, wenn er das „Reich“ in erster Linie pro ipsis personis archonton sive collegio Principum et Ordinum versteht und dafür dann allerdings nur eine Reihe von Belegstellen anzuführen weiß, wo es stets im älteren Sinne gebraucht wird[23]. Und Reinkingk muß diesen Sprachgebrauch schon mit der Ausführung bekämpfen, imperium non nisi abusive pro imperii Proceribus dici posse, siquidem corpus imperii constat ex capite, quod Imperator est, et membris, quorum vices Proceres et status sustinent. Sicut itaque corpus sine capite perfectum censeri non potest, ita nec imperium sine Imperatore[24]. Eine um so größere Rolle spielt er bei Hippolithus a Lapide, der unter dem imperium oft die Reichsgesamtheit, namentlich aber die Korporation der Stände versteht, zu der er häufig auch ausdrücklich den Kaiser als Korporationsvorstand rechnet[25], die aber auch dem Kaiser gegenübersteht als das Höhere in der Reichsverfassung und als begünstigt durch die Präsumtion für ihre Freiheit von der kaiserlichen Gewalt einer- und für ihre Innehabung aller nicht ausdrücklich dem Kaiser übertragenen Rechte im Reich anderseits[26].

Mit dem Westfälischen Frieden dringt das sogar in die Sprache der Reichsgesetze ein, allerdings nur mit einer sehr bemerkenswerten und bis zum Ende des Reichs gewahrten Einschränkung. Schon das 16. Jahrhundert spricht von Reichsräten, Reichsakten, Reichshandlungen auf dem Reichstage[27]; gemeint sind da aber die Räte usw. des „heiligen“ Reichs[28], d. h. des Reichs im abstraktesten Sinne, nicht der Gesamtheit der Stände[29]. Aber gerade an dieser Stelle, wo die

[22] Politica 3. Aufl. 1614 c. 19 n. 3, S. 326; ebenso c. 24 n. 37 § 10, S. 491. Es handelt sich um eine Deutung der Formel nach der Staatstheorie des Althusius, nicht um ein Zeugnis für den Sinn ihres damaligen tatsächlichen Gebrauchs; für diesen ist aus dem etwas schillernden Begriff des corpus consociatum ohnehin nichts Bestimmtes zu entnehmen.

[23] de jurisdictione imperii Romani 2. Aufl. 1616 l. 2 c. ult. n. 20, S. 899. Als zweite und dritte Bedeutung führt er auf: pro officio ac dignitate imperatoria und pro territorio imperii.

[24] tract. de regimine seculari et ecclesiastico 1619 l. 1 cl. 5, c. 9 n. 14 S. 203.

[25] de ratione status in imperio nostro Romano-Germanico s. l. 1640 p. 1 c. 3 s. 1, c. 4 s. 1, c. 6 s. 3, c. 17 (S. 31, 44 f., 90, 243).

[26] p. 1 c. 3 s. 2/3 (S. 33, 36, 41; 34).

[27] K. Rauch, Traktat über den Reichstag im 16. Jahrhundert (Quellen und Studien I 1) S. 64, 67, 95 f.

[28] A. a. O. S. 59.

[29] auch nicht des „Reichs“ im Sinne der anschaulich versammelten Reichsgesamtheit; dieser Sprachgebrauch tritt im Laufe des 16. Jahrhunderts immer mehr zurück gegenüber den anderen abstrakteren Bedeutungen. Vgl. etwa noch die Pommersche Kirchenordnung von 1535 (bei L. A. Richter, Kirchen-

Stände sich am meisten mit dem „Reich“ im ursprünglichen Sinne decken, sofern sie es in ihrer Versammlung auf dem Reichstage repräsentieren, dringt die neue Bedeutung des Worts in die offizielle Sprache ein, um in ihr dann mit dieser Beschränkung auf die dem Kaiser im Reichstag gegenüberstehende Gesamtheit der Stände bis zuletzt ihren Platz zu behalten. So bringt jetzt der Kaiser seine Propositionen an das „Reich“ und erhält die Zustimmung des „Reichs“, was im 16. Jahrhundert nur von dem anschaulich versammelten Reichstag, nicht von der staatsrechtlichen Institution als solcher gesagt werden konnte; man spricht von Reichskonsultationen, Reichsbedenken, Reichsgutachten in einem ganz neuen Sinne. Die ersten Beispiele finden sich im Westfälischen Frieden[30] und dann im ältesten Entwurf der ständigen Wahlkapitulation von 1663[31]. Dann wird dieser Gebrauch immer häufiger, aber immer nur im Sinne der im Reichstag versammelten Gesamtheit der Stände, „das unter seinem Allerhöchsten Oberhaupt versammlete Reich“, wie ein kaiserliches Ratifikationsdekret von 1768 sagt[32]. Dagegen wird in der Reichshofratsordnung von 1654 (I 6) der Hofrat ganz im alten Sinne „Unser und des Reichs höchstes Gericht“ genannt, ohne Rücksicht darauf, daß gleichzeitig dieselbe Bezeichnung als Beleg für den ständischen Charakter des Kammergerichts verwertet wurde. Im inoffiziellen Sprachgebrauch dagegen bürgerte sich der neue Sinn des „Reichs“ als Bezeichnung der Stände überhaupt, ohne Rücksicht auf ihre Zusammenfassung im Reichstage, noch im Laufe des 17. Jahrhunderts vollständig ein, auch bei den kaiserlichsten Autoren. Schließlich versteht man sogar unter dem „heiligen Reich“ einfach die Stände[33].

Im 18. Jahrhundert tritt hiergegen und gegen die dabei zugrunde liegenden Anschauungen gelegentlich eine Reaktion von kaiserlicher und katholischer Seite ein. Wenn Ludewig die Stelle der Goldenen Bulle (II 4), die von der Reichsverwaltung des erwählten Königs vir-

---

ordnungen I 248): „de bekantnis sampt der apologia, fur keyserlicker majestat unde ganzem rycke to Augsporch .... bekant.“

30 IPO. IV 5 (Imperator cum Imperio consentit ..), X 6, 7 (Imperator de consensu totius Imperii concedit ..), X 9 (Imperator cum Imperio cooptat).

31 IV 3 (nach der Zählung der letzten Kapitulationen): „dem von Kaiserlicher Majestät und dem Reich ... bestellten Kriegsrat ..“ (J. J. Moser, Carls VII. Wahl-Capitulation S. 178). V 4: „dem Reich ... auf dem nächst darauf folgenden Reichstag .. Rechnung gethan werden ..“ (Moser a. a. O. S. 242).

32 Bei J. J. Riefel, Kritische Staatsbetrachtungen III (1771) 155.

33 Landgraf Ludwig von Hessen-Darmstadt 6. Mai 1719 an seinen Comitialgesandten: „dieses von Kayserlicher Majestät und dem heiligen Reich mit einander dependir- und bestellenden höchsten Reichs-Gerichts“ (Faber, Staatskanzlei 36 S. 635).

tute sacri imperii spricht, dahin erklärte: „der Kaiser verwaltet das Reich nicht für sich, sondern in Kraft und dem Namen der Stände"[34], so bezeichnete J. Fr. Kayser[35] diese Erklärung des „anderen Hippolithus a Lapide" als „eine derer grössesten Unwahrheiten, die jemalen menschliche Schmeicheley erdacht"; er stellt dafür mit richtigem historischem und staatsrechtlichem Gefühl den älteren und regelmäßigen Sinn des Wortes „Reich" heraus als „die freye teutsche Republique", den „majestätischen teutschen Staat", „die teutsche Republique, so fern sie Majestät hat"[36]. Und als die Vorstellung vom „Reich" als der dem Kaiser rechtlich und politisch koordinierten Ständekorporation im Jahre 1727 von französischer Seite in einer Note an den Reichstag mit der Versicherung aufgenommen wird, daß der französische König bei seinen (gegen den Kaiser und dessen Erblande gerichteten) Unternehmungen dem „Corpus Germanicum" neutral und wohlwollend gegenüberstehe[37], da protestiert der Kaiser in einem Kommissionsdekret gegen die Art, wie und aus welcher Veranlassung „man trachte, das allerhöchste Oberhaupt im Römischen Reich von Dessen Gliedern zu trennen, solches unter einem noch niemals gebrauchten, unanständigen, metaphorischen Namen und ungewöhnlichen Stylo vor: Corps Germanique in eine Spaltung a Caesarea Majestate zu bringen ..."[38]. Moser meint dazu, man brauche nur in die Wahlkapitulation zu sehen, um dort den Ausdruck „Reich" „sehr oft" für die Stände gebraucht zu finden[39]; er übersieht dabei, daß es sich dort stets um den Reichstag in seinem verfassungsrechtlichen Verhältnis zum Kaiser, nie um die Stände als Korporation abgesehen vom Kaiser oder als mit diesem kommensurable politische Macht handelt[40]. Aber selbst auf katholischer Seite ist schließlich der Sprachgebrauch der reichsständischen Publizisten herrschend, trotz vorübergehender größerer Korrektheit in Zeiten kaiserlicher Reaktionspolitik, wie unter Karl VI. oder wieder

[34] Joh. P. Ludewig, Vollständige Erläuterung der Guldenen Bulle I (1716) 397.

[35] Unter dem Pseudonym Caesarinus Fuerstenerius, Von des Kayserlichen Cammer-Gerichts Jurisdiction 1748 S. 196 f.

[36] A. a. O. S. 46 ff., 52.

[37] Reichs-Fama 1727 I 372 ff.

[38] Reichs-Fama I 377 ff.

[39] Moser, Von Teutschland und dessen Staatsverfassung überhaupt 1766 S. 19; vgl. auch Moser, Teutsches Staatsrecht III 1740, S. 177 f.

[40] In den beiden letzten fast übereinstimmenden Kapitulationen von 1790 und 1792 finden sich, soviel ich sehe, elf Stellen, wo das „Reich" die Stände, aber stets in ihrer Vereinigung im Reichstag, bezeichnet. Davon stammen zwei von 1663 (IV 3, V 4, siehe oben S. 16 Anm. 31), zwei von 1711 (XIII 5, XXIV 5), sechs von 1742 (IV 2, 11, V 6, 8, X 5, XXIV 8), eine von 1790 (X 10).

seit 1756, dieser „Epoque des wiedereingesetzten Aberglaubens in Reichs-Sachen", wie ein preußischer Publizist sagt[41].

Wenn Moser die verschiedenen Bedeutungen, die das „Reich" haben kann, noch ziemlich gut quellengemäß unterscheidet[42], wird diese Unterscheidung den späteren Publizisten durch ihren naturrechtlichen Einschlag getrübt. Für Pütter, Häberlin und andere ist das „Reich" die „Nation", zugleich aber identisch mit dem Ständekorpus und für sich gegenüber dem Kaiser eine moralische Person[43]. Ganz klar zwischen dem „Reich" im älteren und jüngeren Sinne unterscheidet in der letzten Zeit nur Gönner[44].

Mit dem Untergang des alten Reichs hat auch die Anschauung vom „Reich" als der Korporation der Reichsstände und von Kaiser und Reich als zwei koordinierten politischen Mächten ihren Gegenstand verloren. Die Romantik braucht die Formel „Kaiser und Reich" wieder ausschließlich in ihrem ursprünglichen Sinne und hat sie so der nationalen Bewegung überliefert. In diesem Zusammenhange und in diesem Sinne war die Einführung von „Kaiser" und „Reich" in die Verfassung des neuen deutschen Gesamtstaats von unschätzbarer politischer Bedeutung[45], und wenn man seitdem eine neue Stufe in der Geschichte der Formel „Kaiser und Reich" feststellen kann[46], so liegt diese in der Richtung ihres ursprünglichen Sinnes und nicht der daneben als Folge und Ausdruck der Zersetzung der Reichsgewalt aufgekommenen jüngeren Bedeutung, für die in ihrer schroffsten Wendung die eingangs angezogene Stelle des jungen Goethe ein besonders klassischer Beleg ist.

---

41 J. Ph. Carrach, Die unrichtigen Begriffe von der Obrist-Reichs-Richterlichen Gewalt des Kaisers, Halle 1758, S. 42.

42 Von denen Kayserlichen Regierungs-Rechten und Pflichten 1772 S. 11-13, 25.

43 Pütter, Beyträge zum Teutschen Staats- und Fürstenrecht I (1777) S. 56 f., 90, 93 f. Siegmann, Versuch über die Rechte des Kaysers bey Streitigkeiten der Reichsstände 1787 S. 218 ff. K. F. Häberlin, Handbuch des Teutschen Staatsrechts I (2. Aufl. 1797) 428, 432.

44 Teutsches Staatsrecht 1804 S. 4. — Th. Schmalz, Handbuch des Teutschen Staatsrechts 1805 S. 134 vermengt die Bedeutungen um so gründlicher; nach ihm ist der Kaiser „durch die Gesetze des Reichs gebunden, ohne die Einwilligung desselben bey den wichtigsten Geschäften nicht zu verfahren" ...

45 Vgl. Triepel, Unitarismus und Föderalismus im Deutschen Reiche S. 49 f.

46 Grimmsches Wörterbuch VIII 577 n. 10: „nach Wiederaufleben des Deutschen Reiches 1871 erneuert in Gebrauch gekommen, namentlich in der Wendung treu zu Kaiser und Reich stehen, was sich nunmehr auf die Erhaltung des Reiches nach Bestand und Verfassung bezieht."

Maßstäbe des parlamentarischen Wahlrechts in der deutschen Staatstheorie des 19. Jahrhunderts

Akademische Antrittsrede Tübingen 1911.

Seitdem es ein konstitutionelles Leben in Deutschland gibt und namentlich seit der deutschen Revolution ist die Verteilung des parlamentarischen Wahlrechts eine der umstrittensten Fragen unserer Verfassungspolitik geworden. Allgemeines Stimmrecht und Dreiklassenwahl, Zensus und Interessenvertretung sind seitdem Gegenstand des leidenschaftlichsten politischen Streits, und das Ausland hat diesen Streit bereichert um die Probleme des Pluralwahlrechts, der Minoritätenvertretung und der Proportionalwahl.

Es ist nicht Sache der Staatswissenschaft, sich in die Austragung dieses Streits einzumischen. Ihre Aufgabe kann es höchstens sein, die Voraussetzungen klarzustellen, von denen aus eine richtige Entscheidung allein gefunden werden kann, Voraussetzungen ziemlich einfacher Natur, deren sich aber die Streitenden doch zumeist nicht mit genügender Klarheit bewußt zu werden pflegen. Es ist eine staatswissenschaftliche Frage, welchen Weg man einzuschlagen hat, um überhaupt zu einer wohlbegründeten Entscheidung in Sachen des Wahlrechts zu gelangen; welcher Art die Maßstäbe sind, die man anzulegen hat bei der Prüfung, ob ein bestehendes Wahlrecht angemessen oder kritikwürdig und welches andere Wahlrecht ihm eventuell vorzuziehen sei.

Die Antwort auf unsere Frage ergibt sich am leichtesten, wenn wir die Geschichte der Versuche ihrer Beantwortung während des 19. Jahrhunderts verfolgen. Eine Geschichte der Maßstäbe, deren sich die Wahlrechtstheorie in Deutschland während des 19. Jahrhunderts bedient hat, wird am sichersten zu dem für unsere Zeit gültigen Maßstab führen.

I.

Der deutschen Wahlrechtstheorie geht voran die der französischen Revolution. Aus der natürlichen und naturrechtlichen Gleichheit der

Individuen folgt für die Revolution das allgemeine und gleiche Stimmrecht. Das Gesetz ist der Ausdruck des allgemeinen Willens, und jeder Bürger hat das Recht, an der Bildung dieses Willens teilzunehmen, so lautet die grundlegende Formulierung in der Erklärung der Menschen- und Bürgerrechte[1]. Praktisch haben allerdings die Verfassungen der Revolutionszeit stets mindestens den Dienstboten das Wahlrecht versagt[2], und daran hat sich die Kantsche Rechtsphilosophie angeschlossen, wenn sie das allgemeine Stimmrecht fordert, aber unter Ausschluß des Gesindes, der Handwerksgesellen und Tagelöhner, überhaupt aller, die nicht in eigenem Betrieb, sondern in fremdem Dienst tätig sind[3]. Nur vereinzelt tritt daneben auch in Deutschland schon die Forderung des allgemeinen Wahlrechts im heutigen Sinne auf[4]. Aber das alles ist nicht getragen von der Wirklichkeit konstitutionellen Lebens; es sind lediglich theoretische Nachklänge der französischen Revolution.

Eine durchgebildete Wahlrechtstheorie entwickeln erst die Väter der verfassungspolitischen Ideen des älteren deutschen Liberalismus, die Vertreter der sogenannten konstitutionellen Theorie. Bei ihnen allen, am breitesten und populärsten bei Karl v. Rotteck, der, wenn

---

[1] Erklärung der Menschen- und Bürgerrechte, Fassung von 1789—1791 art. 6 (M. F.-A. Hélie, constitutions de la France 1880, p. 31, 269), von 1793 art. 29 (Hélie p. 378), von 1795 art. 20 (Hélie p. 437).

[2] Vgl. A. Tecklenburg, Entwicklung des Wahlrechts in Frankreich seit 1789 (1911), S. 65 ff. Nur die — nicht in Kraft getretene — Jakobinerverfassung hat das allgemeine Wahlrecht im heutigen Sinne (Hélie 378 s.).

[3] Kant, Über den Gemeinspruch usw. (1793), Werke, Ausgabe von Hartenstein VI (1868), S. 328 ff., Metaphysische Anfangsgründe der Rechtslehre (1797), § 46, S. 166 f. [Vgl. K. Vorländer, Kant und Marx (1911), S. 32 f. — Wenn Gertrud Bäumer, Die soziale Idee in den Weltanschauungen des 19. Jahrhunderts (1910), S. 147, in dem Ausschluß der Unselbständigen vom Wahlrecht bei Kant „einen seltsamen Durchbruch patriarchalischer Stimmungen" findet, so ist das, wie auch die französischen Verfassungen lehren, mit Rücksicht auf die gesellschaftlichen Zustände der Zeit ein grundloser Vorwurf. — Vgl. zur Geschichte des Ausschlusses der Unselbständigen noch Leo Wittmayer, Unser Reichsrathswahlrecht und die Taaffe'sche Wahlvorlage (1901), S. 18, Anm. 2, und von den Kantianern etwa noch J. H. Tieftrunk, Philosophische Untersuchungen über das Privat- und öffentliche Recht 1797/98, II, 237 ff.]

[4] Soviel ich sehe, zuerst bei W. J. Behr, System der allgemeinen Staatslehre 1804, S. 313 ff. (insbesondere gegen den Ausschluß der Dienstboten, S. 317 ff.. und für das Frauenstimmrecht, S. 322 ff.), vgl. S. 108 ff. [Über Behr s. Piloty in den Staatsrechtlichen Abhandlungen, Festgabe für Paul Laband, zum 50. Jahrestage der Doktor-Promotion dargebracht (1908), Bd. 1, S. 221 ff.] — Dann finde ich das allgemeine gleiche Wahlrecht erst wieder in dem Reichsverfassungsentwurf von August Follen [Winter 1817/18, bei H. Haupt, Karl Follen und die Gießener Schwarzen (1907), S. 119], auf den mich Ludwig Bergsträßer aufmerksam macht.

nicht an geistiger Bedeutung, so doch an politischer Wirksamkeit weitaus an ihrer Spitze steht, findet sich seit dem zweiten Jahrzehnt des 19. Jahrhunderts übereinstimmend etwa folgender Gedankengang. Die Persönlichkeiten an der Spitze des Staats, der Fürst und seine Ratgeber, lassen häufig zu wünschen übrig. Der Fürst kann ein Tyrann sein, die Minister eigennützig, beiden kann die nötige Einsicht fehlen, namentlich auch die erforderliche Kenntnis von den Zuständen und Bedürfnissen des Landes. Das Korrektiv für solche Mängel ist die Volksvertretung, und nach dieser ihrer Rolle bestimmt sich ihre Zusammensetzung. Ihre Mitglieder sollen den unwürdigen Herrscher am Bösen verhindern und den unaufgeklärten Herrscher aufklären. Sie sollen daher die Elite des Landes an Charakterfestigkeit und politischer Einsicht sein, und die Aufgabe des Wahlrechts ist es, diese Elite wirklich zu finden[5].

---

[5] Die Wahlrechtstheorie des Rationalismus in erster Linie in den klassischen Ausführungen Carl v. Rottecks in dessen und C. Welckers Staats-Lexikon (1834—43), III, 773 (Art. Constitution), I, 104 ff. (Art. Abgeordnete), III, 372 ff., 377 ff., 383, 385 (Art. Census). Rottecks früheres, nicht in der Grundlage, wohl aber in den einzelnen Forderungen vielfach abweichendes Wahlrechtsprogramm (Forderung des hohen Passivzensus, berufsständische Gliederung) in den „Ideen über Landstände" (1819), S. 42 ff., 61, 88 ff., J. C. v. Aretin (und Rotteck), Staatsrecht der konstitutionellen Monarchie (1824—27), II, 2, S. 167, 171 ff., 182 ff., Rotteck, Lehrbuch des Vernunftrechts und der Staatswissenschaften II (1830), 252, 257 f.

In diesen Gedankenkreis gehören u. a. schon Chr. D. Voß, Handbuch der allgemeinen Staatswissenschaft II (1797), 211 ff., 245, 265; Hegel in der Schrift „Über die neuesten inneren Verhältnisse Württembergs" 1798 [„Die Hauptsache wäre, das Wahlrecht in die Hände eines vom Hofe unabhängigen Corps von aufgeklärten und rechtschaffenen Männern niederzulegen", R. Haym, Hegel und seine Zeit (1857), S. 66]; J. Fries, Philosophische Rechtslehre (1803), S. 90, Von Deutschem Bund und Deutscher Staatsverfassung (1816), S. 156; L. v. Vincke, Denkschrift von 1808 bei G. H. Pertz, Denkschriften des Ministers Freiherrn vom Stein über deutsche Verfassungen (1848), S. 3 f. (eine interessante Folie zu den entsprechenden Steinschen Gedanken); W. J. Behr, System der angewandten allgemeinen Staatslehre I (1810), S. 105 f., 112, 179 f.; J. L. Klüber, Übersicht der diplomatischen Verhandlungen des wiener Congresses I (1816), S. 196 f. („eine Ständeversammlung als den Sitz der Einsicht, der Gerechtigkeit, der Tugend, der Vaterlandsliebe, beseelt von reinem Pflichtgefühl für Fürst und Vaterland"); C. v. Aretin, Abhandlungen über wichtige Gegenstände der Staatsverfassung und Staatsverwaltung (1816), S. 46 f., 74 f.; S. Brendel, Die Geschichte, das Wesen und der Werth der National-Repräsentation (1817), II, 288 ff.; F. Hegewisch in „Kieler Blätter" I (1815), S. 106, 108 f., 110 Anm., 118 f., V (1818), S. 138; K. S. Zachariä, Vierzig Bücher vom Staate (1820), II, 304; C. A. Eschenmayer, Normal-Recht II (1820), S. 355; Fr. Ancillon, Über Souveränität und Staatsverfassung [2] (1816), S. 26, Über den Geist der Staatsverfassungen (1825), S. 129 f., Zur Vermittlung der Extreme I (1828), S. 369 ff., abweichend Über die Staatswissenschaft (1820), S. 88 ff.; Silv. Jordan, Versuche über allgemeines Staatsrecht (1828), S. 469 ff.; K. G. A. Röder, Grundzüge der

Damit erhält das Wahlrecht einen ganz anderen Charakter als etwa in der Erklärung der Menschen- und Bürgerrechte. Dort hat der Bürger die politischen Rechte als solcher, einfach weil er Bürger ist; hier kann man sie ihm nur gewähren, sofern er zur Ausübung dieser Rechte qualifiziert ist, sofern er sich zur Erfüllung der Aufgabe eignet, die von den Wählern der Volksvertreter gelöst werden muß. Nicht alle dürfen wählen, sondern nur die, die voraussichtlich zu einer zweckmäßigen Wahl imstande sind, und das sind voraussichtlich nur die Besitzenden. Der Besitz macht unabhängig und ermöglicht die charaktervolle Entwicklung der Persönlichkeit; der Besitz gewährt aber auch allein die Mittel zu höherer Bildung und Einsicht. Deshalb wird das

Politik des Rechts I (1837), 323, 211; Romeo Maurenbrecher, Grundsätze des heutigen deutschen Staatsrechts [2] (1843), S. 62.

Ein bezeichnendes Beispiel für die Anziehungskraft dieses Rationalisierungsbedürfnisses ist Gentz. Wenn Burke in den Reflections on the Revolution in France ausführt, das Eigentum müsse im Parlament stark vertreten sein, um sich selbst genügend schützen zu können, so erscheint diese Begründung dem deutschen Übersetzer Gentz offenbar zu nüchtern und wird von ihm deshalb mit der Anmerkung begleitet, die Eigentümer seien ja auch persönlich die Qualifiziertesten [Fr. v. Gentz, Ausgewählte Schriften, hrsg. von Weick (1836 ff.), I, 99].

Eine deutsche Verfassungsurkunde, die bayrische vom 26. Mai 1818, schließt sich ausdrücklich dieser Denkweise an, wenn sie es als die Aufgabe der Stände bezeichnet, „die Weisheit der Beratung zu verstärken, ohne die Kraft der Regierung zu schwächen“ [Einleitung, bei H. A. Zachariä, Die deutschen Verfassungsgesetze der Gegenwart (1855), S. 106].

Über die entsprechenden Gedankengänge der außerdeutschen Staatstheorie vgl. Lorenz Stein, Geschichte der socialen Bewegung in Frankreich (1850), I, 85, Wittmayer a. a. O. S. 126, Dolmatowsky, Ztschr. f. d. ges. Staatswiss. 1907, S. 614, Tecklenburg a. a. O. S. 35, 52, 99, 101, 114, Fr. Schneider, Der Wahlzensus in rechtsgeschichtlicher und rechtsvergleichender Betrachtung, Arch. f. öffentl. Recht 26 (1910), S. 193 ff., bes. 200 ff., 202 ff.

Natürlich spielen auch in die deutsche Staatstheorie jene älteren naturrechtlichen Anschauungen hinein, wonach das vorstaatliche Individuum sich beim Eintritt in den Staat einen seiner Vermögenseinlage entsprechenden Anteil an der Staatsvereinsgewalt ausbedingt, eine Auffassung, die nur die Besitzenden als „die wahren Aktieninhaber der großen gesellschaftlichen Unternehmung“ gelten läßt (Imm. Sieyès, Erklärung der Rechte des Menschen in Gesellschaft 1789 (Polit. Schriften 1796, I, S. 449); der Begriff des Staatsaktionärs seitdem oft auch in der deutschen Literatur, z. B. bei Hegewisch [Kieler Blätter I (1815), S. 110, Anm.] und Rotteck [v. Aretin-Rotteck II, 2, S. 173]). In Deutschland steht aber regelmäßig mindestens als tiefere und allerletzte Rechtfertigung des Grundeigentums- oder Vermögenszensus hinter dieser Anschauung die im Text charakterisierte. Sie wird oft — auch unter den S. 21 aufgezählten Autoren — nicht ausgesprochen, und vielfach wird man sich ihrer nicht einmal klar bewußt; aber praktisch wird stets mit ihr operiert, wenn für die Ausgestaltung des Wahlrechts im einzelnen argumentiert wird, und so ist sie als halb unbewußte letzte Instanz doch überall im Hintergrunde zu erkennen.

aktive Wahlrecht an einen Vermögenszensus geknüpft, der das Vorhandensein dieser Eigenschaften vermuten läßt; und da dieselben Eigenschaften in noch höherem Maße in der Person des zu Wählenden erforderlich sind, so gilt für das passive Wahlrecht, die Wählbarkeit, ein noch höherer Zensus. Ein plutokratisches Zensuswahlrecht: das ist das Charakteristikum der Theorie wie der Praxis des deutschen konstitutionellen Lebens in der ersten Hälfte des 19. Jahrhunderts[6].

Diese erste Stufe der deutschen Wahlrechtstheorie trägt alle die bekannten Züge der rationalistischen Staatstheorie. Sie ist durchaus mechanisch: weil die Staatsspitze ihrer Aufgabe nicht immer befriedigend gerecht wird, so wird nach rationellen Erwägungen in der Volksvertretung ein Korrektiv dafür eingefügt, wie man eine Verbesserung an einer Maschine anbringt: von der geschichtlichen Notwendigkeit dieser Verfassungsänderung ist keine Rede. Diese Anschauung ist ferner schroff individualistisch: die politischen Machtverhältnisse werden aufgelöst in Beziehungen zwischen den herrschenden Individuen und den einzelnen Mitgliedern der Volksvertretung, und diese Beziehungen werden zurückgeführt auf die individuell-rationalistischen Maßstäbe von gut und böse, wahr und falsch. Und wenn der rationalistische Optimismus des 18. Jahrhunderts auch teilweise aufgegeben ist, so bildet er doch noch immer eine Voraussetzung dieser Anschauungen: der Glaube, daß das Individuum, je freier und unabhängiger es sich entwickeln kann, um so charaktervoller und patriotischer, um so gebildeter und einsichtiger werden müsse, gehört ebensosehr in diesen Gedankenkreis wie das Vertrauen, daß ein richtig bemessenes Selektionsprinzip mit Notwendigkeit zur Wahl des besten Individuums führen müsse.

II.

Die Schwäche dieser Anschauung liegt offenbar in ihrem durchaus ungeschichtlichen Charakter. Das Wesen der volkstümlichen Bewegung, von der die Entstehung der konstitutionellen Staatsform ge-

---

6 Vgl. hierzu Georg Meyer, Das parlamentarische Wahlrecht S. 120 ff., 459, Schneider S. 207.

Eine abgesehen von §§ 60, 79 der braunschweigischen Neuen Landschaftsordnung vom 12. Oktober 1832 nur im Auslande verwirklichte Folgerung aus dem Selektionsprinzip dieser Wahlrechtstheorie ist das système capacitaire, d. h. der Ersatz des normalen Vermögenszensus durch einen Bildungsnachweis (vgl. G. Meyer S. 427 f., K. Rodbertus, Zur Frage und Geschichte des allgemeinen Wahlrechts 1849, hier angezogen nach: Deutsche Worte, hrsg. von E. Pernerstorfer, 10. Jahrg. 1890, S. 265, Schneider S. 255, 268, 270—272, 279).

tragen ist, das Geschichtliche, Elementare, Überindividuelle an ihr kommt in diesen Gedankengängen nicht zu seinem Recht. Und so entsteht ungefähr gleichzeitig mit der rationalistischen Wahlrechtstheorie eine andere vom geschichtlichen Standpunkt.

Sie geht aus von dem romantischen Begriff der Individualität des Volkes. Wenn es der Sinn der Volksvertretung sein soll, dem Willen des Volkes, dieses überindividuellen, aber deshalb nicht minder realen Wesens, zum Ausdruck zu verhelfen, so darf die Volksvertretung nicht beruhen auf dem Willen der atomisierten einzelnen Individuen. Denn der Wille des Gesamtvolks kann niemals gefunden werden durch die Zusammenzählung von noch so vielen Einzelwillen; der Wille des lebendigen Volksganzen kommt nur zustande durch das lebendige Zusammenwirken derjenigen Elemente des Volkes, die die Organe der Gesamtheit sind und in deren Leben und organischem Zusammenwirken die Gesamtheit ihr Leben führt. Diese Organe der Gesamtheit müssen überindividuelle Wesenheiten sein, wie die Gesamtheit selbst, die lebendigen Kräfte, aus denen die Gesamtheit sich aufbaut, und die Aufgabe des Wahlrechts ist es, diese Kräfte in möglichster Reinheit zu erfassen. Wo diese Kräfte aber zu finden sind, das lehrt die Geschichte, das lehrt die geschichtliche Differenzierung des Volkes in seine Stände. Zugrunde zu legen sind die Stände allerdings nicht, sofern sie geschichtlich, sondern sofern sie lebendig sind; nicht eine Ständegliederung des nur historischen Rechts, sondern eine Gliederung nach den geschichtlich entwickelten lebendigen Komponenten des Volksganzen. Am schönsten hat Dahlmann diese Auffassung formuliert, wenn er im Jahre 1815 gerade Deutschland vor die Aufgabe gestellt findet, „aus den durch den Gang der Zeiten nun frei entwickelten Ständen eine kräftige Volksvertretung zu bilden, keine aus der Luft gegriffene, sondern eine, die, auf historischem Grunde ruhend, das Nacheinander der Geschichte zu einem Nebeneinander gestaltete, die jeden Stand, wie einen köstlichen Edelstein, reinigte von dem Wuste der Jahrhunderte, ihm seine rechte Folie gäbe, und dann mit den übrigen zu einem schönen gemeinsamen Lichte vereinigte".

Ein organisches Wahlrecht, das ist die Forderung der historischen Schule, soweit sie sich nicht einfach bei dem geschichtlichen Recht althergebrachter Landstände beruhigt. Und nur eine Nuance dieser Theorie ist es, wenn Spätere den Ton weniger auf die geschichtliche Begründung, als auf die zutreffende Erfassung der gegenwärtigen Berufsstände in der Organisation der Wählerschaft legen: das sogenannte dynamische Wahlprinzip[7].

Der Fortschritt dieser Wahlrechtstheorie gegenüber der des Rationalismus ist nicht so groß, wie er auf den ersten Blick erscheint. Auch diese Konstruktion geht nämlich von unrichtigen Voraussetzungen aus. So geschichtlich die organische Wahlrechtstheorie sich gibt, so ungeschichtlich ist sie in Wirklichkeit. Ihr fehlt die Anschauung modernen geschichtlichen Verfassungslebens, und erst auf einer solchen Anschauung konnte eine dauerhafte Theorie der Volksvertretung und des Wahlrechts begründet werden. Diese Leistung verdankt die deutsche Staatswissenschaft Lorenz Stein.

III.

In den vierziger Jahren leitet Lorenz Stein aus dem Anschauungsmaterial, das ihm die Geschichte der politischen und sozialen Bewe-

[7] Zum organischen Wahlrechtssystem: Die angezogene Stelle bei Dahlmann, Kieler Blätter I (1815), S. 72 („Ein Wort über Verfassung"). Der im Text skizzierte Gedankengang liegt meist mehr unausgesprochen bei den hierher gehörigen Schriftstellern zugrunde, auch vielfach gemischt mit andersartigen Elementen. Vgl. Dahlmann a. a. O. S. 56, 62, Politik I² (1847), §§ 151 ff. S. 129 ff., § 84 S. 74 („wo aber die gesellschaftlichen Elemente jedes für sich lebendig ausgebildet und im Ganzen mit Bewußtsein vereinigt sind"), § 99 S. 84 („eine auf den thätigen Zuständen basirte Volksvertretung"). (Gleichlautend die 1. Auflage von 1835.) Ferner W. Tr. Krug, Das Repräsentativsystem (1816), S. 41 ff., 46 ff., Polit. u. jurist. Schriften (I, 291 f., 296 ff.), IV 394; Chr. Fr. Schlosser, Ständische Verfassung (1817), S. 95; J. Görres, Teutschland und die Revolution (1819), in Gesammelte Schriften 1. Abt., Bd. 4, S. 222 f.; Hegel, Grundlinien der Philosophie des Rechts, hrsg. von Gans (2. Aufl. 1840), § 301, S. 385 ff. (klassisch über die vulgäre rationalistische Vorstellung, „daß die Abgeordneten aus dem Volk oder gar das Volk es am Besten verstehen müsse, was zu seinem Besten diene, und daß es den ungezweifelt besten Willen für dieses Beste habe", vgl. auch S. 395), §§ 302 ff. (namentlich 303) S. 388 ff., § 308 S. 393 ff.; K. H. L. Pölitz, Die Staatswissenschaften I² (1827), S. 213, Das constitutionelle Leben (1831), S. 80 ff.; Fr. Schmitthenner, Zwölf Bücher vom Staate (1845), III, 578 f., 587; C. Levita, Die Volksvertretung in ihrer organischen Zusammensetzung im repräsentativen Staate der Gegenwart (1850), S. 30, 186, 260; Aug. Winter, Die Volksvertretung in Deutschlands Zukunft (1852), S. 39 ff., 47, 58, 62 ff. (mit Anklängen an die moderne Auffassung), 92, 268 ff.; J. C. Bluntschli, Allgemeine Staatslehre (1852), S. 288, Politik (1876), S. 422 ff., 449 ff.; F. Walter, Naturrecht und Politik (1863), S. 307; C. v. Kaltenborn, Einleitung in das constitutionelle Verfassungsrecht (1863), S. 77, 79; Const. Frantz, Naturlehre des Staates (1870), S. 316, 345 f.; etwa noch H. Zoepfl, Grundsätze des allgemeinen und des constitutionell-monarchischen Staatsrechts (1841), S. 149 ff.

In der ausländischen Literatur entwickelt u. a. Proudhon ähnliche Gedanken, vgl. Annalen des Deutschen Reichs 1891, S. 179 f., 183 f., 197.

Zur prinzipiellen Charakteristik dieser Auffassung vgl. noch M. Weber im Jahrbuch für Gesetzgebung, Verwaltung und Volkswirtschaft Bd. 27 (1903), S. 1189 f. und Ad. Merkel in den unten S. 30 abgedruckten Ausführungen.

gungen in Frankreich bot, den Begriff der modernen Gesellschaft ab und macht ihn zum Mittelpunkt seiner Staatsbetrachtung. Das Wesentliche und Ausschlaggebende im Leben des Staats ist das Leben der Gesellschaft, insbesondere der Kampf der gesellschaftlichen Klassen. Die Staatsgewalt ist ein Gegenstand dieses Kampfes; sie ist ein Machtmittel, das jede der streitenden gesellschaftlichen Mächte an sich zu bringen strebt. Daraus folgt, „daß die Geschichte der Gesellschaft die Grundlage der Geschichte der Verfassungen ist, und zwar so, daß die Umgestaltungen der Gesellschaft den Umgestaltungen der Verfassung voraufgehen, und daß sie, wenn sie vollendet sind, die letzteren bedingen und erzeugen"[8].

---

[8] Der Socialismus und Kommunismus des heutigen Frankreichs [2] I (1848), S. 63. Steins Gesellschaftsbegriff: Geschichte der socialen Bewegung in Frankreich I (1850), S. XXVIII. Verhältnis der staatlichen zur gesellschaftlichen Entwicklung: Socialismus und Kommunismus [2] I, 70 f., Geschichte der soc. Bewegung Bd. I, S. III f., XXXV f., LXV f., LXXI, 135, Bd. II, S. 5. Bedeutung von Volksvertretung und Wahlrecht: Socialismus und Communismus [2] I, S. 66 f., 70, 172 ff., 181, Geschichte der soc. Bewegung I, S. 316, II, S. 44 ff., III, S. 30 ff., 67 ff., 95 ff. Vgl. auch E. Grünfeld, Lorenz v. Stein und die Gesellschaftslehre (Sozialwissenschaftl. Studien hrsg. von H. Waentig, Bd. I, 1910).

Als seinen Vorgänger nennt Stein St. Simon (Geschichte der soc. Bewegung II, S. 156). In der deutschen Literatur kann man auch schon frühere Anklänge an derartige Anschauungen finden, etwa bei Adam Müller, Elemente der Staatskunst I (1809), S. 265, bei Hegel und Schmitthenner a. a. O.

Auf Steinschem Boden steht das zu wenig beachtete, bemerkenswerte anonyme Buch August Ludwig v. Rochaus: Grundsätze der Realpolitik, angewendet auf die staatlichen Zustände Deutschlands (Stuttgart 1853), S. 18 ff.; ferner R. Gneists bekannte Anschauungsweise [statt vieler Stellen nur: Das Repräsentativ-System in England, bei A. v. Haxthausen, Das constitutionelle Princip (1864), II, S. 125, Selfgovernment, Kommunalverfassung und Verwaltungsgerichte in England, 3. Aufl. (1871), S. 879 ff., Der Rechtsstaat (1872), S. 173, Das englische Verwaltungsrecht der Gegenwart, 3. Aufl. (1883/84) I, 92 ff.], und O. Mejer [Einleitung in das deutsche Staatsrecht [2] (1884), S. 19]; eine beachtenswerte Auseinandersetzung dieser Auffassung mit der herrschenden staatsrechtlichen Konstruktion bei Radnitzky in der Zeitschr. f. d. Privat- u. öffentl. Recht der Gegenwart 31 (1904), S. 472 ff. Nur bedingt ist — trotz seiner eigenen vielfachen Versicherungen — die oft wenig tiefgehende Auffassung von R. v. Mohl hierher zu zählen [Geschichte und Litteratur der Staatswissenschaften I (1855), S. 286 ff., Staatsrecht, Völkerrecht und Politik I, 37, 23 f., 28, 46, 335, 408, 416 f., 435 ff., II, 21, III, 717 ff., Encyklopädie der Staatswissenschaften [2] (1872), S. 238 ff., 244 f. (mit völligem Rückfall in rationalistische Denkweise), und die wehmütige Klage über das geringe Gehör, das die gelehrte Wahlrechtstheorie finde, in der Ztschr. f. d. ges. Staatswiss. 27 (1871), S. 50 f.].

Von Neueren seien statt vieler noch genannt L. Gumplowicz, Philosophisches Staatsrecht (1877), S. 101 f., Fr. Paulsen, System der Ethik (1889), S. 829, A. Schäffle, Deutsche Kern- und Zeitfragen (1894), S. 120 ff., und Neue Folge (1895), S. 53 ff., und das — in Deutschland wohl wegen seines Titels als Gelegenheitsschrift nicht beachtete — gedankenreiche, wenn auch hie und da, namentlich in dem Schlußabschnitt S. 161 ff. anfechtbare Buch von Leo Witt-

Das Stück der Staatsverfassung nun, an dem diese Abhängigkeit des Staates von der Gesellschaft am auffälligsten ist, ist das parlamentarische Wahlrecht. An der Bemessung des Wahlrechts kann man geradezu ablesen, welche gesellschaftlichen Klassen die herrschenden im Staate sind. Und damit ergibt sich einmal, daß der Maßstab für das parlamentarische Wahlrecht einfach das gesellschaftliche Kräfteverhältnis ist — ein freilich nicht unanfechtbarer Satz. Damit ergibt sich aber vor allem die Bedeutung der Volksvertretung und namentlich des Wahlrechts im modernen Staat überhaupt: hier ist die Stelle, an der vorzugsweise die Gesellschaft auf den Staat einwirkt, die Volksvertretung ist ein Zwischenbau zwischen Staat und Gesellschaft, wie Gneist es formuliert hat. Weil der Staat von der Anerkennung und Zustimmung der Gesellschaft getragen sein muß, schafft er im Parlament ein Organ dieser Anerkennung und Zustimmung, und das Wahlrecht bestimmt nun, auf welche Schichten der Gesellschaft der Staat sich stützen will und welche Schichten so ihrerseits zur Einflußnahme auf den Staat berufen werden. Die Aufgabe des einzelnen Wählers ist es also, einen Vertreter seiner Gesellschaftsschicht, seiner gesellschaftlichen Interessen zu wählen, und da diese Interessen sich zum Zweck der parlamentarischen Vertretung zu den politischen Parteien zusammenschließen, so beruft das Wahlrecht den Wähler einfach zur Wahl des Kandidaten seiner Partei, nicht etwa zur Auswahl einer

---

mayer, Unser Reichsrathswahlrecht und die Taaffe'sche Wahlvorlage (1901). — Nur entfernt hierher gehört, weil von anderen Gesichtspunkten ausgehend, H. Kelsen, Hauptprobleme der Staatsrechtslehre (1911), S. 479 ff.

Daß die alte rationalistische Auffassung daneben und nicht nur im vulgären Denken fortbesteht, ist selbstverständlich. Vielfach schwankend, gehört doch J. Held [System des Verfassungsrechts der monarchischen Staaten Deutschlands II (1857), S. 435, 438, Die politischen und socialen Wirkungen der verschiedenen Wahlsysteme, bei A. v. Haxthausen a. a. O. Bd. II, S. 69 f., 77, Staat und Gesellschaft III (1865), S. 545, 682 f., 691, 693, Grundzüge des allgemeinen Staatsrechts (1868), S. 434] noch hierher. Als Vertreter der verschiedensten Welt- und Staatsanschauungen seien genannt: A. Trendelenburg, Naturrecht (1860), S. 461 f.; O. Bähr, Grenzboten 1892, II, S. 388; G. v. Hertling, Kleine Schriften zur Zeitgeschichte und Politik (1897), II, S. 474; geradezu revolutionär individualistisch W. Ohr in: „Was ist liberal?" von L. Nelson u. a. (1910), S. 110, wo unter den Leistungen des Liberalismus aufgeführt wird, was er für die verschiedenen Schichten der Gesellschaft, für die Gewissen usw. geleistet habe, und zum Schluß aufgezählt wird: „für jeden Einzelnen: Einführung der Volksvertretungen". Ein besonders auffallendes Zeugnis dieser Denkweise ist das Buch von Leo v. Savigny, Das parlamentarische Wahlrecht im Reiche und in Preußen und seine Reform (1907), auf das unten noch zurückzukommen sein wird. Vgl. auch Th. Dantscher von Kollesberg, Die politischen Rechte der Unterthanen (1894), S. 98.

möglichst intelligenten und charaktervollen Persönlichkeit ohne jede andere Rücksicht.

Damit ergeben sich gänzlich neue Maßstäbe für die Beurteilung und Ausgestaltung des Wahlrechts. Diese neuen Maßstäbe können jedenfalls nur noch gesellschaftlicher Art sein, und daraus folgt zunächst eine völlige Umwertung jener älteren Maßstäbe. Wenn der Rationalismus vom Wähler die Erfüllung eines Zensus fordert, weil das Vermögen eine Bürgschaft sei für Patriotismus und Bildung, so erscheint das jetzt einfach als eine irreführende theoretische Begründung der Forderung, daß das liberale Bürgertum als solches den Staat beherrschen will; wenn Rotteck das Übergewicht des Mittelstandes wünscht[9], weil bei ihm in der Regel Tüchtigkeit und Zuverlässigkeit am meisten anzutreffen sei, so ist das lediglich eine Rationalisierung der Herrschaft der Bourgeoisie.

Dasselbe gilt aber auch von dem Zensus, den jedes Wahlrecht voraussetzen muß, nämlich von dem Erfordernis eines gewissen Alters. Wenn heute nur der zum Reichstag wählen darf, der das 25. Lebensjahr zurückgelegt hat, so begründet der Rationalismus diese Bestimmung damit, daß der Staatsbürger im Durchschnitt mit diesem Zeitpunkt das erforderliche Mindestmaß an Einsicht und politischer Bildung, an Patriotismus und Charakterfestigkeit erreicht haben werde. Die moderne Auffassung dagegen sieht darauf, ob der einzelne durchschnittlich mit diesem Zeitpunkt ein selbständiges Glied der Gesellschaft, der Mittelpunkt eines eigenen sozialen Lebenskreises geworden ist, ob er nicht mehr eine soziale Null, ein Stück einer fremden Sphäre, etwa der seines väterlichen Hauses, ist. Diese Auffassung wertet den einzelnen Wähler nicht als Individuum nach seinen individuellen Eigenschaften, sondern als Komponente der Gesellschaft nach seinen sozialen Beziehungen; sie verlangt nicht Charakter- und Verstandesbildung von ihm, sondern daß er einen eigenen Platz in der Gesellschaft ausfülle. Der Wähler repräsentiert seinen sozialen Lebenskreis, er vertritt seine etwa nicht wahlberechtigten Angehörigen, das von ihm beherrschte Stück Gesellschaft, das in ihm seinen Mittelpunkt hat, mit; er wählt nicht als Träger präsumtiver individueller Fähigkeiten, sondern als Repräsentant der von ihm beherrschten Elementargruppe der Gesellschaft, wie Schäffle sie genannt hat[10]. Und so nimmt

---

[9] Staats-Lexikon III, 385. Vgl. namentlich Lorenz Stein, Geschichte der socialen Bewegung in Frankreich I, 85, 87 f.

[10] Das Alter als Grund einer sozialen, keiner individuellen Präsumtion: Schäffle, Kern- und Zeitfragen, S. 154. Die Elementargruppe: daselbst S. 125,

das Wahlrecht ihn gerade so, wie er voraussichtlich in diesen seinen sozialen Beziehungen ist, nicht wie er nach Charakter und Bildung sein sollte und sein könnte. Jhering hat diesen Gegensatz des idealen Staatsbürgers nach rationalistischer und nach sozialer Auffassung einmal derb und nüchtern so ausgedrückt: „Was heißt politische Bildung eines Volkes? Daß der gemeine Mann kannegießern kann? Daß Schuster, Schneider und Handschuhmacher dem gewiegten Staatsmann das Exerzitium korrigieren? In meinen Augen heißt politische Bildung des Volkes nichts anderes als das richtige Verständnis der eigenen Interessen[11]".

Eine analoge Umwertung erfahren die Maßstäbe der organischen Wahlrechtstheorie. Die Romantik und die historische Schule gingen aus vom Begriff der Volksindividualität als einer gegebenen, bekannten Größe und suchten nun die organischen Gliederungen dieses Ganzen mit möglichster Treue zu erfassen. Umgekehrt geht die moderne Auffassung aus von den Gruppen der Gesellschaft, und sie zeichnet nicht den Rahmen dieser Gruppen vor, wie das organische Prinzip es tut, sondern sie überläßt die politische Gruppierung den freien parteibildenden Kräften in der Gesellschaft. Die Resultante wird sich dann im politischen Spiel der gesellschaftlichen Kräfte von selbst ergeben; aber diese Resultante, dies Ergebnis ist nicht von vornherein bekannt, die reale Individualität des Volksganzen ist für diese Auffassung lediglich eine metaphysische Konstruktion. Die organische Wahlrechtstheorie geht vom Ganzen zum Einzelnen, die moderne vom Einzelnen zum Ganzen. Und damit steht in Zusammenhang, daß eine organische Gliederung der Wähler, etwa nach Berufsständen, heute die umgekehrte Bedeutung hat wie in der älteren organischen Wahlrechtstheorie. Die ältere Auffassung glaubte die Wähler gruppieren zu müssen, weil sie selbst in ihrer atomistischen Vereinzelung einer Gruppierung unfähig seien; ein modernes organisches Wahlrecht kennt die Fähigkeit der Wähler, sich politisch zu gruppieren, und sucht die spontane gesellschaftliche Gruppierung nach Parteien durch eine oktroyierte anderweitige Gruppierung zu durchbrechen und zu schwächen. Die ältere organische Theorie beruht darauf, daß man die parteibildenden gesellschaftlichen Kräfte noch nicht kennt, die moderne darauf, daß man sie nur allzu gut kennt; die ältere will der Gesellschaft in der Organisierung Krücken liefern, weil sie noch nicht

Neue Folge S. 56 f. [Ähnlich, wenn auch im ganzen in anderem Zusammenhang, Ed. v. Hartmann, Zwei Jahrzehnte deutscher Politik (o. J.), S. 256 f.]

[11] R. v. Jhering, Der Zweck im Recht I ^{3}, S. 562.

allein politisch gehen kann, die moderne legt der Gesellschaft Zaum und Zügel an, weil sie das Gehen besser gelernt hat, als es den Vertretern dieser Anschauungen lieb ist.

Dieser man kann sagen reaktionäre Charakter des modernen organischen Wahlrechtsprinzips wird am deutlichsten da, wo es seinen eigentlichen politischen Sitz hat. Wie das ältere organische Prinzip getragen ist von dem metaphysischen Begriff der Volksindividualität, so steht auch das moderne in der Grundlegung des konservativen Programms durch die Staatsphilosophie Stahls ebenso wie im Programm des älteren politischen Katholizismus in Beziehung zu Momenten, die dem gesellschaftlichen Leben an sich transzendent sind. Die Legitimität, deren Recht nach Stahls Ausdruck mit ehernen Ketten an den Himmel gebunden ist, und die Idee des christlichen Staats sind keine immanenten Produkte des politischen Lebens, sondern sie sollen ihm vermittelst der organischen Gliederung der Wählerschaft gewissermaßen einokuliert werden[12].

---

[12] Der Gegensatz rationalistischer und moderner Wahlrechtstheorie überhaupt ist kurz charakterisiert bei Fr. v. Wieser, Recht und Macht (1910), S. 146 f. — Ein Beispiel der Enttäuschung der ursprünglich an die politischen Wahlen geknüpften rationalistischen Erwartung der Selektion der Besten führt G. Jellinek an [Das Pluralwahlrecht und seine Wirkungen, Neue Zeit- und Streitfragen, hrsg. von der Gehe-Stiftung zu Dresden II, 5 (1905), S. 4 f.].

In den Gedankenkreis der rationalistischen Wahlrechtstheorie gehört endlich noch ein guter Anteil an den volkserzieherischen Absichten, die mit der Einräumung des Wahlrechts verbunden werden. Stärker gilt das von W. v. Humboldt [vgl. seine Gesammelten Schriften, hrsg. von der Preußischen Akademie der Wissenschaften, 2. Abt. Bd. 3, 1. Hälfte S. 256 f., 2. Hälfte S. 394 (Denkschriften vom 4. Febr. und Okt. 1819) und dazu Br. Gebhardt, Wilhelm v. Humboldt als Staatsmann (1896/99), II, 321 f.] als vom Freiherrn vom Stein. Erwähnt werden möge von älteren Vertretern dieser Anschauung L. T. Spittler, Vorlesungen über Politik (gehalten 1796, hrsg. von K. Wächter 1828), S. 111.

Den Ausgangspunkt der organischen Theorie im Gegensatz zur modernen hat Adolf Merkel [Fragmente zur Sozialwissenschaft (Hinterlassene Fragmente und gesammelte Abhandlungen I, 1898), S. 93] treffend charakterisiert: „man sieht hinter dem Streit der Individuen und der Gesellschaftsklassen, der Beherrschten mit den Herrschenden, der Einzelnen mit dem Ganzen, der Interessen des Beharrens mit den Interessen des Fortschritts, der Interessen der Gleichheit mit denen der Freiheit, der nationalen Tendenzen mit den kosmopolitischen, der kirchlichen mit den staatlichen usw. eine große Gestalt, welche unberührt durch alle diese Gegensätze und Konflikte das Gesetz des gemeinsamen Lebens feststellt, und zwar feststellt als ein einheitliches, als den Ausdruck i h r e s Geistes, nicht des Geistes derjenigen, für welche es aufgestellt ist."

Daß an die Stelle der älteren feststehenden Organisationen der Gesellschaft mit dem Fortschritt der konstitutionellen Entwicklung immer stärker die spontanen Organisationen der politischen Parteien getreten sind, wird etwa von

Schon diese Auseinandersetzung mit älteren Wahlrechtsmaßstäben ist bezeichnend für das Wesen moderner wahlrechtlicher Anschauungen. Einige kurze Striche mögen das Bild vervollständigen.

Ein echt modernes Wahlrecht ist das allgemeine und gleiche. Nicht deshalb, weil es der natürlichen Gleichheit der Individuen am meisten entspricht, wie die rationalistische Begründung

---

der Mitte des 19. Jahrhunderts an festgestellt; zu den frühesten und besten Beobachtern gehört wohl v. Rochau a. a. O. S. 91 ff.

Deshalb wird die fortdauernde Neigung zur organischen Gruppierung der Wählerschaft zunächst nur als etwas Künstliches, Gemachtes empfunden, so von v. Rochau S. 91—95, G. Waitz [bei v. Haxthausen a. a. O. II, S. 195, 205 ff., 208, Grundzüge der Politik (1862), S. 221], W. Wundt, Ethik [3] II (1903), S. 325. Neuerdings wird diese Erkenntnis meist in der abgeflachteren Fassung vertreten, daß die staatliche Abgrenzung der Interessenkörper technisch unmöglich sei (G. Meyer S. 430 ff., v. Savigny S. 64 ff.), während der tiefere Grund unbeachtet bleibt, daß nämlich für die moderne Auffassung das Ganze unbekannt ist, dessen Teile gesucht werden.

Auch das Reaktionäre der neueren organischen Theorie betont schon v. Rochau S. 93. 1854 wird in Bayern ein reaktionärer Wahlrechtsentwurf mit der Absicht begründet, „in der Abgeordnetenkammer ein Bild zu versammeln der einzelnen lebendigen organischen Elemente des Volkes selbst und die Wahlen daher zu gliedern nach Stand, Beruf und Interessen ..." (Verhandlungen der Kammer der Abgeordneten 1853/54, Stenogr. Berichte I, 243). Fr. Jul. Stahl spricht es mit dürren Worten aus: „Beweggrund hierbei (bei der Begründung der Zweiten Kammern auf die ständische Gliederung der Bevölkerung) ist es nicht, die Stände als solche zu sichern, sondern kraft der ständischen Elemente die konservative Gesinnung und Macht aus der Bevölkerung herauszuheben", „die Landesvertretung ... von der Parteinahme für die falschen zur Parteinahme für die wahren politischen und religiösen Prinzipien zu führen" [Philosophie des Rechts, 3. Aufl. Bd. 2, Abt. 2, S. 443, 447, in dem erst in dieser Auflage eingefügten Kapitel über die Landesvertretung nach 1848. Die im Text in Bezug genommene Stelle in: Die gegenwärtigen Parteien in Staat und Kirche (1863), S. 309].

Von Vertretern des politischen Katholizismus seien genannt: Baader (H. Reichel, Sozietätsphilosophie Franz v. Baaders, Lpz. phil. Diss. 1900/01, S. 57 f.), Görres (oben S. 25), Moy (Protokolle des bayr. Landtags 1837, Bd. 20, S. 395 ff., nach dem mir im Manuskript überlassenen, demnächst im Oberbayrischen Archiv erscheinenden Aufsatz Bergsträßers über den Görreskreis im bayr. Landtag von 1837), P. Reichensperger (Stenogr. Bericht über d. Verh. d. dtsch. konst. Nat.-Vers., hrsg. von Wigard, 1848/49, VII, 5262, 5510, worauf mich L. Bergsträßer aufmerksam macht), F. Walter (oben S. 25). Neuerdings ist das organische Prinzip als verfassungspolitischer Programmpunkt hier im ganzen verschwunden [vgl. für den Übergang etwa O. Pfülf, Bischof v. Ketteler (1899), III, 155, V. Cathrein, Moralphilosophie [5] II (1911), S. 711, 713], aber nicht eigentlich aus inneren Gründen, und um so stärker wirkt es hier fort als sozialpolitisches Prinzip; vgl. statt aller etwa G. Bäumer a. a. O. S. 324 f., 329 f.

Gut Wittmayer S. 2: „Beim Eintritt in verfassungsmäßige Staatsformen war die planmäßige Gestaltung, die elementare Stärke der socialen Parteibildungen einfach unbekannt, später wollte man sie nicht kennen." Eine heutige organische Theorie muß das moderne Parteileben entweder bekämpfen

lautet, sondern deshalb, weil die kleinsten sozialen Gruppen, wie sie durch die einzelnen Wähler repräsentiert werden, durch das allgemeine gleiche Stimmrecht am unbeschränktesten herangezogen werden. Es ist das Wahlsystem, das dem Spiel der politisch-gesellschaftlichen Kräfte den freiesten Raum gibt: es ist gewissermaßen die Verwirklichung des wahlrechtspolitischen Laissez-faire-Prinzips[13].

---

oder aber geradezu als einen großen Humbug ohne realen Hintergrund wegleugnen. Letzteres ist bekanntlich der Ausgangspunkt von Ch. Benoist, La crise de l'État moderne (1897); vgl. die glänzende Schilderung der Wähleratome des suffrage universel, die von den politischen Winden wie Sanddünen hin und her geweht werden, p. 11 ss.

[13] Die Bedeutung des allgemeinen gleichen Wahlrechts in dem im Text bezeichneten Sinne z. B. betont von Fr. Paulsen, System der Ethik (1889), S. 843 f., nach dem es das geeignetste ist, „den mehr oder minder bewußten Instinkten und Anschauungen der Gesammtheit zum Ausdruck zu verhelfen". Ähnlich Schäffle, Kern- und Zeitfragen, N. F. S. 57 f.: „Nicht wegen der Gleichheit, vielmehr wegen der Ungleichheit der Einzelnen, welche sich als führende Elemente der socialen Elementarverbindungen, jeder in seiner besonderen Weise bethätigen und mit eigenartiger Anziehungskraft die Elementargruppierung der vertretungsbedürftigen Kräfte, Interessen, Gefühle und Überzeugungen bestimmen, ist das allgemeine Stimmrecht der erwachsenen Männer begründet. Nur, indem diese Männer zu Wählerkörpern vereinigt werden, welchen bestimmte Programme vorgelegt, die Wahlbekenntnisse abgelegt, die Überzeugungen aller Parteien durch die Agitation vorgetragen werden, vermag alles, was im Volke an Vertretungsbedürfnis vorhanden und durch Einwirkung auf den Gang des Staatslebens dem letzteren Kraft und Schwung zu verleihen geeignet ist, unter neuzeitlichen Verhältnissen zur Geltung zu gelangen." Wittmayer S. 14, 109 hebt hervor, daß das allgemeine Wahlrecht die reinste Auswirkung der verschiedenen sozialen Instinkte zur Folge, also „die Neigung hat, die Interessenkonflikte zu voller Reife zu bringen", und empfiehlt das laisser faire (S. 15): „So hat also der Staat, bezw. die Executive dafür zu sorgen, daß sich das sociale Parteileben nach socialen Gesetzen so organisch wie nur möglich entwickele, für Ordnung bei der Wahl zu sorgen und das übrige Gott zu überlassen." „Diejenigen Interessen, welche die stärksten sind, werden sich durchsetzen und müssen die Vermutung für sich haben, daß sie die Gunst des Zeitgeistes genießen. Dieses Princip bedeutet somit im Grunde nichts anderes als die Anerkennung, daß sich das öffentliche Interesse, soweit es streitig sein kann, erst mit Hilfe eines wohlorganisierten Kampfes unter den Einzelinteressen ermitteln lasse" (S. 50, vgl. auch den Hinweis daselbst Anm. 2 auf die Bedenken einer Einschränkung der Freiheit dieses Kampfes durch die Gestaltung des Wahlrechts, also einer Einflußnahme des Staats auf die Bestimmung, welche gesellschaftlichen Strömungen die stärkeren sind).

Aus ähnlichen Gründen erklärt Gneist wenigstens den Durchgang durch das allgemeine gleiche Stimmrecht für unvermeidlich, „sobald eine neue Ordnung der Gesellschaft in unvermitteltem Übergang ihren Platz in der Verfassung des Staates nimmt" (Der Rechtsstaat ² 1879, S. 318). (Ähnlich auch M. Maeterlinck, Le suffrage universel, in: Le double jardin, 1909, p. 95 ss.).

Für das allgemeine Wahlrecht als Machtmittel des vierten Standes sei nur genannt Rodbertus a. a. O. (Deutsche Worte, hrsg. von E. Pernerstorfer, X, 1890, S. 257 ff., ein Hinweis, den ich L. Bergsträßer verdanke), und bei Lassalle vor

Modern ist ferner das direkte Wahlrecht im Gegensatz zum indirekten. Das indirekte beruht auf einem uns schon bekannten Gedanken, nämlich auf der Voraussetzung, die Wählerschaft könne sich nicht von selbst organisieren, der Staat müsse ihr diese Mühe abnehmen und sie zu kleinen Gruppen vereinigen, deren jede dann nur einen ihr persönlich bekannten Vertrauensmann zum Wahlmann ernennt. Die Entwicklung hat gelehrt, daß der moderne Wähler seine Partei und seinen Kandidaten leichter zu finden weiß als einen Wahlmann, der ihm die Wahl abnimmt; und so erscheint die indirekte Wahl als eine unnatürliche, dem Wesen moderner Parteibildung widersprechende Gliederung der Wählerschaft, ganz ebenso wie die Gliederungen des organischen Wahlprinzips[14].

Modern ist endlich — eine Bemerkung, die allerdings nicht ganz hierhergehört — das geheime Stimmrecht im Gegensatz zum öffentlichen. Abgesehen von den naheliegenden und oft erörterten praktisch-politischen Erwägungen für und gegen beide besteht zwischen ihnen noch ein innerer, sehr viel weniger beachteter Gegensatz. Das öffentliche Stimmrecht ist nämlich das Stimmrecht des Rationalismus. Für den Rationalismus ist eine Stimmabgabe, eine Wahl ein Akt, durch den das objektiv Richtige, Wahre, Beste ermittelt werden soll. Ein solcher Akt ist also an einem objektiven Maßstab zu prüfen, und die öffentliche Stimmabgabe stellt gewissermaßen zur Diskussion, ob diesem Maßstab genügt, ob wirklich der würdigste Kandidat ausgewählt ist. Das geheime Stimmrecht läßt dagegen dem subjektiven Wollen die vollste Freiheit: die politische Überzeugung des modernen Wählers ist etwas Indiskutables, ist sozusagen Privat- und Geschmackssache, und der Sinn des geheimen Wahlrechts ist es, diese einzelne Komponente der gesellschaftlichen Strömungen möglichst unbeeinflußt und unverfälscht zu Worte kommen zu lassen[15].

---

allem die individualistisch-antiliberale Begründung im System der erworbenen Rechte (1861), I, 263, Anm. [dazu die Zusammenstellung bei E. Rosenbaum, Ferdinand Lassalle (1911), S. 18 f., 199 ff.]. Vgl. dazu etwa noch die prinzipielle Motivierung bei Proudhon, Annalen des Deutschen Reichs 1891, S. 207. — L. Gumplowicz, Allgemeines Staatsrecht (1897), S. 312, 320. — In der Treitschke-Schmollerschen Fehde (1874): Schmoller, Preuß. Jahrb. Bd. 33 (Die sociale Frage und der preußische Staat), S. 341; v. Treitschke, das. Bd. 34 (Der Socialismus und seine Gönner), S. 108 ff.; Schmoller, Jahrbücher für Nat.-Ök. u. Statistik Bd. 23 (Über einige Grundfragen des Rechts und der Volkswirtschaft), S. 347 f.

14 Über das Wesen der indirekten Wahl vgl. Wittmayer S. 44 f., 51 f., 52, Anm. 2, 63, 68, 163, auch Tecklenburg S. 37 f.

15 Wittmayer S. 44 bemerkt zutreffend, daß die rationalistische Wahlrechtstheorie (von ihm nicht glücklich als Berufungstheorie bezeichnet) „sich das

Das modernste Wahlsystem aber ist das Proportionalwahlrecht. Der Gedanke, innerhalb des ganzen Landes oder doch wenigstens innerhalb eines größeren Bezirkes in erster Linie die verhältnismäßige Stärke der Parteien festzustellen und danach die Abgeordneten auf sie zu verteilen — dieser Gedanke ist der denkbar größte Gegensatz zu dem alten der Auslese der besten Individuen. Er bedeutet aber zugleich auch die Auflösung aller und jeder organischen Gliederungen der Wählerschaft, ja sogar derjenigen Gliederung, die noch am längsten standgehalten hat, nämlich der in Wahlbezirke. Dafür tritt im Proportionalwahlsystem die Organisation, die die Gesellschaft sich selbst zum Zweck der parlamentarischen Einwirkung auf den Staat spontan geschaffen hat, die Organisation in Parteien, um so reiner und stärker in den Vordergrund[16].

IV.

Damit haben wir die Grundlage zur Beantwortung der eingangs gestellten Frage, der wir uns nun zum Schluß in aller Kürze zuzuwenden haben, der Frage nach dem heutigen Maßstabe des Wahlrechts. Diese Frage ist mit dem Gesagten noch keineswegs entschieden; mit

öffentliche Wohl eindeutig und objektiv bestimmbar" denkt. Trotz seines sonst sehr feinen Gefühls für diese Gegensätze, mit dem er in der Literatur fast ganz allein steht, hat er den Zusammenhang der Öffentlichkeit der Abstimmung mit dieser Auffassung übersehen, während er den modernen, sozialen Charakter des geheimen Wahlrechts richtig hervorhebt (S. 14, 56). C. Welcker (übrigens ein Anhänger der geheimen Abstimmung) begründet die öffentliche in dem im Text entwickelten Sinne mit der Pflicht eines jeden, „seine Überzeugung in Beziehung auf die öffentlichen Verhältnisse seinen Mitbürgern zur Prüfung vorzulegen ..." (vgl. den Zusammenhang im Staats-Lexikon, Art. Abstimmung, 1. Aufl. I, S. 167). Ebenso dieser Charakter der Öffentlichkeit als Kontrolle der objektiven Würdigkeit des Kandidaten und des objektiven Einklangs mit dem öffentlichen Wohl bei Rotteck, Ideen über Landstände, S. 96, Dahlmann, Politik ², S. 147 (§ 160).

Rationalistisch ist auch die mit der öffentlichen Abstimmung verbundene pädagogische Tendenz; vgl. Rotteck und Dahlmann a. a. O. und G. Waitz, Politik, S. 243 ff., auch Schäffle, Ztschr. f. d. ges. Staatswissenschaft Bd. 21 (1865), S. 425.

[16] Darüber, „daß der Wille der Wähler, soweit er ernst zu nehmen ist, bloß gruppenweise organisch geschlossen auftritt, daß die Wahl keine Personenfrage ist", Wittmayer S. 10. Das gilt desto mehr, je demokratischer das Wahlrecht und je moderner die Partei ist: Wittmayer S. 5, K. Kautsky, Parlamentarismus und Demokratie (1911), S. 116.

Über den Zusammenhang des Proportionalwahlrechts mit dieser Entwicklung vergleiche dessen bekannte Literatur und etwa Fr. Berolzheimer, System der Rechts- und Wirtschaftsphilosophie III (1906), S. 227 f., 241. Die Bezirksvertretung als letzter organischer Rest: Kantorowicz, Zeitschr. f. Politik III, 555.

der Feststellung, daß ein Wahlrecht modern ist, ist noch keineswegs festgestellt, daß es auch das richtige ist.

So viel steht allerdings von vornherein fest, daß die alten Maßstäbe der Auslese der Besten und der organischen Vertretung der korporativ oder berufsständisch gegliederten Wählerschaft ihre Geltung verloren haben. Der ihnen zugrunde liegende Gedanke lebt fort in der Besetzung der Herrenhäuser und Ersten Kammern unserer Landtage mit Männern von ausgezeichneter persönlicher Stellung und Qualifikation und mit Vertretern bestimmter Interessengruppen und Korporationen; für unsere Wahlkammern hat er keine Bedeutung mehr.

Für die Wahlkammern gilt dagegen, daß sie Vertretungen der gesellschaftlichen Strömungen sein sollen. Allerdings sind sie nicht nur Vertretungen der wirtschaftlichen Klassen, wie Lorenz Stein meinte, sondern jede gesellschaftliche Gruppe kann sich zur politischen Verfolgung ihres Gruppeninteresses dem Staat gegenüber und insbesondere zur Vertretung im Parlament als Partei organisieren. Und auch darin hat Stein nicht recht behalten, daß die staatliche Verfassung sich mit Notwendigkeit stets den gesellschaftlichen Machtverhältnissen entsprechend gestalten müsse. Der Staat bestimmt seinerseits, in welcher Weise er der Gesellschaft durch das Parlament Einfluß auf sein eigenes Leben gewähren will. Ihm stehen in dieser Beziehung bestimmte Mittel zu Gebote, und er verfolgt dabei ein ganz bestimmtes Ziel.

Die Mittel haben wir kennengelernt. Der Staat hat prinzipiell die Wahl zwischen zwei Möglichkeiten: einerseits der Freigabe der schrankenlosen Auswirkung der gesellschaftlichen Kräfte im politischen Kampf — durch die Gewährung des allgemeinen gleichen Stimmrechts, womöglich mit Proportionalsystem — und anderseits der Beschränkung dieser Freiheit zugunsten der einen, zuungunsten der anderen gesellschaftlichen Schichten. Zu solcher Beschränkung dienen ihm die verschiedensten Mittel: Zensus und Klassensystem, organisches Wahlrecht und Pluralwahlrecht, nicht zuletzt auch die Art der Wahlkreiseinteilung und andere scheinbar lediglich technische Einrichtungen.

Welches ist aber das Ziel, das der Staat dabei verfolgt und das allein den Maßstab für die Beurteilung eines Wahlrechts liefern kann? Dies Ziel und dieser Maßstab ist die Gerechtigkeit. Es ist hier nicht der Ort, die in der deutschen Rechtsphilosophie erst neuerdings wieder lebhafter untersuchte Frage nach dem Verhältnis der Gerechtigkeit zum positiven Recht zu erörtern — die Bedeutung des Maßstabes der Gerechtigkeit für unsere Frage wird von dem natürlichen, naiven Rechtsgefühl schon zutreffend genug empfunden. Das Parlament soll eine Vertretung des Volkes sein, und wir empfinden ein Wahlgesetz als ungerecht, wenn es zu keiner verhältnismäßigen Vertretung der verschiedenen Gruppen der Gesellschaft im Parlament führt. Aber diese Verhältnismäßigkeit bemißt sich nun nicht nach gesellschaftlichen, sondern nach staatlichen Rücksichten. Der Staat beruft durch das Wahlgesetz diejenigen Schichten der Gesellschaft, von deren Anerkennung und tätiger Mitarbeit er getragen sein will. Der Staat leitet durch die Volksvertretung gewissermaßen die gesellschaftlichen Wasser auf seine Mühle; man hat es mit Recht als einen Hauptzweck des konstitutionellen Lebens bezeichnet, „die Unzufriedenheit im Lande aufzusaugen und aus einer zerstörenden, elementaren Kraft in eine nützliche, treibende Kraft der Entwicklung zu verwandeln[17]", die negative Kritik der Gesellschaft am Staat zu positiver Mitarbeit am Staat werden zu lassen. Keine Gruppe der Gesellschaft, von deren Anerkennung und Mitarbeit der Staat getragen sein muß, wenn anders er dauernd fest im Boden der Gesellschaft wurzeln soll, sollte im Parlament unvertreten oder unverhältnismäßig schwach vertreten sein, und ein Wahlsystem ist dann gerecht, wenn es dieser Anforderung genügt. Der Staatsmann hat also einmal sich darüber klar zu werden, in welchem Verhältnis die verschiedenen Gruppen der Gesellschaft Träger des Staates sind, und sodann mit den Hilfsmitteln der Wahlstatistik, aber auch der Bevölkerungs- und Berufsstatistik jeder Art zu ermitteln, durch welches Wahlsystem eben diese Gruppen in eben diesem Verhältnis am wahrscheinlichsten erfaßt werden. Er kann von dem freien Spiel der Kräfte bei allgemeinem gleichem Wahlrecht das Beste hoffen; er kann durch eine andersartige Gestaltung des Wahlrechts in bestimmten Richtungen bestimmend auf dieses Spiel der Kräfte einzuwirken suchen; er kann endlich in Rechnung ziehen, daß einzelne gesellschaftliche Gruppen so viel außerparlamentarischen Einfluß auf den Staat haben, daß sie im Parlament eine verhältnismäßige Zurücksetzung ertragen können, ein Gedanke, der ja gegenüber der Benachteiligung der höheren Klassen durch das allgemeine gleiche Wahlrecht häufig zugunsten eben dieses Wahlrechts geltend gemacht ist — zu allen diesen Möglichkeiten hat er Stellung zu nehmen, eine Aufgabe von unendlicher Schwierigkeit, von unend-

[17] Wittmayer S. 7.

lich viel größerer, als die vulgäre Beurteilung des Wahlrechtsproblems es sich träumen läßt[18].

---

[18] Da es an einer modernen Philosophie des öffentlichen Rechts fehlt, so hat auch die heutige Staatsrechtswissenschaft keinen Anlaß gefunden, sich mit Sinn und Maßstäben des parlamentarischen Wahlrechts zu beschäftigen. Sie beschränkt sich auf die korrekte juristische Bearbeitung des positiven Rechts und die alte und immer neue Streitfrage, ob das Wahlrecht ein subjektives Recht oder bloße Organfunktion oder beides sei. Zugrunde liegt dabei historistischer Skeptizismus. Wenn Windthorst in der berühmten Rede zur Wahlrechtsfrage im konstituierenden Norddeutschen Reichstag erklärt, daß Wahlsysteme so recht eigentlich Gegenstände der Erfahrung und im wesentlichen nur nach den Resultaten der Erfahrung zu beurteilen seien [bei G. v. Below, Das parlamentarische Wahlrecht in Deutschland (1909), S. 17; vgl. v. Below selbst S. 72], wenn G. Meyer die Frage, welches Wahlrecht bestehen solle, „nicht von vorgefaßten prinzipiellen Gesichtspunkten aus, sondern lediglich nach politischen Zweckmäßigkeitserwägungen" entschieden wissen will (Das parlamentarische Wahlrecht S. 412), wenn G. Jellinek „das Problem des richtigen, gerechten Wahlsystems für ein absolut unlösbares" erklärt (Verfassungsänderung und Verfassungswandlung, 1906, S. 63), so schwebt dabei stets die Vorstellung eines Maßstabes der Gerechtigkeit oder Zweckmäßigkeit des Wahlrechts vor, dessen man sich nur nicht bewußt werden will, um nicht auf naturrechtliche Abwege zu geraten. Ein Klarwerden über diese ungeklärte Voraussetzung ist aber unerläßlich, und so ist es ein Fortschritt, wenn Gneist, allerdings in einem unglücklichen Zusammenhange, an L. Stein anknüpfend und über ihn hinausgehend, feststellt, „daß sich gesellschaftliche Strömungen in dieser Frage mit elementarer Gewalt überall geltend machen, und ihre endliche Lösung erst finden, wenn in dem sozialen Interessenstreit schließlich die in der Nation lebendigen Rechtsideen durchbrechen" (Die nationale Rechtsidee von den Ständen und das preußische Dreiklassenwahlsystem, 1894, S. 2).

Wohin die Vernachlässigung dieses Problems führt, lehrt das Buch von Leo v. Savigny, Das parlamentarische Wahlrecht im Reiche und in Preußen und seine Reform (1907). Echt rationalistisch begründet v. Savigny den Konstitutionalismus mit dem Mißtrauen gegen den Herrscher (S. 87), nennt als erste Aufgabe der Volksvertretung „die Befriedigung des Ratsbedürfnisses des Staates" (S. 15) und gibt ihr den Zweck, „eine größere Wahrscheinlichkeit für die Richtigkeit der sich durchringenden Entscheidung zu schaffen" (S. 19). Die Einführung einer Volksvertretung ist bedingt durch das Staatsinteresse, d. h. durch Zweckmäßigkeitserwägungen. „Erst wo diese Voraussetzung erfüllt ist, setzen Gerechtigkeitsvorstellungen ein", im Sinne angemessener Verteilung des Wahlrechts (S. 12, ähnlich S. 20: „soweit das Maß der zu gewährenden Teilnahme in Frage kommt, setzen auch zugleich zwingende Gerechtigkeitsvorstellungen ein..."). Daß die Nation überhaupt am Throne gehört werde, das ist keine Forderung der Gerechtigkeit, wohl aber, daß Hinz nicht benachteiligt werde durch höhere Bewertung von Kunzens Stimme. Das ist die bekannte Anschauung, die Recht und Gerechtigkeit nur zwischen Individuen, aber nicht in den elementaren Fragen des Staatslebens kennt, die Denkweise des 18., nicht des 20. Jahrhunderts.

Eine prinzipielle Begründung des eigenen Standpunkts war in diesem Zusammenhange nicht möglich. Es hätte dazu vor allem einer gründlichen Auseinandersetzung mit Erich Kaufmann (Das Wesen des Völkerrechts und die Clausula rebus sic stantibus, 1911, namentlich S. 145 ff., 206 ff.) bedurft, mit dem ich hier aber mindestens im Ergebnis übereinzustimmen glaube. — Die

Aber unsere Aufgabe war nur, den Maßstab des Wahlrechts zu finden, nicht, ihn anzuwenden. Hier beginnt das Gebiet der praktischen Politik, und so mögen unsere Erörterungen über die Maßstäbe des parlamentarischen Wahlrechts zugleich als ein Beispiel dienen für die Grenze, wie sie staatswissenschaftlicher Betrachtung einerseits und politischer Entschließung anderseits gezogen ist.

Frage nach dem Gerechtigkeitsmaßstab des Wahlrechts ist auch hier gewissermaßen die nach seinem Telos, um diesen von Kaufmann so glücklich wieder aufgenommenen Begriff Stahls anzuwenden.

Von Versuchen, einen modernen Maßstab zu formulieren, sei etwa noch angeführt v. Rochau: „Einen politisch gültigen Anspruch auf Vertretung im Repräsentativstaate hat aber nicht das Recht, nicht das Interesse, nicht die Zahl usw., sondern immer nur die Kraft, welche dem Recht, dem Interesse, der Zahl usw. innewohnt" (S. 19, vgl. S. 20 ff.); G. Waitz: „daß es bei jeder Vertretung vor allem darauf ankommt, die realen Kräfte im Volk zu erfassen und ihnen die gebührende Geltung zu geben . . ." aber „nach staatlichen Rücksichten" (bei v. Haxthausen II, S. 195, vgl. 211 f., 215 f., Grundzüge der Politik S. 63); J. Held bei v. Haxthausen II, 76 f.; Fr. v. Holtzendorff, Prinzipien der Politik (1869), S. 282 f.; A. Schäffle, Bau und Leben des socialen Körpers [1] (1875—78), I, 571 ff., IV, 261, 264 ff.; P. Klöppel, Staat und Gesellschaft (1887) S. 198 f.; Wittmayer S. 8, 13 ff., 50 f., 57, 147 f., 151, 156, 159; Fr. v. Wieser, Recht und Macht (1910), S. 149 f. — Eine Verzerrung des modernen Prinzips ist Berolzheimers „neuständische Klassenvertretung" (a. a. O. III, 232, 236, 238), die in die Bahnen der organischen Theorie zurückführt.

Ungeschriebenes Verfassungsrecht im monarchischen Bundesstaat

Gegenüber den älteren Bundesstaaten, der amerikanischen Union und der schweizerischen Eidgenossenschaft, ist das Deutsche Reich insofern in einem gewissen Nachteil, als es keine volkstümliche Verfassungsurkunde besitzt. An der beinahe abergläubischen Verehrung der Unionsverfassung mag viel „cant“ beteiligt sein; aber wenn J. Bryce von ihr sagt, daß wahrscheinlich auf keine Schrift der Welt außer dem Neuen Testament, dem Koran, dem Pentateuch und den Justinianischen Digesten soviel Geist und Mühe verwendet sei, wie auf die Erklärung des Textes der Unionsverfassung, so verdient sie in eben dieser Reihe anderseits auch als Volksbuch ihren Platz, und zwar noch vor dem Corpus juris. Und dasselbe gilt in entsprechend bescheidenerem Maße von der Verfassung der schweizerischen Eidgenossenschaft. In beiden Fällen spielt die Verfassungsurkunde diese Rolle nicht nur deshalb, weil Erziehung und politischer Stil der Demokratie von jeher auf die Bekanntschaft des einzelnen Mitglieds des souveränen Gesamtvolks mit dem Staatsgrundgesetz gehalten haben. Auch der innere, politisch-nationale Gehalt der beiden Urkunden rechtfertigt diese ihre Rolle. Wenn man die Schwelle überschreitet, über der die knappen, nüchtern-stolzen Worte der amerikanischen Präambel: „We the people of the United States“ usw. oder die altehrwürdig-feierlichen der schweizerischen stehen: „Im Namen Gottes des Allmächtigen! ...“ — dann fühlt man sich in der Tat auf amerikanischem, auf Schweizer Boden.

Ganz anders unsere Reichsverfassung. Sie ist ein außerordentlich nüchternes und wenig ansprechendes, schlecht gefaßtes und dem vollen Verständnis schwer zugängliches Gesetz. Der akademische Lehrer weiß am besten, ein wie geringer Bruchteil selbst innerhalb der Fachjuristen es zu einem befriedigenden Verhältnis mit unserem obersten Staatsgrundgesetz zu bringen pflegt. Dem deutschen Volk wird seine eigene Reichsverfassung stets fremd und unverständlich bleiben; es wird in ihren Artikeln nie den einleuchtenden, volkstümlichen Ausdruck der Grundlagen seines nationalen Staatslebens finden, wie ihn Amerikaner und Schweizer in ihren eben darum so hochgehaltenen Verfassungstexten besitzen.

Die republikanischen Bundesstaatsverfassungen sind kraft zwingender Notwendigkeit volkstümliche Urkunden. Die Reichsverfassung ist kraft ebenso zwingender Notwendigkeit in erster Linie ein diplomatisches Aktenstück. Das beruht nur z. T. auf ihrer undemokratisch-diplomatischen Entstehung, z. T. auf dem fortdauernden Wesen des monarchischen Bundesstaats.

Es ist hier nicht der Ort, diese Dinge in ihrem ganzen Zusammenhang zu entwickeln. Hier soll aus diesem Zusammenhang nur eine einzelne, bisher nicht genügend beobachtete Erscheinung herausgehoben werden, die einerseits ein Stück der äußerlichen Eigentümlichkeit, des „diplomatischen" Stils der Reichsverfassung darstellt, zugleich aber eng mit dem innersten Wesen des monarchischen Bundesstaats zusammenhängt: eine Sache der Verfassungs*sprache*, der Verfassungs*technik* und der Verfassungs*grundlagen* im Reich. Es handelt sich dabei um Verfassungsrecht, das entweder gar nicht oder in eigentümlich mißverständlicher Form geschrieben ist und deshalb bei der Darstellung des Reichsstaatsrechts — trotz großer praktischer Bedeutung — nur zu leicht völlig übersehen wird. Und inhaltlich liegt es auf dem Gebiet des Reichsverfassungsrechts, auf dem der monarchische Bundesstaat sich am grundsätzlichsten vom republikanischen unterscheidet, nämlich auf dem der Beziehungen zwischen Reich und Einzelstaaten.

1. Einige besonders klare Fälle unserer Erscheinung liegen zunächst im Bereich der *Rechte* der Einzelstaaten gegenüber dem Reich.

Dahin gehört z. B. der Bundesratsausschuß für die auswärtigen Angelegenheiten.

Im Frühjahr 1913 fragte in der Zweiten Kammer der württembergischen Stände beim Etat ein Abgeordneter nach der Beteiligung Württembergs an diesem Ausschuß und nach dessen Tätigkeit in den letzten beiden Jahren überhaupt. Der Ministerpräsident und Minister des Auswärtigen v. Weizsäcker machte darauf einige Angaben über den Ausschuß, die allerdings nichts enthielten, was der Öffentlichkeit nicht schon bekannt gewesen wäre. Er sei in den ersten fünfunddreißig Jahren seines Bestehens viermal, seit 1908 infolge einer Art von Reaktivierung regelmäßig im Herbst, 1912 außerdem auch im Frühjahr zusammengetreten. Es würden dabei vom Reichskanzler und vom Staatssekretär des Auswärtigen Amts Mitteilungen über die Grundzüge der auswärtigen Politik des Reichs, über die augenblickliche Lage und über die Absichten der Reichsleitung für die nächste Zukunft gemacht, und die Mitglieder hätten Gelegenheit, sich dazu zu äußern, es finde also eine Debatte statt. Außerdem würden den im Ausschuß vertretenen Einzelstaaten wichtige Aktenstücke und Memoranden des Auswärtigen Amtes mitgeteilt, der württembergischen Regierung durch Vermittlung des preußischen Gesandten[1].

Man versteht, daß der Fragesteller von dieser Auskunft nicht sehr befriedigt war und — ganz im Sinne der auch im Reichstag seit Windthorst oft gehörten Klagen — feststellte, „daß eine volle Beruhigung darüber, ob dieses Kontrollorgan diejenige Funktion ausübt, die ihm verfassungsmäßig zugeschrieben ist, auch jetzt noch nicht besteht." ... „Es soll nicht zu einer bloßen Dekoration herabsinken, es soll nicht bloß zu bloßen Monologen und zur Entgegennahme von Memoranden dienen."

Dabei war ihm aber eine letzte Bemerkung des Ministers entgangen. Dieser hatte mit den Worten geschlossen: „Ich möchte weiter darauf hinweisen, was im Grunde das wichtigste ist, daß die persönlichen Beziehungen zwischen der Reichsleitung und den leitenden Ministern in den Einzelstaaten die beste Garantie dafür geben, daß auch wirklich eine Kenntnis des Ganges der Dinge der auswärtigen Politik an die Einzelstaaten gelangt, und sie so in der Lage sind, für ihren Teil diejenige Stellung einzunehmen, die in diesen so außerordentlich ernsten Angelegenheiten Deutschlands erforderlich ist." Und als Entgegnung auf die Antwort des Abgeordneten fügte er noch hinzu, der Reichskanzler habe Anfang März 1913 die leitenden Minister der Einzelstaaten nach Berlin berufen zur Rücksprache über Heeres- und Deckungsvorlage und im Zusammenhang damit über die auswärtige Lage. Damals sei der Ausschuß nicht zusammengetreten, „weil gewiß auch nach den von den Mitgliedern des Ausschusses geteilten Empfindungen es gegenüber den in dem Ausschuß nicht vertretenen Bundesmitgliedern erhebliche Bedenken gehabt hätte, in dem vorliegenden Fall nur in einem engeren Gremium die betreffenden Mitteilungen zu machen".

Der staatsrechtliche Gedanke des württembergischen Staatsmannes ist also etwa folgender. Die Bestimmung der Reichsverfassung, die den auswärtigen Ausschuß anordnet, ist ihrem Sinne nach nicht verletzt durch die unbedeutende Rolle, die der Ausschuß bisher gespielt

[1] Verhandlungen der Württembergischen Zweiten Kammer, 39. Landtag, 1913. Protokollband 95, S. 671 f. (29. April 1913).

hat. Dem Willen der Reichsverfassung wird genügt durch die beständige Fühlung, die zwischen der Reichsleitung und den Regierungen der Einzelstaaten in auswärtigen Angelegenheiten auch abgesehen von den Tagungen des Ausschusses besteht. Ja, in gewissen Fällen wird gerade die Ausschaltung des Ausschusses im Interesse der Fühlungnahme mit allen Einzelstaaten dem Willen der Reichsverfassung am meisten entsprechen, so daß den im Ausschuß vertretenen Staaten selbst der Verzicht auf ihre vorzugsweise Berücksichtigung bei Mitteilungen über die auswärtige Lage geboten erscheint.

Art. 8 Abs. 3 der Reichsverfassung: „Außerdem wird im Bundesrate ... ein Ausschuß für die auswärtigen Angelegenheiten gebildet ...“ ist demnach ein Rechtssatz, der nur scheinbar eine organisatorische Einrichtung schafft, in der Hauptsache aber ein funktionelles Verhältnis zwischen Reich und Einzelstaaten herstellen will, und zwar das der pflichtmäßigen, regelmäßigen Fühlungnahme zwischen Reichsleitung und Einzelstaatsregierungen in auswärtigen Angelegenheiten. Selbstzweck ist diese Bestimmung nur, sofern in ihr der Rangvorzug einiger Bundesstaaten zum Ausdruck kommt[2], und sofern sie zugleich einen der möglichen Wege zur Durchführung des unausgesprochen in ihr versteckten funktionellen Grundsatzes vorzeichnet. Dieser Grundsatz selbst aber ist die Hauptsache, und daher ist die Vorschrift des Art. 8 Abs. 3 auch dann erfüllt, wenn die angestrebte Fühlung auf anderen Wegen hergestellt wird. Bismarcks klassische Briefe an Ludwig II., die Mitteilung besonders wichtiger Aktenstücke und der Ergebnisse der auswärtigen Politik an alle Einzelstaaten[3], Versammlungen der leitenden Minister, wie die vom März 1913, endlich die seit Kriegsausbruch täglich stattfindende Versammlung der diplomatischen Vertreter der Einzelstaaten im Auswärtigen Amt zur Entgegennahme von Mitteilungen über die neuesten politischen und kriegerischen Vorgänge zwecks Berichterstattung an ihre Regierungen — diese und andere Verständigungsformen in außenpolitischen Dingen beruhen nicht lediglich auf bundesfreundlichem Verhalten der Reichsleitung, sondern stellen ein verfassungsrechtlich

[2] Insbesondere Bayerns, das 1870 geradezu die Gleichberechtigung mit dem Bundespräsidium in auswärtigen Angelegenheiten angestrebt hatte (Brandenburg, Briefe und Aktenstücke zur Geschichte der Gründung des Deutschen Reiches, II 18). Von der Bedeutung des Ausschusses als gelegentliche Verstärkung der Stellung der Reichsleitung gegenüber dem Auslande oder dem Reichstage kann hier abgesehen werden. Vgl. Bergsträsser, Geschichte der Reichsverfassung, S. 108.

[3] Fürst Bismarck im Reichstage 4. Dez. 1874, Stenogr. Ber. II. Leg.-Per. 2. Sess. I 484, vgl. auch v. Roëll u. Epstein, Bismarcks Staatsrecht, S. 125 ff.

gefordertes Verhältnis her. Die rechtliche Notwendigkeit dieses Verhältnisses von Reich und Einzelstaaten beruht aber auf Art. 8 Abs. 3 der Verfassung, einer Bestimmung, deren Eigentümlichkeit also darin liegt, daß ihr eigentlicher funktioneller Sinn, die Notwendigkeit der Herstellung des Einvernehmens bezüglich der auswärtigen Politik zwischen der Reichsleitung und den Regierungen der Einzelstaaten, unter Umständen ihrer buchstäblichen Anwendung, der Versammlung des auswärtigen Ausschusses selbst, vorgeht und diese Versammlung geradezu ausschließt, wie im März 1913.

Die Gründe für diese Spannung zwischen Form und Inhalt des in Frage stehenden Rechtssatzes liegen auf der Hand. Das von ihm angestrebte Verhältnis war schon im Norddeutschen Bund eine politische Notwendigkeit und wurde es vollends nach dem Eintritt der süddeutschen Staaten, zumal Bayerns. Jetzt suchte man auch einen verfassungsrechtlichen Ausdruck dafür zu finden — eine genaue Formulierung wäre naturgemäß unmöglich oder jedenfalls für die Reichsleitung unerträglich gewesen. So blieb die eigentümliche Umschreibung durch die Einführung des auswärtigen Ausschusses, die aber nicht darüber täuschen darf, daß heute alle Verständigung der Bundesglieder von Reichs wegen in Sachen der auswärtigen Politik wenigstens grundsätzlich in Erfüllung einer verfassungsrechtlichen Pflicht des Reichs gegenüber den Einzelstaaten stattfindet, mag das Reich dabei den verfassungsmäßig vorgesehenen Weg durch den auswärtigen Ausschuß oder andere nach Lage der Dinge geeignetere einschlagen.

Analog liegen die Fälle verfassungsmäßig oder gesetzlich vorgesehener Mitwirkung des Bundesrats bei der Ernennung von Reichsbeamten. Allerdings liegt hier schon auf der organisatorischen Norm an sich größeres Gewicht als im Falle des auswärtigen Ausschusses: in der Beteiligung des Bundesrats soll ein gewisses Mitregiment der Einzelstaaten im Reich zum Ausdruck kommen. Aber alle diese Bestimmungen wollen natürlich noch mehr als die nur formelle Mitwirkung des Bundesrats. Die Einzelregierungen sollen dadurch auch sachlichen Einfluß auf diese Ernennungen, d. h. auf die Auswahl der zu Ernennenden erhalten, und zwar im Interesse der Einzelstaaten und deren angemessener, verhältnismäßiger Beteiligung an der Rekrutierung der Reichsbeamtenschaft. So ist in diesen Fällen z. T. eine feste Verteilungsnorm der zu besetzenden Stellen auf die Einzelstaaten entstanden, und die Einhaltung dieses Verteilungsverhältnisses wird von den Nächstbeteiligten als rechtliche Notwendigkeit betrachtet. Auch in anderen Fällen werden die Bundesstaaten und ihre Wünsche bei der Besetzung von Reichsbeamtenstellen berücksichtigt — dann handelt es sich aber um bloßes bundesfreundliches Verhalten der obersten Reichsstellen, höchstens um Befolgung einer Konventionalregel. Hier dagegen würde — etwa bei der Besetzung der Stellen durch die formell dazu berechtigte Bundesratsmehrheit ohne Frage als am Reichsgericht — die Zurücksetzung eines einzelnen Bundesstaats Unrecht empfunden werden. Hinter dem organisatorischen, formellen Rechtssatz etwa des § 127 GVG steht also der materielle, der den Einzelstaaten Anspruch auf verhältnismäßige Beteiligung an diesem Teil des Reichsdienstes gibt, nur daß der Reichsgesetzgeber aus guten Gründen weder einen so heiklen und dehnbaren Grundsatz selbst noch gar seine noch schwierigere Einzeldurchführung hat ausdrücklich festlegen wollen.

An der äußersten Grenze dieser Fälle liegt die Frage nach den Rechten der Einzelstaaten zum Schutz gegen Überstimmung im Bundesrat. Die — in § 26 der Geschäftsordnung freilich nur für die mündlichen Verhandlungen des Bundesrats und seiner Ausschüsse angeordnete — grundsätzliche Geheimhaltung der Vorgänge in der Sphäre des Bundesrats liegt zunächst im Interesse der einzelnen Bundesstaaten ebensosehr wie in dem ihrer Gesamtheit. Unter Umständen kann aber eine Regierung, die im Bundesrat in der Minderheit ist, ein Interesse an der Möglichkeit einer „Flucht in die Öffentlichkeit" haben. In einem Falle gewährt ihr die Reichsverfassung dies Recht ausdrücklich, wenn nämlich die Angelegenheit im Reichstag zur Sprache kommt, also vor allem dann, wenn der Gegenstand des Beschlusses eine Bundesratsvorlage an den Reichstag war: dann kann sie durch ihre Bevollmächtigten ihre „Ansichten" im Reichstag geltend machen, „auch dann, wenn dieselben von der Majorität des Bundesrates nicht adoptiert worden sind" (Art. 9). Einen zweiten Weg hat Bismarck selbst nach seiner Entlassung oft empfohlen, nämlich den der Verantwortlichkeit vor den Einzellandtagen — natürlich nicht im Interesse der konstitutionellen Schwächung der einzelstaatlichen Regierungen gegenüber ihren Landtagen, sondern im Interesse ihrer föderativen Stärkung gegenüber den Reichsorganen, vor allem dem Bundesrat. Aber wenn das erste Mittel in der Regel nur gegenüber Bundesratsvorlagen an den Reichstag anwendbar ist und auch da erst in einem verhältnismäßig späten Zeitpunkt, so ist das zweite für diesen Zweck regelmäßig viel zu schwerfällig. So bleibt die Frage, ob es dem verfassungsmäßigen Verhältnis der Einzelstaatsregierungen zum Reich und insbesondere zum Bundesrat entspricht oder nicht, wenn sie schon vor dem Beschluß des Bundesrats über eine Vorlage an den Reichstag oder vollends über eine Angelegenheit, die nicht in die Zuständigkeit des Reichstags fällt und in der daher die durch Art. 9 eröffnete Möglichkeit nicht besteht, durch anderweitigen Appell an die Öffentlichkeit[4] das Gewicht ihrer Stimme gegenüber

[4] Etwa durch halbamtliche Mitteilung ihres Standpunkts an die Presse, oder durch spontane Äußerungen im einzelstaatlichen Landtag.

drohender Überstimmung im Bundesrat verstärken darf. Bismarck hat nach seiner Entlassung auch diese Frage bejaht[5], und die Praxis, zumal der sächsischen Regierung, hat diese Freiheit in Anspruch genommen. Diese Praxis kann sich nur stützen auf einen allgemeineren Grundsatz, von dem die Bestimmung des Art. 9 nur ein einzelner Anwendungsfall ist — ein Anwendungsfall, der wieder in die organisatorische Anordnung eingekleidet ist, daß die einzelnen Bundesratsmitglieder auch dem Reichstage gegenüber Organe ihres Heimatstaates bleiben. Nur ist in diesem Falle der allgemeine Grundsatz nicht bewußt in eine engere und andersartige Anordnung verkleidet, sondern es ist mit der Bestimmung des Art. 9 zunächst nichts anderes als ihr wörtlicher Sinn gewollt gewesen[6].

2. Weniger leicht faßbar, aber im ganzen von größerer Bedeutung, ist dieselbe Erscheinung auf dem Gebiet der reichsverfassungsmäßigen Pflichten und Beschränkungen der Einzelstaaten. Dabei soll hier vorerst abgesehen werden von dem nächstliegenden Fall von Zuständigkeitsbegründungen zugunsten des Reichs, die äußerlich in der Form von Zuständigkeitsverteilungen innerhalb der Reichsorgane auftreten[7].

Ein wichtiges Beispiel hierfür ist die sogenannte „allgemeine" Reichsaufsicht. Die Verfassung nennt die dafür zuständigen Reichsorgane (Art. 17, 7 Ziff. 3, 19), bezeichnet aber den Gegenstand der Aufsicht (der zudem in Art. 17 und 7 nicht ganz derselbe ist) nur ganz allgemein als die „Ausführung der Reichsgesetze", ohne näher anzugeben, was nun eigentlich beaufsichtigt wird, die gesamte Staatstätigkeit der Einzelstaaten in Ausführung der Reichsgesetze oder nur ein Ausschnitt daraus. Diese Frage der gegenständlichen Abgrenzung der Reichsaufsicht wird bei deren einschneidendstem Akt, dem Mängelbeschluß des Bundesrats nach Art. 7 Ziff. 3, allerdings praktisch wohl keine allzu große Rolle spielen. Denn der Bundesrat macht offenbar

---

[5] v. Roëll-Epstein S. 271 f. Hermann Hoffmann, Fürst Bismarck 1890—1898, II 212 f., III 20 f., 28 f.

[6] R. v. Keudell, Fürst und Fürstin Bismarck, S. 337 (Diktat vom 19. November 1866).

[7] Vor allem in Art. 11, auch Art. 18: Triepel in den Staatsrechtlichen Abhandlungen (Festgabe für Paul Laband) II 286 f. — Dagegen geht z. B. Haenel zu weit in dieser Richtung, wenn er das sachliche Verbot von Eigenmacht und Selbsthilfe unter den Bundesstaaten lediglich aus der formellen Zuständigkeitsbegründung des betreffenden Reichsorgans zur „Erledigung" solcher Streitigkeiten auf Anrufen eines Teils (Art. 76 Abs. 1) herleiten will (Staatsrecht I 577 unten). Diese grundlegenden materiellen Normen brauchen allerdings nicht auf diesem Umwege aus bloßen Verfahrensvorschriften erschlossen zu werden, obwohl sie nicht in der Reichsverfassung stehen; s. unten S. 48 Anm. 16 und S. 52 Anm. 21.

überhaupt nicht oft von dieser seiner Zuständigkeit Gebrauch[8], und wenn es geschieht, dann mehr in den Formen diplomatischer Verständigung[9] als auf Grund scharf begrenzter und rücksichtslos geltend gemachter rechtlicher Zuständigkeit. Aber an einer anderen Stelle spielt die zweifelsfreie Abgrenzung der Aufsichtssphäre eine praktische Rolle, nämlich bei dem Aufsichtsrecht des Kaisers (Art. 17), für dessen Ausübung der Reichskanzler dem Reichstag verantwortlich ist. Hier müssen auch die Grenzen der Aufsicht und damit des Rechts des Reichstags auf verantwortliche Vertretung ihrer Ausübung unbestritten feststehen, und eine solche Abgrenzung hat daher auch in der Praxis in dem Sinne stattgefunden, daß Gegenstand der Aufsicht nur die grundsätzlichen Anordnungen der einzelstaatlichen Zentralbehörden sind, daß daher auch nur solche unter dem Gesichtspunkt der Reichsaufsicht zum Gegenstand der Ministerverantwortlichkeit des Reichskanzlers gemacht werden können[10]. Es kann hier dahingestellt bleiben, ob diese Abgrenzung sich aus dem Zusammenhang der Reichsverfassung von selbst mit Notwendigkeit ergibt oder ob sie erst auf späterem Gewohnheitsrecht beruht oder noch nicht einmal als solches anzuerkennen ist: jedenfalls besteht das Bedürfnis dieser sachlichen Abgrenzung, die aus den organisatorischen Bestimmungen der Reichsverfassung über die Reichsaufsicht mindestens nicht ohne weiteres herauszulesen ist, mit ihnen aber offenbar doch wenigstens mittelbar gegeben sein soll. Es ist bezeichnend für die irreführende Wirkung dieser Behandlung der Sache in der Reichsverfassung, daß diese Abgrenzung in den Darstellungen des Reichsstaatsrechts nicht erwähnt, ja daß nicht einmal das Bedürfnis nach ihr empfunden wird[11].

---

[8] Vgl. Thoma, Verhandlungen des 30. Deutschen Juristentages I 67 Anm. 30, und die dort angezogenen, der Öffentlichkeit bekanntgewordenen Einzelfälle.

[9] Das „bundesfreundliche Avertissement" Seydels (Staatsrechtliche Abhandlungen II 108). Vgl. seine Erörterung Kommentar ² 62: „... es gibt nicht dem Reiche gegenüber ‚ungehorsame Regierungen der Einzelstaaten'. Denn es handelt sich um kein Unterwürfigkeits-, sondern um ein Vertragsverhältnis. Die Ergebnisse der Reichsaufsicht bilden lediglich den Gegenstand diplomatischer Erörterung zwischen Reich und Staaten, wobei allerdings Art. 19 der Anschauung des Reichs ein Übergewicht sichert." Staatsrechtlich kann das Verhältnis nicht unrichtiger, tatsächlich-politisch nicht zutreffender geschildert werden.

[10] Vgl. z. B. die Äußerungen der Regierungsvertreter vom 4. März 1913 (Sten. Ber. Bd. 288 S. 4230 B), 27. Mai 1913 (Bd. 290 S. 5247 C), 4. Februar 1914 (Bd. 292 S. 6998 C), 12. Februar 1914 (Bd. 293 S. 7254 D).

[11] Von einigen Schriftstellern ist wenigstens richtig erkannt, daß die Reichsaufsicht sich nur gegen die obersten Organe des Einzelstaats richtet: Haenel, Staatsrecht I 306, 312, 321 f., 798, Kiefer, Das Aufsichtsrecht des Reichs über die

In diesen Zusammenhang gehören ferner die Pflichten der Einzelstaaten gegenüber dem Reich in bezug auf ihre eigene Verfassung. Solche Pflichten bestehen, auch wenn in der Reichsverfassung jede Analogie zu den Bestimmungen der republikanischen Bundesverfassungen fehlt, in denen diese ihren Einzelstaaten grundlegende Vorschriften für deren Staatsform machen. Dort ist es regelmäßig das Vorbild des Gesamtstaats, an das die Einzelstaaten in gewissen obersten Richtlinien bezüglich ihrer Verfassung gebunden werden: Wahrung der republikanischen Staatsform, Zulassung der Volksinitiative usw. Ganz anderer Art sind die entsprechenden Bindungen im Reich.

In erster Linie steht hier die Pflicht Preußens, dem Reich in seinem König jederzeit den Kaiser zu stellen, d. h. also seine monarchische Verfassung beizubehalten. Die Reichsverfassung braucht davon nicht zu sprechen, sie konnte dem politischen Selbsterhaltungstrieb Preußens das Festhalten der Verbindung des Kaisertums mit dem Träger der preußischen Krone überlassen. Deshalb besteht eine solche Bindung Preußens doch zu Recht: die monarchische Spitze des preußischen Staates ist eine Voraussetzung des Kaisertums und damit des Bestandes der Reichsverfassung, und es gehört zu den Mitgliedspflichten Preußens im Reichsverband, diese Voraussetzung seines Bestandes nicht in Frage zu stellen. Preußen ist reichsrechtlich gehindert, seine monarchische Staatsform aufzugeben[12].

Von anderen unausgesprochenen Pflichten Preußens, wie sie sich aus dem Zusammenhang von Reichskanzler, Bundesrat und preußischem Staatsministerium ergeben[13], kann hier ebenso abgesehen werden, wie

---

Einzelstaaten S. 57, Anschütz in Holtzendorff-Kohlers Enzyklopädie der Rechtswissenschaft [7] IV 73. Daraus könnte die von der Praxis befolgte sachliche Begrenzung vielleicht gefolgert werden: die eigenste Tätigkeit der obersten Organe ist eben der Erlaß grundsätzlicher Anordnungen. Aber diese Folgerung wird nirgendwo gezogen, und Anschütz bezeichnet in demselben Zusammenhang als Gegenstand der Reichsaufsicht gerade ausdrücklich „die gesamte einzelstaatliche Tätigkeit in den Angelegenheiten des Art. 4, auch die gesetzgeberische, desgleichen die richterliche ... vor allem aber die ausführende verwaltende" (S. 72). Der Wahrheit kommt am nächsten Thoma a. a. O. S. 69: „In aller Regel dürfte die Anregung zu Entscheidungen des Bundesrats gemäß Art. 7 Ziff. 3 nicht von einzelnen Beschwerdeführern, sondern von den Reichsämtern und Reichskommissionen ausgehen und sich nicht auf Einzelfälle, sondern auf dauernde Zustände oder Einrichtungen beziehen."

[12] Haenel I 351, v. Jagemann, Die deutsche Reichsverfassung S. 103.

[13] Vgl. z. B. Haenel, Organisatorische Entwicklung der deutschen Reichsverfassung S. 28.

von den Folgen, die sich aus einer etwaigen zukünftigen Vorherrschaft des Parlaments im Reich wie in Preußen für die Gestaltung des Wahlrechts zum Preußischen Abgeordnetenhause ergeben würden.

Preußen ist aber nicht der einzige deutsche Staat, der dem Reich auch ohne ausdrückliche grundgesetzliche Anordnung bezüglich seiner Verfassung verpflichtet ist[14]. Auf den ganzen Bereich ihrer Verfassungen und ihrer Tätigkeit bezieht sich ein Pflichtenkreis der Einzelstaaten, von dem die Reichsverfassung nicht spricht, der aber in der braunschweigischen Frage vom Reich geltend gemacht und von dem beteiligten Einzelstaat anerkannt ist. Es ist sehr bezeichnend, daß die staatsrechtliche Literatur bei Erörterung der Braunschweiger Angelegenheit regelmäßig zunächst die Frage nach der Zuständigkeit des Bundesrats und ebenso regelmäßig nicht die andere nach dem Rechtssatz zu stellen pflegt, der in so einschneidender Weise einen deutschen Einzelstaat zwang, auf seinen rechtmäßigen Herrscher zu verzichten; obwohl diese Frage als die materiellrechtliche die Vorfrage für jene andere nach dem zuständigen Reichsorgan ist. Weil die Reichsverfassung mit gutem Grunde, wo es ihr irgend möglich ist, nicht von Pflichten der Einzelstaaten, sondern nur von Zuständigkeiten der Reichsorgane spricht, so ist ihr die Theorie des Reichsstaatsrechts mit sehr viel geringerem Recht darin gefolgt, in ihrer Systematisierung überhaupt wie im einzelnen gerade bei der Erörterung der braunschweigischen Frage. Dabei handelt es sich hier sachlich um Erfüllung einer durch das Reichsrecht begründeten Pflicht, und formell um ein Verfahren zur Feststellung dieser Pflicht, d. h. um eine Reichsaufsichtsangelegenheit[15]. Die hier in Frage stehenden Pflichten lassen sich jedenfalls, wenn man nur die Reichsverfassung zugrunde legt, kaum anders als aus der Zuständigkeit des Reichs zur Friedensbewahrung erschließen[16].

---

[14] Über Fälle ausdrücklicher reichsgesetzlicher Vorschriften für die Ausgestaltung bestimmter Einrichtungen des einzelstaatlichen Verfassungsrechts vgl. Laband I[5] 107 Anm. 1.

[15] Vgl. unten 52 Anm. 21.

[16] Haenel I 351 führt aus, daß nur Preußen bezüglich seiner Verfassungsform durch die Reichsverfassung gebunden sei. „Im übrigen ist die Aufrechterhaltung und Fortbildung der partikularen Verfassungen innere Angelegenheit der Einzelstaaten, unbeschadet selbstverständlich der Befugnisse des Reichs, die ihm aus den anderweitigen Kompetenzen der Friedensbewahrung und der Schlichtung von Verfassungsstreitigkeiten entstehen können." Aber diesen „Befugnissen" muß eine Unterwerfung und Verpflichtung der Einzelstaaten gegenüberstehen, und deshalb gehört die Verpflichtung Braunschweigs noch enger mit der bezeichneten Preußens zusammen, als die Haenelsche Zusammenstel-

3. Mit diesen einzelnen Fällen aus dem Gebiet der Rechte der Einzelstaaten gegenüber dem Reich einerseits und ihrer Pflichten und Unterwerfung gegenüber dem Reich andrerseits sind nur die hauptsächlichsten Richtungen bezeichnet, in denen die in Frage stehende Erscheinung zu beobachten ist. Ihr sachlicher Bereich ist damit nicht erschöpft — Vollständigkeit in dieser Hinsicht wäre auch nur auf dem Wege höchst verwickelter Einzeluntersuchung zu erreichen, für die hier nicht der Ort ist.

Das Problem hat aber seinen Sitz nicht allein in der Reichsverfassung und in den Besonderheiten ihrer Gesetzestechnik. Es besteht darüber hinaus auch in der Praxis des Reichsstaatsrechts, in gewissen Eigentümlichkeiten der Beziehungen zwischen Reich und Einzelstaaten, die man als den föderativen Sprachgebrauch oder noch besser als den föderativen Stil unseres gesamtstaatlichen Verfassungslebens bezeichnen könnte. Es handelt sich, kurz gesagt, um den herrschenden Sprachgebrauch der Reichsleitung und der einzelstaatlichen Regierungen, wonach das Reich durch Vertrag entstanden ist und als vertragsmäßiges Verhältnis mit entsprechenden Bundespflichten der Mitglieder, also als Staatenbund, nicht als Bundesstaat, auch weiterhin besteht — und es handelt sich vor allem um die politischen Wirklichkeiten, die hinter diesem Sprachgebrauch stehen.

Auf diesen föderativen Sprachgebrauch hat der kleine Kreis der Seydelschen Schule die staatsrechtliche Theorie von dem staatenbündischen Charakter des Reichs begründet — zu Unrecht, und ohne damit viel Anhänger zu finden. Die große Mehrheit der staatsrechtlichen

---

lung erkennen läßt. — Vgl. die nur andeutende Bemerkung bei Laband I 107 Anm. 1.

Die Auffassung der Bundesratsbeschlüsse in der braunschweigischen Sache als Aufsichtsakte habe ich in der Deutschen Juristen-Zeitung 1913 S. 1347 zu begründen gesucht. Der braunschweigische Antrag vom 10. Januar 1907 erkennt an, „daß das Herzogtum ... als Glied des Deutschen Reichs auch die aus dieser Zugehörigkeit zum Deutschen Reich erwachsenden Pflichten dem Deutschen Reiche selbst und den übrigen Bundesstaaten gegenüber zu erfüllen habe. Von dieser Auffassung ausgehend haben sich die maßgebenden Organe des Herzogtums ... den Bundesratsbeschluß vom 2. Juli 1885 zur Richtschnur dienen lassen. Der neuen Sachlage gegenüber ... versagt dieser Bundesratsbeschluß. Eine neue Richtschnur an die Stelle zu setzen, liegt außerhalb der Grenzen der Zuständigkeit des Einzelstaates. Braunschweig aber bedarf derselben". (Jahrbuch des öffentlichen Rechts I 355 f.) Es handelt sich also nicht um die Entscheidung in einem Streit zwischen Preußen (das 1906/1907 auch gar nicht als Partei mit Anträgen an den Bundesrat herangetreten ist) und dem mit Preußen „im Kriegszustand befindlichen" Herzog von Cumberland oder dessen Land, sondern um die Feststellung einer Pflicht Braunschweigs gegen das Reich. — Ähnlich Kiefer S. 40 ff.

Schriftsteller ist an diesem Sprachgebrauch um so geringschätziger vorübergegangen, ohne ihn eines Blickes oder einer mehr als beiläufigen Bemerkung über seine juristische Unhaltbarkeit zu würdigen. Erst neuerdings hat Triepel darauf aufmerksam gemacht, daß jedenfalls für die politische Betrachtung diese föderative Sprechweise von den „vertragsmäßigen Grundlagen der Reichsverfassung" doch eine sehr beachtenswerte Tatsache ist. Auch er hat sie allerdings als juristische Lehre für unhaltbar erklärt. „Die »föderative Grundlage« ist nichts anderes als die geschichtliche Tatsache, daß die Verfassung mit dem Willen aller Einzelstaaten ins Leben gerufen worden ist." Diese Tatsache sei aber von größter nachwirkender politischer Bedeutung, denn auf sie „führen die Gliedstaaten ihre Treue gegen das Reich zurück"[17].

Bismarck hat dieser „vertragsmäßigen Grundlage" eine weitergehende Bedeutung beigelegt. Um ein an die eingangs erwähnten Fälle anschließendes Beispiel herauszugreifen: er betrachtet sich in folgerichtiger Durchführung des staatenbündischen Gedankens als den Beamten der sämtlichen deutschen Einzelstaaten; er erklärt Hohenlohe, er könne gegen den König von Bayern zu nichts die Hand bieten, „was ich nicht auch für seines Dienstes halten könnte", ist einverstanden mit Hohenlohes Äußerung dem König gegenüber, „daß Bismarck in seiner Eigenschaft als Reichskanzler sich als den Diener des Königs von Bayern ansehe und sich verpflichtet halte, dem König seine Huldigung darzubringen", und hält dafür die Vermittlung des preußischen Gesandten für überflüssig[18] — ein Gedanke, der heute noch in den Antrittsbesuchen einer Reihe oberster Reichsbeamter an den wichtigeren deutschen Höfen anklingt. Nun war Bismarck über die staatsrechtliche Stellung der Reichsbeamten und des Reichskanzlers insbesondere von vornherein nicht im unklaren[19]; andrerseits sind diese und viele ähnliche Äußerungen aus demselben Zusammenhang auch ganz gewiß nicht als einfache bundesfreundliche Phrase zu verstehen. Es handelt sich vielmehr um genau dieselbe Erscheinung wie etwa beim Bundesratsausschuß für auswärtige Angelegenheiten: die Aus-

---

[17] Unitarismus und Föderalismus im Deutschen Reiche, S. 29.

[18] Bismarck an Hohenlohe 18. Februar 1875, Denkwürdigkeiten des Fürsten Chlodwig zu Hohenlohe-Schillingfürst II 148; Aufzeichnung H.s vom 21. April 1873, das. S. 97.

[19] Vgl. etwa die Auseinandersetzung über die staatsrechtliche Stellung der Marinebeamten im Brief an Roon vom 27. August 1869 (Denkwürdigkeiten aus dem Leben des Generalfeldmarschalls Kriegsministers Grafen von Roon [5] III 123).

sage von der organisatorischen Rechtsstellung des Kanzlers als gemeinsamen (staatenbündischen) Beamten der Bundesfürsten ist nur eine Verhüllung des eigentlich gemeinten funktionellen Verhältnisses: daß nämlich der Kanzler gehalten ist, seine Amtsführung so einzurichten, „als ob" seine Stellung nicht die des ersten Beamten eines den Einzelstaaten übergeordneten Gemeinwesens, sondern die eines von ihnen gemeinsam Beauftragten wäre. Und so ist der gesamte „föderative Sprachgebrauch" gemeint: nicht nur wird das Festhalten an den Rechtsverhältnissen der Reichsverfassung selbst erleichtert und sichergestellt durch die Erinnerung an die geschichtliche Tatsache ihrer Vereinbarung, sondern diese Vereinbarung gibt noch fortwirkend dem Reichsstaatsrecht einen über die ausdrücklichen Bestimmungen der Reichsverfassungsurkunde hinausgreifenden Inhalt. Reich und Einzelstaaten stehen nicht nur in dem Verhältnis der Über- und Unterordnung, das die staatsrechtliche Auslegung aus der Reichsverfassung zunächst als ihren Hauptinhalt entnehmen muß, sondern zugleich in dem Verhältnis des Bundes zu den Verbündeten: d. h. jeder der Verbündeten schuldet den anderen und dem Ganzen die Bundes-, die „Vertrags"-Treue und hat in diesem Sinne seine reichsverfassungsmäßigen Pflichten zu erfüllen und seine entsprechenden Rechte wahrzunehmen. Vor allen anderen ist das die Pflicht Preußens, als dessen Machtsteigerung der ganze Bereich des „Bundespräsidiums", der kaiserlichen Exekutive, in diesen Zusammenhängen noch immer gewertet wird: auch abgesehen von allen formellen Vorschriften und Beschränkungen der Reichsverfassung soll die „Reichsleitung" im Bereich des Bundespräsidiums nicht im Geiste der formellen staatsrechtlichen Überordnung, sondern in dem der bundesfreundlichen „Vertragstreue" eines gleichgeordneten „Verbündeten" geführt werden. Was das Reich und die Einzelstaaten, d. h. was politisch angesehen vor allem Preußen und die übrigen Einzelstaaten einander schuldig sind, das ist nur zum Teil der Reichsverfassung zu entnehmen; wie neben den sonstigen Vorschriften über den Inhalt der einzelnen Schuldverhältnisse für den Geist ihrer Erfüllung der Grundsatz von Treu und Glauben rechtlich maßgebend ist, so für den Inhalt der Vorschriften der Reichsverfassung, soweit die Einzelstaaten irgendwie beteiligt sind, der Grundsatz der Vertragstreue und der bundesfreundlichen Gesinnung. Und zwar rechtlich maßgebend: im Leben der inneren Reichspolitik wird die Befolgung dieser Grundsätze nicht nur als politisch zweckmäßig oder nur als durch bundesstaatliche Sitte und Herkommen festgelegt betrachtet, sondern als die dauernde Rechtsgrundlage und Rechtsform des bundesstaatlichen Gesamtverhältnisses. Die „föderativen Grundlagen der Reichsverfassung" geben nicht nur den geschriebenen Sätzen der Reichsverfassung eine gewisse politische Farbe und Wirkungskraft[20], sondern sie bedeuten ihre Bereicherung um wichtige ungeschriebene[21]. Die Mehrheit in der staatsrechtlichen Theorie hat dies Stück des Reichsstaatsrechts ebenso vernachlässigt, wie die kleine föderalistische Minderheit es übertrieben hat: erst mit seiner Anerkennung erhalten einige magere Abschnitte der Reichsverfassung ihr eigentliches Leben und tritt neben das System der Über- und Unterordnung im Reich das ebenfalls grundlegende der bundesmäßigen Gleichordnung aller Einzelstaaten, auch des hegemonisch verstärkten Preußen. Eine solche Betrachtung allein kann die politische Wirklichkeit im Reich mit den von der Theorie behaupteten Grundlagen des Reichsstaatsrechts in Einklang bringen.

4. An diesem Einklang fehlt es nicht nur im Verhältnis von reichsstaatsrechtlicher Theorie und Praxis, sondern auch innerhalb der Praxis selbst, zumal im Verhältnis von Bundesrat und Reichsleitung einer- und Reichstag anderseits. Mindestens eine Ursache dieses Zustandes liegt in den oben entwickelten Umständen.

Man kann das zunächst an einzelnen dieser Beziehungen verfolgen. Es wird sich hier regelmäßig darum handeln, daß Theorie und Parlament sich an die geschriebene Reichsverfassung halten und ihre ungeschriebene Ergänzung verkennen, während die verbündeten Regierungen diese letztere Seite eher zu überschätzen geneigt sein werden.

So im Fall des auswärtigen Ausschusses. Seit mehr als vierzig Jahren wiederholen sich im Reichstag und in den einzelstaatlichen Parlamenten die Klagen über den Widerspruch zur Verfassung, der in der Unregelmäßigkeit und Unzulänglichkeit der Überwachung der auswärtigen Politik durch den Ausschuß liege. Die Antworten darauf lauten regelmäßig etwa so wie die oben angezogene des württembergischen Ministerpräsidenten und lassen die Fragesteller regelmäßig auch ebenso unbefriedigt, weil ihnen die Spannung zwischen dem buchstäblichen Sinn der entsprechenden Verfassungsvorschrift und ihrer eigentlichen Bedeutung ebenso unklar bleibt, wie sie anderseits den Regierungen selbstverständlich ist.

---

[20] So etwa Triepel a. a. O.

[21] Hier liegt auch die maßgebende Rechtsquelle für die Pflicht Braunschweigs zur Einleitung und Fortführung seiner Regentschaft. Vgl. oben Anm. 7 und Anm. 15.

Handelt es sich hier um Verkennung des hinter dem geschriebenen Verfassungssatz stehenden ungeschriebenen Verfassungsrechts auf seiten der Regierten, so liegt umgekehrt auf seiten der Regierenden die Gefahr einer Überschätzung eben dieser Erscheinung nahe. In der Gewöhnung an unbedingte Einhaltung der ungeschriebenen reichsverfassungsmäßigen „Vertragspflichten" kommen sie um so eher zu einer Vernachlässigung der geschriebenen Verfassungsnormen, als sie in diesen leicht nur die vielfach ungenaue und unzulängliche Einkleidung jener ungeschriebenen zu sehen pflegen. Der Buchstabe der Reichsverfassung mag notleiden, wenn nur ihrem föderativen Geist sein Recht geworden ist. So konnte die Reichsleitung glauben, eine Verständigung der Bundesregierungen auf diplomatischem Wege könne die — ihr demgegenüber als unwesentliche Form erscheinende — Abstimmung des Bundesrats über einen vom Reichstag beschlossenen Gesetzentwurf ersetzen: der bekannte Vorgang bei der Entstehung des Gesetzes betr. Änderung des Militärstrafgesetzbuchs vom 8. August 1913. Warum sollte dem Plenum des Bundesrats nicht recht sein, was dem auswärtigen Ausschuß billig ist: als e i n e mögliche Verständigungsform durch andere von sachlich gleicher oder stärkerer Wirkung im Sinne des bundesmäßigen Einvernehmens ersetzt zu werden? Die schweren verfassungsmäßigen Bedenken liegen hier allerdings auf der Hand.

So besteht eine gewisse Rechtsunsicherheit auf dem Boden der Reichsverfassung, die sich aber nicht auf Einzelpunkte wie die genannten beschränkt. Sie hat in der parlamentarischen Geschichte des Reichs von Anbeginn eine große Rolle gespielt und ihren Ausdruck zumeist im Mißtrauen der Parteien gegenüber der verfassungsrechtlichen Gewissenhaftigkeit Bismarcks gefunden. Die Schuld an diesen Verhältnissen hat sicher z. T. an den Beteiligten gelegen — an einem gewissen konstitutionellen Doktrinarismus der Parteien, die daneben die föderativen Notwendigkeiten verkannten, vielleicht ebensosehr wie an der Gewaltsamkeit, mit der der Schöpfer der Reichsverfassung sich oft den unitarischen und konstitutionellen Notwendigkeiten zu entziehen gesucht hat, die ihm zum Teil aufgedrängt waren und zu deren voller Anerkennung er sich nie hat entschließen können. Aber abgesehen davon ist das so häufige gegenseitige Sichnichtverstehenkönnen von Regierung und Volksvertretung im Reich in verfassungsrechtlichen Grundfragen wenigstens mitbedingt auch durch die gekennzeichnete Unzulänglichkeit unserer Verfassungsurkunde; Reichsregierung und Reichsparlament sprechen auch deshalb eine so verschiedene Sprache in Reichsverfassungsfragen, weil für die Regierung zum Text der Verfassung noch die ganze Welt der „Bündnisverträge“ hinzutritt, für sie dank der beständigen bundesfreundlichen Fühlung der Regierungen untereinander ebenso selbstverständlich wie für die Volksvertretung unbeachtlich und fernliegend. Für die Regierung hat jedes der beiden Elemente sein Recht: das unitarisch-konstitutionelle, das die Haenelsche Reichsstaatsrechtstheorie beherrscht, so gut wie das föderative, von dem die Seydelsche getragen ist — obwohl das letztere mehr eine stillschweigende Voraussetzung und Ergänzung der Verfassung als aus dieser selbst recht zu erschließen ist[22]. Die Theorie ist andere Wege gegangen und daher ohne Fühlung mit den Rechtsüberzeugungen der verbündeten Regierungen und der Reichsleitung, sowohl in den genannten beiden literarischen Klassikern der gegensätzlichen staatsrechtlich-politischen Grundauffassungen wie in den farbloseren Darstellungen, etwa des Labandschen Werks, in dem ebenfalls das Nebeneinander der beiden Elemente nicht zu voll befriedigendem Ausdruck kommt[23]. Diese mangelnde Fühlung beruht aber mindestens zum Teil auf der unvollkommenen Deckung von formellem und materiellem Reichsverfassungsrecht, die den Ausleger der Reichsverfassungsurkunde in die Gefahr bringt, ein nicht ganz zutreffendes Bild vom System des Reichsstaatsrechts zu entwerfen. Und dieselben Gründe, die hier der Theorie gefährlich geworden sind, verhindern zugleich die volkstümliche Wirkung der Verfassung: ein politisches Grundgesetz, das geflissentlich nicht alles sagt, was es meint — und das gilt von der Reichsverfassung sowohl nach der föderativen wie nach der unitarisch-konstitutionellen Seite[24] — ein solches Grundgesetz kann auch niemals für ein Volk die Grundlage seiner verfassungsrechtlichen Überzeugungen und der Ausdruck seines politi-

[22] Vgl. das wichtige Zeugnis bei v. Jagemann, S. 45: „In der Bundespraxis ist folgender Satz als feststehend erachtet worden: ... Beide Eigenschaften, Bundesvertrag und Gesetz, mit ihren Wirkungen bestehen ... nebeneinander. In Gemäßheit dieser Auffassung aber unterliegen die Bestimmungen des in der Verfassung enthaltenen Vertrages der Bundesregierungen, welche sich auf das Recht der letzteren bezieht (so! gemeint ist wohl: „beziehen“), den Grundgesetzen über die Auslegung der Verträge.“

[23] Am reinsten gibt es der Praktiker unter den Schriftstellern des Reichsstaatsrechts, v. Jagemann, wieder (vgl. z. B. die vorige Anm.); mit einer gewissen Verkürzung der f o r t d a u e r n d e n föderativen Seite Triepel (s. oben S. 50 Anm. 17).

[24] Hier vor allem in dem völligen Verzicht, die durch das Amendement Bennigsen zu Art. 17 bewirkten grundlegenden Veränderungen im System der reichsstaatsrechtlichen Gewaltenteilung im Text der Verfassung auch nur anzudeuten.

schen Selbstbewußtseins werden, wie das den älteren republikanischen Vorbildern gelungen ist und einer Verfassung in der Art der Frankfurter auch in Deutschland gelungen wäre. Daß die reichsstaatsrechtlichen Grundanschauungen der eigentlichen Träger des Verfassungslebens im Reich (abgesehen vom Reichstag) vom Reichsvolk nicht recht verstanden und von der Theorie nicht geteilt werden, ist unter dem Gesichtspunkt eines von gesundem politischem Rechtsgefühl getragenen Verfassungslebens kein erfreulicher Zustand.

5. Wo liegt nun der letzte Grund und Sinn dieser inhaltlichen Unvollständigkeit und der damit zusammenhängenden sachlichen Eigentümlichkeit unserer Reichsverfassung?

Zunächst natürlich in der technischen Schwierigkeit, die hier in Betracht kommenden Rechtsbeziehungen in scharf gefaßte Verfassungsartikel einzukleiden. Das gilt, um auf die eingangs entwickelten Beispiele zurückzugreifen, sowohl von den Pflichten des Reichs gegen die Einzelstaaten wie von denen der letzteren gegen das Reich.

Das Maß, in dem das Reich den Einzelstaaten Nachrichten oder gar gegenseitige Aussprache und Verständigung schuldig ist, läßt sich nicht unmittelbar durch einen noch so dehnbaren Satz festlegen, der nicht mit Notwendigkeit Mißverständnisse und widersprechende Auslegungen nach sich ziehen würde. Daher die Umschreibung des Art. 8 Abs. 3 (Ausschuß für auswärtige Angelegenheiten). Oder der Grundsatz der Verhältnismäßigkeit für die Beteiligung der Einzelstaaten an der Besetzung der Reichsbehörden: formuliert wäre er unerträglich, würde er im Einzelfall die Quadratur des Zirkels anordnen. In der Einkleidung etwa des § 127 GVG (Ernennung der Mitglieder des Reichsgerichts auf Vorschlag des Bundesrats) kommt der Grundsatz zu befriedigender Geltung, unter Vermeidung aller technischen Schwierigkeiten.

Dasselbe gilt von der Pflichtenstellung der Einzelstaaten gegenüber dem Reich. In welchem Umfang die Einzelstaaten noch auswärtige Politik treiben dürfen, ohne die Schranken der dem Reich vorbehaltenen „hohen" Politik zu überschreiten — oder welche Rücksichten sie in ihrem eigenen inneren Verfassungsleben dem Reich schuldig sind (wie im braunschweigischen Fall) — das wäre in Verfassungsartikeln kaum auszudrücken, und wenn es geschehen wäre, würde die sorgfältigste und bestüberlegte Fassung im Einzelfall mehr schaden als nützen, während der allgemeine Grundsatz der „Bundestreue" elastisch genug ist, um überall den Geist und die Einzelheiten der Lösung derartiger Fragen richtig zu bestimmen.

Damit ist schon ein weiterer, nicht minder wichtiger Grund berührt, nämlich der einer gewissen bundesstaatlichen Höflichkeit. Daß die Einzelstaaten die Reichsgesetze auszuführen haben, dabei vom Reich beaufsichtigt und nötigenfalls zur Pflichterfüllung angehalten und gezwungen werden sollen, kann die Verfassung diesen Staaten mit ihren monarchischen Häuptern nicht mit kalter Rücksichtslosigkeit ins Gesicht sagen. Sie umschreibt es daher in den versteckten Sätzen der Art. 4, 17, 7 Ziff. 3, 19. Die republikanischen Bundesverfassungen sind freier von derartigen Rücksichten und nehmen insofern kein Blatt vor den Mund. Die schweizerische gesteht den Kantonen ausdrücklich die Souveränität zu (Art. 3) — eine im Zusammenhang der nüchternen Technik der Reichsverfassung undenkbare Versicherung —, wendet sich dann aber alsbald an sie im herrischen Tone der Polizeiverordnung: den Kantonen werden besondere Bündnisse usw. „untersagt" (Art. 7). So kann man nicht zu gekrönten Häuptern, oder, wie der Sprachgebrauch der Reichspraxis es ausdrücken würde, so kann nicht ein Bundesvertrag zu den Verbündeten sprechen: wobei die staatenbündische Formel wieder lediglich die Einkleidung für den sachlichen Gedanken sein würde, daß der Einzelstaat dem Reich gegenüber Anspruch auf die Behandlung hat, die Verbündete voneinander erwarten können. Z. T. hierauf beruht die schonende Einkleidung der Pflichten der Einzelstaaten gegen das Reich: sie sollen erfüllt und geltend gemacht werden nicht wie Untertanenpflichten, sondern erfüllt im Geist der Bündniserfüllung und geltend gemacht im diplomatischen Stil des völkerrechtlichen Verkehrs, nicht im befehlenden der vorgesetzten Behörde. Und Ähnliches gilt natürlich von den Pflichten des Reichs gegen die Staaten: auch hier ist der Kaiser, politisch Preußen, den Verbündeten die Bundespflicht des Einvernehmens in den auswärtigen Angelegenheiten oder verhältnismäßiger Behandlung im allgemeinen wie ein gleichgeordneter Verbündeter schuldig. Von diesem ganzen Gedankenkreise kann bei dem eigentümlich unorganischen Über- oder besser Nebeneinander von republikanischem Gesamtstaat und Einzelstaat nicht die Rede sein.

Damit ist unsere letzte und tiefgreifendste Frage berührt, nämlich die nach dem Zusammenhang unseres ganzen Problems mit dem Wesen des monarchischen Bundesstaats.

Man fragt neuerdings wieder mit einem vielleicht nicht ganz glücklichen Ausdruck für einen lange Zeit unverdient vernachlässigten

Gegenstand von allergrößter Bedeutung nach der „Psychologie des Staates“[25]. Die Staatslehre hat von jeher die Psychologie der verschiedenen Staatstypen zu bezeichnen gesucht, und zwar altertümlich ethisierend durch bestimmte Tugenden oder Laster. Otto Mayer hat das von den alten drei klassischen Formen des Einzelstaats auf den Bundesstaat übertragen: entsprechend dem von Treitschke sogenannten „eidgenössischen Rechtsgefühl“ im republikanischen Bundesstaat hat er als das Lebensprinzip des monarchischen mit Bismarcks Wort die „Vertragstreue der Fürsten“ bezeichnet[26]. Dagegen ist mancherlei einzuwenden. Einmal ist die Bundestreue der Fürsten und Einzelstaaten nicht so sehr ein psychologisches oder politisches, sondern, wie oben gezeigt, geradezu ein rechtssatzmäßig geltendes Verfassungsprinzip unseres monarchischen Bundesstaats. Und anderseits wird mancher Bürger eines republikanischen Bundesstaats Bedenken tragen, gerade das „eidgenössische Rechtsgefühl“ gegenüber der Sphäre des Einzelstaats[27] als das oberste Prinzip seines Staates gelten zu lassen. Die Bundestreue der Fürsten ist gewiß neben dem nationalen Einheitswillen der Tragpfeiler des Deutschen Reichs; jenes „eidgenössische Rechtsgefühl“ dagegen ist nur ein Korrektiv des zentralisierenden republikanischen Gesamtwillens. Allerdings beruht das letzte Wesen eines Bundesstaats stets in dem letzten Prinzip, durch das er die Beziehungen der Gesamtheit zu den Einzelstaaten regelt. Aber diese letzten Prinzipien sind in den republikanischen Bundesstaaten einer- und im Deutschen Reich anderseits nicht gleichlaufend, wie Otto Mayer annimmt, sondern gegensätzlich. Der republikanische Bundesstaat kennt in seiner eigenen Sphäre keine Einwirkung der Einzelstaaten[28], wohl aber wirkt er seinerseits machtvoll bestimmend auf das Allerheiligste der Einzelstaaten, indem er ihnen die Grundprinzipien ihrer Verfassungen vorschreibt: republikanische Staatsform, Verfassungsinitiative des Volkes usw.[29]. Der monarchische Bundesstaat läßt die Einzelstaaten durch ihre Beteiligung am Bundes-

[25] Wiener Rektoratsrede von A. Menzel 1915.

[26] Archiv für öffentliches Recht XVIII 370.

[27] So ist es bei Treitschke (Historische und politische Aufsätze [4] II 157, 159, 169, 233) gemeint.

[28] Zutreffend O. Mayer a. a. O. S. 354 f. In der schweizerischen Bundesverfassung von 1874 ist die scharfe Scheidung von 1848 nicht streng gewahrt. Man möchte an eine vielleicht unbewußte Einwirkung der deutschen Verhältnisse denken.

[29] Amerikan. Unionsverfassung art. IV sect. 4, schweiz. Bundesverfassung Art. 6. Ebenso die Reichsverfassung von 1849 §§ 130, 186, 187, 195; Erfurter Unionsverfassung §§ 128, 184, 185, 193.

rat und durch ihre Ausführung der Reichsgesetze auf dem eigenen Boden der Reichszuständigkeit das ganze Leben der bundesstaatlichen Gesamtheit entscheidend bestimmen, aber er vermeidet ängstlich jedes Hineinregieren in den Bereich des Einzelstaats. Wenn der republikanische Bundesstaat seine Einzelstaaten an gewisse oberste republikanische Verfassungsgrundsätze bindet, so tut er das, weil diese Staatsform die des Gesamtstaates ist, dessen staatlicher Geist, dessen „Prinzip", wie Montesquieu sagen würde, auch die Einzelstaaten beherrschen soll. Dagegen wenn das Deutsche Reich, scheinbar analog, den preußischen Staat zur Beibehaltung seiner monarchischen Staatsform verpflichtet, so bedeutet das nicht die Unterwerfung Preußens unter das verfassungspolitische „Prinzip" des Reichs (ein solches besteht in dem Sinne wie im republikanischen Bundesstaat überhaupt nicht), sondern umgekehrt in hohem Grade eine Unterwerfung des Reichs unter den Einfluß der geschichtlich-politischen Eigenart der preußischen Monarchie. Preußens Pflicht, einen König zu haben, ist nicht die Pflicht des republikanischen Einzelstaats, eine dem Geiste des Ganzen entsprechende Verfassung zu haben, sondern umgekehrt die Pflicht, dem Ganzen die politischen Kräfte des Einzelstaates, so wie sie geschichtlich sind, zur Verfügung zu stellen. Die Begründung der Demokratisierung des preußischen Dreiklassenwahlrechts mit der Notwendigkeit seiner Angleichung an das Reichstagswahlrecht entspricht dem Grundgedanken des republikanischen, nicht des monarchischen Bundesstaats. Und so bedeutet das „Prinzip" der bundesstaatlichen Verfassung hier und dort Grundverschiedenes: dort eine Schranke gegen übermäßige Einwirkung des republikanischen Gesamtstaats auf die Einzelstaaten, hier umgekehrt die Gewähr für eine angemessene Einwirkung der Einzelstaaten auf das Reich.

Und hier liegt nun der tiefste Zusammenhang jener eigentümlichen Unvollständigkeit der Reichsverfassung. Die deutschen Einzelstaaten haben gegenüber dem Reich mehr Rechte und mehr Pflichten als die Einzelstaaten im republikanischen Bundesstaat gegenüber diesem. Diese Rechte und Pflichten liegen im Reich mehr in der Sphäre des Gesamtstaats, im republikanischen Bundesstaat (bei fehlender Beteiligung an den Funktionen des Ganzen) mehr in der Sphäre des Einzelstaats: der republikanische Bundesstaat ragt gewissermaßen über seine eigene Sphäre noch hinaus und bestimmend in die des Einzelstaats hinein, umgekehrt der deutsche Einzelstaat bestimmend hinüber in die Sphäre des Gesamtstaats. Und wenn nun diese Rolle des deutschen Einzelstaats im Reich von der Reichsverfassung nur mehr im allgemeinen umschrieben, im einzelnen aber vielfach nicht mit voller Schärfe und Ausdrücklichkeit festgestellt wird, so liegt das durchaus in der Linie des eben bezeichneten Gegensatzes. Die Einzelstaaten sollen sich mit der ganzen Irrationalität ihrer geschichtlich-politischen Eigenart im Leben des Reichs auswirken und zur Geltung bringen; dafür eröffnet ihnen die Reichsverfassung allerlei Wege, teils mehr diplomatischer Art, wie den Bundesrat und den auswärtigen Ausschuß, teils mehr administrativer, wie die Einwirkung auf die eigene und unmittelbare Verwaltung des Reichs durch die verhältnismäßige Beteiligung an der Ergänzung des Reichsbeamtenkörpers, namentlich aber die Beteiligung der einzelstaatlichen Verwaltungen an den Reichsaufgaben im Bereich der mittelbaren Reichsverwaltung. Jede nähere gesetzliche Bestimmung dieses Bereichs würde ihn zugleich politisch entleeren. Die Verfassung der Paulskirche, die Erfurter Unionsverfassung, ja sogar die Wiener Schlußakte[30] bestimmen in mancher Hinsicht die Rechtsstellung der einzelnen Staaten viel genauer als die Reichsverfassung, die von den Einzelstaaten um so weniger spricht, je mehr sie von ihnen und ihren politischen und administrativen Lebenskräften das eigene Leben des Reichs bestreiten will.

Im Kriege treten die Einzelstaaten im Verfassungsleben des Reichs noch stärker zurück als im Frieden. „Die Reichsflut ist im Steigen"[31] und wird nicht so bald wieder fallen. Da wird in Zukunft die Verkennung dieser Dinge, in denen die ausschließliche Eigentümlichkeit unseres monarchischen Bundesstaatsrechts liegt, gegenüber dem, was wir mit den republikanischen Bundesstaaten gemeinsam haben, noch näher liegen als bisher. Dank der einseitigen theoretischen Vorherrschaft einer Schablone, die vom republikanischen Bundesstaatsrecht geschaffen und als Vorbild nahegelegt war, hat die technische Eigentümlichkeit der Reichsverfassung, die unser Ausgangspunkt war, ihre inhaltliche Einseitigkeit und Ergänzungsbedürftigkeit allzusehr übersehen lassen. Otto Mayer hat vor längerer Zeit auf die „Befreiungsarbeit" aufmerksam gemacht, die hier zu tun sei[32]. Er selbst hat damit einen guten Anfang gemacht, seitdem aber nicht allzuviele Nachfolger gefunden. Auf die Dauer können sie ihm auch hier nicht fehlen.

30 Z. B. Art. XXXVI f. betr. auswärtige Politik der deutschen Staaten.

31 Anschütz in: Die Arbeiterschaft im neuen Deutschland (herausgegeben von Fr. Thimme und C. Legien, 1915) S. 48.

32 A. a. O. S. 372.

Die Verschiebung der konstitutionellen Ordnung durch die Verhältniswahl

1. Über Nacht ist die Verhältniswahl das ausnahmslos herrschende deutsche Wahlsystem geworden, und Deutschland hat sich nun mit den theoretisch zum Überdruß erörterten, bei uns aber praktisch erst wenig erprobten Vorzügen und Mängeln dieser Wahlart auseinanderzusetzen.

Diese Auseinandersetzung vollzieht sich sehr bezeichnenderweise nicht in Gestalt einer Einzelabrechnung mit jener Fülle von Verheißungen und Drohungen, wie sie Freunde und Gegner der Verhältniswahl, teils als Erfahrung, teils als Vermutung seit langer Zeit ohne wesentliche Veränderung im Bestande dieser Gründe und Gegengründe vorgetragen haben. Man fragt vielmehr einfach nach der grundsätzlichen Bedeutung der Neuerung für unser Verfassungsleben. Und hier läßt das massenhafte Schrifttum der Frage im Stich.

Die „Proportionalisten" haben allerdings von jeher einen letzten Grundsatz für ihre Forderung geltend gemacht, etwa im Anschluß an Mirabeaus Formel, das Parlament müsse eine Karte des Landes und aller seiner Gruppen in verkleinertem Maßstabe darstellen, einen Spiegel, wie Prévost-Paradol, eine Photographie, wie Lorimer gefordert hat. Es ist derselbe Gedanke, den die Schriftsteller der Verhältniswahl seit E. Naville immer wieder so ausdrücken, daß, wie die Mehrheit die Grundlage der Entscheidung, so die Verhältnismäßigkeit die Grundlage der Vertretung sein müsse. Das bedeutet: Die Rechtfertigung der Verhältniswahl liegt in der Notwendigkeit einer bestimmten Zusammensetzung des Parlaments, sie liegt also auf dem Boden der staatsrechtlichen Anatomie, nicht der Physiologie; sie ist statischer, nicht dynamischer Art.

Unsere Verfassungstheorie kommt mit dieser Begründung nicht aus. Wenn uns die Verfassung die rechtliche Regelung des Spiels der politischen Kräfte ist, so darf sich die Untersuchung und Kritik der einzelnen Verfassungseinrichtungen nicht auf deren anatomische Gestalt beschränken, sondern hat vor allem ihre funktionelle Bedeutung festzustellen.

Daran hat es auch früher nicht ganz gefehlt. Aber das bisher, vor allem in der Erörterung des Auslandes in dieser Hinsicht Vorliegende beschränkt sich eben auf jene nachgerade abgeschlossene Zahl einzelner mehr oder weniger empirischer und zum Überdruß immer wiederholter Gründe und Gegengründe, die alle halb oder ganz richtig, ganz oder teilweise oder gar nicht von der Erfahrung bestätigt sind, die aber eine grundsätzliche Einordnung in das funktionelle System der Verfassung sämtlich nicht bedeuten. Hier liegt die nächste Aufgabe der deutschen Verfassungstheorie gegenüber dem neuen Wahlrecht.

Diese Aufgabe wird dadurch erleichtert, daß wir einen durchaus entsprechenden Vorgang in unserem Verfassungsleben schon seit Jahrzehnten haben verfolgen können. Wenn die Verhältniswahl den großen Parteien das Monopol der Organisierung der Wähler und der Bewerbung um die Wahl gegeben hat, mit der Wirkung, daß jede örtliche Initiative in Wahlsachen und jede persönliche Wahlbewerbung ausgeschlossen ist, wenn sie also in jeder Beziehung die großen Parteien zu Subjekten der Wahlhandlung gemacht hat, so ist das nur eine Fortführung der Linie, wie sie schon längst in der Organisation des Parlaments und der Parlamentstätigkeit eingeschlagen worden ist.

Parlamentswahl und Parlamentsverhandlung sind die beiden wichtigsten im Verfassungsstaat vorgesehenen und geregelten Stadien des politischen Kampfes und der politischen Auseinandersetzung. Diese beiden Formen haben im ersten Jahrhundert des deutschen Verfassungsstaates nacheinander beinahe unbemerkt dieselben oder mindestens entsprechende Wandlungen durchgemacht.

2. Die parlamentarischen Geschäftsordnungen der ersten Jahrzehnte des 19. Jahrhunderts sind ebenso wie der mittelalterliche Zivilprozeß, dessen späte Abkömmlinge sie sind, getragen von dem Glauben, der in beschränkterem Sinne eine Grundlage jeder Verfahrensordnung sein muß: daß eine richtig geregelte Dialektik des Verfahrens die sicherste Gewähr für die Findung eines wahren, richtigen, guten Ergebnisses ist. Je mehr dem Rationalismus der Sinn für das irrationale Wesen des politischen Kampfes fehlt, um so mehr Gewicht legt er auf die Technik des Verfahrens, in der er die Gewähr richtiger Entscheidung findet. Daß die im Parlament vereinigten Einzelansichten gehörig zu Worte kommen, und zwar in einer Verfahrensordnung, die ihren Wahrheitsgehalt dialektisch möglichst ausnutzt — in der Ab-

wechslung der Redner für und gegen den Beratungsgegenstand u. ä. —: das ist der tragende Grundgedanke der Geschäftsordnung der konstitutionellen Frühzeit[1].

Es braucht nur die leichte rationalistische Schale abgestreift zu werden, um von hier aus zu dem eigentlichen Sinn der parlamentarischen Verfahrensordnung zu gelangen. Die Skepsis der romantischen Staatstheorie mochte mit Recht bestreiten, daß Parlamentsbeschlüsse irgendeine Gewähr der Wahrheit oder Richtigkeit in sich trügen: sie teilen in dieser Hinsicht allerdings das Schicksal aller politischen Willensakte. Aber wenn die parlamentarische Verfahrensordnung ihre Rechtfertigung als rationales Mittel zu einem rationalen Zweck verliert, so bleibt ihr die Rechtfertigung, daß dies Verfahren nunmehr Selbstzweck wird: Es ist der Wille der Verfassung, daß die politischen Entscheidungen fallen als Entscheidungen eines öffentlich geführten Kampfes, dessen Stattfinden an dieser Stelle und in diesen Formen, ganz abgesehen von seinen Ergebnissen, der Verfassung an sich wünschenswert erscheint. Die Verfassung meint den Lebensprozeß des politischen Körpers am besten zu regeln, indem sie den Brennpunkt dieses Prozesses in die öffentliche Verhandlung des Parlaments verlegt, und seitdem steht die Geschäftsordnung unter diesem Gesichtspunkt.

Dieser ursprüngliche Sinn der verfassungsrechtlichen Anordnung und Regelung des parlamentarischen Lebens wird heute nicht mehr verwirklicht. Die parlamentarische Auseinandersetzung ist nicht mehr der schöpferische Geburtsvorgang der politischen Entscheidung, sondern wird mehr und mehr eine Fassade, hinter der die entscheidenden Auseinandersetzungen der Parteien in aller Stille vor sich gehen. Seitdem die Fraktionen die Herren des parlamentarischen Lebens geworden sind, haben sie dies Leben um einen guten Teil seiner Bedeutung und damit die Öffentlichkeit um ein Stück ihres Anteils am politischen Leben gebracht, der ihr von der Verfassung zugedacht war.

Verfahrensrechtlich drückt sich diese Wandlung darin aus, daß die Fraktionen die unbeschränkte Herrschaft über Organisation und Verfahren des Parlamentes haben: über die Organisation, sofern sie Vorstand und Ausschüsse unter sich verteilen, über das Verfahren, sofern der Ältestenausschuß gerade für die wichtigsten Erörterungen nicht Einzelredner, sondern nur Parteiredner als solche zuläßt. Und diese Herrschaft wird geübt nach dem Prinzip der Verhältnismäßigkeit: der

---

[1] Vgl. etwa Starosolskyi, Das Majoritätsprinzip (Wiener Staatswiss. Studien XIII 2, 1916), S. 67 ff.

verhältnismäßigen Verteilung, wo eine solche möglich ist, wie bei Ausschußsitzen, des einfachen Vorrangs in den übrigen Fällen, wie bei Präsidentenwahlen, oder in der Reihenfolge der Redner.

Diese Herrschaft der Fraktionen, diese „Proportionalisierung" des parlamentarischen Lebens bedeutet zugleich die Ausschaltung jener schöpferischen Auseinandersetzung, die nach älterer Auffassung der Sinn gerade der parlamentarischen Verhandlung selbst sein sollte. Wenn die Geschäftsordnung das Verlesen schriftlicher Reden untersagt, weil Reden, deren Wortlaut vorher festgestellt ist, nicht in die „kontradiktorischen Verhandlungen" des Parlamentes passen[2], so gilt dieser Einwand mindestens ebensosehr gegenüber den vom Ältestenausschuß angeordneten Fraktionsreden: auch sie sind nicht Kettenglieder einer sich zielbewußt fortsetzenden Dialektik, sondern unorganische Ansprachen an die Öffentlichkeit, nicht mehr, wenigstens nicht mehr im alten Sinne, Äußerungen der verfassungsmäßigen „freien (d. h. individuellen) Überzeugung" der Abgeordneten und nicht mehr unmittelbar schöpferische Komponenten der parlamentarischen Entscheidung.

Uns ist diese Rolle der Parteien im parlamentarischen Leben selbstverständlich, und wir lächeln wohl angesichts der Geschichte vormärzlicher Versuche, durch Landtagssitzordnungen Fraktionsbildungen zu verhindern, oder über die tiefe Mißbilligung und Sorge, mit der Mohl noch lange nach 1849 vom „Treiben der Clubs" in der Paulskirche spricht.

So unvermeidlich und notwendig diese Rolle der Fraktionen sein mag, so wenig darf man dabei übersehen, daß unser Verfassungsleben damit um ein gutes Stück seines Wesens gekommen ist — um die Verlegung der parlamentarischen Entscheidungen in das Licht der Öffentlichkeit und damit um die wahrhafte Anteilnahme der Staatsbürger, soweit überhaupt möglich, an diesen Entscheidungen. Und so wird man Mittermaiers oder Mohls Bedenken gegen die „Clubs" Gerechtigkeit widerfahren lassen, wenn man sie nicht nur als politisch weltfremden Rationalismus würdigt, sondern als ein richtiges Gefühl für die hier drohende Beeinträchtigung höchster Werte der konstitutionellen Ordnung. Man kann von unserem Parlamentarismus kaum mehr sagen, daß er noch government by talking ist, eine Regierungsart, „die sich des Mittels der Rede als Motors und als wesentlicher Form ihrer Tätigkeit bedient"[3].

[2] Präsident Fehrenbach in der Nationalversammlung 17. Juli 1919.
[3] Redlich, Recht und Technik des englischen Parlamentarismus, S. 587.

3. Die Einführung der Verhältniswahl bedeutet den Abschluß einer durchaus gleichlaufenden Entwicklungsreihe.

Der gedankliche Ausgangspunkt ist auch hier der des Rationalismus. Wenn das Parlament die staatliche Veranstaltung zur Erzielung richtiger, guter Entscheidungen von Staats wegen ist, so ist die Parlamentswahl das Verfahren zur Gewinnung geeigneter, d. h. guter, unbestechlicher, erfahrener, verständiger Mitarbeiter bei diesen Entscheidungen. Auslese der Höchstqualifizierten: das ist der Grundgedanke, nach dem aktives und passives Wahlrecht und Wahlverfahren geordnet und beurteilt werden. Alles materielle und formelle Wahlrecht dient dem einen Ziele, in jedem Wahlkreise den besten Mann ausfindig zu machen und zur Mitarbeit an der Regierung zu bevollmächtigen.

Die politische Wirklichkeit lehrt, daß das Wahlrecht einen anderen Sinn hat, nämlich den, den politischen Willen der Wähler durch Vermittlung des Abgeordneten im Staatsleben sich auswirken zu lassen. Dazu muß dieser Wille der Wähler zunächst erst selbst hervorgerufen werden, um sich dann unformuliert in der Wahl des Abgeordneten oder formuliert entweder in einem Auftrag für den Abgeordneten oder in der Annahme eines schon vorliegenden Parteiprogramms zu äußern. Demgegenüber tritt — im Gegensatz zur älteren, rationalistischen Auffassung — die Auswahl der Persönlichkeit des Vertreters in die zweite Linie. Jedenfalls handelt es sich bei dieser Willens- und Mehrheitsbildung der Wählerschaft wieder um einen dialektischen Prozeß, um die von der Verfassung gewollte und organisierte Form der politischen Willens- und Gruppenbildung der Staatsbürger und damit um einen zweiten Zentralvorgang des verfassungsmäßigen politischen Lebensprozesses im konstitutionellen Staat.

Die Einführung der Verhältniswahl schmälert dem Wahlkampf in ähnlicher Weise diese seine Bedeutung, wie die „Proportionalisierung" der parlamentarischen Organisation und Verfahrensordnung dem parlamentarischen Kampf. Zwar kämpfen die Parteien auch bei der Verhältniswahl um die Wählerstimmen, aber nur um die einzelnen Stimmen, nicht auch um ein Gesamtergebnis der Mehrheitswillensbildung der Wählerschaft. Und damit geht ein Moment eigentümlicher schöpferischer politischer Dialektik verloren: es bedeutet für den einzelnen Wähler eine weit stärkere politische Beteiligung, wenn er bei Mehrheitswahl stets vor die Alternative des Siegens oder Unterliegens gestellt und — zumal bei Wahl- und Stichwahlbündnissen — an einem durch das Parteiprogramm nicht eindeutig vorgeschriebenen Akt örtlicher politischer Willensbildung beteiligt wird, und damit Hand in Hand geht der viel stärkere Einfluß der örtlichen Wählerschaften auf Abgeordnete, Fraktionen und Parlamentsgeschäfte. Die Verhältniswahl läßt zwar keine Stimme verlorengehen oder unterliegen, nimmt aber dafür auch dem Wähler jede tätige Einwirkung auf seine Vertreter und seine Partei; nicht mehr mit der Alternative des Alles oder Nichts Mitspieler im Kampf um den Einerwahlkreis gewesen zu sein, bedeutet eine Einbuße an politischem Erleben, die durch das Gefühl, jedenfalls auch mit der eigenen Stimme im Parlament mitvertreten zu sein, ebenso unvollständig ausgeglichen wird, wie die Machtlosigkeit der örtlichen Wählerschaften gegenüber der Parteileitung durch ihre Gewißheit zahlenmäßig angemessener Vertretung. Das Wählen hat seine dialektische Bedeutung verloren: ebenso wie im Parlament die Parteien aneinander vorbei zur Öffentlichkeit draußen sprechen und auf die gegenseitige Einwirkung in der Debatte und damit auf deren dialektisch förderliche Kraft mehr oder weniger verzichten, so gehen nun schon bei der Wahl die Wählerstimmen geschieden voneinander je ihre besonderen Wege in die großen Sammelbecken der Parteien, statt sich wie bisher im Einerwahlkreis gegenseitig zu bekämpfen und aufzuheben und so zu einer Willensbildung zu führen, die in einem ganz anderen Sinne schon ein politisches Ergebnis ist, als es die Wahl eines Proporzkandidaten ihrer Natur nach sein kann. Mit der zweifellosen, von den Proportionalisten bis zum Überdruß gerühmten Entspannung des Wahlkampfes geht also eine viel weniger beachtete, aber ebenso zweifellose politische Entleerung Hand in Hand, und wenn jene Entspannung von einer bald mehr moralisch, bald mehr ästhetisch gefärbten politischen Nervenschwäche allzusehr gerühmt wird, so sollte darüber die Einbuße an gesundem politischem Leben des einzelnen Staatsbürgers und der örtlichen Parteigruppen nicht vergessen werden, die die Kehrseite jenes Vorzugs und gegenüber jener mehr symptomatischen die eigentlich zentrale Änderung infolge der Verhältniswahl ist[4] [5].

[4] Daß durch die Verhältniswahl ein Akt produktiver politischer Dialektik ausgeschaltet wird, wird im allgemeinen nicht erkannt. Ganz rationalistisch etwa die Gegenüberstellung in Hiltys großer Denkschrift gegen die Verhältniswahl: „Der Gedanke des Majoritätssystems ist der, daß die Abgeordneten nicht in erster Linie ihres abstrakten politischen Glaubensbekenntnisses wegen, als Vertreter einer Partei in die Volksvertretung geschickt werden, sondern ihrer Tüchtigkeit, ihrer Vertrauenswürdigkeit wegen“ (Pol. Jahrb. d. Schweiz. Eid-

4. Der Verfassungsstaat wollte die politischen Entscheidungen dem Geheimnis der Kabinette entziehen und sie unter die Gewähr der Öffentlichkeit und des Volkswillens stellen. Deshalb ließ er sie verfassungsmäßig zustande kommen als Ergebnisse eines in den zwei Stadien der Wahlen und der Parlamentsverhandlungen mit den dort gegebenen verfassungsmäßigen Mitteln zu führenden dialektischen Kampfes der verschiedenen politischen Willensrichtungen. Es ist der von der Verfassung gewollte Ablauf des politischen Lebensprozesses, daß die beiden entscheidenden Stadien dieses Prozesses tatsächlich an diesen Stellen im Licht der Öffentlichkeit durchlaufen werden — daß gerade die hier vorgesehenen Verfahrensweisen die schöpferischen Grundlagen der politischen Entschließungen sind. Die „Proportionalisierung“ des Wahlrechts und des Parlamentsbetriebes hat diesen Stadien diese ihre verfassungsmäßige Bedeutung zum guten Teile genommen. An irgendwelchen Stellen müssen sich aber die politischen Kräfte in dialektischer Auseinandersetzung zu Komponenten der endgültigen politischen Resultante zusammenordnen. Diese Brennpunkte der Auseinandersetzung sind verlegt, der ganze verfassungsmäßige Lebensprozeß ist umgelagert und hat dabei — trotz allem — an politisch-ethischem Wert für den einzelnen Staatsbürger und an gesunder psychologischer Kraft für den Staatskörper im ganzen entschieden eingebüßt. Das unklare verfassungspolitische Streben der Gegenwart sucht einstweilen vergeblich im Rätesystem und anderen Auskünften

genossenschaft 24 [1910] 266). Aber der Gedanke, daß die Mehrheitswahl das Produktivere ist, klingt dabei doch an.

[5] In der dritten Stufe der Instanzenfolge, die im demokratischen Staat von der Wählerschaft über das Parlament zur Regierung führt, hat die Proportionalisierung wiederum ähnliche, wenn auch nicht völlig analoge Wirkungen. Das gilt für die „nationalen“ Kabinette ebenso wie für die (wie in der vorläufigen Verfassung Deutsch-Österreichs und der deutsch-österreichischen Länder) kraft ausdrücklicher Verfassungsbestimmung entsprechend dem Stärkeverhältnis der parlamentarischen Fraktionen zusammengesetzten Regierungen.

Einmal für die Öffentlichkeit ihrer Daseinsgrundlage und ihres Handelns. Eine Mehrheitsregierung ist auf ein bestimmtes Programm hin gewählt oder gebildet, das sich im Wahlkampf als geeignete Grundlage für eine Mehrheitsbildung des ganzen Volkes bewährt hat oder im parlamentarischen Kampf und gegenüber der öffentlichen Meinung noch täglich als Grundlage für den parlamentarischen Rückhalt der Regierung bewähren muß.

Sodann für das dialektische Moment, das gerade für den Regelfall der parlamentarischen Staatsform so bezeichnend ist: für den beherrschenden Gegensatz von Regierung und Opposition. Dieser Gegensatz verschwindet bei der Proportionalisierung der Regierung, und damit verändern sich die Mitspieler und der Gegenstand des parlamentarischen Kampfs in anderer, aber nicht minder einschneidender Weise als in den im Text bezeichneten Fällen.

Ersatz. Daß die neue Reichsverfassung diesen Ersatz nicht zu bieten vermocht hat, ist ihr wohl nicht so sehr zum Vorwurf zu machen, als daß sie das Bedürfnis nach diesem Ersatz überhaupt nicht erkannt hat.

Verantwortlich zu machen ist dafür die wesentlich statische Betrachtungsweise, wie sie unser volkstümliches politisches wie unser staatstheoretisches Denken beherrscht. Daß nunmehr jeder Wähler und jede Wählerminderheit „verhältnismäßig" vertreten ist, genügt als Rechtfertigung des neuen Wahlrechts. Daß damit in dynamischer Beziehung schwerwiegende Umlagerungen im Verfassungsleben verbunden sind, ist zwar nicht zu übersehen, wird aber in Kauf genommen, als wäre die Verfassung ihres ruhenden Bestandes, nicht ihres Funktionierens wegen da. Zu einer anderen Betrachtungsweise, die statt der Anatomie die Physiologie des Staats in den Vordergrund rückt, hat unsere Verfassungstheorie gerade angesichts der neuen Aufgaben, die ihr die Umwälzung gestellt hat, allen Anlaß. Sie hat dazu neuerdings vielversprechende Ansätze gemacht, aber sie trägt noch an den Folgen ideengeschichtlich bedingter Gebundenheit und eines bisher eigentümlich unproblematischen Staatslebens. Nicht Paragraphenauslegung und rechtsbegriffliche Systembauten, sondern soziologisch begründete Verfassungstheorie ist die notwendige Grundlage einer neuen Staatsrechtslehre im neuen Deutschland.

Die politische Gewalt im Verfassungsstaat und das Problem der Staatsform

Das nach Sprachgebrauch und Sinn am wenigsten scharf begrenzte und inhaltlich bestimmte Stück der Gewaltenteilung ist das, auf dessen verfassungsmäßige Einbeziehung das konstitutionelle System es gerade in erster Linie abgesehen hat, die im konstitutionellen Sprachgebrauch sogenannte vollziehende Gewalt. Noch stärker als bei den beiden anderen Gewalten schwankt hier die Verwendung des Begriffs zwischen dem Versuch, darin die inhaltliche Bezeichnung dieses Bereiches der Staatstätigkeit zu finden, und der Absicht, damit nur die formelle Rechtslage anzugeben, in die dieser Bereich durch die Verfassung gebracht werden soll. Je mehr sich das Wort auf die Dauer als nur für die zweite Verwendung geeignet erweist, desto häufiger treten daneben andere Bezeichnungen für den sachlichen Gehalt dieser Funktion: Verwaltung, Regierung, Leitung u. a. Eine Klärung des Verhältnisses dieser Begriffe zueinander gelingt auch dann noch nicht. als die Aufhellung der wichtigsten Unklarheit über das Wesen der Gewaltenteilung durch die Gegenüberstellung der formellen und der materiellen Bedeutung der Gewalten in Labands Untersuchungen über den Gesetzesbegriff eingeleitet wurde. Und so ist es vollends nicht zu verwundern, daß der Sprachgebrauch der Verfassungen hier noch schwankender ist als der der Theorie.

Der strengen Durchführung des Systems in der konstitutionellen Frühzeit entspricht es, daß hier die zweite oder dritte Gewalt stets als Exekutive bezeichnet wird (amerikanische Verfassung von 1787, französische von 1791—1795), ebenso in den daran anknüpfenden (wie der belgischen von 1831, der sardinisch-italienischen von 1848, neuestens z. B. der polnischen von 1921 und der jugoslavischen aus demselben Jahre). Umgekehrt bringt es die Eigenart der deutschen Verfassungsverhältnisse und das Vorbild der Charte von 1814 mit sich, daß von vollziehender Gewalt im Vormärz in keiner deutschen Verfassung die Rede ist; erst seit 1848 dringt der Begriff von der belgischen her in die preußische und eine Reihe kleinstaatlicher Verfassungsurkunden ein[1]. Er klang mindestens konstitutioneller als die Formel von der Vereinigung der Staatsgewalt im Monarchen und bedeutete insofern ein gewisses Bekenntnis zum entschiedenen Konstitutionalismus; sachlich war die Rechtslage in den deutschen Staaten mit einer „vollziehenden Gewalt" keine andere als in denen ohne eine solche. So behandelte man Verwaltung, Vollziehung, Regierung usw. als Synonyme, und das Erbe dieses Sprachgebrauchs ist die Verfassungssprache unseres heutigen Staatsrechts, die einerseits jeden einzelnen dieser Begriffe zur Bezeichnung des ganzen Bereichs verwendet, Verwaltung[2] und Regierung[3], Vollziehung[4] und Staatsleitung[5], anderseits mehrere von ihnen zu diesem Zwecke zusammenstellt[6]. Man mag in diesem Schwanken einen bloßen Schönheitsfehler finden, der allerdings dann empfindlich wird, wenn der Verfassungsgesetzgeber durch den z. T. nicht definierenden, sondern beschreibenden Charakter dieser Bezeichnungen aus der Bahn gelenkt wird und z. B. durch Zuweisung von „Leitungs"- und „Aufsichts"-Befugnissen verwaltungsrechtliche Instanzen gegeneinander abgrenzt statt verfassungsrechtliche Gewalten[7].

Immerhin erscheinen diese Worte nicht jedermann und zu allen Zeiten als gleichwertig. Es ist bezeichnend, daß die französischen Verfassungen von 1791, 1793, 1795 und 1848 nur vom pouvoir exécutif sprechen, die napoleonischen von 1799 und 1804 ebenso ausschließlich

[1] Zusammengestellt bei H. A. Zachariä, Verfassungsgesetze S. 1241; zu den hier aufgezählten sind noch einige spätere hinzugekommen.

[2] Verfassung des Deutschen Reichs, Preußens, Thüringens, Mecklenburg-Schwerins, Danzigs.

[3] Sachsen, Oldenburg, Anhalt, Lippe, allenfalls Hamburg.

[4] Baden, Hessen, Österreich.

[5] Württemberg.

[6] Vollziehung und Leitung (Bayern), Vertretung, Vollziehung, Verwaltung (Regierung) (Baden § 56); ähnlich Strelitz, Bremen, Lübeck u. a. Das österreichische Staatsgrundgesetz vom 21. Dezember 1867 über die Ausübung der „Regierungs- und Vollzugsgewalt" ist hierin die Vorlage für die tschechoslowakische Verfassung von 1920 (3. Abschnitt: Überschrift).

[7] Bei der Bedeutung, die „Leitung" und „Aufsicht" im deutschen Behördenrecht des 19. Jahrhunderts als Aufgaben der Zentralstellen haben, können diese Bestimmungen (Bayern § 57; Strelitz, Bremen, Lübeck, Danzig u. a.) kaum anders verstanden werden. In der schweizerischen Bundesverfassung (1874, Art. 95) bedeutet allerdings „Vollziehung und Leitung" nach der Vorgeschichte (Simon Kaiser und J. Strickler, Geschichte und Texte der Bundesverfassungen der schweiz. Eidgenossenschaft, 1901, S. 252) etwa dasselbe wie „Verwaltung und Regierung". — Nur in einer Verfassung ohne alle Gewaltenteilung ist Instanzengliederung die Aufgabe der organisatorischen Hauptbestimmungen (Verfassung der Russischen Sozialistischen Föderativen Sowjetrepublik vom 10. Juli 1918, bes. Art. 24, 31, 37).

und die von 1852 vorwiegend vom gouvernement[8]; ebenso wie Preußen seinen Charakter als bloßes „Land" im Reich in seiner Verfassung auch dadurch bezeichnet, daß es für sein Staatsministerium und für dessen Tätigkeit nacheinander auf das Wort „Regierung" verzichtet hat.

Handelt es sich hier nur um Nuancenunterschiede mehr oder weniger großer konstitutioneller oder bundesstaatlicher Korrektheit, so wird die genaue Abgrenzung des Anwendungsbereichs dieser so oft als fungibel verwendeten Begriffe in manchen Fällen notwendig. Das gilt in erster Linie von dem des gouvernement, der Regierungs- oder politischen Gewalt gegen das Restgebiet der vollziehenden Gewalt, das vorläufig als das der Verwaltung im landläufigen Sinne bezeichnet werden möge. In einer Anzahl von Ländern steht die Ausübung politischer Gewalt unter Sonderrecht gegenüber anderen Arten der Exekutive. Dadurch ist die Justiz- und Verwaltungspraxis dieser Länder gezwungen, die — dort so wenig wie in Deutschland gesetzlich irgendwie näher bestimmten — Begriffe der Regierung, Verwaltung, Vollziehung zu entwickeln und gegeneinander abzugrenzen. Ihre dabei gewonnenen Ergebnisse sind auch für die deutsche Staatsrechtstheorie von Interesse: als Beispiele fremder Methode zu eigener methodischer Orientierung, als Hilfsmittel zur Klärung entsprechender praktischer Fragen des deutschen Rechts, endlich als Voraussetzung für die Gewinnung damit zusammenhängender staatstheoretischer Ergebnisse von allgemeinerer Bedeutung.

Das klassische Land der praktischen und theoretischen Anerkennung einer Regierungsgewalt und ihrer besonderen Rechtslage im Gegensatz zur Verwaltung ist Frankreich. Es ist der Staatsrat und seine Rechtsprechung „éminemment prétorienne", die hier vorangegangen ist. Als im Jahr 1822 ein Zessionar der Prinzessin Borghese Nachzahlung einer der Prinzessin von Napoleon verliehenen Dotationsrente verlangte, erklärte der Staatsrat sich für unzuständig, „considérant que la réclamation tient à une question politique, dont la décision appartient exclusivement au gouvernement"[9]. Und daran schließt sich dann eine lange Reihe von Entscheidungen, in erster Linie des Staatsrats selbst, die jede gerichtliche Erörterung von actes de guerre, traités diplomatiques, Ansprüchen ehemaliger Herrscher-

[8] Nachweise z. T. bei G. Jellinek, Allg. Staatslehre I³, 617 Anm.

[9] J. Fabre, des actes de gouvernement, thèse Montpellier 1908, p. 13 s.

häuser für unzulässig erklären, „considérant que l'acte est un acte politique et de gouvernement" oder „attendu qu'il s'agit d'interpréter des conventions diplomatiques et des actes de gouvernement ayant un caractère essentiellement politique"[10]. Die Gefahr der Erörterung von politischen Akten durch die ordentlichen Gerichte war bei deren beschränkter Zuständigkeit gegenüber der vollziehenden Gewalt von vornherein gering; so richtete sich diese Praxis wesentlich gegen ihre Erörterung im contentieux administratif, und zwar um so entschiedener, je mehr hier das Ventil der justice retenue, des Eingriffsrechts des Staatshaupts, seine Bedeutung verlor[11]. Mit der dritten Republik tritt eine gewisse Festigung ein: einerseits findet man, wie schon früher in dem Gesetz vom 3. März 1849, so jetzt in dem vom 24. Mai 1872 betr. die Reorganisation des Staatsrats eine gesetzliche Anerkennung der bisherigen Praxis in dem Recht der Minister zur Konfliktserhebung in den bei der section du contentieux anhängigen Sachen, qui n'appartiendraient pas au contentieux administratif (art. 26) — anderseits wird diese Praxis insofern auf einen neuen Boden gestellt, als jetzt in Praxis und Literatur nach der bisher fehlenden sachlichen Abgrenzung der Regierungsakte gesucht wird. Bisher war als Regierungsakt jeder Akt der öffentlichen Gewalt behandelt, dessen Motiv politischer Art war; jetzt wird festgestellt, daß eine Maßregel „ne change pas de nature par ce fait qu'elle est ordonnée dans un but politique et que la mesure a été approuvée par les Chambres; que ces diverses circonstances ne sauraient lui donner le caractère d'acte administratif ou d'acte de gouvernement"[12] „que les motifs de la décision d'un fonctionnaire n'impriment pas à l'acte qui est relevé contre lui son caractère essentiel, mais qu'il faut rechercher ce carac-

[10] Fabre, a. a. O. u. p. 107 s., Lonné, les actes de gouvernment, thèse Paris 1898 p. 19 ss., vor allem Le Courtois, des actes de gouvernement, thèse Poitiers 1899, 50 ss. — Die beste kurze Skizze der Entwicklung in der Anmerkung von Hauriou zu Sirey 1893 III 129. Aus der deutschen Literatur O. Mayer, Theorie des franz. Verwaltungsrechts S. 8 ff., v. Laun, Das freie Ermessen und seine Grenzen (1910) 139 ff., 165 ff., weniger gut Wodtke, der recours pour excès de pouvoir (Abh. a. d. Staats-, Verwaltungs- und Völkerrecht hrsg. v. Zorn und Stier-Somlo XI 3) 45 ff.

[11] 1814 und 1817 wird das königliche Evokationsrecht aller affaires de l'administration qui se lieraient à des vues d'intérêt général von dem Ministerrat ausdrücklich festgestellt. Praktisch ist von der (der Administrativjurisdiktion gegenüber erst 1872 formell beseitigten) justice retenue schon von der Restauration kein Gebrauch mehr gemacht worden. Hauriou, a. a. O., Le Courtois 52 s, 84.

[12] Konfliktshof 25. März 1889, vgl. überhaupt Le Courtois 79 ss.

tère dans son objet et sa nature même"[13]. Es ist nur natürlich, daß die Praxis sich bei der Bestimmung dieses inhaltlichen Charakters der Regierungsakte an bestimmte sachliche, womöglich durch frühere Erkenntnisse anerkannte Typen zu halten suchte, wobei sich als Ergebnis eine fortschreitende Verengerung des Gebiets herausstellte: Jèze glaubte 1912 feststellen zu müssen, daß dieser Rückgang eine Beschränkung auf Akte des auswärtigen Dienstes als überwiegenden Inhalt dieses immunen Bereichs herbeigeführt habe, schon 1913 aber, daß diplomatische und konsularische Angelegenheiten nunmehr seinen ausschließlichen Gegenstand bildeten[14]. Die Literatur ist, nachdem sie zusammen mit der Rechtsprechung die Theorie vom politischen Motiv als Exemtionsgrund für jeden Exekutivakt gegenüber aller Gerichtsbarkeit aufgegeben hatte, vier verschiedene Wege gegangen. Zum Teil hat sie sich ebenfalls darauf beschränkt, den Kreis der herkömmlichen Typen der Regierungsakte in diesem Sinne möglichst sorgfältig festzustellen, wobei gegenüber den in der Praxis nachzuweisenden Fällen (Beziehung der konstitutionellen Gewalten zueinander, insbesondere Initiative, Berufung usw. der Kammern, Anberaumung der Parlamentswahlen — auswärtige Beziehungen — Kriegshandlungen — außergewöhnliche Notstände — Belagerungszustand — Maßnahmen gegen frühere Dynastien — Ausweisung — Adelsverleihung — Gnadenakte) auch in der Literatur die Tendenz zur fortschreitenden Einschränkung besteht[15]. Ferner versucht man, Regierung und Verwaltung grundsätzlich zu definieren und damit gegeneinander abzugrenzen, kommt dabei aber über beschreibende Allgemeinheiten meist nicht hinaus[16]; es sind bezeichnenderweise die Schriftsteller der älte-

[13] Appellhof Paris 27. Oktober 1910, Sirey, 1911 II 204.

[14] Französisches Verwaltungsrecht S. 448 ff., Jahrb. d. öff. Rechts VI (1913) 397 ff. Der Streit, ob die Sonderstellung der actes de gouvernement in absehbarer Zeit überhaupt aus der französischen Rechtsprechung verschwinden wird, kann hier auf sich beruhen bleiben.

[15] Vgl. Fabre 69 ss.; dahin gehören Hauriou, (z. B. a. a. O.), Aucoc, conférences sur l'administration et le droit administratif 2. éd. I 1878 nr. 38 p. 78, Laferrière (über ihn v. Laun 142 f., Wodtke 50 f.), Tirard, de la responsabilité de la puissance publique (1906) 162 ss., Le Courtois 137 (unter grundsätzlicher Ablehnung. S. 111).

[16] Z. B. der älteste Klassiker der ganzen Theorie, Vivien, Études administratives 3. éd. 1859 I 29 s.: Aufgabe der Regierung ist toute d'initiative, d'appréciation, de direction, de conseil; c'est lui qui donne à l'administration son esprit général, sa pensée et, si l'on peut ainsi parler, son drapeau; der Verwaltung bleibt l'action, c'est-à-dire l'exécution des lois et l'exercice matériel des pouvoirs confiés au gouvernement. Le pouvoir politique est la tête, l'administration est le bras. (Zit. nach Le Courtois 31 — mir ist nur die 1. Auflage zugänglich.) Ähnlich Pradier-Fodéré, Précis de droit administratif 7. éd. 1872 p. 17. Die von

ren Zeit, um die es sich hier handelt, in der das politische Motiv das Kriterium des Regierungsakts ist. Diese Versuche grundsätzlichen Charakters versagen, sobald die neue Praxis seit den siebziger Jahren objektive Kriterien sucht: seitdem führt der Weg bei fast allen Schriftstellern von dem an die Spitze gestellten Prinzip entweder alsbald zu der dann allein maßgebenden Kasuistik nach dem Vorbilde der Praxis zurück, oder es wird von dem (vielfach gar nicht mehr näher bestimmten) sachlichen Begriff der Regierung sofort ein formelles Kriterium abgeleitet, das zur juristischen Verwendung allein geeignet erscheint. Solche Kriterien sind: die formelle Grundlage der Vollmacht zu den verschiedenen staatlichen Funktionen (was unmittelbar auf Grund der Verfassung geschieht, ist Regierung, was auf Grund von Gesetzen, ist Verwaltung)[17] — die diskretionäre Natur des Akts[18] — die Beteiligung der Kammern[19] oder des Ministerrats[20] — die Zuständigkeit der Kammer zur Kritik[21] — u. a. m. Sie sind sämtlich mehr oder weniger leicht zu widerlegen, und die neuestens zunehmende grundsätzliche Ablehnung der Theorie und Praxis der actes de gouvernement überhaupt[22] erklärt sich mindestens zum Teil aus diesem Mißlingen befriedigender theoretischer Begründung der Lehre.

Die französische Praxis ist mit allen ihren Mängeln und Unklarheiten in Italien durch Gesetz eingeführt, indem Art. 24 des Gesetzes über den Staatsrat vom 2. Juni 1889[23] den Rekurs per incompetenza,

Berthélemy, traité élémentaire de droit administratif 5. ed. 1908 p. 108 s. hierhin gerechneten Schriftsteller gehören sämtlich zur folgenden Gruppe.

17 Ducrocq, Cours de droit administratif 7. éd. I 70 n. 52, 87 s. n. 70, Le Courtois, 111 s.

18 Esmein, éléments de droit constitutionnel 1896 p. 18, Batbie, traité théorique et pratique de droit public et administratif 2. éd. VII (1885) 371 n. 35 s.

19 Berthélemy 107, Le Courtois 93 ss.

20 Hauriou, précis de droit administratif 6. éd. (1907) 435.

21 Dareste und Teissier bei Berthélemy 109 — die hier wenigstens zugrunde liegende Verwendung der Zuständigkeit der Kammern zur Kritik, die eine konkurrierende Zuständigkeit des Verwaltungsstreitverfahrens ausschließen müsse, als Kriterium des acte de gouvernement ist sachlich unrichtig, da dieser gegenseitige Ausschluß nicht besteht, und unbrauchbar, da er den sachlichen Begriff der Regierung wieder als Voraussetzung für die Kammerzuständigkeit braucht. — Die bei Berthélemy 108 s. aufgezählten Schriftsteller gehören sämtlich in diese Gruppen der formellen Abgrenzung.

22 Vgl. Fabre 33 s., 125 ss., Le Roux, essai sur la notion de la responsabilité de l'État, thèse Paris 1909, 23 ss., Lonné 52 ss., vgl. Le Courtois 4 s., 103 ss., Berthélemy 105 ss., Jèze, a. a. O., v. Laun 144, Wodtke 48, Esmein 13 n. 1.

23 Art. 22 der jetzigen Fassung vom 17. August 1907. Die Texte in Raccolta ufficiale delle leggi e dei decreti del Regno d'Italia 1889 II nr. 6166, 1907 nr. 638, A. Bruno, Codice politico amministrativo (Firenze 1914) p. 171.

per eccesso di potere o per violazione di legge an die vierte Sektion des Staatsrats ausschließt, se trattasi di atti o provvedimenti emanati dal Governo nell' esercizio del potere politico. Die Bestimmung ist erst vom Senatsausschuß in den Gesetzentwurf eingefügt, unter ausdrücklicher Beziehung auf das französische Vorbild, aber ohne volle Klarheit über den Inhalt des so abgegrenzten Bereichs[24]. Crispi definierte, atti del governo seien die, nei quali si esplica la prerogativa del Re in tutta l'ampia materia del diritto delle genti e del gius pubblico ed ecclesiastico; auf Befragen wurden als Beispiele von allen Beteiligten nur Maßregeln gegen Unruhen und Seuchen genannt. Die Praxis entwickelte sich mühsam; 1891 und 1893 entschieden der Kassationshof und der Staatsrat, bei allem Wirrsal der Meinungen sei nur eins sicher, daß es sich bei diesen Akten stets handle um interessi d'ordine generale attinenti alla sicurezza interna ed esterna dello Stato[25], 1895 der Staatsrat, daß schon nach Naturrecht die normalen Funktionen der Exekutive als Verwaltung vor die Administrativjurisdiktion, die außergewöhnlichen (extra juris ordinem per necessità politica) nur vor die Kammern als Richter gehören[26], 1906 die vereinigten Sektionen des Kassationshofs, daß nicht so sehr der Inhalt des Akts, als der Grad seiner Bindung oder Freiheit entscheidend sei: charakteristisch für ein ben ordinato sistema amministrativo sei, daß nichts oder so gut wie nichts dem Ermessen des Funktionärs überlassen sei, während die politische Gewalt gerade durch die Freiheit des Ermessens bezeichnet werde[27]. Damit ist allerdings jede inhaltliche Unterscheidung zwischen Regierung und Verwaltung abgeschnitten, die dem individualistischen Grundcharakter der italienischen Jurisprudenz ja überhaupt fernliegt — wir sind auch hier auf dem Boden der formalen Kriterien, und von dem Fortschritt der französischen Praxis vom politischen Motiv als Kriterium des Regierungsakts (das tatsächlich noch heute die letzte Grundlage der italienischen Rechtsprechung ist) zur Feststellung der Zugehörigkeit zu einer der herkömmlich anerkannten materiellen Typen hat Italien keine Notiz

[24] Atti parlamentari, Camera dei Senatori, Discussioni, Legisl. 16, sess. 2 (1887/88) II 1186 s., 1191 s., 1213 ss., 1218. Kurzer Bericht Giurisprudenza italiana 1894 III 71 ss. Anm., Gabba in Reale istituto lombardico di scienze e lettere, rendiconti ser. 2 vol. 29 (1896) 417 ss. Stark überschätzt von Le Courtois 247.

[25] Giurisprudenza italiana 1894 III 72, 74 Anm.

[26] Daselbst 1895 III 297.

[27] Daselbst 1907 I 214.

genommen. Das Ergebnis ist eine — bei erheblicher praktischer Bedeutung[28] — inhaltlich wenig befriedigende Praxis.

Das spanische Recht ist dieser Schwierigkeit entgangen, indem es die Regierungsakte in den (kontrollfreien) Ermessensakten hat aufgehen lassen[29].

Eine selbständige Entwicklung hat in den Vereinigten Staaten zu einer ähnlichen Ausnahmestellung politischer Akte gegenüber der Gerichtsbarkeit geführt. Die englische Praxis des 18. Jahrhunderts hatte neben der allgemeinen Immunität der Prärogative[30] auch den Satz entwickelt, daß Verträge mit auswärtigen Mächten nicht Gegenstand gerichtlicher Entscheidung seien[31]. Die amerikanische nimmt von vornherein grundsätzlich alle politischen Akte von der Zuständigkeit der Gerichte aus, wobei allerdings weder ein Prinzip für die Abgrenzung noch auch nur ein Katalog der typischen Fälle gesucht wurde. Ausgangspunkt ist das Prinzip der Gewaltenteilung, nach dem die Zuweisung einer Zuständigkeit an ein Organ der Union den Ausschluß der übrigen und ihre Pflicht zur Anerkennung der Akte der anderen Gewalt bedeutet[32]. Die Justiz ist allein zuständig, wenn es

---

28 Insofern unrichtig v. Laun 167, vgl. dagegen z. B. die Wichtigkeit der Stellungnahme des Staatsrats zu der Frage der königlichen Verordnungen, die er als Regierungsakte nicht nachprüft (Näheres bei H. Gmelin, Umfang des königlichen Verordnungsrechts und das Recht zur Verhängung des Belagerungszustandes in Italien. Freiburger Abhandlungen aus dem Gebiete des öff. Rechts XII (1907) 119 f.). Beinahe jeder Band der Giurisprudenza italiana enthält Entscheidungen in der Frage der Regierungsakte (im Register meist unter dem Stichwort Competenza civile).

29 Näheres bei v. Laun 169 f. Der Entwurf der schweizerischen Bundesverfassung von 1847 wollte die politischen Streitigkeiten dem Bundesgericht entziehen. Davon wurde wegen der Schwierigkeit der Abgrenzung abgesehen (E. Nägeli, Entwicklung der Bundesrechtspflege seit 1815, Diss. Zürich 1920, S. 121). Gegenwärtig scheint man diese Schwierigkeit bei der Durchführung der in Art. 114 bis Abs. 2 vorgesehenen Ausführungsgesetzgebung durch sachliche Enumeration überwinden zu wollen (Giacometti, Jahrb. d. öff. R. XI 339).

30 Über sie und ihre heutige Bedeutung Hatschek, Englisches Staatsrecht I 88 ff., Koellreutter, Verwaltungsrecht und Verwaltungsrechtsprechung im modernen England 195 ff. Selbst einem Institut von solch irrationaler Herkunft begegnet in der heutigen Praxis die Rechtfertigung, es handle sich hier um einen Anwendungsfall des Grundsatzes, daß Privatinteressen dem allgemeinen Wohl geopfert werden müssen: Le Roux 33.

31 Zitate 48 United States Reports (7 Howard) 56. Das von den Amerikanern angezogene Material, wonach die englische Praxis überhaupt die Unabhängigkeit der politischen Gewalt von der richterlichen in diesem Sinne anerkannt habe (73 U.S.Rep. [6 Wallace] 71 Anm., J. B. Thayer, Cases on constitutional law 1895 I 202), ist mir nicht zugänglich.

32 Z. B. Thayer 200 (71 U.S.Rep. [4 Wallace] 491), 192 ff. (48 U.S.Rep. [7 Howard] 43 ff.). Gelegentlich werden rein praktische Erwägungen angestellt: Daß die

sich um rights of persons or property handelt, nicht zuständig, wenn z. B. um rights of sovereignty, of political jurisdiction, of government, of corporate existence as a State[33], oder, wie die neuere Zeit vorsichtiger sagt, wenn überwiegend das eine oder das andere der Fall ist[34]. Ein Prinzip für die Abgrenzung wird nicht gefunden, abgesehen von der Feststellung der verfassungsmäßigen political powers des Präsidenten und des Kongresses, und ebensowenig ein Katalog der typischen Fälle[35]. Aber auch hier tritt die Neigung auf, ein formales Kriterium für den politischen Akt zu suchen, und es wird gefunden in der Freiheit des Ermessens, im Gegensatz zu den gebundenen, den ministerial acts[36]. Und so verfließt die Immunität der politischen Gewalt schließlich ähnlich wie in Italien und Spanien in den Ausschluß der Ermessenskontrolle[37].

Dies wenig befriedigende Ergebnis so vieler Mühen in Theorie und Praxis des Auslandes um die Begriffe politisch und politische Gewalt ist für Deutschland unter verschiedenen Gesichtspunkten lehrreich.

Einmal unter dem der praktischen Verwendung des Begriffs auch im deutschen Recht.

Justiz den Präsidenten vernünftigerweise nicht zu einer Handlung zwingen könne, die dann alsbald im Wege des impeachment inkriminiert werden könnte (Thayer 200), oder daß prozessualer Zwang gegen ihn unerträglichen politischen Schaden nach sich ziehen könnte (71 U.S.Rep. [4 Wall.] 479, 486 f., 490, 500 f.).

33 Thayer 204 ff. (6 Wall. 74 ff.).

34 J. W. Burgess, Political science and comparative constitutional law 1890 II 327.

35 Die (z. T. oben angezogenen) leading cases betreffen die Rechtmäßigkeit einer Einzelstaatsregierung, die diktatorische Gewalt in den eroberten Südstaaten nach den Rekonstruktionsgesetzen, internationale Verhältnisse, Ausweisungen.

36 Thayer 198, 199 (4 Wall. 478, 498 ff.), gegenüber dem „sic volo sic jubeo of political power" (Thayer 203). Discretionary acts heißen die anderen erst in der neueren Literatur, vgl. auch Le Courtois 256.

37 So bei E. Freund, Öff. Recht d. Ver. St. v. A. (1911) 100 f. — Die Hauptmomente alle schon in der klassischen Entscheidung des Chief Justice Marshall in Sachen Marbury v. Madison von 1803 (5 U.S.Rep. [1 Cranch] 170): The province of the court is, solely, to decide on the rights of individuals, not to inquire how the executive, or executive officers, perform duties in which they have a discretion. Questions in their nature political, or which are, by the constitution and laws, submitted to the executive, can never be made in this court. Anders zu verfahren, würde sein an extravagance, absurd and excessive (168). In den späteren Fällen wird bald mit dem einen, bald mit dem anderen Moment argumentiert, ohne Klärung, ob jedes von ihnen einzeln oder nur mehrere zusammen den Rechtsweg ausschließen — die Präjudizien dienen jedesmal nur als einleuchtende Zeugnisse augenscheinlich „gesunder" und „vernünftiger" Beurteilungsmaßstäbe.

Allerdings ist hier die Schwierigkeit in allen den Fällen, in denen der politischen Gewalt eine privilegierte Rechtslage (z. T. entsprechend der des französischen, italienischen, amerikanischen Rechts) zugestanden wird, dadurch umgangen, daß die Entscheidung, ob es sich um politische Gewalt handelt, der obersten politischen Spitze selbst überlassen ist. So stellt der Reichskanzler durch amtliche Erklärung fest, ob das Verhalten eines Beamten des auswärtigen Dienstes politischen oder internationalen Rücksichten entsprochen hat, und schließt damit die Haftung des Reichs für den Beamten aus[38]. Und die Reichsregierung bestimmt, welche nichtrichterlichen Beamten eine Stellung politischen Charakters innehaben, insbesondere mit Aufgaben zum Schutze der Republik besonders betraut sind und deshalb der Versetzung in den einstweiligen Ruhestand unterliegen sollen[39].

Dagegen ist die Abgrenzung des „politischen" Bereichs von um so größerer Bedeutung für die Anwendung der Bestimmungen des Reichsvereinsgesetzes über politische Vereine und Versammlungen[40]. Auch in Deutschland fanden Gesetzgebung und Praxis hier keine klare Begriffsbestimmung des Worts politisch vor, und der Erfolg ist formell wie sachlich mindestens ebenso unerfreulich wie jene entsprechende Rechtsunsicherheit im Auslande. Formell, sofern sich die deutsche Praxis hier, ebenso wie die französische, mit der Aufzählung der anerkannten Typen „politischer" Angelegenheiten zu helfen

---

[38] Gesetz über die Haftung des Reichs für seine Beamten v. 22. V. 1910 § 5 Ziff. 2. Die Bestimmung ist ohne Kenntnis der ausländischen Analogien eingeführt, aber auch hier finden sich in der Begründung durch die Regierung im Ausschuß ähnliche Argumente wie in der ausländischen Praxis, vor allem das hier recht bedenkliche der Gewaltenteilung: der politische Charakter eines Amts schließe dadurch, daß er die Verantwortung vor dem Parlament begründet, notwendig eine konkurrierende Verantwortung vor den Gerichten aus (Verh. d. Reichstags Bd. 275 Nr. 366 S. 1913).

[39] Gesetz über die Pflichten der Beamten zum Schutze der Republik vom 21. VII. 1922 Art. III, IV Abs. 2 Ziff. 3 (RGBl. I 592 f.). Die Gerichte könnten allenfalls gegenüber den durch Art. III zugelassenen entsprechenden Landesgesetzen in die Lage kommen, zu prüfen, ob die Behandlung von Landesbeamten als politischen durch Art. III gegenüber dem verfassungsmäßigen Schutz der wohlerworbenen Rechte (Reichsverfassung Art. 129) gedeckt ist.

[40] Auf die Einzelheiten, namentlich auf die Frage, wie weit das Vereinsgesetz seit 1918/19 noch gilt, braucht hier nicht eingegangen zu werden. Ebenso sollen nicht alle sonst hierhin fallenden reichsrechtlichen Bestimmungen aufgezählt werden. Vgl. noch § 36 des Wehrgesetzes v. 23. III. 21, der den Soldaten neben der Teilnahme an politischen Vereinen und Versammlungen die politische Betätigung überhaupt verbietet, oder etwa § 13 Ziff. 7 des Einkommensteuergesetzes in seiner ursprünglichen Fassung (abgeändert durch Ges. v. 24. III. 21).
Andere Verwendungsfälle, z. B. der der „politischen" Delikte, gehören nicht in diesen Zusammenhang.

sucht[41]; sachlich, sofern dabei im Grunde „politisch“ und „staatlich“ gleichgesetzt werden, hier also ein zweiter Begriff des „Politischen“ eingeführt wird gegenüber dem des sonstigen Sprachgebrauchs, wie er z. B. im Gesetz über die Haftung des Reichs für seine Beamten und im Gesetz über die Pflichten der Beamten zum Schutze der Republik verwendet ist, und sofern dieser vereinsrechtliche Begriff ein ganz anderer ist als der des allgemeinen Sprachgebrauchs im In- und Auslande, ein gerade bei der gesetzlichen Durchführung eines der volkstümlichsten Grundrechte besonders empfindlicher Mangel.

Die Schuld trägt auch hier jene Neigung, die die deutsche Rechtswissenschaft mit der des Auslandes, namentlich der romanischen Länder, teilt, den „sozialen“, „metajuristischen“, „politischen“ Gehalt der Begriffe tunlichst zu eliminieren und sich überall auf die „formalen“ Kriterien zurückzuziehen. Während diese Neigung im Auslande auf rein rationalistischer Grundlage beruht — das letzte Motiv der französischen Unsicherheit oder Ablehnung gegenüber dem Begriffe der politischen Gewalt enthüllt ein französischer Schriftsteller, der für die Unterscheidung von Regierung und Verwaltung das fondement rationnel vermißt[42] —, ist sie in Deutschland jüngerer Herkunft[43] und bedeutet gerade in unserer Frage den nachträglichen Verzicht auf bereits gewonnene Ergebnisse der deutschen Staatstheorie des zweiten Drittels des 19. Jahrhunderts. So werden Regierung und Verwaltung regelmäßig ebenso wie im Auslande nach Freiheit und Gebundenheit unterschieden[44], als ob es nicht gebundene politische und diskretionäre

---

41 „Angelegenheiten, welche unmittelbar den Staat, seine Verfassung, seine Gesetzgebung oder Verwaltung, die staatsbürgerlichen Rechte der Untertanen und die internationalen Beziehungen der Staaten zueinander in sich begreifen“ — vgl. die Zusammenstellung bei Delius, Das öffentliche Vereins- und Versammlungsrecht 5. A. 1912 S. 212 ff., auch Verh. des Reichstags 232, 4582, und überhaupt W. van Calker, Zeitschr. f. Politik III 284 ff.

42 Fabre 126; vgl. zu dieser Unfähigkeit der französischen Staatslehre, nichtrationale Elemente aufzunehmen, E. Kaufmann, Auswärtige Gewalt und Kolonialgewalt in den Vereinigten Staaten von Amerika (1908) 30 ff.

43 E. Kaufmann, Kritik der neukantischen Rechtsphilosophie (1921), z. B. 50 ff.

44 Statt vieler: G. Meyer-Anschütz, Lehrbuch d. dtsch. Staatsrechts 7. A. (1919) 29; G. Jellinek, Allg. Staatslehre 3. A. I 616 ff.; O. Mayer, Theorie S. 7 ff.; Fleiner, Instit. d. dtsch. Verwaltungsrechts 3. A. 4 f., Schweizerisches Bundesstaatsrecht 216 Anm. 1. Allerdings auch schon so F. J. Stahl, Philosophie des Rechts 3. A. II 2 S. 194. Der dabei zugrundeliegende Irrtum besteht darin, daß die Ermessensfreiheit des Beamten und die Freiheit des politischen Gestaltungswillens gleichgestellt werden. Der politische Wille der politischen Organe wird von der Verfassung vorausgesetzt und nur in ein bestimmtes Bett geleitet: daher keine Wahlpflicht, keine Pflichten der Monarchen und Parlamente usw. Man tut der Eigenart dieser Organe Gewalt an und gewinnt sachlich nichts, wenn man auch

Verwaltungsakte gäbe. Und in diesen Zusammenhang gehört auch jene Begriffsbestimmung der „politischen“ Vereine und Versammlungen: indem man den in der überkommenen politischen Begriffswelt selbstverständlich gegebenen und im Sprachgefühl lebendigen Begriff des „Politischen“ ignorierte und durch die Beziehung auf den Staat ersetzte, umging man die der formalistischen Zeitrichtung widerstrebende sachliche Inhaltsbestimmung und ersetzte sie durch eine formale[45]. Der Erfolg ist jene unerfreuliche und durch kein sachliches Bedürfnis gerechtfertigte Ausweitung des Begriffs — ein Beispiel von vielen auch für die politische Gefährlichkeit der formalistischen Methode im Staatsrecht.

Die positive Bestimmung des Bereichs der Regierung kann nur Gegenstand umfassenderer staatstheoretischer Darlegung sein. Im folgenden soll das Ergebnis wenigstens angedeutet werden, lediglich um im Zusammenhang damit die Tragweite ungenügender und brauchbarer Begriffe in diesem Teil der Staatslehre anschaulich zu machen.

Auch die formalistische Staatsrechtslehre hat darin meist richtig gesehen, und vollends die Rechtswissenschaft des Auslandes war durch die geschilderte Entwicklung ihres öffentlichen Rechts zu der Einsicht gezwungen, daß der Begriff der Regierung an dem der Verwaltung orientiert sein muß, weil beide Bereiche zusammen die komplementären Hälften des ganzen Umfangs der Staatsfunktionen abgesehen von Gesetzgebung und Justiz sind.

Von diesem Standpunkt aus bestimmt sich die Regierung als der Teil des bezeichneten Bereichs, der in den Kreis der Politik fällt, d. h. in dem der Staat sich und sein Wesen bestimmt und durchsetzt, die Verwaltung dagegen als der Teil, in dem der Staat anderen Zwecken dient oder nur die technischen Mittel für seine politischen Funktionen schafft. So ist von jeher in der deutschen Staatslehre die Rede von der „Einheit, welche die Regierungshandlungen charakterisieren soll“, unter orientierender Gegenüberstellung mit der Verwaltung: „bei dem Regieren ist der Blick auf das Ganze, bei dem Verwalten ist er auf das Besondere und Einzelne zu richten“[46]. An den

---

sie zu ihrer Tätigkeit durch leges imperfectissimae verpflichtet sein läßt. So ist dieser politische Wille seinem Ursprung nach, das freie Ermessen dagegen nur seiner Ausübung nach in gewissem Sinne frei.

45 Vgl. Delius a. a. O. und das dort angegebene Material. — Die geschichtlichen Gründe dieser Praxis ändern nichts an dem im Text Gesagten.

46 K. E. Zachariä, Vierzig Bücher v. Staate 2. A. I (1839) 124. Ähnlich viele Spätere, z. B. Bluntschli, Allg. Staatsrecht 4. A. I, 461 ff., II 95 f.

Klassiker der Lehre von der Regierung in diesem Sinne, Lorenz v. Stein, braucht hier nur erinnert zu werden[47]. Er und andere haben auch mit Recht die Eigentümlichkeit der politischen Aktionen im Staat ins Licht gerückt, die darin besteht, daß sie häufig objektlos sind, lediglich den „Geist“ des Staats, eine einheitliche Willensrichtung für das staatliche Leben herausbilden, die jeweilige Einheit in seinem Leben und seinen Funktionen herstellen. Sie alle sind Vorgänge der staatlichen Integration — um diesen neuerdings eingeführten, mit leichter Umbiegung der älteren Soziologie entlehnten, zur Bezeichnung seines Gegenstandes kaum entbehrlichen Ausdruck zu verwenden —, einerlei ob sie sich als objektlose auf diese Integration beschränken[48] oder zugleich nach außen hin rechtsgeschäftlich (im weitesten Sinne) wirksam werden.

Das einzige ernsthafte Bedenken gegenüber dieser Bestimmung des Politischen dürfte darin liegen, daß auch sie anscheinend nicht imstande ist, den Gegensatz von innerer und äußerer Politik zur Einheit des Politischen zusammenzufassen; daß also wenigstens insoweit die einzelnen Stücke des politischen Bereichs wieder einer Aufzählung bedürfen würden, wie sie der französischen Praxis der actes de gouvernement und der deutschen Anwendung des Vereinsgesetzes zugrunde liegt. Gerade in der deutschen Staatstheorie hat man sich im Anschluß an die Fragestellung und Argumentationsweise der herkömmlichen Erörterungen des Verhältnisses von innerer und auswärtiger Politik gewöhnt, das Gemeinsame der beiden Seiten der Politik zu übersehen[49], zum Schaden einer gründlichen und befriedigenden Klärung der Frage. In der Tat handelt es sich hier wie dort um dasselbe, um die Entwickelung und Auswirkung der staatlichen Individualität. Die — vielfach so gefährliche — Analogie des Lebens der menschlichen Persönlichkeit kann hier immerhin den Weg zeigen. Die Einheit der Persönlichkeit wird aus dem natürlichen Menschen heraus einerseits dadurch entwickelt, daß das isolierte[50] Handeln und

[47] Vgl. z. B. Verwaltungslehre 2. A. I (1869) 145, 148 f., 198, 202, 250, 253, 256, 275 ff.; Handbuch der Verwaltungslehre 3. A. I (1887) 94—98.

[48] Nur diesen Fall hat O. Mayer 2. A. I 3 im Auge, wenn er die Regierung definiert als die „Oberleitung des Ganzen, das einheitliche Richtunggeben für die politischen Geschicke des Staates und die Kulturentwicklung im Innern ... sie beeinflußt alle Arten der wirksamen Staatstätigkeit, ist aber für sich selbst keine davon ...“.

[49] Besonders scharf und bedenklich — im Anschluß an F. Tönnies — bei Wolgast, Arch. d. öff. Rechts 44 (N. F. 5) 75.

[50] Davon, daß es ein im letzten Sinne isoliertes geistiges Leben nicht geben kann, kann hier abgesehen werden.

geistige Leben, bewußt oder unbewußt, in Akten der Wirklichkeits- oder der bloßen Selbstgestaltung, fortdauernd diese Einheit herstellt, betätigt, bewußt macht, fortbildet, anderseits dadurch, daß die Einzelpersönlichkeit ihre Aufgabe, ihre Eigenart, ihren Lebenssinn in der Auseinandersetzung mit der Umwelt findet und behauptet. Entsprechend im staatlichen Leben: der Staat bestimmt seine Individualität durch bewußte Akte der inneren Politik, die ihm sein politisches Programm setzen sollen (Wahlen, Parlamentsverhandlungen, Programmfeststellungen usw.) und durch seine gesamte übrige Tätigkeit, soweit sie nicht ausschließlich technischer Natur ist, wozu dann weiter alle die ungewollten Bestimmtheiten durch Geschichte und Verhältnisse hinzutreten; ebenso aber bestimmt er sie, wirkt sie aus und wird er selbst gestaltet in der auswärtigen Politik, die sogar die ältere, ursprünglich wenn nicht einzige, so doch vorherrschende Form des politischen Lebens ist. Mag die neuerdings aufgestellte[51] und vielbestrittene Begriffsbestimmung des Imperialismus als objektloses Ausdehnungsstreben bestimmter Art im wesentlichen zutreffen oder nicht: in ihr und beim Streit um sie wird fast stets übersehen, daß das Moment der Objektlosigkeit aller auswärtigen Politik eigentümlich ist, soweit sie Politik und nicht lediglich auf technische Ziele gerichtet ist: in der äußerpolitischen Auseinandersetzung wird nur z. T. um Gegenstände, z. T. lediglich um den subjektiven Persönlichkeitsbereich des Staats in räumlicher oder dynamischer Hinsicht gestritten — das gleichbleibende Moment durch Glaubens-, Erbfolge-, Wirtschafts- und nationale Konsolidations- und Verteidigungskriege hindurch —, und nur insofern dies Moment in den auswärtigen Beziehungen eines Staats enthalten ist, sind diese Beziehungen Politik. Das politische Element ist hier also dasselbe, das im Innern des Staats die politische Regierung von der technischen Verwaltung scheidet[52].

Die hier nur angedeutete Gewinnung eines inhaltlich bestimmten Begriffs des Politischen würde in drei Richtungen fruchtbar werden:

---

[51] Schumpeter, Archiv für Sozialwissenschaft und Sozialpolitik 46 (1918) S. 13; dazu Hashagen, Weltwirtschaftliches Archiv 15 (1919) 165 ff.

[52] Aus dieser Einheit folgt dann weiter das Zusammengehören verschiedener Funktionen, die man aus anscheinend ganz gegensätzlichen Gründen aus dem Bereich der Verwaltung ausscheidet, wie der von O. Mayer so genannten „verfassungsrechtlichen Hilfstätigkeiten" und der auswärtigen Politik und Kriegführung, als Funktionen der politischen Gewalt (O. Mayer, Verwaltungsrecht 2. A. I 7 ff.).

für das positive Recht, für die Staatsrechtstheorie im ganzen, für die allgemeine Staatslehre.

Für das positive Recht durch Vertiefung der Rechtsanwendung da, wo der Begriff des Politischen vom Gesetz verwendet ist. Die Rechtsprechung erfüllt hier ihre Aufgabe nicht, wenn sie der Bestimmung des Begriffs durch den Rückzug auf formale Kriterien oder Beziehungen oder auf empirische Inhaltsaufzählungen ausweicht und auf diesem Wege dann notwendig dahin gerät, z. B. jede verwaltungstechnische Angelegenheit für eine politische zu erklären[53]. Daß das deutsche Volk, das einer Belehrung über das Wesen des Politischen sicherlich bedarf, durch die in der Frage des politischen Vereins führende höchstrichterliche Entscheidung dahin aufgeklärt wird, daß die Einführung der Feuerbestattung eine politische Angelegenheit, ein Feuerbestattungsverein daher ein politischer Verein sei[54], ist eines freien Landes nicht würdig.

Ebenso bedarf die Staatsrechtstheorie im ganzen des Begriffs des Politischen. Denn das Staatsrecht hat das Politische zum Gegenstande, es ist politisches Recht im Gegensatz zum Verwaltungsrecht ,das technisches Recht ist[55]. Auch hier kann die Abgrenzung nur gelingen auf Grund des Wesensgegensatzes zwischen beiden Gebieten, nicht durch die übliche Zuflucht zu formalen Kriterien, wie dem geläufigen, daß Verfassung die Organisation des Staats in seinem ruhenden Bestande, Verwaltung dagegen das Funktionieren des Staats sei. Und vor allem findet nur so das Staatsrecht seinen eigentlichen Gegenstand: die Gesamtheit der Einrichtungen und Funktionen, „durch welche der Wille des Staates als Einheit begründet und ausgesprochen wird", d. h. durch die der Staat sich dauernd und immer von neuem zur Einheit integriert; im Gegensatz zum Verwaltungsrecht, der Regelung der Gesamtheit der Einrichtungen und Funktionen, „durch welche der so konstituierte Wille des Staates sich verwirklicht in der Mannigfaltigkeit der Lebensverhältnisse"[56]. Die deutsche Staatsrechtslehre ist aber, seitdem sie die patrimoniale Theorie mit Hilfe des Gedankens der Staatskorporation überwunden hat, unter die Herrschaft dieses bloßen Hilfsmittels geraten und hat seitdem ihre Aufgabe verstanden im Sinne der privatrechtlichen Korporationstheorie, d. h. im

[53] van Calker a. a. O. S. 303 f.

[54] Preuß. OVG. 39, 444; ein städtischer Grundbesitzerverein, das. S. 440.

[55] Etwa in dem hier geforderten Sinne ist der Gegensatz gefaßt bei L. Spiegel. Verwaltungsrechtswissenschaft 33 ff.

[56] H. v. Treitschke, Politik II 3.

Sinne der Herausarbeitung der Abstufung der Organe und ihrer Vertretungs- oder Organvollmachten zum Handeln im Namen des Ganzen, zu „rechtsgeschäftlichen Staatsakten". Die erste Aufgabe des Staatsrechts ist aber die Integration des staatlichen Ganzen, das objektlose Dasein der obersten staatsrechtlichen Institutionen, des Königtums, der parlamentarischen Dialektik und Kritik, der Regierungsbildung, und ihrer zunächst rein integrierenden Funktion, die aber in der Staatsrechtstheorie in der Regel völlig vernachlässigt werden gegenüber dem Gesichtspunkt des Systems staatsrechtlicher Organvollmachten — als ob Staatshäupter, Regierungen, Parlamente ausschließlich zur Produktion von möglichst viel rechtsgeschäftlichem Staatswillen berufen und allein dadurch rechtlich charakterisiert wären, darin den Sinn ihres rechtlichen Daseins fänden[57].

Dieser Gegensatz ist vielfach unbewußt. Mit Schärfe hat ihn neuerdings wieder K. Rothenbücher entwickelt: „Die rechtliche Untersuchung des Verfassungsbaus nimmt als Kern die Staatsgewalt und stellt fest, wer das dem Staate eigentümliche Befehls- und Verfügungsrecht auszuüben berechtigt sei, an welche rechtlichen Voraussetzungen diese Ausübung gebunden sei. Dagegen fragt die poliitsche Betrachtung nach der Regierungsgewalt, d. h. wer unter Berücksichtigung der Gesamtheit aller tatsächlichen Umstände in der Lage sei, durch seinen Willen die Gesamthaltung des Staats nach innen und außen zu bestimmen und über die dem Staat eigenen Machtmittel zu verfügen"[58]. Die Erzielung dieser „Gesamthaltung" ist aber nicht nur tatsächlich bedingt, sondern durch die Verfassung zugleich normativ bestimmt,

---

[57] H. Preuss hat die Bedeutung der politischen Organe und ihre daraus folgende besondere staatsrechtliche Stellung großenteils zutreffend entwickelt in seiner Theorie der von ihm sogenannten Repräsentativorgane (Städtisches Amtsrecht in Preußen 1902 S. 70). Das dabei Gewonnene geht aber wieder verloren, wenn er diese Organe darauf beschränkt, „den höchsten, die ganze Tätigkeit des Gemeinwesens normierenden Willen rechtsverbindlich zu äußern und nach außen hin darzustellen". Dabei wird eine auch diesen Organen transzendente und präexistente Wesenheit des Gemeinwesens vorausgesetzt, und dann bleibt allerdings für eigentliche Integration dieser Wesenheit durch besondere Organe kein Raum.

In dem Moment der Integration liegt sachlich der berechtigte Kern der neuesten Wiederaufnahme der erst neuerdings so entschieden abgelehnten Unterscheidung von Substanz und Ausübung eines Rechts und insbesondere der Staatsgewalt. Vgl. Carl Schmitt, Politische Theologie 1922 S. 40 und dagegen etwa E. Kaufmann, Über den Begriff des Organismus in der Staatslehre des 19. Jahrhunderts 1908 S. 8. Ganz anders liegt die Frage für frühere Stufen des staatlichen Wesens und Denkens; vgl. die Andeutungen am Schluß.

[58] Die Stellung des Ministeriums nach bayerischem Verfassungsrechte (1922) 71.

und diese Normierung ist sogar der erste und eigentliche Inhalt der Verfassung, von dem jene rechtsgeschäftlichen Vollmachten bedingt, dem sie untergeordnet, so daß sie in ihrer rechtlichen Tragweite aus ihm überhaupt nur zu verstehen sind.

Wie die Staatsrechtstheorie nur so sich ihres eigentlichen Gegenstandes bewußt und seiner Herr wird und erst damit eine zuverlässige Grundlage für ihre Arbeit im einzelnen gewinnt, so wird sie damit zugleich freier von der Gefahr, die die jüngste Behandlung des Problems „Staatsrechtslehrer und Politik“ eindrücklich dargelegt hat, nämlich der Flucht in den Bereich der Metaphysik[59]. Formalistische Staatsrechtslehre wird allerdings zwischen Argumenten formalistischer Begriffsjurisprudenz und mehr oder weniger unbewußten Werturteilen als Voraussetzungen hin- und herschwanken. Die hier vertretene Auffassung bietet eine viel näherliegende und zuverlässigere, ja vom Gegenstande selbst geforderte Zuflucht in das Gebiet der politischen Integration als des eigentlichen Kernes und Sinnes der Verfassung, das gewissenhafter Arbeit durchaus zugänglich und dann der maßgebende Ausgangspunkt für alle staatsrechtliche Einzelarbeit ist. Nur so ist, mit den Worten W. Kahls für die entsprechende Lage im kirchenrechtlichen Nachbargebiet, die staatsrechtliche Arbeit nicht „eine Seefahrt ohne Kompaß und Steuer“, nur so entwickelt sie nicht nur „Rechtssätze“, sondern steht dabei auf der festen Grundlage der „Rechtsgrundsätze“[60].

Daß endlich auch die allgemeine Staatslehre den Begriff des Politischen und der politischen Gewalt nicht entbehren kann, ist selbstverständlich. Daß sie ihn mindestens noch stärker fruchtbar machen könnte, als sie bisher getan hat, soll hier nur an einem Beispiel gezeigt werden, nämlich an der Lehre von den Staatsformen. Ebenso wie die Lehre von den Staatsfunktionen als rationalistische Gewaltenteilungstheorie auf formale Relationen der Gewalten zueinander gestellt oder in der deutschen Staatsrechtstheorie durch ihre polemische Spitze gegen patrimoniale Formeln von vornherein wesentlich negativ und deshalb formalistisch auf das Interesse an der formalen Willenseinheit der durch König und Stände organisierten juristischen Staatsperson festgelegt ist, so ist auch die Staatsformenlehre überwiegend nach formalen Kriterien bestimmt. So wird der Gegensatz von herrschaft-

[59] R. v. Laun, Arch. d. öff. R. 43 (n. F. 4) 161.

[60] Lehrsystem des Kirchenrechts und der Kirchenpolitik I, Vorwort S. VI.

licher und genossenschaftlicher Organisationsform immer mehr im Sinne eines Gegensatzes formaler Zusammenordnungsverhältnisse verstanden, mindestens wird er nicht zu Ende gedacht, und die Herausarbeitung seines letzten materialen Sinnes unterbleibt; und ebenso wird auf eine formale Beziehung alles Gewicht gelegt, wenn die Gestaltung der höchsten Organe oder der höchsten Stufe staatlicher Willensbildung für maßgebend erklärt wird[61]: warum soll nicht ebensogut der von oben bis unten durchgehende Typus aller Organe maßgebend sein für die Einreihung in die Verfassungstypen?

Die Lehre von der politischen Gewalt im Staat liefert einen anderen Anknüpfungspunkt. Wenn ihr Wesen darin besteht, daß durch sie der Staat zur Einheit, zu seinem eigentümlichen Wesen, zum Ganzen integriert wird, dann muß in der Eigenart dieser Integrationsfaktoren die Eigenart des Staats begründet sein, dann müssen die verschiedenen Typen der staatlichen Integrationsfaktoren die wahre Grundlage für die Klassifikation der Staatsformen liefern. Dabei stellt sich allerdings eine andere Gruppierung als die herkömmliche und insbesondere als die antike und an die antike anschließende heraus — wieso und aus welchen Gründen, soll hier noch kurz entwickelt werden.

Der Integrationsfaktor kann einmal wesentlich dynamisch-dialektischer Art sein: in einem Vorgang der Auseinandersetzung von Gegensätzen wird die Resultante der allgemeinen staatlichen Richtung und Wesensart immer wieder neu gewonnen; durch Kämpfe der öffentlichen Meinung und Wahlen, durch parlamentarische Erörterung und Abstimmung. Daß der Staat sich in erster Linie in dieser Form, in diesem Vorgang integriert, das macht seine Eigenart in entschiedenem Gegensatz zu allen anderen Staatsformen: insofern ist der Parlamentarismus eine Staatsform für sich. Er ist die typische Staatsform der bürgerlich-liberalen Kultur des 19. Jahrhunderts, ursprünglich getragen von dem rationalistischen Glauben an die produktive Kraft solcher politischen Dialektik als der Form automatischer Gewinnung der politischen Wahrheit — in der klassischen Zeit des englischen government by talking die Form, in der sich die politische Welt eines Landes in der Tat mehr oder weniger absorptiv repräsentiert fand — auf romanischem Boden vielfach zugleich die an-

[61] G. Jellinek, Allgemeine Staatslehre 3. A. I 665 f.

schaulich-begrenzte Schaubühne, auf der das nationale Bedürfnis nach rhetorisch-dialektischer Auseinandersetzung befriedigt wird und die großen politischen Entscheidungen tatsächlich fallen. In einer solchen wesentlich funktionellen Staatsform stehen als Integrationsfaktoren bestimmte sachliche, substantielle Gehalte des staatlichen Lebens höchstens in zweiter Linie, abgesehen von einem gewissen Freiheitspathos, entsprechend der letzten liberalen Bewertung des Staates überhaupt[62].

Vom Parlamentarismus unterscheiden sich alle übrigen Staatsformen dadurch, daß der maßgebende Integrationsfaktor in ihnen wesentlich statischer Art ist.

So ist das Wesentliche der monarchischen Staatsform nicht die herrschaftliche Natur der wichtigsten staatsrechtlichen Beziehungen gegenüber der genossenschaftlichen in der Republik, sondern die besondere Art der staatlichen Integration. Die Monarchie repräsentiert und symbolisiert die Werte, auf denen die Staatsgemeinschaft beruht, durch ihren Bestand, und darum ist hier das politisch Wesentliche indiskutabel, wie z. B. der Gebietsbestand der deutschen Einzelstaaten vor 1918 im Gegensatz zum heutigen Recht, der geschichtliche Charakter der Politik und des Staats — die Erbschaft Friedrichs des Großen und Bismarcks konnte nur ein monarchisches Deutschland so qualifizieren, wie sie es getan hat —, die geschichtliche Fülle der von ihm nach innen und nach außen repräsentierten Werte — im monarchischen Deutschland ist der Gegensatz von Potsdam und Weimar als ein Gegensatz der Landschaften empfunden worden, nicht als einer von Staat und sonstiger Kulturgemeinschaft —, endlich die außenpolitische Stellung hat die Fülle der geschichtlichen Würde gegenüber dem Auslande und doch zugleich die „traditionellen Freundschaften", vor allem die dynastischen Solidaritäten, mit ihm. Hier liegt die eigentliche Funktion der Monarchie, wie sie noch nachdrücklicher als die Staatstheorie die deutsche Dichtung bezeichnet hat, wenn sie den Sinn der Monarchie in ihrer tiefsten Begründung immer wieder durch den Vergleich mit der Fahne anschaulich macht[63]: wie diese, so ist das König-

[62] Die Staatsrechtslehre wird diese integrierenden Funktionen (wie Wahlen, Geschäftsordnung, Haushaltsfeststellung, Ministerverantwortlichkeit) in ihrer Eigenart gegenüber den rechtsgeschäftlichen im weitesten Sinne auch im Recht solcher Staaten zur Geltung bringen müssen, deren Staatsform nicht in erster Linie durch jene bestimmt wird.

[63] Ein Bruderzwist in Habsburg IV (Kaiser Rudolf), Agnes Bernauer V 10 (Herzog Ernst).

tum die Symbolisierung einer im wesentlichen statischen höchsten Wertfülle der Gemeinschaft[64].

Das Gegenstück zur Monarchie ist als staatlicher Integrationstypus die Demokratie. Die Parallele ist so oft gezogen, daß es hier nur der Andeutungen bedarf. Die echte Demokratie repräsentiert und wird zusammengehalten durch einen im wesentlichen als dauerhaft empfundenen Bestand von Werten und Wahrheiten, der ursprünglich absoluten Charakters ist und von rationalistischer Gläubigkeit Rousseauscher Art im demokratischen Volksganzen lokalisiert wird, dann aber konkretere Formen annimmt als das feststehende nationale Ethos der großen Demokratien, etwa wie es die Monroe-Doktrin dem Ethos der heiligen Allianz, das deren Interventionsakten zugrunde liegt, dem geringschätzig angedeuteten any principle satisfactory to themselves[65], als das eigene gegenüberstellt. Auf dieser Grundlage erwächst die — der monarchischen durchaus entsprechende, von der parlamentarischen um so weiter entfernte — Wirkungsweise des demokratischen Willens, namentlich in seiner plebiszitären Form: autoritär, unwidersprechlich, national repräsentierend und zusammenschließend[66].

Mit dieser Begründung des Wesens der Staatsformen der heutigen Welt ist zugleich die Unanwendbarkeit der antiken Staatsformenlehre gegeben. Die Voraussetzung der modernen ist eine Integrierung, eine Individualitätsbildung durch einen Wertgehalt, der in Monarchie und Demokratie jedenfalls geschichtlich wandelbar, im Parlamentarismus (und, vermöge der überall vorhandenen konstitutionellen Einschläge, auch in den übrigen Staatsformen) durch die funktionell-dialektischen Integrationsmittel dauernd erneuert wird. Dagegen der Wertgehalt des sich als ungeschichtlich empfindenden antiken Staats ist wahrhaft

---

[64] Um nicht Hegel selbst zu zitieren, eine von ihm mitbestimmte Formulierung für die integrierende Funktion der Monarchie bei L. v. Stein, Verwaltungslehre 2. A. I 148 f.: „Das Wesen der Persönlichkeit fordert, daß jede Erscheinung der inneren wie äußeren Tätigkeit derselben in der innersten, absoluten Selbstbestimmung noch einmal zusammengefaßt und dadurch zu einem Inhalte und zu einer Tatsache des höchsten persönlichen Lebens gemacht werde. Im einzelnen Menschen erscheint dieser Akt so innig mit dem Leben verschmolzen, daß wir ihn weder scheiden, noch in seiner spezifischen Funktion hinstellen können. Im Staate dagegen ist er selbständig, und das Organ, welches dem Wollen und Tun desselben das letzte und höchste Moment der persönlichen Selbstbestimmung gibt, ist der König."

[65] Abs. 49 der Zählung von Fleischmann, Völkerrechtsquellen S. 29.

[66] Fleiner, Schweizerisches Bundesstaatsrecht 315 f.

statisch, und die Staatsform hat daher nicht die durch diesen Gehalt verbundene Gemeinschaft immer von neuem zu integrieren, sondern nur diesen Gehalt zu repräsentieren: der völlig andere Sinn, den die — in dieser Hinsicht durchaus antike — Verfassung der katholischen Kirche gegenüber allen heutigen Staatsverfassungen hat[67]. So kann die antike Staatsformenlehre eine Lehre von den reinen Formen der Verfassungen sein, während die modernen die soziologischen Typen des staatlichen Integrationsvorgangs als die wesentlichen Erscheinungsformen modernen politischen Lebens zum Gegenstande hat.

Einzelheiten zu entwickeln, ist hier nicht der Ort. Es sollte nur angedeutet werden, in welcher Richtung die Lehre von der verfassungsmäßigen staatlichen Integration und deren Faktoren geeignet ist, ein durchgehendes tertium comparationis für eine vergleichende Staatsformenlehre zu liefern. Diese wird heute mehr denn je eine Lehre von den gemischten Staatsformen sein müssen — um so wichtiger ist die Herausarbeitung der idealtypischen Faktoren, aus deren in jedem Einzelfall andersartiger Zusammensetzung die konkreten Staatsformen der heutigen Staatenwelt hervorgehen.

[67] Carl Schmitt, Die politische Idee des Katholizismus (mir im Manuskript zugänglich gemacht).

Das Recht der freien Meinungsäußerung*

Ich möchte von dem Vorrecht des zweiten Berichterstatters Gebrauch machen und mich auf Anmerkungen zu dem ersten Bericht beschränken.

Diese Anmerkungen beziehen sich, wie Sie aus den Ihnen leider verspätet vorgelegten Thesen sehen, zunächst auf die Frage der Bedeutung der Weimarer Grundrechte überhaupt. Es ist innerlich begründet, daß jede Erörterung unseres Kreises über ein Grundrecht, nicht nur über das des Art. 109, alsbald über ihren nächsten Gegenstand hinaus und in letzte grundsätzliche Erwägungen hineinführt. Denn die Meinungsverschiedenheiten, die hier im einzelnen bestehen, beruhen nicht auf verschiedener Einzelexegese von Verfassungsartikeln, sondern auf tiefer liegenden Gegensätzen in den verfassungstheoretischen Grundanschauungen. Ich möchte versuchen, zunächst den Inhalt dieser Gegensätze zu entwickeln und dann ihre Tragweite für die Auslegung der einzelnen Grundrechte anschaulich zu machen.

Diese Einzelerörterung soll sich bei dem Hauptgegenstande des heutigen Tages, dem Art. 118, auf einige Bemerkungen beschränken, denn hier ist die Hauptarbeit schon getan, früher, und heute von Herrn Rothenbücher. Grundsätzlicher möchte ich mich zu Art. 142 aussprechen, dessen Bedeutung bisher literarisch lediglich von Grund aus in Frage gestellt, aber vor dem heutigen ersten Bericht noch nicht näher untersucht worden ist.

1. Die Notwendigkeit immer neuer Inangriffnahme des Problems der Bedeutung der Grundrechte überhaupt wird deutlich an den beiden Verlegenheiten, in denen sich die herrschende Auslegung der Grundrechte befindet. Die eine besteht in dem Mißverhältnis zwischen dem offenkundigen großen Bedeutungsanspruch, mit dem die Grundrechte jeder Verfassungsurkunde und insbesondere der Weimarer auftreten, und der anscheinend sehr geringen wirklichen Bedeutung,

* Mitbericht in der Verhandlung der Vereinigung der deutschen Staatsrechtslehrer in München am 24. März 1927.

die sorgfältige juristische Einzeluntersuchung für sie in Anspruch nehmen kann: so findet die herrschende Meinung in zahlreichen Grundrechten, besonders auch in Art. 118 und 142, in der Hauptsache nur Anwendungsfälle des ohnehin geltenden Grundsatzes der Gesetzmäßigkeit der Verwaltung. Die andere Schwierigkeit liegt im Verhältnis vieler Grundrechte zu den sogenannten besonderen Gewaltverhältnissen — in der Frage, wie sich gegenüber dem apodiktischen Allgemeingeltungsanspruch vieler Grundrechte (Art. 109 ff.: „Alle Deutschen", „Jeder Deutsche" usw.) die notwendige Wahrung der „besonderen Pflichtverhältnisse"[1] begründen lasse.

Diese scheinbaren inneren Widersprüche in den Grundrechten sucht ihre herrschende Auslegung dadurch aufzuheben, daß sie den rechtlichen Gehalt herausarbeitet, den die Grundrechte als Modifikationen des bestehenden spezialgesetzlichen Rechtszustandes haben. Sie behandelt die Grundrechte als eine Summe von Novellen zu zahlreichen Reichs- und Landesgesetzen, scheidet alles das aus, was nur „Programm" oder „Bekenntnis" ist, und sucht als positiven Gehalt das herauszustellen, was auf den einzelnen Rechtsgebieten durch die Grundrechtssätze anders geworden ist. Nach dieser Auffassung hätte der Verfassungsgesetzgeber, jedenfalls vom gesetzestechnischen Standpunkt gesehen, besser getan, sich selbst über diese seine Änderungsabsichten unzweideutig auszusprechen, etwa in der Weise des 2. Abschnitts des Einführungsgesetzes zum Bürgerlichen Gesetzbuch („Verhältnis des Bürgerlichen Gesetzbuchs zu den Reichsgesetzen") und vieler anderer Gesetze, die die durch sie bedingten Änderungen des bisherigen Rechtszustandes selbst genau normieren. In der Nachholung solcher in Weimar versäumten Gesetzestechnik sieht die herrschende Grundrechtsinterpretation ihre eigentliche Aufgabe.

Der hierin liegende stillschweigende Vorwurf gegen den Verfassungsgesetzgeber ist aber nicht begründet. Die Verfassung hat gar nicht in erster Linie spezialgesetzliche Normen in den Grundrechten setzen wollen. Die Grundrechte normieren privatrechtliche, verwaltungsrechtliche, strafrechtliche Verhältnisse nicht des Privatrechts, des Verwaltungsrechts, des Strafrechts, sondern der Verfassung wegen. Sie verfolgen nicht die technischen Sonderzwecke jener einzelnen Rechtsgebiete, sondern den konstituierenden Gesamtzweck des Verfassungsrechts. Martin Wolff hat das so ausgedrückt, daß die Reichsverfassung es selbst da, wo sie eine Rechtsnorm des Privatrechts ab-

---

[1] H. Preuß im Verfassungsausschuß, Bericht und Protokolle S. 504.

schreibe, nicht technisch meine[2]; der abgeschriebene Satz rückt in eine andere Ebene und in einen ganz neuen, ihm bisher fremden Bedeutungszusammenhang und tritt infolgedessen zugleich in ein Verhältnis eigentümlicher Inkommensurabilität zu seiner Vorlage und der technisch gemeinten Umgebung, aus der sein Wortlaut stammt.

Dieses im Vergleich mit den einzelnen technischen Rechtsgebieten spezifisch Andere, das den Gegenstand des Verfassungsrechts bildet, ist der Lebensvorgang des Staates im ganzen. Diesen Vorgang, d. h. die dauernde Erneuerung und Weiterbildung des staatlichen Willensverbandes als wirklicher Lebenseinheit, regelt die Verfassung. Die Weimarer gibt ihm in ihrem ersten Hauptteil vor allem seine Formen, in ihrem zweiten vor allem einen bestimmten sachlichen Gehalt. Die Verfassung wird mißverstanden und unterschätzt, wenn man sie dahin auslegt, daß sie den Staat als eine unbegreifliche feste Wirklichkeit voraussetze und ihm nun bestimmte rechtsgeschäftliche Willensorgane gebe und bestimmte grundrechtliche Schranken ziehe. Vielmehr regelt sie seine eigentliche Substanz selbst, die nicht ein ruhender Bestand oder eine bestehende Beziehung, sondern lediglich fließendes, sich immerfort erneuerndes Leben ist; die Verfassung gibt diesem Leben Formen, in deren Aktualisierung es seine alleinige Wirklichkeit hat, in denen es sich erneuert, alle Staatsangehörigen immerfort von neuem in wirkliche Beziehung zu sich setzt (erster Hauptteil der Weimarer Verfassung) — und sie gibt ihm sachliche Inhalte, in deren sachlicher Verwirklichung der deutsche Staat seine Einheit finden soll (nicht zuletzt die Grundrechte). Im Spiel der im ersten Hauptteil geordneten Funktionen und in der Realisierung der im zweiten Hauptteil normierten Sachgehalte soll das deutsche Volk seine staatliche Einheit haben: so könnte man den Inhalt der Weimarer Verfassung zusammenfassend bezeichnen.

Ich kann diese Anschauungen, die ich an anderer Stelle literarisch näher zu begründen versuche, hier nur andeuten, um aus ihnen die Folgerungen für die Auslegung der Grundrechte zu ziehen.

Ein jedes von ihnen will, dem Sinn dieses Teiles der Verfassungsordnung entsprechend, ein einzelnes politisches Gut aufstellen, in dessen Zeichen das deutsche Volk von Verfassungs wegen einig sein will. Das Reich der Weimarer Verfassung ist z. B. nach den Art. 152, 153, 119, 154 ein Staat, der von Verfassungs wegen auf die Kerninstitute der bisherigen bürgerlichen Rechtsordnung festgelegt, durch

---

[2] Festgabe für Wilhelm Kahl IV 6 Anm. 2.

sie in seinem Wesen bestimmt ist; und es ist erst eine zweite Frage, ob und wie weit diese Bestimmungen abgesehen von ihrer verfassungsrechtlichen, konstituierenden, integrierenden Bedeutung auch noch von Bedeutung für das besondere privatrechtliche Rechtsgebiet sind, ob sie sich auch noch irgendwie in die technischen Normen dieses einzelnen Rechtsgebiets einordnen. So ist der Staat der Weimarer Grundrechte der Staat eines bestimmten Kultursystems, sofern eine Anzahl grundlegender Elemente dieses Kultursystems als oberstes Gesetz des Landes normativ anerkannt sind[3] — darunter bezeichnenderweise auch Minderheitswerte und Kompromisse. Und die angemessene theoretische Bearbeitungsweise dieses Kultursystems würde eine geisteswissenschaftliche Entwicklung dieses Systems als eines geschichtlich begründeten und bedingten geistigen Ganzen sein — eine Arbeitsweise, die der Staatstheorie des Auslandes noch heute ebenso selbstverständlich ist, wie sie es der deutschen Staatstheorie der ersten Hälfte des 19. Jahrhunderts war. Als auf ein Beispiel solcher Arbeitsweise möchte ich hinweisen auf Günther Holsteins Untersuchung zu Art. 120 der Reichsverfassung[4].

Die Notwendigkeit und die Schwierigkeit solcher Arbeitsweise nimmt zu, wenn mit dem geschichtlichen Zeitablauf und der zunehmenden geistigen und sozialen Inhomogenität des Volksganzen die ursprüngliche überzeugende Eindeutigkeit gerade der obersten und grundlegenden Grundrechtsprinzipien, z. B. der Freiheit und Gleichheit, verloren geht. Erich Kaufmann hat darauf schon früher angesichts der amerikanischen Grundrechtsjurisdiktion hingewiesen[5]. Beides, Wichtigkeit und Schwierigkeit, wird gesteigert beim Übergang von der Monarchie zur Republik durch die damit vermehrte Bedeutung der Grundrechte. Dieser Bedeutungszuwachs liegt nicht, wie eine liberalisierende Verfassungsauslegung meint, in ihrer Rolle als gesteigerter Minderheitsschutz gegenüber der Gefahr des Parlamentsabsolutismus, sondern darin, daß die Grundrechte mindestens ihrer Intention nach einen Teil der Funktionen des monarchischen Verfassungselements übernommen haben. Wo dieses Element noch vorhan-

[3] Diese Aufgabe hat — bei aller technischen Unzulänglichkeit der Durchführung — der Naumannsche Grundrechtsentwurf der Weimarer Versammlung mit voller Klarheit gestellt, und der Abstand der endgültigen Grundrechte von denen des ersten Entwurfs ist der Ausdruck des Bekenntnisses der Versammlung zu dieser Aufgabe.

[4] Archiv des öffentl. Rechts, N. F. 12, 187 ff.

[5] Auswärtige Gewalt und Kolonialgewalt in den Vereinigten Staaten von Amerika, S. 187 ff., 241 f.

den ist und seinerseits den sachlichen Gehalt des Staatsganzen dadurch bestimmt, daß es den geschichtlichen Charakter der Staatsindividualität in seiner irrationalen Fülle symbolisiert und repräsentiert, da hat die liberale Grundrechtsinterpretation ein gewisses Recht, die in den Grundrechten wesentlich Beschränkungen von Staat und Staatsgewalt sieht. Wo aber diese Rolle der Monarchie frei geworden ist, da erfahren die übrigen Verfassungselemente, die für dieselbe Aufgabe in Betracht kommen, einen entsprechenden Funktionszuwachs. Ich brauche dafür nur an die (auch abgesehen von den Schwierigkeiten des Farbenwechsels) gesteigerte Bedeutung der Reichsfarben als verfassungsmäßiger Symbolisierung des Sachgehalts, in dem das deutsche Volk von Verfassungs wegen einig sein soll, zu erinnern. An diesem Zuwachs haben vor allem die Grundrechte ihren vollen Anteil — denn auch Demokratie lebt nicht vom Relativismus (jedenfalls außerhalb von Wien), sondern von einer von Rechts wegen bestehenden Einigkeit in sachlichen Werten der Volksgemeinschaft. Für die heutigen Grundrechte gilt mit neuem Recht, und stärker als für die des monarchischen Staats der Satz der Menschenrechte, daß diese Rechte nicht Schranken, sondern Verstärkungen des Staats und der Staatsgewalt sein sollen, deren Akte, weil im Namen dieser Rechte vollzogen, darum um so wirksamer sein sollen, en soient plus respectés.

Die herrschende Auffassung bestreitet diese Denkweise, die ich hier nur andeuten, nicht näher begründen kann. Es ist in erster Linie der Gesetzes- und Rechtsbegriff der herrschenden Meinung, der im Rechtssatz, auch im Grundrechtssatz, individualistisch die Abgrenzung von Willenssphären, zwischen Gläubiger und Schuldner, zwischen Staat und Einzelnem sucht und infolgedessen die Grundrechte von vornherein spezialrechtlich, vor allem verwaltungsrechtlich, oder privatrechtlich, und nicht in erster Linie staatsrechtlich auslegt. Ich begrüße die morgige Erörterung des Gesetzesbegriffs namentlich deshalb, weil ich glaube, daß dem herrschenden materiellen Gesetzesbegriff eine gewisse Elastizität fehlt, deren er für die von ihm zu verlangende volle Leistungsfähigkeit bedarf.

Ich möchte den Gegensatz nur noch in aller Kürze an einem Beispiel deutlich machen, nämlich an der Behandlung des Art. 3 der Weimarer Verfassung (von den Reichsfarben). Die führenden Kommentare wissen seine Bedeutung nicht recht anzugeben: nach Anschütz verpflichtet er die Regierung zu Verwaltungsverordnungen, nur der Handelsmarine gegenüber zu Rechtsverordnungen; oder wie sich

Giese deutlicher ausdrückt[6], „die Farben haben nicht bloß dekorativ-zeremonielle, sondern auch eine gewisse rechtliche Bedeutung", die Handelsflagge aber ist „von erhöhter rechtlicher Bedeutung". Also die Handelsflagge von Verfassungs wegen wichtiger als die Nationalflagge! Das ist vom Standpunkt individualistisch-rechtsstaatlichen Verwaltungsrechtsdenkens ganz richtig. Aber es ist kein Zweifel, daß Art. 3 nicht wegen dieser verwaltungsrechtlichen Auswirkungen am Anfang der Reichsverfassung steht, und daß die Reichs- und Landesfarben ihre heutige rechtliche Bedeutung auch nicht erst nachträglich durch ihren erhöhten Strafschutz im Republikschutzgesetz gewonnen haben. Diese Bedeutung war vielmehr schon durch die Verfassung normiert und ist durch das Republikschutzgesetz nur noch unter Strafsanktion gestellt. Die Norm zu dieser Strafsanktion muß in der Verfassung enthalten sein, aber man sucht sie in den Kommentaren vergebens. Ihr Inhalt ist der, daß das deutsche Staatsvolk als solches in diesem Symbol und in den durch dieses Symbol repräsentierten Werten von Verfassungs und Rechts wegen eins sein soll — also eine Norm parallel den Grundrechten, und ebenso wie diese eine Normierung einheitsbegründenden sachlichen Gehalts, nur daß dieser Gehalt hier symbolisiert, in den Grundrechten dagegen formuliert wird. Der staatsrechtliche Inhalt dieser Normen liegt in dieser, das Staatsganze konstituierenden, integrierenden Funktion; die verwaltungsrechtlichen Einzelfolgen sind eine sekundäre und untergeordnete, im Verhältnis zu jenem staatsrechtlichen Inhalt technische Frage.

Wie beim Reichsfarben-Artikel, so habe ich bei den Grundrechten gegen die herrschende Behandlungsweise zweierlei einzuwenden.

Einmal, daß sie den primären, den eigentlichen staatsrechtlichen Inhalt dieser Normen nicht rein für sich und als die Hauptsache herausarbeitet, sondern daß sie sie als technisches Recht sofort in die einzelnen Spezialgebiete der Rechtsordnung, insbesondere in das Verwaltungsrecht, einordnet, als ob sie lediglich eine technisch mangelhafte Novellengesetzgebung zu diesen Spezialgebieten wären.

Sodann, daß auch die Lösung der zweiten und untergeordneten Aufgabe, die Ermittlung der Auswirkung dieser Normen auf die beteiligten Einzelrechtsgebiete, darunter leidet, daß ihr primärer Gehalt an sich nicht genügend erarbeitet wird.

Ich möchte versuchen, die gefährlichen Folgen dieses Mangels weniger an Art. 118 als an Art. 142 aufzuzeigen.

---

[6] In den älteren Auflagen seiner Ausgabe der Reichsverfassung und noch in der zweiten der Ausgabe der Preußischen Verfassung (1926) zu Art. 1.

2. Aus der Fülle der Auslegungsschwierigkeiten des Art. 118 greife ich nur einige wenige heraus: die Fragen des durch das Grundrecht geschützten Guts, die Frage der Bedeutung der hier vorbehaltenen „allgemeinen Gesetze“, insbesondere die Frage von Meinungsäußerungsfreiheit und Beamtenrecht.

a) Der Gegenstand des grundrechtlichen Schutzes des Art. 118 ist dadurch mißverständlich bezeichnet, daß der Satz noch im ersten Abschnitt der Grundrechte untergebracht, also mit unter die Überschrift „Die Einzelperson“ gestellt ist. Allerdings ist die Freiheit der Meinungsäußerung von jeher in engsten Zusammenhang mit Gewissens- und Denkfreiheit gebracht und als eine Folgerung aus diesen die individuellen Persönlichkeitswerte schützenden Grundrechten gerechtfertigt. Und nicht mit Unrecht: es ist zunächst ein Stück sittlich notwendiger Lebensluft für den Einzelnen, die Wahrheit sagen zu dürfen. Aber damit ist der Sinn des Grundrechts nicht erschöpft. Schon die Aufklärung sah in der Freiheit und Öffentlichkeit der Meinungen die automatisch wirksame Organisation der richtigen Meinung und der politischen Sittlichkeit[7] — weniger rationalistisches Denken wenigstens ein besonders wichtiges Mittel zur Anregung des Gemeingeistes jeder Art — heutige Auffassung eine der wichtigsten Voraussetzungen und Formen des politischen Gemeinschaftslebens überhaupt. In diesen Zusammenhang gehören die institutionellen Auffassungen vom Wesen der Meinungsäußerung, insbesondere der Presse, als einer öffentlichen Einrichtung, in der Rechtsprechung[8] und in der preßpolitischen Literatur[9]. Auch verwaltungsrechtlich ist dieser soziale Charakter des Grundrechts längst erkannt, insbesondere an seinem engen Zusammenhang mit dem Vereins- und Versammlungsrecht. Wenn die Weimarer Verfassung auch die demonstrative Meinungsäußerung durch Symbole, Abzeichen, Fahnen und dergleichen in das Grundrecht einbezogen hat, so hat sie damit diesen Charakter des Grundrechts verstärkt, denn es handelt sich hier besonders unzweideutig um Äußerungen des Gruppenlebens, das sich in diesen Formen ausdrückt und durch sie wirbt.

---

[7] Statt vieler Einzelzitate die prägnante Zusammenfassung bei Carl Schmitt, Die geistesgeschichtliche Lage des heutigen Parlamentarismus, 2. A. S. 46 ff.

[8] Urteile des schweizerischen Bundesgerichts bei Fleiner, Schweizerisches Bundesstaatsrecht, S. 373 Anm. 4.

[9] Z. B. E. Posse, Über Wesen und Aufgabe der Presse, 1917. Daselbst Literatur zur Geschichte des im Text angedeuteten Problems; vgl. auch z. B. O. Wettstein, Über das Verhältnis zwischen Staat und Presse, 1904, S. 9 f., 13 ff.; Guizot, Quelques idées sur la liberté de la presse, 1814, p. 16 ss.

Diese soziale, gruppenbildende Funktion der Meinungsäußerung ist nicht nur Motiv und Sinn des Grundrechts, sondern gehört zu dem von ihm geschützten Tatbestande. Verschiedenartigste Auswirkungsformen des Gruppenwillens und des Gruppenlebens, insbesondere Werbung, Agitation, Demonstration im Namen der Gruppe, fallen unter den Grundrechtsschutz, trotz seiner insoweit irreführenden Einordnung unter die Grundrechte der Einzelperson.

b) Der grundrechtliche Schutz besteht „innerhalb der Schranken der *allgemeinen Gesetze*". In diesen Worten liegt die größte von den vielen Schwierigkeiten, die der Artikel der Auslegung bietet. Die drei bisherigen Erklärungsversuche halte ich für mißlungen. Daß die „Allgemeinheit" der hier vorbehaltenen Gesetze nicht die personelle Allgemeinheit aller Deutschen meinen kann, ist sofort von der Disziplinarrechtsprechung erkannt, die das persönliche Sonderrecht der Beamtenschaft mit Recht auch gegenüber dem Grundrecht des Art. 118 als fortgeltend in Anspruch genommen hat. Aber auch die heute überwiegende Annahme, daß die Worte im Sinne sachlicher Allgemeinheit, also im Sinne des Ausschlusses spezialgesetzlicher Beschränkungen gerade der Meinungsäußerungen, gemeint seien, ist nicht durchzuführen. Sie ist unvereinbar mit dem zweifellosen Fortgelten der strafgesetzlichen Schranken der Meinungsäußerung und bringt überdies den Satz, wie vor allem seine gründliche Untersuchung durch Thoma lehrt, geradezu um alle Bedeutung. Und der dritte Ausweg, die Meinungsäußerung durch alle Gesetze beschränken zu lassen, das Erfordernis der Allgemeinheit dieser Gesetze also als Redaktionsfehler zu streichen, ist so lange abzulehnen, als es noch eine andere Möglichkeit sinnvoller Auslegung gibt. Und diese Möglichkeit, vielmehr Notwendigkeit, scheint mir allerdings zu bestehen.

Der Fehler aller bisherigen Versuche liegt darin, daß sie die in Frage stehenden Worte formallogisch aus sich heraus auszulegen suchen, indem sie fragen, worin die Besonderheit liege, die durch das Erfordernis der Allgemeinheit der grundrechtsbeschränkenden Gesetze ausgeschlossen werden soll. Wenn es richtig ist, daß die Grundrechte zu bestimmten sachlichen Kulturgütern in einer bestimmten geschichtlich bedingten Wertkonstellation von Verfassungs wegen Stellung nehmen, so sind sie dementsprechend geisteswissenschaftlich, insbesondere geistesgeschichtlich zu verstehen und auszulegen. Das muß aber auch von einzelnen modifizierenden Bestandteilen einer Grundrechtsfassung gelten: auch sie sind nur aus dem Gesamtzusammenhang der Grundrechte heraus zu verstehen, d. h. nicht formalistisch-technisch im Sinne unserer heutigen technisierten Spezialgesetzgebung, die allerdings dazu neigt, die Worte „allgemein“ und „besonders“ nur formalistisch, als gegenseitige leere Negationen zu verwenden. Hier aber handelt es sich um die Aufnahme und abgekürzte Inbezugnahme eines alten sachlichen Gedankens aus dem überlieferten Gedankenkreise der Grundrechte. Seit den Menschenrechten ist eine derartige „allgemeine“ Schranke der Grundrechtsausübung stets anerkannt und nur immer von neuem anders formuliert; die „Allgemeinheit“, um die es sich dabei handelt, ist aber selbstverständlich die materiale Allgemeinheit der Aufklärung: die Werte der Gesellschaft, die öffentliche Ordnung und Sicherheit, die konkurrierenden Rechte und Freiheiten der Anderen[10], — Sittlichkeit, öffentliche Ordnung, Staatssicherheit[11] — an ihnen haben die Grundrechte ihre Schranke, deren Ziehung im einzelnen die Aufgabe ausführender Gesetze ist. Das ist auch die Allgemeinheit des Art. 118: die Allgemeinheit derjenigen Gemeinschaftswerte, die als solche den ursprünglich individualistisch gedachten Grundrechtsbetätigungen gegenüber den Vorrang haben, so daß ihre Verletzung eine Überschreitung, ein Mißbrauch des Grundrechts ist. Mit Recht hält Thoma die Kriminalstrafgesetze dem Art. 118 gegenüber aufrecht, und zwar im Grundsatz, ohne den sorgfältigen Einzelnachweis des ersten Berichts zu verlangen, daß in den einzelnen Bestimmungen keine Meinungsäußerung als solche getroffen werden solle[12]. Das entspricht auch der Geschichte des Grundrechts — es hat von jeher die Geltung der Strafgesetze vorbehalten, und die „allgemeinen“ Gesetze sind nur eine Erweiterung dieses Vorbehalts. Denn eine wahre kriminalstrafrechtliche Norm ist — ich zitiere Thomas Ausführungen[13] — dann echtes Kriminalrecht, wenn sie im Grunde schon im sittlichen Bewußtsein lebendig ist und ihre Strafsanktion dem Schutze der Daseinsbedingungen der Gesellschaft überhaupt dient: d. h. es ist eine bestimmte materiale Überwertigkeit des Strafrechtsgutes gegenüber dem Grundrechtsgut, die dem Strafrecht den Vorzug gibt: darin liegt seine „Allgemeinheit“, daß an ihm das höhere Allgemeininteresse hängt. „Allgemeine“ Gesetze im Sinne des Art. 118 sind also Gesetze, die deshalb den Vor-

[10] Art. 4, 5, 10, 11 der Menschenrechte, Tit. 1 Art. 5 der französischen Verfassung von 1791.

[11] Schweizerische Bundesverfassung 1874 Art. 50, 56.

[12] Verwaltungsrechtliche Abhandlungen, Festgabe zur Feier des fünfzigjährigen Bestehens des Preußischen Oberverwaltungsgerichts, 1925, S. 214.

[13] A. a. O. S. 202. — Für unsere Frage wohl richtig Giese, Anm. 2 zu Art. 118.

rang vor Art. 118 haben, weil das von ihnen geschützte gesellschaftliche Gut wichtiger ist als die Meinungsfreiheit.

Eine für unsere formalistische Denkgewöhnung fremdartige Auslegung, die dadurch noch bedenklicher werden mag, daß sie das Wort „allgemein“ hier als einen Fall jenes Typus juristischer Begriffsbestimmungen versteht, die den Tatbestand einer Rechtsfolge lediglich dahin bezeichnen, daß es ein die Rechtsfolge rechtfertigender Tatbestand sein müsse[14] — ein die Meinungsäußerung einschränkendes Gesetz ist jedes Gesetz, das diesen Vorrang vor der Äußerungsfreiheit verdient. Aber dieser Typus ist keine Seltenheit — ein besonders ausgeprägtes Beispiel in nächster Nähe in der Reichsverfassung sind ja die „wohlerworbenen“ Rechte des Art. 129. Und allein diese Auslegung führt zu befriedigenden Ergebnissen.

Ich nehme den Fall eines Reichsgesetzes an, das die Kritik der Reichsregierung unter Strafe stellt. Ein Gesetz überhaupt, also nach der Anschützschen Lehre trotz Art. 118 gültig; ein Strafgesetz, also auch nach der Thomaschen Auslegung zu rechtfertigen. Und trotzdem werden wir alle es für verfassungswidrig halten: die Unkritisiertheit der Regierung ist kein Gut, das den Vorzug vor der freien Meinungsäußerung in einem Lande verdiente, in dem das Verfassungsleben gerade die Bildung von Parteien und öffentlicher Meinung im Wege der freien Meinungsäußerung voraussetzt. Derartige Abwägungsverhältnisse können schwanken: heute würde ein Strafgesetz etwa gegen kritische Berichterstattung über Gerichtsverhandlungen und Gerichtsurteile durch nicht genügend vorgebildete Journalisten verfassungswidrig sein, weil das Getragensein der Justiz von bewußtem, in Kritik und in Bildung öffentlicher Meinung entstehendem vertrauensvollem Gemeinwillen zunehmend gefordert erscheint. In früheren Zeiten — ich erinnere an die Praxis verhältnismäßig harter Bestrafung ungerechtfertigter Kritik an der Justiz — wäre diese Frage mindestens nicht mit derselben Gewißheit in diesem Sinne zu beantworten gewesen.

Zu solchen das öffentliche Leben betreffenden Wertkonstellationsfragen nehmen die Grundrechte Stellung, und es ist die Aufgabe der Grundrechtsauslegung, diese Fragen und ihre in den Grundrechten gegebene oder (wie in Art. 118 und 129) durch die Grundrechte dem sittlichen und kulturellen Werturteil der Zeit zugeschobene Beantwortung herauszustellen. Hier liegen auch die Schwierigkeiten und

[14] M. Wolff a. a. O. S. 5 Anm., Triepel, Archiv d. öff. Rechts, N. F. 1, 365, E. Kaufmann, Deutsche Hypothekenforderungen in Polen, S. 39 ff.

die Lösungen für Art. 118, nicht in leerer begrifflicher Formaljurisprudenz. Hier liegt das, was diese Grundrechte über selbstverständliche und bedeutungslose Einzelbestätigungen des Prinzips der gesetzmäßigen Verwaltung hinaushebt und zu wahren Verfassungsgrundsätzen macht — was insbesondere ihre sorgfältige Abgrenzung im Sinne des ersten Berichts nach Tatbestand und Beteiligten (der Beschränkung auf Reichsangehörige) wichtiger macht, als die herrschende Lehre annimmt.

c) Das Verhältnis des Art. 118 zum Beamtenrecht endlich ist ein mindestens analoger Anwendungsfall des Abs. 1 Satz 2 („An diesem Rechte darf ihn kein Arbeits- oder Anstellungsverhältnis hindern" usw.). Denn im Gegensatz zu Thoma[15] kann ich die sedes materiae nicht in Art. 130 Abs. 2 finden: mit der hier allen Beamten gewährleisteten „Freiheit ihrer politischen Gesinnung" ist gemeint, daß im Wortsinn die Gesinnung frei, insbesondere kein Hindernis der Anstellung, und daß nur die Äußerung und Betätigung dieser Gesinnung möglicher Gegenstand der Dienstgewalt und Dienstpflicht ist.

Art. 118 Abs. 1 Satz 2 ist eine Spezialisierung des Satz 1 für den besonderen Fall der privatrechtlichen und öffentlichrechtlichen Dienstverhältnisse. Sein verfassungsrechtliches Prinzip geht dahin, daß redefreiheitsberechtigte Reichsbürger auch alle Dienstverpflichteten sein sollen; allerdings, entsprechend der Einschränkung aller Reichsbürger durch solche Gesetze, die sinngemäß dem Grundrecht des Art. 118 vorgehen, hier mit der Einschränkung durch das Dienstverhältnis, soweit es sinngemäß der Ausübung des Grundrechts vorgehen muß. Die besondere Gewährleistung der Redefreiheit für die Dienstverpflichteten schließt nicht aus, daß das Dienstverhältnis seinem eigenen rechtlichen Sinne nach der Meinungsäußerung vielfach im Wege ist; aber sie schließt aus, daß durch Geltendmachung des Dienstverhältnisses die Äußerungsfreiheit behindert wird lediglich, um sie zu hindern, ohne Rechtfertigung aus dem rechtmäßigen eigenen Rechtszweck des Dienstverhältnisses heraus.

Die Schwierigkeiten des Abs. 1 Satz 2 liegen nicht in seinem grundsätzlichen Inhalt, sondern in seiner Anwendung auf die Frage, welche Meinungsäußerungen dem Beamten gestattet sind, wie weit seine literarische Tätigkeit unter eine dienstliche Vorzensur gestellt werden kann, welche sachlichen Gesichtspunkte, welche öffentlichen Interessen als triftige Begründung von Äußerungsbeschränkungen in Betracht

[15] A. a. O. S. 208. Ebenso wie Thoma der Reichsdisziplinarhof (Schulze-Simons, Rechtsprechung des Reichsdisziplinarhofs, S. 203).

kommen und welche nicht. Für diese Anwendung sind, soviel ich sehe, vor allem zwei Gesichtspunkte stärker in Betracht zu ziehen, als Literatur und Rechtsprechung das bisher getan haben.

Einmal die Tatsache, daß nunmehr die reichs- und staatsbürgerliche Gleichstellung des Beamten in seiner außeramtlichen Sphäre mit der Gesamtheit der Bürger reichsverfassungsrechtlich sanktioniert ist[16], so daß die sich hier ergebenden Fragen nicht lediglich Fragen des Beamtenrechts sind[17], sondern zugleich Fragen der Einschränkung dieses Beamtenrechts durch die Reichsverfassung.

Sodann das Erfordernis, das aus Art. 118 Abs. 1 Satz 2 zu entnehmen ist, daß die dienstrechtliche Behinderung im Staatsbürgerrecht nicht mißbräuchlich sein darf; also die Frage, wie weit der Dienstherr von dem Beamten den Verzicht auf das freie Wort fordern darf. Hier liegen die eigentlichen Schwierigkeiten und Meinungsverschiedenheiten, abgesehen von der Abgrenzung, wie weit beim Beamten der Bereich des amtlichen Verhaltens reicht — ich bin hier mit dem ersten Bericht einverstanden. Ich erinnere einmal an Pilotys Standpunkt, wonach die allgemeine Pflicht des Beamten zu achtungswürdigem Verhalten mehr nur „eine Art Anstandsregel" ist, die vor allem für die Form der Meinungsäußerung in Betracht kommt[18], während die besondere Amtspflicht die freie Meinungsäußerung nur so weit gestattet, „daß dadurch das innegehabte Amt weder unmittelbar noch mittelbar zu Schaden kommt"[19] — wobei allerdings zur Begründung aller mit Rücksicht auf die Dienstpflicht notwendigen Beschränkungen der Beamtenfreiheit nur solche dienstlichen Interessen in Betracht kommen, „welche für den einzelnen Beamten einen Inhalt s e i n e r Dienstpflicht bilden"[20]. Im Gegensatz zu dieser Beschränkung der Beamtenpflicht auf die Beziehungen des konkreten Amts und daneben auf eine allgemeine Anstandsregel steht der Reichsdisziplinarhof, wenn er jedem

---

16 Vgl. insbes. Vervier, Archiv d. öff. Rechts N. F. 6, 16 ff. Mindestens mißverständlich C. Falck in Der Polizeioffizier IV, 1926, S. 345: „Der Beamte ist ... außerhalb des Dienstes niemals lediglich Mensch und Staatsbürger, sondern stets auch in einem aus seiner amtlichen Stellung und seinen besonderen Pflichten sich ergebenden Ausmaße Beamter." Das widerspricht dem den Art. 118, 130 der Reichsverfassung zugrundeliegenden Gedanken. Außerhalb des Amtes soll der Beamte staatsbürgerlich gleichgestellt sein — nur negativ zieht ihm das Beamtenrecht gewisse Schranken, insbesondere durch die Verpflichtung zu achtungswürdigem Verhalten.

17 So zu Unrecht Falck a. a. O. S. 341.

18 Archiv d. öff. Rechts 33, 41.

19 A. a. O. S. 19.

20 S. 38.

Minister wegen seiner Verantwortlichkeit für seinen Geschäftszweig das Recht zuerkennt, „den ihm unterstellten Beamten die im Interesse seines (d. h. des ministeriellen) Geschäftsbereichs gebotene Zurückhaltung bei der politischen Betätigung aufzuerlegen“[21]. Noch weitergehend wird auch heute noch von autoritativer Seite aus der allgemeinen Treupflicht des Beamten die Pflicht gefolgert, „im Dienst wie auch außerhalb des Dienstes alles zu unterlassen, was die Stellung des Staates und die Erreichung seiner Ziele und Aufgaben zu erschweren oder gar zu vereiteln geeignet ist“[22] — also offenbar z. B. das Recht eines jeden Ministers, zu verlangen, daß die Beamten anderer Geschäftszweige die Kritik von Maßnahmen seines Geschäftszweiges unterlassen. Der Standpunkt des Reichsdisziplinarhofs und vollends der Falcksche bedeuten aber die Rechtfertigung einer „Hinderung an diesem Rechte“ im Sinne des Art. 118, denn sie beschränken diese Freiheit im Dienst von Interessen, die für den Beamten nicht Gegenstand seiner konkreten Amtspflicht und ebensowenig seiner allgemeinen Beamtenpflicht zu achtungswürdigem Verhalten sind, sondern die nach dem Willen der Reichsverfassung für ihn Gegenstand freier staatsbürgerlicher Betätigung sein sollen.

Es ist kein Zweifel, daß diese Auffassung in der Praxis zu bedenklichen Folgen führen kann. Aber allein sie entspricht dem, was die Reichsverfassung gewollt hat.

3. Das Grundrecht der Freiheit der Wissenschaft und ihrer Lehre ist innerhalb einer Verfassung des 20. Jahrhunderts nicht mehr der nächste Nachbar des Grundrechts der freien Meinungsäußerung. Aber es hat zu ihm geschichtliche und innere Beziehungen, deren Klarstellung für den eigenen Sinn der Lehrfreiheit von Bedeutung ist.

Der Stand der Frage ist bekannt. Der Anschützsche Kommentar erläutert den Art. 142 der Reichsverfassung, in Verschärfung des schon früher zum Lehrfreiheitsartikel der preußischen Verfassung vertretenen Standpunkts[23], dahin, daß diese Freiheit nicht mehr und nichts anderes bedeute, als andere Freiheitsgrundrechte, nämlich den selbstverständlichen Grundsatz der gesetzmäßigen Verwaltung. Dem Ge-

---

[21] A. a. O. S. 205. Gegen den dort in Frage stehenden Ministerialerlaß selbst ist nichts einzuwenden, denn er macht eine selbstverständliche Pflicht des konkreten Amts geltend, um so mehr gegen seine Rechtfertigung durch den Disziplinarhof.

[22] Falck a. a. O. S. 345.

[23] Die Verfassungsurkunde für den Preußischen Staat vom 31. Januar 1850 I 372 ff.

setzgeber dagegen sind Eingriffe in die Freiheit der Wissenschaft und ihrer Lehre nicht verboten. Vor allem aber räumt das Grundrecht den Hochschullehrern keine Vorzugsstellung im Vergleich mit der Rechtsstellung anderer Beamten ein[24]. Ihm hat sich Thoma[25] angeschlossen, und im übrigen schwanken die Äußerungen, jedenfalls ist der akademischen Lehrfreiheit kein ernsthafter Verteidiger erstanden, nicht einmal im Hochschulverband, in dessen Verhandlungen über das Disziplinarrecht der Hochschullehrer mit Resignation festgestellt ist, ein Rechtsstandpunkt, der von der Anschützschen Autorität mißbilligt werde, könne nur eine sehr unsichere Grundlage für Reformbestrebungen liefern[26].

Das ist um so erstaunlicher, als diese Entwertung des Lehrfreiheitsgrundrechts dem Rechtsgefühl der deutschen Hochschullehrer und der Praxis der deutschen Unterrichtsverwaltungen, aber auch der Vorgeschichte dieses Grundrechts und dem Sinne, in dem es in die Weimarer Verfassung aufgenommen wurde, schnurstracks zuwiderläuft. Ich versuche, das geschichtlich und inhaltlich des Näheren zu begründen.

Der Sinn des Art. 142 ist noch weniger als der der meisten übrigen Grundrechte durch eine bloße Wortinterpretation zu gewinnen. Ich brauche nur darauf hinzuweisen, daß seine Fassung in der Paulskirche entstanden und dort durch Art. 17 der belgischen Verfassung beeinflußt ist. Dort bedeuten aber die Worte: „l'enseignement est libre" die Freiheit zu unterrichten und Unterrichtsanstalten zu gründen, und das bedeuten sie in Deutschland unzweifelhaft gerade nicht.

Auch die Entstehungsgeschichte in Weimar führt nicht weiter. Sie macht den Sinn des ganzen Artikels nur insofern deutlicher, als dort in der ersten Lesung des Verfassungsausschusses eine weitere Fassung beschlossen wurde[27]:

„Die Kunst, die Wissenschaft und ihre Lehre dürfen k e i n e m ä u ß e r e n Z w a n g unterworfen werden, sie sind frei. Der Staat gewährt ihnen Schutz und nimmt an ihrer Pflege teil."

---

24 Die Verfassung des Deutschen Reichs vom 11. August 1919, Anm. 1 zu Art. 142.

25 A. a. O. S. 216 f.

26 Mitteilungen des Verbandes der deutschen Hochschulen VI (1926) 7. — Auch die allgemeine geisteswissenschaftliche Literatur der letzten siebzig Jahre ist dem Problem der Lehrfreiheit nicht voll gerecht geworden — in schwer verständlichem Mißverhältnis zum Übermaß der in Erman-Horns Bibliographie verzeichneten Literatur zum deutschen Universitätswesen.

27 Bericht und Protokolle S. 230.

Hier ist der Zusammenhang der beiden Sätze enger als in der jetzigen Fassung: der Staat hat keinen Zwang zu üben, sondern nur Schutz und Pflege zu gewähren. Da der Artikel auch heute Freiheit vom Staat gewährleisten will, mag man diesen Zusammenhang auch für die jetzige Fassung wiederherstellen, indem man in Satz 2 ein „nur" hinzudenkt: „Der Staat gewährt ihnen nur Schutz" usw. Aber damit ist die Hauptfrage nicht beantwortet, worin denn die im ersten Satz normierte Freiheit vom Staat des Näheren bestehen soll.

a) Diese Freiheit ist einmal sachlich die Freiheit der akademischen Wissenschaft und Lehre. Es handelt sich dabei, wie Fr. Paulsen es ausdrückt, um das „Grundrecht der deutschen Universität"[28]. Für den außerhalb der Hochschulen stehenden Forscher und Lehrer ist das Grundrecht nur insofern von Bedeutung, als es der Freiheit widersprechende Gesetze ausschließt.

Der Artikel stammt aus der Frankfurter Reichsverfassung und geht hier zurück auf Dahlmann und Albrecht, die die Freiheit der Wissenschaft in den Siebzehner-Entwurf hineinbrachten, und zwar im Sinne der Reaktion gegen die Karlsbader Beschlüsse, also im Sinne der akademischen Freiheit[29]. Der Satz wurde dann in der Paulskirche in verwickelten Verhandlungen um das Wort „Lehrfreiheit" bereichert, das hier zugleich im Sinne der Hecker-Struveschen Forderungen der Freiheit der Lehrerschaft von der Kirche gemeint war[30] — also jedenfalls im Sinne der Emanzipation der Wissenschaft und Lehre in den öffentlichen Unterrichtsanstalten. Nur auf diese oder jedenfalls vor allem auf diese bezieht sich der Satz in der preußischen Verfassung von 1848 und 1850, wo er ausdrücklich in die die Universitäten mitumfassenden „Bestimmungen über das Unterrichtswesen" eingerückt ist[31]. Innerhalb dieser Anstalten kann er aber schon damals nur auf die Universitäten bezogen sein, denn nur für Universitätslehrer kann der berühmte Satz des Ministers gelten, daß die Wissen-

[28] Gesammelte pädagogische Abhandlungen S. 199.

[29] Aktenstücke und Aufzeichnungen zur Geschichte der Frankfurter Nationalversammlung aus dem Nachlaß von Johann Gustav Droysen, hrsg. von R. Hübner, S. 76, 105. — Schlünz, Die Entstehung des Artikels IV der Grundrechte der Deutschen Verfassung von 1849 (Freiburger phil. Diss. Masch. Schr.) S. 232, 130 f.

[30] Hierzu die sorgfältigen Untersuchungen von Schlünz S. 130 f., 226, 228, 230—239.

[31] Vgl. Erläuterungen, die Bestimmungen der Verfassungsurkunde vom 5. Dezember 1848 über Religion, Religionsgesellschaften und Unterrichtswesen betreffend, 1848 (amtliche Interpretation des Kultusministers v. Ladenberg) S. 16 f., 32.

schaft und ihre Ausübung fernerhin keine anderen Schranken kennen sollen, als ihre eigene Wahrheit und, insofern sie dieselbe verkannten und überschritten, die Heiligkeit des Strafgesetzes[32] — bei den Lehrern der übrigen Unterrichtsanstalten ist von Wissenschaft und ihrer Ausübung in diesem Sinne ebensowenig die Rede wie von Schrankenfreiheit gegenüber der Schulverwaltung oder Schulaufsicht. Vielmehr ist ebenso wie in der Paulskirche[33] auch hier nach unmißverständlicher Erklärung des Ministers[34] die Reaktion gegen die Karlsbader Beschlüsse und deren Ausführung gemeint. Seitdem ist Lehrfreiheit in dem uns allen überkommenen und selbstverständlichen Sprachgebrauch die akademische Lehrfreiheit[35]. Sie ist, soviel ich sehe, stets gemeint, wenn neuerdings von Lehrfreiheit die Rede ist, z. B. in den Erörterungen über die lex Arons und ihre Beseitigung[36]. Und so war es dem Berichterstatter in der Weimarer Nationalversammlung ganz selbstverständlich, daß der Art. 142 den Universitäten gelten solle[37].

Diese Selbstverständlichkeit bestand aber auch schon für die Paulskirche, und zwar als eine Erbschaft des deutschen Idealismus — trotz der Unklarheit, die in das Grundrecht hier nachträglich aus besonderen Gründen hineingetragen ist[38]. Um seinen geschichtlichen Sinn zu gewinnen, muß ich nochmals zurückgreifen. Die Ausgangspunkte der eigentlichen Geschichte der akademischen Lehrfreiheit sind bekanntlich Jena und Fichte. Während die Ansätze in Halle und Göttingen noch durchaus im Zeichen des Rationalismus stehen[39], geht der neue Universitätstypus von Jena aus; während Kant erst spät zur Forderung einer sehr beschränkten Lehrfreiheit fortschreitet[40], ist sie von Fichte leidenschaftlich verlangt und im Atheismusstreit zur Voraus-

---

32 S. 17 a. a. O.

33 Schlünz, S. 130 f.

34 Bei Anschütz zu Art. 20 der Preußischen Verfassung, S. 369.

35 So z. B. im Munde eines sehr sachkundigen Hochschulverwaltungsbeamten bei Hoseus, Die Kaiser-Wilhelms-Universität zu Straßburg (1897), S. 121.

36 Z. B. Sitzungsberichte des Preußischen Landtags 1. Wahlper. 1. Tagung Bd. 8 S. 11 674, 11 681. — Vgl. auch Hellmut Volkmann, Die deutsche Studentenschaft in ihrer Entwicklung seit 1919 (1925), S. 249, 291.

37 Verhandlungen der verfassunggebenden Nationalversammlung S. 1673 f. Vgl. aus den Verhandlungen des Verfassungsausschusses Bericht und Protokolle S..76, 213, 216, 217, 223, 230.

38 Vgl. oben S. 103 Anm. 30.

39 Ich verweise hierfür und für das Folgende auf die bekannte geistes- und universitätsgeschichtliche Literatur, für den im Text bezeichneten Gegensatz noch auf E. Troeltsch Gesammelte Schriften IV 586, 808.

40 Vgl. Beantwortung der Frage: Was ist Aufklärung? (1784), Großherzog Wilhelm Ernst-Ausg. I 166 f., und dagegen Streit der Fakultäten (1798) das. S. 563 f., 579 f.

setzung seines Bleibens in Jena gemacht[41], bei dieser Gelegenheit allerdings nach Fichtes Auffassung auch durch die Entscheidung des Herzogs insofern erfüllt, als darin abgelehnt wird, philosophische Spekulationen zum Gegenstande einer rechtlichen Entscheidung zu machen. Seitdem ist die Lehrfreiheit ein selbstverständliches Stück der idealistischen Universitätsreform. Sie wird rechtlich freilich noch immer in den Formen des 18. Jahrhunderts anerkannt, z. B. in den Berliner Universitätsstatuten von 1816 durch ein Zensurprivileg der Professoren — die erste mir bekannte grundsätzliche gesetzliche Festlegung finde ich im bernischen Gesetz über das höhere Gymnasium und die Hochschule von 1834[42]. Aber diese Privilegien sind nicht mehr geschichtliche Sonderrechte einer eximierten Korporation, sondern die sittlich notwendige Gestalt des neuen geistigen Lebens, der höchsten Form des geistigen Lebens überhaupt, wie der Idealismus meinte: Das ist die neue Sinngebung für die besondere Rechtsstellung der akademischen Welt, deren großartigster und abschließender Ausdruck Fichtes Rektoratsrede über die akademische Freiheit ist.

Diese Tatsache müssen selbst die Karlsbader Beschlüsse in gewissem Grade anerkennen, wenn sie als Aufgabe der einzuführenden Kontrolle der Universitäten vorsehen, „den Geist, in welchem die akademischen Lehrer bei ihren öffentlichen und Privatvorträgen verfahren, sorgfältig zu beobachten und demselben, jedoch ohne unmittelbare Einmischung in das Wissenschaftliche und die Lehrmethoden, eine heilsame ... Richtung zu geben“[43], und im Grundsatz ist die Wahrung der akademischen Freiheit z. B. von der preußischen Verwaltung in der ersten Hälfte des 19. Jahrhunderts nicht verleugnet[44]. Dabei ist zugleich stets selbstver-

---

41 Fichtes Leben und literarischer Briefwechsel II² 92, 96 f.

42 Gesetze, Dekrete und Verordnungen der Republik Bern IV, 1834, S. 50, § 23: „An der Hochschule herrscht akademische Lehr- und Lernfreiheit“. Nachgebildet im Züricher Unterrichtsgesetz von 1859, Offizielle Sammlung der Gesetze, Beschlüsse und Verordnungen des Eidgenössischen Standes Zürich XII 243 § 126: „An der Hochschule gilt akademische Lehr- und Lernfreiheit. Vorbehalten bleiben die näheren Bestimmungen über die Organisation der Kurse“ (gemeint sind die Bestimmungen über den allgemeinen Vorlesungsplan, §§ 154 f.).

43 Ph. A. G. v. Meyer, Corpus Juris Confoederationis Germanicae II 96, vgl. 92, 251 und Klüber-Welcker, Wichtige Urkunden für den Rechtszustand der deutschen Nation, S. 163, auch L. K. Aegidi, Aus dem Jahr 1819, S. 16, Treitschke, Deutsche Geschichte II⁵ 535.

44 Vgl. z. B. Varrentrapp, Johannes Schulze S. 329, Böckh, Gesammelte kl. Schriften II 4 f., Georg Kaufmann, Die Lehrfreiheit an den deutschen Universitäten, 1898, S. 21 und passim, auch Paulsen a. a. O. S. 200 f. — Aus der zeitgenössischen Literatur z. B. Fr. Thiersch, Über gelehrte Schulen II 303 ff.

ständlich die Beschränkung dieser Anerkennung auf die Universitäten, innerlich begründet dadurch, daß die ältere rationalistische Einheit der wesentlich technisch verstandenen Unterrichtsanstalten jetzt zerspalten war durch das Auseinandergehen der regulativen Norm für Universität und Schule: der idealistischen Idee der Wissenschaft dort, der Bildung hier[45]. Die Professoren der Paulskirche wußten wohl, weshalb sie die Wissenschaft und ihre a k a d e m i s c h e Lehre als unlösliche Einheit grundrechtlich sichern wollten — diese Einheit bestand und besteht lediglich auf dem Boden des deutschen Idealismus, hier aber mit Notwendigkeit. Und in diesem Sinne, ohne Erörterung und selbstverständlich, ist das Grundrecht in Weimar übernommen.

Nun die Fragen nach dem Sinn des Grundrechts als Grundrecht und nach seinen einzelnen rechtstechnischen Wirkungen.

b) Der Kerngedanke des Grundrechts ist natürlich die Anerkennung der Eigengesetzlichkeit des wissenschaftlichen Lebens, das vermöge dieser Eigengesetzlichkeit der rechtlichen Normierung und Nachprüfung entzogen ist. Mit gutem Grunde hat E. Kaufmann hier von „ewigen Grenzen des Rechts" gesprochen[46]. Aber der Sinn, in dem eine positive Rechtsordnung diese Grenzen jeweilig konkretisiert, wechselt, und deshalb ist auch der Sinn der akademischen Freiheit nicht eindeutig. Und zwar in erster Linie nicht deshalb, wie die heute Mode gewordene „Soziologie des Wissens" meint, weil sich die soziologischen Interessenten der Freiheit einer- und der Beschränkung des Geistes anderseits verändern. Sondern deshalb, weil sich die Wertkonstellationen, der Sinn der freiheitfordernden Geistigkeit einer-, der ihr gegenüberstehenden Werte anderseits und damit auch der Sinn der zwischen ihnen bestehenden Wertrelation dauernd verschieben.

Man pflegt mit Recht für die Freiheit der Forschung geltend zu machen, daß sie das Lebenselement der wissenschaftlichen Produktivität ist, daß, wie K. Jaspers es ausdrückt, „die Freiheit des einzelnen Gelehrten bis zur Willkür Bedingung seiner produktiven Geistigkeit ist"[47]. Sie ist erfordert durch den sinngemäßen, aber nicht zu überblickenden wissenschaftlichen Fortschritt im ganzen[48] und durch die Irrationalität und Unkontrollierbarkeit des produktiven Vorgangs

45 Vgl. z. B. Troeltsch a. a. O. IV 808, 586, E. Spranger, W. v. Humboldt und die Reform des Bildungswesens, S. 12 f., 200 ff.

46 Untersuchungsausschuß und Staatsgerichtshof S. 80; vgl. daselbst passim.

47 Die Idee der Universität S. 67.

48 Max Weber, Gesammelte Aufsätze zur Wissenschaftslehre, S. 534 f.

beim einzelnen Forscher, durch die Tatsache, die C. H. Becker dahin formuliert hat, daß alle großen Erkenntnisse in der Regel nachträglich bewiesene Intuitionen sind[49], die Tatsache des „Hazards des fruchtbaren Einfalls“, von dem Max Weber spricht[50]. Sie ist die Voraussetzung jener wissenschaftlichen Haltung, die Jaspers vortrefflich geschildert hat: „daß man Wahrheit will, d. h. daß man zu Begründungen bereit ist und zu Diskussionen, daß man auf Gründe hören will und kann, daß man sich einer objektiven Evidenz unterwirft und allen Arten von Evidenz zugänglich ist, bereit, ihre Grenzen und ihre Art sich bewußt werden zu lassen; daß man gewillt ist, seine Wünsche und Interessen zurückzustellen — daß man in Selbstreflexion diese Kräfte, welche die Objektivität stören und vielleicht fast nie ganz restlos aufkommen lassen, kennt“[51] ... also die Voraussetzung auch der uns aufgegebenen sittlichen Haltung.

Dazu tritt die uns allen selbstverständliche Rechtfertigung der freien Lehre aus unserer täglichen Erfahrung, daß unsere wahrhaft akademische Lehrerleistung nicht darauf beruht, daß wir den objektiv gegebenen Lehrstoff, so wie er uns aufgegeben oder wenigstens erlaubt ist, weitergeben, sondern darauf, daß wir den Hörer an dem von uns Gesagten als an persönlich erworbener Wahrheit teilnehmen lassen[52].

Diese persönliche Berufserfahrung ist aber natürlich nicht der tragende Sinngehalt des Grundrechts. Es liegt näher, in ihm ein liberales Grundrecht im Sinne der übrigen Freiheitsrechte zu sehen, die dem Einzelnen wie dem Gemeinschaftsleben Freiheiten vom Staat gewährleisten in der Annahme, diese Freiheit werde auf allen diesen ihr eingeräumten Betätigungsgebieten das Optimum an kultureller Nutzleistung hervorbringen. Diese Einordnung ist aber geschichtlich in doppeltem Sinne unrichtig, für die Entstehungszeit der akademischen Freiheit wie für die Gegenwart.

Einmal für die Entstehungszeit. Allerdings spielt hier der liberale Gedanke des Unwerts des Staats, seiner Beziehungslosigkeit als äußerer Veranstaltung zum schöpferischen geistigen Leben eine Rolle,

---

[49] Vom Wesen der deutschen Universität S. 40. Ebenso in phänomenologischer Durchführung Th. Litt, Individuum und Gemeinschaft, 3. A. S. 349 ff.

[50] A. a. O. S. 532 f.

[51] A. a. O. S. 14 f.

[52] Statt vieler Paulsen a. a. O. S. 214.

aber nur als die eine, die negative Seite des neuen Universitätsprogramms[53]. Die positive aber hat mit Liberalismus nichts zu tun: es ist der von der spekulativen Philosophie begründete Glaube an die produktive Kraft der Wissenschaft im Fichteschen, der Idee im Schellingschen Sinne, d. h. Überzeugungen, deren positive Kraft nur aus ihrer Herkunft als säkularisierte religiöse Energien zu erklären ist und die als solche den Idealismus und sein institutionelles Produkt, die deutsche Universität des 19. Jahrhunderts, beherrscht haben.

Ähnliches gilt für die Gegenwart. Einmal denken wir skeptischer als das bürgerliche 19. Jahrhundert von der Möglichkeit freier, insbesondere voraussetzungsfreier Wissenschaft. Sodann müssen wir entschiedener als das 19. Jahrhundert die Rechtfertigung der wissenschaftlichen Freiheit mit dem größeren Nutzerfolge freier Wissenschaft ablehnen. Zwar kehrt diese Begründung auch heute noch immer wieder, und ihre treuesten Anhänger hat sie im Sozialismus, der mit tief bewegender Gläubigkeit von einer wahrhaft freien Wissenschaft Wunder erwartet, die keine Wissenschaft tun kann[54]. Aber gerade an diesem Beispiel wird die Gefährlichkeit und Unrichtigkeit der liberalen Konstruktion des Grundrechts deutlich: begründet man es auf den dadurch gewährleisteten Erfolg, so ist es widerlegt, wenn dieser Erfolg ausbleibt, und dann muß dieser geforderte Erfolg unmittelbar, mit besseren Mitteln erreicht werden, insbesondere indem an Stelle der Voraussetzungslosigkeit der Wissenschaft von Staats und Rechts wegen die richtigen Voraussetzungen gesetzt werden, d. h. praktisch z. B. die des Marxismus. Liberale Deutung des akademischen Grundrechts bedeutet heute den geraden Weg zu den Forderungen des Bolschewismus, wie sie auch von seinen deutschen Vertretern längst angemeldet sind[55]. Und nicht mit Unrecht haben Liberale wie Troeltsch und Becker die Tragfähigkeit der liberalen Grundlage der akademischen Freiheit bestritten und statt dessen ihre unmittelbar oder mittelbar religiöse Grundlage beobachtet und gefordert[56], jedenfalls einen

[53] Das gilt übrigens nicht für alle Reformer, z. B. nicht für Steffens, und für die übrigen zumeist nicht rein. Vgl. statt vieler Spranger, Wandlungen im Wesen der Universität seit 100 Jahren, S. 9 ff.; derselbe, Fichte, Schleiermacher, Steffens über das Wesen der Universität (Philos. Bibl. 120), Einl. S. XIX ff.

[54] Z. B. gegenüber Wittfogel, Die Wissenschaft der bürgerlichen Gesellschaft (kl. revolut. Bibliothek 8) S. 67 f. die besonnene sozialistische Selbstkritik von Wolfgang Schumann, Die Wissenschaft (Kunstwart-Bücherei 5) S. 71.

[55] Vgl. Wittfogel, bes. S. 64 f.

[56] Troeltsch a. a. O. II 190, Becker a. a. O. S. 10.

Glauben an ihr Recht in einem ähnlichen Sinne wie dem, in dem der deutsche Idealismus sie spekulativ begründet hat[57].

Die akademische Freiheit im deutschen Sinne ist keine Selbstverständlichkeit auch nur der heutigen europäischen Kultur. Sie ist ein geschichtlich bedingtes Institut, das es vielleicht in absehbarer Zeit nicht mehr geben wird. Als ein Institut der fünf Vierteljahrhunderte, während deren sie bestanden hat, ist sie gebunden an den geschichtlichen Sinn, in dem diese geschichtliche Periode sie in Jena und Berlin begründet, in Frankfurt zum Grundrecht erhoben und in Weimar lediglich und ausschließlich in ihrem geschichtlichen Bestande, gewissermaßen cum omni jure, rezipiert hat. Es ist das Grundrecht W. v. Humboldts und der Göttinger Sieben, das nach Art. 142 auch ein konstituierendes Element des Reichs der Weimarer Verfassung sein soll.

Das Grundrecht bedeutet vor allem die angemessene Rechtsstellung einer großen öffentlichen Institution. Es ist daher mit Recht in der Weimarer Verfassung von den individuellen und sozialen Freiheitsrechten getrennt, mit denen es ideengeschichtlich vielfach zusammenhängt[58], und an die erste Stelle in der Reihe der öffentlichen Institutionen des vierten Abschnitts gestellt. Daher liegt auch juristisch das Vergleichsmaterial nicht auf dem Gebiet anderer grundrechtlicher Freiheiten[59], sondern auf dem Gebiet geistiger Produktion, die als zentrale Institution angeordnet und zugleich frei gestellt wird,

---

[57] Die herkömmliche universitätsgeschichtliche Darstellung läßt die Lehrfreiheit auf den protestantischen Universitäten entstehen, als ob die Lehrfreiheit eine Folgerung aus der Gewissensfreiheit und als ob der Protestantismus identisch mit Aufklärung wäre, und begründet sie mit der dadurch gegebenen Chance der Entdeckung von Wahrheiten, die sonst nicht entdeckt würden — als ob sich nicht heute weithin die wissenschaftliche Planwirtschaft besser bewährte als die Anarchie des Forschens. Daß demgegenüber der tiefere, im Text nur angedeutete Sinn des Instituts so sehr zurückgetreten ist, ist bezeichnend für den geistigen Abfall der zweiten Hälfte des 19. Jahrhunderts gegenüber der ersten. Die formalistische Skepsis der heutigen Staatsrechtslehre gegenüber der Lehrfreiheit ist das folgerichtige Ergebnis daraus.

[58] Hedemann im Politischen Handwörterbuch hrsg. von Herre II 38. — Die Untersuchungen über das Verhältnis der Lehrfreiheit zu anderen Grundrechten bei Max Müller, Die Lehr- und Lernfreiheit, Züricher Beiträge zur Rechtswissenschaft 38 S. 18 ff. bieten nur Material, aber keinen Einblick in die geschichtlichen Zusammenhänge, für die z. B. ein Blick in Arnold Ruge, Gesammelte Schriften X 375, 397 viel lehrreicher ist, vor allem für die damals gleichmäßig institutionelle Betrachtung der Preß- und Lehrfreiheit, unter entschiedenem Überwiegen der ersteren. — Besonders viel unausgeschöpftes Material bei K. H. Scheidler, Staatswissenschaftliche Abhandlungen I 1838 (Über die Idee der Universität und ihre Stellung zur Staatsgewalt) passim, bes. S. 384 ff.

[59] So zu Unrecht Anschütz, Preußische Verfassungsurkunde I 373.

d. h., wie K. Rieker mit Recht hervorgehoben hat[60], im Recht des evangelischen Pfarramts und seiner Unabhängigkeit in den geistlichen Funktionen, wie sie neuerdings gegenüber stiefmütterlicher Behandlung in der kirchenrechtlichen Literatur von der Praxis wieder stärker zur Geltung gebracht ist[61]. Auf die Frage hierbei zugrundeliegender geschichtlicher Zusammenhänge kann ich an dieser Stelle nur aufmerksam machen[62].

c) Als die wesentlichen rechtlichen Auswirkungen des Grundrechts hebe ich drei hervor.

1. Der Ausschluß von grundrechtswidrigen Gesetzen. Die herrschende Lehre weiß davon nichts, und ich sehe nicht ab, was s i e gegen

---

[60] Die rechtliche Natur des evangelischen Pfarramts S. 64 Anm. 1.

[61] Bericht über die Verhandlungen der außerordentlichen Kirchenversammlung zur Feststellung der Verfassung für die evangelische Landeskirche der älteren Provinzen Preußens II 174, I 561, 568, 572 f. — Literarische Würdigung dieses grundlegenden Elements des evangelischen Kirchenbegriffs und Kirchenrechts ist demnächst von G. Holstein zu erwarten.

[62] Eine erste Aufgabe der uns fehlenden Geschichte der Lehrfreiheit müßte die Klärung der Frage sein, ob und wie weit diese Lehrfreiheit geschichtlich die säkularisierte Form der Stellung des evangelischen Pfarramts ist. In diesem, nicht in dem oben (S. 109 Anm. 57) abgelehnten Sinne ist sie eine spezifisch protestantische Errungenschaft. Die Frage ist wesentlich für Fichte zu stellen. Hier bieten sich bequeme Gleichungen dar: Die Wissenschaftslehre ist „nichts als Theologie" (E. Hirsch, Fichtes Religionsphilosophie, 1914, S. 116), und für Fichte selbst ist gelegentlich die Spekulation „der wahre Paraklet, auf den das Christentum ... vertröstet hat" (an Jacobi 3. 5. 1810, Briefwechsel, hrsg. v. H. Schulz II 548). So steht Fichtes Beruf (der Vertretung der idealistischen Philosophie) „in naher Beziehung zu der Bestimmung eines Predigers" (Brief an die Braut, bei Schulz I 127; vgl. auch etwa den Brief an Nicolovius April 1813, bei Schulz II 600), und der Fichtesche Gelehrtenstand ist, worauf mich E. Hirsch aufmerksam macht, deutlich der Ersatz des geistlichen Standes der bisherigen Ordnung. Vor allem ist es der Gedanke des Worts als Leben in der lutherischen Theologie und der lebendigen Idee im Fichteschen System, die zueinander in Beziehung zu setzen sind — woraus sich insbesondere für die herrliche neunte der Erlanger Vorlesungen über das Wesen des Gelehrten, „Vom mündlichen Gelehrten-Lehrer" (Werke 6, 428 ff.) der gesuchte geschichtliche Zusammenhang ergeben würde.

Der zwingende Nachweis kann jedenfalls nur auf dem Wege tiefsten Eindringens in die kristallharte Geschlossenheit des Fichteschen Systems geliefert werden — dann allerdings unter berechtigter Beiseitestellung ihrer nach Form oder gar Inhalt rationalistischen Elemente.

Nur solch religiöser Auftrieb, nicht liberal-rationalistische Ideologie, erklärt meines Erachtens die Kraft, mit der die veralteten Korporationsprivilegien der Universitäten zur spekulativ notwendigen akademischen Freiheit umgeschmolzen wurden, und die Unwiderstehlichkeit, mit der die Lehrfreiheit selbst für die Karlsbader Verschwörung gegen Geist, Leben und Freiheit eine grundsätzlich nicht mehr in Frage zu stellende Tatsache war.

— Für förderliche Aussprache zu diesem Gegenstande bin ich Emanuel Hirsch verpflichtet.

den Erlaß von Ländergesetzen einwenden sollte, die im Sinne des Anti-Evolution Statute von Tennessee von 1925, das dem berühmten sogenannten Affenprozeß zugrunde lag, jede dem biblischen Schöpfungsbericht widersprechende Lehre in den Universitäten verbieten würden. In Amerika hat jedenfalls auch von den Gegnern des Gesetzes niemand seine Verbindlichkeit für alle staatlich angestellten Lehrer einschließlich der Hochschullehrer bestritten[63]. Uns liegt vielleicht der Gedanke an marxistische oder fascistische Einschränkungen der Lehrfreiheit näher als an biblizistische. Jedenfalls aber rückt der antiliberale Zug der Zeit auch uns solche Möglichkeiten näher[64], und ihnen gegenüber auf die Schutzmauer der Verfassung zu verzichten scheint mir unverantwortlich.

Wenn diese Schutzmauer nicht im Art. 142 gegeben ist, dann hat Nawiasky recht[65], daß die Wissenschaft in Bayern besser geschützt ist, wo § 20 der Verfassungsurkunde ihre Beschränkung nur durch Gesetz und nur zur Wahrung der öffentlichen Ordnung, Sicherheit, Gesundheit oder Sittlichkeit zuläßt. Wahre akademische Freiheit erträgt aber auch diese Vorbehalte nicht, und wenn man den Art. 142 ernst nimmt, so schließt er ebensowohl wie das Affengesetz von Tennessee auch diese harmloser klingenden bayerischen Einschränkungsmöglichkeiten restlos aus.

Auch die von Anschütz herangezogenen Delegationen der Reichsseuchengesetze zum Erlaß von Verordnungen über Vorsichtsmaßregeln bei wissenschaftlichen Arbeiten mit Krankheitserregern[66] beweisen nicht das Gegenteil. Denn diese Delegationen und die dazu ergangenen Verordnungen richten sich nicht gegen die geistigen Tätigkeiten des Forschens und Lehrens und gegen die geistigen Inhalte dieser Tätigkeiten, sondern ausschließlich gegen die Gefahren, die von bestimmten körperlichen Gegenständen ausgehen und die daher überall da bekämpft werden müssen, wo diese Gegenstände als Träger gesteigerter Seuchengefahr auftreten und gesundheitspolizeilich erfaßt werden können.

---

[63] Das Material (aus Oregon Law Review, vol. 6, February 1927) ist mir freundlichst zugänglich gemacht durch Frau Prof. M. Wolff, Referentin im Berliner Institut für ausländisches öffentliches Recht und Völkerrecht.

[64] In dieser Hinsicht immerhin bemerkenswert Scheler, Versuche zu einer Soziologie des Wissens, 1924, z. B. S. 71, 38, 66, 131—138.

[65] Bayerisches Verfassungsrecht, S. 249.

[66] Ges. betr. die Bekämpfung gemeingefährlicher Krankheiten v. 30. 6. 1900, § 27, Viehseuchengesetz v. 26. 6. 1909, § 17 Ziff. 16. Dazu Anschütz, Preußische Verfassungsurkunde I 373, Verfassung des Deutschen Reichs, Anm. 1 zu Art. 142.

2.[67] Die Freiheit von Wissenschaft und Lehre gegenüber dem Gesetzgeber ist nicht auf den akademischen Bereich beschränkt. Das eigentliche Problem der akademischen Freiheit besteht aber im Verhältnis des Hochschullehrers zur Hochschulverwaltung, nicht gegenüber Dritten, etwa der Kirche.

Der Gegenstand dieser Freiheit ist die Forschungs- und Lehrtätigkeit, also nicht die amtliche Tätigkeit in Selbstverwaltungs- und Auftragsangelegenheiten und nicht das außeramtliche Verhalten, das nicht Forschung und Lehre ist.

In den Verhandlungen des Hochschulverbandes[68] haben unsere Fachgenossen Stier-Somlo und Laun eine genauere Festlegung der Grenzen dieses immunen Bereichs gefordert. Ich halte dies Verlangen für verfassungswidrig. Denn der Charakter einer Tätigkeit als Forschung oder Lehre ist nicht an irgendeine bestimmte äußere Form geknüpft. Ein Gutachten, eine akademische Festrede, eine Glückwunschadresse, eine Tischrede können inhaltlich in den geschützten Bereich fallen, und ein wissenschaftliches Buch oder eine Vorlesung kann diese Grenze überschreiten. So kann der Gegenstand des Art. 142 auch nur inhaltlich durch das Kriterium der Intention der wissenschaftlichen Arbeit bestimmt werden. Was sich als ernsthafter Versuch zur Ermittlung oder zur Lehre der wissenschaftlichen Wahrheit darstellt, ist Forschung und Lehre im Sinne des Art. 142. Diese Abgrenzung ist maßgebend für den Grundrechtsschutz gegenüber dem Gesetzgeber, vor allem aber gegenüber der Verwaltung, insbesondere der Hochschulverwaltung.

Welche Schranken bestehen hier, trotz und neben Art. 142, für den akademischen Lehrer?

Ich versuche, sie unter drei Gesichtspunkten zusammenzufassen.

I. Der preußische Kultusminister hat das Grundrecht im Jahre 1848 dahin ausgelegt[69], daß die Wissenschaft und ihre Auswirkung fernerhin keine anderen Schranken kennen sollen, „als ihre eigene Wahrheit und, insofern sie dieselben verkannten und überschritten, die Heiligkeit des Strafgesetzes“. Was hier ausgeschlossen wird, liegt aber ohnehin außerhalb des immunen Bereichs: was sich als ein ernsthafter Versuch zur wissenschaftlichen Wahrheit darstellt, wird auch abgesehen von § 193 des Strafgesetzbuches nicht leicht strafbar sein.

---

[67] Herr Ministerialdirektor Prof. Dr. W. Richter hat mich durch freundliche Äußerung zu den im folgenden behandelten Fragen lebhaft verpflichtet.

[68] A. a. O. (oben S. 102 Anm. 26, S. 8 f.).

[69] A. a. O. (oben S. 103 Anm. 31, S. 17).

II. Der eigentliche Kernpunkt der Schwierigkeit liegt in einer weitergehenden inhaltlichen Bindung von Forschung und Lehre, die zu Lasten des Hochschullehrers in Anspruch genommen wird. Ich ziehe statt vieler anderer eine verhältnismäßig weitgehende Formulierung Fr. Paulsens heran[70]. „Wie von dem akademischen Lehrer der Theologie ein positives Verhältnis zum Christentum und zur Kirche, so muß bei dem Lehrer der Staatswissenschaften ein positives Verhältnis zum Staat, zur Staats- und Rechtsverfassung des Landes vorausgesetzt werden. Wer der Überzeugung wäre, daß Staat und Recht, wie sie sind, nichts als eine Masse von Unsinn und Gewalt sind, der wäre allerdings als Lehrer der Staats- und Rechtswissenschaft an einer Universität nicht am Ort ... Von dem Universitätslehrer werden wir fordern müssen, daß er vor allem und zuerst den vernünftigen Sinn in den Lebensformen der Gegenwart und der Vergangenheit zu sehen und zu deuten wisse". Wobei eine nicht ängstlich zu begrenzende Kritik ausdrücklich vorbehalten ist.

Die Rechtsfrage, um die es sich hier handelt, ist offenbar die der besonderen fachlichen Bindung des einzelnen Lehrers, d. h. die Frage der Bindung durch Lehrauftrag und venia legendi. Ich möchte die Antwort gewinnen von der Tatsache her, daß die Lehrfreiheit nicht die Freiheit bedeutet, nicht zu lehren[71], sondern nur die Freiheit, bei Erfüllung der positiven Lehraufgabe keinen Anweisungen in bezug auf den Inhalt der wissenschaftlichen Wahrheit und die Form ihrer Darstellung und Übermittelung zu unterliegen. Der Hochschullehrer bleibt verpflichtet, sein Fach angemessen zu vertreten. Der evangelische Theologe, der dazu kommt, katholische Dogmen als notwendigen Inhalt auch der evangelischen Theologie darzutun, verletzt damit seinen staatlichen Lehrauftrag wohl noch nicht — er verletzt ihn sicher, wenn er grundsätzlich katholische Kirche und Lehre vorzuziehen erklärt und dementsprechend grundsätzlich als Lehrer vertritt. Der juristische Lehrer, der die positive Ordnung seines Rechtsgebietes für unsinnig und unsittlich erklärt, statt — bei aller Kritik —

70 A. a. O. (oben S. 103 Anm. 28, S. 209). Vgl. noch S. 109, 112, 199 ff., Die deutschen Universitäten und das Universitätsstudium (1902) S. 286 ff., 313, Max Müller S. 191 ff., R. v. Mohl, Staatsrecht, Völkerrecht und Politik III 124, 144. Bezeichnenderweise nennt Max Müller für die Schweiz auch die öffentliche Meinung als Schranke der Lehrfreiheit (S. 194 f.). — Zum positiven Recht noch C. Bornhak, Rechtsverhältnisse der Hochschullehrer in Preußen, S. 41 ff., verfehlt in der Sonderbehandlung der technischen Hochschulen S. 90.

71 Bluntschli in Bluntschli-Braters Staatswörterbuch, hrsg. von Loening, II 543.

wenigstens ihren immanenten Sinn gewissenhaft darzulegen, erfüllt seinen Lehrauftrag in ähnlicher Weise nicht, wie der, der überhaupt keine Vorlesungen hält. Aber diese Bindungen sind gegenüber dem Grundrecht des Art. 142 eng auszulegen, und in ihren Grenzen ist die pflichtmäßige Intention auf gewissenhafte Forschung und Übermittlung wiederum die einzige mögliche positive Orientierung, die Nichtverletzung der Pflicht gegen Staat und Volk und pflichtmäßige Schonung der Empfindungen wehrloser andersdenkender Hörer sicherstellt.

In dieser Bedeutung des Lehrauftrags liegt begründet, was Bluntschli[72] richtig erkannt hat, daß die Forschungsfreiheit absolut, die Lehrfreiheit nur relativ ist. Aber er hat mit Recht hinzugefügt, daß die Schwierigkeit (und der Weg zur Lösung der Schwierigkeit) weniger in der Ermittlung des richtigen sachlichen Prinzips, als in der Anordnung und Handhabung des richtigen Verfahrens liege.

III. Wie die Begrenzung der Lehrfreiheit durch den Lehrauftrag eine inhaltlich notwendige Begrenzung durch die Beziehung auf die Lehranstalt und ihren Anstaltszweck ist, so sind andere Regelungen der äußeren Ordnung des Unterrichts nach Ort, Zeit usw. technisch notwendig. Ein eigentliches Problem unter dem Gesichtspunkte der akademischen Freiheit sind sie nicht[73].

---

[72] A. a. O., Allg. Staatsrecht[4] II 377.

[73] Einer von H. Nawiasky in der Erörterung gegebenen Anregung folgend, nenne ich als ein praktisches Musterbeispiel der hier in Betracht kommenden Fragen den Vivisektionserlaß des preußischen Kultusministers vom 2. 2. 1885 an die medizinischen Fakultäten (Central-Blatt für die gesamte Unterrichtsverwaltung in Preußen, 1885, S. 314).

Der Minister stellt auf Grund einer Rundfrage bei den medizinischen Fakultäten (Fragepunkte und eingehende Beantwortung a. a. O. S. 315 ff.) fest, „daß dabei neben den Interessen der wissenschaftlichen Forschung und des akademischen Lehramts auch die Anforderungen der Humanität gebührende Beachtung gefunden haben. Um in dieser Richtung auch für die Zukunft allen Zweifeln vorzubeugen, erachte ich es für sachdienlich, die der bisherigen Praxis zugrunde liegenden Gesichtspunkte durch eine allgemeine Anordnung gegen die Möglichkeit von individuellen Abweichungen sicher zu stellen. Zu diesen Zwecken bestimme ich hierdurch, was folgt:

1. Versuche an lebenden Tieren dürfen nur zu ernsten Forschungs- oder wichtigen Unterrichtszwecken vorgenommen werden.
2. In den Vorlesungen sind Tierversuche nur in dem Maße statthaft, als dies zum vollen Verständnisse des Vorgetragenen notwendig ist.
3. Die operativen Vorbereitungen zu den Vorlesungsversuchen sind in der Regel noch vor Beginn der eigentlichen Demonstration und in Abwesenheit der Zuhörer zu bewerkstelligen.
4. Tierversuche dürfen nur von den Professoren und Dozenten oder unter deren Verantwortlichkeit ausgeführt werden.

Aus vielen Gründen sind diese inhaltlichen und technischen Bindungen heute stärker entwickelt als vor hundert Jahren[74]. Aber es ist bezeichnend, daß die Staatsverwaltung sie in der Hauptsache auf mittelbarem Wege herbeiführt, nämlich durch die Gestaltung der staatlichen Prüfungen, und daß sie unmittelbare Regelungen des akademischen Betriebes vermeidet. Noch heute besteht der Zustand, den Savigny dahin bezeichnet, daß den Universitätslehrern „die Wahl der einzelnen Lehrgegenstände, sowie die Einrichtung ihrer Vorlesungen, mit fast unbeschränkter Freiheit überlassen ist“[75], von Rechts wegen in vollem Umfange. Und der Gedanke der Nichteinmischung der Verwaltung in Dinge, die der Selbstregulierung des geistigen Lebens überlassen bleiben müssen[76], ist im Begriff, sich in

---

5. Versuche, welche ohne wesentliche Beeinträchtigung des Resultats an niederen Tieren gemacht werden können, dürfen nur an diesen und nicht an höheren Tieren vollzogen werden.
6. In allen Fällen, in welchen es mit den Zwecken des Versuches nicht schlechterdings unvereinbar ist, müssen die Tiere vor dem Versuche durch Anästhetika vollständig und in nachhaltiger Weise betäubt werden.“

Der Erlaß trifft insofern das Richtige, als er den Tierversuch für zulässig erklärt, soweit er durch das Bedürfnis von Forschung und Lehre gerechtfertigt ist. Bedenklich ist, daß hier eine kraft der Verfassung bestehende Freiheit noch einmal durch den Minister anerkannt wird. Vielleicht drückt sich in der Fassung des Erlasses, die lediglich die bisherige Praxis festzulegen beansprucht, ein Gefühl für die Unzulässigkeit eigener Normierung des Gegenstandes aus. Die Akten des Ministeriums ergeben darüber nichts. Nicht unbedenklich ist, daß die Ziffern 1, 2, 5, 6 leichte quantitative Einschränkungen der verfassungsmäßigen Ermessensfreiheit des Hochschullehrers in der Abgrenzung des Forschungs- und Unterrichtsbedürfnisses enthalten (Ziff. 1: „wichtig“, Ziff. 2: „voll“ [hier auch die Beschränkung auf die ergänzende Unterstützung des „Vortrags“], Ziff. 5: „wesentlich“, Ziff. 6: „schlechterdings“). Ziffer 3 und 4 sind wohl durch die Anstaltsgewalt gerechtfertigt.

Dieselben Gesichtspunkte würden für ein vivisektionsgegnerisches Gesetz gelten; als Inhalt eines solchen würden von dem Erlaß nur Ziffer 3 und 4 zu rechtfertigen sein.

Nach dem Gesagten ist eine für den Forschungs- oder Lehrzweck notwendige Tätigkeit in abstracto nicht rechtswidrig. Die Polizei oder der Dienstherr dürfen Vivisektion, soweit sie durch Art. 142 gedeckt ist, nicht deshalb bekämpfen, weil sie unmenschlich oder ordnungswidrig sei. Natürlich rechtfertigt die Forschungs- und Lehrfreiheit keine Rechtsverletzungen in concreto, wie Sachbeschädigung eines fremden Tiers, Eingriffe in die körperliche Integrität eines Patienten ohne dessen Zustimmung, Störungen des Nachbarn oder der Öffentlichkeit, Überschreitung von Etatsmitteln, Gefährdung der Gesundheit von Hilfspersonen und Studierenden, Verletzung der Anstaltsordnung, soweit diese nach dem im Text Gesagten gültig ist.

[74] Vgl. hierfür besonders Spranger, Wandlungen im Wesen der deutschen Universität seit hundert Jahren, S. 14 ff.

[75] Historisch-politische Zeitschrift, hrsg. von Ranke, I, 578.

[76] So besonders Paulsen, Abhandlungen S. 202, Die deutschen Universitäten und das Universitätsstudium, S. 99.

Auswirkung des Art. 142 ein neues Anwendungsgebiet zu erobern, wenn der preußische Kultusminister Eingriffe in die künstlerische Tätigkeit der Leiter der Staatsbühnen ablehnt[77].

3. Die Freiheit der Meinungsäußerung ist ein echtes Freiheitsgrundrecht; sie besteht ohne Rücksicht darauf, ob von ihr ein guter oder ein schlechter Gebrauch gemacht wird. Die Freiheit der Wissenschaft, insbesondere als akademische Freiheit, ist die Sicherung eines als wichtig anerkannten und privilegierten Stücks des geistigen Lebens; sie besteht wegen des mindestens intendierten Werts der privilegierten Äußerung; sie hat institutionellen Charakter.

Daraus folgt für die verfahrensmäßige Geltendmachung der beiden Freiheiten, insbesondere im Dienststrafverfahren, ein doppelter Unterschied.

Einmal in der Feststellung des Tatbestandes. Ob eine Meinungsäußerung im Sinne des Art. 118 vorliegt, wird — abgesehen von den im ersten Bericht behandelten besonderen Fällen — selten streitig sein. Dagegen ob ein ernsthafter Versuch der Findung oder Weitergabe wissenschaftlicher Wahrheit vorliegt, ob eine Äußerung eine so hohe intentionelle Wertung verdient, wie sie erforderlich ist, um die Subsumtion unter Art. 142 zu rechtfertigen — das wird oft gerade die entscheidende Schwierigkeit eines Disziplinarverfahrens sein.

Vor allem aber besteht der Unterschied in der Wirkung des Grundrechts. Art. 118 schützt nur in den Schranken der allgemeinen, d. h. der dem Grundrecht vorgehenden Gesetze. Art. 142 schützt zwar nicht formell gegen die Strafrechtsnorm, aber seine Anwendbarkeit wird wohl stets die Strafbarkeit ausschließen, und jedenfalls geht er (im Gegensatz zu Art. 118) unbedingt den Normen des Beamtenrechts vor.

Eine lehrreiche Analogie bietet die Geschichte der Preßrechtsfrage. Als die Presse noch rationalistisch als Institution, nicht lediglich als freie Meinungsäußerung schutzwürdig erschien, war ihre Lage ähnlich der heutigen Lage von Wissenschaft und Lehre. Damals hat der dank Heinrich Heines wiederholten Invektiven zu Unrecht unterschätzte alte Heidelberger Paulus die sich daraus ergebende Gestaltung der Preßverantwortlichkeit mit großer Klarheit dargelegt. Ich zitiere wörtlich:

„Der Zweck der Preßfreiheit und der Gedanken-Mitteilung überhaupt ist — Wahrheitsfreiheit. Nach dieser Einsicht wird als Prinzip oder Norm der Preßgesetzgebung einleuchtend, daß, was entweder in

[77] Im Haushaltsausschuß des Landtags 11. Febr. 1926, Voss. Ztg. 12. Febr. 1926.

dem Inhalt oder in der Form der Darstellung offenbar nicht nach Wahrheit strebt, was nicht zum Wahren führen will und kann, auf gesetzlichen Schutz keine Hoffnung, vielmehr bestimmte Aussicht auf gerechte Nichtachtung oder Bestrafung haben soll. Alles hingegen, wo weder die Form noch der Inhalt dem Unparteiischen einen Beweis gibt, daß es dem Bekanntmacher nicht um Wahrheit zu tun war, darf durch kein Gesetz zurückgedrängt oder verfolgt werden, wenn Wahrheitsliebe unser höchstes Ziel und Gesetz sein soll[78]."

„Nicht nur Wahres, sondern auch Wahrscheinliches, insofern die Menschen ohne das Gegeneinanderhalten der Wahrscheinlichkeiten nicht leicht zum Wahren kommen würden, muß auf alle Fälle ungestraft bekannt gemacht werden dürfen, wenn es nur den Beweis, daß es dem Bekanntmacher Wahrheit oder Wahrscheinlichkeit gewesen ist, vor billigen Menschenkennern als Schwurgericht führen kann."

„Ganz anders sind die Fälle, wenn ein Behaupter etwas als ihm wahr, oder ihm wahrscheinlich, in einer Form veröffentlicht, durch welche er überwiesen werden kann, daß es ihm nicht um den gesetzlich geheiligten Zweck der Mitteilungsfreiheit, nämlich um Wahrheitsverbreitung, zu tun war[79]."

Als Wegweiser für die Behandlung von Preßdelikten ist das hoffnungslos veraltet. Als Fragestellung für Verfahren, in denen es um die Freiheit der Wissenschaft und ihrer Lehre geht, treffen diese rationalistischen Formeln noch heute den Nagel auf den Kopf[80].

Die Beantwortung der entsprechenden Frage bei wissenschaftlichen Äußerungen kann nicht lediglich die Sache von Richtern und Verwaltungsbeamten sein[81]. Die Forderung nach dem richtigen Recht in Sachen der Lehrfreiheit muß daher die seit vielen Jahrzehnten zumal

---

78 Paulus, Über die Principien der Preßfreiheits-Gesetzgebung, 1831, Vorrede S. III f.

79 A. a. O. S. 35, 48 f.

80 Insofern richtig die Entscheidung des Senats der Handelshochschule Mannheim in dem (mir im übrigen nicht näher bekannten) Falle Mayr (September 1926): „daß es dem Senat zusteht, darüber zu wachen, daß die Gutachtertätigkeit nicht offenkundig den Rahmen verläßt, der durch das Erfordernis der Wissenschaftlichkeit gezogen ist" (nach Voss. Ztg. 25. 9. 1926).

81 Wie stumpf und verständnislos der Verwaltungsbeamte dem hier vorliegenden Problem der Intentioniertheit geistigen Lebens gegenübersteht, zeigen die Ausführungen des hochverdienten langjährigen Leiters der preußischen Hochschulverwaltung V. Naumann über die Verbindung von Forschung und Lehre, die nicht der Lebensnerv der deutschen Universität sein könne, da sie praktisch nicht in jedem Professor jederzeit Wirklichkeit sei (Die deutschen Universitäten, 1909, S. 18 ff., gegen Fr. Paulsen).

vom Liberalismus immer wieder erhobene[82] der Beteiligung von Hochschullehrern an der Dienststrafgerichtsbarkeit gegen Hochschullehrer bleiben, wie sie als hoffnungsvoller Anfang in der Verfassung der Jenaer Universität von 1924 durchgeführt ist.

In diesem Sinne ist die Lehrfreiheit kein Anwendungsfall des Prinzips der gesetzmäßigen Verwaltung, sondern eine öffentliche Institution zum Schutz einer der höchsten Formen des deutschen geistigen Lebens. Eine Schranke für den Gesetzgeber, ein tief verpflichtendes Privileg unseres Standes, das Grundrecht der deutschen Universität.

---

[82] Statt Vieler Welcker in Rotteck-Welckers Staatslexikon s. v. Lehrfreiheit (1. Aufl. IX 667), Böckh a. a. O. (oben S. 105 Anm. 44) II 59, v. Mohl a. a. O. (oben S. 68) II 172, Bluntschli Staatswörterbuch a. a. O., Allg. Staatsrecht a. a. O., Cosack, Universitätsreform, S. 27.

Verfassung und Verfassungsrecht

Vorbemerkung

Inhalt und Absicht der vorliegenden Abhandlung ließen sich durch ihren Titel nur unvollkommen bezeichnen.

Ihr Schwerpunkt liegt nicht in ihren Einzelheiten: in den Bruchstücken einer Staatslehre, in dem Versuch einer Verfassungstheorie oder in den angedeuteten einzelnen Folgerungen aus diesen Untersuchungen für das positive deutsche Staatsrecht. Ihre eigentliche These ist vielmehr die des notwendigen inneren Zusammenhanges zwischen diesen verschiedenen Arbeitsgebieten und Arbeitsweisen: daß es keine befriedigende und wahrhaft fruchtbare Staatsrechtslehre geben kann ohne bewußte und methodisch klare Begründung in einer allgemeinen Staats- und Verfassungslehre, und keine befriedigende und fruchtbare Staats- und Verfassungslehre ohne eine eigene, nicht juristische, sondern geisteswissenschaftliche Methode, die ebenso streng und erkenntnistheoretisch ebenso sorgfältig begründet sein muß, wie die Methode irgendeiner Geisteswissenschaft.

Die einführenden staatstheoretischen Erörterungen suchen daher zunächst diese erkenntnistheoretische Grundlage zu gewinnen. Ihre Aufgabe konnte nicht sein, diese Grundlage auf eigenen philosophischen Wegen zu erarbeiten, sondern mehr nur die, unter den vorhandenen Versuchen philosophischer Gundlegung der geisteswissenschaftlichen Arbeit den praktisch fruchtbarsten und brauchbarsten auszuwählen und seine Verwendbarkeit für die besonderen Bedürfnisse der Staatslehre darzutun. Auf andere, dem vorliegenden parallele Versuche methodischer Begründung der Staats- und Rechtslehre — ich erinnere nur an die Arbeiten wesentlich soziologischen Charakters einer-, teleologischen anderseits — ist dabei nur wenig eingegangen. Ich habe mich bewußt darauf beschränkt, an den für mich grundlegenden Arbeiten von Theodor Litt zu zeigen, wie eine solche allgemeine Theorie der Geisteswissenschaften als Grundlage für die Staatslehre fruchtbar gemacht werden kann, und habe zu diesem Zwecke die Pedanterie nicht gescheut, die eigenen Auffassungen so weit wie

Volkmann, DVBl 05, 1064; Lenz, DVBl 07, 1033; Lenze DÖV 13, 503 (84)

irgend möglich auf die entsprechenden Belegstellen der Littschen Arbeiten zu stützen, um damit die Nachprüfung der methodischen Grundlagen im einzelnen nahezulegen und möglich zu machen. Der eindrücklichere Nachweis, daß die übrigen Geisteswissenschaften, meist unbewußt, aber mit bestem Erfolge, mutatis mutandis entsprechend verfahren, konnte hier aus naheliegenden Gründen nicht durchgeführt werden.

Da der stoffliche Inhalt dieser staatstheoretischen Grundlegung hier nicht Selbstzweck war, ist er auf die für den Gesamtzusammenhang wesentlichen Punkte beschränkt — einen Abriß der Staatstheorie im ganzen soll er weder andeuten noch gar ersetzen. Das hier entwickelte Sinnprinzip der Integration, des einigenden Zusammenschlusses, ist nicht das des Staates überhaupt, sondern das seiner Verfassung.

Daß die Skizze einer allgemeinen Verfassungstheorie im zweiten Teil auf geisteswissenschaftlich-staatstheoretischer, nicht auf rechtstheoretischer Grundlage entworfen ist, soll hier nicht näher begründet werden. Selbstverständlich ist auch sie in keiner Richtung als vollständig gemeint.

Vollends die Andeutungen einzelner Anwendungsmöglichkeiten der Ergebnisse des ersten und zweiten Teils für das positive deutsche Staatsrecht im dritten Teil sind nur als eine zufällige Auswahl und als skizzenhafte Beispiele fruchtbarer Arbeitsmöglichkeiten zu verstehen.

Alle diese Einzelheiten wollen nicht an sich, sondern nur als Belege für die allgemeine Behauptung der Arbeit, für den untrennbaren Zusammenhang von Staats- und Verfassungstheorie und Staatsrechtslehre gewürdigt werden — als Beispiele dafür, daß alle drei sich gegenseitig tragen, bestätigen, richtigstellen. Das Ganze kann zunächst in vieler Hinsicht mehr nur eine Skizze, ein Arbeitsprogramm sein, und es liegt im Wesen aller Geisteswissenschaft begründet, daß die Richtigkeit dieses Programms sich voll und endgültig erst in seiner Durchführung bewähren kann. Das gilt von seiner allgemeinen Begründung so sehr wie von der Überzeugungskraft seiner staatstheoretischen Begriffs- und Anschauungswelt im einzelnen und vollends von seiner Fruchtbarkeit und Unentbehrlichkeit für die Behandlung des positiven Staatsrechts.

Mancherlei Schwierigkeiten haben das Erscheinen dieser Arbeit verzögert und ihre sachliche und formelle Ausgeglichenheit beeinträchtigt.

Berlin-Nikolassee, Neujahr 1928.

R. S.

Erster Teil

Staatstheoretische Grundlegung

1. Die Krisis der Staatslehre

Seit längerer Zeit stehen Staatstheorie und Staatsrechtslehre in Deutschland im Zeichen der Krise, mindestens des Übergangs. Dieser Zustand äußert sich im Bereich der staatsrechtlichen Disziplin naturgemäß nicht mit derselben Schärfe, wie auf dem Gebiet der eigentlichen Staatstheorie. Dem Juristen sind seine technischen Arbeitsmittel weder durch die geistige noch durch die politische Umwälzung zerschlagen: so bleibt hier eine breite gemeinsame Grundlage für die Anhänger des Alten und die des Neuen, und die Krise beschränkt sich auf einen — in seiner Tiefe allerdings noch nicht allgemein erkannten — Richtungsgegensatz[1]. In der Staatstheorie dagegen, wie in der Politik, das Bild des Zusammenbruchs und der Abdankung. Denn es ist eine Abdankung, wenn G. Jellineks seit einem Vierteljahrhundert mit vollem Recht repräsentative Darstellung der allgemeinen Staatslehre die ganze Reihe der großen Probleme der Staatstheorie in erkenntnistheoretischer Skepsis ihrer Bedeutung und ihres Gewichts beraubt, indem sie sie entweder um Recht und Ernst ihrer Fragestellung oder um das Material ihrer Beantwortung bringt[2]. Es ist bezeichnend für die Zeit, daß der bleibend wertvolle Teil des Buches die ideengeschichtlichen Denkmäler sind, die den (ausdrücklich oder stillschweigend) methodisch für tot Erklärten gesetzt werden — bezeichnend auch für die unerbittlich richtige Ziehung der Folgerungen aus Jellineks Staatslehre, daß Kelsens neue Lösung der gleichen Aufgabe dieser Geschichte menschlicher Irrtümer selbst jene, der vorhergehenden Generation noch selbstverständliche Ehrenbezeugung versagt.

Die Eigentümlichkeit der Lage wird dadurch bezeichnet, daß nach dem ersten Lehrsatz der größten und erfolgreichsten staatstheoretischen und staatsrechtlichen Schule des deutschen Sprachgebiets der Staat nicht als ein Stück der Wirklichkeit betrachtet werden darf. Diese Lage bedeutet eine Krise nicht nur der Staatslehre, sondern auch des Staatsrechts. Denn ohne begründetes Wissen vom Staat gibt es auf die Dauer auch keine fruchtbare Staatsrechtstheorie — ohne diese auf die Dauer kein befriedigendes Leben des Staatsrechts selbst.

---

[1] Vgl. Holsteins Bericht über die Tagung der Vereinigung deutscher Staatsrechtslehrer vom März 1926, Archiv des öffentlichen Rechts, N. F. Bd. 11, S. 1 ff.

[2] Der eigenen Jellinekschen Fragestellung nach den „Typen" (Staatslehre I[3] 34 ff.) fehlt sowohl die strenge erkenntnistheoretische Rechtfertigung wie die Fruchtbarkeit im Ergebnis.

Die Krise der Staatslehre beruht nicht erst auf Krieg und Umwälzung. Sie ist ein geistes-, zunächst ein wissenschaftsgeschichtliches Ereignis. Man hat sie mit vollem Recht zurückgeführt auf den Neukantianismus oder allgemeiner auf die Art wissenschaftlicher Gesinnung, deren philosophische Repräsentation der Neukantianismus ist[3] — es ist kein Zufall, daß Kelsens methodische Grundlagen auf neukantischen Kampfformeln gegenüber dem Positivismus beruhen, die der Neukantianismus selbst längst preisgegeben hat[4].

Es wäre aber unrichtig, Voraussetzungen und Wirkungen dieser Erscheinung lediglich im Bereich wissenschaftlichen Erkennens und insbesondere im Bereich der Theorie von Staat und Staatsrecht zu suchen.

Ihre außerwissenschaftlichen Voraussetzungen werden deutlicher an den — außerhalb der engsten Fachgrenzen stehenden — Vertretern des eigentlich lebendigen gegenwärtigen staatstheoretischen Gedankenbestandes in Deutschland, etwa an Max Weber oder Meinecke. Hier wird wenigstens eine wirkliche, positive Staatstheorie entwickelt — vom Staat als „Betrieb", dessen immanente Teleologie den Einzelnen heteronom in sich hinein, unter die Dämonie seiner Mittel, in die unentrinnbare sittliche Verschuldung zwingt — vom Staat als Naturkraft und Schicksal, von der Lebensidee seiner „Staatsräson", die in die unlösliche Antinomie von Kratos und Ethos hineinführt — beide Male in sich geschlossene, eigengesetzliche Schicksalsmächte, denen der Einzelne mehr oder weniger als Objekt und Opfer gegenübersteht. Hier wird die Skepsis der Theorie von echt deutscher letzter Staatsfremdheit der praktischen Gesinnung getragen — diese Denkweisen sind liberal im Sinne letzter innerer Unbeteiligung am Staat. Wie sich dieser Mangel hier und sonst als ein Grundfehler auch der erkenntnistheoretischen Grundlegung auswirkt, wird alsbald zu zeigen sein.

In engstem Zusammenhang damit stehen die Auswirkungen dieser staatstheoretischen Denkweise. Ein besonders augenfälliges Beispiel

[3] E. Kaufmann, Kritik der neukantischen Rechtsphilosophie, 1921; noch immer, trotz aller unvermeidlichen Abstriche, die eindrücklichste Darlegung dieser Zusammenhänge.

[4] Erinnert sei nur an die ausschließende Alternative von Kausal- und Normwissenschaft, die ja nur geschichtlich „als ein verzweifelter Rettungsversuch der Wertwelt gegenüber dem theoretischen Naturalismus und Mechanismus" zu erklären ist (E. R. Jaensch, Über den Aufbau der Wahrnehmungswelt, 1923, S. 411 f.). Mit Recht protestiert H. Heller (Souveränität S. 78) gegen die Ignorierung des heutigen Standes des Denkens durch die Wiener Schule. Ferner Hold-Ferneck, Der Staat als Übermensch, S. 19; H. Oppenheimer, Logik der soziologischen Begriffsbildung, S. 33.

Calliess, JZ 04, 1033 (1043)

liefert die politische Ethik. Die verhängnisvolle Verlegenheit, die hier besteht und in den Schriften von Troeltsch, Max Weber und Meinecke so schneidend zum Ausdruck kommt, bedeutet ein Versagen der Theorie, begründet und steigert aber zugleich die Unsicherheit unserer praktischen Haltung, statt hier zu der gerade für Deutschland so dringend notwendigen Klärung und Sicherheit beizutragen. Neben der hier unzweideutig obwaltenden ethischen Skepsis sind wiederum theoretischer Agnostizismus und innere Staatsfremdheit unverkennbar am Werk.

Auf dieser Grundlage theoretischer und praktischer Staatsfremdheit erwachsen gleichmäßig und vielfach in derselben Seele die beiden politischen Hauptmängel des Deutschen: unpolitische Staatsenthaltung und ebenso unpolitische Machtanbetung. Sie sind zwei Seiten derselben Sache; es ist die innere Unsicherheit dem Staat gegenüber, die so zwischen Unter- und Überschätzung des Staates schwankt. Das Scheitern an diesem Problem ist die Form, in der die Krise der Staatslehre in der staatstheoretischen Literatur außerhalb der zünftigen Staatstheorie deutlich wird. Die Ursachen sind aber überall dieselben.

Die Überwindung dieses zurzeit noch bestehenden Zustandes ist schon von verschiedenen Seiten mit Erfolg in Angriff genommen. Die folgenden Erörterungen schließen sich diesen Versuchen an. Sie beschränken sich auf ein einzelnes staatstheoretisches Problem, das allerdings für den Juristen das wichtigste ist und die Bedingtheit aller staatsrechtlichen Arbeit durch die staatstheoretische Vorarbeit besonders deutlich macht. Trotz dieser gegenständlichen Beschränkung war angesichts des heutigen Standes der Fragen eine gewisse Unverhältnismäßigkeit der methodischen und staatstheoretischen Grundlegung nicht zu vermeiden.

2. Methodische Grundlagen

Es ist eine beachtenswerte und oft festgestellte Eigentümlichkeit der Geschichte der deutschen Staatstheorie seit der Reichsgründung, daß ihre dauernden sachlichen Ergebnisse zumeist im umgekehrten Verhältnis stehen zu dem von den einzelnen Schriftstellern aufgewendeten Maß erkenntnistheoretisch-methodischer Besinnung. Gierkes un- oder vorkritische Arbeitsweise[1] hat trotz oder vielleicht gerade ver-

[1] Trotz der Versuche, ihn als Kryptokritizisten in Anspruch zu nehmen: Gurwitsch, Logos XI 86 ff.

möge ihrer methodischen Naivetät die großen Probleme in unvergänglicher Weise gefördert. Dagegen ist die Linie Jellinek-Kelsen die einer fortschreitend höchst bedeutenden Kritik, aber zugleich einer fortschreitenden Entleerung an sachlichem Ergebnis bis zu dem jetzt ganz bewußt erreichten Nullpunkt von Kelsens Allgemeiner Staatslehre von 1925.

Diese Linie ist für die sachliche Arbeit insofern von dauernder Bedeutung, als seit Kelsens großer Kritik jene Naivetät, jenes Arbeiten ohne völlige Klarheit der methodischen Voraussetzungen, nicht mehr möglich ist.

Abgesehen hiervon ist sie eine Sackgasse ohne Zweck und Ziel. Denn sie zerstört mit der methodischen Unbefangenheit zugleich auch alles das, was an der bisherigen Denk- und Arbeitsweise allenfalls noch ergiebig war. Sie hat die allgemeine Staatslehre in ihrem ganzen bisherigen Wert und Unwert ausgeräumt, ohne die Möglichkeit eines Ersatzes auch nur zuzulassen. Und Fortschritte auf ihrem eigensten Felde, dem der allgemeinen Staatsrechtslehre und des positiven Staatsrechts, hat sie bisher nicht gezeitigt. Sie wird sie auch niemals zeitigen, wenn sie sich nicht selbst aufgibt. Die Leistungen, die dem naiven Formalismus möglich waren, weil er in der Tat — wie niemand besser gezeigt hat, als Kelsen — kein reiner Formalismus, kein Methodenmonismus war: diese Leistungen sind dem reinen Formalismus eben darum versagt, weil er rein ist.

Der juristische Formalismus bedarf vielmehr methodischer Erarbeitung der materialen — um nicht zu sagen soziologischen und teleologischen[2] — Gehalte, die Voraussetzung und Gegenstand seiner Normen sind. Insbesondere also bedarf die Staatsrechtslehre einer materialen Staatstheorie. Diese hat aber abgesehen davon auch ihr Eigenrecht, als die Geisteswissenschaft von dem selbständigen Geistes- und Kulturgebiet des Staatslebens.

In dieser Richtung ist man auch, wenigstens im allgemeinsten Sinne, einig, soweit man nicht aus Wien ist. Noch nicht entfernt ist dagegen eine Einigung über die methodische Grundlegung einer solchen Staatslehre abzusehen. Die folgenden Ausführungen versuchen eine solche Grundlegung, andeutend und vorläufig.

Die erkenntnistheoretischen und kulturphilosophischen Voraussetzungen dafür sollen hier nur kurz bezeichnet werden. Eine Untersuchung wie die hier unternommene trägt für diese Voraussetzungen

[2] Wie Heller, Archiv f. Sozialwissenschaft u. Sozialpolitik, 55, 310.

nicht die Beweislast. Sie hat ihr Recht lediglich auf ihrem eigensten Gebiet, durch Nachweis ihrer Fruchtbarkeit für die Theorie vom Staat und für die Auslegung des Staatsrechts darzutun.

Das Versagen der bisherigen materialen Staatstheorie wird am deutlichsten an bestimmten Antinomien, in die sie sich unentrinnbar verwickelt. Das Problem Individuum und Gemeinschaft, Individuum und Staat, Individualismus und Kollektivismus, Personalismus und Transpersonalismus steht überall als unlösbare Schwierigkeit im Wege[3]. Oft ausdrücklich erkannt: dann wird es meist als eine Frage der Wertrangordnung verstanden und im Sinne einseitiger Entscheidung für Individualismus oder Kollektivismus, oder, moderner und oft in relativistischer Verlegenheit, im Sinne unlöslicher „Spannung" zwischen beiden entschieden. In der Tat ist es aber in erster Linie nicht ein Wert-, sondern ein Strukturproblem.

Als Strukturproblem besteht es für alle Geisteswissenschaften und ist überall gleichmäßig unlösbar, solange Ich und soziale Welt in harter Substanzialität einander gegenübergestellt werden. Solche Gegenüberstellung und objektivierende Isolierung beider Sphären ist aber allem naiven Denken vermöge seiner Neigung zu unbewußter mechanistischer Verräumlichung selbstverständlich. Dem juristisch geschulten Sozialtheoretiker ist sie außerdem durch die Gewöhnung an die strenge Geschlossenheit der Rechtssphären der physischen Person einer-, der juristischen anderseits besonders nahegelegt.

Diese Denkweise ist aber auf keinem geisteswissenschaftlichen Gebiet durchzuführen.

Die phänomenologische Struktur des Ich der Geisteswissenschaften ist nicht die eines objektivierbaren Elements des geistigen Lebens, das zu diesem Leben in kausalen Beziehungen stände. Es ist nicht an und für sich, vorher, und alsdann als kausal für dies Leben denkbar, sondern nur, sofern es geistig lebt, sich äußert, versteht, an der geistigen Welt Anteil hat, d. h. auch in irgendwelchem allgemeinsten Sinne Gemeinschaftsglied, intentional auf andere bezogen ist. Seine Wesenserfüllung und Wesensgestaltung vollziehen sich nur in geistigem Leben, das seiner Struktur nach sozial ist[4].

---

[3] In einer anderen Ebene liegt das Problem von Individualität und Norm, das H. Heller (Die Souveränität, 1927) mit großem Recht in den Vordergrund rückt.

[4] Vgl. hierzu Th. Litt, Individuum und Gemeinschaft, 2. Aufl. 1924, S. 54 ff., 85, 3. Aufl. 1926, S. 46 ff., 142 ff., 174 ff., 187 ff., und passim.

Noch weniger gibt es ein in sich beruhendes kollektives Ich. Die Kollektivitäten sind nur das Einheitsgefüge der Sinnerlebnisse der Individuen; allerdings nicht deren Produkt, sondern deren notwendiges Wesen: Wesensentwicklung und Sinngestaltung sind notwendig „sozial verschränkt“, wesensmäßig ein Ineinander individuellen und überindividuellen Lebens[5].

Die Psychologie kann das Individuum isolieren und objektivieren; sie verzichtet aber damit auf die Einsicht in das geistige Leben selbst[6]. Die Wissenschaften vom objektiven Sinngefüge eines Kulturgebiets können gleichfalls ihren Gegenstand als objektives System isolieren und ausschließlich nach seinem immanenten Gehalt behandeln[7]. Das Leben, der Lebensvorgang, die Wirklichkeit der Kultur ist beide Male nicht erfaßt; ihm kann nur eine Betrachtungsweise gerecht werden, deren Voraussetzung seine angedeutete phänomenologische Struktur ist, die also durchaus gegensätzlich zu jener Objektivierung der Einzelseele und der Sinnsysteme vorgeht.

Alle Wissenschaft vom geistigen Leben kann demnach ihre wichtigsten Gegenstände: den Einzelnen, die Gemeinschaft, den objektiven Sinnzusammenhang nicht als isolierte Elemente, Faktoren, Träger oder Gegenstände des geistigen Lebens auffassen, deren Beziehungen zueinander sie zu untersuchen hätte, sondern nur als Momente einer dialektischen Zusammenordnung, deren Glieder allenfalls (wie in den genannten Beispielen) einander polar zugeordnet sind[8]. Jede Wissenschaft vom geistigen Leben hat hier ihr Apriori, und zwar nicht ein transzendentales, sondern eins der immanenten Struktur ihres Gegenstandes, das, auf dem besonderen Wege phänomenologischer Abstraktion gewonnen, hier vorausgesetzt werden soll[9].

Wenn die Wendung zur geisteswissenschaftlichen Methode mit Recht als das Gebot der Stunde für Staatstheorie und Staatsrechtslehre gefordert worden ist[10], so ist hier die Richtung bezeichnet, die diese

---

5 Litt [3] passim, bes. 246 ff., 258 ff., 292 ff., 360 ff.

6 Litt passim, z. B. [3] 71 ff., 376 f. — Insofern richtig Kelsen, Staatsbegriff S. 15, wenn er von der „fensterlosen Monade“ der Psychologie keinen Weg zum Sozialen sieht.

7 Litt [3] 312 ff., 373 ff. — Über die intentionale Beschränkung im Sinn, die an der bezeichneten Wirklichkeitsstruktur nichts ändert, das. S. 214 f., 338 ff.

8 Vgl. Litt [3] 10 ff. — Besonders wichtige Anwendungsfälle: [2] 164 f., [3] 248 f., 284, 292 ff., 361 ff.

9 Vgl. Litt [3] 25 ff., 6. — Vgl. im ganzen die kurze Zusammenfassung bei S. Marck, Substanz- und Funktionsbegriff in der Rechtsphilosophie, 1925, S. 96 ff. Unglücklich das staatstheoretische Programm das. S. 148 ff.

10 Holstein a. a. O. 31.

Wendung einzuschlagen hat. Geisteswissenschaft ist verstehende Wissenschaft, und hier handelt es sich um die Klärung der Voraussetzungen solchen Verständnisses, wie sie empirisch und zumeist unbewußt in der Praxis der einzelnen Geisteswissenschaften von jeher gemacht worden sind. Nur die Dialektik des Ichbegriffs[11] gibt diesem die „innere Elastizität, die Beweglichkeit in den Gliedern und Gelenken“[12], ohne die die Einfügung des Ich in die soziale Wirklichkeitsstruktur unmöglich, seine Absolutsetzung oder objektivierende Isolierung unvermeidlich ist. Nur die Dialektik der Kollektivbegriffe kann der verhängnisvollen Objektivierung und Substanzialisierung der geistigen Welt zum Nicht-Ich und allen „organischen“ Gesellschaftstheorien wirksam entgegengesetzt werden[13]. Nur als ein dialektisches Gefüge wird das Ganze der geistigen Welt verständlich, das in „Beziehungen“ oder „Wechselwirkungen“ zwischen festen Punkten aufzulösen der vergebliche Versuch der herrschenden Soziologie gewesen ist[14].

Damit tritt diese Art der Grundlegung in Gegensatz zu der herrschenden alternativen Substanzialisierung und Funktionalisierung der geistigen und sozialen Welt, d. h. zugleich zu der bisherigen „Soziologie“, zu aller Neigung zu mechanistisch-verräumlichendem Denken und, was demnächst noch des näheren zu entwickeln sein wird, zu ihrer Zurückführung auf irgendwelche teleologischen Schemata.

3. Der Staat als realer Willensverband

Im folgenden soll keine Staatslehre im Abriß, sondern sollen lediglich die staatstheoretischen Voraussetzungen einer Verfassungslehre entwickelt werden.

Der Ausgangspunkt hierfür kann nicht die noch immer nicht ganz verschwundene Lehre von den drei Elementen sein. Es ist mit Recht dargetan worden[1], daß diese Anschauung Menschen, Gebiet und Gewalt körperlich zusammenordnet — allenfalls so, daß sie sich die Menschen auf diesem Gebiet als Ausgangspunkte und zugleich Objekte einer psychischen Herrschaftskraft denkt — den Staat als Ganzes geradezu körperlich oder, noch ärger, weil noch unklarer, als psycho-

[11] Zu dieser noch Marck a. a. O. 89 ff.

[12] So treffend Litt [1] 210.

[13] Litt [3] 222, 281 ff., 285 ff., 290 f., 327 ff. — Gegen Vierkandts „psychophysische Gebilde“, das. 249, Anm. 2.

[14] a. a. O. 204 f., 227 ff.

[1] Kelsen, Allgemeine Staatslehre, S. 96.

physisches Gebilde, das als solches „greifbar“ ist[2]. Die Lehre von den drei Elementen meint Probleme, die unzweifelhaft als Probleme der Staatstheorie und insbesondere als Verfassungsprobleme[3] bestehen; als Grundlegung der Staatslehre führt sie aber von vornherein in die Irrwege räumlich-statischen Denkens.

Der Ausgangspunkt kann aber auch nicht der isolierte Einzelne sein, in dem Sinne, daß der Staat verstanden würde als eine kausale Reihe, die vom Individuum ausginge, oder als eine teleologische, die von ihm zu bestimmten Zwecken in Gang gesetzt würde.

Kausal ist das Leben der Gruppe nicht aus dem Leben der Einzelnen herzuleiten. Man mag die Ausstattung des Geistes für das soziale Leben im weitesten Sinne noch so umfassend aufklären[4]: von diesen Gestaltungen der Individualität kommt man nicht zu den überindividuellen sozialen Formen, nicht zum Staat, weil diese eine besondere Begriffsbildung für sich erfordern und aus jenen Elementen nicht erklärbar sind[5]. Schon deshalb nicht, weil das soziale Individuum dies eben nur insofern ist, als es am Gruppenleben Anteil hat, nicht schon an sich kraft seiner natürlichen „Ausstattung“; so kann es auch nur vom Sozialen her begriffen werden, das freilich seinerseits wiederum nicht als einfach strukturierte Substanz des Überindividuellen, sondern als von den Einzelnen getragen und nur in ihnen lebend zu verstehen ist: in der Polarität von Individuum und Gemeinschaft, die das Wesen der „sozialen Verschränkung“ ist[6].

Wenn das Soziale nicht als kausale Reihe vom Einzelnen zum Ganzen (verwickelt nur durch gegenläufige Reihen vom Ganzen zum Einzelnen) zu verstehen ist, so ist damit auch seine Auffassung als teleologische Reihe, als vom Einzelnen ausgehende planmäßige oder unbewußte Zweckverwirklichung, unmöglich. Damit ist die nächstliegende Art des Denkens vom Staat, seine Erklärung und Rechtfertigung aus seinem Zweck, seinen Kulturleistungen, jedenfalls als Ausgangspunkt abgeschnitten. Die Betrachtung des Sozialen und insbesondere des Politischen und Staatlichen darf nicht aus Sinngebieten, die dem Bereich des Sozialen, des Staatlichen an sich transzendent

---

[2] Vierkandt, Gesellschaftslehre, S. 40; dazu Litt S. 249, Anm. 2.

[3] Was noch nicht dasselbe ist wie Rechtsprobleme (Kelsen a. a. O.).

[4] Wie es die bekannten Schilderungen des sozialen Menschen und des Machtmenschen in Sprangers Lebensformen (5. A., S. 193 ff., 212 ff.) oder der Abschnitt über die soziale Ausstattung des Menschen in Vierkandts Gesellschaftslehre (S. 58 ff.) unternehmen.

[5] Spranger a. a. O. S. 280, 443, im Gegensatz zu Vierkandt.

[6] Litt 246 ff.

sind, die grundlegende Erklärung für diesen Bereich selbst zu gewinnen suchen. Allerdings wird die Betrachtung des Kulturlebens im ganzen dazu neigen, das Soziale im weitesten Sinne im Verhältnis zu anderen, ihm gegenüber „materialen" Sinngebieten seiner Struktur nach als Form, seinem Range nach als Hilfswert zu verstehen[7]. Damit wird aber die Einsicht in seine Eigengesetzlichkeit aufgegeben, auf die es hier gerade ankommt. Der Rationalismus hat durch sein teleologisches Denken alle Geisteswissenschaften geklärt und dann gefährdet, und heutige Sprach-, Religions-, Kunstwissenschaft sind ohne die bewußte Überwindung dieser Teleologie nicht denkbar. In der Rechts- und Staatstheorie dagegen tritt die teleologische Orientierung zu den übrigen Fehlerquellen hinzu, zu der noch immer nicht ganz überwundenen individualistischen Denkweise, die die Einzelnen isolierend nebeneinander denkt und dann in verräumlichenden Gedankenbildern durch Rechtsverhältnisse verbindet, durch eine Staatsperson überhöht, und das alles zu außerrechtlichen, außerstaatlichen Zwecken, die als Erklärungsprinzipien dem jeder Sonderwissenschaft aufgegebenen Eindringen in die zunächst einmal zu verstehende Eigengesetzlichkeit ihres Gegenstandes im Wege stehen. Besonders liberaler Staatsfremdheit liegt es nahe, im Staat nur eine Technik der Kultur zu sehen und über solcher Teleologie dann die erste und wesentliche Fragestellung nach dem eigenen Strukturgesetz des Staats zu vernachlässigen.

So sehr es ferner der mechanistischen Gewöhnung unseres Denkens widersprechen mag: es gibt auch keine „substantiellen Stützpunkte"[8] für die Kraftlinien des geistigen und sozialen Lebens. Die Einzelnen sind es nicht, denn zur Beteiligung am geistigen und sozialen Leben werden sie nur durch die Anregung von der geistigen Gemeinschaft her befähigt, diese kann also nicht von ihnen abgeleitet werden[9]. Das Ganze ist es nicht, denn seine substanzialisierende Steigerung über seine Rolle als Einheitsgefüge der fließenden Sinnerlebnisse der Einzelnen hinaus bedeutet (wenn es sich nicht in Wahrheit lediglich um die Darlegung des objektivierbaren systematischen Sinngehalts, sondern um das Verstehen der geistigen Lebenswirklichkeit handelt) die Zurückführung der geistigen und gesellschaftlichen Produktivität auf das Kollektivganze und die Beschränkung der Einzelnen auf eine

---

7 Vgl. statt vieler Spranger S. 66 f., 193, 213, 294, Scheler, Der Formalismus in der Ethik und die materiale Wertethik, S. 108; S. Marck, S. 153 f.

8 Wie sie ausdrücklich von Vierkandt S. 40 behauptet werden.

9 Litt S. 225, vgl. überhaupt 221 ff., 226 ff., 293, 334, 399 f.

empfangende, passive Rolle, die dem Apriori aller verstehenden Geisteswissenschaft durchaus widerspricht[10].

Der Struktur der geistig-gesellschaftlichen Wirklichkeit kommt eine Darstellungsweise verhältnismäßig am nächsten, die sie als ein System von Wechselwirkungen[11] zu erfassen sucht oder wie einen Kreislauf mit Fr. Schlegels von Th. Litt übernommenem Ausdruck „zyklisch"[12] verfolgt. Für das dialektische Verhältnis, in dem die Momente der geistigen Wirklichkeit zueinander stehen, gibt es nur diese irreführende und keine angemessene Darlegungsform. Gegenüber der im folgenden versuchten schematischen Skizze der Struktur des staatlichen Lebens ist daher festzuhalten, daß hier kein Moment begrifflich oder kausal aus einem anderen abzuleiten, sondern jedes nur aus dem Ganzen zu verstehen ist. Deshalb kann es sich auch nur um ein verstehendes Beschreiben, nicht um ein Erklären im geläufigen Sinne handeln.

Mit diesen Vorbehalten könnte eine Betrachtung des staatlichen Lebens ihren Ausgang von der natürlichen Ausstattung des Einzelmenschen für den Staat nehmen. Es handelt sich hier um eine Triebgrundlage verwickelter Art[13], die am deutlichsten etwa im politischen Machttriebe zutage liegt: so hat in schöner Unmittelbarkeit der Empfindung Max Weber die machtvolle Nation als den erweiterten Leib eines machtvoll veranlagten Menschen und ihre Bejahung als Selbstbejahung bezeichnet[14].

Eine erklärende Herleitung des Staats aus dieser Triebgrundlage ist jedoch nicht möglich. Einmal deshalb, weil der Staat ein unentwirrbares Geflecht natürlicher Anlagen in Anspruch nimmt[15]. Ferner deshalb, weil hinter der Aktivität auf einem einzelnen Lebensgebiet nicht nur eine vereinzelte „Anlage", sondern die ganze Persönlichkeit wirksam wird[16]. Vor allem aber darum, weil das politische wie alles gei-

---

10 Litt S. 247, 260 f., vgl. überhaupt S. 246 ff., 258 ff., 274 ff., 279 ff., 285 ff., 292 ff., insbesondere für den Staat S. 172 der 1. Auflage.

11 So die herrschende Richtung der deutschen Soziologie — hier sachlich aus den angedeuteten Gründen abgelehnt.

12 Litt S. 19.

13 Vgl. die oben S. 128 Anm. 4, angezogene und die sonstige Literatur, z. B. Aloys Fischer, Psychologie der Gesellschaft (Handbuch der vergleichenden Psychologie, II, 4).

14 Marianne Weber, Max Weber (1926) S. 133.

15 Vgl. statt vieler Spranger, S. 222.

16 Dieser Zusammenhang am besten dargetan bei Litt S. 364 ff.; besonders für den Staat S. 169 der 1. Aufl.

stige Leben in die ideell-zeitlosen Sinnzusammenhänge eintritt und daher nur aus der Gesetzlichkeit des Lebens einer- und des Sinnes andererseits zusammengenommen verstanden werden kann[17]. Die staatliche Welt bedeutet für den Einzelnen eine Möglichkeit geistiger Auswirkung und damit zugleich persönlicher Selbstgestaltung[18] — hier liegt der wichtigste, von den herkömmlichen Darstellungen meist übersehene Ansatzpunkt der politischen Ethik, für die Staatstheorie aber nicht so sehr die Grundlage wie ein durchgehendes Moment ihres Gegenstandes, auf das als solches zurückzukommen sein wird.

Die Wirklichkeit des Staates, aus der heraus im folgenden Begriff und Gegenstand der Staatsverfassung entwickelt werden sollen, kann nach den bisherigen Erörterungen nur die eines Teilgebietes der geistigen Wirklichkeit in dem dargelegten Sinne sein. Diese Wirklichkeit bedarf der Verteidigung gegen die Zweifel, die gegen sie geltend gemacht sind, und alsdann der näheren Bezeichnung ihrer Struktur.

Der Staat ist keine „soziale Realität", das ist die grundlegende negative These der Kelsenschen Staatstheorie[19]. Soweit diese These sich richtet gegen mechanistisch-verräumlichende Voraussetzungen des gewöhnlichen juristischen Denkens, gegen die Simmel-Vierkandt-v. Wiesesche Soziologie und gegen jede Art substanzialisierender Organologie, verdient sie volle Zustimmung. Soweit sie auf Grund einer längst überwundenen Erkenntnistheorie[20] jede Erkenntnismöglichkeit einer geistigen Wirklichkeit bestreitet, gehört ihr geisteswissenschaftlicher Nihilismus in ein glücklicherweise im übrigen abgeschlossenes Kapitel der Wissenschaftsgeschichte. Nur soweit sie Bedenken geltend macht, die sich auch von dem hier vertretenen Standpunkt als ernsthafte Schwierigkeiten darstellen, bedarf sie hier noch der Widerlegung.

Von einer geschlossenen Gruppe, einem „geschlossenen Kreise"[21] kann nur da die Rede sein, wo von einer Personenmehrheit „jeder mit jedem in wesengestaltendem Zusammenhang steht"[22]. Es entsteht

---

[17] Ein Beispiel bei Litt [3] S. 294, das Problem im ganzen S. 312 ff., die Zweiseitigkeit der Betrachtung S. 373 ff., 324 f., 352, auch Spranger S. 413 f., H. Oppenheimer, Logik der soziologischen Begriffsbildung, S. 33.

[18] Vgl. im allgemeinen Litt S. 142 f., 212, 174 ff., 187 ff., 177 f.

[19] Zusammenfassend in: Der soziologische und der juristische Staatsbegriff, 1922, S. 4 ff., Allgemeine Staatslehre, S. 7 ff.

[20] Vgl. die Andeutung oben S. 122, Anm. 4.

[21] Litt S. 234 ff., zu dem Folgenden überall zu vergleichen.

[22] Litt S. 239.

keine überindividuelle Person, denn das Ganze ist und bleibt nur „das Einheitsgefüge“ der Einzelanteile an dem Gesamterlebnis; es handelt sich auch nicht um „Beziehungen“ oder „Wechselwirkungen“ zwischen den Einzelnen als „substanziellen Trägern“, denn das Wesen des geistigen Lebens ist gerade die Selbstgestaltung der nicht als starre Substanz zu denkenden geistigen Monaden durch Beteiligung an diesem Leben. Dies Einheitsgefüge selbst aber, auch wenn es sich noch so sehr in Symbolen, Formen, Satzungen verfestigt, ist doch stets im Flusse, denn es ist nur wirklich, sofern es stets von neuem aktualisiert[23] oder vielmehr neu hervorgebracht[24] wird.

Dem Staat wird seine „soziologische Realität“ als geschlossene Gruppe in doppeltem Sinne bestritten. Einmal im Sinne des Zweifels, ob hier von einer einigermaßen dauernden und festen Gruppe überhaupt die Rede sein könne; und weiter mit der Behauptung, daß jedenfalls die Summe der von Rechts wegen zum Staat Gehörenden — „darunter Kinder, Wahnsinnige, Schlafende, und solche, denen das Bewußtsein dieser Zugehörigkeit gänzlich fehlt“ — sich nicht mit dem Kreise derer decke, die tatsächlich in der für den realen staatlichen Verband in Anspruch genommenen seelischen Wechselwirkung stehen: daß also der Staatsbegriff aller Staatssoziologie nicht der einer Wirklichkeitsbetrachtung, sondern lediglich der der rein normativen juristischen Begriffsbildung sein könne[25].

Demgegenüber ist die Richtigkeit der herrschenden Annahme, d. h. die Wirklichkeit des „soziologischen“ Staats und seine Identität mit dem Gegenstande des Staatsrechts, die wesentliche Voraussetzung der folgenden Untersuchung. Diese Untersuchung selbst soll sie wirksamer belegen und stärker für die Staatsrechtslehre fruchtbar machen, als das bisher geschehen ist. Die entscheidenden Gründe für sie gegenüber der normlogischen Polemik sollen deshalb hier nur vorläufig angedeutet werden.

Das Problem besteht schon in der Person des bewußten, aktiven Staatsbürgers. Dem Erfordernis, daß er mit allen übrigen Mitgliedern seiner politischen Lebens- und Schicksalsgemeinschaft in dauerndem wesengestaltendem Zusammenhang stehen soll, steht auf den ersten Blick schon die Unübersehbarkeit der Zahl und vollends des politischen Verhaltens der anderen, die Unübersehbarkeit auch des sachlichen Gehalts der politischen Gemeinschaft gegenüber. Und trotzdem

---

[23] Spranger S. 393.

[24] So etwa Litt S. 361 f.

[25] Kelsen, Soziologischer und juristischer Staatsbegriff, S. 8 f.

besteht der hier geforderte Zusammenhang, zunächst schon im Sinne einer Verstehensmöglichkeit gegenüber der staatlichen Umwelt. Wie das Verstehen gegenüber einer Einzelpersönlichkeit aus einzelnen repräsentierenden Momenten und Äußerungen dieser Persönlichkeit ein dem Bedürfnis des Verstehenden genügendes Gesamtbild herstellt, so auch gegenüber einer größeren Gemeinschaft: hier sind gerade besondere Techniken der Verstehensermöglichung geschaffen[26], vor allem Berichte über den Sachgehalt des politischen Gemeinschaftserlebens und die politischen Willensströmungen der Genossen, die sich beständig elastisch dem Verstehensbedürfnis des Einzelnen anpassen und ihm das perspektivisch überhaupt mögliche Bild des Gesamtzusammenhangs und damit die Möglichkeit des aktiven Miterlebens geben[27] — darüber hinaus aber noch all die unendlichen sonstigen Wege „sozialer Vermittelung"[28], deren politisch wichtigste im Verlauf dieser Arbeit näher zu erörtern sein werden. Hier ist nur grundsätzlich auf die für alles geistige Leben grundlegende Bedeutung einerseits der perspektivischen Grenzen menschlicher Auffassungsmöglichkeit und andererseits der unbegrenzten Verstehensmöglichkeiten auf Grund eben dieser perspektivischen Auffassung hinzuweisen.

Nicht wesentlich anders liegt die Frage der tatsächlichen Staatszugehörigkeit seiner mehr oder weniger passiven Mitglieder.

Wenn dem schlafenden Staatsbürger diese Zugehörigkeit bestritten wird[29], so ist das vom Standpunkt naturalistischer Psychologie, die im Individuum nur den Ansatzpunkt augenblicklicher Reize und Reaktionen sieht, wohl berechtigt. Aber man braucht nur an die bekannte Literatur zur Phänomenologie und Metaphysik der Zeit zu erinnern, um darzutun, daß der aktuelle Erlebnisgehalt in sich auch das Vergangene noch als Moment mit enthält, ebenso wie die schon

---

[26] Über diese „Ausdehnung des Erlebniszusammenhangs" grundsätzlich Litt [3] 252 ff., 276 ff.

[27] Getragen durch das Bewußtsein, daß jeder andere seine besondere Perspektive hat, die den gemeinsamen Gegenstand für ihn anders individualisiert, ohne die Einheit des Zusammenhanges vermöge der Einheit dieses Gegenstandes aufzuheben, ja um die Einheit des Zusammenhangs durch die Verschränkung dieser Perspektiven gerade erst zu einer lebendigen zu machen: Litts bekannte Lehre von der „Reziprozität der Perspektiven", S. 109 ff. und passim.

[28] Litt S. 265 ff., 274 ff. Für den Staat andeutend durchgeführt in der 1. Auflage S. 169—188, 144 ff., ferner Litt, Geschichte und Leben (1918) S. 79 ff., 91 ff., 95 ff., 101 ff.

[29] Kelsen, Statsbegriff, S. 9.

angebahnte Zukunft[30]. Auch wenn man in die Tiefen der „passiven Masse "und der geradezu „toten Masse"[31] hinabsteigt, ist dort doch jedem, der überhaupt einmal verstehend von dem staatlichen Lebenszusammenhang, etwa durch Teilnahme an den Weltkriegsschicksalen, ergriffen worden ist und diesen überwiegend unfreiwilligen Willenszusammenhang seitdem nicht geradezu abgebrochen hat (etwa durch Austritt aus dem Staat), ein Glied dieses Zusammenhangs geblieben[32]. Die rechtliche Zugehörigkeit bedeutet hier eine starke tatsächliche Einordnung, die bei noch soviel Passivität oder Widerspruch unwiderstehlich zum Gegenstande des Bewußtseins wird. Und diese Zugehörigkeit besteht fort, da der Mensch nicht das punktuelle Ich seines Augenblicksbewußtseins, sondern die monadische Einheit seines Wesens- und Erlebnisganzen ist, auch solange er schläft oder nicht daran denkt[33]. Und wenn der völlig Vernunftlose am Staat als einer geistigen Einung nicht Anteil haben kann, weil er selbst kein Geistwesen ist, so wird er doch aus Achtung vor dem Fragment von Menschlichkeit, das er darstellt, rechtlich und tatsächlich so behandelt, als ob er einen solchen Anteil hätte. Vollends das Kind wächst in unendlichen Beziehungen von früh auf und vor aller planmäßigen Erziehung dazu in die Intention der Staatszugehörigkeit hinein, die auch in den meisten Geisteskranken nicht ganz erloschen ist.

An der Tatsächlichkeit des Staats als des Verbandes der ihm rechtlich Angehörenden ist nicht zu zweifeln. Trotzdem ist diese Tatsächlichkeit zugleich in höherem Grade ein Problem, als die herrschende Staatsauffassung annimmt. Nicht deshalb, weil ihre Wirklichkeit erkenntnistheoretisch in Frage stände, sondern weil sie ein praktisches Problem ist. Sie ist nicht eine natürliche Tatsache, die hinzunehmen ist, sondern eine Kulturerrungenschaft, die wie alle Realitäten des

---

30 Um nicht Bergson zu nennen, vor allem J. Volkelt, Phänomenologie und Metaphysik der Zeit, auch Litt [3] S. 80 ff., überhaupt 48 ff., 74 ff.

31 Wieser S. 61.

32 Litt S. 296. Unscharf Vierkandt S. 31. In diesem Zusammenhang ist auch Vierkandts wertvolle Lehre von den „Zuschauern" (im Gegensatz zu den „Handelnden") (a. a. O. S. 392 ff.) fruchtbar, die in vielen Fällen die scheinbar Passiven als die eigentlichen Träger des Gruppenlebens im Gegensatz zu den scheinbar allein Aktiven nachweist.

Vortrefflich Heller, Souveränität, S. 85 ff., bes. S. 87, wohl allzu zurückhaltend S. 88, 62. Ebenso wohl A. Menzel, Handbuch der Politik [3] I 46, Anm. 24. Richtig auch Fröbel, Politik, I 152: „es wollen immer alle eine Regierung, aber vielleicht niemals alle die bestehende Regierung." Goethe über die unfreiwillige Beteiligung des Individualisten am Allgemeinen: Roethe, Goethes Campagne in Frankreich 1792, S. 4 f.

33 Ähnlich Heller S. 44 f., 86.

geistigen Lebens selbst fließendes Leben, also steter Erneuerung und Weiterführung bedürftig, eben deshalb aber auch stets in Frage gestellt ist. Wie in jeder Gruppe, so besteht ganz besonders im Staat ein erheblicher, ja der grundlegende Teil seiner Lebensvorgänge in dieser stetigen Selbsterneuerung, dem fortwährenden Neuerfassen und Zusammenfassen seiner Angehörigen. Bei den nicht vom Recht festgelegten Gruppenbildungen, etwa einem Freundschafts- oder Liebesverhältnis, ist das jedem selbstverständlich und einleuchtend. Bei den vom Recht normierten dagegen tritt jene eigentümliche statische Betrachtungsweise ein, die die Zusammengehörigkeit der durch dauernde Norm Zusammengeordneten als gegeben voraussetzt und als das von der Theorie der Gruppe zu beobachtende und von ihrem Recht zu normierende Leben nur den von dieser gegebenen Grundlage ausgehenden, diese Zusammengehörigkeit voraussetzenden Teil des Gruppenlebens ins Auge faßt. Es ist die Aufgabe dieser Arbeit, zu zeigen, daß eine Staatstheorie, die so verfährt, ihren ersten Gegenstand übersieht und in der Tat, wie ihr vorgeworfen wird[34], einen rein normativen juristischen Staatsbegriff zugrunde legt, diesen dann aber noch statisch-verräumlichend-mechanisierend verschiebt und sich dadurch die eigene Erarbeitung in selbständiger geisteswissenschaftlicher Methode erspart und abschneidet. Dieser Fehler überträgt sich dann auf die Staatsrechtslehre, indem auch dieser ihr nächstliegender Gegenstand entgeht und sie — unter Verlust ihres Kernpunktes und damit ihrer Systematik — nur die Gegenstände zweiten Ranges sieht, die vom Verfassungsrecht normiert werden.

---

[34] Kelsen, Staatsbegriff, S. 9, Anm.

Selbstverständlich ist die hier darzulegende Wirklichkeit des Staates stets zugleich eine rechtlich normierte. Aber es ist unrichtig, sie lediglich im Normativen zu finden und die reale Beziehung aller Staatsangehörigen in dem im Text entwickelten Sinne zu bestreiten, wie sogar Heller, Souveränität, S. 62 im Anschluß an Kelsen tut. — Die Normiertheit als Moment der sozialen Wirklichkeit: z. B. E. Kaufmann, Kritik, S. 70, Hold-Ferneck, Staat als Übermensch, S. 27.

Ganz unabhängig davon ist die — für alle Geisteswissenschaften gleichmäßig geltende und zu bejahende — Frage, ob der Zentralbegriff aus der überempirisch-normativen Begriffswelt entnommen werden muß. Über diesen „Primat des Normativen" z. B. H. Oppenheimer a. a. O. S. 83. — Vollends braucht hier nicht näher begründet zu werden, weshalb der Staat kein nur idealtypischer, sondern ein überempirischer Wertbegriff ist — die Gegenmeinung z. B. bei Oppenheimer S. 27, 49 ff.

4. Integration als grundlegender Lebensvorgang des Staats

Staats- und Staatsrechtslehre haben es zu tun mit dem Staat als einem Teil der geistigen Wirklichkeit. Geistige Kollektivgebilde sind als Teile der Wirklichkeit nicht statisch daseiende Substanzen, sondern die Sinneinheit reellen geistigen Lebens, geistiger Akte. Ihre Wirklichkeit ist die einer funktionellen Aktualisierung, Reproduzierung, genauer einer dauernden geistigen Bewältigung und Weiterbildung (die ihrem Werte nach Fortschritt und Entartung sein kann) — nur in diesem Prozeß und vermöge dieses Prozesses sind sie oder werden sie in jedem Augenblick von neuem wirklich[1].

So ist insbesondere der Staat nicht ein ruhendes Ganzes, das einzelne Lebensäußerungen, Gesetze, diplomatische Akte, Urteile, Verwaltungshandlungen von sich ausgehen läßt. Sondern er ist überhaupt nur vorhanden in diesen einzelnen Lebensäußerungen, sofern sie Betätigungen eines geistigen Gesamtzusammenhanges sind, und in den noch wichtigeren Erneuerungen und Fortbildungen, die lediglich diesen Zusammenhang selbst zum Gegenstande haben. Er lebt und ist da nur in diesem Prozeß beständiger Erneuerung, dauernden Neuerlebtwerdens; er lebt, um Renans berühmte Charakterisierung der Nation auch hier anzuwenden, von einem Plebiszit, das sich jeden Tag wiederholt[2]. Es ist dieser Kernvorgang des staatlichen Lebens, wenn man so will, seine Kernsubstanz, für die ich schon an anderer Stelle die Bezeichnung als Integration vorgeschlagen habe[3].

---

[1] Vgl. oben S. 132, Anm. 23, 24.

[2] So jetzt auch Heller, Souveränität, S. 82.

[3] Die politische Gewalt im Verfassungsstaat und das Problem der Staatsform, Festgabe der Berliner Juristischen Fakultät für Wilhelm Kahl, 1923, III 16. — Das Wort ist noch nicht gerade ein „Modeausdruck" geworden, wie Wittmayer, Zeitschrift f. öffentl. Recht, III 530, Anm. 4 ihm vorwirft, aber immerhin auch in Deutschland nicht mehr ungebräuchlich; vgl. z. B. Kelsen, Wesen und Wert der Demokratie (1920) S. 28 (= Arch. f. Soz.-Wiss. u. Soz.-Pol. 47, 75), Thoma, Handwörterbuch der Staatswissenschaften [4], VII 725, Chatterton-Hill, Individuum und Staat, S. 18 und öfter, allenfalls auch v. Gottl-Ottlilienfeld, Wirtschaft als Leben, S. 522.

Inzwischen hat gerade Wittmayer den Integrationsbegriff ausdrücklich zu einem Zentralbegriff seiner eigenen Erörterungen erhoben: Die Staatlichkeit des Reichs als logische und als nationale Integrationsform, Fischers Zeitschrift für Verwaltungsrecht (hrsg. v. Schelcher) 57 (1925) 145 ff. Integration wird hier definiert (S. 145, Anm. 1) als „Inbegriff aller politischen Vereinheitlichungsvorstellungen und Vereinheitlichungskräfte". — Auf den sachlichen Inhalt dieses Aufsatzes habe ich an späterer Stelle zurückzukommen.

Dache, DVBl 02, 1154 (1164), Danchu, JZ 13, 1 (7)

Hier liegt der Angelpunkt des Staatlichen im Bereich der Wirklichkeit, von dem daher Staats- und Staatsrechtslehre auszugehen haben. Wenn sie es nicht tun, besteht für sie die beinahe unausweichliche Alternative, entweder eine staatssoziologische Mechanik an bestimmte starre, unzulässig substanzialisierte Träger dieser soziologischen Kräfte anzuhängen, an die Individuen oder an ein Staatsganzes, das in unklarer Weise halb juristisch, halb räumlich gedacht wird[4] — oder die Wirklichkeit dieser Welt als Gegenstand der Staatstheorie

---

Das Wort ist in der Soziologie geläufig geworden durch H. Spencer, der es allerdings in anderem Sinne gebraucht. Die Ordnung des staatlichen Lebens ist bei ihm durchaus mechanisch-statisch gedacht und heißt political organization (Principles of sociology, p. V, 1882, §§ 440 ff., p. 244 ff.), während mit political integration (a. a. O. § 448, p. 265 ff.) mechanisches Wachstum durch Einbeziehung und Zusammenschluß bezeichnet wird, unter Rückbeziehung (§ 451) auf die schroff mechanistischen Erörterungen der first principles (§ 169, p. 480 ff. der 3. Ausgabe von 1870). — Von Spencer ist es in die englische und amerikanische Soziologie übergegangen.

Immerhin führt von dort bei geisteswissenschaftlicher Wendung ein gerader Weg zu dem hier vorgeschlagenen und sich offenbar zunehmend einbürgernden Sprachgebrauch. Ein geeigneteres Wort wäre erwünscht, ist aber nicht leicht zu finden. „Organisation" bezeichnet gelegentlich dasselbe, z. B. bei O. v. d. Pfordten, Organisation (1917) (bes. S. 11), ist aber meist zu sehr mit mechanistischem (so in Plenges Organisationslehre), naturalistischem, juristischem Sinn belastet, um für die im Text bezeichneten Zusammenhänge eindeutig verwendbar zu sein.

Unzweifelhafte Berührungen der im Text entwickelten Anschauungen mit gewissen Begriffen der Vitalisten, z. B. mit dem der Regulationen (vgl. vor allem Driesch, Die organischen Regulationen, S. 95: „Organisations- und Adaptationsregulationen"), auf die mich Walther Fischer-Rostock aufmerksam macht, sind für die Nomenklatur nicht zu verwerten.

[4] Gegen den einen, individualistischen Weg hier noch einmal als zusammenfassende Widerlegung anzuziehen Litt [3] S. 226 ff., gegen den anderen das. S. 178 ff. (zunächst gegen Spengler, dessen statischen Staatsbegriff Heller a. a. O. S. 315, Anm. 75 befremdlicherweise gutheißt).

Das statische Denken als ärgste Fehlerquelle unserer Gesellschaftswissenschaften im weitesten Sinne verdiente eine umfassende Untersuchung nach Art der Kelsenschen Kritik. Seine natürliche, nächstliegende Wurzel ist die unkritische Verräumlichungstendenz des naiven Denkens (Beispiele typischer Irrtümer dieser Art bei Litt [3] passim, z. B. S. 10 f., 42, 47, 58, 62 ff., 92, 175, 222 f., 228 f., 286 Anm. — Aus der juristischen Literatur vgl. die bei J. Goldschmidt, Der Prozeß als Rechtslage (1926), S. 177, Anm. 966 Angezogenen, auch Hellwig, Zivilprozeßrecht, I 255, E. v. Hippel, Untersuchungen zum Problem des fehlerhaften Staatsakts (1924), S. 132, C. Schmitt, Jurist. Wochenschrift 1926, 2271 links oben). Ideengeschichtlich ist es in erster Linie und in seiner individualistischen Wendung vom naturwissenschaftlichen und dem damit zusammenhängenden individualistischen Denken herzuleiten (Troeltsch, Historismus, S. 258); erst in zweiter Linie und in seiner Neigung zur naiven Ontologie der Gemeinschaften von besonderen Voraussetzungen der deutschen Ideengeschichte (E. Kaufmann, Kritik der neukantischen Rechtsphilosophie, S. 94).

mit Kelsen überhaupt zu bestreiten — oder endlich sich in ästhetisierenden Agnostizismus zurückzuziehen[5].

Wenn alles geistige Leben Selbstgestaltung des Einzelnen und zugleich der Gemeinschaft ist, so ist bei der Gemeinschaft die Bedeutung dieser Gestaltung als Begründung ihrer geistigen Realität noch einleuchtender als beim Einzelmenschen, der ein biologisches Dasein auch abgesehen von jenem Leben führt[6]. Der Staat ist nur, weil und sofern er sich dauernd integriert, in und aus den Einzelnen aufbaut — dieser dauernde Vorgang ist sein Wesen als geistig-soziale Wirklichkeit. Die Ergründung dieses Wesens ist die erste Aufgabe der Staatstheorie, zu der die Klärung seiner Beziehungen zu den übrigen Gebieten der Kultur als zweite hinzutritt. Diese zweite soll hier nur insoweit berührt werden, als eine wenigstens skizzenhafte Lösung der ersten es erfordert.

Hatten die früheren methodischen Erörterungen zum Zweck, den Gegenstand der staatstheoretischen Fragestellung genauer zu bestimmen, so sind hier wenigstens in aller Kürze noch zwei methodische Schwierigkeiten des Weges zur Lösung dieser Frage anzudeuten.

Die eine, allgemein geisteswissenschaftliche, besteht darin, daß die Struktur alles menschlichen Gruppenlebens zwei Elemente aus verschiedenen Welten als Momente in sich enthält[7]. Einerseits das des persönlichen Lebens in seiner durch die soziale Beziehung gegebenen strukturellen Verschränkung, als das eigentlich zeitlich-reale; und andererseits das des Anteils am Reich des ideell-zeitlosen Sinnes. Ihre nur dialektisch zu verstehende Zusammenordnung darf nicht gelöst werden; geschieht das zugunsten der persönlichen Lebensverschränkung als der eigentlichen Substanz des Sozialen, dann entsteht ein soziologischer Formalismus oder Vitalismus, dessen Folgerungen schließlich in die folgerichtige Organologie hineinführen — geschieht es zugunsten des sachlichen Sinngehalts, so ist damit eine mehr oder weniger rationalistische Teleologie des Staates gegeben, wie sie schon früher abgelehnt wurde[8]. Beide Momente stehen auch nicht im Ver-

---

[5] So der schillernde Begriff der „eigentümlichen Lebensidee" oder „wahren Staatsräson" eines Staats bei F. Meinecke, Die Idee der Staatsräson (1924 u. ff.), S. 1 f. Mit der hier geübten Kritik weithin in Berührung C. Schmitt, Archiv f. Sozialwiss. u. Sozialpolitik, 56, 226 ff.

[6] Litt [3] S. 333 f., 312 f.

[7] Zum folgenden Litt S. 312 ff., bes. 323 ff., 373 ff.

[8] Oben S. 128 f.

hältnis von Form und Inhalt zueinander[9]. Jeder geistige Austausch führt unvermeidlich in die Bereiche des zeitlosen Sinns hinein, die er zugleich voraussetzt, und umgekehrt werden Sinn und Wert nur im geistigen Gemeinschaftsleben zur Sinn- und Wertwirklichkeit. Trotzdem sind sie begrifflich mit aller Schärfe voneinander zu scheiden[10].

Die andere Schwierigkeit beruht auf dem Doppelcharakter des staatlichen Lebens als Erfüllung einer sowohl durch die Wertgesetzlichkeit des Geistes wie durch das positive Recht des Staates gestellten Aufgabe. Auch diese beiden Momente sind für die staatstheoretische Betrachtung untrennbar. Das Staatsrecht ist nur eine Positivierung jener geistesgesetzlichen Möglichkeiten und Aufgaben und daher nur aus diesen zu verstehen, und umgekehrt bedürfen diese der rechtlichen Positivierung, um sich dauerhaft und befriedigend zu erfüllen. Daher wird einerseits staatstheoretische Betrachtung auf die wesensmäßige Grundlage das Hauptgewicht legen und sich mit der staatsrechtlichen Ordnung als deren Folgerung beschäftigen; staatsrechtliche umgekehrt wird diese zu ihrem eigentlichen Gegenstande machen, sie aber, um ihrem Sinne gerecht werden zu können, aus jener herzuleiten und zu verstehen suchen.

Wenn das überempirisch aufgegebene Wesen des Staates sein Charakter als souveräner Willensverband und seine dauernde Integration zur Wirklichkeit als solcher ist, so ist es Sache empirischer Beobachtung, die Faktoren dieser Verwirklichung aufzuzeigen.

Als solche Faktoren heben sich deutlich heraus formale Vorgänge verschiedener Art einer-, sachliche Gehalte von verschiedenstem Typus andererseits[11]. Diese Typen sind nicht zu verwechseln mit dem oben aufgezeigten Gegensatz realer Lebensfunktion und ideellen Sinngehalts, da sie beide real sind. Es handelt sich dabei um eine empirische Gruppierung, in die die einzelnen Erscheinungen der Wirklichkeit nicht rein aufgehen, die aber immerhin geeignet ist, die hauptsächlichen Typen der Begründung der staatlichen Wirklichkeit in ihrer Eigenart hervortreten zu lassen. Unter jenen Vorgängen sollen die an bestimmte Personen, „Führer" im allerweitesten Sinne, anschließenden einerseits von funktioneller Integration sonstiger Art andererseits unterschieden — als Sach- und Sinngehalte sollen die wichtigsten Typen gemeinschaftbegründender und gemeinschaft-

[9] Vgl. z. B. Litt [3] S. 357.
[10] a. a. O. S. 324 f.
[11] Früher angedeutet Kahl-Festschrift, III 22 ff.

bedingender Gehalte, an Tatsachen wie Aufgaben, zusammengestellt werden.

Dabei sollen als selbstverständlich vorausgesetzt werden die durch die sämtlichen Gruppen hindurchgehenden Strukturtypen. Als solche sind im staatlichen Leben vor allem zu unterscheiden die des einmaligen Auftretens einerseits (eine bestimmte Führerperson, eine einmalige Bewegung, ein einmaliges Schicksal mit seinem Gehalt) und der dauernden Integrationswirkung andererseits, welch letztere wiederum die Dauer eines tatsächlichen Bestandes (geographischer Faktoren, geschichtlicher Belastung und Qualifizierung u. a. m.) oder die einer normierenden Satzung sein kann. Weitere Typen sind vor allem die der geschichtlich wechselnden Geistesstrukturen: z. B. die der drei Stadien bei Comte und Spencer, des irrationalen und rationalen Typus in der deutschen Theorie (Tönnies und die von ihm Angeregten), der Differenzierungsstadien der Kultur (Dilthey und seine Schule, Simmel), als berühmteste Einzelanwendung die Unterscheidung des charismatischen, traditionalen und rationalen Herrschaftstypus (Max Weber)[12]. Strukturtypen sind ferner die nationalen Sondertypen staatlicher Integration: z. B. die Bevorzugung sinnlicher Integrationswirkung, optischer, akustischer, theatralischer, rhetorischer, rhythmischer, körperlicher, bei den romanischen Völkern (es sei nur auf den Gegensatz des französischen gegenüber dem englischen Parlamentarismus verwiesen[13], oder vor allem auf die Methoden des Faschismus) — und endlich die sich aus dem Umfang des zu integrierenden Staatsvolks ergebenden Typen (Fortschritt zum Integrationstypus des demokratischen Massengroßstaats).

Die bisherige staatstheoretische Literatur hat das Problem nicht gestellt und es deshalb auch nicht behandelt. Die Ideologie und Soziologie des Führertums ist, soweit sie überhaupt Anspruch auf Wissenschaftlichkeit macht, überwiegend mechanistisch gedacht, so daß sie gerade für die hier geltende Fragestellung nicht in Betracht kommt. Die Lehre von den Staatsfunktionen behandelt nicht die funktionelle Integration des Staats, sondern das Recht der drei Gewalten. Und die Lehre vom Sinngehalt des Staats wird bei sorgfältiger Fragestellung[14] aufgelöst in die Lehre von seiner Rechtfertigung und

[12] Als Beispiele wären noch zu nennen die Gesetzgebungstypen Radbruchs (Einführung in die Rechtswissenschaft, 5. und 6. Aufl., S. 36 ff.), die Autoritätstypen L. Steins und viele andere.

[13] Angedeutet Kahl-Festschrift, III 23.

[14] Etwa bei G. Jellinek, Staatslehre [3], I 184 ff., 230 ff.

seinen Zwecken, geht also an diesem Gehalt als einer Lebenskonstituente des Staats vorbei.

Mehr Stoff enthält die beschreibende politische Literatur, vor allem soweit sie das Problem oder Teile des Problems nach ihrer praktischen Seite ins Auge faßt — zumal aus dem Bereich der angelsächsischen Staatenwelt. Die große Fundgrube für Untersuchungen in dieser Richtung ist aber heute die Literatur des Faschismus. Sowenig sie eine geschlossene Staatslehre geben will, sosehr sind Wege und Möglichkeiten neuer Staatswerdung, Staatsschöpfung, staatlichen Lebens, d. h. genau dessen, was hier als Integration bezeichnet wird[15], ihr Gegenstand, und ihre planmäßige Durchmusterung unter dem Gesichtspunkt der hier unternommenen Fragestellung würde einen reichen Ertrag liefern, dessen Wert unabhängig von Wert und Zukunft der faschistischen Bewegung selbst sein würde.

Was hier in einer von unendlicher Reflexion getragenen Bewegung planmäßigen Aufbaus einer neuen Volks- und Staatsgemeinschaft bewußt geworden ist, ist in der Regel unbewußt geblieben. Das Schweigen der Staatstheorie und der Staatsrechtswissenschaft ist deshalb kein Wunder: rationalistische Wissenschaft sieht nur das Bewußte und das naturalistischem Denken Zugängliche, und irrationalistische ist hier im Agnostizismus der organischen Theorie steckengeblieben. Es ist bezeichnend, daß Verfassungsgesetzgeber theoretischer Herkunft, wie die von Weimar, das hier liegende erste Problem einer Verfassung übersehen haben, während die Bismarcksche Verfassung, wie noch zu zeigen sein wird, ein zwar unreflektiertes, aber vollkommenes Beispiel einer integrierenden Verfassung ist.

Die hier anzudeutenden geistigen Lebensvorgänge, die zugleich solche des Einzelnen und des Ganzen sind, laufen in der Hauptsache ab, ohne daß sie sich ihres Sinnes voll bewußt wären. Deshalb sind sie doch nicht durch Zurückführung auf eine kausale Gesetzlichkeit zu erklären, sondern nur durch Einordnung in ihren Sinnzusammenhang als Verwirklichung der Wertgesetzlichkeit des Geistes zu verstehen[16]. Der werdende Geist weiß nicht, welchen Sinn seine Entwicklungsregungen haben, der erwachsene vermöge der „List der

---

[15] Der faschistische Korporativismus bezeichnet sich deshalb auch ausdrücklich als „integral", d. h. als integrierend, nicht etwa im Sinne der bekannten älteren Fälle politischer Verwendung des Worts, wo es „vollständig", d. h. radikal bedeutet. Vgl. z. B. L. Bernhard, Das System Mussolini, S. 93 f., 97 ff.

[16] Spranger, Lebensformen [5], 432 ff., 413 f., Psychologie des Jugendalters [4], 3 ff.

Vernunft" nicht notwendig, in welche Kulturzusammenhänge seine Tätigkeit hineinwirkt[17]. Trotzdem werden sie verständlich nicht aus ihrem Bewußtsein, sondern aus ihren objektiven geistigen Zusammenhängen — es ist eine späte Stufe des Geistes, auf der er durch die Einsicht in seine eigene Gesetzlichkeit (die eine Norm- und Wertgesetzlichkeit ist) zu sich selbst kommt.

Die folgende Übersicht über die drei Integrationstypen ist nur ein erster und vorläufiger Versuch. Insbesondere ist die hier zugrunde gelegte Dreiteilung nur aus praktischen Gründen gewählt.

Die unter den einzelnen Typen aufgeführten Erscheinungen erschöpfen den dahin gehörenden Stoff nicht, sondern sind nur als Beispiele gemeint.

Von diesen Beispielen ist endlich keines rein in dem Sinne, daß es lediglich unter den Typus gehörte, unter dem es aufgeführt ist. Es gibt keine Führung, die nicht Bewegung der Gruppe und Führung im Namen eines sachlichen Gehalts oder zu einem sachlichen Ziele wäre. Es gibt keine gruppenbildende Bewegung, die nicht aktive, führende und passive Beteiligte enthielte, und die ohne sachlichen Sinn oder Zweck wäre. Und es gibt keine Sinn- oder Zweckverwirklichung ohne Führung und bewegtes Gruppenleben. Nur mit diesem Vorbehalt, daß jeder Integrationsvorgang der Wirklichkeit alle diese Momente enthält und höchstens überwiegend charakterisiert wird durch eins von ihnen, ist die folgende Isolierung der Integrationstypen und der darunter subsumierten einzelnen Fälle gemeint.

5. Persönliche Integration

Die Integration durch Personen ist der literarisch meistbehandelte Integrationstypus, vor allem in der Soziologie und Ideologie des „Führertums"[1]. Sie verdankt diese Vorzugsstellung allerdings nicht nur ihrer wirklichen Bedeutung, sondern zugleich praktischen und theoretischen Irrtümern. Praktischen, soweit, zumal bei den Besiegten

---

[17] Spranger, Jugendalter, 8 f., Litt [3] 323, H. Oppenheimer S. 74 ff.

[1] Aus der wissenschaftlichen Literatur sei nur erinnert an Max Webers Soziologie der Herrschaft. Vgl. auch Wieser, Gesetz der Macht, S. 47 ff. Besonders reich an wertvollen Einzelbemerkungen Fr. W. Försters (ältere) Schriften zur politischen Ethik, soweit sie das sittlich gebotene Verhalten des Staatsmanns, Führers, Vorgesetzten usw. mit der integrierenden Kraft der geforderten Führungsweise begründen — in seiner bekannten, hier vom Standpunkt theoretischer Ethik ebenso anfechtbaren wie für praktische Sittlichkeit anregenden und fruchtbaren Arbeitsweise.

des Weltkrieges, der Schrei nach dem „Führer“ ein Ausdruck der eigenen Macht-, Hilf- und Ratlosigkeit war[2], aus der nicht das Genie Einzelner allein, sondern nur das Zusammenwirken von staatsmännischer Führung und zunehmender Konsolidation eines in dieser Führung verkörperten Volkswillens unter sich bessernden politischen Möglichkeiten allmählich befreien konnte. Es ist liberales oder, wie H. Preuß sagen würde, obrigkeitsstaatliches Denken, das das Problem der staatlichen Führung nur in den Führern und nicht mindestens ebensosehr in den zu Führenden sucht. Theoretisch wirkt es sich aus in der Betrachtung der Geführten als (im physikalischen Sinne) träger Masse, auf die eine Kraft von außen wirkt[3] — ein mechanistisches Denken, das die notwendige Spontaneität und Produktivität auch der Geführten übersieht, die zwar zum Gruppenleben angeregt werden, aber dies Leben dann alsbald als ihr eigenes leben, in dessen Erleben der Führer nicht alleinige Kraft und sie selbst passive Geschobene, sondern in dem sie selbst lebendig und die Führer Lebensform der sozial und geistig in ihnen lebendig und aktiv Werdenden sind[4]. Nur diese Auffassung entspricht theoretisch der Grundstruktur des geistigen Lebens überhaupt und befreit praktisch von der lähmenden Passivität einer Führerideologie, die von dem politischen Zauberer alles erwartet und deshalb von den Volksgenossen nichts verlangt.

Es gibt kein geistiges Leben ohne Führung — am wenigsten im Bereich der Bildung und Normierung von kulturellem Gemeinwillen. Eine anscheinend so genossenschaftliche Funktion wie die Bildung und das Fortleben einer allgemeinen Rechtsüberzeugung stellt sich bei näherer Untersuchung als ein dauerndes Führen und Geführtwerden heraus[5]. Im staatlichen Leben ist die Erscheinung nur besonders deutlich und vielgestaltig — das letztere so sehr, daß hier nicht einmal ein Überblick über die wichtigsten Typen versucht werden kann. Nur das von der bisherigen Theorie, soviel ich sehe, noch nicht genügend herausgearbeitete durchgehend gemeinsame Wesen aller staatlichen Führung soll im folgenden entwickelt werden.

---

[2] Sehr richtig z. B. C. Geyer, Führer und Masse in der Demokratie, S. 10 ff.

[3] Besonders bezeichnend Wieser a. a. O.

[4] Vielleicht ähnlich gemeint die Bemerkung Meineckes — in einem übrigens durchaus gegensätzlichen Zusammenhange, Staatsräson [1] S. 12 —, daß das Volk „durch seine eigenen latenten Macht- und Lebenstriebe auch die der Herrschenden mit nährt“.

Eine richtige Beobachtung aus diesem Zusammenhange in theoretisch unglücklicher mechanistischer Fassung ist Vierkandts oben S. 134 Anm. 32 angezogene „Zuschauer“-Lehre.

[5] Wieser S. 127 f.

Die schon andeutend abgelehnte mechanistische Führerideologie sieht im Führer nur den Techniker objektivierter außen- oder innenpolitischer Zwecksetzung und Zweckverwirklichung. Er hat aber stets zugleich eine zweite Aufgabe: sich in diesen sachlichen Funktionen, abgesehen von ihrem technischen Gelingen, auch als der Führer der von ihm Geführten zu bewähren. Das ist am deutlichsten beim Parteifunktionär, beim Journalisten, beim parlamentarischen Minister: sie werden gestürzt, sobald sie ihre Wähler, Leser usw. nicht mehr hinter sich haben, und ihre Berufsleistung ist vor allem dies Zusammenhalten der hinter ihnen stehenden politischen Gruppe. In der Institution der parlamentarischen Kabinettsregierung ist dieser Typus zu einer obersten Verfassungseinrichtung erhoben: das Kabinett soll, ganz abgesehen von seinen technischen Regierungs- und Verwaltungsleistungen, eine parlamentarische Mehrheit zusammenführen und zusammenhalten und dadurch — vermittelt durch später zu erörternde funktionelle Integrationsweisen — nicht nur einen Teil der Staatsbürger zu einer regierenden Koalition, sondern das ganze Staatsvolk zur staatlichen Einheit integrieren[6].

Die Aufgabe der „fest angestellten" staatlichen Funktionäre ist aber nicht wesentlich anderer Art. Das nächstliegende Beispiel ist das der Monarchie. Es ist wiederum mechanistisch-unzulängliche Auffassung ihres Wesens, wenn sie erklärt und gerechtfertigt oder abgelehnt wird mit der Aufzählung entweder ihrer technischen Vorzüge für Heerführung, Außen- und Innenpolitik und der Könige, die Staatsmänner und Heerführer waren, oder ihrer technischen Mängel und der Monarchen, die diesen Aufgaben nicht gewachsen waren. In der geschichtlichen Praxis ist der erschütterndste Fall dieser Verkennung des Sinns der monarchischen Aufgabe die Regierungsweise Wilhelms II., die aufging in der für den Monarchen fakultativen und heute mehr denn je bedenklichen Bewältigung der technischen Leistungen oberster Staatsleitung mit den persönlichen Kräften des Herrschers, d. h. in unvermeidlichem Dilettieren, und die darüber die unerläßliche Aufgabe völlig übersah, in der eigenen Person Verkörperung, Integration des Volksganzen zu sein. Es ist mehr oder weniger der Sinn der Stellung aller Staatshäupter, die Einheit des

---

[6] Aus dem Bedürfnis der Integration durch Führung nicht immer gleichbleibender Richtung und identischen Sinns ergibt sich die demokratische Neigung zum Führerwechsel, nicht aus der Neigung zu Verantwortlichkeit und zu Verhinderung monopolisierter Führerschaft (schiefe, liberal-individualistische Erklärung bei Kelsen, Verhandlungen d. 5. dtsch. Soziologentages, S. 60).

Staatsvolks zu „repräsentieren“ oder zu „verkörpern“, d. h. ein Symbol für sie zu sein, wie es Fahnen, Wappen, Nationalhymnen in mehr sachlichem und funktionellem Typus sind[7]. Diese Einheit selbst ist aber nichts Festes, Statisches, das hier nur gewissermaßen anschaulich gemacht, gezeigt, ins Gedächtnis gerufen würde, sondern sie lebt als geistige Wirklichkeit nur in fortdauerndem Flusse geistigen Lebens, und alle „Repräsentationen“, „Verkörperungen“, Symbole der bezeichneten Art sind festgewordene Anregungen und Formen für dies sich immerfort erneuernde Erlebnis. Die Besonderheit der monarchischen Integration[8] beruht darin, daß der legitime Monarch vor allem den geschichtlichen Bestand staatlicher Gemeinschaftswerte symbolisiert, also zugleich einen Fall der Integration durch sachliche Werte darstellt: er spielt hier etwa die Rolle, die in der Republik meist nur geschichtliche oder gar mythische Figuren, wie Tell und Winkelried[9], erfüllen können. Die Ovation für den Souverän ist nicht sosehr eine Ehrung dieser Person, als ein Akt „des Selbstbewußtseins eines einheitlichen Staatsvolkes“[10], genauer eine Aktualisierung dieses Selbstbewußtseins, eine Erneuerung seiner Selbstanschauung, wie Th. Mann sie charakterisiert hat[11]. Und die Aufgabe der Persönlichkeit an der Staatsspitze ist dementsprechend nicht technischer Art, liegt nicht in erster Linie im Bereich bestimmter staatlicher Geschäfte, sondern in Wesen und Haltung der Persönlichkeit. Es gibt Personen, die ihrem Wesen nach zu integrierender Funktion ungeeignet[12] — es gibt Haltungen, die mit dieser Aufgabe unvereinbar sind[13] — hier wird der Gegensatz technischer und integrierender persönlicher Funktion besonders deutlich.

---

[7] Eine dahin gehörende Aufzählung von Bildern für die Funktion des Königs bei C. Schmitt, Geistesgeschichtliche Lage des Parlamentarismus [2], S. 50. Ein besonders lehrreicher, einigermaßen in diesen Zusammenhang gehörender Fall die gewaltige Integrationswirkung der Tatsache des Verbleibens Hindenburgs an der Spitze des Hauptquartiers des zurückkehrenden Heeres: Noske in der Festnummer des „Heimatdienst“ zum 2. 10. 1927.

[8] Kurz entwickelt Kahl-Festschrift, III 23 f.

[9] Vgl. Wieser S. 364. — Als zugleich geschichtlich und aktuell pflegt die Persönlichkeit von Staatsgründern zu wirken, die dann Staatshäupter werden und bleiben, wie Bismarck oder Masaryk.

[10] H. Preuß, Wandlungen des Kaisergedankens (Rede zum 27. 1. 1917), S. 20.

[11] Königliche Hoheit [20] (1910), S. 163, 25, 52.

[12] So hat Max Weber offenbar die Ostjuden als unmögliche Führer deutschen Staatslebens, selbst in der Revolution, empfunden (Mar. Weber, Max Weber, S. 672). Feine Bemerkungen bei Th. Mann a. a. O.

[13] So hält Eulenburg dem Kaiser den ungünstigen Eindruck vor, den unnötige kaiserliche Reisen während gespanntester innerpolitischer Lagen (1893) erwecken mußten: J. Haller, Aus dem Leben des Fürsten E., S. 120 f.

Dabei kann die integrierende Wirksamkeit der monarchischen Persönlichkeit bald mehr in der institutionellen Verkörperung des überlieferten politischen Gehalts aufgehen, bald diesen Gehalt selbst schaffen oder weiterbilden. Stets wirkt sie dabei bestimmend, integrierend, zum politischen Leben anregend auf die Staatsgenossen ein — im Fall der schöpferischen Persönlichkeit ist diese integrierende Wirkung auf jeden Einzelnen nicht nur belebend, sondern gestaltend. Mit voller Schärfe hat schon der alte Schlözer das gesehen: „Zwei Augen, Friedrichs des Adlers, schließen sich; und sechs Millionen Menschen werden umgestaltet“[14].

Trotz des Gegensatzes integrierender und technischer Tätigkeit von Staats wegen gehört auch die Bürokratie in Verwaltung und Justiz zum Kreise der integrierenden Personen. Seit dem Rationalismus und vollends seit Max Webers glänzenden Schilderungen besteht hier das kaum zu überwindende Vorurteil, das in der Verwaltung nur eine rationelle Maschine, in ihrem Beamten nur deren technischen Funktionär sieht[15]. In dieser Charakterisierung kommt zwar der Gegensatz zum Wesen staatsmännischer Tätigkeit und Persönlichkeit scharf zum Ausdruck. Es wird aber übersehen, daß keine geistige Tätigkeit ihrem Wesen nach isoliert sein kann, vollends keine solche, die im Namen des gesellschaftlichen Ganzen geschieht. Der Richter und der Verwaltungsbeamte ist nicht nur kein être inanimé, sondern auch als geistiges Wesen sozial: seine Tätigkeit ist eine Funktion innerhalb eines geistigen Ganzen, wird von dem Ganzen her bestimmt, orientiert sich danach und wirkt wesensbestimmend auf das Ganze zurück. Wenn etwa die Ethik des öffentlichen Dienstes dem Beamten ans Herz legt, seine Aufgabe nicht nur korrekt, sondern auch aus dem Geist des Publikums heraus, als dessen Freund zu erfüllen, so verlangt sie damit nichts Besonderes und Supererogatorisches, sondern fordert nur eine bestimmte Färbung dieses an sich selbst-

[14] Brief vom 19. 7. 1790, bei L. v. Schlözer, Dorothea v. Schlözer, S. 242.

Klassisch Ranke, Sämtl. Werke, Bd. 30 (Zur Geschichte von Österreich und Preußen), S. 55 f. über die integrierende Funktion der Regierung, „die doch zuletzt seine (des Staates) geistige Einheit repräsentiert, von der seine Entwicklung, seine Fortschritte, seine Schicksale abhängen, die ihm erst zeigt, was er ist, und ihn von dem unfruchtbaren Ideal in die Mitte des lebendigen Interesses fortreißt“.

[15] Max Weber passim, besonders stark Gesammelte Politische Schriften, S. 151. — Richtig Thoma, Max-Weber-Erinnerungsgabe, II 58 f.

Um so weniger kann man sagen, daß in der Demokratie die Führer „in ihrer spezifischen Funktion auf Gesetzesvollziehung eingeschränkt werden“ (Kelsen, 5. Soziologentag, S. 55).

verständlichen und unvermeidlichen Elements, daß öffentliche Tätigkeit unter allen Umständen beeinflußt und beeinflussend in fließender Beziehung zum Kreise, zum „Publikum" des tätigen Funktionärs steht. Es ist ein Irrtum, wenn ein solcher Beamter seine Tätigkeit ausschließlich in der bloßen Technik des revisionssicheren Urteils, eleganter Geschäfts- oder stumpfer Aktenerledigung sieht: er verwirklicht damit einen bestimmten Geist, der um ihn ist und auf ihn wirkt und den er seinerseits durch Urteilen, Fürsorgearbeit, Verwaltung jeder Art inhalt- und richtunggebend gestaltet. Insofern hat die sozialistische Kritik an den „bürgerlichen" Richtern, die Denkweise, deren literarische Vertretung die „Justiz" ist[16], in ihrer theoretischen Grundauffassung nicht unrecht. Für die Theorie der öffentlichen Funktionen wie für die praktische Erziehung des künftigen Beamten liegt hier eine noch nicht genügend in Angriff genommene Aufgabe.

Allerdings unterscheidet es die Bürokratie von den übrigen Typen integrierender Personen, daß diese integrierende Wirkung nicht ihre erste Aufgabe ist, sondern hinter ihrer eigentlichen einer bestimmten sachlichen Leistung technischer Staatstätigkeit zurücktritt. Demgegenüber bilden jene vorzugsweise zu integrierenden Funktionen Berufenen den Kreis der eigentlichen politischen Funktionäre.

— Die integrierende Wesensbestimmung der staatlichen Gemeinschaft, um die es sich hier überall handelt, ist natürlich nicht nur eine innerpolitische, für das eigene Staatsvolk, sondern auch eine außenpolitische, gegenüber dem Auslande. Ein Kabinett kann gestürzt werden, weil es nicht mehr die Mehrheit, d. h. nicht mehr die Kraft zu erfolgreicher innerpolitischer Wesensbestimmung des Staatsvolks hat — es kann aber auch abtreten, weil es seine Außenpolitik nicht fortführen kann und deren Weiterführung einem Nachfolger überlassen muß. Diese Rücktrittsnotwendigkeit hat Max Weber zu Unrecht aus der Individualpsychologie des Führers als Machtmenschen, der nur herrschen oder gehen, aber nicht gehorchen kann, und aus einer daraus folgenden Individualethik erklärt[17]. In der Tat aber weichen in beiden Fällen die führenden Staatsmänner nicht deshalb, weil sie sich selbst so sehr mit ihrer Politik identifiziert hätten, daß eine andere von ihnen nicht erwartet und ihnen auch nicht zugemutet werden könnte — der Beamte muß ja gerade auch anders können —,

[16] Herausgegeben von Kroner, Mittermaier, Radbruch, Sinzheimer, 1925 ff.
[17] Z. B. Ges. Politische Schriften, S. 154.

sondern deshalb, weil sie den derzeitigen Charakter des Staatsganzen so sehr integrierend bestimmen, so sehr mit ihrer Politik das Zeichen sind, in dem das Staatsvolk als solches politisch eins ist, daß ein Wechsel dieses politischen Charakters nach innen oder nach außen nur als Wechsel der Personen möglich ist, deren Führerstellung diesen Charakter bisher bestimmt, das Staatsvolk auf diese Politik festgelegt, es bisher in dem Sinne dieses Programms integriert hat.

— Hier überall wird der bei aller theoretischen Scheidung unvermeidliche Zusammenhang personaler und sachlicher Integration deutlich: Integration durch Könige oder führende Politiker ist zugleich Integration durch einen mehr geschichtlich-dauernden oder mehr ephemeren staatlich-politischen Sachgehalt.

Nach dem Gesagten bedarf die herkömmliche Lehre von den Staatsorganen tiefgreifender Umstellungen, wenigstens soweit sie sich als staatstheoretische gibt. Als ein Stück juristischer Begriffstechnik ist der Organbegriff in seiner dort üblichen Anwendung unentbehrlich. Wenn er von dort kurzerhand und ohne nähere Prüfung in die Staatslehre übertragen wird, so fällt er hier mit vollem Recht unter Kelsens Urteil über eine Staatstheorie, die nichts als Jurisprudenz ist. Getragen wird die Organlehre allerdings mehr oder weniger unbewußt zugleich von mechanistischem Denken, das den Staat als substanzielles, teleologisches Ganzes versteht, das sich im Dienst dieser Zwecke die dafür erforderlichen Werkzeuge schafft[18]. In der Tendenz zu solchen Irrtümern liegt die Gefährlichkeit des Begriffs für die Staatstheorie, für die er nur in den Grenzen der hier vertretenen allgemeinen geisteswissenschaftlichen Begriffsbildung verwendbar bleibt.

6. Funktionelle Integration

Neben den integrierenden Personen sind das zweite formale Moment — im Gegensatz zum Sachgehalt — im Leben der menschlichen Gemeinschaften jeder Art die integrierenden Funktionen oder Verfahrensweisen, die kollektivierenden Lebensformen. Sie sind in der bisherigen Literatur, soweit ich sehe, zusammenfassend nicht behandelt worden. Die wertvollste Vorarbeit hat hier die Sozialpsychologie

[18] So etwa Vierkandt S. 352 f., besser S. 354. Selbst Litt. Individuum und Gemeinschaft [1], S. 132 ff., ganz im Banne der juristischen Staatslehre. — Bezeichnend für die hier bestehende theoretische Unsicherheit G. Jellineks Erörterung der Organlehre als Teil der Staatsrechtslehre, trotz der Einsicht, daß es auch einen „faktischen" Organbegriff gebe (3. A. I. 543 f.).

geleistet, während die juristisch beeinflußte Lehre von den Staatsfunktionen auch hier an dem Problem vorübergeht.

Im folgenden soll nicht versucht werden, den Gegenstand zu erschöpfen oder auch nur zu systematisieren, sondern lediglich ihn an einigen besonders wichtigen Beispielen anschaulich zu machen.

Es handelt sich dabei überall um Vorgänge, deren Sinn eine soziale Synthese[1] ist, die irgendeinen geistigen Gehalt gemeinsam machen oder das Erlebnis seiner Gemeinsamkeit verstärken wollen, mit der Doppelwirkung gesteigerten Lebens sowohl der Gemeinschaft wie des beteiligten Einzelnen. Der Vorgang selbst kann an sich auf dem sinnlichen Gebiet liegen und den geistigen Gehalt begleiten, anregen und symbolisieren; das bekannteste Beispiel ist seit Karl Büchers berühmter Untersuchung über „Arbeit und Rhythmus" der akustische oder motorische Rhythmus gemeinsamer Tätigkeit. In der marschierenden Truppe oder dem demonstrierenden Aufzuge wird er auch im staatlichen Leben verwendet, als Mittel integrierender Zusammenfassung zunächst der körperlich Bewegten selbst, vermöge der demonstrierenden Wirkung im weitesten Sinne aber auch zu einer seelischen Einbeziehung der an der körperlichen Bewegung nicht unmittelbar Beteiligten. So hat F. v. Wieser die Schaffung von Machtverbänden und Macht (und damit Begründung und Erhaltung des Staats) als ein Hineinzwingen der Masse in einen geradezu militärischen Gleichtritt von Gefühl und Wollen geschildert[2], im Zeitalter des Faschismus und des Reichsbanners Schwarz-Rot-Gold z. T. eine sachgemäße Beschreibung der Wirklichkeit (einschließlich ihrer Ausstrahlungen), z. T. eine zutreffende Symbolisierung.

Als ein — vielleicht nur konstruiertes — Beispiel teils sinnlicher, teils geistiger Integrationsvorgänge sei das der Hellpachschen „Gruppenfabrikation" genannt, d. h. des Gedankens, durch Ermöglichung sinnlichen und geistigen Überblicks des Arbeiters über den ganzen Produktionsprozeß die an diesem Prozeß Beteiligten zu einer geistigen Einheit zusammenzufassen und dadurch zugleich die innere Beteiligung und die praktische Leistung des Einzelnen zu steigern[3].

---

[1] Ausdruck H. Freyers, Theorie des objektiven Geistes, S. 81.

[2] a. a. O. S. 23.

[3] R. Lang und W. Hellpach, Gruppenfabrikation (Sozialpsychologische Forschungen, hrsg. von W. Hellpach, I 1922). — S. 133 f., 66, 79, 88 ff., 91 wird das Wort Integration bald in dem hier vorgeschlagenen, bald in dem von Spencer her geläufigen Sinne gebraucht. Dazu J. Gerhardt, Arbeitsrationalisierung und persönliche Abhängigkeit, 1925, S. 70 ff.

An die hierhin gehörenden Fragen der Religionswissenschaft und der Liturgik, der Ästhetik, der von Nietzsche ausgehenden Anregungen braucht nur erinnert zu werden — um von der Modephilosophie des Tanzes und der Gymnastik zu schweigen.

Als rein geistige Integrationsweisen seien vorläufig Wahlen und Abstimmungen genannt. Ihre Bedeutung kann nur im Zusammenhang des besonderen staatlichen Integrationsproblems dargelegt werden.

Die Besonderheit der integrierenden Vorgänge eines bestimmten Gemeinschaftstypus ist damit gegeben, daß diese Vorgänge zumeist Produktions-, Aktualisierungs-, Erneuerungs-, Weiterbildungsprozesse des Sinngehalts sind, der den sachlichen Inhalt der Gemeinschaft ausmacht. Im staatlichen Leben sind es also vor allem Vorgänge der Willensbildung. Allerdings nicht oder jedenfalls nicht lediglich im Sinne der juristischen Betrachtung, also im Sinne rechtlich erheblicher, im weitesten Sinne rechtsgeschäftlicher Willensbildung, sondern in dem Sinne der immer neuen Herstellung der Staatsgemeinschaft als Willensverband überhaupt, also im Sinne dauernder Schaffung der Voraussetzungen für die Lebensäußerungen und Leistungen, insbesondere auch für jene rechtsgeschäftliche Auswirkung staatlicher Willensgemeinschaft.

— Die Naturrechtslehre hat nicht nur aus rationalistischem Individualismus[4], sondern mit dauerndem Recht nicht die Herrschaft zur grundlegenden soziologischen Kategorie[5] ihrer Staatstheorie gemacht, sondern den Vertrag. Herrschaft ist nämlich als soziale Erscheinung nie etwas Letztes, sondern stets legitimierungsbedürftig und eben durch diese Legitimität zugleich in ihrem Wesen bestimmt, wie vor allem Max Weber gezeigt hat. Es stehen hinter ihr stets andere Werte und Ordnungen, von denen sie sich ableitet, oder, in dem hier verwendeten Sprachgebrauch, integrierende Faktoren, die eine Gemeinschaft, innerhalb deren geherrscht werden kann, schon begründet haben und dauernd weiter begründen. Ein überwiegend herrschaftlicher Staatstypus setzt deshalb auch eine überwiegend sachlichstatische Welt politischer Werte und Ordnungen voraus, in deren Namen und durch die legitim diese Herrschaft geübt werden kann[6]. Demgegenüber sind Vertrag, Abstimmung, Mehrheitsprinzip ein-

---

[4] Wie E. Kaufmann meint, Kritik der neukantischen Rechtsphilosophie, S. 90.

[5] Über diese soziologische Seite der Naturrechtstheorie Kaufmann a. a. O. S. 88 ff., Heller, Arch. f. Soz.-Wiss. 55, 290 f.

[6] Vgl. Kahl-Festschrift III 23 ff.

fachere und ursprünglichere Integrationsformen[7]. In ihnen wirkt sich die soziale Wertgesetzlichkeit des Geistes am unmittelbarsten aus. Sie beruhen auf dem Kampf, den sie zu Ende bringen — daß sie dazu imstande sind, liegt an der besonderen Art dieses Kampfs mit Integrationstendenz[8]. Formloses Einstimmigkeits- und formalisiertes Mehrheitsprinzip[9] sind die Endigungsformen solcher Kämpfe, und das Mehrheitsprinzip wird völlig mißverstanden, wenn man in ihm lediglich eine rationale Auswirkung des Willens zur Gemeinschaft[10] oder den Niederschlag eines heute verlorenen Glaubens an die Richtigkeit des Mehrheitswillens sieht[11]. Es ist geschichtlich entstanden als die Formalisierung des Kampfs und der nicht formalisierten, zum guten Teile geradezu physischen Überwältigung der Minderheit[12] innerhalb einer Gruppe, die durch gemeinsamen Wertbesitz und insbesondere für diesen Kampf durch Kampfregeln zusammengehalten wird und die in diesem Kampf die Lösung von Spannungen und gesteigerte Einheit zu gewinnen sucht. Das Erlebnis beim Austrage innerpolitischer Kämpfe ist bei gesunden politischen Verhältnissen das einer wohltuenden Entladung von Spannungen, einer Katharsis, ähnlich wie beim Ausgang eines Spieles[13]. Der tiefere Grund dieser wohltuenden, kathartischen Wirkung ist unabhängig von der Genugtuung über ein sachlich richtiges Ergebnis und von der Befriedigung über die Herstellung und Bewährung der formalen Einheit: der Austrag ist ein wesentlicher integrierender Lebensakt der Gemeinschaft

---

[7] Womit nicht gesagt sein soll, daß sie für ursprüngliche Staatsformen bezeichnender wären — die Staatsform hängt von der Wertkonstellation im ganzen ab, die in ursprünglichen Zeiten undifferenzierter und statischer ist als in späteren und daher herrschaftliche Staatsformen begünstigt.

[8] Zur Phänomenologie des Kampfs in der hier wesentlichen Beziehung noch immer grundlegend die Arbeiten von Karl Groos; das hier Interessierende kurz in: Der Lebenswert des Spiels (1910). Ferner Simmel, Soziologie, S. 247 ff., Litt [2] S. 83, 152.

[9] Über das entwicklungsgeschichtliche Verhältnis beider W. Starosolskyi, Das Majoritätsprinzip (Wiener staatswissenschaftliche Studien, XIII 2, 1916), S. 6 ff.

[10] So Litt a. a. O. [1] S. 121 ff., bes. 125 f.

[11] Vollends unrichtig die unterschiedslose Gleichbehandlung des technisch gemeinten Mehrheitsprinzips in Behörden und Gerichten und des politischen, integrierenden bei Wahlen und in Parlamenten, wie bei R. Haymann, Die Mehrheitsentscheidung, Festgabe für Stammler, S. 395 ff., z. B. S. 451.

[12] Wie man sie noch heute als die Grundlage altgermanischen Einstimmigkeitsprinzips in einigen schweizerischen Landsgemeinden beobachten kann.

[13] Alle politische Theorie, die nach Max Webers und Meineckes Vorbild über die „Spannungen" nicht hinauskommt, ist unzulänglich, denn sie verkennt dies Moment der politischen Psychologie und ist auch zur ethischen Lösung außerstande.

und deshalb zugleich eine Erhöhung des Lebensgefühls des Einzelnen, einerlei ob er zur Mehrheit oder zur Minderheit gehört[14].

Das Problem, um das es sich hier handelt, ist der eigentliche Gegenstand einer der reizvollsten und lehrreichsten staatstheoretischen Kontroversen der letzten Jahre, nämlich des Streits zwischen C. Schmitt und R. Thoma über das Wesen des Parlamentarismus[15]. Es bildet hier den eigentlichen Kernpunkt der Frage und ist von jedem der beiden Gegner aus anderen Gründen nicht erkannt.

Nach C. Schmitt hat das Parlament, wie es sich im 19. Jahrhundert entwickelt hat, deshalb seine bisherige Grundlage und seinen Sinn verloren, weil die „Idee", das „Prinzip" des Parlaments, nämlich die Prinzipien der Öffentlichkeit und Diskussion und die daran geknüpfte Gewähr von Wahrheit und Gerechtigkeit heute im politischen Glauben ebenso abgestorben sind wie in der politischen Wirklichkeit[16]. Diese Deduktion hat Thoma mit Recht (wenn auch mit unzulänglicher Begründung) für allzu ideologisch und literarisch erklärt. In der Tat steht und fällt eine Institution nicht mit ihrer Ideologie, sondern mit dem, was C. Schmitt selbst als ihre Vitalität, Substanz, Kraft bezeichnet[17]. Diese ist aber mit jener nicht identisch, und gerade der Rationalismus neigt dazu, solche politische „Kraft" in der begrifflichen Gestalt abstrakter rationaler Ideologien zu erfassen[18], d. h. in unserem Fall ein politisches Integrationssystem als mechanisch-teleologischen Verwirklichungsmechanismus letzter

[14] Diese Wirkung kann übrigens sogar von einem Kampfe ausgehen, der an sich keineswegs diesen institutionellen Sinn hat, etwa von einem Bürgerkrieg — ich erinnere an die Formulierung dieser Tatsache durch einen großen Dichter in Gottfried Kellers „Landessammlung zur Tilgung der Sonderbundskriegsschuld 1852", Str. 3, 5. 7.

[15] C. Schmitt, Die geistesgeschichtliche Lage des heutigen Parlamentarismus 1923, 2. Aufl. 1926. — R. Thoma, Zur Ideologie des Parlamentarismus und der Diktatur, Arch. f. Soz.-Wiss. u. Soz.-Pol. 53, 212 ff. — C. Schmitt, Der Gegensatz von Parlamentarismus und moderner Massendemokratie, Hochland, Bd. 23, S. 257 ff., im wesentlichen wieder abgedruckt als Vorbemerkung zur zweiten Auflage seines vorher genannten Buches.

[16] Geistesgeschichtliche Lage², S. 63, 61.

[17] a. a. O. S. 22 f.

[18] Ich habe das bezüglich der von mir früher in ähnlicher Weise entwickelten parlamentarischen Ideologie des 18. und 19. Jahrhunderts (Maßstäbe des parlamentarischen Wahlrechts in der deutschen Staatstheorie des 19. Jahrhunderts, 1912, S. 4 ff., Die Verschiebung der konstitutionellen Ordnung durch die Verhältniswahl, Festgabe der Bonner Juristischen Fakultät für Karl Bergbohm, 1919, S. 280 ff.) so ausgedrückt, daß hier nur die leichte rationalistische Schale abgestreift werden müsse, um von dieser Ideologie aus zu dem eigentlichen — im Text bezeichneten — Sinn der Institution zu gelangen (Bergbohm-Festgabe S. 280).

abstrakter Werte zu rationalisieren. Hier kann die Ideologie zerfallen und die Integration bleiben: in Frankreich ist die Ideologie des Parlaments längst der einzigartigen politisch-satirischen Kraft dieses Landes wie der praktischen Erfahrung erlegen, aber das Parlament lebt, weil es noch immer die angemessene politische Integrationsform einer an eine gewisse sinnliche Übersichtlichkeit und rhetorisch-theatralische Dialektik politischer Vorgänge gewöhnten romanischen Bourgeoisie ist[19] — in dem stärker demokratisierten Deutschland versagt diese auf eine begrenzte zeitunglesende Bourgeoisie berechnete Integrationsweise. Die ursprüngliche Ideologie ist hier nur ein Moment der Integration, das allenfalls im Strukturwandel entbehrlich werden kann — der Glaube an die ausschließliche Bedeutsamkeit der Ideologie ist Rationalismus oder (wie bei C. Schmitt) Begriffsrealismus[20].

Ist danach Thomas Kritik an C. Schmitts allzu ausschließlich „geistesgeschichtlicher Todeserklärung des Parlamentsstaats“[21] nicht unbegründet, so ist doch Schmitts Antikritik in vollem Recht, soweit sie Thoma ein im wesentlichen technisches Verfassungsdenken vorwirft[22]. Es ist richtig, daß eine Institution auch vermöge einer Zweckmetamorphose oder Strukturverwandlung lebensfähig bleiben kann[23]. Aber es ist nicht zulässig, die schöpferische, d. h. integrierende Diskussion des liberalen Frühparlamentarismus durch die „schöpferische Diskussion der Fraktionszimmer, des Kabinetts, der interfraktionellen Besprechungen, der Erörterungen mit Sachverständigen und Wirtschaftskreisen“[23] ersetzt zu finden. Das letztere ist eine Technik zu einem bestimmten geschäftlichen Zweck; das andere war integrierende, d. h. das Wesen von Volk und Staat bestimmende und begründende

[19] Angedeutet Kahl-Festschrift S. 23.

[20] Das Richtige empfindet übrigens auch C. Schmitt, vgl. die Ausdrücke zu Anm. 1 oben und die vortreffliche Erörterung des heimlichen, isolierten Wählens, durch das kein Wille oder öffentliche Meinung eines Volks (das nur in der Sphäre der Publizität existiere) mit vitaler Kraft geäußert werden könne (2. Aufl., S. 22). Der heimliche Wähler ist eben das nicht integrierte und auch nicht integrationsbedürftige Individuum des staatsfremden liberalen Denkens. Daß es heute nicht mehr auf die „Idee“ oder das „Prinzip“ einer Staatsform ankommt, sondern auf die Mehrheitsgewinnung, um damit zu herrschen, sieht Schmitt natürlich auch (S. 11 a. a. O.). Aber das war vor hundert Jahren nicht anders; nur war Ideologie und Technik der Integration einer kleinen Bourgeoisie des liberalen Zeitalters eine andere als die der demokratischen Massen.

[21] a. a. O. S. 216.

[22] 2. Aufl., S. 7, 12 f.

[23] Thoma S. 214.

Institution als Selbstzweck. Technik und Institution sind aber oberste Kategorien des geisteswissenschaftlichen Denkens, die nicht verwechselt werden dürfen[24]. Es ist kein Zufall, daß sich Thoma in diesem Zusammenhange auf Max Weber beruft: auf den Klassiker dieser Verwechselung in der Staats- und insbesondere Verfassungstheorie. Der Gegensatz der hier vertretenen Denkweise zu der Weber-Thomaschen ist grundsätzlich schon an früherer Stelle angedeutet; in seiner Bedeutung für die Ergebnisse einer Theorie des Staats soll er später gewürdigt werden.

Wahlen, parlamentarische Verhandlungen, Kabinettsbildungen, Volksabstimmungen: sie alle sind integrierende Funktionen. D. h. sie finden ihre Rechtfertigung nicht lediglich darin, wie die herrschende Theorie der Staatsorgane und -funktionen vermöge ihrer juristischen Herkunft lehrt, daß hier Stellvertreter[25] des Staats oder des Volksganzen mit Vollmacht eingesetzt werden und nun vermöge dieser Vollmacht gültige rechtsgeschäftliche Willenserklärungen mit Wirkung für und gegen den Vertretenen abgeben. Auch nicht darin, wie Verfassungstechniker im Sinne Max Webers meinen, daß hier gute Beschlüsse gefaßt und gute Führer ausgelesen werden. Dabei bleibt der zugrunde liegende geistige Vorgang, dessen Verständnis die erste Aufgabe einer Geisteswissenschaft wäre, im Dunkeln. Dieser Vorgang ist aber der erste Sinn dieser Verfahrensweisen: sie integrieren, d. h. schaffen zu ihrem Teile die jeweilige politische Individualität des Volksganzen und damit die Voraussetzung für sein rechtlich faßbares, inhaltlich gutes oder schlechtes Tätigwerden. Es kommt für den letzten Sinn des Parlamentsstaats nicht darauf an, ob das Parlament überhaupt Beschlüsse faßt[26] und ob es insbesondere gute Beschlüsse faßt, sondern darauf, daß die parlamentarische Dialektik innerhalb des Parlaments und in dem miterlebenden Staatsvolk Gruppenbildung, Zusammenschluß, Bildung einer bestimmten politischen Gesamthal-

[24] Nur ausdrückliche Ablehnung alles geisteswissenschaftlichen Denkens hat das Recht zu solcher Verwechselung — also etwa Kelsen, Allgemeine Staatslehre, S. 327 zur radikalen Gleichsetzung der Diskussionen eines Ministerrats und eines Parlaments. Ähnlich unrichtig Fr. Haymann, oben S. 151 Anm. 11.

[25] Daß sich Repräsentation und Organverhältnis in der herkömmlichen Theorie nicht ganz mit Stellvertretung decken, kann hier vernachlässigt werden.

[26] Selbstverständlich gehören aber seine Beschlüsse, wie alle rechtlich wertbaren Willensakte im Namen der Gemeinschaft, rückwirkend mit zu den integrierenden Funktionen — ebenso wie sich die menschliche Einzelpersönlichkeit im Realisieren und Erleben ihrer Funktionen zugleich selbst herstellt.

tung herbeiführt[27] — ebenso wie das Wahlrecht zunächst parteibildend und dann mehrheitsbildend wirken, nicht lediglich einzelne Abgeordnete liefern soll[28]. Im parlamentarischen Staat ist das Volk nicht schon an sich politisch vorhanden und wird dann noch einmal besonders, von Wahl zu Wahl und Kabinettsbildung zu Kabinettsbildung, politisch besonders qualifiziert — sondern es hat sein Dasein als politisches Volk, als souveräner Willensverband in erster Linie vermöge der jeweiligen politischen Synthese, in der es immer von neuem überhaupt als staatliche Wirklichkeit existent wird. Dies Verfahren ist allerdings nie der einzige Integrationsfaktor eines Staatsvolks, die einzige Bedingung seiner politischen Willens- und Wirkungsfähigkeit; aber es ist nach dem Sinn einer parlamentarischen Staatsverfassung die abschließende, von der die jeweilige politische Individualität in erster Linie bestimmt wird.

Die Wirksamkeit dieser wie jeder anderen integrierenden Funktion hängt von zwei Momenten ab: davon, daß ihr Prinzip (hier das der Mehrheit) überhaupt integrierende Kraft, und daß es diese Kraft für das ganze Staatsvolk hat.

Daß es diese Wirkung überhaupt hat, wird bedingt durch eine vom politischen Kampf nicht in Frage gestellte Wertgemeinschaft, vorbehaltlich deren dieser Kampf geführt wird, die diesem Kampf selbst Regeln und den Sinn gibt, eine Funktion integrierenden Gruppenlebens zu sein. Gruppenteile, die nicht genügend durch solche Wertgemeinschaft mit dem Ganzen verbunden sind, werden sich leicht den Spielregeln des Kampfs und damit seiner integrierenden Wirkung entziehen: etwa im Wege der Obstruktion[29]. Oder die Regeln werden

[27] Über die tatsächliche „Führungsfunktion des Parlaments" z. B. C. Geyer, Führer und Masse in der Demokratie, S. 80 ff., 88 ff.

[28] Vgl. z. B. Leo Wittmayer, Die organisierende Kraft des Wahlsystems, Wien 1903. — Allgemeiner so H. Preuß, Um die Reichsverfassung von Weimar, S. 139: „Durch das Prinzip der demokratischen Selbstorganisation mußten die Massen dem nationalen Selbstbewußtsein wiedergewonnen werden, dem sie unter der Herrschaft der alten Mächte entfremdet waren."

[29] Mangelnde politische Wertgemeinschaft und damit zugleich mangelnden politischen Integrationswillen hat Bismarck den „staatsverneinenden" im Gegensatz zu den „staatsbejahenden" Parteien vorwerfen wollen — eine im Grundsatz sehr berechtigte und sich keineswegs mit dem Dualismus von Gut und Böse deckende Unterscheidung, trotz Meinecke, Preußen und Deutschland im 19. und 20. Jahrhundert (1918) S. 516.

Das im Text Gesagte wird vielfach so ausgedrückt, daß die Parteiprogramme nur sich ergänzende Teile eines Wertkosmos seien oder doch so zu betrachten seien, oder verschiedene Techniken zu einem als identisch gedachten Zweck: J. Cohn, Logos 10, 225 (gegen Radbruch), Haymann a. a. O. S. 467, Stammler, Rechtsphilosophie, § 174.

zwar eingehalten, aber nicht in ihrem vollen Sinne, sondern nur etwa wie die Regeln des Verkehrs zwischen feindlichen Mächten: der Fall z. B. des problematischen Nationalitätenstaats, dessen Parlament, wie man vom österreichischen Reichsrat sagte, oft nur ein „Nationalitätenkongreß zu partikularistischen Transaktionen", nicht mehr ein Mittel solidarisierenden Verfassungslebens ist. — Anderseits haben die Staatsformen, die von Verfassungswegen integrierende Kämpfe vorsehen, den Vorzug leichterer Verhinderung dauernder Minderheitsstellung bestimmter Volksteile, die in statischen Verfassungen mit dauernder Repräsentation bestimmter von ihnen abgelehnter objektiver Werte dauernd in Minderheitsstellung sein und dadurch dauernd entfremdet werden können, während der immer erneuerte Kampf um die Herrschaft etwa im parlamentarischen Staat sie mit der Möglichkeit künftiger Machtbeteiligung beruhigt und durch den Kampf um diese Beteiligung immer wieder aktiv in das staatliche Leben hineinzieht.

Die zweite Voraussetzung sinngemäßer Integrationswirkung des Verfassungslebens ist die innere Beteiligung aller daran. Wenn Staat und Staatsform ebenso wie das Recht von der Anerkennung der ihnen Unterworfenen leben[30], so wird sich diese „Anerkennung" des Staats dadurch vollziehen, daß der Einzelne sich der Auswirkung der wesentlichsten staatlichen Integrationsfaktoren unterwirft. Die Beteiligung am Leben des repräsentativen Staats kann die des aktiven Wählers und eifrigen Zeitungslesers sein — hier wird man an der Wirksamkeit dieser Auswirkung nicht zweifeln; mit großem Recht hat Vierkandt darauf hingewiesen, daß die „Zuschauer" innerhalb der Gruppe oft sogar die tatsächlich Aktiveren sind gegenüber den anscheinend Handelnden[31]. Diese Rolle der „Zuschauer" erscheint in den mannigfaltigsten Abstufungen: da der Anteil an umfassenderen Erlebniszusammenhängen größtenteils nur mittelbar, nur durch die Technik des „Berichts" und anderer „sozialer Vermittelung" möglich ist[32], so kann der Einzelne den Umfang dieser Vermittelung, deren er sich bedient, sehr verschieden bemessen — von umfassender Zeitungslektüre bis zu einer Haltung, die die Politik denen überläßt, die dafür Zeit haben, und sich auf die Fühlung mit der politischen Welt beschränkt, die für den im Besitz seiner Sinne befindlichen Zeitgenossen ganz unvermeid-

---

[30] R. Hübner, Die Staatsform der Republik (1920), S. 36 f. — H. Triepel, Unitarismus und Föderalismus (1907), S. 27 f.

[31] Gesellschaftslehre S. 392 ff. — nicht ganz im Sinne des Textes.

[32] Vgl. oben S. 133 Anm. 26, 27, 28.

lich ist. Und diese Verschiedenheit der beobachtenden Teilnehmer ist nur der Ausdruck der ihr zugrunde liegenden Verschiedenheit der emotionalen und „soziologischen" Beteiligung: von der Aktivität des Führers und des politisierenden Staatsbürgers bis zur völlig „passiven Masse" Fr. v. Wiesers, deren Staatsbejahung darauf beruht, daß sie irgendwelche Werte anderer, vielleicht rein persönlicher Art, bejaht und damit, meist unbewußt, zugleich die diese Werte bedingende unendliche Verzahntheit aller übrigen Werte, darunter nicht zuletzt den Staat, in dessen Gleichtritt halb unbewußt mitzumarschieren dadurch für sie unvermeidlich wird[33]. Diese vielfach abgestufte und mannigfaltige und in dem verschiedensten Sinne mittelbare politische Integrierung des Einzelnen verdiente als eine der wichtigsten, wenn nicht die wichtigste politische Tatsache sorgfältigste Untersuchung. Hier liegt die Vermittelung persönlicher Führerschaft, die den Führer erst zum Integrationsfaktor macht[34]. Diese Vermittelung ist anderseits der eigentliche Angriffspunkt moderner politischer Theorie und Praxis, die Demokratie, Liberalismus und Parlament durch die direkte Aktion oder, wie man zur Bezeichnung faschistischer Methoden besser sagen sollte, durch unmittelbarere Integration ersetzen wollen. Nur in der direkten Aktion ist nach Sorel auch der Einzelne unmittelbar beteiligt und politisch lebendig — auf die unmittelbare Integration durch Korporativismus, Militarismus, Mythus und ungezählte andere Techniken ist der Faschismus gestellt, in der paradoxen Einsicht, daß nur eine verhältnismäßig kleine Staatsbürgerschaft in vermittelter Beziehung zum Staat leben kann, dagegen die Massenbürgerschaft heutiger Demokratien, die von den zarteren und ein wenig literarischen Lebensformen des bourgeoisen Repräsentativstaats nicht recht erfaßt wird, der elementareren plebiszitären, syndikalistischen, sinnlichen, jedenfalls aber unmittelbareren politischen Lebensformen der neuen Zeit bedarf.

Neben die Integration durch verfassungsmäßig vorgesehenen Kampf des parlamentsstaatlichen oder plebiszitären Typus tritt als zweite Form integrierender Funktion die Herrschaft. Sie ist noch unmittelbarer als der integrierende Kampf durch sachliche Werte bedingt — während dort nur eine Wertgemeinschaft überhaupt erfordert wird,

---

[33] In diesem hier nur oberflächlich angedeuteten Sinne pflegen auch die von Triepel a. a. O. außer Rechnung gestellten „Querköpfe und Phantasten" letzten Endes nicht nur Leugner, sondern zugleich Mitträger von Recht und Staat zu sein.

[34] Vgl. oben S. 144.

sind es hier bestimmte Werte, die die Herrschaft begründen: irrationale, die ihr Legitimität geben, rationale, die sie vor allem als Verwaltung rechtfertigen[35]. Die Herrschaft ist die Verwirklichung dieser Werte und damit eine Lebensform der durch diese Werte zusammengehaltenen Gemeinschaft. Unter ein und derselben Herrschaft in allen ihren Auswirkungen, Regierung und Verwaltung, Rechtsbildung und Rechtsprechung zu stehen, bedeutet neben der dadurch bedingten Wertgemeinschaft vor allem auch die Erlebnisgemeinschaft dieser formalen Gemeinschaftsfunktionen, wobei das System dieser Funktionen zwar nicht eine so geschlossene und jedem gegenüber identische Einheit bildet, wie das System des parlamentarischen oder plebiszitären Verfassungslebens, dafür aber jeden Einzelnen um so nachdrücklicher, vielseitiger und häufiger ergreift. Herrschaft ist auch insofern die allgemeinste Form funktioneller Integration, als alles Verfassungsleben in allen Staatsformen schließlich die Bildung und Äußerung von herrschendem Willen zum Ziel hat. Jedenfalls ist auch sie eine Lebensform des Ganzen wie des Einzelnen, der sie mitträgt und ermöglicht, sie erfährt und eben dadurch in geistige Wechselwirkung mit dem Ganzen und den Anderen tritt, gerade auch als Beherrschter in einer Beziehung integrierenden geistigen Austauschs steht.

Dieses Verständnis der Herrschaft wird ausgeschlossen, wenn man sie normlogisch als Geltung von Rechtsnormen versteht[36]; ebenso, wenn man sie in beliebtem Raumbild als Überwältigung des Niederen durch eine rang- und machthöhere Stelle faßt, oder sie — in geisteswissenschaftlich unzulässiger Objektivierung des Gegenstandes — als Gehorsamschance definiert[37], d. h. als eine kausalwissenschaftlich-

---

[35] Wegen dieser Beziehung zu den Werten die vielfach starke Wertbetontheit der Herrschaft selbst — etwa als herrschaftliche Dezision bei C. Schmitt, oder, mit umgekehrtem Vorzeichen, als disqualifizierendes Element der bürgerlichen Ordnung bei den Sozialisten (z. B. Max Adler, Staatsauffassung des Marxismus [Marx-Studien, hrsg. v. Adler und Hilferding, IV 2, 1922], S. 209 ff., 214 f., 223, 198 f., Paul Tillich, Die religiöse Lage der Gegenwart, 1926, S. 43, 54, 64, 65, 81, 95, 125, wo Wissenschaft, Technik, Wirtschaft, Verfassung, Bildung und Kirche des bürgerlichen Zeitalters als herrschaftlich und dadurch kompromittiert erscheinen).

In engstem Zusammenhang mit den im Text angedeuteten Unterschieden zwischen Herrschaft und Repräsentation steht die Tatsache, daß Herrscher und Führer in ganz anderem Sinne zugleich als Faktoren persönlicher Integration in Betracht kommen, als Repräsentanten. Vgl. den Abschnitt „Herrschaft, Führung, Vertretung" von A. Fischer a. a. O. S. 387 ff.

[36] Kelsen, Allgemeine Staatslehre, S. 38 f.

[37] Max Weber, Wirtschaft und Gesellschaft, 1922, S. 122.

sozialtechnologisch erfaßte Lage. Hier wie überall stehen kausalwissenschaftliche und normlogische Methode der Einsicht in die geistige Lebenswirklichkeit, um die es sich im Staat handelt, gleich verhängnisvoll entgegen.

Es ist das Gemeinsame und Wesentliche aller formellen Integrationsvorgänge, daß sie als solche ohne Zweck, daß sie nicht technisch im Sinne der Verfolgung eines einzelnen sachlichen Gemeinschaftsziels gemeint sind — eher vergleichbar dem Exerzieren und Manövrieren eines Heeres im Frieden, das dadurch zur Einheit wird, auch der Geselligkeit[38], dem Tanz, der Gymnastik. Wenn man gemeint hat, daß es ohne Steuer und Militärpflicht keine Möglichkeit einer Verstaatlichung der Massen gebe[39], so ist damit sehr bezeichnend diese nach außen hin zwecklose, integrierende Wirkung dieser staatlichen Einrichtungen und der Einbeziehung des Einzelnen in sie gemeint, im Gegensatz zu ihrem sachlichen, technischen Sinn der fiskalischen und militärischen Machtmittel.

Allerdings gibt es letztlich keine formelle Integration ohne sachliche Wertgemeinschaft, wie keine Integration durch sachliche Werte ohne funktionelle Form. Aber meist herrscht das eine oder das andere entschieden vor: es gibt Akte des Gruppenlebens und insbesondere des staatlichen Lebens, in denen ihrer Intention nach die formale, integrierende Funktion, und andere, in denen der sachlich-technische Gehalt im Vordergrunde steht. Im ersten Falle[40] siegt gewissermaßen die integrierende Form über den gegenständlichen Stoff — hier treten besonders deutlich die formalen Gemeinschaftswerte in ihrer Selbständigkeit den materialen Gemeinschaftswerten, Staatszwecken usw. gegenüber und zu diesen in das Verhältnis einer gewissen Kommensurabilität. Wenn auch beide Momente vielfach als Seiten ein und derselben Verfassungsinstitution verbunden sind, so haben Staats- und Staatsrechtstheorie sie doch sorgfältig zu unterscheiden. Der Typus

[38] Etwa im Sinne von Simmels berühmtem Essay (Verhandlungen des ersten deutschen Soziologentages von 1910, 1911, S. 1 ff.; insbesondere zur Integrationsbedeutung des Spiels, S. 9).

[39] Yorck an Dilthey 7. 5. 1879, Briefwechsel zwischen Wilhelm Dilthey und dem Grafen Paul Yorck v. Wartenburg 1877—1897, 1923, S. 13.

[40] Z. B. im konstitutionellen Finanzrecht der Verfassungen, im Gegensatz zum gesamten übrigen Finanz-, Steuerrecht usw. Ich komme an späterer Stelle auf dies Beispiel und andere zurück.

An solchen Beispielen wird besonders deutlich, daß die Integrationswirkung nicht von dem Bewußtsein der integrierenden Intention bei dem Gesetzgeber oder den zu integrierenden Staatsgliedern abhängt.

der Gemeinschaftsbegründung durch sachliche Wertgemeinschaft steht zu den bisher behandelten der Integration durch formale Momente (persönliche und funktionelle) in scharfem Gegensatz.

7. Sachliche Integration

Daß der Staat zur Verwirklichung gemeinsamer Zwecke begründet ist, oder (in Verfeinerung der primitiven Teleologie der Staatsvertragslehre) daß er durch solche Zwecke jedenfalls gerechtfertigt wird — das ist ein Hauptstück des modernen staatstheoretischen Denkens. Diese These bedarf aber der Richtigstellung, damit ihr Wahrheitsgehalt ans Licht tritt.

Die Realisierung aller ideellen Sinngehalte setzt Gemeinschaft voraus, und wiederum steigert, bereichert, festigt, ja begründet sie diese Gemeinschaft. Man kann von einer „Sozialität des Sinnerlebens" und insbesondere von einer „Werkgemeinschaft der Kultur" sprechen[1]. Die Werte führen ein reales Leben nur vermöge der sie erlebenden und verwirklichenden Gemeinschaft. Umgekehrt lebt aber auch die Gemeinschaft von den Werten: wenn schon der Einzelmensch zur geistigen Persönlichkeit nur wird, im geistigen Sinne nur lebt, vorhanden ist durch Wertverwirklichung, so vollends alle Kollektivwesen, denen ja das „Ansich" psychophysischer Lebenswirklichkeit fehlt[2].

So ist auch der Staat nicht ein reales Wesen an sich, das dann als Mittel benutzt würde, um außer ihm liegende Zwecke zu verwirklichen. Sondern er ist überhaupt nur Wirklichkeit, sofern er Sinnverwirklichung ist; er ist mit dieser Sinnverwirklichung identisch. Er ist also nicht durch teleologische Beziehung auf außer ihm liegende Zwecke zu erklären oder zu rechtfertigen, sondern in seiner Substanz als Wertverwirklichung zu verstehen.

Das leuchtet ohne weiteres ein für die Seiten des staatlichen Lebens, die unmittelbare Folgerungen seines Wesens als souveräner Willensverband sind. Machtvolle Herrschaft und Durchsetzung nach innen und außen wird man am leichtesten analog dem psychophysischen Leben des Einzelmenschen als eigenes Wesen des Staats gelten lassen. Weil der Staat auf seinem Boden der Herr sein muß, weil der vitale Machttrieb der Einzelnen durch Anteil an diesem herrschenden Gemeinwesen befriedigt, und weil nur so zugleich ein Teil des aufgegebenen Sinnzusammenhangs der Kultur wirklich wird — deshalb ist

[1] Litt [3] S. 323 ff., 320 ff.
[2] Litt S. 333 f., 373 ff.

Calliess, JZ 04, 1033 (1043)

der Staat nur wirklich, wenn er im Innern von Rechts wegen und durch tatsächliche Unwiderstehlichkeit seiner Macht herrscht, und wenn er nach außen zu siegreicher Verteidigung imstande ist[3].

Nicht anders liegt es aber auch im Bereich der sogenannten Rechts- und Kulturzwecke des Staats. Auch hier ist der Staat nicht eine an sich bestehende Person, die mit ihren technischen und Machtmitteln bestimmte außer ihr liegende objektive sachliche Aufgaben in Angriff nähme und bearbeitete. Sondern der Staat hat die Wirklichkeit, die er als geistige Lebensgemeinschaft hat, gleichmäßig vermöge aller Sinngehalte, die diese Gemeinschaft konstituieren. Man darf hier insbesondere nicht Form und Gehalt unterscheiden: man kann nicht nur vom Staat sagen, er sei eine Form der Kultur, sondern ebenso gut von den staatlich betreuten Kulturgebieten, sie seien eine Lebensform des Staats — ihr Zusammenhang ist nicht durch die geisteswissenschaftlich überhaupt gefährlichen[4] Kategorien Form und Inhalt, sondern als der von Momenten einer einheitlichen Erscheinung zu erfassen.

Die Gesamtheit der „Zwecke" oder „Aufgaben" eines bestimmten Staates stellt einen Ausschnitt aus dem Kulturganzen dar, eine Auswahl, die getroffen wird vermöge der dem Staat mit jedem andern Kulturgebiet gemeinsamen Tendenz zum Maximum[5], zum Übergreifen in den ganzen Bereich der Kultur, soweit sie sich überhaupt auf die Ebene des Lebens der staatlichen Gemeinschaft projizieren läßt —

[3] Es ist deshalb ein angemessener Wesensausdruck eines jeden Staates, wenn er seine staatlichen und insbesondere militärischen Symbole mit Siegessymbolen verbindet, und Anatole France übt nur mit halbem Recht seinen Witz an der Neigung jedes Heeres, sich für das erste der Welt zu erklären (L'Ile des Pingouins l. V ch. IV) — für seine Aufgabe ist es seinem Sinne nach unüberwindlich und insofern das erste, zugleich ein nicht unangemessener Ausdruck der wesensmäßigen „Unbesieglichkeit der Kulturnationen" (Wieser a. a. O., S. 280, 393).

Es gehört zu den Lücken in der Kritik des Versailler Friedens, daß die Entwaffnung Deutschlands meist unter dem Gesichtspunkt der Beeinträchtigung nur der technischen Mittel, nicht der Lebensfunktionen und des Wesens eines großen Nationalstaats bekämpft wird. Es ist begreiflich, daß dieser Unterschied für Amerikaner unverständlich ist — schmerzlich, daß er es auch für viele Deutsche ist. Dahin gehört auch die Gedankenlosigkeit, mit der der deutsche Pazifismus vom Weltkriege die militärische Besiegung des preußischen Militarismus, nicht des deutschen Volkes, erhoffte (Selbstzeugnis von H. Wehberg. Als Pazifist im Weltkrieg, S. 21). Das Heer ist nicht nur Veranstaltung oder Werkzeug, sondern vor allem eine Lebensform des Staatsvolks.

Näheres zur Frage weiter unten.

[4] Litt [3] S. 360 f.

[5] Ausdruck v. Wiesers, Gesetz der Macht S. 104 ff.

eine Auswahl, die aber bei aller staatlichen Pleonexie doch zugleich beruht auf einer bestimmten Affinität der Epoche zur Verstaatlichung gerade dieser Gemeinschaftszwecke in dieser Weise. Diese Affinität besteht deshalb, weil das Staatsleben als Ganzes nicht eine Summe, sondern eine individuelle Einheit, eine Totalität ist, bestimmt durch die Konkretisierung objektiver Wertgesetzlichkeiten in diesen konkreten geschichtlichen Verhältnissen. Nur vermöge dieser Wertfülle herrscht der Staat[6], d. h. ist er ein dauernder einheitlicher motivierender Erlebniszusammenhang für die ihm Angehörenden — ein einheitliches Erlebnis ist er aber nur als eine Werttotalität.

Vermöge des Erlebnisses dieser Wertfülle oder einzelner Momente daraus als Wesensmomente des Staats selbst erlebt man den Staat, wird man staatlich integriert. Dabei kann das Moment der Führung und eines integrierenden Verfahrens eine Rolle spielen: ihnen gegenüber ist aber die Integration vermöge Anteils an einem sachlichen Wertgehalt ein anderer, dritter Integrationstypus[7].

Die Integrationswirkung des Sachgehalts der staatlichen Gemeinschaft hat ihre besonderen Schwierigkeiten. Im heutigen Staat wirkt gerade die Fülle dieses Gehalts seiner Integrationswirkung entgegen: sie ist so ungeheuer, daß sie vom Einzelnen nicht mehr übersehen werden kann, und sie ist zugleich vermöge dieser Ungeheuerlichkeit und ihrer Rationalität dem Einzelnen so fremd, daß er ihren Eindruck als entfremdend empfindet, seinen eigenen Anteil daran gar nicht erlebt[8]. Soviel integrierende Wirkung das sachliche Leben der Staatsgemeinschaft auch in seiner Einzelheit unmerklich hat: die Totalität dieses Lebens ist jedenfalls als extensive nicht übersehbar und insofern, d. h. als extensive, nicht erfaßbar. Um erlebt zu werden, um integrierend zu wirken, muß sie gewissermaßen in ein Moment zusammengedrängt, durch dieses repräsentiert werden. Das geschieht institutionell durch die Repräsentation des geschichtlich-aktuellen

---

[6] Vgl. etwa die Bemerkungen zur Psychologie der Macht bei Spranger [5], S. 230.

[7] Gerade über diese Seite der Sache so gut wie nichts bei Kracauer, Die Gruppe als Ideenträger, Arch. f. Soz.-Wiss. u. Soz.-Pol. 49, 594 ff.

Viel dagegen bei Rothenbücher, Über das Wesen des Geschichtlichen, 1926, z. B. S. 15 f.

[8] Eine vortreffliche Darlegung dieser Lage bei Litt [1] S. 174 ff., 179 ff.

Hier liegt die besondere Paradoxie des sachlichen Integrationsproblems, die darin besteht, daß die Beteiligung an einer umfassenderen und sachlich wichtigeren Gruppe schwerer zu erleben, jedenfalls bewußt zu erleben ist als die an einer durch Teilnehmerzahl, Inhalt, Dauer geringfügigeren.

Wertgehalt im politischen Symbol der Fahnen, Wappen, Staatshäupter (besonders der Monarchen), der politischen Zeremonien und nationalen Feste[9]. Es geschieht im Lauf der Geschichte durch repräsentative Vorgänge, die den Sinngehalt der Politik eines Landes anschaulich machen — nach Salisburys Antwort an Herbert Bismarck die einzige Möglichkeit, die Massen im Zeitalter der Demokratie außenpolitisch zu bestimmen[10]. Vor allem der Gegensatz zu anderen Staaten läßt plötzlich Wert und Würde des eigenen und die persönliche Einbezogenheit in den eigenen erleben, wobei unter Umständen das repräsentative Moment der Wesensfülle des Staats improvisiert werden kann: der Staat kann „seine Unendlichkeit und Ehre in jede seiner Einzelnheiten legen“[11] und sich in ihr mit der Wirkung verletzt finden, daß auch seine Angehörigen dies Erlebnis als eigenes teilen.

Die gesteigerte Integrationskraft eines symbolisierten Sachgehalts beruht allerdings nicht nur darin, daß er als irrationale und individuelle Fülle mit besonderer Intensität erlebt wird, sondern auch darin, daß er in dieser Gestalt zugleich elastischer ist, als in der der extensiven, rationalen, gesetzlichen Formulierung. Als formulierter, als

---

[9] Die Integration durchs Symbol kann freilich stets nur Integration durch den symbolisierten Gehalt sein. Man kann daher keine Symbole für einen nicht vorhandenen Gehalt „erfinden“ (wie R. Coester, Die Loslösung Posens, 1921, S. 62 f., rückblickend fordert) — die Schwierigkeiten der schwarz-rot-goldenen Reichsfarben vermöge der Undeutlichkeit des von ihnen im Gegensatz zu Schwarz-Weiß-Rot symbolisierten positiven Gehalts liegen z. T. in dieser Richtung.

Besonders viel zur Theorie und Praxis des politischen Symbols in der Literatur zum Faschismus — hier auch über den Zusammenhang von Mythus und Symbol, an den auch Kierkegaard denkt, wenn er das unformulierte Grundprinzip, das Wurzelleben des Staats (wie der Kirche) durch nicht rationale Symbolisierung der Diskussion entziehen will: Der Begriff des Auserwählten, dtsch. v. Haecker, 1917, S. 41.

Der Begriff des Symbols ist hier wesentlich enger gefaßt als bei Litt [3], S. 153 oder als der des „Zeichens“ in Freyers Theorie des objektiven Geistes.

[10] This generation can only be taught by events, 22. 3. 1889, Die große Politik der europäischen Kabinette 1871 — 1914, IV 405.

Insbesondere über die symbolisierenden Ereignisse Rothenbücher a. a. O. S. 38 ff. Ein schönes Beispiel (Schlacht bei Morgarten 1315, die den Schweizern den geschichtlichen Sinn ihres Kampfes und damit ihrer politischen Einheit ins Bewußtsein rückte) bei A. Heusler, Schweizer Verfassungsgeschichte, S. 85.

Z. T. hier liegt der Sinn der dauernden Unterstreichung des revolutionären Charakters des Marschs auf Rom durch Mussolini und den Faschismus: nur so aufgefaßt ist er das symbolisierende Ereignis des Bruchs mit der alten Welt und die Inaugurierung ganz neuer staatlicher Inhalte, und eben deshalb liegt auch gerade in seinem revolutionären Charakter seine eigentümliche Integrationswirkung, die Begründung der spezifischen faschistischen Legitimität.

[11] Hegel, Rechtsphilosophie, § 334.

Satzung niedergeschlagener Gehalt ist er heteronom und starr und bringt ebensosehr die Spannung zwischen Einzelnem und Gemeinschaft zum Bewußtsein, wie die Einbezogenheit in das Ganze[12]. Die Symbolisierung dagegen, geschichtlich begründet in der Ausdrucksnot ursprünglicherer Zeiten mit undifferenzierter Wertwelt, hat aus dieser Not die Tugend besonders wirksamer und zugleich besonders elastischer Repräsentation eines Wertgehalts gemacht: einen symbolisierten Wertgehalt kann jeder so erleben, „wie ich ihn verstehe", ohne Spannung und Widerspruch, wie ihn Formulierung und Satzung unvermeidlich hervorrufen[13], und zugleich erlebt er ihn als totale Fülle, in einer Weise, die auf keinem anderen Wege zu erreichen ist.

Vor allem auf solche Art, d. h. als intensive, nicht als extensive Totalität[14], kann die Wertfülle des Staats als Ganzes mit intensiver und bewußter Integrationswirkung erlebt werden. Die Bedeutung solcher — ihrem Wesen nach bei der Mehrzahl vorübergehender — Integrationszustände liegt unter anderem darin, daß die Möglichkeit erhöhtester staatlicher Inanspruchnahme des Einzelnen, etwa im Kriege, heute wohl zumeist an sie gebunden ist; nur unter besonderen Voraussetzungen solcher Art ist diese Inanspruchnahme tatsächlich möglich, und vielleicht ist sie oft auch nur dann sittlich erträglich[15]. So hat man mit Grund gesagt, daß die Rationalisierung des politischen Denkens, die die Erfassung des politischen Gehalts als Glaubensgehalt

---

[12] Vgl. die vortrefflichen Erörterungen bei Litt [1] S. 117 ff., 129 ff.

[13] Ich erinnere an die bekannte liturgische Erfahrung, daß derselbe dogmatische Gehalt in der Form religiöser Dichtung niemals auf die Schwierigkeiten stößt, die seiner die Gemeinde integrierenden Wirkung dann im Wege stehen, wenn er als das Theologumenon eines formulierten, gesetzten Bekenntnisses erscheint.

[14] Der Gegensatz nicht ganz in dem Sinne wie etwa bei G. v. Lukács, Theorie des Romans, S. 31.

[15] Aus Zusammenhängen wie den hier entwickelten erklärt sich mindestens zum Teil die Verwandtschaft zwischen der Integrationsbindung an den Staat und der religiösen an die Gottheit, wie sie z. B. in der Simmelschen Religionssoziologie (Die Religion, Bd. 2 der „Gesellschaft", hrsg. von M. Buber, 1906, S. 22 ff.) beobachtet und in tieferem Sinne ein Grundgedanke von E. Hirschs wichtiger Studie über die „Reich-Gottes-Begriffe des neueren europäischen Denkens" (1921) ist, wie sie aber auch praktisch von der Politik des politischen Mythus bei Sorel und den Faschisten (vgl. z. B. Mannhardt S. 125, 219, 262, 278 f., 327 ff.) verwendet wird. Der politische Mythus bedeutet in dem hier vorgeschlagenen Sprachgebrauch die Integration durch eine symbolisch formulierte und dadurch zum Erlebtwerden als intensive Totalität geeignet gemachte Fülle politischer Werte.

Selbstverständlich hat Kelsens Parallele zwischen Gott und Staat (zuletzt Allgemeine Staatslehre S. 76 ff.) nichts hiermit zu tun.

ausschließt, damit zugleich jede politische verbindliche Gestalt in Frage stellt[16].

Natürlich darf daneben die dauernde stille Integrationswirkung des staatlichen Sachgehalts durch die oben[17] angedeuteten „Vermittelungen“ jeder Art und vor allem durch die unendliche Verzahntheit aller Lebensgebiete miteinander und insbesondere mit dem Staat nicht übersehen werden.

Die Sachgehalte, die den integrierenden Sachbestand eines Willensverbandes ausmachen, sind als ein Moment seines Lebens ebenso im Flusse wie er als Ganzes. Und zwar nicht nur im Sinne ihrer dauernden Veränderung durch den Lebensfortschritt des Ganzen, sondern auch abgesehen davon insofern, als sie stets nicht statischer Besitz, sondern ein immer neu aufgegebenes Ziel willensmäßiger Realisierung sind. Kjellén hat im Gefühl dieser Sachlage das Wesen der Nation einmal zutreffend durch die Worte des Rütlischwurs ausgedrückt: „Wir wollen sein ein einig Volk von Brüdern“[18]. Deshalb wirkt z. B. die sachliche Zuständigkeitserweiterung im Bundesstaat nicht notwendig auch praktisch unitarisierend, d. h. integrierend, weil die rechtliche Möglichkeit einer staatlichen Betätigung noch nicht die Wirklichkeit eines integrierenden Verbandswillens in dieser Richtung bedeutet, bei Widerstreben eines Volksteils gegen solche Betätigung diese auch desintegrierend, belastend für das Ganze wirken kann — eine Möglichkeit, die offenbar übersehen wurde, wenn in Weimar grundsätzlich Zuständigkeitsausdehnung und Stärkung des Reichs gleichgesetzt wurden.

Diese Einsicht in das Wesen der staatlichen „Zwecke“ und „Aufgaben“ als sachliches Moment des staatlichen Integrationsprozesses, im Gegensatz zu ihrer Auffassung als wahre „Zwecke“, denen der Staat als Mittel zu dienen habe, deren Teleologie ihn rechtfertige — diese Einsicht ist eine wesentliche Voraussetzung, um dem Sinn des staatlichen Lebens überhaupt gerecht zu werden. Wenn man den Staat als eine Veranstaltung im Dienste seiner angeblichen Zwecke betrachtet, so kann das Urteil über ihn nur ungünstig ausfallen: er erfüllt sie auf äußerst mangelhafte Weise, wie eine schlecht konstruierte

---

[16] Yorck an Dilthey 13. 1. 1887, a. a. O. S. 66.

[17] S. 156.

[18] Der Staat als Lebensform, 1917, S. 110. — In anderem und engerem Sinne ist die Statik überwiegend sachlich integrierter Staatsformen der Dynamik der liberal-parlamentarischen gegenübergestellt in der Andeutung einer Staatsformenlehre, Kahl-Festschrift, III 22 ff.

Maschine, „es geht immer mit Ach und Krach“[19]. Aber es liegt hier nicht anders als beim Einzelmenschen: auch dessen Ziele, Ideale, Berufsaufgaben, Wünsche sind nicht voll erfüllbar, aber die ihm aufgegebene Lebenserfüllung ist darum doch möglich. Gerade durch diese Lebenserfüllung ist jene Resignation erfordert: ein Mensch wie ein Staat wären gar nicht die geistigen Lebenswirklichkeiten, die sie sind, wenn sie sich nicht im ständigen Kampf mit so vielen Teil- und Mißerfolgen härten, als geistige Wesenheiten immer neu bilden müßten. In dieser immer neuen Wesensbildung und Wesenserfüllung liegt der Sinn ihres Lebens, der sie verständlich macht — nicht in einem teleologischen Nutzeffekt, unter dessen Gesichtspunkten Verständnis und Rechtfertigung des menschlichen und des staatlichen Lebens gleich unmöglich sind.

Alle teleologischen Staatstheorien stehen auf dem Standpunkt jener rationalistischen Sprachtheorie, die die Sprache als eine vernünftige, d. h. technische Erfindung zum Zweck der Verständigung, als ein Urvolapük erklärte, also als ein technisches Artefakt statt einer elementaren, wesensmäßig notwendigen Lebensform des menschlichen Geistes — entsprechend der Religionsphilosophie des Priesterbetruges und anderen Rationalisierungen, die ihr verdientes Ende früher gefunden haben, als die rationalistischen Einschläge der modernen Staatstheorie[20].

Dieser Sachgehalt ist insofern Gegenstand der Rechtstheorie, als in ihm zum guten Teile, wenn nicht ganz, die Legitimität des Staats und seiner Ordnung beruht. Legitimitätsbegründend sind die konkreten Werte, die die Geltung einer bestimmten staatlichen Rechtsordnung einerseits fordern und anderseits tragen. Da diese Werte sehr verschiedener Art sein können, so gibt es verschiedene Legitimitäten und insbesondere auch verschiedene Grade der Legitimität. Der Formalismus hat das Problem natürlich fallen lassen, da die Frage der Positivität des Rechts nur mit Ja oder Nein beantwortet werden kann und es für ihn darüber hinaus keine juristischen Fragen mehr gibt. Wesentlich technische Rechtsdisziplinen, wie das bürgerliche Recht,

---

19 Vortrefflich Fr. Curtius, Hindernisse und Möglichkeit einer ethischen Politik, 1918, S. 6. Unrichtig allerdings die dort gegebene Erklärung „aus diesem Durcheinander von Natur und Vernunft“, statt aus dem Wesen des geistigen Lebens überhaupt.

20 Der wichtigste Fall dieser Art in der heutigen Staatslehre ist Kelsens „Masken“-Theorie — z. B. Logos XI, 267 f.

können das Problem umgehen; im Strafrecht drängt es sich auf, im Staatsrecht ist es unausweichlich[21].

In diesem Zusammenhang haben noch zwei Probleme ihren systematischen Ort: das der Geschichte und des Staatsgebiets.

Der Sinngehalt des staatlichen Lebens ist geschichtliche Wirklichkeit. Das heißt, er ist ebenso wie die geistige Wirklichkeit des menschlichen Einzeldaseins nicht lediglich die punktuelle Grenze zwischen Vergangenheit und Zukunft, nicht bloße Gegenwärtigkeit. Geistige Wirklichkeit unterscheidet sich eben dadurch von ideellem Sinngehalt, daß dieser in der Ebene ideeller Zeitlosigkeit oder Einmaligkeit liegt, während reeller Gehalt nicht aus seiner immanenten Geschlossenheit zu verstehen ist, sondern daraus, daß ein Lebensstrom zu ihm hingeführt hat und in ihm als vergangen, aber nicht untergegangen enthalten ist, und daß dieser Strom durch ihn hindurch weiterfließt und ihm die Tendenz zu einer veränderten Zukunft als Wesensmoment verleiht. Daher ist ein wirklicher Sinngehalt im Gegensatz zu einem ideellen nur als geschichtlich begründeter und als in Zukunft weisender sinnvoll und verständlich — seine Totalität ist die eines geschichtlich fließenden und wirklichen, nicht die eines einmalig systematischen Ganzen. Geschichte und Zukunftstendenz sind als dialektische Momente in der Sinnwirklichkeit der Gegenwart enthalten, und deshalb wirken sie als stärkste integrierende Kräfte — allerdings nicht selbständig, wie oberflächliche Parteiideologien meinen, sondern in dieser Eigenschaft von wirklichkeitskonstituierenden Momenten, und nur, soweit sie diese Eigenschaft besitzen.

Die Würdigung der Geschichte als der kausalen Grundlage der Gegenwart oder als Gegenstand einer fortdauernden Zurechnung verkennt zugleich die Bedeutung und die Grenzen ihrer wirkenden, insbesondere ihrer integrierenden Kraft[22].

---

[21] Ich habe später auf die Frage in einzelnen Anwendungsfällen zurückzukommen. Vgl. C. Schmitt, Geistesgeschichtliche Lage des Parlamentarismus, [2] S. 39 ff., Heller, Souveränität, S. 19, v. Marschall, Vom Kampf des Rechtes gegen die Gesetze, S. 128 ff., Anm. 381 f.

[22] Vgl. z. B. die Literatur bei Litt [3] 80, Anm. 1, und bei M. Scheler, Versuche zu einer Soziologie des Wissens, 1924, S. 115 f., Anm.

Das gedankenreiche Buch von Rothenbücher erliegt der zuletzt angedeuteten unrichtigen Alternative des Kritizismus (vgl. besonders S. 59, 74 ff.) und stellt darum die Fülle vortrefflich gesehener Einzelheiten nicht in den ihnen gebührenden geisteswissenschaftlichen Zusammenhang.

Das Problem des Staatsgebiets gehört diesem Zusammenhange unter zwei Gesichtspunkten an[23].

Einmal unter dem eines integrierenden Sachgehalts, des vielleicht für die staatliche Lebensgemeinschaft wichtigsten Sachgehalts überhaupt. Es ist eine Hauptleistung der neueren Geographie und „Geopolitik", daß sie eindringlich gezeigt hat, wie sehr das staatliche Leben durch seinen „Lebensraum", das Staatsgebiet, dessen Eigenschaften, Grenzen und Raumbeziehungen bestimmt wird, so daß man geradezu von der „besonderen Staatsidee" jedes Staats als seinem Anpassungsstreben an seine besonderen geographischen Faktoren zu sprechen pflegt[24]. An diesen Forschungsbereich mit der ganzen Fülle der darin erarbeiteten Tatsachen und Gesichtspunkte kann hier nur erinnert werden.

Ihm gegenüber ist hier nur insofern kritische Besinnung notwendig, als diese geographische Betrachtung, ihrem naturwissenschaftlichen Ausgangspunkt und der anscheinend räumlich-körperlichen Natur ihres Gegenstandes entsprechend, dazu neigt, das Staatsgebiet als Kausalfaktor des Staatslebens zu behandeln, den politischen Raum ebenso als natürlichen, lebenbedingenden Lebensraum der Menschen zu verstehen, wie den tier- und pflanzengeographischen Lebensraum als Lebensbedingung des organischen Lebens, das Gegenstand der Naturwissenschaften ist[25].

So grundfalsch im allgemeinen die beliebte Analogie von Staatsgebiet und menschlichem Körper ist, so lehrreich ist sie hier. Wie die Bindung alles geistigen Lebens an das körperliche Dasein von Menschen und an körperliche physiologische Vorgänge doch dies geistige Leben und seine Erkenntnis nicht an die (mechanischen und organischen) Gesetze raumerfüllender Körper bindet, sondern ihm seine geistige Eigengesetzlichkeit läßt, weil jene Körperlichkeit nur als dialektisches Moment, nicht als Kausalfaktor in ihm enthalten ist —

---

[23] Unklar dies Doppelte bei Waldecker, Staatslehre, S. 481 f.

[24] Z. B. Sieger, Staatsgebiet und Staatsgedanke, Mitteilungen der Geographischen Gesellschaft in Wien 62 (1919), 1 ff., bes. S. 8, u. ff.

[25] Statt vieler Fr. Ratzel, Der Lebensraum, 1901. — Nur in den Grenzen des im Text Gesagten berechtigt die Ablehnung der „Geopolitik" für die Staatstheorie bei Heller, Souveränität, S. 83 und Anm. 2. — Selbst von den Ausschreitungen der Geopolitik ist noch ein weiter Schritt bis zur reinen Unterwerfung der politischen Geographie unter die physikalische in der heutigen italienischen Literatur (nach napoleonischem Vorbild), im Vergleich mit der sogar die berühmte Stelle in den „Grundzügen des gegenwärtigen Zeitalters" (Fichte, Werke, 7, 212) noch im Recht ist, die es ablehnt, in Erdscholle, Fluß und Berg das Vaterland zu erkennen.

so ist auch das staatliche Leben trotz seiner geographischen Bindung nicht, wie das organische Leben der Naturwissenschaften, aus seinen geographischen Bindungen zu erklären, sondern nur unter Einbeziehung dieses seines Wesensmoments als geistige Wirklichkeit voll zu verstehen. D. h. alle Staatslehre hat es mit dem Gebiet als Gegenstand geistiger Erlebnisse zu tun, als integrierendem Moment der politischen Gemeinschaft, sofern es Moment des gemeinsamen politischen Schicksals, insbesondere sofern es Aufgabe ist, als Gegenstand der Verteidigung, der Erschließung, der Besiedlung, der Ausnutzung usw.

Wenn die naturalistisch-mechanistischen Irrtümer der politischen Geographie entschuldbar und als Arbeitshypothesen vielfach fruchtbar sind, gibt es keine Entschuldigung für den massiven Gebiets-Naturalismus der neueren deutschen Staatsrechtslehre. Sie stellt ausdrücklich den Staat als räumliche Wirklichkeit auf sein Gebiet als auf eine räumlich tragende Plattform, wie auf eine Untertasse[26]; die rohe Juxtaposition der üblichen Lehre von den drei Elementen setzt dann das Staatsvolk auf diese Unterlage und überhöht sie darauf (in dem öfter angewendeten Bilde) durch die Kuppel der Staatsgewalt oder läßt sie durch diese zusammengehalten werden wie die Puppen eines Marionettentheaters durch das Fadenbündel des Puppenspielers. Dieses unrühmliche Kapitel deutscher Ungeistesgeschichte ist natürlich ein dankbares Feld der Kritik der Wiener Schule, auf die deshalb verwiesen werden kann[27]. Ihrer Kritik muß aber die einfache Erklärung dieser Irrtümer hinzugefügt werden: die Roheit dieses naiven Realismus stellt sich mit Notwendigkeit ein als Ergänzung der sonst bestehenden Leere des staatsrechtlichen und staatstheoretischen Formalismus.

Die zweite integrierende Funktion des Gebiets liegt darin, daß sich in ihm die Erfüllung der staatlichen Aufgaben, die mit ihm gestellt sind, niederschlägt: es wird umgestaltet, ein Kulturprodukt, und zwar nicht nur als Träger von einzelnen wirtschaftlichen und kulturellen Werten jeder Art, sondern als anschauliche Zusammenfassung der Totalität des Wertbesitzes eines Staates und Volkes. Insofern wird es meist als „Vaterland“, „Heimat“ usw. bezeichnet; es repräsentiert insofern, z. B. in Sprachgebrauch und Empfindungswelt von Kriegszeiten,

---

[26] Besonders bezeichnende Stellen, denen sich viele andere anreihen ließen, bei Kelsen, Souveränität, S. 73, Staatslehre, S. 294.

[27] Kelsen a. a. O. und vielfach sonst, W. Henrich, Kritik der Gebietstheorien, 1926.

mehr als irgend etwas anderes die politische Lebens- und Wertgemeinschaft — gelegentlich seinerseits wieder repräsentiert durch einen Teil, durch sacri termini, durch die Landschaft seiner „historischen Seite“, z. B. den Rhein. Mit dieser Funktion tritt das Gebiet in die Reihe der integrierenden Symbolisierungen einer unformulierbaren Wertfülle, einer Werttotalität, und zwar an die erste Stelle dieser Reihe. Wie eine Vereinssatzung in ihrem ersten Paragraphen den Vereinszweck formuliert, so bezeichnen die Verfassungen den unformulierbaren Inhalt des von ihnen geregelten Staatslebens, indem sie die Symbolisierungen dieses Gehalts voranstellen: Gebiet, Farben und Wappen, Staatsform und Staatscharakter.

In diesem Sinne ist es richtig, daß der Staat seine wesentlichste Konkretisierung durch sein Gebiet erfährt[28], und daß Änderungen dieses Gebiets nicht quantitative, sondern qualitative Wesensänderungen des Staats sind. Das Gebiet steht an erster Stelle unter den sachlichen Integrationsfaktoren des Staats und ist unter diesem Gesichtspunkt ein Gegenstand der Staatstheorie, nicht unter dem der widersinnigen und unmöglichen Lehre von den Staatselementen.

8. Die Einheit des Integrationssystems — Die Integrationsarten im Verhältnis zueinander — Auswärtige und innere Politik

Alles geistige Leben ist ein Stück Verwirklichung aufgegebener Sinnzusammenhänge. Es kann dies deshalb sein, weil es Träger einer besonderen Wertgesetzlichkeit ist, vermöge deren ihm die Tendenz, das „Gefälle“ zum Optimum solcher Verwirklichung immanent ist. Je nach dem Wertgebiet, um das es sich handelt, kann in dieser Tendenz insbesondere die Herstellung einer systematischen Einheit, einer objektiven Totalität irgendwelcher Art enthalten sein: einer einheitlichen Gesamterkenntnis, von der jede Einzeleinsicht ein Teil sein will — eines zusammenhängenden und allumfassenden Normensystems, als deren Teil nur jede Einzelnorm ihren Sinn zu haben beansprucht — eines sozialen Systems irgendwelcher Art, zu dessen Realisierung jede einzelne soziale Betätigung strebt.

---

[28] Braubach, Schmollers Jahrbuch 48, 232.
Besonders auffallend diese integrierende Wirkung des Gebiets und seiner Grenzen, wo sie auf die freie außerstaatliche „Gesellschaft“ übergreift, wie in der Angleichung vieler deutscher Dialektgrenzen an die Grenzänderungen zu Beginn des 19. Jahrhunderts.
Vielfach abweichend Scheler, Formalismus, S. 580 f.

Im sozialen Leben äußert sich diese Tendenz schon innerhalb der flüchtigsten menschlichen Beziehung in jenem von Litt[1] so eindrücklich geschilderten „Hin- und Heroszillieren kundgebender und verstehender Akte" mit seinem Ziel der Herstellung der Verständigung, der geistigen und sozialen Synthese, wenn auch noch so bescheidener Art. In den höheren Schöpfungen wirkt sie sich aus in dem Zuge zur immer neuen Herstellung widerspruchsloser, geschlossener Einheit: in der immer erneuerten Erhebung einer positiven Rechtsordnung zu einer lebendigen geistigen Einheit durch Wissenschaft und Praxis, oder in der immer neuen Ergänzung von Lücken eines positiven Normensystems gegenüber der stetigen Rechtsgeschichte wie gegenüber akuten Einbrüchen durch Revolutionen. Insbesondere im Staat verwirklicht sie sich durch die dauernde Erneuerung seiner Wirklichkeit als Willensverband aller seiner Angehörigen, trotz aller Passivität und allen Widerstandes Einzelner und ganzer Gruppen, ja überwältigender Mehrheiten.

Stellt sich die Wirklichkeit des staatlichen Lebens als die dauernde Herstellung seiner Wirklichkeit als souveräner Willensverband dar, so ist seine Wirklichkeit die seines Integrationssystems. Und dieses, d. h. die staatliche Wirklichkeit überhaupt — ist nur dann richtig verstanden, wenn es gefaßt wird als die Einheitswirkung aller, der Wertgesetzlichkeit des Geistes entsprechend sich immer von neuem automatisch zu einheitlicher Gesamtwirkung zusammenschließenden Integrationsfaktoren. D. h. die verschiedenen Seiten des Staats, insbesondere die bezeichneten verschiedenen Arten seiner Integration, oder etwa die beiden in ihrem Verhältnis zueinander so problematischen Hauptrichtungen seines Lebens, die innere und die auswärtige Politik, sind nur zu verstehen als die Momente seines einheitlichen Lebens-, d. h. Integrationssystems.

Unter diesem Gesichtspunkt sollen diese beiden Fragen, nach dem Verhältnis der Integrationsarten zueinander und nach dem Verhältnis von Innen- und Außenpolitik, wenigstens in andeutender Kürze erörtert werden.

Das Verhältnis der verschiedenen Integrationsweisen, insbesondere das der beiden Pole eines jeden Integrationssystems, der sachlichen einer- und der funktionellen anderseits, ist ein wichtiges Problem der Theorie und der Politik. Allerdings wird es nicht ausdrücklich so be-

[1] 2. Aufl., S. 78.

zeichnet oder auch nur so verstanden. Denn es wird nicht als ein systematisches grundsätzlich erfaßt und behandelt, sondern als ein geschichtliches beobachtet. Dabei handelt es sich insbesondere um zwei Möglichkeiten der geschichtlichen Abfolge: der Ablösung sachlicher Integration durch funktionelle einer-, funktioneller durch sachliche anderseits.

Die erste Möglichkeit entspricht dem Gang der neueren Geistesgeschichte im allgemeinen. Der Zerfall des mittelalterlichen Wertsystems bedeutet zugleich den Zerfall der gewachsenen, natürlichen, unproblematischen Wertgemeinschaft, der „Gemeinschaft" auch im Tönniesschen Sinne, d. h. das Ende des Zeitalters überwiegend sachlicher Integration. Der geistig atomisierte, entsubstanzialisierte, funktionalisierte neuzeitliche Mensch ist nicht der Mensch ohne Werte und Substanz, sondern der Mensch ohne gemeinschaftsbildende, insbesondere traditionelle Werte, die zugleich notwendig Werte einer statischen Kultur- und Sozialordnung sind. Die Gemeinschaftsbildung ist ihm gegenüber daher mehr als früher auf funktionelle Integrationstechniken angewiesen: wie der Mensch der statischen Ordnung integriert wurde durch die Einordnung in die stehende Hierarchie des Staats und der Stände, so der Bürger des 19. Jahrhunderts durch das formale Spiel des Parlamentsstaats, der des demokratischen Zeitalters durch die plebiszitären Lebensformen des Massenstaats. Insofern hat der Einbruch der Massenpsychologie in das moderne staatstheoretische Denken trotz ihrer psychologistischen und skeptischen Unzulänglichkeit ein gewisses Recht. Insofern wird auch nicht ohne Recht das „Prozeßartige" modernster politischer Gruppen, etwa des Kommunismus, in Gegensatz gestellt zu der Struktur älterer Parteibildung[2].

Ganz unabhängig von solchen weltgeschichtlichen Entwicklungsreihen sind derartige Vorgänge gelegentlich auch im Kleinen zu beobachten. Karl Bilfinger hat eindrücklich dargelegt, wie für den deutschen Einzelstaat als Lebensform im Gegensatz zu den Nationalstaaten bezeichnend ist, daß er nicht so sehr durch sachliche Momente, Wirtschaft, Kultur, Stammesart und darauf bezügliche sachliche Zuständigkeiten zusammengehalten wird, sondern vor allem durch das „staatliche Herrschaftsprinzip", d. h. durch das formale Spiel staatlicher Herrschaftsübung, formellen Funktionierens, d. h. durch funktionelle Integration vermöge des miterlebenden Anteils seiner Bevölkerung

[2] G. Lukács, Geschichte und Klassenbewußtsein, S. 319 ff.

an diesem funktionellen Leben, ganz abgesehen von dessen sachlichem Inhalt[3].

Wichtiger, als Zahl, Art und Wahrheitsgehalt solcher Einzelfälle, ist für die Staatstheorie die grundsätzliche Tatsache, daß auch der gegensätzliche Ablauf auftritt, und zwar ebenfalls als Einzelfall, und hier insbesondere noch, und insofern von allergrößter praktischer Bedeutung, als praktisches politisches Programm.

Einmal bedeutet der Zerfall älterer Lebensgemeinschaft zur modernen rationalisierten „Gesellschaft" im Tönniesschen Sinne die Verwandlung irrationalen Gemeinschaftsgehalts in rationalisierten, bewußten, formulierten Sinn- und Wertgehalt, wie ihn Staatsvertragslehren, Menschenrechte und moderne Staatstheorien und Parteiprogramme entwickeln. So hat man geradezu das Wesentliche der jüngeren Gemeinschaftsform gegenüber der älteren darin finden wollen, daß für die ursprünglichere der Führer der bezeichnende und wesensbestimmende Integrationsfaktor sei, für die jüngere dagegen der Ersatz dieses Führers durch Ideen und Abstraktionen[4].

Eine entsprechende Linie ist in manchen konkreten Einzelerscheinungen zu verfolgen. Ich nenne hier nur die bedeutsame Darlegung der Klimax vom personalplebiszitären zum realplebiszitären Verfassungstypus in England, die Karl Loewenstein gegeben hat[5].

In der Einordnung an dieser Stelle liegt vor allem, soviel ich sehe, der Schlüssel zu den Rätseln der sozialistischen Staatstheorie. Das wird um so deutlicher, je mehr die Engelssche Formel von der „Überführung der politischen Regierung über Menschen in eine Verwaltung von Dingen und eine Leitung von Produktionsprozessen, also der Abschaffung des Staats"[6] zum Leitmotiv der staatstheoretischen Erörterung im Sozialismus wird. Die Herstellung der Solidarität, die die Voraussetzung der Abschaffung der „Herrschaft" ist, beruht auf der Herstellung der sachlich richtigen wirtschaftlichen und sozialen Ordnung. Wenn diese besteht, dann wird die Willenseinheit, insbesondere die politische, nicht mehr durch Herrschaft, durch Überwältigung, überhaupt durch Willensakte hergestellt, sondern durch die Einsicht

---

[3] Der Einfluß der Einzelstaaten auf die Bildung des Reichswillens, S. 85.

[4] So die Freudsche Massenpsychologie, hier kurzerhand angezogen nach Kelsen, Staatsbegriff, S. 31 f. — eine besonders repräsentative Äußerung, einschließlich des heute noch unvermeidlichen Durcheinanders von krassem Naturalismus und Führerromantik.

[5] Archiv für Sozialwissenschaft und Sozialpolitik, Bd. 51, S. 671, 683.

[6] Z. B. Herrn Eugen Dührings Umwälzung der Wissenschaft, 11. A. (Dietz 1921), 277.

in die Richtigkeit dieser Ordnung[7]. Deshalb legt der Marxismus so großes Gewicht auf die Erziehung, weil die Menschen dieser neuen Ordnung notwendig anders und besser sein müssen als die bisherigen[8]. Jedenfalls aber bedarf der durchgeführte Sozialismus keines politischen Integrationssystems mehr, weil er es in der durchgeführten sachlichen Neuordnung schon besitzt — deshalb besteht z. B. für Max Adler das Problem dissentierender Minderheiten in der sozialistischen Ordnung überhaupt nicht mehr[9].

Hier, bei der Ausschaltung der uns geläufigen Wirklichkeit des politischen Lebens als einer Welt des lebendigen und deshalb kämpfenden und in diesem Kampf den Staat bildenden und die Geschichte ermöglichenden Willens, setzen die Zweifel der „bürgerlichen" Staatstheorie ein, ganz abgesehen von allen übrigen Einwänden gegen den Marxismus.

Ein Zustand politischer Integration ausschließlich durch einen integrierenden Sachgehalt kann nur Gegenstand einer Unstaatstheorie — was der Marxismus sein will — oder einer Utopie sein. Es ist ein verlorenes oder ein zukünftiges Paradies, das so charakterisiert wird — daher die Neigung aller chiliastischen Utopien zu romantischen Einschlägen. Dem widerspricht nicht die Tatsache eines Falls weltgeschichtlicher Verwirklichung in der römischen Kirche: einerseits ist auch hier das System sachlicher Integration nicht rein geblieben, und anderseits ist bezeichnend, daß ihr eigenes Rechtssystem und die ihr nachgebildeten politischen Systeme sämtlich hierarchische Ordnungen von Autoritäten sind, die sich derivativ vom

---

[7] Höchst bezeichnend Max Adler auf der 3. Reichskonferenz der Jungsozialisten (Berlin 1925, Arbeiterjugend-Verlag, S. 12): „Es hat noch niemals ein anderes Mittel gegeben, die Köpfe der Menschen einhellig zu machen und ihr Wollen auf eine gemeinsame Linie zu bringen, in welcher es erst zur dauernden Kraft gelangt, als die Wissenschaft... Nur in einem Gebiete müssen sich alle Geister treffen, nur einem Zwange kann sich niemand entziehen, das ist der Gewalt des logischen Denkens" usw.

Also die wissenschaftliche Wahrheit und ihre Verwirklichung als einziger Integrationsfaktor. Diesem intellektualistischen Theorem kann keine Dialektik bestreiten, daß in ihm der „Staat" aufgehoben ist: richtig Adler, Staatsauffassung des Marxismus (Marx-Studien IV 2), bes. 209 ff., auch 129, 146, 223, und passim.

[8] Deshalb wird das Schwergewicht aller zukünftigen Demokratie nicht in der Politik, sondern in der Pädagogik liegen: das. S. 185.

[9] Staatsauffassung, S. 197, Anm.

Ein Sozialismus, der der bürgerlichen Gesellschaft die Verfestigung ihrer Werte vorwirft und der neuen Erziehung ein „formal allseitig funktionsfähiges Erziehungsprodukt" zum Ziel setzt (A. Siemsen, Erziehung im Gemeinschaftsgeist, bes. S. 13 f.), steht insoweit nicht auf sozialistischem Boden.

Träger des sachlichen Zentralwerts herleiten. Für Recht und Möglichkeit aller Versuche, nach diesem Schema eine Theorie des Staats zu entwickeln, d. h. seine Wirklichkeit systematisch zu erfassen, ist lehrreich der bedeutendste neuzeitliche Versuch dieser Art, wie er in der Staatstheorie von Carl Schmitt vorliegt: er ist keine Staats-, sondern eine Rechtstheorie und kann nach seinen Voraussetzungen nichts anderes sein — darum bezeichnend, daß Max Adler in dieser Theorie wertlegitimierter Rechtsverhältnisse einen Bundesgenossen, wenigstens in gewissem Sinne, finden kann[10].

Um so mehr verdient die Wandlung Beachtung, die als allgemeines Zurücktreten der humanen Menschenwerte gegenüber den zivilisatorischen Sachwerten innerhalb unseres Kulturganzen auch entsprechende Verschiebungen der verhältnismäßigen Bedeutung der staatlichen Integrationsfaktoren nach sich zieht, insbesondere den Niedergang des Parlamentarismus zum guten Teil erklärt[11].

Von weiteren Beispielen wirklicher oder konstruierter Abfolge der Integrationstypen, wie sie z. B. leicht aus manchen Stufentheorien herauszuschälen sind[12], soll hier abgesehen werden. Bei allem bedingten Recht solcher Beobachtungen ist daran festzuhalten, daß der Staatsverband seine Einheit hat vermöge sämtlicher Integrationsfaktoren, also vermöge seines Sachgehalts und seines Willenslebens, wie das persönliche Leben des Einzelmenschen seinen Abschluß zur Einheit erlebt im Spiel seiner Funktionen und in seinem sachlichen Inhalt an Erinnerung, Aufgabe und Zukunftstendenz. Die Wertgesetzlichkeit des Geistes bewährt sich auch hier in der stetigen Harmonisierung dieser sich ja für sich immerfort wandelnden einzelnen Faktoren.

Es gehört zu den starken Seiten des Faschismus, über den man im übrigen urteilen mag, wie man will, daß er diese Notwendigkeit allseitiger Integration mit großer Klarheit gesehen hat, bei aller Ablehnung des Liberalen und Parlamentarischen doch die Technik funktioneller Integration mit Meisterschaft handhabt und die abgelehnte sozialistische Sachintegration bewußt durch eine andere (nationaler Mythus, Berufsstaat usw.) ersetzt.

---

[10] Staatsauffassung, S. 193 ff.

[11] Hellpach-Graf Dohna, Die Krisis des deutschen Parlamentarismus, 1927, S. 8.

[12] Als ein neueres Beispiel mag hier genannt werden Max Scheler, Versuche zu einer Soziologie des Wissens, S. 99, 109, Anm. 99 (gegen Engels), 28, 30, 31 ff., 37 f. — Methodisch bedenklich die herkömmliche Kontrastierung der „Ideal- und Realfaktoren“ das. S. 9.

— Schließlich ist noch einmal daran zu erinnern, daß keiner der Integrationstypen in der Regel rein auftritt, sondern daß nur regelmäßig der eine oder andere Typus im Einzelfall überwiegt. Zuweilen erscheinen sie in untrennbarer Einheit; so sind an der Integrationswirkung des politischen Erfolges[13] gleichmäßig der als Gemeinbesitz errungene Sachgehalt und das Erlebnis dieses Erringens durch die staatliche Gemeinschaft oder doch mindestens durch ihr Organ in ihrem Namen beteiligt[14].

Die Arten der Integration und ihr systematisches Zusammenspiel zur Einheit des staatlichen Lebens sind bisher wesentlich unter dem Gesichtspunkt der inneren Politik behandelt und an deren wichtigsten Erscheinungsformen anschaulich gemacht. Eine solche Betrachtung würde aber eine empfindliche Lücke offen lassen, wenn sie Staat, Politik und Integration nur von dieser Seite ins Auge faßte und die Frage vernachlässigte, in welchem Verhältnis das entwickelte System des staatlichen Lebens zu dem auf den ersten Blick so andersartigen und andersgesetzlichen Bereich der äußeren Politik steht. Hier anscheinend der Staat als Macht, d. h. als festgeschlossene Einheit — dort in einzelne Faktoren und Funktionen und deren ständig wechselndes Zusammenspiel aufgelöst; hier die Heteronomie des außenpolitischen

[13] Kaum in Betracht kommend Norbert Einstein, Der Erfolg (1919), bes. S. 50 f.
— Zum Verhältnis der Integrationsarten vgl. auch noch oben S. 159.

[14] Nicht nur die Verfassungstheorien der politischen Hauptrichtungen sind in der oben angedeuteten Weise zu charakterisieren als verschiedenartige Integrationsprogramme, unterschieden durch die Verwendung und die Kombination der einzelnen Integrationsfaktoren, sondern ebenso die Staatsformen (davon später) und die nationalen Staatstypen, deren Gegensätze allerdings (abgesehen von einigen einfachen und durchgehenden, z. B. der größeren Rolle bestimmter sinnlicher, optischer, rhythmischer Integrationsmomente bei den romanischen Völkern) sehr verwickelt und nicht auf einfache Formeln zurückzuführen sind. Trotzdem verdient dies Problem nähere Untersuchung, gegenüber den Unklarheiten, in die die beliebte Zurückführung auf Varianten des Gegensatzes individualistisch-kollektivistisch geraten muß. Dies Gegensatzpaar bezeichnet notwendige Momente alles geistigen Lebens und jeder politischen Individualität. Karl Vossler hat klassisch dargetan, wie stark die französische Kultur sozial und soziabel ist, und doch ist das französische Staatsgefühl zugleich schroff individualistisch, entsprechend dem bäuerlich-kleinbürgerlichen Erleben des objektiven Rechts im subjektiven auf die greifbaren Gegenstände seines subjektiven Habens gestellt — so in der Auffassung der Friedensordnung von Versailles. Umgekehrt empfindet der Franzose als angelsächsische Eigenart bei allem Individualismus doch in politischer Hinsicht die Neigung zu good will und cooperation, im Gegensatz zum politisch atomistischen Franzosen (A. Tardieu, Devant l'obstacle, l'Amérique et nous, 1927, p. 53 s.).

Kräftespiels — dort die Autonomie der Selbstgestaltung der staatlichen Eigenart; hier daher eine Notwendigkeit, die der dort bestehenden Freiheit beschränkend gegenübertritt, im Sinne des vielberufenen „Primats der auswärtigen Politik".

In anderem Zusammenhang habe ich darzutun versucht, daß das politische Leben die Einheit der inneren und äußeren Politik ist, und daß diese Einheit darin beruht, daß beide Richtungen Selbstgestaltung der staatlichen Individualität, d. h. Integration sind[15]. Ich habe dieser Erörterung nur wenig hinzuzufügen.

Die herkömmliche Auffassung von dem tiefen Wesensgegensatz zwischen innerer und äußerer Politik und von dem Problem des Verhältnisses zwischen diesen beiden einander fremden Welten und politischen Kraftfeldern, das ein Verhältnis der Beeinflussung des einen durch das andere, d. h. regelmäßig ein Verhältnis des Primats des einen gegenüber dem anderen sein müsse — diese Auffassung hat regelmäßig bestimmte geschichtlich-praktische, aber auch tiefer liegende theoretische Voraussetzungen.

Theoretisch ist die Alternative des Primats der äußeren oder der inneren Politik die Alternative der Substanzialisierung (und Isolierung) des Staats als Macht einer- oder des Einzelnen anderseits als letzten Trägers der politischen Zielsetzungen und damit letzten Motors des politischen Lebens. Je nachdem sind die Staaten und ihre Machtverhältnisse die letzte Ursache des politischen Geschehens, die von der Außenpolitik her die innere, insbesondere die Staatsformen bestimmt (die bekannte, bis zum Überdruß wiederholte und insbesondere zur Rechtfertigung der deutschen Monarchie verwendete These der deutschen Historiker) —oder die Individuen und die von ihnen ausgehenden innerpolitischen Gestaltungen (so vielfach z. B. die pazifistische Ideologie).

Beide Denkweisen sind geisteswissenschaftlich gleich unhaltbar. Die zweite ist die der herrschenden Beziehungs- und Wechselwirkungssoziologie der Individuen als starrer, substanzieller Beziehungsträger — sie ist als geisteswissenschaftlich unmöglich in den früheren Erörterungen immer wieder abgelehnt. Die erste ist für ihren Bereich ebenso unrichtig: auch sie verfestigt die politischen Körper zu starren Gegebenheiten und entzieht sie damit dem geisteswissenschaftlichen Verstehen, während doch auch deren Beziehungen solche geistigen Austauschs und Lebens, d. h. gegenseitiger Gestaltung und vor allem

[15] Kahl-Festschrift III 17 f. Als Zustimmung eines Berufenen deute ich Mendelssohn-Bartholdy, Europäische Gespräche, I 168.

darin sich vollziehender Selbstgestaltung sind, nicht aber kausale, mechanische Verhältnisse zwischen substanziellen und isolierten Körpern[16].

Ist demnach ein wesensmäßiger Primat der äußeren oder der inneren Politik nur mit Argumenten zu begründen, die auf theoretisch unhaltbare Voraussetzungen zurückgehen, so ist auf dem Gebiet der geschichtlich-praktischen Erörterung (auf dem die Behandlung der Frage in der deutschen historischen und politischen Literatur meistens liegt) natürlich für bestimmte Lagen in der Tat die eine oder die andere Antwort wohlbegründet. In einem Lande ohne starken Druck auf seine Grenzen, etwa in den Vereinigten Staaten, ist die Innenpolitik eher in der Vorhand als in Deutschland vor und nach dem Weltkriege. Für angelsächsisches Selbstgefühl ist es selbstverständlicher, daß „the national life precedes international relations"[17], als für die der Außenpolitik gegenüber passive, betrachtende und leicht ästhetisierende deutsche Art[18]. In revolutionären und innerpolitisch ungefestigten Ländern wird die Außenpolitik leichter von der inneren abhängig als unter stabilen Verfassungsformen[19]. All diesen Möglichkeiten gegenüber kommt es hier nur auf die Feststellung an, daß wesensmäßig die Außenpolitik ebenso Wesensbestimmung. Integration des Staatsganzen ist wie die innere. Um in der Bahn der herkömmlichen Erörterung zu bleiben, sei auch diese Tatsache an einigen Beispielen anschaulich gemacht. Das nächstliegende ist die — namentlich in der Theorie des Imperialismus — viel erörterte Objektlosigkeit aller auswärtigen Politik[20]: bei der Rheinfrage handelt es sich

---

[16] Vgl. vor allem die ausgezeichnete Erörterung der „Verflechtung der Lebenskreise" bei Litt [3] 379 ff., bes. S. 381.

[17] Seeley, International Journal of Ethics, I 444 f. Wie der Satz mit dem bekannteren anscheinend gegensätzlichen desselben Schriftstellers vom Zusammenhang zwischen äußerem Druck und innerer Verfassung vereinbar ist, kann ich nicht aufklären.

[18] Statt Vieler als repräsentatives Beispiel Ruedorffers Grundzüge der Weltpolitik in der Gegenwart zu nennen.

[19] Bismarcks zahlreiche Äußerungen über monarchische Verfassung als Voraussetzung dauerhafter Bündnispolitik — vgl. etwa die Zusammenstellung bei Srbik Metternich II 662 zu 551, auch 553 unten. — Darüber, daß nur die Verfügung über die inneren Kräfte die Benutzung außenpolitischer Lagen möglich macht, also insoweit die innere die Außenpolitik bedingt, H. Göring in „Die neue Front" S. 397.

[20] Dazu Kahl-Festschrift III 18. — Wenn z. B. von mehreren einer Gruppe angehörenden Staaten einer einen Vorteil erlangt, so fordern die übrigen Kompensationen, nicht weil jeder gleich viel haben soll, sondern weil das durch die außenpolitische Machtrelation bestimmte Wesen aller anderen sonst beeinträch-

weniger um die Rheingrenze als um die Gesamtgeltung des deutschen und des französischen Volkes[21]; der Gesamtcharakter einer einmal eingeschlagenen außenpolitischen Linie überdauert regelmäßig ihren sachlichen Anlaß, weil er zu einer Wesensqualifikation des Staats geworden ist, der „von seinem Schatten nicht loskommen kann“[22]; größere Staaten sind nach Richelieu vertragstreuer als kleine, weil sie mehr auf Reputation zu halten haben[23], d. h. weil sie als stärkere Wesen auch stärker mit ihrer Politik eins, durch sie qualifiziert sind; insbesondere sind bekanntlich politische Verträge und Lagen schwerer wandelbar als z. B. wirtschaftspolitische, weil jene in höherem Grade als diese Wesensbestimmungen der Beteiligten sind[24]; eben als Wesensqualifizierungen des Staats sind die Positionen seiner außenpolitischen Lage für ihn Ehrenpunkte, Integrationsmomente[25], und ein Diktatvertrag, wie der von Versailles, ist z. B. deshalb so unsittlich, weil er nicht nur Opfer, sondern ohne Zustimmung des Betroffenen diesem sogar ein verändertes Wesen aufzwingt; Bismarcks Gedanken verfassungsmäßiger Festlegung des deutsch-österreichischen Bündnisses hätte nur eine quantitative Steigerung und Unterstreichung der durch die Außenpolitik stets mehr oder weniger herbeigeführten Qualifizierung des gesamten staatlichen Wesens der Beteiligten bedeutet. So hat die Praxis in gesunder Außenpolitik stets nicht nur eine Bedingung, sondern geradezu ein Moment der inneren staatlichen Gesundheit eines Volkes gesehen[26], und die Theorie verwahrt sich mit Recht gegen jede Zerreißung des politischen Wesens in eine Außen- und Innenseite[27]. Innenpolitischer Gehalt und außenpolitische

tigt würde. — Als Beispiel für die hier möglichen Nuancierungen objektloser und mehr objektbetonter Außenpolitik vgl. Vagts Europäische Gespräche I 261.

[21] H. Göring, Die Großmächte und die Rheinfrage in den letzten Jahrhunderten (1926), S. 72.

[22] Göring a. a. O. S. 80.

[23] Meinecke, Staatsräson [1], S. 516.

[24] Zu erinnern an die berühmten Worte in Bismarcks Reichstagsrede am 11. 1. 1887, bei H. Kohl, Polit. Reden, 12, 217.

Das schließt nicht aus, daß eben deshalb politische Verhandlungen elastischer geführt werden als lediglich technische — die bekannte Erörterung Kiderlens zum Flottenabkommen 1909, bei Jäckh, Kiderlen, II 50, 57.

An die Ehrenklausel und andere dahin gehörende Erscheinungen des Völkerrechts brauche ich nur zu erinnern.

[25] Vgl. das Zitat aus Hegels Rechtsphilosophie, oben S. 163, zu Anm. 11.

[26] Vgl. etwa K. Riezler in „Die deutsche Nation“ 1922, S. 991, und vor allem Mannhardt, Faschismus, S. 88, 128, 39, 121, 119, 274 f., 142 f.

[27] C. Schmitt in Schmollers Jahrbuch, 48, 2 S. 774 ff., Heller, Souveränität, S. 118, Hauriou, Précis de droit constitutionnel (1923), 446, 397, Sieger a. a. O. S. 11. Im Gegensatz zur Mehrheit der Historiker sehr bestimmt so M. v. Szcze-

Relation des Staats sind nicht zwei Teile, sondern nur zwei Momente seiner Wirklichkeit und Individualität. Die Verkennung dieser Wahrheit führt gleichmäßig theoretisch und praktisch in die Irre — so etwa, wenn Meinecke das Problem von Ethik und Politik nur an der Außenpolitik sieht, statt an der Einheit des Politischen, und dem eigentlichen Gegenstande des Problems, dem fließenden Leben der politischen Integration in seiner sachlichen Fülle und mit dem ganzen Reichtum persönlicher Beteiligung daran, die starren Gestalten der kämpfenden Mächte substituiert, zu denen sich die Ethik in hoffnungsloser Antithese befindet[28].

9. Integrationslehre und Staatstheorie

Die bisherigen Erörterungen beanspruchen nicht, eine Staatstheorie zu sein, nicht einmal der Grundriß einer solchen. Abgesehen von der Vorläufigkeit dieses ersten Entwurfs suchen sie nur ein bisher vernachlässigtes Hauptproblem der Staatstheorie ins Licht zu rücken, und auch das nur unter dem Gesichtspunkt der Grundlegung der Verfassungs- und Verfassungsrechtstheorie. Die Bedeutung des Integrationsproblems für die übrigen Fragen der Staatstheorie muß ich späterer Untersuchung vorbehalten.

Statt dessen versuche ich zum Abschluß dieser staatstheoretischen Grundlegung, ihren Grundgedanken zum geschichtlichen und gegenwärtigen Gedankenbestande der Staatslehre in Beziehung zu setzen. Diese Beziehung ist wesentlich polemischen Charakters. Immerhin finden sich auch Berührungspunkte mit übereinstimmendem oder wenigstens verwandtem Denken.

Solche Berührung ist zunächst ausgeschlossen mit allem Denken der Antike oder auf antiker Grundlage. Die kategoriale Festigkeit der sozialen Ordnungsbegriffe, beruhend auf der ontischen Festigkeit der Weltordnung und insbesondere auf dem Primat der Sozialstruktur als oberster Emanation dieser Weltordnung[1], wie sie das antike und das

---

panski, Rankes Anschauungen über den Zusammenhang zwischen der äußeren und der inneren Politik der Staaten, Ztschr. f. Pol. 7, 489 ff., bes. S. 620. — Dem Auslande ist das selbstverständlicher als uns — Art. 1 Abs. 2 der Völkerbundssatzung meint mit dem Erfordernis, daß die Mitgliedsstaaten „se gouvernent librement“ wohl gleichmäßig die innere und äußere Freiheit.

[28] Einleitung und Schluß der „Idee der Staatsräson“.

[1] Statt Vieler Scheler, Die Wissensformen und die Gesellschaft, S. 134. — Einen ähnlichen, mit jenem innerlich eng zusammenhängenden Gegensatz bedeutet die romanische Neigung zur Konstanz der Form, namentlich der organisatorischen; vgl. z. B. K. Vossler, Die romanischen Kulturen und der deutsche Geist, S. 23.

aristotelisch-scholastische Denken beherrscht und noch für dessen glänzende heutige Repräsentation in der Staatslehre von Carl Schmitt bezeichnend ist[2], ist das Gegenteil des hier vorgeschlagenen Verständnisses der politischen Erscheinungen. Damit ist ein Gegensatz gegeben, der weit über die phänomenologische Erfassung des sozialen Tatbestandes an sich hinausführt und auf den ich noch zurückzukommen habe.

Ganz anders ist das Verhältnis zum weltlichen Naturrecht, allerdings nur zu dem richtig verstandenen. Ebenso wie die heutige Kritik in der bisherigen nachkritischen Staats- und Staatsrechtslehre mit Recht das unkritische Gewirr von Ontologie und Ethik, Soziologie und juristischer Technik und naivem Realismus zu klären und zu beseitigen sucht, so muß auch in der vorkritischen Theorie diese Absicht allseitiger Erfassung ihres Gegenstandes erkannt, hier aber zugleich als geistesgeschichtlich berechtigt, als ihre Stärke bewertet werden[3]. Die Lehre vom Staatsvertrage ist nicht nur als mythische Geschichtskonstruktion, als Hilfsvorstellung der Staatskritik und als juristische Grundlegung gemeint und zu würdigen, sondern auch als Versuch soziologischen oder besser phänomenologischen Verständnisses. In einer bedeutenden, in Deutschland zu wenig beachteten Studie hat M. Hauriou zu zeigen gesucht, daß die volonté générale bei Rousseau eine soziologische Wirklichkeit ist (man darf hinzufügen, wenigstens vermöge einer Komponente des von Rousseau damit verbundenen Sinnes), darin bestehend, daß in nicht organisierter Weise, bald still und kaum bemerkbar, bald (etwa bei großen nationalen Explosionen) elementar hervorbrechend, nicht unmittelbar herrschend, aber die Regierung legitimierend und inspirierend, ein einmütiger politischer

[2] Selbst da, wo sich C. Schmitt mit den hier vorgetragenen Anschauungen berührt, geschieht es im Anschluß an eine antike Erscheinung, die der Akklamation (Volksentscheid und Volksbegehren, S. 34).

Die — vielleicht apokryphe — von Großherzog Friedrich von Baden Neujahr 1871 aufgenommene Äußerung Friedrich Wilhelms IV., in die der Historiker der Akklamation als Stück der Kaisergeschichte seine Darstellung einmünden läßt (Stengel in: Historische Aufsätze Karl Zeumer dargebracht, S. 310), daß eine Kaiserkrone nur auf dem Schlachtfelde errungen werden könne, bedeutet in diesem Zusammenhang, daß nur ein Sieg in einem siegreichen Heere und dem dahinterstehenden Volke die Integration zur Nation herbeiführen könne, als deren Ausdruck die Kaiserkrone allein Sinn hat. Der Gegensatz ist bezeichnend: die antike Akklamation des Heeres füllt den durch die feste Hierarchie der Welt gegebenen Platz des Imperators mit einem bestimmten Manne aus; der moderne Akt ist eine integrierende Neugestaltung in einer nicht mehr hierarchisch geordneten Welt.

[3] Richtig Heller, Krisis, S. 290 f.

Lebenswille den Staat trägt, dessen Gegenstand der bloc des idées incontestables, die éléments incontestés de l'ordre social sind[4]. Das ist einigermaßen (abgesehen von einer gewissen antikisierenden Starrheit der idées politiques) die Integration als die Wirklichkeit des Staats als Gesamterlebnis, als das tägliche Plebiszit[5]. Hauriou bemerkt dazu mit Recht, daß dies auch der reale Gehalt des Sozialkontrakts ist: der Sozialkontrakt in Bewegung, das dynamische Äquivalent zu dessen Statik[6]. Zur Konzeption einer solchen Dynamik war das Naturrecht vermöge der überkommenen Statik seiner Begriffe vor Rousseau nicht imstande. Aber nichts hindert uns, die mit der Punktualität des Staatsvertrags unzulänglich ausgedrückte Wahrheit des dauernden Consensus[7] der Staatsgenossen in dem früher entwickelten Sinne auch bei den Naturrechtlern abgesehen von Rousseau zu finden. Sie sind von viel größerer gedanklicher Fülle, als selbst ihre besten Kenner und Verteidiger annehmen: es ist grundfalsch, wenn Wolzendorff in der Staatsvertragsidee nichts als die veraltete Formel dafür findet, daß der Staat die Organisation des Volkes sei[8], und der volonté générale geschieht Unrecht, wenn man in ihr nur eine Utopie sieht[9]. Wie denn überhaupt das Verständnis des deutschen vorkritischen, wie alles ausländischen Denkens in dem Augenblick zu Ende ist, in dem man es auf den Leisten unseres kritisch gereinigten Methodenmonismus schlägt. Die Naturrechtler haben vom Staat mehr gewußt als Laband und Max Weber, viel mehr, als ihre Verehrer und Verächter, ihre Kritiker und die herkömmlichen Darstellungen ihrer Geschichte von ihnen zu sagen wissen. Diese Geschichte wird aber ein Rosenkranz abgegriffener Gemeinplätze bleiben, solange ihre Darlegung sich auf die Projektion ihres Stoffes auf die Ebene irgendeiner „reinen" Methode beschränkt und ihn dadurch um all seinen Wahrheitsgehalt und seine Würde bringt.

---

[4] Recueil de législation de Toulouse, 2ème sér. t. 8 (1912), p. 16 ss., bes. p. 17, 20, 23, 24, 29 s., 33, 34.

[5] So auch Alfred Weber, Die Krise des modernen Staatsgedankens in Europa S. 35 f., Heller, Souveränität, S. 82.

[6] p. 20, 23 n.

[7] Eine Geschichte der Funktionalisierung des Consensusbegriffs (Andeutungen bei Braubach, Schmollers Jahrbuch 48, 646) wäre erwünscht — starr ist er verwendet bei Tönnies und Oppenheimer.

[8] Widerstandsrecht S. 525. Viel zu eng (im Anschluß an das kritizistische Mißverständnis bei G. Jellinek und anderen) auch Scheler, Formalismus, S. 545.

[9] Thoma, Max-Weber-Erinnerungsgabe, II 57. Allenfalls richtiger M. Adler, Wegweiser, S. 23.

Besonders eingehender Untersuchung würden die Berührungspunkte in der deutschen klassischen Philosophie bedürfen. Ich nenne hier nur vorläufig Fichtes eigentümliche Erörterung des „Schwebens“, in dem sich der Gegenstand des staatlichen Schutzes befindet, wodurch eben der Begriff des reellen Ganzen, einer Allheit, erzeugt wird — im Naturrecht von 1798[10] — und seine Dynamisierung des Staatsbegriffes überhaupt. An Schleiermachers Polaritäts- und Oszillationsphilosophie braucht nur erinnert zu werden[11], ebenso an die „lebendige Totalität, die Erhaltung d. i. die fortdauernde Hervorbringung des Staats überhaupt und seiner Verfassung“, den „Prozeß des organischen Lebens“ des Staats bei Hegel[12], an die Lebendigkeit des sittlich aufgefaßten Staats im Gegensatz zum nur technisch verstandenen bei Stahl[13].

In der deutschen Staatstheorie seit Mitte des 19. Jahrhunderts steht die hier vertretene Anschauung, soweit ich sehe, allein[14].

Ihre methodische Sonderstellung ist in den bisherigen Erörterungen entwickelt worden. Sie soll hier nur noch abschließend und zusammenfassend nach der polemischen Seite bezeichnet werden.

Sie sucht einmal der heute vorherrschenden Alternative zwischen dem bisherigen Methodensynkretismus und der aufkommenden Neigung zu unangemessenem methodischem Monismus zu entgehen.

Die wichtigsten Fehlerquellen des unkritischen Synkretismus findet sie in der Substanzialisierung und Isolierung der Einzelnen[15] oder

---

[10] Werke 3, 202, vgl. Metzger, Gesellschaft, Recht und Staat in der Ethik des deutschen Idealismus, S. 178 ff.

[11] Z. B. Metzger S. 292 f., Holstein, Schleiermacher, an vielen Stellen.

[12] Enzyklopädie § 541, Rechtsphilosophie §§ 271, 299.

[13] Z. B. Philosophie des Rechts [3] II 2, S. 260 f., 455 ff.

[14] Gewisse Anklänge bei J. Fröbel, Theorie der Politik, I 196 f., Adler, Staatsauffassung, S. 130 f., in A. Menzels energetischer Staatstheorie, nicht dagegen in A. L. v. Rochaus „dynamischer“ (obwohl die „Realpolitik“ mit einem Kapitel vom „dynamischen Grundgesetz des Staatswesens“ beginnt). Diese Reihe ließe sich vermehren, ohne sachlichen Gewinn.

Eine entschiedene Wendung zu einer antistatischen These von Nation und Staat hat M. H. Boehm angekündigt (Rundbriefe 4/5 des Instituts für Grenz- und Auslandsdeutschtum, Okt./Nov. 1926).

Daß die „dauernde Selbsterzeugung des Staatskörpers“ der Wiener Schule (z. B. Verhandlungen des 5. dtsch. Soziologentages, S. 52) hiermit nichts zu tun hat, liegt auf der Hand.

[15] Mit überraschender Härte bei Haenel, Staatsrecht, I 75, oder bei Hauriou a. a. O. p. 144 n. 1, wenn er die verfassungsmäßigen Gewalten versteht als liberté individuelle, qui s'élève au-dessus des autres.

der sozialen Körper[16], in mechanisierendem Denken[17] und fälschenden Raumbildern, in Vermengung juristisch-formaler Begriffstechnik und naiver Ontologie. So pflegen z. B. in dem beliebten Begriffspaar: Herrschaft und Genossenschaft (u. ä.) unklare Raumbilder, rechtstechnische und rechtstheoretische, ethisch-bewertende und psychologische[18] Momente enthalten zu sein — daher die Gefährlichkeit seiner Verwendung da, wo es sich nicht (wie in Gierkes großer Konzeption der deutschen Rechts- und Sozialgeschichte) um Veranschaulichung einer Lebensfülle, sondern um begriffliche Erörterung handelt. Die eigentümliche Kraft einer produktiven Ideenlehre wie der von M. Hauriou mit ihrer Projizierbarkeit ins Staatsrechtliche, Psychologische, Physikalische[19] ist im Bereich deutscher nachkritischer Wissenschaft nicht mehr denkbar — abgesehen davon, daß sie meist eine statische Kulturordnung voraussetzt, wie sie für uns nicht besteht[20].

So berechtigt anderseits die kritizistische Reaktion war, so verhängnisvoll ist ihr Methodenmonismus für die Staatslehre geworden. Paradigmatisch dafür ist, wie G. Jellinek das von ihm vorgefundene Denken vom Staat als einem Stück der geistigen Welt aufgeteilt hat unter das Rechtfertigungs- und das Zweckproblem, die Frage der normativen Beurteilungsmöglichkeit einer-, der zweckrationalen Wirklichkeit andererseits. Die darauf beruhende Lehre von der staatlichen Wirklichkeit mußte die Möglichkeit der kausalen Einsicht in ihren Gegenstand voraussetzen[21], auf dieser Grundlage den Staat als ein Konglomerat von Techniken zu allerlei nicht immer deutlichen Zwecken verstehen und seine Wirklichkeit als die „Chance" der Verwirklichung dieser Zwecke begreifen. Von Wesen und Substanz des Staats weiß diese Lehre nichts; sie löst ihn auf in Relationen und kann ihn nur nach seinen technischen Mitteln definieren[22]. Sie ist sach-

---

[16] In eigentümlicher Verbindung beides, wenn Meinecke den Staat als „organisches Gebilde und Entelechie der Geschichte", zugleich aber als Produkt individueller Triebe verschiedener Art versteht (a. a. O. S. 12). Beides ist halb richtig, aber keins von beiden darf so isoliert und objektiviert werden, wie es hier geschieht, denn möglicher Gegenstand geisteswissenschaftlichen Verständnisses sind sie nur als Momente eines Ganzen.

[17] Dahin gehört vor allem die landläufige Führerideologie.

[18] Diese etwa im Sinne von Spranger S. 63 f.

[19] So mit besonderer Schärfe in den leçons sur le mouvement social, 1899, bes. p. 396, 398.

[20] Darüber oben S. 174 f.

[21] Über Max Weber in dieser Beziehung Troeltsch III 566 ff. Dagegen die einfachen Erwägungen bei Litt, Erkenntnis und Leben, S. 134 u. ff.

[22] M. Weber, Grundriß der Sozialökonomik, III 29 f. Über die tieferen Gründe dieser Verlegenheit gegenüber dem eigentlichen Wesen des Politischen

lich zugleich bestimmt durch die ganze Staatsfremdheit des Liberalismus, der das staatliche Wesensproblem überhaupt nicht sieht[23] und deshalb über eine Theorie des Staats als Technik oder als geringeres Übel[24] nicht hinauskommt. Der Staat als Technik oder als „Betrieb"[25], diese Grundthese von Max Webers politischen, insbesondere verfassungspolitischen Schriften charakterisiert diese bedeutendsten Äußerungen der deutschen politischen Literatur der letzten Kriegs- und ersten Nachkriegsjahre in Deutschland als letzten Endes unfruchtbare „Betrachtungen eines Unpolitischen". Das kritizistische Übermaß an Methodik macht die geisteswissenschaftliche Arbeit zum Ausdruck einer großen Aporie[26] und setzt an die Stelle fruchtbarer Einsicht, die ihr aufgegeben und möglich wäre, leicht die Impression und das Aperçu. Dabei geht bei den Nachfolgern Max Webers sein technisches Staatsdenken meist unvermerkt in ein grob mechanistisches über und führt z. B. zu jener landläufigen Theorie der Demokratie, deren Bestandteile Carl Brinkmann schlagend als „Gleichheitsgedanken als Basis und Führergedanken als Motor" charakterisiert[27]. Auf

C. Schmitt, Arch. f. Soz.-Wiss. u. Soz.-Pol. 58, 31. Vgl. die von vornherein verfehlte Alternative bei G. Marck, Marxistische Staatsbejahung, S. 11.

[23] Sehr richtig M. Adler, S. 142 f.

[24] Gut z. B. C. Schmitt, Geistesgeschichtliche Lage, S. 7 f.

[25] Max Weber passim, besonders in „Parlament und Regierung im neugeordneten Deutschland". Ich zitiere als gleichgestimmt Th. Mann, Betrachtungen eines Unpolitischen, S. 269, Kelsen, Wesen und Wert der Demokratie, S. 17, Anm., Marck, Substanz- und Funktionsbegriff, S. 153 f. Die entsprechenden Orakel des George-Kreises, z. B. Gundolf, Nietzsche als Richter, S. 23 f., stellen sich bei Tageslicht meist als badischer Vulgärliberalismus heraus. — Vgl. auch oben S. 165 f.

[26] Deren Ausdruck z. B. die — vom Weber-Thomaschen Standpunkt begründete — Skepsis gegenüber dem wissenschaftlichen Charakter der Staatstheorie ist (vgl. Handwörterbuch der Staatswissenschaften [4] VII 728).

[27] Demokratie und Erziehung in Amerika S. 88.

Ein Beispiel für die Folgen des Fehlens der Grundbegriffe von staatlicher Wirklichkeit liefern die klugen Erörterungen Hellpachs über „Parlaments-Dämmerung" (Neue Rundschau, April 1927). Sie entgleisen ins allgemein Geistes- und insbesondere Kunstgeschichtliche, wo es sich um die Erklärung der Integrationskraft politischer Institutionen handelt. Das Parlament als „Fassade" hat mit dem wegen ideengeschichtlichen Zusammenhangs herangezogenen Fassadencharakter der Renaissance- und klassizistischen Architektur (S. 341) nichts zu tun, denn das integrationskräftige Parlament war eben keine Fassade, sondern eine lebendige funktionelle Integrationsweise. Ebenso ist die Monarchie keine Funktion des Barock (S. 347 ff.), sondern die politische Lebensform unendlich ausgedehnterer geistiger Lagen. Die neuere Kunstgeschichte hat manches zur Illustrierung auch der politischen Institutionengeschichte geleistet; sie zu deren Erklärung zu verwenden, zeigt, daß die Einsicht in deren eigentliche Grundlagen fehlt.

solch mechanistischem Denken beruht auch, um ein letztes Beispiel zu nennen, die tiefe Unfruchtbarkeit von Fr. v. Wiesers „Gesetz der Macht".

Die hier vorgelegten Untersuchungen versuchen den Weg zu einer geisteswissenschaftlichen Staatstheorie zu bahnen, indem sie zunächst das von H. Heller mit Recht als vernachlässigt bezeichnete Problem der „Vergemeinschaftung der individuellen Willen zur Wirkungseinheit eines Gemeinwillens"[28] in Angriff nehmen. Dabei sind gewisse Berührungen mit dem von Carl Schmitt so entschieden bekämpften romantischen und liberalen Gedanken dialektischer Immanenz unvermeidlich — unvermeidlich anderseits, daß das für Carl Schmitt im Vordergrunde stehende Legitimitätsproblem hier zunächst zurücktritt: die Integrationstheorie liefert eine Staatstheorie, die in erster Linie wenigstens von der Wesensbestimmung und Legitimierung des Staats durch andere Werte, insbesondere durch den Rechtswert[29], absehen und für alle Kultursysteme mit beliebigen „Grundvariablen" oder „Primatfaktoren"[30] vermöge der Elastizität des Systems der Integrationsfaktoren, insbesondere der sachlichen, Geltung beanspruchen kann. Wenn von Heller und Schmitt juristisch die souveräne „Dezision" als Kernpunkt des Staatsproblems aufgezeigt wird, so wird hier versucht, geisteswissenschaftlich die Wirklichkeit dieser Dezision als politischer Selbstgestaltung nachzuweisen.

Dem ausländischen Denken liegen Gedankengänge wie die hier vorgetragenen ebenso fern wie dem deutschen. Das ist vollends kein Wunder: die ausländische Staatstheorie ist verhältnismäßig naiv und problemlos, und sie hat dabei zur Grundlage die elementare naive Selbstverständlichkeit nationalstaatlicher Einheit in Frankreich, England, den Vereinigten Staaten. In Deutschland fehlt diese Voraussetzung; aber anderseits ist die Besinnung auf den integrierenden Sinn aller staatlichen Ordnung eben darum auch um so angebrachter in einem Bundesstaat voller Spannungen zwischen Gesamtstaat und Einzelstaaten, in einem Volk ohne selbstverständliche nationalstaatliche Geschlossenheit.

---

[28] Souveränität S. 83, vgl. auch Kelsen, Staatsbegriff, S. 9, Anm. 1.

[29] So besonders stark bei C. Schmitt, aber auch bei H. Heller. Daß hier die „Untrennbarkeit der Autorität des Staats von seinem Wert" (C. Schmitt, Diktatur, Vorbemerkung, S. XI f.) nicht bestritten werden soll, ergibt der Zusammenhang.

[30] Um mit Rathenau (Briefe I 142) und Scheler (Die Wissensformen und die Gesellschaft, S. 36 ff., 109 ff., 134) zu reden.

Zweiter Teil

Verfassungstheoretische Folgerungen

1. Das Wesen der Verfassung

Aus den angedeuteten Grundzügen einer Staatstheorie folgen ganz bestimmte Voraussetzungen für die Lösung jedes einzelnen staatstheoretischen Problems, folgt insbesondere auch eine ganz bestimmte Verfassungstheorie.

Die herrschende Lehre versteht unter Verfassung die Ordnung der Willensbildung eines Verbandes und der Rechtsstellung seiner Mitglieder, unter Staatsverfassung die Rechtssätze über die obersten Staatsorgane, ihre Bildung, gegenseitiges Verhältnis und Zuständigkeit und die grundsätzliche Stellung des Einzelnen zur Staatsgewalt[1]. Die Verfassung stattet den Staat mit Organen aus und macht ihn willens- und handlungsfähig, so daß er durch sie zur Rechtspersönlichkeit wird[2].

Dieser Auffassung des juristischen Positivismus und Formalismus steht eine andere gegenüber, die das (nicht notwendig rechtliche) Gesetz des politischen Gesamtlebens eines Staats als seine Verfassung betrachtet. Am weitesten geht die bekannte Formel Lassalles, die die im Lande bestehenden tatsächlichen Machtverhältnisse als seine eigentliche Verfassung bezeichnet, im Gegensatz zu dem „Stück Papier", der geschriebenen Verfassungsurkunde[3]. Der Wahrheit näher ist Redslob, wenn er „das letzte Problem einer Verfassung", also ihren eigentlichen Sinn, sucht in dem „tiefen Gesetz, das dem Organismus den Impuls gibt und seine harmonische Arbeit regelt"[4], einem Gesetz, das er dann allerdings in den Bahnen des 18. Jahrhunderts in einer mechanischen Gleichgewichtskonstruktion findet. E. Kaufmann endlich vertritt für das „lebende" Verfassungsrecht die „Erforschung der wirklich maßgebenden soziologischen Kräfte", d. h. insbesondere der Parlamentspraxis und der Parteien als der „eigentlichen Schöpfer und Wandeler des lebendigen Verfassungsrechts", in ihrer „in allen Staaten verschiedenen Struktur und Psychologie", als der eigentlichen Grundlage der individuellen Eigenart aller demokratischen Verfassungen[5].

---

1 G. Jellinek, Staatslehre, I ³ 505.

2 Fleiner, Institutionen, ³ S. 3.

3 Über Verfassungswesen, 1862.

4 Die parlamentarische Regierung, S. 1.

5 Die Regierungsbildung in Preußen und im Reiche, „Die Westmark", I, 1921, S. 207.

Das hier bestehende Problem hat G. Jellinek als erster eingehend behandelt[6]. Er findet den Kern der Frage darin, „daß Rechtssätze unvermögend sind, staatliche Machtverteilung tatsächlich zu beherrschen“, daß „die realen politischen Kräfte sich bewegen nach ihren eigenen Gesetzen, die von allen juristischen Formen unabhängig wirken“[7]. Sofern diese Kräfte zur „Verfassungswandlung“ imstande sind, sind sie rechtsbildend, gehören also in die Lehre von den besonderen Rechtsquellen des Verfassungsrechts, da die landläufige Rechtsquellenlehre sie nicht deckt[8].

Also entweder die bedenkliche „normative Kraft des Faktischen“ in besonders umfassender Wirksamkeit auf dem Gebiet der Verfassung[9] — oder ein unklares Neben- und Gegeneinander der geschriebenen Verfassung und der „wirklichen“ „soziologischen“ Kräfte.

Das Problem, das hier richtig gesehen, aber unrichtig bezeichnet ist, ist das Kernproblem der Verfassungstheorie. Es ist nicht ein Anwendungsfall des allgemeinen geisteswissenschaftlichen Problems der Spannung von Sollen und Sein, Sinn und Lebenswirklichkeit. Es ist auch keine Frage der Rechtsquellentheorie. Sondern es ist die Frage der spezifischen Substanz des Staats, als Gegenstand rechtlicher Regelung durch seine Verfassung.

Es handelt sich zunächst nicht um den allgemeinen Gegensatz von Lebenswirklichkeit und Sinnordnung, wie er die Grundschwierigkeit aller Geisteswissenschaften bildet. Allerdings sind die beiden Momente jeder geistigen Wirklichkeit ihre konkrete Lebendigkeit, ihre psychologische, zeitgebundene Realität einer- und ihre zeitlose Sinnhaftigkeit, ihre sachliche, immanente, ideelle Sinnstruktur anderseits, und alle Wissenschaft vom geistigen Leben verfehlt ihren Gegenstand, wenn sie in vergeblichem, weil den Naturwissenschaften vorbehaltenem Methodenmonismus entweder als vitalistisch-organologische nur den wirklichen Lebensstrom als solchen, oder als ideell systematisierende (wie die Normlogik der Wiener Schule) nur den zeitlos ideellen Gehalt bearbeitet, statt in unvermeidlichem „Oszillieren des Gedankens“ den Gegenstand in seiner Doppelseitigkeit als Lebens- und Sinnordnung zu erfassen[10]. Hier handelt es sich aber um die Einheit der Staatsverfassung als ideelles Sinnsystem, für dessen Er-

---

[6] Verfassungsänderung und Verfassungswandlung, 1906.

[7] S. 72 a. a. O.

[8] So etwa S. 2.

[9] Bezeichnenderweise gibt Jellinek a. a. O. nur eine empirische Beschreibung wichtiger Fälle und Typen, keine Theorie, zumal keine juristische.

[10] Im Anschluß an Litt [3] 373 ff.

fassung mit Recht die Einbeziehung auch jener „soziologischen Kräfte" neben dem geschriebenen Verfassungstext gefordert wird — also um ein Sonderproblem dieses geisteswissenschaftlichen Sondergebiets.

Die Frage ist auch nicht zu erledigen durch die allgemein juristische Erwägung, daß eine rechtliche Regelung, die sich nur auf einen konkreten Fall bezieht, eben deshalb nicht in der unvermeidlichen Spannung der abstrakten Regelung vieler Anwendungsfälle zur Individualität des konkreten Einzelfalls zu stehen braucht, sondern als das individuelle Gesetz dieses Falles von vornherein elastischer gemeint und auszulegen ist[11]. Denn die Verfassungen enthalten zum guten Teile auch Rechtssätze, die gerade ausdrücklich als starr und unelastisch gegenüber jenen fließenden soziologischen Mächten gemeint sind, insbesondere (aber nicht allein) in den Grundrechten, in der Positivierung überstaatlich-allgemeiner Rechtsgrundsätze oder von Minderheitsrechten, die auch im Gegensatz zu individueller Eigenart und Mehrheitsbildung des Staats gelten sollen. Allerdings steht es mit einem bestimmten Teile der Verfassungen, insbesondere in demokratisierten Staaten[12], anders. Aber diese Besonderheit erklärt sich nicht aus der Eigentümlichkeit der Verfassung als „individuelles Gesetz", sondern aus der Eigentümlichkeit ihres Gegenstandes.

Die Verfassung ist die Rechtsordnung des Staats, genauer des Lebens, in dem der Staat seine Lebenswirklichkeit hat[13], nämlich seines Integrationsprozesses. Der Sinn dieses Prozesses ist die immer neue Herstellung der Lebenstotalität des Staates, und die Verfassung ist die gesetzliche Normierung einzelner Seiten dieses Prozesses.

Der Staat lebt natürlich nicht nur von den in seiner Verfassung geregelten Lebensmomenten: die Verfassung selbst muß zu ihrer Ergänzung, um überhaupt in politisches Leben umgesetzt zu werden, auf die Triebgrundlage dieses Lebens und die ganze sonstige Fülle sozialer Motivierungen rechnen. Aber auch die von ihr selbst geregelten Lebensfunktionen des Staats kann sie nicht vollständig erfassen: auch diese kommen, wie alles politische Leben, aus der Totalität der Einzelpersönlichkeit und wirken in jedem Augenblick zu der überpersönlichen Totalität des Staates zusammen. Eine solche Lebensfülle kann von wenigen, noch dazu meist recht schematischen, auf

[11] Es kann hier dahingestellt bleiben, ob anderseits nicht auch die Verfassung ein Fall abstrakter Rechtsgeltung im Sinne von G. Husserl ist (Rechtskraft und Rechtsgeltung S. 17).

[12] E. Kaufmann a. a. O.

[13] Vgl. oben S. 171 f.

immer neuen Rezeptionen aus dritter und vierter Hand beruhenden Verfassungsartikeln nicht voll erfaßt und normiert, sondern nur angedeutet und, was ihre integrierende Kraft angeht, angeregt werden. Ob und wie aus ihnen der aufgegebene Erfolg befriedigender Integration hervorgeht, hängt von der Auswirkung aller politischen Lebenskräfte des Volksganzen überhaupt ab. Dieser aufgegebene Erfolg mag dabei vom politischen Lebensstrom vielfach in nicht genau verfassungsmäßigen Bahnen erreicht werden: dann wird die durch die Wertgesetzlichkeit des Geistes wie durch die Artikel der Verfassung aufgegebene Erfüllung der Integrationsaufgabe trotz dieser einzelnen Abweichungen dem Sinn auch der Verfassung eher entsprechen als ein paragraphentreueres, aber im Erfolge mangelhafteres Verfassungsleben.

Es ist also der Sinn der Verfassung selbst, ihre Intention nicht auf Einzelheiten, sondern auf die Totalität des Staates und die Totalität seines Integrationsprozesses, die jene elastische, ergänzende, von aller sonstigen Rechtsauslegung weit abweichende Verfassungsauslegung nicht nur erlaubt, sondern sogar fordert.

Die Verfassungen brauchen dazu keine besondere Vollmacht auszusprechen. Dem Verfassungsgesetzgeber braucht der geistesgesetzliche Sinn einer Verfassung ebensowenig zum Bewußtsein zu kommen, wie dem Einzelnen der Sinnzusammenhang seines geistigen Lebens, insbesondere der Sinn seines politischen Lebens als Komponente des staatlichen Integrationsprozesses. In der Regel entsteht eine Verfassungsurkunde aus anderen, doktrinären Auffassungen von ihren Aufgaben — in völliger, wenn auch unreflektierter Klarheit über diese Aufgaben ist, soviel ich sehe, nur eine moderne Verfassung konzipiert, die des Norddeutschen Bundes und des kaiserlichen Reichs[14]. Aber das schließt die entsprechende Anwendung auch der übrigen nicht aus. Nicht nur, daß die normierten Integrationssysteme sich von selbst vermöge der Wertgesetzlichkeit des Geistes und deren Auswirkung im nationalen Gestaltungswillen je nach der mehr oder weniger großen politischen Begabung der Völker durch spontane Bildungen (Parteien, Konventionen u. a.) ergänzen — auch die normierten Institutionen selbst treten mit oder ohne Bewußtsein und Absicht ihrer Gesetzgeber in den ihnen aufgegebenen Sinnzusammenhang ein, wirken ihm entsprechend, ergänzen, modifizieren sich nach dieser ihrer Aufgabe, ohne daß darin ein besonderes juristisches Problem läge. Es ist einfach der

[14] Ich habe darauf später zurückzukommen.

immanente und selbstverständliche Sinn der formulierten Verfassung, daß sie diese Elastizität hat und daß ihr System sich gegebenenfalls von selbst ergänzt und wandelt. So ist ein zusammenhängendes Verstehen des von ihr gewollten und geregelten Gegenstandes, des tatsächlichen Integrationssystems, aber auch ihrer eigenen objektiven Intention, nur möglich unter Einbeziehung dieser Elastizität, dieser Wandlungs- und Ergänzungsfähigkeit und der auf Grund davon sinngesetzlich vollzogenen und wirklich und normergänzend gewordenen Wandlungen und Erweiterungen ihres Systems.

Es ist daher nicht zu verwundern und weder ein Mangel noch ein Vorwurf, wenn die Verfassungen ihren Gegenstand nur schematisch und nur in Einzelpunkten erfassen können[15]. Sie können und wollen (wenigstens der objektiven Intention nach) nur andeuten: sie tun das meist in althergebrachter Weise, in Gestalt von Rezeptionen[16]; sie erheben daher aber auch nicht den Anspruch ähnlich starr-heteronomer Geltung wie das Recht untergeordneter Verbände, das abstrakt viele Einzelfälle schematisieren muß. Sie lassen der allgemeinen, durch die Einzelbestimmungen nur hier und da positiv festgelegten Integrationstendenz des Verfassungslebens und seiner Neigung zur Selbstgestaltung freien Lauf — abgesehen von den Fällen, in denen sie dies Leben strikt festlegen, ihm gegenüber als streng heteronome Norm gelten wollen, die dann auch nur durch echtes Gewohnheitsrecht beseitigt werden kann[17].

Dieser Sinn der Verfassung bedeutet die Inanspruchnahme eines eigenen sachlichen Lebensgebiets für sie als ihren Gegenstand und ihre Aufgabe, so wie andere Rechtsnormenkomplexe die ihrige bezüglich anderer sachlicher Lebensgebiete haben. Er bedeutet die Ablehnung des normlogischen Versuchs, sie zu einem wesentlichen Moment jeder Rechtsordnung als solcher, zu einer, ja der Bedingung ihrer Geltung zu erheben[18]. Damit geschieht der Verfassung, aber noch mehr der Würde des Rechts und der Rechtsidee schwerstes Unrecht. Die Widerlegung dieser Art von „Verfassungstheorie" ist schon oft

---

15 Wohl nicht ganz gerecht daher die scharfe Kritik E. Kaufmanns a. a. O. S. 207 f. an dem „Paragraphengebäude" der geschriebenen Verfassungsurkunden, insbesondere der Weimarer.

16 Über die Bedeutung von Rezeptionen im Geistesleben überhaupt Litt [8] 181 f.

17 Die von G. Jellinek aufgezählten Fälle sind deutlich nicht von dieser Art, sondern liegen in dem Bereich von der Verfassung angeregter oder mindestens zugelassener Selbstgestaltung des Integrationsprozesses.

18 In diesem Sinne der Verfassungsbegriff auch bei Husserl a. a. O. S. 73.

mit Erfolg unternommen worden — diese Widerlegung wird aber durch den positiven Nachweis der eigenen sachlichen Aufgabe der Verfassung erst vollständig.

Als positives Recht ist die Verfassung nicht nur Norm, sondern auch Wirklichkeit; als Verfassung ist sie integrierende Wirklichkeit. Diese Wirklichkeit ist geschichtlich vor allem als Folge der Einwirkung moderner konstitutioneller Verfassungen auf die von ihnen vorgefundene territoriale Zersplitterung der deutschen Staaten beobachtet worden[19]. Als dauernde und tägliche Wirklichkeit, als ein besonders eindrücklicher Fall der unzweifelhaften Integrationswirkung jeder Rechtsgemeinschaft ist sie leicht nachzuweisen[20], allerdings mit den Hilfsmitteln der herrschenden mechanistischen Soziologie so wenig wie mit denen der Normlogik.

Diese Wirklichkeit wird nicht durch die Verfassung als das „ruhende, beharrende Moment im staatlichen Leben"[21], sondern durch das sich immerfort erneuernde Verfassungsleben immer neu hergestellt. Es liegt hier nicht anders wie bei der „Konstituierung" sonstiger Gruppen, z. B. von Versammlungen. Formaljuristisches, statisches Denken versteht darunter den Akt, durch den eine Versammlung sich ihren Vorstand, allenfalls ihre Geschäftsordnung gibt, sich für eröffnet erklärt — was alles, abgesehen von seiner technischen Bedeutung, den wichtigeren tatsächlichen Sinn hat, daß dadurch nicht nur Pflichten für Vorstand und Redner normiert, sondern daß damit der Übergang aus dem bisherigen Fürsichsein der Einzelnen zur Sozialität des Versammeltseins vollzogen wird. Dieser Übergang wird von allen Versammelten ausnahmslos als ein reelles Erlebnis empfunden, als ein durch alle hindurchgehender einheitlicher Vorgang, als die Integrierung zu der Gruppe, die zu bilden und als die zu verhandeln der Sinn des Zusammenkommens war. Aber jeder Versammlungsleiter weiß, daß die Versammlung mit der Konstituierung nicht ein für

---

19 Z. B. Fr. Hartung, Deutsche Verfassungsgeschichte [2], S. 130 u. Anm.

20 Vgl. die Andeutungen oben S. 131 ff.

21 So die beliebte Gegenüberstellung mit den Staatsfunktionen, Montesquieu esprit des lois III 1, ins Juristische übersetzt z. B. bei Fleiner, Institutionen des deutschen Verwaltungsrechts [3], S. 3. — Lehrreich ist, wann das deutsche Denken sie aufgegeben hat: bei dem jungen Hegel findet sie sich noch (System der Sittlichkeit, Schriften zur Politik und Rechtsphilosophie, hrsg. v. Lasson, Philos. Bibl., Bd. 144, S. 467), nicht mehr in der Enzyklopädie (§ 536: „seine innere Gestaltung als sich auf sich beziehende Entwicklung") und der Rechtsphilosophie (§ 271: „die Organisation des Staates und der Prozeß seines organischen Lebens auf sich selbst, in welcher er seine Momente innerhalb seiner selbst unterscheidet und sie zum Bestehen entfaltet").

allemal in Gang gesetzt ist, wie ein aufgezogenes Uhrwerk, sondern daß sich der Konstituierungsakt gewissermaßen jeden Augenblick erneuern, daß die integrierende Kraft jeden Augenblick neu entwickelt werden und spielen muß, was vor allem durch die geschäftsordnungsmäßige Tätigkeit der Organe und der Redner geschieht. D. h. die Norm, die Verfassung der versammelten Gruppe und ihrer Organisation ist nicht die Regel eines an sich gegebenen, dauernden Bestandes und seiner Auswirkungen nach außen, sondern sie ist die Form der Begründung und der steten Erneuerung und Herstellung dieses Bestandes.

Es ist kein Zufall, sondern wohlbegründet, daß die Neubegründung der politischen Lebensform, der Integration eines Volkes mit demselben Wort bezeichnet wird, wie die Konstituierung einer Versammlung[22]. Hier liegt, wie schon angedeutet[23], eine „soziologische" Sinnkomponente der naturrechtlichen Staatsvertragstheorie, hier auch ein Wahrheitskern der Legitimitätstheorie und der antiken Sentenz von der Gleichheit der Mittel, durch die ein Reich begründet und erhalten wird.

Mit der Aufzeigung des integrierenden Sinnes von Verfassung und Verfassungsrecht ist zugleich die Grundlage für deren Einordnung in weitere Zusammenhänge gewonnen.

Mit innerem Recht setzt sich in den Staatszwecktheorien in immer neuen Wendungen immer wieder die alte Lehre von der Dreiteilung in Rechts-, Macht- und Wohlfahrtszweck des Staates durch[24]. Sie ist staatstheoretisch unausweichlich, sie stellt sich aber auch immer mehr als rechtstheoretisch unentbehrlich heraus. Der Sinn großer Rechtsbereiche tritt nur so in das richtige Licht. Das haben vor allem James Goldschmidts Arbeiten zum Verwaltungsstrafrecht gezeigt. Denn ihr Grundgedanke ist doch der, daß neben dem Rechtswert als Beherrscher eines Teiles des öffentlichen Strafrechts, vielmehr der öffentlichen Funktionen überhaupt, der „Verwaltungswert" als ein ganz anderes regulatives Prinzip für einen anderen Teil öffentlicher Funktionen, nicht nur des Strafrechts, steht[25]. Dieser „Verwaltungswert"

[22] Besonders scharf die Gleichung bei Fichte („Staatslehre" von 1813, Werke 4, 510): „Constitution = Gesetz über Errichtung des regierenden Körpers. Errichtung sage ich, Genesis."

[23] Oben S. 180 ff.

[24] Z. B. G. Jellinek, Staatslehre [3], I 255 ff., Scheler, Formalismus S. 568 f.

[25] Vgl. auch die „Ordnungs"- oder „Richtungsnormen" bei v. Marschall, Vom Kampf des Rechtes, S. 116, 12.

ist aber nichts wesentlich anderes als der sonst meist so genannte Wohlfahrtszweck. Und neben diese beiden Werte und ihr Verhältnis, dessen sorgfältiger Klärung sich nur hartnäckiger Nominalismus entziehen kann, tritt ein dritter, dessen Besonderheit gerade auch in seiner Projektion auf juristische Probleme, auf den Sinn rechtlicher Funktionen deutlich wird. A. Wegner hat ihn überzeugend nachgewiesen in der Sonderart gewisser justizförmiger Funktionen, die sachlich aber nicht, wie sonstige Justiz, dem Rechtswert dienen, sondern der Machtdurchsetzung des Staats: „Bestrafung" bestimmter Kriegsverbrecher, Spione, Franktireurs u. a.[26] — eine Reihe, die um die Prisengerichtsbarkeit, Standgerichte, Ausnahmegerichte, die Sondergerichte zum Schutz der Staatsform und die bekannten politischen Eigentümlichkeiten der Sowjetgerichtsbarkeit und andere Beispiele zu vermehren wäre. Carl Schmitt hat ihn in der Eigenart der Diktatur und ihrer Akte, in der tiefen Wesensverschiedenheit insbesondere der „Maßnahmen" des Art. 48 der Reichsverfassung von den „in einem spezifischen Sinne rechtlichen Normen und Akten" des Staats aufgezeigt[27]. Sein Bereich geht aber viel weiter: es ist der Staat als beherrschender Wert, wie es G. Jellinek ausdrückt, seine „Erhaltung und Stärkung"[28], in dem uns hier beschäftigenden Zusammenhange seine Integration, die neben den Rechts- und Wohlfahrts- (oder Verwaltungs-) wert als dritter gleichgeordneter tritt und dessen Erkenntnis als regulativen Prinzips die Grundlagen für das Verständnis aller hierher gehörigen Erscheinungen, voran der Verfassung und ihres Sinnes, ist[29].

---

[26] Kriminelles Unrecht, Staatsunrecht und Völkerrecht, Hamburgische Schriften zur gesamten Strafrechtswissenschaft Heft 7, S. 21. Verkannt der Gesamtzusammenhang in der Polemik gegen Goldschmidt das. S. 65.

[27] Veröffentlichungen der Vereinigung der deutschen Staatsrechtslehrer, Heft 1, S. 101, vgl. S. 96 ff.

[28] a. a. O. S. 256.

[29] Richtig Scheler S. 569, daß es sich hier um drei materiale Wertideen handelt. Nicht ganz einwandfrei seine Bezeichnungen (Rechts-, Macht- und Wohlfahrtswert).

Mit großer Klarheit die Dreiheit bei Graf Paul Yorck in der Kritik des gegenwärtigen Staats, „der sich darauf beschränkt, eine rechtliche und polizeiliche Einheit zu sein", „der Begriff der Regierung ist verlorengegangen — Regieren heißt jetzt Administrieren" (Briefwechsel Dilthey-Yorck S. 141, 170). — Vgl. ferner Gierke in Schmollers Jahrbuch 1883, 1186. — Einigermaßen gehören in diesen Zusammenhang die Erörterungen von C. Schmitt, a. a. O. S. 97 f., Ders., Unabhängigkeit der Richter, Gleichheit vor dem Gesetz und Gewährleistung des Privateigentums nach der Weimarer Verfassung, bes. S. 13 f., und allenfalls R. Grau, Die Diktaturgewalt des Reichspräsidenten und der Landesregierungen, S. 97, 99.

Die hier für Rechts- und Staatstheorie bestehende Aufgabe kann an dieser Stelle nur angedeutet werden. Sie wird erschwert durch die selbstverständliche Tatsache, daß keine Staatsfunktion, keine staatliche Einrichtung rein und ausschließlich von einem der drei Werte beherrscht wird[30]. Deshalb ist die Besinnung auf den jeweils in erster Linie maßgebenden Wert doch für das Verständnis eines jeden Rechtssatzes des öffentlichen Rechts und vor allem für das staatstheoretische Verständnis der öffentlichen Einrichtungen und Zustände überhaupt grundlegend. Auf einzelne Anwendungsfälle habe ich in späterem Zusammenhang zurückzukommen.

Diese Orientierung der Staatsverfassung als einer Integrationsordnung nach dem Integrationswert ist ihre erste und grundsätzliche Besonderheit gegenüber anderen Verbandsverfassungen.

Das Kriterium, das den Staat von den übrigen Verbänden unterscheidet, soll hier nicht grundsätzlich erörtert werden. Jedenfalls ist mit der Sonderstellung des Staats zweierlei gegeben. Einmal, daß sein Bestand nicht, wie der der meisten anderen Verbände, durch eine außer ihm liegende Macht gewährleistet wird; er wird nicht durch einen außerhalb seines eigenen Gefüges liegenden Motor oder Richter im Gange erhalten, nicht durch eine heteronome Ursache oder Garantie getragen, sondern integriert sich lediglich vermöge objektiver Wertgesetzlichkeit in einem in sich gravitierenden Integrationssystem — in dieser Beziehung sind die Staatskonstruktionen auf Grund mechanistischer Eigengesetzlichkeit, wie die Montesquieus, des Federalisten oder Redslobs, obwohl Wilson sie mit Recht als die des Newtonschen Zeitalters charakterisiert hat, ein glückliches Gleichnis der Wirklichkeit[31]. In ganz anderem Sinne als eine Vereinsverfassung kann deshalb die geschriebene Verfassung eines Staates mehr nur Anregung und Schranke dieses in sich gravitierenden, nicht heteronom zu gewährleistenden Verfassungslebens sein. Ferner aber ist die sich

Der nicht nur sachliche, sondern auch werttheoretische Gegensatz zu dem Wertmonismus, der die unbewußte letzte Grundlage der Wiener Schule ist, liegt ohne weiteres zutage.

30 Jellinek a. a. O.: „In aller Staatstätigkeit ist ein Element, das die Erhaltung und Stärkung des Staates selbst bezweckt.“

31 So gemeint wohl auch bei Heller, Souveränität, S. 81, wenn er den Unterschied des Staates von den anderen Verbänden darin findet, daß „die ihn realisierenden Akte die Garantie des gesamten Zusammenwirkens auf diesem Gebiet darstellen“, selbst also doch ohne solche heteronome Garantie sind — oder S. Marck a. a. O. S. 123, wo etwas zu allgemein die Eigengesetzlichkeit der Verbände des öffentlichen Rechts dem Charakter der privatrechtlichen als von „Kunstprodukten der Rechtsordnung“ gegenübergestellt wird.

aus diesem Integrationssystem immerfort neu entwickelnde souveräne „Dezision" des Staats als „gebietsuniversaler Entscheidungseinheit"[32] als formale Herrschaft und letztinstanzliche Ordnungsmacht kraft primärer Geistesgesetzlichkeit notwendig, während jene Verbände im allgemeinen fakultative Mittel zu bestimmten einzelnen sachlichen Zwecken sind. Darin liegt die Sonderstellung der Staatsverfassung begründet: einmal in der kategorischen Notwendigkeit der ihr gestellten Integrationsaufgabe gegenüber dem fakultativen Charakter anderer Verbände, und sodann in ihrer Beschränkung auf ihr selbst immanente Kräfte und Garantien zur Lösung dieser Aufgabe.

Eine Verfassungslehre der hier entwickelten Art steht zur herrschenden im Gegensatz vor allem vermöge ihrer geisteswissenschaftlichen Fragestellung. Sie muß daher jede Theorie ablehnen, die in der Verfassung einen mechanistisch objektivierten technischen Apparat für bestimmte Zwecke sieht, also voran die Verfassungstheorie Max Webers[33] (z. B. mit ihrer Abstellung auf die Gewinnung geeigneter Führerpersönlichkeiten als ganzen Sinn der Verfassung[34], und deshalb auch jede Gleichstellung der staatlichen und sonstiger Verbandssatzungen wegen Gleichheit des technischen Zweckes[35]. Sie ist unvereinbar mit jeder Substanzialisierung der Verfassung, vermöge deren allenfalls antiker Realismus Verfassung und Staat gleichsetzen konnte[36]; aber auch mit allem verräumlichenden Denken, wie es wohl meist der Charakterisierung der Verfassung als ruhender statischer Ordnung im Gegensatz zu den Staatsfunktionen zugrunde liegt, wie es unvermeidlich hinter dem Gedanken mechanischer Zusammenfügung der als vorher gegeben angenommenen Faktoren der Verfassung[37], dem Bilde einer „Teilung" der als vorhanden vorausgesetz-

[32] Heller S. 102.

[33] Mit besonderer Schärfe Ges. polit. Schriften S. 128, 469 f.

[34] Schwer begreiflich, aber wohl von Max Weber bestimmt, bei einem Denker vom Range von Karl Jaspers die Aufnahme des dem antiken Denken natürlichen Satzes, daß das Ideal der öffentlichen Ordnung die Herrschaft der Besten sei (Idee der Universität S. 28, auch Simmel, Soziologie, S. 238 f.). Er setzt voraus die statische Ordnung der Antike und die Bewertung der politischen Aufgabe als universaler und deshalb höchster. Gegenüber der rationalistischen Wendung des Satzes scharf, aber richtig Kelsen, 5. dtsch. Soziologentag, S. 114.

[35] Kelsen, Demokratie, S. 17, Anm.

[36] Aristoteles Politik 3, 4, 1276 b, und danach Redslob, Abhängige Länder, S. 41, Anm. 1.

[37] Wieser, Gesetz der Macht, S. 107.

ten „Macht" zwischen diesen Faktoren[38] und hinter allem Emanatismus steckt, der die staatliche Gewalt in einem „Träger" vereinigt und von diesem zur Ausübung emanieren läßt, d. h. hinter den landläufigen Vorstellungen von monarchischer und Volkssouveränität. Dies verräumlichend-statische Denken mag die Folge der überkommenen Lehre von der Herrschersouveränität[39] und zugleich einer gewissen Starrheit des 1919 rezipierten Verfassungsschemas sein — es darf trotzdem auch der juristischen Betrachtung nicht zugrundegelegt werden[40], wenn sie nicht an ihrem Gegenstande vorbeigehen will.

Die Staatsverfassung hat einen anderen Gegenstand und Inhalt als die Verfassungen anderer Verbände und Vereine. Wenn diese die Willensbildung und Bereichsabgrenzung des Verbandes und die Stellung der Mitglieder regeln[41], so gewährleistet die Unterstellung dieser einzelnen Verhältnisse unter die Heteronomie des Rechts- und Gerichtszwanges den Bestand des Verbandes selbst. Die Staatsverfassung muß diese Gewähr immanent in dem freischwebenden System ihrer Integrationsfaktoren gewährleisten, während die Festlegung des staatlichen Zwecks oder Tätigkeitsbereichs und der Stellung seiner Mitglieder keine wesentlichen Erfordernisse sind — ist ja doch das formale Dasein und Leben des Staats und die Gewährleistung dieses Daseins und Lebens zunächst Selbstzweck und damit einzige wesentliche Aufgabe der Verfassung.

Kein regelmäßiger Gegenstand verfassungsmäßiger Regelung sind deshalb die sogenannten „Elemente" des Staats — jedenfalls ihre konstitutive Abgrenzung. Das Gebiet ist allerdings seine grundlegendste sachliche Wesenskonkretisierung, und so ist von ihm vielfach in einem Anfangsartikel der Verfassungsurkunden in ähnlichem Sinne die Rede, wie in den Vereinssatzungen vom Vereinszweck. Während aber diese vereinsrechtliche Zwecknormierung konstitutiv ist, ist die Erwähnung des Gebiets, das im Verhältnis zu den Nachbarstaaten völkerrechtlich festgelegt ist, in der Regel ohne diese Bedeutung, und so fehlt sie bezeichnenderweise in der Mehrzahl der Verfassungen.

38 Wieser S. 48 f.

39 Die man nicht so kurzerhand für die bisher herrschende Staatslehre erklären kann, wie Heller S. 71 das tut.

40 Mindestens mißverständlich in dieser Hinsicht E. Kaufmann a. a. O. S. 207 f.

41 So Jellinek, Staatslehre I ³ S. 505 — bezeichnend die Abweichungen in der Skizzierung des Inhalts der Staatsverfassung daselbst.

Ähnlich steht es mit dem persönlichen „Staatselement“[42]. Mit dem Gebiet ist in der Hauptsache praktisch gegeben, wer zum Staat gehört; die Einzelheiten des Erwerbs und Verlusts der Staatsangehörigkeit sind eine nicht das Wesen des Staats berührende, sondern wesentlich technische Spezialgesetzgebungsfrage. Ebensowenig kommt es der Verfassung auf die Mitgliedsstellung der Staatsangehörigen an: nicht dieser Stellung, etwa dieser Rechte wegen ist der Staat da, sondern als Selbstzweck, und die Regelung dieser Rechtsstellung etwa durch Grundrechtskataloge ist eine Konstituierung des Staats durch sachliche Momente, einen bestimmten rechtsstaatlichen und kulturellen Charakter, nicht das Äquivalent vereinsrechtlicher Mitgliedschaftsregelung.

Dagegen sind Organe, formelle Funktionen und sachliche Aufgaben wesentliche Stücke der Verfassung. In der Bildung der Organe, in ihrem Dasein und in ihrer verfassungsmäßigen Tätigkeit lebt der Staat, wird er persönlich integriert; in den formellen Funktionen besteht sein Leben als Prozeß, seine funktionelle Integration; in dem Sachgehalt, der ihm durch sein Gebiet, seinen verfassungsmäßigen Charakter und seine verfassungsmäßigen Aufgaben gegeben ist, liegt sein drittes gemeinschaftsbegründendes Element. Immerhin tritt dies letzte zurück: im Gebiet ist es wesensnotwendig gegeben, in den übrigen Erscheinungsformen ist es das um so weniger, gegenüber den beiden anderen Systemen organisch-persönlicher und funktioneller Integration. Alle drei aber bilden zusammen den materiellen Inhalt, das materielle Recht der Verfassung — es ist eine Verkennung dieses Wesens der Verfassung, wenn in Weimar ein bedeutender Ziviljurist den ersten Teil der Verfassung als den formell-organisatorischen dem zweiten als dem materiellrechtlichen gegenüberstellte[43].

2. Die Staatsorgane

Das erste Stück der Verfassung und ihres Lebens als geistiger Wirklichkeit sind die Staatsorgane.

In der deutschen Theorie denkt man seit langer Zeit beim Organbegriff so gut wie ausschließlich an dessen formaljuristischen Sinn-

---

[42] Die Trivialität, daß der Staat nicht aus Menschen „besteht“, muß leider noch unterstrichen werden: so mit Recht Heller, Souveränität, S. 81.

[43] Düringer 11. Juli 1919, Stenogr. Berichte, S. 1496. Mit größerem Rechte könnte man die ganze Verfassung als Ausführungsnorm zu den obersten Prinzipien der Präambel und der Artikel 1—3 zu verstehen suchen. Näheres dazu unten S. 260 f.

gehalt. Aber man hat von jeher mit Recht beanstandet, daß G. Jellinek die Lehre von den Staatsorganen aus der „Soziallehre des Staats" ausgeschlossen und nur als juristisches Problem behandelt hat, obwohl er selbst die geistige Wirklichkeit dieser sozialen Figur erkannt und hervorgehoben hat. Ja, man mißversteht sogar die Verfassungsurkunden und legt sie unrichtig aus, wenn man sie auf den Leisten des juristischen Organbegriffs schlägt.

Für die herrschende Lehre, die im Staatsorgan nur das rechtsgeschäftliche Willensorgan sieht, ist die rechtsgeschäftliche Betätigung (im weitesten Sinne), die formelle Staatsfunktion das Erste und die Organisation das Zweite, nur das technische Mittel für jenen ersten Zweck der rechtsgeschäftlichen (oder, nach Kelsen, rechts- oder staatserzeugenden) Willensbildung. Eine wirklich durchdachte Verfassungsurkunde müßte also die Regelung der Staatsfunktionen voranstellen und das Recht der Organe als die im Verhältnis zu jenen nur formelle organisatorische Technik darauf folgen lassen — etwa so wie das deutsche Gesetz über den Staatsgerichtshof vom 9. Juli 1921 die einzelnen Zuständigkeiten (§§ 2, 16, 17) vorausschickt und darauf jedesmal die dem vorangestellten Zuständigkeitsausschnitt technisch genau angepaßte Sonderzusammensetzung des Gerichtshofs folgen läßt.

Es bedarf keiner näheren Darlegung, daß die modernen Verfassungsgesetzgeber anders verfahren. Wenn sie eine Verfassung nach powers, nach pouvoirs gliedern, so meinen sie damit nicht juristische Funktionsgruppen, sondern höchst reale Mächte, deren praktische Kombination das gesetzgeberische Problem der Verfassung ist und als solches nicht nur im Federalisten gründlichst erwogen wird. Wenn die Weimarer Verfassung die drei Organgruppen voranstellt und darauf die drei Funktionsgruppen folgen läßt, so ist ihr die Konstituierung der ersten Reihe zunächst Selbstzweck und erst in zweiter Linie Besetzung der durch das Funktionenrecht (genauer: den Abschnitt über die Reichsgesetzgebung) geforderten Organposten. Ihr liegt an Bildung und Dasein der Organe an sich, als Selbstzweck: so ist ihre Reihenfolge (im Gegensatz zu der der kaiserlichen Reichsverfassung) ein wesentlicher Ausdruck der neuen konstitutionellen Rang- und Wertverhältnisse — so ist das Dasein von Parlamenten und ihr Gewähltwerden Selbstzweck (Art. 17) — so ist der plebiszitäre Präsident ganz abgesehen von seinen einzelnen Funktionen ein wesentliches Stück ihres Aufbaus (während dies Stück der Verfassung, lediglich als Organ für seine einzelnen Funktionen verstanden, mit seinem plebiszitären Aufwande in dem oft, aber zu Unrecht getadelten Mißverhältnis zu diesen Funktionen steht) — so ist das Kabinett[1] — so ist der Reichsrat durch sein Dasein ein Stück gewollten Verfassungslebens, das die Länder an sich gefordert haben, ganz abgesehen von seinen Zuständigkeiten, weil in seinem Dasein ihre Staatsnatur, ihre politische Existenz einen wesentlichen Ausdruck findet[2].

Nur eine moderne Verfassung wollte wirklich nach dem Schema primärer Funktionen und diesen alsdann dienender Organe verstanden werden, die des Norddeutschen Bundes und allenfalls die des kaiserlichen Reichs. Sie stellt die Bundesgesetzgebung als das Neue voraus und läßt die Bundesorgane als möglichst unscheinbare Vollzugsorgane für diese Funktionen, ihr Recht als organisatorische Ausführungsnorm darauf folgen — eine an späterer Stelle näher darzulegende Eigentümlichkeit, die mit ihrer Tendenz föderalistischer Schonung einen der seltenen Fälle darstellt, in denen Kelsens Täuschungs- und Illusionskonstruktionen wirklich einmal einigermaßen am Platze sind.

Die Integrationswirkung der Organe kann ausgehen von ihrem Bestande, von ihrem Bildungsvorgang und von ihrem Funktionieren.

Von ihrem Bestande — in erster Linie von dem der politischen Organe in engerem Sinne, aber darüber hinaus auch von den überwiegend technischen, der Bürokratie. Diese Erscheinung ist oben als „persönliche Integration" grundsätzlich charakterisiert; ich kann darauf verweisen.

Ferner von ihrem Bildungsvorgang, allerdings nur dann, wenn er zum Integrationsmittel entwickelt, d. h. wenn er integrierender Kampf ist. Als solcher bildet er einen wichtigen Teil der Vorgänge, die als „funktionelle Integration" zusammengefaßt werden können. Das wichtigste Beispiel ist die politische Wahl. Ihre Integrationsrolle wird immer wieder erkannt[3] und immer wieder vergessen — so, wenn über

---

1 Darüber des Näheren z. B. Tocqueville, vgl. H. Göring, Tocqueville und die Demokratie (demnächst bei Oldenbourg erscheinend).

2 Ähnlich wie die „Pflege der Beziehungen zu den auswärtigen Staaten" (Art. 78) zunächst im einfachen Dasein der diplomatischen Organe erfüllt wird, ganz abgesehen von ihren völkerrechtlichen Rechtsakten.

3 Dann allerdings je nach der politischen Grundhaltung des Betrachters verschieden gewürdigt. So ist es z. B. charakteristisch liberal, wenn Meinecke im allgemeinen gleichen Wahlrecht wesentlich das negative Moment, das „Ventil", „eine gewisse ausgleichende und beruhigende Wirkung" sieht (Probleme des Weltkrieges S. 89), dagegen demokratisch, wenn Naumann feststellt, daß wir erst dadurch „einen politisch atmenden Gesamtkörper haben" (Demokratie und Kaisertum [4] S. 51). — Überhaupt z. B. N. Einstein, Der Erfolg, S. 98 f.

der Steigerung der individualistischen Sinnkomponente des allgemeinen gleichen Wahlrechts durch die Verhältniswahl die gleichzeitige Minderung seiner Integrationskraft übersehen wird, die mit der Aufgabe der Mehrheitswahl und deren schöpferischer Dialektik, deren stärkerem Erleben von Sieg oder Niederlage und deren vielfacher Anregung zu örtlicher politischer Aktivität bei Kandidatenauswahl und Wahlbündnissen, unvermeidlich verbunden ist[4].

Endlich von ihrem Funktionieren, und zwar in doppeltem Sinne: von dem Verfahren, das zu den Willensakten ihrer verfassungsmäßigen Zuständigkeit führt, und von diesen Akten selbst.

Das zweite ist keine Eigentümlichkeit des Staats oder auch nur der Kollektivverbände: es ist die bekannte Tatsache der Selbstgestaltung der Persönlichkeit durch ihre Lebensakte, vor allem durch Äußerungen, mit denen die Absicht dauernder normativer Festlegung verbunden ist, worin ja gerade der Sinn der staatlichen Akte überwiegend besteht.

Das erste Stadium der Funktion, ihr vorbereitendes Verfahren, hat diese Bedeutung in der Regel nur dann, wenn es zum Behuf der Integrationswirkung in die Öffentlichkeit verlegt ist[5]. Dann aber tritt es ein in die Reihe der integrierenden Kämpfe: Wahlen, öffentliche Debatten, Abstimmungen, Auseinandersetzungen zwischen Parlament und Regierung oder zwischen anderen politischen Organen. Deren integrierende Intention wird besonders deutlich da, wo sie wesentlich Selbstzweck sind und nicht oder nicht notwendig in einem nach außen wirkenden Akt gipfeln — z. B. alle Feststellung und Kritik von Regierungsprogrammen, Entschließungen, zum guten Teil die Etatsverhandlungen u. a. m. Die Erzielung der Integrationswirkung hängt dabei von den bekannten Bedingungen ab: vom Vorhandensein mehrerer, einander einigermaßen gewachsener Gegner als Träger dieser

---

[4] Festgabe der Bonner Juristischen Fakultät für Karl Bergbohm, S. 283 f. Ganz unbegreiflich die These aus dem ideengeschichtlichen Altertumsmuseum, daß Wahl Willensübertragung sei, auf dem 5. deutschen Soziologentage, vollends im Munde von R. Michels (Verhandlungen S. 71, auch Zeitschrift für Politik 17, 290 f.).

[5] Hier liegt der Sinn der Öffentlichkeit als Moment heutiger politischer Ordnung (Hegel, Rechtsphilosophie § 315, und Zusatz), nicht im Kontrollbedürfnis der Demokratie im Gegensatz zur Unkontrolliertheit der Autokratie (wie Kelsen, 5. Soziologentag S. 60, meint). Die Autokratie hat eine im einzelnen technische Verfassung, die Demokratie eine politische: daher die Unvergleichbarkeit des technischen Kollegialprinzips im Absolutismus mit dem integrierenden der Parlamente (unverständlich die Gleichsetzung bei Kelsen a. a. O. S. 46, 53, Staatslehre S. 327; vgl. auch oben S. 151 Anm. 11).

Dialektik[6] — vom Vorhandensein gemeinsamer Grundlagen und damit der Intention auf integrierende Führung des Kampfs — endlich von der Erfassung der Bevölkerung durch diesen Kampf[7]. Wo diese Wirkung erreicht wird, da ist sie der reale Wahrheitskern des Satzes, daß die Mehrheit die optimale Verwirklichung der Freiheit ist[8].

Diese Arten funktioneller Integrationswirkung der Organe kehren in den meisten Verfassungen mehr oder weniger typisch wieder. Am stärksten differenziert sind sie da, wo es sich um die funktionelle Auswirkung des Verhältnisses mehrerer Organe zueinander handelt: E. Kaufmann hat mit gewissem Recht gesagt, daß hier geradezu das Charakteristische einer Verfassung liegt[9].

Nur in dem hier angedeuteten Sinne wird dieser Teil der Staatsverfassung richtig gesehen und beurteilt — sein Wesen wird verkannt, wenn das Organ lediglich juristisch als eine Veranstaltung zur Erzielung gültiger Staatsakte betrachtet oder unter dem Gesichtspunkt seiner sachlichen „Leistungen" beurteilt wird.

Wenigstens zum Teil unter diese Gesichtspunkte fallen zwei viel erörterte theoretische Probleme der Verfassungsorganisation, nämlich das des höchsten Organs und das der Repräsentation.

Soviel verschiedene Wurzeln die Lehre vom höchsten Organ auch hat[10] — als ein Problem der praktischen Wirklichkeit des Verfassungslebens ist es kurz und zutreffend von Haenel begründet „in dem praktischen Einheitsdrange, der mit jedem Gemeinzwecke gesetzt ist"[11]. Die Integrationswirkung der verschiedenen Integrationsfaktoren, insbesondere der verschiedenen Organe, muß unter die Gewähr wirklicher Einheitswirkung gestellt werden, und dafür mag eine höchste Instanz als die einfachste Lösung erscheinen. Rechtsstaatliches Denken mag diese Instanz in einer „obersten und vornehmsten unverantwort-

---

6 Zutreffend die Bemerkung, daß manchem Staatslenker nichts Schlimmeres begegnen kann, als ein hundertprozentiger Wahlsieg (G. Bernhard, Voss. Ztg. 20. 3. 1927).

7 Die Tatsache, daß der englische Parlamentarismus seine größte Höhe auf der Grundlage eines recht begrenzten Wahlrechts erlebt hat (K. Loewenstein, Arch. f. Soz. Wiss. u. Soz. Pol. 51, 675), beruht nicht auf der Abgrenzung der Wähler, sondern der Zeitungsleser: deren engerer Kreis wurde noch durch diese Bühne erfaßt und wirkte auf sie belebend zurück, während die heutige Aktivbürgerschaft nur noch plebiszitär zu integrieren ist.

8 Kelsen, Staatslehre, S. 323, 5. Soziologentag, S. 62; daselbst S. 63 f., Demokratie S. 28 die Integrationswirkung daneben als etwas Besonderes anerkannt.

9 Bismarcks Erbe in der Reichsverfassung S. 9.

10 Die Andeutungen bei Kelsen, Staatslehre, S. 307 ff. sind unvollständig und lassen die geistesgeschichtlichen Probleme überhaupt nicht erkennen.

11 Staatsrecht I 92.

lichen Stelle für höchstrichterliche Entpolitisierung und Neutralisierung letzter Entscheidungen", in einem Staatsgerichtshof suchen[12], ähnlich wie (weniger bewußt und erst geschichtlich entwickelt) Amerika[13], im Gegensatz zu der Bevorzugung der Legislative in Europa für diese Rolle — heute mag der Parlamentarismus die elastischen letztinstanzlichen Ausgleichsmöglichkeiten liefern, die im kaiserlichen Bundesstaat vor allem im Grundsatz bundesfreundlicher Verständigung und seiner Handhabung durch die Bundesratsdiplomatie lokalisiert waren — jedenfalls handelt es sich hier überall um den Schlußstein des Integrationssystems, und in diesem Sinne ist eine solche letzte Integrationsinstanz allerdings mindestens sehr erwünscht, wenn auch die Verfassungen sie vielleicht nicht ausdrücklich und bewußt vorsehen[14].

Ebenso führen einige Zweige des verwickelten ideengeschichtlichen Systems des Repräsentationsgedankens in den hier behandelten Zusammenhang ein. Wenn der kontinentale Ausgangspunkt für den Gedanken der parlamentarischen Repräsentation der Begriff der in der Menge schlummernden Vernunft ist, die durch den Repräsentanten einerseits bei den Vertretenen geweckt und ins Bewußtsein gerufen und anderseits nach außen hin repräsentiert wird[15], so bedeutet das — bei Ersetzung des rationalistischen Gedankens des real präexistenten Vernunftbesitzes der Menge durch den einer immerhin vorhandenen konkreten Willensindividualität — einfach die integrierende Führung, allerdings in Bindung an diese Individualität[16]. Je mehr in der zweigliedrigen Formel, durch die die Verfassungstexte das Wesen der parlamentarischen Repräsentation auszudrücken suchen[17], der zweite Teil vermöge der zunehmenden Bindung der Abgeordneten an Wahr-

---

12 Wittmayer, Österreichisches Verfassungsrecht, Nachtrag 1926, S. 7.

13 E. Kaufmann, Auswärtige Gewalt und Kolonialgewalt in den Vereinigten Staaten, S. 177 f.

14 Roh mechanistisch Jhering, Zweck im Recht, [3] I 327: „Bei irgendeinem Punkt in der staatlichen Zwangsmaschine muß das Gezwungenwerden ein Ende nehmen und lediglich das Zwingen übrigbleiben" ... „... die Uhr kann sich nicht selbst aufziehen, dazu bedarf es der menschlichen Hand. Diese Hand ist in der monarchischen Verfassung der Monarch ...". Dagegen H. Preuß, Das Völkerrecht im Dienst des Wirtschaftslebens (Volkswirtschaftliche Zeitfragen, Heft 99/100, 1891), S. 53.

15 B. Braubach, Der Begriff des Abgeordneten, Staatswiss. Diss. der jur. Fak. Bonn 1923 (Auszug).

16 So etwa Heller, Souveränität, S. 76.

17 Z. B. Art. 21 der Weimarer Verfassung: „Die Abgeordneten sind Vertreter des ganzen Volkes. Sie sind nur ihrem Gewissen unterworfen und an Aufträge nicht gebunden."

heit verliert[18], um so mehr ist es berechtigt, diese Formel durch Verschiebung des Tons auf den ersten Satz in dem angedeuteten Sinne gewissermaßen konvaleszieren zu lassen, statt hier den vollen Gehalt eines, wenn nicht des Grundprinzips des modernen Repräsentativstaats dem Formalismus der herrschenden Organlehre in der Hauptsache zum Opfer zu bringen.

Dieser Sinn der Repräsentation der politischen Einheit, im Gegensatz zu technischer Geschäftsbesorgung[19], schließt die parlamentarische Repräsentation mit den übrigen politischen Staatsorganen zusammen. Allerdings ist der Repräsentierte bei diesen vielfach nicht die fließende Wirklichkeit der volonté générale, sondern ein Bestand von mehr statischen und dem Staat stärker transzendenten Werten[20], insbesondere im Fall der monarchischen Repräsentation. Gemeinsam ist beiden Fällen die Abstufung der Repräsentation[21]: in der Demokratie vom Parlament zu den „magistratischen Repräsentationen"[22], in der Monarchie vom Monarchen abwärts durch die Hierarchie der Behörden. Dabei kann die Repräsentation auch in niederen Instanzen verstärkt werden, etwa wenn der Richter im Namen des Königs Recht spricht[23], mit einer von W. Wundt zutreffend beobachteten Wirkung[24]: diese Verstärkung bedeutet eine erhöhte Legitimierung seiner Funktion und ist damit ein Beleg für die Tatsache, daß das ganze Repräsentationsproblem zugleich auf dem Gebiet der sachlichen Integration liegt, denn Legitimität ist stets Begründung auf sachlichen (dem Legitimierten zumeist transzendenten) Wertgehalt.

Eine Staatslehre, die, wie die Wiener, das Ziel verfolgt, geistige Wirklichkeit möglichst weitgehend in Fiktion, Illusion, Verschleierung und Betrug aufzulösen — als verspätete Nachfahre des Rationalismus —, findet hier natürlich besonders dankbare Belege[25].

---

18 Statt vieler Triepel, Die Staatsverfassung und die politischen Parteien, Rektoratsrede 3. 8. 27, S. 11 ff.

19 C. Schmitt, Volksentscheid und Volksbegehren, S. 49.

20 Analog etwa C. Schmitt, Römischer Katholizismus und politische Form, S. 54 ff.

21 Über analoge Repräsentationen von Werthierarchien z. B. P. L. Landsberg, Die Welt des Mittelalters und wir, S. 23 ff.

22 Heller. S. 75.

23 Die Rechtsprechung „im Namen des Volkes" ist nicht eine genaue Entsprechung, vgl. unten S. 208, Anm. 8.

24 Z. B. Völkerpsychologie VII 37 — unter Beteiligung der Justiz an der eigentümlichen religiösen Affektbetonung des Königtums: das. VIII 275 f., Hans Schwarz, Europa im Aufbruch, S. 68 f., 242.

25 Kelsen, Staatslehre, S. 315, 319.
Ganz verfehlt, lediglich technisch, Simmel, Soziologie, S. 551 ff.

Eine auf dem Integrationsbegriff beruhende Organlehre wird etwa die Mitte halten zwischen den beiden Hauptformen der herrschenden Organtheorie. Sie muß jede Auffassung ablehnen, die den Staat als eine irgendwie (meist völlig unklar) gegebene Substanz voraussetzt und nun seine Funktionen „organisiert", sei es im „soziologischen" Sinne, indem sie die „Organe" als zweckrationale Apparatur zu verstehen sucht, sei es juristisch, indem sie sie als eine Art von rechtsgeschäftlichen Vertretern einer realen oder fingierten juristischen Person konstruiert. Sie muß aber auch die gedanklich klarere und reinlichere Meinung ablehnen, daß der Staat nur in seinen Organen und abgesehen davon überhaupt nicht da sei[26]; damit geschieht der geistigen Wirklichkeit Unrecht, die im Integrationsprozesse und in den Organen fort und fort lebt und sich erneuert, und der gegenüber diese Prozesse und Organe nur Formen und Träger sind.

3. Die Staatsfunktionen

Wenn Integration überhaupt geistiges Leben, Funktion ist, dann sind die staatlichen Funktionen ihr einleuchtendster Faktor. Sie bilden denn auch, neben den verschiedenen Erscheinungsformen des integrierenden Kampfs (insbesondere bei der Organbildung und im vorbereitenden Stadium einzelner Funktionen), den Hauptteil der oben[1] andeutend bezeichneten Typen funktioneller Integration.

Die modernen Verfassungen behandeln die Funktionen nicht als Einzelheiten je für sich, sondern als ein systematisches Ganzes, als Gewalten, die (abgesehen von ihrer gemeinsamen Beziehung auf den Staat) durch das System der Gewaltenteilung zu einer Einheit zusammengefaßt sind. Der Sinn dieses Systems, von der herkömmlichen Verfassungsauslegung wesentlich als eine zweckrationale Arbeitsteilung verstanden, ist für die hier vertretene Auffassung der einer systematischen Ordnung des staatlichen Lebens überhaupt, vorweg also auch seines Integrationssystems, jedenfalls soweit es sich als ein System funktioneller Integration vollzieht.

Die Gewaltenteilung ist durch ihre verwickelte Dogmengeschichte und die Schwierigkeiten der Ermittelung ihrer heutigen verfassungsrechtlichen Bedeutung in besonderem Maße als geistiges Erbgut mit aller Belastung solchen Erbguts gekennzeichnet. Die Klärung ihres

---

[26] Z. B. Haenel und Triepel, vgl. die Stellen bei Heller S. 60.

[1] S. 150 ff.

eigentlichen Sinnes, und damit des Sinnes dieses Kernpunktes unserer Verfassungen, ist daher zunächst eine ideengeschichtliche Aufgabe.

Vor der Gewaltenteilungslehre des 18. Jahrhunderts haben die drei Gewalten, soweit von ihnen die Rede ist, wie die staatlichen Institutionen überhaupt, eine dem Staat transzendente Begründung: die Gewalten des Aristoteles sind, jede für sich, von kategorialer Gegebenheit, und die neuere Staatslehre leitet die Staatsgewalt entweder aus dem Naturrecht und dessen rationalen Ansatzpunkten von Staat und Staatswillen oder mit dem Schema der Hoheitsrechte von einer außerstaatlichen Legitimitätsquelle positiver Art her (fortlebend im monarchischen Prinzip und dem Unbegriff des Trägers der Staatsgewalt). Das grundsätzlich Neue, das die Gewaltenteilungslehre demgegenüber bringt, ist die unbewußte, aber unzweideutige immanente Zentrierung des staatlichen Systems, eine Art kopernikanischer Begründung in sich — sie bedeutet für den Staat als Institution wenigstens in gewissem Sinne den ersten Versuch einer ähnlichen methodischen Isolierung (so wenig eine solche in Montesquieus Programm lag), wie Machiavell für den Staat als Lebenserscheinung. Die Forderung, den Staat aufzubauen als ein künstliches System sich gegenseitig in freischwebendem Gleichgewicht haltender Kräfte, war die erste und naive Form eines Denkens, das den Staat als ein in sich freischwebendes Kräftespiel nicht so sehr einzurichten, als zunächst und vor allem zu verstehen suchte.

Von da führt eine gerade Linie über die Preisgabe der rationalistischen Staatsmechanik und des rationalistischen Gesetzesbegriffs zu Hegel und seiner Erfassung der Gewalten als der dialektischen Momente des „politischen Staats"[2], seiner verfassungsmäßig geordneten Lebenswirklichkeit, die nicht vermöge der künstlichen gegenseitigen Hemmung der Gewalten ihr Leben fristet, sondern sich vermöge der Dialektik des Geistes mit Notwendigkeit in geschichtlicher Konkretheit aus ihnen aufbaut[3]. Die Gewaltenteilung einer Verfassung ist also

[2] Rechtsphilosophie §§ 273, 286, 272 Zusatz.

[3] Wenn die sorgfältige Arbeit von H. Trescher, Montesquieus Einfluß auf die philosophischen Grundlagen der Staatslehre Hegels (Phil. Diss. Leipzig 1918), als Ergebnis der Fortentwicklung der Gewaltenteilungslehre von Montesquieu zu Hegel feststellt, daß sie bei diesem bedeutet „die lebendigste Durchdringung aller gesellschaftlichen Sphären durch den Staat zu dem allgemeinen Zwecke, alle vitalen Kräfte des Volkskörpers für das Staatsganze zu gewinnen" (S. 105, vgl. auch S. 100), so ist das genau der Integrationsbegriff der vorliegenden Untersuchung.

Daß die Darstellung des Gegenstandes bei Kelsen (Staatslehre S. 255 ff.) mit der hier gegebenen nichts gemeinsam hat, brauche ich nicht erst hervorzuheben.

die positivrechtliche Normierung jener Integrationsgesetzlichkeit des politischen Geistes.

Dies Verständnis des Gewaltensystems unserer Verfassungen stößt allerdings noch auf zwei erhebliche Schwierigkeiten.

Die eine besteht darin, daß in dieses Gewaltensystem ein Fremdkörper eingeordnet ist, der zwar unvermeidlich hier seine Stelle hat, darum aber doch nicht, jedenfalls nicht in erster Linie, ein Moment dieses Systems ist. Das sind die Faktoren des Rechtslebens, die hier als Rechtsetzung und Rechtsprechung in staatlicher Hand geordnet, aber doch Momente eines dem Staat gegenüber selbständigen, anderen geistigen Systems, des Rechtslebens, sind.

Die andere besteht darin, daß in diesem System das abschließende Moment fehlt, daß die Hegelsche Fassung der Gewaltenteilung vor der Montesquieus und unserer Verfassungstexte voraus hat — mag man es Regierung, „fürstliche Gewalt" oder anders nennen.

Wenn man, wie es hier vorausgesetzt wird, Staat und Recht versteht als zwei zwar untrennbar verbundene, aber doch je in sich geschlossene, der Verwirklichung je einer besonderen Wertidee dienende Provinzen des geistigen Lebens, dann besteht die Wirklichkeit des Staats einerseits in seinem Leben als Integration und ordnende und gestaltende Machtentfaltung, die Wirklichkeit des Rechts anderseits in seiner Positivierung, Sicherung, Anwendung durch Gesetzgebung, Gericht und Leben. Ebenso wie die Integrationsfaktoren dort, so tragen, ergänzen und fordern sich hier gegenseitig die großen Faktoren des Rechtslebens, mögen dabei die organisierten Funktionen, Gesetzgebung und Justiz, mehr in den Vordergrund rücken, wie im modernen Staat, wie in der herrschenden Rechtslehre[4], oder die Rechtsanwendung durch die Rechtsgenossen, wie im Mittelalter oder in Ehrlichs Rechtssoziologie. Jedenfalls bilden diese Faktoren untereinander ein System, das sich vermöge der Wertgesetzlichkeit des Geistes hier ebenso zur positiven Wirklichkeit des konkreten Rechtslebens der Rechtsgemeinschaft zusammenschließt, wie dort das der Integrationsfaktoren zum System der staatlichen Wirklichkeit — beide Male vom geschriebenen Recht teils vorgeschrieben, teils angeregt, teils zugelassen. Als Teile des Systems des Rechtslebens in diesem Sinne bilden Gesetzgebung und Justiz miteinander innerhalb der Verfassung das in sich geschlossene System der Rechtsfunktionen, soweit sie vom ge-

[4] Z. B. Schönfeld, Die logische Struktur der Rechtsordnung, S. 44 ff. — im Archiv d. öffentl. Rechts, N. F. 12, 178 f. allerdings im Sinne einer Stufentheorie.

setzten Recht geregelt sind. In ihrer dialektischen Einheit hat das System des Rechtslebens seine Wirklichkeit oder (mit oder trotz Ehrlich) wenigstens einen großen Teil seiner Wirklichkeit. Eben deshalb sind sie in gewissem Sinne ein Fremdkörper in der Verfassung: sie gehören hinein, weil sie auch staatliche Lebensformen sind, aber ihr Schwerpunkt liegt nach Überwindung des mittelalterlichen Jurisdiktionsstaats nicht mehr in dieser ihrer staatlichen Eigenschaft.

Diese Doppelrolle ist ihnen aber nur im allgemeinsten Sinne gemeinsam, im einzelnen ist sie von ganz verschiedener Bedeutung.

Die Justiz ist als Stück des staatlichen Gewaltensystems en quelque façon nulle[5], d. h. sie dient nicht dem Integrations-, sondern dem Rechtswert[6]. Dieser Wert gilt über die Staatsgrenzen hinweg — daher die Solidarität der Einzelstaaten im Bundesstaat wie der Kulturstaaten überhaupt in Justizsachen, soweit sie wahre Justizsachen sind[7], im Gegensatz zu Regierungs- und Verwaltungssachen. Auch die Justiz soll integrieren — aber die Rechts-, nicht die Staatsgemeinschaft, also einen wenigstens im Prinzip anderen Kreis[8]. Praktisch mag sie zugleich der staatlichen Integration dienen[9], aber die Verfassung befreit sie ausdrücklich von dieser Aufgabe, indem sie sie von der Staats-

---

[5] Esprit des lois XI 6, seitdem oft, z. B. Klüber, Die Selbständigkeit des Richteramtes, 1832, S. 24. Bemerkenswert der Fortschritt vom jungen Hegel, der die Justiz noch in Montesquieuscher Weise einordnet (System der Sittlichkeit, Schriften zur Politik und Rechtsphilosophie, hrsg. v. Lasson, Philos. Bibl. 144, S. 489), zum späteren, der sie nicht nennt (Rechtsphilosophie § 272 am Ende der Anmerkung vor dem Zusatz, und Ende des Zusatzes) oder der Regierungsgewalt unterordnet (§ 287).

[6] Die bekannten psychologischen Fassungen des Gegensatzes sind hier besonders wenig brauchbar.

Vgl. auch v. Marschall, Vom Kampf des Rechtes, S. 150 ff., und vor allem Gierke in Schmollers Jahrbuch 1883, 1185.

[7] Das Problem ist hier trotz anderer Abgrenzung sachlich dasselbe wie oben S. 194.

[8] Z. B. W. Simons, Mitteilungen der Deutschen Gesellschaft für Völkerrecht, Heft 6, S. 25, 29.

So ist die Verkündungsformel der Urteile „im Namen des Volkes" im Gegensatz zu der früheren („im Namen des Königs"), die vor allem die Staatlichkeit der Gerichte bezeichnete, heute die Bezeichnung der Justiz als Funktion der Gemeinschaft der Rechtsgenossen. So ganz richtig die Materialien, nicht ganz berechtigt (jedenfalls bezüglich dieses Sinnes) die Skepsis von Waldecker (zu Artikel 8 der Preußischen Verfassung).

[9] Erinnert sei an die häufige Herstellung mittelalterlicher Staatseinheit durch Rechtszüge, an die verhältnismäßig größere Bedeutung der Justiz als Staatsfunktion im angelsächsischen Jurisdiktionsstaat, wohin z. T. wenigstens auch die von E. Kaufmann, Auswärtige Gewalt, S. 177 ff., 182 ff. ideengeschichtlich begründete Erscheinung gehören mag, ebenso wie die scharfe Trennung bundes- und einzelstaatlicher Gerichtszüge in Amerika.

leitung unabhängig stellt, in scharfem Gegensatz zur Verwaltung, die zunächst vom technischen Verwaltungswert, vermöge ihrer Unterstellung unter die Regierung (und gegebenenfalls deren parlamentarische Abhängigkeit) aber mindestens eventuell auch vom politischen, vom Integrationswert beherrscht wird — ein Gegensatz, um dessen Abschwächung oder Beseitigung es sich in dem heutigen Kampfe um die Justiz mindestens zum Teil handelt[10].

Viel inniger sind Staats- und Rechtssystem ineinander verwachsen in der Gesetzgebung, die gleichzeitig die Rolle der höchsten Funktion in beiden Systemen spielt. Sie ist einerseits eine immanente Funktion des Staats, ein Teil der staatlichen Gewaltenteilung, und daher in dieser ihrer Eigenschaft bestimmt durch ihre Beziehung zur Exekutive, d. h. sie ist insofern Gesetzgebung „im formellen Sinne", wie die heutige Formel lautet. Es ist bezeichnend, daß die Mehrzahl der Verfassungsbestimmungen, in denen das Wort „Gesetz" vorkommt, nur unter Zugrundelegung dieses formellen Begriffs einen befriedigenden Sinn ergibt. Sie ist anderseits die allgemein normierende Funktion des Rechtslebens, „materielle Gesetzgebung"[11]. Sie ist insoweit bestimmt durch den Gerechtigkeitswert, so daß alle Definitionen des „materiellen Gesetzes" mehr oder weniger glückliche Versuche sein müssen, diese Beziehung auszudrücken. Dieser Begriff ist natürlich da gemeint, wo vom System der Funktionen des Rechts-, nicht des Staatslebens die Rede ist, vor allem in den bekannten Legaldefinitionen der Justizgesetze. Der Gesetzgebung in diesem Sinne wird ihr Raum abgegrenzt und ihre Aufgabe gestellt vor allem durch ihre Beziehung zur Rechtsprechung, durch das, was diese von ihr erwartet und ihr zu tun übrig läßt: daher hier die Begriffsbestimmung als allgemein zur Anwendung bestimmte Norm. Zugleich aber ist verschiedenen Zeiten Verschiedenes das inhaltlich an der Positivierung des Gerechtigkeitswerts Wesentliche: daher die Zeitbedingtheit und der Wechsel des materiellen Gesetzesbegriffs, der stets relativ ist auf bestimmte Gerechtigkeitsansprüche an die staatliche Gesetzgebung[12], im Gegensatz zu dem nicht überall ganz gleichbedeutenden, aber jedenfalls durch die Relation zu den formalen Eigenschaften der anderen Gewalten selbst formal und starr bestimmten formellen Gesetzesbegriff.

[10] Hellpach, Neue Rundschau, Juli 1927, S. 5 f.

[11] Hierzu statt vieler v. Marschall passim, z. B. S. 140, 61 Anm.

[12] Vgl. besonders Holstein in der Bonner Festgabe für Ernst Zitelmann 1923, S. 361 ff., 366 ff., auch Thoma, Festgabe für O. Mayer S. 176.

Daher ist der oft verwendete Satz, daß das Gesetz für die Justiz Zweck, für die Verwaltung Schranke sei, in doppelter Weise irreführend: einmal, insofern er Relationen innerhalb eines einheitlichen Funktionensystems feststellt, während es sich in der Tat um Beziehungen des „Gesetzes“ innerhalb zweier verschiedener Systeme handelt, und außerdem, sofern es gegenüber der Verwaltung in erster Linie das formelle, gegenüber der Justiz lediglich das materielle Gesetz ist, von dem die Rede ist. Stahl, auf den der Satz meist zurückgeführt wird, sagt das Wesentliche, aber dem späteren Formalismus Unverständliche und Anstößige, wenn er die Gerechtigkeit (also den Gerechtigkeitswert) im Gebiete der Verfassung und Verwaltung (die vom Integrations- und Wohlfahrtswert beherrscht werden) nur als Schranke, im Gebiet der Justiz als „das positive, das einzige Ziel“ gelten läßt[13]. In diesen Zusammenhang gehören auch die nicht genügend ernst genommenen Zweifel, ob die Verwaltung eigentliches Recht erzeugen könne[14].

Durch diese Doppelstellung als Zentralfunktion gleichmäßig des staatlichen Systems einer-, des Rechtssystems anderseits unterscheidet sich die Lage der Gesetzgebung von der für die Verfassung durchaus peripherischen der Justiz. Dadurch gewinnt ihr Sinn und ihr Platz in der Verfassung jene Doppeldeutigkeit, die die Lehre vom formellen und materiellen Gesetz richtig erkannt, aber noch nicht endgültig befriedigend herausgearbeitet hat. Jedenfalls sind hier Etatismus und Normlogik gleichmäßig außerstande, den Schwierigkeiten dieser Doppelsinnigkeit gerecht zu werden.

Ursprünglich hängen die beiden Seiten des heutigen Gesetzesbegriffs sehr viel enger zusammen[15]. Dieser Zusammenhang hat dabei eine heute zu sehr verkannte Funktion, nämlich die der immanent legitimierenden Kraft des Gesetzes (deren großartigster Ausdruck immer die Theorie von der volonté générale bleibt), den Staat in die vom Naturrecht geforderte rechtfertigende Beziehung zur Welt der Werte zu setzen. Damit ist überwunden die unzulängliche Legitimierung absolutistischer Gewalt durch bloße Staatsraison, aber auch die dem modernen Staatsbegriff unerträgliche Herleitung dieser Legitimität aus irgendwelcher (natur- oder positivrechtlich) transzendenten

---

13 Philosophie des Rechts [3] II 2, S. 609.

14 J. Goldschmidt, Verwaltungsstrafrecht, S. 572, Begriff und Aufgabe eines Verwaltungsstrafrechts S. 21, Anm., vgl. überhaupt auch Holstein a.a.O. S. 368 f.

15 Vgl. besonders C. Schmitt, Geistesgeschichtliche Lage, [3] S. 52 ff.

Rechtsordnung. Um so entschiedener begründet sich der moderne Staat auf seine unlösliche Verbindung mit dem Gesetz als seiner eigenen und ihn zugleich legitimierenden Gewalt — so paradox es auch ist, daß er gerade durch seine endgültige Emanzipation von aller und jeder bisherigen der politischen Sphäre transzendenten Legitimierung erst zum modernen Rechtsstaat geworden ist.

Man hat daher mit Recht gesagt, daß „ein Staat seine Individualität durch die besondere Art der Wechselwirkung gewinnt, die sich zwischen der Exekutive und der Legislative vollzieht"[16]: nur diese beiden sind Teile des in Wirklichkeit staatlichen Funktionen- und Integrationssystems, wie auch nur diese beiden lediglich im Staat denkbar sind, materielle Gesetzgebung und Rechtsprechung dagegen auch abgesehen vom Staat. Letztere sind durch die Verfassung in den Staat gewissermaßen nur einbezogen[17], erstere durch sie konstituiert.

Die zweite Abweichung des integrierenden Funktionensystems des modernen Staats von den drei Gewalten des üblichen Verfassungsschemas liegt darin, daß es unvollständig ist, weil in ihm eine durch die Natur der Dinge geforderte Funktion mit spezifischer Integrationsaufgabe fehlt. Deren Notwendigkeit ist ähnlich begründet, aber sehr viel unzweifelhafter, als die des „obersten Organs": es kann nicht allein dem Zusammenspiel der Gewalten überlassen bleiben, ob sich als dessen Resultante die erwünschte staatliche Wesensbestimmung und -durchsetzung ergibt, sondern es bildet sich eine eigene Staatstätigkeit heraus, die nach innen und nach außen eigens diesem Zwecke dient, die Regierung[18].

Es ist die Praxis des französischen Staatsrats, die den Unterschied der Regierung von der Verwaltung als einen staatsrechtlichen zuerst herausgearbeitet hat[19]. Er ist natürlich den praktischen Staatsmännern noch weniger entgangen[20] und setzt sich fortschreitend auch in der

---

[16] Redslob, Die parlamentarische Regierung, S. 1. Natürlich gilt das nur mit Einschränkung auf den funktionellen Teil des Integrationssystems. — Vgl. auch O. Mayer, Deutsches Verwaltungsrecht, ³ I 56.

[17] Natürlich nicht ohne daß dabei sehr verschiedene Modalitäten dieser Einbeziehung möglich wären: vgl. vor allem E. Kaufmann, Auswärtige Gewalt, S. 177 ff.

[18] Vgl. Kahl-Festschrift III 16 f.

[19] a. a. O. S. 5 ff., auch C. Schmitt, Arch. f. Soz. Wiss. u. Soz. Pol. 58, 3, Anm.

[20] Als klassisch wird gewöhnlich Metternich zitiert, vgl. Srbik Metternich I 392 f., präzis Gambetta bei Barthélemy, Organisation du suffrage p. 640.

politischen Literatur des 19. Jahrhunderts durch[21]. Immerhin wird die Staatstheorie wie die Staatsrechtslehre seiner Bedeutung, soviel ich sehe, noch nicht genügend gerecht, und vollends pflegt ihn die Praxis dann zu übersehen, wenn sie mit einem der häufigsten und unfreiwilligsten Kunstgriffe der politischen Polemik politische Akte aus technischen Gesichtspunkten kritisiert und umgekehrt — besonders in Deutschland ein Hauptgrund des Vorbeiredens von Opposition und Regierung aneinander.

Nicht unerwähnt darf in diesem Zusammenhang die Diktaturgewalt bleiben. C. Schmitt und R. Grau[22] haben genügend dargetan, daß sie sich nicht in das System der drei Gewalten einfügt, aber ohne genau zu bezeichnen, weshalb sie etwas anderes ist. Es ist wiederum der Integrationswert als ihr regulatives Prinzip, der ihr ihre Sonderstellung gibt — allerdings mehr nur in seiner Projektion auf die äußere Wirklichkeit, „öffentliche Sicherheit und Ordnung im Deutschen Reich" (Art. 48 Abs. 2 der Weimarer Verfassung). In dieser Modifikation drängt er zeitweilig den Rechts-, den Wohlfahrts-, ja sogar den Integrationswert in seinem gewöhnlicheren, volleren und tieferen Sinne zurück, um für die verwaltungsähnlich technische Gewalt der Diktatur-„Maßnahmen" (Art. 48 a. a. O.) im Dienst seiner eigenen Herstellung Raum zu gewinnen. C. Schmitt hat das so ausgedrückt, daß „der Staat bestehen bleibt, während das Recht zurücktritt", „die Existenz des Staates bewährt hier eine zweifellose Überlegenheit über die Geltung der Rechtsnorm"[23]. Die Frage ist nur die nach der Beziehung, in der diese Ausnahmegewalt einer-, die normale Regelung der Dinge anderseits zu dem Wesen des Staates selbst stehen: ob, wie C. Schmitt glänzend begründet und sogar auf das geltende Recht angewendet hat, „der Ausnahmefall das Wesen der staatlichen Autorität am klarsten offenbart"[24], oder ob er nur eine Trübung, eine Suspendierung des sich klarer in der normalen Ordnung der Dinge offenbarenden Wesens des Staates ist. Es ist deutlich, daß für eine Denkweise, die das kategoriale Wesen des Staats darin findet, daß in ihm eine formale letzte Dezisionsgewalt besteht, diese Gewalt in der Diktatur am reinsten zutage tritt — es ist das eine letzten Endes juristische Betrachtung, die z. B. überall da zutrifft, wo die normale

[21] Z. B. Comte, Cours de philosophie positive, 3. éd. IV 430. Fröbel, Politik, I 144 f., 151, 191 ff., Ranke, Sämtl. Werke, 30, S. 55 f.

[22] Dieser a. a. O. S. 104 f.

[23] Politische Theologie S. 13.

[24] S. 14, 15 a. a. O.

Ordnung, wie im Ständestaat, eine bloße Ausübungsbeschränkung der quoad jus im Herrscher vereinigten Gewalt, also eine Trübung der reinen, eigentlichen staatlichen Form ist. Sie ist als geisteswissenschaftliche Würdigung da gerechtfertigt, wo diese letzte, „souveräne" Instanz auch die letzte Repräsentation der das Ganze sachlich integrierenden Werte ist: in der römischen Kirche, in der Monarchie vor der konstitutionell-nationalstaatlichen Periode. Sie trifft nicht zu, wo diese Voraussetzungen fehlen — wo der Kern der staatlichen Wirklichkeit im normalen Verfassungsleben liegt, das sich hier notgedrungen zeitweilig zugunsten einer „technischen Nothilfe" zurückzieht, die im Verhältnis zu jener dauernden Wesensverwirklichung des Staats im normalen Verfassungsleben nur eine vorübergehende Technik, keine Wesensdarstellung ist. Es ist das antike Staatsbild und eine antikisierende Betrachtungsweise, die von C. Schmitt in glänzender Form repristiniert sind — nicht ohne Gewinn auch für die Staatstheorie, die sie ablehnt, und für die schwierigen Rechtsfragen des Diktaturrechts, auf die an späterer Stelle zurückzukommen sein wird. Eine Theorie vom heutigen Staat muß aber den wesensmäßigen Schwerpunkt des Staates an anderem Ort finden und daher auch verfassungstheoretisch und staatsrechtlich die Wertakzente anders verteilen.

So treten bei näherem Zusehen an Stelle der einfachen Gewaltenteilung der Verfassungstexte drei Funktionensysteme: das politische Zusammenspiel von Legislative und Exekutive, und dazu Regierung und Diktatur als unmittelbar politische, integrierende Funktionen; sodann Gesetzgebung und Rechtspflege als Träger des Rechtslebens; endlich die Verwaltung als die technische Wohlfahrtsförderung durch den Staat im einzelnen. Allerdings wird die Mehrzahl der staatlichen Akte nicht ausschließlich im Dienst des Wertgebiets stehen, dem sie in erster Linie gewidmet sind[25]. Aber kein staatlicher Akt, keine staatliche Institution darf über gewisse Grenzen hinaus zu ihrer Bestimmung fremden Zwecken verwendet werden. Dann tritt das Problem des Formenmißbrauchs[26] ein, das E. Kaufmann und C. Schmitt an zahlreichen Beispielen (Untersuchungsausschuß, Völkerbund, „Maßnahmen" des Art. 48 der Reichsverfassung, Gesetz und Enteignung im

[25] Vgl. oben S. 195.

[26] Das Wort hierfür z. B. bei Kaufmann, Untersuchungsausschuß und Staatsgerichtshof, S. 63, 66.

Dienst der Fürstenenteignung[27]) als rechtspolitisches und rechtliches deutlich gemacht haben.

In gewissen Grenzen besteht allerdings die Möglichkeit, für solche Fragen, die gleichzeitig politische und rechtliche sind[28], durch positive Norm den einen oder den anderen Maßstab als den entscheidenden festzulegen. Diese Bestimmung geschieht in der Regel dadurch, daß entweder eine ausgesprochen politische oder eine gerichtsförmige Instanz zur Entscheidung von Konfliktsfällen eingesetzt wird — die Wahl dieser Instanz bedeutet zugleich die Auswahl des für die Entscheidung in erster Linie maßgebenden sachlichen Prinzips. Diese Wahl kann dem Einzelfall überlassen werden — so in dem Metternichschen Vorschlag in Karlsbad, alle Streitigkeiten der Bundesglieder der Bundesversammlung zur Entscheidung darüber zuzuweisen, „inwieweit solche politisch zu behandeln und von ihr selbst schon zu erledigen, oder ob dieselben einer gerichtlichen Entscheidung bedürften, und alsdann der deshalb angeordneten ... Instanz, jedoch nur von dem Bundestage, zuzuweisen sein werden"[29]. Sie wird aber meist Gegenstand einer allgemeinen Regel sein, so in den bekannten Beispielen des Völkerrechts, oder in der Differenzierung des Art. 19 der Weimarer Verfassung zwischen Verfassungsstreitigkeiten innerhalb eines Landes, für die stets eine gerichtliche Erledigungsinstanz besteht, einerseits und den Verfassungsstreitigkeiten im Reich, die nicht vermöge Art. 19 (oder allenfalls Art. 13 oder 15) ihren Richter finden, anderseits. Diese Verschiedenheit der Instanzenregelung bedeutet, wie in späterem Zusammenhange zu zeigen sein wird, auch eine Verschiedenheit der materiellrechtlichen Lage.

In all diesen Fragen kann nur eine Verfassungstheorie Klarheit schaffen, die mit aller Schärfe die drei Reiche des Rechts-, Verwaltungs- und Integrationswerts und die Eigenart der ihnen zugehörenden Funktionen, zugleich aber die Möglichkeiten und Grenzen ihrer Überschneidungen herausarbeitet.

Der Sinn einer Theorie der staatlichen Funktionen mit der hier angedeuteten Fragestellung wird vollends deutlich an ihrem Gegen-

---

[27] Vgl. bes. noch C. Schmitt in Schmollers Jahrbuch 48, 2, S. 753 ff., bes. S. 778, und sein Gutachten: Unabhängigkeit der Richter, Gleichheit vor dem Gesetz und Gewährleistung des Privateigentums nach der Weimarer Verfassung (1926).

[28] Vgl. Triepel, Kahl-Festschrift II 17 ff. und die dort Angezogenen.

[29] Klüber-Welcker, Wichtige Urkunden für den Rechtszustand der deutschen Nation, S. 178. Über das Bundesrecht selbst vgl. Klüber, Öffentl. Recht des Teutschen Bundes, [4] 215, H. A. Zachariä, Deutsches Staats- und Bundesrecht, [3] II 736 ff.

beispiel, der Stufentheorie der Wiener Schule. Der Sinn und der Zusammenhang der „Stufen der Rechtserzeugung“ ist gegeben mit dem Sinn, den diese Stufen als Teile einer aufgegebenen und durchgeführten Lebenswirklichkeit haben. Teile solcher Wirklichkeit sind aber im Verhältnis zueinander nur als dialektische Momente verständlich, nicht als Glieder einer linearen Kette. Und vollends die radikale Denaturierung des Staats von aller Eigennatur, allem politischen Charakter schließt natürlich auch jede Einsicht in den spezifischen Charakter seiner einzelnen Momente aus und damit gleichmäßig sein Verständnis als Wirklichkeit und eine sachgemäße Auslegung seiner verfassungsmäßigen Normierung.

4. Integrierender Sachgehalt moderner Verfassungen

Die Integration durch Sachgehalte ist als allgemein-staatstheoretisches Problem an früherer Stelle behandelt. Hier soll von ihm als einem Kapitel der neueren Verfassungsgeschichte die Rede sein, unter Vorbehalt einer Anzahl rein juristischer Fragen für den Schlußabschnitt.

Die Form, in der solcher Sachgehalt in die moderne Verfassungsentwicklung eintritt, ist zunächst der Gesetzesbegriff des Naturrechts. Das Gesetz ist die Formulierung des ordre naturel als der alleinigen und zugleich notwendigen Grundlage staatlicher Gemeinschaft[1]. Mit diesem Gesetzesbegriff bleibt der Staatstheorie des 18. Jahrhunderts, so sehr sie den Staat als ein in sich geschlossenes und zentriertes Kräftespiel aufzubauen sucht, gewissermaßen die Nabelschnur erhalten, die sie mit dem Ganzen der damaligen Welt der Werte verbindet. Denn noch immer hat der Gesetzesbegriff, den sie als Zentrum in ihr System einbezieht, die ganze materiale Fülle, die ihm seine oft dargestellte Vorgeschichte gegeben hat. Anders ausgedrückt: dieser Gesetzesbegriff gibt dem Staatsgebäude des 18. Jahrhunderts seine spezifische Legitimität. C. Schmitt hat mit großem Recht darauf aufmerksam gemacht[2], daß das Legitimitätsproblem nicht nur für die Monarchie besteht, sondern ebenso für jede andere Staatsform. Ohne Legitimität, d. h. ohne Geltungsbegründung in geschichtlich geltenden, dem Staat und seinem Recht transzendenten Werten gibt es keine Geltung der positiven Verfassungs- und Rechtsordnung selbst[3]. Nur

---

[1] Statt vieler Heller, Souveränität, S. 17 f.

[2] Vor allem Geistesgeschichtliche Lage S. 39 ff.

[3] Vgl. oben S. 166.

aus dieser legitimierenden Fülle des naturrechtlichen Gesetzesbegriffs erklärt sich die Kraft, mit der sich die Vorstellung vom Gesetz als der allein schöpferischen öffentlichen Funktion so lange erhalten hat. Die Positivierung und damit Formalisierung des Gesetzes durch seine Einführung als gesetzgebende Gewalt in die positiven Verfassungen hat aber doch unvermeidlich seine Entleerung zur Folge, stellt durch seine Immanenzerklärung seine legitimierende Kraft in Frage. Aus dem richtigen Gefühl für diesen Ausfall erklärt sich die alsbaldige Reaktion der ersten Verfassungsgesetzgeber: sie suchen den legitimierenden Wertgehalt des ordre naturel als Geltungsgewähr und regulatives Prinzip zugleich ihrer positiven Ordnung zu erhalten, indem sie ihn inhaltlich zu formulieren suchen und diese Formulierung zu übergeordneten Normen gegenüber ihrem Verfassungswerk erheben. Das ist der legitimierende Sinn der Menschenrechte, den späteres liberales Mißverständnis zugunsten ihrer sekundären, staatsbeschränkenden Funktion völlig übersehen hat.

Eine nur formelle Positivierung der legitimierenden Werte genügt allerdings nicht, denn sie werden nur dann positiv, wenn und indem sie konkretisiert werden. Das ist ein Teil des Sinngehalts von Montesquieus Herleitung der Institutionen aus der Volksindividualität[4] oder ihrer Einordnung in die geschichtliche Dialektik des Geistes. Und dasselbe meint das heutige demokratische Legitimitätserfordernis der innenpolitischen Selbstkonstituierung, der außenpolitischen Selbstbestimmung[5]. Mit Recht hat Wittmayer seiner ausgezeichneten Würdigung der Präambel der Weimarer Verfassung[6] die Bemerkung vorangestellt, daß nur die Demokratie eine Verfassung so einleiten kann: durch die Bezugnahme auf einen Akt der Selbstkonstituierung, der sich zugleich als einen Positivierungsversuch oberster politischer Werte empfindet und eben dadurch dem folgenden

[4] Vgl. die Würdigung durch Hegel, Wissenschaftliche Behandlungsarten des Naturrechts, Werke I 417.

[5] C. Schmitt, Geistesgeschichtliche Lage, S. 39 f., wo allerdings — entsprechend Schmitts eigentümlichem Mißverständnis der Demokratie — verkannt wird, daß nicht der formelle Vorgang, sondern der ihn tragende Gehalt (den Schmitt selbst an anderer Stelle [Schmollers Jahrbuch 48, 777] als die eigene Ehre, den eigenen Geist solcher echten, universalen Gemeinschaft richtig bezeichnet) die Ursache dieser legitimierenden Kraft ist. Ebenso gemeint ist die faschistische Ideologie des Marschs auf Rom als einer revolutionären, d. h. neuen sachlichen Gehalt bedingenden und dadurch neu legitimierenden Grundlegung des neuen Italien.

[6] Die Weimarer Reichsverfassung, S. 39 ff.

Verfassungsinhalt die besondere Legitimität der demokratischen Gedankenwelt gibt.

Es gibt also verschiedene legitimierende Faktoren, und damit verschiedene Arten der Legitimität und insbesondere auch verschiedene Legitimitätsgrade — trotz der positivistischen Staatslehre, die diese für politische Ethik und Praxis grundlegenden Probleme überhaupt nicht sieht.

Diese legitimierenden sachlichen Gehalte sind aber zugleich sachliche Integrationsfaktoren, wenn man nicht geradezu Legitimierung in diesem Sinne mit sachlicher Integration gleichsetzen will. Sie sind aber nicht die einzigen, sondern nur ein Teil des ganzen Systems sachlicher Integration, das in früherem Zusammenhang andeutend entwickelt ist. Sie spielen in diesem System allerdings eine besonders wichtige Rolle; sie sind sein grundsätzlichster Teil, wie das Staatsgebiet sein konkretester ist. Es ist aber kein Zufall, daß die Verfassungen diese Momente zusammenstellen: Menschenrechte, Präambel, Staatsgebiet, Prinzip der Staatsform, Nationalflagge. Diese Momente machen in erster Linie Wesen und Wirklichkeit eines Staatswesens aus, so daß alles übrige, das in den Verfassungen darauf folgt, wie eine Art Ausführungsnorm dazu erscheint, nur zweiten Ranges gegenüber jenen ersten und obersten Werten der staatlichen Ordnung.

Die verfassungsmäßige Festlegung dieser Faktoren kann ein Bekenntnis zu Grundsätzen sein (Präambel und Grundrechte), eine Konstatierung anderweitig festgelegten konkreten Bestandes (Staatsgebiet), Festlegung und Symbolisierung des Verfassungstypus (Staatsform und Nationalflagge). Sie kann aber auch in präzisen Rechtssätzen stricti juris bestehen, wie etwa in der sachlichen Zuständigkeitsbestimmung des Bundesstaats, die ihm seinen sachlichen Sinn und Gehalt, sein Wesen und damit einen großen Teil seiner integrierenden Kraft gibt.

Alle Einzelheit ist hier Sache der besonderen Staatslehre einer-, der juristischen Verfassungsauslegung anderseits. Vom Standpunkt der Verfassungstheorie ist nur auf eine Selbstverständlichkeit noch hinzuweisen. Die intendierte legitimierende und integrierende Wirkung ist nicht ohne weiteres mit Verfassungsparagraphen schon gegeben. Es gibt Grundrechte, die so selbstverständlich oder nichtssagend oder problematisch sind, daß sie keinen Zuwachs für den normativen Ideengehalt bedeuten, der ein Volk einig macht. Es gibt Nationalflaggen, die nicht das Symbol überwältigender Wertgemeinschaft sind und deren sinngemäße Integrationsfunktion deshalb ausbleibt. Es gibt

Zuständigkeitsbestimmungen im Bundesstaat, die unitarisch wirken sollen, aber durch Überspannung das Gegenteil bewirken.

5. Die Staatsformen

Das Problem der Staatsform ist die schwierigste und zugleich die krönende und abschließende Frage der Staats- und insbesondere der Verfassungstheorie. Da die Voraussetzungen ihrer Lösung dank der allgemeinen Krise der Staatslehre stärker in Frage gestellt sind als jemals, so ist es kein Wunder, daß diese Lösung selbst ganz besonders im argen liegt.

Wenn das Wesen eines Staats und seiner Verfassung in dem Leben besteht, in dem er dauernd Wirklichkeit und Individualität zugleich wird und sich als solche auswirkt, dann ist die Staatsform der besondere Typus dieses Lebens, die Staatsformenlehre eine Lehre von den Typen der Integrationssysteme[1]. Sie kann also nicht gewonnen werden, indem nach antiker Weise die naive Gegebenheit des Staats vorausgesetzt und seine Beherrschung durch einen, wenige oder viele als der einzige, aber als ein das gegebene Wesen des Staats nicht berührender äußerlicher Unterschied zum Einteilungsgrunde gemacht wird[2]. Noch viel weniger als die antike Dreiformenlehre ist der neuzeitliche staatstheoretische Agnostizismus im Recht, der den abstrakten Staat als irgendwie gegeben voraussetzt und entweder das Blankett seiner Organisation mit Herrschern in verschiedener Anzahl ausfüllt[3] oder die denkbaren Modifikationen des politischen Stoffs durch die Staatsform, die er als spezifisch politische nicht begreifen kann und will, in nichtpolitische Momente auflöst[4]. Dahin gehört die Zurückführung auf geistesgeschichtliche Entwicklungs- oder gewissermaßen Stilstufen, wie die Abfolge der Herrschaftstypen bei Max

---

[1] Eine derartige Staatsformenlehre scheint das Ziel der — freilich durch heftiges Ressentiment unklar gewordenen — Erörterungen von Wittmayer, Die Staatlichkeit des Reichs als logische und als nationale Integrationsform, Fischers Zeitschr. f. Verwaltungsrecht, hrsg. v. Schelcher 57 (1925) 145 ff., zu sein. Die Nebeneinanderstellung von monarchischer, nationaler und staatlicher Integration bleibt aber ohne klaren Einteilungsgrund.

[2] Hegel, Rechtsphilosophie, § 273.

[3] Auch dagegen Hegel a. a. O., E. v. Hippel, Die Tatwelt, III 61 f. (auch selbständig: Der Sinn des Staates und die Lehre von den Staatsformen bei Platon, Mann's Pädagogisches Magazin, Heft 1165, S. 21 f.), unter Beziehung auf die bekannte Stelle in Rankes politischem Gespräch.

[4] So wohl zu verstehen H. Oppenheimer, Logik der soziologischen Begriffsbildung, S. 89. Scharf und vortrefflich darüber C. Schmitt Politische Theologie, S. 56.

Weber[5], die dem Geist der Zeit so sehr entsprechende Reduzierung auf Kunstgeschichte[6], die Kennzeichnung als Technik (des geringeren Übels) zu einem sozialen oder kulturellen Zweck[7], oder die Auflösung in evolutionistische Werturteile, wie Thomas „Privilegienstaat“, dem der nur durch die Negation jenes Unwerturteils in seiner Eigenart umfassend zu bezeichnende Staat der jüngsten Entwicklung gegenübersteht[8].

Der richtige Weg ist hier gewiesen durch die Linie, in der allein das Problem neuerdings fruchtbar gefördert ist. In den Erörterungen über Liberalismus und Parlamentarismus einer- und Demokratie anderseits[9] ist einmal der methodische Gegensatz zwischen nichtpolitischer und politischer Fragestellung überhaupt mit Schärfe herausgearbeitet und zugleich der radikale innere Gegensatz von Parlamentarismus und Demokratie evident geworden. Liberale Staatstheorie ist keine Staatstheorie, weil sie sich auf ethisierenden, technisierenden und anderen Abwegen bewegt — liberale Staatsform, d. h. Parlamentarismus ist keine Staatsform, weil auf funktionelle Integration allein kein Staat gegründet werden kann, ebensowenig, wie auf sachliche allein nach korrekter sozialistischer Verfassungstheorie[10]. Damit ist der Weg zur Wesenserfassung des Politischen[11] und seiner

[5] Die noch dazu aus verschiedenen Gründen nicht einmal eine wirkliche Reihe bilden. Charismata hat es stets gegeben, aber die contradictio in adjecto einer charismatischen Verfassung hat selbst in der Urgemeinde nicht bestanden. Traditionale Herrschaft gibt es auch als politische Lebensform. Rationale ist wiederum ein Unding: ein rationaler „Apparat“, ein „Betrieb“ ist schon begrifflich das Gegenteil einer denkmöglichen Lebensform.

[6] Bei Hellpach a. a. O.

[7] So selbst von der Demokratie R. Michels Soziologie des Parteiwesens, [1] 391, Renner, Verhandlungen des 5. dtsch. Soziologentages, S. 90.

[8] Handwörterbuch der Staatswissenschaften [4] VII 730 ff., technisch gewendet die Fragestellung für die Staatslehre und damit die Bewertung der Staatsformen, S. 745.

Scharf und vortrefflich gegen die „pure Ideologie“, in der Demokratie „ein Ziel im entwicklungsgeschichtlichen Sinne“, eine „Vollendung“ zu finden, R. Michels, Zeitschrift für Politik, 17, 290.

[9] Außer der Kontroverse Schmitt-Thoma vor allem zu nennen F. Tönnies, Demokratie und Parlamentarismus, Schmollers Jahrbuch 51, 2, S. 173 ff.

[10] Ich brauche nicht hervorzuheben, daß diese Kritik dem reinen Typus des Denkens und der Staatsform gilt. Selbst Max Weber war wissenschaftlich kein ganz reiner Liberaler. Und vollends über die geistige und liberale Höhe des einzigartigen humanen Adels, der die großen Gestalten des Liberalismus ehrwürdig macht, kann ebensowenig Streit sein, wie über seine geschichtliche Bedeutung.

[11] Dessen Bestimmung in C. Schmitt, „Begriff des Politischen“, Arch. f. Soz. Wiss. u. Soz. Pol. 58, 1 ff. ich nicht für glücklich halte.

für unsere Gegenwart und ihre Probleme wichtigsten Gestalttypen eröffnet. Das Wesen des Parlamentarismus ist dabei schon einigermaßen klargestellt, das seines Gegenspielers, der Demokratie, ist um so mehr im Streit[12]. Zugleich wird aber immer deutlicher, daß es sich bei dem Staatsformproblem um das Problem des Integrationssystems, d. h. der Typen von Kombinationen der Integrationsfaktoren handelt. Dabei sind die in Betracht kommenden Faktoren, was ihre Möglichkeit und fruchtbare Verwendbarkeit angeht, an die Möglichkeiten gebunden, die allgemeine Geistes- und Zeitgeschichte und besondere Landesart lassen. Entwickeln sie sich diesen Bedingungen entsprechend in fließender Kontinuität, so entstehen jene Verfassungen, in denen, wie man von der englischen gesagt hat, das Volk wie in einer gewachsenen Haut lebt, im Gegensatz zu den reflektierten und rezipierten, die wie ein nicht ganz passender Rock sitzen und an denen deutlich wird, daß das Problem einer Verfassung das ihrer integrierenden Kraft ist[13]. In der Fülle der Momente, die zu dieser integrierenden Kraft kombiniert sein wollen, und in der geschichtlichen Einzigartigkeit jedes dieser Kombinationssysteme liegt die fast unlösbare Schwierigkeit einer befriedigenden Staatsformenlehre.

Ich habe an anderer Stelle versucht, einige Grundlinien einer solchen Staatsformenlehre anzudeuten[14].

Die Monarchie integriert durch eine im wesentlichen nicht diskutierte Welt der Werte, die sie symbolisiert und repräsentiert und durch die sie eben deshalb ihrerseits legitimiert wird. So ist sie die vorherrschende Staatsform aller Zeiten mit überwiegend gemeingültigen, unbezweifelten Wertwelten, von deren Geltung ihre eigene wesentlich abhängt. Insofern ist eine gewisse Statik für sie bezeichnend (natürlich nicht im Sinne geschichtlicher Unwandelbarkeit), der gegenüber ein Bereich des Diskutabeln als Gegenstand parlamentarischer Mitwirkung sehr wohl abgeschieden werden kann. So ist sie die Form des Staats mit innen- und außenpolitisch wesensmäßig mehr oder weniger festgelegtem politischem Charakter[15].

---

[12] C. Schmitts Identitätenlehre trifft nicht den Kern, sondern ein Symptom, und die Bemühungen des Wiener Soziologentages verdienen leider die scharfe Kritik des Vorsitzenden (Verhandlungen S. 112).

[13] So wohl gemeint Wittmayer a. a. O. S. 168. — Nach dem im Text Gesagten ist es sicher unrichtig, daß „die Summe der in der politischen Herrschaft sich äußernden sozialen Energie", in meinem Sprachgebrauch also die Integrationsleistung, beim Wechsel der Staatsform konstant bleibt — Kelsen, 5. Soziologentag, S. 57.

[14] Kahl-Festschrift III 21 ff.

[15] Einzelnes a. a. O. S. 23 f.

Während der Parlamentarismus als beschränkendes oder auch vorherrschendes Element zu ihr hinzutreten kann, ist die Republik ihr ausschließendes Gegenteil. Aber als lediglich durch den Ausschluß der Monarchie bestimmte Staatsform ist sie nicht genügend in ihrem eigenen politischen Wesen bezeichnet — daher liegt das Pathos der Staatsform heute auf dem inhaltreicheren Begriff der Demokratie. Demokratie ist aber, ebenso wie die Monarchie, durch einen Inhalt zusammengehaltene Staatsform[16] — durch diesen Gehalt braucht sie aber die Monarchie nicht auszuschließen, sondern kann sich mit ihr berühren, ja mit ihr zusammengehen — es ist kein Widerspruch, daß es demokratische Monarchien gibt, ebensowenig wie der Begriff der Republik den der Monarchie ausschloß, solange er selbst nicht eine formale Negation, sondern, wie bei Kant, die Bezeichnung einer inhaltlichen Fülle war.

Ursprünglich ist im Begriff der Demokratie das Moment des sachlichen Gehalts, der rationalen Wahrheiten und Werte des Naturrechts, untrennbar von dem formalen der Mehrheitsentscheidung aller. Die Begriffsgeschichte der volonté générale und des Gesetzes im 18. Jahrhundert steht ganz und gar im Zeichen dieses Zusammenhanges. Die Geschichte der unvermeidlichen fortschreitenden Spaltung beider Momente ist noch nicht verfolgt; ihr Ergebnis wird aber heute in der richtigen Linie von denen gesucht, die um die nähere Bezeichnung des die Demokratie charakterisierenden Sachgehalts ringen[17]. Nur so erklärt sich die demokratische Tendenz der nationalstaatlichen Bewegung; nur so, daß Demokratie Homogenität voraussetzt[18], d. h. einen homogenen Gehalt; nur so, daß die Demokratie trotz ihres Mehrheitsprinzips in die Minderheit kommen und deshalb der Diktatur zu ihrer Durchsetzung bedürfen kann[19]. Es ist demokratisch und nicht parlamentarisch, wenn die offiziellen Kundgebungen des französischen Parlaments wie seiner Staatsmänner nicht müde werden, in einer für das ästhetische und sittliche Gefühl des Nichtfranzosen unverständlichen Weise ihre eigene Gerechtigkeit, Großmut usw. zu rühmen: es sind die in Anspruch genommenen politischen Kardinaltugenden des Landes, etwas, worin es als Demokratie einig ist, was in diesen Fanfaren integrierenden Selbstlobs ins Bewußtsein gerufen

[16] So wohl E. v. Hippel, Archiv d. öffentl. Rechts, N. F. 12, 406.

[17] Vgl. Tönnies, 5. Soziologentag, S. 12 ff., Koigen, das., S. 78 ff., Tönnies, Schmollers Jahrbuch 51, 2, 173 ff., Adler, Staatsauffassung, bes. S. 129, insbesondere für Amerika A. Walther, Ethos Jahrg. II, S. 50.

[18] C. Schmitt, Geistesgeschichtliche Lage, S. 13 f.

[19] Daselbst S. 37.

wird; und nicht wesentlich anders ist der Sinngehalt, an den amerikanische Demokratie glaubt, in dem sie sich einig, als Trägerin politischer Weltmission fühlt und sich selbst als aggressive democracy bezeichnet[20]. Vom integrierenden Sinngehalt der Monarchie oder vielmehr — im Sinne des hier bestehenden Gegensatzes — des Obrigkeitsstaates unterscheidet sich der der Demokratie dadurch, daß er von einer möglichst ausgedehnten Aktivbürgerschaft getragen und als eigener Besitz erlebt und fortgebildet wird. Das Drückende des „Obrigkeitsstaats" wird nicht so sehr darin gefunden, daß er sachlich Unrecht hätte, als darin, daß er im Namen von Sinnzusammenhängen und politischen Wertwelten schaltet, die die Regierten nicht mehr als ihre eigenen, von ihnen hervorgebrachten oder aktiv gebilligten empfinden. In der Beseitigung dieser wirklichen oder vermeintlichen Heteronomie des staatlichen Sinngehalts liegt der Kern der Herstellung des „Volksstaats".

So bilden Monarchie und Demokratie eine Gruppe unter den Staatsformen, sofern sie beide in einem bestimmten Sachgehalt ihr letztes Wesensmerkmal und vermöge dessen beide ihre spezifische Legitimität, ihr spezifisches Ethos und Pathos haben. Schon deshalb ist Max Webers Charakterisierung der Staatsformen als bloßer Staatstechniken von Grund aus verfehlt. Eine gewisse letzte Unstaatlichkeit des Liberalismus und des auf ihm beruhenden Parlamentarismus tritt ganz besonders auch darin zutage, daß ihm ein solches Pathos, ein solcher Wertgeltungsanspruch und damit eine ihm eigentümliche legitimierende Kraft fehlt, daß er auch gar nicht das Bedürfnis hat, sich um irgendwelche entsprechende Legitimierung zu bemühen.

Wenn die Volkssouveränität verfassungsrechtlich besagt, daß „die letzte Entscheidung über alle politischen Fragen bei einem unmittelbar aus dem Willen des Volkes hervorgegangenen Organe" liegen soll[21], so ist damit zunächst das Prinzip des Parlamentarismus ausgesprochen. Die Bruch- oder Lötstelle zwischen ihm und dem tieferliegenden demokratischen Kern wird deutlich da, wo dem Parlament diese Freiheit der politischen Wesensbestimmung des Staats beschränkt wird, etwa durch Erschwerung von Verfassungsänderungen, und noch deutlicher da, wo der letzte sachliche Kern, etwa die Staatsform, solcher Änderung überhaupt entzogen wird.

Jedenfalls bedeuten die Staatsformen Integrationssysteme von umfassender Totalität. Daher kombinieren sie notwendig alle Integra-

---

[20] Europäische Gespräche I 262.

[21] E. Kaufmann, Grundfragen der künftigen Reichsverfassung, S. 26.

tionsarten[22], und deshalb sind sie nicht als Strukturprinzipien zu verstehen, die gleichmäßig durch alle Staatsorgane oder -funktionen im einzelnen hindurchgehen müßten[23].

6. Das Wesen des Bundesstaats

Die hier zugrundegelegten staatstheoretischen Anschauungen führen endlich zu einer von der herkömmlichen abweichenden Bundesstaatstheorie.

Das Problem der Zusammenordnung von Bundesstaat und Einzelstaaten wird häufig aufgelöst in die Alternative der Nebenordnung beider Teile einer- oder ihrer Über- und Unterordnung anderseits[1]. Derartige verräumlichende und mechanisierende Gedankenbilder sind aber zur Erfassung geistiger Wirklichkeit ungeeignet[2]; sie sind denn auch in der Regel nichts als Hilfsvorstellungen zur begrifflich-anschaulichen Substruktion bestimmter einzelner Rechtsverhältnisse.

Nicht wesentlich anders steht es mit der Zurückführung des Wesens der bundesstaatlichen Problemlösung auf einen technisch gedachten Gesamtplan, der in erster Linie die Arbeitsteilung, in zweiter das Zusammenwirken und die Einheitlichkeit der Ausführung regelt[3]. Das ist objektivierende Mechanistik und Teleologie, die an ihrer Stelle ihr Recht hat, aber den eigentlichen Schlüssel zum Verstehen geistiger Wirklichkeit nicht liefert.

---

[22] Daran nimmt Stier-Somlo, Reichs- und Landesstaatsrecht, I 101 zu Unrecht Anstoß; vgl. oben S. 175 f.

[23] Daher unrichtig (bezüglich der Funktionen) Kelsen, Staatslehre, S. 361, 5. Soziologentag, S. 50 f., und die besonders bedenkliche praktische Einzelanwendung dieses (hier auf die Organe bezogenen) Irrtums bei E. v. Hippel, Archiv für öffentl. Recht, N. F., 10, 150.

Mit dem im Text Gesagten soll die Bedeutung so wertvoller Übersichten über die Verfassungsformen insbesondere der Gegenwart, wie der von Thoma im Handwörterbuch der Staatswissenschaften [4] VII 730 ff. gegebenen, nicht bestritten werden. Der Gefahr, sich dabei in ein Linnésches System an Stelle eines wirklichen zu verlieren, wird allerdings auf die Dauer nur auf dem vorgeschlagenen Wege zu entgehen sein.

Wenn Staatsformen Verwirklichungstypen der staatlichen Totalität sind, dann sind ihre Unterscheidungsmerkmale Integrationsfaktoren, deren Bedeutung für die Klassifikation der Staatsformen sich nach ihrem Rang in der Hierarchie des Integrationssystems bestimmt.

[1] Literatur z. B. bei Triepel, Kahl-Festschrift, II 50 f.

[2] Ebenso wie die entsprechenden Gedankenelemente der Begriffspaare Obrigkeits- und Volksstaat, „echter" und „unechter" Parlamentarismus.

[3] Haenel, Staatsrecht, I 209 f. Es ist derselbe unrichtige Ansatz für eine Theorie des Bundesstaats, wie das arbeitsteilig-teleologische Verständnis der Gewaltenteilung für eine Theorie des Verfassungsstaats.

Vollends müssen hier alle bloßen Rechtstheorien des Bundesstaats ausscheiden. Es kann hier dahingestellt bleiben, wieviel Wahrheitsgehalt in der Alternative enthalten ist, daß nur der Bundesstaat oder nur die Einzelstaaten wahre Staaten sein können. Hier handelt es sich um die Frage, wie dieser besondere Staatstypus mit seinen zwei politischen Polen, dem gesamtstaatlichen und dem einzelstaatlichen, als Wirklichkeit verständlich wird. Dazu verhilft auch die Labandsche Zurückführung des Verhältnisses auf die Kategorien des Handelsgesellschaftsrechts nicht. Sie sind lediglich juristische Konstruktionen, und zwar wegen ihres Formalismus nicht einmal brauchbare, aber sie enthalten keine Theorie.

Auch einzelne Momente der Erscheinung genügen nicht, um diese als Ganzes befriedigend zu charakterisieren. Es mag dahingestellt bleiben, ob in erster Linie die Reichsaufsicht „der große Regulator in der Arbeitsmaschine des zusammengesetzten Staatswesens“[4], ob sie allein ein so zentrales und deshalb charakteristisches Moment ist[5], oder ob nicht die Momente, die Bilfinger als großen Erscheinungszusammenhang herausgearbeitet hat[6], von ähnlicher Bedeutung sind. Jedenfalls handelt es sich dabei nur um ein Rechtsinstitut eben zur Regulierung einer „Arbeitsmaschine“, zur Ausführung jenes Haenelschen Gesamtplans — worin aber der Lebenssinn und die geistige Möglichkeit dieser verwickelten Ordnung liegen, wird dabei vorausgesetzt und nicht verständlich gemacht, wie es die Aufgabe geisteswissenschaftlicher Theorie ist.

Es ist das Verdienst der Bilfingerschen Arbeit, daß sie diese geistige Wirklichkeit wenigstens in einer Beziehung, der der aktiven Beteiligung der Einzelstaaten am politischen Leben des Bundesstaates, zusammenhängend beleuchtet hat. Eine Bundesstaatstheorie muß aber darüber hinaus das Ganze verständlich machen. Sie darf sich deshalb auch nicht damit begnügen, als Grundlage der föderativen Gestaltung etwa zwei politische Grundtriebe, einen föderalistischen und einen unitarischen, anzunehmen[7], zwischen denen dann ein Kompromiß ge-

---

[4] Triepel, Reichsaufsicht, S. 3.

[5] Triepel S. 2: „eine schlechthin entscheidende Rolle“, „geradezu in den Mittelpunkt der Erörterung zu stellen“.

[6] Der Einfluß der Einzelstaaten auf die Bildung des Reichswillens, 1923.

[7] „Zwei Strebungen, von denen die erste eine aus Stämmen oder anderen Bildungen bestehende Nation in die Form des Einheitsstaates zwingen, während die andere sie als Bund selbständiger Staaten organisieren will“ (Triepel, Zeitschr. f. Politik, 14, 197). Ähnlich die echt Rankesche Kontrastierung in der Einleitung zur Schilderung des Trajanischen Imperiums (Weltgeschichte [1 2] III,

schlossen wird[8]. Denn, bei aller Trennung beider Tendenzen etwa in ihren parteimäßigen Trägern, ist es doch der Sinn des Bundesstaats, sie nicht als zwei feindliche Mächte zu amalgamieren, durch einen Kompromiß äußerlich zusammenzuspannen, sondern ihre Lebenseinheit kraft innerer Notwendigkeit zu sein, eine Einheit, in der sie nicht zwei Bestandteile, sondern zwei Momente sind, und die ihrerseits nicht ihr heteronomes Joch, sondern ihr eigenes gemeinsames Wesensgesetz ist[9]. Eine Bundesstaatstheorie hat darzutun, wieso der Bundesstaat ein sinnvolles politisches System sein kann (natürlich ganz abgesehen von der Frage seiner Erwünschtheit in einer konkreten Lage). Sie hat deshalb darzutun, wieso sinngemäß die Einzelstaaten im Bundesstaat nicht unvermeidliche Hypotheken auf der als Ideal zu wünschenden konsolidierten Einheitsstaatlichkeit des Gesamtstaats, auch nicht lediglich in ihrem Ansichsein nützliche Nebeneinrichtungen und Entlastungen des Ganzen sind[10], sondern gerade eine positive Kraftquelle für das Ganze[11], in ihrer Selbständigkeit „gerade die Stärke des Reiches“[12], und wie eben deshalb zugleich die Einordnung in das Ganze eine positive Wesens- und Lebenserfüllung für die eingeordneten Glieder ist. Staatliche Lebenswirklichkeit ist Integration, und als nächstliegenden Sinn der bundesstaatlichen Integration hat man zunächst stets mit einem gewissen Recht die dauernde Einordnung des Lebens der Einzelstaaten in das Ganze angesehen: mehr passiv durch Aufsicht (Triepel), mehr aktiv durch Willensbeteiligung verschiedenster Art (Bilfinger). Der Kern liegt aber darin, daß die Einzelstaaten in einem gesunden Bundesstaat nicht nur Integrationsobjekt, sondern vor allem auch Integrationsmittel sind. So ist

I S. 261): „Diese beiden Bestrebungen (die zentralistische und die provinzielle, korporative und individuelle) stehen einander unaufhörlich gegenüber; auf der einen beruht die Macht, auf der anderen das innere Gedeihen.“

[8] Triepel a. a. O.

[9] So etwa Gierke, Schmollers Jahrbuch, 1883, 1167.

[10] So wesentlich und wichtig diese Seite der Sache sein mag, z. B. die für den Zusammenhalt der Union lebensnotwendige Elastizität des Föderalismus (N. M. Butler, Der Aufbau des amerikanischen Staates, dtsch. Ausg. 1927, S. 109), oder die Rolle der schweizerischen Kantone als Schutz der Minderheiten, insbesondere der Minderheitskonfessionen und -nationen (Fleiner, Zentralismus und Föderalismus in der Schweiz, 1918, S. 16 f. (Weiteres S. 24 ff.), Schweizerisches Bundesstaatsrecht, S. 24 f.)

[11] So für die Schweiz Max Huber, Der schweizerische Staatsgedanke (1916) S. 14, und anschaulicher Gottfr. Keller, Nachgelassene Schriften und Dichtungen (1893), S. 360.

[12] Reichspräsident Ebert an den bayerischen Ministerpräsidenten 27. 7. 1922, Jahrb. d. öff. Rechts, 13, 82. Ähnlich (ohne daß hier sachlich zu ihr Stellung genommen werden soll) die Bayerische Denkschrift von 1926.

die eigentliche Rechtfertigung des deutschen Föderalismus im Kapitel „Dynastien und Stämme" der Gedanken und Erinnerungen unternommen; so ist die erwähnte feierliche Erklärung des Reichspräsidenten vom 27. Juli 1922 gemeint, insbesondere in der deutlicheren Wendung der nachfolgenden Erklärung der Reichsregierung vom 11. August 1922[13], „daß die Pflege des Stammesbewußtseins in lebendigen engeren Gemeinwesen die beste Gewähr reichsfreudiger Einordnung in das Ganze der Nation ist". Als deutsches Beispiel mögen die erst hier und da genauer untersuchten Gegensätze der politischen Erfaßbarkeit der verschiedenen deutschen Landschaften genannt sein: die mit moderner staatsbürgerlicher, d. h. wesentlich städtisch bürgerlicher Gesellschaft, die vom modernen Nationalstaat auch als unitarischem ergriffen wird, und die mit Bevölkerungen, die wesentlich durch andere, territorialstaatliche, konfessionelle Momente zusammengehalten werden, für die daher der Einzelstaat die notwendige Integrationshilfe des Reichs ist[14]. In diesem Sinne ist es richtig, daß die Eigenstaatlichkeit der Länder ihren Wert nur aus dem Bestehen der nationalen Volksgemeinschaft herleitet[15], und durch diesen Sinn seiner Haltung unterscheidet sich der Föderalist vom Partikularisten.

Die Faktoren, vermöge deren der Gesamtstaat sich vor den Einzelstaaten als daseinsberechtigt rechtfertigt, ja sogar sie in seinen Dienst zu stellen vermag, machen seine spezifische Legitimität aus. Die Lehre vom Bundesstaat ist im letzten Grunde die Lehre von seiner Legitimität.

Legitimität ist aber wesentlich Integration durch sachliche Werte. So wichtig auch die funktionelle Integration im Bundesstaat ist, insbesondere in Deutschland mit seinem immer deutlicher erkannten integrierenden Gegen- und Ineinander von Reichsaufsicht und Ländereinfluß, so steht die sachliche doch an erster Stelle. Das wird besonders deutlich an Entstehung und Wirkungsweise der drei großen Bundesstaaten der Neuzeit, an denen diese Momente (im Gegensatz zu anderen, z. B. zu Österreich) vor allem deshalb so besonders deutlich hervortreten, weil sie aus Staatenbünden entstanden sind und sich

---

[13] Jahrb. d. öff. Rechts, 13, 85.

[14] Vgl. z. B. die guten Bemerkungen bei Schierenberg, Die Memelfrage als Randstaatenproblem, 1925, S. 27.

[15] Koellreutter, Der deutsche Staat als Bundesstaat und als Parteienstaat, S. 18. — Wenn die Einzelstaaten so (und nicht im Sinne der technischen Teleologie der Eingangsworte des Art. 18 der Weimarer Verfassung) vom Ganzen aus gerechtfertigt sind, so bedeutet das noch nicht notwendig, daß sie auch in jeder Hinsicht von ihm aus positiv-rechtlich „legitimiert" sind. Darüber im Folgenden.

deshalb (analog der Sozialkontraktstheorie) bei ihrer Entstehung als notwendig vor den bisher souveränen Einzelstaaten rechtfertigen mußten. Ich versuche das bundesstaatliche Problem der Neuzeit an diesen wichtigsten Fällen anschaulich zu machen, an Stelle einer rein theoretischen Entwickelung.

Eigentümlicherweise sind es zwei Gruppen von sachlichen Gehalten, die in wechselnder Zusammenstellung in der Geschichte dieser drei Bundesstaaten wiederkehren. Einmal die der technischen Notwendigkeit, um das Gesamtvolk außenpolitisch, militärisch, finanziell, handelspolitisch überhaupt aktionsfähig zu machen, und ferner die eines ideellen Gehalts, in dessen Namen man einig, ein Volk sein will, der dem Staat sein eigentliches Ethos gibt.

Die Geschichte des amerikanischen Bundesstaats beginnt mit dem ersten, rein technischen Sinn seiner Gründung. Es ist bezeichnend, daß die Verfassung keine Grundrechte enthält; die Einheit des politischen Ethos (wie es etwa in der Monroe-Doktrin als gegensätzlich zu dem europäischen ausdrücklich vorausgesetzt wird) ist zunächst, trotz aller Gegensätze, so selbstverständlich, daß es nicht formuliert zu werden braucht und daß die Gewähr der republikanischen Verfassung (Art. 4, Sect. 4) ein Schutzversprechen, nicht die Aufzwingung der Republik (wie Art. 17 der Weimarer) bedeutet. Erst das 19. Jahrhundert bringt den Kampf um das spezifische demokratische Ethos des Staats, der seit dem 15. Amendment nun auch von Verfassungs wegen das Land bestimmter ideeller Prinzipien ist.

Den umgekehrten Weg ist die Schweiz gegangen. Ihr Bundesstaat ist die staatsrechtliche Form der Festlegung eines ideellen Programms, des im Sonderbundskriege siegreichen Freisinns, weise gemildert durch starken Minderheitsschutz, unter anderem das unverhältnismäßige Stimmgewicht der bevölkerungsschwachen Minderheitskantone im Ständerat. Der technische Gesichtspunkt beherrscht dagegen die Reform von 1874.

Diese Gesichtspunkte machen auch die Eigenart der Bismarckschen Reichsgründung deutlicher.

Während die Paulskirche gleichzeitig den technisch, insbesondere außen- und wirtschaftspolitisch, leistungsfähigen und den geistig geforderten Nationalstaat schaffen will, gibt sich die Bismarcksche Verfassung durchaus als nur technisch.

Schon die Thronrede im konstituierenden Reichstag drückt das mit Schärfe aus, wenn sie die Einigung der Regierungen bezeugt, „im Anschlusse an gewohnte frühere Verhältnisse, über eine Anzahl bestimmter und begrenzter, aber praktisch bedeutsamer Einrichtungen, welche ebenso im Bereiche der unmittelbaren Möglichkeit, wie des zweifellosen Bedürfnisses liegen", eine Beschränkung, die dann mit Rücksicht auf die Einzelstaaten damit begründet wird, daß diesen nur diejenigen Opfer zugemutet werden, „welche unentbehrlich sind, um den Frieden zu schützen, die Sicherheit des Bundesgebietes und die Entwickelung der Wohlfahrt seiner Bewohner zu gewährleisten"[16].

Dem entspricht der Charakter der Verfassung selbst. Gewisse Fanfarenstöße, mit denen ein heutiger Nationalstaat die Selbstformulierung seines Wesens in seiner Verfassung einzuleiten pflegt: eine schwungvolle Präambel[17] — eine Formulierung des grundsätzlichen Charakters, der Staatsform, mit dem Pathos eines solchen verfassungspolitischen Mottos — ein Symbol des Staats in Wappen und Farben (diese erscheinen 1867/71 als eine streng technische Angelegenheit im Hintergrunde, in Art. 55) — ein Bekenntnis zu den freiheitlichen Grundlagen eines modernen Nationalstaats in einem Grundrechtskatalog[18]: von all dem kein Wort. Ausdrücklich gibt sich das neue politische Ganze als „ein politischer Zweckverband für Verteidigung, für Handel, für Politik und für die anderen im Anfangsparagraphen (gemeint ist die Präambel) genannten Gegenstände und noch nicht als die Normaleinheit und geistige Zusammenfassung der Nation"[19]. Und dem entspricht die Organisierung dieses Verbandes: nur für diesen technischen Zweck werden als die beiden ersten Organe des Bundes und Reichs einfach Bundesversammlung und Präsidium aus Frankfurt übernommen und ihnen ein Reichstag mehr angehängt — ein organisatorisches Ganzes, das sehr wohl als eine Erfüllung der alten Forderung einer „Reform der Bundesexekutive", also eines mindestens in der Fassung wesentlich technischen Programmpunktes des deutschen Bundes, erscheinen konnte. Und selbst als das Pathos der nationalen Erfüllung von dem dritten Organ auch auf den Bereich der vom Bundestag entlehnten übergriff und das „Präsidium" zum Kaiser und

---

[16] v. Holtzendorff-Bezold, Materialien, I 72.

[17] Die der Verfassungen von 1867 und 1871 unterscheiden sich nicht merklich von den typischen Einleitungsformeln völkerrechtlicher Verträge — natürlich mutatis mutandis. Selbst die unvermeidliche Anpassung dieser Formeln an den hier gegebenen Zweck zieht sich in der Wiener Kritik das Prädikat „widernatürlich" zu (Wittmayer, Reichsverfassung, S. 39).

[18] Die Zurückführung dieses Mangels auf Bismarcks persönliche Neigung und den „reinen Staats- und Rechtspositivismus der Zeit" (Beyerle, Bericht und Protokolle des Verfassungsausschusses, S. 367) trifft höchstens ein Motiv zweiten Ranges. Das Richtige hat hier, wie so oft, Naumann gesehen, a. a. O. S. 176.

[19] Naumann a. a. O.

damit zu einem nationalen Integrationsfaktor von allerhöchster Kraft erhob, nahm die Verfassung davon kaum Notiz, führte keinen Souverän des neuen Reichs ein, sondern beließ auch den „Kaiser" unter der farblosen Überschrift „Präsidium" in der Rangfolge als zweites Reichsorgan und überließ den formulierten Ausdruck der Änderung der vom Staatsrecht abseits bleibenden Proklamation von Versailles[20].

Verfassungstheoretisch ist der Kerngedanke dieser, auf Schonung und Gewinnung der Einzelstaaten und Dynastien berechneten Eigentümlichkeit der Reichsgründung von 1867/71 der, daß das neue Ganze keine staatliche Individualität aus sich heraus, sondern nur die Resultante aus den hegemonisch-föderativ-nationalen Komponenten der Verfassung sein, noch genauer, daß es keine Staatsform und damit keine Legitimität aus sich heraus haben sollte. Ein Bund kann nur eine Vereins-, keine Staatsform haben, und die Verlegenheit der staatsrechtlichen Literatur in der Frage der Staatsform des Bismarckschen Reichs[21] löst sich so in der einfachsten Weise. In diesem Zusammenhang liegt auch mindestens ein Motiv für Bismarcks lebenslänglichen Kampf gegen die verfassungsmäßige Möglichkeit einer „Reichsregierung".

Dem entspricht der positive Aufbau des Reichs. Es ist, jedenfalls auf den ersten Blick, wesentlich ein System funktioneller Integration: das oft[22] geschilderte Meisterwerk, das die partikularen Gewalten, an denen die Paulskirche gescheitert war, vor den Reichswagen spannte[23], indem es im Bundesrat die „Souveränität einer jeden Regierung ihren unbestrittenen Ausdruck finden" ließ, indem es vor allem den Bestand und das Leben des Ganzen in erster Linie auf die „Vertragstreue", auf die „Bundesfreundlichkeit" der Beteiligten, der Einzelstaaten wie

[20] Angesichts der nüchternen, vorsichtigen Sprache der Bismarckschen Verfassung, die im Tone völkerrechtlicher Verwaltungsabkommen gehalten ist, erinnert man sich der bekannten Kritik des Kronprinzen an der Art, wie Delbrück im Reichstage die Kaiserkrone sozusagen aus der Hosentasche geholt und vorgezeigt habe.

[21] Z. B. G. Jellinek, Staatslehre ² I 695, weniger deutlich in der 3. Auflage. Richtig Wittmayer in Fischers Zeitschrift für Verwaltungsrecht. 57, 149, allerdings findet er darin „grandiose Verzerrung" und „grenzenlose Willkür" (Die Weimarer Reichsverfassung, S. 469). Vgl. auch Festgabe für O. Mayer, S. 268 f.

[22] Vor allem von Triepel, Unitarismus und Föderalismus im Deutschen Reiche, E. Kaufmann, Bismarcks Erbe in der Reichsverfassung.

[23] Es ist lehrreich und noch nicht genug verfolgt, wie die ältere Theorie die Vertretungen der Einzelstaaten wesentlich als Korrektive, nicht als Organe des Bundesstaats verstand, also in altständischem, allenfalls liberalem Sinne, vgl. z. B. die bei Brie, Bundesstaat, S. 115, 181 Angeführten.

insbesondere Preußens und der damit realunierten Reichsspitze[24], und auf die dauernde tätige Beteiligung der Einzelstaaten in diesem Geiste am Leben des Reichs[25] begründete — dabei die föderative und die unitarische Sphäre unlöslich verklammert durch die preußische Hegemonie, und das Ganze beeinflußt und getragen, allerdings nach Bismarcks durch die Ereignisse gerechtfertigtem Grundplan nicht fundamentiert[26] durch den Reichstag.

Es ist kein Wunder, daß diesem Reich die Staatsnatur und die zum wahren Nationalstaat gehörende Geistigkeit bestritten wurde. Aber daß dies politisch kein Unstaat, sondern gerade der erstrebte deutsche Nationalstaat war, nur verwirklicht gewissermaßen auf mittelbaren Wegen, da der unmittelbare der normativen Anordnung des nationalen Staats als solchen mit normaler konstitutioneller und deshalb beinahe einheitsstaatlicher Verfassung durch die Paulskirche sich als ungangbar herausgestellt hatte — so daß das neue Reich deutscher Nation gewissermaßen neben und trotz einer Verfassung entstehen sollte, in der das große Pathos integrierender Schaffung einer großen Staatsnation allenfalls in der Institution des Reichstages, unzweideutig nur in der nachträglichen und verstohlenen Interpolation der Kaiserkrone zu Worte kommt — daran kann heute kein Zweifel mehr sein. Auch rein rechtlich betrachtet hatte dieses Reich allerdings nicht den Ehrgeiz, Rechtsverhältnis oder Rechtssubjekt, Völkerrecht oder souverän, sondern den ganz anderen, meist verkannten, aber praktisch viel wichtigeren, legitim zu sein. Und das, eigentümlicherweise, obwohl es das normale legitimitätsbegründende Moment des 19. Jahrhunderts, nämlich mit einer bestimmten Staatsform auch deren spezifische Legitimität zu verwirklichen, gerade sorgfältig vermied. Bismarck sah deutlicher als die Paulskirche die bundesstaatliche Alternative darin, daß entweder das Ganze die Staatsform und damit die Legitimität der Einzelstaaten begründen muß, oder umgekehrt, denn im Bundesstaat ist ein mehrfaches, ein verschiedenes staatliches Ethos von Ganzem und Gliedern nicht denkbar. Und im Gegensatz zu allen Vorbildern und Theorien ließ er die Wesensbestimmung des Ganzen von den Teilen (natürlich einschließlich der preußischen Hegemonie

---

24 Dazu meine Untersuchung: Ungeschriebenes Verfassungsrecht im monarchischen Bundesstaat, Festgabe für O. Mayer, S. 245 ff.

25 Dazu Bilfinger, Der Einfluß der Einzelstaaten auf die Bildung des Reichswillens, und besonders präzis in Veröffentlichungen der Vereinigung deutscher Staatsrechtslehrer, I, S. 35—37.

26 Vgl. die Reichstagsrede vom 8. 5. 1880, insbes. die Stellen bei H. Kohl, Reden, 8, 188 f.

als stärkster Komponente) herkommen — deshalb die Fernhaltung aller Momente, die an eigene Staatsform und eigenes politisches Ethos des Reichs hätten erinnern können (worauf der Bismarck selbst zu Unrecht vorgeworfene[27] Staatspositivismus der Folgezeit seine Zweifel an der Staatsnatur des Reiches begründete), und deshalb die dauernde Betonung der Vertragsgrundlage und der Vertragstreue. Die legitimierende Kraft des nationalstaatlichen Gedankens und des nationalen Parlaments stellte sich schon von selbst ein — die nur von den Einzelstaaten und ihrem noch in voller Kraft stehenden legitimen Staatsethos her mögliche Legitimierung konnte nur durch diesen, für positivistische Formaljuristen ohne Sinn für den Wurzelboden des öffentlichen Rechts allerdings mißverständlichen Aufbau gewonnen werden.

Erst so tritt das Integrationssystem der Bismarckschen Verfassungspolitik ganz ins Licht. Es besteht keineswegs nur aus der meisterhaften Sicherstellung des funktionellen Zusammenspiels von Reichszentrale, Preußen und Einzelstaaten — dann wäre das Literatengerede nicht ganz grundlos, das, an Nietzsches und Lagardes romantischer Staatsfremdheit und ohne irgendwelche Einsicht in die Möglichkeiten und Notwendigkeiten und in die Wirklichkeit des damaligen staatlichen Lebens erwachsen, die Geistfremdheit des Bismarckschen Reichs behauptet[28]. Geistigkeit eines Staats heißt die Inanspruchnahme der Kräfte und Werte für ihn, die fähig sind, ihn zu legitimieren — die Frage ist noch nicht beantwortet, ob die Paulskirche und Weimar dieser Aufgabe mit demselben Erfolg gerecht geworden sind wie die Reichsgründung.

Die Weimarer Verfassung hat diese Ordnung der Dinge zum Teil zerstört, zum Teil umkehren müssen. Zerstört ist jenes Integrationsgebäude, das beruhte auf der unerschütterlichen Solidarisierung der Reichsspitze und der Einzelstaaten im Kartell der Fürsten und Bürokratien, einig unter dem Druck der Hegemonie und des Reichstages, geschützt gegen Reichstag und öffentliche Meinung durch das Bollwerk des unverantwortlichen Bundesrats: das System der Züge und Gegenzüge, das seine Elastizität allerdings schon vor und vollends seit 1890 immer mehr verloren, seine Integrationskraft aber unvermindert bewahrt hatte. Aufgegeben ist der Aufbau des Reichs auf den Ländern, die jetzt mehr als Widerstände bewertet, nicht so sehr

[27] Beyerle a. a. O.

[28] Statt vieler Beispiele eins, das aus mancherlei Gründen niedriger gehängt zu werden verdient, H. Mann, Macht und Mensch, z. B. S. 144, 176.

einbezogen als mattgesetzt werden. Trotzdem ist das System der bundesstaatlichen Integration durch die Natur der Sache in Resten erhalten geblieben: der von Bilfinger nachgewiesene Einfluß und das entsprechende Einflußrecht der Länder wird gerechtfertigt durch ihre Leistungen für das Reich[29] und ihre grundsätzliche Anerkennung als ein wesentliches Fundament des Reichs durch Reichspräsident und Reichsregierung 1922. So ist die Gewährleistung der ihnen heute noch gebliebenen Rechtsstellung nicht einfach als Schutz von Sonderinteressen zu verstehen: sie können in Ausübung ihrer Rechte, die sie integrierend in das Reichsganze einfügen soll, gerade um ihre Eigenart kommen, indem sie mehr Reichs- als Landespolitik machen.

Als revolutionäre Verfassung hat die Weimarer ferner den Instanzenweg der Legitimität umkehren müssen: jetzt ist es das Reich, das in Präambel, Staatsformbestimmung, Symbolisierung des Staatsethos durch die Farben, im Grundrechtskatalog usw. die letzten Grundlagen und Rechtfertigungen des deutschen Staatslebens selbst bestimmt und sie den Ländern aufzwingt (Art. 17 der Verfassung).

In den angedeuteten Richtungen, die grundsätzlich für die Weimarer Verfassung gegeben waren, sind im einzelnen verfassungspolitische Rechenfehler unterlaufen. Das preußisch-deutsche Problem und die Bedeutung der Länder überhaupt ist unterschätzt; der den Ländern auferlegte Parlamentarismus mit Verhältniswahl ist dem Reich unbequem geworden, ebenso wie es sich gegen die von ihm selbst durch Art. 18 gerufenen Geister hat verwahren müssen; die Lösung der Flaggenfrage, gewisse unitarische Überspannungen und Grundrechtsinhalte sind eher eine Belastung als eine Förderung der Einheit und Kraft des Ganzen. Der tiefere Grund dieser Schwächen der Verfassung liegt in einer eigentümlichen Verwechslung von normierten Aufgaben einer- und als sichere Grundlage gewährleisteten integrierenden Kräften und legitimierenden Werten anderseits, von Zielen und Voraussetzungen, Verfassungsidealen und gegebenen Mitteln, Gesolltem und Gekonntem. In ähnlicher Lage hat die Schweiz ihre Verfassungseinheit aufgebaut auf dem Siege über den Sonderbund und die sachliche und vor allem die formelle Integration ihres Verfassungslebens und hat der so begründeten politischen Wirklichkeit die Durchsetzung des neuen eidgenössischen Geistes als Ziel gesetzt — ebenso wie die Durchsetzung des nordstaatlichen Geistes in der Gesamtunion nur das Ergebnis des Sezessionskrieges und einer anderweitig gesicherten Einheit sein konnte. Der Unterschied der Verfassungspolitik

[29] Vgl. z. B. für den Kapp-Putsch Jahrb. d. öff. Rechts, 13, 5, Anm. 1.

von Weimar, ebenso wie der der Paulskirche, von der verfassungspolitischen Kunst Bismarcks liegt in dessen souveräner Beherrschung der integrierenden Mittel und der intuitiven Klarheit über die damaligen Quellen staatlicher Legitimität. An seinem Werke ist noch immer nicht genug dargetan, daß es ein besonderes bundesstaatliches Integrations- und ein besonderes föderatives Legitimitätsproblem gibt[30]. Das Problem ist als theoretisches aufzuzeigen, aber allerdings nur auf Grund größter praktisch-politischer Anschauungs- und Gestaltungskraft zu lösen. Eine unrichtige praktische Teillösung des Problems liegt, soviel ich sehe, unter anderem in der herrschenden, in späterem Zusammenhange zu kritisierenden Überschätzung von Reichsaufsicht und Staatsgerichtsbarkeit.

In der Untersuchung der Fragen, die mit der Natur des Bundesstaats als einheitliches Integrationssystem mit den beiden politischen Polen des Gesamtstaates und der Einzelstaaten und der alternativen Notwendigkeit einheitlicher Legitimierung von jenem oder von diesen her gestellt sind, liegen für die Staatstheorie lohnendere Aufgaben, als in dem immer neuen Theoretisieren über die Denkmöglichkeit wirklicher Bundesstaaten überhaupt.

Dritter Teil

Positivrechtliche Folgerungen

1. Die Auslegung der Verfassung als Ganzes

Der hier unternommene Versuch soll nicht nur ein Beitrag zur Grundlegung einer geisteswissenschaftlichen Theorie von Staat und Verfassung als geistigen Wirklichkeiten sein, sondern zugleich ein Beitrag zur Staatsrechtslehre. Denn gerade aus der Beschäftigung mit dem positiven Staatsrecht sind diese Anschauungen herausgewachsen[1] — am positiven Recht müssen sie sich also wiederum bewähren.

Die Bedeutung des Gegensatzes zur bisher herrschenden Staatsrechtswissenschaft in der Behandlung eines staatsrechtlichen Systems im ganzen wird anschaulich an den Klassikern des Staatsrechts des kaiserlichen Reichs. Der verhältnismäßig größere Wahrheitsgehalt

---

[30] Trotz Wittmayers ziemlich unklarer Formulierung, daß die Bundesstaatstheorie den „politischen und rechtlichen Integrationsbegriff" zerstöre (Fischers Zeitschr. f. Verwaltungsrecht, 57, 151).

[1] Vgl. Arch. d. öffentl. Rechts, N. F., 9, 38.

der Haenelschen, ja sogar der Seydelschen Darstellung gegenüber der Labandschen beruht darin, daß jene Werke das Staatsrecht des Reichs zunächst als eine geistige Totalität und die staatsrechtlichen Einzelheiten stets sub specie dieser Sinntotalität zu erfassen suchen. Es ändert nichts an der grundsätzlichen Richtigkeit dieses Ausgangspunkts, daß beide Schriftsteller sich dabei von vornherein auf eine gewisse Einseitigkeit der Gesamtauffassung festgelegt haben (Seydel allerdings in unverhältnismäßig höherem Grade), die dann in der Einzelanwendung hier und da zur Fehlerquelle wurde. Selbst da ist diese Fehlerquelle wenigstens sofort kontrollierbar, während Labands zum Teil unbewußte und jedenfalls unformulierte, weil prinzipwidrige Sachvoraussetzungen eine unkontrollierbare Fehlerquelle seiner sich zu Unrecht als formalistisch und voraussetzungslos gebenden Argumentationen sind. Noch deutlicher wird die Gefahr der Labandschen Methode an den Lücken seines Werks: je bewußter und eindrücklicher es den gesamten staatsrechtlichen Stoff vollständig, virtuos disponiert und in vollendeter Einzelverarbeitung zu geben sucht, um so empfindlicher ist der Nachweis von zugleich stofflichen Lücken und rechtsgrundsätzlichen Mißverständnissen, wie ihn nach der unitarischen Seite der Verfassung Triepels monumentale Reichsaufsicht, nach der föderativen die Arbeiten anderer[2] erbracht haben. Das repräsentative Buch des Bismarckschen Verfassungsrechts hat die Problematik dieses Rechts so wenig gesehen wie die Problematik des Verfassungsrechts überhaupt — getragen von dem Glauben an die formalistische Methode und von der komplementären agnostizistischen Skepsis gegenüber allem über die positivistisch erfaßte Einzelheit hinausgehenden Wirklichkeits- und Normgehalt. Es ist ein eigentümliches Zusammentreffen, daß die von Laband bearbeitete Bismarcksche Verfassung in ihrer diplomatischen Nüchternheit diese Behandlungsweise nahezulegen schien; Haenels tiefere Einsicht bewährt sich darin, daß ihm trotz dieser Verfassungstechnik die Notwendigkeit der Konzeption einer Staatstotalität im Sinne der Paulskirche als Grundlage fruchtbarer Bearbeitung auch der Bismarckschen Verfassung selbstverständlich war.

Die höchstgesteigerte Begriffstechnik der Labandschen Methode in allen Ehren — sie hat sich aber zugleich als ein Hindernis tieferer Auffassung ihres Gegenstandes herausgestellt, und sie ist damit ein Symptom und zugleich eine Ursache der entpolitisierenden Erziehung

[2] Bilfinger, Einfluß der Einzelstaaten; E. Kaufmann, Bismarcks Erbe; mein Ungeschriebenes Verfassungsrecht.

der im Bismarckschen Reich aufgewachsenen Generation gewesen. Sie ist erstaunlicherweise von den Anklägern der Entpolitisierung Deutschlands durch und seit Bismarck völlig übersehen, obwohl sie der vielleicht auffallendste und reinste und zugleich ein besonders schwerer und bedenklicher Fall dieser Entpolitisierung war — allerdings einer, an dem dieser Staat nicht schuld war, sondern der unpolitische Geist derer, die ihn heute anklagen.

Wenn auch der Rechtspositivismus nicht ohne allgemeine Sinnorientierungen auskam, die sich immer wieder in Argumentationen aus dem „Wesen der Sache" und dergleichen verrieten[3], die aber nicht methodisch erarbeitet, deshalb wissenschaftlich nicht zu verantworten und den damit Arbeitenden vielfach so wenig bewußt waren, daß man diese Arbeitsweise geradezu als die „Methode des Nichtwissens um das eigene Tun"[4] bezeichnet hat, so wird hier der Versuch gemacht, diese Sinnorientierung ins Bewußtsein zu rücken und ihren Inhalt planmäßig zu erarbeiten. Gierke hat diese Klarheit in der vorkritischen Naivität seiner Organologie besessen — sie mag auch (wie bei Bilfinger) für einen begrenzten Problemkreis zunächst aus umfassender Empirie gewonnen werden — Rechtswissenschaft überhaupt und die vom Objektivitätsproblem ganz besonders bedrohte Staatsrechtswissenschaft insbesondere muß sie heute in kritischer Besinnung methodisch gewinnen und ihrer Auslegung des positiven Rechts bewußt zugrunde legen.

Wenn wirklich das staatliche Integrationssystem in dem angedeuteten Sinne der aufgegebene Sinnzusammenhang ist, den die Staatsrechtswissenschaft zugrunde zu legen hat, dann muß sich diese Orientierung ihrer Arbeit, wenn sie richtig sein soll, als fruchtbar für den Erfolg dieser Arbeit herausstellen. Natürlich kann sie diese Früchte nicht sofort tragen, und ihre Bewährung, Richtigstellung oder Ablehnung kann nur das Ergebnis längerer Erprobung sein. Ich versuche daher im folgenden nur eine Anzahl von Richtungen und Einzelfragen anzudeuten, in denen und für die diese Orientierung unmittelbar einleuchtende Förderung erwarten läßt. Ich stelle dabei zunächst Fragen der Verfassung als Ganzes voran, und zwar das Problem der Ab-

---

[3] Vgl. das Labandsche Beispiel bei Bilfinger, S. 6 f.

[4] E. v. Hippel, Arch. d. öffentl. Rechts, N. F., 12, 418. Das. S. 401 über diese Unklarheit im allgemeinen und ihre Gefahr für die politische Objektivität. Die im Text vertretenen Anschauungen dürften in der von v. H. geforderten Richtung liegen.

grenzung ihres Inhalts und der grundsätzlichen Methode ihrer Auslegung.

Die erste, systematische Abgrenzungsfrage ist die der Abschichtung zwischen Staatsrecht und Verwaltungsrecht. Die herkömmliche Bestimmung, die dem Staatsrecht den ruhenden Bestand, dem Verwaltungsrecht das Funktionieren des Staats zum Gegenstande gibt, ist schon in früherem Zusammenhange abgelehnt[5]. Das Staatsrecht regelt ebenso wie das Verwaltungsrecht öffentliches Leben, zum Teil sogar dasselbe öffentliche Leben, z. B. sofern beide die Verwaltung zum Gegenstande haben, im einen Falle als Teil der Gewaltenteilung, als vollziehende Gewalt, im anderen Falle als isoliertes System staatlicher Zwecktätigkeiten für sich. Damit ergibt sich die Verschiedenheit der Fragestellung und des Gegenstandes: Staatsrecht ist Integrationsrecht, Verwaltungsrecht technisches Recht — der Leitgedanke der einen Normengruppe ist das integrierende Zusammenspiel der staatlichen Institutionen und Funktionen zum Ganzen des Staatslebens, der der anderen das Ansich der Verwaltung, der technischen Erreichung ihrer einzelnen Wohlfahrtszwecke.

Die Frage ist nicht nur die der Verteilung des Stoffs auf diese oder jene Vorlesung und Lehrbuchdarstellung, sondern vor allem die nach dem für Auslegung und Bewertung dieses Stoffs im einzelnen maßgebenden Sinnzusammenhang. Ein Rechtssatz wird mißverstanden, ihm geschieht Unrecht, wenn er als Glied eines anderen Zusammenhanges verstanden und gewürdigt wird, als desjenigen, in den er sinngemäß gehört. Es ist eine wohl selbst bei Formalisten seltene Illusion, daß ein Rechtssatz überall dieselbe Auslegung und Anwendung finden werde, einerlei ob er in den Zusammenhang des öffentlichen oder Privat-, des formellen oder materiellen, des politischen oder technischen Rechts gestellt wird.

Ein Einzelpunkt mag die praktische Bedeutung der Frage noch deutlicher machen, nämlich das Problem von Organisationsgewalt und Gesetzesvorbehalt. Weder die herrschende Lehre, die die Organisationsgewalt den Spitzen der Exekutive zuweist[6], noch die seltener vertretene, die sie zur Gesetzgebung rechnet[7], befriedigen recht — die einzige beruhigende Lösung ist die herkömmliche, die durch den ge-

[5] Oben S. 192 f.

[6] Ihr individualistischer Kerngedanke besonders scharf bei G. Jellinek, Gesetz und Verordnung, S. 387.

[7] Neuestens L. Richter, Die Organisationsgewalt, 1926.

schichtlichen Zufall begründete[8] Zuständigkeit der einen oder der anderen Seite. Der Fehler aller Erörterungen ist der, daß sie alle Organisationsfälle über einen Kamm scheren — als ob technische Veränderungen in den Mittel- und Unterbehörden irgendeiner Spezialverwaltung unter denselben Gesichtspunkt fielen, wie Veränderungen in den Zentralinstanzen, durch die die parlamentarischen Einflußmöglichkeiten, politische Konkurrenzverhältnisse in der Ergänzung des Beamtenkörpers u. dgl. verändert werden. Daß die Frage für Veränderungen technischen Charakters und für solche, die politische Wesensbestimmungen des Staats sind, nicht selbstverständlich dieselbe sein kann, ist einleuchtend, und gelegentlich findet sich in der literarischen Behandlung ein gewisses Gefühl für solche Unterschiede. Selbst bei Zugrundelegung der alten individualistischen Freiheits- und Eigentumsformel für den Gesetzesvorbehalt[9] drängt sich der Gegensatz auf zwischen verwaltungstechnischen Organisationsnormen und politisch wirksamen, integrierenden, die eben deshalb den Einzelnen mehr angehen und darum auch eher zum Beschlußbereich seiner parlamentarischen Repräsentanten gehören.

Ein zweites, damit eng zusammenhängendes Problem ist das der Unterscheidung der Verfassung im materiellen und formellen Sinne. Es ist formalistischer Agnostizismus, der daran verzweifelt, unabhängig von dem zufälligen Inhalt geschriebener Verfassungsparagraphen ein System derjenigen Normen aufzustellen, die wesentliche Bestandteile des positivrechtlichen Lösungsversuchs der einem Staatsvolk gestellten Aufgabe seiner Integrationsordnung sind[10]. Allerdings ist die Lösung nicht einfach[11], und jedenfalls kann sie nicht in schwan-

---

[8] So mit Recht Hellpach, Neue Rundschau, Juli 1927, S. 5.

[9] So etwa G. Jellinek a. a. O. Bezeichnend für die Orientierungslosigkeit in der Frage M. E. Mayer, Rechtsphilosophie, S. 55 f.

[10] Beispiele solcher Skepsis Nawiasky, Archiv d. öffentl. Rechts, N. F., 9, 13 f., Lammers Juristische Wochenschrift 1925, 986, Anm. r. — Die Lösung bleibt dann der strafrichterlichen Abgrenzung der „wesentlichen Grundlagen der Verfassung" als Gegenstand des Hochverrats überlassen (z. B. ERG. Strafs. 56, 173 ff., 259 ff.). Die Literatur der Frage zeigt, daß hier die Verfassungstheorie eine dringende Frage des positiven Rechts ohne Antwort gelassen hat.

Vgl. zur Frage besonders noch Bilfinger, Arch. d. öffentl. Rechts, N. F. 11, 181 ff.

Auf einen besonders bezeichnenden Anwendungsfall in Art. 112 der norwegischen Verfassung (Unabänderlichkeit der „Prinzipien" der Verfassung) macht mich E. Wolgast aufmerksam.

[11] Jedenfalls nicht so einfach, wie die Formel C. Schmitts: Organisation = normale Ordnung (Veröffentlichungen der Vereinigung der deutschen Staatsrechtslehrer, I 91 f.).

kenden Aufzählungen liegen[12]. Sie kann nur gewonnen werden von einer energischen Beziehung und Zurückführung des staatsrechtlichen Stoffs auf das einfache Sinnprinzip, nach dem er orientiert ist. Diese Aufgabe für unlösbar zu erklären, wäre die Abdankung der Staatsrechtslehre als systematischer Wissenschaft.

Das Kriterium, das die Verfassung von der übrigen Rechtsordnung unterscheidet, ist immer wieder der „politische" Charakter ihres Gegenstandes. So ist der Gegensatz selbst- und allgemeinverständlich in der deutschen Revolution ausgedrückt, wenn die Arbeiter- und Soldatenräte als Inhaber der „politischen Gewalt" erklärt[13] und entsprechend anderseits dem Bundesrat seine „Verwaltungsbefugnisse" vorbehalten wurden[14]. Deshalb ist der Begriff des Politischen für die Staatsrechtslehre nicht zu entbehren. Gerade für die abgrenzenden und kontrastierenden Verwendungen, auf die es hier ankommt, kann er aber nicht lediglich durch „Beziehung auf einen Staatszweck"[15] oder in der neuesten von C. Schmitt unternommenen Weise[16] definiert werden, sondern nur in dem diesen Erörterungen zugrundeliegenden Sinne.

Noch wichtigere grundsätzliche Folgerungen ergeben sich für die Auslegung des Verfassungsrechts.

Die formalistische Methode verzichtet hier auf bewußte Zugrundelegung geisteswissenschaftlicher Staatstheorie, einer Theorie vom besonderen materialen Wesen ihres Gegenstandes, als Ausgangspunkt für die juristische Arbeit. Sie wendet auf diesen Gegenstand die ihr geläufigen „allgemeinen" juristischen Begriffe an, zum großen Teil die eines stark herrschaftlich gefärbten Vereinsrechts. So zerlegt sie das Verfassungsrecht in ein Aggregat einzelner Normen und Institute, die sie unter die geläufigen allgemeinen Schemata subsumiert, indem sie sie auf ihren Gehalt an Begründung formaler rechtlicher Willensmacht, formaler Pflichten untersucht. Sie übersieht dabei unter anderem von vornherein den Unterschied, der hier gegenüber allen ande-

[12] Wie bei G. Jellinek, Staatslehre, [3] I 505.

[13] Erklärung des Vorstands der Unabhängigen Sozialdemokratischen Partei vom 10. November, bei F. Runkel, Die deutsche Revolution, S. 118; Abkommen vom 22. November zwischen Volksbeauftragten und Berliner Vollzugsrat, bei Anschütz, Verfassung des Deutschen Reichs, [3./4.], 14, Anm. 12.

[14] Verordnung v. 14. 11. 18, RGBl. 1311.

[15] Triepel, Kahl-Festschrift, II 17.

[16] Arch. f. Soz. Wiss. u. Soz. Pol. 58, 1 ff.

ren Rechtsmaterien besteht: daß es sich bei den Regelungen anderer Rechtsverhältnisse um die abstrakte Normierung unendlich vieler Fälle mit dem Ziel höchstens durchschnittlicher Angemessenheit handelt, hier dagegen um das individuelle Gesetz einer einzigen konkreten Lebenswirklichkeit. Mindestens dies sollte jeder Verfassungsinterpret aus dem Beginn der Verfassungsurkunden, aus Präambel, Bestimmungen über Gebiet, Staatsform, Farben usw. herauslesen, auch wenn er sie im übrigen wegen mangelnder oder undeutlicher „Abgrenzung von Willenssphären" juristisch unergiebig findet — daß es sich um das Lebensgesetz einer Konkretheit handelt, und zwar, da diese Konkretheit nicht eine Statue, sondern ein einheitlicher, diese Wirklichkeit immer von neuem herstellender Lebensprozeß ist, um das Gesetz ihrer Integration. Daraus folgt, um nur einige ganz allgemeine Regeln zu nennen, mindestens dreierlei.

Einmal dies, daß alle staatsrechtlichen Einzelheiten nicht an sich und isoliert zu verstehen sind, sondern nur als Momente des durch sie zu verwirklichenden Sinnzusammenhanges, der funktionellen Totalität der Integration. Die folgenden Einzelerörterungen haben dafür die Beispiele zu erbringen — hier seien nur einige vorgreifend angedeutet.

Die Reichsaufsicht fordert geradezu zur Behandlung nach Analogie der Kommunalaufsicht heraus: hier wie dort ein höherer und ein niederer Verband des öffentlichen Rechts, von denen der niedere dem höheren zur Erfüllung bestimmter Aufgaben verpflichtet und zur Sicherstellung dieser Pflicht einer besonderen „Aufsichtsgewalt" des höheren unterworfen ist. Während aber die Kommunalaufsicht der Gemeinde gegenüber geübt wird, wenn die Aufrechterhaltung der Gesetze und das Staatsinteresse es verlangt, natürlich nicht ohne allgemeine kommunalpolitische Rücksichten, aber doch ohne daß solche rechtlich geboten wären, ist die Reichsaufsicht auch von Verfassungs wegen nicht so zu isolieren. Sie ist ein Moment der fließenden Zusammenordnung von Reich und Ländern, stets zusammenzusehen mit der gegenläufigen Bewegung des verfassungsmäßigen Einflusses der Länder auf das Reich (und nur in diesem Zusammenhang für das politische Selbstgefühl der Länder erträglich), mit diesem Einflußrecht zusammengehalten durch das höhere, das Verhältnis von Reich und Ländern beherrschende Gesetz der Bundesfreundlichkeit, der pflichtmäßigen Tendenz aller Beteiligten zu steter Verständigung, stetem verständnisvollem Zusammenfinden. Daher darf die diplomatische Formulierung des Aufsichtsrechts selbst in der Weimarer Verfassung nicht lediglich als Redensart für ein Verhältnis verstanden werden, das in Wirklichkeit das von „Herrscher zum Untertan"[17] wäre, sondern als der angemessene Ausdruck für eine tiefgehende Verschiedenheit von jener scheinbar ganz analogen Rechtslage des Kommunalrechts.

Ähnlich ist die Staatsgerichtsbarkeit nicht analog der Zivil- oder Verwaltungsgerichtsbarkeit zu verstehen. Der verfassungsgerichtliche Schutz parlamentarischer Minderheiten ist etwas anderes als der zivilgerichtliche Schutz einer Aktionärgruppe mit ihren Individualinteressen, denn er muß zu integrierender Zusammenführung der Parteien dienen — der gerichtliche Schutz der Länder gegen das Reich etwas anderes als der verwaltungsgerichtliche der Kommunen gegen die Staatsaufsicht, denn er ist hier eine Möglichkeit der Verständigung neben anderen. Parteien des Zivil-, des Verwaltungsprozesses können auf die Dauer durch die ultima ratio des Richterspruchs und des Gerichtsvollziehers gezwungen werden, ob sie wollen oder nicht — daß es aber gegen Obstruktion, Sezession und dergleichen keine solchen regelmäßigen Mittel gibt, das ist nicht lediglich ein tatsächlicher Unterschied der Erfolgschance des Verfassungsrechts und Verfassungsrichters, sondern das bedeutet eine andere Natur dieses Rechts und dieser Gerichtsbarkeit[18]. Weil hier nicht dauernd und vielfach überhaupt nicht gezwungen werden kann, die Pflichterfüllung immer wieder dem guten Willen und der Pflicht zur Verständigung, zur verfassungsmäßigen Zusammenarbeit anheimgestellt werden muß, deshalb kann diese Gerichtsbarkeit — jedenfalls gerade in den schwerwiegendsten Fällen — auch nur ein Mittel und Stadium der Verständigung solcher als gutwillig vorauszusetzender Parteien sein, die ihrerseits zu diesem Mittel auch nur in diesem Sinne greifen sollen: wie die Reichsaufsicht nicht „befehlen", so sollen auch die nach Art. 19 Streitenden nicht um den rechtlichen Sieg kämpfen, sondern um Verständigung. Die Verpflichtung zu obligatorischen Einigungsverhandlungen nach § 5, Abs. 2 des Finanzausgleichsgesetzes bezeichnet zutreffend, worauf es hier ankommt; ihnen gegenüber ist das Urteil eines Staatsgerichtshofes eine Art Schiedsspruch, ein Einigungsersatz[19].

Eine weitere Folgerung aus der Einordnung der einzelnen staatsrechtlichen Normen in das Sinnsystem des staatlichen Integrationszusammenhanges ist die ihres sich daraus ergebenden verschiedenen

[17] Anschütz, Anm. 6 zu Art. 15 der Weimarer Verfassung.

[18] Vgl. oben S. 214 f.

[19] Vgl. zu dieser Frage unten S. 272 f.

Werts für dies System, ihrer Rangverschiedenheit. Diese Rangfrage ist eine Rechtsfrage; es ist einleuchtend[20], daß zur Wahrheitspflicht des staatsrechtlichen Lehrbuchs auch die zutreffende Bewertung der einzelnen Normen und Institute gehört. Es ist eine unzulängliche Auslegung des Art. 3 der Weimarer Verfassung, wenn die führenden Kommentare hervorheben, daß durch die Feststellung der Reichsfarben nur bestimmte Pflichten für Verwaltung und Handelsschiffahrt entstehen, aber nicht erkennen lassen, daß dieses Verfassungsinstitut (wie sich schon aus seiner Stellung am Anfang der Verfassungsurkunde ergibt) von Verfassungs wegen einen sehr hohen Rang hat, der z. B. durch die Strafbestimmungen des Republikschutzgesetzes nicht erst geschaffen, sondern gerade vorausgesetzt und unter Strafschutz gestellt ist[21]. Es ist eine Rechtsfrage, ob das parlamentarische System kraft der Reichsverfassung als ein Verfassungsprinzip ersten oder zweiten Ranges zu bewerten ist[22]. In allen übrigen Rechtsgebieten liegt es nicht anders, nur gehört die Frage des Rangverhältnisses der einzelnen Teile des staatsrechtlichen Integrationssystems bei seiner besonders starken systematischen Geschlossenheit auch in besonderem Maße zu seinem rechtswissenschaftlich zu erfassenden Rechtsinhalt. Das wird wohl selbst der Positivismus zugeben, soweit er sich nicht zur Normlogik vollendet hat, in deren Reich auch bei Tage alle Katzen grau sind.

Endlich ist die Veränderlichkeit der Verfassung, die Möglichkeit der „Verfassungswandlung", eine mit der Totalität des Verfassungsrechts gegebene Eigentümlichkeit dieses Rechtsgebiets[23].

Als Integrationssystem hat das Verfassungsrecht die Erfüllung einer sich immerfort wandelnden Aufgabe sicherzustellen, die stets einigermaßen optimal gelöst werden muß. Die Faktoren dieser Lösung verschieben sich entsprechend den veränderten Zeiten und Umständen. Diese Wandlung kann außerhalb des Verfassungsrechts vor sich gehen, wenn sie auf dem Gebiet der von der Verfassung vorausgesetzten, wohl gar einkalkulierten, aber nicht geregelten gesellschaftlichen Spontaneitäten, der „extrakonstitutionellen"[24] Kräfte, insbesondere des Parteilebens, liegt. Sie kann die Verfassung selbst betreffen, indem sie schrittweise das Rang- und Gewichtsverhältnis der verfassungs-

---

20 E. v. Hippel, Arch. d. öffentl. Rechts, N. F., 12, 417.

21 Vgl. Veröffentlichungen der Vereinigung der deutschen Staatsrechtslehrer, IV 48 f.

22 Wittmayer, Reichsverfassung, S. 38.

23 Zum folgenden auch Bilfinger a. a. O., S. 175 ff.

24 Triepel, Die Staatsverfassung und die politischen Parteien, S. 24.

mäßigen Faktoren, Institute, Normen verschiebt[25]. Sie kann geradezu einen neuen Faktor des Verfassungslebens einführen — das würde der Fall sein, wenn die von Hellpach vorhergesagte[26] Beschränkung des Parlamentarismus durch zunehmende schöpferische Verordnungspraxis der Minister eintreten würde. In den beiden letzten Fällen handelt es sich um „Verfassungswandlung", die den Inhalt der Verfassung im materiellen Sinne ändert. Daß diese Änderung nicht an die Erfordernisse der Gewohnheitsrechtsbildung gebunden sein kann, ist einleuchtend. Es erklärt sich aus dem Charakter der Verfassung, die ein dauernd seinen Sinn erfüllendes Integrationssystem normiert: diese Sinnerfüllung ist das regulative Prinzip nicht nur für den Verfassungsgesetzgeber, sondern sogar für die fließende Geltungsfortbildung des gesetzten Verfassungsrechts.

Die theoretische und praktische Verfassungsauslegung des Auslandes unterscheidet sich von der deutschen vielfach dadurch, daß sie, bewußt oder unbewußt und häufig recht naiv, mehr aus dem Sinn und Wesen der Verfassung im ganzen heraus argumentiert, die deutsche dagegen mehr aus der Einzelheit, die sie mehr oder weniger formalistisch behandelt, um dann, oft unbewußt, die etwa nötige Ergänzung dieser Methode aus politischen Erwägungen zu gewinnen. Der Verfassungsauslegung der deutschen Theorie und vor allem der deutschen Gerichte fehlt daher mit einer gewissen geistigen Herrschaft über den Gegenstand als Ganzes auch eine gewisse Fruchtbarkeit und Volkstümlichkeit, die die ausländische vielfach hat. Die geistigen Voraussetzungen, wie sie hierfür im Auslande bestehen, vor allem die „vorkritische" Naivität des Denkens, sind in Deutschland nicht wiederherzustellen. Eine Grundlegung etwa in dem hier angedeuteten Sinne würde anschaulich machen, was der deutschen Arbeitsweise fehlt, und würde ihr die Möglichkeit des Arbeitens auch in der Einzelheit aus dem geistigen Sinnzusammenhang des Verfassungsrechts im ganzen heraus möglich machen.

2. Zum Recht der verfassungsmäßigen Organe

Die Richtung, in der eine Theorie der Verfassung als Integrationsordnung die Behandlung des Rechts der Staatsorgane in der herrschenden Staatsrechtslehre lückenhaft findet, ist in früherem Zusam-

---

[25] Z. B. Koellreutter, Der deutsche Staat als Bundesstaat und als Parteienstaat, S. 29.

[26] Neue Rundschau, Juli 1927, S. 3 ff.

menhange bezeichnet[1]. Die herrschende Lehre liest die Verfassungsurkunden anders, als sie geschrieben und gemeint sind, wenn sie das Recht der Staatsorgane dem Recht der Staatsfunktionen, dem sie dienen, das sie „organisieren" sollen, logisch subordiniert[2]. Dies Recht hat aber einen anderen Sinn als den, lediglich die Vollmachtträger für die Akte der Gesetzgebung und Vollziehung zu schaffen. In Bildung, Dasein und Funktion der Organe wird der Staat lebendig, wirklich, integriert er sich, ganz abgesehen von dem Rechtsinhalt der einzelnen Organakte.

Aus dieser Auffassung sollen hier einige juristische Folgerungen gezogen werden.

Im Bereich des Rechts der Organbildung ergibt sich daraus die Lösung vielerörterter Fragen des parlamentarischen Systems, insbesondere des Kabinettsrechts. Sie sollen an späterer Stelle behandelt werden.

Ganz allgemein folgt aus dem Charakter des Organbildungsrechts als integrierenden Selbstzwecks, daß seine Normen materielles, nicht formelles Recht sind[3]. Auch darauf habe ich zurückzukommen.

Besonders deutlich wird das Versagen der herrschenden Lehre angesichts der integrierenden Bedeutung des Bestandes der obersten Staatsorgane an sich. Sie kann den verfassungsrechtlichen Sinn eines Staatsorgans nur durch Addition seiner Funktionszuständigkeiten und durch Erörterung der politischen Bedeutung, allenfalls des politischen Grundgedankens dieser Kompetenzensumme gewinnen[4] und kommt damit notgedrungen z. B. bei einer Vergleichung der Befugnisse des Reichspräsidenten mit denen des Präsidenten der französischen Republik in Schwierigkeiten. Wenn dagegen die Praxis den wahren Sinn der Verfassung ausspricht, wenn z. B. der zweite Reichspräsident in seiner Antrittskundgebung für sich in Anspruch nimmt, daß das Reichs-

---

[1] Oben S. 198 ff.

[2] Wenn die Unterordnung in den Darstellungen nicht zum Ausdruck kommt, so ist das ein logischer Mangel — einen Sinn, den diese Organisation an sich hätte, abgesehen von der Erfüllung der Staatsfunktionen (die ihrerseits Selbstzweck sind) wissen sie nicht anzugeben.

[3] Daß die Frage, ob das Recht des Wahlverfahrens formelles oder materielles ist, praktisch wichtig werden kann, zeigt das (nicht tiefer begründete) Urteil des bayerischen Verwaltungsgerichtshofs (Sammlung von Entscheidungen 46, 59 ff.), auf das E. v. Scheurl, Einführung in das verwaltungsrechtliche Denken S. 63 f. aufmerksam macht.

[4] Richtig dagegen Gierke, Schmollers Jahrbuch, 1883, 1136.

oberhaupt „den Einheitswillen der Nation verkörpert"[5], so hat das nach der gewöhnlichen Verfassungsauslegung nur einen „politischen", „tatsächlichen" Sinn und keine verfassungsmäßige Grundlage. Dabei kann kein Zweifel sein, daß es die Verfassung ist, kraft deren der Reichspräsident das Recht und die Pflicht hat, diese integrierende Rolle in Anspruch zu nehmen, und kraft deren die Pflicht für Reichsorgane und Reichsangehörige besteht, sie anzuerkennen. Ebenso müßte das Gewicht und die Würde des Monarchen im monarchischen Staat gleich der Summe seiner (heute meist bescheidenen und nominellen) Organkompetenzen, allenfalls noch durch Zeremonialregeln und Majestätsprädikat begründet, jedenfalls aber in seiner Fülle nicht aus dem Verfassungsrecht herzuleiten sein. Daß das eine grobe Mißdeutung der Verfassung ist, daß die angezogene feierliche Erklärung des Reichshauptes vielmehr gerade die Erfüllung eines strikten Willens der Reichsverfassung ist — darüber ist kein Wort zu verlieren. Die Begründung dafür ist aber nur auf dem hier eingeschlagenen Wege zu finden.

Vorwiegend auf dem Gebiete der funktionellen Integration liegt die Bedeutung des Reichsrats, sofern in seinen Verhandlungen und allen damit zusammenhängenden und dadurch bedingten Fühlungen zwischen Reichszentrale und Ländern, ganz abgesehen von den Gegenständen dieser Beziehungen, ein Hauptteil des integrierenden Zusammenspiels von Reich und Ländern liegt, das für das Leben des Reichs notwendig und deshalb von der Reichsverfassung gewollt ist[6]. Deshalb wird es — jedenfalls nach früherem Recht — nicht zu schwer genommen werden dürfen, wenn einmal eine verfassungsmäßige Beschlußfassung des Bundes- oder Reichsrats durch eine einstimmige Einigung aller Länder außerhalb der Ländervertretung ersetzt wird[7] — dem integrierenden Sinn der Norm ist dadurch in vollerem Maße genügt.

---

[5] Voss. Ztg. 12. 5. 1925.

[6] Daß die Reichsverfassung das Dasein eines Länderorgans überhaupt vorsieht, mag zugleich als organisatorische Formulierung des Rechtsgebots funktioneller Fühlung überhaupt, insbesondere also des allgemeinen „Einflußrechts" der Länder gelten — wie im einzelnen eine formelle Zuständigkeitsbestimmung zugunsten des Reichsrats (etwa zur Mitwirkung bei der Ernennung von Reichsbeamten) den materiellen Rechtssatz verhältnismäßiger Beteiligung der Länder einkleiden kann (Festgabe für Otto Mayer S. 252 f.).

[7] a. a. O. S. 262 f. — heute allerdings erschwert durch die nunmehr hinzutretende Verletzung der Öffentlichkeit des Reichsrats.

Mindestens zur Erwägung ist zu stellen, ob nicht gelegentlich die Integrationsabsicht überhaupt erst Sinn und verfassungsrechtliche Rechtfertigung eines Organs ergibt. Als Beispiel sei genannt der vielerörterte Reichstagsausschuß zur Untersuchung der Kriegsschuldfrage. Wenn man mit der herrschenden Meinung[8] die Einsetzung von Untersuchungsausschüssen nur zur Vorbereitung von Reichstagsbeschlüssen zuläßt, im wesentlichen also zur Vorbereitung der Gesetzgebung oder der Regierungskontrolle, dann ist allerdings mit E. Kaufmann[9] dieser Ausschuß nicht zu rechtfertigen. Seine Aufgabe liegt auf einem anderen Felde: es ist das „Urteil der Geschichte", das hier, zur Rechtfertigung vor dem Auslande und zur Klärung des Streits über diese Fragen im Inlande, durch die Untersuchungsarbeit dieses Ausschusses ermittelt und dann feierlich verkündet werden soll, — abgesehen von zunächst „moralischen" Verurteilungen — mit stärkster Wirkung für den äußeren und inneren Frieden: ganz im Sinn der Ideologie des Kriegsendes mit seinem Glauben an die einigende Kraft der Öffentlichkeit der Diplomatie und der Archive. Die Fülle der Denkfehler, die der Illusion der Möglichkeit der Gewinnung solcher geschichtlicher Wahrheiten und Werturteile durch ein derartiges oder irgendein staatliches Verfahren zugrunde liegen, hat E. Kaufmann gründlich dargetan; ebenso sind die Geschichte und das Ende des Glaubens an die Möglichkeit dialektischer Erzielung von Wahrheiten des öffentlichen Lebens und an die integrierende Kraft der gewonnenen Evidenz solcher Wahrheiten seit C. Schmitt allbekannte Dinge. Diese Einsichten in die Unmöglichkeit des durch die Einsetzung dieses Ausschusses unternommenen Versuchs schließen aber seine Verfassungsmäßigkeit nicht aus. Die Verfassung selbst bindet die Ausschüsse nicht ausdrücklich an die Rolle bloßer Hilfsorgane des Reichstagsplenums; politische Einigung durch evidente Klärung politischer Fragen, die einen wesentlich die Einigkeit hindernden Keil im deutschen politischen Körper darstellen, liegt in der Linie der allgemeinen Integrationsaufgabe der Verfassung überhaupt und der Denkweise der Mehrheit von Weimar insbesondere[10]. In den durch Zuständigkeit anderer Reichsorgane oder der Länder gezogenen Grenzen dürften solche Ausschüsse also ver-

[8] Z. B. Anschütz zu Art. 34 der Reichsverfassung und die dort Angezogenen. Unbefriedigend die Begründung der entgegengesetzten Meinung bei W. Lewald, Archiv des öff. Rechts, N. F., 5, 292.

[9] Untersuchungsausschuß und Staatsgerichtshof, S. 22 ff.

[10] Vgl. als Beleg analoger Denkweise z. B. Max Adler, Dritte Reichskonferenz der Jungsozialisten (1925), S. 12.

fassungsmäßig sein — mindestens hat der Kriegsschuldausschuß ein schwerwiegendes Präjudiz für ihre Verfassungsmäßigkeit geschaffen.

Ganz überwiegend ist es natürlich das Recht der obersten Staatsorgane, um das es sich hier handelt.

Ihre Aufgabe ist zunächst integrierenden Charakters, im Gegensatz zu der überwiegend technischen der mittleren und unteren, und deshalb ist ihr Recht präsumtiv aus diesem Sinnzusammenhang heraus zu verstehen, im Gegensatz zu dem des weiteren Behördenorganismus der einzelnen staatlichen Geschäftszweige.

Dieser Gegensatz wirkt sich z. B. allgemein aus in den Rechtspflichten der Organe zur Wahrnehmung ihrer Zuständigkeiten.

Während die einzelnen Behörden eines Geschäftszweiges ihre Zuständigkeit zu wahren und nicht zu überschreiten haben, in Wahrung der Geschlossenheit des eigenen Geschäftszweiges gegenüber den anderen, hat sich im Zusammenspiel der obersten Staatsorgane das Staatsganze zu integrieren. Daraus ergeben sich für diese andere Regeln: sie sind nicht nur tatsächlich auf Fühlung und Zusammenarbeit angewiesen[11], sondern auch rechtlich dazu verpflichtet[12]: „die Frage des Verhältnisses zwischen den höchsten Staatsorganen fällt nicht in den rechtsleeren Raum"[13], sondern ist eine Rechtsfrage, und wenn bei einem besonders unkonzilianten Verhalten des Reichstags gegenüber dem Reichsrat von einem der berufensten Beurteiler mit Recht festgestellt worden ist, daß es „dem Geiste der Weimarer Ver-

[11] So wohl E. Kaufmann, Bismarcks Erbe S. 58 f. — Bedenkliche Bilder der sich andernfalls ergebenden Folgen bei Herrfahrdt, Kabinettsbildung, S. 24, 52 f. — Über die Wichtigkeit dieses Zusammenwirkens, in dessen besonderer Regulierung er geradezu „das Charakteristische einer Verfassung" findet, E. Kaufmann a. a. O. S. 9.

[12] Es ist — auch abgesehen von dem geschichtlichen Anlaß, den bekannten Kinderkrankheiten der ersten Jahre nach der Umwälzung — ganz gewiß keine „Banalität" (sehr richtig Brecht, Die Geschäftsordnung der Reichsministerien, S. 14), wenn die Gemeinsame Geschäftsordnung der Reichsministerien diese staatsrechtliche Selbstverständlichkeit in einer an Naumanns Grundrechtsentwurf erinnernden Weise ausdrücklich ins Gedächtnis ruft (Allgemeiner Teil, § 58): „Referenten, Abteilungen und Ministerien sollen hilfsbereit zusammenarbeiten. Zusammenarbeit nützt dem Staat, Gegeneinanderarbeit schädigt ihn."
Etwas anderes ist die rein technisch gemeinte „Berücksichtigungspflicht" des Verwaltungsrechts, soweit sie gegenüber Äußerungen anderer Behörden besteht: W. Jellinek, Verwaltungsrecht, S. 37 f.

[13] Herrfahrdt S. 25. Insofern also unrichtig Jacobi, Vereinigung der Staatsrechtslehrer, I 130, wenn er hier nur den auf „Moral" beruhenden „guten Willen" der obersten Staatsorgane in Anspruch nimmt — auch ein Staatsgerichtshof würde diesen guten Willen von Rechts wegen verlangen müssen.

fassung entspricht, daß bei Differenzen zwischen den obersten Organen des Reichs in Verhandlungen ein Ausgleich gesucht wird"[14], so ist dazu nur zu bemerken, daß dies ein Rechtssatz ist, und daß der Grundgedanke dieses Satzes nicht nur der Weimarer Verfassung zugrundeliegt. Natürlich gilt er verstärkt für das Verhältnis der obersten Reichsorgane zueinander, deren Beziehungen nicht, wie die der obersten Organe in den Ländern, im Konfliktsfall durch einen Staatsgerichtshof geklärt werden, und die anderseits — gegebenenfalls im Zusammenwirken — niemals die letzte, souveräne Entscheidung verweigern können[15]. Ob diese pflichtmäßige, integrierende Verständigung angemessen durch eine subsidiäre Gerichtsentscheidung ersetzt, ob sie eventuell judizialisiert werden kann, darüber haben sich der Heidelberger und der Kölner Juristentag von 1924/26 bei ihren dahin gehenden Beschlüssen nicht viel Gedanken gemacht. Es ist aber bezeichnend, daß die entsprechend notwendige Einigung von Reich und Ländern gerade in den schwereren Konfliktsfällen nicht auf dem Wege des Staatsgerichtshofes, sondern durch Verständigung herbeigeführt zu werden pflegt. Ob das Fehlen grundsätzlicher Zuständigkeit der Staatsgerichtsbarkeit für alle Reichsverfassungsstreitigkeiten in Art. 19 der Weimarer Verfassung ein gesetzgeberisches Versehen oder gesetzgeberische Absicht war, ist historisch nicht zu ermitteln und für die Auslegung der Verfassung auch nicht wesentlich. Wesentlich ist aber, daß diese Lücke besteht und daß das Bestehen dieser Lücke eine höhere Inanspruchnahme, eine größere Bedeutung der materiellrechtlichen Pflicht der obersten Reichsorgane zu Ausgleich und Verständigung, zu integrierendem Zusammenwirken zur Folge hat. An der gelegentlichen empfindlichen Verletzung dieser Pflicht etwa seitens des Reichstages gegenüber dem Reichsrat ist das Versäumnis der Staatsrechtslehre nicht ganz unschuldig, die diesen Rechtssatz nicht genügend herausgearbeitet hat. Diese Pflicht würde bei Ausfüllung jener Lücke des Art. 19 nicht wegfallen, sie würde sich sogar im Gegenteil bei etwaiger Rechtsprechung des Staatsgerichtshofs auf diesem neuen Gebiet seiner Zuständigkeit als unumgänglicher materiellrechtlicher Maßstab solcher Rechtsprechung herausstellen, sie würde dadurch geradezu erst entdeckt werden. Aber sie würde zugleich aufhören, die einzige Gewähr erfolgreicher Integration im Zusammenwirken der obersten Reichsorgane zu sein, sie würde an

[14] Poetzsch, Deutsche Juristenzeitung 1925, S. 1545.

[15] Heller, Souveränität, S. 113.

Intensität und Bedeutung im Ganzen des Reichsverfassungsrechts verlieren — d. h. die Ausführung jener Beschlüsse der Juristentage würde die Reichsverfassung materiellrechtlich verändern, und diese unvermeidliche materiellrechtliche Bedeutung einer Ausdehnung des Art. 19, die den Juristentagen völlig entgangen ist, sollte wenigstens dem Verfassungsgesetzgeber selbst bewußt sein, wenn er an die Durchführung dieser Beschlüsse herantritt.

Nicht dasselbe gilt für die politischen Kräfte, auf deren Spontaneität die Verfassung rechnet. So sind die Parteien und Fraktionen nicht zur Mitarbeit bei Koalitions- und Kabinettsbildungen verpflichtet: ihnen sind nur negative Schranken in dem Sinne gezogen, die integrierenden Vorgänge nicht im Widerspruch zu Verfassung und Geschäftsordnung zu stören, etwa durch Obstruktion.

Ein Hauptsitz der hier bestehenden Probleme ist das Recht der parlamentarischen Kabinette und ihrer Bildung. Gerade die immer neuen Zweifelsfragen nach dem Recht der Weimarer Verfassung in diesem Punkt beweisen, daß hier der eigentliche Grundgedanke noch nicht genügend herausgearbeitet worden ist.

Der literarische Stand der Frage ist oft dargelegt[16]. Auf der einen Seite die Forderung der Freiheit für die Auswahl des Reichskanzlers durch den Reichspräsidenten, für die Auswahl der Minister und die Programmfeststellung durch den Reichskanzler oder den mit der Kabinettsbildung Beauftragten, für die Verhandlung und Entschließung des Reichstagsplenums über die Akzeptierung des neuen Kabinetts — alles gestützt auf den Wortlaut der Reichsverfassung und auf den Glauben an die produktive Kraft freier Initiative und öffentlicher Kritik. Demgegenüber die Skepsis, gestützt entweder auf ein angebliches Rechtsprinzip, wonach das Kabinett nur der „Vollzugsausschuß der Reichstagsmehrheit“ sei, oder auf die „immanenten Gesetze des Stoffs“, d. h. die „politischen Realitäten“ der Koalitionsabrede als des politisch unvermeidlichen oder doch regelmäßigen Ausgangspunkts[17]. Endlich der Versuch, das mit Recht geforderte „materielle Kabinettsbildungsrecht“[18] in einem objektiven inhalt-

[16] Z. B. Herrfahrdt a. a. O. S. 9 ff., auch Glum, Die staatsrechtliche Stellung der Reichsregierung, sowie des Reichskanzlers und des Reichsfinanzministers in der Reichsregierung, bes. S. 13 ff., 29 ff., Giese, Deutsche Juristenzeitung, 1927, 278.

[17] Z. B. E. Kaufmann, Westmark, I 206 ff.

[18] Herrfahrdt S. 54.

lichen Maßstabe (des Staatswohls) zu finden, an den der Reichspräsident bei seiner Auswahl gebunden sei[19].

Alle diese Lehrmeinungen sind durch die wechselnde Praxis Lügen gestraft und auch abgesehen davon angreifbar. Die erste ist gestützt auf eine Ideologie, deren Glück und Ende C. Schmitt klassisch dargelegt hat[20]; hier gewinnt sein geistesgeschichtlicher Nachweis unmittelbare praktische Bedeutung, indem er dem unzweifelhaft gedankenreichsten der drei Versuche seine eigentliche Grundlage nimmt. Dieser ist auch dadurch widerlegt, daß sich die Praxis des ersten Reichspräsidenten bis 1923 zu ihr im schärfsten Widerspruch befunden hat, ohne daß sich das Rechtsgefühl weiterer Kreise dagegen verwahrt hätte. Umgekehrt ist die skeptische Lehre von der Maßgeblichkeit der Koalitionsabrede nicht als juristische zu würdigen: offenbar würde kein Staatsgerichtshof den Reichspräsidenten wegen Verfassungsverletzung verurteilen, der auf einen ihm vom Reichstag entgegengebrachten Kabinettsbildungsvorschlag mit einer anderweitigen Bildung antworten würde. Der Herrfahrdtsche Lösungsversuch endlich scheitert an dem inneren Widerspruch seines Kernbegriffs: es gibt keinen Maßstab sachlicher Objektivität und Überparteilichkeit in politischen Dingen, in dem das Moment irgendwie bestimmter optimaler Integrationswirkung nicht mit enthalten wäre, d. h. hier die Abstellung auf die Gewinnung von Reichstag und Volk[21]. Anders ausgedrückt: das parlamentarische System ist in erster Linie ein System funktioneller Integration, in bezug auf den Sachgehalt der Politik also (was man zu Unrecht der Demokratie als solcher nachgesagt hat) ein System des Relativismus, nicht einer „schiedsrichterlich" feststellbaren Objektivität.

Damit ist der Grundgedanke des „materiellen Kabinettsbildungsrechts" bestimmt. Der Reichspräsident hat Recht und Pflicht, das Seinige für die Politik zu tun, die er für sachlich richtig hält. Diese Aufgabe darf aber nicht einmal begrifflich von der anderen unterschieden werden, zugleich Reichstag und Volk so sehr wie möglich für diese Politik zu gewinnen. Dies Optimum an Integrationswirkung ist aufgegeben; es ist dem Ermessen des Reichspräsidenten überlassen, ob er es durch die Akzeptierung eines ihm präsentierten Koalitions-

---

19 Herrfahrdt S. 55 ff., auch 41, 47.

20 Vgl. bes. Geistesgeschichtliche Lage, [2] 6 ff.

21 Herrfahrdt selbst unterstreicht mit vollem Recht die Notwendigkeit stärkerer Berücksichtigung dieses Moments, wie sie anerkannt ist in der zunehmenden Rücksicht auf den Boden, den eine Kabinettsbildung im Volksganzen finden wird (S. 31, 40 f., 43, 48, 56).

kabinetts, durch eine Dialektik schöpferischer Initiativen und konkurrierender Kritik (im Sinne des Wortlauts der Verfassung und der offiziösen demokratischen Lehre) oder durch einen Bildungsakt mit einer gewissen plebiszitären Resonanz zu erreichen sucht. Diese Ermessensfreiheit ist nur begrenzt durch die Pflicht, alles für dies Ziel des Zusammengehens von Kabinett, Reichstag und Volksganzem zu tun — hier liegen die Möglichkeiten staatsrechtlichen Unrechts des Reichspräsidenten[22]. Auf der anderen Seite hat der Reichstag diese Ermessensfreiheit in diesen Grenzen anzuerkennen und zu jeder Regierungsbildung verfassungsmäßig Stellung zu nehmen; eine Haltung, wie die der französischen Kammern im Juni 1924, die den Präsidenten der Republik durch Ablehnung jeder Einlassung auf ein von ihm gebildetes Kabinett zum Rücktritt zwang, wäre verfassungswidrig.

Das formelle Verfahren, das die Reichsverfassung vorsieht, wird angebracht sein, wenn andere Wege versagen. Aber eine Formulierung des Kabinettsbildungsrechts, die am französischen Vorbilde orientiert ist, den dort unvermeidlichen, in Deutschland keineswegs notwendigen Weg der Regierungsbildung mehr technisch beschreibt als seinem verfassungsmäßigen Grundgedanken nach klar bezeichnet, muß vor diesem Grundgedanken zurücktreten, daß es auf eine vom Vertrauen von Reichstag und Volk getragene und zur Gewinnung dieses Vertrauens geeignete Regierung ankommt[23] und daß deshalb der nach pflichtgemäßem Ermessen des Reichspräsidenten gangbarste Weg zu diesem Ziele auch der verfassungsmäßigste ist.

Eine ähnliche Lösung fordert die Frage der Organisation der Reichsregierung. Die gewöhnlich unternommenen Versuche, aus den Einzelbestimmungen der Verfassung die Prozentsätze zu errechnen, zu denen Kollegial-, Präfektur- und andere Systeme an der Gestaltung dieses Reichsorgans beteiligt sind, hat Glum mit Recht abgelehnt[24]. Er selbst drückt das Richtige auf einem eigentümlichen Umwege aus, wenn er den Zwang zur Koalitionsbildung im Parlament zum Ausgangspunkt der Lösung der Frage macht[25]. Nicht die Koalitionsgrundlage, sondern die damit beginnende, aber weiter dauernde Integrationsaufgabe ist es, die das Solidaritätsprinzip als Kerngedanken des Kabinettsrechts fordert. Damit ist gegeben, daß die Rechte des

---

22 Hier Herrfahrdt S. 52 ff. m. E. zu weitherzig.

23 So etwa Herrfahrdt S. 58, Satz 1, Wittmayer S. 341.

24 a. a. O. S. 4.

25 S. 22.

Reichskanzlers nicht überspannt werden dürfen[26], daß überhaupt dies Recht des Kabinetts im Sinne der „Elastizität“ und „politischen Kollegialität“ als „nicht an rechtlich spröde und unbiegsame Formen gebunden“[27] zu verstehen ist. Glum hat mit Recht angedeutet, daß die sogenannten „Ministerbesprechungen“ für das Wesen der Reichsregierung viel charakteristischer sind als ihre formellen Sitzungen mit formellen Beschlußgegenständen, sofern in den ersteren die politische Solidarität des Kabinetts laufend hergestellt wird[28]: da liegt der Schwerpunkt seiner von der Verfassung gewollten Tätigkeit. Um so überraschender ist die Kritik, die er an den „aus dem Geist der Bürokratie geborenen“ und darum die Verfassung ändernden Bestimmungen der Reichshaushaltsordnung zugunsten des Finanzministers (und Reichskanzlers) übt[29]. Hier handelt es sich um ein ganz bestimmtes, wesentlich technisches Interesse der Sparsamkeit, dem diese Sondernormen dienen sollen. Es wird die gewöhnliche, politisch gemeinte Ordnung des Kabinetts zugunsten eines isolierten sachlichen Zwecks durchbrochen durch eine verwaltungsmäßig gemeinte Regelung, die diese Fragen der gewöhnlichen Behandlung als politische entzieht, soweit das Ersparungsinteresse besonders geltend gemacht wird. In das normale Kabinettsrecht, das der Herstellung der Solidarität des Kabinetts in sich und mit dem Parlament dient, ist ein Fremdkörper eingeschoben — das eine ist politisches, das andere technisches Recht — beides liegt auf ganz verschiedenen Ebenen, d. h. die Verfassung als politisches Integrationsrecht ist keineswegs wesentlich geändert. Ihr Grundgedanke ist und bleibt die fließende Verständigung innerhalb der Regierung und mit dem Reichstage — einerlei, wer dabei die Initiative ergreift, welche Angelegenheiten zum Gegenstande dieser Verständigung gemacht werden, insbesondere auch inwieweit dadurch in die Selbständigkeit der Ressortminister eingegriffen wird. Die Einzelbestimmungen der Verfassung gehen diesem Grundgedanken nicht vor, sondern werden nur dann richtig verstanden, wenn sie ihm ein- und untergeordnet werden.

Wenn die rechtliche Eigenart einer Verfassung vor allem in ihrem besonderen System der Kombination der obersten, der politischen

[26] Mindestens zum guten Teile richtig die Erklärung des kanzlerischen Richtlinienmonopols (Art. 56) als Begründung seiner Passivlegitimation gegenüber dem Reichstage für Fragen der allgemeinen Politik: Glum S. 23.

[27] Preuß im Verfassungsausschuß, Protokolle S. 300.

[28] S. 36 f.

[29] S. 56 f.

Staatsorgane liegt[30], so wird diese Eigenart nicht erfaßt durch Aufstellung von Kompetenzkatalogen und formaljuristische Analyse der Beziehungen der Organe zueinander. Wie das Gewicht, das jedes einzelne Organ nach dem Willen der Verfassung von Rechts wegen haben soll, nicht nach seinen rechtsgeschäftlichen Zuständigkeiten, sondern nach seinen verfassungsmäßigen Integrationsaufgaben zu bestimmen ist, so ist auch jene Kombination der Organe nicht eine Verteilung von weiteren und engeren Vertretungsvollmachten, sondern von verschiedenartigen Anteilen am staatlichen Integrationssystem.

Nur auf diesem Wege ist die Lösung einer der ersten Aufgaben einer Verfassungsauslegung zu lösen, nämlich die der Feststellung ihres Organisationstypus, ihrer spezifischen Staatsform.

Daß diese Fragen nicht lediglich solche der allgemeinen Staatslehre, sondern gelegentlich die Vorfragen für ganz konkrete staatsrechtliche Einzelprobleme sind, zeigt die Erörterung über das Auflösungsrecht im Anschluß an die beiden Reichstagsauflösungen von 1924. Die sorgfältigste und fruchtbarste Untersuchung der Frage[31] hat sie nur dadurch klären können, daß sie ganz verschiedene Funktionen der Parlamentsauflösung, je nach der Kombination der politischen Organe in einer Verfassung überhaupt, als möglich und die einfachen Sätze der Weimarer Verfassung als eine Kombination von mehreren dieser Möglichkeiten nachwies. Noch zwingender würden diese Unterscheidungen sein, wenn an die Stelle der Unterscheidung von „monarchischer", „ministerieller", „präsidentieller" Auflösung die Unterscheidung nach der Rolle der Auflösung im Ganzen des verfassungsmäßigen Integrationssystems gesetzt würde: Auflösung als Versuch der Angleichung an ein anderes politisches Organ (und zwar ein stärkeres oder schwächeres: konstitutionelle Monarchie oder Parlamentarismus), als Versuch der Heilung mangelnder Arbeits- und Integrationskraft des Parlaments selbst, als Herbeiführung des letztinstanzlichen und aus irgendwelchen Gründen als nötig erscheinenden „Realplebiszits". Solche Auslegung ist aber nur möglich als Schluß von der Eigenart des Integrationssystems der Verfassung im ganzen, des individuellen Sinnes gerade dieser von ihr begründeten Staatsform, auf die besondere Integrationsfunktion des einzelnen Instituts, hier der Auflösung, im besonderen.

---

[30] Kaufmann, Bismarcks Erbe, S. 9.

[31] C. Schmitt, Archiv d. öffentl. Rechts, N. F., 8, 162 ff.

3. Zum Recht der Staatsfunktionen

Für das Recht der staatlichen Funktionen ergeben sich bei Zugrundelegung der hier gewonnenen Voraussetzungen Folgerungen verschiedener Art und Richtung. Sie sind zu vielseitig, um sie hier ganz durchzuführen. Sie folgen zunächst aus der Einordnung der einzelnen Funktionen in bestimmte Teile des gesamten staatlichen Funktionensystems, und wenigstens unter diesem Gesichtspunkt soll hier eine Anzahl von Anwendungsmöglichkeiten angedeutet werden.

Die stofflich umfangreichste Verschiebung gegenüber der herrschenden Lehre tritt ein, wenn man das System der Rechtsfunktionen aus der Gewaltenteilung herauslöst und als in sich geschlossen und selbständig behandelt[1]. Aus dieser Sonderstellung folgt nicht nur, daß für Gesetzgeber und Richter je ganz bestimmte pflichtmäßige „Motivationen" gelten, die von den für die übrigen „eigentlichen" Staatsfunktionen maßgebenden ganz verschieden sind[2], sondern daß ihre Funktionen überhaupt durchaus anderen Charakters sind, „von Rechtsidee und Rechtsförmigkeit beherrscht[3], und daß ihr Recht daher nur aus dem Sinnzusammenhang des Rechtslebens heraus zu verstehen ist, das mit dem eigentlichen Staatsleben keineswegs konzentrisch gelagert ist.

Eine erste Gruppe von Folgerungen hieraus bezieht sich auf Rechtsbildung und Rechtsquellen.

Einmal ist im Bereich der Fragen des Inhalts der staatlichen Rechtssetzung der „materielle" Gesetzesbegriff, der nun einmal nicht zu entbehren ist, nur aus diesem Zusammenhange zu gewinnen. Er bezeichnet, was für eine bestimmte Zeit das Wesentliche und Charakteristische an der Positivierung des objektiven Rechts durch die staatliche Rechtssetzung ist[4]. So erklärt sich der wechselnde Gehalt des Begriffs (z. B. rationalistisch [Allgemeinheitskriterium], individualistisch [Freiheit und Eigentum], formalistisch [Haenel], freirechtlich usw.), so die bekannte Schwierigkeit, diesen Gehalt zu bestimmen.

Sodann gehört aus dem Problemkreise der Geltungsvoraussetzungen des staatlichen Rechts das Recht der Normenkollision in diesen Zusammenhang[5]. Allerdings ist es echtes Staatsrecht, das die Formen

---

[1] Vgl. oben S. 207 ff.

[2] So R. Grau, Die Diktaturgewalt des Reichspräsidenten und der Landesregierungen, S. 97 ff.

[3] C. Schmitt, Vereinigung der Staatsrechtslehrer, I 101, auch 96 ff.

[4] Vgl. oben S. 209 f.

[5] Richtig v. Marschall S. 123.

der staatlichen Rechtsetzung und das Verhältnis verschiedener daran beteiligter Organe regelt. Dagegen wird der Satz „Reichsrecht bricht Landrecht" (Art 13 der Weimarer Verfassung) mißverstanden, wenn man ihn als staatsrechtlichen Satz versteht[6], vor allem also als Ausdruck der Überordnung des Reichs gegenüber den Ländern auf dem Gebiet der Gesetzgebung[7]. Diese Auslegung ist, wie Kelsen schlagend dargetan hat[8], völlig undurchführbar: entweder gilt das Reichsgesetz vermöge der Zuständigkeit des Reichs zur Gesetzgebung, dann ist der Satz unnötig — oder das Reich hat keine Gesetzgebungszuständigkeit, begründet sie auch nicht für diesen Fall durch Kompetenzerweiterung, durch Erfüllung der Erfordernisse der Verfassungsänderung, und dann ist es sicher nicht die Absicht des Satzes, dies rechtswidrige Reichsgesetz doch zur Geltung zu bringen. Also ist er eine Kollisionsnorm: Art. 2 der Norddeutschen Bundesverfassung erklärte das Bundesgebiet zu einem einheitlichen Rechtsgebiet, sein Recht für ein einheitliches, wenn auch in Bundes- und Landesrecht gegliedertes System, dessen ideelle systematische Einheit praktisch insbesondere durch die Anwendung dieser (durch damaliges Verkehrs-, Wirtschafts-, Rechtsbedürfnis geforderten) Regel verwirklicht werden sollte. Die staatsrechtliche Auslegung dieses Satzes läßt diesen durch die Verfassungen seit 1867 begründeten immanenten Charakter der deutschen Rechtsordnung untergehen in einem bestimmten staatsrechtlichen Verhältnis von Reich und Ländern — es ist bezeichnend, daß die sorgfältigste Durchführung dieser Auslegung dauernd mit der rechtstheoretisch unmöglichen Gleichung von Gesetz und Herrschaftswillen[9], Geltung und tatsächlicher machtvoller Befolgungssicherung[10] arbeiten muß. Daß die beiden Auslegungen in ganz verschiedenen Ebenen liegen, braucht nicht hervorgehoben zu werden[11]; daß sie zu verschiedenen Ergebnissen führen, wird deutlich angesichts der Fülle von Fragen[12], die sich an den Grundsatz des Art. 13 knüpfen.

Ähnliches gilt z. B. von der Frage der Delegationsbefugnisse des Gesetzgebers. Allerdings nicht so, daß das Problem ausschließlich in

---

6 So die scharfsinnige Abhandlung von Doehl, Archiv d. öffentl. Rechts, N. F. 12, 37 ff., die den Satz ausdrücklich im Gegensatz zu dem anderen „Landrecht bricht gemeines Recht" nicht als einen der Normenkollision, sondern als einen der Staatensukzession versteht (S. 121).

7 Haenel I 249.

8 Allgemeine Staatslehre S. 221.

9 Doehl a. a. O. S. 39, 41.

10 S. 110.

11 Statt vieler Triepel, Völkerrecht und Landesrecht, S. 156 ff.

12 Bei Doehl passim.

der einen oder anderen Sphäre läge, wie das des Art. 13, aber jedenfalls in dem Sinne, daß die Argumentation stets darüber klar sein muß, in welcher von beiden sie sich jeweilig bewegt, und vor allem, in welcher der beiden ihr Schwerpunkt liegen muß[13].

Eine zweite Gruppe von Anwendungsfällen liegt im Bereich der Rechtsanwendung.

Voran steht hier natürlich die Frage des richterlichen Prüfungsrechts. Sie gehört zu den Problemen, zu denen alle denkbaren Argumente so oft geltend gemacht und so oft widerlegt sind, daß der skeptische Rückzug Thomas aus dem Gebiet der „Logik" in das des „Willens"[14] der letzte Ausweg zu sein scheint. Trotzdem ist ein Moment noch nicht genügend geklärt: die Vorfrage nämlich, ob und inwieweit die Frage eine staatsrechtliche oder eine des Rechtsfunktionensystems ist. Dem romanischen Auslande ist sie im allgemeinen eine Frage der staatsrechtlichen Zusammenordnung der Gewalten, weniger stark dem angelsächsischen — für Deutschland wird die Frage bei formalistischer, d. h. praktisch etatistischer Behandlung regelmäßig eine staatsrechtliche[15], d. h. sachlich insbesondere abgestellt auf das technisch-politische Optimum der Geschlossenheit staatlicher Willensäußerung, dagegen bei der — in früherer Zeit vorherrschenden — Behandlung als Frage des Rechtsfunktionensystems zur Abwägung formaler Rechtssicherheit und sachlicher Rechtsrichtigkeit. Keine von beiden Argumentationen darf ganz ausscheiden, aber die erste Aufgabe der Erörterung des Problems ist die Entscheidung über den Vorrang der einen oder der anderen. Thoma hat das Verdienst, die verfassungsrechtliche Seite zurückgestellt, die jurisdiktionelle und rechtspolitische in den Vordergrund gerückt zu haben[16] — nur dürfte in dem von ihm abgegrenzten Bereich noch Raum für eine umfassende Untersuchung der Frage sein, was aus der geistigen und technischen Eigenart der rechtlichen (nicht staatsrechtlichen) Zusammenordnung der Funktionen unseres Rechtslebens als juristische (weder formal-

---

[13] Poetzsch hat in der Bamberger Erörterung die beiden Gruppen von Gesichtspunkten jedenfalls schärfer unterschieden (Verhandlungen des 32. deutschen Juristentages, S. 37 ff.) als Triepel (das. S. 20 ff., bes. 23 ff.).

[14] Archiv d. öffentl. Rechts, N. F., 4, 272.

[15] Z. B. F. Schack, Die Prüfung der Rechtmäßigkeit von Gesetz und Verordnung, 1918, S. 121: angesichts der Stellung der Gesetzgebung als höchste Macht im Staate „ist es ein Nonsens zu sagen, daß die Gerichte prüfen dürfen ..." Ebenso die neueste Behandlung von Morstein Marx, Variationen über die richterliche Zuständigkeit zur Prüfung der Rechtmäßigkeit des Gesetzes (1927), S. 34 ff., 47. Vgl. dagegen z. B. Gierke in Schmollers Jahrb. 1883, 1187.

[16] a. a. O. S. 273, 275.

„logische“ noch „willens“mäßige) Folgerung für das richterliche Prüfungsrecht zu gewinnen ist[17].

Noch selbstverständlicher ist, daß das Verbot der Ausnahmegerichte (Art. 105 der Reichsverfassung) in diesen Zusammenhang gehört. Hier gewinnt die durchaus vorherrschende Meinung im Anschluß an die Herkunft des Begriffs aus „liberal-konstitutionellen Gedankengängen[18] bestimmte formale Kriterien für den Begriff des Ausnahmegerichts[19], die dann aber bezeichnenderweise bei der Anwendung leicht versagen und zum Rückgriff auf sachliche Maßstäbe zwingen, allerdings unter Neigung — wie beim Gleichheitsgrundrecht — zu negativen Fassungen dieser Maßstäbe, „nicht tendenziös, nicht willkürlich“[20]. In diesem Sonderfall ist aber der positive Maßstab — jedenfalls in der Formulierung — leichter zu gewinnen als in dem allgemeinen Fall des Art. 109: die Gerichtsverfassung steht unter dem regulativen Prinzip des Rechtswerts, der hier besonders scharf zum technischen Verwaltungs- und besonders zum Integrationswert in Gegensatz zu stellen ist, und Ausnahmegerichte sind solche, deren Einsetzung oder Gestaltung nicht dem Rechtswert, sondern dem politischen Wert zu dienen bestimmt ist[21].

Wie die hier vertretene Anschauung einerseits die gedankliche Ausscheidung der spezifischen Funktionen des Rechtslebens aus dem eigentlichen politischen System der Verfassung fordert und daraus allerlei Folgerungen für das Recht dieser Funktionen zieht, so verlangt sie anderseits für den Bereich dieses politischen Systems selbst stärkere Betonung seines spezifischen Sinnes.

Das ist selbstverständlich für den engsten Ausschnitt der eigentlich „politischen“ Funktionen, insbesondere die „Regierung“ in diesem Sinne. Hier ist die Abgrenzung zwischen „politischen“ und anderen Angelegenheiten, der Tätigkeit der Zentralbehörden als politische

---

17 Deshalb würde ich z. B. auch J. Goldschmidts „grundsätzliche“ Unterscheidung zwischen der Frage der richterlichen Prüfung der Gesetze auf Verfassungsmäßigkeit und auf Übereinstimmung mit den guten Sitten (Juristische Wochenschrift 1924, 247) jedenfalls dann ablehnen, wenn damit das eine als eine staatsrechtliche, das andere als eine gewöhnliche Rechtsquellen- oder Rechtsanwendungsfrage bezeichnet werden sollte.

18 E. Kern, Der gesetzliche Richter, 1927, S. 152.

19 Z. B. Kern, a. a. O. S. 231 f.

20 Z. B. Kern, S. 342, ebenso wie vor ihm Leibholz, Die Gleichheit vor dem Gesetz, S. 107. Ähnlich E. R. Huber, Die Garantie der kirchlichen Vermögensrechte in der Weimarer Verfassung, S. 7, 94.

21 Vgl. die Beispiele oben S. 194.

Organe einer-, als technische Verwaltungsspitzen anderseits[22], vielleicht sogar die Grenze zwischen „Pflege der Beziehungen zu den auswärtigen Staaten“ einer- und bloßer Vertragsschließung in Sachen der Ländergesetzgebungskompetenz anderseits (Art. 78 der Reichsverfassung) — hier allerdings höchstens konkurrierend — nur unter Zugrundelegung des hier entwickelten ganz bestimmten Begriffs des „Politischen“[23] zu gewinnen.

Es gilt ferner für die Herausstellung des rechtlichen Gehalts aller eigentlichen staatsrechtlichen Institute. So ist z. B. mit der stark technisch gehaltenen Darstellung des „Finanzausgleichs im Bundesstaat“ von A. Hensel eben deshalb der spezifisch staatsrechtliche Gehalt der Frage nicht erschöpft, und einen gewissen Einwand wird man vielleicht sogar gegen Triepels „Reichsaufsicht“ daraus herleiten können, daß sie die von der Verfassung gewollte eigentümliche Verbindung dieser Rechtsfunktion mit der gegenläufigen Komponente des einzelstaatlichen Einflußrechts bewußt zurücktreten läßt oder kritisiert — jedenfalls das Ganze ein wenig technischer sieht, als die Meinung der Reichsverfassung gewesen sein dürfte. Dahin gehört die Verkennung des integrierenden Sinnes des Parlamentsrechts, der Regelung des Gesetzgebungsverfahrens, der Geschäftsordnung, deren in J. Redlichs großem Werk so eindrücklich entwickeltes dialektisches Gebäude mit eben dieser Dialektik nicht nur auf Erreichung sachgemäßer Beschlüsse, sondern mindestens ebensosehr auf die funktionelle Integrationswirkung im Parlament selbst und vor allem im Volksganzen orientiert und aus diesem Sinne heraus zu verstehen und auszulegen ist[24]. Dahin gehört die parlamentarische Haushaltsverabschiedung, die J. Heckel mit Recht als Integrationsvorgang bezeichnet und mit Aufstellung und Kritik des Regierungsprogramms in eine Reihe gerückt hat[25]. Daß hier mit der herkömmlichen Alternative: „Gesetz“ oder „Verwaltungsakt“ nicht auszukommen ist, zeigt jede Rechtsfrage aus diesem Gebiet — es sei die der Verpflichtungswirkung parlamentarischer Ausgabebewilligungen gegen den Wunsch der Regie-

---

22 Vgl. die Unterscheidung in der Geschäftsordnung der Reichsregierung; so wohl auch gemeint die Entscheidung des Reichsgerichts vom 14. 11. 24, Jur. Wochenschr. 1925, 482 l. Ferner Lammers, Jur. Wochenschr. 1924, 1479; und die Fälle Kahl-Festschrift III 13 ff.

23 Vgl. oben S. 238.

24 Daher unrichtig die Charakterisierung dieses Teils des Verfassungsrechts als „formelles“ (d. h. bloßes Verfahrens-, technisches, selbstzweckloses) Recht, z. B. bei Thoma a. a. O. S. 267, Anm. 1.

25 Arch. d. öffentl. Rechts, N. F., 12. 438 f., 443 f.

rung oder jede beliebige andere —, erst wenn dieser Sinn des Instituts zum Ausgangspunkt gemacht wird, sind richtige Lösungen zu erwarten[26].

Endlich ist die richtige Einordnung in diese Zusammenhänge die Voraussetzung für eine endgültige Klärung der Fragen des Diktaturrechts des Art. 48 der Reichsverfassung. Es ist das große Verdienst des Angriffs auf die herrschende Lehre gelegentlich der Staatsrechtslehrertagung von 1924, diese Grundfrage nachdrücklich in den Vordergrund gestellt zu haben. Neben und zum Teil an Stelle der drei Werte, die das normale Verfassungsleben beherrschen, tritt bei Anwendung der Diktaturvollmachten der der „öffentlichen Sicherheit und Ordnung im Deutschen Reiche" (Art. 48 Abs. 2), ein staatsrechtlicher Begriff[27], den ich oben[28] als die Projektion des Integrationswerts auf die äußere Wirklichkeit zu definieren versucht habe, der jedenfalls eine Abwandlung des Integrationswerts ist. Und an Stelle der normalen Funktionen treten die „Maßnahmen" der Diktatur, d. h. technisch zu verstehende Akte, die insofern im Gegensatz zu denen des Bereichs integrierender Funktionen stehen und auch keine Rechtssetzung oder Rechtsprechung im gewöhnlichen Sinne sein sollen[29]. Als dritte Grundlage des Diktaturrechts ist endlich — hier im Gegensatz insbesondere gegen Carl Schmitt[30] — sein technischer, nicht im letzten Sinne integrierender, wesensbestimmender, sondern die äußere Ordnung in der Weise einer Nothilfe herstellender Charakter einzusetzen[31]. Aus der so bestimmten spezifischen rechtlichen Eigenart des Diktaturrechts heraus ergibt sich die Auslegung seiner einzelnen Normen, während seine Auflösung in einzelne formale Mo-

---

26 Zu der notwendigen Vertiefung der Unterscheidung zwischen politischem und technischem Finanzrecht vgl. auch oben S. 159 und Anm. 40.

27 C. Schmitt, Veröffentlichungen der Vereinigung der deutschen Staatsrechtslehrer, I 92. Die Sonderstellung dieser diktaturrechtlichen „Motivation" gegenüber der des Richters, Verwaltungsorgans und Gesetzgebers bei Grau, Diktaturgewalt, S. 103, läßt diesen staatsrechtlichen Charakter nicht hervortreten.

28 S. 212.

29 C. Schmitt a. a. O. I 101, Unabhängigkeit der Richter usw. S. 13 f. In der — freilich allzu verwaltungsrechtlichen — Herausarbeitung dieser technischen, verwaltungsmäßigen Natur der „Maßnahmen" liegt zugleich das Verdienst der von C. Schmitt (Vereinigung S. 92, Anm.) getadelten Eigentümlichkeit des Grauschen Buches.

30 Vgl. dazu oben S. 212 f.

31 Das ist der sachliche Sinn der von Häntzschel, Zeitschr. f. öff. Recht, 5, 218 f. mehr formalistisch mit den Kategorien der Ausnahmeregel und der durch ihre Grundlage beschränkten Vollmacht begründeten Grenzen der Diktaturgewalt.

mente[32] und die noch so sorgfältige Interpretation des Art. 48 und der in ihm genannten oder nicht genannten Grundrechte alle Gefahren sachlich nicht genügend orientierungssicherer Formaljurisprudenz läuft.

Nur eine solche Klarstellung der von Rechts wegen bestehenden materiellen Gruppierung der Staatsfunktionen liefert endlich die Voraussetzungen für eine zusammenhängende Behandlung des Problems des staatsrechtlichen Formenmißbrauchs.

Für die Gesetzgebung kann die formalistische Staatsrechtslehre derartige Grenzen gegenüber anderen Funktionen nicht begründen: sie nimmt keinen Anstoß daran, wenn der Gesetzgeber Polizeiverfügungen erläßt, Enteignungen vornimmt und Zivilprozesse entscheidet. Die an diesem Standpunkt mit Recht geübte Kritik[33] bedarf demgegenüber der Herleitung aus dem materialen Sinn der Staatsfunktionen in ihrem Verhältnis zueinander. Dasselbe gilt für die Diktaturgewalt: hier hat die herrschende Lehre zwar die Ziehung von Schranken nicht abgelehnt, hat sie aber nur auf formalistische Konstruktionen und Wortauslegungen begründet, statt auf die sachlichen Kerngedanken des Instituts, aus denen allein seine Relation zu den übrigen staatlichen Gewalten gefolgert werden kann[34].

Der Formenmißbrauch kann aber auch darin liegen, daß Gesetzgebung oder Diktaturgewalt nicht ihre eigenen Grenzen überschreiten, sondern eine andere Funktion zur Grenzüberschreitung veranlassen[35]. Auch dies Problem ist ohne eine Grundlage der hier angedeuteten Art entweder nicht vorhanden oder nicht lösbar.

Vollends die Schranken, die den abhängigen Funktionen, der Justiz und der Verwaltung, gezogen sind, sind nicht genügend bezeichnet mit deren formeller Bindung an das Gesetz und den übrigen formalen Kautelen ihrer Rechtmäßigkeit. Erst eine materiale Funktionenlehre, die die dialektische Einheit des Rechtsfunktionensystems trotz seiner formell so scharfen Differenzierung erkennt[36], hat das Bedürfnis und die Möglichkeit, die hier trotzdem bestehenden letzten sachlichen Grenzen zwischen Gesetzgebung und Justiz aufzuzeigen, wie E. Kauf-

---

32 Z. B. sonderrechtliche Organisation und Kompetenzzuweisung: Nawiasky, Arch. d. öff. Rechts, N. F., 9, 47.

33 C. Schmitt, Unabhängigkeit der Richter usw., S. 10 f., 13 f., 16 ff.

34 C. Schmitt, Vereinigung der Staatsrechtslehrer, I 95 ff.

35 Ein Beispiel bei C. Schmitt, Schmollers Jahrbuch, 48, 2, S. 778.

36 Vgl. oben S. 207 f.

mann das erfolgreich unternommen hat[37]. Entsprechendes gilt für die Verwaltung, nur daß hier das Verhältnis zur politischen Gewalt komplizierend hinzutritt; hier ist allerdings die praktische Bedeutung der Frage wegen der Abhängigkeit der Verwaltung wesentlich geringer.

4. Integrierender Sachgehalt der Verfassungen. — Insbesondere die Grundrechte

Das Problem der sachlichen Integration als einer Seite der staatlichen Wirklichkeit, vermöge deren der Staat, das staatliche Leben wirklich ist auch durch einen sachlichen Gehalt, der dem Staat aufgegeben ist und Inhalt und Würde gibt, der eben dadurch das Staatsvolk immer von neuem zur Einheit integriert und der selbst im staatlichen Leben immerfort erneuert und fortgebildet wird — diese Frage ist, jedenfalls in dieser Fassung, bisher nicht Gegenstand der Staats- und Verfassungstheorie gewesen[1]. Dagegen sind die positivrechtlichen Folgerungen daraus, insbesondere für die Auslegung der Grundrechte der Weimarer Verfassung, schon öfter wenigstens in einzelnen Richtungen entwickelt, allerdings meist mehr mit rechts- als staatstheoretischer Begründung[2]. Ich schließe mich im folgenden im wesentlichen meinen eigenen früheren Ausführungen zu dem Gegenstande an.

Wenn dieser integrierende Gehalt zunächst im Eingang der Weimarer Verfassung durch Präambel, Staatsformnormierung, Gebiet, Farben bezeichnet wird, d. h. überwiegend durch Symbole, dann wird die herrschende Auslegung der Bedeutung dieses Verfassungsteils nicht gerecht. Insbesondere der Art. 3 (von den Reichsfarben) ist in seiner rechtlichen Bedeutung nicht damit erschöpft, daß in ihm eine Pflicht zu Verwaltungs-, der Handelsmarine gegenüber zu Rechtsverordnungen gefunden[3] — daß den Farben „nicht bloß dekorativzeremonielle, sondern auch eine gewisse rechtliche Bedeutung", der Handelsflagge aber gegenüber der Nationalflagge sogar eine „erhöhte

---

[37] Veröffentlichungen der Vereinigung der deutschen Staatsrechtslehrer, III 20 f.: Vorbehalt der „Auswahl der maßgeblichen Gerechtigkeitsprinzipien", und „Schaffung der rechtstechnischen Formen und Normen" für den Gesetzgeber.

[1] Vgl. oben S. 160 ff., 215 ff.

[2] E. Kaufmann, Die Gleichheit vor dem Gesetz im Sinne des Art. 109 der Reichsverfassung, Veröffentlichungen der Vereinigung der deutschen Staatsrechtslehrer, III 2 ff., Holstein, Elternrecht, Reichsverfassung und Schulverwaltungssystem, Archiv d. öffentl. Rechts, N. F., 12, 187 ff., bes. 199 ff., Smend, Das Recht der freien Meinungsäußerung (Mitbericht), Veröffentlichungen (wie oben), IV 44 ff.

[3] Anschütz, Kommentar zu Art. 3.

rechtliche Bedeutung" zuerkannt wird[4]. Danach wäre das Republikschutzgesetz in dieser Beziehung eine Neuerung nicht nur im Strafschutz der Farben, sondern vor allem in der gesteigerten Bedeutung, die es ihnen plötzlich beigelegt hätte. Davon kann natürlich keine Rede sein: es ist die individualistische Einseitigkeit des herrschenden Rechtsbegriffs, der nur in der unmittelbaren Abgrenzung von Willenssphären zwischen Berechtigten und Verpflichteten jeder Art, im privaten und öffentlichen Recht, Rechtssätze sieht und darüber allen sonstigen Rechtsgehalt übersieht.

Daß die Festsetzung der Reichsfarben einen ganz bestimmten Sinn, den der feierlichen Absage vor In- und Ausland gegenüber dem bisherigen System und des Bekenntnisses zu einem „neuen politischen Prinzip"[5] hat, und daß sie diesen Sinn als Rechtsinhalt hat, als ein Rechtssatz von sehr hohem Rang, zu dem das Republikschutzgesetz nicht diesen Rang, sondern nur die Strafdrohung hinzuzufügen brauchte — darüber wird der nicht juristische Leser nicht im Zweifel sein. Für den Juristen ist es allerdings nicht ganz leicht, diese und die anderen genannten Einleitungssätze der Verfassung richtig zu würdigen — denn sie haben in der Tat in der übrigen Rechtsordnung nicht ihresgleichen[6].

Man könnte zunächst, und insbesondere bei Art. 3, an die bekannte Wirkung feierlicher Festlegung eines Staats auf eine bestimmte politische Linie, Haltung, Maxime denken: er bestimmt dadurch sein eigenes Wesen, legt sich wesensmäßig fest, auch wenn er keine rechtliche Bindung damit auf sich nimmt: die bekannte Wirkung z. B. außenpolitischer Akte solcher Art.

Hier stehen diese Sätze aber im Zusammenhang eines Gesetzes, des obersten Gesetzes des Landes, und an seiner hervorragendsten Stelle. Damit werden sie selbst offenbar als ein Teil dieses Gesetzes qualifiziert, als ein besonders wichtiges Stück der nationalen Rechtsordnung. Sie sind dieses Stück aber nicht, sofern sie Einzelkompetenzen, technische Einzelregelungen enthalten, auch nicht, sofern sie die örtliche Zuständigkeitsnorm für die Staatsfunktionen sind (denn sie sind ja nicht konstitutiv für die territorialen Grenzen). Was sie an dieser Stelle leisten sollen, liegt in anderer Richtung. Einmal bezeichnen sie

---

[4] Giese in den älteren Auflagen seiner Ausgabe der Reichsverfassung, noch in der zweiten Auflage der Ausgabe der Preußischen Verfassung (1926) zu Art. 1.

[5] v. Marschall, Kampf des Rechtes, S. 25, Anm. 88.

[6] Darüber, daß nicht jeder Rechtssatz eine gewisse Normalstruktur zu haben braucht, gut Hold-Ferneck, Der Staat als Übermensch, S. 33.

von verschiedenen Seiten die territoriale und politisch-inhaltliche Konkretheit dieses Staats, dessen Verfassung sie einleiten, und damit bringen sie die Eigentümlichkeit der Verfassung zum Ausdruck, nicht wie andere Gesetze abstrakte Norm unbestimmt vieler Fälle, sondern die individuelle Norm dieses einen Falles zu sein. Ferner binden sie die Geltung dieses individuellen Gesetzes noch wieder an einen bestimmten, hier kurz formulierten und vor allem symbolisierten Gehalt, der dies Gesetz trägt und legitimiert: Art. 1 und 3 der Weimarer Verfassung geben ihrer Positivität die Modifikation einer ganz bestimmten Legitimität. Endlich wirken sie als Festlegung des Legitimitätstypus des Staats in sein Leben über, wollen insbesondere als Auslegungsregeln für den Geist seines Rechts, sogar unter Bindung des Gesetzgebers, gelten. Sie richten das Zeichen auf, in dem das deutsche Volk einig sein soll und nach Meinung der Verfassung am leichtesten einig sein kann — der Zusammenhang zwischen Sachintegration und spezifischer Legitimität ist hier besonders deutlich. Und eine Formaljurisprudenz, die diese Dinge entwertet zugunsten der formalen Organ- und Funktionenordnung der Verfassung, stellt die von der Verfassung gewollte Gewichtsverteilung geradezu auf den Kopf[7].

Was Staatsform und Farben symbolisierend, das suchen die Grundrechte an ihrem Teile formulierend zu leisten. Allerdings wird auch diese Bedeutung des Verfassungsinhalts von der herrschenden Staatsrechtslehre abgelehnt.

Die herrschende Meinung findet in den Grundrechten, mindestens in einem erheblichen Teile und gerade in ihrem klassischen, tralatizischen Bestande, vor allem Spezialisierungen des ohnehin selbstverständlichen Grundsatzes der Gesetzmäßigkeit der Verwaltung[8]. Als Spezialisierungen dieses Grundsatzes seien sie spezielles Verwaltungsrecht: so werden sie sorgfältig auf die Bedeutung hin unter-

---

[7] Weitere Legitimitätsquellen, die die Verfassung anerkennt und als tragende Grundlage für sich selbst zu gewinnen sucht, sind Völkerrecht (Art. 4) und Selbstbestimmung (Art. 2), Elternrecht (Art. 120, 146) und berufsständisches Zusammenwirken (Art. 165) und andere mehr. Sie alle bestimmen den Legitimitätstypus der Reichsverfassung mit, d. h. die Geltungsqualität dieses Rechts, das als geistige Wirklichkeit sehr wohl Qualifikationen aufnehmen kann, die über die Alternative von Gelten oder Nichtgelten hinausgehen, trotzdem aber ein Gegenstand juristischer Bearbeitung dieses Rechts sein müssen. Nur so wird der Sinn dieser Sätze selbst voll verständlich: sie wollen zunächst nicht so sehr selbst positives Recht normieren, sondern anderweitig geltendes qualifizieren und legitimieren.

Über die Legitimierungswirkung insbesondere der Grundrechte unten S. 265f.

[8] Z. B. Anschütz, Kommentar, 3/4, S. 301.

sucht, die sie als Veränderungen des anderweitig bestehenden gesetzlichen Rechtszustandes haben — eine Untersuchung, bei der alles „nur Programmatische", alles, was nicht unzweideutig technisches Spezialrecht ist, ausgeschieden wird. Das Ergebnis dieser Untersuchung ist ein einziger großer Vorwurf gegen den Verfassungsgesetzgeber, der trotz seines hohen Ranges technisch so viel schlechter gearbeitet hat, als die von ihm absichtlich oder unabsichtlich amendierte Spezialgesetzgebung: es entsteht eine Fülle von Unklarheiten und Schwierigkeiten, von denen hier nur an die Frage erinnert werden mag, in welchem Verhältnis die grundrechtlichen Freiheiten zu den besonderen Gewalt- und Pflichtverhältnissen stehen, insbesondere ob und wie weit sie von den Beamten in Anspruch genommen werden können.

Diese Schwierigkeit erklärt sich einfach daraus, daß die Grundrechte eben nicht Verwaltungsrecht, Spezialpolizeirecht, Privatrecht usw., sondern daß sie Verfassungsrecht sind. D. h. sie sind keine Novellen zu technischen Spezialgesetzen, sie sind deshalb auch selbst nicht in erster Linie technisch zu verstehen[9]. Sie regeln ihre Gegenstände nicht vom Standpunkt des einzelnen technischen Rechtsgebiets, sondern von dem des Verfassungsrechts — selbst wenn sie eine spezialgesetzliche Norm wörtlich übernehmen, geben sie ihr damit einen anderen Sinn[10]. Wenigstens zum Teil deshalb sind sie in technischer Hinsicht so lästig unbekümmert — z. B. in der für die technische Seite ihrer Anwendung grundlegenden und oft nur durch einen Machtspruch des Reichsgerichts lösbaren Frage ihres sofortigen oder von einer Durchführungsgesetzgebung abhängigen Geltungsanspruchs.

Dieser — im Gegensatz gegen die bisher herrschende Auffassung — für die Grundrechte in Anspruch genommene besondere staatsrechtliche Charakter erfordert eine neue Auslegung ihres stofflichen Inhalts und eine neue Charakterisierung ihres formalen Geltungssinnes.

Daß ihr stofflicher Sinn nicht der technischer Spezialgesetzgebung sein kann, ergibt sich schon daraus, daß sie überwiegend gar nicht an ihr Verhältnis zu den demselben Gegenstande geltenden technischen Spezialgesetzen denken und dadurch gerade zu den zahlreichen, vielfach kaum lösbaren Zweifelsfragen in dieser Beziehung führen. Daß sie aber in keinem klaren Verhältnis zur Spezialgesetz-

---

[9] Das ist den an streng technische Gesetzgebungen gewöhnten Vertretern anderer Rechtsdisziplinen längst aufgegangen: besonders präzis M. Wolff, Kahl-Festschrift, IV 6, Anm. 2.

[10] M. Wolff a. a. O.

gebung stehen, ist nur die Kehrseite ihrer positiven Beziehung, zueinander und zum Ganzen des Verfassungsrechts. Schon ihre Textfassung weist darauf hin: sie stellen mit starker Betonung entweder ein sachliches Kulturgebiet voran, zu dem sie sich bekennen[11], oder sie lassen Satz für Satz beginnen: „Alle Deutschen...", „Jeder Deutsche..." u. ä.[12]. Darin kommen die beiden Momente unzweideutig zum Ausdruck, in denen der inhaltliche Sinn eines Grundrechtskatalogs besteht: er will eine sachliche Reihe von einer gewissen Geschlossenheit, d. h. ein Wert- oder Güter-, ein Kultursystem normieren, und er normiert es als nationales, als das System gerade der Deutschen, das allgemeinere Werte national positiviert, eben dadurch aber den Angehörigen dieser Staatsnation etwas gibt, einen materialen Status, durch den sie sachlich ein Volk, untereinander und im Gegensatz gegen andere, sein sollen. Dieser Doppelsinn des Kultursystems und der Volksintegration ist die positive Orientierung der Grundrechte, auf der ihre rechtstechnisch vielfach so unerfreuliche Nichtorientierung auf das technische Spezialrecht beruht[13]. Diese Nichtorientierung darf aber nicht isoliert und zum Argument für die verhältnismäßige

---

[11] Z. B. Freiheitsrechte „Die Freiheit der Person..." (Art. 114), „Die Wohnung jedes Deutschen..." (Art. 115), „Das Briefgeheimnis..." (Art. 117). Familie: „Die Ehe steht als Grundlage des Familienlebens..." (Art. 119), „Die Erziehung des Nachwuchses..." (Art. 120), „Den unehelichen Kindern..." (Art. 121), „Die Jugend..." (Art. 122). Wirtschaft: „Die Ordnung des Wirtschaftslebens...", „Die Freiheit des Handels und Gewerbes" (Art. 151), „Das Eigentum..." (Art. 153), „Das Erbrecht..." (Art. 154), „Die Verteilung und Nutzung des Bodens..." (Art. 155), „Die Arbeitskraft..." (Art. 157), „Die geistige Arbeit..." (Art. 158), „Die Vereinigungsfreiheit..." (Art. 159), „Der selbständige Mittelstand..." (Art. 164), „Die Arbeiter und Angestellten..." (Art 165) usw.

[12] Art. 109 ff. — Für die sorgfältige Beachtung der Formulierung der Grundrechtstexte, die trotz aller Mängel dank flüchtiger und untechnischer Redaktion und oft gedankenlos tralatizischer Übernahme noch manche Ergebnisse verspricht, ist Häntzschel (Zeitschr. f. öffentl. Recht 5, 222 ff.) mit Recht eingetreten, allerdings a. a. O. mit nicht recht glücklicher Anwendung. Ein einzelner Anwendungsfall („Allgemeinheit" im Sinne des Art. 118, Abs. 1, Satz 1) in Veröffentlichungen der Staatsrechtslehrervereinigung, IV 51 ff.

Die Ausführungen von Kaufmann, Veröffentlichungen usw., III 2 ff. stehen den im Text folgenden Erörterungen am nächsten.

[13] Aus demselben Grunde sind sie auch untereinander nicht (ebensowenig wie die Verfassung überhaupt) als ein technisch ineinander verzahntes, technisch geschlossenes System zu verstehen, wie die technischen Systeme etwa des Bürgerlichen Gesetzbuchs und der Prozeßordnungen.

Natürlich können die Grundrechte zugleich technisch gemeint sein. Vgl. die scharfe und klare Unterscheidung dieser beiden Möglichkeiten, der technischen und der „politischen", in den preußischen Anträgen zum Reichsschulgesetzentwurf von 1927, bei Landé, Aktenstücke zum Reichsvolksschulgesetz, S. 112.

Wertlosigkeit dieses Verfassungsteils gemacht werden, sondern muß als negatives Komplement jener positiven Funktion verstanden werden, aus der sich allein auch die richtige Antwort auf die Frage nach der Eigenart ihres formalen Geltungsanspruchs ergeben kann.

Dieser Geltungsanspruch ist als spezialrechtlicher von sehr verschiedener Art. Die charakteristische, grundrechtliche Geltung liegt aber in einer anderen Ebene — sie wird von allen echten Grundrechten gleichmäßig in Anspruch genommen.

Im Bereich des technischen Spezialrechts können die Grundrechte bekanntlich bald mehr den Gesetzgeber, bald mehr bestimmte Verwaltungsbehörden, bald auch den Einzelnen — bald alle und bald keinen aus dieser Reihe angehen. Selbst wenn sie in diesem Sinne ohne alle unmittelbare Geltung sind, beanspruchen sie doch wenigstens als Auslegungsregel für das spezielle Recht aus dem ihm normativ im Grundrechtskatalog zugrunde gelegten Kultursystem heraus zu gelten[14]; mindestens in diesem Sinne sind sie stets „Richtschnur für die Verfassung, die Gesetzgebung und die Verwaltung“[15].

Hinter dieser unmittelbaren oder mittelbaren Bedeutung für das technische Spezialrecht steht nun aber eine andere, die die Quelle der ersteren ist. Ganz abgesehen von aller positiven Rechtsgeltung proklamieren die Grundrechte ein bestimmtes Kultur-, ein Wertsystem, das der Sinn des von dieser Verfassung konstituierten Staatslebens sein soll[16]. Staatstheoretisch bedeutet das sachliche Integrationsabsicht, rechtstheoretisch Legitimierung der positiven Staats- und Rechtsordnung: im Namen dieses Wertsystems soll diese positive Ordnung gelten, legitim sein. Als Formulierung dieses legitimierenden Systems ist der Grundrechtskatalog gewissermaßen ein authentischer Kommentar zu der kurzen Bezeichnung und Symbolisierung dieses Systems in Präambel, Art. 1 und 3 der Verfassung. Hier liegt die wichtigste Interpretationsgrundlage gegenüber den Grundrechten. Es mag

[14] E. Kaufmann a. a. O. S. 18.

[15] Verfassungsentwurf des Vereins Recht und Wirtschaft, Art. 51. — Sie gehören also z. T. unter die „Rechtsgrundsätze“, z. T. unter die „Rechtssätze“ der Hellerschen Unterscheidung (Souveränität, S. 48) und haben ihren vollen Anteil an der Problematik der „allgemeinen Rechtsgrundsätze“ des Statuts des Haager Ständigen Gerichtshofs (Rabel, Zeitschr. f. ausländisches und internationales Privatrecht, I 17 f.). — In diesem Zusammenhang mag darauf aufmerksam gemacht werden, daß seit dem Ratifikationsgesetz zur Londoner Konferenz auch die „allgemeinen Menschenrechte“ in die deutsche Gesetzessprache eingedrungen sind: RGBl. 1924, II 289, § 3a, Ziff. c, hier allerdings im Sinne echten, unmittelbar geltenden Naturrechts.

[16] So besonders nachdrücklich Kaufmann a. a. O., S. 6, 8, 16 ff.

zweifelhaft sein, wieviel die Art. 152, 153, 119, 154 für das bürgerliche Recht bedeuten; unzweifelhaft ist, daß sie dem Reich der Weimarer Verfassung die Legitimität eines Kultursystems geben, das die bisherige bürgerliche Rechtsordnung in ihren Kerninstituten (Vertragsfreiheit, Eigentum, Ehe, Erbrecht) festhält und dadurch die für das bürgerliche Zeitalter bezeichnendste und wichtigste Legitimitätsquelle enthält. Art. 22 bindet den Wahlrechtsgesetzgeber; aber er wird unzulänglich interpretiert, wenn seine Bedeutung als durch das Wahlgesetz erledigt behandelt wird: er gewinnt für die Verfassung im Gegensatz zu jenen Artikeln und zum bisherigen allgemeinen und gleichen Wahlrecht des dritten Standes die demokratische Legitimität eines (hier insbesondere in Wahlalter und Geschlechtergleichheit charakteristischen) Wahlrechts der proletarischen Revolution.

Dieses System der Grundrechte ist an sich als ein geschichtlich begründetes und bedingtes Ganzes Gegenstand einer rein geisteswissenschaftlichen Bearbeitung. Die Rechtswissenschaft kann an dieser Aufgabe aus drei Gründen nicht vorbeigehen: einmal weil die durch dies System gegebene spezifische Legitimität eine Qualifikation der positiven Rechtsordnung ist und die Herausstellung des Legitimitätstypus und Legitimitätsgrades einer positiven Rechtsordnung eine juristische Aufgabe ist; ferner weil hier mindestens Auslegungsregeln für das positive Recht liegen; und endlich, weil die Grundrechte, sofern sie selbst Spezialrecht sind, auch als solches bis in die letzte spezialrechtliche Einzelfrage hinein nur aus ihrem geistigen Gesamtzusammenhang richtig angewendet werden können[17].

[17] Einen Beitrag für das Letzte habe ich a. a. O. zu geben gesucht in der Entwicklung des Grundrechts der Lehrfreiheit. — Dahin gehört namentlich auch die von Leibholz (Gleichheit vor dem Gesetz, S. 15) mit Recht hervorgehobene, von Anschütz 3/4, S. 306, 396 zu Unrecht bestrittene Frage des Bedeutungswandels der Grundrechte.

Einige Beispiele der im Text geforderten Grundrechtsauslegung liegen schon vor und sind z. T. oben angezogen. Sie unterscheiden sich von der herkömmlichen Auslegungsweise durch Vermeidung eines dreifachen Formalismus. Einmal, sofern sie den Wortlaut dieser nicht technisch gefaßten und gemeinten Sätze zugunsten ihres sachlichen Gehalts zurücktreten lassen: so darf das Verleihungsverbot inländischer Titel und Orden im Gegensatz zum Annahmeverbot ausländischer (das ein notgedrungenes Minus jenem gegenüber darstellt) (Art. 109) nicht wirklich dahin ausgelegt werden, daß die Annahme inländischer Auszeichnungen erlaubt wäre (so Anschütz zur Stelle). Das Prinzip ist das der demokratischen Gleichheit, das von Staats wegen nicht durch solche Mittel durchbrochen werden soll — dies Prinzip verbietet aber auch die Annahme prinzipwidriger Verleihungen, ohne Rücksicht auf die flüchtige, bei wörtlicher Anwendung widerspruchsvolle Formulierung. — Ferner, sofern sie nicht zunächst formalistisch nach den beteiligten Rechtssubjekten fragen, also etwa

Diese Aufgabe besteht, ganz abgesehen von der praktischen Bedeutung, die man den Grundrechten der Weimarer Verfassung beilegen mag. Diese Bedeutung ist sicher durch den Wegfall der Monarchie gestiegen: solange diese den geschichtlichen Gehalt des Staats symbolisierte und repräsentierte und zugleich der staatlichen Ordnung die notwendige Legitimität gab, lag es nahe, an den Grundrechten nur ihre negative, staatsbeschränkende Seite zu sehen. Jene beiden Aufgaben der Monarchie sind durch die Umwälzung frei geworden, mit dem Erfolge erheblicher Bedeutungssteigerung der als Ersatz eingetretenen Faktoren, wofür die große Rolle der Farben und des Flaggenstreits bezeichnend ist[18]. Daran ändert die Tatsache nichts,

nach den Aktiv- und Passivbeteiligten des Petitionsrechts, und nach der dadurch begründeten formalen Rechtsmacht (Anspruch des Petitionierenden auf Nichtbeschränkung und positive Entgegennahme und Erledigung: Anschütz zu Art. 126), sondern zunächst nach dem inhaltlichen Gut, dem das Grundrecht dient: im Fall des Art. 126 der heute stärker als früher geforderten Erfüllung des Bedürfnisses nach jederzeitiger Verständigung zwischen Publikum und amtlichen Stellen, dem so viele für die Gegenwart bezeichnende Einrichtungen, Pressestellen der Behörden usw., dienen. Aus diesem Verständnis des heutigen Petitionsgrundrechts als eines verfassungsmäßigen Integrationsmittels ergeben sich sofort zwei materielle Rechtssätze, die Anschütz bei der Behandlung des Grundrechts entgangen sind: einmal die Grenzen, innerhalb deren die selbstverständlich nicht für jeden Querulantenbrief und -besuch geltende Erledigungspflicht besteht (nur soweit jenes Integrationsinteresse nicht offensichtlich ausscheidet, die Beschwerde nicht reine Torheit oder Schikane ist), und ferner die Beschränkung auf Deutsche, entsprechend dem Wortlaut des Art. 126, da der deutsche Staat mindestens in erster Linie von dem durch dauernde Fühlungsmöglichkeit herzustellenden integrierenden Verständnis seiner eigenen Angehörigen getragen sein will (anders Anschütz a. a. O., richtig Thoma, Verwaltungsrechtliche Abhandlungen, Festgabe zur Feier des fünfzigjährigen Bestehens des Preußischen Oberverwaltungsgerichts, S. 198 f., wenn er die persönliche Beschränkung offenbar auch des Art. 126 gerechtfertigt findet). — Endlich ist es Formalismus, ein Grundrecht nur nach seiner ursprünglichen Bedeutung, nicht nach seinem Zusammenhang im Ganzen der gegenwärtigen Lebensordnung und verfassungsmäßigen Wertkonstellation auszulegen: Art. 109 und 126 sind nur besonders bezeichnende Beispiele für die Gegensätze, die sich auch hier bei der einen und bei der anderen Auslegung ergeben.

Die im Text gegebene Fassung unterscheidet sich von der Radbruchschen („überstaatlicher Maßstab der Bewertung jedes positiven Rechts, lebendiger Zusammenhang mit dem Naturrecht" [„Der Geist der neuen Volksgemeinschaft", hrsg. von der Zentrale für Heimatdienst, 1919, S. 78]) durch die stärkere Betonung der Positivität der Grundrechte, unbeschadet ihrer legitimierenden und regulierenden Eigenart.

18 Es ist bezeichnend für Fr. Naumanns politischen Scharfblick, daß ihm diese Folge der Umwälzung sofort klar gewesen ist (Protokoll des Verfassungsausschusses, S. 179), und wenn sein eigener Grundrechtsentwurf als das unglückliche, halb liturgische Alterswerk, das es war, mit Recht abgelehnt ist, so ist dessen Grundgedanke doch im Vergleich mit der wesentlich technischen Verfassungstheorie von M. Weber und H. Preuß eine ungleich tiefere Einsicht.

daß mancherlei Mißgriffe in den Weimarer Grundrechten enthalten sind, und daß vieles, vom Flaggenartikel angefangen, mehr desintegrierende als sinngemäße, erfolgreich legitimierende Wirkung geübt hat.

Es ist Agnostizismus und Skepsis gegenüber dem Staat, die mit seinem Wesen auch die Intention dieses Verfassungsteils oder -moments verkennt[19]. Hier hat die herrschende Lehre ein großes Arbeitsfeld freigelassen, das nur von Voraussetzungen im Sinne der hier angedeuteten aus fruchtbar bearbeitet werden kann.

5. Zum Bundesstaatsrecht

Im Bereich der bundestaatsrechtlichen Probleme handelt es sich nicht so sehr darum, die Folgerungen aus den in früherem Zusammenhang entwickelten staats- und verfassungstheoretischen Voraussetzungen zu ziehen, sondern mehr darum, diese zum erheblichen Teile in der Literatur schon gezogenen Folgerungen in den dort aufgezeigten Zusammenhang einzuordnen und sie von dort her zu rechtfertigen.

Für die formalistische Bundesstaatsrechtslehre ist bezeichnend ihre Auflösung des Rechtsstoffs in eine Summe einzelner Rechte, Pflichten und sonstiger Rechtsverhältnisse, die allenfalls auf allgemeine privatrechtliche oder anderweitige formale Kategorien (Über- und Unter- oder Nebenordnung u. a. m.) zurückgeführt werden. Im Gegensatz zu ihr sucht die neueste Behandlungsweise dieser Fragen mit der formaljuristischen die politische Betrachtung zu verbinden[1] — ein unglücklicher Ausdruck für den eigentlichen Sachverhalt, daß sie nämlich mit vollem Recht in Wahrheit überhaupt nur eine juristische, staatsrechtliche, insbesondere bundesstaatsrechtliche Methode kennt, nämlich die, den Rechtsstoff zu begreifen als die Regelung eines bestimmten Typus staatlichen Lebens, einer besonderen Art staatlicher Integration. So die umfassende Untersuchung Bilfingers, die vom Standpunkt des Einzelstaats her seine dauernde funktionelle Einbeziehung in das Leben des Gesamtstaats als rechtlich gewollt und geregelt aufzeigt —

[19] Neben den Vertretern der herrschenden Lehre hier noch zu nennen C. Schmitt, Verhandlungen a. a. O. I 91; ein Ansatz zum Richtigen bei Grau, Diktatur, S. 63 f., Häntzschel a. a. O., 5, 220 f.

[1] So Bilfinger, Einfluß der Einzelstaaten, S. 5 ff., allgemeiner Triepel, Staatsrecht und Politik — nicht ohne eine gewisse Unausgeglichenheit dieser Verbindung und deshalb in dringender Gefahr, mißverstanden zu werden.

so meine (allerdings nicht auf das monarchische Bundesstaatsrecht zu beschränkende) Lehre von der obersten Rechtspflicht von Bundesstaat und Einzelstaaten zu bundesfreundlichem Verhalten, auch die oben angedeutete Auffassung von den besonderen Eigentümlichkeiten der Bismarckschen und der Weimarer Verfassung[2].

Die Aufgabe der bundesstaatlichen Gliederung habe ich in früherem Zusammenhang dahin zu bezeichnen gesucht, daß dieses staatliche Integrationssystem sich die Einzelstaaten als Gegenstand, aber vor allem auch als Mittel seiner gesamtstaatlichen Integrationsaufgabe einordnet. Die staatsrechtlichen Hauptprobleme liegen hier in der Regelung der Staatsnatur der Einzelstaaten an sich[3] und in ihrer Zusammenordnung mit dem bundesstaatlichen Ganzen.

Die dem Einzelstaat belassenen Momente staatlicher Natur werden von verschiedenen bundesstaatlichen Verfassungen verschieden bemessen. Als einen Hauptunterschied zwischen der Bismarckschen und der Weimarer Verfassung habe ich die Lokalisierung der staatsrechtlichen Legitimitätsquelle genannt; dort in den geschichtlich-legitimen Staatsindividualitäten, hier in der demokratischen Legitimität des Ganzen. Von einzelnen Richtungen, in denen die Weimarer Verfasung die Staatsnatur, d. h. das staatliche Integrationssystem der Länder schützt und anerkennt oder in denen die Länder diese Anerkennung mit besonderem Nachdruck fordern, seien nur einzelne hervorgehoben.

Angesichts der starken sachlichen Unitarisierung des Reichs ist das stärkste Moment staatlichen Lebens und damit auch staatlicher Integrationskraft in den Ländern die formale einzelstaatliche Herschaftsmacht. Nicht nur wegen der damit gegebenen sachlich-technischen Vorteile für Wirtschaft und andere Interessen ihres Gebiets[4] sind die Länder so eifersüchtig auf deren Wahrung, sondern vor allem deshalb, weil sie ihre stärkste Lebensäußerung und Daseinsform ist.

Daneben tritt der Einfluß, genauer das Einflußrecht, auf das Reich. Auch hier ist nicht entscheidend der Gewinn, den die Länder für ihre sachlichen Sonderinteressen daraus ziehen können, so wichtig diese

---

[2] In Triepels „Unitarismus und Föderalismus" und E. Kaufmanns „Bismarcks Erbe" liegt der Ton auf der Herausstellung des politischen Sinns der Bismarckschen Verfassung, nicht so entschieden, wie z. B. bei Bilfinger, auf möglichst genauer und vollständiger Ermittelung des gerade auf diesen Sinn bezüglichen, daraus zu verstehenden Rechtsgehalts.

[3] Die Frage, ob sie noch „wahre Staaten" sind — die ich bejahe —, lasse ich hier unerörtert.

[4] So Bilfinger S. 86.

Seite der Sache sein mag — bekanntlich machen die Länder dem Reich gegenüber zum guten Teile nicht ihre eigene, sondern Reichspolitik bestimmter Richtung. Entscheidend ist vielmehr auch hier das formale Moment: diese Beteiligung an der Reichsgewalt ist ein Ersatz für die ihnen selbst verlorengegangene Staatsgewalt, aber in dieser Beteiligung führen sie ein weiteres Stück politischen Lebens, auch hier verwirklichen sie ihre Staatsnatur[5]. Bezeichnend dafür ist auch, wie entschieden es den Ländern 1919 auf diese Beteiligung am Verfassungsleben des Reichs überhaupt ankam, ganz abgesehen von ihrer Ausgestaltung im einzelnen. Aus dieser letzten Sinngrundlage heraus sind hier alle — an sich ja vielfach nicht formulierten und schwer formulierbaren[6] — Einzelheiten zu verstehen; von hier aus auch der Sinn des bundesstaatsrechtlichen Gleichheitsprinzips in seinen verschiedenen Abwandlungen und Tendenzen[7].

In diesen Zusammenhang gehört endlich das Interesse der Länder, an einzelnen sachlichen Lebensbetätigungen des Reichs beteiligt zu sein. So wird der Sinn des Abschnitts „Landsmannschaft" im Reichswehrgesetz mißverstanden, wenn man darin lediglich die Gewähr einzelner Interessen der Länder, wirtschaftlicher und anderer, am Heerwesen findet. Der Kern der Sache ist auch hier, daß das Heer eine staatliche Lebensform überhaupt ist und daß die Länder sich in einer gewissen Beteiligung daran, insbesondere im Recht auf den Ländern entsprechende geschlossene Verbände der Reichswehr, ein Stück dieser integrierenden Lebensform auch für ihr eigenes Staatsleben zu erhalten suchen.

Die Bundesstaatsverfassung erkennt aber nicht nur den Einzelstaat als ein in sich geschlossenes Integrationssystem an, sondern sie konstituiert vor allem den Gesamtstaat als ein solches. Sie sucht durch die Länder deren Angehörige auch mittelbar und dadurch vollständiger zu erfassen, zu integrieren, als das ohne das Dasein der Länder möglich wäre: das ist der letzte Sinn des grundsätzlichen Bestandes der Länder für das Reich. Sie sucht ferner die Länder als solche integrie-

[5] Das ist, soviel ich sehe, auch der Sinn der Bismarckschen Bemerkung im konstituierenden Norddeutschen Reichstag (27. 3. 67, H. Kohl, Reden, 3, 237), daß innerhalb des Bundesrats die Souveränität einer jeden Regierung ihren unbestrittenen Ausdruck finde. — Vgl. auch Gierke in Schmollers Jahrbuch 1883, 1169 f.

[6] Vgl. Bilfinger S. 4, 34 ff., 37, Festgabe für O. Mayer S. 252 f.

[7] Leibholz, Gleichheit, S. 143 ff.

rend in das Reichsganze einzubeziehen: das ist der Hauptinhalt der Regelung des Verhältnisses von Reich und Ländern im einzelnen.

Es ist daher ein wahrer Abgrund des Formalismus, der sich auftut, wenn Laband die Einflußrechte der Länder aus dem Buchstaben der Verfassung „logisch" korrekt entwickelt, um sie dann den Ländern zu beliebigem, egoistischem, rücksichtslosem Gebrauch zur Verfügung zu stellen — höchstens allenfalls eingeschränkt durch „patriotische", „politische" Pflichten[8]. Mit Recht hat schon Madison geltend gemacht, daß es einfach falsch gedacht ist, sich Union und Einzelstaaten als Rivalen und Feinde vorzustellen[9]. Es ist ganz gewiß juristisch falsch gedacht — die Anerkennung dieser Möglichkeit als einer rechtlichen ist die deductio ad absurdum einer Staatsrechtslehre, deren Konsequenz sie ist.

Das formalistische Schema des Gesellschaftsrechts versagt für den eigentlichen Gehalt jedenfalls des deutschen Bundesstaatsrechts völlig. Ihm gegenüber ist sogar Seydel verhältnismäßig mehr im Recht. Der Grundgedanke der Zusammenordnung von Reich und Ländern ergibt den „allgemeinen bündischen Rechtssatz"[10] der bundesfreundlichen Haltung: die Verfassung verpflichtet Reich und Länder nicht nur zu formaler Korrektheit gegeneinander in Erfüllung ihrer staatsrechtlichen Pflichten und allenfalls rücksichtsloser Anwendung formal gegebener Befugnisse, unter eventueller Anrufung der verfahrensmäßigen Garantien durch Reichsaufsicht und Staatsgerichtshof, sondern verpflichtet zur Einigkeit, zu stetem Suchen und Herstellen guten bundesfreundlichen Verhältnisses. Deshalb sind Verständigungen des Reichs mit den Ländern über die Ausübung der Reichsgewalt dem Geist der Reichsverfassung nicht zuwider, auch wenn der Vertragsgegner so im Unrecht ist wie Bayern beim „Homburger Frieden"[11]. Das Reich besteht eben zum guten Teil darin, daß es sich aus den Ländern integriert[12], daß diese es konstituieren[13] — im Gegensatz zu den Kommunen, die technische Hilfseinrichtungen des Staats sind, von ihm durch die Aufsicht nach festem Recht geleitet, aber nicht Mitträger seines Daseins, das irgendwie von ihnen abhinge.

---

[8] Belege bei Bilfinger, S. 49.

[9] Federalist Nr. 46, S. 292 der Londoner Ausgabe von 1888.

[10] Ausdruck von Bilfinger S. 55, vgl. S. 8, 52 f., 57 und passim, Festgabe für O. Mayer S. 261.

[11] Anders Triepel, Zeitschr. f. Politik, 14, 213 f.

[12] In einem volleren Sinne, als sich die Kirche „aus der Gemeinde aufbaut" (Art. 4 der Verfassung der Evangelischen Kirche der altpreußischen Union vom 29. 9. 1922).

[13] Wilson, Der Staat, S. 568.

Eben dieser Sinn der aufgegebenen bundesfreundlichen Verständigung bindet diese Verständigung aber zugleich inhaltlich: bei allem gebotenen Ausgleich geht das Reichsinteresse vor, hat das Einzelrecht sich dem gesamtstaatlichen Rechtsgedanken unterzuordnen[14]. Darin kommt das schon früher[15] beezichnete Prinzip des Bundesstaatsrechts zum Ausdruck, daß letzten Endes sich sogar das Dasein der Einzelstaaten vom Bundesstaat her rechtfertigen muß.

Dies alles sind Rechtssätze, die z. B. bei Anwendung durch den Staatsgerichtshof offenkundig zu gerechteren Entscheidungen von Konfliktsfällen führen würden, als der Labandsche Formalismus.

Damit ist zugleich die Antwort auf die verwickelte Frage der Bedeutung der Jurisdiktion des Staatsgerichthofs über diese Beziehungen nach Art. 19 der Reichsverfassung gegeben.

Die hier durch die Weimarer Verfassung vorgenommene „Judizialisierung“ darf nicht nur in dem Sinne der früher gefundenen Regel[16] gedeutet werden, daß solche Unterstellung unter ein Gericht auch das materiellrechtliche Verhältnis ändern müsse. Im Gegenteil: dies materiellrechtliche Verhältnis schränkt umgekehrt wiederum die formale Zuständigkeit nach Art. 19 grundsätzlich ein. Die Entwicklung seit 1919 lehrt, daß das ältere „bündische“, „diplomatische“ Prinzip bundesfreundlichen Verhaltens nicht ersetzt ist durch das jus strictum formalistischen Verbands- und Mitgliedsrechts nach Labandschem Muster mit entsprechender Justizkontrolle, mit den Verfahrensweisen der Art. 19, 15 und 48 der Verfassung als einziger Garantie: sonst wäre die Verständigungspolitik des ersten Reichspräsidenten gegen Bayern von 1921—1923 eine Reihe schwerer Verfassungsverletzungen gewesen. Wenn das Verhältnis von Reich und Ländern auch heute noch in erster Linie vom Prinzip der bundesstaatlichen bona fides, des bundesfreundlichen Verhaltens beherrscht wird, so ist die damit gegebene Verständigungspflicht nicht nur ein Satz des materiellen Rechts, sondern auch eine Normierung des in erster Linie gebotenen formellen Weges der Konfliktserledigung. Gerichtsbarkeit in diesen Fragen bedeutet entweder eine ihrem sachlichen Charakter nach schiedsgerichtliche Erledigung nicht allzu wesentlicher Dinge oder gegebenenfalls die Drohung mit Gewaltmitteln, die gegenüber den größten Ländern die Gefahr eines Sezessions-, eines Sonderbunds-

---

14 Bilfinger S. 20, 47 f.

15 Oben S. 225 f.

16 Oben S. 214, 247 f.

krieges heraufbeschwört. Die zweite Möglichkeit ist eine verhängnisvolle ultima ratio; abgesehen von ganz außergewöhnlichen Fällen widerspricht sie dem Wesen des bundesstaatlichen Integrationssystems, wie es bei uns Rechtens ist. Hier liegen die Grenzen für die Staatsgerichtsbarkeit, die nicht nur tatsächlicher Art[17] oder anderseits mit dem Wesen der Souveränität gegeben[18], sondern positivrechtlich begründet sind. Weil es unmöglich ist, das hier gebotene Treueverhältnis der Beteiligten aufzulösen „in ein System neben anderen bestehender Ansprüche und Verbindlichkeiten"[19], weil dies Verhältnis vielmehr in erster Linie beherrscht bleiben muß vom integrierenden Verständigungswillen, deshalb geht hier zwar nicht Macht, aber sozusagen Integration vor Recht, sind demgegenüber Instanzvorschriften wie Art. 19 mehr nur technisch und zweiten Ranges, und deshalb entsteht angesichts des Art. 19 unter Umständen das schwierige Problem des Formenmißbrauchs.

Das Gesagte liefert endlich auch noch die Begründung dafür, warum man in der Reichsverfassung vergeblich die Antwort auf die Frage nach der Staatsnatur der Länder sucht. Das bundesstaatsrechtliche System der Verfassung normiert nicht einen bestimmten Charakter, den Reich und Länder an sich haben sollen, sondern ihr integrierendes Zusammenspiel: aus dessen Charakter mag man seine Schlüsse in dieser Frage ziehen, soll aber die Antwort nicht unmittelbar aus dem Grundgesetz herauslesen wollen. Ebenso wie die hier unternommenen Untersuchungen den Staatsbegriff voraussetzen konnten, ohne die Frage seiner Gewinnung beantworten zu müssen, so hat jede Verfassung das staatliche Leben als Integration zu regeln und kann dabei jene Frage offen lassen — bis Verhältnisse wie die des Jahres 1922 eine authentische oder mindestens amtliche Antwort erzwingen.

6. Zum kirchlichen Verfassungsrecht

Die bisherigen Erörterungen konnten nur vorläufig und oberflächlich andeuten, in welchen Richtungen etwa sich die hier zugrunde liegenden theoretischen Anschauungen in der Auslegung des positiven Staatsrechts auswirken dürften. Um diese Andeutungen noch ein wenig anschaulicher zu machen, nicht um der kirchenrechtlichen Disziplin selbst etwas ihr Fremdes und Neues zu sagen, verfolge ich diese

17 So wohl Bilfinger S. 9 f.

18 So Heller, Souveränität, S. 113.

19 Binder, Philosophie des Rechts, S. 464.

Auswirkungen noch auf das Nachbargebiet des kirchenrechtlichen Verfassungsproblems.

Wenn dort für das Staatsrecht versucht wurde, den Sinnzusammenhang der Verfassung im ganzen entschiedener, als bisher geschehen, zum Ausgangspunkt und zur Grundlage aller staatsrechtlichen Einzelarbeit zu machen, so ist dies Verfahren der Behandlung des Kirchenrechts von vornherein dank ihrer unvermeidlichen theologischen Grundlegung und insbesondere ihrem unvermeidlichen Ausgangspunkt in der Gegenüberstellung des Kirchenbegriffs der verschiedenen christlichen Bekenntnisse selbstverständlich gewesen. Es kann sich also hier nur darum handeln, schon Geläufiges zu den hier vertretenen verfassungstheoretischen Grundbegriffen in Beziehung zu setzen.

Diese Beziehung ist allerdings kaum herzustellen zur Begriffswelt des katholischen Kirchenrechts. Beruhend auf dem unzweifelhaften Zentralwert eines geschlossenen Wertsystems, hat seine hierarchische Ordnung die kategoriale Festigkeit einer unmittelbar von diesem Zentralwert emanierenden und ihn stufenweis mit voller Adäquatheit repräsentierenden Sozialordnung[1] — eine systematische Geschlossenheit, die sich auch auswirkt in dem geschlossenen inneren Zusammenhang, ja zum Teil der Undifferenziertheit aller Normenarten, göttlichen und menschlichen Rechts, Regelungen in foro externo und interno usw. Es ist die Antike, die hier durch alle Wandlungen vom frühchristlichen zum römischen, kanonischen, gegenreformatorischen und vatikanischen Kirchenrecht (U. Stutz) hindurch der feste Kern geblieben ist, die deshalb auch nur durch Anpassung an diese ihre begriffliche Struktur angemessen erfaßt werden kann.

Ganz anders das evangelische Kirchenrecht. Es ist darin neuzeitlich, daß der moderne Riß durch das antike Kultursystem auch durch das Kirchenrecht hindurchgeht: alle Scheidung der rechtlichen von der sichtbaren und der unsichtbaren Kirche löst das Grundproblem der unvermeidlichen und doch nicht befriedigend zu fassenden Beziehung der rechtlichen auf die sichtbare (im Sinne des 7. Artikels der Augsburgischen Konfession) und die unsichtbare nicht auf. Selbst die luthe-

[1] Vgl. z. B. Troeltsch, Soziallehren der christlichen Kirchen, S. 211 und oben S. 204, Anm. 20, 21, 180 f. — Allenfalls könnte man diesen Verfassungstypus als einen Fall von in erster Linie sachlicher Integration bezeichnen — hier würde dann ein Berührungsmoment mit dem chiliastischen Moment der sozialistischen Staats- und Verfassungstheorie liegen, das gleichfalls antiker Herkunft ist.

rische Kirche ist bei aller Freiheit ihrer Rechtsgestaltung doch vermöge ihrer Bekenntnis- und Wortgebundenheit mehr als eine bloß technische Veranstaltung; sie ist in erster Linie durch diesen Sachgehalt eine Einheit, allerdings unter größter Schwierigkeit der Kombination dieses Elements mit dem ihrer organisatorischen Ordnung[2]. Die Bedeutung von Wort und Bekenntnis für die Wesensbegründung der Rechtskirche ist heute schwieriger zu bestimmen als früher, und die Zusammenordnung dieser Wesensbegründung mit der durch die sonstige Verfassung gegebenen ist eine beinahe unlösbare Aufgabe — erinnert sei nur an Kaftans kirchenverfassungsgeschichtlich so wichtig gewordenen Versuch der Scheidung der Doppelnatur der Kirche als göttliche Stiftung einer-, als öffentlich-rechtliche Korporation anderseits, in der einen Richtung organisiert durch das geistliche Amt, in der anderen durch die übrigen Organe der Verfassung[3]. So sicher auch dies nicht das letzte Wort ist, so sicher hat doch das geistliche Amt sich vermöge seiner Beziehung zum kirchlich-religiösen Zentralwert in seiner relativen Wesensnotwendigkeit für die Kirche einen Rest altkirchlichen Charakters erhalten. Die übrigen verfassungsrechtlichen Organisationsfragen führen meist auf das Problem zurück, wieviel an Wesensbestimmung jedenfalls für die Rechtskirche als solche innerhalb der etwa durch Art. 7 der Augustana gezogenen Grenzen der funktionellen Integration durch das übrige kirchliche Verfassungsleben überlassen ist. Und innerhalb dieses Bereichs ist wiederum die Verteilung wesensbestimmender und technischer Rollen einer- und anderseits äußerst undurchsichtig. Es liegt nahe, die kirchlichen Verwaltungsbehörden entsprechend den staatlichen im Grundsatz als technische Organe anzusehen — die Frage liegt aber mindestens anders als im Staat. Es liegt nahe, in den Synoden Analogien zu den staatlichen und kommunalen Vertretungskörpern und deren zunehmend politischem, integrierendem Charakter zu sehen — auch hier mit Unrecht, ganz abgesehen von der grundverschiedenen Bedeutung einer altreformierten, der heutigen rheinischen oder westfälischen und den heutigen Synoden der östlichen preußischen Provinzen. Es liegt endlich nahe, in dem Stufenbau der Kirche eine Analogie des staatlich-kommunalen oder auch (im Anschluß an den Verfassungssatz vom

---

[2] Die Frage der Bekenntnisgesetzgebung ist nur eins der vielen sich hier ergebenden Probleme.

[3] Verfassungsdenkschrift des Evangelischen Oberkirchenrats vom 15. 8. 1921. Bericht über die Verhandlungen der außerordentlichen Kirchenversammlung zur Feststellung der Verfassung für die evangelische Landeskirche der älteren Provinzen Preußens, II 170 f., 174 f.

Aufbau der Kirche aus der Gemeinde) dessen Umkehrung zu sehen — wieder beides zu Unrecht.

Diese Fragen als Ganzes zu stellen und ihre Beantwortung nicht vorschnell aus geschichtlichen Erwägungen oder vor allem aus naheliegenden Vergleichen mit dem staatlich-kommunalen Verfassungsrecht einer-, dem Vereinsrecht anderseits zu gewinnen: das ist die Hauptaufgabe der Lehre vom evangelischen kirchlichen Verfassungsrecht; und auch hierfür werden sich mindestens die Grundgedanken einer Verfassungstheorie fruchtbar machen lassen, die das Integrationsproblem und seine rechtliche Lösung als den eigentlichen Gegenstand ihrer Aufgabe betrachtet[4].

[4] Für freundliche Anregung in diesen Fragen bin ich I. Heckel verpflichtet.

Hochschule und Parteien

Parteien und Parteipolitik stehen mit dem Wesen der Hochschule in Widerspruch. So darf man das berühmte Wort abwandeln, mit dem Rudolf Sohm die Unzugänglichkeit eines anderen geistigen Lebensbereichs, der Kirche, für äußere rechtliche Regelung und für den gestaltenden politischen Willen behauptet hat. Von Recht und Staat empfängt die Hochschule nur die äußeren Formen und Bedingungen, allenfalls gewisse Aufgaben und Zielsetzungen. Zugleich kann sie freilich als eine Lebensform des nationalen Geistes nicht ohne tiefe innere Beziehung auch zur staatlichen Lebensform dieses Geistes sein. Aber diese Beziehung ist stets problematisch. Sie wird es in besonderem Maße (da sie jedenfalls in erster Linie zu ganz anderen Momenten der staatlichen Welt besteht als zu ihren parteipolitischen Komponenten) in solchen Zeiten wie der deutschen Gegenwart, in der der Staat mit einem gewissen Recht als Parteienstaat bezeichnet werden kann.

Vor der Umwälzung konnte man von hochschulpolitischen Zielen deutscher Parteien nicht sprechen. In den Landtagen waren alle Parteien einig in der Beteuerung ihrer Hochschulfreundlichkeit; die Lehrfreiheit war ein selbstverständlicher liberaler Programmpunkt, der aber mehr im allgemeinen Sinne liberaler Staatsfreiheit als im Sinne seines eigentlichen Vollgehalts verstanden wurde. Damals wie heute waren gerade auf dem Hochschulgebiet die Fraktionsredner in der Regel dem ungleich sachkundigeren Regierungstisch weit unterlegen, und gelegentliche parlamentarische Vorstöße, z. B. gegen die Althoffsche Hochschulpolitik, beruhten meist einfach auf sachlicher Verständnislosigkeit, seltener auf einer allgemeinen mehr oder weniger unklaren politischen Tendenz. Eine bestimmte Orientierung fand die Parteipolitik nur in einzelnen „Fällen“ und in einzelnen politischen, vor allem sozialpolitischen und konfessionellen, Dauerbeschwerden — so hat insbesondere der Fall Arons die Lehrfreiheit, allerdings in einem sehr beschränkten Sinne, zur herkömmlichen sozialdemokratischen Forderung werden lassen.

Die Parteipolitik der Umwälzungsperiode ist durch zwei neue Momente bezeichnet.

Einmal durch den Kampf gegen die Hochschule oder doch mindestens gegen ihren bisherigen Charakter als einen hervorragenden Teil des gestürzten Systems. Ersetzung der Universitäten als typischer Veranstaltungen des kapitalistischen Klassenstaats durch Arbeiterakademien — jedenfalls freieste Zulassung zum Studium — Beseitigung der „patriarchalischen", „obrigkeitsstaatlichen" Universitätsverfassung, der „Fakultätsoligarchie", der „Geheimdiplomatie des Berufungswesens", des „Absolutismus der Institutsleitungen", der „Rechtlosigkeit des akademischen Nachwuchses": in solchen Forderungen finden sich die Abneigung und das Mißtrauen des Proletariats und die persönlichen, berechtigten und unberechtigten Klagen akademischer Außenseiter zusammen. Als Beispiele seien nur die Richtlinien der Sozialistischen Studentenpartei für die Sozialisierung der Hochschule und die Hellpachschen Forderungen genannt.

Zu diesem wesentlich negativen Programm tritt als positiver Inhalt und Auftrieb hinzu alles das, was damals als „neuer" oder „tätiger Geist", als Jugendbewegung und entschiedene Schulreform oder sonstige geistige Bewegtheit eine „neue Hochschule" oder doch die maßgebende Rolle in der bisherigen Hochschule anstrebte.

Dieser doppelte Angriff ist zunächst ohne allzu große Erfolge geblieben. Nicht so sehr dank der Gegenwehr der übrigen Parteien, des Zentrums, das sich im ganzen nur im Sinne begrenzter Forderungen begründeten und unbegründeten katholischen Ressentiments an dem Vorstoß beteiligte, und der Rechten, die nur ein stark betontes liberales Hochschulprogramm zur Abwehr entwickelte, sondern dank seiner eigenen inneren Schwäche. Den Angreifern fehlte, wie den bisherigen und den heutigen Parteien, die technische Sachkunde zu eigener Lösung der akademischen Frage. Die geistige Bewegtheit der Umwälzungszeit stellte sich alsbald zum guten Teile als sehr viel weniger dauerhaft, kräftig und aufbauend heraus, als ihre eigenen Ansprüche zunächst erwarten ließen. So wirkten Gründe mehr äußerer, technischer, und innerlichster Art zusammen zu jener vorläufigen Überleitung der Umwälzung in den Hochschulen in die Bahnen ministerieller Hochschulreform, deren Verdienst um die Bewahrung des deutschen Hochschulwesens bei noch soviel Skepsis gegen ihre Einzelheiten nicht leicht überschätzt werden kann.

Seitdem sind die hochschulpolitischen Gegensätze der Parteien nicht mehr mit der ursprünglichen Schärfe der ersten Monate der Umwälzung betont, und bei Etatsverhandlungen oder Umfragen, wie der der deutschen Studentenschaft 1919 bei allen Parteien, kehrt gelegentlich der Schein früherer Übereinstimmung zurück. Trotzdem besteht die Gruppierung der Revolutionszeit im Kern noch heute. Den radikalen Flügel bilden die bekannten Forderungen des Kommunismus: Intensivierung, Planmäßigkeit, „Taylorisierung" der Wissenschaft, insbesondere der Geisteswissenschaften, auf Grund der durch diktatorischen Machtspruch zur Grundlage erhobenen marxistischen Theorie. Abgeschwächt und gebrochen erscheinen dieselben Punkte in der nicht ohne weiteres ganz durchsichtigen Hochschulpolitik der Sozialdemokratie: in ihrer Forderung stärkerer Pflege bestimmter Gebiete, insbesondere der Sozialwissenschaften und der Pädagogik (neben denen auch Minderheitsfächer, wie Homöopathie und Naturheilkunde, immer wieder sozialistische Fürsprecher finden) — in ihrer Bekämpfung akademischer „Exklusivität" (Verbindung mit dem Volkshochschulwesen, erleichterte Zulassung zum Studium, Beseitigung des Promotionswesens als klassenbildend) — in der Unterstreichung der zunehmenden Entwicklung der Hochschule zur Lehranstalt einer- und der gleichzeitig zunehmenden Verselbständigung der wissenschaftlichen Forschung durch den Ausbau der reinen Forschungsinstitute anderseits, mit der (gelegentlich von den Demokraten unterstützten) Folgerung entsprechend stärkerer Staatseinwirkung auf die nunmehr isolierte akademische Lehrtätigkeit bis zur radikalen Verstaatlichung der Hochschulen zu reinen Lehranstalten nach romanischem Vorbilde. Zumal in diesen organisatorischen Forderungen liegt die Infragestellung des Wesens der deutschen Hochschule überhaupt. Der Angriff der Revolution wurde hier bis vor einiger Zeit mehr nur chronisch und in der Stille fortgesetzt, ohne daß der drohende Ernst dieser Lage den übrigen Parteien und den Hochschulen selbst immer ganz zum Bewußtsein kam.

Neuerdings kündigen neue Sturmzeichen die Wiederholung des Angriffs von 1918/19 an. Auch jetzt hat er keine Aussicht auf Erfolge aus eigener Kraft. Aber seine stillen Bundesgenossen sind die weit verbreitete Verständnislosigkeit der Zeit, zumal der allgemeinen Bürokratie (nicht so sehr der besonderen der Hochschulverwaltung) einer- und gerade auch mancher geistig besonders bewegten Kreise anderseits, für das der Gegenwart in seinem — wenn einmal verloren, unwiederbringlichen — Sinn und Wert nicht recht verständliche und einleuchtende Erbe, das ihr der deutsche Idealismus in den Hochschulen hinterlassen hat.

Unter diesen Umständen ist es ein empfindlicher Nachteil für die deutsche Hochschulpolitik, daß sie in den deutschen Landtagen nur wenige Sachverständige findet. Zwar sind die deutschen Parteien durch ihren weltanschaulichen Charakter gerade auch auf kultur- und nicht zuletzt hochschulpolitische Wirkung angewiesen, und umgekehrt bieten die Hochschulen durch ihre dauernd steigenden Aufgaben praktischer Berufsvorbildung eine immer breitere Angriffsfläche für solche Einwirkung. Anderseits ist der deutsche Professor als Parlamentarier im Aussterben begriffen, in den Fraktionen sind — bei allem Interesse der vielen politisch tätigen Akademiker — die Hochschulspezialisten selten, und auf die mit Recht geforderte parlamentarische Vertretung der Hochschulen ist in absehbarer Zeit nicht zu rechnen. Die Parlamente bleiben deshalb in Hochschuldingen leicht in Kleinigkeiten, insbesondere in Personenfragen, stecken; wegen der Verteilung der von den Koalitionsparteien in Anspruch genommenen Berufungen entstehen unter ihnen selbst leicht die von Hugo Preuß im preußischen Landtag so lebhaft beklagten Mißhelligkeiten; die Art, in der die Parteipresse aller Richtungen Hochschulangelegenheiten jeder Art auszuschlachten pflegt, ist beinahe nie sachlich und förderlich. So bleiben die eigentlichen Aufgaben der Bürokratie, die sie in der Stille zu lösen sucht, durch die Parteien mehr oder weniger gehemmt.

So würde die gelegentlich der Reichsreform geplante Beseitigung des parlamentarischen Systems in den Ländern gerade den Hochschulen voraussichtlich zugute kommen. Ein entschiedenes Parteiregiment in Hochschulsachen ist für die Hochschulen meist eine empfindliche Schädigung gewesen — die positive Hochschulpolitik der sozialistisch-kommunistischen Ära in Thüringen wie die mehr negative der Rechten in Mecklenburg. Nach diesen Erfahrungen verfolgt man mit Sorge die zunehmende Abhängigkeit der Hochschulverwaltung auch in den übrigen deutschen Ländern von den Forderungen der Parteien im einzelnen, insbesondere in Personalfragen.

Je weniger die Parteien und Fraktionen selbst geeignet und berufen sind, von sich aus die notwendige Beziehung zwischen Staat und Hochschule herzustellen, um so größere Verantwortung liegt auf der politischen und parteipolitischen Haltung der übrigen Beteiligten: der Bürokratie, der Professoren, der Studenten.

Kulturpolitik und insbesondere Hochschulpolitik scheinen kein geeignetes Fach für unmittelbare Auswirkung der Demokratie zu sein. Der Vergleich, den Gustav Cohns gewiß nicht reaktionäre „Universitätsfragen" auf Grund eigener Erfahrungen zwischen demokratischer und monarchischer Hochschulverwaltung ziehen und der durchaus zu Ungunsten der ersteren ausfällt, ist von vielen anderen mit demselben Ergebnis wiederholt, und er wird auf Nachbargebieten bestätigt, etwa auf dem des weltlichen Nominationsrechts zu kirchlichen Ämtern, dessen Leistungen in der Hand politisch selbständiger Staatshäupter den Vergleich mit der unabhängigen kirchlichen Besetzungspraxis sehr wohl ertragen, im Gegensatz zu politisch-parlamentarisch bestimmter Übung desselben Rechts, die der kirchlichen Provision weit unterlegen ist. Dasselbe gilt von politischer Beeinflussung der Hochschulverwaltung: sie schädigt deren Leistung um so mehr, je mehr sie sich auf ihre Einzelheiten ausdehnt.

Schon vor der Umwälzung hat die Bürokratie mit solchen Einflüssen zu kämpfen gehabt, mit Vorstößen aus den Parteien, gelegentlich auch aus fürstlichen Kabinetten. Sie hat ihnen gegenüber im allgemeinen eine erfolgreiche Widerstandskraft entwickelt, und sie war damals dazu in ganz anderer Weise in der Lage, als heute.

Die Veränderung beruht nicht so sehr auf der parteipolitischen Durchsetzung der Ministerien. Diese Durchsetzung scheint im parlamentarischen Staat unvermeidlich und ist zur Zeit vielleicht das einzige Mittel, das Vertrauen der Parteien gerade gegenüber solchen Verwaltungen zu begründen, die sich zu unmittelbarer parlamentarischer Beeinflussung so wenig eignen, wie die Hochschulverwaltung.

Wichtiger ist eine andere Verschiebung. Die Bürokratie des vorrevolutionären Staats war Obrigkeit, d. h. sie und die hinter ihr stehende Monarchie repräsentierten die geschichtliche Wertfülle des überkommenen Staatswesens und zogen aus dieser Repräsentation ihre eigentümliche Autorität. Das von C. H. Becker eindrücklich dargelegte Streben nach Ersetzung dieser Autoritätsgrundlage durch die parlamentarische bedeutet eine Infragestellung des Eigengewichts und der sachlichen Unabhängigkeit, der die frühere Bürokratie ihre Erfolge in der Hauptsache verdankte. Die Hochschulverwaltung muß sich an die Parteikoalition im Parlament anlehnen, um überhaupt verwalten zu können — aber eben diese Anlehnung gefährdet die innere Freiheit, die ihre Lebensluft ist.

Dazu kommt, daß gerade die Hochschulverwaltung aus organisatorischen Gründen einen besonders dankbaren Ansatzpunkt für politische Einflüsse bildet. Sie vereinigt tatsächlich in sich vier Instanzen, die sonst fast überall getrennt sind, sofern sie zugleich Zentral- und unmittelbar verwaltende Instanz ist, also die drei Stufen anderer Verwaltungen durch die eine Ministerialbehörde ersetzt, und ferner sofern sie auf einem von der Gesetzgebung so wenig berührten Gebiet tatsächlich auch die Machtvollkommenheiten hat, die anderswo den gesetzgebenden Faktoren vorbehalten sind. Jede andere Zentralbehörde kann sich gegenüber politisch-parlamentarischen Einflüssen auf die nicht ohne weiteres umzustellende Objektivierung ihres Verwaltungsbereichs durch die Gesetzgebung einer-, den Verwaltungsapparat und dessen Praxis mit ihren Erfahrungen und technischen Notwendigkeiten, Möglichkeiten und Unmöglichkeiten anderseits berufen. Die Persönlichkeiten der Hochschulverwaltung dagegen sind gewissermaßen Gesetzgeber, leitende, beaufsichtigende und unmittelbar ausführende Behörde zugleich — eine Machtfülle, die (wie C. H. Becker und H. Preuß öfter mit Recht geltend gemacht haben) zugleich ein einzigartiges, sehr bedenkliches Einfallstor für unsachliche politische Einwirkungen bedeutet. Diese organisatorische Lage ruft geradezu nach organisatorischem Ausgleich durch Verstärkung der Autonomie der Hochschulen — in jenem Sinne, in dem C. H. Becker die Selbstergänzung der Hochschule mindestens als kleineres Übel gegenüber dem Parteiregiment empfohlen hat.

Eine weitere, seit der Umwälzung stark hervorgetretene Fehlerquelle liegt in der Erfüllung des eigensten Berufs der Hochschulverwaltung selbst. Getragen durch die Fülle der eigenen Machtbefugnisse — getragen auch durch starke sachliche Antriebe ungewöhnlicher, zur Führung berufener Persönlichkeiten an ihrer Spitze — in natürlicher Gegenwehr endlich gegen den Druck der Parteien, dem sie die Bewegungsenergie eigener Reformen mit Erfolg entgegenzustellen suchte, ist die Bürokratie seit der Umwälzung Trägerin einer ganz neuen hochschulpolitischen Initiative geworden. Sie hat damit den Ansturm der Revolution auf die Hochschulen zum guten Teile erfolgreich abgewehrt und viel Wertvolles geschaffen. Damit ist aber zugleich ein neuer Gefahrenpunkt entstanden. Er liegt nicht so sehr darin, daß — heute wie früher — die Verwaltung deshalb, weil sie auch gegenüber dem wissenschaftlichen Urteil der Hochschulen stets das letzte Wort und die Entscheidung behält und dabei mindestens den Vorzug des weiteren verwaltungsmäßigen und hochschulpolitischen Horizonts hat, geneigt sein wird, auch an die größere Objektivität und Richtigkeit ihrer eigenen inappellablen Entscheidung zu glauben — auch da, wo sie im Unrecht ist. Empfindlicher ist schon, daß die hochschulpolitische Reformtendenz der Verwaltung ihren Anstoß vielfach aus den geistigen Bewegungen der Umwälzungszeit empfangen hat, die inzwischen zum guten Teil, sei es wegen der eigentümlich kurzen Wellenlänge geistiger Ereignisse in unserer Zeit, sei es wegen letzter innerer Unfruchtbarkeit, ihre Triebkraft und ihr Recht verloren haben, während umgekehrt das schon vor dem Kriege vielfach in Frage gestellte innere Recht der wissenschaftlichen und akademischen Tradition sich als sehr viel gefestigter herausgestellt hat, als selbst viele von ihren Verteidigern unter dem Druck des inneren und äußeren Zusammenbruchs erwarteten. Gefährlich wird diese Lage aber erst dadurch, daß die hier unvermeidlichen Spannungen und Zusammenstöße zu beiderseitigen Mißverständnissen führen: daß die Verwaltung die akademischen Widerstände, auf die sie stößt und in denen Recht und Unrecht, sachverständigere Verteidigung wesentlichster Interessen von Hochschule und Wissenschaft und Beharrungstendenz, politische Stimmungen und andere Menschlichkeiten unvermeidlich im Gemenge liegen, zu oft als politische Widerstände versteht, die im Interesse der Staatsautorität gebeugt werden müssen — daß nicht zuletzt Fernerstehende, die Öffentlichkeit, Presse und Parteien, sie so verstehen und auszubeuten suchen; und daß anderseits die Hochschulen, daß Professoren und Studenten hinter der Tätigkeit der Hochschulverwaltung mißtrauisch mehr Parteipolitik vermuten, als tatsächlich hinter ihr steht.

So entstehen Spannungen, die auf beiden Seiten ohne Not politischer gedeutet und behandelt werden, als sie verdienen, die vor allem auf beiden Seiten die Parteien und die Presse zur Einmischung aufrufen und damit alles verderben. Angesichts solcher Lage wird die Frage dringlicher, ob hochgesteigerte Machtbefugnisse der Verwaltung und nachdrückliche Anwendung dieser Befugnisse, wie sie zumal seit der Umwälzung geläufig geworden ist, nicht zugunsten gesteigerter akademischer Autonomie eingeschränkt werden sollten. Vor allem deshalb, weil jetzt der Zeitpunkt gekommen sein dürfte, in dem die bisher mit Recht oder mit Unrecht vermißte völlige innere Einordnung der Hochschulen und aller ihrer Glieder in die neue staatliche Ordnung am sichersten von verstärkter Autonomie und Selbstverantwortung und zugleich von stärkerer Entspannung ihrer Beziehungen zum Staat erwartet werden kann.

In der politischen Öffentlichkeit erscheint das Problem „Hochschule und Parteien" in der Hauptsache als das Problem der politischen Haltung der Professoren und Studenten, genauer, der politischen Haltung der heutigen civitas academica gegenüber dem heutigen Staat der

Weimarer Verfassung. Insofern mit Unrecht, als diese Haltung im allgemeinen gerade keine parteipolitische im eigentlichsten Sinne ist. Jedenfalls aber ist sie der Hauptgegenstand des parteipolitischen Interesses an den Hochschulen, und umgekehrt ist diese Haltung selbst und die fehlende Geschlossenheit, Klarheit und Bewußtheit der Hochschulen in Sachen dieser Haltung ein Hauptgrund ihrer eigenen Schwäche gegenüber dem parteipolitischen Druck.

Die Rolle, die die politische Haltung und Wirksamkeit der deutschen Universitäten in den letzten hundert Jahren im politischen Gesamtleben der Nation gespielt haben, hat sich mannigfach gewandelt. Dieser Ablauf ist oft geschildert — ich brauche nur an Fr. Meineckes „Drei Generationen deutscher Gelehrtenpolitik" zu erinnern — und oft mißdeutet. Der Verlust der politischen Führerrolle der deutschen Universitäten lag an der überraschenden staatsmännischen Wendung des deutschen Schicksals und an dem seitherigen Übergewicht wirtschaftlicher und sozialer Fragen in der deutschen Politik — er lag aber auch an einem inneren Verzicht der Wissenschaft selbst. Der Positivismus verzweifelte grundsätzlich an der Möglichkeit und damit auch an der Erlaubtheit „wissenschaftlicher" Stellungnahme zum Pluralismus der Wertwelten, zum Leben, zur Politik — er mußte damit auch die Politik im Hörsaal verurteilen und den Professor mit „Führer"-Aspirationen als „Propheten" und „Demagogen" auf die Gasse weisen: Max Webers „Wissenschaft als Beruf" ist das geistig und sittlich gleich großartige Denkmal dieser Gesinnung, und C. H. Beckers Schilderung der akademischen „Gralsburg" gehört in denselben Zusammenhang.

Hier liegt das Problematische in der innerlich ablehnenden Haltung eines großen Teiles der deutschen Hochschullehrerschaft gegenüber der Umwälzung und den neuen Zuständen. Nicht darin, daß diese Haltung zum guten Teile von naheliegenden Menschlichkeiten, von echter Treue zu der gestürzten Welt, aber auch von der Anhänglichkeit an goldene Tage akademischer Bourgeoisie und von sehr bürgerlichem Ressentiment gegen das Ende solcher Zustände getragen war. Vielmehr darin, daß in dieser Abneigung zugleich und vor allem ein echt akademisches Motiv zum Ausdruck kam: die mehr oder weniger bewußte Überzeugung, daß der akademische Lehrer auch als solcher, nicht nur als Privatmann, zu den Ereignissen Stellung zu nehmen habe — sei es ablehnend, weil die Umwälzung nicht aus dem Geist geboren sei, sei es bejahend, sofern sie als geistig-sittliches Ereignis positiv gewürdigt wurde. Nur daß diese Pflicht nicht überall klar empfunden wurde, daß diese grundsätzliche Stellungnahme der Hochschullehrer als solcher gegenüber Max Webers gleichzeitiger glänzender Polemik keine erfolgreiche Verteidigung fand — darin lag eine innere Schwäche dieser Haltung, deren letzter Grund aber von den meisten nicht erkannt wurde.

Äußerlich angesehen sind diese Spannungen im Abzuge begriffen. Die Weimarer Versammlungen „verfassungstreuer" Hochschullehrer von 1926 und 1927, die (überwiegend vom gegnerischen Standpunkt) den Finger in diese Wunde legten, verkannten insofern die Lage, als die tatsächliche Beruhigung der Verhältnisse, der Haltung der Hochschullehrer selbst wie vor allem der Gereiztheit der öffentlichen Meinung und der Blüte des Sykophantentums ihnen gegenüber, schon längst im Gange war und durch ausdrückliche Gegendemonstrationen eher gefährdet werden konnte. Eine besonders unerfreuliche Erscheinung der jüngsten Zeit, die literarische Denunziation als loyal geltender Professoren durch jüngere Gelehrte wegen politischer Hintergedanken ihrer theoretischen Lehrmeinungen, wird an der hoffentlich noch bestehenden akademischen Solidarität in Fragen der Reinlichkeit scheitern. Es wird in der Hauptsache von der Weisheit der Regierungen, der Landtage und der Presse abhängen, ob sie durch Aufbauschung etwaiger Nachzügler an „Fällen" durch Strafmaßnahmen und Strafprofessuren die Wunde offen halten oder durch Achtung vor dem ernsten, erst vor kurzem vom Hochschulverband nachdrücklich bekundeten Willen der Hochschullehrerschaft zur Erfüllung ihrer Pflichten gegen Staat, Volk und verfassungsmäßige Ordnung die notwendige Klärung und endgültige Beruhigung zum guten Ende kommen lassen werden.

Die grundsätzliche Frage wird aber zunächst wohl offen bleiben, ob der deutsche Professor als solcher in Zukunft, im Gegensatz zu den Zeiten der Dahlmann, Droysen und Treitschke, mit Max Weber auf die Politik zu verzichten haben wird oder nicht. Alle Zeichen sprechen freilich dafür, daß jene Lehre von der den Hochschulen aufgelegten Askese, von dem Charakter der Hochschule als eines von Leben und Politik streng abgeschiedenen heiligen Bereichs, nur eine geistesgeschichtliche Episode gewesen ist. Die deutsche Universität müßte ihre ganze geistige Grundlage aufgeben, wenn sie darauf verzichten wollte, das Leben des Geistes als eine Einheit zu begreifen, insbesondere also Wissenschaft und Politik als Lebensformen ein und desselben Geistes zu verstehen, in der geistigen Totalität, die als sinngebende Voraussetzung für die wissenschaftliche Arbeit gewonnen werden muß, letzte

Richtlinien und Wertsetzungen auch für die Politik aufzuweisen. Mit Recht ist gesagt worden, daß diese Aufgabe uns schwerer gemacht ist, als den Zeitgenossen und Schülern des deutschen Idealismus, und daß die Überwindung jener Spannung von Wissenschaft und Leben, Wissenschaft und Politik nicht leichten Herzens und mit unzulänglichen Mitteln versucht werden darf. Aber wie es geschichtlich richtig ist, daß alle geistigen Systeme, alle Bildungsideale ihre politische Seite haben — wie es innerlich wahr und sehr bezeichnend gewesen ist, daß eine der wenigen deutschen Fakultäten mit geschlossener geistiger Haltung, nämlich die theologische zu Marburg, aus eben dieser wissenschaftlichen Geschlossenheit auch eine damit innerlichst zusammenhängende politische Geschlossenheit gegenüber der Umwälzung und der neuen Ordnung der Dinge hergeleitet hat —, so wird auch in Zukunft die deutsche Hochschule nicht darauf verzichten, in ihrer wissenschaftlichen Aufgabe zugleich einer politischen, wenn auch nur im höchsten und letzten Sinne, zu dienen.

Die Forderung der Stunde ist angesichts dieser Lage einmal die gerechte Würdigung ihrer Verwicklung, insbesondere was die Gründe der Haltung der Hochschullehrerschaft seit 1918 angeht, und ferner die richtige Einschätzung der politischen Wirksamkeit des akademischen Lehrers. Ihr unmittelbarer Einfluß ist sehr gering, denn die Studentenschaft läßt sich, vollends seit 1918, aus vielen Gründen nicht mehr von ihrem Professor „führen“, und deshalb darf man sich auch von „verfassungstreuen“ Strafprofessoren keinen unmittelbaren politischen Seelenfang in der Hörerschaft versprechen. Umgekehrt wird der mittelbare Einfluß des Katheders leicht unterschätzt, und hier wird insbesondere in der politischen Presse die stille Wirkung übersehen, die von dem mehr oder weniger rechts stehenden Teile des Lehrkörpers im Sinne der Beruhigung und Verständigung auf den rechtsstehenden Teil der Studentenschaft geübt wird. Darüber hinaus ist die Frage, ob der so sehr zusammengeschmolzene Anteil der Hochschulen am Partei- und insbesondere am parlamentarischen Leben weiter unterbunden oder im Interesse der sittlichen und geistigen Hebung des politischen Lebens der Nation vielmehr gefördert werden sollte. Alle Gründe für die Freiheit der politischen Betätigung des Universitätslehrers, die die führenden Persönlichkeiten der Berliner philosophischen Fakultät im Fall Arons 1894 entwickelt haben, gelten darum heute verstärkt — um so bedenklicher ist aller politischer Druck, wie er mindestens naheliegt, wenn die politische Zentralbehörde über die Hinausschiebung der Emeritierung nach freiem Ermessen verfügt, wie er unvermeidlich gegeben ist, wenn die politische Behörde als letzte Disziplinarinstanz entscheidet, wie er vor allem und am empfindlichsten aber die Überzeugungs- und Gewissensfreiheit des akademischen Nachwuchses in den politischen Fächern bedroht, in denen der parteipolitische Einfluß auf die Berufungspraxis der Ministerien immer stärker wird.

Hier liegen ernste und unzweideutige Pflichten der Hochschulverwaltung. Ihnen stehen mindestens ebenso ernste Bindungen der Hochschullehrer gegenüber, die aber — dank der angedeuteten geistigen Lage — nicht so unzweideutig sind wie jene. Mancher mag sie in der von Max Weber geforderten politischen Askese finden, und sicher ist dies eine würdigere und der Schwierigkeit der Zeit entsprechendere Haltung als irgendwelches Sichgehenlassen auf dem Katheder. Die endgültige Lösung der Frage ist es nicht. Sicher ist es heute zunächst einmal erste und oberste Pflicht, zumal im akademischen Unterricht mit dem größten Wahrheitsernst aufrichtigen Respekt gegenüber der bestehenden Ordnung und ihrem geistigen und rechtlichen Gehalt zu verbinden und jede Haltung zu meiden, die nach Inhalt oder Form irgendwie gegen diese Pflichten verstößt. Der Lauf der geistigen Dinge wird aber bald dahin führen, daß — zumal für die politischen Fächer — die Formulierung des akademischen Berufs in J. G. Droysens Verdunrede wieder unbedenklich und unzweideutig als Maxime anerkannt werden kann: „Was in ernster und aufrichtiger Erforschung als wahr, recht, notwendig erkannt worden, das ist unsere Pflicht auszusprechen mit ruhigem Mund, mit festem Blick, in der Weise wissenschaftlichen Berufes, daß es hinaustöne und wirke, soweit es Gott gefällt. Aber Liebe und Haß steht uns wohl an, Haß gegen alles Niedrige, Schlechte, Unwürdige, Liebe zum Wahren und Rechten, heiße Liebe für das Vaterland."

In der politischen Haltung der Studentenschaft sind, ähnlich wie in der des Lehrkörpers, die beiden Motive nicht leicht zu scheiden: eine durch die allgemeine geistige Haltung bedingte, von ihr geforderte, „akademische" Politik — und daneben ein politischer Wille ohne diese Grundlage, auf rein persönlichen, überlieferungs-, stimmungs-, klassenmäßigen Motiven beruhend.

Das erste bestimmte die nationale Rolle der Studentenschaft seit den Freiheitskriegen. Das zweite war gemeint, wenn im Zeitalter des Positivismus immer von neuem politische Anregungen an die Studentenschaft herangetragen wurden — meist ohne rechten Erfolg —, wie in dem großen Akademiker-Werbefeldzug der Sozialdemokratie 1897/98, und wenn den Studenten zu politischer Bildung zu- oder davon abgeredet wurde, wie in dem berühmt gewordenen Ratschlag Fr. v. Liszts. Beide wirkten in der Motivierung jeder studentischen Haltung zur Revolution und zur neuen Ordnung der Dinge: Ideologie und Ressentiment, ideale und höchst reale Interessen trugen hier Zustimmung wie Ablehnung.

Die Mehrheit empfand an der Umwälzung anfangs stärker als später die eigene soziale Gefährdung und Enterbung. Sie vermißte an ihr dauernd eine tragende Ideologie, eine geistige Werbekraft, die das gestürzte System trotz allem bis zuletzt entwickelt hatte. Die Ideologie der Jugendbewegung spaltete sich gerade in diesen Jahren und kam auf die Dauer weder den Siegern noch den Besiegten wesentlich zugute. Inzwischen wuchs die Studentenschaft aber in den Augen des Proletariats, ja sogar weiter bürgerlicher Schichten in die Rolle des repräsentativen Vertreters der Bourgeoisie hinein, dem in erster Linie Reaktion und Arbeiterfeindschaft, Militarismus und Putschneigungen zur Last gelegt wurden. Alte Spannungen, das Mißtrauen der Arbeiterschaft in den Arbeitsernst und die Leistungen der geistigen Arbeiter und ihre klassenmäßige Abneigung gegen Sitte und Unsitte studentischer Lebensform, verschärften sich angesichts der studentischen Rekrutierung der Technischen Nothilfe und der Zeitfreiwilligenbataillone zum gesteigertsten Klassenhaß gerade gegen diesen Volksteil; das Unglück von Mechterstedt (1920) wurde zum repräsentativen Ereignis, ein preußischer Kultusminister, dem niemand den guten Willen bestritt, hielt gegenüber gerichtlicher Anerkennung der soldatischen Pflichterfüllung der Marburger Zeitfreiwilligen eine Zeitlang öffentlich an ihrer Charakterisierung als Mörder fest, und seitdem erscheint endgültig der Student im Wichs in der proletarischen Presse in immer neuer Karikatur als der Repräsentant aller Laster widerwärtigster Bürgerlichkeit.

Viel proletarischer Groll gegen vielerlei akademische Ausschreitung und Überheblichkeit ist wohl verständlich. Aber hier liegt ein Mißverstehen vor, das von Tag zu Tag weniger berechtigt — das durch die politische Entwicklung der deutschen Studentenschaft seit 1918 weithin widerlegt ist.

Allerdings ist es nicht ganz leicht, ein einigermaßen zuverlässiges Bild von dieser Entwicklung zu gewinnen. Die Studentenschaft erscheint im Westen anders, „fortgeschrittener", als im Norden oder in Österreich, in der Großstadt mehr als in der typischen Kleinstadtuniversität. Die Verhältnisse wechseln in raschen, kurzen Perioden, und jeder Gewährsmann, der überhaupt als tätig Beteiligter von frischen Eindrücken berichten kann, verfügt über eine sachlich und zeitlich begrenzte und daher fehlerhafte Perspektive. Trotzdem scheinen mir gewisse Entwicklungslinien schon jetzt festzustehen.

Die politische Bewegung in der Studentenschaft zeigt einmal gewisse durchgehende Züge und Entwicklungsstufen, unabhängig von der parteipolitischen Richtung im einzelnen, die sich wenigstens annähernd feststellen lassen. Im Vordergrunde aber stehen die Besonderheiten der einzelnen politischen Gruppen — insbesondere der politisch rechtsstehenden, der katholischen, der proletarischen.

Der — seiner Stärke nach kaum zu bestimmende und jedenfalls schwankende — Teil der Studentenschaft, der nicht völlig passiv oder starr reaktionär oder proletarisch festgelegt war, wurde nach der Umwälzung zunächst politisch aktiv, und zwar unmittelbar oder mittelbar im Anschluß an die gleichzeitigen Parteibildungen. So beteiligte er sich an der Wahlarbeit im Januar 1919, suchte sich zu schulen, suchte vor allem den im Felde und dann durch die Umwälzung verlorenen Anschluß an die geistige und politische Welt in der Heimat wiederzugewinnen.

Hier setzte nun seine dreifache Enttäuschung und Entfremdung ein, die die weitere Entwicklung beherrscht hat. Ihn enttäuschte die Hochschule, die auch ihrerseits um die Stellungnahme zu den Ereignissen zu ringen hatte, deren Lehrer die drängenden Fragen der Kriegsteilnehmergeneration nicht oder nicht befriedigend zu beantworten wußten — seitdem hat die Studentenschaft es aufgegeben, von dort die politische Führung zu erwarten, die sie brauchte und suchte. Ihn enttäuschten die Parteien, vor allem der politische Betrieb in Parteibürokratie und Parlamentarismus, die sein Verlangen nach politischer Ideologie, nach Antwort auf seine innere Bewegtheit von Jugendbewegung und Kriegserlebnis her, nach eigentlicher „Gemeinschaft" auch in politischen Dingen und nach Betätigung im großdeutschen Rahmen nicht erfüllen konnten. Ihn enttäuschte nicht zuletzt auch die ältere Generation, die Altherrenschaft, so sehr er zunächst in den Korporationen, im Hochschulring und anderswo auf sie angewiesen war.

Das politische Ergebnis dieser Abkehr der Studentenschaft von der älteren Generation in Hochschule, Parteien und Altherrenschaften war z. T. negativ, Entpolitisierung, z. T. positiv, das Suchen eigener Inhalte und selbständiger Formen eigenen politischen Lebens.

Ein großer Teil der Studentenschaft nahm die politische Enthaltung der Vorkriegszeit wieder auf. Unpolitische Volksart und Überlieferung, Müdigkeit und äußere und innere Not des Werkstudententums und des Daseinskampfs in den sachlichen Schwierigkeiten des Brotstudiums, Ablehnung der Politik und insbesondere der Parteipolitik vermöge bestimmter, meist von der Jugendbewegung her bedingter geistiger Haltungen waren und sind hierfür die meist irgendwie zusammenwirkenden Motive. Soweit diese Haltung auf akademische Verhältnisse zurückgeführt wird, ist es meist der Verzicht der Hochschule auf geistig begründete politische Führung, auf den sich die geistig lebendigeren Elemente dieser Gruppe berufen.

Für einen zweiten, politisch stärker interessierten Teil der Studentenschaft war das Bedürfnis bestimmend, sich zu politischen Überzeugungsgemeinschaften zusammenzuschließen, in denen das Politische als ein Stück geistig-sittlicher Gemeinschaft gepflegt werden sollte. Das bedeutete ein eigentümliches Verhältnis zu den Parteien und zur Hochschule. Zu den Parteien, sofern man sich einerseits zu ihrem rein praktischen Betriebe in bewußten Gegensatz stellte, sich deshalb auch nicht an sie anschloß, sondern höchstens jungsozialistisch, jungkatholisch, jungnational, jungkonservativ sein wollte — sofern anderseits aber doch eine gewisse, wenn auch entfernte Beziehung zu bestimmten Parteien oder mindestens Parteigruppen nicht zu umgehen war. Widerspruchsvoll, allerdings nach der politischen Richtung der einzelnen Gruppen verschieden, war auch das Verhältnis zur Hochschule — ähnlich wie sich die Jugendbewegung aus der als nicht mehr verbindlich oder fruchtbar empfundenen Gemeinschaft von Haus, Schule, Hochschule in den engen Kreis wahrer „Gemeinschaft" zurückzuziehen suchte, so bedeuten auch diese Bildungen für die Hochschule eine Abwanderung vormals akademischer Gemeinschaft in stärker vereinzelte exzentrische Kreise — anderseits vermögen gerade die unverhältnismäßig stärkeren unter ihnen nicht ohne das überkommene geistige Gut der deutschen Vergangenheit und nicht ohne entsprechend nahe innere Beziehung zu den Hochschulen als Trägern und Lebensformen dieses Gutes zu leben. So besteht hier für die Hochschule eine Spannung, aus der für sie im Falle endgültiger Emanzipierung dieser ganzen Welt eine verhängnisvolle Verarmung, im Fall ihrer stärkeren Rückgewinnung eine lebenswichtige Bereicherung erwachsen kann.

Ein nicht sehr starker, politisch aktiverer Teil der Studentenschaft suchte weiter oder von neuem Rückhalt an den politischen Parteien, meist in Form von akademischen Gruppen der Partei, und im ganzen entschiedener und bewußter auf der Linken als auf der Rechten.

Die stärkste und für die weitere Entwicklung wichtigste studentische Gruppenbildung politischen Charakters, die „völkisch-nationale“ (im weitesten Sinne), vereinigt Eigentümlichkeiten der beiden letztgenannten Gruppen. Einerseits eine Überzeugungsgemeinschaft ideellen Charakters, ohne unmittelbare Beziehung zur praktischen Politik des Augenblicks und der Parteien, war sie doch anderseits von vornherein schon vermöge der großdeutschen Seite des völkischen Programms zu einem gewissen Aktivismus gezwungen und konnte zugleich einer — meist führenden — Beteiligung an der sich entwickelnden studentischen Selbstverwaltung gar nicht ausweichen. Sie ist zugleich der Gegenstand der beiden großen parteipolitischen Vorstöße der Nachkriegszeit gegenüber der akademischen Welt gewesen — insofern liegt hier mindestens ein Kernpunkt des heutigen Verhältnisses von Parteien und Hochschulen überhaupt.

Die Eigenart dieser „Rechten“ wird besonders deutlich durch den Vergleich mit den übrigen politischen Gruppen der deutschen Studentenschaft.

Die sozialistischen und kommunistischen Studentengruppen stehen in demselben inneren Gegensatz zum eigentlichen Wesen der Hochschule, wie ihre Parteien überhaupt. Unter den — organisierten wie nichtorganisierten — Studierenden der Arbeiterparteien ist häufig der auch literarisch oft geschilderte klassenbewußte Typus, für den Universität und akademisches Bildungsgut lediglich technische Mittel sind, mit denen er sich für den Klassenkampf ausrüstet. Er tritt in die akademische Welt mißtrauisch und ablehnend ein, und es gelingt selten, ihn irgendwie für ihre geistige Gemeinschaft innerlich zu gewinnen. Beim Angehörigen des vierten Standes ist diese Festgelegtheit und Unaufgeschlossenheit eine meist natürliche Folge aus Herkunft und Verhältnissen — bei Studierenden bürgerlicher Abstammung hat sie das Gespannte und Übersteigerte des bewußten Opfers, des absichtlichen Bruchs mit der überkommenen Welt und ist dann für die akademische Gemeinschaft noch empfindlicher. Daneben findet sich, namentlich neuerdings, auch viel geistige „Koalitionsfreudigkeit“, die allerdings meist bestimmte Grenzen und Bedingungen hat. Wie sehr die Gravitation zu marxistischer Gebundenheit hin überwiegt, zeigt das Schicksal der jungsozialistischen Bewegung, die sich gerade auch in studentischen Kreisen nicht nachhaltig durchzusetzen vermag.

Soweit eine derartige innere Abkapselung gegenüber der Hochschule besteht, entspricht ihr anderseits regelmäßig und stärker als bei irgendeiner anderen politischen Gruppe das Bedürfnis nach parteimäßigem Rückhalt, nach Anschluß an die Parteifreunde in Professorenschaft und Ministerium und nach gelegentlicher Flucht in die Parteipresse. In den Ratschlägen der Parteiliteratur und in der Wirklichkeit spielt eine besonders große Rolle die private Arbeitsgemeinschaft bei marxistischen Hochschullehrern — eine unvermeidliche, auch für Fernerstehende oft sehr spürbare Erscheinung, von sehr verschiedener Bedeutung und Wirkung im einzelnen.

Im ganzen sind diese Gruppen in entschiedenem Fortschritt begriffen. Nach dem ersten Zustrom von Akademikern nach der Umwälzung und nach der späteren Ebbe (der enttäuschten Phantasten wie der enttäuschten Vorteilsjäger) wirkt hier wie in anderen Parteien die Konsolidation sozialistischer Staatsbeherrschung und damit bevorzugter Aufstiegsmöglichkeiten für sozialistische Akademiker mit steter und nachhaltiger Anziehungskraft. Ihre wachsende Geschlossenheit und politische Einflüsse von dort her machen sich im inneren Leben der Hochschulen zunehmend empfindlich fühlbar.

Wenn der Marxismus in der Studentenschaft ein schweres geistiges Problem für die Hochschule ist, sofern er ihre geistige Gemeinschaft nachdrücklich in Frage stellt, so gilt das nicht von den übrigen Gruppenbildungen der politischen Linken. Die demokratische Gruppe ist trotz stärksten und glänzendsten journalistischen und akademischen Rückhalts nur die — nicht sehr starke — Verlängerung der Partei in die Studentenschaft hinein, und andere Einzelgruppen (pazifistische, Reichsbanner) teilen diesen Charakter. Eine große hochschulpolitische Möglichkeit eröffnete sich für die gesamte studentische Linke, als die Deutsche Studentenschaft in Preußen die staatliche Anerkennung verlor; der republikanische Deutsche Studentenverband (1928) ist sachlich, was die Beziehung zu den Zentralbehörden im Reich und Preußen angeht, gewissermaßen in die Rolle der Deutschen Studentenschaft eingerückt, die er und seine einzelnen Mitglieder dort an politischem Einfluß bei weitem übertreffen dürften.

Wechselvoller ist die Geschichte der politischen Bewegung in der katholischen Studentenschaft seit 1919.

Die katholische Kriegsteilnehmergeneration fand sich nach der Umwälzung in einer politisch und geistig neuen Lage. Überall, besonders im Rheinland, war sie getragen von der neuen politischen Stellung des Katholizismus wie von der großen geistigen Chance, wie sie sich

1918/19 dem Katholizismus teils wirklich eröffnete, teils zu eröffnen schien. Getragen hiervon wie von der Gemeinsamkeit des Fronterlebnisses hörten die katholischen Studenten auf, sich als Studenten und Staatsbürger zweiter Klasse zu fühlen. Damit fiel die innere Bindung an die Kulturkampfgemeinschaft des Zentrums, und da dessen opportunistische Parteipolitik im allgemeinen wie die sozialstudentische Bewegung auf dem besonderen akademischen Gebiet dem neuen Bedürfnis nach lebendiger Volksgemeinschaft nicht genügte, so wanderte die Mehrheit der katholischen Studentenschaft ab, zum Teil nach links, zu einem unverhältnismäßig größeren Teil nach rechts, in den Kreis, dessen organisatorischer Ausdruck alsbald der Hochschulring wurde.

An dies Ereignis knüpft die eine große parteipolitische Aktion gegenüber der akademischen Welt seit der Umwälzung an: die große Wiedergewinnungsbewegung des Zentrums gegenüber den verloren gegangenen Akademikern, wie sie insbesondere im Görresring (seit 1926) und seinen Schulungswochen ihren äußeren Ausdruck findet — eine Bewegung, die eine würdige Parallele zur Revindikation der katholischen Arbeiterschaft oder zur stillen Sammlungsarbeit seit der Wahl von 1928 ist und wie diese in anderen Parteien nicht ihresgleichen hat. Ihre Erfolge sind unzweifelhaft und groß: die katholischen Verbände haben sich schrittweise vom Hochschulring getrennt, die katholischen Studenten dürften zur weitaus größeren Hälfte wieder Zentrumswähler geworden sein. Die einzigartige Geschlossenheit des deutschen katholischen Volks im ganzen wirkt dahin, viele Einzelkräfte, wie die katholische sozialstudentische, liturgische, Abendland-, Jugendbewegung spielen eine neue gesteigerte Rolle in dieser Richtung, nicht zuletzt aber wirkt hier wie in allen politischen Lagern der Gedanke an die berufliche Zukunft: gesundes sittliches Bedürfnis nach beruflicher Kräfteauswirkung wie nüchternes Rechnen mit Versorgungsaussichten finden sich gleichmäßig vor die Tatsache einzigartiger Möglichkeiten der Ämterpatronage, ihrer Gewährung und Verweigerung, in den Händen des Zentrums gestellt und ziehen daraus bewußt oder unbewußt ihre Folgerungen.

Wie alle Rückeroberungen verlorenen politischen Bodens hat aber auch diese ihre äußeren und inneren Grenzen. Ihre äußeren mögen sich mit der Zeit noch weiter ausdehnen als bisher. Ihre inneren sind ihr dadurch gezogen, daß die alte kulturkampfmäßige Bindung unendlich vieler katholischer Studenten gelockert, eine gewisse innere Fremdheit der katholischen Studentenschaft gegenüber dem nichtkatholischen Volksteil und namentlich auch gegenüber der Hochschule weithin überwunden ist.

Im Mittelpunkt des parteipolitischen Interesses steht, von außen nicht immer durchsichtig und deshalb gerade in ihrem politischen Charakter meist mißverstanden, die große Gruppe der studentischen Rechten.

Sie bezeichnet sich selbst ursprünglich meist als „völkisch", später infolge der Sinnverengerung dieses Worts als „national", „völkisch-national", „nationalpolitisch" oder ähnlich. Ihre ursprünglich treibenden Kräfte: Frontgemeinschaft, Korporationen, Jugendbewegung haben sich in verschiedenen organisatorischen Formen ausgewirkt, deren Geschichte hier nicht entwickelt werden soll: seit 1920 war der Hochschulring führend, um später zurückzutreten — durch den Angriff der preußischen Landtagsmehrheit auf die studentische Selbstverwaltung ist diese zur Repräsentation der angegriffenen Bewegung geworden. Ihr Programm ist entstanden aus der Enttäuschung ihrer Träger gegenüber den Parteien und dem Staat der Nachkriegszeit, und so will sie die Werte wahren, deren sich der gegenwärtige Staat nicht genügend annehmen kann oder will: Volkstum und großdeutsche Gemeinschaft, Tradition und Wehrhaftigkeit — ohne daß dies Programm überall dasselbe oder eindeutig formulierbar wäre. Jedenfalls empfindet sie sich in erster Linie als Gruppe im Volk, mehr als im Staat, und rückt das Volk vor den Staat; und damit ist gegeben, daß sie nicht in erster Linie eine staatspolitische Willensgruppe, sondern, wie es insbesondere der Hochschulring für sich in Anspruch nahm, eine geistige Bewegung sein wollte. Daher hat sie überwiegend allen eigentlichen Aktivismus abgelehnt, trotz des österreichischen Vorbildes, und selbst die teils in ihr, teils im Gegensatz zu ihr entstandene, neuerdings ganz unverhältnismäßig angewachsene nationalsozialistische Studentengruppe kann heute nicht als aktivistisch gelten. Die Fernhaltung von der Parteipolitik ist allerdings zum guten Teil auch Folge des unpolitischen Volkscharakters, der Müdigkeit der Nachkriegsjahre, der besonderen geistigen Haltung der Jugendbewegung, vor allem aber doch dadurch bedingt, daß gerade für die Rechte der Raum für einen gesunden, nüchternen, disziplinierten Aktivismus fehlt. So ist sie überwiegend eine Gesinnungsgemeinschaft, die sich in verhältnismäßig staatsfremden Gebieten betätigt: in der Grenz- und Auslandsdeutschtumsarbeit, die z. T. von Studenten ausgegangen ist, in Schulungswochen verschiedenster Art, zugleich unvermeidlich als Gruppe in der studentischen Selbstverwaltung. Aus dieser allgemeinen Haltung folgt eine gewisse grundsätzliche Abneigung gegen

Parteiwesen und Parteiparlamentarismus, und so sind es zum guten Teil sehr tief liegende Gründe, aus denen die studentischen Gruppen der politischen Rechtsparteien nirgendwo gediehen sind: gerade diesen Parteien steht die „nationale" Studentenschaft mit ihrer ganzen eigenen Problematik und mit entsprechender Kritik an der Problemlosigkeit der Parteien gegenüber, und es ist nur ein lockerer Zusammenhang, der etwa in Stimmabgabe für eine der Rechtsparteien und umgekehrt im Eintreten der Deutschnationalen für die studentische Selbstverwaltung im zweiten Verfassungskampf zum Ausdruck kommt.

Bezeichnend für ihren eigentlichen Charakter ist, daß sie zum guten Teile nicht mehr betont monarchisch und daß sie immer weniger „bürgerlich" ist, also den Klassenhaß des Proletariats immer weniger rechtfertigt. Natürlich enthält sie — wie alle Gruppen der Studentenschaft — noch zahlreiche stumpfe und „bourgeoise" Elemente, und auch in manchen Korporationen ist, meist zugleich mit bester gutbürgerlicher Überlieferung, auch einiger bourgeoiser Klassentypus bewahrt. Zahlenmäßige Abschätzungen sind hier aus bekannten Gründen unmöglich und unsinnig — wesentlich ist der Charakter der repräsentativen Persönlichkeiten und Gruppen, der durch Frontkameradschaft und Jugendbewegung, durch bewußte Volksgemeinschaftstendenz und persönliche Berührung mit der Breite des Grenz- und Auslandsdeutschtums, durch die Auseinandersetzung mit Sozialismus und Nationalsozialismus und der Problematik der Zeit überhaupt zum Gegenteil satter, unproblematischer, „bürgerlicher" Haltung geworden ist. Das gilt auch trotz aller Wandlungen von dem Schwung der Kriegsteilnehmergeneration über Werkstudententum und Inflationsnöte zu manchem Zuviel an Studentenschaftspolitik und -geschäften und zu den neuesten Gruppenbildungen, dem stärkeren Hervortreten der Kreise der neuen Jugendbewegung, denen bei allem Gegensatz zur politischen Rechten und zur offiziellen Studentenschaftspolitik der Weg zur gesuchten neuen Volksgemeinschaft beim Zentrum und bei der politischen Linken verschlossen, in dem weiten „völkisch-nationalen" Kreise dagegen offen erscheint.

Wenn es erste akademische Pflicht gegenüber dem Staate ist, ihm nicht mit klassenmäßig oder anderweitig von vornherein festgelegter Haltung gegenüberzustehen, sondern ihn als einen Teil des geistigen Ganzen zu verstehen und von diesem Verständnis her eine persönliche politische Stellung zu finden, so ist der Grundcharakter dieser Rechtsgruppe ausgesprochen akademisch — in demselben Sinne, in dem vor der Umwälzung in der Hochschule zwar zunehmend der Politiker überhaupt, aber nie der eigentliche Parteipolitiker, sondern der geistig suchende und aufbauende, problematische Politiker etwa vom Typus Fr. Naumanns, Gehör suchte und fand. Diese Tendenz zu geistig begründeter und deshalb nicht von vornherein parteimäßig festgelegter Politik ist nach wie vor die repräsentative Erscheinung in der Rechtsgruppe, so sehr sie früher mit dem Aktivismus der „Völkischen" im engeren Sinne oder der Astapolitiker zu ringen hatte und heute immer stärker mit der Neigung zu praktischem Opportunismus aus Rücksicht auf die Laufbahn in der volksparteilich geführten Industrie oder vor allem der koalitionsparteilich beherrschten Verwaltung und Justiz ringen muß.

Nicht Parteipolitik sollte man dieser Rechten zum Vorwurf machen, wie es unbegreiflicherweise amtlich geschieht, sondern im Gegenteil eine gewisse Staatsfremdheit und Unstaatlichkeit. Das proletarische Wahlrecht der Zwanzigjährigen ist im Grunde ein dem studentischen Wesen widersprechender Zwang, dem sich deshalb gerade viele Angehörige der „nationalen" Gruppe entziehen. Mißtrauisch, problematisch, voller Fragen und Ansprüche und voll Widerspruchsgeist steht dieser akademische Nachwuchs gerade auch den Rechtsparteien gegenüber. Um so entschiedener parteipolitisch war der Stoß, den die preußische Landtagsmehrheit gegen ihn führte. Er und die darauf folgenden politischen Ereignisse haben wohl ihre verhängnisvollste Wirkung auf akademischem Boden darin, daß sich nunmehr weite Kreise der Studentenschaft vor eine ausschließende Alternative opportunistisch gesinnungslosen Sichfügens einerseits und grundsätzlich oppositioneller Haltung anderseits gestellt glauben. Es kann hier dahingestellt bleiben, in welchem Sinne und mit welchem letzten Ziele dieser Kampf gegen die deutsche Studentenschaft eingeleitet worden ist. Es wäre die denkbar verhängnisvollste Folge dieses Angriffs, wenn eine Studentenschaft, in der sich neue Volksgemeinschaft zu bilden sucht und die als „Gelehrtenstand" im Fichteschen Sinne eine der so dringend notwendigen „Querverbindungen" durch die Parteien hindurch herstellen sollte und könnte, durch diesen parteipolitisch gemeinten Angriff zu aktiver oder gesinnungsmäßiger Gegenwehr desselben Charakters verleitet würde, unter Aufgabe ihrer bisher jedenfalls in der Intention wahrhaft akademischen, hochschulmäßigen Haltung gegenüber Parteien und Parteienkampf.

Protestantismus und Demokratie

Unter den geistigen Mächten, die dem heutigen Deutschland sein geschichtliches Gepräge gegeben haben, steht der Protestantismus an erster Stelle.

Um so ernster für beide Teile ist die Tatsache, daß sein Verhältnis zur heutigen deutschen Demokratie problematisch ist, mindestens weithin als problematisch erscheint.

Diese Lage wird zunächst verständlich durch eine geschichtliche Besinnung.

Man hat mit Recht gesagt, daß Deutschland als Ganzes keine Festigkeit des Staates im Religiösen, keine Bestätigung der Religion im Nationalen besitzt. Um so enger waren von vornherein die Beziehungen von Staat und Protestantismus in den einzelnen evangelischen Ländern. Aus Gründen, die im kirchlichen und im staatlichen Bereich lagen: die evangelische Kirche entstand im Rahmen des Staats, als Landeskirche, von den einzelnen deutschen Landesherrn zugelassen, getragen und beschützt; und diese Entstehung fiel in die Zeit, als auch der moderne Staat im Werden war, ein Vorgang, der wiederum durch die Entstehung der evangelischen Landeskirchen stark beeinflußt und gefördert wurde. So hatte diese evangelische Landeskirche von vornherein ein sehr bestimmtes nahes Verhältnis zum Staat: sie hat ihn auch gedanklich viel stärker getragen, als die bisher übliche niedrige Einschätzung der politisch-ethischen Gedankenwelt des Luthertums (im Vergleich mit der des Calvinismus) annahm, und sie war von Schicksals wegen mit ihm aufs engste verknüpft. Die Beziehung der evangelischen Landeskirchen zu dem Landesfürstentum, dem sie Entstehung und dauernden Schutz ihres Daseins verdankten, war selbstverständlich die tiefer geschichtlich begründeter Pietät. Dies Verhältnis zum Territorialstaat war um so innerlicher verwurzelt, je mehr er in seinen besten Seiten von dieser Kirche mitgeschaffen war. Die Gegenwart hat das allzu sehr vergessen: wenn das vielgelesene Buch eines bekannten deutschen Publizisten über das Geld in der Politik mit aufrichtiger Bemühung den Ursachen der im Vergleich mit dem übrigen Europa auffallenden Unbestechlichkeit und finanziellen Sauberkeit des preußischen Beamtentums nachgeht und schließlich in dem strengen Beaufsichtigungssystem der Oberrechnungskammer „das letzte Geheimnis der preußisch-deutschen Beamtenintegrität" findet, so lehrt jedes tiefere Eindringen in die Verwaltungsgeschichte der evangelischen Territorien und in das dazugehörige biographische Material, daß hier evangelischer Berufsgedanke und evangelische Berufssittlichkeit die treibenden Kräfte gewesen sind. Das sittlich erzogene Beamtentum des deutschen 18. und 19. Jahrhunderts ist nicht nur ein Werk der großen Verwaltungsmänner unter den deutschen Fürsten, sondern zugleich eine der großen staatsschöpferischen Leistungen des Protestantismus.

Das so begründete besonders nahe Verhältnis des älteren Protestantismus zum Staat wirkte sich nun in doppelter Weise aus. Einmal theoretisch: das Denken vom Staat wird auf das stärkste von der religiösen Gedankenwelt her bestimmt — ein Vorgang, der allerdings seine stärksten Auswirkungen bekanntlich auf außerdeutschem Boden gezeitigt hat. Und praktisch geschieht Entsprechendes gegenüber dem konkreten Staat: der Dienst in ihm ist in einem neuen Sinn Gottesdienst, und es ist nicht ganz unrichtig, wenn man in diesem evangelischen Beamtenstaat einige Züge entdeckt hat, die anderswo nur der Kirche im Verhältnis zu ihren Angehörigen zukommen. Hier liegt wohl die tiefste Wurzel der Fremdheit der Katholiken gegenüber dem Preußen des 19. Jahrhunderts, z. B. der in den Akten der rheinischen Verwaltung und Provinziallandtage und der Bonner Universität so viel beklagten Abneigung der Rheinländer gegen den Eintritt in Staats- und Selbstverwaltung — nicht nur wegen deren politischer Fremdheit, sondern wegen ihrer letzten religiös-sittlichen Eigenart —; hier liegt auch vieles von den tiefsten stimmungsmäßigen Motiven beider Teile im Kulturkampf.

Nur eine Fortsetzung dieser Linie ist die für die heutige Lage bestimmende Haltung der religiös lebendigen deutschen Protestanten gegenüber der Umwälzung. In bezeichnendem Gegensatz zum Katholizismus sehen sie so gut wie ausnahmslos die neue Lage nicht unter kirchenpolitischem Gesichtspunkt, nicht mit der Frage, was die Revolution an Möglichkeiten, Hoffnungen, Gefahren für die Kirche und den Protestantismus bedeute. Man denke nur — um von der besonders verwickelten Lage von 1918 abzusehen — an die Haltung der deutschen Katholiken gegenüber politischen Ereignissen und Katastrophen wie denen von 1848, 1859, 1866, um die ganze Schärfe dieses Gegensatzes zu übersehen. Der Gedanke etwa an ein evangelisches Konkordat lag ihnen noch völlig fern — allenfalls war man auf Sicherung gewisser religiöser und kirchlicher Interessen durch die neue Reichsverfassung bedacht. Aber die charakteristische evangelische Haltung zur Revolution ist nicht kirchen-, sondern staatspolitisch. Allerdings in durchaus verschiedenem Sinne. Einerseits lieferte der Protestantismus zu den die neue Ordnung aktiv tragenden Kräften alsbald einen wichtigen Beitrag in einer nicht geringen Zahl von Persönlichkeiten, die den inneren Anschluß an die neuen Verhältnisse fanden oder mindestens bald suchten, und zwar vermöge einer ganz besonderen, bei den übrigen Anhängern der neuen Zustände so nicht wiederkehrenden tiefen sittlich-religiösen Bindung an den Staat und sein Gesetz, dem man sich auch in solchen Wandlungen aus religiöser Pflicht innerlich zu unterwerfen habe. Echt evangelisch wird gerade aus diesem Lager immer wieder geltend gemacht, daß allein die evangelische Kirche aus dem Schatz ihrer Frömmigkeit den Tribut von Innerlichkeit, Gewissenhaftigkeit und Berufsfreudigkeit zu geben vermag, dessen der nicht mehr auf Untertanengehorsam gestellte Staat nunmehr doppelt bedürfe. Die große Mehrheit aber stand der Umwälzung mindestens zunächst innerlich fremd, ja ablehnend gegenüber. An den geschichtlichen, monarchischen, noch immer in gewissem Sinne christlichen Charakter des deutschen Staatswesens nicht nur gewöhnt, sondern innerlichst gebunden, wurde sie durch die Treue gegenüber dieser Vergangenheit und durch die Religions- und Kirchenfeindschaft der Revolution ins Lager der politischen Opposition geführt. Damit ist das gegeben, was man als das heutige deutsche Problem von Protestantismus und Demokratie zu bezeichnen pflegt: daß der deutsche Protestantismus seine geschichtliche Rolle als tragende Grundlage des deutschen Staats endgültig eingebüßt zu haben scheint, daß er politisch gespalten und mindestens zum großen Teile in mehr oder weniger hoffnungslose Oppositionsstellung gedrängt, daß die evangelische Kirche verfassungsrechtlich nur noch eine in ihrer Rechtsstellung wie eine Minderheit geschützte „Religionsgesellschaft" ist. Und selbst diese wertvollen Garantien der Weimarer Verfassung für die Kirche sind nicht aus Respekt vor dem evangelischen Bekenntnis von zwei Dritteln der Reichsangehörigen oder dank dem politischen Gewicht der Anhänger dieses Bekenntnisses, sondern wesentlich mit Rücksicht auf den zahlenmäßig viel schwächeren katholischen Volksteil und dessen damalige politische Haltung zustandegekommen: bezeichnend dafür, wie sehr der deutsche Protestantismus zu den Besiegten des Weltkrieges und der Revolution gehört.

Das Problem des Verhältnisses des deutschen Protestantismus zur heutigen deutschen Demokratie besteht nun nicht in dieser zeitweiligen Minderheits- und Oppositionsstellung weiter evangelischer Kreise. Der deutsche Gesamtprotestantismus hat darum nicht aufgehört, eine geistige Einheit zu sein, auch in den politisch-ethischen Grundüberzeugungen, aus denen er allerdings im Augenblick der Revolution sehr verschiedene Folgerungen gezogen hat. Auf die Dauer wird es immer mehr auf die Bedeutung dieser gesamtevangelischen Einheit für den Staat ankommen.

Diese Bedeutung läßt sich nicht in irgendeinem Sinne statistisch erfassen, etwa im Vergleich mit dem Katholizismus. Sie wird weder dadurch bezeichnet, daß der Protestantismus heute politisch die Rolle einer Minderheit spielt, allerdings einer in ihren kirchlichen Interessen verfassungsrechtlich geschützten, noch dadurch, daß er auch heute noch wenigstens zahlenmäßig eine Mehrheit von zwei Dritteln der Reichsangehörigen umfaßt. Während sich die verhältnismäßige Bedeutung des katholischen Volksteils in vielen Beziehungen beinahe statistisch ausdrücken läßt — nicht nur in der Mandatszahl und der politischen Schlüsselstellung des Zentrums —, ist derartiges gegenüber dem evangelischen unmöglich: er hat in vieler Hinsicht weniger geschlossene und übersehbare Organisationen, er besitzt eine politische Vertretung überhaupt nicht, und er ist auch als allgemein-geistige Macht nicht überall so unzweideutig erkennbar und so klar abgegrenzt, wie der Katholizismus. Vor allem aber steht er, anders als jener, noch in dem Ringen um seine endgültige Einordnung in die neuen Verhältnisse mitten darin. Wie überhaupt die endgültigen Beruhigungen und Klärungen nach dem großen Welterdbeben von Krieg und Revolution erst jetzt in Fluß zu kommen scheinen — es sei nur an die neue Welle der Kriegsliteratur als an eine Richtung dieser Klärungsbewegung erinnert —, so kann auch das Verhältnis des deutschen Protestantismus zur deutschen Demokratie nur verstanden werden als in solchem Stadium der Neuorientierung und Klärung begriffen.

Für diese Klärung bedeuten die Vorgänge der Jahre seit dem Kriege nur ein Vorspiel. Die neuen Fronten mußten sich hier überhaupt erst bilden; daß das geschah in der Form der bekannten Anklagen gegen die evangelische Kirche wegen ihrer Haltung im Kriege und gegenüber der Revolution und umgekehrt von weiten kirchlichen Kreisen her in der Form inneren Widerstrebens und äußeren Widerspruchs gegen die neuen Verhältnisse, bedeutet einstweilen eine empfindliche Belastung. Daran schloß sich eine Periode der Herstellung eines zunächst mehr amtlichen und rechtlichen modus vivendi, die im Juni 1931 im Vertrage Preußens mit den evangelischen Landeskirchen seines Staatsgebiets einen gewissen Abschluß und Höhepunkt erreicht hat. Nicht mit Unrecht hat die Öffentlichkeit als das bedeutsamste Stück des Vertrages die „politische Klausel" empfunden, die die Besetzung der obersten kirchlichen Stellen davon abhängig macht, daß die Staatsregierung keine politischen Bedenken gegen die Besetzung erhebt. Die Unterwerfung unter diese Klausel, die der Kirche nicht leicht geworden ist, bedeutet einmal eine Loyalitätserklärung der Kirche gegenüber dem Staat, etwa im Sinne der „Vaterländischen Kundgebung" des Königsberger Kirchentages von 1927, die allen Kirchengliedern Einordnung in den Staat und treue Mitarbeit an ihm zur Gewissenspflicht macht. Sie bedeutet aber zugleich eine Kundgebung des Vertrauens gegenüber dem Staat, daß er sein Recht nur im Falle begründeter Zweifel an solcher von der Kirche selbst geforderter Loyalität, nicht aus parteipolitischen Gründen geltend machen werde. Diese Verträge geben dem Protestantismus allerdings nicht die politische Repräsentation zurück, die er mit dem Fall des landesherrlichen Summepiskopats verloren hat und die heute — nicht nur im Blick auf die politische Repräsentation des Katholizismus durch Zentrum und Vatikan — mehr denn je für ihn Bedürfnis ist, ein Bedürfnis, dessen Nichterfüllung ein nicht recht bewußtes, aber wichtiges Element der Unruhe in der kirchenpolitischen Lage bedeutet. Diese Verträge ziehen aber jedenfalls einen Strich unter eine Periode der Spannungen und Mißverständnisse zwischen Staat und Kirche und bedeuten damit hoffentlich den Anfang einer Periode ruhiger und freundlicher Beziehungen zwischen beiden. Das Verhältnis von Protestantismus und Demokratie im ganzen verliert aber durch sie nur wenig von seinen Schwierigkeiten. Dafür ist es als politisches und geistiges Problem noch zu sehr in Gärung und im Flusse.

Auf welchen Wegen wird sich der wichtigere Teil der Auseinandersetzung, der noch vor uns liegt, vollziehen?

Sicher nicht in der Weise, daß der deutsche Protestantismus sich irgendwie, etwa nach angelsächsischem Vorbilde, mit der deutschen Demokratie identifizierte oder sich auch nur irgendwie ihr angliche. Die Gemengelage von religiösen und demokratischen Überzeugungen in Amerika, die die Demokratie geradezu auch als religiöse Forderung erscheinen läßt, beruht auf den besonderen Voraussetzungen der amerikanischen Geschichte. In Deutschland bedeutet die Revolution gerade die Religionslosigkeit, mindestens die religiöse Neutralität des Staates — jene konzentrische Lagerung der religiösen und politischen Gedankenwelt, die dem Angelsachsen selbstverständlich ist, ist seitdem und war schon lange vorher auf deutschem Boden ausgeschlossen. Auch abgesehen davon kann von einer inneren Verwandtschaft zwischen dem Staat des demokratischen Staatsbürgertums und der Kirche des allgemeinen Priestertums, wie sie gern etwa im Gegensatz zum autoritären Katholizismus behauptet wird, keine Rede sein: auch die evangelische Kirche ist in erster Linie nicht Genossenschaft, sondern Stiftung, Anstalt, und gerade die Trennung vom Staat zwingt sie, sich mit Schärfe auf diese ihre Eigenart und ihr damit gegebenes Eigenrecht gegenüber der politischen Welt zu besinnen.

Unwahrscheinlich ist auch die Bildung einer evangelischen Partei, etwa nach dem Vorbilde des Zentrums. Die Gründe dafür sind viel erörtert: auf der Hand liegt, daß ein gemeinsames Programm für eine solche Bildung über die Grenzen des unmittelbaren religiösen und kirchenpolitischen Interesses hinaus kaum denkbar ist, daß einer solchen Bildung auch der stille Rückhalt fehlen würde, den — trotz allem — die kirchliche Autorität für das Zentrum bedeutet. Parteibildungen, wie die der niederländischen Geschichte im 19. Jahrhundert oder wie die bescheideneren des „Christlichen Volksdienstes" in Süddeutschland oder des „Christlich-Sozialen Volksdienstes" im Reichstag (der wenigstens bisher nur als eine vorübergehende Erweiterung des württembergischen erscheint) beruhen auf der Homogenität verhältnismäßig enger Kreise und sind daher zur Ausdehung auf den vielgestaltigen deutschen Gesamtprotestantismus außerstande. Die Voraussetzung für eine evangelische Parteibildung, die den deutschen Protestantismus auch nur einigermaßen politisch repräsentierte, würde sein (abgesehen von nicht vorhersehbaren außerordentlichen geschichtlichen Lagen), daß der Protestantismus in eine eigentliche Minderheitslage gedrängt und dadurch politisch solidarisiert würde. Gegenwärtig ist er aber zwar nicht eine Mehrheit, aber noch weniger eine Minderheit: er durchsetzt das deutsche Volk in allen seinen Teilen und Lebensrichtungen und ist dadurch auf eine ganz andere Art der Auseinandersetzung mit dessen neuer politischer Gestalt angewiesen.

Diese Auseinandersetzung ist in vollem Gange. Umfang und Intensität dieses Vorgangs sind bei der Zersplitterung und Vielgestaltigkeit seiner Orte und Wege, seiner Gegenstände und Methoden, seiner Träger und Ergebnisse nur schwer zu bezeichnen oder gar anschaulich zu machen.

Zu seinen vielleicht nicht wichtigsten, aber bekanntesten Äußerungen gehören die großen Kundgebungen der Deutschen Evangelischen Kirchentage, zum sozialen und vaterländischen, zum Schul- und Kirchenproblem. Ihre Bedeutung liegt nicht in ihren inhaltlichen Einzelheiten, und sie teilen die natürliche Schwäche aller durch Ausschußkompromisse zustande gekommenen Versammlungskundgebungen. Sie erfüllen ihre Aufgabe einmal darin, daß sie dem deutschen Volke in diesen repräsentativen Äußerungen etwas von der Fülle theologischer und kirchenpolitischer Kämpfe und Arbeiten nahezubringen suchen, die hinter ihnen stehen und in ihnen einen notgedrungen unvollkommenen Ausdruck finden — sie erfüllen sie sachlich vor allem dadurch, daß sie den seit der Umwälzung veränderten Charakter dieser Fragestellungen zum Bewußtsein bringen. Auch früher hat die Kirche, hat der deutsche Protestantismus zu diesen Fragen Stellung genommen; heute tut er es in einem neuen Sinne, in veränderter Lage, unabhängig vom Staat, und so konstituiert er sich für sein eigenes und für das öffentliche Bewußtsein in seiner neuen Selbständigkeit geradezu erst durch diese Bestimmung und Abgrenzung seiner nunmehrigen Stellung zu der neugeordneten Welt. Wie notwendig das war und noch ist, zeigt der zähe Widerstand gegen den bloßen Gedanken evangelischer Staatskirchenverträge im kirchlichen wie im weltlichen Lager: er beruht in der Hauptsache darauf, daß man sich an den Gedanken des neuen Verhältnisses von Staat und evangelischer Kirche noch nicht gewöhnt, ja ihn überhaupt noch nicht erfaßt hat.

Die Auseinandersetzung zwischen Kirche und Staat, Protestantismus und heutiger Demokratie vollzieht sich auf einer sehr ausgedehnten Front, von den Kundgebungen der Kirchentage und der dauernden Einwirkung des Deutschen Evangelischen Kirchenausschusses auf Gesetzgebung und Verwaltung im Reich bis zu den untersten Stufen des Zusammenwirkens der evangelischen Liebestätigkeit mit der öffentlichen Wohlfahrtspflege. Sachlich handelt es sich dabei weithin um den einfachen Kampf ums Recht der Kirche und des evangelischen Volksteils; darüber hinaus darum, wie die Königsberger Kundgebung es ausdrückt, „in Selbständigkeit und Freimut an Gesetzgebung und Verwaltung die ewigen sittlichen Maßstäbe anzulegen und im gesamten öffentlichen Leben die Forderungen des christlichen Gewissens zu vertreten".

Diese Auseinandersetzung hat einen wichtigen inneren Vorgang innerhalb der Kirche und des Protestantismus zur Voraussetzung und zugleich zur Folge. Religiöse, sittliche, kirchliche Ansprüche können gegenüber Staat und weltlicher Ordnung nur dann geltend gemacht werden, wenn sie selbst wahrhaft das und nur das sind, was sie sein wollen, d. h. gereinigt von aller etwa überkommenen Vermengung mit fremden, politischen, sozialen, kulturellen Färbungen und Nebengedanken. Kein Vorwurf ist in den letzten Jahrzehnten so oft gegen Protestantismus und evangelische Kirche erhoben worden wie der der monarchischen, „nationalen", „bürgerlichen" Verfälschung ihrer Christlichkeit und Kirchlichkeit — aus naheliegenden geschichtlichen Gründen. Vieles an diesen Vorwürfen ist schon vor der Umwälzung unbegründet gewesen. Anderes ist es seit der Umwälzung. Manches ist ein Vorwurf nur von einem Standpunkt aus, der selbst nicht lediglich religiös und kirchlich ist. Jedenfalls ist man von außen und von innen mit Kirche und Protestantismus unbarmherzig ins Gericht gegangen: den Angriffen der politischen Gegner von außen her hat die Kritik der religiösen Sozialisten und der theologischen Bewegung an Entschiedenheit nicht nachgestanden, und das Ergebnis ist, soweit es schon vorliegt, neben mancherlei erfolgreicher Verteidigung viel heilsame Selbstbesinnung. Dieser Besinnung bedarf es vor allem an zwei Punkten. Einmal für den Kampf gegen den Säkularismus, gegen die Emanzipation des Lebens von allen religiösen und sittlichen Bindungen und Wurzeln, seine Auflösung in Anarchie und Dämonie: er kann nur im Namen einer religiösen und sittlichen Forderung aufgenommen werden, die ihrer eigenen Reinheit von allen „säkularen" Motiven gewiß ist. Und weiter für die Auseinandersetzung mit den zahlreichen politischen und sozialen Zumutungen, die als ethische Anforderungen an Kirche und Protestantismus gestellt werden: im Sinne von Nationalismus und Internationalismus, Pazifismus und Sozialismus, Privateigentum und Demokratie, Humanität und Solidarität. Nach evangelischer Überzeugung gibt es keine politischen und sozialen Systeme dieser oder anderer Art mit dauernd gültiger religiöser Begründung, können Kirche und Christentum kein politisches Programm haben. Sie müssen sich Belastungen mit solchem Anspruch daher in entschiedener Auseinandersetzung fernhalten, oft unter Bekämpfung des Religionsersatzes, den jene vielfach darstellen, einerlei ob sie innerhalb oder außerhalb der Kirche gepredigt werden.

An dieser Stelle liegt wohl der Kernpunkt der Mißverständnisse zwischen Demokratie und Protestantismus. Auch Demokratie hat ein Bedürfnis, zu glauben, an sich, an ihre Werte und Würde; sie hat eine gewisse Neigung, Religions- und Kirchenersatz zu sein, zumal in einer säkularisierten Welt; und soweit es säkularisierte religiöse Energien sind, die in ihr lebendig sind, sind sie meist protestantischer Herkunft — wie jene anderen, die früher im Kapitalismus und später im Sozialismus säkularisiert sind. Um so verletzender empfindet die Demokratie eine gewisse Zurückhaltung der Kirche, zumal beim Vergleich mit deren jahrhundertelangem und heute nicht vergessenem Treueverhältnis zur Monarchie. Sie verkennt dabei die spezifisch und allein religiöse Orientierung der Kirche; sie verkennt auch, daß der deutsche Protestantismus niemals irgendeine Staatsform, auch nicht die Monarchie, grundsätzlich für religiös begründet gehalten, daß er sich der deutschen Monarchie als seiner geschichtlich gegebenen Obrigkeit pflichtmäßig untergeordnet und ihr die Treue erwiesen hat, die er ihr als seiner Schützerin schuldig war — wobei die Gegenwart vergißt, welch strenge und unabhängige Mahnerin die evangelische Kirche gegenüber dieser Monarchie an vielen Orten bis tief ins 19. Jahrhundert hinein gewesen ist. Der heutigen demokratischen Ordnung unterwirft sich die evangelische Kirche als ihrer nunmehrigen geschichtlichen und damit von Gott verordneten Obrigkeit in aller Loyalität. Daß sie einer religionslosen oder doch religiös neutralen Obrigkeit anders gegenübersteht, als einer Obrigkeit, die vor allem anderen das erste Glied der Kirche sein wollte, ist selbstverständlich, und daß sie bewußt oder unbewußt allen Säkularisierungstendenzen und allen Neigungen zu irgendwelchem Religionsersatz widerstrebt, ist ihr gutes Recht. Daß bei der Einordnung in die neue Lage Fehler gemacht worden sind, viele Fehler von beiden Seiten, ist kein Wunder und sollte nunmehr endlich als eine Übergangserscheinung verstanden und nicht mehr überschätzt, sondern vergessen werden.

Der Versuch liegt nahe, den geschichtlichen Ablauf, in dem wir hier darinstehen, zu verdeutlichen durch den Vergleich mit seinem Vorgänger, dem Lösungsprozeß zwischen katholischer Kirche und deutschem Staat im 19. Jahrhundert. Auch dort, zu Beginn des Jahrhunderts, eine Art Revolution, die die Kirche gegen ihren Willen selbständig machte — auch dort als Reaktion der Kirche eine (allerdings durch besondere Zeitumstände begünstigte) Selbstbesinnung und ungeahnte Kraftsteigerung — auch dort auf staatlicher Seite Befremden und Widerstand bis zum offenen Kampf und zur schließlichen neuen Einordnung des katholischen Volksteils und der katholischen Kirche in die politische Gesamtordnung Deutschlands. Auch die notgedrungene Auseinandersetzung der Kirche mit den politischen und sozialen Problemen des ausgehenden 19. und beginnenden 20. Jahrhunderts — erinnert sei nur an die Reihe der großen Enzykliken — liefert gewisse Parallelen. Lehrreich sind aber vor allem die Unterschiede.

Das Rückgrat der katholischen Gesellschaftslehre bildet der Gedanke eines vernünftigen, einsehbaren Naturrechts, das der katholischen Lehre von der Zusammenordnung von Staat und Kirche der Gedanke eines geoffenbarten göttlichen Rechts — beide in dauernder Geltung, in einer Kirche mit einer obersten rechtlichen und dogmatischen Entscheidungsinstanz von dieser maßgebend ausgelegt. Die Stellungnahme des Katholizismus zu Staat und Gesellschaft vollzieht sich weithin in der Form solcher Auslegung — sie liegt damit von Rechts wegen wenigstens grundsätzlich in den Händen der päpstlichen Politik.

Die entsprechende Frage liegt für evangelische Auffassung viel verwickelter, sowohl was die Annahme irgendwelcher derartiger etwa aus Naturrecht abzuleitender Normen überhaupt, als auch was deren Inhalt angeht. Sodann erscheint die Anwendung solcher letzten Normen oder Prinzipien hier viel mehr als konkrete Entscheidung angesichts der konkreten, hier insbesondere der geschichtlichen Lage. Und endlich ist diese Anwendung völlig anders organisiert und formuliert. So sehr sie Gewissensentscheidung ist, so wenig ist sie darum individuelle Willkür, und wo es sich um Entscheidung der Kirche, der Glaubensgenossen überhaupt gegenüber dem Staat, dem neuen Staat der Weimarer Verfassung handelt, wird sie hervorgehen aus eindringendster Auseinandersetzung der Frömmigkeit und des theologischen Denkens. Das Verhältnis des deutschen Protestantismus zur heutigen deutschen Demokratie ist seit der Umwälzung der Gegenstand einer solchen Auseinandersetzung zwischen den kirchlichen und theologischen Richtungen, theologischer Führung und religiöser und kirchlicher Besinnung in der Gemeinde, zuweilen in offiziellen Kundgebungen objektiviert, wie in denen der Kirchentage, vor allem aber der Gegenstand einer fortdauernden und tiefgehenden geistigen Bewegung. Diese Bewegung wird auf alle Fälle ein bedeutendes Kapitel in der Geschichte der deutschen evangelischen Kirche und Theologie, aber auch des deutschen Geistes und des deutschen Volkes im ganzen darstellen. Ob ihr Ergebnis eine einfache und eindeutige Antwort und Haltung auf die ihr gestellte Frage sein wird, steht noch dahin. Oberflächliche Beurteiler finden darin eine Schwäche im Vergleich mit der politisch, dogmatisch, juristisch so viel geschlosseneren Haltung des Katholizismus. Sie übersehen dabei, daß der Protestantismus hier in anderer Richtung die größere produktive Chance hat. Einmal deswegen, weil er hier Stellung nimmt nicht aus einem Schema heraus, im Sinne einer im Grunde sich immer gleichbleibenden kirchlichen Haltung. Er kann stärker als der Katholizismus versuchen, die Lage von heute in ihrer Einmaligkeit auszuschöpfen, ihre einmalige Frage aus der Fülle religiös-sittlicher Besinnung heraus zu beantworten und damit einen Standpunkt von ganz anderer konkreter Produktivität zu gewinnen. Er kann seine Antwort nur auf Grund einer Auseinandersetzung mit den letzten Tiefen der heutigen Staats- und Kulturkrise geben — diese Antwort und ihre Gewinnung ist dafür aber auch ein ganz unmittelbarer Beitrag zur Überwindung eben dieser Krise. Dazu kommt, daß er zu dieser Krise in stärkerer innerer Beziehung steht als der Katholizismus. Sie ist zum guten Teile aus ihm selbst heraus entstanden — zur individualistischen, zur demokratischen Emanzipation hat er ein spannungsreiches und darum produktives Verhältnis innerer Gegensätze, aber auch innerer, nicht nur geschichtlich begründeter Beziehungen.

Daß hier für den Protestantismus eine andere und wahrscheinlich größere Chance vorliegt, mag man auch aus der Art ablesen, wie der Katholizismus, der sich unmittelbar nach der Revolution in der Bewegung des deutschen Geistes ganz unzweideutig führend im Kampfe gegen die Krise eingeschaltet hatte, hier offenbar zurückgetreten und weithin durch spezifisch evangelische Geistesmächte abgelöst worden ist, denen im Ringen um diese Aufgabe zugleich ein vielfach überraschender Einfluß auf andere Gebiete, gerade auch auf die der Staats- und Sozialtheorie, eine Art wissenschaftlicher, geistiger Schlüsselstellung zugefallen ist. Deren Leistung wird nicht eine autoritative, einhellig befolgte Lehrmeinung sein, aber eine religiös-geistige Kraftwirkung. Der Protestantismus ist Träger solcher Wirkungen nicht als formell geschlossene Macht, wie der Katholizismus, sondern als ein diffuses Element, verteilt und wirksam durch alle geistigen, politischen, religiösen Kreise des heutigen Deutschlands hindurch. Er wird nicht geschlossen hinter einer Enzyklika stehen — er wird stets Absplitterungen von seiner Haltung dulden, ohne sie als Häresien abzulehnen, wie etwa den religiösen Sozialismus, und wird es begrüßen, wenn er auch für sie die letzte tragende Gemeinschaft bleibt. So wird er nicht das Gewicht einer starken und geschlossenen politischen Partei oder Kirche aufbringen, um so mehr aber das „moralische“ unmittelbarer geistiger Kraftwirkung.

Der Katholizismus hat der deutschen Demokratie den Dienst getan, ihr aus seiner naturrechtlichen Grundhaltung zum Staat heraus in ihrem Geburtsstadium auf die Bahn der verfassungsmäßigen Konsolidierung zu helfen, und er ist seitdem eine der stärksten und zuverlässigsten Stützen dieser Konsolidierung. Er hat ihr nicht geben können das Maß geistiger Homogenität, das die Voraussetzung einer innerlich angeeigneten Demokratie in einem entwickelten Kulturvolke ist, und ebensowenig die letzte Legitimität, die auch eine demokratische Verfassung in ihrer Weise bedarf. Es ist denkbar, daß diese Wirkungen durch unvorhersehbare elementare Ereignisse irgendwelchen Charakters herbeigeführt werden — wahrscheinlicher und zu hoffen, daß das Ziel auf dem Wege geistig-sittlicher Überwindung der Kultur- und Staatskrise erreicht werden wird. Die geistige Macht in Deutschland, von der diese Überwindung nach menschlichem Ermessen allein zu erwarten ist, ist der deutsche Protestantismus. Von ihm hat die deutsche Demokratie für diese ihr noch bevorstehende Aufgabe mehr zu hoffen, als von irgendeiner der Mächte, auf die sie heute als ihre eigentlichen Stützen und Bundesgenossen zu zählen pflegt.

Bürger und Bourgeois im deutschen Staatsrecht

Rede, gehalten bei der Reichsgründungsfeier der Friedrich-Wilhelms-Universität Berlin am 18. Januar 1933

Reichsgründungstag — der große nationale Festtag, den die deutschen Hochschulen begehen — wir feiern ihn in dem gedämpften Ton, wie er den nationalen Festtagen des heutigen Deutschland zukommt. Das Versailler Ereignis vom 18. Januar 1871 erscheint uns verdunkelt, wenn nicht ausgelöscht durch jenes andere Ereignis auf demselben Schauplatz, in dessen Schatten wir bis heute leben; und seitdem haben unsere akademischen Feiern des 18. Januar oft, wie heute, noch unter dem Druck besonderer politischer Sorgen und Nöte gestanden, mit denen gerade die Anfänge der Nachkriegsjahre beinahe regelmäßig belastet gewesen sind.

Der Unterschied unserer vaterländischen Feiertage von denen glücklicherer Völker oder von denen unserer eigenen Vergangenheit liegt aber nicht allein in dem drückenden Dunkel unserer Zeit. Wenn wir Älteren vor der Umwälzung Kaisers Geburtstag oder den Sedantag feierten, so feierten wir eine Gegenwart, die Gegenwart der im erneuerten Kaisertum hergestellten staatlichen Einheit und Größe, der in einem einzigartig glücklichen Kriege neu begründeten Machtstellung und geschichtlichen Berufung des deutschen Volkes. Und — das kam hinzu — diese Gegenwart erschien uns durchaus unproblematisch: sie wurde als selbstverständlich hingenommen oder in leidenschaftlicher sittlicher Anspannung bejaht, wie in Heinrich v. Treitschkes historisch-politischer Lebensarbeit.

Heute sind uns dagegen die Kaiserkrone und der kriegerische Glanz jenes 18. Januar 1871 Vergangenheit. Und die Einheit des Reichs, das uns geblieben ist, obwohl niedergeworfen, beschimpft, verstümmelt — ist diese Einheit nicht vielleicht nur eine Form, ein Gefäß für einen Inhalt, über den wir durchaus nicht einig sind, den wir uns bürgerlich oder sozialistisch, als Restauration oder als Revolution, radikal oder als Kompromiß, jedenfalls aber sehr verschieden denken — und wenn die Einheit uns vielleicht nur ein Mittel zu so verschiedenen Zwecken ist, können wir dann ihren Gedenktag ehrlicherweise noch als gemeinverbindlich feiern?

Oder — um den Ernst der Frage gerade auch unseren Kommilitonen dringend ins Gewissen zu rücken —: muß nicht einer Jugend, die so entschieden wie die heutige nicht „bürgerlich" sein will[1], jenes Ereignis von 1871 als viel zu „bürgerlich" erscheinen, um noch für die heutige Welt Anlaß zu einem Festtage zu sein? Denn es handelte sich damals doch um die Erfüllung der Sehnsucht der deutschen bürgerlichen nationalen Bewegung; es ist das Ereignis, in dem das deutsche Bürgertum und der deutsche Staat einander endgültig gefunden haben. Und erscheint diese Bismarcksche Reichsgründung nicht vielen unter uns, seit Nietzsche und vollends heute und zumal unter der Jugend, als der Anfang allen Unheils, auf den alsbald Gründerzeit und Materialisierung, geistige und sittliche Verödung, Mechanisierung und Vermassung, Wilhelminismus und schließlich das bittere Ende gefolgt sind?

Auf einen Ausschnitt aus diesem Fragenzusammenhang möchte ich heute eine Teilantwort zu geben versuchen, so wie sie mir in den Grenzen meines Fachgebiets möglich ist. Das erste Wort hat hier natürlich die geschichtliche Besinnung der Geschichtswissenschaft. In der Herausstellung von Bismarcks Persönlichkeit und Werk ist sie, nicht nur dank vielen neuerdings erschlossenen Quellen, in raschem Fortschritt begriffen. Nicht ganz so weit scheint sie mir gelangt zu sein in der Klärung seines unpersönlichen Gegenspielers, des deutschen Bürgertums. Hier entsteht aus der Fülle der Einzelzüge noch kein rechtes Gesamtbild, vielleicht deshalb, weil der zeitliche Abstand noch zu gering ist. Hier mögen dafür einstweilen auch andere zu Wort kommen; auch der Jurist, denn der Begriff des Bürgers gehört auch zu seinem juristischen Inventar, Begriff und Bild des Menschen und Bürgers einer bestimmten Zeit gehören zu den Denkvoraussetzungen des Rechts einer Zeit, so daß ein positives Recht ohne die Kenntnis dieser Voraussetzung, dieses Menschenbildes unverständlich ist. Und hier befindet sich der Jurist sogar in einem gewissen Vorteil vor dem Historiker, weil seine Begriffe und Bilder notwendig einfacher, ein-

---

[1] Über die Stufen dieser Ablehnung (Revolte um die Jahrhundertwende, heute einfache Ignorierung) Th. Geiger, Die soziale Gliederung des deutschen Volkes, 1932, S. 131.

Viel Vergleichsmaterial zur Entwicklung der deutschen Begriffe und Urteile z. B. bei R. Joannet, Eloge du Bourgeois Francais, 1924, auf das H. O. Ziegler mich nachträglich aufmerksam macht.

deutiger und dauerhafter sind als die des Historikers, wie das Rechtssystem selbst, das bei aller Zersplitterung seiner Entstehungsgeschichte und seiner Einzelheiten doch stets als ein systematisches, einheitliches, sich nur langsam wandelndes Ganzes begriffen werden muß. Dieses bestimmte, geschlossene Ganze setzt auch einen bestimmten, geschlossenen, eindeutigen Menschen- und Bürgertypus voraus, mit dem es rechnet, aus dem als Voraussetzung heraus seine Rechtssätze erst verständlich werden. Und wenn so für den Historiker die Gestalt des deutschen Bürgertums im 19. und 20. Jahrhundert noch vielfach in schwankender Erscheinung schwebt, so darf, ja so muß der Jurist sie um so mehr befestigen mit dauernden Gedanken*.

Wir wissen alle, welch leidigen Unwertakzent die Worte „Bürger" und „bürgerlich" in vielen Zusammenhängen angenommen haben. Im Munde vielleicht schon der Mehrheit der heutigen Deutschen bedeuten sie den Bourgeois, den rechenhaften Egoisten der kapitalistischen Zeit, der unfähig ist zu Liebe und Wagnis, zu Schönheit und innerer Lebendigkeit, den Menschen der Vergangenheit, von dem für den schöpferischen Aufbau einer lebendigen neuen Welt nichts zu hoffen ist. Mag sich diese Kritik mehr gegen eine Klasse richten oder mehr gegen einen menschlichen Typus, mag sie ihre Wurzel haben in der Jugendbewegung oder im Proletariat und seiner Forderung klassenloser Gesellschaft, im Suchen nach neuer Sittlichkeit, in adliger Herrengesinnung oder in vitalem und ästhetischem Protest: überall bezeichnet sie einen tiefsten Punkt in einer fallenden Kurve weltgeschichtlicher Wertminderung, die der Gedanke von Bürger und Bürgertum durchlaufen hat. Es erinnert an die Geschichte mancher Münznamen, die ursprünglich ein schweres Goldstück bezeichnet haben und am Ende ihrer Laufbahn nur noch eine kümmerliche Scheidemünze bedeuten. In ursprünglichen Verhältnissen ist man voller und eigentlicher Mensch nur als Bürger, und die klassische griechische Ethik ist eine

* Der aus dem im Text Gesagten folgende Vorschlag, das Material der deutschen Staatsrechtsgeschichte zur Herausarbeitung der Grundbegriffe und der Eigenart des deutschen Staatsrechts im 19. Jahrhundert und über die Umwälzung hinweg auszudehnen und stärker auszunützen, kann hier noch nicht durchgeführt, die im Text enthaltenen Thesen können an dieser Stelle nicht umfassend belegt werden. Soviel ich sehe, ist noch viel staatsrechtliches Erbgut des deutschen 19. Jahrhunderts vorhanden, das erst noch erkannt werden muß und an dem auch künftige staatsrechtliche Neuordnung nicht vorbeigehen kann.

Die Stellungnahme zur bisher herrschenden Auffassung ist für die Fachgenossen ohne weiteres deutlich; nur in einzelnen Punkten versuche ich sie durch einige Angaben zu belegen.

Ethik des Bürgers, nicht des Menschen überhaupt. Noch in hellenistischer Verfallszeit spricht das Neue Testament vom Lebensinhalt und Lebenssinn der Christen als ihrem politeuma, das sie im Himmel haben, und es meint damit nicht bloß ihr Bürgerrecht, sondern ihre ganze Lebenswirklichkeit, ihren „Wandel", wie Luther übersetzt[2]. Und heute bedeutet Bürgerlichkeit weithin gerade nicht Leben und insbesondere wertvolles Leben, sondern den Typus unlebendiger, häßlicher, unsittlicher Erstarrtheit und Abgeschlossenheit einer anscheinend absterbenden sozialen Schicht.

Unsere Frage ist nun die: welche Rolle spielt in dieser Entwicklungslinie vom antiken Bürger zum heutigen Bourgeois unser deutsches Staatsrecht des 19. und 20. Jahrhunderts? Ist auch dieses unser Staatsrecht ein Staatsrecht nicht des Bürgers, sondern des Bourgeois? Waren und sind auch unsere Verfassungen Schrittmacher und Zeugnisse des Weges zur Depravation, zur Bourgeoisie?

Die Frage ist nicht gemeint im Sinne der bekannten marxistischen These, ob der Staat die Organisation der besitzenden Klasse gegen die nicht besitzende, der Bourgeoisie zur Unterdrückung des Proletariats ist. Sondern sie fragt nach dem menschlichen Bilde, das diesen Verfassungen zugrunde liegt, aus dem heraus sie verständlich werden. Es ist vor allem ein Teil der Verfassungen, aus dem dies Bild zu erschließen ist, nämlich die in ihnen enthaltenen Grundrechte: die zahlreichen Nachfolger der französischen Erklärung der Menschen- und Bürgerrechte von 1789 auf deutschem Boden bis hin zu den „Grundrechten und Grundpflichten der Deutschen" im zweiten Hauptteil der Weimarer Verfassung.

Und hier ist der erste überraschende Eindruck der, daß die Literatur seit mehr als hundert Jahren bis heute allerdings die Grundrechte im Sinne eher des Bourgeois als des antiken Bürgers verstanden hat.

Das gilt schon von ihrer Frühzeit, von der Periode des deutschen Frühkonstitutionalismus. Einerlei, ob schon die französischen Menschenrechte, wie ein heute häufiger werdendes Urteil lautet[3], Zeugnisse bourgeoisen Geistes sind: Gedanke und Institut der Grundrechte in Deutschland, zunächst in Südwestdeutschland, entwickelten sich unvermeidlich in dieser Richtung. Wenn auch in Deutschland

[2] Vereinzelt wird Phil. 3, 20 allerdings auch im Sinne formalen Bürgerrechts erklärt.

[3] z. B. H. Planitz in: Die Grundrechte und Grundpflichten der Reichsverfassung, hrsg. von H. C. Nipperdey, III 607, Voegelin Ztschr. f. öff. Recht 8, 120, offenbar unabhängig von der anders zugespitzten Darstellung bei J. Jaurès (Histoire Socialiste 1789—1900 I 302 s.).

nirgendwo die individualistische Rechtsmetaphysik[4] des französischen Lebens zur Herrschaft gelangt ist, so wirkt doch der Grundrechtsgedanke in Deutschland individualistischer als in Frankreich. Ihm fehlt ja die antiindividualistische Ergänzung der demokratischen Volkssouveränität, deren Kehrseite er in Frankreich lediglich ist, und er wird auch nicht als Fahne in Revolutionskreuzzügen gegen das feudale Europa verwendet wie dort. So bleibt von ihm in Deutschland nur das Moment gewisser Emanzipation des Individuums vom Staat und einer gewissen Sicherung gegenüber dem Staat, einer vorbehaltenen außerstaatlichen privaten Sphäre, der im politischen Stillleben der Zeit kein entsprechender Bereich staatsbürgerlicher Aktivierung die Wage hält. So, als eine vor- und außerstaatliche Reservation des Individuums, hat sie in der Frühzeit Rotteck verstanden[5], als einer von vielen, und in diesem Sinne hat sie noch, um einen späten Punkt der Linie festzulegen, Schulze-Delitzsch für die Verfassung des Norddeutschen Bundes gefordert[6].

Die Schwäche dieser Denkweise wird deutlich, wenn man den Menschentypus hinzudenkt, mit dem sie rechnet. Gustav Radbruch hat in seiner Studie über den Menschen im Recht[7] den Typus herauszuarbeiten gesucht, der die Voraussetzung beinahe des gesamten Rechtsdenkens und beinahe der ganzen Rechtsordnung im 19. Jahrhundert gewesen sei, nämlich den des klugen und eigennützigen Individualisten, kurz gesagt, den des theoretisch entwickelten Vorbildes des Bourgeois. Auf ihn ist diese altliberale Theorie der Grundrechte gemünzt: er soll Ruhe vor dem Staat haben, weil sein intelligenter Egoismus von dieser Ruhe schon von selbst den nützlichsten Gebrauch machen wird. Das ist weit entfernt vom Pathos revolutionärer Vernunftgläubigkeit, das die französischen Menschenrechte trägt; das lohnt nicht mehr den Aufwand feierlicher Grundrechtserklärungen, und so ist es kein Wunder, daß diese individualistisch-bourgeoise Theorie der Grundrechte schließlich auch zu ihrer völligen theoretischen Auflösung geführt hat. Die formalistische Staatsrechtslehre der letzten Jahrzehnte des 19. Jahrhunderts sah in den Grundrechten nur noch die längst gegenstandslos gewordene Abstellung geschichtlicher, feudaler oder absolutistischer, Schranken der individuellen

---

4 so E. R. Curtius in Curtius-Bergsträßer, Frankreich, I 180.

5 statt aller Belege Planitz a. a. O. S. 613.

6 Fr. v. Holtzendorff u. E. Bezold, Materialien der Deutschen Reichs-Verfassung I 536.

7 Recht und Staat, Heft 46, 1927, S. 8 f. Für das Staatsrecht S. 10 f., der Gegentypus S. 11, 12 ff.

Freiheit und für die Gegenwart nur noch das — ohnehin geltende — Verbot von Eingriffen ohne gesetzliche Grundlage, das rechtsstaatliche Prinzip der gesetzmäßigen Verwaltung, in der Hauptsache die Sicherung des einzelnen vor Willkür der Polizei[8]. So pathetisch und positiv es in den Verfassungstexten dem einzelnen verbrieft ist, daß er Gleichheit, Freiheit, sein Eigentum genießen, daß er seinem Glauben und seinen Überzeugungen leben, sie äußern, sich mit anderen vereinigen soll, so nüchtern und negativ wird es nunmehr verstanden: es bedeutet nur Freiheit des privaten Bereiches gegenüber der Polizei, und es geht den Staat nichts an, ob der einzelne diesen Freiheitsraum ausfüllt mit der Flucht in des Herzens heilig stille Räume, mit einem Leberecht-Hühnchen-Dasein in Schlafrock und Pantoffeln, oder mit rücksichtslosem wirtschaftlichem Kampf. Und so ist es der folgerichtige Abschluß dieser Linie, wenn heute die geistvolle und im öffentlichen Leben und in der politischen Diskussion so viel beachtete Verfassungslehre von Carl Schmitt im Rückblick auf die Verfassungsgeschichte des 19. Jahrhunderts die Grundrechte zusammen mit der Gewaltenteilung als die Magna Charta des unpolitischen bürgerlichen Individualismus, als den unpolitischen Teil der Verfassungen, als den bürgerlichen Rechtsstaat, d. h., schärfer ausgedrückt, als den bourgeoisen Rechtsstaat versteht[9].

Dieser Begriff des „bürgerlichen" Rechtsstaats als eines Systems unpolitischer Abwehr und Distanzierung eines innerlich unpolitischen und staatsfremden Bürgertums gegenüber dem Staat entspricht aber nicht der Wirklichkeit unserer Verfassungsgeschichte und unseres geltenden Staatsrechts. Es ist ein polemischer Begriff, bestimmt, als Folie

[8] Die letzte Zusammenstellung bei P. Laband, Staatsrecht des Deutschen Reiches 5. A. I, 151 Anm. 2. Dagegen O. Gierke in Schmollers Jahrbuch 7, 1883, 1132 ff. (auch er in diesem Falle ohne volle Klärung der Unzulänglichkeit der formalistischen Zersetzung der Begriffe). Daß „die Nichtbeachtung der verfassungsmäßigen Freiheiten des Untertans" die „Tendenz" des Labandschen Staatsrechts sei (E. Kehr, Die Gesellschaft VI 2, 1929, S. 257 f.), ist nicht richtig, und bei Gierke, Kehrs Quelle, steht kein Wort davon; der materialistischen Entlarvungstendenz genügt in diesem Falle rein wissenschaftsgeschichtliche Wahrheit natürlich nicht. Richtiger H. Heller, Rechtsstaat oder Diktatur? (Recht und Staat Heft 68) 1930, S. 8 f., S. Neumann, Die deutschen Parteien 1932, S. 19. Verkannt ist aber auch hier die radikale Vorherrschaft der Tendenz zur Technisierung (darüber z. B. E. Kaufmann, Kritik der neukantischen Rechtsphilosophie, 1921, S. 75 f.), wie sie entsprechend etwa bei Max Weber auftritt (vgl. die kurze und schlagende Bezeichnung dieser Seite bei Fr. Meinecke, Geist und Persönlichkeit, 1933, S. 163 f.).

[9] Verfassungslehre S. 125 f., 158 f., 163 ff., 173.

zu dienen für eine gegensätzliche, politischere Begriffswelt, sei es der Demokratie, sei es autoritärer und diktatorischer Staatsgestaltung, sei es endlich des vielberufenen „totalen" Staats.

Unser deutscher Staat, der seinen nationalen Abschluß heute vor 62 Jahren gefunden hat, hat nicht die unpolitische Kümmerlichkeit einer Bourgeoisie anerkennen und verewigen wollen, als er sich mit seinen Bürgern durch die Gewährung von Grundrechten in den monarchischen Einzelstaatsverfassungen, durch die einzelnen grundrechtlichen Gesetze des kaiserlichen Reichs, durch die Grundrechte und Grundpflichten der Weimarer Verfassung auseinandersetzte.

Als sich die Institutionen des modernen Verfassungsstaats, und unter ihnen nicht zuletzt die Grundrechte, in den deutschen Einzelstaaten einbürgerten, da traten sie hier in ganz andere Zusammenhänge ein, als die des französischen Musterlandes gewesen waren. In Frankreich entstanden aus einer Revolution, die Grundrechte insbesondere der Ausdruck radikaler, laizistischer Emanzipation des Individuums, bedeuten sie in Deutschland nur eine Modifikation der bestehenden Zustände und vor allem nicht einen radikalen Bruch mit den sozialethischen Voraussetzungen dieser Zustände.

Was das heißt, kann man sich deutlich machen an einem etwas älteren Vorgang der deutschen Rechtsgeschichte. Das preußische Allgemeine Landrecht von 1794 hält bekanntlich noch an der überkommenen Dreiständegliederung fest, aber nicht so, daß es sie als Tatsache konserviert, sondern so, daß es sie zu einem System von Berufspflichten im Sinne einer vernünftigen Arbeitsteilung im Staat rationalisiert. „Dem Adel liegt, nach seiner Bestimmung, die Verteidigung des Staats sowie die Unterstützung der äußeren Würde und inneren Verfassung desselben hauptsächlich ob." „Städte sind hauptsächlich zum Aufenthalte solcher Einwohner des Staats bestimmt (sozusagen als staatlich veranstaltete Arbeitsplätze für staatlich vorgesehenen Arbeitsdienst), welche sich mit der Verarbeitung oder Verfeinerung der Naturerzeugnisse und mit dem Handel beschäftigen." „Ein jeder Landmann ist die Kultur seines Grundstücks, auch zur Unterstützung der gemeinen Notdurft, wirtschaftlich zu betreiben schuldig; er kann also dazu von dem Staate auch durch Zwangsmittel genötigt ... werden"[10]. Ein solches rationales Zwangsdienstsystem hätte auch der absolute Staat niemals allein im Namen der merkantilistischen Vernunft zur Rechtspflicht erheben können, wenn es nicht in der überlieferten christlichen Be-

[10] Teil II Titel 9 § 35, Titel 8 § 86, Titel 7 §§ 8/9.

rufsethik schon vorgebildet gewesen wäre; jene landrechtlichen Bestimmungen sind Rationalisierungen nicht nur der zu Recht bestehenden Ständegliederung, sondern zugleich auch der tatsächlich geltenden Sozialethik.

Ähnlich zu verstehen ist die Einführung der ersten konstitutionellen Verfassungen. Mag die Ideologie ihrer literarischen Vorkämpfer die der Aufklärung und des individualistischen Naturrechts oder auch die des ständischen „guten alten Rechts" gewesen sein, und die der sie gewährenden Monarchen die des monarchischen Prinzips und der französischen Charte von 1814 — im Volksbewußtsein lagen ihre Geltungsvoraussetzungen ebenfalls weithin in der Anknüpfung an die vorgefundene Sozialethik. Diese kann man sich — einerlei, ob das damals bewußt war oder nicht — am einfachsten deutlich machen als eine Fortbildung der alten christlichen Lehre von den drei Ständen, dem status politicus, ecclesiasticus, oeconomicus, der Obrigkeit, der Geistlichkeit, dem Erwerbs- und Nahrungsstand[11]. Eine Gedankenwelt etwa dieser Art findet der Frühkonstitutionalismus vor, und er ist nur bei den Literaten, nicht im Volk ihr gegenüber etwas ganz anderes. Er bedeutet keine radikale Neuordnung auf revolutionärer Grundlage, wie in Frankreich, sondern eine neue Einordnung der nun zu politischer Mitwirkung berufenen Untertanen in ein schon vorhandenes sozialethisches System. Man kann es etwa so ausdrücken, daß nun auch die Untertanen status politicus, politischer Berufsstand werden. Und ihre neue Rechtsstellung, insbesondere die Grundrechte, sind sozusagen das Standesrecht dieses neuen Berufs — wie die besonderen Rechte und Pflichten des Beamten das Standesrecht dieses Berufsstandes sind. Dagegen findet sich in den deutschen Verfassungen dieser Jahrzehnte keine Spur davon, daß diese Grundrechte vor- und außerstaatlich gedacht wären. Bis dahin hatte die besondere Standeszugehörigkeit den einzelnen sozial eingegliedert durch besondere Standespflicht und Standesehre. Jetzt erscheint das allgemeine Staatsbürgertum als ein einziger Stand, dessen Rechtsstellung grundrechtlich ausgestaltet wird nach Recht, Pflicht und Ehre; dieses ganze Recht des staatsbürgerlichen Standes ist aber keine vorbehaltene private Sphäre, sondern grundrechtliche Stellung im Staat, es ist, wie Metternich es ausgedrückt hat, die „politische Existenz des Individuums", „die Rechte der Teutschheit", die darum auch Gegenstand der Bundes-

[11] für diese statt vieler E. Troeltsch, Soziallehren d. christl. Kirchen (Ges. Schriften I 1912) 522 ff.

kompetenz und der Bundesgerichtsbarkeit werden sollten[12]. Die Gewährleistung der privaten Sphäre, insbesondere des Eigentums, ist nirgendwo selbständig eingeführt, sondern überall als ein Stück der politischen Emanzipation; selbstverständlich, denn da ist keine wahre politische Freiheit, wo ihre Grundlage, die soziale, wirtschaftliche, persönliche Sphäre des Staatsbürgers, nicht unantastbar ist. Aber über diesen mehr negativen Zusammenhang hinaus empfindet die Zeit den positiven, daß in den persönlichen und sozialen Umständen des Staatsbürgers gerade seine staatsbürgerliche Qualifikation liegt: es ist nicht doktrinär oder einzigartig, wenn die Nationalerziehungsgedanken der Reformer hieran anknüpfen, wenn Steins Nassauer Denkschrift das Grundeigentum unter dem Gesichtspunkt würdigt, daß es den Eigentümer an sein Vaterland bindet, oder wenn sein sogenanntes Politisches Testament Grundeigentum, bürgerliches Gewerbe und geistige Bande nebeneinanderstellt als Verknüpfungen mit dem Staat und daher als Grundlage des Rechts auf Repräsentation[13].

---

[12] H. v. Gagern, Mein Anteil an der Politik, 1823 ff., II 213, zit. von F. Gilbert in seiner Ausgabe von J. G. Droysens polit. Schriften (1933) S. 4 Anm. 1.

[13] G. H. Pertz, Leben des Ministers Frhn. vom Stein, 1849 ff., I 425, II 311. Vgl. G. Ritter, Stein, 1931, überall, z. B. I 297 f., 300, 407, 432, und statt vieler noch H. Ullmann, Das werdende Volk, 1929, S. 87, 94.

Als einer von vielen Belegen zu nennen Boyens Gedanke „einer geistig interessierten ethisch verankerten Teilnahme des freien Bürgers am Staatsleben, der daher am Heerwesen nur als bewaffneter Bürger teilnimmt" (K. Wolzendorff, Der Gedanke des Volksheeres im deutschen Staatsrecht, 1914, S. 31, in etwas schärferer Pointierung gegenüber Fr. Meinecke, Leben des G. F. M. H. v. Boyen II 1899 S. 171 ff., 538 ff.).

— Zu Religion und Moral des damaligen Bürgertums im allgemeinen orientierend Fr. Brüggemann, Dtsch. V.J.Schr. f. Lit.-Wiss. u. Geistesgesch. 3 (1925) 102 ff. 126.

Ich muß die Frage hier vorläufig offen lassen, ob und wieweit es sich hier nur um Auswirkung evangelischer Berufsethik auf evangelischem Boden handelt. Dem heutigen Katholizismus ist der Rückblick auf seine eigenen konstitutionellen Anfänge durch die Ereignisse des 19. Jahrhunderts stark getrübt, und so neigt er heute zu der herkömmlichen „bourgeoisen" Auffassung, sucht etwa in den Grundrechten nur die Tendenz zur „Minimalisierung" des Staats (H. Rommen, in: Die berufsständische Ordnung, hrsg. v. J. van der Velden, 1932, S. 18). Anderseits stammt die Formel vom staatspolitischen Berufsethos der deutschen Katholiken (das allerdings erst spärlich entwickelt sei) aus dem Volksverein für das katholische Deutschland ([A. Pieper] Der Bürger in Staat, Nation und Partei, Gesammelte Vorträge, hrsg. vom Volksverein, 1923, Nr. 9, S. 8).

Bezeichnend für die 2. Hälfte des 19. Jahrhunderts ist, daß als die politischen Erziehungsmittel des Staatsrechts nicht mehr die Grundrechte, sondern die öffentlichen Pflichten erscheinen. Statt vieler Zitate ein Klassiker: „Das Entscheidende in dem Auf- und Niedergange einer Nation sind die Institutionen, welche von Tag zu Tage, von Jahr zu Jahre, von Generation zu Generation

Überall erscheint diese Sphäre der anscheinend privaten Grundrechte nicht als trennender Vorbehalt gegenüber dem Staat, sondern als verbindende Beziehung zu ihm, als Grundlage politischer Eignung. Man hat gemeint, die grundrechtliche Freiheit der Meinung sei die Freiheit von Privatleuten, die notwendig sei für die Konkurrenz der Meinungen, in der dann nach dem liberalen Glauben an die produktive Kraft dieser Konkurrenz die beste Meinung siegen müsse[14]. Ich brauche dagegen nur an Arndts Lied vom Gott, der Eisen wachsen ließ, zu erinnern, um deutlich zu machen, daß „der kühne Mut" und „der Zorn der freien Rede" nicht bourgeoise Regungen, nicht private Tugenden und Güter, sondern solche des öffentlichen Lebens sind. Es klingt an an die Ausdrucksweise von Steins Politischem Testament, wenn bis 1918 unsere Nationalhymne als die tragende Grundlage der staatlichen Ordnung die „Liebe des freien Manns" in Anspruch genommen hat: diese grundrechtliche Freiheit ist nicht bourgeoise Emanzipation vom Staat, sondern bürgerliche Grundlegung des Staats.

Nicht anders ist gemeint das heutige Recht, das den Kern des zweiten Teils der Weimarer Verfassung bildet. Man streitet darüber, ob diese „Grundrechte und Grundpflichten der Deutschen" ein bürgerliches oder ein sozialistisches System bedeuten oder ein Mosaik aus allen politischen Farben, das kritisch sogenannte „überfraktionelle Parteiprogramm". Hier ist die Frage von vornherein falsch gestellt; es wird infolge der redaktionellen Zweiteilung der Verfassung der enge Zusammenhang übersehen, in dem die Grundrechte mit dem ersten, organisatorischen Teil der Verfassung stehen. Und dieser Zusammenhang ist derselbe wie vor hundert Jahren: es ist zum großen Teil persönliches Berufsrecht des deutschen Staatsbürgers, um das es sich hier

der Gesellschaft das staatliche Pflichtbewußtsein anerziehen und diese Pflichterfüllung zur selbstverständlichen Gewohnheit erheben. Wahlpflicht, Schulpflicht, Steuerpflicht, Selbsttätigkeit im Gemeindeleben haben diese Nation erzogen und zeitweise über andere erhoben, deren Staat in der Neubildung der Gesellschaft zu versinken droht": R. Gneist, die Eigenart des Preußischen Staates, 1873, S. 27. Ähnlich Yorck an Dilthey 7. 5. 1879, Briefwechsel zwischen Wilhelm Dilthey und dem Grafen Paul Yorck v. Wartenburg 1877—1897, 1923, S. 13.

— Der französisch-deutsche Gegensatz von Homogenität einer-, sozialethisch begründeter Gliederung anderseits z. B. bei H. Naumann, Deutsche Nation in Gefahr, 1932, S. 17 ff.

[14] C. Schmitt, Geistesgeschichtl. Lage des heutigen Parlamentarismus [2] 1926, S. 50.

Darüber, daß die Formulierung der deutschen Grundrechte den Gegensatz zu den französisch-naturrechtlichen nur unzulänglich ausdrückt, A. Wahl in der Festgabe Karl Müller z. 70. Geburtstage dargebracht, 1922, S. 271 f.

handelt. Ich versuche das an einigen Beispielen deutlich zu machen. Wenn die Verfassung dem Arbeiter die Koalitionsfreiheit und eine Reihe anderer sozialer Rechte und Sicherungen gewährleistet, so ist das zunächst nicht sozialpolitisch, sondern verfassungspolitisch gemeint: in einem Staat der breitesten demokratischen Grundlage ist die verfassungsmäßige Mitbestimmung der Arbeiterschaft doch nur gesichert, wenn sie nicht nur formaldemokratisch stimmberechtigt, sondern auch sozial in der Lage freier aktiver demokratischer Staatsbürger ist. Ebenso bedeutet die Eigentumsgarantie nicht eine verfassungsmäßige Verankerung eines Instituts des Bürgerlichen Gesetzbuchs, sondern eine gewisse Sicherung der sozialen Grundlagen der staatsbürgerlichen Stellung des im engeren Sinne „bürgerlichen" Volksteils. Und endlich die Beamtenrechte der Verfassung sind nicht in erster Linie Liberalisierungen der bestehenden Beamtengesetzgebung, sondern Voraussetzungen der von der Verfassung gesteigerten staatsbürgerlichen Freiheit der Beamten gegenüber der in der Demokratie an sich unvermeidlichen gesteigerten Abhängigkeit der Beamtenschaft. So ist es der Ausgangspunkt und ein wichtiger Teil der Bedeutung der Grundrechte der Reichsverfassung, daß sie verschiedene Bevölkerungsteile mit Freiheiten und Sicherungen ausstattet, die für diese Gruppen als Voraussetzungen wirklicher, nicht nur formaler staatsbürgerlicher Freiheit und ihrer Betätigung gerade angesichts der Formaldemokratie notwendig erscheinen[15].

---

[15] Die hier vorgeschlagene Auslegung und Anwendung der Grundrechte im Sinne persönlicher politischer Berufsrechte (soweit solche Auslegung und Anwendung überhaupt möglich ist) muß den Vorrang beanspruchen vor einer anderen im Sinne eines in sich ruhenden sachlichen Systems, wie sie von einer wissenschaftlichen Richtung in der Staatsrechtslehre, der ich mich zurechne und mit der ich gerade auch in dieser Frage mit Entschiedenheit zusammengearbeitet habe; seit einer Reihe von Jahren mit Erfolg vertreten worden ist (neueste Übersicht wohl bei G. Giere, Das Problem des Wertsystems der Weimarer Grundrechte, Abhandlungen der Rechts- u. Staatswiss. Fakultät d. Univ. Königsberg Heft 3, 1932, Literaturverzeichnis, u. bes. S. 86 ff., 100 ff.). Dasselbe gilt gegenüber der im einzelnen noch entschiedener versachlichenden Lehre Carl Schmitts, insbes. von den „institutionellen", „Instituts-", „Status-quo-" usw. Garantien — hier m. E. die „Institutsgarantien" zu sehr privatrechtlich verstanden (Freiheitsrechte und institutionelle Garantien der Reichsverfassung — Festschrift der Handels-Hochschule Berlin 1932 — S. 13), sie und die „institutionellen Garantien" zugunsten von Personenklassen (Beamtenrechte) zu wenig persönlich (das. S. 11 f.). Die von C. Schmitt selbst angezogenen Entscheidungen auf Grund der Art. 159, 165 (Handbuch des deutschen Staatsrechts, hrsg. von Anschütz u. Thoma II 584, Anm. 43) sind mehr im Sinne persönlicher als sachlich liberaler Auslegung zu verstehen.

Die Ergebnisse der sachlichen, insbesondere der Schmittschen Grundrechtsauslegung zeigt am besten deren folgerichtige Durchführung bei O. Kirch-

Aber — so lautet der naheliegende Einwand — ist dieser angebliche Rechtsgedanke eines sittlichen Berufs des Staatsbürgers als sinngebender Voraussetzung seiner ganzen öffentlichen Rechtsstellung nicht eine leere Ideologie? Ist der empirische Bürger des letzten Jahrhunderts nicht auch in Deutschland im großen und ganzen ein echter und rechter Bourgeois gewesen? Hat er nicht das Steinsche Nationalerziehungswerk, vor allem die Städteordnung, nicht nur nicht gewünscht, sondern sogar eher abgelehnt? Ist er nicht, sofern er jemals ein politischer Idealist war, in der Biedermeier- und vollends in der Gründerzeit zum Bourgeois degeneriert? Hat nicht die aktive sittliche Spannung seines politischen Willens vor der überraschenden Lösung des nationalstaatlichen Problems durch Bismarck kapituliert, und hat er sich dann nicht durch den neuen Staat Blick und Sinn für das Volk

---

heimer, Weimar ... und was dann? 1930, S. 25 ff. So verstanden haben dieselben Grundrechte in verschiedenen Zeitperioden jedesmal einen radikal anderen Sinn (S. 29 f.), sie liefern dem funktionierenden Staatsapparat und der von ihm bedienten kommenden Sozialordnung, einerlei welchen Inhalts, den Schein der Legalität (S. 46), sie sind das bezeichnende Stück der „Verfassung ohne Entscheidung". Es ist aber nicht der Sinn einer Verfassung, „Entscheidung" im Sinne irgendeines sachlich folgerichtigen politischen Denksystems zu sein, sondern lebendige Menschen zu einem politischen Gemeinwesen zusammenzuordnen.

C. Schmitt hat richtig gesehen, daß die Frage des Verhältnisses des Grundrechtsteils der Weimarer Verfassung zum organisatorischen neu gestellt werden muß. Seine rein dialektische Alternative (Handbuch II, 579) geht aber der geschichtlich und innerlich begründeten Beziehung nicht nach, die gerade bei Zugrundelegung eines nicht lediglich formalen Verfassungsbegriffs gefunden werden muß und einem Nichtjuristen wie E. Hirsch (Staat und Kirche im 19. und 20. Jahrhundert, 1929, S. 47 f.) im Prinzip völlig klar ist. Welch unsicheres Tasten aber bei Verzicht auf diese Beziehung als Auslegungsmittel des Grundrechtsteils unvermeidlich ist, zeigt die Übersicht bei C. Schmitt (Handbuch II, 583) und etwa die Erörterungen bei Fr. Neumann, Koalitionsfreiheit und Reichsverfassung, 1932, S. 47 ff. Alle falschen oder halbfalschen Fragen und Alternativen, wie die, ob liberaler oder sozialistischer Charakter der Grundrechte, werden nur so auf die ihnen wirklich zukommende Bedeutung beschränkt.

Werden die Grundrechte, ihrem Ursprung entsprechend, zunächst (und soweit das überhaupt möglich ist) individualistisch verstanden, so ist die Alternative m. E. nicht die, ob „nationalistisch" oder „individualistisch" (G. Anschütz, Verfassung des Deutschen Reiches 10. A., 1929, S. 452), sondern die, ob „bürgerlich" im gewöhnlich als „liberal" bezeichneten Sinne oder staatsbürgerlich im Sinne der staatsbürgerlichen Berufsqualifikation. Daß einige der hier in Betracht kommenden Grundrechte aus sittlichen und rechtstechnischen Gründen nicht den Staatsangehörigen vorbehalten sind, ändert daran nichts, bedarf allerdings noch näherer rechtsgeschichtlicher Untersuchung.

Mit alledem sollen die bekannten übrigen Funktionen der Grundrechte natürlich nicht bestritten werden, vollends nicht, soweit sie nicht zu der im Text behandelten Kategorie gehören.

in vielfacher Hinsicht verhängnisvoll verschränken lassen[16]? Hat er sich nicht in zunehmender Prosperität und aus Angst vor der proletarischen Welle immer passiver in den Schutz des Obrigkeits- und Machtstaats begeben, bis er mit ihm zusammenbrach?

Eine Geschichte des deutschen Bürgertums der letzten hundert Jahre als sozialer und sittlicher Gesamterscheinung wird wohl in absehbarer Zeit nicht geschrieben werden können[17]. Aber die Frage, ob in dieser Zeit der Gedanke des dem Staat sittlich verpflichteten Bürgers oder der des sich von ihm distanzierenden Bourgeois normativ unser staatliches Leben beherrscht hat, läßt sich allerdings mit einiger Sicherheit beantworten.

Einmal aus dem biographischen Material des Jahrhunderts. Allerdings nicht in dem Sinne, daß sich hier sozusagen auf statistischem Wege ein geistiges Durchschnittsbild des deutschen bürgerlichen Menschen dieser Zeit ermitteln ließe. Auch nicht durch Beschränkung auf den Stoff, den die Schriften der politischen Literaten oder der philosophischen Denker der Zeit bieten, die doch vor allem ihre besonderen und eigenen Wege gehen. Sondern durch Befragung der für das durchgehende Rechts- und sittliche Gefühl der Zeit repräsentativen Persönlichkeiten. Und hier ergibt, soviel ich sehe, beinahe jeder Versuch für die ältere Zeit unzweideutig das, was J. G. Droysen 1844 kurz als das Bewußtsein bezeichnet hat, daß man dem Staate noch mehr als

---

16 H. Ullmann a. a. O. S. 52 ff.

17 Bezeichnend die beinahe bei jedem Schriftsteller abweichende Periodisierung der Geschichte des deutschen Bürgertums im 19. Jahrhundert unter den Gesichtspunkten des Textes. Gegenüber der m. E. im ganzen allein zutreffenden These Fr. Meineckes, daß in der konstitutionellen Forderung von vornherein die Sicherung des einzelnen und seine aktive Einordnung „wurzelhaft verbunden" waren (Preußen und Deutschland im 19. und 20. Jahrhundert, 1918, S. 158), häufig die zu sehr an die südwestdeutschen Literaten anknüpfende These, daß sittliche Aktivität, realpolitischer Sinn usw. erst später, zumal durch die Verbindung mit der nationalen Idee, zu dem zunächst wesentlich individualistischen Frühliberalismus hinzugetreten sei (z. B. A. Salomon, Die Gesellschaft 9, 1 (1932) S. 378 ff. [erster der beiden gleich gezählten Bogen], ähnlich wohl H. Oncken, Rudolf v. Bennigsen I, 1910, S. 21). Ähnlich die Abweichungen in der Beurteilung der späteren Zeit. Der Übergang zur Bourgeoisie zu datieren versucht bei Salomon a. a. O., S. 381, S. Neumann, Parteien. S. 19 f.

Zum Frühliberalismus vergl. auch E. Spranger, Volk, Staat, Erziehung, 1932, S. 188: „Der deutsche Liberalismus war ursprünglich teils ein Liberalismus des Kant-Fichteschen Pflichtgedankens, teils ein ständischer Liberalismus im Stile des Freiherrn vom Stein. Beide schlossen ein hohes Maß von freien, also sittlich geforderten und bejahten Bindungen ein."

Deutlicher werden diese Fragen, zumal für die zweite Hälfte des Jahrhunderts, in den besonderen Verhältnissen des Grenzlanddeutschtums; vgl. etwa M. Spahn, Elsaß-Lothringen, der Rhein und das Reich, 1932, S. 41 ff.

Steuern und Gehorsam zu leisten hat[18]. Für die spätere Zeit sind die Zeugen uns Älteren noch in lebendiger Erinnerung. Ich nenne hier vor allem den Typus, den Max Weber etwas geringschätzig als den der Honoratioren bezeichnet hat, die Träger der öffentlichen und politischen Kleinarbeit im Lande, früher geradezu die eigentlichen Herren in den politischen Parteien älteren Stils. Unter ihnen ging es gewiß oft sehr menschlich und recht bedenklich zu; aber nicht viele von ihnen hätten zu bestreiten gewagt, daß ihre öffentliche Stellung nur der Ausdruck pflichtmäßigen staatsbürgerlichen Dienstes am Gemeinwohl war, und ich entsinne mich aus der Verwaltungspraxis mancher Fälle, in denen solche Männer ihre grundrechtlichen Rechte auf Gleichheit und auf Freiheit mit vollem innerem Recht mit der Berufung darauf verteidigten, daß sie das ihrer öffentlichen Ehren- und Pflichtenstellung schuldig seien. Das aufgegebene Bild des deutschen Mannes im öffentlichen Leben, dem unsere Väter und Großväter — einerlei, welcher Parteizugehörigkeit — nachzuleben gesucht haben, war stolz und ehrenwert und nicht so kümmerlich und verächtlich, wie wertblindes Ressentiment und agitatorisch desillusionierende Geschichtskonstruktion es heute zu zeichnen pflegen[19].

Daß der Gedanke des sittlich an den Staat gebundenen Bürgers der unter uns tatsächlich in Geltung stehende war und ist, ergibt sich auch daraus, daß er eine Voraussetzung unseres positiven Staatsrechts ist. Das war schon im 19. Jahrhundert so: versteht man seine Verfassungsgeschichte nur als das Ringen der aufsteigenden gesellschaftlichen Mächte mit Monarchie und Bürokratie um die Macht, um die Souveränität, dann erscheinen seine Verfassungen als Halbheiten, als Kompromisse, die die entscheidende Frage offen lassen, wer nun eigentlich

---

18 Polit. Schriften, hrsg. v. F. Gilbert, 1933, S. 4.

19 Das Allgemeine hat hier E. R. Curtius ein für allemal gesagt. Auf dem hier in Frage stehenden Gebiet deutscher Rechts- und Sozialgeschichte hätte die sozialistische Forschung eine besondere und wichtige Aufgabe. Ein Teil der sozialistischen Forscher hat sich dieser Aufgabe in einem Sinne angenommen, der die schärfsten Proteste von E. R. Curtius (jetzt in: Deutscher Geist in Gefahr, 1932, S. 79 ff., bes. 94 f., 99) rechtfertigt. Ich nenne als Beispiel die Behandlung der — sachlich auch in den weiteren Zusammenhang des Textes gehörenden — Devise der Freiheitskriege, des Landwehrkreuzes von 1813, „Mit Gott für König und Vaterland". Sie erscheint bei H. Simons [Neue Blätter f. d. Sozialismus 3 (1932) 586] als „Wilhelminischer Wahlspruch" und als „Mythus" — etwas, was daran erinnert, hat damit einen „fatalen Anklang". Das ist im Munde eines preußischen Regierungspräsidenten, der bis vor kurzem Leiter der Deutschen Hochschule für Politik war, ein Zeichen der Zeit. Es ist mit seiner Entstellung der geschichtlichen Wahrheit und seinem Mißbrauch systematischer Begriffe ein derbes, aber typisches Beispiel.

der Sieger und der souveräne Herr sein soll[20]. Versteht man sie aber als Nebenordnung verschiedener Ämter, verschiedener Arten von Dienst, dann ist nichts an ihnen offen, unentschieden oder Kompromiß — und so sind sie letzten Endes gemeint gewesen. Vollends ist es so bei der Weimarer Verfassung. Versteht man sie im bourgeoisen Sinne als die Ordnung einer Lage, in der jeder nur das Seine und nicht das Ganze sucht, sich nicht dem Ganzen verpflichtet weiß, dann ist sie eine Organisation des Pluralismus[21], d. h. des letzten Endes anarchischen Nebeneinanders der politischen Gruppen, ein modus vivendi zwischen ihnen, ein Waffenstillstand oder eine taktische Lage im Klassenkampf, wie sie oft charakterisiert wird. Was im zweiten Teil der Verfassung einzelnen Volksteilen zugesichert wird, erscheint dann je als das mehr oder wenige gute Geschäft, das Eigentümer und Arbeiter, Mittelstand und Frauen, Beamte und Lehrer, Kirche und Gewerkschaften in Weimar gemacht haben[22]: sie haben hier mit mehr oder weniger Glück, wie ein bourgeoiser Rentner, ihr Schäfchen ins Trockene gebracht, es, wie der technische Ausdruck lautet, „reichsverfassungskräftig" „verankert" und können nun aus dieser Position heraus den Kampf aller gegen alle mitansehen oder weiterführen. Es bedarf keines Worts näherer Begründung, daß die Beurkundung eines solchen Handelsgeschäfts zwischen Interessentenhaufen keine Verfassung wäre, nichts, dem man Treue schwören kann, wie Beamte und Soldaten es tun müssen[23]. Nur wenn man hier den sittlich gebundenen Bürger einsetzt, dem je nach seiner besonderen Eigenart hier sein besonderes staatsbürgerliches Berufs- und Standesrecht im Rahmen des Ganzen zugeteilt wird, nur dann bleibt der Grundgedanke der Verfassung erhalten, ein Volk in die Form zu bringen, in der es handelnde Einheit wird und seine geschichtliche Aufgabe erfüllen kann, die ihm gestellt

[20] C. Schmitt, Verfassungslehre, S. 289, Hugo Preuß, sein Staatsbegriff usw. (1930), S. 7.

[21] C. Schmitt, Kantstudien 35, 41, Hüter der Verfassung, S. 63.

[22] Besonders kraß, wenn der Inhalt des Grundrechts nur den an der „konkreten Situation" von 1919 Beteiligten zugestanden wird, die wohlerworbenen Rechte der Beamten nach Art. 129 nur den damals im Dienst stehenden: so die allerdings singuläre und den Gedanken ad absurdum führende Meinung von E. Friesenhahn, Wirtschaftsdienst, 4. 7. 1930, S. 1145.

[23] Die zerstörende Wirkung dieses Pluralismus auf Staat und Verfassung hat C. Schmitt hinlänglich beschrieben. Hier, in der Frage, ob die Verfassung noch ernst genommen wird, liegt das Problem der „Verfassungstreue", nicht beim Kriterium der republikanischen Gesinnung, an das bei der Abgrenzung der „verfassungstreuen" Parteien, Hochschullehrer usw. meist gedacht wird. Gerade in republikanischen Kreisen wird die Verfassung vielfach nur als taktische Lage gewertet; vgl. statt Anderer O. Kirchheimer a. a. O., z. B. S. 17, 20.

ist, die Form zu sein, in der wir alle zusammen unseren gemeinsamen geschichtlich-sittlichen Beruf als Nation ergreifen.

Das bürgerliche Zeitalter geht zu Ende, und wir stehen vor den geschlossenen Toren einer neuen und anderen Zeit. Unsere bürgerliche Vergangenheit hat aus den Untertanen Staatsbürger gemacht, sie hat die Idee und den Typus des deutschen Bürgers geschaffen und damit der Zukunft kein geringes politisches und sittliches Erbe hinterlassen. Es sieht nicht so aus, als ob die heutige Jugend gestimmt wäre, dies Erbe anzutreten. Sie sieht allzu scharf die Schwächen ihrer Väter; sie sieht, daß sie politisch nicht immer eine glückliche Figur gemacht haben, daß sie immer wieder naiv und unsicher gewesen sind, daß ihr Weg schließlich in Weltkrieg und grenzenlosem Unglück geendet hat. Die neue Zeit kann nicht gerecht sein gegen den schweren Entwicklungsgang, den dies Bürgertum durch so viel Beengung und Verklemmung und immer neue Wendungen seiner politischen Schicksale hindurch hat gehen müssen; sie hat keinen Sinn für seine eigentümlichen Tugenden, für die besondere Mischung von Hingabe und humanem Maßhalten, wie sie etwa den heute allzu sehr geschmähten Liberalismus ausgezeichnet hat. Der Gegenwart droht der Staatsbürger unterzugehen im Anhänger der politischen Konfession, in den absorptiven, religionsähnlichen Ansprüchen der großen politischen Bewegungen.

Was hat uns unter diesen Umständen der 18. Januar zu sagen?

Es ist der Tag, an dem das deutsche Volk seinen politischen Beruf wieder ergriffen hat, der ihm seit Jahrhunderten entglitten und von der Umwelt mißgönnt war. Immer wieder hat man vor der deutschen Einigung Rankes Wort zitiert, daß das Nationalbewußtsein eines großen Volkes eine angemessene Stellung in Europa fordert; daß eine jede Nation es empfindet, wenn sie sich nicht an der ihr gebührenden Stelle erblickt. Darin liegt nicht nur natürliche Pleonexie, Machtbedürfnis und gekränkter Stolz; es liegt darin auch das sittliche Leiden an dem Mangel des geschichtlichen Berufs, den zu haben und auszuüben den Völkern sittliche Lebensluft ist, wie den Individuen ihre ersönliche Lebensaufgabe. Dies sittliche Leiden hat sich für uns erneuert: es ist im Grunde doch wohl das Verletzendste des Versailler Vertrages, unerträglicher als alle Verluste und alle Lasten, ja als die Kriegsschuldanklage, daß dem deutschen Volke hier der geschichtliche Beruf, den es sich 1871 errungen hatte, wieder genommen ist, aberkannt in entehrender Weise, ähnlich wie die Aberkennung der öffentlichen Ehren durch ein entehrendes Urteil des Strafrichters.

So wird die Feier der Reichsgründung, des Versailler Tages von 1871, unvermeidlich zu einem Protest gegen jenen anderen Versailler Tag von 1919; sie wird ein Bekenntnis zu dem damals siegreich, kraft geschichtlicher Fügung und in sittlicher Notwendigkeit ergriffenen Beruf der Nation, trotz aller rechtskräftigen strafgerichtlichen Aberkennung dieses Berufes von 1919.

Es wäre aber Schwäche, wollten wir nur den Versailler Vertrag und das Schicksal anklagen und verantwortlich machen für alles, worunter wir heute leiden. Wir haben uns zu besinnen auf unsere Aufgaben, unsere Möglichkeiten, unsere Kräfte; darin sind uns die hoffenden und strebenden Generationen des deutschen 19. Jahrhunderts ein großes Vorbild, und Sache akademischer Besinnung wird es immer wieder sein müssen, an diese Kraftquelle nationaler Geschichte zu unserer Erneuerung heranzuführen. Wir können unsere eigene geschichtliche Aufgabe weder erkennen noch lösen, wenn wir nicht wissen, quantae molis erat, was es gekostet hat, den deutschen Nationalstaatsgedanken geistig zu erarbeiten und seine Erfüllung zu erkämpfen. Heute geht es um neuen Aufbau unseres Staats, und wieder wird von uns solche gedankliche und solche äußere politische Tatarbeit erfordert, anders, aber ebenso viel, wenn nicht mehr, als von unseren Vätern und Großvätern. Es wäre nicht klug und nicht recht, wollten wir ihre bürgerliche Welt verachten, wollten wir nicht von ihren Fehlern und Leistungen, ihrem ganzen geistigen, humanen, sittlichen Reichtum, ihren Schicksalen und ihren stillen Kräften gegenüber soviel Enttäuschungen, Umwegen und scheinbar hoffnungslosen Geduldsproben ehrfürchtig lernen.

Wir sind noch nicht so weit, daß wir den neuen Tag sähen, an dem wir ein von neuem glückliches und einiges Deutschland wieder als Gegenwart feiern könnten. Wir sind zerrissen, und unsere Feier ist eine der Sehnsucht und der Hoffnung, nicht des Besitzes. So erneuern wir die Klage Hölderlins:

> Wo ist dein Delos, wo dein Olympia,
> daß wir uns alle finden am höchsten Fest?

aber in der Gewißheit unseres geschichtlichen Berufenseins, wie es am 18. Januar 1871 Gestalt gewonnen hat, reden wir auch mit Hölderlins Worten das Deutschland an, das wir heute feiern und dem wir uns geloben:

> O heilig Herz der Völker, o Vaterland!

Der Einfluß der deutschen Staats- und Verwaltungsrechtslehre des 19. Jahrhunderts auf das Leben in Verfassung und Verwaltung

Die Frage nach dem Verhältnis einer juristischen Disziplin der Vergangenheit zum Leben kann heute nur gestellt werden vom Standpunkt des Umbruchs her. Die Gegenwart hat auch dieses Verhältnis in seinen Grundlagen revolutionär erneuert — ohne daß damit die geforderte neue Lage auch schon ganz und gar Wirklichkeit sein könnte. Dazu bedarf es, wie überall sonst, nicht einer einfachen Achsendrehung oder Standortsveränderung, eines Vorzeichenwechsels irgendwelcher Art, sondern angesichts des uns überkommenen wissenschaftlichen Erbes einer eindringenden Arbeit der Neuausrichtung im ganzen und im einzelnen. Das bedeutet eine umfassende Auseinandersetzung mit dem 19. Jahrhundert und seiner unzweifelhaften Lebensentfremdung gerade im öffentlichen Recht. Diese Entfremdung ist in ihren Gründen, ihren Richtungen, ihrer Tragweite noch keineswegs genügend geklärt, und damit ist hier eine die Gegenwart unmittelbar angehende Arbeitsaufgabe gestellt.

Das 19. Jahrhundert ist für uns weithin noch das dunkle und schwer übersehbare Jahrhundert, und vollends unter dem Gesichtspunkt einer in so viele Richtungen auseinanderlaufenden Fragestellung ist es in Kürze nicht zu erschöpfen. So sollen hier im wesentlichen nur Arbeitswege zur Gewinnung einer begründeten Antwort auf die mir gestellte Frage vorgeschlagen werden.

I.

Ich beginne mit dem Staatsrecht des 19. Jahrhunderts.

Hier wie überhaupt nützen statistische Feststellungen nur wenig. Unzweideutig ist allerdings die fallende Kurve des Einflusses der Staatstheorie auf den Gesetzgeber, von der Wirkung auf das Allgemeine Landrecht und die josefinische Gesetzgebung, in der Zeit, in der die Könige Staatsphilosophen sein wollen, über die selteneren Fälle des 19. Jahrhunderts, von Sylvester Jordans kurhessischer Verfassung von 1831 zu der auf einmaligen besonderen Bedingungen beruhenden Wirkung Gneists und zu späten Einzelerfolgen, wie dem Gierkeschen im Amtshaftungsrecht. Ebenso unzweideutig ist das Absinken der öffentlichen Bedeutung der staatsrechtlichen Gutachterautorität: von den Reichspublizisten, zumal denen im Fürstendienst — von denen der Professorenstolz des 18. Jahrhunderts behauptete, ohne die hallischen Gutachten wäre der Ausgang des Siebenjährigen Krieges vielleicht ein anderer gewesen, und denen Karl Friedrich von Moser vorwarf, sie hätten die reichspatriotische Gesinnung zerstört — über die Wirksamkeit in den großen Rechtssachen des 19. Jahrhunderts, der schleswig-holsteinischen und kurhessischen, den Kammergutsstreitigkeiten, dem Streit um die Entlassung der Göttinger Sieben und um die preußischen Preßordonnanzen und bis hin zum Ausklang in der letzten bescheidenen Frage solchen Stils, dem lippischen Thronstreit. Zweifelhafter, aber doch auch wohl zu bejahen ist endlich das Sinken der Einwirkung akademischer Lehre mit der Steigerung wissenschaftlicher Freizügigkeit und dem Fallen älterer Wirkungsgrenzen für Buch und Katheder. Aber damit sind nur bestimmte Wirkungsreihen verfolgt, nicht das darin sich äußernde Leben der Wissenschaft im ganzen als Teilvorgang des völkischen Daseins: zur Praxis erziehend und sie gestaltend, umgekehrt von ihr her bestimmt und sie rechtfertigend, als Sauerteig und Auftrieb, als didaktische und technische Hilfe, aber auch als doktrinäre Belastung und Ballast oder gar als geschichtlich berechtigte oder unberechtigte politische Gegenkraft.

Soviel ich sehe, lassen sich zu planmäßiger Klärung unserer Frage für die beiden Hälften des 19. Jahrhunderts zwei auf den ersten Blick voneinander sehr verschiedene Arbeitsweisen verwenden. Für die erste die Ermittlung bestimmter zeitlicher und räumlicher Grenzen der Geltung der damaligen wissenschaftlichen Richtungen — Grenzen, aus denen sich ein gewisses Bild der so begrenzten Wirkung von selbst ergibt. Für die zweite Hälfte dagegen die Bestimmung des Orts der Staatsrechtswissenschaft im Ganzen der geistigen Lage der Zeit, und mit dieser Einordnung und Eingrenzung wiederum eine gewisse Bestimmung ihrer Bedeutung und Wirkung im Lebensganzen. Vielleicht gibt es ebenso brauchbare andere Arbeitswege. Ich verfolge die angedeuteten, um ihre Ergiebigkeit und unzweifelhafte Ergänzungsbedürftigkeit ins Licht zu rücken.

Die Staatsrechtswissenschaft des beginnenden 19. Jahrhunderts war durch die Umwälzungen der Zeit vor eine ähnliche Entscheidung gestellt, wie die der Reichsgründungszeit. Sie hätte, wie Laband 1876, einen Strich unter die Vergangenheit ziehen und den neuen Zuständen mit neuen Systemen naturrechtlicher, konstitutioneller, ausländischer Begriffe begegnen können. Es war nicht selbstverständlich, daß sie es nicht tat. In berühmten Worten hat Mohl Klübers Verdienst um diese Entscheidung gerühmt: „Seine Gelehrsamkeit war die Arche, welche bei der über Deutschland hereingebrochenen Sündflut das zur Fortpflanzung des nötigen Wissens Notwendige nach abgelaufenem Gewässer rettete. ... Klüber verdanken wir Zusammenhang mit unserer Geschichte und Achtung vor dem Grunde, auf dem wir stehen, freilich auch weiter zu bauen haben[1]." Durch Klüber wurden Stoff und Begriffswelt der Reichspublizistik in allen ihren Richtungen zur Grundlage der Weiterarbeit, fähig, sich unter verschiedenen Händen mit den verschiedensten neuen Elementen zu verbinden, am wenigsten allenfalls — worin das 19. Jahrhundert bezeichnenderweise den Verzicht auf eigentliche Wissenschaftlichkeit gefunden hat — mit Gedankengut und Methode der historischen Schule. Dieses Erbgut ist, wenn auch nicht immer leicht zu erkennen, das eigentliche Rückgrat der führenden Richtung der Disziplin von Klüber bis zu H. A. Zachariä. Es sicherte sie gegen das übermäßige Eindringen der Philosophie; es lieferte ein bewährtes stoffliches und Gedankenmaterial für die staatsrechtliche Erziehung und Arbeit; es verhinderte mit ganz anderen Mitteln, als den von Savigny für das Privatrecht verwendeten, für das öffentliche Recht die Partikularisierung von Recht und Rechtslehre.

Sachlich ist diese Arbeitsrichtung, der von ihr bewahrte verfassungsgeschichtliche Stoff und ihr eigenartiges Gedankengut, ein bisher nicht genügend gewürdigter Damm gegen das Eindringen des französischen Konstitutionalismus gewesen. Ihre Denkweise hat die rechtsbegriffliche Grundlage geliefert für die im engeren Sinne sog. „konstitutionelle" Auflösung der strengen Alternative von monarchischer Autorität oder Kammerherrschaft — die Lösung, die deshalb von Unruh und anderen Achtundvierzigern als „privilegierte Professorenweisheit" abgelehnt wurde. Im engeren Bereich hat sie dem entstehenden konservativen Kreise sein eigentliches Erziehungs- und Arbeitsmaterial geliefert, als das z. B. der Kanzler Pernice Pütter und Moser verwendete[2] und als das Haller und Stahl offenbar keine große Rolle gespielt haben.

Ihr geschichtliches Schicksal ist schließlich geworden, daß ihr im Grunde ahistorischer Positivismus notwendig in Widerspruch zu großen staatsrechtlichen Neubildungen treten mußte. Es ist nicht nur das

[1] Geschichte und Literatur der Staatswissenschaften II 479.

[2] R. v. Delbrück, Lebenserinnerungen, 1905, I 69.

persönliche Schicksal ihres letzten bedeutenden Vertreters, H. A. Zachariäs, gewesen, daß er 1866 in tiefstem Gegensatz zu den konstitutionellen und föderativen Wegen der deutschen Neuordnung stand. Eine letztlich reichspublizistisch begründete Haltung hat ihn und viele andere in jene Lage der Abkapselung gegen den großen Gang der Geschichte gebracht, die Christoph Steding in den Formen der Verschweizerung und Verniederländerung verfolgt[3]: An dieser Stelle fließt das Problem der Geschichtswirkung unserer Disziplin mit diesem Arbeitsgegenstand des Reichsinstituts für Geschichte des neuen Deutschlands zusammen — in einer brennendsten Frage heutiger politischer Ethik. Mit vollem Recht hat Georg V. 1865 feierlich den inneren Zusammenhang der Göttinger Staatsrechtslehrer des 18. Jahrhunderts und ihrer Verteidigung der Landeshoheit gegen den Cäsarismus mit der damaligen Göttinger Gegenwart anerkannt. Daß sie aus innerster Notwendigkeit zu den Besiegten von 1866 gehörte, ist der tiefere Grund des Endes der bis dahin herrschenden Linie Klüber—Zachariä, nicht Labands Absage an die Möglichkeit geschichtlicher Anknüpfung. So bedeutete 1866 das geschichtliche Urteil über eine lange Zeit berechtigte, höchst ehrenwerte, aber zum geschichtlichen Leben in unheilbare Spannung geratene Wissenschaft.

In dem territorial begrenzten Raum, in dem diese Staatsrechtsjurisprudenz herrschte, hatte sie nur einen eigentlichen Gegner und Konkurrenten von großer geschichtlicher Wirkung: den Kreis, dessen Programm der Kampf des Vernunftrechts gegen das historische Recht und dessen berühmtes Kampfmittel das Rotteck-Welckersche Staatslexikon war. In der Linie der Wissenschaftsgeschichte eine vorübergehende Nebenerscheinung, ist er ein Hauptpunkt in der Geschichte der Wirkung auf das Leben. Lebendige Wissenschaft, lebensnahe Universität sind seit der Julirevolution seine Forderungen, und die Bildung einer modernen staatsbürgerlichen Gesellschaft namentlich im deutschen Südwesten ist jedenfalls von der Seite des geistig-politischen Bewußtseins her zum guten Teil sein Werk. In der Paulskirche, in der das Lexikon noch viel gelesen und gebraucht wurde, war sein Spiel doch schon verloren — gerade die Professoren der Paulskirche, im Grunde Welcker selbst, standen schon auf anderem Boden. Diese programmatisch „lebensnahe" Wissenschaft war schon in einem Zeitpunkt tot, in dem die Frage der deutschen Freiheit und Einheit selbst noch nicht im Gegensatz zu ihr entschieden war.

[3] Das Reich und die Krankheit der europäischen Kultur, 1938.

Es sind innere, im tiefsten Wesen der von Klüber ausgehenden wie der im Staatslexikon repräsentierten Richtung liegende Schranken, die ihre Wirkung auf das geschichtliche Leben begrenzt und beendet haben. Außerdem aber war ihnen von vornherein eine kaum übersteigbare Grenze gezogen durch die Abschließung der Großstaaten.

Diese Abschließung ist in Österreich mehr mechanischer Art. Ihre Mittel sind oft geschildert worden[4]: der Ausschluß des positiven Staatsrechts aus dem Lehrplan, die Bindung der Professoren an ein modernisiertes Handbuch des Naturrechts, das im 18. Jahrhundert die Fakultätslehre fortschrittlich hatte antreiben sollen, jetzt aber mit seiner seltsamen Harmonisierung von Chr. Wolff und Kant nur die Immunisierung gegen alle geistigen Mächte des 19. Jahrhunderts bedeutete. Die Einwirkungen von Gentz, Schlegel, Haller erreichten nur die höchsten Spitzen des Reichs. Eine Wissenschaft von Staat und Staatsrecht und ihre Pflege und Lehre gibt es im vormärzlichen Österreich nicht. So ermöglicht der österreichische Fall die negative Probe auf das Exempel der Wirkung staatsrechtlichen Denkens und der Notwendigkeit solcher Wirkung für das geschichtliche Leben. Die geistige Wehr- und Hilflosigkeit des habsburgischen Gesamtstaats gegenüber der steigenden Mißstimmung des Landes und gegenüber den staatsrechtlichen Vorstößen des Austroslawismus im böhmischen Staatsrecht[5] und der magyarischen Jurisprudenz der Pragmatischen Sanktion zeigt, daß hier im Haushalt der lebenswichtigen Elemente des politischen Ganzen eine lebensgefährliche Lücke bestand. Josef Redlichs große Darstellung zeigt sehr anschaulich diese Lücke angesichts des Bündnisses der Angreifer gegen den habsburgischen Gesamtstaat mit den geistigen Mächten des Jahrhunderts: Romantik, Liberalismus, Nationalismus. Vielleicht erklärt sich auch Metternichs eigenes umfassendes Theoretisieren wenigstens zum Teil aus dem besonderen Bedürfnis des Leiters eines Staatswesens, dessen Recht und Rechtfertigung nicht Gegenstand ernsthafter theoretischer Besinnung und Lehre war. Noch der heutige Betrachter wird offenbar von diesem horror vacui ergriffen: Es ist kein Zufall, daß die uns so geläufig gewordenen Thesen der Gleichsetzung von Staat mit Machtapparat, der Hineindeutung dieser Gleichung in die Wort- und Begriffsgeschichte von Jahrhunderten und die skeptische Zurückführung aller modernen Staatsbildung auf individualistisch-politischen Trieb gerade im Zusammenhang von Redlichs

4 U. a. von Fr. Engel-Jánosi, Die Theorie vom Staat im deutschen Österreich 1815—1848, Zeitschr. f. öff. R. II, 1921, 360 ff.

5 Jos. Redlich, Das österreichische Staats- und Reichsproblem I 1 (1920) 165 ff.

Kritik am Habsburgerreich entstanden sind[6], oder daß Srbik angesichts dieser Lücke den eigenen theoretischen Ausfüllungsversuch Metternichs wohl allzu sehr betont[7].

Auf den ersten Blick zeigt die Lage in Preußen verwandte Züge. Zwar werden die Professoren nicht geradezu als elende und seichte Konspirateurs charakterisiert, wie Metternich es getan hatte. Aber sie werden, voran bekanntlich Klüber selbst bei seiner Entlassung (1822—1824), wenig rücksichtsvoll behandelt, wenn die Staatsraison es zu erfordern scheint; Klübers Staatsrecht wird als Vorlesungsgrundlage verboten, und bei aller Freiheit der Wissenschaft außerhalb des politischen Bereichs wird sie bei wirklicher und vermeintlicher Überschreitung dieser Grenze schroff in ihre Schranken zurückverwiesen[8].

Trotzdem liegt nicht hier der eigentliche Grund dafür, daß das vormärzliche Preußen keine Staatsrechtswissenschaft gehabt hat und nur bedingt ein Wirkungsfeld außerpreußischer Lehren gewesen ist. Entscheidend war vielmehr die positive geistige Eigenart dieses Beamtenstaats, die weit über die zweifellose und in der Literatur oft vernachlässigte Gemeinsamkeit vieler Züge mit den anderen Staatstypen des deutschen Absolutismus hinausgeht. Der entscheidende Gegensatz, auch gegenüber dem nicht absolutistischen Deutschland, liegt darin, daß hier nicht die Universität, sondern die Justiz- und Verwaltungsbürokratie der eigentliche Sitz staatstheoretischen und staatsrechtlichen Denkens ist. Diese Bürokratie betrachtet sich selbst als die eigentliche Wahrerin des wissenschaftlichen Gutes und überläßt der Universität mehr nur die Rolle der Anregung. Bezeichnend für diese Rollenverteilung ist die bekannte Geschichte des preußischen Ausbildungs- und Prüfungswesens[9]. Während der ersten beiden Drittel des 19. Jahrhunderts ist der Vorbereitungsdienst in Justiz und Verwaltung nicht nur als praktische, sondern auch als wissenschaftliche Ausbildung verstanden — das dritte Examen ist auch in wissenschaftlicher Hinsicht das bei weitem anspruchsvollste, und die Behörden betrachten sich als berufene Vorbereitungsstätte auch hierfür. Diese Lage hat ihre innere Begründung darin, daß das Bildungsgut zumal für den jungen Verwaltungsbeamten hier weniger als anderswo von den juristischen Fakultäten gepflegt werden konnte. Sein Grundstock, der

6 A. a. O. I 1 S. 30, 61, 67, 126 und öfter, I 2 S. 27 f.

7 S. auch die Kritik Kittels, Hist. Vjschr. 24, 481 ff.

8 Z. B. Max Lenz, Geschichte der Königlichen Friedrich-Wilhelms-Universität zu Berlin II 2 S. 122 f.

9 Noch wichtiger als Gneists Zeugnis (Die Studien- und Prüfungsordnung der Deutschen Juristen, 1878) das reiche biographische Material.

durch Erziehung überlieferte Bestand dessen, was man sich gewöhnt hat, mit einem irreführend engen Wort als das preußische Beamtenethos seit Friedrich Wilhelm I. zu bezeichnen[10], war nicht Gegenstand literarischer Theorie und nur im Raum der Behördenpraxis zu überliefern. Mit diesem Bestande hatte sich unlöslich verbunden die Wendung des Naturrechts, die durch das Allgemeine Landrecht hindurch die zweite wichtige Komponente des Geistes dieses preußischen Beamtentums geworden war. Nimmt man endlich hinzu die eigentümliche Aufgabe von Justiz und Verwaltung im konservativen Absolutismus dieses Großstaats, der partikularen Zersplitterung seines Rechtszustandes überall sorgfältig gerecht zu werden, so sind mit dem allen wohl die wesentlichen Elemente bezeichnet, die den uns Älteren aus dem Leben in altpreußischen Behörden eindringlich gegenwärtigen Geist altpreußischen Beamtentums ausgemacht haben. Es war eine weithin sehr geistige Welt, und die Gesinnung, in der Gneist als Student von seinem Vater angehalten wurde, kein Routinier und Einpauker zu werden[11], hat sich in Preußen auch gegen den Routinier immer wieder durchzusetzen gewußt.

In einem solchen Zusammenhang bedeutete akademische Wissenschaft stärker als anderswo nur Einführung und Anregung, ohne eigentliche stoffliche Wirkung. So ist eine unverhältnismäßig große Zahl von führenden preußischen Verwaltungsbeamten wissenschaftlich — man möchte beinahe sagen, nur weltanschaulich — von Savigny und Eichhorn bestimmt worden, und im Zusammenhange solcher rein akademischer „Theorie“ erscheint im preußischen Bildungsganzen auch das Staatsrecht, um nach der Auskultatorprüfung alsbald von den endgültigen Bildungsstoffen des künftigen Richters und Verwaltungsbeamten abgelöst zu werden, zu denen es selbst nicht gehörte.

So war der preußische Beamtenstaat auch eine geistige Macht, die als solche von der akademischen Welt und insbesondere von der akademischen Wissenschaft des öffentlichen Rechts ziemlich unabhängig war. Das Beste lebte hier in Überlieferung und Erziehung, und das juristisch-literarische Bedürfnis forderte nur den Kommentar und daneben die Hilfen zur Bewältigung des zersplitterten Rechtsstoffes, etwa in Roenne-Simons großem Sammelwerk. Dem entsprach der politische Typus des preußischen Beamten um die Jahrhundertmitte: liberal im Sinne des Allgemeinen Landrechts und der liberalen Wirt-

[10] So zu eng bei Tornius, Die Entstehung des preußischen Beamtenethos unter Friedrich Wilhelm I., phil. Diss. Köln 1935.

[11] Eugen Schiffer, Rudolf von Gneist, 1929, S. 3.

schaftslehre, aber durchaus nicht konstitutionell und der Verfassungsbewegung der Zeit nicht leicht zugänglich. So war hier kein wesentliches Einflußgebiet des westdeutschen Konstitutionalismus und kein Boden für eigene Staatsrechtslehre, sondern mehr nur für die Gegenwehr gegen westliche Einflüsse, wie sie sich z. B. in einer gewissen Verbreitung Hallers und in der Berufung Stahls äußerte. Nur von hier aus werden die Voraussetzungen, das Werk und die Wirkungen Gneists verständlich, wie umgekehrt von Gneist her diese preußische Welt übersehbar und durchsichtig wird. Seinen eigenen geschichtlichen Ort hat Gneists Lebenswerk aber erst in der zweiten Hälfte des Jahrhunderts.

Wenn Österreich und Preußen bis 1848 gegenüber der Einwirkung gemeindeutscher Staatsrechtslehre einigermaßen abgeschlossene Räume gewesen sind, so gilt Ähnliches, wenn auch sehr viel bedingter, von Bayern, allenfalls in gewissem Grade von Württemberg. Die Linie, die von Gönner über Pözl zu Max v. Seydel führt, bedeutet, Behr und Held eingeschlossen, eine wesentliche Komponente im Aufbau des bayerischen Staats und Staatsbewußtseins, ebenso wie die gehaltreiche Geschichte der öffentlichrechtlichen Literatur Württembergs. Doch ist hier von vornherein die Wirkung von der gemeindeutschen Linie her und dorthin zurück stärker als in den beiden Großstaaten.

Seit 1848 nimmt die Bedeutung dieser geistig-politischen Grenzen immer mehr ab. Beinahe das ganze Deutschland ist konstitutionell geworden, und so breitet sich auch die Literatur des deutschen Staatsrechts merklich aus. Literatur- und Dogmengeschichte werden hier vielleicht keinen fühlbaren Abschnitt feststellen, aber um so tiefer ist der Einbruch in Lebensbedeutung und Geschichtsmächtigkeit der Disziplin. In ihr treffen nun in einzigartiger Weise sozusagen zwei Wellentäler zusammen: einmal das der politischen und insbesondere verfassungspolitischen Enttäuschungen — in der deutschen Frage, im konstitutionellen Leben der Reaktionszeit bis zum preußischen Konflikt, in der Erschütterung der dynastischen Legitimität in Schleswig-Holstein und bei den Besiegten von 1866 — und daneben die geistige Ernüchterung der Jahrzehnte nach dem Niedergang des Idealismus. Man verzweifelt an einer Gerechtigkeit in den Dingen und an der Möglichkeit überzeugender Entwicklung solcher Gerechtigkeit, insbesondere in der Verfassungslehre. Die Staatsrechtswissenschaft unterlag in den Machtkämpfen dieser Zeit und versagte — zuerst fühlbar in der Paulskirche und in Kremsier — auch vor ihren praktischen Aufgaben: Es rächte sich ihr historisches Element wie ihre liberale Neigung zu Freiheit und Kritik an Stelle eines im Leben gegründeten positiven Programms der Gesetzgebung, wie das Naturrecht es entwickelt hatte. So verblaßt ihre Geltung gegenüber dem einsetzenden realpolitischen Denken, wenn zunächst auch nur Außenseiter, wie Stockmar, die Folgerung daraus für das Staatsrecht ziehen, und die Niedersachsen, wie Stüve und Vincke, sich in ihrem nüchternen Realismus endgültig bestätigt finden. Erst Laband hat ausdrücklich und abschließend den Bruch mit der politisch und geistig kompromittiert erscheinenden Vergangenheit vollzogen und damit die zweite Periode der Geschichte der Disziplin im 19. Jahrhundert verhängnisvoll eingeleitet.

Den Zeitgenossen ist die Wendung der Dinge kaum zum Bewußtsein gekommen. Allerlei Bücher erleben neue Auflagen, und in der Naivetät, die ihn als staatsrechtlichen Schriftsteller und deutschen Politiker kennzeichnet, meint Bluntschli mit der Einführung allgemeinen konstitutionellen Denkens und Rohmerscher Phantasien in die bürgerliche Allgemeinbildung die politische und geistige Krise zu überbrücken. Unendlich tiefer begründet ist Gneists Rettungsversuch: aus dem kompromittierten Reich der Verfassung in das bewährte der preußischen Verwaltung, deren Unterbau er gedanklich zu erneuern und zu verbreitern und deren Wirkung er praktisch zum eigentlichen Rückgrat des Staats zu machen suchte. Obwohl Professor und Parlamentarier, gehört er doch im letzten Grunde weder der akademischen Wissenschaft noch dem konstitutionellen Leben an, sondern ist eine letzte große Verkörperung des preußischen Beamten- und Verwaltungsstaats, der in Bürokratie und Verwaltung auch die Pflegestätte des geistigen Lebens und den Ort des Verfassungslebens sah. Gneists einzigartiger Erfolg als Lehrer und im praktischen Neuaufbau der preußischen Verwaltung darf nicht über die ganz bestimmten Grenzen seines Wesens und seiner Wirkung täuschen. Er hat aus der Fülle des in der preußischen Verwaltung verkörperten Schatzes politischer, geistiger, sittlicher Kräfte gewirkt und einen weiten menschlichen Kreis noch einmal in diese Überlieferung hinein erzogen. Aber er ist ein stolzes Ende, nicht ein neuer Anfang: er ist kein Verfassungsgründer und kein erfolgreicher Begründer einer neuen Denkart von Staat und öffentlichem Recht, und der Kreis, auf den er gewirkt hat, ist begrenzt geblieben, wie in anderer Ebene der Kreis Schmollers und des Vereins für Sozialpolitik, oder endlich, in wiederum anderen verhängnisvollen Schranken, der Kreis Friedrich Naumanns.

Ist die hier verfolgte Frage des Verhältnisses von Wissenschaft und Leben für die erste Hälfte oder die ersten beiden Drittel des Jahrhunderts zunächst die Frage nach politischen und geistigen Grenzen verschiedenster Art, deren Feststellung zugleich einen wesentlichen Teil der Antwort enthält, so verschiebt sich ihr Gegenstand mit der Reichsgründung. Jene Grenzen sind gefallen, und die Frage geht nun dahin, wie Laband auf seine Zeit gewirkt hat, und ob diese Wirkung mit der der deutschen Staatsrechtswissenschaft der Bismarckzeit überhaupt gleichzusetzen ist.

Sein Bruch mit der wissenschaftlichen Vergangenheit ist für seine Zeit mindestens ebenso folgenreich gewesen, wie die umgekehrte Entscheidung Klübers im Anfang des Jahrhunderts. Weder Gierkes Widerspruch noch Haenels anderweitiger Aufbauversuch haben die von ihm geführte Entwicklung aufhalten oder ablenken können. Sein Positivismus zieht für die Staatsrechtslehre mit höchstem Radikalismus die vermeintlichen methodischen Folgerungen aus der politischen und wissenschaftlichen Ernüchterung der vorangegangenen Zeit. Das wissenschaftliche Erbe der Vergangenheit — von dem H. A. Zachariä Ende 1866 in der Vorrede zum 2. Bande der letzten Auflage seines deutschen Staats- und Bundesrechts gemeint hatte, nur der purste Unverstand könne meinen, daß dies Erbe nur noch historisches Interesse habe — wird von ihm restlos abgestoßen. Die Art seines Denkens ist hier nicht zu erörtern — das ist oft genug geschehen. Sie steht in ihrer Zeit nicht allein: ihr skeptischer Nominalismus ist dem fragwürdigen Pathos des Ignorabimus! nahe verwandt, und die Parallelen mit der Wiener nationalökonomischen Schule, wie sie Carl Brinkmann kürzlich charakterisiert hat[12], fallen ins Auge. Für ihn ist das Staatsrecht nicht ein Versuch gerechter politischer Ordnung, und Staatsrechtswissenschaft hat nicht die Aufgabe, darzutun, ob und wieweit dieser Versuch gelungen ist. So entsteht jenes seltsame Bild eines sinnentleerten Systems von Kompetenz- oder Machtparzellen, das zum Leben an sich keine Beziehung hat, wohl aber durch Nichterfüllung der dieser Wissenschaft obliegenden Aufgaben lebensschädigend wirken muß.

Nur auf den ersten Blick besteht eine gewisse Stilverwandtschaft zwischen der unvolkstümlichen, diplomatischen Haltung der Bismarckschen Verfassung und der geistigen Haltung ihres berühmten Systematikers. Hugo Preuss hat bei Bismarcks Sturz der Reichsverfassung nachgerühmt, daß sie den „eklatanten Beweis" dafür geliefert habe,

[12] Gustav Schmoller und die Volkswirtschaftslehre, 1937, bes. S. 129, 139.

wie „unfruchtbar und ohnmächtig eine prinzipienfremde, ideenfeindliche Staatskunst auf dem Gebiete verfassungsrechtlicher Organisation ist und notwendig sein muß". Die „Bedingungen irgendwelcher Lebensfähigkeit" seien in sie „erst mühsam hineingeflickt worden von Männern, die wenigstens damals die Bedeutung von Ideen und Prinzipien zu würdigen wußten"[13]. Heute wird niemand mehr Bismarcks Anteil an seinem Werk eine Gedankenlosigkeit nennen, und Laband selbst war zu klug, um das Verfassungsdenken des Reichsgründers nicht zu verstehen. In seinem großen Werke ist aber weder von dem Sinn der Bismarckschen Konzeption noch von den „Prinzipien und Ideen" die Rede, wie sie etwa hinter dem Amendement Bennigsen standen. Man erfährt nicht, in welchem Sinne die Reichsverfassung das konstitutionelle Problem der Konfliktsperiode aufnahm und weiterführte, und ebensowenig, was der nunmehrige deutsche Föderalismus bedeutete. Laband hat diese Unterlassung mit dem Grundsatz der Methodenreinheit gerechtfertigt, und außerdem könnte man zu seinen Gunsten daran erinnern, daß die Staatsrechtswissenschaft dieser Tage von den eigentlichen verfassungspolitischen arcana imperii und wichtigsten Bereichen der Verfassungspraxis ferngehalten wurde. Wenn ein so gründlicher Sachkenner wie Rudolf v. Delbrück dem Präsidenten Pape, dem langjährigen Vorsitzenden des Justizausschusses des Bundesrats, nachrühmt, er sei der praktische Begründer des Bundesstaatsrechts gewesen[14], so hat zwischen dieser Leistung und dem Aufbau der bundesstaatlichen Theorie keinerlei Zusammenhang bestanden. Aber diese praktische Lage wie das Prinzip der Methodenreinheit sind nur Vordergrundsrechtfertigungen. Daß die Labandsche Staatsrechtswissenschaft an den Problemen ihres Gegenstandes vorbeiging, beruhte im letzten Grunde vielmehr darauf, daß sie diese Probleme sachlich nicht ernst nahm. Das bekannteste Beispiel dafür ist Labands Behandlung der Konfliktsfrage. Einerlei, wo man ihre Lösung sucht: dies ist keine Lösung des Problems, sondern seine Eskamotierung durch einen Trick. In diesem mangelnden Ernst gegenüber den verfassungspolitischen Gewissens- und Lebensfragen des deutschen Volkes liegt das tiefe Unrecht von Labands Werk und die Ursache seiner geringen aufbauenden und überwiegend ungünstigen Wirkung.

Ähnlich wie gegenüber dem Fehlen österreichischer Staatsrechtswissenschaft in der ersten Hälfte des Jahrhunderts sind die Folgen des Ausfalls auch hier an einzelnen literarischen Belegen und an einem

---

[13] Neu gedruckt: Staat, Recht und Freiheit, 1926, S. 175.

[14] A. a. O. II 162.

allgemeinen Ausfall im geistig-politischen Haushalt der Nation abzulesen. Daß Laband dem von der Reichsverfassung selbst mit soviel Nachdruck vorangestellten bündischen Element des Reichsstaatsrechts nicht gerecht wurde, drängte alle, die außerhalb der Sphäre des Bundesrats und der Reichsämter, wo man über diese Dinge im wesentlichen einig war, berechtigte oder unberechtigte staatsrechtliche Ansprüche aus diesen verfassungsmäßigen Zusammenhängen herleiteten, in partikularistisch klingende Begründungen und Denkweisen ab, da ja ein mit der führenden Staatsrechtsjurisprudenz gemeinsamer Boden bündischer Rechtsgedanken für diese Erörterung fehlte. So ist die Einseitigkeit Seydels und die ungünstige politische Auswirkung der Seydelschen Bundesrechtstheorie in Bayern von der Unzulänglichkeit des Labandschen Staatsrechts mit verschuldet — wie umgekehrt das verbreitete Mißverständnis, das Bismarcks virtuellen und eventuellen Unitarismus mit dem geltenden Staatsrecht verwechselte und das in Hans Goldschmidts bekanntem Buch[15] einen für die Richtigkeit des Geschichtsbildes der Bismarckzeit gefährlichen Niederschlag gefunden hat, nicht denkbar wäre, wenn hier die Wissenschaft nicht versagt hätte. So werden sich viele weitere verhängnisvolle Zusammenhänge nachweisen lassen, — ich nenne nur den Nominalismus der Rechtsquellenlehre und der Geldtheorie[16]. Darüber hinaus aber hat diese Staatsrechtswissenschaft die ihr obliegende Gegenwirkung unterlassen gegen die Fortsetzung der sog. realistischen Desillusionierung der Reaktions- und Konfliktszeit in die Bismarckzeit hinein. Wenn die fin de siècle-Stimmung in der Reichsgründung die Zerstörung des Legitimismus und die Napoleonisierung der preußischen Monarchie sah (Friedrich Naumann[17]), so konnte sie das nur darum, weil es an einer sachgemäßen Deutung der Reichsverfassung fehlte, die Monarchie und Legitimität allerdings endgültig entfeudalisierte, aber zugleich im national legitimierten Föderalismus neu begründete. Naumann hat im Weltkriege beklagt, daß das Deutsche Reich keine Revolution mit legendenbildender Kraft hinter sich habe und darum keinen Staatsgeist erzeugt, keine eigentliche Volkstümlichkeit habe[18]. In diese Fehlentwicklung hinein hat das Versagen der Staatsrechtswissenschaft angesichts der Möglichkeiten akademischer Wirkung in den ersten

[15] Das Reich und Preußen im Kampf um die Führung, 1931.

[16] Über Labands Verhältnis zu ihr und zu G. F. Knapp: Adalbert Schwander, Die Geldschuldlehre, 1938, S. 34.

[17] Einzelbelege z. B. bei Th. Heuss, Friedrich Naumann, 1937, S. 176.

[18] Denkschrift von 1917, dazu Heuss S. 472 ff.

Jahrzehnten dieser großbürgerlichen Zeit einen empfindlich großen negativen Beitrag geliefert.

Die von Laband beherrschte Periode der staatsrechtlichen Arbeit bedarf unter dem Gesichtspunkt unserer Frage noch gründlicher Aufhellung, zur Abgrenzung und Würdigung der geschichtlichen Wirkung dieser Persönlichkeit und ihres Systems selbst und außerdem zur richtigen Abgrenzung der fachgenössischen Arbeit der Zeit gegen ihn. Denn der staatsrechtliche Positivismus seiner Zeit, der ihn als seinen Meister anerkannte, ist darum doch nicht mit ihm zu verwechseln. Er ist nicht in der bewußten wissenschaftlichen Intention, aber in der Lebenswirkung dadurch von ihm unterschieden, daß seine übrigen Vertreter nicht lediglich Positivisten sind, sondern, oft wider Willen, auch als Gelehrte vielfach am stärksten mit einem Stück ihres Wesens und Denkens gewirkt haben, das nicht ihrem bewußten wissenschaftlichen Glaubensbekenntnis entsprach. Im weiteren Kreise der Rechts- und Sozialwissenschaften sind Sohm und Max Weber wohl die hervorragendsten Beispiele dieses Nebeneinander des Positivismus mit anderen Elementen. Bei den Staatsrechtslehrern dieser Zeit besteht dies Nebeneinander darin, daß ihr Positivismus sozusagen Obertöne hat, die bei Laband fehlen. So gelingt es anderen, das Erbe der Vergangenheit stärker zu bewahren, die von Laband zerrissene Einheit des gesamten deutschen Staatsrechts einigermaßen herzustellen und in anderem Sinn als er politische Erzieher zu sein. Von dem tieferen Grunde dieses Unterschiedes braucht hier nicht die Rede zu sein — seine Herausstellung scheint mir die erste Voraussetzung für ein richtiges Urteil über jene Generation und ihre Wirkung im ganzen.

Überblickt man die Abfolge der geschichtlichen Wirkungen der staatsrechtlichen Disziplin, soweit sie für einen vorläufigen Überblick erreichbar sind, so sind die einzelnen Erscheinungen, ihre Bedingungen und ihre Wirkungen so wechselnd und vielgestaltig, daß sich eine einheitliche Kurve nicht gewinnen läßt. Soweit Staatsrechtswissenschaft die Wahrerin schwer zugänglichen gelehrten Sonderwissens war, ist sie als Beraterin und Gutachterin, zumal in den Fragen der Reste älterer Rechtszustände, in der ersten Hälfte des Jahrhunderts gesucht gewesen, wie heute allenfalls noch der Kirchenrechtler, ist hier aber mit dem Wandel der Zeiten immer entbehrlicher geworden; der Lippesche Streit ist ihr nur noch überantwortet, um ihn politisch zu neutralisieren. Auch ihre Rolle als Autorität in den großen Fragen des öffentlichen Rechtsbewußtseins ist in ähnlicher Kurve vom 18. zum 20. Jahrhundert gesunken. Deutlicher als hier werden die treibenden

Kräfte des Wandels aber in der Folge der Arten akademischer Wirkung. Hier kann man, soviel ich sehe, drei Typen unterscheiden, die zu den drei Hauptperioden der Geschichte der Disziplin in einer gewissen Beziehung stehen, ja geradezu für sie bezeichnend sind, ohne sich irgendwie mit ihnen zu decken.

Der erste dieser Typen wird repräsentiert durch Persönlichkeiten wie den Freiherrn vom Stein, die beiden Vinckes, Stüve, Kleist-Retzow und viele andere aus dem deutschen Norden und Nordwesten, aber auch z. B. aus Württemberg. Hier trifft die akademische Einwirkung sozusagen auf gewachsenen Boden ererbten öffentlichen Rechtsbewußtseins, und der wissenschaftliche Stoff bedeutete eine hinzukommende technische Vorbildung für den Reichs- oder Landesdienst, er macht allenfalls die ererbte Gesinnung nur bewußt und durchdacht, vielfach durch den Widerspruch, zu dem er sie zwingt[19]. Die zweite Schicht wird erst durch die akademischen Eindrücke selbst bestimmt, ihr ist das Denken in Sachen öffentlichen Rechts nicht Erbgut, sondern Bildungserlebnis. Es ist der im Zeitalter des Idealismus, des Frühliberalismus und in der von beiden erfüllten Zeit höchster Geltung der Universität vorherrschende Typus. Hier wird der öffentliche Charakter einer Persönlichkeit weithin mit Recht hergeleitet von den Einflüssen ihrer Studienzeit, und es ist nicht nur ein Kuriosum, wenn Theodor v. Schön noch im hohen Alter den Unterschied zwischen Stein und Hardenberg und sich selbst damit begründete, daß jene in Göttingen historisch verbildet seien, er aber in Königsberg in die allein richtige Schule gekommen sei[20].

Es ist wohl das ernsteste Kriterium für das Sinken der Bedeutung unserer Wissenschaften, daß solche Erziehungswirkung, die wir in der theologischen Fakultät noch heute für selbstverständlich halten, seit der Mitte des Jahrhunderts immer seltener geworden ist. Wenn es bei Gneist anders war, so hatte das seine besonderen Gründe; in ihm wirkte noch einmal in höchster Steigerung die überkommene selbsterneuernde Erziehungskraft preußischen Beamtentums. Der Positivismus verzichtete schon in seiner Intention auf solche Wirkungen und verdankte sie im Einzelfalle seinen Unfolgerichtigkeiten, seinen unwillkürlichen Obertönen. Aber grundsätzlich gab er dem, der ein sachliches Verhältnis zu den Fragen des öffentlichen Lebens hatte, vermöge praktischer oder anderweitig begründeter politischer Bewußtheit, nur

---

[19] Ein Beispiel Kleist-Retzows Auseinandersetzung mit Dahlmann: G. v. Petersdorff, Kleist-Retzow, 1907, S. 46.

[20] Otto Mejer, Lebenserinnerungen (handschriftlich).

eine leicht eingehende und brauchbare, aber die eigentlichen Probleme umgehende technische Begriffswelt hinzu, die neben jeder beliebigen politischen Gesamthaltung ein bequemes technisches Arbeitsmittel war und als solches auch heute vielfach fortlebt, in seltsamstem Widerspruch zur Wandlung der Zeit. Noch bedenklicher, wenn dieser Formalismus in unpolitischer Zeit mißverständlich an Stelle politischen Gehalts hingenommen wurde — dann wirkte diese Begriffswelt zerstörend auf die Möglichkeit wirklicher politischer Substanz. In der Regel aber erreichte sie diese negative Wirkung auf dem anderen Wege: in ihrer Technizität Kulisse, ja Vorspann zu sein für die politische Entscheidungsflucht der Zeit.

II.

Eine deutsche Verwaltungsrechtswissenschaft als eine das 19. Jahrhundert hindurch in innerem Zusammenhang bestehende Erscheinung gibt es nicht. Schon deshalb ist es nicht möglich, einer einheitlichen Linie ihrer praktischen Wirkung nachzugehen. Sie hat auch zumeist nicht deutsche Verwaltung und deutsches Verwaltungsrecht als ein einheitliches Ganzes zu fassen gewußt, wie es die Staatsrechtslehre von jeher mit dem Staat getan hat. Ihr Gegenstand liegt mindestens scheinbar am Rande der Verwaltung; er ist territorial aufs äußerste zersplittert und lebt hier weithin, literarisch kaum faßbar, mehr nur in der Praxis.

Die verwaltungsgeschichtliche Arbeit hat bisher überwiegend die Zeit bis zum 19. Jahrhundert behandelt. Ihre nächste und dringendste Aufgabe ist die Klärung des geschichtlichen Bildes der großen territorialen Verwaltungen des 19. Jahrhunderts. Erst auf Grund dieser Vorarbeit wird ein Gesamtbild auch des lebendigen Verwaltungsrechts dieser Zeit und des Anteils der Wissenschaft daran zu gewinnen sein. So beschränke ich mich hier auf wenige Gesichtspunkte.

Das Fragmentarische der verwaltungsrechtlichen Literatur wird deutlich, wenn man aus ihr die seltenen Fälle wirklicher Gesamterfassung heraushebt. Gneists Lebenswerk stellt nicht das System, aber die Totalität des Verwaltungsrechts einzigartig dar, aber er ist auch hier wie im Staatsrecht ein Ende und von begrenzter Wirkung. Lorenz v. Steins gewaltiges System leidet noch stärker unter diesem Schicksal: sein Versuch erneuerter Spekulation hat es zu völliger Unwirksamkeit verurteilt. Immerhin liefern diese beiden Lebenswerke den Maßstab für das, was der eigentliche und ganze Gegenstand der Verwaltungsrechtswissenschaft sein sollte.

Noch mehr als die Frage der Wirkung der staatsrechtlichen Literatur ist die des Einflusses der verwaltungsrechtlichen zunächst und vor allem eine Frage der Grenzen dieses Einflusses. Die erste wichtige Funktion verwaltungsrechtlicher Literatur ist in Zeiten der Staatsbildung die Förderung der Einheit der Verwaltung und damit des Staates überhaupt. Der preußische Beamtenstaat ist in dieser Hinsicht sozusagen in einer vorliterarischen Periode entstanden und hat weder im Interesse einer von ihm gar nicht gewünschten Rechtseinheit noch im Interesse seiner Beamtenerziehung eine Literatur dieser Art hervorgebracht. Stärker ist insbesondere in Bayern die Staatsbildung des 19. Jahrhunderts von der sich entwickelnden Literatur des öffentlichen, auch des Verwaltungsrechts, und auf die Dauer auch hier zugleich von einer liberalen Komponente[21], wirksam unterstützt. Daneben spielt in Deutschland die polizeiwissenschaftliche Literatur ihre bescheidene Rolle als Lehrmittel und zunehmend auch als Vermittlerin eines gewissen verfassungs- und wirtschaftspolitischen Liberalismus. Mohls berühmtes Buch, beruhend auf der besonderen württembergischen Überlieferung der Beamtenbildung und zugleich die Einordnung der Disziplin in eine gemäßigte liberale Linie, ist bei aller Verbreitung ein Buch der Schule geblieben und ist zugleich das letzte seiner Art.

Denn je entschiedener sich das System modernen konstitutionellen Staatsrechts entwickelte, um so entschiedener zog es die literarische Behandlung des Rechts der Verwaltung in dieses sein System hinein. Abgesehen davon vollzog sich die Beamtenbildung in der Praxis der Verwaltung, und Mohl und andere wurden allenfalls zu theoretischer und stofflicher Ergänzung dieser Ausbildung gelesen. Aber die Wirkung dieser Literatur steht, soviel ich sehe, unendlich zurück hinter der des Verfassungsrechts einerseits, der liberalen Wirtschafts- und Finanzpolitik anderseits: Diese sind die wirksamen Bücher, um nicht zu sagen die verwaltungspolitische Bibel in der Hand vieler preußischer und außerpreußischer Beamten gewesen.

Das Einsetzen eigentlicher verwaltungsrechtlicher Literatur seit den sechziger Jahren ist, soweit sie auf akademischem Boden entsteht, die Begleiterscheinung der Einführung des Verwaltungsrechts in den akademischen Lehrplan. Man braucht diese in ihrer Weise tüchtigen

[21] „Die wissenschaftliche Behandlung des Stoffes schließt jede Willkür aus" — so bezeichnet Brater in dem einleitenden Aufsatz über die „Unwissenschaftlichkeit der Verwaltungspraxis" die an die „Blätter für administrative Praxis" geknüpfte politische Erwartung (Bd. 1, 1851, S. 4).

Lehrmittel nur gegen eine einzige Broschüre von Gneist zu halten, um zu sehen, wie lediglich akademisch dieses Schrifttum ist.

Neben die neu eingeführte Vorlesung tritt die Verwaltungsgerichtsbarkeit als zweite und innerlich stärkere Anregung, die der bisherigen Beteiligung der Praxis an der neuen Disziplin einen verstärkten Auftrieb gibt. Die akademische Verwaltungsrechtswissenschaft ist vor 1900 auch in den Verwaltungsgerichten aus verschiedenen Gründen nur zu geringem Einfluß gekommen. In Preußen deshalb, weil die Verwaltungsgerichte hier in der Zersplitterung des positiven Rechtszustandes ihre Hauptschwierigkeit und ihre Hauptaufgabe fanden, in der zünftige Wissenschaft sie wenig fördern konnte. Der Charakter der mittelstaatlichen Verwaltungsjurisdiktionen hatte mit dieser Schwierigkeit weniger zu kämpfen und konnte sich daher von vornherein mehr der „Herstellung und Ausbildung eines grundsätzlichen Verwaltungsrechtes“[22] widmen. Aber auch hier hatte die Praxis die Vorhand, die aus ihr hervorgehende Literatur legte ihre Ergebnisse fest und setzte sich mit der akademischen Wissenschaft auseinander, an starker Wirkung über die Landesgrenzen hinaus allerdings in der Regel durch die Bindung an das Sonderrecht des Landes gehindert[23].

Die Verwaltungsrechtswissenschaft des ausgehenden 19. Jahrhunderts erscheint uns heute weniger unter dem Vorwurf des Labandschen Positivismus als unter dem der liberalistischen Ausrichtung auf das Einzelinteresse. Mir scheint die Frage noch offen, wieweit an dieser ihrer Haltung die Orientierung an der Praxis der Verwaltungsgerichte und deren vorwiegendem Tätigwerden zum Schutz des einzelnen, wieweit geistige Nichtbewältigung des Problems der Verwaltung als Ganzes und damit gegebene Beschränkung auf dieses durch die Entscheidungsbände der Verwaltungsgerichte nahegebrachte Randproblem, wieweit politischer Individualismus bestimmend beteiligt war. Eine breitere praktische Wirkung hat diese Tendenz wohl erst nach der Jahrhundertgrenze gehabt. Immerhin war sie von politischer Bedeutung; so hat das Bild, das Hugo Preuss von der Entwicklung deutscher Kommunalverfassung und Kommunalpolitik entwor-

---

[22] Die Begründung der Einführung der Verwaltungsgerichtsbarkeit in Baden, J. C. Bluntschli, Denkwürdiges aus meinem Leben, III 35.

[23] Eine Fülle von Belegen für die in vielen Beziehungen eigenartige Lage in Österreich bei Fr. Tezner, Die rechtsbildende Funktion der österreichischen verwaltungsgerichtlichen Rechtsprechung, 1925. — Die Literatur der Länder, voran Braters und Fischers Zeitschriften, verdiente eine gründliche Untersuchung auf das Verhältnis von Wissenschaft und Praxis, partikularem und überterritorialem Inhalt.

fen hat und das in seiner ganzen Unrichtigkeit erst nach und nach von der Einzelforschung richtiggestellt wird, ein wichtiges Argument in den kommunalpolitischen Kämpfen der Vergangenheit geliefert. Hier wie in der Frage des Polizeibegriffs hat das Versagen der Wissenschaft im 19. Jahrhundert der Praxis zum Schaden gereicht. Im ganzen aber hat man sie in den Kernfragen der Verwaltung nicht vermißt, bei aller Anerkennung ihrer Bedeutung für die Randgebiete, wie für die Grundlegung der Verwaltungsgerichtsbarkeit oder für die öffentliche Entschädigung.

Von einer Gesamtlinie eines Verhältnisses der Verwaltungsrechtswissenschaft des 19. Jahrhunderts zum Leben kann danach nicht die Rede sein. Eine solche Wissenschaft als durchgehende Einheit fehlt, und die Verwaltung einschließlich der Verwaltungsrechtsprechung ist von solcher Literatur nur wenig bestimmt worden. Das biographische Material und persönliche Auskunft alter Praktiker ergeben vielfach starke Beeinflussung durch politische, historische, nationalökonomische Literatur. Das verwaltungsrechtliche Schrifttum ist dagegen zumeist nur Lehrbehelf für die Ausbildung und technischer Behelf für die Praxis gewesen.

Gerade in dieser Eigenschaft hat allerdings verwaltungsrechtliche Literatur einmal eine wichtige Entscheidung der deutschen Verwaltungsgeschichte mit herbeigeführt. Bei der Einrichtung der deutschen Verwaltung in Elsaß-Lothringen entschied für die Beibehaltung des französischen Verwaltungsrechts nicht nur seine praktische Bewährung und Einheitlichkeit, sondern auch seine Zugänglichkeit „durch handliche Bücher", wie ein Hauptbeteiligter es ausdrückt[24]. Die französische staats- und verwaltungsrechtliche Literatur ist die Voraussetzung dafür gewesen, daß deutsche Beamte das vorgefundene öffentliche Recht handhaben konnten und daß der deutsche Gesetzgeber es bestehen ließ — eine rechtsgeschichtlich und politisch nicht gleichgültige Waffenstreckung. Von dort her ist das französische Verwaltungsrecht oder richtiger seine Literatur ein wichtiges und gefährliches Vorbild für die deutsche Theorie geworden — gefährlich nicht nur wegen der stofflichen Rezeptionen im einzelnen, sondern wegen der unfreiwilligen Herübernahme einer nur auf romanischem Boden gültigen Beziehung von Wissenschaft und Leben[25].

---

24 A. Ernst v. Ernsthausen, Erinnerungen eines preußischen Beamten, 1894, S. 344.

25 Für die stärkere Wirkung der romanischen Verwaltungsrechtswissenschaft auf die Praxis in Gesetzgebung, Verwaltung und Rechtsprechung ihrer Länder ist das aus neueren deutschen Untersuchungen bekannteste Beispiel das der

Wenn diese Bemerkungen mehr einen mit Thesen belegten Arbeitsplan andeuten als ein fertiges Bild geben sollen, so erlauben sie auch noch keine endgültigen grundsätzlichen Folgerungen für die Gegenwart. Abgesehen von den bekannten besonderen Fehlerquellen des 19. Jahrhunderts steht wissenschaftliche Arbeit mit ihrem praktischen Erfolge unter dem Gesetz aller im geschichtlichen Flusse stehenden und geschichtlich bedingten Arbeit, daß ihre Lebenswirksamkeit einen gewissen Anteil hat an dem Wagnis der geschichtlichen Tat. Die bewußte Einordnung der Wissenschaft an ihren Ort im Volk und ihre bewußte Ausrichtung auf ihre Aufgabe, die sie mit einem ihrem Wesen entsprechenden Anteil geschichtsmächtiger Lebenswirkung erfüllen soll, werden diese Schwierigkeit ihres besonderen Weges unendlich erleichtern, aber nicht beseitigen, solange sie Wissenschaft bleibt. So entsteht die Frage an das 19. Jahrhundert, ob es uns in seiner Entwicklung im einzelnen über die große Warnung vor Volksentfremdung hinaus in diesen Zusammenhängen etwas zu sagen hat. Es gibt keine Rezepte des geschichtlichen Gelingens in der Wissenschaftsgeschichte: Wirkung und Wirkungslosigkeit folgen nicht aus großer oder geringer spezifischer Wissenschaftlichkeit, nicht aus Einordnung in die geistesgeschichtliche Linie der Zeit oder aus Widerspruch zu ihr, nicht aus Art oder Unart der sittlichen Grundlage, nicht aus amtlicher Förderung oder oppositionellem Auftrieb. Aber es gibt Gefahren, deren Bedrohlichkeit deutlicher wird, wenn man sich die geschichtliche Vielgestaltigkeit der Formen vergegenwärtigt, in denen sie auftreten. Es ist wichtig, sich vor Augen zu halten, daß die Lebens- und Wirklichkeitsentfremdung des 19. Jahrhunderts auf dem Boden des Idealismus

---

rechtlichen Einordnung der Regierungsakte, vgl. neuestens H. P. Ipsen, Politik und Justiz, 1937. Den verwickelten und z. T. auf tiefsten Gegensätzen nationaler Eigenart beruhenden Gründen dieser Unterschiede kann hier nicht nachgegangen werden. — Die Wirkung Otto Mayers ist nicht verfolgt, da sie im wesentlichen erst in die Zeit nach 1900 fällt, und ebensowenig die stärkeren Einflüsse der Literatur auf Gesetzgebung (Reichsabgabenordnung, Verwaltungsordnungen u. a. m.), Verwaltung und Verwaltungsrechtsprechung in dieser Zeit. In diesen Verschiebungen wirken sehr verschiedene Faktoren zusammen, vor allem die fortschreitenden Tendenzen der Intellektualisierung und Unitarisierung, während der erst an zweiter Stelle stehende politische Faktor des Liberalismus und Individualismus sehr viel blut- und farbloser ist, als in der Vergangenheit des 19. Jahrhunderts.

Gneist und Otto Mayer repräsentieren zwei geschlossene Typen und Epochen in der Geschichte der verwaltungsrechtlichen Wissenschaft und vor allem auch ihres Verhältnisses zum Leben, die in allen wesentlichen Punkten in tiefem Gegensatz zueinander stehen und heute beide ganz und gar Vergangenheit sind. Ihr Gegensatz und ihre schließliche Ablösung sind aber Fragen des 20., nicht des 19. Jahrhunderts.

so sehr entstanden ist, wie auf dem Boden des skeptischen Bruchs mit ihm, und daß die Einhaltung der uns aufgegebenen wissenschaftlichen Linie zwischen theoretisierendem Leerlauf und Kurzschluß mit der Praxis nur dauernder angestrengter Besinnung auf diese Gefahren gelingt. Und ein anderes, immer neues Kapitel deutscher Geistesgeschichte wird hier zum besonderen Gegenstande des Nachdenkens: das des oft unvermeidlichen und immer gefährlichen Bruchs mit der Überlieferung. Die geistesgeschichtlichen Ereignisse, die durch die Namen Klüber und Laband bezeichnet werden, lehren, wie folgenreich im Guten und im Argen für Theorie und Leben und wie verantwortungsbelastet deshalb die wissenschaftlich-methodischen Neueinsätze in unseren Disziplinen sind, wenn sie zusammenfallen mit den großen Kreuzwegen und Entscheidungszeiten der Volksgeschichte.

Politisches Erlebnis und Staatsdenken seit dem 18. Jahrhundert

Daß politisches Leben auch politisches Erleben bedeutet, erscheint der Gegenwart mit Recht als selbstverständlich.

Ginge das politische Denken noch heute, wie einst, von der Frage aus, wieso der Einzelne dazu komme, sich in das politische Ganze einfügen zu müssen, so würde es die Antwort in einer anderen Sphäre suchen müssen, als damals. Die Frage würde nicht mehr so lauten, wie vordem: Weshalb muß meine natürliche, naturrechtliche Freiheit der Übermacht des Staates weichen?, sondern eher: Wie findet sich mein Lebensgefühl mit der ungeheuren Lebenstatsache von Volk und Staat ab?

Wenn die politische Theorie heute ihren Ausgang nicht vom Einzelnen nimmt, so hat sie doch allen Grund, sich unter dem Gesichtspunkt der politischen Anthropologie mit ihm zu befassen. Aber sie handelt in diesem Zusammenhang zunächst vom politisch wollenden und handelnden und denkenden Menschen, nicht von dem, der die politische Welt fühlt und erlebt.

So grundsätzlich vernachlässigt, wird das Problem auch geschichtlich in der Regel unrichtig eingeordnet. Es ist freilich wohl unstreitig, daß eine bestimmte Art bewußten politischen Erlebens erst in neuerer Zeit zu beobachten ist, in voller Breite erst seit der französischen Revolution, den Freiheitskriegen, der Nationalstaatsbewegung. Aber es ist nicht richtig, etwa in der Wirkung der Taten Friedrichs des Großen oder in ähnlichen Ereignissen die ersten Gegenstände und damit auch die Wurzeln der Erscheinung zu sehen. Diese liegen vielmehr in einem ganz andersartigen, zeitlich allerdings nicht viel weiter zurückliegenden Zusammenhange.

Diese Wendung zum politischen Lebensgefühl ist ein Ergebnis des 18. Jahrhunderts. Man ist dieser Entwicklung bisher nur wenig nachgegangen. Das ist um so merkwürdiger, als das entsprechende Problem in anderen geistigen Bezirken auf das gründlichste erörtert worden ist. Daß im religiösen Bereich mit dem Pietismus eine Erlebnisreligion, mit dem 19. Jahrhundert eine Erlebnistheologie einsetzt, ist eine auf ihr inneres Recht und Unrecht unendlich erörterte und sehr verschieden beantwortete Frage. Welche Rolle das Erlebnis als Grundlage und Element der Dichtung in der deutschen Literaturgeschichte des 18. Jahrhunderts spielt, ist allbekannt. Problem und Geschichte des politischen Erlebnisses in derselben Zeit und ihre Bedeutung für das politische Denken und den geltenden Staatsgedanken der Zeit sind demgegenüber eher vernachlässigt geblieben.

Das ist merkwürdig auch angesichts der Tatsache, daß wir heute bewußt politisch erleben, wie noch keine Generation in Deutschland vor uns, und daß auf diesem Erleben ein Staatsgedanke beruht, der bewußter entwickelt wird, als der Staatsgedanke irgendeiner deutschen Vergangenheit, und der als solcher ein Begriff und ein Gegenstand ausdrücklicher und grundlegender Rechtssätze unseres Verfassungsrechts ist. Dies heutige Verhältnis von Erlebnis und Staatsgedanken hat eine Vorgeschichte, und diese Vorgeschichte ist selbst ein klärungsbedürftiges Stück in dem in vielfacher Hinsicht noch so ungeklärten politischen Erbe unserer Vergangenheit.

Von der Linie, die hier auf die Dauer wird gezogen werden müssen, versuche ich wenigstens eine Anzahl wichtiger Punkte festzulegen.

Eins ist jedenfalls ohne weiteres gewiß: zwischen Erlebnis und Staatsdenken besteht nicht der enge und selbstverständliche Zusammenhang, wie zwischen dem Erlebnis und der Dichtung im Titel von Diltheys berühmtem Buch. Aber zu diesem Diltheyschen Problem selbst besteht allerdings ein sehr naher Zusammenhang: beide Fragen sind nämlich zur gleichen Zeit und aus denselben Voraussetzungen entstanden.

Das Ereignis der allgemeinen Geistesgeschichte, um das es sich handelt, ist bekannt genug. Die Bewegung des 18. Jahrhunderts, die man sich gewöhnt hat in ihrer wichtigsten Hauptlinie die deutsche Bewegung zu nennen, wendet sich gegen die autoritären, transzendenten Bindungen der Überlieferung wie der Aufklärung zugunsten immanenter Instanzen, der inneren Seelenkräfte und des persönlichen Erlebnisses, gegen herkömmliche Ordnung und Form und gegen abstraktes Vernunftdenken zugunsten der ewig neuen und jungen Erfahrungen der Seele, des Gemütes, des Herzens, die in ursprünglichem, unmittelbarem, echtem Erleben zu sich selber kommen, sich selbst finden wollen. Es ist der Weg, der vom Pietismus über Empfindsamkeit und Sturm und Drang zur Erlebnisdichtung des jungen Goethe und zu den Höhen der Klassik und Romantik führt[1].

Daß dieser Vorgang zugleich ein politisches und ein rechtsgeschichtliches Ereignis ist, wird zumeist übersehen. Aber es handelt sich nicht nur darum, daß Kirche und Dogma zugunsten der pietistischen Frömmigkeit fragwürdig werden und daß bisher herrschende Typen der Literatur zugunsten einer neuen zerfallen, sondern es handelt sich zugleich um einen Verfall, mindestens um eine Infragestellung der politischen, rechtlichen, gesellschaftlichen Ordnungen überhaupt. Das wird schon an dem wichtigen Krisensymptom plötzlicher Blüte der Pädagogik deutlich: solange die Substanz des Ganzen fraglos und in Geltung ist[2], ist Erziehung eine völlig problemlose Aufgabe — erst die Infragestellung dieser Substanz macht Pädagogik zum Problem. Aber der Verfall der Autorität und aller patriarchalischen Lebensbindungen, die Verdiesseitigung aller Ordnungen verändert auch die Lage jedes Einzelnen: die Ordnungen leben nun zunehmend in der Bewußtheit des Einzelnen, fordern aber damit nicht nur seine kritische Reflexion und seinen Gestaltungswillen ihnen gegenüber heraus, sondern auch ein ganz neues Bedürfnis, sie persönlicher als bisher zu erfahren, zu fühlen, ja zu genießen. Bis dahin hat die Seele ihre Nahrung auch aus ihrem Leben in den Ordnungen gezogen, aber selbstverständlich, unbewußt. In einer politischen und sozialen Welt von noch unbezweifelter, legitimer Geltung ist es selbstverständlich gegeben, daß man eine Obrigkeit, einen gnädigen Herrn über sich hat, daß man zu einem bestimmten Geburtsstande gehört — mag man gedanklich diese Geltung auch noch so sehr durch bejahende Rationalisierung, wie sie Friedrich der Große übte, oder rationalistische Polemik zersetzen. Noch immer lag darunter die unbewußte Selbstverständlichkeit inneren Lebens in und aus diesen überkommenen Ordnungen und Formen. Jetzt wird die Seele auch hier wach und bewußt, sucht und tastet auch hier nach Ersatz, nach einem neuen Nahrungsgrunde, setzt sich nunmehr fühlend, bewußt erlebend, meist glücksuchend und zugleich leidend, mit den bisherigen Ordnungen und Geltungen auseinander. Damit ist neben der gedanklichen und willensmäßigen Kritik an diesen Ordnungen auch das seelische Problem

[1] Statt vieler Heinrich Maier, Philosophie der Wirklichkeit III, 1935, S. 90, H. R. G. Günther, Vierteljahrsschrift für Literaturwissenschaft und Geistesgeschichte IV 147 ff., auch H. Wieser, Der sentimentale Mensch, 1924, S. 5 ff. und überall.

[2] K. Jaspers, Die geistige Situation der Zeit, 1931, S. 93.

der Einordnung in sie entstanden — das politische Erleben ist seitdem bewußt und problematisch.

In der deutschen Literatur tritt diese neue Lage nur unvollkommen ans Licht. Am deutlichsten in der Geringschätzung des Staats bei den Führern der neuen Bewegung, etwa bei Lessing und Herder: es ist das Ungenüge des Herzens an der überkommenen feudalen wie an der neuaufkommenden rationalen staatlichen Ordnung, das hier zugrunde liegt. Aber das eigentliche eigene Wort wird hier Deutschland von außen her aus dem Munde genommen: in Rousseaus Widerspruch gegen eine Welt der Ordnungen und Institutionen, in der die Rechte der Natur und des Herzens verkannt werden und gegen die nun ein Durchbruch der Seele unternommen wird, ähnlich dem des Pietismus gegen Kirche und Dogma, dem der Erlebnisdichtung gegen die überkommene Welt literarischer Formen und Gehalte. Abschließend, in durchaus vorromantischer und vorklassischer Empfindsamkeit, drückt Schiller es im 6. Brief über die ästhetische Erziehung (1794) aus: „... und ewig bleibt der Staat seinen Bürgern fremd, weil ihn das Gefühl nirgends findet." Aber eine Rousseau gegenüber selbständige Fassung seines politischen Anliegens gelingt dem deutschen 18. Jahrhundert nicht mehr[3].

Erst die Romantik gewann diese Möglichkeit, sobald sie — im Gegensatz zu dem Erlebnisstandpunkt des 18. Jahrhunderts dem Staat gegenüber — den Staat bejahte. Sie mußte ihn dafür allerdings auch für ihren Erlebnishunger zugänglich machen. Das bekannte erste große, uns sehr fremdartige Dokument dieses Angriffs des Herzens auf den Staat ist die Aphorismenreihe des Novalis „Glauben und Liebe, oder der König und die Königin"[4], mit der er 1798 das junge preußische Königspaar begrüßte — ein Jahr vor dem berühmtesten Stück derartiger romantischer Erlebnistheorie, vor Schleiermachers Schilderung des religiösen Erlebnisses in den Reden über Religion. Herz und Geist, so fordert Novalis, sollen befriedigt werden — ein wahrhaftes Königspaar ist für den ganzen Menschen, was eine Konstitution für den bloßen Verstand ist — das Gesetz muß der Wille einer geliebten Person sein — die Nähe des Königs erzeugt um sich die höchste Belebung — die Monarchie ist eine Dichtung, die allein eine höhere Sehnsucht der menschlichen Natur befriedigt — wirken die wohltätigen Einflüsse des Königs und der Königin, diese Genien,

[3] Allenfalls wäre Th. Abbt zu nennen: E. R. Huber, Ztschr. ges. Staatswiss. 103, 437.

[4] Ausgabe Minor II, 146 ff.

nichts, so ist die vollkommene Auflösung der modernen Welt gewiß. Immer wieder kehrt der Satz, daß der Staat poetisch, d. h. Ausdruck höchster Belebung sein müsse — man muß im Staat leben in dem Sinne, wie man in seiner Geliebten lebt[5] — gerühmt wird die Staatsform, in der jeder „sein Leben an ein gewaltiges Leben geknüpft fühlt, so mit großen Gegenständen seine Phantasie und seinen Verstand ausweitet und übt und beinahe unwillkürlich sein enges Selbst über das ungeheure Ganze vergessen muß"[6]. Bekämpft wird die Staatsform, die den Einzelnen nicht belebt, ja ein Polster der Trägheit ist[7], und der Staat, der als Fabrik, mit maschinistischer Administration verwaltet wird, wie Preußen seit Friedrich Wilhelm des Ersten Tode[8].

Nicht anders denkt Schleiermacher im Höhepunkt seiner romantischen Staatsbejahung, den „Monologen" (1800). Der Staat „das herrlichste Kunstwerk des Menschen, wodurch er auf die höchste Stufe sein Wesen stellen soll", „was ihm den höchsten Grad des Lebens zu gewähren bestimmt ist", „Gewinn an neuem inneren Leben" — dem entspricht die Gegenwart freilich nicht: „wo ist die Kraft, die dieser höchste Grad des Daseins dem Menschen geben, das Bewußtsein, das jeder haben soll, ein Teil zu sein von seiner Vernunft und Fantasie und Stärke?"[9]. Auch hier, wie Dilthey solches Bestreben Schleiermachers und damit der Romantiker überhaupt in anderem Zusammenhange bezeichnet hat[10], „ein grenzenloses Bedürfnis wahlverwandten Verstehens und Genießens".

Das romantische Erlebnisdenken vom Staat, viel und gutenteils mit Grund angefochten, wie es von vornherein war und noch heute ist, hat in bestimmtem Sinne ein tiefes geschichtliches Recht. Es ist ein Ausdruck und zugleich ein Antrieb einer wesentlichen und vielfach vorherrschenden Eigenart deutschen politischen Lebens seit jener Zeit gewesen und geworden. Seitdem liefern ausdrücklich Gefühl und Herz die entscheidenden politischen Argumente, nicht mehr Verstand und Wille, wie im 18. Jahrhundert. Und zum Teil auf diesem Wege verlagert sich zugleich das politische Denken von seiner bis dahin rein staatlichen Ausrichtung zunehmend auf Volk und Volkstum. Die Freiwilligen von 1813 sind von einem ganz neuen politischen Lebensdrang getragen, der von den fragwürdig gewordenen Formbindungen der

[5] II, 272.
[6] III, 40.
[7] II, 270.
[8] II, 157 f.
[9] 3. Ausgabe 1822, S. 69—71, 68.
[10] Das Erlebnis und die Dichtung, 1906, S. 248.

staatlichen Vergangenheit entbunden ist und mit dem Freiheitskampf auch ein ganz neues Verhältnis zu Volk und Vaterland nicht für die Zukunft erkaufen, sondern sofort verwirklichen will[11]. In der ganzen Welt fordert damals die Politik Tragung durch das Volksganze und wird eben dadurch unvermeidlich erlebnisnäher, als vorher — ein eindrückliches Zeugnis davon ist der Übergang von den älteren Nationalhymnen durchgeformter Zeiten zu den modernen des unmittelbaren und elementaren Erlebnisses[12].

In Deutschland geht die Wendung tiefer, als anderswo. Hier werden seitdem bewußter und entschiedener als sonst die politischen Strebungen begründet im Namen des politischen Lebensdrangs und Lebenstriebes der Einzelnen und der Nation, und das ist romantisches Erbe. Ich nenne einige besonders bekannte Zeugen aus der ersten Hälfte des Jahrhunderts. In Paul Pfizers Briefwechsel zweier Deutschen (1831) ist das letzte und tiefste Argument der Mangel an politischem Erleben. „Wir sind verloren", so lautet die berühmte Kernstelle[13], „wenn wir auf dem bisherigen Wege weiter gehen. Der Deutsche ist ein Fremdling in der eigenen Heimat, er lebt, der bessere wenigstens, nicht mehr im Leben, sondern außer dem Leben, er hat nichts als seine innere Welt, seine Existenz ist durch und durch eine künstliche geworden. Das ewige gegenstandslose, inhaltsleere Ringen hat uns ausgehöhlt und verzehrt noch täglich unsere edelsten Kräfte. Mit seinen überfliegenden Gedanken, die nirgends zu Hause sind, mit seinen raffinierten Empfindungen, die keine Heimat haben, steht der deutsche Geist auf einer Höhe, wo jede weitere Eroberung ihn ärmer macht, weil sie ihn noch mehr isoliert und die Kluft zwischen ihm und der Wirklichkeit vergrößert. Von allem, was Kunst und Poesie, Religion und Wissenschaft bietet, ist nichts unversucht geblieben, um die Leere auszufüllen, die der Mangel eines öffentlichen Lebens, eines großen praktischen Interesses, einer die Seele füllenden Vaterlandsidee, bei einem zahlreichen und gebildeten Volk erzeugen mußte; aber nichts hat ausgereicht". Das ist eine Sprache und sind Argumente, die so im 18. Jahrhundert undenkbar wären. Herwegh nennt seine politische Lyrik „Gedichte eines Lebendigen" (1843). Robert Prutz begründet die von ihm

---

[11] In gewissem Sinne ist eine Vorstufe davon der französische Revolutionskämpfer, wie ihn Scharnhorst 1794 beobachtet: R. Stadelmann, Vom Erbe der Neuzeit I, 1942, S. 154 f. auch M. Lehmann, Scharnhorst I, 1886, S. 254, 263.

[12] R. Michels, Patriotismus, 1929, S. 181 ff., G. Steinbömer, Politische Kulturlehre, 1933, S. 149 ff.

[13] S. 144 f. der 1. Ausgabe. Auch S. 160: „Jene tiefste Aufregung aller Lebenskräfte, die nur im Drange der Begebenheiten möglich ist" usw.

beobachtete und als innerlich notwendig empfundene Wendung vom Freiheits- zum Einheitsproblem um die Mitte der 40er Jahre damit, daß die Einheit, nicht die Freiheit Gegenstand des Erlebnisses der Nation sei: „Das Volk weiß mehr vom Vaterlande, von dem es sich umgeben fühlt, das zu ihm spricht im Rauschen seiner Bäume, im Duft seines Weines, im geheiligten Laut seiner Sprache, in tausend und aber tausend Erinnerungen und Denkmalen, als von der Freiheit, von der es nicht weiß wo sie wohnt, deren Zauber es nie empfunden hat, die ihm keine Gestalt, kein Bild, keine Anschauung gewährt, auch wenn du ihm sagen wolltest, daß sie krapprote Hosen trägt ...“[14]. Und als Rudolf Haym, der doch mitten aus dem Ringen der philosophischen Systeme kam, gegen Ende der ersten Jahrhunderthälfte „Reden und Redner des ersten Preußischen Vereinigten Landtags“ von 1847 in einem eindrücklichen Bande zusammenstellte, da leitet er es mit einem Wort von dem Erlebniswert des Ereignisses ein. „Das begeisterte Wort unserer Vertreter drang mit erschütternder Wirkung bis hinan an den Kern unseres Lebens, und wir Jüngeren, denen die kriegerische Erhebung der Nation zu Anfang des Jahrhunderts zu sehen nicht vergönnt war, empfanden zum ersten Male die Bedeutung einer sittlichen, das ganze Volk ergreifenden Bewegung. In das ausgesogene Gebiet intellektueller Bestrebungen sahen wir diese Bewegung wie einen frischen Strom geleitet, an dessen Ufern die Gräser sich wieder grünend aufrichteten; wir tranken daraus mit durstigen Zügen wie aus einem Lebensbrunnen.“

Die Klassiker drücken sich allerdings nicht so aus: ihre politische Begriffswelt ist nicht die einer Lebensphilosophie des Politischen. Das hindert nicht, daß auch sie die politische Welt wenigstens nebenher auch als eine Welt des Lebens und Erlebens zu sehen vermögen. Ich belege es nur mit einem Beispiel: als Beobachter des politischen Lebens und seiner Triebwelt haben die Klassiker auch schon den uns so neu erscheinenden Begriff der Verdrängung des Triebes zum politischen Leben entdeckt. So schließt Hegels Schrift von 1802 über die Verfassung Deutschlands mit einer höchst eindrücklichen Schilderung solcher Verdrängung ab[15]. Und später hat Goethe in einer Zeit, die an Bemerkungen von ihm zur deutschen Zeitgeschichte besonders reich

[14] R. E. Prutz, Kleine Schriften I, 1847, S. 71 f.

[15] S. 136 des Lassonschen Abdrucks in Hegels Schriften zur Politik und Rechtsphilosophie (Philos. Bibliothek 144, 1913): „Wenn die gesellige Natur des Menschen einmal ist gestört und gezwungen worden, sich in Eigentümlichkeiten zu werfen, so kommt eine so tiefe Verkehrtheit in sie, daß sie ihre Kraft jetzt auf

ist, offenbar an diesem Stoff entsprechende Erscheinungen beobachtet und auf Grund dieser so gewonnenen Anschauung dann das Werk Byrons zum Teil als Ergebnis politischer Verdrängung gedeutet. „Da er im Parlament kaum zum Reden gekommen ist, hat er alles, was er gegen seine Nation auf dem Herzen hatte, bei sich behalten, und es ist ihm, um sich davon zu befreien, kein anderes Mittel geblieben, als es poetisch zu verarbeiten und auszusprechen. Einen großen Teil der negativen Wirkungen Byrons möchte ich daher verhaltene Parlamentsreden nennen, und ich glaube sie dadurch nicht unpassend bezeichnet zu haben" (zu Eckermann 25. 12. 1825).

Aber der gültige Staatsgedanke der Klassiker und damit der Zeit überhaupt liegt nicht auf diesem Felde. Die romantische Grundlage konnte ihn nicht tragen: dazu fehlte der romantischen Staatslehre zu sehr die Kraft des Gedankens und des Willens und damit der normative Ernst. Hegel hat das in der Kritik der romantischen Philosophie, vorweg der des Novalis, kurz und schlagend ausgedrückt: „Diese Subjektivität bleibt Sehnsucht, kommt nicht zum Substantiellen, verglimmt in sich, und hält sich auf diesem Standpunkt fest"[16]. Und die Gegenposition dazu gibt seine Philosophie des Rechts, die ja überhaupt das subjektive Gestimmtsein im Reich der sittlichen Institutionen nicht hoch einschätzt[17], in kühler Großartigkeit: „Die politische Gesinnung, der Patriotismus überhaupt, als die in Wahrheit stehende Gewißheit (bloß subjektive Gewißheit geht nicht aus der Wahrheit hervor und ist nur Meinung) und das zur Gewohnheit gewordene Wollen ist nur Resultat der im Staate bestehenden Institutionen, als in welchen die Vernünftigkeit wirklich vorhanden ist, so wie sie durch das ihnen gemäße Handeln ihre Betätigung erhält[18]. So schroff das klingt, so sehr ist es repräsentativ für die idealistische Denkweise der Zeit. Sittlich gebotenes Aufgehen im politischen Ganzen ist der tiefere Sinn doch auch jenes scheinbar vitalistischen Sprachgebrauchs Pfizers und Rudolf Hayms, idealistische Staatsethik und nicht romantische Lebensethik liefert den eigentlichen, geltenden Maßstab des zeitgenössischen Staatsbewußtseins, dem gegenüber Rationalismus, Traditionalismus und die einsetzende Skepsis des jungen Deutschland

---

diese Entzweiung von anderen verwendet und in der Behauptung ihrer Absonderung bis zum Wahnsinn fortgeht; denn der Wahnsinn ist nichts andres als die vollendete Absonderung des einzelnen von seinem Geschlecht" usw.

16 S. W. 15, 644.

17 So daß z. B. die Einleitung der Ehe zunächst durch die Neigung der künftigen Eheleute als der weniger sittliche Weg zur Ehe erscheint: § 162.

18 § 268.

nur wie häretische Minderheitsmeinungen erscheinen. Es ist herrschender und geltender deutscher Staatsgedanke der Zeit, daß im konstitutionellen Streben ein neues Feld politischen Lebens und Handelns deshalb gesucht wird, weil es nur im politischen Leben und Handeln sittlich erfülltes politisches Leben geben kann[19].

So hat Niebuhr, der bewußt sein politisches Erleben als solches konstatiert[20], doch die Gefahr bewußten Suchens nach dem politischen Erlebnis als Selbstzweck in voller antiromantischer Schärfe gesehen: „Im ganzen fürchte ich, daß die Ständeliebschaft der Meisten nur eine neue Erscheinung der nämlichen Krankhaftigkeit eines schwächlichen, unbestimmten, reizbedürftigen Gelüstens ist; woraus das Katholisieren und die Überschwenglichkeit der romantischen Schule hervorgegangen ist“[21].

Nur an einer Stelle hat, soviel ich sehen kann, die Erlebnisbegründung einer deutschen Staatslehre in dieser Zeit stärkere geschichtliche Wirkung geübt, nämlich in der politischen Theorie Karl Ludwig von Hallers. Geht man dem tatsächlichen Einfluß der deutschen Restaurationsliteratur auf die herrschenden Schichten ihrer Zeit nach, so stehen insbesondere Adam Müller und Stahl weit hinter Haller zurück. Nicht nur wegen der persönlichen Eigenart Müllers und Stahls, auf der die entschiedenen inneren Grenzen ihrer Wirkung beruhen, und nicht nur deshalb, weil Haller der einzige wirkliche Restaurationsdenker ist, sondern vor allem deshalb, weil er aus eigener Erfahrung und Anschauung heraus erfolgreicher als irgendein Schriftsteller seiner Zeit an das politische Lebensgefühl einer erblich herrschenden Schicht appelliert. Aus der lebendigen Anschauung altbernischer Aristokratie entwickelt die „Restauration der Staats-Wissenschaft“ den „natürlichen Ursprung aller geselligen Verhältnisse“[22], das Lebens-

---

[19] Es gibt selbstverständlich auch im damaligen Deutschland politische Bewegungen, die ohne echte ethische Spannung sind — in gewissen Grenzen wird man Philhellenismus und Polenbegeisterung dahin rechnen dürfen. Aber im ganzen herrscht die idealistisch-ethische Linie, allerdings als eine deutsche Besonderheit.

[20] „Zu Berlin lebten wir in dem Bewußtsein des vortrefflichen Geistes der Nation ... man lebte mit allen Kräften der Seele und des Herzens, und war in sich selbst der unermeßlichen Nationalkraft inne“, 16. 6. 1813 an D. Hensler, Lebensnachrichten über B. G. Niebuhr I, 1838, S. 562. „Die Seligkeit, mit allen Mitbürgern, dem Gelehrten und Einfältigen, ein Gefühl zu teilen — und jeder, der es mit Klarheit genoß, wird sein Tagelang nicht vergessen, wie liebend, freundlich und stark ihm zu Mute war“ — nach H. v. Treitschke, Politik, 2. A. I 74.

[21] An Perthes 15. 9. 1814, Lebensnachrichten II, 1838, S. 108.

[22] Bd. I, 1816, S. 324 ff. und die folgenden Kapitel.

gefühl von Herrschaft und Dienst, von patriarchalischem Schutz und Untertänigkeit, und aus der ebenso lebendigen Anschauung der Rückbildungserscheinungen der französischen Revolution die Widerlegung der revolutionären Staatslehre am „gänzlichen Mißlingen des ganzen Experiments“[23] — Alles höchst ansprechend für die Herrenschicht seiner Zeit und wirksamer auch, als der geistesgeschichtlich wichtigere, noch immer nicht genügend gewürdigte Versuch des Buchs, über den Nominalismus der Neuzeit zurück ältere Grundlagen des Staatsdenkens wiederherzustellen.

— Die zweite Hälfte des Jahrhunderts steht zunächst im Zeichen des Scheiterns der Paulskirche. Soweit das politische Erlebensbedürfnis der Nation seine alten Bahnen und Formen verloren hat, sucht es sich in den 30er und 40er Jahren den Erlebnisraum, den die geistig-sittliche Entwicklung inzwischen ins Ganze der Nation verlegt hat. Der Ausgang von 1849 bedeutet für den so bewegten Teil des deutschen Volkes ein seelisches Trauma, eine Erschütterung im Tiefsten, die nicht wieder ausgeglichen ist — auch nicht durch ihre natürliche Kompensation in politischen Wunschträumen. Der Schöpfer des Worts und des Begriffs der Realpolitik, August Ludwig von Rochau, hat als das Ergebnis von 1848 bezeichnet, daß der politische Sinn zugleich (durch das erlittene Mißgeschick) überreizt und (durch seine politische Traumwelt) verweichlicht sei[24]. Beides sind Momente einer wesentlich passiven politischen Haltung. Und diese Haltung wird nicht mehr wesentlich verändert durch die Reichsgründung. Auch die nicht in irgendwelcher Abwehrstellung gegen das Zweite Reich Abgeschlossenen ergreifen das außen- wie das innenpolitische Ereignis zumeist nicht aktiv — sie erleben es leidenschaftlich stark in seiner Faktizität, sie sind begeisterte Verehrer des Reichsgründers und genießen das Gefühl neuer Einheit und Macht, auch das eines gelegentlichen angeblichen oder wirklichen Machiavellismus seiner Politik, aber das alles in einem im letzten Grunde ästhetisch apolitischen Sinne[25] — sie werden nicht durch seine Verfassung stärker aktiviert, im Sinne der Willenserziehung und Willensbildung politischer Völker[26]. Schlägt dies we-

[23] I, 252 f., XI f. Die berühmte Prognose S. LXIV.

[24] Grundsätze der Realpolitik II, 1869, S. 64.

[25] Dahin gehört der Genuß der geschmacklosen und unrichtigen Vorstellung vom „eisernen Kanzler“ — eine abwegige Art politischen Erlebens, vergleichbar dem ästhetisierenden Mißbrauch der (tief begründeten) Begriffe des Numinosen, Fascinosen, des mysterium tremendum neuerer Religionswissenschaft.

[26] Man sieht die politische Arbeit der Nation für das 19. Jahrhundert als beendet an — so H. v. Sybel an H. Baumgarten 27. 1. 1871: „... wie wird man

sentlich ästhetische Erleben in Mißvergnügen um, so entsteht einer der verschiedenen Typen der vielberufenen „Reichsverdrossenheit". Vorbereitet und begleitet ist solche Passivität im Politischen durch das Fragwürdigwerden der idealistischen Energien der ersten Jahrhunderthälfte, durch die Ernüchterung „realpolitischer" Erfahrung, durch die lähmenden Wirkungen des Naturalismus, des Positivismus, des Marxismus, der aufkommenden hilflosen Einsicht in das Elementare und Übermächtige der sozialen Mächte und Probleme. All dem gegenüber ist die gebildete Persönlichkeit hilf- und machtlos, auch in den von ihr früher gesuchten Wegen des Konstitutionalismus — ihr vergeht der Glaube an den Sinn politischen Einsatzes und der Mut zu politischer Initiative. Ja, sie bemerkt auch nicht einmal mehr die Aufforderung konkreter politischer Lagen zu irgendwelcher Aktivität: es ist das Bürgertum, das die naturalistische Literatur des sozialen Problems im Ausgang des Jahrhunderts getragen hat, ohne zu empfinden, daß es hier die politische Kampfansage einer neuen Zeit gegen sein eigenes Dasein vor sich hatte.

Das Staatsdenken, das diese Epoche deutschen Staatserlebens begleitet, hat inzwischen vor allem seinen Ort gewechselt. Das Ringen um den Staatsgedanken der eigenen Zeit, das jeder Periode neu aufgegeben ist und das in der ersten Hälfte des Jahrhunderts in den Systemen des deutschen Idealismus oder doch in seinen Bahnen verlief, ist als Aufgabe auf die politischen Historiker übergegangen, und es ist wohl begründet, wenn heutige Auseinandersetzung über den deutschen Staatsgedanken dieser Zeit vor allem eine Auseinandersetzung über Ranke und Jacob Burckhardt, Treitschke und Droysen, Lamprecht und Meinecke ist. Daneben wird die Staatsrechtslehre der Zeit zu einem positivistischen Formalismus, der im Grunde nur als Denktechnik für Bürokraten brauchbar ist. Die literarische Beobachtung der politischen und sozialen Wirklichkeit ist ohne die Ursprünglichkeit, Wirklichkeitsnähe und Erkenntniskraft der entsprechenden gleichzeitigen Literatur des Auslandes. Die Philosophie und Ethik der Zeit weiß von der politischen Welt nur Trivialitäten zu sagen. Als ein

---

nachher leben? Was 20 Jahre Inhalt alles Wünschens und Strebens gewesen, das ist nun in so unendlich herrlicher Weise erfüllt! Woher soll man in meinen Lebensjahren noch einen neuen Inhalt für das weitere Leben nehmen?" (J. Heyderhoff, Deutscher Liberalismus im Zeitalter Bismarcks I, 1925, S. 497 — freundlicher Hinweis von S. Kaehler.) — Von dem überkommenen monarchischen Gefühl der Zeit, dem unausrottbaren Gemütsbedürfnis des Deutschen, seine Fürsten zu lieben und zu verehren, denkt G. Freytag skeptisch (Heyderhoff I, 20 f.) — vielleicht weil er hier vielfach ein „unechtes", „sentimentales" Erlebnis vermutet.

Einsamer versucht Gneist, eine staatsentfremdete bürgerliche Gesellschaft durch Ehrenamtsdienst in den preußischen Verwaltungsstaat und damit in aktive politische Lebendigkeit hineinzuerziehen — ein Versuch, der an des Freiherrn vom Stein Neubelebung vorgefundener Ordnungen und Kräfte erinnert, der ihr gegenüber aber die ganze Schwäche eines bloßen Restaurationsunternehmens hat. Im ganzen ist es bezeichnend für die Zeit, daß die produktive Leistung an ihrem Staatsdenken die — trotz Sybel, Treitschke, Droysen — betrachtende Arbeit der Historiker gewesen ist, die als politische Erziehung trotz allen Grundtons leidenschaftlich sittlicher Forderung vor allem zur Einsicht in den Machtcharakter von Staat und Politik und zur Bescheidung ihm gegenüber angeleitet und damit die passive Haltung des politischen Deutschland jener Zeit bestätigt, verstärkt, gedanklich getragen hat — und zwar fortschreitend, entsprechend der Linie, die von Treitschkes und Droysens unbekümmerter sittlich-politischer Leidenschaft zu Meineckes skeptischer Problematik führt[27].

Das 20. Jahrhundert bringt gewissermaßen den Abschluß, die Vollendung der Krisis, die mit dem Auftreten des Lebens- und Erlebnisproblems im 18. begonnen hatte[28]. Eine noch radikalere religiöse Krisis stellt noch radikaler als damals alle überkommene Form und Ordnung, die bisher geltenden metaphysischen und moralischen Setzungen, die vorgefundenen Institutionen und Autoritäten in Frage. Die Jugendbewegung verläßt Schule und Haus, Gesellschaft und Staat, die alle gleichmäßig für sie unverbindlich geworden sind, und sucht auf dem Wege innerer Wahrhaftigkeit und persönlicher Verantwortung neue Inhalte und Formen. Der neue Weg unmittelbaren Erlebens, insbesondere neuen Gemeinschaftserlebnisses, scheint zu den Quellen der vitalen Lebensmächte zu führen, und er wird begleitet von den Verheißungen der zeitgenössischen Lebensphilosophie. In Wahrheit aber findet er nicht heraus aus dem Kreislauf immer neuen Erlebens und Erlebenwollens, aus Heimatlosigkeit und Programmlosigkeit, aus Selbstgenuß und Ästhetisieren und unfruchtbarer Dis-

---

27 Wenn der epische Schriftsteller jener Zeit, dessen Lebenswerk den politischen Hintergrund dieser Jahrzehnte am ersten fühlen läßt, eine politische Zusammenkunft wie die Koburger Tagung des Nationalvereins von 1860 zum Hintergrunde eines Romans macht (Raabe, Gutmanns Reisen, 1890), so bleibt die Dichtung doch ohne alle politische Substanz. Wie anders das Schützenfest im „Fähnlein der sieben Aufrechten"!

28 Daher die Möglichkeit vollen Verständnisses jener Zeit erst von der ihr in vielem neu verwandten Gegenwart her: Hans R. G. Günther, Jung-Stilling, 1928, S. 11 ff.

kussion und Literatur. Der Rückzug auf die reinen Grundlagen des Lebens führt gerade nicht zur Potenz, sondern zum Versagen[29]. Es ist ein Teufelskreis, in dem das Leben sich verfängt, wenn es nur sich selbst sucht. Und so ist die Erlösung aus der Sackgasse selbstgewählter Erlebnisse und selbstgesteckter Ziele ein durchaus unfreiwilliges Erlebnis geworden: der erste Weltkrieg und die Begegnung mit der unbarmherzigen Objektivität der Geschichte. Damit setzt eine neue Epoche ein, in deren Fortschreiten wir selbst heute stehen[30].

Der Ertrag des Staatsdenkens dieser Zeit ist für uns erst schwer zu übersehen. Die Lebensphilosophie hat auf diesem Felde wenig hinterlassen. Es ist doch wohl eine Überschätzung, wenn aus ihrem Kreise George Sorels Lehre von der Gewalt (1906), vom Mythus des Generalstreiks so ernst genommen wird, wie die Gegenwart es tut. Es handelt sich ja bei diesem Versuch, wirklichen Kampf und Einsatz mit wirklichem menschlichem Risiko in die innere Politik einzuführen, in der Tat nicht um einen Mythus im Sinne des heutigen deutschen Sprachgebrauchs, d. h. um ein verpflichtendes Geschichtsbild, sondern um eine drastische Veranschaulichung politischer Lebenswirklichkeit im Gegensatz zu den in ganz Europa absterbenden Formen parlamentarischer Verfassung und opportunistischer Arbeiterdemokratie — also um eine Kritik der politischen Gegenwart vom Standpunkt des Bergsonianismus, nicht um eine aufbauende Lehre[31]. In Deutschland ist es vor allem der neukantische Einschlag, der das staatstheoretische Denken mehr oder weniger sterilisiert hat. Er hat die Beschäftigung mit dem Leben als Psychologismus verworfen, und damit hat sich z. B. ein so bedeutendes staatstheoretisches System wie das Max Webers engere Grenzen gezogen, als seiner eigenen inneren Folgerichtigkeit entsprochen hätte. Und zum guten Teil auf diesem Boden ist die Lehre von der Wissenssoziologie erwachsen, vom bedingenden und verfälschenden Standort allen Denkens, insbesondere in politischen Dingen, von Ideologien und Utopien, jene umfassende Entlarvung aller und jeder politischen Gedankenwelt, die schließlich alle Ordnungen und Geltungen in Frage stellte und nach radikaler Desillusionierung nur noch einen mehr oder weniger vitalen Rest als Inhalt der politischen

[29] Aus der Literatur zur Jugendbewegung z. B. W. Stählin, Vom Schicksal und Sinn der deutschen Jugend, 2. A., 1927, überall, Herrigel, Das neue Denken, S. 37 f., E. Spranger, Psychologie des Jugendalters, 4. A., 1925, S. 335 f., H. Marr, Die Massenwelt im Kampf um ihre Form, 1934, S. 464 ff.

[30] Über die politische Passivität des deutschen Volkes nach 1900 M. Weber, Parlament und Regierung im neugeordneten Deutschland, 1918, S. 12, 54 f.

[31] Richtig H. Marr, a. a. O. S. 332.

Welt und zu seiner gedanklichen Bewältigung nur noch die Psychoanalyse oder eine mehr oder weniger massive Soziologie übrig ließ. Auf einem solchen Trümmerfelde kann der Neuaufbau nur langsam vor sich gehen — er bleibt jedenfalls hinter dem Fortschritt der Geschichte selbst im letzten Vierteljahrhundert weit zurück.

Es sind drei Fragen, die sich aus dieser Andeutung der Linie des politischen Erlebnisses durch die letzten zwei Jahrhunderte hindurch ergeben. Einmal: ist dieser Ablauf zu Ende — war diese Epoche des bewußten und gesuchten politischen Erlebnisses nur eine Episode? Sodann: Welches ist ihr sachliches Ergebnis? Und endlich: Welches Erbe hinterläßt sie der politischen Theorie der Gegenwart?

Was den geschichtlichen Augenblick angeht, in dem wir uns befinden, so ist es, wie das geistes- und seelengeschichtliche Gefälle der Gegenwart zu verlaufen scheint, mehr als wahrscheinlich, daß eine — in einem weiten Sinne — romantische Epoche des politischen Denkens und Fühlens zu Ende geht. Die Zeit des Subjektivismus ist überall vorbei. Wir wissen, daß uns der Agnostizismus im Denken und der Subjektivismus im Erleben von den Gehalten und Sinngebungen des Lebens entfernt hat. So ist es heute auch eine Zeit der in neuer Objektivität begriffenen und ergriffenen politischen Ordnungen und Normen, Institutionen und Satzungen, in denen, wie Hegel es ausdrückt, „die Vernünftigkeit wirklich vorhanden ist", und denen gegenüber das subjektive Erleben jedenfalls nicht mehr die konstitutive Bedeutung der Vergangenheit hat.

Das Erbe dieser Vergangenheit ist merkwürdigerweise im Leben und im Denken auf das stärkste von dem Erlebnisproblem dieser abgelaufenen Epoche her bestimmt — trotz aller Irrwege und allen Scheiterns ihrer politischen Lebensziele, und trotz aller Unzulänglichkeit des diesen politischen Erlebniswillen begleitenden Denkens.

Allerdings: wie wenig geklärt der Inhalt dieser Epoche und vor allem ihr eigenes Erlebnis bislang ist, wird an der merkwürdigen Tatsache deutlich, daß der weithin ihre Eigenart konstituierende Begriff des Erlebnisses jedenfalls für die geistesgeschichtliche Problemschicht, um die es sich hier handelt (nicht natürlich für die der Psychologie und Erkenntnistheorie), bisher noch nicht genügend geklärt ist[32].

[32] Vgl. etwa Spranger, a. a. O., S. 327 ff., W. Ehrlich, Das impersonale Erlebnis, 1927, S. 10, Ph. Lersch, Aufbau des Charakters ,1938, S. 143 ff. Auch Diltheys bekannte Definition (Ges. Schr. 6, 314) ist für die hier gestellte geistesgeschichtliche Frage nicht ergiebig.

Immerhin ist sicher, daß der ursprüngliche Begriff des Erlebnisses in dieser Epoche als der des lebensbestimmenden Erfahrens großer Gehalte und elementarer Mächte immer mehr abflacht zu dem der seelischen Bewegtheit an sich, ohne Beziehung zu jener objektiven Welt, ja eher in polemischer Absetzung gegen sie, ihre Fremdheit, Unlebendigkeit, Sachlichkeit und Härte, ihr Bürokratisiertsein. So bedeutet diese Entwicklungslinie des Erlebnisbegriffs selbst den Fortschritt zu immer völligerer pluralistischer Eigengesetzlichkeit der einzelnen Sachbereiche des Lebens einerseits und ebenso pluralistischer, hilfloser subjektivistischer Vereinsamung der Seele mit sich selbst andererseits[33] — besonders gefährlich, wenn das verflachte „Erleben" der jüngsten Vergangenheit sich an die Stelle eigentlicher Existenz, des Lebens aus dem tiefsten Daseinsgrunde heraus, setzt[34]. Die Überwindung dieser Entwicklung ist die erste und dringlichste Aufgabe, die die Erlebnisperiode uns hinterlassen hat, „die ursprüngliche Stellung zur Wirklichkeit, die Stellung in ihr, wiederzugewinnen"[35]. Ich brauche nicht hervorzuheben, wie sehr dies die bewußte Ausrichtung der deutschen Gegenwart ist[36].

Das politische Leben will in die Zucht der sachlichen Einordnung genommen werden. Sonst zerfließt es in den Kreis der dem vitalen Leben als solchem und insbesondere dem Erlebnishunger des irgendwie entwurzelten Menschen gewidmeten Bereiche: der Unterhaltung[37], des Sports, der Geselligkeit — eine Entwicklung im Zeitalter der Zeitung und des Rundfunks, die eine schwere politische Entnervung und Entartung bedeutet. Wenn Erlebnisdrang schon überhaupt eine im tiefsten passive, intransitive Haltung ist[38], so kann er im politischen Bereich eine Krankheit zum Tode werden.

Damit ist nicht gesagt, daß die politische Theorie der Gegenwart dem politischen Erlebnis nicht auf das sorgfältigste nachzugehen hätte.

---

[33] E. Mally, Erlebnis und Wirklichkeit, 1935, S. 25.

[34] K. Jaspers, Die geistige Situation der Zeit, 1931, S. 68. Zum unechten Erleben bes. M. Wieser, a. a. O., und Ph. Lersch, S. 259. Das Erlebnis des 18. Jahrhunderts sucht vielfach gerade die Echtheit des Lebens gegenüber der Unechtheit des Lebens in abgestorbenen Formen oder in den nur literarisch eingeführten des Naturrechts, der französischen Revolution, der Mode (hier Wieser oft einseitig) — es ist ein Zeichen des Niedergangs der Erlebnisepoche, daß die Gefahr der Unechtheit des Erlebens im 19. Jahrhundert zunimmt.

[35] Mally, a. a. O.

[36] Statt vieler E. W. Eschmann, Vom Sinn der Revolution, 1933, überall.

[37] die Novalis (a. a. O. III, 40) unmittelbar mit dem politischen Leben ineinszusetzen scheint. Zu der ganzen Gruppe z. B. Jaspers S. 50, R. Behrendt, Politischer Aktivismus, 1932, z. B. S. 31, 39, 61 f.

[38] Lersch, a. a. O., S. 143 ff.

Wie der Schritt aus der Naivität in die Reflektiertheit nicht zurückgetan werden kann, so ebensowenig der aus dem naiven Erfüllen von Satzungen, Ordnungen und Autoritäten in ihr bewußtes Erleben. Daher wird alles künftige politische Denken nie wieder in einem rationalen Kalkül bestehen können mit den Faktoren der Aufklärung, des rationalistischen Individualismus, des mechanistischen Denkens, oder auch mit den Faktoren des antik-mittelalterlichen Realismus in irgendeiner restaurativen Form. Alle künftige politische Theorie wird Leben zu begreifen, mit dem erlebnisbedürftigen und bewußt erlebenden Menschen zu rechnen haben. Sie wird es schon deshalb tun müssen, weil sich die politische Volkswirklichkeit, mit der sie sich befaßt, heute mehr denn je aus bewußtem politischem Erlebnis aufbaut. Sie wird es um so sicherer tun, je mehr sie dessen eingedenk bleibt, daß ihre erste geschichtliche Grundlage, nämlich der Volksgedanke Herders und der deutschen Bewegung, nicht ein Ergebnis rationalen oder auch nur theoretischen Denkens gewesen ist, sondern Ausdruck und Frucht eines leidenschaftlichen Ringens um einen neuen Lebens- und Erlebnisgehalt.

Nur scheinbar ist es eine völlig andere und neue Welt, die sich mit dem Massenzeitalter auch für politische Anthropologie und insbesondere für das politische Erleben auftut.

Allerdings scheint der Träger solchen Erlebens völlig verändert: statt der Einzelseele des empfindsamen wie des bürgerlichen Zeitalters die Massen der Gegenwart — und damit scheint auch eine veränderte Betrachtungsweise geboten: die Vorgänge, deren Träger die Massen sind, scheinen einer besonderen Gesetzlichkeit zu gehorchen, die mit dem zeitlosen Wesen der Masse schlechthin gegeben und der politischen Welt des ganzen Erdkreises gemeinsam ist. Mag die Psychologie der Massen noch so bestritten sein — unbestritten scheint, daß es eine solche, eine Gesetzlichkeit ihres Lebens und Erlebens, zumal als politische Masse, geben muß, weitab von dem sehr konkreten geschichtlichen Vorgang, in dem das bewußte politische Erlebnis des 18. Jahrhunderts entstanden ist und sich bis zu der Krise des beginnenden 20. fortentwickelt hat.

Freilich: soweit es sich auch im Massenzeitalter um das Erlebnis des Einzelnen handelt, der die Masse erlebt und zu erleben strebt, handelt es sich nur um eine bestimmte Stufe des oben angedeuteten Gesamtablaufs. Soweit aber als die Träger des Erlebnisses selbst nicht mehr die Einzelnen als solche, sondern die Massen, und allenfalls Einzelne als ihre Exponenten, als ihre aktivistischen „Eliten“ und dergleichen erscheinen, führt ihre Untersuchung selbst bei radikalster Entlarvungstendenz, etwa im Sinne der Wiener Individualpsychologie, doch unvermeidlich zur Feststellung eines bestimmten geschichtlich bedingten, einmaligen Ereignisses[39].

Die Geschichte des politischen Erlebnisses in den letzten Jahrhunderten gehorcht einer eigentümlichen Sinngesetzlichkeit, von der Auflösung der alten Ordnungen und der Einordnung des Einzelnen in sie durch das auf sich gestellte Erleben dieser Auflösungszeit hindurch zu neuen Einordnungen, Bindungen und Gültigkeiten zu führen. So ist auch das Massenerlebnis unserer Zeit nur dann richtig begriffen, wenn es, wie ein neuerer Schriftsteller es ausdrückt, als das Ringen der „Massenwelt im Kampf um ihre Form“ verstanden wird. Der Schauplatz dieses Kampfes und die Träger dieses Ringens sind ins Ungeheure vergrößert gegenüber dem Raum und den Trägern der Entwicklung des politischen Erlebnisses im bürgerlichen Zeitalter. Für die bisher kaum begonnene Klärung dieses weltgeschichtlichen Vorgangs liefert jener bescheidene Ablauf im bürgerlichen Raum aber mindestens das Entwicklungsschema und damit den notwendigen Schlüssel des Verständnisses.

39 Als Beispiele neuerer Behandlung des politischen Massenerlebnisses nenne ich die schon angezogenen Bücher von R. Behrendt über den politischen Aktivismus und von H. Marr (Die Massenwelt im Kampf um ihre Form). Das Behrendtsche, sehr bemerkenswert wegen der Fülle wichtiger Einzelbeobachtungen, kann sich zwar der Einsicht in den geschichtlichen Ausgangspunkt des Problems nicht entziehen (z. B. S. 30 57 ff., 68, 124), führt aber infolge seiner rein psychoanalytischen Methode und seines staats- und sozialtheoretischen und historischen Nihilismus zu keiner erheblichen Förderung dieser brennendsten Frage der politischen Gegenwart, während Marrs lockere Aufsatzreihe mindestens in Fragestellung und methodischer Ausrichtung weiterführt.

Staat und Politik

Ein Vortrag, gehalten als Einführung einer historisch-politischen Vortragsreihe der Universität Göttingen im Wintersemester 1945/46

Wenn die Universität heute eine historisch-politische Vortragsreihe für die ganze Dauer des Wintersemesters eröffnet, so tut sie das mit einer gewissen Grundsätzlichkeit des Anspruchs. Sie nimmt damit wie an vielen anderen Stellen bewußt die Beteiligung am politischen Wiederaufbau Deutschlands unter ihre Arbeitsziele auf. Nicht als ob sie hier Politik im Sinne der Tagespolitik treiben wollte, — das ist gewiß nicht ihre Aufgabe. Aber, bewußt oder unbewußt, freiwillig oder unfreiwillig — die Universitäten spielen eine politische Rolle, sie mögen wollen oder nicht — sie haben damit eine Aufgabe, deren Erfüllung von ihnen erwartet wird und deren sie sich deshalb auch noch grundsätzlicher und bewußter annehmen wollen als bisher.

Es ist eine lockere Folge von Abendvorträgen, mit denen dieser Aufgabe an dieser Stelle gedient werden soll. Einzelne geschichtliche Vorstufen der heutigen Lage, und einzelne aktuelle Grundprobleme dieser Lage — das sind die Gegenstände, von denen hier in dieser Stunde die Rede sein soll.

Wenn ich zur Einleitung von „Politik und Staat" oder besser in umgekehrter Reihenfolge von Staat und Politik einige Worte sagen darf, so nicht mit dem Anspruch umfassender Belehrung über diese weltweiten Probleme. Ich möchte mit dem, was ich zu sagen habe, wenigstens von einer Seite her das P r o b l e m von Staat und Politik in der Gegenwart beleuchten — möchte zu sagen versuchen, wieso Staat und Politik für uns eine Schwierigkeit — und eine gerade im Sinn dieser Schwierigkeit und ihrer Überwindung gestellte Aufgabe sind, gerade angesichts der hinter uns liegenden Jahre seit 1933 und 1939 und angesichts der Aufgabe, die diese Jahre uns hinterlassen haben. Wir können uns in der politischen Welt, wie sie heute für uns ist, nicht wohlfühlen — aber wir können und sollen uns in gewissem Sinne wohlfühlen in der Klärung unseres Bewußtseins, was dieser Lage gegenüber unsere Aufgabe ist, was wir mit unserem jetzt in

Bruchstücken wieder entstandenen Staat, was wir im Rahmen der uns jetzt noch möglichen und aufgegebenen Politik eigentlich zu tun haben. Von dieser unserer Aufgabe möchte ich sprechen — und diese heutige Welt ist gemeint, auch dann, wenn ich zunächst in eine Welt der Bücher und sogar der Wörter zurückgreife, die nicht unmittelbar im Bereich unseres politischen Gegenwartsbewußtseins zu liegen scheinen.

*

Das Dritte Reich ist nicht ganz von ungefähr über uns gekommen. Es fand gewisse Voraussetzungen seiner Entstehung und Geltung in einer heute gut zwei Menschenalter bestehenden Fehlentwicklung im deutschen politischen Denken vor, und es hat diese Entwicklungslinie dann allerdings in einer Weise fortgeführt, die die vorangegangene Generation sich nicht hätte träumen lassen. Immerhin: wenn wir in eine gesunde politische Lage zurückkehren wollen, dann wird dazu gehören, daß wir uns den Punkt jener Abirrung klarmachen, der unsere Väter — Ihre Großväter — in der zweiten Hälfte des 19. Jahrhunderts verfallen sind. Deshalb haben wir dringenden praktischen Anlaß zu fragen: Worin haben diese unsere Väter und Großväter Eigenart und Probleme der ihnen überkommenen staatlichen und politischen Welt gesehen?

Man kann und muß auf vielen Wegen eine Antwort auf diese Frage suchen. Ich gebe sie von einer Seite her, durch die Erinnerung daran, wie ein berühmter Historiker, Jacob Burckhardt, in einem berühmten, für das geschichtliche und politische Weltbild seiner Zeit höchst wirkungsvollen und folgenreichen Buch „Die Kultur der Renaissance in Italien" (zuerst 1860 erschienen) den modernen Staat, zunächst den italienischen Renaissancestaat, beschrieben hat.

Das berühmte Anfangskapitel des Buches ist überschrieben „Der Staat als Kunstwerk", und dieses Schlagwort vom Staat als Kunstwerk ist eine bestimmende Macht für das deutsche politische Denken seit dem letzten Drittel des 19. Jahrhunderts geworden, eine „idée-force", wie die Franzosen sagen. Und dies Schlagwort ist grundfalsch und eben darum gefährlich.

In berühmten und hinreißend schönen Bildern läßt Burckhardt die Träger des staatlichen Lebens jener Zeit an uns vorüberziehen: die Tyrannen, die vielfach schließlich Dynastien begründen, die großen Republiken Venedig und Florenz, den Kirchenstaat — überall vorherrschend das bedeutende, glänzende, oft verbrecherische Individuum — Individuum und Staat nicht mehr gebunden an das Geflecht mittelalterlicher verwickelter Rechtsbeziehungen oder an die christliche Moral, sondern nur noch gehorchend, wie wir heute sagen würden, einer neuen Sachlichkeit. Und diese Sachlichkeit ist zunächst oft die des Verbrechens, der „fessellosen Selbstsucht in ihren furchtbarsten Zügen", der Treulosigkeit, des hemmungslosen Mordens. „Aber", so fährt Burckhardt fort, — „wo diese Richtung überwunden oder irgendwie aufgewogen wird, da tritt ein neues Lebendiges in die Geschichte: Der Staat als berechnete, bewußte Schöpfung, als Kunstwerk." Freilich — dies Neue erscheint in Wahrheit nicht als ästhetisch, als Kunstwerk, sondern als vernünftige Tat: beruhend auf sachlicher Berechnung, nüchterner Objektivität, z. B. auch auf ersten Anfängen moderner Statistik, und andrerseits ist es frei von alten mittelalterlich-feudalen Vorurteilen, von Kastenhochmut, von allem, was als unsachlich erscheinen könnte, damit allerdings auch von den überkommenen rechtlichen und moralischen Bindungen.

Die gleichzeitige deutsche politische Welt, noch ganz beherrscht vom Lehenswesen und von den feudalen Begriffen von Ehre und Treue, erscheint demgegenüber als eine Welt lächerlicher feudaler Sentimentalität. Nur die Tatsache, die tatsächliche Macht, oft auch die bloße tatsächliche rohe äußere Gewalt, zählen in dieser Welt des Renaissancestaates — ihre angemessene Theorie ist der Machiavellismus mit seiner nüchternen Lehre von den Techniken der staatlichen Machtbehauptung, von der später sogenannten Staatsraison. Und man fragt nur, wo eigentlich dabei die Schönheit bleibt, der eigentliche Charakter des Staates als „Kunstwerk".

Eins ist gewiß: mag diese Beschreibung richtig sein oder nicht: es ist „der moderne europäische Staatsgeist", der hier zum erstenmal und sogleich sozusagen als reiner klassischer Typus wirklich wird, und der alsbald um 1500 in Machiavelli seinen literarischen Klassiker findet. Hier liegt das Vorbild für die sich nunmehr überall in Europa nach und nach, mehr oder weniger von den mittelalterlichen Bindungen feudaler und kirchlicher Art emanzipierende Politik, die nur noch ihrem immanenten Prinzip der Macht, des Machtgewinns und der Machtbewahrung gehorcht.

Dieses Bild hat man weithin der Erforschung und Darstellung der neueren Geschichte Europas zugrundegelegt. Und — gefährlicher und schlimmer: dies Bild hat nicht nur die historische Betrachtung stark beeinflußt, sondern es hat auch als grundsätzliche, dauernde Erkenntnis vom notwendigen Wesen des modernen Staates überhaupt und damit als Norm gewirkt. Durch Burckhardt, der selbst gewiß kein Machtanbeter war, ist die falsche Lehre vom Staat als reinem Machtkomplex, der rein nach den Gesetzen der Macht lebe und zu regieren sei, nachhaltig gefördert worden.

Aber diese Lehre ist nicht richtig, und das ihr zugrundeliegende Geschichtsbild ebensowenig. Sieht man genauer zu, so ist es auch in den Staaten der italienischen Renaissance keineswegs so rechtlos und so moralinfrei zugegangen, wie es nach Jacob Burckhardt gewesen sein soll. Freilich: eine Richtigstellung in dieser Abendstunde wäre ein undurchführbares Unternehmen. So beschränke ich mich hier auf einen, allerdings bezeichnenden Punkt; auf die Entstehung des merkwürdigen Wortes, das etwa seit 1500 in Europa das politische Gemeinwesen bezeichnet, nämlich des Wortes „Staat". Vielleicht ist es auch gerade am Eingang politisch-historischer Betrachtungen, wie denen dieser Vortragsreihe, besonders naheliegend, von dem Wort für einen so wesentlichen politischen Grundbegriff und damit von diesem Grundbegriff selbst etwas zu sagen. Das bedeutet allerdings eine kurze Abschweifung in leider noch nicht geschriebene Artikel des Lexikons der europäischen Sprachen, die ja alle das Wort „Staat", état, estado, state aus Italien übernommen haben, vor allem eben des italienischen Lexikons selbst.

Jacob Burckhardt und ähnlich Ranke (und alle Welt hat sich ihrer Autorität angeschlossen) behauptet: „Die Herrschenden und ihr Anhang heißen zusammen lo stato, und dieser Name durfte dann die Bedeutung des gesamten Daseins eines Territoriums usurpieren." Also stato hätte einen Machtbestand, einen Machtzustand bedeutet, die Tatsache, daß bestimmte Leute Macht haben oder daß ein Land durch ein einheitliches Machtsystem zusammengefaßt ist.

Diese Deutung des Wortes Staat hat in unseren Tagen eine gewisse praktisch-politische Bedeutung gewonnen. Im Dritten Reich war man daran interessiert, den Staat und seine bisherige Verfassungsordnung, aber auch sein Beamtentum, zu entwerten zugunsten des Volkes oder praktisch der Partei. Dafür berief man sich auf diese angebliche ursprüngliche Bedeutung des Wortes Staat, das nur einen tatsächlichen Machtzustand oder Machtkomplex bedeute oder, wie man nunmehr sagte, auch einen Machtapparat, der nur einen Herrn haben müsse, das Volk oder praktisch den Führer und die NSDAP. Auf diese gedankliche Degradierung des Staates zu einem bloßen Machtmittel ist zu einem guten Teil die verhängnisvolle Staats- und Verfassungslehre des Nationalsozialismus aufgebaut worden, und jene wortgeschichtliche These von Burckhardt hat ihr dabei wesentlichen Vorschub geleistet.

Aber jene These ist unrichtig.

Wäre sie richtig, so wäre stato, Staat, d. h. ursprünglich lateinisch status, Zustand, abgeleitet eben von status in der Bedeutung: Zustand, tatsächlicher Zustand, insbesondere Machtzustand. Es gibt manche Stelle in den italienischen Quellen des 15. Jahrhunderts, die diese Deutung nahelegt. Aber sie ist aus zwei Gründen unwahrscheinlich.

Einmal: Das Wort status oder italienisch stato, wird in jener Zeit häufiger gebraucht in der bestimmteren und technischeren Bedeutung, in der es den Juristen unter Ihnen geläufig ist, als Rechtszustand, rechtliche Lage. Sie kennen aus dem Lateinischen, aus dem römischen Recht die drei Rechtslagen, in denen sich jeder befindet: den status libertatis (je nachdem er frei oder unfrei ist), civitatis (Bürger oder nicht), familiae (Hausvater, Ehegatte, Haussohn usw.). Eine Stadt ist in einem bestimmten rechtlichen Verfassungsstande, z. B. bei Dante im stato franco. Und bei Dante treten hinzu die Rechtslagen in den großen göttlichen Ordnungen kraft göttlicher Gerechtigkeit und Entscheidung: der status der Unschuld, der Sünde, der Gnade, oder, und so vor allem in Dantes Göttlicher Komödie, status heißen die Lagen in der Hölle, im Fegfeuer, in der Seligkeit, im goldenen paradiesischen Zeitalter. Bei Dante, bei Thomas von Aquino ist das der bei weitem häufigere Sprachgebrauch: status, stato bedeutet bei ihnen nicht eine rein tatsächliche, faktische Lage, sondern eine Lage vermöge Einordnung in die großen menschlichen und göttlichen Ordnungen, Rechtslage vermöge Einordnung in die Ordnungen der Familie, der Staatsbürgerschaft usw., oder die Lage in den Ordnungen des Gottesreichs: darin aufgenommen durch die Gnade Gottes oder verworfen durch Gottes Gerechtigkeit.

Wenn ein Wort sehr bestimmte prägnante Bedeutungen hat, insbesondere Bedeutungen in der Rechtssprache, wie z. B. status in dem oben angedeuteten Sinn, und daneben unbestimmtere, abgeschliffenere (hier die Bedeutung „Zustand" in irgendeinem Sinn), dann ist in der Regel die prägnantere, bestimmtere die, von der mit größter Wahrscheinlichkeit neue Bedeutungen ausgehen werden. Und das gilt vor allem dann, wenn die neue Bedeutung selbst wiederum prägnant, ein Wort z. B. der technischen Rechtssprache ist. Und das ist das Wort stato in seiner neuen politischen Bedeutung ursprünglich gewesen. Es erscheint zuerst, soviel ich sehe, um 1400 in italienischen Rechtsurkunden, in denen Stadtherren italienischer Städte sich mit dem Rat, den Ältesten der Stadt, auseinandersetzen, und zwar so, daß der Stadtherr sich oder seinen Stadträten diejenigen Angelegenheiten vorbehält, quae statum civitatis respiciunt, sich auf den Status der Stadt beziehen, und damit sind gemeint die Grenzen, auch die Verfassung, insbesondere auch die auswärtigen Beziehungen der Stadt. Das sind aber nicht rein tatsächliche Dinge, sondern der Besitz- und Machtbestand oder Machtstand kraft Ordnung, kraft Rechtsordnung, kraft der rechtlichen Beziehungen zu den Nachbarn. Der kraft einer Ordnung bestehende, durch sie abgegrenzte, aber der zugleich eben dieser Ordnung unterstehende Machtbestand: das ist der ursprüngliche Sinn des Wortes „Staat", d. h. der moderne Staatsbegriff ist zur Welt gekommen nicht als der Begriff eines reinen Machtfaktums, sondern als der eines geordneten, durchaus unter dem Recht stehenden, kraft Rechtes bestehenden Verhältnisses, eines Rechtsverhältnisses.

Damit ist wenigstens wortgeschichtlich und begrifflich auch der angeblich tiefe Gegensatz dieses italienischen, modernen Staatsbegriffs gegenüber dem der deutschen Verfassungsgeschichte gutenteils aufgehoben. In den deutschen Territorien ist ja die Vorstufe des modernen Staats die Bildung der sogenannten Landeshoheit gewesen, d. h. einer meist sehr zufälligen Summe von allerlei sogenannten Hoheitsrechten, in ihrem Kern meist alten Grafenrechten, aber oft auch höheren, herzoglichen, markgräflichen, ja ursprünglich königlichen Rechten, und stets dazu einer Fülle von Rechten bescheidenerer Rangstufe. Dies Ganze der Landeshoheit war ebenso wie jener italienische stato ein Bestand von Macht kraft der Rechtsordnung, ein Bestand, der sich wohl langsamer zur modernen geschlossenen souveränen Staatsgewalt konsolidierte, als in Italien oder in den großen nationalen Einheitsstaaten außerhalb Deutschlands, der aber doch seiner begrifflichen Struktur nach nichts anderes war, als der stato der italienischen politischen und Rechtssprache im 15. Jahrhundert.

— Ist es nicht müßig, in einer politischen Vortragsreihe so der Geschichte einer Wortbedeutung nachzugehen, die doch eigentlich durch den Wörterbuchartikel eines Philologen erledigt werden sollte?

Ich glaube nicht, und zwar deshalb nicht, weil ich meine, daß diese Wortgeschichte allerdings für uns von aktueller praktischer Gegenwartsbedeutung ist. Worte sind klüger und inhaltsreicher, als das Bewußtsein des Sprechenden — die Sprache denkt für uns und bewahrt den eigentlichen und vollen Sinn besser als etwa unsere bewußten Definitionen. Diese Wortgeschichte zeigt, daß auch der Staatstypus der italienischen Renaissance mit seiner radikalen Neuzeitlichkeit, die

Machiavelli dann schriftstellerisch festzulegen und festzuhalten versucht hat, keine Ausnahme von dem Grundsatz macht, daß auch der Staat eine Ordnung ist, nicht nur eine Machttatsache. Wie alle menschlichen Ordnungen, so ist auch der Staat nicht als eine reine Tatsache zu denken: kraft einer Ordnung und mit einer Ordnung entsteht und besteht er — er hat ein Gesetz, das nicht lediglich in den Erfahrungssätzen und Klugheitsregeln der Machtausübung besteht, in den Erfahrungen dämonischer Zuchtmeister und Bändiger der Masse und erfolgreicher Kämpfer im internationalen Ringen der Mächte und Staaten, sondern ein Gesetz, das die Grundlage seiner dauernden Macht und Ordnung ist und das als Recht, d. h. als ein Versuch der Verwirklichung aufgegebener Gerechtigkeit, mit letzten, über Staat und Staatsmacht stehenden Normen und Ordnungen in Beziehungen steht, in Beziehungen, die vielleicht geheimnisvoll, aber jedenfalls tiefgewurzelt sind und nicht ungestraft auf die Dauer verleugnet und verachtet werden dürfen. Der Staat ist nicht ein Kunstwerk und eine Sache nur der berechneten, bewußten Machtpolitik, sondern zunächst eine aufgegebene Ordnung, in sich durch das Recht geordnet und gestaltet, und über sich beherrscht von den Ordnungen, die für das Zusammenleben der Menschheit im ganzen gelten.

Wo Menschen sich zu politischen Gemeinwesen zusammenordnen, da können sie es nur durchs Recht tun, durch eine Ordnung, die versucht, „gerecht zu sein", die nicht lediglich „dem Volke zu nützen sucht", wie das Dritte Reich meinte. Und in dieser Zusammenordnung gehorchen die Menschen einer überempirischen Nötigung: Staat soll sein, wie Ehe sein soll, und wie auch im übrigen Rechtsgemeinschaft sein soll — die einzelne Staatsbildung und die Verfassungsordnung, die er sich gibt, geschieht ebenso wie die Ehegesetzgebung, die ein Land sich gibt, und die einzelne Ehe, die geschlossen wird, unvermeidlich im Gehorsam gegen höhere Ordnungen, die uns Menschen aufgeben, in Ehen, aber auch in Staaten zu leben.

Erst im deutschen 19. Jahrhundert ist der Sinn für diese Wahrheiten verlorengegangen. Man kann den Vorgang dieses Verlorengehens in der Geschichte des politischen Denkens gut verfolgen. Das Ringen darum geht vor sich in der Literatur der sogenannten Staatsraison. Dieser etwa um 1550 (also etwa ein Menschenalter nach Machiavelli) entstandene Begriff bezeichnet das Lebensgesetz des Staates — aber die Frage ist nun, ob das lediglich die Regeln sind, die sich aus seiner eigenen Macht und seinem eigenen Vorteil ergeben und der Wahrung dieser Macht und dieses Vorteils dienen, oder ob das Gesetz des Staatslebens nicht ein ihm übergeordneter Sinn ist, dem es zu dienen hat. Die Sprache bewahrt hier den vollen und wahren Gehalt des Begriffes auf, und das äußert sich darin, daß im Streit um die sogenannte Staatsräson immer wieder der Gedanke durchbricht, daß diese oberste Maxime für den Staat nicht sein immanentes Wesen, sondern eine ihm übergeordnete Norm und Zielsetzung ist. Bei Jacob Burckhardt ist dieser Gedanke verlorengegangen, wenn er den modernen Staat ganz aus seiner eigengesetzlichen Schönheit (als sogenanntes, angebliches „Kunstwerk") oder aus seiner in ihm beruhenden Zweckvernünftigkeit heraus leben läßt. So erscheint der Staat bei ihm als ein schönes aber unheimliches, dem einzelnen innerlich fremdes Ungeheuer: dieser „Staat als Kunstwerk" wird mit einer Art von altjüngferlichem Gruseln betrachtet, ebenso wie die Macht, die Jacob Burckhardt bekanntlich (nach Hergang anderer) für „an sich böse" erklärt hat. Auch das ist innere Fremdheit des deutschen 19. Jahrhunderts gegenüber der politischen Welt: Macht muß sein, und es kommt nur darauf an, ob sie sich dessen bewußt bleibt, daß es auch für sie eine sittliche Ordnung gibt, damit sie selbst eine Macht des Guten und nicht des Bösen wird und bleibt. Es ist innere Entfremdung des Menschen des deutschen 19. Jahrhunderts gegenüber der politischen Welt, die in Burckhardts wundervoller Schilderung des Staates als Kunstwerk ihr schönstes und eindrücklichstes Denkmal gefunden hat — von da ist es nur ein ganz kurzer Weg zu dem verhängnisvollen Staatsdenken des Dritten Reichs. Von dieser Verirrung unseres Staatsdenkens, die also lange vor 1933 eingeleitet ist, müssen wir auf einen richtigeren Weg zurückfinden.

Wie: das versuche ich am Problem der Politik, des politischen Handelns deutlich zu machen, genauer am Denken eines anderen großen deutschen Gelehrten, nämlich an Max Weber und seinen Thesen von der Politik als praktischem und insbesondere sittlichem Problem.

Max Weber ist der bedeutendste Repräsentant zweier Fragen, die im Deutschland des beginnenden 20. Jahrhunderts in neuem Sinn zu bedrängenden Problemen wurden: des Problems der Wissenschaft und ihres Sinnes, und des Problems der Politik. In der Leidenschaftlichkeit des wissenschaftlichen Wahrheitssinnes, des politischen Wollens, aber auch des Sinnes für das Wesen des Politischen, und endlich in der leidenschaftlichen Bemühung um das sittliche Problem der wissenschaftlichen Arbeit und des politischen Handelns hat ihn niemand übertroffen. Wir werden ihn in der Fortsetzung der geistigen deutschen Linie finden, die ich zuerst an Jacob Burckhardt anschaulich zu machen suchte. Aber er ist für uns praktisch lehrreicher, weil er nicht ein wesentlich ästhetischer Betrachter war, wie Burckhardt, sondern ein leidenschaftlich am Problem der eigenen persönlichen praktischen Beteiligung an der Politik und der darin steckenden sittlichen Fragen Interessierter. Insofern führt er an das einem jeden von uns praktisch gestellte Problem von Staat und Politik sehr viel näher heran.

Vor allem in den Jahren 1917—1919, also damals, als es darum ging, den Übergang zur Demokratie, also zur politischen Aktivierung des Volksganzen zu zeigen, hat Max Weber in einer Reihe von Abhandlungen, die zum Bedeutendsten gehören, was es in deutscher Sprache zum praktischen Problem der Politik gibt, dem deutschen Volk deutlich zu machen versucht, was eigentlich Politik sei. Er unternimmt es an drei Punkten: an der Frage des politischen Personals, der Politiker, an der Frage des politischen Handelns, und an dem entscheidenden Problem der Ethik dieses Handelns.

Das erste, was dem deutschen Publikum beim Übergang zur Demokratie deutlich gemacht werden mußte, war der notwendig veränderte Menschentypus, der der eigentliche Träger demokratischer Politik ist. In wissenschaftlich eindringend unterbauten und publizistisch glänzenden Darlegungen hat Max Weber immer wieder den Typus derer entwickelt, die bisher die Politik in Deutschland gemacht hatten: meist im Grund unpolitische Leute. Auf der einen Seite die Minister des kaiserlichen Reiches und der monarchischen Einzelstaaten, das heißt Beamte, die die höchste Stufe der Beamtenlaufbahn erreicht haben, aber eben doch Beamte, geschulte und zuverlässige Sachbearbeiter ihnen zugeteilter amtlicher Aufgaben, aber nicht von Berufs wegen Politiker. Und ihnen gegenüber die Parteien: in Reichstag und Landtagen vertreten durch ihre Fraktionen, die ebenfalls überwiegend nicht aus Berufspolitikern bestanden, sondern aus Politikern sozusagen im Nebenamt, in den Parteien älteren Stils meist Leute von örtlichem oder regionalem Ansehen, d. h. Honoratioren. Beamte und Honoratioren stellten das Personal der politischen Bühne, also nicht eigentlich Politiker — als politischer Stand kam damals außerdem ein kleiner Ausschnitt aus den damaligen Journalisten in Betracht.

Dem stellt er gegenüber die politischen Typen der Demokratie: die Menschen, deren Haupt- und Lebensberuf die Politik ist, d. h. der politische Kampf. Das bedeutet einmal den Kampf um die sachlichen politischen Ziele, im Parlament, in der Führung der Politik von Staats wegen, durch die Minister, die nun nicht mehr Beamtenminister sein können, sondern aus dem freien politischen Beruf hervorgehen müssen, durch die Parlamentarier, durch die Journalisten, einigermaßen auch durch die Parteibeamtenschaft, und vielleicht durch die eigentümlichen geheimnisvollen politischen Drahtzieher im Hintergrunde, wie sie die moderne Demokratie vielfach entwickelt hat, am merkwürdigsten in den amerikanischen bosses. Neben dem Kampf um die sachliche Richtung der Politik und weithin damit zusammenfallend ist demokratische Politik aber Kampf um die Gemüter, die Meinungen, um die Menschen, um die Anhänger, die man als Mehrheitsgrundlage braucht. So ist Politik nicht nur Kämpfen, sondern zugleich Führen, Demagogie mit dem alten griechischen Wort — daher die Notwendigkeit, daß der Politiker Redner ist — neben den in der Demokratie nun sehr viel wichtiger gewordenen Journalisten.

Damit ist das Wesen des politischen Handelns schon einigermaßen beschrieben. Es ist ein Kämpfen um Sachziele und um die Seelen der Anhänger und um die öffentliche Meinung, ein Ringen aus Machtbedürfnis, mit Machtgefühl und mit Leidenschaft — sehr deutlich im Gegensatz zu der Haltung des Beamten, die gerade nicht leidenschaftlich, nicht die eines Machtmenschen sein darf. Diese Leidenschaft des Politikers gilt seiner eigenen machtvollen Auswirkung, aber sie gilt notwendig damit zugleich dem Ziel, der Sache — der Minister, der sein Programm nicht durchsetzen kann, hat zu gehen, der Journalist, der seine Überzeugung in seiner Zeitung nicht mehr vertreten kann, hat sie zu verlassen: der Politiker kann nicht „auch anders", denn er ist leidenschaftlich und wesensmäßig eins mit seiner Sache, seinen Zielen. Ganz anders als der Beamte, der gerade auch anders können muß, als er möchte, wenn es nur nicht gegen das Recht oder gegen sein Gewissen geht: er hat technisch gut, sachkundig, gewissenhaft, fleißig, zuverlässig, treu Aufgaben zu erfüllen, die ihm ein anderer stellt, und sie in einem Sinne zu erfüllen, der nicht der seine ist oder zu sein braucht. Diese Beamtenhaltung liegt der bisherigen deutschen Entwicklungslinie naturgemäß näher, als die des im sozusagen „freien" politischen Beruf kämpfenden, werbenden, führenden Politikers des demokratischen Typus. Wir haben diese Verbeamtung im guten und im üblen Sinne in der Parteibürokratie der NSDAP gründlich kennengelernt, vor allem aber auch in der Verteidigung der Angeklagten im Nürnberger Prozeß, deren Hauptargument ja immer wieder war, daß sie gehorchende und ausführende Beamte und Offiziere, aber ganz und gar nicht mit oder für eine eigene Lebensaufgabe stehende und fallende politische Charaktere gewesen seien. Dieses Fehlen des politischen Charakters (nicht nur als sittlicher Charakter, sondern als politisch geprägter selbständiger Charakter) im politischen Führerkorps des Dritten Reichs ist das, worüber sich das Ausland angesichts des Nürnberger Prozesses wohl ebensosehr gewundert hat, wie über die Verbrechen, über die dort verhandelt wurde. Wenn dies dort zur Verteidigung Behauptete richtig war und ist, dann ist es allerdings ein starker Beleg dafür, daß wir Deutsche kein politisches Volk sind, sondern eins von gehorsamen Untertanen und treufleißigen Beamten — eine unpolitische Haltung, die dann jedenfalls eine Hauptursache unseres Unglücks ist und deshalb mit Recht vom Ausland bekämpft wird.

Das hier liegende Problem wird noch deutlicher an der Frage, die die eigentliche Kernfrage von Max Webers Erörterung des politischen Handelns ist, der Frage nach der für dies Handeln geltenden Ethik.

Max Webers Antwort ist die Fortbildung einer in der deutschen politisch-ethischen Theorie überkommenen These von der besonderen politischen Moral im Gegensatz zur privaten — von jeher begründet etwa auf die Sonderart der Politik und ihres notwendigen Wesens als Machtbehauptung, die jedenfalls nicht von der christlichen Liebesethik her beurteilt werden könne — begründet ferner auf die Sonderstellung des Politikers, der über das Schicksal seines Volkes und Landes nicht so verfügen dürfe, wie es dem einzelnen wiederum etwa von der Bergpredigt zugemutet werde — begründet endlich auf die Sonderart des politischen Bereichs überhaupt mit seiner Eigengesetzlichkeit, die ihn von den anderswo geltenden Normen freistelle. Max Weber ist zu ähnlichen Erwägungen von der Anschauung der politischen Wirklichkeit her bestimmt. „Keine Ethik der Welt kommt um die Tatsache herum, daß die Erreichung sogenannter ‚guter' Zwecke in zahlreichen Fällen daran gebunden ist, daß man sittlich bedenkliche oder mindestens gefährliche Mittel und die Möglichkeit oder auch die Wahrscheinlichkeit übler Nebenerfolge mit in den Kauf nimmt, und keine Ethik der Welt kann angeben: wann und in welchem Umfang der ethisch-gute Zweck die ethisch gefährlichen Mittel und Nebenerfolge ‚heiligt'." (Politische Schriften S. 442.)

Wenn man vom Staatsmann fordert, nicht, daß er in einer bestimmten sittlichen Haltung handele, sondern daß er einen bestimmten sachlichen Erfolg erreiche, dann unterstellt man ihn einer besonderen ethischen Maxime: statt der uns heute in der Regel näher liegenden Gesinnungsethik einer Verantwortungsethik, die sich in erster Linie für die Folgen ihres Handelns verantwortlich fühlt. Auch wenn der Staatsmann die besonderen persönlichen Fehler meidet, die häufige

Beeinträchtigungen gerade seiner Haltung und Leistung sind, etwa Eitelkeit und persönliche Machtgier, so entgeht er doch nicht dem Dilemma, in das ihn z. B. die Art des modernen Parteiwesens und der modernen politischen Propaganda bringt: etwa unter den Voraussetzungen des modernen Klassenkampfs Befriedigung des Hasses, der Rachsucht, des Ressentiments, vor allem der pseudo-ethischen Rechthaberei, die in einer sozialen politischen Kampflage die eigene Klasse oder Interessengruppe als die allein im sittlichen Recht befindliche verherrlicht zu sehen wünscht, unter Verlästerung und Verketzerung des Gegners — und dazu die Erfüllung der praktischeren Wünsche nach Beute, Macht, Beamten- und anderen Pfründen, und nach Vorteilen jeder Art für den einzelnen, für die Gruppe. Er muß arbeiten mit den Haß- und Racheinstinkten, der Macht- und Profitgier eines Teiles seiner politischen Anhänger, weil er diesen Anhang als Voraussetzung seines politischen Wirkens nun einmal braucht. Und weiter: die Aufgaben des politischen Bereichs sind nur mit Gewalt zu lösen — das bedeutet, daß diese politische Welt von Dämonen regiert wird, und daß, wer sich mit der Politik einläßt, d. h. mit Macht und Gewaltsamkeit als Mitteln, daß der mit dämonischen Mächten einen Pakt schließt, wobei sehr wohl auf bösen Wegen gute Erfolge (und auf guten Wegen böse Erfolge) erreicht werden können. Nur eine sonst abzulehnende Verantwortungs- und Erfolgsethik kann hier dem Staatsmann allenfalls ein leidlich gutes Gewissen geben.

Ich führe diese Denkweise hier nicht deshalb vor, weil sie die eines sehr bedeutenden Theoretikers der Politik ist, auch nicht wegen der tiefen Wahrheit, die in ihr steckt. Es ist ganz gewiß, daß etwa unsere sittliche Abrechnung mit den Machthabern des Dritten Reichs gut tut, bewußt die Maßstäbe der beiden hier bezeichneten Ethiken nebeneinander anzuwenden, dahin, daß sie unsittlich im geläufigen Sinne, und dahin, daß sie namenlos leichtfertig, ohne jedes Verantwortungsgefühl für die Folgen, Politik gemacht haben. Aber heute erinnere ich an diese Gedanken deshalb, weil sie auf ihre Zeit den allergrößten Eindruck gemacht haben, weil sie der Ausdruck dessen waren, was die Ernstesten in jener ersten Generation des deutschen 20. Jahrhunderts von dem eigentlichen Kern des politischen Problems dachten. Bei näherem Zusehen finden wir uns auf dem bekannten Boden Jacob Burckhardts. Zwar ist das Motiv Webers ein ganz anderes. Weber liegt daran, den Deutschen seiner Zeit zu zeigen, wie grundverschieden Politik und politische Persönlichkeit in der nunmehr aufkommenden deutschen Demokratie von dem bisher das deutsche öffentliche Leben beherrschenden Typus der Behördenarbeit und der Beamtenpersönlichkeit sein müssen: bisher die stille, herkömmliche, problemlose Arbeits- und Gesinnungsethik des Beamten, jetzt die kämpferische, auf Sieg und Erfolg ausgerichtete Verantwortungsethik des demokratischen, notwendig auch demagogischen Staatsmannes einer neuen Zeit. Aber trotz dieses neuen Motivs seiner Thesen ist ihr Inhalt wesentlich der alte. Der Staat ist dadurch gekennzeichnet, daß er allein legitime physische Gewaltsamkeit als Mittel seiner Herrschaft monopolisiert hat — daß er, daß alle Politik mit Macht, hinter der Gewaltsamkeit steht, arbeitet — daß diese letzten Endes in physischer Gewaltsamkeit begründete Macht eben infolge ihres Wesens ein dämonisches Reich ist, nicht unter irgendeinem sittlichen Gesetz stehend (die Macht ist ihrer Natur nach böse, so hatte schon Burckhardt gelehrt) — und daß darum der Politiker, sieht man genau zu, in eigentümlich heroischer Weise das Opfer seiner Seele bringen, sie diesen dämonischen Mächten verschreiben muß. Wer das Heil seiner Seele sucht, der bleibe dem politischen Leben fern — denn da ist er in dringender Gefahr, seine Seele zu verlieren — diese Warnung vieler Stillen im Lande ist im Grunde auch die Max Webers. Es ist ein heroisches Opfer, das der bringt, der sich in diese Politik einläßt (wenn er überhaupt ein Mensch von sittlicher Substanz ist), denn er begibt sich damit in ein Reich voll böser Dämonie.

Den Deutschen ist es nicht wohl gewesen bei ihrem Politischwerden: das gilt jedenfalls für alle die, die irgendwie mit Jacob Burckhardt oder Max Weber gingen. Anders lag es für die, die in der Linie des deutschen Spätidealismus ganz auf den Boden des neuen deutschen Staates traten, etwa unter Treitschkes geistiger Führung — problemlos doch wohl meist nur deshalb, weil sie das von Max Weber scharf gesehene Problem nicht sahen — weil sie (so kann man es vielleicht auch ausdrücken) den Staat, den überkommenen monarchischen Staat und den vollendeten nationalen Staat des Bismarckreichs als ein sittliches Reich, als ihre eigentliche sittliche Heimat, oft als eine Art Ersatz für die verlorene religiös-sittliche Gemeinschaft der Kirche nahmen. Diese Ineinssetzung des Reichs von Staat und Politik mit dem des Sittlichen ist uns nicht mehr gegeben, und der Zusammenbruch des deutschen Reichs in so viel Schmutz und Schuld steigert in vielen der Besten unter uns jene skeptische Zurückhaltung von Burckhardt und Weber zu einer beinahe nihilistischen Ablehnung und Ungläubigkeit gegenüber aller Beteiligung an einem politischen Neuanfang.

Und trotzdem müssen wir neu anfangen. Dazu müssen wir allerdings nicht nur die Irrwege des Dritten Reichs überwinden, sondern auch jene älteren, die in ihrer tiefen Geistigkeit dem Dritten Reich so wenig ähnlich sehen, aber doch in ihrer ethischen Skepsis gegenüber dem politischen Bereich so sehr dazu beigetragen haben, diesen Bereich in unserem Bewußtsein den Dämonen auszuliefern und damit die rechtzeitige Gegenwehr des gesunden Deutschland gegen die Dämonien des Dritten Reichs zu lähmen und zu verhindern.

Diese Überwindung wird nicht leicht sein. Es gibt kein einfaches und bequemes Rezept dafür, keine billige Formel, die man nur auszusprechen und zu befolgen brauchte. Ich kann hier in dieser kurzen Stunde nur die Richtung andeuten, in der nach meiner Überzeugung die neuen Lösungen liegen müssen.

Es muß uns wieder wohl werden in unserer politischen Welt, in der Welt, deren Aufbau Sie hoffentlich glücklich erleben und tätig mittragen werden. Wie man das erreicht — danach fragt der Empiriker vielleicht am besten die Geschichte politisch glücklicherer Völker. Ich nenne eine Formel für das Geheimnis des englischen politischen Glücks, die vor bald hundert Jahren ein damals auch in Deutschland viel gelesener englischer Historiker für das Wesen der die englische Geschichte zu jahrhundertelangem politischem Glück führenden Ereignisse gebraucht hat. Macaulay schließt seine Geschichte Englands, die in ihren zehn Bänden im Grunde nur die zwölf Jahre vom Regierungsantritt Jakobs II. 1685 über seinen Sturz und die Nachfolge seines Schwiegersohns Wilhelms III., des Oraniers, und dessen Gemahlin 1688, also über die sogenannte glorreiche Revolution, bis hin zum Frieden von Ryswik 1697 führt, ab mit der Feier dieses Friedens. Als den Gegenstand dieser Feier und damit als die Grundlage künftiger glücklicher Jahrhunderte bezeichnet er in wenigen Worten die errungenen Erfolge Englands. Ich zitiere wörtlich: „Seine Freiheit hatte es durch eine gerechte und notwendige Revolution behauptet. Seine Unabhängigkeit hatte es durch einen nicht weniger gerechten und notwendigen Krieg zurückerobert.“

Es ist nicht unsere Frage, ob diese Würdigung des Sturzes des Hauses Stuart und der erfolgreichen Abwehr Ludwigs XIV. richtig ist. Unsere Frage ist die, ob der hier angewandte Maßstab der „Gerechtigkeit und Notwendigkeit“ richtig, ob er geeignet ist, danach geschichtliche Ereignisse richtig zu würdigen, vor allem, ob er geeignet ist, die Maxime des politischen Handelns zu liefern.

Gerechtigkeit und Notwendigkeit: damit ist wohl gemeint einerseits die sittliche Richtigkeit des politischen Handelns und seiner Ziele und anderseits seine sachliche Richtigkeit, seine Sachgemäßheit unter den Gesichtspunkten, nach denen sich bestimmt, ob etwas dem besonderen inhaltlichen Sinn eines Lebensgebietes, hier der Politik, entspricht und gerecht wird. „Sittlich richtig und politisch richtig", so könnte man etwa die Forderung der Gerechtigkeit und Notwendigkeit umschreiben. In der grundsätzlichen Begründung dieser Forderungen wie in ihrer Anwendung im einzelnen liegen unendliche Schwierigkeiten — so große, daß vollends das Nebeneinander und die Verbindung dieser beiden Maßstäbe immer wieder angefochten und bezweifelt werden. Max Webers „Verantwortungsethik" des Politikers, statt der sonst geltenden Gesinnungsethik, bedeutet ja praktisch die Beschränkung auf den Maßstab des sachlich, des politisch Gebotenen, unter Verzicht auf einen daneben noch auf die Politik anwendbaren selbständigen Maßstab des Sittlichen, einer wirklichen politischen Sittlichkeit. Diese dem Engländer fernliegende Skepsis ist aber eine der Wurzeln unseres Unglücks geworden, und es ist, soviel ich sehe, geradezu die Grundfrage unserer politischen Erneuerung, ob es uns gelingt, diese Skepsis zu überwinden. Es ist ein Krankheitszustand, wenn man in einer aufgegebenen Lebenstätigkeit, in einer so lebenswichtigen wie der der Politik, daran verzweifelt, gleichzeitig das sachlich Richtige und das sittlich Richtige tun zu können und zu sollen. Es ist der Machiavellismus, der hier in den deutschen Positionen der Vergangenheit noch fortlebte, der daran verzweifelt, daß das politisch Richtige auch sittlich richtig sein könne. Das hat im Grundsatz mindestens Treitschke richtiger gesehen, als Burckhardt und Weber, wenn er diese Möglichkeit optimistisch bejahte. Er hat sich die Durchführung wohl zu leicht gemacht und den Weg zum Nationalstaat allzu unbedingt für die politisch und sittlich richtige Linie genommen. Uns ist die Frage der politischen Sittlichkeit heute bedenklicher und problematischer, als sie Treitschke erschien, aber wir sehen sie andererseits auch nicht mit der resignierten Skepsis Machiavellis oder der deutschen Lutheraner oder Burckhardts und Max Webers. Die Welt draußen, zumal in den Vereinigten Staaten, ringt auf ihre Art in bemerkenswertem Ernst um Lösungen, die uns nicht leicht in den Schoß fallen werden. Aber die Bemühung darum ist uns aufgegeben. Es ist nicht unser Schicksal, entweder politisch zu sein und unsere Seele den Dämonen opfern zu müssen, oder unter Verzicht auf die Politik sozusagen als Heilige in die Einsamkeit, in die Wüste zu gehen — wie im Grunde Max Weber meinte. Eher ist es gerade unsittlich, dem uns Aufgegebenen im politischen Bereich auszuweichen — das wäre bequem, und wäre ein altes deutsches Laster.

Es gibt Lebensbereiche, in denen das nach deren Eigengesetzlichkeit Richtige in der Regel auch das sittlich Richtige ist. Die ärztliche Berufsethik ist ein Beispiel dafür. Anderswo, und so im politischen Bereich, ist die Frage schwieriger, und liegt ihr gegenüber die Skepsis Burckhardts und Webers nahe. Aber wenn wir etwa die Entwicklung unserer Auseinandersetzung mit unserer jüngsten deutschen Vergangenheit verfolgen, so wird, soweit ich sehe, die Kritik am Dritten Reich, sobald sie tiefer geht, zugleich an politischen und an sittlichen Maßstäben begründet. Politisch falsche Ziele, schlechte politische Technik, sozusagen handwerklich schlechte politische Arbeit, schlechte Vorbereitung und Information, leichtfertige und dilettantische Staatsführung — das sind Vorwürfe, die zugleich in tiefem innerem Zusammenhang mit der sittlichen Ablehnung dieser Epoche stehen. Immerhin: es ist noch ein langer Weg bis zur endgültigen befriedigenden Klärung dieser Fragen.

Wenn ein Engländer, wenn Macaulay von der Gerechtigkeit und Notwendigkeit politischer Wege spricht, dann klingt in beiden Prädikaten noch etwas weiteres an. Die Glorreiche Revolution, der siegreiche Krieg gegen Ludwig XIV. werden als gerecht und notwendig gefeiert, weil sie gerecht und notwendig auch im volkstümlichen Bewußtsein waren. Es ist der demokratische Einschlag im englischen politischen Denken, der auch diesen Begriffen ihre eigentümliche Farbe gibt: einsehbare und vom englischen Volk eingesehene Gerechtigkeit und Notwendigkeit einer Politik sind die Eigenschaften, vermöge derer diese Politik erst richtige, billigenswerte Politik ist. Das bedeutet nicht, daß jede in demokratischen Formen gebilligte Politik gute Politik wäre, und es liegt Macaulay durchaus fern, das zu behaupten. Aber das Zusammentreffen dieser drei Kriterien: Sittlichkeit, sachliche Richtigkeit, Volkstümlichkeit einer Politik ist das, worauf das politische Leben eines Volkes ausgerichtet sein sollte.

Ich darf versuchen, zu einer Art von abschließendem Ergebnis zu kommen.

Wir stehen politisch im Zeichen des Neuaufbaus deutscher Demokratie, und alle Hoffnung auf deutschen politischen Wiederaufbau überhaupt ist geknüpft an das Gelingen dieses demokratischen Aufbaus. Schon einmal in jüngster Vergangenheit ist dem deutschen Volke ein solcher Versuch mißlungen: die Demokratie der Weimarer

Verfassung ist auf eine für unser Schicksal verhängnisvolle Weise nach kurzem Bestehen zugrunde gegangen. Unser jetziger zweiter Versuch ist durch die Folgen des zweiten Weltkrieges und damit durch noch unglücklichere Umstände erschwert und bedroht, als jener erste nach dem ersten Weltkriege. So ist die Frage besonders dringlich, was wir dieses Mal zum Gelingen trotz allem und allem tun können. Soviel ich sehe, kommt nicht so viel auf die richtigen demokratischen Verfassungsbaukünste im einzelnen an, so wichtig es ist, daß wir ein angemessenes Wahlrecht und ein richtig abgewogenes Verhältnis von Volksvertretung und Regierung und vor allem ein genügendes Maß deutscher Einheit bekommen. Wichtiger aber ist, daß das eigentliche Lebenselement einer solchen Verfassung, das ihr allein Auftrieb und Dauer geben kann, daß der politische Lebenswille der Nation gesund ist und nicht versagt. Ein solches Versagen ist der letzte Grund des Scheiterns der Weimarer Verfassung und der Möglichkeit und Dauer des Dritten Reichs gewesen. Ein wichtiger Ausdruck dieses Versagens, dieses mangelnden politischen Lebenswillens ist der sittliche Zweifel an der Politik, das mangelnde gute Gewissen und damit der mangelnde gute Mut zur Politik, wie er sich etwa in jenem moralfremden Staatsgebilde Jacob Burckhardts oder in jener politischen Erfolgsethik Max Webers äußerte. Es mag sein, daß das einsetzende neue deutsche Verfassungsleben und die Arbeit an den brennenden Fragen unserer einfachsten Lebenserhaltung ein Schwungrad sind, das auch unser politisches Leben im Kern entproblematisiert, gesunden und selbstverständlich werden läßt. Aber dem muß ein verstärkter und geklärter politischer Lebenswille entgegenkommen, um den wir nicht nur im Spielenlassen demokratischer Formen, sondern auch in hartem gedanklichem und sittlichem Ringen bemüht sein müssen, wenn anders wir nach allem, was geschehen ist und was heute ist, einigermaßen wenigstens die Freiheit und das Leben wiedergewinnen wollen. Es geht heute gewiß um die Demokratie, aber es geht vor allem um eine neue, sie tragende politische Grundhaltung. Solche neue Grundhaltung unter uns zu klären und zu festigen, wird eine besondere Aufgabe der Universitäten und in unserem Kreise die Aufgabe dieser politischen Aussprachen sein, deren Eingangsgedanken ich Ihnen hier heute noch einmal vorführen durfte.

Das Problem der Presse in der heutigen geistigen Lage

Einleitungsvortrag der Tagung des Norddeutschen Zeitungsverleger-vereins in Oldenburg, 13. August 1946

Wenn ich hier und heute und vor diesem Kreise von dem Problem der Presse in der heutigen geistigen Lage sprechen soll, so kann ich das nicht als ein Sachverständiger des Problems der Presse. Ich kann es allenfalls unternehmen als jemand, der es beruflich immerfort mit dem Problem der geistigen Lage zu tun hat und der immerfort beruflich und amtlich gezwungen ist, von diesem Ausgangspunkt zu den Fragen der einzelnen Formen und Einrichtungen des geistigen Lebens Stellung zu nehmen.

Das Problem der Presse drängt sich dem Fernerstehenden heute unter zwei Gesichtspunkten auf.

Einmal unter dem Gesichtspunkt der Vertrauenskrise, die ihr gegenüber nach den Erfahrungen mit der Presse des Dritten Reichs besteht. Eine gewisse nihilistische Skepsis und Verzweiflung beherrscht vielfach den heutigen Deutschen ebenso seiner Zeitung gegenüber wie gegenüber der politischen Lage, der deutschen Zukunft, gegenüber der Frage, ob er sich überhaupt noch einmal wieder politisch interessieren oder gar politisch betätigen soll. Das wird verschärft, wenn man in mühseliger Aufbauarbeit durch Hetze und Unwahrheiten der heutigen Presse gehindert wird.

Der Universitätslehrer empfindet das besonders stark. Er muß als Lehrer des Rechts oder der politischen Theorie auf die Ereignisse der jüngsten Gegenwart Bezug nehmen, wie sie sich in Zeitung und Rundfunk darstellen, und er stößt dabei immer wieder auf jene tiefe Abneigung des Deutschen von heute, diesen Zeugnissen noch irgend etwas zu glauben.

Eine solche Vertrauenskrise ist in diesem Augenblick besonders unerwünscht. Denn gerade jetzt ist die Stunde der Presse wie nie zuvor. Sie ist ein wesentliches, ein unentbehrliches Mittel des inneren Wiederaufbaus. Die Aufgabe, in diesem Sinne zu wirken und in keinem anderen, ist ihr aus zwingender Notwendigkeit unzweideutig gestellt. Aber darin liegt eine weitere Schwierigkeit. Im Augenblick ist keine grenzenlose Pressefreiheit möglich, wie sie als Reaktion gegenüber der kommandierten Presse des Dritten Reiches nahe lag und vielfach gewünscht und erwartet wurde.

Wir alle wissen — auch wir Professoren von unseren Bücher- und Zeitschriftennöten her —, wieviele Hindernisse heute im Zeitalter des Papiermangels und nach einer solchen Niederlage unvermeidlich einer unbeschränkten Freiheit der Presse und der literarischen Produktion im Sinne der Vergangenheit notwendig im Wege stehen. Der Presse sind heute nun einmal gewisse Grenzen gezogen, und so weit diese Grenzen sein mögen, auch sie beeinträchtigen, vielfach unbewußt, aber unvermeidlich, an ihrem Teil die Wirkung dieser so unentbehrlichen Form unseres öffentlichen Lebens.

Die Vertrauenskrise gegenüber der Presse, die nicht unbeschränkte Freiheit der Presse und andererseits die Frage nach Zielen und Mitteln künftiger deutscher Pressegesetzgebung: das sind die Gesichtspunkte, unter denen ich versuche, das heutige Problem der Presse zu der heutigen geistigen Lage im ganzen in Beziehung zu setzen. —

Die geistige Lage einer Zeit ist eine schwer zu fassende, unbestimmte Größe, über die man sehr verschiedener Meinung zu sein pflegt. Und diese geistige Lage enthält so viele Einzelzüge, schon unter dem Gesichtspunkt unserer besonderen Frage, so viele, die für ihre Lösung bedeutsam sind, daß ich nur einzelne herausgreifen kann. Ich wähle dabei nicht die auf den ersten Blick nächstliegenden Momente, an die man gerade unter dem Gesichtspunkt der Öffentlichkeit, der öffentlichen Meinung und der politischen Willensbildung einer Zeit in erster Linie denkt: nämlich alles das, was mit dem Wesen eines intellektualisierten und rundfunkhörenden Massenzeitalters gegeben ist. Ich versuche vielmehr, einige noch tiefer liegende Eigentümlichkeiten unserer Zeit herauszustellen, in denen ich zugleich die letzten Ansatzpunkte für Antworten auf unsere Frage suchen möchte.

Ich stelle voran eine tiefe Wandlung, die ich im eigenen Arbeitsbereich, in der Entwicklung der deutschen Wissenschaft seit 1900, von Jahrzehnt zu Jahrzehnt deutlicher empfunden habe und heute abgeschlossen sehe. Es geht dabei um den Begriff der Wahrheit, der ja eins der Probleme auch der heutigen Vertrauenskrise der deutschen Presse ist. Nicht freilich in dem Sinne der Frage, wie die Wahrhaftigkeit der Presse und die Richtigkeit ihres Inhalts gewährleistet werden können: das ist bekanntlich ein in den Kämpfen um die Pressegesetzgebung der letzten Jahrzehnte im In- und Auslande viel erörtertes

Problem, für das viele Lösungen vorgeschlagen sind und das sicher in einem neuen deutschen Presserecht sorgfältiger berücksichtigt werden sollte als im bisherigen. Sondern es geht dabei um den Begriff der Wahrheit, um den letzten Maßstab dafür, was in einem tieferen Sinne wahr und wegen dieser Wahrheit wichtig ist.

Vor etwa 150 Jahren entdeckte man (was man freilich auch früher gewußt hatte), daß Wahrheit nicht einfach die Übereinstimmung von Aussagen mit Tatsachen, mit Gegenständen dieser Aussagen, bedeutet, sondern daß zwischen allen wichtigeren, insbesondere auch allen wissenschaftlichen Wahrheiten, ein tiefer innerer Zusammenhang besteht, vermöge dessen jede einzelne Wahrheit erst ihren eigentlichen Sinn gewinnt. Der deutsche Idealismus entdeckte, daß die Gegenstände des Wissens nicht ein wirres Chaos sind, sondern Glieder oder Momente einer Einheit, und daß die großen Reiche der von uns erkannten Wirklichkeit, etwa die Reiche der Natur und der Geschichte, Formen sind, in denen sich der alles tragende und überhöhende Geist verwirklicht, und daß die Wissenschaft von diesen Reichen die Form ist, in der dieser Geist sozusagen sich selbst, sein Wesen und seine Werke begreift, sich seiner bewußt wird und so eine noch höhere Stufe seiner Verwirklichung erreicht. Daraus hat man sehr praktische Folgerungen gezogen. Wenn in der Totalität der Wissenschaft produktiv eine höchste Stufe des Geistes gesetzt wird, dann ist diese Setzung offenbar schlechthin und kategorisch aufgegeben. Und daraus folgt die unbedingte Forschungs- und Lehrfreiheit der Universitäten, wie sie damals erkannt wurde: es ist nicht sozusagen der persönliche wissenschaftliche Sport des einzelnen Professors, der da privilegiert wird, und nicht die einzelne Wissenschaft, sondern die Ganzheit des sich selbst erkennenden Geistes, die nur in völliger Freiheit zur Fülle ihres totalen Wissens von sich selbst kommen kann. Daraus folgt der beinahe religiöse Respekt vor dem Leben der Wissenschaft, der sich niederschlägt in der grundsätzlichen Anerkennung der Freiheit von Wissenschaft und Wissenschaftslehre, und daraus folgt auch die uns überkommene beinahe religiöse Berufsethik der schlechthinigen Hingabe des Wissenschaftlers an seine Forschungsaufgabe — auch da, wo die idealistische Grundlage nicht mehr bewußt war und ist.

In einer langsamen Wandlung hat dieser Wahrheits- und Wissenschaftsbegriff des Idealismus seine Geltung nunmehr endgültig verloren. Der neue, an seine Stelle tretende ist philosophisch noch nicht endgültig formuliert. Aber im Leben der Wissenschaft ist die Wandlung seit längerer Zeit unverkennbar. Die Wissenschaft der idealistischen Epoche ist betrachtend, feststellend — in der Neubegründung der Methode der historischen und philologischen Wissenschaften in der ersten Hälfte des deutschen 19. Jahrhunderts spürt man überall den engen Zusammenhang mit dem ästhetischen Einschlage, der ästhetischen Komponente des deutschen Idealismus und vor allem der deutschen Romantik. Fragestellungen und Methoden der deutschen Gegenwart sind andere geworden. Schon bisher war zu spüren, daß z. B. Literaturwissenschaft nicht mehr die Beobachtung bestimmter literarischer Formtypen war, wie im 19. Jahrhundert, Sprachwissenschaft im engeren Sinne nicht mehr Beobachtung bestimmter sprachlicher Formgesetze und der Wandlung dieser Formen, wie etwa Botanik nach Linné die Beobachtung bestimmter Pflanzenformen ist. Vielmehr wurde Literaturwissenschaft immer mehr zu einer Wissenschaft von den Lebenswerten der Literatur, einer Wissenschaft von den in ihr lebendigen „idées forces“, um das Wort der französischen Theorie zu gebrauchen, ein Wissen um die in der Literatur bezeugten Zielsetzungen des Lebens und um die Wege zu solchen aufgegebenen Zielen. Und ähnlich wurde z. B. Sprachwissenschaft immer mehr aus einer Beobachtung von Formen die Erforschung einer dem Menschen als Stück seines Wesens zur Erfüllung dieses Wesens und seiner Lebensaufgabe geschenkten Geistes- und Lebenskraft. Eine ähnliche Wandlung ist in der Geschichtswissenschaft vorbereitet und durch die Gegenwartslage gefordert, d. h. ein Fortschritt vom bisherigen Feststellen vergangener Tatsachen und Zusammenhänge zu einer Entwicklung politischer Lebensgesetze und politischer Ethik — angebahnt übrigens in Rankes berühmter, seiner Darstellung immer wieder zugrunde liegender Lehre von den sogenannten „vorwaltenden“ Ideen eines Zeitalters. Noch deutlicher ist der Umbruch in den ersten beiden Fakultäten. Die klassische Theologie der Zeit um 1900 war die historisch-kritische, eine ebenbürtige Entwicklungsstufe nach der Neubegründung und Blütezeit der historisch-philologischen Wissenschaften in der ersten Hälfte des 19. Jahrhunderts; kritisch, betrachtend, konstatierend und mit einem gewissen ästhetischen Einschlage behaftet wie diese. Die klassische Theologie der Gegenwart ist die der Bekennenden Kirche: sie ist Erkenntnis des Inhalts der christlichen Offenbarung als Lebensmacht, so daß sie leicht in die Gefahr kommt, mit der Verkündigung des Evangeliums verwechselt zu werden, ja sich selbst damit zu verwechseln. Mindestens ebenso unzweideutig ist die Wandlung im Bereich der zweiten Fakultät. Die Rechtswissenschaft des 19. Jahrhunderts war konstatierend: sie beobachtete als historische

Rechtswissenschaft den geschichtlichen Ablauf, zersetzte die normative Kraft des Corpus juris durch seine philologische Kritik in ähnlicher Weise, wie es die kritische Theologie gegenüber dem biblischen Kanon getan hatte, sie stellte den Inhalt des geltenden Rechts mit größter Treue im einzelnen und kleinen fest, verzichtete aber auf die Zurückführung des Rechts auf seine tieferen Geltungsgrundlagen, auf die das Recht tragenden Lebensmächte und Grundnormen, und damit hörte sie auf, eine kraftvolle Bezeugung des Rechts als gegenwärtiger, zwingender Lebensmacht und Wirklichkeit zu sein. Wie sehr die Rechtswissenschaft der Vergangenheit daran beteiligt war, daß Recht und Rechtsanwendung im Dritten Reich als ein nur technischer Apparat erschienen, dessen sich jeder beliebige Machthaber bemächtigen und bedienen konnte, ist nur allzu augenscheinlich — ebenso wie die Notwendigkeit einer nunmehr ganz anderen Leitungs- und Erziehungsaufgabe der Rechtswissenschaft und Rechtslehre. Heute hat deutsche Rechtswissenschaft ein Zeugnis von dem in menschlicher Natur und göttlicher Ordnung, im Naturrecht oder wie man es sonst nennen mag, tief begründeten Gebot der Gerechtigkeit für die vor uns liegende nächste Zukunft und ihre Politik und Gesetzgebung, ihre Verwaltung und Rechtsprechung abzulegen. Sie hat nicht einen Bestand von einzelnen Rechtssätzen zu konstatieren, sondern die Forderung der Gerechtigkeit grundsätzlich zu verkünden.

Etwas vereinfachend und vergröbernd kann man sagen, daß heute der Gegenstand der Wissenschaft nicht mehr lediglich ein Sein, sondern mindestens zugleich ein Sollen ist, die Wissenschaft selbst also nicht mehr nur eine Konstatierung, sondern mindestens zugleich eine normative Verkündigung, eine richtungweisende Stellungnahme zur Wirklichkeit, nicht zuletzt auch zur politischen Wirklichkeit.

Diese Entwicklung hat niemand bewußt oder gar absichtlich herbeigeführt. Sie ist ein elementarer geistesgeschichtlicher Vorgang, und ihr Ergebnis ist ein veränderter Wahrheitsbegriff, der sich wieder dem Wahrheitsbegriff des Altertums, namentlich des alten Orients, des Alten und Neuen Testaments, des Hellenismus, der alten Kirche nähert. Wahrheit heißt dort nicht das richtig Wiedergegebene, sondern Wahrheit bedeutet das heilsam Richtige, das gebotene Richtige.

Es ist ein weiter geistesgeschichtlicher Umweg, auf dem ich nur eine von den vielen Seiten der geistigen Gegenwartslage anzudeuten versuchen konnte, die für das Problem der Presse von Bedeutung sind. Immerhin von nicht geringer Bedeutung. Das Wahrheitsproblem ist eine immer neue Frage jeder Preßgesetzgebung, und es ist gewiß zunächst die Frage der Wahrheit im überkommenen Sinne, der sozusagen geschichtlichen Wahrheit, um die es dabei geht, deren handgreifliche Verletzung nicht nur in der Goebbelspresse, sondern auch in der Presse von 1945/46 zum Beispiel unsere Studenten zu so bitteren Verächtern der Presse gemacht hat. Aber der neue, vollere Wahrheitsbegriff bedeutet auch eine neue und noch vollere Aufgabe und Bindung der Presse. Wenn schon die nüchterne, objektive, zurückhaltende Wissenschaft heute dazu da ist, heilsame, gebotene, hilfreiche Wahrheit zu finden und zu lehren, wieviel mehr die Presse, und wieviel größer ihre Verantwortung, gegenüber einer Vergangenheit, die von ihr höchstens die Einhaltung der bürgerlichen Moral und die Nichtverletzung des Strafrechts verlangte und ihr im übrigen beliebige Freiheit ihrer Kampfziele und Kampfesweise zugestand! —

Der Begriff der Wahrheit hat im Zusammenhang mit der angedeuteten Wandlung noch eine weitere durchgemacht. Der allzu theoretische Wahrheitsbegriff der Vergangenheit ist zugleich abstrakt wie die Gesetze der Mathematik, an die man dabei besonders gern denkt. Aber die aufgegebene, normative, helfende Wahrheit ist nicht abstrakt, sondern konkret. Ich brauche diese Wendung nicht auf einem ähnlich weiten Umwege zu verfolgen, wie die vom idealistischen Wahrheits- und Wissenschaftsbegriff zum gegenwärtigen. Wir wissen alle, daß das alte Wort, daß wir die Wahrheit erkennen sollen, damit sie uns frei mache, keine zeitlos abstrakten Wahrheiten meint, sondern eine höchst konkrete Wahrheit. Insbesondere eine politische Wahrheit darf nicht eine abstrakte Lehrbuchwahrheit sein, die etwa theoretisch akzeptiert würde, sondern sie muß die, die sie überhaupt angeht, auch als unmittelbar für sie, hier und jetzt gültig ansprechen, d. h. als konkret geltende Wahrheit.

In der deutschen Geschichte der letzten dreißig Jahre hat diese Frage eine nicht zu überschätzende Rolle gespielt. Ich verfolge sie andeutend durch die drei Stadien dieser unglückseligen Zeit.

Die Weimarer Verfassung und ihr Staat ist dem Dritten Reich vor allem deshalb erlegen, weil die Parteien jener Zeit sich zu politischen Glaubensgruppen, zu einer Art politischer Konfessionskirchen entwickelten, die nichts mehr zusammenhielt, die nicht mehr genug gemeinsam hatten, um das politische Spiel des Verfassungslebens miteinander weiter zu spielen — so daß das Ende nur ihre Überwältigung durch die stärkste von ihnen sein konnte, die NSDAP, die sich dann ihrerseits als sozusagen orthodoxe Kirche politischen Glaubens aufwarf und alle anderen als ketzerisch beseitigte. Diese heillose Fehlentwicklung ist in gewissem Grade doch auch dadurch möglich geworden, daß man sich um ein deutsches Gesamtbewußtsein nicht genug bemüht, daß man insbesondere nicht verstanden hat, die Weimarer Verfassung zu einer innerlich für alle verbindlichen Ordnung zu machen. Soviel Sorgfalt und Hingabe in diesem Verfassungswerk steckt, so hat es doch nicht verstanden, alle Deutschen zu überzeugen, daß es das in dieser Lage gerade auf das deutsche Volk und seine Eigenart zugeschnittene Grundgesetz sei. Nicht nur die ausdrückliche, oft sehr ungerechte Kritik an diesem angeblich zu „westlerischen", jedenfalls zu abstrakten Gesetz, sondern auch das unreflektierte Gefühl dieses Mangels hat für das Dritte Reich als Schrittmacher gewirkt. Und umgekehrt war das Bedürfnis der Anhänger des Dritten Reichs nicht ganz ungerechtfertigt, zu einer gerade für Deutschland und in dieser Lage gültigen ganz konkreten politischen Ordnung und Ausrichtung zu kommen, und das Dritte Reich hat denn auch seine dämonisch gewissenlose Scharlatanerie höchst wirkungsvoll als solche höchst konkrete Wahrheit eingeführt. Und wiederum umgekehrt die heutige Lage: das vielfache Widerstreben auf dem Wege zu der künftigen deutschen Demokratie gilt weithin nicht der Demokratie überhaupt, sondern ist der Ausdruck der Abneigung gegen ein uns innerlich fremdes abstraktes Schema der Demokratie. Und es ist nur zu wahrscheinlich, daß ein uns fremdes abstraktes Schema künftiger Ordnung diese Ordnung selbst wieder ähnlich gefährden würde, wie eine gewisse Abstraktheit das in so vielfacher Hinsicht vortreffliche Werk von Weimar in seiner Lebensfähigkeit schwer beeinträchtigt hat.

Nur eine uns konkret ansprechende und verpflichtende politische Wahrheit vermag uns heute wirksam und erfolgreich zu demokratischer Verantwortung für unseren nunmehrigen geschichtlichen Weg aufzurufen. Ohne solche uns konkret ansprechende und erfassende Bindungskraft wird unsere neue Demokratie ebenso versagen, wie die unserer jüngsten Vergangenheit.

Wie dringend und verantwortlich hier die Aufgabe der heutigen deutschen Presse ist, brauche ich nicht zu entwickeln. Die vor uns liegende, uns aufgegebene politische Zukunftsordnung dem weithin der Politik so entfremdeten, ihrer nach so vielen Enttäuschungen überdrüssig gewordenen deutschen Volke nahezubringen, und umgekehrt diesem Volk sein wahres politisches Bedürfnis abzuhorchen und es als dringende Forderung an die Gestalter der neuen Ordnung weiterzugeben: da liegt die große Verantwortung, die hier der deutschen Presse obliegt.

Die eigentümliche, den einzelnen unmittelbar ansprechende und verpflichtende Konkretheit der politischen Wahrheit bedeutet freilich nicht, daß alle politische Führung und Erziehung, insbesondere die der Presse, lediglich eine Unterwerfung unter die sogenannte „konkrete Situation" sein sollte. Mit diesem Schlagwort hat man im Dritten Reich gern den charakterlosen Opportunismus gegenüber dem Nationalsozialismus gerechtfertigt, während die wahre „konkrete Situation" gerade den Widerstand forderte. Die Konkretheit der politischen Wahrheit bedeutet gerade, daß der einzelne verantwortlich ist für sein politisches Handeln, nicht auf Grund abstrakter Regeln, die schwer faßbar sind, und nicht ohne daß jemand eine Forderung an ihn stellte, sondern daß er verantwortlich ist gegenüber einer höchst konkreten Macht, seinem Volk, der Gemeinschaft derer, die in der Welt guten Willens sind, Gott gegenüber, und verantwortlich für das rechte Handeln in dieser Lage, gehorsam gegen das konkrete politisch-ethische Gesetz, das zwischen ihm und seiner politischen Welt gilt.

Mit der Konkretheit aller wirklich verpflichtenden Wahrheit, insbesondere aller politischen Wahrheit, hängt eng zusammen eine unbestreitbare und oft nicht verstandene Tatsache, die man gern als die sogenannte Soziologie des Wissens bezeichnet. Gemeint ist damit jener Zusammenhang, den zuerst der Marxismus entdeckt und in starker Einseitigkeit ins Licht gerückt hat, wenn er das Denken, insbesondere das politische Denken, als den ideologischen Überbau der ökonomischen Verhältnisse verstand. Es ist sicher, daß unsere politische Gedankenwelt stark von unserer sozialen Interessiertheit her bestimmt ist. Damit ist aber nicht die skeptische Meinung begründet, daß die politischen Ideen nur Selbsttäuschungen, nicht Wahrheiten, sondern nur Kulissen eines Theaters seien, auf dem wir unsere Interessen vorteilhaft zur Geltung zu bringen suchten. Der Wahrheitsgehalt einer politischen Wahrheit ist nicht damit erledigt, daß sie von bestimmten Menschen bestimmter politischer Willens- und Interessenrichtung aufgestellt ist. Eine Wahrheit ist dadurch einerseits gültig und andererseits gefährdet, daß sie die Wahrheit bestimmter lebendiger Menschen ist. Weil sie von solchen getragen ist, ist sie einerseits achtungs-, vielleicht sogar ehrwürdig, andererseits vielleicht verdächtig. Es ist die Aufgabe derer, die für die Bildung der öffentlichen Meinung verantwortlich sind, zur Klarheit und Sauberkeit in den politischen Überzeugungen zu erziehen, zur Kritik gegenüber der Art der politischen Ideenbildung nicht nur beim Gegner, sondern auch in den eigenen Reihen — schon deshalb, weil nur durch solche Kritik am andern und am eigenen Gedankengut die fruchtbare politische Diskussion möglich wird, ohne die es keine Demokratie gibt. Die dumpfe Gläubigkeit der Gläubigen des Dritten Reichs ist das erschütternde Gegenbeispiel: soziologisch ein höchst bezeichnender Beleg für die Art von Wahrheiten oder Unwahrheiten, deren Menschen bedürfen, die Masse sind und immer noch weiter in den Massentypus hinein erzogen und verdummt werden und die statt verlorener echter Religion leidenschaftlich nach einem Religionsersatz verlangen, der bequem sein muß, ein wenig narkotisch, der jenen unwürdigen Massezustand gedanklich rechtfertigt und für das subjektive Gefühlserlebnis erträglich macht. Hier ist die erziehende Gegenwirkung die dringende Aufgabe heutiger Presse: die Stickluft jener erlogenen Surrogate echten Glaubens und echter Meinungen zu verdrängen und zu ersetzen durch die gesunde Luft einer wahrhaften, frischen, männlichen, gesunden, sittlichen politischen Gedankenwelt.

Es ist die ganze geistige, seelische, sittliche Not der Zeit, die sich auftut, wenn man sich das Bild der heutigen geistigen Lage etwa am heutigen Zeitungsleser vergegenwärtigt. Die soziologische Betrachtung der öffentlichen Meinung und der periodischen Presse beschäftigt sich vor allem mit ihm, mit seinem Schicksal der Entwurzelung und der Vermassung, mit seiner zunehmenden Aufnahmeunfähigkeit für fruchtbare Anregungen seines geistigen Lebens und seiner politischen Willensbildung, mit seinem Verfallensein an die Erlebnissucht und Reizsucht und an die Gefühlsreaktionen heutiger Massenwelt. Damit sind besondere Bedingungen und Schwierigkeiten für die heutige politische Welt gegeben: für ihre Parteibildung, für die Bildung einer öffentlichen Meinung, und damit ist auch gegeben eine größere, schwierigere und verantwortlichere Aufgabe der Presse. Von diesem schweren Krankheitszustand her gesehen kann die Tatsache heutiger geistiger Struktur, die ich glaubte aufzeigen zu müssen, die des eigentümlichen heutigen Charakters politischer Wahrheit und der fruchtbaren Möglichkeiten wirksamer Vertretung solcher Wahrheit, wohl als so etwas wie ein Selbstheilungsvorgang erscheinen, in denen der schwerkranke politische Volksorganismus aus sich heraus zu gesunden strebt.

Ich möchte diesen Krankheitszustand, der ein wesentliches Stück der heutigen geistigen Lage und nur aus deren Totalität heraus ganz zu verstehen ist, hier nicht näher darlegen. Und zwar deshalb nicht, weil es über den Raum dieser nur einleitenden Erörterungen hinausgehen würde, und auch deshalb nicht, weil die im Augenblick vordringlichen Fragen der Gestaltung, insbesondere auch der Rechtsgestalt unseres

Zeitungswesens nicht den Konsumenten der Zeitung und ihres Inhalts, sondern ihren Produzenten und ihren Produktionsvorgang zum Gegenstande haben. Auf diese Männer und auf diesen Vorgang sieht die deutsche Welt mit Hoffnung und mit Skepsis. Ein Wort des Gesetzgebers zu dieser Lage, das im wesentlichen zu der liberalen Ordnung des alten deutschen Preßgesetzes von 1874 zurückkehren würde, würde schwerlich als eine wirkliche Antwort auf die preßpolitische Frage der Zeit erscheinen. Nicht liberale Sicherung gegen Polizeiübergriffe, die niemand mehr erwartet und befürchtet, ist die Forderung des Tages, sondern eine positive Gestaltung des Berufsstandes, dem die Presse anvertraut ist. Wir glauben nicht mehr an die radikale Freiheit des Presserechts der Vergangenheit als die beste Gewähr für die Entwicklung einer guten Presse in freier Konkurrenz der Meinungen. Der Gedanke der ungebundenen Beliebigkeit der Pressetätigkeit ist uns fremd geworden, der Gedanke des öffentlichen Amts oder doch wenigstens der gebundenen öffentlichen Aufgabe der Presse erscheint uns heute als ihre in der Natur der Sache liegende Eingliederung in die Ordnung unserer Berufe. Gewiß nicht, um zu einer gelenkten und unfreien Presse im Sinne des Dritten Reichs zurückzukehren. Presse ist Leben und Kampf, ist ein notwendiger Lebensvorgang im geistigen, seelischen, politischen Dasein unseres Volkes, dessen Verhinderung in der Presse des Dritten Reichs eben diese Presse zu der seltsamen Gespensterwüste hat werden lassen, als die sie uns in so unheimlicher Erinnerung ist. Presse ist der Raum geistigen und politischen Kampfs, und dieser Kampf verstößt erst dann gegen den Sinn der heutigen Lage, wenn sein Miterleben in die tiefe Skepsis gegenüber deutscher Politik hineinführt, die leider in weiten deutschen Kreisen heute um sich greift und der Anfang vom Ende deutscher Demokratie werden könnte. In diesem Kampf soll vielmehr um die Forderung der Stunde an uns, um die Deutung unserer heutigen Aufgabe gerungen werden, im Bewußtsein der tiefen Bindung, die der heutige Wahrheitsbegriff mit seiner neuen normativen Fülle und seinem Anspruch auf konkrete Geltung und auf konkrete Erfassung jedes Deutschen als solchen jetzt und hier für alle bedeutet, die in Erfüllung ernstgenommener Berufspflicht an solchem Ringen teilnehmen.

So liegt dem Juristen heute der Gedanke des Ausbaus gebundener öffentlicher Berufstypen im künftigen deutschen Preßrecht besonders nahe. Neben einer Fortentwicklung des Schriftleiterrechts käme hier, und gerade als Frage zur Lösung auch des Verlegerproblems, wohl in erster Linie die Ausbildung eines Rechts des Herausgebers etwa nach österreichischem Vorbilde in Betracht, der, sei es als Journalist, sei es als Verleger, die Gesamthaltung des Blatts persönlich zu bestimmen, darzustellen und zu verantworten hätte und in dieser Rolle ebenso wie der Schriftleiter in seiner ganz anderen einer strengen beruflichen Ehrengerichtsbarkeit zu unterstellen wäre. Die liberale Rechtsordnung und das liberale Verständnis der Presse haben die in ihr verborgenen Dämonien sich entfalten lassen, bis zu ihrem überraschenden Entwicklungsziel der Presse des Dritten Reichs. Sache der Gegenwart ist es, umgekehrt die aufbauenden und heilenden Kräfte zu entbinden, die ebenso in ihr als Möglichkeiten angelegt sind, und als Wegweiser dazu ist die Entwicklung eines entsprechenden Berufsrechts und einer ebensolchen Berufsethik das, was ein von den jüngsten Anfängen nachnationalsozialistischer deutscher Presse vielfach peinlich enttäuschtes gegenwärtiges Deutschland dringend braucht und dringend fordert.

Wir sind heute nicht nur durch die Not verbunden, sondern auch durch die Pflicht, uns gegenseitig aus dieser Not zu helfen, wie das alte Wort sagt „ein jeglicher mit der Gabe, die er empfangen hat". Eine der allerersten und wirksamsten Gaben solcher Hilfe, solchen Neuaufbaus unter uns ist der deutschen Presse anvertraut. Deutschland sieht auf seine neu entstehende Presse mit gespannter Hoffnung. Möchte solche Hoffnung nicht zuschanden werden.

Die Göttinger Sieben

Rede zur Immatrikulationsfeier der Georgia Augusta zu Göttingen am 24. Mai 1950

Die Geschichte von den Göttinger Sieben bedeutet unter uns etwas, das man wohl als den Mythus der Georgia Augusta bezeichnen könnte. Denn mit dieser Geschichte ist unsere Universität in das geschichtliche und sittliche Bewußtsein des deutschen Volkes und der abendländischen Welt eingegangen, wie in solchem Sinne kaum eine andere deutsche Hochschule.

Wer weiß, über einen sehr engen Kreis hinaus, darum, welcher König von Großbritannien und Irland als Kurfürst von Hannover diese Universität 1737 gegründet hat, so daß sie nun nach ihm Georgia Augusta heißt? Wer weiß von dem Staatsmann, der ihr in einzigartiger Hingabe Jahrzehnte lang seine beinahe tägliche Fürsorge gewidmet hat, so daß er geradezu als ihr eigentlicher Gründer erscheint, von Gerlach Adolf von Münchhausen? Welcher Göttinger, der die nach ihm benannte Straße betritt, denkt daran, daß sie nach dem Universitätsgründer heißt, und nicht nach seinem berühmteren Vetter, dem Lügenbaron? Wer weiß davon, wie diese Gründung den eigenartigen Charakter unserer Universität bis heute fortwirkend bestimmt hat, so sehr, wie kaum ein anderer hochschulpolitischer Gründungswille heute noch fortlebt?

Aber man weiß von den Göttinger Sieben. Allerdings in der Weise des Mythus: in unbestimmten Umrissen — allenfalls, daß die Brüder Grimm dabei waren, daß ein König Unrecht tat, daß die Sieben sich dagegen pflichtmäßig verwahrten, und daß der König sie darauf teils entließ, teils sogar aus dem Lande verbannte. Aber zugleich weiß man in aller Bestimmtheit, daß diese Geschichte uns noch immer etwas zu sagen hat, daß sie unter uns noch eine eigentümliche Gültigkeit hat. Einmal darin, daß sie zu den stärksten Fundamenten des so viel angefochtenen Bestandes und Geltungsanspruchs der deutschen Universität überhaupt gehört. Aber auch darin, daß die Erinnerung an sie ein unbarmherziges Gericht über uns, die Nachfolger der Sieben, bedeutet, wenn sie uns fragt: wo wart ihr hundert Jahre nach uns, als es wieder einmal Pflicht war, zum Unrecht der Herrschenden entschlossen und opferwillig Nein zu sagen?

Auf diese Frage konnte man im Jahre 1937 von der Georgia Augusta eine besonders feierliche und grundsätzliche Antwort erwarten. Denn damals fiel mit der Zweihundertjahrfeier der Universität das hundertjährige Gedächtnis der Göttinger Sieben zusammen. Hundert Jahre vorher hatte man in diesem Saale die erste Säkularfeier der Universitätsgründung begangen — auf einem Höhepunkt ihres Ruhms und inneren Reichtums. Nicht drei Monate später waren die Sieben entlassen und zum Teil des Landes verwiesen, und damit erlebte die Universität einen tiefen äußeren und vor allem inneren Absturz. Aber 1937 war von den Sieben nicht viel die Rede. Zwar hatte Götz v. Selle, dem wir die Geschichte der Georg-August-Universität von 1737 bis 1937 verdanken, auch eine nützliche Vorarbeit für das Gedächtnis der Sieben veranlaßt: das schon 1934 erschienene stoffreiche Buch von Hans Kück über die Göttinger Sieben. Aber in die geist- und freiheitsfeindliche Stickluft jener angeblichen Festtage paßte die stolzeste Erinnerung der Universität nicht hinein.

Hier ist etwas nachzuholen. Unser korporatives Gesamtbewußtsein, das uns Alle dem Wesen deutscher akademischer Gemeinschaft entsprechend verbindet oder doch verbinden sollte, ist nicht in Ordnung, wenn es auf jenem Standpunkt des Verschweigens und Vergessens gegenüber diesem unserem edelsten und vielleicht gegenwartsdringlichsten geschichtlichen Besitztum stehen bleibt.

Mit der Wiederherstellung dieses Gedächtnisses soll heute nur ein Anfang gemacht werden. Ich versuche es, indem ich von vier Dingen spreche: von der damaligen Universität und den Sieben als ihren Gliedern, von dem Könige, dessen Staatsstreich die Sieben zum Handeln zwang und vor dem sie dann weichen mußten, von dem Vorgang jener November- und Dezembertage von 1837 selbst, und endlich von der geschichtlichen Bedeutung dieses Vorgangs, auch noch für uns, so wie ich als Jurist meine sie sehen zu müssen.

Mit begründetem Selbstgefühl und mit stolzen Erwartungen trat die Georgia Augusta im September 1837 in ihr zweites Jahrhundert ein. Dem entsprach der äußere Glanz dieses Übergangs. Die Aula und vor allem dieser Festsaal wurden in Gebrauch genommen, dieser Saal, der damals bei unverhältnismäßig kleineren Zahlen von Dozenten und Studenten noch bedeutender wirkte, als heute, in dem wir aber auch heute noch stark die künstlerische Mitarbeit des großen Philologen und Archäologen Otfried Müller empfinden, der kurz darauf in jungen Jahren in Athen starb, als der vielberufene „Liebling der Götter", — dieser Raum, in dem auch der mittelbare Einfluß Schinkels unverkennbar ist. In diesem Raum damals zum ersten Male die heutigen Amtstrachten und die Amtskette des Rektors — vor dem Hause das gleichzeitig enthüllte Standbild König Wilhelms IV. — sogar im Stadtbilde und vollends im neuen Rahmen und Auftreten der Universität drückte sich ein neuer Geltungsanspruch der ihres Werts und ihres fortschreitenden Aufstieges bewußten akademischen Körperschaft aus. Durch das etwas spröde Latein von Otfried Müllers Festrede hindurch spürt man noch heute, wie er sich und seine Universität emporgetragen wußte von einer großen geistesgeschichtlichen Woge. Die Epoche war zu Ende, in der die klassische Literatur und die klassische Philosophie im geistigen Gesamtleben der Nation geführt hatten. Nun hatte das wissenschaftliche Jahrhundert, das das neunzehnte ja gewesen ist, erst eigentlich eingesetzt, und in ihm war Göttingen mit seiner unzerstörbaren antimetaphysischen Eigenart, in der es schon im 18. Jahrhundert führend in das akademische Gesamtleben eingetreten war, auf neuer Stufe zu neuer Führung berufen. Die alte ruhmreiche Generation der Heyne und Michaelis, Lichtenberg und Pütter, Schlözer und Spittler war dahin. Die neue hatte etwa begonnen mit Otfried Müllers Eintritt 1819, oder 1817 mit dem des Juristen, dem Göttingen in den zwanziger Jahren seine gesteigerte Besucherzahl verdankte, Karl Friedrich Eichhorn, des Rittmeisters der Freiheitskriege, des Neubegründers zweier juristischer Disziplinen, der deutschen Rechtsgeschichte und des Kirchenrechts. Inzwischen hatte sich aber eine ganze Schar zusammengefunden, über deren Arbeit und geistiger und freundschaftlicher Gemeinschaft der einzigartige Zauber neuer geistiger Anfänge liegt, des Übergangs aus sozusagen vorwissenschaftlicher Schau in die strenge und fruchtbare Arbeit methodisch neu begründeter Wissenschaftszweige. Der Kern dieser Schar sind einigermaßen die Göttinger Sieben. Vier von ihnen waren 1829 in ihr Göttinger Amt eingetreten. Voran die Brüder Grimm — es bedarf keines Wortes darüber, was ihre Lebensarbeit für den seelischen Besitz des deutschen Volkes und für die wissenschaftliche Begründung deutscher Philologie im weitesten Sinne bedeutet. Mit ihnen in enger Freundschaft verbunden der Historiker Dahlmann, der Führer der Aktion der Sieben — auch er kein Fachgelehrter im heutigen Sinne, sondern aus der Anschauung der Geschichte und der praktischen Politik heraus und erfüllt von den geistig-sittlichen Antrieben antiken und christlich-germanischen, klassischen und romantischen Denkens ein Lehrer praktischer Staats- und vor allem Verfassungspolitik — ein leidenschaftlicher Zeuge der geschichtlichen und sittlichen Kräfte im politischen Leben seiner Zeit und darum der berühmte und hinreißende politische Lehrer in Kiel, in Göttingen und schließlich in Bonn, eine der bedeutendsten und ehrwürdigsten Erscheinungen unter den sogenannten politischen Professoren des deutschen 19. Jahrhunderts, ein leidenschaftlicher Gegner des von ihm sogenannten „vielbelobten Altgöttinger Grundsatzes, daß die Wissenschaft ganz vom Leben getrennt bleiben müsse"[1]. Gleich lange mit ihnen war seit 1829 in Göttingen der Jurist Wilhelm Eduard Albrecht, Eichhorns Nachfolger, der es zuerst unternommen hatte, die geheimnisvoll symbolreiche Welt des alten deutschen Rechts mit den begrifflichen Mitteln römisch-moderner Jurisprudenz zu durchleuchten — später, 1848, wieder Dahlmanns Mitarbeiter beim Siebzehner-Entwurf der deutschen Reichsverfassung für die Paulskirche. Jünger am Ort, erst 1835 auf Dahlmanns Betreiben berufen, war Georg Gottfried Gervinus, durch seine seit 1835 erscheinende Geschichte der deutschen Nationalliteratur mit ihrer starken politischen Ausrichtung zum Kreise der politischen Historiker gehörend, den Grimms und Dahlmann bei viel sachlichen und persönlichen Reibungen und Gegensätzen doch innerlich verbunden.

Neben diesen fünf, die in gewissem Sinne den engeren Kreis der Göttinger Sieben bildeten, die beiden anderen Genossen ihrer Tat und ihres Schicksals, Ewald und Weber. Heinrich Ewald, der geborene und echte Göttinger unter den Göttinger Professoren, der Begründer der semitistischen Sprachwissenschaft im neueren Sinne und bedeutende Vertreter alttestamentlicher Wissenschaft, dabei politisch und ethisch leidenschaftlicher Einzelgänger bis zur Bizarrerie, war seit 1827 Professor. Wilhelm Weber, der Physiker, 1831 hierhin berufen, stand seitdem in der berühmten, durch die Erfindung des elektrischen Telegraphen 1833 auch dem Laien geläufigen Arbeitsgemeinschaft mit Gauß, die ihn auch nach seiner Entlassung bis 1842 in Göttingen festgehalten hat. Neben der einsamen Größe von Gauß, diesem „König der Mathematiker", dem „ersten Geodäten der Welt", setzt mit Weber und dem 1836 berufenen Chemiker Wöhler der Aufstieg Göttingens als ein Vorort der exakten Wissenschaften für die ganze Welt ein.

[1] An Ewald 16. 3. 38 (Kück S. 181).

Damit ist der stolze Kreis der berühmten Namen des damaligen Göttingen nicht erschöpft. Aber die vorwiegend geisteswissenschaftliche Gruppe der Sieben, zusammen vor allem mit Otfried Müller und einigen anderen, zumal etwa noch dem Neutestamentler Friedrich Lücke, dieser, wie man sagte, „johanneischen Gestalt", bildete einen gewissen Kern, der auch in der dem Schritt der Sieben zugrundeliegenden Haltung einig war. Von den Größen des damaligen Göttingen stand ihnen wohl nur der von Königsberg nach Göttingen zurückgekehrte Philosoph Herbart fremd gegenüber, als der einzige, der ihre Tat auch grundsätzlich abgelehnt hat.

Ich breche hier ab, um zunächst von dem Gegenspieler der Sieben zu sprechen, von dem König Ernst August, der kurz vorher, im Juni 1837, den hannoverschen Thron bestiegen hatte und beim Jubiläum schon Gast der Universität gewesen war — dem schönen und stolzen Fürsten, dessen Bild der vielleicht eindrücklichste Schmuck unseres Saales ist.

Diese Bilderwand veranschaulicht auch als Ganzes den geschichtlichen Augenblick des Jahres 1837, um den es uns heute geht. So bitte ich die älteren Göttinger unter uns um Vergebung, wenn ich einen Augenblick für die heute wohl besonders zahlreichen Erstbesucher dieses Raumes den Cicerone dieser kleinen geschichtlichen Galerie mache.

Von den fünf Königen aus dem Hause Braunschweig-Lüneburg, die von 1714 bis 1837 nacheinander Könige von Großbritannien und Irland und zugleich Kurfürsten und seit 1814 Könige von Hannover gewesen sind, d. h. den vier Georgen, denen Thackeray ein so unfreundliches Buch gewidmet hat, und Wilhelm IV., fehlt Georg I., da seine Regierungszeit (1714—1727) vor der Gründung der Universität im Jahre 1737 liegt. So zeigt die Wand den Universitätsgründer Georg II., nach dem sie heißt (oben links), dann Georg III., den König mit der langen Regierungszeit 1760 bis 1820, in der schönen Marmorbüste von Bacon, sodann Georg IV. (1820—1830) (in der Mitte oben, in der roten Uniform) und Wilhelm IV. (1830—1837) (rechts oben, in der blauen Admiralsuniform unter dem Krönungsmantel).

Von den beiden Königen von Hannover nach der Trennung von England, Ernst August (1837—1851) und Georg V. (1851—1866), hat das Bildnis Ernst Augusts von vornherein hier gehangen, während die Marmorbüste Georgs V. im Auditorienhause am Weender Tor aufgestellt wurde, vielleicht zur Erinnerung an die feierliche Eröffnung des Hauses durch den König kurz vor dem Ende seiner Regierung und seines Staates.

Für die Lage von 1837 muß man sich noch die eigentümliche Tatsache klarmachen, daß von den fünf hier dargestellten Königen aus dem Hause Braunschweig-Lüneburg drei Brüder sind: Georg IV., Wilhelm IV. und Ernst August sind der erste, dritte und fünfte Sohn Georgs III. (Übrigens hat sich der siebente, Adolf Friedrich Herzog von Cambridge, von 1816 bis 1837 als ein leutseliger Generalgouverneur und dann Vicekönig in Hannover eine bis heute fortlebende Volkstümlichkeit erworben.) Nach dem kinderlosen Tode der drei ersten Söhne Georgs III.: König Georgs IV., Friedrich Herzogs von York und König Wilhelms IV., kam in Großbritannien und Irland nach englischem Recht die Linie des schon 1820 verstorbenen vierten Bruders, Eduard Herzogs von Kent, mit dessen einziger Tochter Victoria zum Throne, in Hannover dagegen der fünfte Bruder Ernst August als nächster männlicher Agnat. Man kann sich kaum vorstellen, wie anders die deutsche Geschichte vielleicht verlaufen wäre ohne diesen dynastiegeschichtlichen Zufall, durch den England aufhörte eine innerdeutsche, kontinentale Macht zu sein.

Immerhin konnte Ernst August einstweilen noch mit der fortdauernden Möglichkeit nachträglicher Sukzession auch in England für sich oder seinen Sohn rechnen. Zunächst aber vertauschte er die Rolle des Herzogs von Cumberland, eines englischen, aber seit 1819, abgesehen von der Londoner Parlamentszeit und damit seinen eigenen Oberhausverpflichtungen, in Berlin residierenden Prinzen mit der eines deutschen Landesfürsten.

Dieser Regierungsantritt und das damit zusammenhängende leuchtendste und zugleich dunkelste Kapitel der Geschichte unserer Universität sind von Treitschke mit hinreißender Macht der Darstellung geschildert worden — sorgfältig nach den Akten, aber zugleich im Sinne leidenschaftlich pietätvoller Liebe zu seinem Lehrer Dahlmann und leidenschaftlich hassender Verachtung für den König. Es ist nicht leicht, sich dem Zauber dieses berühmten Abschnitts im vierten Bande seiner deutschen Geschichte zu entziehen. Es ist aber auch nicht leicht, den König anders als unter dem Gesichtspunkt des geschichtlichen Ergebnisses seiner Regierung zu sehen. Die Haupterbin König Wilhelms IV., das junge Mädchen, das gleichzeitig in London eine Regierungszeit von vierundsechzig Jahren begann, hat als Ergebnis dieses langen und reichen Lebens auf dem Throne ihrer Epoche ihren Namen gegeben, den des victorianischen Zeitalters. Ihr Oheim dagegen, der mit 66 Jahren das deutsche Erbe seines Hauses übernahm, hat mit seinem Tun wesentliche Voraussetzungen für den Untergang seines Staates schaffen helfen.

Sein Wesen wird vielleicht am deutlichsten von dem Abschnitt seines Lebens her, in dem er am meisten er selbst sein konnte, von seiner Teilnahme als junger Reiteroffizier am Koalitionskriege in den Niederlanden. Da ist er von 1793 bis 1795 immer wieder als toller Draufgänger im Handgemenge gewesen, mit dem Säbel, mit dem abgebrochenen Säbel, mit der bloßen Faust, hat ein Auge verloren und eine ganze Zahl von Verwundungen davongetragen. Ein höheres Kommando hat er aber zu seinem Kummer niemals anvertraut bekommen, trotz allen formellen Aufstiegs in militärischen Rangstufen — man wußte wohl, daß ein Stoßtruppführer eben darum noch kein Feldherr ist. Ähnlich darf man seine politische Laufbahn beurteilen. Bis 1837 hat er mehr als dreißig Jahre als Mitglied des englischen Oberhauses im Vordergrunde des politischen Kampfes gestanden, als radikalster Parteigänger der äußersten Rechten, als in einem tieferen Sinne zielloser Kämpfer für die Vorrechte der Monarchie, der Kirche von England, der herrschenden Schicht. Diese Grundlinie geht durch alle Stufen seines Lebens hindurch — ihr gegenüber ist die für Treitschkes Moralismus entscheidende Frage des sittlichen Urteils wenig wichtig. Gewiß war er in England mit Grund eine der verhaßtesten Figuren des öffentlichen Lebens, brutal und zugleich intrigant und ein hämischer Zyniker, wie er sich gerne gab — und wieder erscheint er, etwa in dem Briefwechsel mit seinen fürstlichen Verwandten, vielfach als die ansprechendere, vor allem als die männlichere, ja königlichere Persönlichkeit. Aber entscheidend ist, daß auch seine Politik als König die eines rücksichtslosen Kampfes vom rein dynastischen Standpunkt bleibt: ohne Sinn für die geschichtliche Lage, für das Recht seines Landes und die Wünsche seines Volkes, für seine eigene Verantwortung für dies Ganze und für den geschichtlichen Fortgang der Dinge, sondern wesentlich nur für die Rechtslage seiner Dynastie und zunächst seines Erben.

Gedanklich geformt und für seine Regierung in Hannover handlich gemacht sind diese Elemente aber nicht in England, sondern in Berlin. Dort war seine Hofhaltung, neben der seines Schwagers, des Herzogs Carl von Mecklenburg, des Bruders der Königin Luise und ihrer jüngeren schöneren Schwester Friederike, der Gemahlin Ernst Augusts, der Mittelpunkt der Reaktions- und Restaurationsgesinnung: in diesen beiden Häusern lernte sein Neffe, der spätere König

Friedrich Wilhelm IV. von Preußen, Karl Ludwig von Hallers Restauration der Staatswissenschaften kennen, hier wurde die politische Denkweise der beiden künftigen Könige von Preußen und Hannover, der Vettern Friedrich Wilhelm und Georg, zu ihrer beider Unheil begründet — ein wichtiges Zeugnis für die verhängnisvolle Wirkungskraft politischer Theorien. Von Berlin brachte Ernst August die Modelle mit für die Verfassung der Landstände, für die Stellung seines nunmehr einzigen Kabinettsministers, für die künftige Verfassung der Behörden — von Berlin seine militärischen Ideale, denen zuliebe er die preußischen Uniformen an Stelle der englischen roten Röcke in Hannover einführte, mit der preußischen Militärmusik. Aus Berlin stammten die Argumente für seinen Staatsstreich: im Jahre 1838 hat König Friedrich Wilhelm III. testamentarisch versucht, den Restaurationsgrundsatz des Verfügungsrechts der Dynastie über ihren Staat und seine Verfassung zum Grundgesetz der preußischen Monarchie zu machen, nachdem im Jahre vorher Ernst August unter Berufung auf diesen Grundsatz das hannoversche Staatsgrundgesetz von 1833 aufgehoben und damit auch in seiner Landesuniversität die Dinge verhängnisvoll ins Rollen gebracht hatte.

Ich komme zu den Ereignissen des Jahres 1837.

Der neue König fand ein Staatsgrundgesetz von 1833 vor, das, sehr konservativ und zurückhaltend, doch eine späte Nachwirkung der Julirevolution von 1830 war. In diesem Gesetz hatte Hannover seinen Übergang vom ständischen zum konstitutionellen Staat vollzogen. Nicht in der noch immer ständischen Zusammensetzung der beiden Kammern der Ständeversammlung. Wohl aber in der neuen Ordnung der Finanzen: statt des ständischen Dualismus landesherrlicher Verwaltung des Kammerguts und landständischer Verwaltung der Steuern die Vereinigung der gesamten Finanzverwaltung und damit mindestens tatsächlich die Verstaatlichung des bisher landesherrlichen Kammerguts einer-, der bisher ständischen Steuern anderseits. Der beste Beurteiler dieser Dinge, unser alter Kurator Ernst v. Meier, hat von dieser Regelung mit Recht gesagt, daß „überhaupt keine andere Verfassung ein so vernünftiges Finanzkapitel aufzuweisen hat wie das Staatsgrundgesetz“[2]. Dazu kam eine gewisse Modernisierung der Zuständigkeiten der Ständeversammlung: statt einer beratenden Mitwirkung bei der Gesetzgebung ein Mitbeschließungsrecht und in engen Grenzen die Öffentlichkeit ihrer Verhandlungen, insoweit also

[2] Hannoversche Verfassungs- und Verwaltungsgeschichte I 414.

die Herstellung des modern-repräsentativen statt des bisherigen altständischen Charakters. Als den Geber dieser Verfassung will das Standbild draußen auf dem Wilhelmsplatz den König Wilhelm IV. ehren, das einzige Standbild eines englischen Königs auf kontinentalem Boden — den König, der kurz vorher auch die erste englische Reformbill von 1832 vollzogen hatte.

Ernst August befand sich zu dieser politischen Linie Wilhelms IV. ebenso wie zu der seines jüngsten Bruders, des in Hannover höchst beliebten Vizekönigs, in allgemein bekanntem schroffem Gegensatz. Aber er hatte dem Entwurf des Staatsgrundgesetzes im Ganzen zugestimmt, und man hatte Anlaß, auf sein endgültiges Einverständnis zu rechnen. Es ist die Frage, ob es loyal, ob es eines Fürsten würdig war, seinen geplanten Widerspruch vier Jahre zu verschweigen. Erst nach seinem Regierungsantritt erklärte er am 5. Juli 1837 sich für weder formell noch materiell an das Staatsgrundgesetz gebunden, und am 1. November erklärte er das Staatsgrundgesetz für nicht mehr verbindlich und die Ständeversammlung, mit der er über eine verfassungsrechtliche Neuordnung nicht unterhandeln könne, für aufgelöst. Dahlmanns Bericht über das Eintreffen dieser Nachricht gipfelt in den Worten: „Ich nenne mich nicht unbewandert in Bekümmernissen, allein ich glaube, nie in meinem Leben einen zerreißenderen Schmerz empfunden zu haben."

Für uns Deutsche von heute, die wir auf den Trümmern unserer Geschichte, unseres Staates, unserer Verfassung dieser politischen Dinge nur allzu müde sind, ist es schwer, uns zu vergegenwärtigen, was ein solcher Verfassungsbruch für die ihn damals Erlebenden bedeutete.

Die Einführung des Verfassungsstaats hatte für die Zeitgenossen eine für uns beinahe unvorstellbare Erweiterung ihres geistigen und sittlichen Lebensraums gebracht. Im absoluten oder, wie in Hannover, im ständisch-feudalen Staat hatte der, der nicht zur sehr begrenzten herrschenden Schicht gehörte, das, was von Staat und Obrigkeit kam, als Privatmann in leidendem Gehorsam hinzunehmen, wie Sonne, Regen und Gewitter vom physischen Himmel, froh, wenn es ihm vergönnt war, nach dem Bibelwort ein geruhiges und stilles Leben zu führen. Nun gewann der Einzelne ein Recht auf Einsicht in die öffentlichen Zustände und auf ihre Mitbestimmung — die deutsche klassische Philosophie hatte das vom Westen gekommene konstitutionelle Denken durch die Einsicht vertieft, daß hier ein sittlich notwendiger Zuwachs an menschlichem Lebensgehalt gewonnen sei — auf der sittlichen Notwendigkeit dieses Zuwachses beruhte das tiefe innere Recht des Verlangens nach Verfassungen, beruhte die sittliche Unmöglichkeit ihrer Zurücknahme, beruhte der sittliche Makel, der gerade in Deutschland auf gebrochenen Verfassungsversprechen und zerrissenen Verfassungsurkunden liegt.

Dem König waren derartige Gedanken fremd, oder, wenn er sie kannte, wohl verächtlich. Im Kern seiner vielfachen Rechtskritik am Staatsgrundgesetz steht der feudale Gedanke: der Staatsbesitz ist nicht Staatseigentum, sondern noch immer Familieneigentum an dem Familienfideikommiß von 1688, seine Behandlung als Staatsgut also Rechtsbruch, insbesondere Unrecht gegen Ernst August als mitberechtigten Agnaten, der nicht durch Zustimmung zum Finanzkapitel des Staatsgrundgesetzes auf dies Agnatenrecht verzichtet hatte. Und ebenso war für ihn die Staatsgewalt unveräußerliches Alleinrecht des Herrscherhauses, die Veräußerung eines Anteils daran durch das Zugeständnis der Mitwirkung der Ständeversammlung an der Gesetzgebung also ebenfalls nichtig — und er hatte hier wohl sogar den berüchtigten Art. 57 der Wiener Schlußakte von 1820 vom monarchischen Prinzip für sich, der besagte, daß die gesamte Staatsgewalt im Oberhaupte des Staates vereinigt bleiben müsse und der Souverän nur in der Ausübung (nicht der Innehabung) bestimmter Rechte an die Mitwirkung der Stände gebunden werden könne.

Aber dieselbe Wiener Schlußakte erklärte im vorhergehenden Art. 56, daß die in anerkannter Wirksamkeit bestehenden landständischen Verfassungen nur auf verfassungsmäßigem Wege wieder abgeändert werden könnten. Selbst Metternich hatte den Staatsstreich unter Hinweis auf diese Rechtslage widerraten: es war nicht so, daß hier die durchgehende Rechtsauffassung der Restauration gegen die des Liberalismus gestanden hätte. Sondern man empfand mit Recht die tiefe Geringschätzung des neuen Herrn gegen alle Beteiligten am Staatsgrundgesetz, auch seinen eigenen Bruder, gegen das Recht des Landes, das nun einmal galt, gegen das Vertrauen seiner Untertanen auf Gesetz und Königswort, und gegen die besondere Bindung der Beamten an das Recht des Landes durch den Verfassungseid. Diese Geringschätzung macht es verständlich, daß auch der ruhige Historiker der hannoverschen Verfassungsgeschichte, Ernst von Meier, vom Staatsstreich von 1837 als von einem Frevel spricht.

Die ganz überwiegende Mehrheit der Göttinger Universität stand dem Staatsstreich ablehnend gegenüber. Daß ein an sich möglicher verhältnismäßig geschlossener Akt des Widerspruchs nicht zustande kam, führt Dahlmann auf das Hin und Her der Ereignisse (Suspendierung des Staatsgrundgesetzes, Universitätsjubiläum, Aufhebung des Staatsgrundgesetzes) und auf die hinhaltende Politik des Prorektors zurück. So waren die Einzelnen in ihrer Gewissensnot auf sich angewiesen, und so entstand nach wiederholten Verständigungsversuchen in kleinen Kreisen als eine Art Improvisation am 17. November der Dahlmannsche Entwurf einer Protestation, wurde am 18. November nur einer kleinen Zahl von Professoren vorgelegt und fand daher nur die bescheidene Siebenzahl von Unterschriften.

Dies ehrwürdigste Stück der Göttinger Universitätsgeschichte wendet sich an das Universitäts-Kuratorium, die damals in Hannover unter Beteiligung von zwei Ministern bestehende Verwaltungsbehörde für die Universitätssachen. Es bestreitet die vom Könige geltend gemachten Gründe für die Ungültigkeit des Staatsgrundgesetzes und verwahrt sich weiter dagegen, „daß das Grundgesetz ohne weitere Untersuchung und Verteidigung der Berechtigten, allein auf dem Wege der Macht zu Grunde gehe". Demgegenüber erklären die Unterzeichneten, sich durch ihren auf das Staatsgrundgesetz geleisteten Eid auch in Zukunft verpflichtet halten zu müssen. Sie erklären daher dreierlei: daß sie „weder an der Wahl eines Deputierten zu einer auf anderen Grundlagen als denen des Staatsgrundgesetzes berufenen allgemeinen Ständeversammlung teilnehmen, noch die Wahl annehmen, noch endlich eine Ständeversammlung, die im Widerspruche mit den Bestimmungen des Staatsgrundgesetzes zusammentritt, als rechtmäßig bestehend anerkennen dürfen".

Die Erklärung begründet dann noch kurz, weshalb sie von diesem kleinen Kreise Einzelner abgegeben werde — nicht deshalb, weil sie an der Gleichmäßigkeit der Überzeugung ihrer Kollegen zweifelten —, und versichert die im amtlichen Beruf stets bewährte Loyalität der Unterzeichner. Darauf folgen die berühmtesten Worte des Ganzen: „Allein das ganze Gelingen ihrer Wirksamkeit beruht nicht sicherer auf dem wissenschaftlichen Werte ihrer Lehren, als auf ihrer persönlichen Unbescholtenheit. Sobald sie vor der studierenden Jugend als Männer erscheinen, die mit ihren Eiden ein leichtfertiges Spiel treiben, eben sobald ist der Segen ihrer Wirksamkeit dahin."

Das Kuratorium gab die ihrem Gehalt nach ja höchst politische Protestation nicht, wie es die Unterzeichner erwartet haben werden, an die politische Stelle, d. h. den Kabinettsminister v. Schele, den eigentlichen amtlichen Träger des Staatsstreichs, weiter, sondern beantwortete sie, mit der Unterschrift des Ministers v. Arnswaldt, mit einem höflichen Versuch, die Protestierenden zum Einlenken zu bewegen — ein naheliegender Akt pflichtmäßiger Fürsorge für das Wohl der Universität. Inzwischen aber war die Führung in der Angelegenheit durch den Gang der Ereignisse auf den Kabinettsminister v. Schele übergegangen. Die Protestation war in die Öffentlichkeit und in die Zeitungen, sogar in die ausländische Presse gedrungen, und darin lag für den König, dem der Kabinettsminister jetzt hatte berichten müssen, wie für den Minister die schwerstwiegende Belastung der Sieben. Daher wurde das Universitätsgericht sofort beauftragt, die Sieben nicht wegen des Inhalts, sondern wegen der Veröffentlichung ihrer Erklärung zu vernehmen, und deshalb distanzierte sich der mit einer Universitätsdeputation in diesen Tagen zum Könige auf das Jagdschloß Rotenkirchen im Solling entbotene Prorektor von dem „unglücklichen Ereignis der Verbreitung" der Protestation — nicht von der Protestation, vollends nicht von den Sieben selbst. Der Minister veranlaßte daraufhin einen Bericht der Hannoverschen Zeitung, nach dem die Universitätsdeputation den Schritt der Sieben selbst mißbilligt habe — was ihr und vor allem ihrem Sprecher, dem Prorektor Bergmann, selbstverständlich in Göttingen sehr verargt wurde, das Vertrauensverhältnis in der Universität erschütterte und den Ruf Bergmanns bis in die Gegenwart hinein schwer belastet hat. Es handelte sich um eine Fälschung Scheles, gegen die sich der Prorektor unbegreiflicherweise nicht genügend verteidigt hat — eine Fälschung ganz in der Linie der subalternen Unsauberkeit dieser Gegenrevolution und ihres verantwortlichen Ministers.

Die Vernehmung der Sieben am 4. Dezember bezog sich auftragsgemäß lediglich auf die Tatsache ihrer Unterschrift und ihrer Beteiligung an der Verbreitung der Protestation. Dazu konnten nur Dahlmann, Jacob Grimm und Gervinus erklären, je eine Abschrift aus der Hand gegeben zu haben, und nur bei Gervinus hatte dabei der Gedanke der Bekanntgabe an eine weitere Öffentlichkeit eine Rolle gespielt. Auf dies Ergebnis hin berichtete das Kuratorium in dem Sinne an den König, daß ein strafrechtliches Vorgehen gegen die Sieben keinen sicheren Erfolg verspreche und daß daher ein Vorgehen nach § 2 der Karlsbader Beschlüsse über die Universitäten von 1819 geboten sei, mit dem Ziele der Entlassung nach Bericht des Regierungsbevollmächtigten in Göttingen und Anhörung der Sieben selbst. Der König aber verfügte ohne Rücksicht auf diese in Hannover seit 1832 als Landesrecht eingeführten Bestimmungen die sofortige Entlassung der Sieben, gegen Dahlmann, Jacob Grimm und Gervinus wegen der Weitergabe der Schrift verschärft durch Landesverweisung bei Vermeidung krimineller Untersuchungshaft. Am 11. Dezember war die Entlassung verfügt, am 14. wurde sie den Sieben eröffnet, am 17. verließen die Verbannten Göttingen und das Staatsgebiet. Die Würde ihres Abschieds gehört zu dem Erhebendsten, das es in deutscher akademischer Geschichte gibt.

Eine erschöpfende Würdigung des Ereignisses ist nicht in Kürze möglich. So beschränke ich mich auf einige Gesichtspunkte der allgemeinen politischen Geschichte, der Verfassungs- und der Universitätsgeschichte.

In den Gesamtdarstellungen der deutschen Geschichte wird die Episode von den Göttinger Sieben in aller Regel als eine Geschichte mit glücklichem Ende erzählt. Sie ist ein Gegenstand berechtigten akademischen Stolzes. Ihre Helden haben nur zeitweiliges, kein dauerndes Ungemach erlitten: ein schon angesichts ihrer nur befürchteten Entlassung gebildetes Leipziger Komitee gewährleistete ihnen alle ihre bisherigen Bezüge bis zu anderweitiger Wiederanstellung — alle sind früher oder später in ehrenvolle akademische Wirksamkeit zurückberufen worden, Ewald und Weber sogar nach Göttingen selbst. Die politische Wirkung ihres Schritts gehört zu den großen Tatsachen der ausgehenden dreißiger Jahre: der deutsche Liberalismus entzündete sich am Vorbilde dieses, mit dem jungen Schiller zu reden, Männerstolzes vor Königsthronen, das nationale Bewußtsein an der Gemeinsamkeit dieses politischen Vorbildes für ganz Deutschland, ganz abgesehen von dem Echo im Auslande. Die Gegenwehr der alten Mächte bedeutete keine wirklichen Erfolge: wenn der Bundestag die Befassung mit den Beschwerden einer Anzahl hannoverscher Stadtmagistrate und anderer Wahlkörper gegen den Staatsstreich 1839 ablehnte, mit schwacher Mehrheit und mit einer konstitutionellen Mahnung an den König, so steigerte das nur das allgemeine Mißtrauen gegen den Bund — antwortete der preußische Innenminister von Rochow auf die Übersendung einer Elbinger Adresse an den Elbinger Landsmann unter den Sieben Albrecht mit einer hochfahrenden Belehrung über das, was man dann in kurzer Zusammenfassung und leichter Abänderung des Wortlauts den „beschränkten Untertanenverstand" nannte, so war das nur eine öffentliche Bloßstellung für ihn selbst und den preußischen Staat — und wenn Göttingen in erstaunlich tiefem Niedergang alsbald in die zweite oder dritte Reihe der Universitäten zurückfiel, so empfand man das im übrigen akademischen Deutschland als die verdiente Quittung für die schlechte Politik eines Landes, dessen Stolz die Georgia Augusta so lange gewesen war.

Auch auf dem engeren Blickfelde der deutschen Verfassungsgeschichte gesehen, sind die Sieben unzweifelhaft die Sieger geblieben. Ich brauche hier nur in aller Kürze den Kernpunkt ihres Streits mit dem Könige herauszustellen.

Der Beamteneid, den die Sieben geleistet hatten und dem sie treu bleiben wollten, war dreiteilig, wie der Beamteneid der monarchischen Zeit, den auch wir Alten vor 1918 alle noch geleistet haben. Er galt dem Könige und hieß insoweit, zumal in Hannover, Huldigungseid — Dahlmann und wohl auch die anderen Sechs waren auch 1837 bereit, ihn zu leisten —; er galt ferner den besonderen Beamtenpflichten; und er galt endlich dem Staatsgrundgesetz, der Verfassung. Um diesen Teil, um den Verfassungseid, ging es. Wenn die Verfassung den König beschränkte, so galt der Verfassungseid sinnvollerweise gerade dieser Beschränkung, und eben deshalb konnte der König diesen Teil der Eidesverpflichtung nicht einseitig aufheben. Dahlmann hat es so ausgedrückt (in seiner berühmten klassischen Schrift „Zur Verständigung" von 1838)[3]: „Er (der Beamte) hat nicht bloß dem Könige, sondern dem Staate, derjenigen von Gott eingesetzten Ordnung, in welcher König und Volk vereint enthalten sind, geschworen, und allein dem Gesetze dieser Ordnung gemäß kann der Eid gelöst werden." Die These des vorkonstitutionellen Staatsrechts, daß letztlich der Fürst oder das fürstliche Haus allein Herr über den Staat und sein Recht sind, die der Haltung des Königs 1837 zutiefst zugrunde lag, hat in diesem Konflikt nur äußerlich obgesiegt, ist tatsächlich aber in ihm nicht nur als örtlicher Staatsstreich, sondern als verhängnisvoller Vorstoß gegen das inzwischen erwachsene gesamtdeutsche Verfassungsbewußtsein enthüllt und kompromittiert worden. „Ich kämpfe für den unsterblichen König, für den gesetzmäßigen Willen der Regierung, wenn ich mit den Waffen des Gesetzes das bekämpfe, was in der Verleitung des Augenblicks der sterbliche König im Widerspruch mit den bestehenden Gesetzen beginnt" — so hat Dahlmann[4] denselben Gedanken anders und schön gefaßt.

Aber das eigentliche Problem der Protestation der Sieben, so wie es uns noch heute und hier an dieser Stelle angeht, ist nicht das ihrer allgemeingeschichtlichen und ihrer verfassungsgeschichtlichen,

---

[3] S. 28.

[4] a. a. O. S. 30.

sondern das ihrer universitätsgeschichtlichen Bedeutung. Davon habe ich abschließend noch in Kürze zu sprechen.

Der eigentliche, akademische Charakter der Protestation ist alsbald durch den weiteren Gang der Ereignisse verdunkelt. Dann aber ist er auch grundsätzlich in seiner fortdauernden Bedeutung für uns in Frage gestellt worden.

Zunächst ging er geradezu unter in dem politischen Echo der Protestation. Ganz Deutschland flammte auf in der Begeisterung für diese tapfere politische, liberale Tat, so wie man meinte, sie verstehen zu müssen — seit 1837 ist der deutsche politische Professor erst ganz die volkstümliche politische Figur geworden, als die er dann 1848 die Paulskirche beherrscht hat. Aber das war ganz und gar nicht das, was die Sieben beabsichtigt hatten. Sie haben in einem zweiten Schreiben an das Kuratorium ausdrücklich erklärt, daß ihr Schritt nichts mit Liberalismus zu tun habe, und liberal war keiner unter ihnen, außer Gervinus. Sie waren aber auch überhaupt keine Politiker und wollten es nicht sein. Die am meisten von ihnen dem öffentlichen Leben Zugewandten, Dahlmann und Albrecht, die sich dann auch in der Paulskirche und in der vorbereitenden Verfassungsarbeit für sie wieder zusammenfanden, waren nicht für die Politik gemacht: nicht beweglich, nicht rasch entschlossen, nicht schlagfertig — und so ist Dahlmann ein durchaus unglücklicher Politiker gewesen, bis hin zu seiner letzten und schwersten Niederlage, als er die Paulskirche zum Widerstande gegen die Preisgabe von Schleswig und Holstein durch Preußen im Waffenstillstand von Malmö fortgerissen hatte und dann in der ihm daraufhin zufallenden Bildung einer Reichsregierung für diese Politik und so mit dieser Politik selbst jammervoll scheiterte.

Die Tat der Sieben war gemeint als eine Tat bedrängter Gewissen, ohne den Gedanken an irgendwelchen politischen Erfolg, und sie darf daher nicht von diesem Erfolge her beurteilt oder auch nur verstanden werden.

Und doch liegt hier, in der unvermeidlichen und von den Sieben als unvermeidlich vorherzusehenden politischen Wirkung der Protestation und ihrem damit unvermeidlich von vornherein gegebenen politischen Einschlage das auch für uns noch eigentlich Problematische des Ereignisses.

Diese Problematik wird besonders deutlich in der Polemik eines der wenigen Gegner oder vielmehr wohl des einzigen ernsthaften Gegners des Schrittes der Sieben im damaligen Göttingen, des Philosophen Herbart. Seine nachgelassene Schrift: „Erinnerung an die

Göttingische Katastrophe im Jahr 1837" warnt grundsätzlich vor jeder Berührung der akademischen Lehrer mit der Politik: „Die Macht will nicht vom Katheder belehrt sein"[5], „das politische Interesse hat auf einer Universität überall kein Geschäft"[6], „die Wissenschaft kann nur durch ihr ruhiges Dasein wirken, indem sie weder die Macht des Staates noch der Kirche besitzt"[7]. Und wir Älteren fühlen uns dabei erinnert an die Warnung eines Großen der vorigen Generation, Max Weber, dessen berühmte Rede über Wissenschaft als Beruf das, was er den Propheten und den Demagogen nennt, aus dem akademischen Raum verbannt und auf die öffentliche Wirkung draußen auf der Gasse verwiesen wissen wollte.

Die Öffentlichkeit des Schritts und seine politische Öffentlichkeitswirkung ist der entscheidende Anstoß für die Entlassung der Sieben gewesen. So haben sie sich gegen diesen Vorwurf sorgfältig verteidigt. Es handelte sich bei ihnen nicht um eine „Flucht in die Öffentlichkeit", eine planmäßige Interessierung der öffentlichen Meinung für ihren Standpunkt. Ohne ihr Zutun ist die Presse durch Studenten mit Abschriften ihrer Erklärung versorgt worden. Aber geheim konnte ihre Erklärung ihrem Wesen nach nicht sein. Sie war sozusagen ein dialektisches Glied in einem in aller Öffentlichkeit geführten Rechtsstreit um das Staatsgrundgesetz, und sie konnte schon deshalb nicht geheim abgegeben werden. An ihrer Öffentlichkeit, wenigstens im begrenzten Kreise der Universität, bestand auch das begründete Berufsinteresse der Sieben als akademischer Lehrer, nicht durch den falschen Schein der Unterwerfung unter das Unrecht sich in Widerspruch zu ihrer eigenen Lehre zu setzen und sich damit unglaubwürdig zu machen. Die Notwendigkeit der Öffentlichkeit des Schritts wird deutlich an dem Versuch des den Sieben freundschaftlich nahestehenden Theologen Lücke, sich durch eine geheimgehaltene Eingabe an die Regierung um maßgebenden Rat in seiner durch den Staatsstreich begründeten Gewissensnot zu helfen: eine solche Salvierung des Gewissens in geheime Akten hinein konnte eben keine wirkliche Entlastung des Gewissens sein.

Die entscheidende Frage für die Sieben wie für ihre Beurteiler ist die nach dem Berufensein, ja dem Genötigtsein gerade der Professoren zu dem Schritt des öffentlichen Protestes. Dahlmann hat als den berufensten Wahrer des aufgehobenen Grundgesetzes die Ständever-

---

[5] S. 17.

[6] S. 22.

[7] S. 27.

sammlung bezeichnet, die aber vom König beseitigt war — danach das Volk, um dessen verfassungsmäßige Rechte es ja ging, und damit praktisch dessen einzelne Mitglieder. Die Protestation selbst begründet die Legitimation ihrer Unterzeichner sehr viel konkreter: mit der Zwangslage, in die die Mitglieder der Universität als Wahlkörperschaft demnächst durch eine nach ihrer Meinung verfassungswidrige Aufforderung zur Wahl zu einer neuen Ständeversammlung kommen könnten, und ferner mit ihrer nur so zu wahrenden persönlichen Unbescholtenheit als Voraussetzung des ganzen Gelingens ihrer akademischen Wirksamkeit. In ihnen aufgetragenen öffentlichen Funktionen: als Wähler zur Ständeversammlung und als akademische Lehrer verteidigen sie den verfassungsrechtlichen Boden dieser Funktionen, um nicht durch ihre verfassungswidrige oder den Verfassungsbruch verschleiernde Ausübung in Widerspruch mit ihrem Verfassungseide zu geraten. So sind sie mit ihrer Erklärung geradezu in amtlicher Funktion, beruflich tätig geworden.

Aber: bedeutete ihr Schritt nicht gerade bei diesem Charakter angesichts seiner unvermeidlichen politischen Öffentlichkeitswirkung eine von Max Weber mit Recht bekämpfte Kathederprophetie oder Kathederdemagogie?

Herbart hat ihnen diesen Vorwurf gemacht. Wir werden ihn nicht wiederholen. Aber weshalb nicht? Vielleicht nur deshalb nicht, weil ihre Lage eine andere war als die unsere?

Dann hätte ihr Schritt uns heute nichts mehr zu sagen. Und es spricht allerlei dafür, daß sie ihn unter anderen Voraussetzungen taten, als es die der heutigen Universität sind.

Max Weber hat jene radikale Sauberkeit der nur wissenschaftlichen und ganz unpolitischen Haltung des akademischen Lehrers gefordert als gegeben mit der heutigen Lage der Wissenschaft, am Ende eines langen Prozesses der Entzauberung, der Rationalisierung, der Intellektualisierung, eines Prozesses, dessen Ergebnis die heutige wissenschaftliche Arbeit auf das strengste bindet an die rationalen Methoden des naturwissenschaftlichen Experiments und der geisteswissenschaftlichen Kritik. Es ist gewiß, daß wenigstens einige von den Sieben noch auf einer früheren, von heute her gesehen beinahe vorwissenschaftlichen Stufe der wissenschaftsgeschichtlichen Entwicklung gestanden haben: Sprach- und Literaturwissenschaft wird heute nicht mehr mit den sozusagen vorkritischen Methoden von Jacob und Wilhelm Grimm betrieben, politische Wissenschaft nicht mit der naiven

Synthese der Dahlmannschen Politik. Und damit steht im Zusammenhang die eigentümliche Autorität, die ganz von selbst aus solcher sozusagen vorkritischen Arbeitsweise und Haltung für die Mehrzahl der Sieben erwachsen war und uns heute noch auf das lebendigste anspricht, wie sie aber heute im allgemeinen nicht mehr auf akademischem Boden wächst: die der Brüder Grimm, die wir auch in ihrer wissenschaftlichen Arbeit vor allem als die ehrwürdigen Hüter und Herolde unseres Volkstums empfinden — die Dahlmanns, des Praeceptor politicus Germaniae in seiner Zeit, mit der verpflichtenden Wucht seiner Aussagen, zumal zur politischen Ethik, wie eines alten skandinavischen Lagmans, eines Gesetzeskünders — die des nationalen Erziehers, als der Gervinus mit seiner Literaturgeschichte zu wirken unternahm. Als Anspruch tritt diese Eigenart am schärfsten bei Heinrich Ewald hervor, der sich als Prophet fühlte und, wie die Propheten des Alten Bundes den Königen von Israel und Juda, so den Mächtigen des 19. Jahrhunderts den Zorn Gottes verkündigte, schließlich 1848 nach Göttingen zurückberufen und von der preußischen Regierung 1868 notgedrungen wiederum seines Amtes enthoben, eine halb tragische, halb lächerliche gespenstische Karikatur seines eigenen Geltungsanspruchs. Alle Sieben sind aber im öffentlichen Bewußtsein für ihre Protestation ihres wissenschaftlich begründeten persönlichen Autoritätsanspruchs in gewissem Grade durch ihre politische Resonanz entkleidet, die sie einfach als tapfere Männer, als bedeutende und erfolgreiche liberale Privatpolitiker mißverstehen ließ — und heute liegt es nahe, angesichts der Nüchternheit, Rationalität, ja auch einer gewissen unpersönlichen Sachlichkeit heutigen Wissenschaftsbetriebes die sehr persönliche Art und Autorität und Wirkung der Sieben und damit auch ihrer Protestation von unserem heutigen Standpunkt als überwissenschaftlich und außerakademisch und damit als für uns nicht verbindlich zu empfinden.

Dahlmann hat anders geurteilt. Er hat in dem Schritt der Sieben gerade die Behauptung der tiefsten Wesensvoraussetzung der Universität gesehen. „Ist Göttingen dahin gebracht, daß seine Lehrer ihr bestes Teil verleugnen müssen, um die Erlaubnis zu erhalten, ferner fortzulehren, so ist die Stunde der Universität gekommen: die Übung praktischer Fertigkeiten, für die es keiner Universität bedarf, mag dann an die Stelle treten. Wenn die Wissenschaft hier kein Gewissen mehr haben darf, so muß sie sich andere Heimat suchen"[8].

---

[8] Zur Verständigung, S. 32 f.

Die Freiheit des Gewissens, die sittliche Freiheit, als Kernvoraussetzung von Wissenschaft und Universität — was damit gemeint ist, wird deutlich an dem, was nach Dahlmann übrigbleibt, wenn diese Voraussetzung gefallen ist: „die Übung praktischer Fertigkeiten, für die es keiner Universität bedarf". Also die Fachschule. Auch sie eine gute und nützliche Einrichtung, aber etwas durchaus anderes als die Universität — ohne deren eigentümliche Würde. Die Fachschule lehrt ein Wissen deshalb, weil dies Wissen Macht ist, nützlich dem Einzelnen für sein Fortkommen, seinen Beruf, nützlich für das Gemeinwohl. Die Wissenschaft dagegen, um die es in der Universität geht, ist nicht Macht, sondern Freiheit: ihre Übung ist Freiheit, setzt Freiheit voraus, und macht frei. Gewiß nicht in dem Sinn des oft mißbrauchten johanneischen Worts, daß die erkannte Wahrheit freimachen wird: das ist gesagt nicht von der Wahrheit der Wissenschaft, sondern von der der evangelischen Botschaft. Und doch geht eine befreiende Macht auch von der wissenschaftlichen Wahrheit und der Bemühung um sie aus. Darum wissen alle, die in der großen Kameradschaft der wissenschaftlich Arbeitenden stehen: von dem kategorischen Aufgegebensein der wissenschaftlichen Arbeit und der strengen Wissenschaftlichkeit dieser Arbeit, aber auch von dem darin liegenden Glück, das nicht etwa an glänzenden Forschungsergebnissen hängt, sondern an dem hingebenden Gehorsam gegenüber dem Gesetz der wissenschaftlichen Arbeit um ihrer selbst willen. So nüchtern und bescheiden wir Anlaß haben, von der einzelnen wissenschaftlichen Leistung und von dem wissenschaftlichen Leistungsraum des Einzelnen zu denken, so hoch von der Wissenschaft überhaupt. Sie ist wie eine souveräne Großmacht gegenüber der elenden Technizität unseres entzauberten, entleerten Daseins — sie ist einer der Wege zu geistiger, menschlicher Gesamthaltung, die innerlich unabhängig ist von den Ängsten einer haltlos verzweifelten Zeit. In diesem Sinne versteht die Universität Wissenschaft als Freiheit und akademische Bildung als Anteil an solcher Freiheit — nicht als Anspruch auf künftige Führung der Nation, eine sehr unakademische Anmaßung, der wir gründlich absagen sollten. Deshalb ist Infragestellung der völligen Freiheit der Gewissen im akademischen Bereich Antastung des Lebensnervs der Universität — und zwar in allen Fächern, nicht etwa nur in denen von besonderem politischem Interesse —, mit Recht haben seit 1933 die Vertreter der exaktesten Wissenschaften den Kampf um die geistige Unabhängigkeit der Hochschule mit gleicher Entschiedenheit aufgenommen wie die Vorkämpfer in scheinbar besonders gefährdeten geisteswissenschaftlichen Bereichen. Um die auch heute unabdingbar notwendige Lebensluft von Universität und Wissenschaft haben die Sieben in pflichtmäßiger Notwehr gekämpft — das Verwelken Göttingens nach 1837 ist der Erweis dafür, wie richtig sie geurteilt hatten — daher das Urteil Otfried Müllers, daß nach ihrer Entlassung die Universität kaum noch existiere[9], daß nun „dieser herrliche Wohnsitz der Studien ein Menschenalter in den Händen der Gemeinheit und Unredlichkeit bleiben" werde[10] — eben weil sich kein akademischer Lehrer mit gutem Gewissen auf diesen Boden begeben könne, auf dem die sittliche Voraussetzung akademischen Lebens zerstört sei.

Gewiß sind die Sieben in ihrer Haltung sittliche Vorbilder schlechthin. Auf akademischem Boden, zumal hier in Göttingen, sind sie uns aber vor allem einzigartige Zeugen von dem, um das es in der Universität für uns alle geht, für Forscher, Lehrer, Studenten. Darum gedenken wir ihrer — und vielleicht sollten wir es nicht allzu selten tun —, wie die Berliner Akademie der Wissenschaften alljährlich ihren Leibniz- und Friedrichstag begeht, um sich von diesen hohen Namen immer wieder an die Höhe ihrer Bestimmung erinnern zu lassen. Solche in Form und Regel gebrachte Pietät wäre freilich nicht unsere Göttinger Art. Aber wir schulden den Sieben ein dauerndes Gedächtnis ihres Wesens und ihrer Tat. Nur bei solch treuer Bewahrung ihres Gedächtnisses in unserem Kreise mag sich auch an ihnen die Hoffnung erfüllen, die Otfried Müllers Säkularrede an die Erinnerung an die großen Göttinger des ersten Jahrhunderts knüpft: daß sie, wie freundliche Hausgötter, placido numine, Schutzgeister der Universität bleiben möchten, deren höchste Zierde sie einst gewesen sind.

---

[9] An Boeckh 19. 12. 1837, Briefwechsel zwischen August Boeckh und Carl Otfried Müller, 1883, S. 403.

[10] 29. 7. 38, das. S. 424.

Staat und Kirche nach dem Bonner Grundgesetz

Unwiderruflich und unübersehbar ist das Verhältnis von Staat und Kirche in Deutschland mit dem Dritten Reich in eine neue Phase eingetreten. Nur der Bonner Gesetzgeber hat es nicht bemerkt oder gemeint, in der notgedrungenen Kompromißformel des Bonner Grundgesetzes darüber hinweggehen zu können. Er kehrt zu dem Stande vor 1933 zurück: „Die Bestimmungen der Art. 136, 137, 138, 139 und 141 der Deutschen Verfassung vom 11. August 1919 sind Bestandteile dieses Grundgesetzes" (Art. 140).

Aber wenn zwei Grundgesetze dasselbe sagen, so ist es nicht dasselbe. Es ist nicht einmal das Paradoxeste an der gegenwärtigen staatskirchenrechtlichen Lage im Bereich der Bundesrepublik, daß das Grundgesetz über sie nicht im klaren ist.

1. Daß unser Staatskirchenrecht im Begriff war, in den dritten Abschnitt einer grundlegenden, freilich damals noch nicht so leicht durchschaubaren dreistufigen Wandlung einzutreten, hat Joh. Heckel schon vor 1933 bemerkt, damals allerdings wesentlich von der staatlichen Seite her[1]. Heute ist dieser Fortschritt von der kirchlichen Seite her bewußt vollzogen. Von dem damit gegebenen Strukturwandel hat jeder Versuch des Verständnisses der heutigen staatskirchenrechtlichen Lage auszugehen.

Die drei Schichten unseres Staatskirchenrechts folgten nicht so aufeinander, daß sie in bestimmten geschichtlichen Augenblicken einander ablösten, sondern die jüngeren entwickeln sich im Zusammenhang mit den älteren an verschiedenen Punkten verschieden früh oder spät, und die Ergebnisse aller drei Wachstumsperioden liegen schließlich in einem auf den ersten Blick schwer durchschaubaren Gemenge durcheinander.

Die erste Stufe besteht aus Auseinandersetzungen scheinbar sehr verschiedener Art zwischen Staat und Kirche, denen allen aber gemeinsam ist, daß sie eine gewisse Problemlosigkeit des Verhältnisses

---

1 Verwaltungsarchiv Band 37 (1932) S. 283 f.; Kirchliche Autonomie und staatliches Stiftungsrecht, Sonderdruck aus dem Korrespondenzblatt für die ev.-lutherischen Geistlichen in Bayern (Nördlingen 1932) S. 17 ff., 29.

von Staat und Kirche voraussetzen. Man kann dahin allenfalls schon rechnen die Gewährleistung der konfessionellen Besitzstände gegenüber der weltlichen Obrigkeit im alten Reich, also etwa das Normaljahr 1624, nach dem sich das Daseinsrecht eines konfessionellen Kultus an einem Ort bestimmte, und den Normaltag (1. Januar 1624), nach dem sich die Zuständigkeit des kirchlichen Besitzes richtete — den Staat bindende Verteilungsregeln, ergänzt und zum Teil abgelöst durch die gleichmäßige Zulassung der Konfessionen spätestens seit 1815. Jedenfalls gehören hierhin die Vermögens- und finanziellen Auseinandersetzungen zwischen Staat und Kirche, vor allem im Zusammenhang mit den Säkularisationen, insbesondere mit dem Reichsdeputationshauptschluß von 1803, und alle späteren Abreden solcher Art, einerlei ob dabei im einzelnen kirchliche Rechte gewährt oder genommen, abgelöst oder anerkannt wurden: Garantierung, Modifizierung, Pauschalierung, Liquidierung, Säkularisierung kirchlicher Rechte und Ansprüche[2]: alles gehört in diesen Zusammenhang. Und schließlich gehört hierhin der ganze Bereich der Abgrenzung der staatlichen Hoheitsrechte gegenüber der Kirche. Sie erscheint häufig geradezu im Zusammenhang mit der staatlichen Anerkennung kirchlicher Rechte auf Vermögen oder Staatsleistungen. Die staatliche Beteiligung an der Besetzung der bischöflichen Stühle nach den Restaurationskonkordaten der ersten Hälfte des neunzehnten Jahrhunderts ist in gewissem Sinne eine Gegengabe der Kirche für die staatliche Mitwirkung bei der Neueinrichtung der Diözesen und für ihre staatliche Dotation. Das preußische Konkordat von 1929 — als ein Beispiel einer Gruppe — begründet weitere persönliche Erfordernisse bei der Besetzung der Bistümer und anderer wichtiger kirchlicher Stellen ausdrücklich mit der zugesicherten Staatsdotation für die Diözesen und Diözesananstalten. Auf evangelischer Seite werden bei der fortschreitenden Lockerung des Verhältnisses der evangelischen Landeskirchen zum Staat im 19. und 20. Jahrhundert oft die jeweilig übrigbleibenden Rechtsbeziehungen, die fortdauernden staatlichen Hoheitsrechte abgegrenzt. Zuweilen werden sie sogar ausgetauscht: im Vertrage des preußischen Staates mit den sieben preußischen Landeskirchen von 1931 tauscht der Staat sozusagen gegen andere Rechte, auf die er verzichtete, insbesondere einen Großteil der staatlichen Kontrolle der kirchlichen Gesetzgebung, die politische Klausel ein.

[2] W. Weber, Die Ablösung der Staatsleistungen an die Religionsgesellschaften (1948) S. 7 ff.

Die Voraussetzung dieser bunten Fülle von Rechtsverhältnissen ist letztlich eine im Kern unproblematische Beziehung von Staat und Kirche. Man ist im Grunde noch im konstantinischen Zeitalter. Staat und Kirche ordnen ihre Beziehungen sozusagen wie zwei Grundstückseigentümer ihre nachbarlichen Verhältnisse — als zwei einigermaßen kommensurable, in klaren Beziehungen zueinander lebende Mächte. Sie mögen diese Beziehungen eng gestalten, sie mögen sie lockern bis zur Trennung von Staat und Kirche — es bleibt eine Auseinandersetzung auf einem klar übersehbaren Felde über klar übersehbare einzelne kommensurable Gegenstände.

Auf der zweiten, erst jüngst von uns verlassenen Entwicklungsstufe des Verhältnisses von Staat und Kirche wird das Verhältnis problematisch. Die Kirche hat nicht mehr die frühere selbstverständliche Nähe zum nunmehr konfessionell neutralen Staat. Das tritt erst allmählich und unwillkürlich ins Bewußtsein, vor allem durch die Spannungen und Konflikte des 19. und 20. Jahrhunderts, am entschiedensten durch den Kulturkampf und seine Begleit- und Folgeerscheinungen. Daß es eine allgemeine Entwicklungslinie ist, wird dadurch verdunkelt, daß für beinahe hundert Jahre die katholische Kirche in dieser Lockerungsbewegung führt, während die durch den landesherrlichen Summepiskopat noch eng mit dem Staat verbundene evangelische Kirche mindestens äußerlich noch in dem alten Geleise bleibt. Der katholische Kirche werden in diesem Ringen immer wichtiger, und wichtiger als die alten Rechte und Privilegien gegenüber dem Staat, die neuen Freiheitsrechte der geistigen und politischen Bewegung. Von der belgischen Revolution angefangen, über 1848 und den Kulturkampf hin findet sie in der liberalen Verfassungsordnung die rechtlichen Voraussetzungen und Möglichkeiten für die neuen Wege kirchlicher Ausdehnung und Wirkung, die sie nunmehr, im 19. Jahrhundert, zu gehen hatte. Nach dem kirchenpolitischen Friedensschluß der achtziger Jahre wird die bezeichnende Form der staatskirchenpolitischen Forderungen des Katholizismus der immer wiederkehrende Toleranzantrag der Zentrumspartei im Reichstage, das heißt das Programm eines umfassenden Ausbaus des Freiheits- und Gleichheitsgrundrechts der Verfassungen im besonderen Interesse der Kirche. Als Fortsetzung dieser Linie ist die Weimarer Verfassung zu verstehen: sie gibt den Kirchen vor allem anderen Freiheit der Bewegung und des Wirkens, wie sie auch der Wirtschaft und dem sozialen Kampf und dem geistigen Leben und der Presse und allen anderen Formen und Mächten des Gemeinlebens Freiheit gibt. Demgegenüber ist die verfassungsmäßige Gewährleistung des Status quo überkommener kirchlicher Rechte in Weimar zweiten Ranges — es bleibt vielleicht sogar unklar, ob die Weimarer Verfassung grundsätzlich Trennung oder Verbindung von Staat und Kirche meint, ob Fortbestand oder Abschaffung staatlicher Kirchenhoheit: das sind nämlich nur noch quantitative Abgrenzungsfragen zwischen Staat und Kirche, auf die es nicht mehr in erster Linie ankommt. Qualitativ wesentlich ist der Status liberaler Freiheit, wie sie den Kirchen eingeräumt wird. Das Weimarer Staatskirchenrecht ist, wie vor allem W. Weber mit Recht herausgestellt hat, durch seinen liberalen Charakter gekennzeichnet. Die alte innere unproblematische Nähe von Staat und Kirche besteht nicht mehr: der Staat ist mißtrauisch gegen die evangelische Kirche, die ja in gewissem Sinne zu den Besiegten von 1918 gehörte, und beide Kirchen sind es gegen den Staat — aber sie genießen eine Bewegungsfreiheit wie etwa politische Parteien, ihr Verhältnis zum Staat ist das einer gewissen Distanz und Beliebigkeit, wie das im Ringen um die politische Klausel des preußischen evangelischen Kirchenvertrages von 1931 besonders stark zutage getreten ist. Sie sind für den Staat nur noch abstrakte „Religionsgesellschaften" — trotz ihrer Sonderbehandlung in Art. 137 ff. —, wie es Handels- und wissenschaftliche und Aktiengesellschaften gibt. Was sie positiv treiben, interessiert ihn nicht — nur negativ zieht er ihnen eine Grenze, die, wie Art. 137 Abs. 3 sagt, „der Schranken des für alle geltenden Gesetzes".

Bedeutete schon die erste Entwicklungsstufe des staatskirchenrechtlichen Verhältnisses mit seiner zunehmenden Aufsplitterung in die positive Regelung von Einzelheiten seine gleichzeitig fortschreitende allgemeine Entleerung, so setzte die zweite diese Entwicklung gewissermaßen ins Grundsätzliche hinein fort: die liberale Ordnung zwischen Staat und Kirche ist die der inneren Fremdheit, der Berührung nur noch an der beiderseitigen Peripherie, ohne Beteiligung des Wesenskerns des einen oder des anderen Partners. Demgegenüber ist die Bewegung auf der dritten rückläufig. Das Dritte Reich suchte, mindestens angeblich, eine neue „echte Ordnung" von Staat, Kirche und Volk, in der diese Lebensmächte sich aus ihrem eigensten Wesen heraus wahrhaft finden sollten[3]. Und in der Notwehr gegen diese

[3] E. Hirsch, Das kirchliche Wollen der Deutschen Christen (1933) S. 21 ff.; G. Wünsch, Evangelische Ethik des Politischen (1936) S. 614; J. Poppitz, Die Grundfrage des Staatskirchenrechts (Abhandlungen des Instituts für Politik, ausländ. öffentliches Recht und Völkerrecht an der Universität Leipzig, NF 3, 1938) S. 60 f. Dagegen z. B. H. D. Wendland, Das Staatsproblem in der deutschen Theologie der Gegenwart (Protestant. Studien, Heft 24, 1934) S. 8 ff.

nationalsozialistische Kirchenpolitik, die sich alsbald als leere Anmaßung und öde Gleichschaltung herausstellte und in Schwindel und Gewalttat unterging, mußte sich die Kirche, voran — nach hundert Jahren staatskirchenpolitischer Führung der katholischen — die evangelische, dem Staat gegenüber auf ihr letztes Wesen besinnen und sich dazu bekennen, mit endgültig grundlegender Wirkung für ihr künftiges Verhältnis zum Staat. Wenn die Barmer Theologische Erklärung so einerseits den Totalitätsanspruch des Staates und anderseits jeden Eintritt der Kirche in staatliche Betätigung ablehnt, so tut sie es zunächst nur für die evangelische Kirche. Die katholische hatte in der Ära des liberalen Staatskirchenrechts mit ihrer Freiheitsforderung schon immer die Freiheit für das Evangelium und das kanonische Recht gefordert[4], so daß ihre Haltung vor 1933 grundsätzlicher als die der evangelischen Kirche erschien, während sie seit 1934 angesichts ihres nach wie vor konkreteren Ringens um die einzelnen Ansprüche des kanonischen Rechts im Gegensatz zur evangelischen Linie allenfalls an den staatskirchlichen Typus erster Stufe erinnern mochte. In Wahrheit ist der Unterschied nicht so groß: im Gegensatz gegen das Dritte Reich waren die Kirchen einig, nur daß die positivrechtliche Kodifizierung der kirchlichen Einzelpositionen auf katholischer Seite hier das Staatskirchenproblem als statischer erscheinen läßt[5] als auf evangelischer Seite.

Dieser polemische Rückzug der Kirche auf ihr eigenstes Wesen bedeutet notwendig eine neue Distanzierung vom Staat. Diesem neuen Abstande entspricht auf der anderen Seite eine stärkere innere Eingliederung in die Ökumene: wie die katholische Kirche durch die Säkularisation auf den Weg der Spiritualisierung und der Einordnung in die vatikanisch zentralisierte Kirche gedrängt worden ist, so die evangelische unausweichlich in die stärkere ökumenische Einordnung — nicht im Sinne irgendwelcher Machtpolitik, sondern um im ökumenischen Gesamtkreise und angesichts der inner- und äußerkirchlichen Probleme des Erdballs der richtigen eigenen Linie gewisser zu werden[6].

Anderseits begründet die nunmehrige volle innere Unabhängigkeit der Kirche vom Staat die Möglichkeit und die Notwendigkeit einer um

[4] Statt vieler E. Friedberg, Die Gränzen zwischen Staat und Kirche (1872) III 780, 866.

[5] Luigi Sturzo, Kirche und Staat (1932) S. 5, 20.

[6] Einiges hierzu in meinem Aufsatz: Deutsches evangelisches Kirchenrecht und Ökumene, in: Verantwortung und Zuversicht, Festgabe für Otto Dibelius zum 15. 5. 1950, S. 179 ff.

so volleren Zuwendung hin zu Welt und Staat[7]. Der Dämonisierung aller Lebensbereiche im totalen Staat hatte die Kirche den universalen Anspruch der Königsherrschaft Christi entgegenzusetzen — der allgemeinen Not die umfassende kirchliche Diakonie, voran des Kirchlichen Hilfswerks — dem Versagen des Staats, einerlei ob infolge seiner Machtlosigkeit, seines Irregeleitetseins oder seiner Unzuständigkeit, die kirchliche Hilfe, Mahnung, Intervention. Das bedeutet eine neue Nähe zum deutschen Staat, nicht nur in der Fortsetzung einer sehr viel älteren Linie der Entspannung und Entproblematisierung ihres Verhältnisses, von der gesehen schon der Kulturkampf als ein Anachronismus erscheinen mußte[8], und nicht nur in der Gemeinsamkeit der apokalyptischen Lage seit 1933 und 1945, die die Zusammenarbeit praktisch unausweichlich macht[9], sondern als eines der wichtigsten Ergebnisse des Kirchenkampfes, getragen von einer in Amsterdam bezeugten ökumenischen Gesamthaltung. Mag man den Anspruch auf das Ganze solcher Wirksamkeit als den „Öffentlichkeitsanspruch" der Kirche bezeichnen, oder wie sonst auch immer: jedenfalls ist kraft ihres Auftrages und ihres damit gegebenen Wesens die Anerkennung eben dieses Anspruchs das erste, was sie heute vom Staate fordern muß. Sie kann sich nicht mehr mit der Maskierung des wahren Verhältnisses durch einen Wust von Privilegien und Belastungen, zusammengehalten höchstens durch den etwas rätselhaften Ehrentitel der „öffentlichen Korporation", durch eine rein positive, immer neuen Infragestellungen von beiden Seiten ausgesetzte und immer neue Transaktionen fordernde Demarkationslinie begnügen, sondern sie muß grundsätzlich den konkreten Anspruch dieser christlichen Kirchen auf die Freiheit der Erfüllung ihrer konkreten kirchlichen Aufgaben als unabdingbar geltend machen[10].

Wenn die Bundesrepublik unter diesen Umständen mit der Kirche, die vom ersten Augenblick an in loyaler Partnerschaft mit dem Staat

---

7 E. Schlink, Der Ertrag des Kirchenkampfes (1947) S. 24 ff.

8 E. Rosenstock in: Kirche und Wirklichkeit, hrsg. von E. Michel (1923) S. 231.

9 und wichtige neue Leistungen der Kirche für den Staat im Gefolge hat: daß sie ihn legitimiert, daß sie ihn gelegentlich sogar der Außenwelt gegenüber da vertritt, wo er selbst noch handlungsunfähig ist, daß sie eins der wenigen rechtlich anerkannten Bänder gesamtdeutscher Einheit ist, u. a. m.

10 Eine besonders gute Entwicklung dieser Lage gibt A. de Quervain, Kirche, Volk, Staat (Ethik II, 1, 1945) S. 135—167. Der Gegensatz zur vorangehenden Stufe polemisch scharf bei H. Diem, Die Substanz der Kirche (Bekennende Kirche, Heft 27, 1935) S. 27; ders., Kirche für die Welt (1947) S. 71 f., 79; auch E. Wolf, Evang. Theologie 1949 S. 141.

ihr Teil am Wiederaufbau zu leisten gesucht hat, den vom Dritten Reich zerstörten Frieden wiederherstellt — und das bedeutet die Wiederherstellung der Weimarer Verfassungsartikel —, so erkennt sie damit den veränderten, auf letzter, unabdingbarer Nötigung beruhenden Anspruch der Kirche an. Sonst wäre der Artikel 140 des Bonner Grundgesetzes keine sinnvolle, für die Kirche irgendwie annehmbare Wiederherstellung des staatskirchenpolitischen Friedens. Allerdings sind auch die einzelnen in ihm enthaltenen Gewährungen an die Kirchen wichtig und dankenswert. Aber als einzelne sind sie doch noch unverhältnismäßig weniger wichtig als schon 1919. Ob Trennung von Staat und Kirche oder nicht, ob Staatszuschüsse an die Kirchen oder nicht: das ist für die Kirche unwesentlich gegenüber der Frage, ob ihr der ihr vom Dritten Reich bestrittene Raum für die Entfaltung ihres wesentlichen kirchlichen Berufes gewährleistet ist.

Nachdem Staat und Kirche in Deutschland sich 1933 und 1934 gegenseitig das Zeitalter konstantinischer Nähe von Staat und Kirche gekündigt haben, kann eine nunmehrige Neuregelung ihres Verhältnisses in Deutschland nur etwas mit der nunmehrigen grundsätzlich unabdingbaren Haltung der Kirche Vereinbares und damit allerdings etwas grundsätzlich Neues und Anderes gegenüber der Vergangenheit sein. Insbesondere auch gegenüber der Vergangenheit der Weimarer Verfassung, und selbst dann, wenn dies Neue und Andere formell, aus einer Verlegenheitslage im Parlamentarischen Rat heraus, durch die Wiederherstellung der Weimarer Verfassungsartikel ausgedrückt wird.

Allerdings wird diese neue Ordnung dadurch mißverständlich. Und mißverständlich nicht nur im Sinne liberaler Vergangenheit. Sie wird gelegentlich mißverstanden auch in dem Sinne, daß die Kirchen als eine Art von Siegern von 1945 oder als Sieger doch jedenfalls im deutschen Kirchenkampf nun neue Rechte als Siegesgewinn beanspruchten. Man kann ihr Selbstverständnis und den Sinn ihrer heutigen Ansprüche nicht gründlicher verkennen. Im Gegenteil: die ihr nun verfassungsmäßig wieder zuerkannte frühere Rechts- und damit „Macht-“ Stellung ist gerade entwertet, in die zweite Linie getreten gegenüber ihrem eigentlichen, wesensmäßigen Anspruch auf Zulassung ihres „Dienstes“ an der Öffentlichkeit.

2. Die Bonner Neuordnung des Verhältnisses von Staat und Kirche ist, von der Kirche her gesehen, die Folgerung aus der Bewährung der Kirche im Kirchenkampf, aus einem — bei aller Schwäche und Unzulänglichkeit — in Sinn und Ergebnis klaren und bedeutenden

Abschnitt der Kirchengeschichte. Vom Staat her gesehen, läßt sie, ganz abgesehen von jeder im engeren Sinne politischen Bewertung, aus zwei Gründen manches zu wünschen übrig. Sie ist das Ergebnis eines eigentümlichen parlamentarischen Entstehungsvorgangs, und sie trägt vor allem unverkennbar die Spuren einer Epoche tiefer Schwäche des deutschen Staatsbewußtseins.

Der Art. 140 ist nicht das Ergebnis einer klar bewußten grundsätzlichen staatskirchenpolitischen Entscheidung des Parlamentarischen Rats, sondern gehört mehr unter die Verlegenheitsergebnisse verfassunggebender Parlamentsarbeit, er ist nicht weit entfernt vom Typus der sogenannten Formelkompromisse. Das ändert nichts an seinem Inhalt und seiner Geltung: auch das Ausweichen einer konstituierenden Versammlung vor einer grundlegenden Entscheidung oder ihr mangelndes Bewußtsein von ihrer Tragweite[11] ändert, wenn sie trotzdem beschlossen wird, nichts an ihrem objektiven Geltungsinhalt und Gewicht — im Fall des Art. 140 auch nichts daran, daß angesichts der veränderten Lage der Dinge die wörtlich übernommenen Sätze der Weimarer Verfassung in der Welt der wirklichen Geltung unbeabsichtigt aber unvermeidlich etwas anderes besagen, als früher im Zusammenhang der Weimarer Verfassung. Dasselbe gilt von einem Problem des systematischen Zusammenhangs des Art. 140, auf das der damalige Abgeordnete Heuß nachdrücklich aufmerksam gemacht hat. Nach der Weimarer Verfassung (Art. 10 Ziff. 1) hatte das Reich das Recht, im Wege der Gesetzgebung Grundsätze für die Rechte und Pflichten der Religionsgesellschaften aufzustellen, und das Religionsgesellschaftsrecht der Art. 137 ff. war sozusagen der erste und wichtigste Fall, in dem das Reich von diesem Recht der staatskirchenrechtlichen Grundsatzgesetzgebung Gebrauch machte. Die Bundesrepublik hat dies Recht nicht, nach dem Grundgesetz sind die Länder ausschließlich Träger der staatlichen Kirchenpolitik, und zu dieser neuen Verteilung steht die eigene Inkraftsetzung eines Rechtssystems der Zusammenordnung von Staat und Kirche durch den Bund selbst in Art. 140 in einem gewissen Widerspruch — auch hier ohne daß dies Rechtssystem selbst dadurch in Frage gestellt würde.

---

[11] Eins der bekanntesten deutschen Beispiele ist das Amendement Bennigsen zu Art. 18 des Entwurfs der Verfassung des Norddeutschen Bundes, auf dem die Bedeutung des Amts des Reichskanzlers und darüber hinaus die unitarische Komponente der Verfassung beruhte; s. dazu A. Haenel, Studien zum deutschen Staatsrechte II 1 (1880) S. 18, 22 f.

Die eigentliche Problematik, ja Paradoxie des Art. 140 beruht aber auf einer viel tiefer liegenden grundsätzlichen Verlegenheit und Unentschiedenheit des deutschen Staates überhaupt.

Es ist der Staat, der zu den neueren Wandlungen im Verhältnis von Staat und Kirche in der Regel die Initiative ergriffen hat[12], wie auch 1933. Es ist der Staat, der vermöge seiner Souveränität beansprucht, die rechtliche Grenze zwischen sich und der Kirche zu ziehen[13]. Es ist der Staat, der — seit einer vorreformatorischen Stufe kirchlicher und kirchenrechtlicher Begriffsbildung für dies Gebiet[14] — auch die Rechtsbegriffe dafür grundsätzlich dem Bestande der weltlichen Rechtsordnung entnimmt.

In der Durchführung dieses Anspruchs verrät der Art. 140 bei näherem Zusehen ein eigentümliches staatliches Versagen. Ich verfolge es an den beiden hier auf staatlicher Seite vorausgesetzten Grundbegriffen der Souveränität und des öffentlichen Rechts.

Die grundsätzliche Gewährleistung kirchlicher Freiheitsrechte erfordert ihre gleichzeitige grundsätzliche Begrenzung durch die staatliche Souveränität. Die Unsicherheit des deutschen Staatsbewußtseins hatte den Souveränitätsgedanken als den Gedanken inhaltlichen Rechts und inhaltlicher Grenze des Staats eingebüßt[15]. Die Folge war das unsichere Schwanken zwischen den Extremen: einerseits das Verlangen nach dem totalen Staat, und anderseits die Beschränkung des Staats auf allzu enge Bereiche[16]. Die Rechtswissenschaft schwankte zwischen denselben unhaltbaren Extremen: der Übersteigerung eines formalisierten Souveränitätsbegriffs zu formaler Allmacht einer-[17], seiner grundsätzlichen Ablehnung anderseits[18]. So mußte man zur Bezeichnung des staatlichen Gegenrechts gegen die kirchlichen Freiheiten andere Wege gehen: J. Heckel hat diese Entwicklungslinie und den

[12] E. Hirsch, Staat und Kirche im 19. und 20. Jahrhundert (1929) S. 19.

[13] Zuletzt J. Heckel in: Um Recht und Gerechtigkeit, Festgabe für Erich Kaufmann zum 21. 9. 1950, S. 95.

[14] J. Hashagen, Staat und Kirche vor der Reformation (1931).

[15] Bismarcks Begründung des Kulturkampfs mit der von kirchlicher Seite in Frage gestellten staatlichen Souveränität gehört noch in die ältere Stufe des Begriffs. Der Fehler lag weniger in der Übersteigerung eines im Sinne formaler Staatsallmacht entarteten Souveränitätsbegriffs, als in pietistisch begründeter Verkennung des kirchlichen Gegenrechts.

[16] Otto Dibelius, Grenzen des Staates, 1949.

[17] Seine Unerträglichkeit der Kirche gegenüber: E. Hirsch, a. a. O. S. 21 ff., 58 ff.

[18] Näheres bei H. Heller, Die Souveränität (1927). Das verdienstliche Buch hat leider kaum die Hälfte des Weges zur Rückgewinnung des verlorenen inhaltsbestimmten Souveränitätsbegriffs zurückgelegt.

mühseligen Versuch, hier durch das „allgemeine Gesetz“ und dann durch das „für alle geltende Gesetz“ die im Wesen des Staats, dessen man sich nicht mehr befriedigend bewußt war und für das eben darum Begriff und Ausdruck fehlten, gegebenen Grenzen halbwegs leidlich zu bezeichnen, eindrücklich ins Licht gerückt[19]. Nur eine inhaltliche Wesensbestimmung des Staats, die damit zugleich seine gerade der Kirche gegenüber selbstverständlich vorausgesetzte Selbstbegrenzung[20] enthielte, kann der alten wie der heutigen grundsätzlichen Rechtslage der Kirche gegenüber dem Staat ihren rechtlichen Raum und ihre gesunde Grenze geben.

Seit der Barmer Theologischen Erklärung weiß die Kirche wieder in voller Klarheit, was sie dem Staate gegenüber will, soll und darf. Von daher ist der Art. 140 unzweideutig. Die entsprechende Klärung für den Staat kann nach den extremen Pendelausschlägen des totalen Staats einer-, des z. B. in den Dibeliusschen „Grenzen“ bezeugten und als allzu endgültig verstandenen Rückzuges anderseits wohl nur künftige Konsolidierung eines endgültigen deutschen Staatswesens bringen.

Der zweite in diesem Zusammenhang grundlegende Begriff, der der Gegenwart verloren gegangen ist, ist der des Öffentlichen und des öffentlichen Rechts. Wie sehr, das wird etwa an den heute vorherrschenden Mißverständnissen deutlich, die einerseits den in unzweifelhafter Geltung stehenden „Öffentlichkeitsanspruch“ der Kirche als die Freiheit nicht geheimer, nicht an den Kirchenraum gebundener Äußerungen auslegen (als ob nicht „Jeder“ — Bonner Grundgesetz Art. 5 — das Grundrecht öffentlicher Meinungsäußerung beanspruchen könnte), anderseits dagegen das Kriterium der öffentlichen Korporationsqualität der Kirchen in ihrem Anderssein gegenüber privaten Rechtsträgern finden wollen. In Wahrheit ist beide Male dasselbe gemeint. Es handelt sich um einen Kernbegriff des heutigen Staatsrechts, dessen Bedeutung etwa daran deutlich wird, daß Fr. J. Stahl zum guten Teile durch seine Verfechtung gegen den feudalen Patrimonialismus C. L. v. Hallers, Lancizolles und anderer Gegenrevolutionäre das konservative Denken auf den Boden des modernen Staats hinübergeleitet hat. Öffentlich ist das, was in die den modernen Staat rechtfertigende Fülle seines Sinns, in das „im verantwortlichen Zusammenhang mit der Welt stehende Leben“[21], und damit zugleich in den Bereich irgendwelchen bestimmenden oder doch billigenden Anteils des Volks an

[19] Bes. Verwaltungsarchiv, a. a. O. S. 283, 284.

[20] E. Hirsch S. 45, 60.

[21] F. Gogarten, Die Schuld der Kirche gegen die Welt (1930) S. 26.

diesem Sinngehalt gehört, damit auch von Rechts wegen einen bestimmten Geltungsanspruch hat. In dieser tieferen Bedeutungsschicht erweisen sich staatliche Anerkennung des Öffentlichkeitsanspruchs der Kirche und ihre öffentliche Korporationsqualität als durch das gleiche Kriterium zusammengehalten. Auch hier hat der Formalismus und Positivismus des juristischen Denkens, als Ausdruck mangelnder politischer Bewußtheit des deutschen Volkes, einen lebensnotwendigen politischen Begriff vernachlässigt und vergessen. An der viel erörterten und viel belächelten Verhandlung des Weimarer Verfassungsausschusses über das Wesen der Korporation des öffentlichen Rechts[22] sind nicht die dort zutage getretenen Meinungsverschiedenheiten und Unklarheiten bemerkenswert, sondern die Übereinstimmung aller Beteiligten, Beobachter und Berichterstatter in dem kaum verständlichen Irrtum, daß es sich hier um eine verwaltungsrechtstechnische Frage handele, statt um ein Zentralproblem unserer politischen Ordnung. Das Problem ist inzwischen wenigstens gesehen, wenn auch noch nicht endgültig geklärt[23]. Auch hier ist ein verlorener geistiger Besitz wieder neu zu erwerben.

3. Strittige Rechtsfragen von grundsätzlicher Bedeutung im Bereich der Beziehungen von Staat und Kirche lassen bisher die streitenden Gruppen oft unzweideutig als Fortsetzungen der Partner des Kulturkampfs erscheinen[24]. Der Kulturkampf war das letzte zu grundsätzlicher Besinnung über das Verhältnis von Staat und Kirche zwingende Ereignis vor dem Kirchenkampf. Wenn das positivistische Rechtsdenken des auf ihn folgenden halben Jahrhunderts die Fragen dieses Gebiets so behandelte, als ob der Staat noch ein „Staat der Hoheitsrechte" und das Recht mindestens der Kirchen noch ein Dickicht von zusammenhanglosen Einzelprivilegien günstigen und lästigen Charakters wäre, d. h. im Sinne der oben angedeuteten ersten Stufe des Staatskirchenrechts, so trat unwillkürlich aber unvermeidlich in die Lücken

---

[22] Berichte und Protokolle des Achten Ausschusses über den Entwurf einer Verfassung des Deutschen Reiches (1920) S. 188 ff., in guter Übersicht bei J. Schmitt, Kirchliche Selbstverwaltung im Rahmen der Reichsverfassung (1926) S. 22 ff.

[23] E. Forsthoff, Die öffentliche Körperschaft im Bundesstaat (1931) S. 10 ff.; E. R. Huber, Verträge zwischen Staat und Kirche im Deutschen Reich (1930) S. 48. Daher auch theologische Deutungen noch unvollkommen, z. B. H. Diem; Restauration oder Revolution in der evangelischen Kirche? (1946) S. 79, und sonst. Geschichtlich grundlegend J. Heckel, Kaufmann-Festschrift, S. 100 f.

[24] Besonders anschaulich die große Übersicht zu Art. 137 Abs. 3 der Weimarer Verfassung bei G. Anschütz, Die Verfassung des Deutschen Reiches vom 11. August 1919 (14. Aufl. 1933) Ziff. 5 zu Art. 137, S. 638.

der positiven Rechtstitel eine von jenem Kampf her fortwirkende grundsätzliche einseitige Haltung — zum Schaden des Rechts und aller Beteiligten. Das Bonner Grundgesetz macht mit seinem richtig verstandenen Art. 140 die Bahn frei für die Wiedergewinnung einer kritisch gereinigten und darum zu verantwortenden, brauchbaren grundsätzlichen Erörterungsgrundlage für alle Auseinandersetzungen zwischen Staat und Kirche. Es ist eine große und dringende wissenschaftliche Aufgabe, diese Wiedergewinnung zu vollziehen.

Die Göttinger Gesellschaft der Wissenschaften

Als die Königliche Gesellschaft der Wissenschaften zu Göttingen im Jahre 1901 das Fest ihres 150jährigen Bestehens beging, ordnete sie sich damit in eine Folge von Jubiläen gelehrter Körperschaften ein, deren Reihe uns heute im Rückblick wie eine einzige Feier der damaligen Lage der Wissenschaft erscheint. Man wußte sich noch im vollen Glanz des neunzehnten als des wissenschaftlichen Jahrhunderts — man überschaute die darin eingebrachte wissenschaftliche Ernte, die unerhörte Ausdehnung gegenwärtiger Arbeitsfelder und Fragestellungen und den Reichtum persönlicher und sachlicher Mittel in ihrem Dienst. Der wissenschaftliche Niederschlag dieser Gesinnung liegt heute vor uns in der wissenschaftsgeschichtlichen Festliteratur dieser Jahrzehnte: von der stolzen Reihe der geschichtlichen Abhandlungen zum Göttinger Jubiläum von 1901 über die Universitätsgeschichten bis hin zu Harnacks Geschichte der Preußischen Akademie von 1900.

Troeltsch hat in seiner berühmten Kritik der Harnackschen Akademiegeschichte[1] deren Grenze und damit die Schwierigkeit wissenschaftsgeschichtlicher Arbeit überhaupt aufgewiesen, „eine bestimmte Leistung und Stellung auszumitteln, die sie (die Akademie und die wissenschaftlichen Institutionen überhaupt) für den großen Zusammenhang des geistigen Lebens gehabt hätte". Er sah hier schärfer als das damalige naive Gesamtbewußtsein der gelehrten Zunft. Uns ist nach allen Umbrüchen der Welt- und Geistesgeschichte diese Problematik noch deutlicher geworden. So läßt die Göttinger Akademie auf Götz von Selles zum 200jährigen Universitätsjubiläum von 1937 erschienene Geschichte der Georg-August-Universität nicht die entsprechende Darstellung ihrer eigenen Geschichte folgen. Und die nachfolgenden Bemerkungen sollen und können nur den besonderen Ort andeuten, den die Göttinger Societät im Kreise der Schwesterkorporationen einnimmt.

---

1 Troeltsch, Hist. Z. 86 (1901); jetzt Ges. Schr. IV, 805.

Ihre Entstehung ist völlig anderer Art, als die aller verwandten Körperschaften. Ihre Entwicklung führt sie, im ersten Halbjahrhundert vermöge der Natur der Sache, von da ab im großen gemeinsamen Strom des geistigen Lebens, immer mehr in die Gleichheit des Wesens und schließlich sogar in die Gemeinschaft der Arbeit mit den Genossinnen ihres Weges hinein.

Ihre Gründung ist durchaus eigener Art. Sie ist nicht hervorgegangen aus irgendeiner Verzweigung jenes genossenschaftlichen Gefälles, aus dem die gelehrten Körperschaften der Spätrenaissance hervorgegangen sind, deren sich dann die staatliche Führung allenfalls nachträglich bemächtigte, so wie aus der Londoner Society alsbald die Royal Society wurde — eines Gefälles, das immerhin auch die Bildungen des 18. Jahrhunderts noch zum guten Teile trägt. Sie ist auch nicht hervorgegangen aus jenem fürstlichen Bestreben, dem Leibniz seine Akademiepläne überall anregend einordnete, jener von Troeltsch nicht ganz gerecht als fürstliche Willkür gekennzeichneten Tendenz des barocken und spätbarocken Fürstentums, seine Repräsentation politisch-geistiger Totalität durch eine fürstliche Akademie abzurunden — einem Bestreben, dessen klassisches Ergebnis die Berliner Gründung von 1700 ist. Sie ist nicht getragen von bestimmten politischen und kulturpolitischen Absichten wie die Akademie Maximilian Josephs, und sie war umgekehrt nie der Gegenstand politischer Befürchtungen wie die Akademiepläne im Metternichschen Österreich. Sie ist endlich auch nicht getragen von der großartigen Universalität des Geistes, wie sie sich als Leibnizsches Erbe in verschiedenen Brechungen anderswo auswirkte, jener Universalität, zu der etwa das Berliner Gründungsdokument vom 11. Juli 1700 sich feierlich bekennt.

Zwar klingen alle diese vorgefundenen Motive in den für die Göttinger Gründung anregenden oder gar maßgebenden Entwürfen an. Aber sie treten in Münchhausens Händen alsbald unter das besondere Gesetz seiner Göttinger Gründung überhaupt, der Universität, von der die Zeitgenossen meinten, sie solle nicht in dynastischer Unwahrheit Georgia Augusta, sondern als seine, wie es in Hannover hieß, „schöne Tochter“ Gerlaca Adolfa heißen. Die vierzehn Jahre nach der Universität begründete Königliche Societät der Wissenschaften zu Göttingen sollte keine Trägerin monarchischen Prestiges oder höfisch-gesellschaftlichen Pomps, aber auch nicht die Trägerin irgendeines allgemeineren geistigen Anspruchs sein. In Münchhausens Planung ist die Societät ein Universitätsinstitut, freilich besonderer Art und ohne jedes Vorbild in den älteren Hochschulgründungen. Der Societät sollte ein ganz kleiner Ausschnitt aus dem Lehrkörper angehören, der in der gegenseitigen Anregung und Kontrolle der Societät wissenschaftlich arbeiten, forschen sollte, Découverten machen, wie man gleichzeitig in Berlin von den Akademikern sagte — eine Aufgabe, die damals grundsätzlich nicht die des Professors, sondern die des grundsätzlich nicht eine Professur bekleidenden Akademikers war — eine Aufgabe, die Münchhausen den Mitgliedern der Societät zum allgemeinen Besten, vor allem aber zur Hebung des lustre der Universität stellte.

So kümmerlich die Anfänge der Societät, so trostlos ihre ersten Jahrzehnte vielfach waren, so hat man doch alsbald in dieser im persönlichen und sachlichen Aufwande unsäglich sparsamen Gründung den eigentlichen Vorzug von Göttingen gesehen. „Sie (die Göttingischen Gelehrten Anzeigen und die Societät) haben der Universität den größten Ruf und einen Vorzug vor allen ihren Schwestern verschafft", so urteilt Georg Brandes 1764[2], und dies Urteil steigert sich bis zur vorbildlichen Rolle Göttingens gerade unter diesem Gesichtspunkt der Personalunion von Universität und Akademie in Friedrich August Wolfs Berliner Universitätsdenkschrift von 1807: „Daß nach und nach auch einzelne tiefer gelehrte oder entdeckende Universitätslehrer Académiciens werden, dagegen ließe sich wohl nichts einwenden, und hier wäre bloß das Exempel von Göttingen (als das einzige in Europa) zu prüfen und vielleicht zu befolgen. Denn die dort neben der Universität bestehende Societät der Wissenschaften ist dasselbige nach Hallers herrlichem Plane, als was hier die Akademie nach Leibnizens war oder sein sollte." Dieselbe Rolle spielt Göttingen in seinem Reformplan für die Berliner Akademie, deren „neues Leben" er sich „mehr nach Art der Göttinger Societät als der ausländischen Akademien" denkt[3].

Es ist allerdings nicht nur das Verdienst Münchhausens, dieses politischen Merkantilisten und hochschulpolitischen Rationalisten, daß aus

---

[2] Frensdorff, F., Eine Krisis in der Königlichen Gesellschaft der Wissenschaften zu Göttingen. Nachrichten von der Kgl. Ges. der Wiss. zu Göttingen 1892, S. 43.

[3] Harnack, Ad., Geschichte der Königlich Preußischen Akademie der Wissenschaften, Bd. I/2, 1900, S. 566 f. — Dieser Geltung der Göttinger Societät, nicht der Wolfschen Anregung entsprach die Kommission für die Reform der Berliner Akademie, wenn sie 1810 ein Gutachten von Heyne über die Göttinger Verhältnisse erbat, das auf ihr eigenes Reformwerk unverkennbar maßgebend eingewirkt hat, a. a. O. S. 601 Anm. 1, und Friedrich Leo, Heyne, in der Festschrift zur Feier des 150jährigen Bestehens der Königlichen Gesellschaft der Wissenschaften zu Göttingen, 1901, S. 205 ff.

diesem seinem Erziehungsinstitut für Professoren und Werbungsinstitut für die Universität eine Körperschaft wurde, die zumindest in einem so großen Sinne verstanden werden und wirken konnte. Ein Größerer als er, Albrecht von Haller, übernahm in seinem Auftrage das Präsidium der Societät. Zwar hat er es nur zwei Jahre tatsächlich geführt, von der Gründung der Gesellschaft 1751 bis zu seiner Rückkehr nach Bern 1753. Und sachlich schien er ihr nur sehr begrenzte und nüchterne Aufgaben zu stellen: „So eingeschränkt", so faßt Heyne noch einmal im Rückblick kurz vor seinem Tode zusammen, „Münchhausens Absichten bei der Anlegung seiner neuen Universität waren, so sehr war es Haller bei der Stiftung der Göttingischen Societät der Wissenschaften"[4]. Trotzdem verdankt die Gesellschaft ihm, bis auf die Gründung, sozusagen alles. Der erste Gelehrte im damaligen Deutschland, gab er mit seinem Namen und seinem formell bis zu seinem Tode 1777 fortdauernden Präsidium der Gesellschaft den höchsten wissenschaftlichen Geltungsanspruch. In der sachlichen Mächtigkeit seines an Leibniz gemahnenden universalen Gelehrtentums gab er der Gesellschaft sachlich eine Universalität und Tiefe ihrer Zwecksetzung und ihres dauernden Gehaltes mit, wie sie ihr keine formelle Satzung hätte geben können. Und aus der zähen Wucht seiner ungeheuren Arbeitsleistung, vermittelt durch viele Kanäle, seine Briefe, seine Abhandlungen, die Erschließung des zeitgenössischen Gedankenguts in seinen zahllosen Beiträgen zu den Göttingischen Gelehrten Anzeigen[5], — einer im ganzen rätselhaften Wirkungskraft rührte der Anstoß her, der sich in den folgenden Jahrzehnten als zähe Lebenskraft der Gesellschaft bewährte, über ihre Kinderkrankheiten akuter und chronischer Lebenskrisen hinweg.

An solchen Krisenzeiten fehlt es im ersten halben Jahrhundert der Göttinger Akademiegeschichte nicht[6]. Der Kleinheit der Verhältnisse entsprechend verlaufen sie anders als in der Berliner oder der Münchener Akademie des 18. Jahrhunderts: der Personalstand schmilzt gelegentlich verhängnisvoll zusammen, die Sitzungen unterbleiben, die Veröffentlichungen der Gesellschaft, abgesehen von den Anzeigen, erscheinen 1755 bis 1771 nicht mehr, 1798 und 1808 erklärt Heyne die Societät für so gut wie aufgelöst oder in der Auflösung begriffen[7].

[4] Bei Leo a. a. O. S. 206, abweichend von A. H. L. Heeren, Christian Gottlob Heyne, 1813, S. 119.

[5] Roethe, G., Göttingische Zeitungen von gelehrten Sachen, in der Göttinger Festschrift S. 567 ff.

[6] Frensdorff a. a. O. S. 53 ff., Leo a. a. O. S. 153 ff., und die ältere Literatur.

[7] Leo S. 202, 204.

Hier bedeutete die Göttinger Sonderart besondere Sicherung: die Anlehnung an die Universität erlaubte immer wieder die Erneuerung von dort her, und bei der Kleinheit der Verhältnisse konnte es der Hingabe einer einzelnen bedeutenden und selbstlosen Persönlichkeit gelingen, immer wieder die Nöte der persönlichen Konflikte, der geistigen Ermattung, des Geldmangels zu überwinden — die stolze Leistung von Heynes „beständigem Secretariat“ 1770 bis 1812. Freilich hatte er sich dabei als der Schwiegersohn des älteren, der Schwager des jüngeren Brandes der auch persönlich gewährleisteten zuverlässigen Stützung durch die Regierung in Hannover zu erfreuen. Eben hier lag zugleich die organisatorische Schwäche des Systems. Es ist erschütternd, in der Geschichte der Georgia Augusta und der ihr angeschlossenen Societät zu verfolgen, wie ohnmächtig selbst die in der Geschichte der gelehrten Organisationen und ihrer Verwaltung einzigartige, ein Menschenalter hindurch wahrhaft väterlich fürsorgende Leitungsarbeit Münchhausens gegenüber den inneren Schwierigkeiten des gelehrten Körpers war — nur darum, weil diesem die heilende Kraft, die Lebensgewähr der Selbstverwaltung und damit der korporativen Selbstverantwortung versagt war. Bei aller Lauterkeit der tragenden Persönlichkeiten sind auch im Göttingen des 18. Jahrhunderts kollegialer Zank, Intrige und Denunziation, Strebertum und Verbitterung die unvermeidlichen Schattenseiten autoritärer Leitung gewesen, und hier liegen die tieferen Gründe der Schwierigkeiten der Societät in ihrem ersten halben Jahrhundert, nicht so sehr in Hallers Abwesenheit oder in den Charakterfehlern von Johann David Michaelis, dem tatsächlichen Leiter der Akademie von 1753 bis 1770.

Die sachliche Leistung der Societät im 18. Jahrhundert ist in ihrer Eigenart durch drei Merkmale bestimmt.

Einmal durch einen Grundzug praktischer Nüchternheit. Man hat den Göttingischen Gelehrten Anzeigen damals nachgerühmt, sie hätten das Ihrige dazu getan, die Studien der Deutschen mehr auf das Nützliche und Brauchbare in allen Wissenschaften zu richten[8]. Das kommt im wesentlichen auf die Rechnung der Societät, von deren Mitgliedern Münchhausen von vornherein die Anzeigen ausschließlich bestritten wissen wollte. Damit hielten sie sich in der Linie nüchterner Rationalität, die Münchhausen seiner Schöpfung gewiesen hatte und die — unter Abstrich alles Utilitarischen — eine Komponente des Göttinger akademischen Wesens bis heute geblieben ist.

[8] Roethe S. 580.

Darüber hinaus hat auch Göttingen einen großen Anteil an der Bildungsaufgabe der Zeit erfüllt. In Polyhistorie und Raison, späthumanistischem Klassizismus und Aufklärung — Harnack hat diese Welt unübertrefflich geschildert — haben die Akademien in ihrer übernationalen Sprache, Berlin französisch bis 1812, Göttingen lateinisch bis 1837 und 1840, ihr deutsches Publikum in die geistige Weltlage hineingeführt und den Raum für die klassische Philosophie und für die deutsche Wissenschaft des 19. Jahrhunderts geradezu erst geschaffen.

Und endlich: die Hauptträger dieser Leistung sind in Göttingen nach Haller die Philologen gewesen, voran Michaelis und Heyne. Auch sie noch nicht im Sinne spezialisierter Disziplinen des 19. Jahrhunderts, sondern überkommener universaler Wissenschaft. Aber sie sind die Wegbereiter der großen philologisch-historischen Wissenschaft der Folgezeit gewesen, nicht nur für Göttingen.

Damit ist zugleich die Frage beantwortet, ob in der Göttinger Societät und ihrer organischen Eingliederung in die Georgia Augusta die Humboldtsche Universität der untrennbaren Verbindung von Forschung und Lehre vorgebildet, ja vorweggenommen ist. Mit Recht hat man sich in Berlin von 1807 bis 1811 an dem Göttinger Vorbilde orientiert. Darum ist dieser neue Lebenssinn der deutschen Universität des 19. Jahrhunderts doch anderer Herkunft und anderen Wesens, als jene Göttinger Personalunion[9]. In Göttingen eine Veranstaltung eines klugen rationalistischen Universitätsgründers, ist sie hier schon im 18. Jahrhundert über diesen ihren Ursprung weit hinausgewachsen. Aber sie blieb, was sie war: vermöge des Hallerschen Anstoßes eine der eigenartigsten und bedeutendsten Institutionen des deutschen Geisteslebens des 18. Jahrhunderts. Aber eben doch des 18. Jahrhunderts — die von der neuen Philosophie des Geistes getragene neue Universität und Akademie der Berliner Reformzeit hat sich in Göttingen erst später und allmählich und nie ganz vollständig durchgesetzt.

Der Durchbruch des Neuen zu Beginn des 19. Jahrhunderts war die entscheidende Krisis in der Geschichte der deutschen gelehrten Körperschaften.

---

[9] Dieser Abstand nicht deutlich genug bei Leo a. a. O. S. 199 und in seiner Festrede zum 9. November 1901, Nachrichten von der Kgl. Ges. der Wiss. zu Göttingen, Geschäftliche Mitteilungen 1901, H. 2, S. 118 f.

Im philosophischen Begriff und in der geistigen Wirklichkeit wird die Wissenschaft verstanden, ergriffen und realisiert als eine der obersten Lebensformen des Geistes, in bisher unerhörter innerer Einheit und Freiheit, Gültigkeit und Lebensmächtigkeit. Die Lebenskräfte der alten Akademien, späthumanistisches und Nützlichkeitsdenken, Stoffgelehrsamkeit und Aufklärung verloren ihre Geltung, und damit auch die gelehrten Körperschaften, sofern sie von deren Dienst den eigenen Daseins- und Geltungsanspruch herleiteten.

Dem entspricht das allgemeine Urteil dieser Zeit. So hat Wilhelm Grimm geurteilt (an Goethe 20. September 1816): „Von Akademien kommt vielleicht auch Beistand (für den Plan der Monumenta Germaniae), nur ist man an etwas Erstarrtes und Lebloses bei ihnen schon seit langen Zeiten gewöhnt"[10]. Bestimmter lauten die Urteile im unmittelbaren Vergleich der alten Akademie mit dem neuen Leben. Im Entwurf Boeckhs für das Corpus Inscriptionum 1815 heißt es: „Es ist leider nur zu wahr, daß die deutschen Akademien noch gar nichts geleistet haben, und alle Fortschritte der Wissenschaften durch die Kraft der einzelnen Gelehrten, wesentlich auf Universitäten, gemacht worden sind"[11]. Und Savigny bezeichnet 1818 die Berliner Akademie, der er angehört, als eine „erzwungene Abhandlungsfabrik"[12].

Abgesehen vom Schwund ihrer geistigen Grundlagen mußten die gelehrten Gesellschaften nunmehr auch als technisch entbehrlich erscheinen. Wenn der Universitätslehrer grundsätzlich aufhörte, nur Lehrer zu sein, und künftig grundsätzlich nur als Forscher legitimiert sein sollte, dann wurden die Akademien als Sitze der Forschung neben den Universitäten überflüssig, vollends angesichts nunmehriger Universitätsgründungen neben ihnen am gleichen Ort (Berlin 1811, München 1826)[13]. Auch die mit der Aufklärung und dem Polyhistorismus der Vergangenheit verbundene Sozialität der gelehrten Arbeit, wie sie im gelehrten Gespräch der Akademien organisiert war, mochte angesichts der fortschreitenden Spezialisierung und der damit gegebenen Isolierung moderner kritischer Wissenschaft als eine vergangene Lebensform des wissenschaftlichen Geistes empfunden werden. Allerdings wurde auch die neue Wissenschaft des 19. Jahrhunderts gerade in ihren frühen Lebensstufen von Arbeitsgemeinschaften höchsten Ranges und Gehalts getragen. Die Gemeinschaft wissenschaft-

---

10 Bei Harnack, Bd. I/2, S. 677, Anm. 2.

11 Bei Harnack, Bd. I/2, S. 668.

12 Bei Harnack, Bd. I/2, S. 687.

13 In dieser Richtung Humboldts Urteil 1810, Harnack, S. 595, Anm.

lichen Lebens und Wirkens unter F. A. Wolf, Niebuhr, Schleiermacher, W. v. Humboldt und Savigny[14] kennt kaum ihresgleichen in der Wissenschaftsgeschichte — aber sie bestand ohne Zusammenhang mit der Akademie, deren Mitglieder ihre Träger doch sämtlich waren. Derselbe Vorgang wiederholt sich in bescheidenerem Maße im Göttingen der dreißiger Jahre: was sich hier in der Gemeinschaft der Brüder Grimm mit Otfried Müller und Dahlmann, mit Gervinus und den anderen Trägern junger philologisch-historischer Wissenschaft zu entwickeln begann und dann weithin durch die Vertreibung der Göttinger Sieben und die Zerstreuung des bisherigen Kreises zerstört wurde, das hat sich ganz und gar außerhalb der Societät abgespielt. Die Brüder Grimm, Dahlmann, Ewald, Weber waren ihre Mitglieder, aber ihre Namen erscheinen bis 1837 kaum in den Schriften der Gesellschaft, und vielleicht hätte sich das auch ohne das Ereignis von 1837 nicht wesentlich geändert. Der wissenschaftliche Strom hatte sein Bett von den Akademien in die Universitäten verlegt und allenfalls in engere Kreise dortiger Zusammenarbeit, und daraus wurde von Boeckh bis Mommsen und Wilamowitz immer von neuem der Schluß gezogen, daß seit dem Beginn des 19. Jahrhunderts in der Einleitung und Durchführung größerer wissenschaftlicher Unternehmungen das einzige Daseinsrecht der wissenschaftlichen Akademien liege.

In Wahrheit verläuft auch die Geschichte des wissenschaftlichen Lebens und seiner Formen und Organisationen in Übergängen und nicht in der Ablösung schroff ausschließender Alternativen. Es lag nur zum Teil an der neuen geistigen Lage, und mehr an den besonderen Göttinger Verhältnissen, wenn die erste Hälfte des Jahrhunderts in der Göttinger Societät stille Zeit war — von 1814 bis 1840 sind abgesehen von den Anzeigen nur sechs Bände Societätsschriften erschienen, und in ihnen kommt weniger der seit 1837 und seit dem Tode Otfried Müllers geschwundene Anteil Göttingens an der Führung der philologischen Fächer zum Ausdruck, als der der in stärkerer rückwärtiger geistiger Kontinuität aufsteigenden mathematisch-naturwissenschaftlichen Disziplinen[15].

Und doch ist das Fortleben der Göttinger Societät in diesen Jahrzehnten nicht lediglich eine Sache des trägen Herkommens gewesen. Wenn auch das schöne Denkmal, das Jacob Grimm den deutschen ge-

[14] Harnack, Bd. I/2, S. 629.

[15] Hier und sonst bin ich Götz von Selles persönlicher Mühewaltung und eindringender Sachkunde für stoffliche Nachweisungen und sachliche Anregung verpflichtet.

lehrten Gesellschaften in der Berliner Akademierede über Schule, Universität, Akademie 1849 gesetzt hat, im einzelnen überwiegend Berliner Züge trägt, so ist doch das Gesamtbild des organischen Aufbaus der drei Anstalten und damit die krönende Rolle der Akademie für ihn tiefgewurzelte, offensichtlich schon von Göttingen her begründete Überzeugung. Und ein anderer von den Göttinger Sieben, Wilhelm Weber, hat nach seiner Verdrängung aus Göttingen ein eindrückliches praktisches Zeugnis für die Göttinger Societät abgelegt, in deren Schriften sein Name doch bisher kaum erschienen war: indem er 1854 seinen Anteil an den von dem „Leipziger Komitee" zur Unterstützung der Göttinger Sieben aufgebrachten Mitteln für die Zwecke einer künftigen Leipziger Akademie der Wissenschaften zur Verfügung stellte, setzte er eine wichtige Bedingung für die erfolgreiche Weiterführung des gerade damals von endgültigem Scheitern bedrohten Gründungsplanes[16]. Zwei stolze Zeugnisse für die damalige Geltungskraft der Idee der Akademie und für die Lebendigkeit der damaligen Göttinger Societät, von der Jacob Grimm wie Wilhelm Weber ausgingen.

Leben und Arbeit der Akademie gehen durch die Jahrzehnte des 19. Jahrhunderts ihren stillen Gang. An die überwältigend stolze Reihe der Gaußschen Publikationen schließen sich die von Riemann, Hausmann und Wöhler, Rudolf Wagner und Henle, auf historisch-philologischer Seite die methodische Arbeit von Waitz und der eigentümlich leuchtende Klassizismus von Ernst Curtius, um nur einige Namen aus den Bändereihen herauszugreifen. Aber es ist stille Zeit, beendet durch die Forderungen einer neuen Generation und die Reform von 1893.

Es hätte nicht so zu sein brauchen. Das wissenschaftliche Göttingen der dreißiger Jahre, das mit seinem wissenschaftlichen und menschlichen Reichtum immer neue Untersuchungen und Quellenpublikationen herausfordert, versprach eine große Geschichte und einen dauernden hohen Rang von Universität und Akademie über Jahrzehnte hinaus. Das Jahr 1837 hat dem ein Ende gemacht, und jahrzehntelang werden auch die amtlichen Stellen nicht müde, an diese Wurzel allen Übels in der seitherigen Göttinger Universitätsgeschichte zu erinnern. Man braucht sich nur den Anteil der Brüder Grimm an den Berichten der Berliner Akademie zu vergegenwärtigen, um zu ermessen, was auch die Göttinger Akademie verlor, indem sie genötigt

[16] Zur 50jährigen Jubelfeier der Königl. Sächs. Gesellschaft der Wissenschaften zu Leipzig am 1. Juli 1896, S. IX, XII.

wurde, mit der Georgia Augusta aus der ersten Reihe der gelehrten Körperschaften Deutschlands und der Welt zu weichen.

Als die Gesellschaft der Wissenschaften ihre erste Jahrhundertfeier beging, konnte sie an diesem für ihr Schicksal und ihre damalige Lage grundlegenden Ereignis nicht vorübergehen. In seiner Festrede[17] in der Aula der Universität am 29. November 1851, auf den die Feier wegen des drohenden Ablebens des Königs vom 10. November verlegt worden war, gedachte der Physiologe Rudolf Wagner mit besonderem Nachdruck dieses Jahres und „jener schmerzlichen Ereignisse, welche unser Land auf das tiefste erschütterten und in ganz Deutschland, ja in Europa widerhallten". Ich gebe die weiteren Worte wieder, nicht wegen ihres Tatsachengehaltes und ihrer Urteile, sondern zur Veranschaulichung — statt aller Versuche begrifflicher Definierung —, wie unsere Körperschaft damals ihren Öffentlichkeitsanspruch und ihre Öffentlichkeitspflicht verstand. „Die Universität verlor sieben ihrer ausgezeichnetsten Männer, von denen fünf unserer Societät der Wissenschaften als ordentliche Mitglieder angehörten[18]. Und welche Mitglieder? Alle Akademien und gelehrten Gesellschaften Europas rechnen sie zu den Ihrigen. Ihre Namen gehören zu den geachtetsten der Welt. Es war ein Schlag für die Universität, für die Societät, dessen Nachwirkung wir noch heute empfinden. Jene Regierungshandlung, welche in unserem Lande das Bestehende umstürzte und das öffentliche Rechtsbewußtsein alterierte, hatte noch andere schwere Folgen; es war ein mitwirkendes Moment zur Vorbereitung jener ungeheuren Erschütterung, die uns die gähnenden Abgründe der Gesellschaft geöffnet hat, an deren Rande wir uns heute noch befinden, und die alles, was wir beschaffen, alle Kultur, alle Wissenschaft und Kunst in ewige Nacht zu begraben drohen. Über diese Tatsache lassen Sie uns keine Schminke legen. Und sollte ich nicht davon sprechen dürfen? Habe ich doch einst gegen unseren König selbst, als ich ihm nahen durfte, der Wahrheit nichts vergeben, wie ich ihm die Lage der Universität im Jahre 1845 schilderte und die traurige Nachwirkung des Jahres 1837."

Die stillen Jahre der oft beschriebenen steifen und exklusiven Hofratsuniversität, bewegt allenfalls durch die Spannung zwischen dem großdeutsch und dem preußisch gesonnenen Teil des Lehrkörpers, waren auch in der Gesellschaft der Wissenschaften stille Zeit. Die Reihe der Lagardeschen Gutachten zur Reform der Gesellschaft von

---

17 Wagner, Rudolf: Abh. kgl. Ges. Wiss. Göttingen 5 (1853).

18 Beide Grimm, Dahlmann, Ewald, Wilhelm Weber.

1885 bis 1889 läßt in ihrer Mischung von Bedeutendem, Trivialem, Utopischem und Peinlichem doch die Schwächen der Patientin erkennen: bei aller achtenswerten Leistung persönliche Überalterung und einen gewissen sachlichen Leerlauf. Freilich war auch im ganzen die wissenschaftliche Lage eine andere, als die jenes wissenschaftlichen Frühlings der Berliner Reformjahre und der Göttinger Zeit Otfried Müllers und der Brüder Grimm. Man näherte sich der Epoche, die Mommsens Leibniz-Rede von 1895 als die der „alternden Pallas Athene" bezeichnet hat. „Unser Werk lobt keinen Meister und keines Meisters Auge erfreut sich an ihm; denn es hat keinen Meister, und wir sind alle nur Gesellen": so charakterisiert er die nüchterne Unpersönlichkeit der damaligen Arbeit der Berliner Akademie. Immerhin gab es in Berlin Aufgaben, im Gegensatz zu Göttingen. „Wir leben Alle von Pflichten. Auch Institute leben von Pflichten. Gebe man der Gesellschaft der Wissenschaften ... Aufgaben ...": das ist der gesunde Kern von Lagardes Kritik[19].

Lediglich mit der dafür erforderlichen Dotation wäre es allerdings nicht getan gewesen, und die Ernennung Lagardes zum ständigen Sekretär, die er anfangs forderte, wäre weder ihm noch der Gesellschaft zum Guten ausgeschlagen. Eine Erneuerung der Akademie konnte nur getragen werden von einer neuen wissenschaftlichen Generation — eben der, die in diesen Jahren nicht nur in Göttingen jene große Epoche des wissenschaftlichen Lebens einleitete, die etwa das Menschenalter um die Jahrhundertwende umfaßt. Ihren Beginn mag man für die Gesellschaft ansetzen mit dem Eintritt von Felix Klein und Wilamowitz als Ordentliche Mitglieder (1887 und 1892). Nun wäre auch ohne formelle Reform die Akademie mindestens ein Teilschauplatz jenes reichen und stolzen Lebens geworden, dem Göttingen seine Weltstellung in den mathematisch-naturwissenschaftlichen Fächern verdankt, das aber auch im philologisch-historischen Bereich zu den Höhepunkten der Wissenschaftsgeschichte überhaupt gehört. Aber es war selbstverständlich, daß diese Bewegung sich auch der offenen Frage der Gesellschaft annahm. Klein und Wilamowitz entwarfen den Reformplan, und ihnen und ihrem sich verjüngenden Kreise konnte Althoff in den neuen Königlichen Statuten von 1893 die Neuordnung erwirken. Die neue Organisation bedeutete gegenüber der bisherigen Erstarrung in Bestand und Leitung neue Möglichkeiten der Ergänzung und der inneren Belebung. Die bescheidene Dotation bedeutete die

[19] Lagarde, P. de: Die königliche Gesellschaft der Wissenschaften betreffend. Ein Gutachten (das erste, von 1885) Göttingen 1887, S. 6.

Verpflichtung, entsprechende wissenschaftliche Aufgaben aufzugreifen und dauernd zu erfüllen — auch dies ein Stück verpflichtender Belebung im Lagardeschen Sinne. Damit war der Ort der Gesellschaft im Ganzen der Organisation der Wissenschaft neu bestimmt. Sie stand nunmehr endgültig ganz auf eigenen Füßen, vor allem der Universität gegenüber. Erst jetzt trat sie als Korporation endgültig in ihre unabhängige Rechtslage eigenen Rechts — erst jetzt hörten ihre Schriften, vor allem die Nachrichten, aber auch die Anzeigen, endgültig auf, zugleich Organe der Universität zu sein — erst jetzt verlor ihre Devise „fecundat et ornat" auch von Rechts wegen endgültig ihre ausschließliche Ausrichtung auf den Dienst an der Georgia Augusta, den seinerzeit Hallers Eröffnungsrede in aller Schärfe als den Sinn dieses Leitworts proklamiert hatte. Diese Emanzipation begründete anderseits nunmehriges uneingeschränktes Einrücken in die Reihe der Schwesterkorporationen, in gleicher Freiheit und gleicher, wenn auch bescheidener, Fähigkeit zur Beteiligung an gemeinsamen Aufgaben. Ohne die Reform von 1893 ist die Einordnung der Gesellschaft in das deutsche Kartell und in die internationale Assoziation der Akademien (1892, 1900) nicht zu denken. Diesen Eingliederungen und der damit in mancher Hinsicht gegebenen Angleichung hat die Gesellschaft fünfzig Jahre später noch das Opfer ihres Namens und ihrer Amtsbezeichnungen gebracht, nicht ohne schmerzliche Bedenken gegenüber dem technischen Gesichtspunkt, daß die alten Worte „Gesellschaft" und „Sekretäre" im geschäftlichen, auch im internationalen Verkehr vielfach nicht verstanden wurden.

Dotation, eigene wissenschaftliche Unternehmungen, und Mitwirkung an kartellierten und internationalen wissenschaftlichen Unternehmungen: das war das in Göttingen augenfällig Neue. Es lag nahe, darin auch das Wesen der Reform, zugleich die nunmehr wesentliche Aufgabe der Akademien, endlich den Grund der neuen Blüte der Göttinger Gesellschaft zu finden. So hat Wilamowitz in seiner Berliner Antrittsrede als das Ergebnis seiner Göttinger Akademiejahre die Überzeugung ausgesprochen, „daß nur die Organisierung wissenschaftlicher Arbeit in der Akademie und weiterhin in der Verbindung der Akademien diesen Körperschaften das Existenzrecht verleiht"[20]. In seiner Antwort fand Vahlen Wilamowitzens Verdienst um die Göttinger Gesellschaft im wesentlichen in der Eröffnung der Möglichkeit organisatorischer Leistung: „daß die in Enge der Verhältnisse schon

[20] Wilamowitz, Sitzgsber. Berlin 1900 I, 675.

fast verkümmernde Anstalt unter dem Zufluß reicherer Mittel zu frischem Aufblühen sich erhob"[21]. Und als Wilamowitz die Göttinger Gesellschaft bei ihrem Jubiläum 1901 im Namen der Berliner Akademie begrüßte, setzte er „das neue Hervortreten und den aufsteigenden Kurs der Gesellschaft" in engste Beziehung mit der neuen Ära wissenschaftlicher „Weltpolitik"[22].

Gewiß lag hierin das Neue, ein entscheidender neuer Lebensantrieb und eine neue Rechtfertigung gerade auch für die bisher in dieser Hinsicht vernachlässigte Göttinger Gesellschaft. Aber darum sollte und konnte sie doch nicht ihren eigentlichen Schwerpunkt aufgeben und damit ihr Wesen, die eigentlichen Wurzeln ihrer Kraft verleugnen. Es war allerdings wohl nicht ganz überflüssig, wenn Leos Jubiläumsrede solchen Mißdeutungen der neuesten Entwicklung und insbesondere der Göttinger Reform entgegentrat. „Die persönliche Forschung ihrer Mitglieder ist doch das Lebenselement jeder gelehrten Gesellschaft, die Bedingung, in der ihr inneres Gedeihen ruht. Das gute Glück bewahre jede Akademie vor einer äußeren Blüte und extensiven Wirksamkeit, die nicht durch intensive Arbeit verursacht ist. Die Tüchtigkeit unserer Existenz muß in unseren Nachrichten und Abhandlungen zunächst zutage treten; das ist der Boden, auf dem unsere Unternehmungen gedeihen sollen"[23].

Die Geschichte der Gesellschaft selbst ist die beste Widerlegung solch einseitigen Mißverständnisses. Wohl niemals während der 200 Jahre ihres Bestehens sind ihre Verhandlungen so gewichtig, ihre Schriften so reich an Abhandlungen und Werken hohen und höchsten Ranges und dauernder Bedeutung gewesen, wie in diesen Jahrzehnten. Mochten auch vielfach die berühmten Göttinger Gelehrtenfreundschaften jener Tage und andere engere Arbeitskreise die eigentlichen produktiven Träger wissenschaftlicher Gemeinschaftsarbeit sein — ihre Ergebnisse mündeten doch weithin in den Sitzungssaal der Gesellschaft und in ihre Abhandlungen und Nachrichten. Nicht Aufzählung von noch so viel Namen und Werken, nur persönliche Erinnerungen, wie sie etwa in so manchem Nachruf der „Geschäftlichen Mitteilungen" vorliegen, können ein Bild geben von Höhe und Reichtum des damaligen Göttinger wissenschaftlichen Lebens und von dem Einschlage einer individuellen Totalität, den das Dasein, die Verhand-

[21] a. a. O. S. 677.

[22] Wilamowitz, Nachrichten von der Kgl. Ges. der Wiss. zu Göttingen, Geschäftliche Mitteilungen 1901, H. 2, S. 96.

[23] a. a. O. S. 123.

lungen, die Schriftenreihen der Gesellschaft für dieses Leben bedeuteten, dem die Kleinheit des Orts, die Enge des Schauplatzes noch eine besondere anschauliche Intensität verlieh. Die Älteren unter uns, die auch nur mittelbar Zeugen jener Tage gewesen sind, wissen um den einzigartigen warmen Glanz jenes kleinen, aber stolzen geistigen Reiches.

Es folgten stillere Zeiten, in denen bemerkenswerterweise der erste Weltkrieg und sein Ausgang keine starke fühlbare Erschütterung der Arbeit bedeutet hat. Um so schwerer waren die Schicksale der Folgezeit: die Eingriffe in den Bestand der Gesellschaft, und der Druck eines Regimes, das den wissenschaftlichen Geist verachtete und zu verfälschen suchte, seine Unabhängigkeit bekämpfte, die grenzüberspringende Gemeinschaft der wissenschaftlichen Arbeit verleugnen mußte. Ob die Gesellschaft mit ihrer Art des Widerstandes immer den rechten Weg gefunden hat, wird nur eine spätere Zeit entscheiden können. Die Wunden jener Zeit sind vielfach noch nicht geheilt, und mit dorther rührenden Hemmungen ihrer Arbeit hat die Akademie auch heute noch zu ringen.

Die eigenartige Stellung der Göttinger Societät beruhte, von außen gesehen, ursprünglich in ihrer ganz besonderen Einordnung in den Staat. Im politischen Vakuum der hannoverschen Adelsrepublik entstanden, ist sie niemals in irgendeine nähere Beziehung zum Staatsoberhaupt oder zur politischen Zentrale getreten. Ihr ist niemals ihre Sprache vorgeschrieben worden, wie der Berliner Akademie, in ihr wurden keine Abhandlungen eines königlichen Mitglieds verlesen, ihr wurde nie die Wahl eines Lessing verargt oder eines Gellert verweigert, zu ihr hat nie ein Monarch eine persönliche Beziehung gesucht, wie Friedrich der Große, wie Ludwig I., wie Friedrich Wilhelm IV. zu der ersten gelehrten Körperschaft ihrer Hauptstadt. Es war in den Anfängen wohl unvermeidlich, daß man sich in dem Göttingen der Grafenbänke in den Hörsälen wenigstens mit der dekorativen Mitgliedschaft von „Standespersonen“ noch irgendwie an die Gesellschaftsordnung des Spätbarock anhängte. Letzte derartige Schnörkel waren die Ehrenmitgliedschaft Ferdinands von Braunschweig 1768 bis 1780 und dessen Ehrenpräsidentschaft 1780 bis 1792, und 1802 die Ehrenpräsidentschaft Adolf Friedrich Herzogs von Cambridge, des später so beliebten Vizekönigs, der aber trotz seiner Göttinger Studienjahre zur Societät ebensowenig in innerer Beziehung stand, wie der immerhin so viel geistigere Sieger von Minden, der

Oheim der Anna Amalia. Dann schloß das neue geistige Selbstgefühl derartige Zugeständnisse aus.

Die unverhältnismäßig starke Eingliederung in die Universität schützte die Societät gegen alle Heteronomien politischer und gesellschaftlicher Art.

Unvermeidlich bestand die grundsätzliche Einordnung in den Staat, inhaltlich bestimmt nach dem jeweiligen Staatsrecht. Das bedeutete im Territorialstaat des 18. Jahrhunderts die Abhängigkeit von der Privilegienhoheit des Landesherrn, vermöge deren jeder Korporation ihre konkrete Rechtslage besonders zugewiesen wurde. Sie bedeutete im rationalen Patriarchalismus des Münchhausenschen Systems eine oft geschilderte, bis ins Kleinste gehende Fürsorge. In der fortschreitenden Lockerung der Staatsaufsicht nach hannoverschem und schließlich preußischem Universitätsrecht blieb die finanzielle Abhängigkeit als das stärkste Machtmittel der Regierung übrig. Die empfindlichsten Übergriffe des Staats in der Geschichte der Gesellschaft waren solche der westfälischen Fremdherrschaft und des Dritten Reichs.

Die entscheidende Wurzel der Unabhängigkeit der Akademien besteht darin, daß diese Unabhängigkeit eine organisatorische Folgerung aus dem Grundrecht der Wissenschaftsfreiheit ist. Ihre praktische Gewähr findet sie heute nicht zuletzt in der internationalen Einordnung der Akademien und dem internationalen Interesse an der Würde ihrer Unabhängigkeit. Selbst gegenüber dem nationalsozialistischen Regime hat sich diese Unabhängigkeit unverhältnismäßig länger und erfolgreicher verteidigen lassen, als die der Hochschulen. Hier hat sich herausgestellt, daß die Rechtsstellung der Akademien ein Eckstein der wissenschaftlichen, ja überhaupt der geistigen Freiheit ist. Mag im Alltage der Akademiearbeit die Autonomie ihrer wissenschaftlichen Unternehmungen als die wichtigste Folgerung ihrer Unabhängigkeit erscheinen, so sollte doch nach den Erfahrungen im Dritten Reich ihre grundsätzliche Bedeutung in den Stürmen der Gegenwart nicht vergessen werden.

Manches von der Eigenart der Göttinger Akademie beruht auf ihren örtlichen Verhältnissen. Sie ist für ihre Ergänzung in besonderer Weise an den Bestand der Georgia Augusta gewiesen. Der kleinstädtische Rahmen bedingt einen anderen Rhythmus ihrer Arbeit, als der der Großstadtakademien sein muß. Je begrenzter ihr Raum, um so mehr bestand und besteht in ihr die Möglichkeit eines gewissen Personalismus: von ihren frühen Zeiten, in denen ihre Geschichte beinahe zusammenfällt mit der ihrer Häupter, Haller, Michaelis, Heyne, bis hin zu ihrer jüngsten Vergangenheit, in der wenigstens ihr Stil noch von einzelnen bestimmt wurde, von Ernst Ehlers und mehr noch nach ihm von Edward Schröder — in der in ihr besonders gepflegten Übung, das geistige Bild ihrer verstorbenen Mitglieder sorgfältig festzuhalten — in den wissenschaftlichen Unternehmungen, die dem Lebenswerk eines ihrer Großen gewidmet sind, wie der Ausgabe der Werke von Gauß, oder die auf eine ganz besondere Persönlichkeit zugeschnitten sind, wie die Ausgabe der älteren Papsturkunden auf die einmalige Persönlichkeit Paul Kehrs.

Das Problem der Akademie grundsätzlich zu stellen, wäre wohl nie Göttinger Art gewesen. Weder im Sinne grundsätzlicher Kritik[24], noch im Sinne utopischer Überschätzung, in der Lagarde die Neugestaltung Göttingens nur von der Gesellschaft der Wissenschaften aus, von ihrer Erneuerung aber einen wesentlichen Beitrag zur Neugeburt der Nation erwartete[25], oder romantischer Überbewertung, wie in Jacob Grimms Akademierede von 1849. Man hat in Göttingen wohl auch immer um die Grenzen der Akademie gewußt, darum, daß ihre Sitzungen für Mitteilungen regelmäßiger Fortschritte der Wissenschaft, ihre Unternehmungen für die Erfüllung übersehbarer Aufgaben bestimmt sind, daß sie aber nicht der Schauplatz für die großen Würfe und die radikalen Infragestellungen von Arbeitszielen und Methoden ist. Man hat auch hier wie anderswo die sehr verschiedene Art der Einordnung der Mitglieder in die Arbeit der Akademie beobachtet: von dem Falle so überwiegender Arbeitsorientierung eines Mitgliedes auf die Vorlage in der Akademie hin, daß darüber seine übrigen wissenschaftlichen und Lehraufgaben zu kurz kamen, bis zu dem entgegengesetzten Grenzfall, zu dem sich Wilamowitz in seiner Berliner Antrittsrede bekannte, „daß jemand, der also arbeitet, für sich der organisierten akademischen Arbeit kaum bedarf" — und die ganze Fülle möglicher Zwischenstufen.

Das Problem der Einordnung des einzelnen Mitgliedes in die Akademie und damit zugleich die Sinnfrage der Akademie selbst ist im Grunde ein sittliches Problem. Das wird in aller Naivität deutlich etwa in Heynes rasch hingeworfenem Gutachten von 1769 zur Frage, wie es möglich sei, der völlig zerrütteten Societät „ein neues Leben, einen Stoß und Impulsion zur Tätigkeit und zum Eifer, zu geben, ihr einen

[24] Statt vieler: Ludwig Curtius, Deutsche und antike Welt, 1950, S. 324.
[25] Gutachten 1887, S. 6, 14.

Esprit du Corps einzuflößen und, mit Verbannung der Vuen, die sich jeder für sich machen könnte, ein gemeinschaftliches Interesse und einen gemeinschaftlichen Ruhm zum Gesichtspunkt aufzustellen"[26].

Es würde eine reizvolle Aufgabe sein, in der Geschichte der Göttinger Gesellschaft der Wissenschaften den Wandel der Fassung des Problems durch den Wandel ethischer Denkweisen hindurch zu verfolgen, von Heyne über eine verbreitete Denkweise der Art, wie sie die schlichte Anmut von Goethes Eröffnungsrede in der Freitagsgesellschaft von 1791 unübertrefflich ausdrückt, bis hin zu den heute unter uns geläufigen Begründungsweisen der gegenseitigen Anregung und Kontrolle, der gegenseitigen Erinnerung an die Pflicht zu strenger Methode und zur Arbeit im Sinne überfachlicher Einheit der Wissenschaft. Manche Akademien fassen das Problem konkret, indem sie sich regelmäßig eines bestimmten geistigen Erbes erinnern, wie die Berliner Akademie an ihrem Leibniz-Tage, und zwar in dem Sinne, daß es nur in Gemeinschaft verwaltet werden könne. So setzt Mommsens Leibniz-Rede von 1895 von einem legitimen Mitgliede der Berliner Akademie voraus, daß es „nur mit Inbegriff seiner Kollegen sich als Nachfolger Leibnizens bezeichnen darf". In Göttingen ist seit den Tagen Hallers ein reiches und seitdem vielfach gemehrtes Erbe anzutreten. Es ist die Meinung der Göttinger Akademie, daß dies Erbe ihr Dasein und ihre Arbeit rechtfertigt und erfordert.

[26] Leo: Heyne, Festschrift S. 178.

Die Göttinger Universität und ihre Umwelt

Rede, gehalten am Tag der Universität (1. Juli 1953) im Rahmen der Tausendjahrfeier der Stadt Göttingen

Mitten in diesen festlichen Tagen, die die Stadt Göttingen begeht, liegt mit Recht der Tag der Universität. Denn wer hätte mehr Anlaß, unserer Stadt zu danken und Glück zu wünschen, als die Georgia Augusta? Wer wäre mit Göttingen seit Jahrhunderten enger verbunden, als die Universität? Unser akademisches Ganzes ist in seiner Eigenart nicht zu denken ohne die Einbettung in diese Stadt, im Schatten ihrer Türme und im Kranz ihrer grünen Wälle, überhöht vom Hainberg und in der Ferne eingerahmt von den blauen Linien des Meißners und der Weserberge. Und ebenso ist die Stadt Göttingen, als Begriff, trotz der Fülle andersartiger städtischer Leistungen und Aufgaben und Nöte, nun einmal die Stadt der Universität, von ihr her wesentlich bestimmt.

So wäre es heute die Aufgabe der Universität, in dankbarer Besinnung die ganze Fülle dieses Verhältnisses von Stadt und Universität bewußt zu machen — wenn das möglich wäre.

Und es scheint, auf den ersten Blick möglich, ja naheliegend und gefordert. Erfassen wir doch die Eigenart unserer deutschen Universitäten in unserer Vorstellung gerade unter dem Bilde ihrer räumlichen Einordnung in ein städtisches Gemeinwesen, in die Burgenstädte Heidelberg, Tübingen, Marburg, in die Talstädte Jena, Freiburg, Göttingen, in die schönste, bekannteste Stelle einer Stadt, wie den Augustusplatz in Leipzig, den Platz am Siegestor in München, den schönsten Punkt der Straße Unter den Linden, der nun zerstörten Via triumphalis Preußens und des verlorenen Reichs. Und beim Fehlen solcher Bilder, bei neuen Universitäten, wie Frankfurt und Hamburg, empfinden wir wenigstens ihre sachliche Eingliederung in diese sehr bestimmten Stadtindividualitäten als wesensbestimmend auch für ihre eigene akademische Individualität.

Ganz besonders, mehr als irgendwo, so meint man, gilt das von Göttingen. Hier scheint das innerste Wesensgesetz von Stadt und Hochschule von vornherein und dauernd verwandt: immer wieder hat man die eigentümliche wissenschaftliche Nüchternheit, die Göttinger akademische Sonderart, die dem Geschichtlichen, Tatsächlichen, Feststellbaren, ja unter Umständen dem Praktischen zugewendete, in erklärende Beziehung zu setzen gesucht zu der niedersächsischen geistigen und seelischen Eigenart von Stamm und Landschaft, von Volkstum und Stadt.

Aber: dieser auf den ersten Blick so einleuchtende Weg führt nicht weit, sondern sehr bald in die Irre. Denn Stadt und Universität sind nicht die Partner eines einfachen, leicht zu durchschauenden Verhältnisses. Mögen die Juristen mit ihren gleichmachenden Formeln die beiden Gemeinwesen als Körperschaften des öffentlichen Rechts auf einen begrifflichen Generalnenner zu bringen versuchen, so sind sie doch deshalb nicht irgendwie wesensverwandt oder vergleichbar. Schon am völlig verschiedenen Rhythmus ihrer Geschichte wird das deutlich — die Entwicklung unserer Stadt steht unter einem anderen Gesetz und hat ganz andere Stufen, als die der Universität. Vollends aber sind sie in verschiedenem Sinne Individualitäten. Die Stadt ist das kommunale Gemeinwesen dieses örtlich besiedelten Raumes und in der Hauptsache nur dies und durch die damit gegebenen örtlichen Gemeinschaftsaufgaben bestimmt und gerechtfertigt. Die Universität steht in der Gemeinschaft der deutschen Universitäten und repräsentiert, bei aller Göttinger Sonderart, d i e deutsche Universität hier am Ort. Und sie steht darüber hinaus im Gesamtzusammenhang der abendländischen Universität, mit Bologna und Harvard, mit Leyden und Oxford und Salamanca. So ist die Universität ein schwerer faßbarer Partner des Verhältnisses, als die Stadt. Denn sie steht unter einer in der geschichtlichen Tiefe und in der abendländischen Breite weiter und tiefer verwurzelten Lebensgesetzlichkeit. Und darum ist das Verhältnis Stadt und Universität ebensowenig als eins der immanenten Dialektik ihrer Beziehungen zu verstehen, wie das von zwei Ehegatten, das auch nicht aus ihnen beiden und dem zu verstehen ist, was zwischen ihnen hin und her geht, sondern vor allem als ihr Leben in Gehorsam und Ungehorsam unter den zeitlosen und zeitbedingten Ordnungen dieses Lebens. Ebenso die Beziehungen einer Universität: sie stehen unter der eigentümlichen Gesetzlichkeit ihres Verhältnisses zu ihrer Umwelt überhaupt. In dieser Gesetzlichkeit steht die Universität darin: nicht im Sinne strenger biologischer Umweltsbindung, aber doch in dem Sinne, daß in diesen lebendigen und im geschichtlichen Flusse stehenden Zuordnungen der Boden und der Raum des

Hauptteils ihrer Probleme und damit des Hauptteils der Hochschulpolitik und der Hochschulfragen, der Hochschulnot und Hochschulreform gelegen ist. Nur aus diesem großen Zusammenhang wird verständlich, was eine Universität von ihrer Umwelt erwartet und was sie ihr schuldig ist und geben kann — aus diesem Zusammenhang auch der eigentliche Sinn, die letzte Problematik ihrer Zuordnung zu dem städtischen Gemeinwesen, dessen betreuende Fürsorge sie so sehr in Anspruch nimmt.

So mag die Frage nach dem Verhältnis unserer Universität zu ihrer Umwelt zugleich ein Ansatz zu einer Rechenschaft der Georgia Augusta vor dieser Umwelt und gerade auch vor der Stadt Göttingen sein, an deren tragendem Verständnis zu jeder Zeit und nicht zuletzt in dieser festlichen Zeit der Universität aufrichtig gelegen sein muß.

Die Universität und ihre Umwelt — in ihrer Umwelt: das ist heute ein Problem, oder eine Fülle von Problemen. Das wird deutlich an den Hochschulreformbemühungen, und daran, daß diese Bemühungen zu keinem rechten Ende kommen wollen. Dem war früher nicht so. Eine Universitätsreformliteratur gibt es zwar schon im 18. Jahrhundert, und Göttingen ist sogar ihr Vorort. Aber dabei geht es um Einzelfragen, des Unterrichts, der Verfassung — nicht um mehr. So darf ich heute versuchen, eine sozusagen vorproblematische Stufe des Verhältnisses unserer Universität und ihrer Umwelt zu entwickeln, die etwa mit dem 18. Jahrhundert zusammenfällt, um dann Ursprung, Ort, Grenze des akademischen Umweltproblems im 19. und 20. Jahrhundert wenigstens andeutend zu bezeichnen.

Die Universität trat mit ihrer Gründung im Jahre 1737 in eine, von heute gesehen, beinahe mittelalterlich durchgegliederte Welt von Obrigkeiten und Korporationen, Ständen, Privilegien und Immunitäten ein.

Das Göttingen, das die Universitätsgründer vorfanden, war von alter Höhe tief gesunken. Im Bewußtsein dieser Festtage wird diese Höhe zumeist anschaulich gemacht mit jenem Ereignis genau dreieinhalb Jahrhunderte vor der Universitätsgründung, als die Göttinger ihrem eigenen Herzog seine Burg in der Stadt und seine Königspfalz drüben auf dem kleinen Hagen zerstörten und ihn selbst endgültig aus ihrer Stadt vertrieben. Im kulturpolitischen Bereich braucht die geschichtliche Besinnung nur zweihundert Jahre zurückzugreifen: da führt die Stadt die Reformation ein, ohne ihren Landesherrn zu fragen, und da begründet sie ihre hohe Schule, ihr freilich zunächst nur kurzlebiges Pädagogium, mit gewissen akademischen Aspirationen 1543 ohne die geplante und von der Herzogin Elisabeth gewünschte Mitwirkung der landesfürstlichen Gewalt. Das Jahr 1737 findet die Stadt, man möchte sagen, in ihrer tiefsten Erniedrigung: Armut und Verfall, Korruption ihrer Verfassung und dagegen gerichtete notgedrungene landesherrliche Reglementierung, statt vergangener hansestädtischer und beinahe reichsstädtischer Herrlichkeit. Viel Freude haben Stadt und Universität wohl gegenseitig aneinander im 18. Jahrhundert nicht gehabt. Die Universität wurde rechtlich, wirtschaftlich, gesellschaftlich, kirchlich gegen die Stadt abgeschirmt durch umfassende Exemtionen im Justiz- und Polizei-, Steuer-, Gewerbe- und Kirchenwesen, wie übrigens damals selbstverständlich jede in eine Stadt eingelagerte akademische oder kirchliche Korporation, fürstliche Hofhaltung oder Behörde. Diese für das städtische Selbstbewußtsein wie für sein wirtschaftliches Interesse sehr bedrückende und lästige Sonderstellung der Universität hat Göttingen hinnehmen müssen, mit vielen Klagen, aber ohne erheblichen Widerstand — die Geschichte der Helmstedter Schwesteruniversität von 1576 bis 1810 dagegen hat man noch kürzlich geradezu unter dem Gesichtspunkt des zweieinhalbhundertjährigen entschlossenen und nicht immer vergeblichen Kampfes der Stadt Helmstedt gegen die Privilegien ihrer Alma Mater Julia Carolina darstellen können[1]. Göttingen dagegen war seinem akademischen Partner nicht gewachsen und erschien lange Zeit so sehr als das untergeordnete Gemeinwesen gegenüber der Universität, daß es auch in kommunaler Hinsicht nicht vom Polizei- und Städtedepartement in Hannover, sondern vom Universitätsdepartement mitverwaltet wurde[2].

Auf der Universitätsseite ist die Stadt mit ihren Zuständen von Anfang an Gegenstand bitterer Klagen: über die Unzulänglichkeit der Häuser und die Teurung der Lebensmittel, über die schlechten Postverbindungen und die Mängel des Buchhandels und der Buchdruckereien, und nicht zuletzt über die persönlichen Reibungen, zwischen Studenten und Militär, zwischen akademischer und nichtakademischer Welt. Der akademischen Geringschätzung des kleinstädtischen Ackerbürgers und Kleinbürgers, des Philisters, wie sie in Heinrich Heines

---

1 Bernd Becker, Die Privilegien der Universität Helmstedt und ihre Bekämpfung durch die Stadt 1576 bis 1810, Diss. Braunschweig 1940.

2 E. v. Meier, Hannoversche Verfassungs- und Verwaltungsgeschichte, II, 1899, S. 488.

Aufzählung der vier Stände in Göttingen im Anfang der Harzreise so bösartig literarisch verewigt ist, stand bis noch in der Mitte des 19. Jahrhunderts kein kommunales Selbstgefühl des Bürgers gegenüber. Als die Revolution von 1848 auch einige Brandungsspritzer in die Göttinger Universität warf, erschien der städtische Kapellmeister und bisherige Inhaber des gewerblichen Musikmonopols in der Stadt beim Prorektor und eröffnete ihm, nun sei Revolution und seien alle Menschen gleich — auch die Professoren, und es sei nun zu Ende mit dem bisherigen Privileg der Hofräte, ihre Musik auch von außerhalb Göttingens beziehen zu dürfen[3]. Noch dachte der Göttinger Philister nicht in Freiheiten, sondern in Immunitäten und Privilegien, in handwerklichen Zwangs- und Bannrechten, wie seit Jahrhunderten.

Erst im Lauf des 19. Jahrhunderts ist aus der willkürlich-zufälligen Unterbringung der Universität in Göttingen die gewachsene Einheit von Stadt und Universität geworden, die wir heute an dieser Stelle feiern.

Ein anderer Faktor ihrer Umwelt hat zur Universität von vornherein und dauernd in einem grundlegenden und bestimmenden Verhältnis gestanden, nämlich die Dynastie und zunächst der Universitätsgründer, König Georg II. Nach ihm nennt sich die Universität noch heute, und bis zum Ende der Monarchie ist der Landesherr, von Hannover, Preußen, Braunschweig ihr Rector Magnificentissimus gewesen. Nicht als Ausdruck einer inneren Beziehung: keiner dieser Landesherren hat ein geistiges Verhältnis zu ihr gesucht, wie Friedrich der Große, wie Ludwig I. von Bayern, wie Friedrich Wilhelm IV. zur ersten wissenschaftlichen Körperschaft ihres Landes. Es war ein Erfordernis des kurfürstlichen Prestiges, nach der Erwerbung der Kurwürde, wie Georg II. selbst es ausdrückte, „nach dem rühmlichen Exempel anderer Churfürsten des Reiches eine eigene Universität in Unsern teutschen Landen anzurichten"[4] — eine Art geistiger Repräsentation, vergleichbar allenfalls der kirchlichen Repräsentation landesfürstlicher Häuser des Mittelalters in ihren Familiendomen, wie dem Blasiusdom Heinrich des Löwen in Braunschweig, wie der Stiftskirche und dem Familiendom, zu dem Herzog Otto der Quade unsere Göttinger Jakobikirche gemacht haben würde, wenn ihn die Göttinger nicht aus der Stadt vertrieben hätten. Für Universität und Land bedeutete die Abwesenheit der Dynastie in England und die Eigenart der dadurch bedingten Adelsrepublik in Hannover, daß die zu Anfang des Jahr-

[3] Mündliche Mitteilung von Prof. Georg Detmold (1850—1917).

[4] E. F. Rößler, Die Gründung der Universität Göttingen, 1855, S. 50.

hunderts spürbaren Ansätze der Entwicklung zum Absolutismus nicht fortgeführt wurden. Man empfand insoweit den Gegensatz zu Preußen — Pütter rühmt gerade in seiner Göttinger Gelehrtengeschichte[5] die „gelinde Landesregierung, die hier zur Landesverfassung geworden ist", und kundige Göttinger werden sich dabei der bewegenden Verse an der Amtsmühle in Friedland auf deren Erbauungsjahr 1747 erinnern[6]: „da uns Georg der Ander (der Universitätsgründer) sanft regiert". Nach dem Staatsstreich von 1837 und der Vertreibung der Göttinger Sieben hat man allerdings nicht mehr so geurteilt. Aber das Wesentliche der Beziehung und ihre Fortwirkung bis heute beruht auch nicht auf der Art dieses landesherrlichen Regiments, sondern auf der königlichen Gründung als einer Tatsache, die die Stellung der Universität noch heute grundlegend bestimmt. Die Universität nennt sich noch heute nach ihrem Gründer nicht aus monarchistischer oder antiquarischer Romantik, sondern zum Ausdruck von zwei ihr Wesen ausmachenden Tatsachen: einmal der ihr mit ihrer Gründung bewußt eingestifteten Eigenart, die sich stärker als wohl die Eigenart irgendeiner anderen deutschen Universität, nicht erklärbar aber unzweideutig, man möchte zuweilen sagen penetrant, bis heute erhalten hat, und vor allem als Ausdruck der in ferne geschichtliche Tiefenschichten eingesenkten Wurzeln ihres Bestandes und Wesens. Indem der König diese Universität stiftete, konkretisierte er in örtlicher und zeitgeschichtlicher Bedingtheit hier und jetzt die europäische, abendländische Universität überhaupt und gründete sie zugleich in den gesamtpolitischen Zusammenhängen damaliger deutscher und europäischer Geschichte — nicht als eine nützliche Anstalt für einen bestimmten Zweck, sondern in Erfüllung einer landesfürstlichen Ehrenpflicht gegenüber der überterritorial und über begrenzte Epochen der Zeitgeschichte hinweg gültigen Idee der europäischen Universität. Es ist die eigentümliche Überterritorialität, vor allem aber die eigentümliche Unabhängigkeit der Universität von den Phasen der politischen, der Geistes-, der Gesellschaftsgeschichte, ihre grundsätzliche und fortdauernde und wesensmäßige Unzeitgemäßheit, die der Stifter gemeint hat und die wir als unser tiefstes Wesen in Anspruch nehmen müssen, die wir mit dem Festhalten an jenem uns so fernen Königsnamen des 18. Jahrhunderts in unserem Namen ausdrücken.

---

5 I, 1765, S. 313.

6 Vollständig bei H. Lücke, Burgen, Amtssitze und Gutshöfe um Göttingen, 1952, S. 37.

Der eigentliche Gründer und Träger der Universität war aber doch der kurhannoversche Staat, und in ihm der eigentliche Vater der Universität der Geheime Rat Gerlach Adolf Freiherr von Münchhausen.

Von dieser Gründung und von Münchhausens universitätspolitischer Lebensarbeit im Ganzen kann heute und hier nicht die Rede sein — außer um in ihrem herkömmlichen Bilde einen entscheidenden Zug stärker zu unterstreichen, als es gewöhnlich geschieht.

Uns allen ist die durch die Jahrhunderte hindurch sich gleichgebliebene geistige Eigenart des akademischen Göttingen geläufig: seine antispekulative, ja geradezu unphilosophische Ausrichtung auf das Faßbare, Erkennbare, Beweisbare in der Wirklichkeit der Natur und des Geisteslebens — nicht ohne eine entschiedene Neigung auch zur Lebensnähe und zum Praktischen. Als Otfried Müller nach Göttingen kam, fiel es ihm alsbald sehr auf, damals allerdings zugleich als Haltung einer überalterten Generation: „Große Vorsicht und Behutsamkeit, Mangel eines gewissen edlen Leichtsinns, Vorliebe für das Reelle und Solide in aller Wissenschaft wird wenigstens noch lange ein Hauptkennzeichen der Göttinger bleiben“[7], und in der Jubiläumsrede von 1837 erklärt er als die bezeichnenden Merkmale der Göttinger Art Nüchternheit des Urteils und stofflichen Lerneifer. In unseren Tagen hat sich vor allem Götz von Selle darum bemüht, was dieses „Göttingische in Göttingen“ eigentlich sei[8]. Es ist durchaus die Erfüllung des Münchhausenschen Programms, das bei den Juristen keine subalternen Praktiker, aber auch keine sublimen Theoretiker, bei den Theologen keine radikale Spekulation dulden wollte, sondern überall die gesunde, stoffgerechte, und soweit möglich lebensnahe Mitte forderte[9]. Es ist letztlich der Typus strenger Wissenschaftlichkeit, in dessen Linie in der Skala der wissenschaftlichen Möglichkeiten der Göttinger Richtungszeiger sich durch alle Schwankungen hindurch immer wieder einstellt, in unserer Arbeit und Haltung, in der Bewertung der Arbeit anderer, in unserer Berufungspraxis.

Der aus diesen Zusammenhängen öfter gezogene unrichtige und gefährliche Schluß ist der, daß diese Ausrichtung der Universität aus rationalistischem Geist entstanden, daß ihre Gründung als die Gründung einer echten Staatsanstalt, einer staatlichen Einrichtung als Mittel zu vernünftigen öffentlichen Zwecken zu verstehen sei. Kein Ge-

[7] Otto Kern, Aus dem amtlichen und wissenschaftlichen Briefwechsel von C. O. Müller, 1936, S. 205.

[8] Ztschr. f. Bibl.-Wesen Beiheft 75, 1950, S. 283 ff.

[9] E. F. Rößler, a. a. O., S. 33 ff.

ringerer als Dahlmann hat den Charakter der Georgia Augusta als Staatsanstalt bejaht[10], allerdings nur unter dem Gesichtspunkt, daß ihr damals das Vorschlagsrecht bei Vakanzen versagt war, in wohlbegründeter Absage an den korrupten Kooptationsklüngel älterer Universitäten, etwa Tübingens. Ernst Brandes rühmt 1802 in seiner über vierhundert Druckseiten starken halbamtlichen Apologie der hannoverischen Universitätspolitik Münchhausens und seiner Nachfolger die Landesuniversität als die „unter den vielen wichtigen öffentlichen Landesanstalten, die die Chur-Braunschweigischen Staaten so glücklich sind, zu besitzen“, „unstreitig erste in allen Beziehungen“, ... „in Rücksicht auf wissenschaftliche Bildung“, aber ebenso „in cameralistischer oder ökonomischer Hinsicht“, „auch von der Finanzseite betrachtet“. Aber in diesem sehr nüchternen Buch für nüchterne Leser liegt doch der Ton nicht auf den Vorteilen der Universität für das Staatsinteresse. Sie ist errichtet „zum Besten der ganzen gebildeten Welt“, ihr ist „ein Geist des Cosmopolitismus eigen“, und „für diejenigen, die für Nationalehre nicht ganz unempfänglich sind, ist sie ... höchst wichtig, weil sie die Anstalt ist, die uns auswärts am meisten bekanntmacht, die größte Ehre bringt“[11]. Noch fehlen dem nüchternen Hannoveraner die Formeln und die Begriffe, mit denen wenige Jahre später bei der Berliner Universitätsgründung die wissenschaftliche Selbstentfaltung des Geistes und damit der eigentümliche beinahe souveräne Selbstzweckcharakter der Universität begründet wird. Aber in der Sache ist man in Göttingen und Hannover nicht weit davon entfernt: Zeuge dafür ist die Hingabe, mit der Münchhausen sich jahrzehntelang in unsäglicher Kleinarbeit dem Dienst an allen Einzelheiten des wissenschaftlichen Betriebes in Göttingen gewidmet, und das erstaunliche Maß von Lehrfreiheit, das er Göttingen gewährt hat. Selbstverständlich realisiert ein Staatswesen auch sich selbst, wenn es Stätten des geistigen Lebens eröffnet — aber es dient damit, anders als bei der Erfüllung sonstiger Staatszwecke, zugleich und vor allem Werten, die außerhalb seines eigenen Wesens und Zweckbereichs liegen. Die Größe Münchhausens als Universitätsgründer, die bei aller Verschiedenheit der Umstände und Maßstäbe immer wieder den Vergleich mit Wilhelm von Humboldt und Friedrich Althoff nahelegt, beruht in dieser seiner Achtung der Eigengesetzlichkeit und Würde des akademischen Ganzen, trotz aller sachlichen und

[10] Politik, 2. Auflage, I, 1847, S. 317, und sonst.

[11] Über den gegenwärtigen Zustand der Universität Göttingen, S. 8, 84, 87 f., 117, 378 ff., 391.

vor allem menschlichen Unzulänglichkeiten und Unerfreulichkeiten, mit denen er es in Göttingen jahraus, jahrein überreichlich zu tun hatte. Sein Verdienst ist um so größer, je verlockender es war, die ungedeckte Zwischenperiode in der Geschichte der deutschen Universität, die er vorfand, zu absolutistischer Verstaatlichung der Universität zu benutzen. Denn den kirchlichen Rückhalt, den die deutschen Universitäten bis dahin der landesherrlichen Gewalt gegenüber hatten, hatte Münchhausen selbst bei der Göttinger Gründung beseitigt, und von der neuen Unantastbarkeit, die ihnen ihre idealistische Neubegründung nach der Jahrhundertwende gab und die sie dann gegen Karlsbader Beschlüsse und andere Anfechtungen jedenfalls in ihrem Kern unangreifbar machte, war noch keine Rede. Staatsmännischer Blick für Sinn und Grenze aller Hochschulpolitik, persönliche Vornehmheit und geistige Kultur, und niedersächsischer Rechtssinn haben hier die Bedingungen dafür geschaffen, daß die neue Gründung nach wenigen Jahrzehnten selbst nach Lichtenbergs kritischem Urteil die Königin der Universitäten war. Ihr internationaler Rang verschaffte ihr in Kriegszeiten die Komplimente und meist sogar den Schutz der Heerführer und höchsten Potentaten, bis hin zu Napoleon, und hat wahrscheinlich noch im letzten Weltkriege unsere Stadt vor der Zerstörung bewahrt. Ihr wissenschaftliches Urteil genoß höchstinstanzliche Autorität, etwa in Herders Würdigung der Göttingischen Gelehrten Anzeigen im 105. Humanitätsbrief: „zu denen man, wenn manche einseitige Kritik verstummt ist, wie durch libysche Wüsten zum stillen Kenntnis gebenden Orakel der Wissenschaft reiset, und dabei immer noch Hallers und seiner Nachfolger Namen segnet.“ Ihre Verfassung wird das Vorbild der Neugründung oder Neuordnung in Moskau, in München, in Heidelberg. Sehr anschaulich wird ihre Geltung etwa an dem breiten Raum, den sie in Leben und Gedanken Goethes einnimmt — Goethes, an den die Kapuziner vom Gotthardhospiz 1785 schreiben als den Professor Goethe in Göttingen, in der Meinung, ein so berühmter Mann könne kaum etwas anderes sein als eben Professor in Göttingen[12].

Eins hat die Göttinger Umwelt ihrer Universität versagt: eine innere, geistige Beziehung zu ihrem näheren landschaftlichen Kreise. So wie Kiel und Königsberg in lebendigem Austausch mit ihrer Landschaft deren geistiger Mittelpunkt waren, ist Göttingen es nie gewesen. Es lag wohl zu sehr am äußersten Südzipfel des Landes, aber

[12] Goethe an Kestner, 11. 1. 1785, Sophien-Ausg. IV 7, S. 5.

das Land selbst bot auch keinen Anknüpfungspunkt, wie es etwa der Reventlowsche Musenhof in Emkendorf um 1800 war, „ein Kreis, wie ihn in Deutschland nur Weimar kannte und übertraf"[13], in dem Adel und Universität in einer Gemeinschaft höchstgesteigerten geistigen Lebens standen, die sich später zu der Kampfgemeinschaft von Ritterschaft und Universität im Ringen um Recht und Schicksal der Herzogtümer im 19. Jahrhundert fortentwickelte. In Hannover mochte die Universität eher als Fremdkörper empfunden werden, insbesondere des öfteren die Haltung der Theologischen Fakultät von der Kirche des Landes, oder die politische Haltung der Universität im ganzen von der politischen Reaktion wie der politischen Opposition der Zeit der beiden letzten Könige.

Eine gewisse letzte Fremdheit zwischen Universität und Umwelt entsprach doch wohl der Lage des 18. Jahrhunderts. Als Korporation rechtlich gegen ihre nächste Nachbarschaft, die Stadt, sorgfältig abgeschirmt, war auch ihr geistiges Reich abgegrenzt gegen die anderen Provinzen des Gemeinlebens. So bezeugen es die Verse aus den Xenien:

Deutschland? Aber wo liegt es? Ich weiß das Land nicht zu finden.
Wo das gelehrte beginnt, hört das politische auf.

Eben darum gibt es im 18. Jahrhundert kein eigentliches Universitätsproblem. Es entsteht, als im 19. Jahrhundert die Ströme des nationalen Lebens stärker ineinanderfließen und nun Ort und Sinn der Universität in diesen neuen Zusammenhängen eine neue Frage wird. Ich verfolge sie an den Hauptpunkten der Berührung der Georgia Augusta mit den politischen, den gesellschaftlichen und den geistigen Fragen des 19. Jahrhunderts.

Den hier entstandenen Spannungen und Nöten gilt das seit 1945 erneuerte Bemühen der Hochschulreformbestrebungen. Es will damit nicht recht vorwärtsgehen — und vielleicht liegt das daran, daß die eigentümliche Schwierigkeit des akademischen Umweltproblems im 19. und 20. Jahrhundert dabei noch nicht klar genug gesehen worden ist.

Ein geistreicher nationalsozialistischer Hochschulpolitiker hat die geschichtliche Lage der Universität so bezeichnet, daß sie nacheinander der Kirche gedient habe, dann dem absoluten Staat der Aufklärung, seit dem 19. Jahrhundert einer autonomen Wissenschaft, und daß sie

[13] P. v. Hedemann-Heespen, Die Herzogtümer Schleswig-Holstein und die Neuzeit, 1926, S. 540.

nunmehr, 1933, einer neu, politisch ausgerichteten Wissenschaft gewidmet werden müsse[14].

Damit ist das Universitätsproblem in eine Sackgasse geleitet. Denn es gibt in der Universität keinen leeren Thron, auf den man die Kirche oder den Staat oder irgendeine Idee setzen könnte. Es gibt auch keinen Raum für Direktiven in ihr: für kirchliche oder völkische oder lebensnahe oder sonstwie ausgerichtete Wissenschaft. Wissenschaft hat ihr Gesetz in sich und die strenge und unzweideutige Aufgabe eines jeden Tages vor sich — da gibt es keine zusätzlichen Orientierungen oder Schlagseiten. Und in der strengen Bindung der Universität an dies Gesetz der Wissenschaft liegt die eine grundlegende Schwierigkeit ihres Verhältnisses zur Umwelt.

Dazu aber tritt eine zweite, geschichtliche. Sie wird deutlich an dem Wege, den die Umweltsbeziehungen etwa unserer Göttinger Universität im 19. und 20. Jahrhundert genommen haben.

Ihr Verhältnis zu Staat und Politik hat zum wohltuenden Hintergrunde die Stetigkeit einer guten staatlichen Universitätsverwaltung. Im großen und ganzen ist die Universität von 1737 bis 1953 dauernd und gleichmäßig dankenswert betreut worden, bis auf die heillosen Eingriffe des Dritten Reichs. An der hochschulpolitischen Schmach der Restaurationszeit, den Karlsbader Beschlüssen und vor allem ihrer Durchführung ist Hannover kaum beteiligt gewesen; es deckte Göttingen 1820 beim Bundestage durch eine Erklärung der Universität als loyal. Freilich mochten dem jungen Otfried Müller bei seinem Eintritt 1819 die aristokratischen und bürokratischen Perücken in Hannover und die akademischen in Göttingen peinlich auffallen, im Gegensatz zu der Weltförmigkeit und freieren Geistigkeit von Berlin, mochte er mit Recht bei der Regierung und ihren Beratern allen „élan zu Höherem“ vermissen[15] und unter einem gewissen Stilleben des akademischen Göttingen zwischen der großen Generation des alten Jahrhunderts und der neuen großen, die er und die Grimms, Dahlmann, Gauß und Weber und andere heraufzuführen im Begriffe waren, vorläufig leiden. Wie Göttingen die geistige Bewegung um die Berliner Universitätsgründung nicht mitgemacht hatte, so nahm es auch wenig teil am großen Rhythmus der nationalen Geschichte, ganz anders als etwa Berlin oder Heidelberg, deren Geschichte im 19. Jahr-

[14] A. Baeumler, Männerbund und Wissenschaft, 1934, S. 140.

[15] v. Selle, Die Georg-August-Universität zu Göttingen, 1937, S. 251; O. Kern: a. a. O., S. 115.

hundert im Gleichklang mit der allgemeinen Geschichte des deutschen Geistes und Staates verläuft.

Es sind Jahrzehnte der politischen Stille in Göttingen und der stillen akademischen Arbeit, die 1837 durch das berühmteste, politisch so überwältigend folgenreiche Ereignis der Göttinger Universitätsgeschichte unterbrochen werden, durch den Protest und die Vertreibung der Göttinger Sieben. Weder ihr Protest gegen ihre Heranziehung zur Wahl zu einer auf Staatsstreich und Verfassungsbruch beruhenden Ständeversammlung noch ihre Entlassung und Vertreibung durch den König waren Akte der Universitätspolitik. Auf ihrer Seite ein Akt des Gewissens — dadurch, daß ein Student sich ein Stück der Erklärung verschaffte und sie in die weiteste Presseöffentlichkeit brachte, im Ergebnis allerdings ein Akt von politischer, geschichtlicher Wirkung; auf seiten des Königs eine vielleicht kaum vermeidbare Antwort auf eben diese politische Öffentlichkeitswirkung, wenn er den einmal unternommenen Staatsstreich folgerichtig durchführen wollte. Auf einmal stand Göttingen im Mittelpunkt der deutschen Geschichte: „Göttingen ist für die Welt mehr wert als das Königreich Hannover“, so schreibt der Hallische Fachgenosse M. H. E. Meier an Otfried Müller[16] — an der Tat der Sieben, von denen nur einer, Gervinus, als politischer Liberaler gelten konnte, entzündete sich das deutsche liberale Gesamtbewußtsein — durch die Tat der Sieben wurde der politische Professor für die freiheitliche und nationale Bewegung zur führenden politischen Figur. Man kann diese Fortwirkung auf dem akademischen und dem politischen Felde verfolgen: es ist das Echo von 1837, wenn Dahlmann mit seinem Eintritt in Bonn 1842 sofort der moralische Mittelpunkt der Universität wird[17] — oder wenn Kopenhagen 1846, nachdem Christian VIII. durch den Offenen Brief die Eingliederung der Elbherzogtümer in eine dänische Gesamtmonarchie angekündigt, damit den Protest der neun Kieler Professoren hervorgerufen und mit einer drohenden Regierungsreplik darauf die Solidarisierung der gesamten Kieler Universität mit den bedrohten neun unter Berufung auf ihren Beruf zur Wahrheit herbeigeführt hatte: wenn Kopenhagen darauf im Gedanken an die Folgen des Einschreitens gegen die Göttinger Sieben den Hieb einsteckte und stillschwieg, weil der Schatten jenes Göttinger Ereignisses

[16] Carl Otfried Müller, Briefe aus einem Gelehrtenleben 1797—1840, hrsg. von S. Reiter, I (1950) 324.

[17] W. Platzhoff, bei J. Hansen, Die Rheinprovinz 1815 bis 1915 (1917), II 124.

drohend bis in die dänischen Kanzleien fiel[18] — oder wenn die Paulskirche in solchem Maße ein Professorenparlament und sogar ein von Professoren beherrschtes Parlament wurde, wie sie es dank dem Vertrauen des deutschen Volkes zum politischen Professor war.

In Göttingen selbst empfand man überwiegend mit den Vertriebenen, und im Lande wirkte das Ereignis bis 1866 im gleichen Sinne nach. Aber nicht unbestritten — im Lande wurde die Tat der Sieben weithin auch mißbilligt, und es war wohl nicht nur jugendliche und junkerliche Ungezogenheit, wenn ein vor allem aus hannoverschem Adel bestehendes Korps das Ereignis in peinlicher Weise mit Schlittenfahren auf der Weender Straße und anderen lauten Demonstrationen feierte und dabei auch noch eine kränkende Rüpelei gegen die Vertriebenen beging[19], sondern zugleich der naive Ausdruck des richtigen Gefühls, daß es hier letztlich um Sein oder Nichtsein der ständisch-restaurativen Zustände im Lande ging.

Wenn in dem Unglück von 1837 einmal die deutsche politische Geschichte und die Göttinger Universitätsgeschichte in einem wichtigen Ereignis zusammenfielen, so ist die Geschichte der Georgia Augusta seitdem wieder und endgültig in der Stille ihres akademischen Raumes verlaufen.

Wie vorher Burschenschaft, Karlsbader Beschlüsse und andere universitätspolitische Probleme dieser Zeit in Göttingen keine große Rolle gespielt hatten, so herrschte auch nach 1837 leidliche politische Windstille. Die Universität bemühte sich, sich den von der Mehrzahl der Professoren auch weiterhin als verfassungswidrig betrachteten Wahlen zu entziehen, und unter dem Schutz einer guten Verwaltung blieb sie außerhalb des ständischen Unwesens im Lande. Mehrere hervorragende Mitglieder unserer Juristenfakultät haben in ihrer vorakademischen Zeit unter diesen Zuständen im Lande empfindlich zu leiden gehabt: Ihering, der als Advokatensohn von der höheren Justizlaufbahn ausgeschlossen war, Otto Mejer, der in derselben Lage nur durch einen besonderen königlichen Gnadenakt zur Auditorenprüfung zugelassen wurde, weil er wenigstens im übrigen von guter Familie war, Gottlieb Planck, der Mitschöpfer des Bürgerlichen Gesetzbuchs, der langjährigen Willkürakten von höchster Stelle ausgesetzt war — alles keine Ausnahmefälle im Hannover vor hundert Jahren. Die

---

[18] P. v. Hedemann-Heespen, S. 648.

[19] Otto Mejer, Aus meinem Leben, S. 71 f. der Abschrift im Göttinger Universitätsarchiv. — H. A. Oppermann, Hundert Jahre 1770—1870 VI (1870) 275, 291.

Universität war vor derartigen Eingriffen verhältnismäßig sicher, und man muß sich die ganze Bedeutung dieser ihrer Sonderstellung deutlich machen, um die Schwäche ihrer Rechtsstellung, das Fehlen des Vorschlagsrechts bei Berufungen, nicht zu überschätzen. Es war ein schmerzliches, aber einigermaßen alleinstehendes Ereignis, wenn die letzte Berührung der Dynastie mit der von ihr gegründeten Universität bei der Einweihung des Auditoriengebäudes am Weender Tor 1865 mit den Weisungen, die der blinde König bei diesem Anlaß den Theologen und den Vertretern der politischen und staatsrechtlichen Fächer für ihre wissenschaftliche Arbeit gab, in die Reihe der Dokumente der Infragestellung der Lehrfreiheit und der Verständnislosigkeit für akademische Unabhängigkeit und Würde eingegangen ist[20]. Eine gute Universitätsverwaltung in Hannover und in Göttingen machte im übrigen das Beste aus der Lage nach 1837, konnte aber lange Zeit nur eine Art Konkursverwaltung sein. Die Universität war und blieb durch die Vertreibung der Sieben aufs tiefste erschüttert und von dem Range einer ersten und führenden auf den einer Provinzialuniversität zurückgefallen. Man machte die Erfahrung, die Goethe mit dem Atheismusstreit und der Vertreibung Fichtes 1799 und dem nachfolgenden Rückgang Jenas gemacht hatte: der empfindliche Organismus einer Universität wird durch jeden derartigen Eingriff im ganzen auf das schwerste erschüttert. Wir wissen es gerade in Göttingen von 1933 her.

Aus dieser Lage einer privilegierten Korporation eines noch halb ständischen Mittelstaats trat die Universität 1866 hinüber in den großen Zusammenhang großstaatlicher Universitätspolitik. Nicht ohne Reibungen und Schwierigkeiten — aber bald empfand man die Wohltat des Neuanfangs, und die Gegensätze schwanden, die vor und nach 1866 den Lehrkörper in Spannung erhalten hatten, zwischen groß- und kleindeutschen, preußischen, augustenburgischen, welfischen Rechtsstandpunkten und Sympathien. Einem in den achtziger Jahren neu Eintretenden erschien der Aufschwung als Althoffs persönliches Werk: „er verwandelte ein ziemlich rückständiges Landstädtchen und eine etwas zerknitterte Landesuniversität — zerknittert durch die Austreibung der Göttinger Sieben — in eine Hochburg der Wissenschaft" — so beschreibt der Anglist Aloys Brandl seinen Eindruck aus dieser Zeit[21]. Es war eine neue Hochblüte der Universität, die sich anbahnte, die dritte, nach der des 18. Jahrhunderts und der 1837 abgebrochenen

[20] G. Kaufmann, Die Lehrfreiheit an den deutschen Universitäten, 1898, S. 30.
[21] Zwischen Inn und Themse, 1936, S. 218.

der zwanziger und dreißiger Jahre, eine große Zeit nicht nur des mathematisch-naturwissenschaftlichen Bereichs, sondern auch der Geisteswissenschaften.

Im Verhältnis zum Staat war das wichtigste Ereignis der preußischen Zeit der volle Durchbruch jener Entwicklung, die die Studentenzahlen vervielfachte, Berufsausbildung und Prüfungswesen in früher unerhörter Weise zur Aufgabe der Universität machte und dadurch nicht nur ihr Wesen, die eigentlichen Wurzeln ihrer Kraft veränderte, ja gefährdete und in Frage stellte, sondern unvermeidlich auch eine in die Breite und in die Tiefe gehende Unterwerfung der Universität unter staatliche Regelungen und Eingriffe nach sich zog. Gewann Göttingen auf der einen Seite jetzt das Vorschlagsrecht bei Berufungen, so verlor es anderseits, wenn entgegen der Auffassung der Universität von ihrem Wesen nun wenigstens zeitweilig in ihrer Satzung Lehre und Berufsausbildung ihrer Forschungsaufgabe vorangestellt wurden. Man hat mit Recht beobachtet, daß in diesen Jahrzehnten Kunst und Wissenschaft aufgehört haben, ein selbstverständliches Begriffspaar zu bilden[22]; der Selbstzwecklichkeit der Kunst schien immer mehr eine Fremdzwecklichkeit der Wissenschaft gegenüberzutreten, und Hand in Hand damit die Entartung der Universität zu einem Ausbildungs- und Prüfungsbetrieb nach staatlichen Anweisungen.

Hier besteht die eigentliche Not der Universität — diesem Anspruch der Umwelt an Berufsvorbildung und Berufsprüfungen zu genügen, auch nach Überwindung der besonderen Notlage der beiden Kriegsteilnehmergenerationen nach 1918 und 1945 — daneben und trotzdem sich den Raum für die eigene wissenschaftliche Arbeit zu erkämpfen, die für sie die Voraussetzung aller Lehrtätigkeit und darum ihr grundsätzlich erstes Anliegen ist — und eben darum sich das Maß grundsätzlicher Unabhängigkeit vom Staat zu erhalten, das die unabdingbare Voraussetzung ihrer Arbeit ist.

Das stille Ringen zwischen Staat und Universität auf diesem Felde hat in den vergangenen anderthalb Jahrhunderten im großen und ganzen immer wieder zu einem guten Ausgleich geführt. Die Universität weiß, daß sie ihre notwendige Beziehung zum Leben herstellt, indem sie diesen Anforderungen des Lebens an sie genügt, und daß der Staat hier der berufene Vermittler dieser Beziehung ist. Sie dankt dem Staat, daß er ihr das lebensnotwendige Maß von Unabhängigkeit läßt, in Erinnerung an Auslandszustände peinlicher Abhängigkeit der

[22] G. Tellenbach, Mitteilungen des Hochschulverbandes 8, November 1952, S. 2.

Universität, sei es vom Staat, sei es von anderen Mächten. Sie dankt es dem Staat, daß er sie nicht politisiert hat und daß Nietzsches Denunziation solcher angeblichen Politisierung längst widerlegt ist — nur in Freiheit können die Universitäten im guten Sinne Pflegestätten des nationalen Bewußtseins sein. Sie dankt dem Staat für seine Einsicht in die Grenzen seiner Regierung, die Savigny klassisch dahin formuliert hat, daß es „nicht in ihrer Macht steht, die geistigen Kräfte ... zu erzeugen, sondern daß es ihre Aufgabe ist, diese Kräfte aufzufinden, anzuerkennen und zu pflegen“[23]. In dem Sinn für diese Grenze und für die gerade bei Achtung dieser Grenze dem Staat um so unzweideutiger, größer und dringender bleibende Aufgabe lag die überlegene Größe Friedrich Althoffs, auch etwa im Vergleich mit Carl Heinrich Becker — trotz aller Bedenklichkeit der Althoffschen Methoden.

Es ist eine wichtige Folgerung aus dem recht verstandenen Verhältnis von Staat und Universität, die das 19. und 20. Jahrhundert immer wieder mit Recht gezogen hat, daß es nicht gesetzlich kodifiziert werden sollte. Hier ist alles auf die fruchtbare konkrete Zusammenarbeit abgestellt, erleichtert durch das Fehlen aller bürokratischen Zwischeninstanzen — hier versagen die abstrakten Begriffe unserer Rechtstechnik, weil diese Fragen des freien und produktiven Geistes nicht in geläufige gesetzliche Schemata einzufangen sind, vor allem aber auch, weil diese akademische Welt ein überkommenes Erbgut ist, das sich nicht auf den Generalnenner unserer gleichmachenden, einebnenden Gesetzgebung bringen läßt, vermöge des, wie es Max Horkheimer kürzlich ausgedrückt hat[24], in gewissem Sinne „archaischen“ Charakters der deutschen Universität[25].

Diese ihre Eigentümlichkeit darf ich in Kürze noch am gesellschaftlichen und geistigen Umweltproblem der Göttinger Universität verfolgen.

Im gesellschaftlichen Ganzen unseres Volkes haben die Universität, ihre Wissenschaft und ihre Träger, die Professoren, immer ein gewisses Sonderdasein geführt. Der Gelehrte war in Deutschland in der Regel von jeher ein armer Mann, der eines Amts, am liebsten einer Professur, bedurfte, um zu leben. So war seine Sprache von jeher die

---

[23] Historisch-politische Zeitschrift, 1832, S. 584.

[24] Deutsche Universitätszeitung, 17. 10. 1952, S. 6.

[25] Zur Frage auch W. Schrader, Geschichte der Friedrichs-Universität zu Halle, II, 1894, S. 246.

der Schule, der gelehrten Zunft, nicht die des Weltmanns, wie bei dem freien, aristokratischen Gelehrtentum reicherer Länder, und seine Wissenschaft war Fachwissen und strenge Methode seines Fachs. Seine Umwelt verstand ihn und seine Sprache nur in den Augenblicken elementaren Durchbruchs von Seele und Gewissen, wie im Protest der Göttinger Sieben — damit war zeitweilig das Eis gebrochen und der politische Professor ein Volksmann. Auch abgesehen davon ging er in seiner Gesamthaltung mit der Zeit mit: auch er teilt das rasende Tempo der Zeit, auch er muß, wie die Männer der Wirtschaft, der Staatsführung, der Verwaltung um ihn her mit der atemlosen Dynamik unserer Zustände Schritt halten und ist in der Gefahr, darüber sein Bestes zu verlieren, wie wir alle. Mag seine Sache noch so sehr in Ehren stehen, mögen Professor- und Doktortitel gegenüber der Außerkurssetzung so vieler anderer öffentlicher Geltungsansprüche ihren Kurs einigermaßen behalten haben: er ist darum doch keine volkstümliche, repräsentative Figur, und es ist kein Zufall, daß es auf dem Bilde unserer Stadt im großen Rathaussaal ein Student im Wichs ist, der Göttingen als Universitätsstadt kennzeichnet[26].

Das eigentliche gesellschaftliche Problem der Universität aber ist die Wandlung ihres Partners in ihrer näheren und nächsten Umwelt.

Im weiteren Kreise gab es noch nach 1800 für die Universität wie für die Politik als den Bereich, der irgendwie zählte und ins Gewicht fiel und auf den es sinnvoll war, einzuwirken, nur den, in dem humanistische Bildung galt, das heißt den Umkreis der oberen Stände, das gehobene Bürgertum eingeschlossen[27]. Nur an ihn wandte sich der politische Professor der 1840er Jahre. Im engeren Kreise ihrer Stadt begegnete die Universität einem bescheidenen Kleinbürgertum, von ihm rechtlich, sozial, geistig durchaus getrennt — dem „Philister" nach studentischem Sprachgebrauch. Der Philister wird nicht ernst genommen, sondern humoristisch, oder gar so schnöde beurteilt wie in Heines Harzreise; er hat am höheren sittlichen Lebensgehalt des akademischen Standes keinen Anteil:

Die Philister sind uns gewogen meist,
sie ahnen im Burschen, was Freiheit heißt

---

[26] Zu dieser Frage noch immer nicht überholt H. Pleßner in: Versuche zu einer Soziologie des Wissens, herausg. von Max Scheler, 1924, S. 407 ff. — Das Folgende ist aus Zeitmangel aufs äußerste verkürzt — hier u. a. noch immer bemerkenswert K. Sonnenschein in: Hochschulziele und Berufsbildung, Schriften der deutschen Studentenschaft, N. F. 1926, S. 46 ff.

[27] v. Hedemann-Heespen, S. 607 f.

haben wir alten Studenten hundertmal gesungen[28]. Aber unvermerkt tritt an die Stelle des Philisters der standesbewußte Bürger und Arbeiter — hier in Göttingen vielleicht noch ein wenig verdunkelt durch das literarische Werk eines stolzen Göttinger Stadtbürgers und Handwerksmeisters, der uns im Schorse Szültenbürger die klassische Figur des Göttinger Kleinbürgers und Philisters in einer Zeit geschaffen hat, in der die Göttinger durchaus aufgehört hatten, Szültenbürger zu sein.

Neben einer so modernen Stadt nimmt sich die Universität bei näherem Zusehen fremdartig aus. Mitten in den Strömungen des gegenwärtigen sozialen Lebens diese Korporation alten Stils, zünftisch geschlossen, aus eigenständiger Machtvollkommenheit ihre akademischen Grade verleihend, als Anerkennung des Erwerbs akademischer Bildung und der Fähigkeit zu wissenschaftlicher Arbeit, und in diesem ihrem Dasein und Tun von ihrer weiteren sozialen Umwelt anerkannt. Nicht als ob diese Hinnahme der akademischen Welt draußen immer ohne Reibung gelänge: eine verhältnismäßig junge Bildung auf akademischem Boden, die studentischen Korporationen, sind zum Teil etwa seit der Jahrhundertwende der Gegenstand von Spannungen geworden, und hier ist es schwer, das Verständnis heutiger Umwelt für diese vielfach ebenfalls nicht auf den Generalnenner heutigen Gesamtlebens zu bringenden Erscheinungen zu gewinnen, zumal angesichts ihres sehr viel jüngeren und bedingteren Geltungsanspruchs.

So ist die Universität in ihrer politischen und gesellschaftlichen Umwelt eine Sondererscheinung, geschichtlich in anderen zeitlichen Stufen und Abläufen lebend. Es ist noch befremdender, daß sie auch im Raum des geistigen Lebens die Wege der allgemeinen Geistesgeschichte nicht teilt.

Das war nicht immer so. Noch im 18. Jahrhundert lebte die Universität in einer ihr geistig einigermaßen homogenen Welt — sie erschien dem alten Nicolai noch über die Mitte des Jahrhunderts hinaus sogar als der eigentliche Sitz der Literatur[29], und Herder würdigte noch zu Ende des Jahrhunderts Göttingen mit seinen Göttingischen Gelehrten Anzeigen als ein vorzügliches Mittel zur Beförderung der Humanität, das heißt einer Bildung von allgemeinstem Geltungsanspruch. Ja, auch

[28] Statt vieler Zeugnisse der Brief von Marx an Ruge vom Mai 1843 über Philister und Philisterstaat (Karl Marx: Die Frühschriften. Hrsg. von S. Landshut, 1953, S. 160 ff.).

[29] L. F. G. v. Göckingk, Friedrich Nicolais Leben und literarischer Nachlaß, 1820, S. 47.

die innere Erneuerung der Universität zu Anfang des 19. Jahrhunderts geschah noch im Zusammenhange der allgemeinen Erneuerung — in Göttingen freilich weniger als in Berlin aus dem Geiste der idealistischen Philosophie, mehr aus dem der philologisch-historischen Erneuerung. Das bedeutet keinen grundsätzlichen Gegensatz gegen Berlin — Niebuhr hat 1811 auch den Berliner Neuaufbau verstanden als in dem Sinne vollzogen, „wodurch Altertumswissenschaft immer das Salz der Erde war“[30]. Daß das gerade auch in Göttingen ein Sinn mit allgemeingeistigem Geltungsanspruch war, empfinden wir schon an seinem baulichen Niederschlage in Göttingen: an diesem Hause und besonders in diesem festlichen Raum. Und in die allgemeine Geistesgeschichte gehört es, wenn etwa im Wirken der Brüder Grimm, zumal in ihrer Göttinger Zeit, ein wesentlicher Markstein des Übergangs von der Romantik zur nachromantischen Epoche der Literatur- und Geistesgeschichte gefunden wird[31].

Aber unaufhaltsam ist auch in Göttingen die Wissenschaft von einer Erscheinungsform des allgemeinen Geistes zur spezialisierten Fachwissenschaft geworden, die Göttingischen Gelehrten Anzeigen aus einem Mittel zur Beförderung der Humanität zu einem technischen Werkzeug der Facharbeit. Um so mehr, als ein solches Gefälle von vornherein in der Göttinger Eigenart geradezu vorgegeben war, und als der Ausgleich oder wenigstens die Milderung des Ablaufs durch eine große, repräsentative Philosophie hier fehlte.

Diese Göttinger Eigenart ist nicht ohne Widerspruch geblieben. Die Liberalen im Lande fanden sich seit 1837 in ihrem Kampf ums Recht von der Universität verlassen; der aus Göttingen stammende Publizist und Politiker Heinrich Albert Oppermann, der übrigens als Student wohl vor allen anderen die Veröffentlichung des Protestes der Sieben herbeigeführt hat, ist nicht müde geworden, den mangelnden Anteil der Universität am idealistischen Aufschwung und an den die Zeit bewegenden Ideen und ihre daraus hervorgehende politische Passivität zu brandmarken[32]. So haben die Liberalen vielfach geurteilt: als Otto Mejer in den 1840er Jahren als Königsberger Professor zu dem großen alten Mann von Ostpreußen, dem früheren Oberpräsidenten Theodor von Schön, kam, setzte Schön ihm auseinander, Stein und

30 bei C. Varrentrapp, Johannes Schulze, 1889, S. 247 f.

31 Aus der Erörterung G. Weydt, Dtsch. V. J. Schr. f. Literaturwiss. und Geistesgesch. 9 (1931) 647. — In den folgenden notgedrungen gekürzten Ausführungen lag eine Auseinandersetzung mit W. Lütgert, Die Religion des deutschen Idealismus und ihr Ende, Band III, 1925, besonders nahe. Die dortigen Angaben für Göttingen bedürfen der Ergänzung.

32 Die Universität Göttingen 2. A. 1842, Vorrede S. IV, VI, S. 45 f., 76 f.

Hardenberg seien überhaupt keine Staatsmänner gewesen, und der Göttinger historische Positivismus sei daran schuld, daß aus ihnen nichts geworden sei: Königsberg mit Schöns Lehrern Kant und Kraus habe zur Politik erzogen[33]. Eine Fortsetzung solcher Kritik auf sehr viel späterer Stufe war etwa die sozialistische, an der der gesellschaftlichen Wirklichkeit und ihren Forderungen und ihrem Ernst abgewandten heimlichen Akademikerreligion des Geistes[34] — eine Kritik auf breitester Front schließlich die Enttäuschung der beiden Kriegsteilnehmergenerationen nach 1918 und 1945, daß ihnen die Universität nicht alle die Fragen zu beantworten imstande und vielleicht auch gewillt war, die diese Studenten als die sie bedrängendsten aus dem Felde mitgebracht hatten.

Einzelne Göttinger haben diesen Bann in prophetischem Wirken zu durchbrechen gesucht — vor allem Heinrich Ewald und Paul de Lagarde. Aber doch nur mit der Folge, mehr oder weniger schlagende Beispiele für Max Webers Warnung vor der Kathederprophetie zu liefern: Ewald war in dieser Rolle niemals ernst zu nehmen, und Lagarde nur mit großer Vorsicht und großen Vorbehalten.

Es ist eine ernste und schwere Frage, ob diese Entwicklung mit dem unter uns heute allzu geläufigen Wort vom Verlust der Mitte getroffen und richtig beschrieben wird. Aber eins ist daran sicher: seit dem 19. Jahrhundert geht die Wissenschaftsgeschichte ihren eigenen Weg, in nur sehr bedingtem und gebrochenem Zusammenhang mit der allgemeinen Geistesgeschichte.

Das ist das eigentliche, dreifache Umweltproblem der deutschen und insbesondere der Göttinger Universität. Sie entwickelt sich nicht im Gleichschritt mit der allgemeinen Geschichte der Nation — sie befindet sich in einer eigentümlichen, ja altertümlichen Sonderlage gegenüber den gesellschaftlichen Strömungen und Umbrüchen der Zeit — sie geht in ihrer Wissenschaftsgeschichte besondere Wege gegenüber denen des allgemeinen und des Zeitgeistes.

Ich darf, zum Schlusse eilend, daraus einige wenige Folgerungen ziehen.

Einmal die, daß die Universität bei dieser ihrer Sonderart kein geeigneter Gegenstand für Gleichschaltungen ist. Solche Gleichschaltungen hat man nach den drei Katastrophen des letzten halben Jahrhunderts versucht. Den Versuch einer geistigen Gleichschaltung unternahm Carl Heinrich Becker nach dem Zusammenbruch von 1918. Wir

[33] Otto Mejer, Aus meinem Leben, S. 316 f. der Abschrift.
[34] Zum Beispiel H. Heller, Staatslehre, 1934, S. 39.

Älteren erinnern uns noch der Stichworte dieser Gleichschaltung: Revolution der Wissenschaft, lebensnahe Wissenschaft und Lebensphilosophie, und vor allem Soziologie und Synthese — in diesen Zeichen sollte die Universität in gleichen Tritt mit der Zeit gebracht werden. Sehr erwägenswerte Anregungen — getragen von dem starken, beglückenden geistigen Auftrieb jener Zeit — kulturpolitisch nahegelegt, um neues Vertrauen für die als reaktionär verrufene Universität zu gewinnen — und im ganzen schließlich versandet wegen des Fehlers im Ansatz, in der Verkennung, daß hier letztlich Unmögliches unternommen wurde.

Das Dritte Reich brachte die politische Gleichschaltung. Die Universität schien weit zurückgeblieben gegenüber dem stürmischen Vordringen der völkischen Bewegung. Nun sollte eine politische Universität und eine politische Wissenschaft, sollten politische Studenten und Professoren in Gleichtritt gebracht werden mit den braunen Bataillonen. Hier lag der Widersinn des Unternehmens von vornherein klarer zutage. Wir dürfen nicht beschönigen, was wir hier an gebotenem Widerstand versäumt haben. Aber gegenüber mancher Kritik darf doch gesagt werden, daß hier der Rückzug auf die eigentliche Aufgabe, die sachliche Arbeit, auch eine gebotene und wirkungsvolle Art zu widerstehen war.

Die Hochschulreformpläne im Gefolge des Zusammenbruchs von 1945 sind zum Teil getragen vom Gedanken der gesellschaftlichen Gleichschaltung der Hochschulen. Der erste der beiden Vorwürfe des Hamburger Gutachtens von 1948 hält der Hochschule vor, daß sie mit der sozialen Umschichtung unserer Zeit nicht Schritt gehalten habe und zieht daraus wichtige und beherzigenswerte Folgerungen. Aber man merkt dem Plan an, daß er das Umweltproblem der deutschen Hochschule nicht deutlich gesehen und darum Fehler im Ansatz wiederholt hat, die seinerzeit schon die Beckerschen Pläne um den Erfolg gebracht haben.

Anderseits darf die Untunlichkeit irgendwelcher Gleichschaltung nicht der Vorwand für die Hochschulen sein, sich irgendwelchem zumutbaren Dienst zu entziehen, den sie ihrer Umwelt leisten kann. Sie zieht sich nicht in unterirdische Maulwurfsgänge gelehrten Sonderlebens zurück, auch nicht in jene Gralsburg der reinen Wissenschaft, deren geistige Exklusivität den berühmten, vielzitierten Ausgangspunkt von Beckers Schilderung des Wesens der deutschen Universität[35] bildete. Allerdings will sie in ihrer eigentlichsten Arbeit nicht

[35] C. H. Becker, Vom Wesen der Deutschen Universität, 1925, S. 7 ff.

gestört werden, und sie kann nicht mit dem alten Göttinger Schlözer versichern, daß die glücklichen Zeiten immer näherrücken, wo hochgelehrt und gemeinnützig reine Synonyma sein werden[36]. Aber sie wird dem gemeinen Nutzen zu dienen suchen, wo immer sie es kann, ohne sich untreu zu werden.

Und damit hängt ein Letztes zusammen. Die Universität lebt davon, daß sie von ihrer Umwelt getragen, gebilligt, ja vielleicht darf es gesagt werden, daß sie von ihr geliebt wird. In dem unsäglich reichen Bilde des schönen und geschichtlich so reichen Landes zwischen Harz und Weser, wie es im dichterischen Gesamtwerk Wilhelm Raabes ausgebreitet ist, liegt überall die Universität des Landes irgendwie im Hintergrunde — nur selten das braunschweigische Helmstedt, zumeist Göttingen, und manche triviale Göttinger Studentenreimerei ist geadelt durch ihre Einordnung in das Ganze dieser großen Heimatdichtung. Es ist nichts Geringes für die Göttinger Universität, daß sie in diesem großen Ganzen nicht unter die stille Verurteilung stumpf bürgerlicher Welt, unter die pessimistische Zeitkritik fällt, die der dunkle Unterton dieses Ganzen ist, sondern in den Bereich von ihm freundlich gebilligten heimatlichen Lebens.

Solcher Art ist heute auch unser Anliegen an unsere Stadt. Sie hat ja schon vor mehr als vierhundert Jahren akademische Anläufe unternommen, als sie 1543 von Karl V. Promotionsrecht und akademische Privilegien für ihr Pädagogium zu erlangen suchte — wäre es nach ihr gegangen, so hätte Göttingen eine vierhundert- und nicht nur eine zweihundertjährige akademische Geschichte. In diesen zweihundert Jahren sind Stadt und Universität immer mehr eine Einheit geworden. Noch vor hundertundfünfzig, ja noch vor hundert Jahren hätte die Universität nicht so wie heute als ein Stück dieser Stadt deren Jubelfest wie ihr eigenes Fest mitfeiern können, hätte in einem Teil dieses Festes nicht so von den Anliegen der Universität die Rede sein können, wie heute davon die Rede sein durfte. Dafür sind wir tief dankbar, und wir bitten unsere Stadt, uns auch ferner mit all unserer Art und Unart so zu tragen wie bisher. Unsere Wünsche zu ihrem Feste können wir nicht stärker ausdrücken, als durch diese unsere festliche Beteiligung. Vor allen Vertretern unserer Umwelt, die hier als unsere Gönner und Freunde bei uns sind, bekennen wir uns zu unserer tiefen Bindung an sie, zu unserer tiefen Verpflichtung zu Dank und zu Dienst — heute aber vor allen anderen gegenüber unserer heimatlichen Stadt.

---

36 Nach F. Frensdorff, A. D. Biogr. 31, 585.

Zum Problem des Öffentlichen und der Öffentlichkeit

Die Frage nach dem Rechtsbegriff des Öffentlichen und des öffentlichen Rechts will nicht zur Ruhe kommen, und ebenso wenig die nach der Beziehung dieses Begriffs zu dem der tatsächlichen Publizität. Das ist um so verwunderlicher, als es hier um Herzstücke der modernen politischen Begriffswelt geht.

Die folgenden Zeilen versuchen, auf einem bisher wenig begangenen Wege einen vorbereitenden Beitrag zur weiteren Klärung und Beantwortung der Frage zu liefern, in der Hoffnung auf abschließende Arbeiten anderer auf breiterer Grundlage[1].

Die hier bestehenden Schwierigkeiten sind eine nationale deutsche Besonderheit, und eine nationale Belastung. Ihre Gründe liegen gutenteils auf der Hand: in der Besonderheit der deutschen Geschichte und in der wohl nicht nur auf dieser Geschichte beruhenden nationalen Sonderart. Ein nicht zu unterschätzender Faktor dieser deutschen Besonderheit besteht in der Sonderlage des deutschen Volkes gegenüber dem hier in Frage stehenden begrifflichen Erbgut. Die romanischen und angelsächsischen Völker befinden sich hier sozusagen in einem Jahrtausende alten Besitzstande. Für das deutsche Volk handelt es sich, wie ein Blick auf die Wort- und Bedeutungsgeschichte zeigt, um einen jungen, schwer verarbeiteten Neuerwerb. Diese Seite des Problems versuche ich in aller Kürze anschaulich zu machen.

I.

Das Wort „Öffentlichkeit" in dem hier in Betracht kommenden Sinne ist eine Übersetzung, die erst gegen Ende des 18. Jahrhunderts

---

[1] Eine solche wird von W. Hennis erwartet, der mich nach Abschluß des Manuskripts auf die Marburger Dissertation von Rüdiger Altmann, Das Problem der Öffentlichkeit und seine Bedeutung für die moderne Demokratie, 1954, aufmerksam macht. Den literarischen Stand der Frage und das Verdienst des Jubilars darum kann ich als bekannt voraussetzen. Angesichts des begrenzten Raums gebe ich nur einzelne ausgewählte Belege.

in Deutschland eingeführt ist, also eine junge, erst gut 150 Jahre alte, und vor allem eine notgedrungen schlechte, unangemessene Übersetzung[2].

Nach der deutschen Vorgeschichte des Wortes bedeutete Öffentlichkeit die Eigenschaft, daß etwas offenbar, tatsächlich bekannt oder doch jedenfalls allgemein zugänglich, der Kenntnisnahme offenstehend ist — oder den Bereich, in dem dieses Offenbarsein, dies tatsächliche Bekanntsein oder doch diese Möglichkeit der Kenntnisnahme besteht. D. h. das Wort bezeichnet die Lage, die Tatsache des Offenseins.

Der im 18. Jahrhundert hinzutretende Gebrauch suchte ein romanisches und angelsächsisches Wort wiederzugeben, das selbst etwas durchaus anderes bezeichnete. Publicité, publicity ist nicht ein Raum allgemeiner Kenntnisnahme und Zugänglichkeit, sondern nach seinem dem Bewußtsein nie ganz verloren gegangenen Ursprung der Bereich des populus, des Volks, und zwar des organisierten Volks, des Volks als Gemeinde, als Staat. Die Eigenschaft, publicus, public zu sein, ist also die der Zugehörigkeit zu dem Lebens-, Sinn- und Wertbereich des Volkes als Gemeinwesen, d. h. es ist eine auch normative Zuordnung, also auch eine von daher begründete Bewertung, also auch ein von daher kommender Geltungsanspruch. All das ist in dem deutschen Wort Öffentlichkeit, das einen Zustand, ein Sein, eine Tatsache bezeichnet, nicht von vorherein erfaßt — es dringt nach und nach, sozusagen mit vereinzelten Momenten der außerhalb Deutschlands bestehenden Bedeutungsfülle des Publiken, Publizistischen, in den Bedeutungsgehalt unseres Wortes „Öffentlichkeit“ ein.

Dieses Eindringen wurde erschwert durch zwei Umstände. Einmal durch den natürlichen Widerstand des Wortes, das sich als reine Seinsbezeichnung gegen die Aufnahme des Normativen, Anspruchsvollen aus seinen romanisch-angelsächsischen Vorlagen auch heute noch sträubt. Sodann durch die geschichtlich-politischen Umstände seiner Einführung: es handelte sich dabei ja um die neue, revolutionäre Publizität der französischen Revolution, in ihrem Gegensatz gegen den bisherigen, den sogenannten „feudalen“ Zustand, in dem nicht das Gemeinwesen, eben die res publica, die Publizität der Herr war, sondern der feudale Sonderbesitz an Recht und Macht und Gut. Gegen diese feudale Ordnung kämpft die Revolution, zumal gegen ihre

[2] Vgl. die Wörterbücher, ferner Ladendorf, O., Historisches Schlagwörterbuch, 1906, S. 228 f., Pfaff, W., Zum Kampf um deutsche Ersatzwörter (Gießener Beiträge zur deutschen Philologie XXXI), 1933, S. 9, 44.

monarchischen und aristokratischen Erscheinungsformen, sie sucht sie zu verdrängen durch die Herrschaft des Volkes als Gemeinwesen, als Träger öffentlicher Meinung, als Träger neuer Werte und in einem besonderen Sinne neuer öffentlicher, d. h. zunächst antifeudaler Rechtsbegriffe und Ordnungen. So ist Publizität, Öffentlichkeit geradezu eine, gelegentlich sogar die begriffliche Fahne, unter der eine neue Welt, eine neue Ordnung der Dinge das Abendland zu erobern sucht: in der Gewaltsamkeit der französischen Revolution und in dem stillen Ringen im gleichzeitigen Deutschland. Damit werden diese Begriffe und ihre Einzelanwendungen zugleich zur Zielscheibe des gegenrevolutionären Widerstandes — gerade in Deutschland, dem allein dieser Begriff nicht geschichtliches, lateinisches Erbe war und in dem er sich auch nicht in einer siegreichen Revolution unbestritten durchsetzte, wie in Frankreich. So erscheinen die hierhin gehörigen Begriffe durchaus polemisch, z. B. bei Goethe[3], und erst um die Mitte des 19. Jahrhunderts verliert sich auch in Deutschland die politische Belastung dieses Begriffsbereiches. Aber er behält eine, im romanischen und angelsächsischen Bereich so nicht mögliche, gewisse Unbestimmtheit und mangelnde Selbstverständlichkeit, von seiner ursprünglichen Fremdheit im deutschen Sprach- und Begriffsbestande und von seiner Rolle im revolutionären und antirevolutionären Ringen her.

---

[3] So die bitteren Verse aus größerem polemischen Zusammenhang (Zahme Xenien II):

Laßt euch mit dem Volk nur ein,
Popularischen! Entschied' es,
Wellington und Aristides
werden bald beiseite sein.

Oder (VI, von 1818 datiert):

Was auch die heilige Pressfreiheit
Für Frommen, Vorteil und Früchte beut?
Davon habt ihr gewisse Erscheinung:
Tiefe Verachtung öffentlicher Meinung.

(Dagegen „öffentlich“ positiv als Ausdruck der neuen Linie der „Lehrjahre“ gegenüber der „Theatralischen Sendung“ im großen Brief Wilhelms an Werner, Buch 5, Kap. 3, etwa 1795.) So hat auch die gewöhnliche antirevolutionäre politische Polemik von vornherein diese Begriffe als Ausdruck der Revolution angegriffen — ich zitiere nur ein Beispiel von 1789:

Das große Losungswort, das jetzt ein jeder kräht,
Vor dem in ihren Staatsperücken
Sich selbst des Volkes Häupter bücken,
Horch auf! es heißt: Publicität ... !!

(G. Bürde, hier nach O. Ladendorf, Zeitschrift für Deutsche Wortforschung, V, 1903/04, S. 118.)

Die Zeitbedingtheit, die polemische Ausrichtung gegen eine ältere und nunmehr erfolgreich bekämpfte politische Ordnung, teilt der Begriff der Öffentlichkeit mit der großen Mehrzahl unserer modernen politischen Begriffe[4]. Sein positiver Gehalt ist in Deutschland mühsam errungen, und zwar, der Bedeutungsentwicklung des Wortes, wie sie die Wörterbücher bezeugen, entsprechend, d. h. von dem ursprünglichen, eine Tatsächlichkeit bezeichnenden Wortsinn her.

Es sind drei, in verwickelter Weise untereinander zusammenhängende Sinnkomplexe, in deren Gesamtheit, um nicht zu sagen in deren System erst das inhaltliche Problem der neuen Öffentlichkeit faßbar wird. Ich versuche sie nacheinander zu entwickeln.

a) Das Erste ist die Zulassung einer Öffentlichkeit im Sinne des Offenbarseins, der Zugänglichkeit zu den Bereichen von allgemeinem Interesse. Dahin gehört die Eröffnung der Öffentlichkeit für die Bildung eines Trägers der Öffentlichkeit, eines Publikums, also vor

[4] Seine deutsche Einbürgerung in einer Zeit weniger radikaler Wandlungen, verglichen mit Frankreich, könnte über diesen Charakter auch des deutschen Begriffs täuschen. In dem wohl wichtigsten Buch aus dem Kampf um die Öffentlichkeit in Deutschland, in Anselm v. Feuerbachs Betrachtungen über die Öffentlichkeit und Mündlichkeit der Gerechtigkeitspflege von 1821, könnte die Einführung der Öffentlichkeit beinahe wie eine bloße Wiederherstellung stolzer deutscher Vergangenheit erscheinen. „Öffentlichkeit und Mündlichkeit der Rechtspflege sind die beiden großen Losungsworte, die seit einigen Jahren im Namen des Zeitgeistes so vielfältig, so laut und stark in die deutsche Wirklichkeit hineingerufen wurden, daß wenn Worte allein die Macht hätten, zu zerstören und zu schaffen, an dem bisherigen Gerichtsgebäude schon lange kein Steinchen mehr mit dem anderen zusammen hinge, und die Gerechtigkeit, aus jenen Mauern erlöst, wieder frei hinter den offenen Schrannen auf des Reiches Straßen zu Gericht säße“ (a.a.O. S. 10). Das klingt wie romantische Erneuerung des Mittelalters. Aber die Vergegenwärtigung auch nur eines Zeugnisses mittelalterlicher Öffentlichkeit macht den tiefen Gegensatz deutlich, etwa des Anfangs des ersten, lateinischen Soester Stadtrechts aus der Mitte des 12. Jahrhunderts: Audiat universitas antiquam et electam Susatiensis oppidi justitiam: so wird die zur regelmäßigen Verlesung des Stadtrechts zusammengetretene Gemeinde der Vollbürger in nicht nur als Sprachdenkmal bemerkenswerten Worten angeredet (hier nach F. Keutgen, Urkunden zur Städtischen Verfassungsgeschichte, 1899, S. 139). Der Unterschied gegenüber jeder heutigen Öffentlichkeitsordnung liegt auf der Hand. Die heutige ist aus der Polemik, aus dem Mißtrauen geboren: öffentliche Parlamentsverhandlung, weil man der Heimlichkeit des Regierens, öffentliche Justiz, weil man der heimlichen Justiz mißtraute (A. v. Feuerbach, a.a.O., S. 26, 93). Nichts davon in der, man möchte beinahe sagen, marmornen Gewißheit jener Eingangsworte des Soester Stadtrechts: in jener mittelalterlichen Welt ist die bestehende Ordnung in ihrem Einklang von Sollen und Wirklichkeit noch ein unproblematisch fester und gewisser Boden.

allem die Pressefreiheit, aber auch die Vereins-, die Versammlungsfreiheit — die Freiheiten, die die Voraussetzung eines jeden öffentlichen Wirkens sind. Damit wird überhaupt der Raum, die Möglichkeit einer Öffentlichkeit, öffentlichen Lebens geschaffen, das in diesem Rahmen dann wirklich werden kann, angeregt und getragen vor allem durch die Mittel der öffentlichen Äußerung, der freien öffentlichen Rede, der wenigstens einigermaßen freigestellten Presse. Dahin gehört weiter die unmittelbare oder mittelbare Öffentlichkeit der staatlichen Gewalten selbst: die Öffentlichkeit der Verhandlung der gesetzgebenden Körperschaften, die Öffentlichkeit der Justiz, die öffentliche Kritik an allem übrigen Staatsleben in der Form öffentlicher parlamentarischer Geltendmachung der Ministerverantwortlichkeit.

Dieses grundsätzliche, verfassungsmäßige Offenbarsein, diese sozusagen formelle Publizität allen in einem sachlichen Sinne öffentlichen Lebens, in seinen spontan-gesellschaftlichen wie in seinen offiziellen, amtlichen Formen der verfassungsmäßigen Gewalten, wird getragen von einer verwirrenden Fülle von Motiven, deren Hauptgruppen, scheinbar einander in geschichtlicher Folge ablösend, doch noch heute zusammenwirkend den Anspruch, den Geltungssinn dieser verfassungsmäßigen Publizität unseres öffentlichen Lebens tragen.

Vorweg ist diese Publizität ein wesentliches Stück der Freiheit der mündig werdenden Völker, der Freiheit auch jedes einzelnen Volksgenossen. Der ist kein freier Mann, dem nicht die Freiheit des öffentlichen Worts, die Freiheit der Anteilnahme am öffentlichen Leben durch Öffentlichkeit von Volksvertretung und Justiz gewährleistet ist. So erscheint die Öffentlichkeit in diesem Sinne in frühkonstitutioneller Zeit weithin nicht als verfassungsmäßige Institution, sondern als Grundrecht, unter dem Gesichtspunkt nicht der Organisation, sondern des Freiheitsanspruchs, der Freiheitssphäre der Einzelnen. An der Reaktion auf heutige Infragestellung solch verfassungsmäßiger Publizität kann man noch heute ablesen, wie stark dies Motiv auch in der Gegenwart noch wirksam ist.

Ein zweites, uns heute vielleicht allzu fremd gewordenes Motiv ist der Glaube an die Publizität als Vehikel und Gewähr der Wahrheit, der Sauberkeit, der Richtigkeit der Ergebnisse, die in öffentlicher Auseinandersetzung, öffentlichem Verfahren gewonnen werden. Für die Bereiche freier öffentlicher Meinungsbildung ist John Milton der große Klassiker solcher Denkweise: in der beschwörenden Anrede der

Areopagitica an das Parlament, doch nicht den jungen Frühling der Erkenntnis und des neuen Lichts durch Bücherzensur zu ersticken, spürt man den mächtigen religiösen Unterstrom der Grundrechtsforderung nach Gedanken-, Rede- und Pressefreiheit, nach gewährleisteter Öffentlichkeit des geistigen Lebens. Für den Bereich des Staats und insbesondere der staatlichen Rechtsbildung ist einer der wirkungsvollsten Gewährsmänner kein Geringerer als Kant, der im zweiten Anhang zum Traktat „Zum ewigen Frieden" die „Einhelligkeit der Politik mit der Moral nach dem transcendentalen Begriffe des öffentlichen Rechts" durch die Publizität zu gewährleisten sucht. Nach Abstraktion von aller empirisch gegebenen Materie des öffentlichen Rechts „bleibt nur noch die Form der Publizität übrig, deren Möglichkeit ein jeder Rechtsanspruch in sich enthält, weil ohne jene es keine Gerechtigkeit (die nur als öffentlich kundbar gedacht werden kann), mithin auch kein Recht, das nur von ihr erteilt wird, geben würde". „Alle auf das Recht anderer Menschen bezogene Handlungen, deren Maxime sich nicht mit der Publizität verträgt, sind unrecht" — so lautet die „transcendentale Formel des öffentlichen Rechts", und damit ist nur in die Sprache des Kantischen Kritizismus übersetzt, was der allgemeine Glaube der Zeit war, daß Öffentlichkeit der Gesetzgebung ihre inhaltliche Güte gewährleistet. Und nicht anders argumentieren die klassischen Vorkämpfer öffentlicher Justiz, Feuerbach und Mittermaier, wenn sie in der Öffentlichkeit gesteigerte Aussichten auf gerechte Urteilsfindung versprechen[5].

Nach einem Jahrhundert ernüchternder massenpsychologischer Erfahrungen und Theorien liegen uns solche Erwägungen über den

[5] Als Probe solcher Denkweise nur eine der grundsätzlichen Äußerungen Feuerbachs: „Ist im allgemeinen Heimlichkeit die verbergende Hülle des Schlechten und Verworfenen, so ist dieselbe in jeder Beziehung der Natur der Gerechtigkeit an und für sich selbst innerlich zuwider. Diese Gerechtigkeit, — das Herrlichste was der Staat den Menschen verbürgt, rein wie die Wahrheit und heilig wie die Tugend — sie, die parteilos jedem auf gleicher Waage Gebührendes zumißt und nur Gewalt übt im Namen des Gesetzes für das ewige Recht: Was hätte sie mit der Verborgenheit gemein, da sie so gar nichts gemein hat mit dem Schlechten? Was an ihr erscheint, sobald sie sich zeigt, ist Lauterkeit, Reinheit, Ehrfurcht gebietende Hoheit, und je heller das Licht, das sie umgibt, desto deutlicher werden erkannt alle die Vollkommenheiten, durch welche sie als Gerechtigkeit verherrlicht wird, und welche, je deutlicher und allgemeiner sie erkannt werden, durch die Kraft des Vertrauens und der Ehrfurcht ihre eigene Macht, womit sie alles Menschliche zu beherrschen bestimmt ist, erheben, innerlich befestigen und äußerlich erweitern" (a.a.O., S. 89).

Segen der Öffentlichkeit gründlich fern. Um so dringlicher ist es, ihrem begründeten Kern sorgfältig nachzugehen. Ohne Zweifel enthält der Öffentlichkeitsoptimismus der frühkonstitutionellen Zeit rationalistische Einschläge, die uns fremd geworden sind. Trotzdem steckt in Miltons und Feuerbachs Enthusiasmus wie in der ungefügen Begriffssprache von Kants „transcendentaler Formel des öffentlichen Rechts" ein Wahrheitskern, der heute zu sehr vernachlässigt wird und der auch ohne ausdrückliche Anerkennung noch immer zu den stärksten Legitimierungen der Ansprüche der Öffentlichkeit an uns gehört[6].

Wenn die Öffentlichkeit in diesem Sinne ursprünglich vom persönlichen Freiheitsbewußtsein der ersten Verfassungszeit als Grundrecht gefordert und zugleich als Gewähr guter Ergebnisse, gerechter Gesetze und Richtersprüche begründet wird, so führt eine dritte Rechtfertigung schon an die Grenze dieses engeren Zusammenhanges. Bald erscheint das in diesem neuen Geleise der Öffentlichkeit ablaufende Leben, die neue Sozialität der Öffentlichkeit, als wertvoller Selbstzweck. Statt vieler Belege gebe ich nur zwei. Als Carl August von Weimar 1819 die im Grundgesetz von 1816 noch nicht vorgesehene Öffentlichkeit der Landtagsverhandlungen vorschlägt, begründet er diesen Schritt mit solchen Erwägungen: „Immer dringender wird die Öffentlichkeit verlangt, und in der Tat scheint sie nur das Mittel zu sein, durch welches ein freier Verkehr zwischen den Vertretern des Volkes und dem Volke selbst hergestellt, der Zweck einer repräsentativen Verfassung vollständig erreicht werden kann"[7]. Wie hier die Realisierung konstitutionellen Lebens durch Öffentlichkeit, so gründet Mittermaier 1845 geradezu die Wirklichkeit des Rechts auf die Öffentlichkeit der Rechtspflege[8]. — In allen diesen Zusammen-

---

[6] Vgl. etwa die ruhig abwägende Verteidigung der Öffentlichkeit der Justiz bei einem typischen Repräsentanten der ersten Jahrzehnte nach 1848: J. C. Bluntschli, Allgemeines Staatsrecht, 4. Aufl., 1886, II, 213 ff.

[7] K. H. L. Poelitz, Europäische Verfassungen, I 2, 1847, S. 777 f.

[8] „Das Recht eines Volkes muß in dem innersten Wesen desselben, in seinem Bewußtsein und seiner Auffassung des Vernünftigen wurzeln. Das Gesetz erscheint als der Ausdruck dieses Bewußtseins... Die Rechtsprechung, als die Anwendung des Gesetzes, ist gleichsam die Rechnungsprobe über den Wert des Gesetzes und des Geistes desselben. Erst dadurch erhält das Gesetz Leben und Fortbildung. Bei jedem einfachen, natürlich die Verhältnisse auffassenden Volke ebenso, wie bei dem auf sehr hoher Stufe der Bildung stehenden ist daher die Rechtsprechung öffentlich, indem die Anwendung der Gesetze auf einzelne Fälle dadurch verkündet wird und das Recht seine Bedeutung erhält" (C. J. Mittermaier, Die Mündlichkeit, das

hängen erscheint die Öffentlichkeit der nichtoffiziellen und der offiziellen Lebensvorgänge, für die sie gefordert und verfassungsmäßig gewährleistet wird, einigermaßen, mehr oder weniger, als Selbstzweck. Freilich weisen die Begründungen auch über diesen immanenten Sinn hinaus. Vor allem in zwei Richtungen, in denen die beiden weiteren Sinn- und Begründungskerne heutiger Öffentlichkeit liegen.

b) Die eine dieser Linien verläuft in dem Bereich kollektiven Lebens, der ohne Öffentlichkeit nicht möglich wäre oder doch in seinem Sosein durch Öffentlichkeit bedingt ist.

Mit der Entstehung modernen öffentlichen Lebens entsteht auch der so schwer faßbare Träger dieses Lebens, das Publikum, die „personifizierte Öffentlichkeit", wie man wohl gesagt hat[9]. Es lebt vom Element der Öffentlichkeit; nur in ihr kann es die so schwer faßbare und doch das politische Leben so unabdingbar mittragende Funktion der öffentlichen Meinungsbildung erfüllen. Die seit Jahrzehnten andauernde Erörterung der Probleme Öffentlichkeit und Publikum als Fragen aller Künste, zumal in Deutschland, haben bei aller Fragwürdigkeit ihrer Argumente und ihres Ertrages doch so viel ergeben, daß Öffentlichkeit und Publikum Grund- und Lebensfragen auch anderer Lebensbereiche sind. Aber im politischen Bereich sind sie es mehr, als irgendwo sonst — mit der Öffentlichkeit des politischen Lebens steht und fällt sein heutiger abendländischer Typus, jede Infragestellung der politischen Öffentlichkeit stellt seinen Träger und damit ihn selbst in Frage.

Das gilt von den überpersönlichen, unorganisierten Trägern des politischen Lebens, aber auch von den organisierten. In der Öffentlichkeit der Verhandlungen hat man von jeher mit Recht den Kern der Repräsentativverfassung und insbesondere des Parlamentsrechts gesehen[10]. Und die nichtorganisierte letzte Instanz in der Demokratie lebt von der Öffentlichkeit[11]. Wie die Bildung öffentlicher Meinung und eines Willens, der irgendwie als demokratischer Volkswille gelten kann, so ist auch Verkörperung und Organisierung politischer Einheit heute nur in aller Öffentlichkeit möglich; das bayerische Ministerwort

---

Anklageprinzip, die Öffentlichkeit und das Geschworenengericht, 1845, S. 334).

[9] A. Elster, Handwörterbuch der Rechtswissenschaft, IV, 1927, S. 258.

[10] C. Schmitt, Verfassungslehre, 1928, S. 316, auch Positionen und Begriffe, S. 51 ff.

[11] So etwa D. Schindler, Über die Bildung des Staatswillens in der Demokratie, 1921, S. 63 f.

von 1848: „Der heimliche Bundestag ist den Deutschen ein Gegenstand erst der Scheu, dann kalter Anwiderung geworden"[12], ist nur der selbstverständliche Ausdruck eines Lebensprinzips heutiger Staatlichkeit. Nur im öffentlichen Leben realisieren sich heute die Völker oder lernen sie, ihrer selbst, ihrer Aufgabe bewußt zu werden — mag dies Lernen in aller Öffentlichkeit für andere noch so fremdartig und mag es praktisch noch so unangebracht sein wie manche öffentlichen Selbstgespräche der amerikanischen Union über ihre außen- und militärpolitischen Motive und Absichten.

c) Die letzte Begründung der Öffentlichkeit liegt aber, über ihre Bedeutung als Lebenselement der Träger des politischen Lebens hinausführend, jedoch im Zusammenhang damit, in der Erhebung des Begriffs vom Faktischen zum Normativen, von der Bezeichnung einer Lage des Offenbarseins zur Bezeichnung des eigentlichsten aufgegebenen Wesens moderner Staatlichkeit[13]. Diesem Vorgang nachzugehen, ist gerade dem deutschen Denken besonders schwer geworden, infolge des besonderen Ganges der deutschen Geschichte, aber auch darum, weil der deutsche Begriffsschatz den Begriff nicht enthielt, im Gegensatz zu den romanischen und angelsächsischen Völkern mit ihrem Publizitätsbegriff. Daher auch das verzweifelte und offenkundig vergebliche Bemühen der deutschen Rechtswissenschaft um den Begriff des öffentlichen Rechts: da liegt die letzte der Fragen nach der Grundlegung der Öffentlichkeit.

In der französischen Revolution ist die neue Ordnung eine der Publizität, sofern sie eine des revolutionären Gemeinwesens ist, auf der Volkssouveränität beruhend, d. h. antifeudal, die Aufhebung der überkommenen Welt irrationaler, feudaler Rechtstitel, sie ist deren Irrationalität und Ungerechtigkeit gegenüber eine rationale und gerechte Ordnung. Im Gegensatz zu aller Transzendenz barocker Legitimitätsbegründung ist die neue Ordnung eine immanenter Vernünftigkeit. Und in ihrer inhaltlichen aufklärerischen Evidenz ist sie zugleich auf ihre Approbation durch das Publikum, durch die öffentliche Meinung ausgerichtet: ihre Richtigkeit, Gerechtigkeit, Notwendigkeit liegt am Tage, ist offenkundig, öffentlich, erweist sich aber auch in der Bewährung im öffentlichen Spiel der neuen konstitutionellen Gewalten.

---

[12] P. Roth und H. Merck, Quellensammlung zum deutschen öffentlichen Recht seit 1848, I, 1850, S. 124.

[13] Zutreffend das Nebeneinander, wenn auch in anderer Reihenfolge, bei H. Krüger, Die geistigen Grundlagen des Staates, 1940, S. 147 f.

Deutschland hat keine radikale Revolution erlebt, und deshalb hat es auch nicht den Radikalismus dieses neuen Denkens von öffentlichen Dingen übernommen. Aber grundsätzlich ist man schließlich auch in Deutschland mehr oder weniger auf den neuen Boden getreten. Die eigentliche und grundsätzliche positive Auseinandersetzung Deutschlands mit dem revolutionären Anstoß vollzieht sich merkwürdigerweise auf konservativem, gegenrevolutionärem Boden.

Die eigentlichen Gegenrevolutionäre bekämpfen die Begriffswelt neuer „öffentlicher" Ordnung, zum Teil im Interesse der Einheit des Rechtssystems, das sie vor dem Zerfall in eine öffentliche und eine private Sphäre bewahren wollen, und im Interesse voller Rechtsnatur auch der staatlichen Ordnung, deren Überführung in die neue, revolutionäre Begriffswelt ihnen die Legitimität, die bisherige rechtliche Sicherung, aber auch die bisherige Rechtsunterwerfung und Gerichtskontrolliertheit der politischen Institutionen zu nehmen drohte. In diesem Ringen hat Stahl den Begriff der materiellen Öffentlichkeit der staatlichen Rechtsordnung erfolgreich auch für das deutsche Rechtsdenken durchgesetzt. Er hat ihn inhaltlich gewandelt, indem er ihm den Aufklärungscharakter und die revolutionäre Zentrierung in der Volkssouveränität nahm. „Öffentlich", so sagt die Stahlsche Rechtsphilosophie[14], „ist in Wahrheit nicht das, was für das Volk und vollends was durch das Volk und nach seinem Willen besteht, sondern das, was zum Zweck einer höhern Ordnung und kraft eigner innerer Notwendigkeit über dem Volke nicht minder als über dem Fürsten besteht". Die Stahlsche Staatsphilosophie sucht diesen materialen Gehalt des Öffentlichen zu bestimmen, und daß eine zeitgemäße heutige Neubestimmung uns nicht gelungen ist, ändert nichts an der Notwendigkeit und Dringlichkeit der Aufgabe. Stahl vermag außerdem sehr wohl das formale Leben moderner Öffentlichkeit zu würdigen; er rühmt die öffentliche Meinung als eine Kontrolle der Regierung, die gezwungen sei, entweder der öffentlichen Meinung zu genügen oder ihr moralisch überlegen zu sein, und als eine Mitbestimmung des Volks, dessen freie Tat der Staat als ein sittliches Reich sein solle — und so erklärt dieser Konservative bald nach Goethes „tiefer Verachtung öffentlicher Meinung" eben diese für eine höhere Realisierung der Idee des Staates als eines persönlichen Reiches und daher für einen wahren Fortschritt der Zeit[15].

[14] 3. Aufl., I, 1856, S. 566, II 1, 1854, S. 302.

[15] a.a.O., II 2, 1856, S. 488. Über Wesen und Geltungsanspruch der Öffentlichkeit schwanken die Urteile in Deutschland noch heute in einem Maße,

II.

Für den romanisch-angelsächsischen Publizitätsbegriff ist der sachlich-normative Gehalt, der der mühsam erreichte Zielpunkt der deutschen Entwicklungslinie ist, „quod ad statum rei publicae spectat", als Jahrtausende alte Gegebenheit der Ausgangspunkt. Die Entwicklung verläuft dort also umgekehrt. Sie verläuft aber nicht nur in entgegengesetzter Richtung, verglichen mit der deutschen, sondern auch auf andere, sozusagen reibungslosere Art, und deshalb auch mit einigermaßen abweichendem Ergebnis.

Gegenüber der Mühseligkeit der deutschen Entwicklung geht die umgekehrte des romanischen Begriffs ungezwungen und selbstverständlich vor sich: die jüngeren Bedeutungskomponenten wachsen aus der Fülle des antiken begrifflichen Erbes als unvermeidliche Folgerungen von selbst heraus. Die Wörterbücher, voran das der französischen Akademie, geben eine geschichtliche Folge und einen inneren Zusammenhang zutreffend wieder, wenn sie als erste Bedeutung von „public" aufführen: „qui appartient à tout un peuple, qui concerne tout un peuple", dann, mit abgeschwächtem normativem Gehalt, darauf folgen lassen: „qui est commun, à l'usage de tous", und mit der faktischen Publizität abschließen: „qui est manifeste, qui est connu de tout le monde"[16].

Aus dieser zwanglosen Vorgegebenheit des materialen Begriffskerns ergeben sich wesentliche Abweichungen des gegenwärtigen außerdeutschen vom gegenwärtigen deutschen Öffentlichkeitsbegriff.

Einmal für den Begriff des öffentlichen Rechts.

---

wie es wohl nirgendwo im Auslande denkbar wäre. Ich zitiere für die — bezeichnend deutsche — Ablehnung nur den wohl bekanntesten neueren Beleg aus § 27 von Heideggers „Sein und Zeit": „Abständigkeit, Durchschnittlichkeit, Einebnung konstituieren als Seinsweisen des Man das, was wir als die Öffentlichkeit kennen. Sie regelt zunächst alle Welt- und Daseinsauslegung und behält in allem Recht. Und das nicht auf Grund eines ausgezeichneten und primären Seinsverhältnisses zu den „Dingen", nicht weil sie über eine ausdrücklich zugeeignete Durchsichtigkeit des Daseins verfügt, sondern auf Grund des Nichteingehens „auf die Sachen", weil sie unempfindlich ist gegen alle Unterschiede des Niveaus und der Echtheit. Die Öffentlichkeit verdunkelt alles und gibt das so Verdeckte als das Bekannte und jedem Zugängliche aus."

Der gegensätzliche, ungleich sorgfältiger (auch im Ethischen) begründete Standpunkt ebenso bezeichnenderweise in der Defensive bei H. Plessner, Grenzen der Gemeinschaft, 1924, S. 51, 88 ff.

[16] Ähnlich Littré und Larousse. Vgl. aus der juristischen Literatur z. B. M. Hauriou, Précis de droit constitutionnel, 1923, p. 32, 34 s.

Die Abgrenzung eines Bereiches des öffentlichen Rechts knüpft, soweit sie stattfindet, an eine lange Überlieferung an. Sie ist deshalb nicht mit der Entschiedenheit, wie in Deutschland, ein Kriterium der modernen, antifeudalen Ordnung. Der Begriff des öffentlichen Rechts hat dort nicht den einigermaßen gespannten, um nicht zu sagen verkrampften Charakter, wie in Deutschland. Auf dem Kampf um das öffentliche Recht in Deutschland beruht der Gedanke seiner Überwertigkeit gegenüber der Rechtsordnung und den Rechtsinstituten im übrigen, die von der neuen Ordnung entweder beseitigt oder zwar in Geltung belassen, aber nicht in die bevorzugte Gruppe der spezifisch öffentlichen Werte eingetreten sind. Darauf beruht auch seine Undiskutierbarkeit, die Abneigung gegen Gerichtskontrollen im Bereich des öffentlichen Rechts, die nichts mit französischer Justizfeindlichkeit zu tun hat. Die deutsche gegenrevolutionäre Literatur hat diese Wirkung der neuen publizistischen Begrifflichkeit in Deutschland richtig erkannt und nicht ohne Grund bekämpft.

Der französische Begriff des öffentlichen Rechts ist weniger betont, als der deutsche, er ist neutraler, elastischer, als dieser. So kann er als Rahmen jeden positivrechtlichen Inhalt aufnehmen. Der Kirchenhistoriker und Jurist Claude Fleury definiert zu Eingang seines Droit public de France seinen Gegenstand antik-naturrechtlich als das Recht, das sich beziehe auf die conservation de tout un peuple assemblé en corps d'Etat[17], aber die Einführung von Pasquier definiert wenige Seiten vorher denselben Gegenstand als l'art de commander et d'obéir, auch als l'art de civiliser les hommes et de les conduire au souverain bien[18]. Die nachrevolutionäre Jurisprudenz verwendet ihn als Mittel der Systematisierung je nach Bedarf: bald, wie in Deutschland, unter Einschluß des Verwaltungsrechts, bald ohne dies, bald sogar unter Ausschluß des konstitutionellen Rechts im engeren Sinne[19].

Außerdem spielt das Moment der Publizität im ganzen in der Begriffsbestimmung des modernen Verfassungsstaats in Deutschland eine unverhältnismäßig geringere Rolle, als z. B. in Frankreich.

Das konstitutionelle Ausland hat alle Begriffsmomente der Publizität in ihrer expliziten Fülle in sein konstitutionelles Bewußtsein aufgenommen. So erscheint die öffentliche Meinung als wesentliches,

---

17 Ausgabe von 1769 t. I p. 2.

18 p. LXXIV.

19 z. B. A. Batbie, Traité de droit public et administratif, I, 1862, p. 27.

geradezu institutionelles Moment der konstitutionellen Ordnung, und zwar mit ihren Wesensmerkmalen größter Freiheit und Spontaneität, größter faktischer Öffentlichkeit, gegenständlicher Ausrichtung an der Idee des Gemeinwohls, als Raum ständiger fließender Auseinandersetzung zwischen Nation und Regierung[20]. Das unauflösliche In- und Miteinander aller Momente formeller und materialer, antik begründeter und an modernste Öffentlichkeitsformen gebundener Publizität als Wesensmoment des modernen Verfassungsstaats ist ein Gegenstand der verfassungsrechtlichen Systeme des Auslandes. In Deutschland hat Stahl noch gründlich z. B. die Lehre von der öffentlichen Meinung gerade als Institution entwickelt und hat die öffentliche Meinung als „eine höhere Realisierung der Idee des Staates" und als einen „wahren Fortschritt der Zeit" gerühmt[21]. Seit Laband hat kein noch so demokratischer deutscher Jurist mehr dergleichen gewagt.

Zur formalistisch-positivistischen Entleerung unserer Begriffswelt hinzu ist das Problem des Öffentlichen und der Öffentlichkeit in Deutschland noch besonders belastet durch die Nachwirkung des Ringens dieser Begriffe um ihre in Deutschland so besonders schwierige Durchsetzung. Im Ringen mit der von ihnen vorgefundenen konkreten Fülle älterer Autoritäten, Geltungen, Ordnungen sind die Begriffe des Öffentlichen und der Öffentlichkeit in ein dazu gegensätzliches Gefälle zum Nominalismus und Positivismus hin geraten, eines Positivismus, der vielfach ärger war, als der, den sie in der „feudalen" Ordnung bekämpften. Das Ergebnis ist die Sackgasse eines unfruchtbaren Streits mit verfehlten Argumenten um den Begriff des öffentlichen Rechts und die Vernachlässigung eines der wichtigsten Momente neuzeitlicher konstitutioneller Ordnung.

---

[20] Hauriou, p. 214 s.

[21] Philosophie des Rechts, II 2, 3. Aufl., 1856, S. 488.

Integrationslehre*

Die Integrationslehre, vertreten vor allem von Rudolf Smend (Verfassung und Verfassungsrecht, 1928), steht im Zusammenhang der Gegenbewegung gegen den bis dahin herrschenden Positivismus und Formalismus der deutschen Staatsrechtswissenschaft und damit zugleich der Staatslehre, geht aber im Vergleich etwa mit H. Triepel und E. Kaufmann, C. Schmitt, G. Holstein und H. Heller, methodisch und sachlich besondere Wege.

1. Inhalt

a) Die Integrationslehre will ihren Gegenstand im Sinne der Geisteswissenschaften „verstehen". Sie nimmt ihren Ausgangspunkt vom Grundproblem des Verhältnisses von Individuum und sozialer Welt. Sie kann das Individuum nicht an sich, abgesehen vom überindividuellen Leben, verstehen, sondern nur, sofern es lebt, sich äußert, an der geistig-sozialen Welt Anteil hat, intentional auf andere bezogen ist — als Gemeinschaftsglied, und ebenso umgekehrt auch Gemeinschaft, Gruppe, Staat nicht als je ein in sich beruhendes kollektives Ich, sondern als Einheitsgefüge individuellen Lebens, verstehbar nur als das Wesen der Einzelnen wie des Ganzen fließend realisierende und wandelnde Dialektik. Eine solche Gruppe, ein „geschlossener Kreis" (Th. Litt) besonderer Art ist auch der Staat, nicht ein ruhendes Ganzes, das einzelne Lebensäußerungen, Gesetze, diplomatische Akte, Urteile, Verwaltungshandlungen von sich ausgehen läßt, sondern er ist überhaupt nur vorhanden in diesen einzelnen Lebensäußerungen, sofern sie Betätigungen eines geistigen Gesamtzusammenhanges sind, und in den noch wichtigeren Erneuerungen und Fortbildungen, die lediglich diesen Zusammenhang selbst zum Gegenstande haben. Er lebt und ist da nur in diesem Prozeß beständiger Erneuerung, dauernden Neuerlebtwerdens; er lebt, um Renans berühmte Charakterisierung der Nation auch hier anzuwenden, von einem Plebiszit, das sich jeden Tag wiederholt. Diesen Lebensvorgang bezeichnet die Integrationslehre als Integration — also nicht eine wis-

* Handwörterbuch der Sozialwissenschaften 5 (1956) S. 299—302.

senschaftliche Methode, entsprechend dem Integrieren der Mathematik, sondern einen Vorgang; von dem Gebrauch des Worts bei Spencer oder in der sonstigen soziologischen Literatur und vor allem im heutigen politischen Sprachgebrauch unterschieden durch seinen dialektischen Sinn[1], eben deshalb unvermeidlich bald mehr intransitiv als Erlebniszusammenhang, bald mehr transitiv als Tätigkeit oder Wirkung der diese Realisierung des Staats tragenden Faktoren verwendet. Dieser Vorgang hat im Staat wie in jeder Gruppe seine besondere Wesensgesetzlichkeit, und deren rechtliche Positivierung ist die Verfassung der Gruppe. Verstehende Verfassungslehre muß also zunächst Integrationslehre sein.

b) Der Integrationsvorgang ist weithin nicht bewußt, sondern verläuft vermöge einer nicht intendierten Gesetzlichkeit oder „List der Vernunft". Er ist daher auch zumeist nicht Gegenstand bewußter Verfassungsregelung (mit Ausnahme etwa der Bismarckschen Reichsverfassung), und eben deshalb auch nur ausnahmsweise Gegenstand theoretischer Besinnung. Die Integrationslehre entwickelt ihn daher auch nicht von ihrem theoretischen Ansatz, sondern beschreibend, von der empirischen Beobachtung her. Es sind drei Gruppen von Beobachtungen, die sie als Integrationstypen zusammenfaßt, ohne den Anspruch, damit den Stoff zu erschöpfen oder mit diesen vielfach ineinander übergehenden Gruppen mehr als eine übersichtliche Ordnung des beobachteten Stoffes zu geben. Als persönliche Integration erscheint die durch Führer, Herrscher, Monarchen, öffentliche Funktionäre jeder Art — unvermeidlich in ähnlicher Gruppierung wie die „Typen der Herrschaft" Max Webers, aber eben unter dem anderen, jene Typenbildung bedingenden und tragenden Gesichtspunkt der Integration. Als funktionelle Integration wirken sehr verschiedene kollektivierende Lebensformen: von den primitiven sinnlicher Rhyth-

---

[1] Sie versteht den von ihr beobachteten Lebensvorgang ganz und gar dialektisch, also nicht einfach als „Vergesellschaftungshandeln" oder als das „den Bestand des Gebildes konstituierende Einverständnishandeln" (Max Weber) oder als „das soziologische Urphänomen des Consensus" (Dombois).

Der besondere Begriffsgehalt der Integrationslehre ist in der Regel gemeint, wenn das Wort in der verfassungsrechtlichen Erörterung gebraucht wird, z. B. in der grundsätzlichen Erklärung des Präsidenten des Bundesverfassungsgerichtes vom 7. 4. 1954 (Bulletin des Presse- und Informationsamtes der Bundesregierung vom 13. 4. 1954, S. 610). Immerhin dürfte auch der weitere heutige Sprachgebrauch zum Teil auf die Integrationslehre zurückzuführen sein (H. Plessner). Vgl. zur Herkunft von Wort und Begriff auch O. A. Dilschneider, Das christliche Weltbild. Gütersloh 1951, S. 136 f.

misierung gemeinsamer Tätigkeit oder Bewegung, den Grundvorgängen aller „direkten Aktion“ im weiteren Sinne, zu den verwickelteren, mittelbaren z. B. der Wahlen und parlamentarischen Verhandlungen, deren Sinn vordergründig bewußt der der Erzielung bestimmter Entscheidungen, Wahlergebnisse, Gesetzesbeschlüsse usw., weniger bewußt, aber mindestens ebenso dringlich der der Herstellung, Fortbildung, Erneuerung der politischen Gemeinschaft durch Meinungs-, Gruppen-, Partei-, Mehrheitsbildung, durch Herbeiführung politischer Gesamthaltung und aktiver Gemeinschaftswirklichkeit ist. Hierhin gehören alle Typen des Kampfes mit integrierndem Gefälle, aber auch die der Herrschaft. Als sachliche Integration endlich wirken alle Sinngehalte des staatlichen Lebens, die in der Regel als Staatszwecke verstanden werden, die aber umgekehrt wieder als Integrationsmittel die sie erlebende und verwirklichende Gemeinschaft tragen. Sie erscheinen hier also unter anderem Gesichtspunkt als in der Staatszwecklehre, nämlich unter dem ihrer Integrationswirkung. Daher ist hier z. B. der systematische Ort für die Theorie der Symbole des politischen Wertganzen, Fahnen, Wappen, Staatshäupter, politischen Zeremonien, nationalen Feste, die die Totalität des staatlichen Sinngehalts erfaßbar und dem Erlebnis zugänglich machen, hier die Erklärung dafür, daß mit aller Unzulänglichkeit der Erreichung der Staatszwecke doch die politische Lebenserfüllung eines Staatsvolks zusammengehen kann, hier ein Ort für die Theorie des Staatsgebiets und der politischen Legitimitätsfaktoren.

c) Die soziologische und juristische Sonderart dieser Integrationsordnung beruht in ihrem paradoxen Charakter, einerseits schlechthin aufgegeben und andererseits ohne alle sonst geläufigen Rechtsgarantien zu sein. Deshalb ist der der Integrationslehre gemachte Vorwurf unbegründet, sie sei im Grunde nur eine allgemeine Soziologie aller Gruppen. Denn die Integration aller übrigen Gruppen ist entweder mit dem Bestande der Gruppe freier Willkür überlassen (Liebes-, Freundschafts-, gesellige Verhältnisse) oder heteronom gewährleistet (das Leben eines Vereins durch das bürgerliche Recht und den Gerichtszwang). Die Integration des Staates dagegen ist mit der Notwendigkeit des staatlichen Bestandes kategorisch aufgegeben. Das sozusagen freischwebende System der Integrationsfaktoren hat immerfort die Grundlage des staatlichen Lebens zu gewährleisten. Darin liegt inhaltlich sein politischer Charakter, seine bedingende, grundlegende Bedeutung für Staatsverfassung und politische Wirklichkeit, darin formell zugleich seine juristische Eigenart, darin die Bedeutung der Integrationslehre für politische und insbesondere Verfassungstheorie. Diese Bedeutung ist von mir (Verfassung und Verfassungsrecht, 1928) für eine Reihe von staatstheoretischen Problemen (Wesen der Verfassung, der Staatsorgane, Staatsfunktionen, Staatsformen, des Bundesstaats) und für die praktische Lösung staatsrechtlicher Fragen (Auslegung der Verfassung als Ganzes: politischer Sinn der Verfassung, Elastizität ihrer Anwendung, Auslegungsmaxime ihres aufgegebenen integrierenden Sinnes; Organ- und Funktionenrecht, Sachgehalt der Verfassungen, insbesondere Grundrechte, und Bundesstaatsrecht) näher verfolgt.

2. Geschichtlicher und systematischer Ort; Mängel; Stellungnahme der Literatur

a) Die Integrationslehre lehnt alles isolierte Verstehen der Norm einerseits, der Wirklichkeit andererseits ab. Die Norm hat ihren Geltungsgrund, ihre Geltungsqualität, ihren Geltungsinhalt vom Leben und dessen aufgegebenem Sinn her, wie umgekehrt das Leben nur aus der Beziehung zu seinem aufgegebenen und normierten Lebenssinn zu verstehen ist. Jedenfalls ist für die Integrationslehre eine befriedigende Verfassungslehre nur so zu gewinnen — nicht auf dem Wege älterer Staatstheorien oder der Normlogik, auch nicht auf dem Wege der Ergänzung oder Richtigstellung des überkommenen formalistischen Positivismus durch zusätzliche „politische" Betrachtungen oder ontologische, metaphysische Unterbauung.

Die Integrationslehre steht in grundsätzlichem Gegensatz zu älterem Staatsdenken, das in naiver Verräumlichung Inhalte verschiedener Wirklichkeitsschichten durcheinandermengt, wie die Lehre von den drei Staatselementen (Gebiet, Volk, Gewalt oder Verfassung), oder das irgendwie einen Regreß aus der normalen oder Verfassungsordnung in eine angeblich tiefer gegründete Normativität oder Faktizität vorsieht, wie etwa die Staatslehre des monarchischen Prinzips, oder wie das damit strukturverwandte C. Schmittsche Verfassungsbild mit der davor und eventuell dahintergeschalteten faktischen, „souveränen Entscheidung". Sie lehnt jedes Verfassungsdenken ab, das auf eine hinter oder über der Verfassung bestehende Faktizität hin ausgerichtet ist, sei es im Sinne des Vorbehalts außerkonstitutioneller „souveräner Entscheidung"[2], sei es im Sinne der Kontrastie-

[2] So erschien z. B. der Inhalt der Weimarer Verfassung zuletzt als ein

rung „pluralistischen“ Verfassungslebens mit einer willkürlich angenommenen statischen Einheit irgendwelcher Art oder mit einem derb ontologischen Volksbegriff, sei es im Sinne der gedanklichen auch nur eventuellen Ausklammerung des Einzelnen, „ohne mich“[3].

Sie lehnt die naiv verräumlichende wie die sich praktisch vielfach ebenso auswirkende normlogische Statik der Begriffe ab — die Sicht des Einzelnen als starren Rechtsträgers (Staatsbürger, Untertan, Grundrechtsberechtigter) wie des Ganzen als starren herrschenden Rechtssubjekts, einschließlich starrer Träger des „Pluralismus“ und einschließlich allen unlebendigen Verständnisses der Gierkeschen Begriffswelt. Sie schließt damit zugleich alles (vielfach den Normativismus ergänzende) kausale und teleologische Denken aus, alles Herleiten staatsrechtlicher Macht aus einer höheren Machtquelle, und umgekehrt das instrumentale Verstehen der Verfassung als technische Ordnung eines „Betriebes“ zu „Leistungen“ für „Zwecke“ — insoweit auch gegen Max Weber, bei aller Anerkennung aller echten soziologischen Strukturtypen.

Die Integrationslehre hat in der zunehmend kritischen Lage der Weimarer Verfassung deren eigentlichen Sinn zu bestimmen gesucht, den der bis dahin herrschende positivistische Formalismus so verhängnisvoll mißverstand, daß er die Rechtfertigung zur Beseitigung der Verfassung durch das „Ermächtigungsgesetz“ von 1933 liefern konnte und mußte. Carl Schmitt hatte den Verfall des von der Weimarer Verfassung vorgesehenen Verfassungslebens in eindrücklichen Monographien auf seine politischen Gründe, zum Teil auch auf den Verfall älterer verfassungspolitischer Ideologien zurückgeführt. Die Integrationslehre bewertete ihn in unmittelbarer juristischer Kritik als Folge verfassungswidrigen Verhaltens und stellte diesem Verhalten die Forderung integrierenden, einheitsstiftenden Verständnisses der Verfassung und entsprechender Haltung aller verantwortlichen Faktoren entgegen. Sie sieht die heutige Aufgabe der Verfassung nicht nur, wie in der konstitutionellen Frühzeit, darin, einem klaren volks-

---

vordergründiges Provisorium gegenüber dem Hervortreten der eigentlichen Staatsnatur in der Diktaturgewalt des Artikels 48.

3 Mit einer gewissen hier unternommenen kritischen Entrümpelung und Entmythologisierung des überkommenen Denkens ist nicht notwendig ein radikales Immanenzdenken gegeben, wie die umfassende Kritik von H. Dooyeweerd annimmt. Die Integrationslehre ist nicht an irgendwelchen transzendenten Orientierungen polemisch ausgerichtet, sondern an der obrigkeitsstaatlichen und der begriffsjuristischen Verkrustung des Verfassungsdenkens.

tümlichen Mitbestimmungswillen lediglich Bahn und Form zur Verfügung zu stellen, sondern in ganz neuen Problemen, insbesondere der Erfassung und Aktivierung des Einzelnen, der Ordnung und gesamtpolitischen Indienststellung des Parteiwesens. Für die konstitutionelle Aufgabe der Gegenwart scheinen ihr die theoretischen Begriffe und die praktischen Mittel eines „klassischen", aber vergangenen Konstitutionalismus mindestens insoweit zu versagen.

Wie die Integrationslehre Verfassungstheorie und Verfassungsrechtslehre zugleich ist, so ist sie unvermeidlich auch Verfassungsethik. Ihr sachlicher Kerngedanke schließt autoritäres Denken einerseits, individualistisches andererseits ebenso aus, wie manche Verlegenheitsalternativen der politischen Ethik, etwa die Friedrich Naumanns, in der Politik unausweichlich Wolf oder Lamm zu sein.

Wenn man als „den Einheitsbezug der allgemeinen Staatslehre die empirische Erlebbarkeit und Verstehbarkeit des Staates in der Totalität seiner sozialen und damit auch rechtlichen Beziehungen" gefordert hat (H. Heller), im Gegensatz zur „heutigen Staatslehre, die nicht ihre Begriffe beherrscht, sondern von ihren Begriffen beherrscht wird", so ist die Integrationslehre ein Versuch, diesem Anspruch gerecht zu werden.

b) Unbestreibar sind gewisse Einseitigkeiten und Mängel der Integrationslehre. Sie ist, der Eigenart ihres Gegenstandes und ihrer eigenen Grundtendenz entsprechend, um die möglichst weitgehende Ineinssetzung von Norm und Faktum bemüht. Darüber kommt die Spannung zwischen beiden und die Eigenart des Rechts zu kurz — die Eigenart des Verfassungsrechts auch insofern, als das Moment der Organisation und der Willensbildung zu sehr zurücktritt. Sie ist — im Gegensatz zu C. Schmitts Orientierung am Grenzfall — um die normale staatliche Wirklichkeit bemüht, die sie, wiederum ihrer Grundtendenz und zugleich wohl einem gewissen dialektischen Gefälle folgend, zu sehr zu sich beinahe automatisch herstellender Totalität zu harmonisieren strebt. Darüber kommen Geschichte und Tat zu kurz — und andererseits wird das staatliche Einheitsgefüge überschätzt (vielleicht statt nur als Wirkungseinheit begriffen zu werden: Heller) und die Einordnung des Einzelnen zu unproblematisch gesehen, dessen „existenzielle Identifikation" (P. v. Oertzen) das problematische Anliegen der Integrationslehre ist. Hier bedarf sie nachdrücklicher Richtigstellung des Mangels schon im Ansatz, daß sie im Anschluß an die Denkweise Theodor Litts die gegenständliche Verschiedenheit problematisch aufgegebenen Verfassungslebens von Litts kategorialer und zunächst am unproblematisch geschlossenen Kreise der Sprachgemeinschaft ausgerichteter Darlegung nicht genügend berücksichtigt.

c) Die Integrationslehre ist von konservativer Seite als ultrademokratisch, von liberaler und sozialistischer als faschistisch denunziert worden. Allerdings ist ihre sachliche Grundlage die politische Anschauung des Chaos des kranken Verfassungsstaates der 1920er Jahre gewesen, aus der das Anliegen erwuchs, demgegenüber den aufgegebenen gesunden Lebenssinn der Verfassung zu entwickeln.

Wissenschaftlich hat sie von starker Zustimmung (G. Holstein, A. Hensel) bis zur völligen Ablehnung Kelsens die verschiedensten Beurteilungen gefunden. Ihre beginnende Auswirkung war im Dritten Reich gehemmt; in dieser Zeit hat sich die Züricher Schule (D. Schindler, W. Kaegi) mit ihr auseinandergesetzt, in der ihr durch ihre Anknüpfung an E. Brunners naturrechtliche Denkweise gezogenen Grenzen. In Deutschland ist die Auseinandersetzung im Flusse und wird zu entsprechender Fortbildung der Integrationslehre führen.

Integration*

1. Wort und Begriff

Wort und Begriff waren früher überwiegend der wissenschaftlichen Fachsprache vorbehalten. Sie sind im 20. Jahrhundert ein geläufiger Bestandteil des allgemeinen Sprachgebrauchs geworden, weil sie einen immer wichtiger gewordenen Vorgang unseres gesellschaftlichen und politischen Lebens bezeichnen.

Das Wort meint ursprünglich die Wiederherstellung, dann aber überhaupt die Herstellung oder Entstehung einer Einheit oder Ganzheit aus einzelnen Elementen, so daß die gewonnene Einheit mehr als die Summe der vereinigten Teile ist. So ist die mathematische Integrationsrechnung mehr als eine einfache Addition, die Integration der Psychologie der Aufbau der Gesamtpersönlichkeit aus den einzelnen Faktoren des seelisch-geistigen Lebens, die Integration der Soziologie die Bildung sozialer Gruppen aus den Einzelnen oder kleineren Gruppen durch gesellschaftsbildende Prozesse.

2. Geschichtlicher Bereich

Die Sache spielt in der Wirklichkeit der heutigen Welt in Gesellschaft und Politik und daher auch in unserem Denken und Sprachgebrauch eine unverhältnismäßig größere Rolle als früher. Das ist begründet in zwei Tendenzen der heutigen geschichtlichen Lage.

Einmal im weitgehenden Zerfall, der „Desintegration", mindestens der Infragestellung, der Welt der überkommenen Bindungen, Gemeinschaften, Verbände, Gruppen, von den engeren, örtlichen, nachbarlichen Kreisen aufsteigend bis zu den umfassenden von Volk und Staat und Kirche. Auch wenn sie bestehen bleiben, werden sie so sehr kritisch durchdacht, „rationalisiert", daß der Einzelne ein neues positives Verhältnis zu ihnen nur durch eine bewußte Eingliederung, eine Integration, gewinnt. Vollends ist es so im Bereich aller gesellschaft-

* Evangelisches Staatslexikon (1966), Sp. 803—805.

lichen Neubildungen, die an die Stelle älterer Gliederungen getreten sind und treten.

Daneben stellt eine neue Welt vor allem politischer, und zumeist internationaler Zusammenschlüsse (z. B. EWG, NATO, und vieler anderer) besondere Probleme der Integration, der Eingliederung der bisher geschlossenen und unabhängigen Staaten, Volkswirtschaften usw. Hier wird besonders deutlich, daß Integration nicht Addition, Anschluß aneinander, sondern Bildung eines neuen Ganzen durch ein neues Zusammenspiel der bisher vereinzelten Glieder bedeutet, bei dem diese Glieder zugleich, in der gegenseitigen Beeinflussung, in Opfer und Gewinn, ihre tatsächliche Art und ihren rechtlichen Status ändern müssen.

3. Theorie

Die Integration ist ein grundlegender Lebensvorgang aller gesellschaftlichen Gebilde im weitesten Sinne und daher von der soziologischen Wissenschaft auch vielseitig untersucht. Das ist so selbstverständlich, daß man hier von einer besonderen Theorie der Integration nicht spricht. Mit Integrationstheorie oder Integrationslehre bezeichnet man das Eindringen dieser Problemstellung in die Rechts- und insbesondere in die Verfassungslehre.

Dabei geht es einmal um das Verständnis der ganzen Lebenswirklichkeit des Staates. Sie besteht nicht nur in seinen von der Verfassung ausdrücklich vorgesehenen Lebensvorgängen, zumal seinem Handeln, sondern zunächst darin, daß er immerfort von den Einzelnen bejaht und getragen wird, im Sinne des Worts von Renan, daß die Wirklichkeit der Nation in einem sich täglich erneuernden Plebiszit bestehe. So wird der Staat nicht als ein in sich beruhendes kollektives Ich verstanden, sondern als ein Einheitsgefüge des individuellen Lebens der Einzelnen, die sich hier in dauernder dialektischer Auseinandersetzung miteinander zusammenfinden. Daß dieser Vorgang den Beteiligten weithin nicht bewußt wird, ändert nichts an seiner Wirklichkeit, und deren grundlegende Wichtigkeit wird bei jedem Versagen dieses Lebensprozesses höchst augenscheinlich und bewußt. Umgekehrt ist ja auch der Einzelne nicht anders zu denken als in stetem dialektischem Austausch mit seiner Umwelt — darin beruht die Wirklichkeit seines seelisch-geistigen Lebens.

Damit wird unvermeidlich zugleich ein bestimmtes Verständnis der Staatsverfassung gefordert. Die Verfassung ist nicht lediglich ein Organisationsstatut, das den Staat als eine feste Gegebenheit voraussetzt und ihn organisiert, sein Handeln regelt, anordnet und begrenzt, sondern zugleich eine Lebensordnung, die auch den grundlegenden politischen Lebensvorgang des Staates ergreift, in dem er durch die ständige fließende Einbeziehung der Einzelnen überhaupt wirklich wird. Diese Einbeziehung geschieht durch allerlei Vorgänge des Verfassungslebens, z. B. Wahlen und parlamentarische Verhandlungen und deren Öffentlichkeitswirkung, deren Sinn ja nicht nur die Erzielung bestimmter Einzelergebnisse an Entscheidungen, Beschlüssen, Wahlresultaten ist, sondern zugleich die Anregung des politischen Lebensvorgangs, der Meinungs- und Partei- und Mehrheitsbildung, des politischen Gesamtbewußtseins, öffentlicher Meinung, aktiver politischer Gemeinschaftswirklichkeit überhaupt. In diesen Vorgängen spielen auch besonders hervortretende Persönlichkeiten eine „integrierende" Rolle: Regierungs-, Staats- und Parteihäupter — die Verfassung will diese Wirkung, und will sie in verschiedener Weise, wie etwa ihre starke Unterscheidung zwischen Staatshaupt und Regierungschef zeigt. Und endlich haben die bewußten Sinngehalte des staatlichen Lebens diese Wirkung: sie erscheinen einerseits als Staatszwecke, denen der Staat dient, und andererseits stehen sie in seinem Dienst, indem sie den Staat rechtfertigen und so seine Angehörigen an ihn binden. In den Symbolen der politischen Ganzheit, in Fahnen, Wappen, Nationalhymnen, Staatshäuptern wirkt diese „sachliche Integration" durch Vergegenwärtigung des verbindlichen Totalgehalts des politischen Gemeinwesens.

Man hat gegen diese Denkweise eingewendet, daß es sich hier nur um einen Sonderfall der selbstverständlichen Lebensvorgänge aller menschlichen Gruppenwirklichkeit handele. Das ist insofern unrichtig, als zwar auch alle anderen sozialen Bildungen, von Ehe und Privatverein bis zu umfassendsten politischen und unpolitischen Gemeinschaften, solcher stetiger Neuerfassung ihrer menschlichen Träger bedürfen, aber mit ganz anderen Bestandssicherungen als der Staat. Jene Gemeinschaften und Verbände sind gegen inneren Zerfall zumeist durch äußere Gewalten gesichert, den Richter, den Verwaltungszwang, bis hin zu den Mitteln des gesellschaftlichen und des außenpolitischen und völkerrechtlichen Zwangs. Für den Staat gibt es, so sehr er schlechthin aufgegeben ist, doch gerade keine äußere Garantie: er beruht letztlich nicht auf seinem Recht und seiner tatsächlichen

Macht, sondern auf der immer neuen freiwilligen Zustimmung seiner Angehörigen, und er gerät in die schwersten Daseinskrisen, wenn sie ihn nicht mehr durch sinngemäße Teilnahme am verfassungsmäßigen politischen Spiel tragen und realisieren. Das Schicksal der Weimarer Republik ist für die, die es erlebt haben, der erschütternde Beleg dieser Wahrheit geblieben.

Sich am Verfassungsleben nicht tragend zu beteiligen und es dadurch zu untergraben, ist die schwerste Verletzung der konstitutionellen Spielregeln. Als die Flügelparteien das politische Leben des deutschen Volkes desintegrierten, indem sie es nicht auf dem Boden der Weimarer Verfassung zusammenführten, handelten sie verfassungswidrig. Hier wurde deutlich, daß die Integration Gegenstand oberster Verfassungspflichten ist. In gesunden Verhältnissen vollzieht sie sich unbewußt, wie jeder gesunde Lebensprozeß, und deshalb rechnen auch die meisten Verfassungsurkunden nicht mit ihrer Infragestellung. Dennoch gehört sie zum Verfassungsinhalt, wenn die Verfassung die Regel sein soll, nach der ein Volk seine politische Pflicht verantwortlich zu erfüllen hat.

Früheren Verfassungen, die mit kraftvollem politischem Auftrieb des Volkswillens rechnen konnten, lagen schon deshalb solche Erwägungen fern. In Zeiten einer letzten Ohne-mich-Haltung sind sie nicht zu umgehen. Nur in Verkennung dieser allgemeinen Lage, von der die Notlage der Weimarer Verfassung nur ein Sonderfall war, konnte man den politischen Sinn der Integrationslehre verkennen.

Sie erhebt zugleich einen theoretischen Anspruch. Sie lehnt das herkömmliche Denken vom Staat als einem ruhenden, statischen Bestande, aufgebaut aus den drei „Elementen" Gebiet, Volk und Staatsgewalt, deshalb ab, weil es kein Verstehen des Staates als Lebenswirklichkeit vermittelt. Sie lehnt ein positivistisches und formalistisches Verständnis der Verfassung ab, das sich auf die Feststellung der positiven Einzelbestimmungen beschränkt und diese mit den Mitteln formaler Logik verknüpft, statt die Verfassung als eine Lebensordnung zu verstehen, die ein bestimmtes Bild einer politischen Lebenswirklichkeit und Lebenstotalität zu verwirklichen sucht.

Mit dem Verständnis des Staates als einer Lebenswirklichkeit, und zwar zunächst als der Lebenswirklichkeit des Integrationsprozesses, sind auch die Denkweisen abgelehnt, die ihn in mehr oder weniger bewußter Anlehnung an mechanisches Denken als Machtzentrum verstehen, das als gegeben vorausgesetzt und nur bezüglich seiner Handhabung und Auswirkung von der Verfassung geregelt wird — und ebenso die, die ihn „instrumentalisieren“, indem sie ihn als Apparat, insbesondere als Machtapparat zu bestimmten Zwecken verstehen.

4. Ethische Folgerungen

Damit ist zugleich der sachliche Ansatzpunkt für eine evangelische Ethik des Einzelnen im Staat gegeben. Sie hat von dem Lebensvorgang auszugehen, in dem der Einzelne von der Gemeinschaft, insbesondere der des Staates, beansprucht wird und auf diesen Anspruch irgendwie antwortet. Sie muß darauf bestehen, daß dem Einzelnen hier nicht erlaubt ist, sich seiner Mitverantwortung für das Ganze in einer Ohne-mich-Haltung zu entziehen. So hat er sich seinen Platz in der politischen Welt zu suchen, sich in sie hinein zu „integrieren“, nicht passiv als Atom in der Masse in einen naturhaft verstandenen, sozusagen physiologischen oder gar mechanischen Prozeß hineingezogen, sondern in freier Bemühung, auch hier einen Beruf nach dem Willen Gottes zu erfüllen und durch seine immer neue bewußte Eingliederung in die politische Gemeinschaft auch diese immer mehr zu einer Gemeinschaft nach Gottes Willen werden zu lassen. Die Vergegenwärtigung des Vorgangs der Integration soll auch dazu dienen, bei aller nüchternen Anerkennung der Grenzen, die die Wirklichkeit der menschlichen Dinge hier zieht, zumal in der unausweichlichen Notwendigkeit von formalem Recht und zwingender Macht, dem Staatsbürger diesen Teil seines Berufs als Christ in der Welt anschaulich zu machen und nahezubringen.

Reichskonkordat und Schulgesetzgebung*

Die Flut der Gutachten und der der Öffentlichkeit vorgelegten Erörterungen zum Streit um das Reichskonkordat erreicht oder übersteigt wohl schon jetzt den Umfang der Literatur zum Verfassungsstreit um den Verteidigungsbeitrag. Beides Dokumente der Wissenschaftsgeschichte, aber von bemerkenswert verschiedenem Charakter. Der damalige staatsrechtliche Streit wurde, bei aller methodischen Verworrenheit, im großen und ganzen mit zeitgemäßen Argumenten geführt — das vorangegangene wissenschaftliche Ringen gegen Positivismus und Formalismus war nicht umsonst gewesen. Um so überraschender das Bild des Konkordatsstreits. Er wird überwiegend geführt mit den Argumenten einer völkerrechtlichen, „dualistischen" Theorie der Konkordate, mit Erörterung des Vertragsschlusses, der Identität oder Rechtsnachfolge der Partner, des Kündigungsrechts usw. nach völkerrechtlichem Schema, also mit den alten Mitteln des Formalismus, bezeichnend ergänzt, von den Verteidigern und den Gegnern des Konkordats, mit moralischen, um nicht zu sagen moralisierenden Gesichtspunkten. Das ist eine Arbeitsweise, die weder der gegenwärtigen wissenschaftlichen Lage noch vollends dem Gegenstande gerecht wird. Sie erklärt sich aus der inneren Entfremdung und damit einer gewissen Hilflosigkeit der deutschen Wissenschaft gegenüber den staatskirchenrechtlichen Problemen seit dem Kulturkampf. In dieser Verlegenheit greifen Freunde und Feinde des Konkordats nach der formalistischen Krücke der „dualistischen" „völkerrechtlichen" Theorie der Konkordate. Wenn die „dualistische" Theorie der völkerrechtlichen Verträge, bei allen Einschränkungen und Abstrichen von ihr, die sich inzwischen als notwendig herausgestellt haben, eine der großen Leistungen des positivistischen Formalismus ist, so hat doch ihr berühmter Repräsentant ihre Anwendung auf die Konkordate ausdrücklich abgelehnt[1].

Die dem Konkordatsstreit von den Beteiligten so gut wie einstimmig zugrundegelegte „völkerrechtliche" Theorie der Konkordate führt

---

* Juristenzeitung 11 (1956). S. 265—267.

[1] H. Triepel, Völkerrecht und Landesrecht, 1899, S. 166, Anm. 1.

auch an dem eigentlichen Rechtsproblem dieses Streits vorbei. Unter diesem Gesichtspunkt gelten ihr die folgenden kritischen Bemerkungen.

Sie hat sich niemals ernsthaft mit der älteren Behandlungsweise des Konkordatsproblems auseinandergesetzt, deren Wesen gekennzeichnet ist durch den altbekannten Streit der Vertrags-, Legal- und Privilegientheorie. Einerlei ob man damals das grundlegende und wesensbestimmende Moment der Konkordate im Vertrage, im Staatsgesetz oder in der päpstlichen Sonderrechtssetzung fand: es war ein und dasselbe Rechtsverhältnis, dem man mit jeder dieser drei verschiedenen Konstruktionen gerecht zu werden suchte, nicht verschiedene Rechtsverhältnisse der obligatorischen Verpflichtung einer-, der staatlichen und kirchlichen rechtsetzenden Erfüllungshandlungen anderseits, wie die heute herrschende Lehre annimmt. Nach dieser ist der alte Streit der Konkordatstheorien unverständlich, denn alle drei haben nach ihr je an ihrem Teile recht. Die ältere Denkweise wird nur dadurch verständlich, daß sie das Geltungsproblem der Konkordate nicht durch Zerlegung des konkordatären Rechtsverhältnisses in verschiedene Sphären zu lösen, sondern daß sie es als ein einheitliches zu verstehen und zu beantworten sucht.

Zugunsten der älteren, sozusagen „monistischen" Konkordatstheorie spricht schon der Umstand, daß sie die des kanonischen Rechts ist. Mit aller Schärfe stellt Canon 3 des Codex juris canonici die Konkordate in die Reihe der kirchlichen Rechtsquellen und läßt sie dem Recht des Codex vorgehen — die Konkordate sind Formen päpstlicher Partikularrechtssetzung — „quae privilegia haec Apostolica sedes per pactiones solemnes conventionesque aliis concesserat" sagt die Allocution Benedikts XV. vom 21. 11. 1921. Es ist bezeichnend, daß der Codex keine Regeln über den Vertragsschluß enthält und vollends nichts von Transformation weiß (daß der Vertragsschluß nur der Ratifikation, die Rechtssetzung noch der Publikation bedarf, begründet nach kanonischem Recht keine Wesensunterscheidung), daß seine einzige Regelung der Konkordatsmaterie vielmehr eine Kollisionsnorm ist.

Auch vom kirchlichen Standpunkt ist selbstverständlich eine Lehre vom Vertragsmoment der Konkordate entwickelt worden[2]. Während die römische Kurie in der großen Mehrzahl der Fälle von Konkordatsschwierigkeiten der konkordatstreue Teil ist, ist es der weltliche Partner um so weniger, und darum hat die katholische Theorie auf die Vertragsseite der Konkordate besonderes Gewicht gelegt. Je gründ-

[2] Vor allem H. Wagnon, Concordats et Droit International, Gembloux 1935.

licher sie dabei verfahren ist, um so entschiedener hat sie sich von einer „dualistischen“ Theorie im Sinne von Triepels Völkerrechtslehre ferngehalten. Der Schwerpunkt des Konkordats liegt für den kirchenrechtlich folgerichtigen Denker nicht hier: „le concordat tend moins à imposer aux parties un échange de préstations qu' à créer des règles de droit pour les societés contractantes“[3], und diese Regelung kann wegen der Einheit ihres Gegenstandes nur ein gemeinsamer Akt beider Partner sein, nicht der Inhalt eines oder zweier „unilateraler“ Durchführungsgesetze[4]. Der konkordatsgemäße Rechtszustand[5] hängt daher nicht nur von der beiderseitigen Rechtssetzung, sondern von der Einigkeit beider Parteien ab, er hat vertragliche und innerkirchliche bzw. -staatliche Voraussetzungen.

Ganz in diesem Sinne hat eine des Klerikalismus, aber auch der mangelnden Beherrschung der Probleme unverdächtige Instanz, der französische Staatsrat, zu der Konkordatsstreitigkeit Stellung genommen, die in neuerer Zeit Gegenstand eines grundsätzlichen Verfahrens geworden ist: um die Fortgeltung des Napoleonischen Konkordats und der Organischen Artikel in Elsaß-Lothringen seit 1918. Er zieht zwei Gruppen von Rechtstatsachen in Betracht: einerseits die Kontinuität der gesetzlichen Geltung der Organischen Artikel einschließlich des Konkordats, und andererseits die fortgesetzte Anwendung des Konkordats kraft dauernden Einverständnisses der deutschen und danach der französischen Regierung mit dem Hl. Stuhl. Daraus, beides zusammengenommen, folgert er die Geltung des régime concordataire in Elsaß-Lothringen. Er stellt nicht die Frage, ob die französische Regierung durch das Konkordat verpflichtet sei, oder die andere Frage, ob der Inbegriff von Konkordat und Organischen Artikeln als Staatsgesetz gelte, sondern er stellt beides als Voraussetzungen der Geltung dieses staatskirchenrechtlichen Systems fest. So wird, dem Staatsrat zufolge, das Konkordat auch nicht in ein Staatsgesetz transformiert, sondern nur „rendu exécutoire“[6].

Eine solche Theorie der Konkordate bedarf in Deutschland allerdings noch einer entsprechend gründlichen Durchführung, wie sie ihr

---

3 Wagnon, S. 189.

4 Wagnon, S. 205.

5 Das ist mit „règime concordataire“ gemeint, nicht, wie fälschlich übersetzt, eine nur tatsächlich dem Konkordat entsprechende Lage, vgl. z. B. Wagnon, S. 273 u. öfter.

6 24. 1. 1925, Journal officiel 4. 2. 1925, z. B. auch bei A. Erler, Arch. f. kath. Kirchenrecht 122 (1947), S. 276.

bisher nur von kirchlicher Seite zuteil geworden ist. Sie wird auch dann nicht so einfach sein wie die „völkerrechtliche" „dualistische" Theorie. Aber sie wird auch nicht mehr sachfremd, wie diese, sondern im Gesamtzusammenhang des Staatskirchenrechts sachlich begründet sein. Sie wird die schon viel bemerkte Eigenart der Konkordate gegenüber völkerrechtlichen Verträgen[7], ihre stärkere und unmittelbarere Beziehung zu den inneren Verhältnissen in demselben staatlich-kirchlichen Raum und die damit gegebene größere Nähe des vertraglichen und des statuierenden Moments in diesen „Loix conventionelles"[8] noch mehr als bisher herauszustellen haben — als von Staat und Kirche verabredete und gemeinsam vollzogene kirchenrechtliche und staatskirchenrechtliche Ordnung in dem gemeinsamen staatlich-kirchlichen Raum. Als Rechtsordnung stehen die Konkordate damit unter den Bedingungen, nicht zuletzt unter den Kollisionsproblemen, als Versuche gerechter Ordnung unter den letzten und höchsten Bedingungen des positiven Rechts. Hier besteht ein entscheidender Gegensatz gegenüber den völkerrechtlichen Verträgen. Dem Problem der Clausula rebus sic stantibus im Völkerrecht entspricht hier ein echtes Problem der Kollision bzw. der Konkurrenz höherer und niederer Norm. Es ist kein Zufall, daß die einzige allgemeine Norm des gesetzten Rechts für die Konkordate eine Kollisionsnorm, die des Canon 3 Cod. jur. can. ist.

Allerdings ist sie nicht erschöpfend. Neben ihrem den Konkordaten die Bahn frei machenden Gehalt gilt notwendig zugleich eine die Konkordate begrenzende Norm — sie paßte nur aus bekannten systematischen Gründen nicht in die positiven Sätze des Codex hinein. Pius VII. hat sie beim Rücktritt vom Konkordat von Fontainebleau bezeichnet: die divine istituzioni, und die nostri indeclinabili doveri[9] — das jus divinum, und der unausweichliche Beruf der Kirche und ihres obersten Leitungsamts. Nur mit diesem Vorbehalt können die Konkordate gelten.

---

[7] Statt vieler E. R. Huber, Verträge zwischen Staat und Kirche, 1930, S. 141 f., 144, W. Weber, Ablösung der Staatsleistungen, 1948, S. 30 f., P. Schoen, AöR 60, S. 334 f. — Für die pästlichen Feststellungen, daß der Hl. Stuhl keine „auswärtige Macht" sei, die Nachweise bei G. Heinzelmann, Das grundsätzliche Verhältnis von Staat und Kirche in den Konkordaten, 1948, S. 95, Anm. 28.

[8] Dazu Wagnon, S. 170 Anm., 249 ss., zur Sache 205; für die Gleichsetzung von Konkordat und Gesetz als typisches Beispiel Art. 35 des österr. Konkordats von 1855, bei A. Mercati, Raccolta di Concordati, 1919, S. 828.

[9] Mercati, S. 584.

Auf der staatlichen Seite sind den Konkordaten die entsprechenden Schranken gezogen. Daß die Verfassungen solche Schranken enthalten, ist längst mit Recht bemerkt worden[10]. Die Geschichte der Konkordatskonflikte des 19. Jahrhunderts im weiteren deutschen Bereich ist nur von dieser Tatsache her verständlich, mag es sich um die Schwierigkeit gehandelt haben, das Konkordat in ein zu ihm gegensätzliches Rechtssystem einzubauen (Napoleonisches Konkordat, bayerisches von 1817), oder um die Unmöglichkeit, es gegen verfassungsmäßige Widerstände durchzusetzen (Württemberg, Baden), oder endlich um den nachträglichen Wegfall der inneren Voraussetzungen für seine Geltung und Anwendung (Österreich 1867 ff.). Es liegt in der Natur der Sache, daß solche Schwierigkeiten häufiger auf der staatlichen Seite entstehen: kirchenrechtlich ist das Konkordat ein wohlüberlegtes kirchliches Sonderrecht, das sich eben deshalb zumeist ohne weiteres der kirchlichen Ordnung einfügt; landesrechtlich dagegen ist oder wird es vielfach inkommensurabel, ja unvereinbar mit der weltlichen Ordnung, so sehr, daß die Überwindung dieser Kollision nicht gelingt. Die eigentümliche Schwierigkeit dieser Lage besteht in der Regel darin, daß sich die Vorbehaltsnorm auf staatlicher Seite nicht ebenso leicht formulieren und einleuchtend machen läßt, wie die kirchliche in der Fassung, die ihr Pius VII. 1813 gegeben hat. Immerhin ist sie zu klären — in dem Maße, in dem solche letzten Grundsätze überhaupt zu klären sind. Geradezu selbstverständlich aber ist es, daß der kirchliche Partner in solchen Fällen zunächst an die Vertragstreue des Staates appelliert und daß er zu diesem Zweck eine spezifisch kirchliche Vertragslehre von den Konkordaten entwickelt. In Wahrheit befindet er sich dabei aber nicht auf gleichem Boden mit dem staatlichen Gegner: es ist der staatliche Vorbehalt, den er mit seiner Vertragslehre und mit mehr oder weniger völkerrechtlichen Argumenten bekämpft — nicht ohne eine gewisse Rechtfertigung dadurch, daß jener Vorbehalt sozusagen nicht griffbereit, nicht abstrakt formuliert, ja daß er mit dem formalistischen Zerfall der staatlichen Substanzbegriffe, insbesondere des Souveränitätsbegriffs, auch dem staatlichen Bewußtsein abhanden gekommen ist[11], eine Not, aus der der Staat die fragwürdige Tugend der Preisgabe des Vorbehaltsarguments und seiner Ersetzung durch schwache „völkerrechtliche" Argumente gemacht hat. Diese Unklarheit ist die gemeinsame Schwäche der Konkordatsfreunde und Konkordatsgegner im gegenwärtigen Konkordatsstreit.

---

[10] Huber, S. 149—151.

[11] Dazu ZevKR I (1951), S. 12.

Die Konkordatsprobleme, die der deutschen Rechtswissenschaft in den letzten Menschenaltern gestellt wurden, waren nicht derart, daß sie zur Klärung dieser grundsätzlichen Frage des Vorbehalts der Grundnormen staatlichen Daseins und staatlicher Verfassung auch den Konkordaten gegenüber gezwungen hätten. Aber das unmittelbar benachbarte Problem des staatlichen Vorbehalts gegenüber der Verfassungsgewähr kirchlicher Freiheit und Selbständigkeit, der Vorbehalt „des für alle geltenden Gesetzes“ in Art. 137 der Weimarer Verfassung, erzwang eine sachgemäße Deutung, zu der der Formalismus außerstande gewesen wäre. Joh. Heckels bekannte Fassung: „jedes für die Gesamtnation als politische, Kultur- und Rechtsgemeinschaft unentbehrliche Gesetz“[12] hat sich hier durchgesetzt. Ein entsprechender Vorbehalt, etwa im Sinne der „unabdingbaren Ordnungen“ des Staats, gilt gegenüber den Konkordaten — ebenso wie ihn Pius VII. für das göttliche Recht und die unabdingbaren Pflichten des Hl. Stuhles auf kirchlicher Seite geltend gemacht hat.

Zur Veranschaulichung eignet sich vielleicht besonders der dem heutigen deutschen Konkordatsstreit verhältnismäßig ähnlichst gelagerte Konkordatskonflikt der Vergangenheit, nämlich der österreichische der Jahre 1867 bis 1870. Der hier in Betracht kommende Tatbestand ist nicht der der Kündigung des Konkordats von 1855 im Jahre 1870 für die Gesamtmonarchie, im Zusammenhang der Beustschen Außenpolitik, mit der so viel zitierten und so peinlich fadenscheinigen Begründung dieses Akts. Vergleichbar sind lediglich die innerpolitischen Vorgänge in der österreichischen Reichshälfte, nämlich die sachliche Infragestellung des konkordatären Regimes durch die Gesetzgebung der Ära Auersperg in Ehe- und Schulsachen und zur Herstellung der interkonfessionellen Parität. Man mag über diese Gesetzgebung im einzelnen und das geschichtliche Recht dieser liberalen Ära im ganzen noch so verschieden urteilen: der Ernst, mit dem hier der Versuch eines staatlichen und gesellschaftlichen Neuaufbaus auf dem Trümmerfelde der beiden verlorenen Kriege unternommen wurde, gehört in die ehrenvolle Reihe der Versuche der Wiedererhebung besiegter und zerschlagener Völker, die vielleicht die eigentlichen sittlichen Höhepunkte der deutschen, österreichischen, französischen Geschichte im 19. und 20. Jahrhundert sind. Die Auerspergschen Reformgesetze bedeuteten nicht nur eine Konkordatswidrigkeit, sondern den Abbau von Teilen des konkordatären Regimes. Sie versuchten den Wieder-

[12] Verwaltungsarchiv 37 (1932), S. 284.

aufbau von Staat und Gesellschaft in der Absage an ein absolutistisch-klerikales System der Vergangenheit und an seine Rechts- und Gerechtigkeits-, an seine politisch-ethischen Grundprinzipien, und in der Begründung neuer sittlicher Gemeinschaftsordnung auf liberaler Grundlage, in entschiedenem Widerspruch zum Paritäts- (oder Imparitäts-), Ehe- und Schulrecht des Konkordats. Das bedeutete nicht nur eine konkordatswidrige Handlung des Staates, sondern vor allem auch den Wegfall der Geltungsvoraussetzungen erheblicher Teile des Konkordats und damit deren Außerkrafttreten, da beide Partner (Franz Josef bis 1870) sich nicht zur Kündigung des Konkordats entschließen konnten, das auch als Torso aufrechtzuerhalten vor allem der Wunsch der Kurie war[13].

Der eigentliche Grund des Außerkrafttretens des Konkordats war natürlich nicht die Unvereinbarkeit einzelner Staatsgesetze mit einzelnen Bestimmungen des Konkordats, sondern der grundsätzliche Wegfall der Geltungsvoraussetzungen wesentlicher Teile des Konkordats. Die österreichische Reichshälfte war aus einem katholischen ein paritätischer Staat geworden[14], eine Statusveränderung unter konkordatärem Gesichtspunkt, wie die Wandlung vom konkordatären[15] zum laizistischen Staat oder umgekehrt eine ist. Und bezeichnend für das Wesen des Vorgangs ist seine begrenzte Auswirkung auf das Konkordat, von dem zunächst nur die Teile außer Kraft traten, deren Geltungsvoraussetzungen offensichtlich endgültig geschwunden waren.

Damit wird deutlich, nach welchen „allgemeinen Grundsätzen“ im Sinne des Art. 123 II GG die Schulartikel des Reichskonkordats „gültig sind und fortgelten“ oder nicht.

Auf kirchlicher wie auf staatlicher Seite gelten Normen höheren Ranges, die die Geltung widersprechenden Konkordatsinhalts ausschließen. Die kirchlichen, wie sie Pius VII. 1813 geltend gemacht hat, sind dauernder Art, die staatlichen können sich bei der größeren Wandelbarkeit der staatlichen Dinge ändern, d. h. auf staatlicher Seite kann der Widerspruch zwischen ihnen und dem Konkordatsrecht auch nachträglich auftreten — mit derselben zerstörenden Wirkung, ohne

---

[13] M. Hussarek, Archiv f. österr. Geschichte 112 (1932), S. 299. Vgl. die bezeichnende Äußerung Pius' IX., S. 267 Anm., die ganze Darstellung, S. 211 ff., und neuestens G. Franz, Liberalismus (1955), S. 87 ff., 426 ff.

[14] Hussarek, S. 376 f.

[15] So im Munde des Deputierten M. Schuman 1920: Defensor, Elsaß-Lothringen im Kampfe um seine religiösen Einrichtungen 1924 bis 1926 (1926), S. 58.

die Notwendigkeit einer Kündigung und ohne die Clausula rebus sic stantibus zu bemühen. Es ist das Prinzip des Art. 137 III der Weimarer Verfassung, der Vorrang „des für alle geltenden Gesetzes", in seiner besonderen Anwendung auf diesen Fall.

Der wichtigste Fall solch nachträglichen Widerspruchs ist der der Statusveränderung des Staats unter konkordatärem Gesichtspunkt, z. B. vom konkordatären zum laizistischen, aber auch vom konfessionellen zum paritätischen Staat.

Auch der Übergang von der autoritären zur demokratischen Staatsform kann in bestimmten Beziehungen eine solche Statusänderung unter konkordatärem Gesichtspunkt bedeuten.

Zum Wesen deutscher Demokratie gehört das Selbstbestimmungsrecht über die Schulform. Es gehört zum „politischen Verfassungskern", auch wenn es nicht ausdrücklich als dazu gehörend im Verfassungstext gekennzeichnet ist[16]. Im demokratischen Wiederaufbau seit 1945 spielte die reeducation und damit die Kultur- und vor allem Schulpolitik eine führende, Sinn und Wesen des Neuaufbaus bestimmende Rolle. Es ist die Frage, ob die danach wesensmäßig notwendige Selbstbestimmung in Sachen der Schulform eine derartige Einschränkung wie die Schulartikel des Reichskonkordats erträgt, wenn diese Einschränkung aus der autoritären Vergangenheit stammt.

Gegenüber einer solchen Fragestellung würden die moralisierenden Argumente „Arglist der Kurie", „deutsche Unzuverlässigkeit" und dergleichen, die der Würde der Partner und dem Ernst des Gegenstandes nicht entsprechen, keinen Raum haben. Sie sind aber nicht zu vermeiden, solange sich die Erörterung in den Bahnen eines „völkerrechtlichen" Formalismus hält, der dem in jenen Argumenten verborgenen materialen Rechtsgehalt nicht gerecht werden kann.

---

[16] Dieser Fall bei Holtkotten, Bonner Kommentar zu Art. 141 GG, S. 6. — — Konrad Hesse bin ich für sachkundige Beratung verpflichtet.

Noch einmal: Reichskonkordat und Schulgesetzgebung*

„Beansprucht die Kirche ein Vorbehaltsrecht?" Unter dieser Überschrift veröffentlicht Staatsminister a. D. Professor Dr. Adolf Süsterhenn im „Rheinischen Merkur" vom 25. Mai 1956 eine „Antwort auf einen Aufsatz von Professor Dr. Rudolf Smend", d. h. auf meine Ausführungen in Nr. 9 der Juristenzeitung vom 5. Mai 1956, S. 265 ff. Im Interesse klärender Fortführung des Gesprächs versuche ich die strittigen Hauptpunkte (die durch die Schlagzeilen des „Rheinischen Merkur" nicht getroffen werden) herauszustellen und darauf zu erwidern.

Die Süsterhennsche Kritik hält mir vor allem vor:

1. Ich erkläre das Reichskonkordat als „aus der autoritären Vergangenheit stammend", während es doch eine liberale Regelung im Sinne der Weimarer Verfassung sei.

2. Ich berufe mich auf die doch so fragwürdige reeducation der Besatzungsmächte, im Gegensatz gegen das wohlbegründete Elternrecht.

3. Ich verkenne die präsumtive Fortgeltung auch des nationalsozialistischen Rechts und vor allem das Prinzip der Vertragstreue, insbesondere den Sinn des can. 3 Cod. jur. can.

4. Ich berufe mich zu Unrecht auf den Rücktritt Pius' VII. vom Konkordat von Fontainebleau.

Zu 1. Meine Charakterisierung des Konkordats als einer Einschränkung der Selbstbestimmung in Sachen der Schulform, die „aus der autoritären Vergangenheit stammt", bezeichnet die mir nachher als „rein formalistische Betrachtungsweise" vorgehaltene geschichtliche Tatsache, daß das Konkordat mit dem Dritten Reich abgeschlossen ist. Damit ist allerdings insofern auch ein sachlicher Gegensatz zum „liberalen" Weimarer System gegeben, als sich in diesem trotz aller Bemühungen ein Reichskonkordat mit solchen Schulartikeln eben nicht hat durchsetzen lassen. Insofern gehört es nun einmal zu den spezifischen Ergebnissen der autoritären Vergangenheit, auch wenn es positiv selbstverständlich nichts mit den Gesetzgebungskomplexen „typisch nationalsozialistischer Geisteshaltung" zu tun hat.

---

* Juristenzeitung 11 (1956) S. 395—396.

Zu 2. Daß die „reeducation“ der Betätigungsraum war, der den deutschen Stellen zunächst und vor allem freigegeben und zur Aufgabe gemacht wurde, und daß hier nicht nur nach dem zunächst maßgebenden Willen der Besatzungsmächte, sondern ebenso nach dem entschlossenen Willen der sich im Zeichen der Wiederherstellung sittlicher, humaner Ordnung konsolidierenden jungen deutschen Demokratie die erste und wichtigste Aufgabe der Länder lag, ist doch nicht zu bestreiten. Es wird auch nicht widerlegt durch die Erinnerung an die Torheit und Überheblichkeit des Umerziehungsprogramms der Besatzungsmächte im einzelnen.

Zu 3. Zum Problem der konkordatären Bindung sind hier nur knappste Andeutungen möglich.

Der Grundsatz pacta sunt servanda ist ernster zu nehmen, als es vielfach geschieht. Dazu gehört, daß sein Geltungsgrund und seine Geltungsgrenzen jeweilig sorgfältig geprüft werden. Nur so kommt es zur Begründung seines Geltungsanspruchs. Sonst verfällt er der Gefahr so mancher juristischen Sentenz, entweder trivial oder falsch zu sein und in dieser Alternative sein Gewicht völlig zu verlieren.

Der Geltungsgrund der Konkordate ist durchaus anderer Art als der völkerrechtlicher Verträge. Diese gelten, weil ihre Partner Völkerrechtssubjekte gleicher Art sind, also vermöge deren Eigenart als Subjekte, vermöge des grundsätzlichen commercium, das zwischen ihnen besteht, vermöge ihrer Kommensurabilität. Die Partner eines Konkordats sind nicht kommensurabel in diesem Sinne, nicht Rechtssubjekte gleichert Art, stehen nicht in allseitigem interkorporativem commercium. Wenn ein solches begründet werden soll, dann in der Gleichschaltung oder Gleichschaltbarkeit der beiderseitigen Rechtsordnungen in bezug auf bestimmte Gegenstände: „insoweit besteht die Inkommensurabilität der Partner nicht und insoweit kann auch der Annahme einer für beide Teile vertraglich begründeten Rechtsordnung kein grundsätzliches Bedenken entgegenstehen“ — um einen besonders bewährten Praktiker und Theoretiker des Konkordats- und Kirchenvertragsrechts anzuziehen[1]. Nicht die Zuordnung der Vertragspartner, sondern die Koordinierbarkeit der beiderseitigen Rechtsordnungen ist der Ausgangspunkt für die Konkordatsgeltung; daher haben Privilegien- und Legaltheorie ihr Ausgangspunkt zu bleiben.

---

[1] Joh. Heckel, Theol. Blätter (hrsg. v. Karl Ludwig Schmidt), XI (1932), S. 196 f.

„Quae privilegia haec Apostolica Sedes, per pactiones sollemnes conventionesque, aliis concesserat“, sagt die Allocutio Benedikts XIV. vom 21. 11. 1921 von den Konkordaten[2]: nicht der Vertrag ist der Schwerpunkt, sondern die „Regelung der religiösen Angelegenheiten dieser Landesteile“[3]. Als partikulares Kirchenrecht läßt die Übergangsnorm des Canon 3 des Cod. jur. can. das Konkordatsrecht dem Recht des Codex vorgehen, weil es als Sonderrecht gegenüber dem gemeinen Recht gemeint ist, vermöge seines kirchenrechtlichen Stellenwerts im System der kirchenrechtlichen Rechtsquellen, von denen dieser Teil des Codex handelt. Das ist der Sinnzusammenhang und die Begründung des Canon 3 — nicht das Motiv der Vertragstreue, das selbstverständlich der Kirche am Herzen liegt, aber gerade hier nicht seine sedes materiae hat[4].

Der Abgeordnete Dr. Süsterhenn hat am 8. Dezember 1948 im Hauptausschuß des Parlamentarischen Rats den richtigen Ausweg aus den bezüglich des Reichskonkordats bestehenden Schwierigkeiten vorgeschlagen, nämlich den der Verbindlichkeitserklärung für alle am 8. Mai 1945 bestehenden Kirchenverträge durch das Grundgesetz[5]. Man kann bedauern, daß diese Erklärung unterblieben ist — die heutigen Schwierigkeiten wären damit überwunden. Der damalige Widerstand richtete sich gerade gegen das Reichskonkordat, sachlich also gegen dessen Überschuß über den gemeinsamen Inhalt der Länderkonkordate, d. h. gegen seine Schulartikel. Und hier lag gerade das Bedürfnis der Klärung, denn hier war, für diesen sachlichen Bereich, jene „Kommensurabilität“ von Staat und Kirche durch die Umwälzung verloren gegangen.

In zwei Richtungen waren die Geltungsvoraussetzungen der Schulartikel wiederherzustellen.

Einmal gegenüber dem neuen Grundsatz demokratischer Schulkompetenz. Nach der Vernichtung aller Geistesfreiheit im Dritten Reich sind die wiederhergestellten Grundrechte des geistigen Lebens ein dringendstes Anliegen des Neuaufbaus und ein Hauptstück, wenn nicht das wichtigste, des Wiedereintritts des deutschen Volks in den

---

[2] Act. Ap. Sed. 13, 521.

[3] Kardinal Antonelli an den Bischof von Straßburg, 10. 2. 1872, Ztschr. f. Kirchenrecht, XI (1873), S. 93 f.

[4] An die immer wiederholte These der Kurie, daß sie in Konkordatsdingen für den Partner keine „auswärtige Macht“ sei, brauche ich in diesem Zusammenhange nur zu erinnern.

[5] Verhandlungen, S. 259.

Kreis abendländischer Gesittung gewesen. Den Grundrechten der persönlichen Geistesfreiheit stehen aber zur Seite die Grundrechte der Demokratie auf geistige Selbstbestimmung. Wer irgendwie an den Schulkämpfen vor 1933 und seit 1945 teilgenommen hat, weiß, wie empfindlich hier das in Deutschland auf anderen Gebieten vielfach schwach entwickelte demokratische Rechtsbewußtsein ist. Es ist sozusagen die Gegenposition zum Elternrecht und teilt mit ihm das Bewußtsein elementarer Legitimität.

Dazu kommt die bundesstaatliche Dezentralisation des Kulturrechts als Kernstück unseres Bundesstaatsrechts. Die Demokratie und der Bundesstaat des Grundgesetzes bedeuten die radikale Veränderung der Geltungsgrundlagen der Schulartikel des Reichskonkordats. Die Demokratie kann diese Geltungsgrundlagen wiederherstellen (und sie würde es voraussichtlich in mehr oder weniger konservativem Sinne tun) und damit die Geltung des Konkordats für die Dauer der jetzigen demokratischen Staatsform neu und nachhaltig begründen. Die Annahme des Antrags Dr. Süsterhenn wäre dafür der einfachste Weg gewesen — man ist ihn nicht gegangen.

Zu 4. Daß es Geltungsgrenzen für die Konkordate gibt, habe ich auch damit begründet, daß es sie auch auf kirchlicher Seite gebe, und habe mich dafür auf die Rücktrittserklärung Pius' VII. vom Konkordat von Fontainebleau bezogen. Ich verstehe nicht, was demgegenüber die Süsterhennsche Darlegung der Entstehung des Konkordats und des Widerrufs beweisen soll. Das sind weltgeschichtliche Tatsachen, die uns Allen geläufig sind. Selbstverständlich hätte der Papst wegen dieser Erpressung anfechten können. Er hat es aus guten Gründen nicht getan, sondern macht dem Tyrannen gegenüber letzte sachliche Schranken seines Handelns geltend, unter Bezugnahme darauf, daß das nicht der erste Fall, und der Widerruf im vorangehenden (dem des Breve vom 20. September 1811[6]) ihm nur durch die Ablehnung des Kaisers erspart sei. Die entscheidende Stelle lautet: „Noi conosciamo pienamente la forza, e le obligazioni delle convenute stipolazioni, ma conosciamo ancora, che quando queste si trovano in opposizione colle divine istituzioni, e co' nostri doveri, ceder devono alla forza di una obligazione di un'ordine superiore, che ne vieta, e ne rende illecita l'osservanza"[7]. („Wir wissen durchaus um die Kraft

[6] Das Sachliche z. B. bei H. Welschinger, Le Pape et l'Empereur 1804—1815 (1905), S. 303 ff.; die Fundstellen bei A. Mercati, Raccolta di Concordati (1919), S. 584, N. 1.

[7] Mercati, S. 584.

vereinbarter Verträge und die Verpflichtungen daraus, aber wir wissen auch, daß, wenn diese Verträge sich im Widerspruch zu göttlichen Institutionen und zu unseren Pflichten befinden, sie der Kraft einer Verpflichtung höherer Ordnung weichen müssen, die uns die Erfüllung verbietet und unerlaubt macht.") Kann man ernsthaft bestreiten, daß diese Aussage ernst gemeint war und eine ernstzunehmende Sache bezeichnet?

Das Problem der Institutionen und der Staat

Staat als Beruf*

Den mir aufgegebenen Weg von der Institution zum Staat habe ich gemeint nicht gehen zu sollen. Noch scheint mir das Wesen der Institution in dem hier vorausgesetzten Sinne allzu problematisch, um es als gesichert voraussetzen und von ihm ausgehen zu können. Es steht kein geschlossener Kreis der Institutionen in diesem Sinne fest, ja, wahrscheinlich müssen wir diesen Kreis sogar grundsätzlich offenlassen, und damit fehlt die Möglichkeit, von einem solchen Kreise die Merkmale der Institutionen zu abstrahieren. Wohl mit Recht hat die Tagung vom Januar 1955 darauf verzichtet, eine Tafel der Institutionen festzustellen, so sehr biblische, Luthersche und sonstige Vorbilder dazu anregen mochten, oder gar eine Rangordnung unter ihnen[1]. Damit würde man in die Gefahr ontologischer Spekulationen geraten, und diesen Weg sollten wir gerade grundsätzlich vermeiden. Vielmehr ist der Anfang bewußt an einer Institution, an der Ehe, gemacht worden, und zwar mit einer Beantwortung theologischer Fragen, die ihr hauptsächlicher Autor, H. Dombois, selbst als eine „phänomenologisch anmutende Sicht" bezeichnet hat[2]. Etwas anderes kann ich auch für den Staat nicht liefern — nur daß ich dabei von dem Anspruch auch theologisch verwertbarer Aussagen von vornherein absehen möchte. Ich kann nur an einigen Seiten des Staatsproblems zu zeigen versuchen, in welchem Sinne der heutigen Staatstheorie das Problem des Staats nach meiner Meinung gestellt ist, und zwar in erster Linie als Jurist, das heißt mit der Frage, von welcher staatstheoretischen Sicht

---

* Der Aufsatz ist 1956 als historischer Beitrag in den Verhandlungen der Institutionenkommission der Forschungsstätte der Evangelischen Studiengemeinschaft (Christophorusstift, früher Hemer, jetzt Heidelberg) vorgetragen worden und sollte unsprünglich in einem Bericht über die Arbeiten dieser Kommission veröffentlicht werden. Er ist dann in der Zeitschrift für evangelische Ethik (6, 1967, S. 65 ff.) erschienen, ohne eine Neubearbeitung.

[1] Recht und Institution. Hrsg. von H. Dombois, 1956, S. 65 ff., auch 25 ff. (E. Wolf).

[2] a.a.O., S. 62.

her unser heutiges positives Staatsrecht allein verständlich wird. Ich versuche dabei in mancher Hinsicht entsprechend vorzugehen wie H. Dombois bezüglich der Ehe, in mancher Hinsicht anders[3].

Allerdings ist die Aufgabe schwieriger als dort. Gegenüber der Ehe und ihrer verhältnismäßig starken Eindeutigkeit und darum auch verhältnismäßig großen rechtsgeschichtlichen Kontinuität ist der Staat der Proteus unter den Institutionen. Ich brauche nur daran zu erinnern, wie entschieden hier in Hemer Trillhaas und Klügel vor der Ineinssetzung reformatorischen Obrigkeits- und heutigen Staatsdenkens gewarnt haben[4]. Ebenso liegt das Problem des Rechts, wenigstens was seine Materie angeht, für die Theologie einfacher als das Staatsproblem, schon wegen der Nähe des Rechtsbegriffs zum kategorialen der Norm. Ja, man kann mit Recht zweifeln, ob unser heutiger Staatsbegriff, der so ja erst neuzeitlicher Herkunft ist, den ganzen Bereich decken kann, mit dem wir es hier zu tun haben[5]. Immerhin hat es ein politisches Gemeinwesen, das sich selbstherrlich in seinem Raum konstituierte und gegen andere Gemeinwesen gleicher Art absetzte, immer gegeben, als Form und Raum politischer Existenz. Und in diesem allgemeinsten Sinne mag hier also vom Staat die Rede sein.

Die heutige deutsche Staatstheorie begegnet dem Staatsproblem in einer bestimmten theoretischen Lage und angesichts einer bestimmten an sie gerichteten sachlichen Fragestellung. Von beiden habe ich vorweg einiges zu sagen.

Geläufig und viel erörtert ist ihre theoretische Lage. Man kann sie dahin bezeichnen, daß es ihr bisher nicht endgültig gelungen ist, aus den Sackgassen der Aufklärung zurückzufinden. Einmal insofern, als sie die aufklärerische Zerstörung der sachgemäßen Sicht der Einord-

---

[3] Gegen die Anlehnung des hier eingeleiteten Institutionendenkens an die französische Theorie habe ich dieselben Bedenken wie U. Scheuner (vgl. Recht und Institution, S. 52 f.). Die stoffliche Beziehung einerseits (auf die Staatsrechtsprechung bei Hauriou, auf die Arbeits- und Sozialgesetzgebung und schließlich auf die sozialen Enzykliken der Päpste bei R. G. Renard), die aristotelisch-thomistische Theorie andererseits (besonders entschieden bei Renard im Fortschritt von seiner Théorie de l'Institution von 1930 zu seiner Philosophie de l'Institution von 1939 — trotz des von dieser in Anspruch genommenen „Dynamismus", p. 314 und öfter) lassen nur entfernte Anregungen von dorther zu.

[4] Macht und Recht, Beiträge zur lutherischen Staatslehre der Gegenwart. Hrsg. von H. Dombois und E. Wilkens, 1956, S. 26 ff., 50 f., 198, Ziff. 10.

[5] Dombois, Macht und Recht, S. 99.

nung des Menschen in die Gemeinschaft, vor allem den Staat, durch die Objektivierung des Gemeinwesens einer-, des Menschen anderseits gegeneinander noch nicht überwunden hat. Dem ethischen Idealismus ist diese Rückbildung nicht gelungen. In dieser Linie vor allem wird das liegen, was ich heute sagen möchte. Die zweite noch nicht verlassene Sackgasse ist die der Isolierung der politischen Welt und des Staats gegenüber den letzten Ordnungen und Zusammenhängen, einer Isolierung, die endgültig wieder aufzuheben dem objektiven Idealismus nicht gelungen ist. Hier vor allem liegt wohl die theologische Seite der heutigen Aufgabe.

Mehr praktisch gegeben als theoretisch anerkannt ist die heutige sachliche Frage an die Staatstheorie. Ich begründe sie zunächst geschichtlich.

Die Weltgeschichte des Staatsproblems verläuft, soviel ich sehe, in drei Stufen, deren Abfolge darum nicht ganz leicht zu übersehen ist, weil sie sich nicht einfach ablösen, sondern sich zum Teil jahrhunderte-, ja jahrtausendelang zugleich überlagern.

Die erste Stufe ist die der unbezweifelten und unkritisierten sachlichen Gegebenheit des politischen Gemeinwesens, die vom Denken hingenommen wird. Das Denken mag sich dabei platonisch oder aristotelisch oder thomistisch oder machiavellistisch verhalten, als echte Theorie, als Empirie, allenfalls auch als Technik oder Klugheitslehre oder auch als Ethik: immer ist und bleibt es im Rahmen einer politischen Ontologie, einer Hinnahme feststehender Gegebenheiten — mag dies Denken dem Staat den Rang des übergreifenden Rahmens aller Kultur und insbesondere der Ethik zuweisen, wie in der griechischen Klassik, oder ihn niedriger einschätzen, wie bei den Kirchenvätern und Scholastikern bis hin zu Machiavelli.

Längst vor der Moderne hat aber, konkurrierend mit jener Sicht, eine andere begonnen, die noch lange mit der überkommenen Ontologie zusammengeht, aber immer mehr zur Hauptfrage wird, nämlich die der Kritik. Diese Kritik setzt einen Standort dem Staat gegenüber voraus: so hat ihn die alttestamentliche Prophetie, so das Neue Testament (der Staat wird nicht einfach als Tatsache hingenommen, sondern er bedarf der Legitimierung, er ist zugelassen — das liegt doch wohl schon im Wort Exousia, und jedenfalls erscheint er Römer 13 als göttliche Taxis, wie der Zinsgroschen als Zugeständnis Gottes an den Kaiser). Damit ist zugleich die grundsätzliche Frage nach Sinn und

Aufgabe des Staats und die grundsätzliche Kritik an ihm gegeben: seit dem Christentum ist Staatstheorie im letzten Grunde nicht mehr konstatierendes, sondern rechtfertigendes und kritisierendes Denken. Und zwar ist dies Denken gegenüber einem in der Hauptsache noch traditionalen Staat, den es hinnehmen muß und höchstens noch rationalisieren kann, praktisch auf Grenzziehung beschränkt: christliche, aufklärerische, liberale Staatstheorie sind praktisch sämtlich Fragen nach den Grenzen des Staats.

Erst als die traditionalen Gegebenheiten mehr oder weniger aufgelöst sind, wird aus einer negativen Theorie der Grenzen endgültig und notwendig eine positive Theorie der staatlichen Aufgaben. Das ist das, was Rousseau, Hegel, Marx gemeinsam ist, was dann aber auch die Gegenwehr gegen sie im Grunde übernehmen muß, selbst bei Carl Ludwig von Haller, geschweige denn bei Stahl und Treitschke. Aus der Kritik wird die Verteidigung des Staats zur eigentlichen Aufgabe der Theorie, vollends seit seiner radikalen Krise, seiner praktischen und sittlichen Infragestellung im 20. Jahrhundert. Die beiden früheren Fragen nach seinem Wesen und seinen Grenzen sind abgelöst durch die dritte, die apologetische Frage nach seinen Aufgaben, die ihn rechtfertigen, durch den Versuch der Antwort auf das Ohnemich der Gegenwart. Nur scheinbar stehen in den Verfassungen die Grundrechte noch voran, nur scheinbar nimmt das Bonner Grundgesetz nur beiläufig und unwillkürlich in dem Satz über die Kriegsdienstverweigerung von der neuen Lage der radikalen Infragestellung des Staats überhaupt Kenntnis. Das wahre Problem des Staats und seiner Theorie liegt nicht mehr in seinen Grenzen und in der Kritik an ihm, sondern in seiner Neubegründung in der Leere zwischen den Schutthaufen des zweiten Weltkrieges.

Ich versuche die Art, wie m. E. heutige Staatslehre die staatlichen Probleme sehen sollte, deutlich zu machen an drei sich dafür besonders darbietenden Fragen, die hergebrachte, konventionelle Lehrstücke der Staatslehre sind: der der sogenannten Staatszwecke und damit der Souveränität, der der persönlichen Einordnung in den Staat (bei der wohl vor allem sich die Parallelen zum Eheproblem ergeben) und der von Organisation und Herrschaft im Staat. Alle übrigen, vorweg die von Recht und Macht und andere mehr, darf ich hier auf sich beruhen lassen.

Die Lehre von den Staatszwecken hat eine Periode der modernen Staatsgeschichte begleitet, die Dombois als die des finalen Staats bezeichnet hat[6]. Diese mit dem rationalen Absolutismus einsetzende Stufe löst den traditionalen Staat ab, sie ersetzt ihn durch ein Gefüge rationaler Immanenz oder mißversteht ihn doch wenigstens als ein solches, sie meint, jedenfalls in ihrem reinen Typus, darin zugleich seine einzige und volle Rechtfertigung zu finden, und sie steht heute, angesichts einer nie geahnten Fülle seiner Leistungen in Daseinsvorsorge, Wohlfahrt und Dirigismus jeder Art, trotzdem und vielleicht deswegen, an einem Ende, an dem sie nicht weiter weiß[7]. Sie hat auf ihrem Wege höchste Verfeinerungen und weltgeschichtliche Vertiefungen erlebt: ich brauche nur an die Domboissche Reihe der vernünftigen Zweckverwirklichungen, der sittlichen Zweckverwirklichung und der gesellschaftlich-geschichtlichen Zweckverwirklichung in Ehedenken und Ehepraxis von Aufklärung, Idealismus und Marxismus zu erinnern[8] — diese Reihe läßt sich in der Geschichte von Staatsdenken und Staatspraxis des rationalen Staatstypus ganz entsprechend verfolgen. Man hat mit Recht gesagt, daß der Staat schließlich nicht instrumental versagt habe, aber um so mehr vor dem Herzen der Menschen, seit er entgöttert sei, seit die Menschen weder zu einer heilsgeschichtlichen noch zu einer weltgeschichtlichen Entwicklung mehr Vertrauen haben[9] — eben vermöge seiner Finalisierung, Instrumentalisierung und damit seiner völligen Substanzentleerung. Seine einseitige, ja ausschließliche Arbeits- und Leistungsethik hat ihm dasselbe Schicksal bereitet wie dem so vortrefflichen und so verzweifelt ratlosen Arbeits- und Leistungsmenschen unserer Tage.

Der Fehler solchen Zweckdenkens liegt auf der Hand. Es entspricht schon nicht der handgreiflichen politischen Wirklichkeit: das politische Leben dient nicht nur sozusagen den Leistungs-, sondern auch den politischen Lebenswerten — es ringt um Lebensmöglichkeit und Leben des Staats überhaupt und um sein rechtes, gesundes Leben, etwa als nationaler, als Rechtsstaat, als sozialer Staat. Es geht im Staat nicht nur um sein Werk, sondern vor allem auch um sein Wesen, seins und das aller, die an ihm Anteil haben. Und theoretisch gewendet: er ist nicht ein Instrument, das zu Zwecken verwendet würde — das ist ein falscher Ontologismus und zugleich ein falsches Kausalitätsdenken —, sondern er ist in seinem Wesen identisch mit seiner Sinnverwirklichung — er gestaltet und realisiert in seinem Tun zugleich sich selbst

[6] Macht und Recht, S. 126 ff.
[7] a.a.O., S. 124.
[8] Familienrechtsreform (1955), S. 85, 138.
[9] H. Plessner, Das Schicksal deutschen Geistes, 1935, S. 140 f.

und alle zu ihm Gehörenden, nicht nur in seiner ausdrücklichen Selbstgestaltung, etwa in seiner Verfassungs- oder seiner Machtpolitik, sondern in seiner Tätigkeit, seinem Leben überhaupt. Es mag dahingestellt sein, ob das politische Leben in der Demokratie so ausschließlich in dem ständigen Prozeß der Auseinandersetzung zwischen den politischen Mächten gefunden und die Gewinnung sachlicher Ergebnisse sozusagen nur als ein unmittelbares Produkt der Demokratie verstanden werden darf, wie Schumpeter es tut[10]. Aber man versteht dies Leben richtig nur als eine Lebenstotalität, in der alle einzelnen Zielsetzungen und Zweckverfolgungen dialektisch zusammengeordnet sind[11], eingehend in die große Dialektik des politischen Lebensprozesses. Man versteht es aber richtig auch nur als ein aufgegebenes, das heißt als einen Beruf. Diese umfassende Sinngebung für das politische Leben als einen Beruf, des Volkes in seinem Staat und jedes einzelnen in ihm, ist es, was die politische Gegenwart verloren hat und was sie, auch außerhalb aller bewußten Ohne-mich-Haltung, leidenschaftlich und verzweifelt vermißt.

Von dieser Lebenstotalität her wird auch die Einordnung des Einzelnen in das Ganze erst verständlich. Er gehört nicht deshalb dazu, weil er zu ihm in einer räumlichen Beziehung steht und daher etwa seiner Macht unterworfen ist, also vermöge einer mehr oder weniger mechanischen oder seelischen Kausalität, zu der allenfalls die Wirkung ihm eingeborener Triebkräfte hinzuträte — auch nicht vermöge der bloßen Normativität des staatlichen Rechts, das ihn zum Staatsangehörigen, zum Untertan und Bürger macht, also vermöge einer rechtlichen Mitgliedsstellung in der Staatskörperschaft — endlich nicht vermöge vernünftiger, finaler Überlegung, Zweckverfolgung und Entscheidung. Vielmehr ist es soziale, politische Lebensgesetzlichkeit und Normiertheit zugleich, die ihn in Anspruch nimmt und in deren dialektisches Gefüge er sich, in Freiheit und Notwendigkeit, einordnet. Ich habe früher zu zeigen versucht, wie alle scheinbar nur zwecktechnischen Einrichtungen im Staat zugleich auch den Sinn haben, diese lebendige Einordnung in den politischen Lebensvorgang anzuregen und zu gewährleisten: am deutlichsten in den politischen Lebensvorgängen der Verfassung: Wahlen, parlamentarischen Verhandlungen, aber auch in den Vorgängen der Herrschaft und der aktiven und passiven Beteiligung daran, und vielen anderen — aber auch in den

---

10 Kapitalismus, Sozialismus und Demokratie, 1946, S. 427 ff.

11 Dombois, Strukturelle Staatslehre (1952), S. 50 ff.

integrierenden Persönlichkeiten des politischen Lebens: Führern und Monarchen, Abgeordneten und politischen Funktionären, ja auch den Beamten — und nicht zuletzt durch die Sachgehalte des politischen Lebens, Leistungen und Ziele, im Bereich der sachlichen Leistungen und der politischen Lebenswerte — alles eingeordnet in eine höchst verwickelte dialektische Totalität[12]. Daß dies Ganze leidlich funktioniert, beruht nicht auf einer prästabilierten Harmonie, nicht auf einem soziologischen Gesetz, wie zum Beispiel dem angeblichen des wesensmäßigen Gefälles allen menschlichen Streits zur Entscheidung und zum Frieden — so sehr die Ordnung dieses Lebens die menschliche Naturausstattung zu benutzen und ihr entgegenzukommen weiß und gezwungen ist, sondern darauf, daß es Erfüllung von Aufgegebenem, Erfüllung eines Berufes ist, dessen Anerkennung sich immer wieder irgendwie durchsetzt. So wird der Einzelne aufgerufen, seine Kräfte und Neigungen auch im politischen Ganzen spielen zu lassen, sich für seine Ziele und Zwecke einzusetzen, so wird er zugleich dem Ganzen eingeordnet, in Gewährung und Begrenzung seiner politischen Freiheit, und so wird das Ganze vom Leben der Einzelnen getragen, an einseitiger, tyrannischer Machtübung verhindert, aber anderseits vor regellosem Kampf und Aufruhr bewahrt. Hier liegen m. E. wesentliche Gesichtspunkte für die Fragen der Theorie der Institutionen — ich habe darauf zurückzukommen.

Besonders nachdrücklich muß heute Staatstheorie der überkommenen Lehre von der Verfassung, der Organisation des Staats, absagen.

Der Positivismus der jüngsten Vergangenheit verstand die Verfassung entweder juristisch, im Sinne einer Vereinsverfassung, das heißt als die Normierung von Vereins- oder Staatszweck, Vereins- oder Staatsmitgliedschaft, und vor allem als die Ordnung der Organe, der Willensbildung des Staats, der Herstellung seiner Handlungsfähigkeit durch alle Stufen seiner Organisation hindurch. Oder er verstand sie, wie Max Weber in soziologischer Wendung, instrumental, als technisches Mittel, als mechanistisch objektivierte Apparatur für bestimmte Zwecke. Daß beide Denkweisen kein Verstehen im eigentlichen Sinne

[12] Mit dem Gesagten steht nicht in Widerspruch, daß „die Massenparteien die einzige Möglichkeit sind, das Volk politisch zu aktivieren" (H. Freyer, Freiheit und Courage in der modernen Arbeitswelt. Vortrag 15. 9. 1956 vor dem deutschen Historikertag in Ulm. Hier angezogen nach Frkf. Allg. Ztg. vom 3. 10. 1956). Ohne sie geht es nicht, aber neben ihnen sind alle jene Faktoren wirksam geblieben, allerdings auf Grund von Verfassungstexten, deren Begriffswelt der Vergangenheit angehört.

sind, brauche ich nicht zu begründen. Heutige Verfassungstheorie wird demgegenüber vor allem zwei Gesichtspunkte zu berücksichtigen haben.

Einmal den, daß die Verfassung Ordnung und Anregung eines politischen Lebensprozesses sein will, der als solcher Selbstzweck ist mit allen seinen wesensmäßigen Eigentümlichkeiten, zum Beispiel seinen Spannungen, vermöge deren H. Dombois ihn geradezu als den Sexus der Nationen bezeichnet hat[13], also das, was ich mit dem Stichwort „Integration" zu bezeichnen versucht habe. Die Anordnungen der Verfassung, ihre Ämtereinsetzungen, Zwecksetzungen, Ordnung staatlicher Lebensvorgänge verschiedenster Art sollen nicht nur gültige Rechtsakte im weitesten Sinne von Staats wegen juristisch möglich machen, auch nicht nur bestimmte einzelne sachliche Zweckverwirklichungen faktisch anbahnen, sondern sie sollen das politische Leben als solches, als Selbstzweck, anregen und in die hier vorgesehenen Bahnen leiten. Gewiß darf daneben der rein juristische wie der auf Einzelzwecke gerichtete praktische Sinn der Verfassung nicht vernachlässigt werden, wie es etwa in Joseph Schumpeters angedeuteter Sicht moderner Demokratie geschieht. Aber als Ordnung menschlichen Lebens verstanden wird Verfassung nur eben von diesem Leben als solchem her.

Die gefährliche Verarmung des positivistischen und formalistischen Verfassungsdenkens wird in anderer Hinsicht deutlich, wenn man es mit seiner Vorstufe vergleicht. Das ältere Verfassungsdenken ist nicht formaljuristisch oder mechanistisch. Es ist Ämterlehre mit dem ganzen inneren Recht, mit dem Mommsens Römisches Staatsrecht oder der Codex Juris Canonici Ämterrecht zum Inhalt haben, und nicht formales Organ- und Funktionsrecht, worin heutige Lehrbücher den Inhalt des Staatsrechts finden wollen. Formalistische Verfassungslehre denkt in formalen und quantitativ bemessenen Kompetenzen, Ämterlehre denkt in qualitativ bestimmten Aufgaben und Zuordnungen. Nur ein Ämterrecht kann autoritas und potestas wirklich unterscheiden, nur ein Ämterrecht hat den von Leonhard Goppelt[14] mit großem Recht geforderten Raum für die Würde des Gehorchens und die Verantwortlichkeit des Gebietens, vor allem eben für die jeweils besondere Qualität des Gebietens, für Herrschaft und das Herrschaftliche, auch

[13] Strukturelle Staatslehre, S. 21.
[14] Macht und Recht, S. 17, Anm. 11.

in der Demokratie[15], also für das andere, neben dem politischen Lebensprozeß als solchem Wesentliche am Staat, das durch Ordnung erfaßt werden kann.

Eine verstehende Lehre vom Staat wird etwa so entwickelt werden müssen, wie ich es versucht habe, an diesen Beispielen anzudeuten. Trotzdem dies eine Sicht ganz vom Humanum her ist, wird sie doch auch etwa zu denselben Kriterien führen, wie sie H. Dombois für die Ehe als Institution entwickelt hat[16]: unverfügbar und bedingungsfeindlich, undefinierbar und nicht im Sinne einer Ordnungslehre objektivierbar, von existenzieller Notwendigkeit, das heißt, das Leben der Menschen in seiner Breite umfassend, statusbegründend, und zwar durch einen Akt, der allerdings beim Staat nicht der einer formellen, rechtsgeschäftlichen Bejahung ist, sondern der einer tatsächlich jedenfalls sich immerfort erneuernden Einordnung (wie übrigens wohl in jeder Gemeinschaft, also auch in der Ehe). Und jedenfalls liegt auch der Staat nicht in jenem Bereich des Habens, Verfügens, Veranstaltens, in den ihn das mechanistische und auch das formaljuristische Denken verlegt, sondern in dem einer uns umgreifenden Vorgegebenheit. Wie die Ehe, so mag man auch von ihm sagen, daß es sich in ihm um eine Gemeinschaftsbeziehung von höchster Existenzialität handele[17]. Aber das entscheidende Vergleichsmoment scheint mir das zu sein, daß es sich beide Male um vorgegebene, unverfügbare Berufe handelt. Ich darf das, trotz aller dagegen schon geltend gemachten Bedenken, des näheren ausführen.

Mit allen echten Berufen (ich verwende hier den alltäglichen Sprachgebrauch, ohne Rücksicht auf den neutestamentlichen und reformatorischen Sprachgebrauch und Begriff) teilen Ehe und Staat, daß es bei ihnen nicht nur um Leistungs-, sondern auch um Lebenswerte, um Werk und um Wesen geht, bei Ehe und Staat noch mehr als bei den übrigen Berufen um ein Wirken und Leben von unabdingbarer Notwendigkeit, bei ihnen mit der Eigentümlichkeit, daß dieser Beruf zugleich ein Beruf der einzelnen Beteiligten und ihrer Gemeinschaft als solcher ist: das Ehepaar, das von ihm gegründete Haus hat einen unabdingbaren Beruf, wie der Staat den seinigen[18].

---

15 Dombois, Familienrechtsreform, S. 82, Quatember 1953/54, S. 210 ff.; Trillhaas, Macht und Recht, S. 31 f.

16 Familienrechtsreform, S. 132 ff.; auch Strukturelle Staatslehre, S. 19 ff.

17 Dombois, a.a.O., S. 137.

18 Zum Berufsproblem allenfalls Plessner. S. 142 ff.

Vom Berufsbegriff her wird auch deutlicher, wo im Staat die Entsprechung zum Eintrittsakt in die Ehe, zur Eheschließung, liegt. Ich habe Bedenken, sie in rechtsgeschichtlichen Rudimenten, Erbhuldigung der Untertanen und dergleichen, zu suchen. Andererseits ist die Frage nicht mit der Tatsache unserer in aller Regel passiven, unfreiwilligen Staatsangehörigkeit kraft Geburt abzutun. Dabei handelt es sich doch wohl in erster Linie um eine Abgrenzung der personalen Macht- und Schutz- und Haftungsbereiche der Staaten gegeneinander, auch natürlich um die positive Zuständigkeitsbegründung von Polizei- und Aushebungs- und anderen Behörden. Aber darin erschöpft sich die Zugehörigkeit zur politischen Gemeinschaft nicht. Das wird deutlich an ihrem in der Vergangenheit viel persönlicheren Charakter, im Bürgertum wie in der Über- und Untereinanderordnung der herrschaftlichen Ordnungen der Vergangenheit, und an der tiefen Nötigung, gegenüber der Entpersönlichung dieser Verhältnisse durch Absolutismus und Revolution im konstitutionellen Aktivbürgertum des 19. Jahrhunderts ein neues Verhältnis solcher Art wiederzugewinnen.

Damit ist gegeben, daß die eigentliche Inanspruchnahme des Menschen durch den Staat nicht die durch den gesetzmäßigen Befehl oder Verwaltungsakt, Steuerbescheid oder Polizeiverfügung oder Gestellungsbefehl sein kann — da handelt es sich nur um die kleinen technischen Scheidemünzen des staatlichen Geschäftsverkehrs —, sondern die durch einen echten Ruf, nicht an die im Geleise einer technischen Ordnung sozusagen mechanisch gehorchende, sondern an die freie, sich sittlich entscheidende Persönlichkeit. Schon der naive Sprachgebrauch zeigt das: wir empfinden die Anfangsworte der schweizerischen Nationalhymne: „Rufst du, mein Vaterland“, als angemessenen Ausdruck dieser Lage, dagegen das nationalsozialistische: „Führer befiehl, wir folgen dir“, in seiner kommissigen Knechtseligkeit als unsittliche Entwertung unserer staatlichen Einordnung.

Freilich entsteht im Staat ein Konflikt, wenn der Ruf nicht gehört wird — und zwar ein andersartiger, als wenn auf einen Steuerbescheid hin nicht gezahlt wird —; zumeist wird der Staat dann vorgehen, „als ob“ er gehört wäre — er kann aber auch darauf besondere Rücksicht nehmen, und hier liegt die eine Sinnkomponente unseres Kriegsdienstverweigerungsrechts. (Im Vorbeigehen brauche ich nur zu erinnern an das Problem der ererbten Konfessionszugehörigkeit und der unfreiwilligen Volkskirchenmitgliedschaft, wo das Mißverhältnis dieser Rechtslagen zu dem eigentlichen Ruf an den Getauften besonders deutlich ist.)

In diesem Angesprochenwerden, aus letzten Bestimmtheiten, in unabdingbare, unverfügbare Gemeinschaftsformen hinein, und in der Antwort darauf — so verschieden der Ruf einerseits ergeht und die Antwort andererseits gegeben wird: in diesem Berufenwerden zu einem tiefstbegründeten Beruf und in seinem Ergreifen liegt m. E. das Vergleichbare zwischen Staat und Ehe[19]. Beide nehmen in einzigartiger Weise in Verantwortung.

Ich darf den Berufsgedanken als ein Stück deutscher Verfassungsgeschichte und geschichtlicher Wirklichkeit mit einigen Belegen durch das 19. und 20. Jahrhundert verfolgen.

Man hat die konstitutionellen Verfassungen neuerdings in ihrem Grundrechtsteil als die spießbürgerliche Distanzierung einer Ohnemich-Gesinnung vom Staat verstanden oder besser denunziert. In Wirklichkeit sind die Grundrechte, bei aller notgedrungenen Sicherung gegen vergangene Polizeiwillkür, gerade als die positive Berufsausstattung des freien Mannes für sein öffentliches Wirken gemeint, des stolzen Bürgers, nicht des kümmerlichen Bourgeois[20]. Wir sollten uns hier das politische Bild unserer Großväter und Urgroßväter nicht so karikieren lassen. Als die geistesgeschichtliche Grundlage unseres Parlamentarismus, unseres Parlamentswesens überhaupt ist uns der Aberglaube einiger Doktrinäre vorgeführt worden, daß die öffentliche und freie Verhandlung ein selbsttätiger Apparat automatischer Wahrheitsfindung sei[21] — als ob unsere Großväter und Urgroßväter solche Narren gewesen seien —, und das angesichts leidenschaftlichen Berufsbewußtseins im politischen Kampf, das gerade für die klassischen Perioden deutscher Parlamentsgeschichte im 19. Jahrhundert so bezeichnend ist. Darum war es unrichtig, wenn Bismarck am 17. Mai 1847 im Vereinigten Landtag jeden inneren Zusammenhang zwischen der Volkserhebung von 1813 und der späteren Verfassungsbewegung bestritt: jene war eine Art aktiver politischer Berufsergreifung, in deren Linie dann das Streben nach weiterem Raum für das so einmal begonnene politische Berufs- und Berufungsbewußtsein liegen mußte. Ein so intimer Kenner der inneren deutschen Geschichte wie der

---

19 Ich möchte daher auch bei der Ehe den Akt der Annahme nicht so ausschließlich betonen, wie es in den bisherigen Erörterungen geschehen ist, vgl. etwa Recht und Institution, S. 56, 72 III 5 b.

20 Smend, Bürger und Bourgeois. Berliner akademische Rede zum 18. 1. 1933, auch in: Staatsrechtliche Abhandlungen, 1955, S. 309 ff.

21 C. Schmitt, Geistesgeschichtliche Grundlagen des heutigen Parlamentarismus, 2. Aufl. 1926, S. 50.

Bundespräsident führt auf solches im Ehrenamt betätigtes Berufsbewußtsein geradezu die Entstehung der deutschen Parteien und Verbände zurück, eine Grundlage, die dann freilich durch ein andersartiges Funktionärstum verdrängt wurde: „Demokratie ruht, um lebendig zu sein, auf dem Ehrenamt[22]" — also nicht auf der Auswirkung freiheitlichen Beliebens ohne Bindung, sondern auf als Berufspflicht verstandenem Dienst. Große Tatsachen der deutschen Geschichte sind ohne dies nicht verständlich: das Zusammenfinden zwischen durch den Dienstgedanken geprägter preußisch-norddeutscher und süddeutsch-demokratischer Art in der gemeinsamen Bindung an das Bismarckreich oder das Zusammenfinden von Monarchie und konstitutionellen Faktoren, das Carl Schmitt nur als unechten, dilatorischen Kompromiß würdigen kann[23] und das doch ebenso echt war wie das endgültige Zusammenfinden der Krone und ihres göttlichen und des Parlaments und seines menschlichen Rechts in der englischen glorreichen Revolution (Macaulay).

Das 20. Jahrhundert hat sich vom Verfassungsschema des 19. nicht genügend gelöst, um diesem stillen Hauptgedanken staatlicher Ordnung zu deutlicherer Formulierung und bewußter Anerkennung zu verhelfen. Es hat seiner Durchsetzung auch neue schwere Hindernisse gebracht: die fortschreitende Unzugänglichkeit der politischen Welt für das persönliche Miterleben und damit zugleich für die Verfassung als Raum politischer Berufspflicht[24] — so die fortschreitende Unmöglichkeit des seelischen Selbsterlebnisses des Krieges (erkennbar am Absterben des Soldatenliedes)[25] und der Erfassung des politischen Nachkriegsberufs, der der Nation noch dazu nach 1918 ausdrücklich abgesprochen war[26], das Auf und Ab der Schicksale der Staatsformen, und das alles nach einer unzulänglichen Schule bürgerlicher Freiheit im Bismarckreich mit seinem Vorzug militärischer, bürokratischer und industrieller Tugenden[27]. Ungünstig für den echten Gedanken öffentlichen Berufs hat auch die deutsche Übersteigerung und Verzerrung des Dienstgedankens gewirkt: beruhend auf geschichtlich begründeter Autoritätsgläubigkeit und Unterwerfungs- und Gehorsamsfreudigkeit[28], auf unwillkürlichem Ausgleichsstreben zu deutscher Eigen-

[22] Th. Heuss, Würdigungen, S. 129, 130.
[23] Hugo Preuss, 1930, S. 7.
[24] E. Wolf, Schule und Nation, Bd. I, 1 (1956), S. 3 f. — H. Freyer, a.a.O.
[25] Th. Heuss, Würdigungen, S. 38 f.
[26] Plessner, S. 18.
[27] Plessner, S. 30.
[28] Plessner, S. 137 f.

brödelei und traditionslosem Individualismus[29], aber auch zum Fehlen der hilfreichen „Mechanik sozialer Formen[30]“, die der Vorzug der angelsächsischen und vor allem der romanischen Länder sind, ein Übermaß an Unterwerfungsneigung, das in Reaktion auf entbehrte Inanspruchnahme in der liberalen Welt, wie Dombois es ausgedrückt hat[31], bei dann sich bietender Gelegenheit geradezu zu Orgien der Hingabe und des Opfers bereit war, um sich schließlich unheilvoll zu überschlagen in der Verknechtung des Dritten Reichs. Aber gerade in diesem zum Bewußtwerden zwingenden Wechsel der Lagen ist auch fruchtbare und grundlegende Besinnung erwachsen. Sogar im Faschismus selbst: es war doch eine ernste Frage an unsere Staats- und Verfassungsethik, wenn hier den Prinzipien von 1789, von Freiheit, Gleichheit und Brüderlichkeit, die gegensätzlichen der Verantwortlichkeit, der Hierarchie und der Disziplin entgegengestellt wurden: statt einer für selbstverständlich gehaltenen und darum als leer erscheinenden Freiheit die Verantwortlichkeit, die konkrete Aufgaben stellt und damit einen positiven Lebensinhalt gewährt — statt einer ebenso für selbstverständlich gehaltenen und darum ebenfalls als abstrakt und leer erscheinenden Gleichheit die konkrete Einordnung in die Hierarchie und damit ebenfalls eine sachliche, positive Lebenserfüllung — und endlich statt der leeren Sentimentalität der Brüderlichkeit die wirkliche Zusammenordnung durch Disziplin[32]. Ich brauche nur an Friedrich Gogartens Schriften aus jener Zeit zu erinnern oder an die grundsätzliche und klare, in den Wirren der Zeit zu rasch vergessene Herausstellung des Berufsgedankens in der lutherischen Sozialethik durch Ernst Wolf in dem ersten der deutschen ökumenischen Vorbereitungsbände für Oxford von 1932[33]. So hat das Dritte Reich die Frage praktisch brennend gemacht; für viele ernsthafte und redliche Mitläufer, andererseits und vor allem aber in allem, was mit dem 20. Juli zusammenhängt oder durch ihn repräsentiert wird — und 1945 hätte zu einer wirksameren Entfaltung des Problems werden können, wenn nicht töricht bevormundende Umerziehung und alle

[29] a.a.O., S. 67.

[30] E. R. Curtius, Marcel Proust, 1955, S. 91.

[31] Macht und Recht, S. 128.

[32] Vgl. zum Beispiel G. Leibholz, Probleme des faschistischen Verfassungsrechts, 1928, S. 56, Anm. 81.

[33] Kirche, Bekenntnis und Sozialethos, Genf 1934, S. 66, 69, 71, 73 f., 76. — Vom innerweltlichen Standpunkt wäre zu erinnern an Ernst Forsthoffs Untersuchung über die Tugend im Staat: Tymbos für Wilhelm Ahlmann, 1951, S. 80 ff.

Heillosigkeit der Entnazifizierung die Lage verfälscht und verdorben hätten. Immerhin fordern Ohne-mich-Bewegung, Kriegsdienstverweigerung und allgemeines politisches Malaise zu fortdauernder ernster Besinnung darüber heraus, auch abgesehen davon, daß die Fragen des 20. Juli unter uns noch immer nicht zu Ende gedacht sind. An diesen Fragen wird die Richtigkeit der Trillhaasschen These augenscheinlich, daß unsere Frage nicht die des Gehorsams des Untertanen, sondern die der Verantwortlichkeit und der Mitverantwortlichkeit „für das Zustandekommen des Staats und des staatlichen Lebens" ist[34], also der tätigen politischen Berufserfüllung.

Nur im Vorbeigehen habe ich das Problem des Berufs des Staats selbst, oder besser des Volks in seinem Staat, zu berühren. Nicht unter dem Gesichtspunkt, ob man in einem strengen Sinne, ob man in einem entsprechenden Sinne, wie beim Einzelnen, auch hier von einem solchen Beruf sprechen darf. An der damit bezeichneten Tatsache ist kein Zweifel. Es ist in aller Regel ein bestimmtes Geschichtsbild, das als Leitlinie des politischen Handelns verstanden wird, mag man es Staatsidee oder Mythos, Schicksalsbild oder Legende nennen. Bei den westlichen Nationen hat es orientierende geschichtliche Gestalt gewonnen in den mehr oder weniger revolutionären Vorgängen, auf denen ihre heutige Ordnung beruht, und wird es in einem noch von dorther getragenen Aufklärungsoptimismus verstanden — da liegt der tiefere Grund und die besondere Färbung der Inanspruchnahme bestimmter Pflichten und Verantwortungen, die diese Mächte sich, ihrer Ehre, ihrer Geschichte schuldig seien, etwa in Regierungskundgebungen, besonders häufig und uns oft fremdartig vor der französischen Kammer. Von den Mächten des Ostens wird das entsprechende geschichtliche Berufsbild mit den geistesgeschichtlich soviel jüngeren Begründungen des Marxismus und Leninismus ergriffen — auch hier mit überwältigender Mächtigkeit. Das deutsche Volk hat ein solches Berufsbild allenfalls mit der Vollendung seines kleindeutschen Nationalstaates ergriffen, mit der Kaiserkrone von 1871 als im Grunde einzigem vollgültigem Symbol — dann ist aus diesem so leidenschaftlich angestrebten und nur so kurz bewahrten Beruf der der Liquidation der Vergangenheit geworden, und seit 1945 kann es nicht einmal mehr in der Gemeinsamkeit dieser Liquidation seine Geschichte fortsetzen. Die Lähmungen im praktischen politischen Berufsbewußtsein der Deutschen haben bis 1918 mehr auf der Obrigkeitsstaatlichkeit seiner

[34] Macht und Recht, S. 27, Ziff. 2.

Überlieferungen beruht, seitdem mehr auf dem Zweifel an einer sinnvollen Aufgabe, an irgend etwas wie einer geschichtlichen Sendung. Aber auch die Theorie hing damit zusammen: die eigentümliche Statik des formalistischen juristischen Positivismus, der vom Staat als Höchstes auszusagen wußte, daß er eine juristische Person sei, ebenso aber auch die in ihrer Bedeutung überschätzte Überhöhung dieser These in Gierkes eigentümlicher Mythologie von den realen Verbandspersönlichkeiten und ebenso das kausal-mechanische Denken der Soziologie, nicht zuletzt Max Webers: sie alle sind auf dem Boden einer im wesentlichen noch obrigkeitsstaatlich geprägten Welt gewachsen. Und wenn das deutsche Staatsdenken trotz mancher Infragestellung dieser überkommenen Denkweise und mancher hoffnungsvollen Ansätze diese Stufe im Grunde noch immer nicht überwunden hat, so doch wohl zum Teil wenigstens deshalb, weil ihm der Auftrieb der fordernden Dynamik eines verpflichtenden Geschichtsbildes fehlt.

H. Dombois hat bezweifelt, daß ethische Begriffe in die Theorie der sozialen Erscheinungen hineingehörten[35]. Ich meine allerdings, daß die beiden von mir herausgestellten Dinge, die Dialektik des Lebensprozesses in den großen Lebensgemeinschaften, vor allem im Staat, und die Erfassung der Beteiligung daran als Beruf und Berufsaufgabe, Voraussetzungen eines fruchtbaren Verständnisses jedenfalls des Staats sind.

Ich kann hier die Fruchtbarkeit, ja die Notwendigkeit solchen Denkens für Staatsrecht und Staatstheorie nicht näher begründen. Ich darf sie nur mit einigen Beispielen belegen. Ohne einen sinngebenden Berufsgedanken steht am Ende der politischen Instanzenreihe immer die normativ indifferente Dezision Carl Schmitts, das heißt die reine, maßstablose Faktizität. Ohne einen solchen Gedanken ist kein begründeter Souveränitätsbegriff zu gewinnen, dessen heutiges Fehlen sich auch praktisch empfindlich fühlbar macht: noch immer begnügt man sich mit formalistischen Begriffen, der höchstinstanzlichen juristischen Person, der Trägerschaft des legitimen Monopols physischer Gewalt und dergleichen, um damit schließlich bei einem anarchischen, skeptischen, allenfalls vitalistischen Dezisionismus zu enden[36]. Ohne einen solchen Gedanken führt die unbegrenzte Freiheit der parlamentarischen Sphäre der Verfassung zu dem Ungedanken, daß die Repräsentativorgane tun dürfen und können, was sie wollen, und daß man

[35] Familienrechtsreform, S. 86.
[36] W. Hennis, Das Problem der Souveränität, Diss. jur. Gött. 1951, S. 46 f.

von da aus auf eine entsprechende sinnlose Freiheit des repräsentierten Volkes selbst schließt. Demgegenüber war es eine dringende Richtigstellung, wenn von verschiedenen Ausgangspunkten aus de Quervain[37] und Dombois[38] darauf bestanden, auch die Repräsentativorgane als Amtsträger in Anspruch zu nehmen. Dazu bedarf es aber des normativen Berufsgedankens als Voraussetzung.

Damit sind zugleich die negativen Orientierungen solchen Denkens an ihm gegenüberstehenden Grenzfällen gegeben.

Einmal an dem der starren Objektivierungen: in den Faktizitäten etwa eines positivistischen Dezisionismus oder anderer faktischer Instanzen, der Rasse, irgendwelcher naturalistischer, ökonomischer, geschichtlicher Gesetzlichkeiten und etwaiger Tyrannei in ihrem Namen — ja auch am starren Ontologismus der Ordnungen. Vielleicht ist die Sorge nicht unbegründet, daß hinter diesen Objektivitäten geradezu polytheistische Mächte lauern und gesucht werden.

Sodann an dem anderen Grenzfall des Subjektivismus und gar der pneumatischen Anarchie. Selbstmächtigkeit ist so gefährlich wie institutionelle Entmächtigung — so hat Dombois es kurz ausgedrückt[39] —, gefährlich ist die ethisierende Auflösung der Institutionen[40] — wir erinnern uns, daß sogar eine solide Staatsethik wie die der Stahlschen Rechtsphilosophie, indem sie von der Verfassung einen möglichst großen Reichtum an persönlichen Beziehungen und damit einen möglichst großen Reichtum an sittlichen Chancen forderte, mit diesem konservativen Verfassungsprogramm in eine bedenkliche Nähe zu beinahe romantisierender Ethik im Sinne des ethischen Idealismus geraten ist.

Mit beiden Grenzfällen ist die Versuchung gegeben, in Ehe und Staat eine Art Omnibus zu sehen, in den man einsteigt zu einer Fahrt ins Blaue unbegrenzter objektiver oder subjektiver Möglichkeiten. Beide sind, soviel ich sehe, nicht ohne eine gewisse polytheistische Note.

Gerade zwischen diesen Grenzfällen liegt vielleicht — ich darf das mit stärkstem Vorbehalt sagen — am wahrscheinlichsten eine echte Anknüpfungsmöglichkeit für ein positives christliches Gespräch mit

37 Ethik, II, 1, 1945, S. 267 f., vielleicht nicht ohne Anregung aus dem schweizerischen Staatsrecht.

38 Familienrechtsreform, S. 82.

39 a.a.O., S. 83.

40 Dombois, ebd. S. 86.

dem Osten. Es wäre wohl der Mühe wert, die Amsterdamer Verhandlungen unter diesem Gesichtspunkt noch einmal durchzuprüfen.

Ich darf abschließend von meiner vorgetragenen Denkweise nur noch dreierlei sagen:

1. Sie ist für mich Verständnisvoraussetzung für das Phänomen Staat. Insofern bleibt sie in den Grenzen einer Phänomenologie des Staats. Es mag sein, daß ihr anthropologischer Einschlag noch stärker im Sinne der Aufhellung des existenziellen Charakters des Staats entwickelt werden müßte.

2. Sie ist sich, wie jede vernünftige Lehre von irgendeinem Rechtsinstitut, ihrer praktischen Folgen bewußt — und, wie sie meint, damit ihrer Notwendigkeit:

a) sie will den Staat sichern, gegen Ohne-mich-Skepsis und sonstige Bestreitung;
b) sie will insbesondere seine spezifische Aufgabe gegen Entstellungen sichern (gegen Utilitarisierung, Bürokratisierung, u. a. m.);
c) sie will seine Einheitsaufgabe gegen Pluralismus sichern;
d) sie will seine Grenzen gegen den Totalitarismus sichern;
e) sie will seine Unabhängigkeit gegen grenzüberschreitende Klerikalisierung sichern.

3. Sie will dabei in der Immanenz ihrer Fragestellung bleiben. Insofern ist es ihr eine Frage, ob sie der Institutionentheorie so weit entgegenkommt, wie diese annimmt, oder etwa der Bonhoefferschen Lehre von den Mandaten oder seiner Lehre von echter Weltlichkeit, hier von echtem Staatsein des Staats, zu der die Herrschaft Christi befreit[41]. Ich möchte es wünschen, daß sie sich hier wenigstens irgendwie als nützlich herausstellte.

---

[41] Ethik, 1949, S. 256 d.

Staat*

A. Zur Geschichte der Staatstheorie

Die Theorie des Staates ist von jeher ein wichtiger Gegenstand der Philosophie gewesen, die Geschichte der Staatstheorie ist daher im einzelnen nur im Zusammenhang der Geschichte der abendländischen Philosophie verständlich.

1. Unabhängig von diesem Zusammenhange durchläuft aber das Staatsproblem unwillkürlich, vielfach unbewußt eine eigene sachbedingte Entwicklung. Auf seiner ersten Stufe ist es ein Problem der Theorie im antiken Sinne, der Schau in seiner Gegenständlichkeit. Auf seiner zweiten Stufe wird es in vollerem Sinne zum Problem, weil mit Christentum und Kirche zuerst eine kritische Plattform gegenüber dem Staat gewonnen und eine Kritik möglich wird, die sich, säkularisiert, in Aufklärung und Revolution, Liberalismus und Marxismus hinein fortsetzt. Auf seiner dritten Stufe tritt die positive Frage nach Sinn und Aufgabe des Staates in den Vordergrund, am entschiedensten in den autoritären und totalitären Systemen, aber unverkennbar auch im demokratischen Bereich. Diese Phasen überschneiden sich und sind auch im einzelnen nicht immer scharf zu unterscheiden. Darum ist die große Linie aber doch gegliedert in der Abfolge der Fragen, was der Staat ist, was er darf, was er soll.

2. In Abwehr des skeptischen Individualismus der Sophisten entwickelt Platon an zentraler Stelle seines Denkens die beinahe prophetische Philosophie eines Staatswesens, das zugleich der Kreis der religiösen und sittlichen Gemeinschaft ist. Ohne diesen Boden grundsätzlich zu verlassen, vollzieht Aristoteles auch hier die Wendung zu eindringendster empirischer Wissenschaftlichkeit. Auf die Dauer, vollends im römischen Bereich, setzt sich aber das abstrakt-rationale und individualistisch-ethische Denken der Stoiker durch. In der Staatslehre des Thomas von Aquin leben wesentliche Elemente der klassi-

---

* Evangelisches Kirchenlexikon III (1959) 1105 ff.

schen antiken Staatslehre wieder auf und gehen von dort in die spätere katholische Naturrechtslehre und vielfach auch in das evangelische Denken über. Weithin auf antike Anregung geht aber auch die weltliche Staatstheorie der Immanenz des politischen Lebens zurück, mag sie es als menschliche und geschichtliche Naturgewalt verstehen (Machiavelli) oder als rechtsgeordnete Souveränität (Bodin) oder nominalistisch-mechanistisch im Sinne eines skeptisch begründeten Absolutismus (Hobbes). Rechtspositivismus und Soziologismus als Staatstheorie sind die dürftigen Spätformen solchen Immanenzdenkens.

3. Das christliche Denken ist, sofern es die politische Ordnung der kirchlichen und dem Reich Gottes gegenüberstellen muß, notwendig kritisches Staatsdenken (Augustin, Thomas), das sich freilich auch gegen die Kirche wenden kann (Marsilius von Padua, Reformkonzilien). Ihre schärfste Form nimmt diese Kritik in der katholischen und reformierten Kampfliteratur der Monarchomachen (Widerstandsrecht) gegen den Absolutismus des späten 16. und früheren 17. Jahrhunderts an. Sie säkularisiert sich in Grotius im Ringen um die naturrechtliche Bindung des Staates, vor allem im Kriege. Von dort führt die große Linie über Lockes Vorbereitung des englischen Verfassungsdenkens zu Montesquieus weltweiter Begründung, aber auch zu den angelsächsischen Revolutionen, deren christlicher Einschlag den angelsächsischen Staatstypen bis heute die Selbstverständlichkeit der Kritik am Staat erhalten hat, während sich der säkulare Individualismus Rousseaus ohne solchen Vorbehalt dem revolutionären Absolutismus ausliefert. Die christliche Linie in säkularisierter Brechung setzt sich aber fort in der deutschen Aufklärung (Pufendorf, Chr. Wolff) und in der Staatsphilosophie des deutschen Idealismus, die eine Philosophie der Freiheit ist, sowohl im abstrakten Rechtsstaatsdenken Kants wie in Fichtes ungelöster Spannung zwischen Individualismus und Gemeinschaftsdenken wie in Hegels Staatstheorie des objektiven Geistes, der dialektischen Einheitsschau des politisch-sozialen Gesamtgefüges und des Geschichtsprozesses. In der marxistischen Ablehnung des Staates, seiner Zulassung nur als Übergangsdiktatur, zugunsten der eschatologischen Auflösung in die klassenlose Gesellschaft, wandelt sich die kritische Grundstruktur des christlichen und des idealistischen Denkens weiter ab.

4. Das Denken der Gegenwart ist überwiegend nicht kritisch ausgerichtet. Die Romantik entwickelte die organische Immanenz von Volk und Staat (Organismusidee). Die nationale Bewegung nahm ihn

hin, forderte nur seine Deckung mit der Nation und beruhigte sich mit der Erfüllung ihres Ziels als Endlösung. Nachzügler der idealistischen Staatsphilosophie wurden abgelöst von der marxistischen Entgötterung des Staates einerseits, dem Immanenzdenken der deutschen Geschichtswissenschaft andererseits. Die Skepsis Schopenhauers, Burckhardts, Nietzsches nahm den Staat als Faktum hin. Die wirtschaftlichen, sozialen, kriegerischen Umwälzungen stellten ihm die unübersehbaren Aufgaben der Daseinsvorsorge in immer weiterem Sinne — hier allein liegt für den heutigen Menschen sein Problem, im übrigen wird er als Schicksalsmacht hingenommen. Der wissenschaftliche Ausdruck dieser Lage war und ist der Historismus, der Rechtspositivismus, die Geopolitik, die Soziologie — hier ist das christlich-kritische Erbe überall verlassen. In der deutschen Philosophie hat der Staat seit Hegel keinen Ort.

5. Eine reformatorische Staatslehre gibt es nicht. Die — z. Z. umstrittene — Zwei-Reiche-Lehre bedeutet „kein konstruktives Prinzip für den Staat“, keinen „statischen ordo“, sondern ein „regulatives Prinzip“ von „außerordentlicher kritischer Kraft“ (Trillhaas), im Luthertum noch mehr als bei Calvin. Die festen Maßstäbe der alten Kirche, zumal deren Naturrecht, gab die Reformation auf. Zugleich aber wandelte sich der Gegenstand des auf die politische Welt bezogenen kirchlichen Denkens: anstelle der Obrigkeit der reformatorischen Begriffswelt trat immer mehr der moderne Staat, auf den ihr Obrigkeitsdenken nicht paßt. Die Verschiedenheit der äußeren Umstände ließ im deutschen Landeskirchentum einerseits, in den westeuropäischen Widerstandsbewegungen und Religionskriegen und den Neugründungen in Nordamerika andererseits von nicht allzu verschiedenen Ausgangspunkten her die gegensätzlichen Typen eines wesentlich lutherisch bestimmten Fürsten-, Untertanen- und Beamtenethos hier, eines sich in Widerstand, Demokratie und Grundrechten auswirkenden Aktivismus dort entstehen. In der Ökumenischen Bewegung sich begegnend traten beide Richtungen in eine fruchtbare Auseinandersetzung ein. Ihr Gegensatz liegt z. T. auch den gegenwärtigen Spannungen innerhalb der EKD zugrunde; hier werden insbesondere aus der Zwei-Reiche-Lehre gegensätzliche Folgerungen gezogen.

B. Zum gegenwärtigen Stande des Problems

1. Eine zeitlos gültige Definition des Staates gibt es nicht. Man mag ihn für die Gegenwart einigermaßen zutreffend als souveränes Gemeinwesen charakterisieren.

Ein naiver Versuch, ihn zu erklären, ist seine — heute leider noch teils bewußt, teils unbewußt verbreitete — Kombination oder Herleitung aus seinen sogenannten Elementen: Gebiet, Volk und Staatsgewalt. Auf einem Gebiet wird ein Volk als zusammengehalten durch die Staatsgewalt gedacht. ein statisch-mechanistisches, durchaus unangemessenes Bild.

Aufgegeben ist vielmehr, ihn zu verstehen, als ein sinnvolles Gefüge menschlicher Beziehungen, sinnvoll sowohl als Ganzes in sich als auch von den in ihn eingeordneten Einzelnen her.

Der Staat ist die Form, in der ein Volk der ihm gestellten Aufgaben der „Lebensbewältigung" (Plessner) gerecht zu werden sucht. Er ist daher zunächst von dieser Aufgabe her zu verstehen, die ihm in verschiedenen Formen begegnet und die er sich zugleich seinerseits bewußt stellt. Er ist weiter zu verstehen als das Gefüge der Willensbildung und des Handelns und der besonderen ihm zu Gebote stehenden Mittel der Macht und des Rechts, mit denen er diese Aufgabe zu erfüllen sucht. Dabei ist er nicht instrumental zu verstehen, lediglich als Mittel zu diesen Zwecken, sondern zugleich als selbstzweckliches Leben (als solches geschichtsphilosophisch und anthropologisch näher zu begründen). Dies Leben ist als Vollzug einer doppelten Dialektik zu verstehen: der der dialektischen Verschränkung der Beziehungen aller Beteiligten untereinander und der der dialektischen Abfolge der Stufen und Typen dieses Lebens in der Geschichte.

2. Die allgemeinste Fassung des staatlichen Berufs ist die der allgemeinen politischen Leitbilder. Sie können von vorwärtsdrängender Energie sein, wie die des Strebens nach nationaler Einigung und die des Marxismus, oder mehr eine erreichte politische Kulturstufe bejahen, wie die „abendländischen" (etwa symbolisiert im Stichwort der „Freiheit"), sie können fest eingewurzelt sein, wie bei den Angelsachsen und Romanen, oder schwanken, wie in Deutschland: nur in Deutschland konnte daher eine eigentliche „Staatsidee" vermißt und das Problem der politischen Erziehung seit Fichte immer wieder so intensiv gestellt und von den Siegermächten von 1945 eine politische „Umerziehung" unternommen werden. Sie können echt und unecht sein. Vielfach sind die nationalen Symbole ihre wirkungsvolle Darstellung, zumal bei Umbrüchen der politischen Systeme und Kämpfen der alten und der neuen Symbole. Vielfach werden sie in die Verfassungen aufgenommen (z. B. Bonner Grundgesetz, Vorspruch: „Im Bewußtsein seiner Verantwortung vor Gott und den Menschen, von dem

Willen beseelt, seine nationale und staatliche Einheit zu wahren und als gleichberechtigtes Glied in einem vereinten Europa dem Frieden der Welt zu dienen, hat das Deutsche Volk ... Das gesamte Deutsche Volk bleibt aufgefordert, in freier Selbstbestimmung die Einheit und Freiheit Deutschlands zu vollenden." Auch im einzelnen: Art. 1: „Die Würde des Menschen ist unantastbar. Sie zu achten und zu schützen ist Verpflichtung aller staatlichen Gewalt. Das Deutsche Volk bekennt sich darum zu unverletzlichen und unveräußerlichen Menschenrechten als Grundlage jeder menschlichen Gemeinschaft, des Friedens und der Gerechtigkeit in der Welt." Art. 20: Demokratie, Sozialstaat, Rechtsstaat. Art. 26: auf „das friedliche Zusammenleben der Völker" ausgerichtet. U. s. f.).

Im einzelnen setzt der Staat sich seine Ziele in seiner Gesetzgebung und in seiner Politik. Die Positivierung seiner Ziele in seiner Gesetzgebung steht heute weithin im Gesichtspunkt der Planung, nicht ohne ein gewisses totalitäres Gefälle. Außenpolitisch ist die unvermeidliche Einordnung in die großen Gruppen der Weltpolitik bezeichnend für die neue Stufe staatlicher Zielsetzung.

Wenn sich der Staat so in den Dienst solcher Zwecke stellt, so wirken diese, voran die grundsätzlichen Leitbilder, zurück auf ihn und seine Geltung, legitimieren ihn und sein Recht, geben ihm seinen Charakter, seine spezifische Würde, gewinnen und entfremden ihm seine Angehörigen. Sie begründen auch seine Souveränität, d. h. seine höchste, letztinstanzliche Entscheidungsmacht in seinem Bereich, nicht nur, weil es technisch einer „gebietsuniversalen Entscheidungseinheit" (Heller) bedarf, sondern weil der geschichtliche Beruf des Staates diese Fülle seiner Entscheidungsmacht rechtfertigt.

3. Mit diesem Beruf des Staates ist seine hervorragendste Eigentümlichkeit gegeben, Träger von Macht zu sein, und zwar in dem besonderen Sinne staatlicher Macht, die „das Monopol legitimen physischen Zwanges" (Max Weber) enthält, vor allem zur Aufrechterhaltung des äußeren und inneren Friedens.

Macht und insbesondere staatliche Macht ist nicht im Sinne eines physikalischen Kraftbegriffes mißzuverstehen. Sie ist eine potentielle Wirkungsmöglichkeit, ist abgesehen von ihrem aktuellen vollen Einsatz stets in einer gewissen Augenscheinlichkeit wirksam und muß in ständigem Ringen bewahrt, ja immer neu erworben werden. Als menschliche Beziehung besteht sie in einem steten Austausch zwischen dem Machtträger und seinem Partner, sei es ein Untertan oder eine fremde Macht, in Werbung, Drohung, Beobachtung, Meinungserforschung von der einen, Anerkennung, Unterwerfung, bejahender Hinnahme von der anderen Seite. Macht ist Prozeß, nicht statischer Bestand. Sie ist außerdem nicht nur instrumental zu verstehen, als Mittel zur Erfüllung der staatlichen Aufgaben, sondern zugleich als Selbstzweck — vor allem deshalb, weil sie eine wesentliche menschliche Lebensfunktion ist, an der der Einzelne als Staatsbürger seinen, ursprünglichen Zeiten gegenüber allerdings geregelten und kontrollierten, Anteil haben und vor allem erleben will und soll.

4. Machtvolle Erfüllung seiner Aufgaben setzt voraus, daß der Staat willens- und handlungsfähig, d. h. daß er organisiert ist. Er ist organisiert durch seine Verfassung, vermöge ihrer herrscht er.

Diese Herrschaft bedarf über ihre positivrechtliche Begründung hinaus tieferer Legitimierung. Als Typen solcher Legitimität hat Max Weber den charismatischen, den traditionalen und den rationalen Typus unterschieden. Die vorkonstitutionelle Verfassung, insbesondere des Absolutismus, gehörte dem traditionalen und fortschreitend zugleich dem rationalen Typus an. Die konstitutionelle, vollends die heutige demokratische Verfassung sucht die Herrschaft demokratisch zu unterbauen und dadurch zu legitimieren. Damit ist der Verfassung neben ihrer organisierenden eine zweite, „integrierende", das Volk als staatstragend politisch aktivierende Aufgabe gestellt. Erst in der Erfüllung dieser Doppelaufgabe bringt sie den Staat sozusagen „in Form". Besonders geltungskräftig sind moderne Verfassungen, wenn sie das Ergebnis eines nationalen Aufschwunges oder einer echten Revolution sind (anders die deutschen Verfassungen von 1919 und 1949) und wenn sie die staatliche Aufgabe mit wirkungsvoller Verbindlichkeit stellen (anders, wenn eine Verfassung als relativistische Spielregel verstanden oder mißverstanden wird, wie die Weimarer Verfassung von 1919).

Die antiken, die mittelalterlichen, die vorkonstitutionellen neuzeitlichen Verfassungen waren im Grunde Ämterordnungen von statischem Charakter, Ordnungen einer in sich ruhenden Obrigkeit. Die heutigen Verfassungen sind demgegenüber Träger einer doppelten Dynamik. Einmal der der ständigen parlamentarischen Auseinandersetzung von Regierung und Parteien — ganz fehlt dieses Moment selbst in den totalitären Staaten nicht. Diese Auseinandersetzung verlagert sich nach Trägern und Schauplatz im Massenzeitalter vom repräsentativen zum plebiszitären Typus hin. Außerdem aber weiß sich die heutige Ordnung, im Gegensatz zur Vergangenheit, in den geschichtlichen Strom gestellt und durch ihn zugleich legitimiert und in Frage gestellt. Die alte Unterscheidung der klassischen Staatsformen, Monarchie, Aristokratie, Demokratie, beschrieb in sich gegründete statische Systeme, die sie allenfalls sich in festen Zyklen ablösen ließ. Heutige Verfassungen verstehen und legitimieren sich von vornherein als Glieder einer geschichtlichen Abfolge — schon der Begriff der Republik ist wesentlich durch die Negation der Monarchie bestimmt — die deutschen Verfassungen von 1919, 1933, 1949 gelten nicht nur kraft ihres immanenten Aufbauschemas, sondern auch kraft ihres historischen Stellenwerts, ihrer realdialektischen Ablösungsrolle gegenüber einer überwundenen Stufe. Eben deshalb sind sie aber auch in dem Sinne „offen", daß sie mit dem Weiterschreiten der politischen und Sozialgeschichte auf entsprechende Wandlungen zu rechnen haben, und das bedeutet, zusammen mit dem unvermeidlichen technischen „Finalismus" des heutigen Staatswesens, eine gewisse Verlagerung der Legitimität in die Situationsgerechtigkeit.

5. Als organisierte Macht ist der Staat notwendig durchs Recht geordnet und gestaltet. Insofern gibt es keinen ausschließenden Gegensatz von Rechts- und Macht-Staat, der Staat kann nur mehr das eine oder mehr das andere sein. Er ist ein Rechts-Staat im engeren Sinne, wenn er sich in seinem Leben an seine selbstgegebenen Gesetze bindet und wenn er seinen Angehörigen ihre Rechte, insbesondere ihre Grund- und Freiheitsrechte gewährleistet. Als moderner Staat ist er auch Gesetzgeber, aber deshalb nicht, wie der Positivismus meinte, auch die letzte Quelle des Rechts. Das Recht bleibt ihm gegenüber eine eigenständige Macht: deshalb ist der Staat an seine selbstgegebenen Gesetze heteronom gebunden, und deshalb sind seiner Gesetzgebungsmacht die mit dem Wesen des Rechts gegebenen Schranken gezogen, mag er sie anerkennen (z. B. Bonner Grundgesetz Art. 1, auch 19 und 79 Abs. 3) oder nicht.

Von besonderer Art ist sein Verfassungsrecht. Seine Eigenständigkeit, vermöge derer er nur kraft eigenen Willens besteht, wirkt sich besonders in seiner verfassungsrechtlichen Selbstgestaltung aus. Dies Verfassungsrecht ist durch höhere Strafdrohungen (gegen Hochverrat usw.) geschützt, als beinahe alle übrigen Teile der Rechtsordnung, und es ist zugleich, jedenfalls in der heutigen Zeit der Umwälzungen, prekärer und vergänglicher als sonstiges Recht. Es ist gegen den Staat selbst wenig geschützt, und auch da, wo sich der Staat etwa einem

Verfassungsgericht unterwirft, nicht durch Zwang. Andererseits ist es das Recht, das sich am schnellsten erneuert, etwa im ganzen nach einer Revolution, oder im einzelnen durch einen einzigen präjudiziellen Akt.

Müßig ist die Frage nach dem Vorrang zwischen Staat und Recht. Ein solcher besteht weder historisch noch kausal noch logisch noch wertmäßig, da weder der Staat noch das Recht als früher nachzuweisen noch kausal aus dem anderen herzuleiten noch logisch von dem anderen her zu definieren ist noch ihm gegenüber höhere Würde beanspruchen kann.

6. Der Staat ist der Staat eines bestimmten Volkes, das in dieser staatlichen Form seinen geschichtlichen Beruf, die ihm aufgegebene Lebensbewältigung zu erfüllen sucht. Dies Volk ist ihm in dreifachem Sinne zugeordnet.

a) Einmal als das Volk im Rechtssinne, insbesondere als Aktivbürgerschaft, von der das Volkssouveränitätsprinzip „alle Staatsgewalt ausgehen" läßt (Bonner Grundgesetz Art. 20), so daß alle Staatsorgane und alle Staatstätigkeit unmittelbar oder mittelbar vom Willen dieser Aktivbürgerschaft bestimmt werden und die Verfassung im ganzen von diesem Prinzip ihre besondere demokratische Legitimität herleitet.

b) Sodann als das Volk eines geschichtlichen politischen Willens, der darauf gerichtet ist, überhaupt einen Staat und insbesondere diesen Staat als seine Lebensform zu haben: das Volk als Nation, zumal im Zeitalter des National-Staats. Die Nation strebt dahin, daß ihr Raum, der Bereich ihres tatsächlichen, ihres Volkslebens, auch rechtlich ihr Gebiet, d. h. der Herrschaftsbereich ihres nationalen Staats sein möge, und sie wird durch dieses Streben und durch seine Erfüllung geprägt. Der Staat wirkt auf sein Volk gestaltend zurück, in seinem Staat wird ein Volk zum personartigen und in gewissem Sinne verantwortlichen Mitträger der Geschichte.

c) Endlich als das Volk im Sinne der modernen Gesellschaft, die anstelle der ständischen Gesellschaft, durch die obersten Prinzipien der Freiheit und Gleichheit bestimmt, Schauplatz, Gegenstand und Träger des modernen gesellschaftlichen Lebensprozesses und zugleich der ständigen gesellschaftlichen Umwälzung ist, deren planmäßiger Vollzug im marxistischen Sinne das Wesen der kommunistischen Staatswesen ausmacht. In den westlichen Demokratien erscheint sie vielfach so sehr als das eigentliche Subjekt des politischen Lebens, daß der Staatsbegriff gegenüber dem der Gesellschaft mehr oder weniger zurücktritt, statt seiner nur noch etwa der Begriff government die rechtlich geordnete Trägerschaft des politischen Lebens bezeichnet. Aber überall entwickelt sie spontan und ohne rechtliche Regel ähnliche Formen ihrer politischen Willensbildung, vor allem die Parteien, deren eigengesetzliche Bedeutung mit der Zunahme der Bevölkerung und der breitesten demokratischen Ausdehnung der politischen Rechte immer mehr gewachsen ist, und ferner die sich in immer vielfältigeren Formen bildende und äußernde öffentliche Meinung.

7. Die Einordnung des einzelnen in den Staat ist das tiefste Problem der politischen Theorie und Praxis. Seine heutige Schwierigkeit beruht auf seiner Geschichte in der jüngsten Vergangenheit. Ältere Zeiten wesentlich ständischer Ordnung weisen dem einzelnen durch seine konkrete Einordnung unzweideutig und unproblematisch seine Lebensaufgabe, seine Standesethik, seine besondere Ehre, seinen Platz im sozialen und politischen Ganzen an. Als diese Ordnungen mehr oder weniger fragwürdig geworden sind, durchbrechen oder zerstören die angelsächsische christlich bestimmte und die französische Revolution je auf ihre Weise die vorgefundene Gliederung im Namen der Freiheit und Gleichheit, und diese obersten Grundrechte beherrschen, fortschreitend entwickelt, seitdem den Grundrechtsteil der Verfassungsurkunden.

Die tatsächliche Entwicklung hat die Erwartungen des liberalen und demokratischen Durchbruchs nur bedingt erfüllt. Die formale Freiheit hat den einzelnen weithin in um so schwerere neue Abhängigkeit geführt. Das Verfassungsprinzip der Freiheit ist weithin von Recht und Faktum der Egalisierung überrundet. Die positive, sittliche, befriedigende Ausfüllung des neuen Freiheitsraums ist weithin ausgeblieben — daher die faschistischen, konkrete Aufgaben zuweisenden Gegenprinzipien der Verantwortlichkeit, Hierarchie und Disziplin gegen die als leer bekämpften revolutionären der Freiheit, Gleichheit und Brüderlichkeit —, oder sie ist der gefährlichen Übersteigerung in säkularisierte Reichgottes- oder Kirchenbindungen hinein verfallen, wie im übersteigerten Nationalismus oder orthodoxen Marxismus. Trotzdem sind Freiheit und Gleichheit unaufgebbare sittliche Errungenschaften, nicht nur angesichts der besonderen deutschen Erfahrungen seit 1933. Aber sie bedürfen der richtigen Deutung auf Grund einer brauchbaren politischen Anthropologie. Es ist selbstverständlich, daß der einzelne als Mensch nur zu verstehen ist als Glied des sozialen Ganzen in allen seinen Stufen, daß er sich selbst sittlich findet, realisiert und erlebt nur in solcher Einordnung, nicht zuletzt in der politischen, und daß gerade die politische seine grundlegende anthropologische Wesenheit als geschichtliches Wesen deutlich und wirklich macht, rückwärts und vorwärts in die „offene" Vergangenheit und Gegenwart eingeordnet (H. Plessner: Macht und menschliche Natur, 1931).

Theoretisch liegen hier Schwierigkeiten des Verständnisses, z. B. des — durch vielfache und verschiedenartige „Vermittlungen" begründeten — tatsächlichen Anteils aller formell Staatsangehörigen an seinem wirklichen Leben. Praktisch liegen hier die Voraussetzungen für die Antwort auf viele Fragen der Ethik in Sachen der politischen Haltung, von den Grenzfällen des Ohne-Mich, der auf Sicherung, Konsum, Glück usw. ausgerichteten Haltungstypen einerseits bis zu denen der übersteigerten Hingabe andererseits, einschließlich des auch hier bestehenden Marxschen Problems der Entfremdung.

Zur Geschichte der Berliner Juristenfakultät im 20. Jahrhundert

Zu der Säkularfeier widmete Otto Liebmann der Juristischen Fakultät der Universität Berlin ein Prachtwerk im Stile jener Zeit, inhaltlich von hohem und dauerndem Wert[1]. Am 150jährigen Gedächtnistage ist nur Raum für einen Nachruf.

Den Kern jener Festschrift bildet ein Überblick von Ernst Heymann: „Hundert Jahre Berliner Rechtsfakultät". Er zeichnet vortrefflich die großen Linien der Fakultätsgeschichte und die wissenschaftliche und menschliche Sonderart ihrer Mitglieder, einmündend in das Bewußtsein stolzer Gegenwart und die Hoffnung auf eine noch reichere Zukunft.

Seitdem hat die Fakultät formell noch 35 Jahre, bis 1945, bestanden[2]. Sachlich war ihre Geschichte schon zehn Jahre früher beendet, mit der Zerstörung ihrer Geschlossenheit, ihres Charakters und damit ihres Ranges durch den Nationalsozialismus.

Bis dahin war sie mehr als andere ein geschlossenes Ganzes von sehr bestimmter Prägung. Sie pflegte diese Eigenart, im Bewußtsein der beiden mächtigen Faktoren, denen sie diese Geschlossenheit verdankte, des Gesetzes, nach dem sie angetreten, einer-, ihrer Umweltbedingtheit anderseits.

Von vornherein war sie die Fakultät Savignys gewesen. Er war von 1810—1842 ihr Haupt; von hier ging 1814 die Schrift „Vom Beruf unserer Zeit für Gesetzgebung und Rechtswissenschaft" aus, von hier aus begründete er die Zivilrechtswissenschaft des 19. Jahrhunderts, führte sie auch in das „nicht-juristische Bildungsbewußtsein", in das geistige Selbstverständnis der Nation ein, zugleich in Erfüllung seiner europäischen Mission[3], hier begründete er seine tief in die zweite

[1] Die Juristische Fakultät der Universität Berlin von ihrer Gründung bis zur Gegenwart. Mit 450 handschriftlichen Widmungen. Herausgegeben von Dr. jur. Otto Liebmann. Festgabe der Deutschen Juristen-Zeitung zur Jahrhundertfeier der Friedrich-Wilhelms-Universität zu Berlin. Berlin 1910.

[2] Seit 1936 als Rechts- und Staatswissenschaftliche Fakultät.

[3] Fr. Wieacker, Ztschr. Sav. St. Rom. Abt. 68, XXVI; 72, 5, 28 f., 37.

Hälfte des Jahrhunderts hinein reichende Herrschaft über die deutsche Praxis[4]. Seine Fakultät bekannte sich noch im 20. Jahrhundert zu dem, was Emil Seckel 1920 in seiner Rektoratsrede den von Savigny gegebenen „königlichen Anstoß“ genannt hat[5] — zur Rechtsgeschichte als Bildungsmacht und „lebensgestaltenden Kraft“[6]. In der Bezeugung und fortbildenden Erfüllung eines so gerade ihr gewordenen Auftrages, in ihrer Andersartigkeit gegenüber Leipzig, Heidelberg und dem anfangs noch schwer zu überflügelnden Göttingen, wußte sie sich als einigermaßen geschlossene Individualität.

Zu korporativer Geschlossenheit gefordert war sie aber von jeher auch von außen her, durch die Partner, denen sie sich gegenüber und zugeordnet fand. Sie war dem Staat, der sie mit der ganzen Universität als eine Kraft seiner eigenen Wiederherstellung in seiner Hauptstadt errichtet hatte, viel unmittelbarer zugeordnet, als andere Fakultäten, stellte ihm Berater und Gutachter, gelegentlich auch Mitglieder seiner Zentralbehörden und höheren Gerichte (u. A. Richter, Hübler, Kahl im Kultusministerium, dessen sachlicher Mitarbeiter Hinschius in noch höherem Grade war, Richter und Stahl im Oberkirchenrat, v. Martitz im Oberverwaltungsgericht), sie hatte sich vor allem mit seiner Hochschulpolitik auseinanderzusetzen. Dazu kam die unvermeidliche Berührung und Auseinandersetzung mit der Berliner Juristenschaft, mit der sich verselbständigenden evangelischen Landeskirche, im 20. Jahrhundert zunehmend mit den großen Aufgaben der Gesetzgebung, vor allem im Strafrecht, mit dem politischen Umbruch, in dessen Mittelpunkt man sich befand und der die Universität und nicht zuletzt die akademische Jurisprudenz vor neue Fragen stellte, ja sie selbst weithin ganz eigentlich in Frage stellte. In diesen Begegnungen, vor allem mit Staat und Politik, fand die Fakultät ihre eigentliche Stärke nicht in kluger Hochschul- und Fakultätspolitik oder in Verfassungsartikeln, sondern im Geltungsanspruch ihrer Aufgabe und ihrer Arbeit, wie sie sie verstand und leistete, und in mehr oder weniger bewußtem und ausdrücklichem korporativem Zusammenschluß in der Geltendmachung dieses Anspruchs.

Dieser der Fakultät überkommene und von ihr, vor allem in ihrer Berufungspolitik, und von ihren Mitgliedern in ihrer Arbeit immer

---

[4] E. Heymann, a.a.O. S. 23.

[5] Das römische Recht und seine Wissenschaft im Wandel der Jahrhunderte, 1921, S. 25.

[6] Fr. Wieacker, Gründer und Bewahrer, 1959, S. 34.

von neuem den sich wandelnden Ansprüchen der Zeit anzupassende Auftrag begründete ihre Pflichten, ihre Stärke, ihre Eigenart in der Idee. In der lebendigen Wirklichkeit gewann diese Eigenart Gestalt in der wechselnden Zusammensetzung der Fakultät, von der hier nur in Kürze berichtet werden kann — nach den hauptsächlichen Disziplinen und, des Raums und der größeren Bestimmtheit der Konturen halber, unter Beschränkung auf die Ordinarien dieser Zeit[7].

Der Vortritt der Vertreter des römischen Rechts, auch sofern sie zugleich das heutige bürgerliche Recht lehrten, entspricht der Berliner Überlieferung.

Hier brachte das Todesjahr von Eck und Pernice 1901 die neue Lage. Im gleichen Jahre traten Kipp und Seckel an ihre Stelle.

Theodor Kipp (1862—1931, 1901—1930) hat in seiner stillen Art die Fakultät besonders stark geprägt. Der Schüler Iherings und Windscheids schlug, nach seiner Selbstbezeichnung als „einer der letzten Pandektisten", mit seiner Ausgabe von Windscheids Pandekten „unter vergleichender Darstellung des deutschen bürgerlichen Rechts" für seine Zeit die Brücke von der Pandektenwissenschaft zu der des neuen Zivilrechts. Er führte in klassischen Darstellungen in die römischen Rechtsquellen und in das römische Rechtssystem ein und in ebenso klassischen in das neue Familien- und Erbrecht. Er legte, neben romanistischer Einzelarbeit, vor allem in einer Fülle von Monographien zum geltenden Recht alsbald rezipierte Fundamente heutiger Zivilrechtswissenschaft. Er erzog seine Hörer, aber auch seine Kollegen und die Fakultät durch das einzigartige Vorbild vollendeter Selbstzucht, des Maßes und der Harmonie in jeder Äußerung und Leistung, des vollendeten, bis zur Messerschärfe klaren Ausdrucks, des kraftvollen und gewissenhaften Denkens, der äußersten Sachlichkeit des Worts und der Haltung. Eitelkeit und Unsachlichkeit verstummten in seiner Gegenwart. Seine Güte und Gerechtigkeit und seine diskrete Schlagfertigkeit machten ihn zu einem vollendeten Sitzungsleiter in der Fakultät und in der Juristischen Gesellschaft.

Neben der Rundung und Vollendung des Kippschen Lebenswerks mochte das von Emil Seckel (1864—1924, 1901—1924) als eine kaum

7 Für die Einzeldaten zu verweisen auf J. Asen, Gesamtverzeichnis des Lehrkörpers der Universität Berlin, I, 1955. — Die Zahlenpaare im Text bezeichnen die Lebensdaten und die Jahre der aktiven Zugehörigkeit zur Fakultät. — Für hilfreiche Beratung, insbesondere aus Berliner Erinnerungen bin ich dankbar Fr. Berber, M. Gutzwiller, L. Raiser, Fr. Schaffstein, U. Scheuner, Fr. Wieacker.

übersehbare Fülle von Fragmenten erscheinen, und vielleicht hätte auch längere Lebensdauer dies Gesamtbild nicht geändert. Trotzdem gehört er zu den bedeutendsten Figuren der Wissenschaft seiner Zeit. Ohne eigentlichen Lehrer, warf er sich zunächst als freier Privatgelehrter auf die Geschichte des wiederherzustellenden klassischen und des mittelalterlichen römischen Rechts, erwarb sich auf jahrelangen Studienreisen eindringende Kenntnis der deutschen und ausländischen Handschriftenbestände und gründlichste Praxis in ihrer Bearbeitung, wurde dabei unvermeidlich auch in die Tiefen des mittelalterlichen kanonischen und deutschen Rechts geführt. In Berlin, wo er sich 1895 habilitiert hatte und 1898 Extraordinarius geworden war, rückte er alsbald in die Führungsgruppe der großen wissenschaftlichen Unternehmungen, der Monumenta Germaniae und der Savigny-Zeitschrift ein, als einzigartiger Kenner, von Diels beim Eintritt in die Akademie mit den Worten begrüßt: „Jeder von uns weiß, daß Sie auf allen diesen Gebieten als Romanist, Kanonist und Feudist tiefer hinabgestiegen sind in die Quellenschachte als irgendeiner der jetzt Lebenden“[8], und Heymanns Nachruf rühmt an ihm, neben der ungeheuren Stoffkenntnis, „ein Stilgefühl, eine Kombinationsgabe und ein zusammenlaufendes juristisches, philologisches und theologisches, namentlich patristisches Können, wie sie unter den Lebenden wohl kein anderer besitzen dürfte“, mit Brunners Wort über Jacob Grimm eine „prunklose Genialität“[9]. Ein Jurist durch und durch, bedeutend auch in seinen wenigen Monographien zum heutigen Recht, ein ausgezeichneter Lehrer, hat er neben der Fülle großer und kleiner, vor allem historischer und kritischer Untersuchungen und Editionsarbeiten keine abschließende Darstellung seiner überall großen Gesamtanschauung hinterlassen. Man hat gefragt, ob seine Arbeiten „ein solches reiches Menschenleben wert waren“, aber Heymann durfte darauf mit Recht antworten, seine Lebensarbeit sei, „unmittelbar schaffend wie wegweisend, das Werk eines der größten Rechtsgeschichtsforscher unserer Tage, dessen Namen man getrost neben Baluze und neben Savigny nennen darf“[10].

Persönlichkeit und Lebenswerk dieser älteren Generation hatten sich noch einigermaßen im Zeichen des 19., des verhältnismäßig ungestörten „wissenschaftlichen Jahrhunderts“, vollendet. Inneres und

[8] Sitz. Ber. Berl. Ak. 1912 II 606.
[9] das. 1924 Phil. Hist. Kl. CXV.
[10] das. S. CXVII.

äußeres Schicksal der Jüngeren wurde wesentlich durch die Umbrüche der neuen Zeit bestimmt oder mitbestimmt.

Josef Partsch (1882—1925, 1922—1925), Schüler von Ludwig Mitteis, war schon früh durch sein „Griechisches Bürgschaftsrecht" (1909) als Meister der antiken Rechtsgeschichte in ihren neuesten Fragestellungen ausgewiesen, als junger Genfer Professor (1906—1910) in den weiten Horizont der Rechtsvergleichung hineingewachsen, ein souveräner Kenner und Kritiker des deutschen bürgerlichen Rechts — so war er in überströmender Fülle der Kraft und der Gedanken, des Wissens und der Einfälle, der Arbeit und der Leistung eine der größten Hoffnungen deutscher Rechtswissenschaft. Da wurde die Hilflosigkeit der deutschen Verteidigung gegen den Versailler Vertrag, vor allem in seinen wirtschaftlichen und privatrechtlichen Teilen, für ihn zum Schicksal: er war wie Keiner berufen, hier vor allem für die Vertretung der deutschen Rechte vor den Gemischten Schiedsgerichten zu sorgen, er übernahm die Aufgabe, gewann als Helfer namentlich E. Rabel, E. Kaufmann und V. Bruns, und leistete auch im einzelnen an seinem Teile in Denkschriften, Prozeßschriften, Plädoyers in den wenigen Jahren bis zu seinem plötzlichen Ende neben voller akademischer Arbeit beinahe Übermenschliches. Man hat das Geheimnis seiner außerordentlichen Erfolge in gewissem Grade im Technischen finden wollen: in der „Interpolationenmethodik, die jetzt von Partsch und den Seinen so segensreich zur Auffindung der wahren Meinung bestrittener Paragraphen des Versailler Vertrages benutzt wird"[11], oder in seiner völligen Beherrschung französischer Sprache und französischen Rechtsdenkens. Er selbst begründete sie mit Recht tiefer: in seiner Kenntnis der letzten Grundlagen gemeinsamer abendländischer Rechtskultur gegenüber der vorherrschenden geistigen Isolierung der deutschen Jurisprudenz, und in seiner Kraft eines vom römischen Recht genährten Rechtsdenkens[12]. Von daher rührte seine, ihm wohl bewußte Überlegenheit in den Fragen des geltenden Rechts und Rechtsunterrichts, im Kampf um die „törichte Studienreform" gegen den Dilettantismus von Ministerien und banausischen Juristen jeden Alters. Überall setzte er zuviel Kraft ein, und so erlag er 42-jährig den Anstrengungen eines vaterländischen Kampfes.

---

[11] O. Gradenwitz in: Rechtwissenschaft der Gegenwart in Selbstdarstellungen III (1929) 81.

[12] „Das am römischen Recht geschliffene Schwert der juristischen Bildung": O. Lenels Nachruf auf Partsch, Sav. Ztschr. Rom. Abt. 1925, XIV.

Noch zwei Romanisten von internationalem Ruhm hat die Fakultät in E. Rabel und Fritz Schulz gewonnen, um sie nach wenigen Jahren als „Nichtarier“ wieder zu verlieren.

Ernst Rabel (1874—1955, 1926—1935), als Schüler von L. Mitteis fest in der antiken Rechtsgeschichte verwurzelt, dazu von vornherein von weitestem übernationalem Horizont, erprobt im Kampf als Richter und Parteivertreter in den Gemischten Schiedsgerichten, schuf er in Berlin alsbald in dem Kaiser Wilhelm-Institut für ausländisches und internationales Privatrecht (jetzt in Hamburg) eine unvergleichliche Zentralstelle für amtliche Beratung, vor allem aber als Arbeits-, Fortbildungs- und Bewährungsort für junge Juristen, um deutsche Rechtswissenschaft überhaupt wettbewerbsfähig mit der des Auslandes zu halten. So war er ein Hauptträger der Bemühungen um internationale Vereinheitlichung des Privatrechts, um „universale Rechtsbegriffe“, um die Überwindung des Gegensatzes zwischen kontinentalem und anglo-amerikanischem Rechtsdenken — dabei weltenfern von irgendwelchem Utopismus, ein schärfster juristischer Denker, selbstkritisch und skeptisch, voll ätzenden Spotts über Interpolationenjagd und stubengelehrte Juristenphantasie, „einer der größten Romanisten aller Zeiten“[13].

Fritz Schulz (1879—1957, 1931—1933), Kipps Nachfolger, war Schüler von Seckel, folgte ihm aber nicht auf seinen mittelalterlichen Arbeitswegen, sondern wurde einerseits in immer neuen Leistungen ein Mitträger der Fortentwicklung der romanistischen Arbeit zu neuen Fragestellungen und anderseits ein fruchtbarer Förderer heutiger Zivilrechtsdogmatik, beides aber in dem untrennbaren Zusammenhange, den die Sache gebietet und den das Lebenswerk so vieler hervorragender Romanisten bezeugt. Nach kurzer Berliner Wirksamkeit vom Dritten Reich als Lehrer zum Schweigen gebracht (formell entpflichtet erst 1935), gewann er Raum zum Abschluß seiner literarischen Arbeiten in den „Prinzipien des römischen Rechts“ (1934), der „History of Roman Legal Science“ (1946) und dem „Classical Roman Law“ (1951). Sie bezeugen, mit seinen eigenen Worten, „den humanistischen Affekt, der der neueren romanistischen Forschung Aktualität, Schwung und Enthusiasmus gab“[14], aber zugleich die gedankliche Kraft eines großen Juristen.

---

[13] H. J. Wolff, Sav. Ztschr. Rom 1956, XXVIII.
[14] Sav. Ztschr. Rom. 68, 4.

Im Dritten Reich hat Paul Koschaker (1879—1951, 1936—1941) noch einige Jahre die Berliner romanistische Tradition aufgenommen, um dann Berlin wieder zu verlassen.

Die germanistische Sparte der Fakultät vertraten in diesen Jahrzehnten in der Hauptsache Heymann und Stutz als Nachfolger Brunners und Gierkes.

Heinrich Brunners Wirksamkeit reicht noch in das angefangene zweite Jahrhundert der Fakultätsgeschichte hinein (1840—1915, 1873—1915). Aber seine Lebensarbeit, in den ihr gezogenen Grenzen ein krönender Abschluß der rechtsgeschichtlichen Arbeit des 19. Jahrhunderts, war im wesentlichen getan; wirksam war das Bild seiner wissenschaftlichen Persönlichkeit, wie Seckels Nachruf es knapp bezeichnet: „ein Entdecker wie wenige, ein Gelehrter wie er sein soll, ein Künstler der Geisteswissenschaften wie wenige“[15]. Stärker noch war Otto v. Gierke gegenwärtig (1841—1921, 1887—1921, praktisch schon 1917 durch Stutz ersetzt): in einsamer Größe, ein Patriarch — mit seinem mächtigen ethischen Pathos ein Zeuge von Allem, was gut und groß gewesen war am 19. Jahrhundert — dadurch freilich auch begrenzt — unkompliziert und unproblematisch und in gewissem Sinne unmethodisch, anders als die Jüngeren, denen das Pathos fremder war und Skepsis und neuer Tatsachensinn näher lag — mit den gewaltigen Blöcken seiner Werke, mit der Mächtigkeit als Person, mit der fortwirkenden Wucht seiner einmal gegebenen Antriebe der „große alte Mann“ der Fakultät. Im bürgerlichen Recht hatten jene Antriebe sich schon zum Teil ausgewirkt, im öffentlichen begannen sie zu wirken. Er allein hatte die Legitimation, 1903 den Abschluß des Schulstreits zwischen Romanisten und Germanisten zu verkünden[16] — er spielte auch abgesehen von aller Einzeltätigkeit eine ähnlich geistig-hegemonische Rolle, wie sie in gewissem Sinne früher Mommsen gespielt hatte[17].

Brunners Nachfolger Ernst Heymann (1870—1946, 1914—1938) war ein Mann des Übergangs. Von umfassender rechtsgeschichtlicher Bildung und Wirksamkeit, ging er neue Wege in neuer Pflege des ausländischen Rechts, vorweg des englischen, in verstärkter Vertretung des Handelsrechts, von eigener Tätigkeit in der Kriegswirtschaft aus-

[15] Sitz. Ber. Prß. Ak. 1916, 767 f.

[16] Die historische Rechtsschule und die Germanisten, 1903.

[17] Zu Mommsen Heymann, S. 46; zu O. v. Gierke vor vielen anderen Seckels Nachruf DJZ 26 (1921) 712.

gehend in neuer Durchsetzung des Wirtschaftsrechts. Es waren zum Teil diese neuen Aufgaben, z. T. überkommene, die zugleich seine geschäftliche und organisatorische Begabung beanspruchten: Akademie der Wissenschaften und Monumenta Germaniae, Übernahme des Rabelschen Instituts, Begründung oder wenigstens Herausgabe oder Mitherausgabe von Abhandlungsreihen und Zeitschriften. Es lag nicht nur an der Vielfalt seiner Tätigkeiten und seiner wissenschaftlichen Arbeitsgebiete, sondern wohl vor allem am Übergangscharakter der Zeit, daß dieser hervorragende Jurist der Theorie und der Geschäfte kein abschließendes Werk, kein Lehr- oder Handbuch im älteren Sinn hinterlassen hat.

Eine Sondererscheinung im Gesamtbilde der Fakultät war Gierkes Nachfolger Ulrich Stutz (1868—1938, 1917—1936). Er war der einzige reine Historiker, der ihr in diesen Jahrzehnten angehört hat. Seine wichtigen Arbeiten zum geltenden Recht erklären dies Recht historisch, entwickeln es nicht eigentlich im Sinne aktueller Jurisprudenz. Die große und äußerst fruchtbare Verschiebung der wissenschaftlichen Fragestellung, die er mit der Verselbständigung der kirchlichen Rechtsgeschichte vollzog, bedeutete zugleich eine mit Recht kritisierte Trennung von Rechtsgeschichte und Rechtsdogmatik[18], die erst seine Schüler wieder überwunden haben. Besonders durch seine Forschungen zum mittelalterlich-germanischen Kirchenrecht und deren wirkungsvolle akademische, zumal seminaristische Vertretung begründete er eine die Länder- und Konfessionsgrenzen weit übergreifende wissenschaftliche Schule, und für die so angeregte kirchenrechtsgeschichtliche Arbeit schuf er die drei organisatorischen Formen der Kirchenrechtlichen Abhandlungen (seit 1902), des Kirchenrechtlichen Instituts (seit 1904, in Bonn, dann in Berlin), der Kanonistischen Abteilung der Savigny-Zeitschrift (seit 1910). Er übersah zugleich souverän die gesamte wissenschaftliche Arbeit im Bereich der deutschen Rechtsgeschichte, von der er ausgegangen war, betreute sie vierzig Jahre als Herausgeber der Germanistischen Abteilung der Savigny-Zeitschrift und waltete hier kritisch über ihren Bestand und Fortschritt, nicht zuletzt durch zahllose sorgfältige und sachkundige Rezensionen. „Die umfassende und zugleich kritische Literaturkenntnis stellt sich als das eigentliche Wesen seiner Gelehrsamkeit dar" — so hat E. Heymann seine Art im Kern zutreffend, wenn auch mißverständlich einschränkend bezeichnet[19].

[18] E. Heymann, Forsch. z. brand. u. preuß. Gesch. 51, 1939, 159 f.

[19] a.a.O., S. 165.

Die Vertreter des Zivilrechts, die nicht zugleich produktive Rechtshistoriker waren, haben sich in der Fakultät immer in der Minderheit befunden. Von ihnen reicht Josef Kohlers (1849—1919, 1888—1919) Wirksamkeit bis in diese Zeit. Seine dauernden Leistungen, insbesondere auf dem Gebiet des geistigen und gewerblichen Rechtsschutzes, lagen allerdings hinter ihm. Sein Freirechtsdenken und sein Neuhegelianismus, seine Rechtsvergleichung und seine Rechtsphilosophie konnten nur noch anregen, nicht dauerhaft begründen. Man achtete seine genialischen Züge und den strömenden Reichtum seiner produktiven Natur. Aber seine ungebundene Formlosigkeit war nicht die Art der Fakultät, und so blieb er ein Einzelgänger neben ihr.

Aus anderen Gründen hat eine so bedeutende Persönlichkeit wie Rudolf Stammler (1856—1938, 1916—1921) in der Fakultät verhältnismäßig geringe Spuren hinterlassen. Als er in die Fakultät eintrat, lag sein eigentliches, stolzes und anspruchsvolles Lebenswerk vor, aber zugleich war deutlich, daß sein Kampf gegen „Positivismus und Naturalismus, Logizismus und Psychologismus, Empirismus und Materialismus“ zwar das denkerische Gewissen der weithin in Gedankenlosigkeit versunkenen deutschen Juristenzunft geweckt, dabei aber die seinem neukantischen Kritizismus gezogenen Schranken letzter Unproduktivität nicht überwunden hatte. In einem berühmten Satz schob Kipp mit ganz leichter Hand das Stammlersche Denken beiseite: „Stammler gibt richtig an, was der Sinn des Rechts ist, nicht was geltendes Recht ist“[20] — der historisch-dogmatischen Arbeit hatte Stammler wenig zu sagen. Und sein grundsätzlicher Mahnruf traf die Fakultät nicht: sie trug ihr geistiges Korrektiv in sich.

Die Lehrerpersönlichkeit von einzigartiger Leuchtkraft in der Fakultät überhaupt und zumal im Zivilrecht war Martin Wolff (1872—1953, 1921—1935). Das Urteil ist wohl richtig, daß seit Vangerow kein deutscher Jurist einen solchen Lehrerfolg gehabt hat, die Leipziger „großen Vier“, Windscheid, Sohm, Wach, Binding eingerechnet. Der Zauber dieses Lehrers ist oft beschrieben, etwa von seinen Schülern in der Vorrede zu der ihm 1952 gewidmeten Festschrift: „In ihnen allen klingt die Stimme fort, die so leise und doch so eindringlich zu scharfer Logik, zu behutsamem Wägen, zu kritischer Prüfung, zu selbständigem Denken zu rufen verstand; sie fühlen noch den Blick auf sich gerichtet, der kein Ausweichen vor der juristischen Entscheidung zuließ.“ Der Hörer erlebte in jedem Wort eine höchste

[20] Windscheid-Kipp, Pandekten, § 15, Anm. 5.

Kraft systematischen Ordnens, eine radikale Gewissenhaftigkeit im Durchdenken jedes Gedankens und jeder Entscheidung, eine fanatische Sauberkeit des Ausdrucks, aus dem die letzte Unklarheit und die letzte Wortschlacke herausgeglüht war — das alles in höchster Anspruchslosigkeit und Sachlichkeit vorgetragen und doch mit der Kraft, den Hörer zu entzünden. Zu der Mächtigkeit des geistigen Prozesses, an der M. Wolff fast unmerklich Hörer und Leser teilnehmen ließ, kam die Energie der wissenschaftlichen Eroberung des neuen Landes, des neuen bürgerlichen Rechts — auch von daher fühlte sich der Student wie der Leser des berühmten Sachenrechts geistig beschwingt, ohne zu wissen, worauf dieser Zauber beruhte. Wenn man seine Bücher oder Aufsätze aufschlägt, so fühlt man sich nicht nur informiert, sondern inspiriert, oft beglückt wie von einer römischen Quellenstelle.

Diese eigentümliche juristische Genialität befähigte ihn besonders für die Aufgaben des internationalen Privatrechts und der Rechtsvergleichung, denen er sich in der Verbannung widmete (Private International Law, 1945, Traité de Droit Comparé, mit Arminjon und Nolde, 1950—1951). Die nationale Eigenart eines jeden Rechtssatzes brachte er vollendet zur Geltung. Als er 1949 sein Buch über das internationale Privatrecht Deutschlands, das 1933 zum ersten Male erschienen war, neu herausbrachte, konnte er feststellen, daß diesem Werk und der aus englischem Rechtsdenken heraus gegebenen Darstellung des englischen Kollisionsrechts von 1945 „nur wenig gemeinsam" sei.

Es entsprach seiner Ausrichtung auf seine klassische, vollendete Art der Entwicklung des einzelnen Rechtsinstitutes und Rechtssatzes, daß für ihn die Systematik keinen Eigenwert hatte. Abstrakten Theorien gegenüber verhielt er sich ablehnend, rechtspolitischen Tendenzen, etwa der Aufwertungsbewegung gegenüber, kritisch zurückhaltend — was entschlossene Vorstöße, wo sie ihm geboten schienen, wie in der Frage der Weimarer Eigentumsgarantie, nicht hinderte.

In seiner persönlichen Art war er Kipp am ähnlichsten, und seine Gedächtnisrede auf Kipp ist unwillkürlich zugleich die beste Charakterisierung seiner selbst geworden, die es gibt. Auch er ertrug Unsachlichkeit und Eitelkeit schwer, auch wenn er dazu schwieg; er litt unter Planlosigkeit, Unklarheit, sprachlicher Unsauberkeit in Wissenschaft, amtlichem und persönlichem Verkehr — ein stiller Erzieher aller, die ihm nahestanden oder begegneten.

Weniger stark hat Heinrich Titze (1872—1945, 1923—1938) das Gesicht der Fakultät bestimmt. Selbständig beteiligt an der Überwindung des Psychologismus der vorangegangenen Juristengeneration und an der Anpassung des Zivilrechts an die Erfordernisse einer veränderten Zeit, war er zugleich auf dem Katheder und in seinen Lehrbüchern des bürgerlichen Rechts ein mit Grund hochgeschätzter Lehrer.

Nur kurz gehörte in dieser Zeit Hans Lewald (geb. 1883, 1932—1935) der Fakultät an. Im Druck dieser Jahre kam dieser hervorragende Vertreter des bürgerlichen und internationalen Rechts nicht mehr zu der ihm gebührenden Wirkung.

Wegweisend vertrat das Arbeits- und Sozialrecht Walter Kaskel (1882—1928, Extraordinarius 1920—1928), dem Hermann Dersch (geb. 1883, Extraord. 1929, Ord. 1931—1937) folgte.

Eine starke Bewegung um die Jahrhundertwende und seitdem warf der deutschen Zivilrechtswissenschaft vor, formalistisch und positivistisch erstarrt und entartet zu sein. Die Berliner Fakultät traf dieser Vorwurf nicht. Sie war einig, das Recht als gerechte, sinnvolle, praktische Lebensordnung zu verstehen, und sie würdigte die rechtsgeschichtliche Arbeit gerade auch als eine Gewähr richtiger Haltung gegenüber dem geltenden Recht[21]. Das galt zunächst, aber nicht nur für das bürgerliche Recht. Im Zivilprozeßrecht mit seinem besonderen formalistischen Gefälle wirkte Konrad Hellwig (1856—1913, 1902 bis 1913), vom römischen Recht, aber auch von Wach herkommend, in seiner eigenartigen Prozeßrechtslehre diesem Gefälle derart entgegen, daß die Erinnerung der Fakultät ihn als den „Ethiker des Prozeßrechts“ würdigte[22], und in ähnlichem Sinne, wenn auch von anderem Ausgangspunkt her, wirkte James Goldschmidt (1874—1940, 1919 bis 1934) in seinen Arbeiten zum Prozeßrecht, zum materiellen Justizrecht, bis zu seinem berühmten Angriff von 1924 auf den Nominalismus formaler Gesetzesallmacht[23].

Im Gegensatz zu der — mindestens scheinbaren — größeren Stetigkeit der Zivilrechtsgeschichte war die des öffentlichen Rechts, zumal in diesem Zeitraum, bewegter — im Strafrecht durch das Ringen um seine mehr oder weniger grundsätzliche Reform, im Staatsrecht durch die politischen Umwälzungen. Diesen Gegensatz spiegelt die Ge-

[21] Statt Vieler Th. Kipp, Heinrich Dernburg, 1908, S. 38 ff.
[22] Seckel Sav. Ztschr. Rom. Abt. 59, 1926, 230 f.
[23] „Gesetzesdämmerung?“ Jur. Woch. Schr. 1924, 245 ff.

schichte der Fakultät: ihre Mitglieder aus dem Bereich des öffentlichen Rechts wurden stärker öffentlich, praktisch beansprucht.

Vorweg im Strafrecht und hier vor allem in der Person seiner anfänglichen Hauptvertreter, Wilhelm Kahl (1849—1932, 1895—1921) und Franz v. Liszt (1851—1919, 1899—1919).

Sie gelangten von verschiedenen Ausgangspunkten und auf verschiedene Weise in die praktische Gesetzgebungsaufgabe. Kahl, ein Repräsentant der älteren, vom Idealismus herkommenden „klassischen" Strafrechtsschule, die vor ihm Albert Friedrich Berner (1818 bis 1907, 1861—1907, Privatdozent seit 1844) 63 Jahre lang in Berlin vertreten hatte, fand sie seit 1899 durch Franz v. Liszt in Berlin selbst vor den mächtigen Angriff der kriminalpolitischen Schule gestellt, vor die Forderung eines anthropologisch und soziologisch unterbauten, kriminalpolitisch und sozial praktisch gerechtfertigten und liberalrechtsstaatlich eingegrenzten Zweckstrafrechts, für die ihr Urheber als glänzender Lehrer und Schriftsteller mit größtem Erfolge im In- und Auslande warb, als Haupt einer sich um sein Kriminalistisches Seminar bildenden Schule, als Gründer der Internationalen Kriminalistischen Vereinigung (1889), als ein neuartiger Mitträger des Ruhmes und der Anziehungskraft der Fakultät. In diesem Gegensatz und angesichts der praktischen Forderung der Zeit nach Strafrechtsreform ergriff Kahl seine zweite Lebensaufgabe, der er bis an sein Ende treu blieb, den Beruf des politischen Professors. Zunächst schloß er 1902 einen Bund mit Liszt zur gesetzgeberischen Zusammenarbeit „unter Zurückstellung des Schulstreits", der nach längerem Zusammenwirken im „Gegenentwurf" eines Strafgesetzbuchs von Goldschmidt-Kahl-v. Liszt-v. Lilienthal 1911 sogar kodifikatorische Gestalt gewann. Kahl war seitdem in wechselnden Umständen ein praktischer Hauptträger der Reformarbeit, deren Abschluß er nicht erlebt hat. v. Liszt, der schon an der endgültigen Kommission 1911—1913 nicht mehr beteiligt wurde, war wissenschaftlich um so entschiedener der unbestrittene Führer im kriminalistischen Bereich, durch seine literarische und akademische Tätigkeit, sein durchaus führendes Lehrbuch, seine Zeitschrift für die gesamte Strafrechtswissenschaft, seine mehr und mehr die Lehrstühle einnehmenden Schüler — daneben vor allem völkerrechtlich tätig, hier ebenfalls wirksam durch ein oft aufgelegtes Lehrbuch des Völkerrechts — eine der eigentlichen Größen in der Geschichte der Fakultät. Sein Erbe trat Eduard Kohlrausch (1874—1948, 1919—1942) an, um Seminar und Zeitschrift einen großen Kreis sammelnd, von hoher philosophischer und allgemeingeistiger Bildung, von leidenschaftlicher Gerechtigkeit und Lauterkeit des Wesens, klar im Gedanken und schlagfertig und präzis im Ausdruck, liberal und ritterlich, ein hervorragender, vornehmer Erzieher seines großen Schülerkreises, sachlich besonders auch den kriminal- und sozialpolitischen Jugendproblemen zugewandt. Es waren Aufgaben einer Übergangszeit, die ihm zufielen, nicht die abschließender Bearbeitung seines Feldes, statt deren er wenigstens seinen ausgezeichneten Kurzkommentar zum Strafgesetzbuch lieferte. Ein Mann des geistig und moralisch überlegenen Ausgleichs, wurde er im Dritten Reich in die undankbare Rolle des Verteidigers der liberalen und rechtsstaatlichen Ordnungsreste gedrängt, in der er sich charaktervoll bewährte, vor allem in der Strafgesetzbuch-Kommission von 1934—1936.

Inzwischen war Kahl mit 70 Jahren Parlamentarier geworden, zunächst in der Weimarer Nationalversammlung, dann im Reichstage, um es bis an sein Lebensende zu bleiben. Seiner überlegenen Mitarbeit im Verfassungsausschuß, seinem staatsrechtlich-politisch-praktischen Scharfblick hat die Weimarer Verfassung viel zu danken; im Reichstage kämpfte er vergeblich für den Abschluß der Strafrechtsreform. Im Parlament fand er eine eigentümliche Vollendung seines Wesens: seine berühmte, akademisch und synodal, in Versammlungen jeder Art und vor allem auf den von ihm geleiteten Juristentagen bewährte Beredsamkeit fand hier ihren eigentlichen Raum und stets das Ohr des Hauses. Das tiefe Vertrauen aller Parteien bestätigte, daß diese Erneuerung des alten Typus des politischen Professors wohlgetan war; mit Recht feierte ihn Friedrich Meinecke auf der Tagung verfassungstreuer Hochschullehrer in Weimar am 23. April 1926 als den „getreuen Eckard unseres akademischen und öffentlichen Lebens“.

Seine wissenschaftliche Legitimation lag, neben vielen straf- und staatsrechtlichen Einzelarbeiten, auf dem Gebiet des Kirchenrechts, vor allem in der vorbildlichen Bearbeitung der letzten (8.) Auflage des bis dahin führenden Lehrbuchs von Richter-Dove (1886) und dem ersten Bande eines ganz andersartigen, leider nicht weitergeführten „Lehrsystems des Kirchenrechts und der Kirchenpolitik“ (1894). Verlagerte Stutz den Akzent der Kirchenrechtswissenschaft rückwärts in die Kirchenrechtsgeschichte, so Kahl vorwärts in die fließende und zu gestaltende Entwicklung. Er war Mitglied der altpreußischen Generalsynode und anderer kirchenleitender Gremien, in der Generalsynode Vorsitzender der Mittelgruppe, der Evangelischen Vereinigung, in der konstituierenden Generalsynode 1920—1922 wirksames Mitglied des Verfassungsausschusses und ein Kämpfer gegen Lehrgesetzlichkeit der Bekenntnisschriften, wie sein zarter Sinn für christliches Gewissen und Grenzen des Rechts ihn auch führend für das preußische sog. Irrlehregesetz von 1910 hatte eintreten lassen.

Neben Kahls strafrechtspolitischer Tätigkeit und Kohlrauschs Wirksamkeit in der Nachfolge Liszts trat James Goldschmidt stärker zurück, als der hohen Selbständigkeit seiner Leistung im Strafrecht, zum normativen Schuldbegriff, zur Abgrenzung des Verwaltungsstrafrechts, zum Prozeß- und materiellen Justizrecht, im Kampf um materielle Gerechtigkeit gegen den Nominalismus auch im Staatsrecht, entsprach. 1934 ging er in die Verbannung und starb in ihr 1940.

In der Vertretung des öffentlichen Rechts im engeren Sinne, des Staats- und Verwaltungsrechts, war um die Jahrhundertwende stillere Zeit. Die große und eigenartige Wirkung Rudolf v. Gneists (1816 bis 1895, 1858—1895) lag zurück. Bernhard Hüblers (1835—1912, 1880 bis 1912) Leistung lag mehr auf dem kirchen-, Ferdinand v. Martitz' (1839—1921, 1898—1921) auf verwaltungs-, vor allem aber völkerrechtlichem Gebiet, für Kahl war dieser Teil seines Lehrauftrages nicht sein eigentliches Arbeitsgebiet. Aber daneben traten alsbald die repräsentativen Vertreter alten und neuen Denkens in den in besonderem Sinne politischen Fächern.

Von 1908—1916 verwaltete Gerhard Anschütz (1867—1948) eine Professur für öffentliches Recht, um dann nach Heidelberg zurückzukehren. Ein hervorragender Jurist, von glänzender formaler Begabung, lieferte er dem Staatsrecht eine Reihe abschließend zusammenfassender Werke (einen umfassenden Kommentar zur preußischen Verfassung Bd. I 1912; die abschließende Fassung von Georg Meyers Lehrbuch des deutschen Staatsrechts 1914—1919; den klassischen Kommentar zur Weimarer Verfassung, von 1920—1933 in 14 Auflagen erschienen; mit Richard Thoma als noch heute unentbehrliches Sammelwerk das Handbuch des deutschen Staatsrechts 1930—1932). Ein charaktervoller Liberaler, ein glänzender Lehrer, stand er unproblematisch fest auf dem Boden des Labandschen formalistischen Positivismus, den er dann lebenslänglich, eifrig und vergeblich verteidigt hat.

1913 trat die in den folgenden Jahrzehnten geistig und sittlich überragende Figur des Fachs, Heinrich Triepel (1868—1946, 1913—1935) in die Fakultät ein. Wie sein Lehrer Binding von (nicht zur Schau getragener) ethischer und philosophischer Tiefe, wie dieser ein leidenschaftlicher Vertreter von Staatsautorität und rechtsstaatlicher Freiheit in notwendigem Zusammenhang, noch mehr als Binding ein Überwinder des Positivismus von innen heraus. So lehrte sein alle Winkel des Bismarckreichs durchleuchtendes Buch über die Reichsaufsicht (1917) das damalige Staatsrecht eindringender und fruchtbarer sehen, als Labands Formalismus es vermochte; so stimmte er nicht programmatisch in den von den Jüngeren proklamierten Methodenstreit ein, abgesehen von seiner berühmten Rektoratsrede „Staatsrecht und Politik" (1926), sondern realisierte die inhaltliche Aufwertung der Weimarer Verfassung unmittelbar, neben anderen Untersuchungen insbesondere in dem neuen Verständnis der Grundrechte: als inhaltlich reicher gegenüber ihrem bisherigen formalisierenden Verständnis, als geltungskräftiger auch gegenüber dem Gesetzgeber, als geltungsgesicherter durch das richterliche Prüfungsrecht. Er stand hier nicht allein, J. Goldschmidt, M. Wolff, E. Kaufmann, G. Leibholz, R. Smend waren auf dem gleichen Wege, aber seine Stimme war in diesem Ringen von besonderer Autorität und ausschlaggebendem Gewicht. Mit dieser Autorität und diesem Gewicht rettete er 1922 den Kreis der Fachgenossen vor einem ihre fachliche Autorität und Glaubwürdigkeit bedrohenden Zerfall in streitende politische Parteien durch die Gründung der Vereinigung der deutschen Staatsrechtslehrer. Mit unpathetischer innerer Sicherheit übergab er 1927 seinem Amtsnachfolger den Berliner Rektormantel mit der Bemerkung: „Dieser Mantel ist schwer, und das ist gut, man kann ihn nicht so leicht nach dem Winde hängen." Im Gefühl seiner Würde lehnte er es ab, nach seiner Entpflichtung 1935 von den Machthabern die Erlaubnis zu weiterer Vorlesungstätigkeit zu erbitten. Im tiefsten verwundet durch die nationalsozialistische Verwüstung von Recht und Staat vollendete er, obwohl schon im Sehen schwer behindert, in stolzer Unabhängigkeit das monumentale Werk über die Hegemonie (1938), um ihm dann noch weitere überraschende Leistungen (Delegation und Mandat 1942, Vom Stil des Rechts 1947) folgen zu lassen.

Nur kurz hat Erich Kaufmann (geb. 1880, 1917—1920) der Fakultät angehört, um dann nach Bonn überzusiedeln, für den internationalen Kampf um deutsches Recht nach Berlin zurückzukehren und dort als Honorarprofessor von 1927—1934 in ein loseres Verhältnis zur Fakultät zu treten. Im Doppelbesitz juristischer und philosophischer Vollbildung führte er mit den Mitteln philosophischer Kritik den notwendigen Angriff gegen die bisher herrschenden Methoden (Kritik der neukantischen Rechtsphilosophie 1921), trug er Wesentliches zur neuen begrifflichen Grundlegung des staats- und verwaltungsrechtlichen Denkens bei (Das Wesen des Völkerrechts und die clausula rebus sic stantibus 1911, Art. Verwaltung, Verwaltungsrecht in Stengel-Fleischmanns Wörterbuch des Staats- und Verwaltungsrechts 1914), in der Praxis des völkerrechtlichen Kampfes ein erfolgreicher Mitstreiter. Auf anderen Wegen suchte als sein Nachfolger in der Berliner Fakultät Rudolf Smend (geb 1882, 1922—1935) zu einem neuen Verständnis von Staat und Verfassung zu gelangen (Verfassung und Verfassungsrecht 1928).

Den Abschluß bildeten die politischen Ernennungen. Zuerst die von Hermann Heller (1891—1933, Extraordinarius 1928—1932), dessen unruhig drängender Geist 1933 zu früh erlosch und dessen nachgelassene Allgemeine Staatslehre auch als Torso ein hochbedeutendes Stück des heutigen wissenschaftlichen Bestandes bleibt. Dann die von Carl Schmitt (geb. 1888, 1933—1945), dessen Schriften vor allem die verfassungsrechtliche Pathologie der Weimarer Republik schonungslos aufgehellt und dem herrschenden Denken im öffentlichen Recht in ihrem Dezisionismus eine blendende Gegenthese entgegengestellt hatten, die sich alsbald als wirkungsvoller Schrittmacher des nationalsozialistischen Gewaltsystems bewährte.

Im Völkerrecht hatten nach A. W. Heffter (1796—1880, 1832—1879) v. Martitz und v. Liszt trotz bemerkenswerter Leistungen keine eigentlich führende fachliche Stellung. Sie fiel Triepel zu, der sie durch das grundlegende Buch der „dualistischen Theorie des Völkerrechts“ (Völkerrecht und Landesrecht. 1899) und durch die Betreuung des Martensschen Recueil des Traités (seit 1908) begründet und befestigt hatte. Auf dieser Grundlage konnte er dann in der Folgezeit den geschichtlichen Charakter des geltenden Völkerrechts und dessen Verzerrung durch die Feindmächte im Versailler Vertrage und in ihrer anschließenden völkerrechtlichen Kampfjurisprudenz dartun, ein gerechtes Völkerrecht und die deutschen Anliegen gegen Versailles vertreten und mit alledem zugleich den Rückhalt für die von anderen Fakultätsmitgliedern getragene praktische völkerrechtliche Arbeit liefern. Das galt für die Arbeitsgruppe Partsch-Rabel-Kaufmann-Bruns und für die daran anschließende wissenschaftliche Organisation, das von Victor Bruns (1884—1943, 1920—1943) 1924 gegründete Kaiser Wilhelm-Institut für ausländisches öffentliches Recht und Völkerrecht, das, ebenso wie das ihm nachgebildete Rabelsche für ausländisches und internationales Privatrecht, als zentrale Arbeitsstelle für den praktischen und wissenschaftlichen Bedarf und als Pflanzschule für den wissenschaftlichen Nachwuchs wirksam geworden ist. V. Bruns selbst, vom römischen Recht herkommend, von weiter Bildung und weitem und zugleich praktischem politischem Blick, erfüllte seine Lebensleistung zum Teil in der praktischen Arbeit in den Schiedsgerichten, als nationaler Richter oder als Sachwalter, und im Aufbau des Instituts, zum Teil in Arbeiten zur theoretischen Grundlegung des Völkerrechts, als „Theoretiker, Empiriker und Völkerrechtspolitiker" zugleich die letzten und äußersten Möglichkeiten des Völkerrechts im deutschen Kampf ums Recht abtastend und benutzend.

Der Nationalsozialismus machte dem Charakter der Fakultät ein Ende. 1934 mußte Goldschmidt, 1935 M. Wolff, Rabel und Fr. Schulz dem neuen Rasserecht weichen, 1935 wurde Triepel entpflichtet, Smend gegen seinen Wunsch nach Göttingen versetzt, wich Lewald der Unerträglichkeit des Drucks nach Basel aus. Damit war Raum für die Überfremdung der Fakultät durch genehmere Lehrstuhlinhaber geschaffen. Die Auffüllung geschah unter tunlichster Rücksicht auf Qualität, neben dem politischen Gesichtspunkt. So ist das Bild der Fakultät in der Folgezeit das eines wissenschaftlich achtungswerten Kreises — so für das Jahr 1940 Herbert Meyer — Kohlrausch — Graf Gleispach — Koschaker — Hedemann — Bruns — Carl Schmitt — Emge — Siebert, daneben als Extraordinarien Peters, Höhn, Berber. Aber mit dem bisherigen Charakter der Fakultät war es zu Ende, mit dem besonderen Sinne, in dem sie eine gelehrte, eine erziehende, eine führende Fakultät gewesen war. Während bisherige Mitglieder von Weltruf, wie Wolff, Rabel, Fr. Schulz eine Unterkunft in der Verbannung suchen mußten, um Freiheit und Leben zu retten, während mindestens ein geschätztes Mitglied des weiteren Fakultätskreises, Julius Magnus, in der Gaskammer endete, während eine ganze Generation des wissenschaftlichen Nachwuchses durch Terror und Rasserecht, Krieg und Korruption und den Abscheu vor einer Universität des Widergeistes aus der Kontinuität des wissenschaftlichen Lebens ausgeschaltet wurde, erhob die Fakultät die „rassische Grundlage des Rechts" zum Gegenstand einer Fakultätsdisziplin und habilitierte dafür[24]. Das war nicht mehr die Fakultät Savignys.

---

[24] Asen, a.a.O., S. 114.

— Ein gewisser wissenschaftlicher Gesamtcharakter der Fakultät war spürbar vorhanden, im Zusammenhang mit ihrem Ausgang von der historischen Rechtsschule. Die Beziehungen zu den historisch-philologischen Disziplinen waren lebhaft: man fand mit Grund, daß noch im beginnenden 20. Jahrhundert das Bild der Fakultät ohne Mommsen unvollständig sein würde[25] — drei Mitglieder der Fakultät waren regelmäßig tragend beteiligt an den Arbeiten und den großen historischen Unternehmungen der Akademie der Wissenschaften, und die Mehrzahl der Fakultätsmitglieder stand jedenfalls in irgendwelchen Arbeitsbeziehungen solcher Art. Anders war das Verhältnis zur Rechtsphilosophie: man kannte die Klassiker des deutschen Idealismus, blieb aber von der Rechtsphilosophie der Zeit unberührt, und die Rechtsphilosophen der Fakultät, der Neuhegelianer Kohler und der Neukantianer Stammler, blieben als solche Außenseiter. In der Rechtsgeschichte war die Fakultät führend oder doch mittragend durch alle Wandlungen der Fragestellungen hindurch, und nicht anders im bürgerlichen Recht, zumal angesichts der neuen Aufgaben, die das Bürgerliche Gesetzbuch stellte. Im Strafrecht war sie geradezu der Ort fruchtbaren Austrags des Schulstreits, im öffentlichen Recht fruchtbarer Bemühung um den Sinn des neuen Verfassungsrechts und um die Auseinandersetzung mit der neuen völkerrechtlichen Lage. Zu der bei der Mehrzahl ihrer Mitglieder gegebenen historischen Grundlegung ihrer Arbeit trat seit der Gründung der beiden großen Institute für das Auslands- und internationale Recht die Rechtsvergleichung hinzu.

Von jeher, seit Savigny, war die Fakultät eine deutsche, keine spezifisch preußische Fakultät. Die einzige beherrschende Persönlichkeit von spezifisch preußischer Prägung, die ihr ein im preußischen Sinne partikuläres Gesicht hätte geben können, Rudolf v. Gneist, hatte gerade das preußische Wesen mit dem gesamtdeutschen Liberalismus zusammenzuführen gesucht. In der Berührung mit der Akademie der Wissenschaften empfand man, daß dort die preußische Überlieferung älter und stärker war.

Die Fakultät war eine eigentümlich geschlossene menschliche Gemeinschaft. Dernburg hatte gestanden, daß er die Fakultät liebe wie seinen weiteren Familienkreis[26], und viel von dieser Gesinnung war auf die folgende Generation übergegangen. Die einzelnen bestehenden

[25] E. Heymann, a.a.O., S. 46.
[26] O. Gierke, D. Jur. Ztg. 12, 1907, 1342.

freundschaftlichen Gruppierungen störten diesen Gesamtzusammenhang nicht, sondern verstärkten ihn.

Man wußte sich im lebendigen Zusammenhang der Überlieferung von der Gründungszeit her, orientierte sich aber auch wohl besonders an der vorangegangenen Generation von 1900. Von ihr sprach man gelegentlich als von der „großen Fakultät", in pietätvoller Erinnerung an Dernburg und Brunner, Gierke und Liszt und die von ihnen gesetzten Maßstäbe. Wer Kipp und Seckel, Triepel und M. Wolff, Rabel, Fr. Schulz und Partsch erlebt hat, mag fragen, ob diese stolze Reihe im Range hinter jener älteren zurückstand.

Die Jahrzehnte des Übergangs spiegelten sich im Wandel der wissenschaftlichen Produktion. Die Zeit der klassischen Lehrbücher ging mit Liszt, Kipp, M. Wolff zu Ende, ebenso die der großen abschließenden Handbücher. Ihnen folgte die Zeit der Einzeluntersuchungen und Monographien, vielfach bedingt durch neue grundsätzliche Infragestellung bisheriger Fundamente, Methoden, Problemstellungen oder durch die gesellschaftlich-politischen und geistigen Umwälzungen der Zeit. Dazu trat die neue Form der Gemeinschaftsarbeit in den großen Instituten, für die nicht unmittelbar beteiligten Fachgenossen eine große Möglichkeit neuer Stofferschließung und Arbeitsentlastung, zugleich aber vielfach auch eine neue Inanspruchnahme. Die ältere Zusammenarbeit der Fakultät als Spruchkolleg war längst zu Ende; die in gewissem Sinne an deren Stelle getretene Gutachtenpraxis der einzelnen Mitglieder hielten diese bewußt in engen Grenzen, nicht nur im Interesse ihrer sonstigen Berufspflichten, sondern vor allem, um die akademische Autorität nicht zu entwerten — es galt als Regel, daß ein Gutachten als wissenschaftliche Abhandlung druckwürdig sein müsse.

Der Unterricht der Fakultät stand im Zeichen des Bewußtseins, daß er durch die Jahrzehnte lange Tätigkeit eines ganz großen Lehrers inauguriert war. Die Größen um 1900 waren freilich gutenteils keine eigentlichen Lehrer: Hinschius, Dernburg, Brunner, im Grunde auch Gierke nicht. Und soweit in Berlin bewußt gut gelehrt wurde, geschah es in nicht ganz derselben Weise, wie etwa in Leipzig. Die Lehrweise der großen Leipziger war mehr die der geistig bedeutenden und ästhetisch vollendeten Darbietung, die selbst den Banausen lockte wie ein berühmtes Schauspiel. Die der Berliner, Kipp, Seckel, Wolff, war mehr die einer Inanspruchnahme des Hörers, der unmerklich und diskret aber unzweideutig zur Mitarbeit gefordert wurde. In diesem starken Willen, den Hörer erziehend zu ergreifen, lag das Geheimnis der als Lehrer hervorragenden Mitglieder der Fakultät. Alle freilich wußten sich gemahnt durch die Grabinschrift, die Mommsen 1901 einem der meistverehrten Lehrer der Fakultät, Ernst Eck, gesetzt hatte: Multos docuit et quos docuit amavit.

Die Berliner Friedrich-Wilhelms-Universität

Rede zum 150jährigen Gedächtnis ihrer Gründung

Wenn sich die deutschen Universitäten in diesen Tagen der Gründung der Berliner Friedrich-Wilhelms-Universität vor 150 Jahren erinnern, so feiern sie ein Gedächtnis anderer Art als sonst bei akademischen Jubiläen.

Nicht nur deshalb, weil diese Universität, dieser so reiche Ort deutscher Wissenschaftsgeschichte im wissenschaftlichen Jahrhundert, dem Jahrhundert insbesondere der deutschen Wissenschaft, nicht mehr ist — halb verwüstet durch den Einbruch der Barbarei seit 1933, uns entfremdet seit dem Zusammenbruch von 1945.

Sondern vor allem deshalb, weil diese Gründung von 1810 den geistigen Boden bereitet hat, auf dem, seitdem und bis heute, alle deutschen Universitäten stehen.

Von diesem großen Gegenstande kann ich hier nur einige Seiten flüchtig anrühren: den Gründungsvorgang, einiges Hervorstechende aus der Geschichte der Fakultäten, wenige Gesichtspunkte zur Charakterisierung des Ganzen.

Aus der geistigen Bewegung des 12. und 13. Jahrhunderts war die Universität als abendländische Institution hervorgegangen. Humanismus, Reformation, Gegenreformation gaben ihr neuen Auftrieb und neue Inhalte, begründeten aber zugleich die Gegensätze nunmehriger konfessioneller Typenbildung, in deren Bereich auch die Gründungen der Aufklärungszeit, also vor allem die von Göttingen 1737, noch gehören. Auf Idealismus, Klassik und Romantik beruhte die dritte Entwicklungsstufe, einigermaßen auf Deutschland begrenzt, hier aber die vorgefundenen Gehalte und damit zugleich die vorgefundenen Unterschiede in die neue geistige Einheit einschmelzend. Ein Vorgang, der unmeßbare geistige Kräfte entbunden, neue geistige Einheit begründet, weithin in die außerdeutsche Welt ausgestrahlt und uns zugleich gegen diese Welt abgegrenzt, ja weithin einsam gemacht hat.

Dieser Vorgang war keine gesamtdeutsche, nationale Veranstaltung — wer hätte ihn auch organisieren können? Er war aber auch nicht ein unwillkürlicher Entwicklungsfortschritt im Leben des deutschen Geistes, dem die Berliner Gründung von 1810 allenfalls als auslösender Katalysator gedient hätte. Sondern es war eine einzigartige geschichtliche Tat: einzigartig in der politischen Lage, aus der sie hervorging, der völligen Niederlage und Zersplitterung des Staats und der zunächst rein geistigen Gegenwehr gegen die totalitäre Kulturpolitik Napoleons — einzigartig in der geistigen Lage, der des Höhepunkts im Selbstbewußtwerden der deutschen idealistisch-klassischen Bewegung, des Höhepunkts ihrer bewußten Kraft — einzigartig in der Begegnung dieses geistigen Bewußtseins mit der diese geistige Lage bewußt gestaltenden politischen Kraft. Eine strömende geistige Kraft auf ihrer Höhe richtig verstanden und formuliert zu haben und sie daraufhin in diesem Augenblick in eine dauerhafte institutionelle Lebensform geleitet zu haben: das ist das einzigartige Verdienst der Philosophen und der Staatsmänner von 1810, abschließend das Verdienst des Mannes, in dem sich diese beiden Linien vereinigten, Wilhelm v. Humboldts.

Die doppelte Gunst der Stunde, die politische und die geistesgeschichtliche, erwuchs in der Lage völligen Zusammenbruchs. Als Preußen im Frieden von Tilsit das gesamte Staatsgebiet links der Elbe und damit die Universität Halle verlor, wandten sich die Professoren der von Napoleon in ihrem Fortbestande bedrohten hallischen Universität im August 1807 an den König mit der Bitte um Verlegung ihrer Universität nach Berlin, und dabei ist in Königsberg das doch wohl gut bezeugte Wort des Königs von den geistigen Kräften gefallen, durch die der Staat das ersetzen müsse, was er an physischen verloren habe. Vielleicht war es nicht das geistige Eigentum Friedrich Wilhelms III. Aber es war von da an sein Programm, das er festhielt und bei dem man ihn festhielt gegen dieselben Widerstände, mit denen auch der Freiherr vom Stein zu ringen hatte.

Denn in den Zusammenhang dieses, des Steinschen Reformwerks, trat unvermeidlich der nunmehrige Gedanke einer akademischen Neugründung in Berlin. Mit ihm teilte der Universitätsplan den geistig-sittlichen Grundcharakter, damit notwendig auch die Ausrichtung auf Gesamtdeutschland: die sittliche Erziehung und Belebung, die Stein meinte, konnte sich selbst nicht als eine lediglich innerpreußische Angelegenheit verstehen, und ebensowenig konnte sich ein Berliner Universitätsplan binnenpreußisch bescheiden. Humboldts endgültiger Antrag an den König auf Errichtung der Universität vom Sommer 1809 stellt diese Sicht des Planes voran. „Man hat gesehen, welcher Geist in allen neueren Staats-Einrichtungen Ew. Königl. Majestät herrscht“ — das ist das neue Vertrauen Deutschlands auf Preußen angesichts der Steinschen Reform. Dem ordnet Humboldt die Universitätsgründung zu: „Wenn Ew. Königl. Majestät nunmehr diese Einrichtung feierlich bestätigten und die Ausführung sicherten, so würden Sie Sich aufs neue Alles, was sich in Deutschland für Bildung und Aufklärung interessiert, auf das Festeste verbinden[1].“

Mit der Steinschen Reform teilte der Universitätsplan auch den Gegner, das französische System. Für Humboldt war es vor allem die große Neuordnung des französischen Erziehungssystems und dessen letzte Ausrichtung, die Napoleon selbst dahin bezeichnete, daß es dazu da sei, um die moralischen und politischen Meinungen der Franzosen zu dirigieren, auszurichten, als unmittelbares politisches Machtmittel. Dem setzen die preußischen Reformer den Gedanken der Freiheit, der sittlichen Selbstverantwortung der Bürger und der Entbindung des wissenschaftlichen Geistes in neuer Freiheit entgegen.

Zunächst freilich hatte der König die Vorbereitung des Universitätsplans einem von Stein schroff bekämpften Mann, dem Kabinettsrat Beyme, übertragen. Aber Beyme war kein Reaktionär. Er hatte schon 1802 den Gedanken einer Berliner Universität erwogen. 1804 war er mit leidenschaftlicher Intensität Hörer der Fichteschen Vorlesungen über den Geist des gegenwärtigen Zeitalters. So gehört Fichte zu denen, die er nunmehr im Gutachten über die geplante Gründung anging, und Fichtes „Deducirter Plan einer in Berlin zu errichtenden höhern Lehranstalt“ von 1807 hat schwerlich durch die utopische Gewaltsamkeit seiner sachlichen Vorschläge, sicher aber durch die dynamische Mächtigkeit seines Wissenschaftsbegriffs motorisch in die Vorbereitungen hineingewirkt. Von den ohne Aufforderung gelieferten Plänen ist der bedeutendste und der endgültigen Humboldtschen Lösung nächststehende der von Schleiermacher: Gelegentliche Gedanken über Universitäten im deutschen Sinne von 1808 — unvergleichlich in der Schönheit seines Denkens vom wissenschaftlichen Geist und seiner notwendigen Lebensform in der Gemeinschaft, von der Universität als Gestalt des wissenschaftlichen Zusammenlebens und — man erschrickt beinahe vor der Höhe des Anspruchs — von den „Vorlesungen insbesondere als dem Heiligtum desselben“ — weise im Gegensatz zu

[1] Gesammelte Schriften, Akademie-Ausgabe 10, 149.

Fichte in der Sicht des problematischen Verhältnisses zum Staat. Diese Gutachten bedeuteten aber nur einen kleinen Ausschnitt aus den Bemühungen der mit der Universitätsfrage befaßten Gelehrten und Beamten, unter denen die aus Halle herübergerufenen, der Theologe Schleiermacher, der Philologe Friedrich August Wolf, der Jurist Schmalz, eine besondere Rolle spielten. In diesem Kreise entwickelte sich der Kern der künftigen Universität, und die Berliner freien Vorlesungsreihen dieser Jahre, von denen Fichtes Vorlesungen über den Geist des gegenwärtigen Zeitalters 1804 und seine Reden an die deutsche Nation 1807 nur die bekanntesten sind, waren in ihrer geistigen Höhe und ihrer freien, weltläufigen Form ein ausgezeichneter Anlauf des künftigen Universitätslebens, zunächst aber ein Treffpunkt und gemeinsamer geistiger Boden des Kreises, in dem sich das Werden der neuen Gründung in ständigem produktivem Austausch vorbereitete. Wie in einem Brennpunkt sammelten sich hier die geistigen Kräfte von Idealismus, Klassik, Romantik und von neuen wissenschaftlichen Grundlegungen, um in das Gefäß der neuen Universität einzuströmen.

In diesen Kreis trat Humboldt im März 1809 ein, nach der Neuordnung der obersten Staatsbehörden von seinem Gesandtenposten in Rom abberufen und als Geheimer Staatsrat mit der Leitung des Departements für Kultus und Unterricht in dem neu eingerichteten Ministerium des Innern betraut. Er begab sich im April zum Hof nach Königsberg, erreichte dort den Erlaß der Stiftungsurkunde für die Berliner Universität durch den König im August, kehrte im Dezember mit Hof und Zentralbehörden nach Berlin zurück, sorgte hier weiter für die Einrichtung und Dotierung der Universität, die wichtigsten Berufungen und die Eröffnung im Herbst, ging aber schon vor der Eröffnung als Gesandter nach Wien. Er hatte das Kultusdepartement innerhalb des Innenministeriums unter der Voraussetzung übernommen, daß der ebenfalls zur Steinschen Reform gehörende Staatsrat eingerichtet und er wenigstens als Staatsratsmitglied seinem Minister gleichgeordnet sein würde. Als der Staatsrat nicht zustande kam, trat er in den diplomatischen Dienst zurück.

Humboldts Name ist zum Symbol des Wesens der deutschen Universität geworden, seine Gestalt zu der mythischen Figur im akademischen Raum. Man hat gefragt, ob die fünfzehn Monate, die er in Berlin und Königsberg der Berliner Neugründung gewidmet hat, neben allen anderen Leistungen seiner Leitung des Unterrichtswesens in dieser kurzen Zeit, von so grundlegender geistesgeschichtlicher Bedeutung waren, daß sie diesen seinen Ruhm rechtfertigen.

Das 19. Jahrhundert hat diesen Ruhm in starken Ausdrücken befestigt. Den uns Älteren geläufigen Ausdruck hat der Philologe August Boeckh 1835 in seiner Gedächtnisrede auf Humboldt als verstorbenes Mitglied der Berliner Akademie der Wissenschaften geprägt. Nach einer sorgfältigen Zergliederung der Eigenart Humboldts, wobei für seine wissenschaftliche Universalität der Geist des Aristoteles als entfernter Vergleich berufen wird, zieht er für den Staatsmann v. Humboldt sorgfältig die Summe: „obgleich er, wie in der Wissenschaft, so in seiner öffentlichen Wirksamkeit dem Kleinen und Besonderen Genauigkeit und Sorgfalt widmete: er war ein wirklicher, von Ideen durchdrungener und gebildeter Staatsmann, und wir wagen es zu sagen, und es wird in den verschiedenen Beziehungen, die in dem Worte liegen, verstanden werden, er war ein Staatsmann von Perikleischer Hoheit des Sinnes“[2]. Das war das Zeugnis der Zeitgenossen. Die Nachwelt hat das Bild verdunkelt. Die volkstümliche Vorstellung wurde mindestens mitbestimmt durch die heroisierenden Standbilder der beiden Brüder v. Humboldt, Wilhelms und des zwei Jahre jüngeren Alexander, vor der Berliner Universität, an die das dortige Regime den neuen Namen der Humboldt-Universität angeknüpft hat. Diese Denkmäler stellen die Brüder dar halb als Jupiter, halb als ältere Ordinarien einer deutschen Universität, und dies beides waren die Humboldts im höchsten Grade nicht. Sie waren Herren von Stande, als Aristokraten von Geburt an den erfolgreichen Umgang mit gekrönten Häuptern gewöhnt, und als Aristokraten des Geistes den Spitzen des deutschen Geisteslebens, den Weimarer Großen wie den großen Philosophen und Philologen, in freundschaftlicher Gleichordnung verbunden. Der Enthüllung der Denkmäler 1883 hat der Physiologe du Bois-Reymond seine Berliner Rektoratsrede gewidmet, die er mit den Worten schließt: „Wie Hagen und Volker den im Dunkel schleichenden Heunen, so wehren die Geister dieser Brüder den feindseligen Ränken der Finsterlinge. Wo Wilhelm und Alexander von Humboldt Wache halten, da wird immerdar sein eine Stätte edelsten menschlichen Strebens, freier Forschung und freier Lehre.“ Die Finsterlinge sind genau fünfzig Jahre später doch eingebrochen. Aber befremdlich ist uns abgesehen von der Vergeblichkeit dieser beschwörenden Prophezeiung ihr schwüler Ton, der aus der Welt

[2] Aug. Boeckh, Gesammelte kleine Schriften II (1859), 213.

Richard Wagners und Wilhelms II. kommt. Auch dieser Ton hat mit der aristokratischen Humanität und dem hellen Berlinertum der Humboldts nichts zu tun.

Das 20. Jahrhundert hat die Urteile des 19. über Wilhelm v. Humboldt kritisch nachgeprüft. Wenn man früher wohl angesichts seines Sturzes als Minister 1819 aus ihm den Märtyrer einer geistgetragenen oder gar einer liberalen Politik gemacht hat, so war das kaum halb richtig; er scheiterte an den Grenzen seines eigenen Wesens, ein Staatsmann im vollen Sinne war er nicht. Aber die Zeit seines Wirkens 1809 und 1810 war, nicht verfassungspolitisch, aber in seinem Geschäftsbereich, ein volles Gelingen von hoher geschichtlicher Bedeutung. Er durfte 1809 von sich sagen, daß er der einzige im Staat sei, dessen Tätigkeit „einen in die Augen leuchtenden Fortgang" nehme[3], und 1810: „mehr als anderes ist die Gründung einer Universität in Berlin mein persönliches Werk"[4].

Ein neuerer Kritiker hat gemeint, die Universität habe ihren Stempel nach Schleiermachers Idee und durch Humboldts Willen erhalten[5]. In der Tat steht Humboldts Gesamtschau der Schleiermacherschen am nächsten. Aber sie ist gedanklich kräftiger und geschlossener, nicht nur infolge ihrer unmittelbaren Nähe zur praktischen Reform; ihre Durchführbarkeit ist stärker gewährleistet, sofern sie die Universitätsgründung in den Zusammenhang des gesamten Erziehungssystems hineinstellt, und ferner, sofern dabei alle Fragen der praktischen Durchführung durchdacht und z. T. schon der Lösung nahegebracht sind. Dieses gedanklich-praktische System liegt uns am greifbarsten in dem Fragment einer Denkschrift von 1809 oder 1810 „über die innere und äußere Organisation der höheren wissenschaftlichen Anstalten in Berlin"[6] vor. Mit diesen Gedanken, in der Fassung je nach den einzelnen amtlichen Partnern abgewandelt, hat Humboldt den Universitätsplan wie viele andere Aufgaben seines Bereichs in den Königsberger Monaten 1809 gegen eine Umgebung durchgesetzt, aus der mit dem Freiherrn vom Stein vieles von dessen Antrieben gewichen war, gegen den ängstlichen und ungeistigen König, gegen bürokratischen und reaktionären Widerstand, gegen alle Bedenken aus der verzweifelten

[3] S. A. Kaehler, Wilhelm v. Humboldt und der Staat (1927), 234.

[4] E. Müsebeck, Das Preußische Kultusministerium vor hundert Jahren (1918), 112.

[5] Fr. Kade, Schleiermachers Anteil an der Entwicklung des preußischen Bildungswesens 1808—1818 (1925), 112.

[6] Akademie-Ausgabe 10, 250 ff.

Not der Lage. Und gleichzeitig und nach der Rückkehr brachte er die Universität zu Stand und Wesen, schuf ihre finanzielle und rechtliche Grundlage, eroberte ihr das Prinz-Heinrich-Palais, das bis zuletzt ihr stolzer Ort geblieben ist, verschaffte ihr vor allem, ein Kenner der wissenschaftlichen Lage und des gelehrten Personalbestandes wie ein alter gewiegter Hochschulreferent, in persönlichem Briefwechsel die vortreffliche erste Besetzung, deren Glieder gutenteils nur durch ihr persönliches Vertrauen zu Humboldt zu gewinnen waren[7]. Er hatte das Recht, die Universität sein persönliches Werk zu nennen.

Sie war es vor allem in ihrer neuen Sinngebung.

Humboldt hat diese 1809 vor Antritt seines Amts als Leiter des Kultusdepartements bei seiner Einführung als Mitglied der Berliner Akademie der Wissenschaften andeutend bezeichnet[8]. Er fragt, angesichts der Niederlage und des notwendigen Neuaufbaus: „was kann da wohltätiger, was notwendiger sein, als unverbrüchlich fest an Wissenschaft und Kunst zu halten und das Heiligtum treu zu bewahren, aus dem auf alle, auch die entferntesten Glieder des Staates Luft und Wärme ausströmt, welches die leitenden Ideen zu jeder, auch noch so sehr durch die Wirklichkeit bedingten Einrichtung enthält, und auf dem größtenteils — ihr köstlichster Besitz! — die Ehre der Nation beruht...?" Er stellt die berühmte These von der Wirkungsweise der Wissenschaft auf: „Die Wissenschaft gießt oft dann ihren wohltätigsten Segen auf das Leben aus, wenn sie dasselbe gewissermaßen zu vergessen scheint." Aber sie ist die eigentliche Grundlage auch der Praxis: „Denn es gibt in allen wichtigen Geschäften des Lebens einen solchen Punkt, den nur der mit der reinen Wissenschaft Vertraute erreichen, und nur das wahrhaft praktische Talent nicht überschreiten wird."

Man spürt noch die starken aufklärerischen Auftriebe dieses Denkens, sie liegen ja auch der Konzeption des Kosmos seines Bruders Alexander noch zugrunde. Aber stärker ist der Anteil des idealistischen Neuhumanismus, der eine geradezu kirchenähnliche Gemeinschaft seiner Bekenner begründet. Wie eine Bekenntnisschrift solcher Gemeinschaft mutet jene[9] Denkschrift über die innere und äußere Organisation der höheren wissenschaftlichen Anstalten in Berlin vom Ende desselben oder Anfang des folgenden Jahres an. Ihre Thesen

[7] Kaehler, a.a.O. 517 zu 234.
[8] Akademie-Ausgabe 3, 219 ff.
[9] allerdings erst verhältnismäßig spät bekannt gewordene.

haben wir Alten als das eigentliche idealistisch-humanistische Grundgesetz der deutschen Universität überhaupt seit Humboldt empfunden. Ich versuche einen Überblick unter vier Gesichtspunkten.

Der erste ist der des Wesens einer Wissenschaft, die einen solchen Rang und eine solche Wirkungsmöglichkeit in Anspruch nehmen kann, wie sie Humboldts Akademierede von 1809 ihr zuschrieb. Sie kann kein statischer Bestand, sondern sie muß eine wirkende Kraft sein, d. h. eine fortschreitende Geistesmacht. „Es ist eine Eigentümlichkeit der höheren wissenschaftlichen Anstalten, daß sie die Wissenschaft immer als ein noch nicht ganz aufgelöstes Problem behandeln und daher immer im Forschen bleiben", man muß „die Wissenschaft als etwas noch nicht ganz Gefundenes und nie ganz Aufzufindendes betrachten und unablässig sie als solche suchen".

Nur solche, in forschendem Flusse befindliche Wissenschaft kann die Aufgabe der Universität erfüllen. „Sobald man aufhört, eigentlich Wissenschaft zu suchen, oder sich einbildet, sie brauche nicht aus der Tiefe des Geistes heraus geschaffen, sondern könne durch Sammeln extensiv aneinandergereiht werden, so ist alles unwiederbringlich und auf ewig verloren: verloren für die Wissenschaft, die, wenn dies lange fortgesetzt wird, dergestalt entflieht, daß sie selbst die Sprache wie eine leere Hülle zurückläßt, und verloren für den Staat. Denn nur die Wissenschaft, die aus dem Innern stammt und ins Innere gepflanzt werden kann, bildet auch den Charakter um, und dem Staat ist es ebensowenig als der Menschheit um Wissen und Reden, sondern um Charakter und Handeln zu tun."

Was nun die Träger dieser wissenschaftlichen Dynamik angeht, so sind akademischer Lehrer und Student in einem grundsätzlich anderen Verhältnis als in der Schule. Der Student ist sozusagen Mitforscher, der Dozent ist nicht für den Studenten, sondern beide sind für die Wissenschaft da, und die Vorlesung ist keine Wiedergabe ihres Stoffs, sondern seine produktive Erneuerung und Weiterbildung, getragen von der produktiven akademischen Gemeinschaft.

Das dritte Problem, das der Beteiligung des Staats, löst sich daher im Sinne seiner Zurückhaltung. „Er muß sich", so weist ihn Humboldt in seine Schranken, „immer bewußt bleiben, daß er nicht eigentlich dies bewirkt noch bewirken kann, ja, daß er vielmehr immer hinderlich ist, sobald er sich hineinmischt, daß die Sache an sich ohne ihn unendlich besser gehen würde..." Er hat für gute Besetzungen und für Freiheit der akademischen Wirksamkeit zu sorgen. „Der Freiheit", so fährt der Kenner der Universitäten fort, „droht aber nicht bloß Gefahr von ihm, sondern auch von den Anstalten selbst, die, wie sie beginnen, einen gewissen Geist annehmen und gern das Aufkommen eines andern ersticken." Hier liegt einer der Gründe dafür, daß die Berliner Fakultäten erst 1838 das Vorschlagsrecht bei Berufungen erhalten haben.

Das vierte Stück dieser Thesen ist endlich das, daß Wissenschaft in recht geordneter Pflege die rechte innere Ordnung ihres Lebens selbst am besten finden und die von ihr erwartete Wirkung nach außen am besten erreichen werde. Dazu ist notwendig der Charakter der Universität als Forschungsgemeinschaft: „Wird aber endlich" (im Gegensatz zu ihrem bisherigen Schulcharakter) „in höheren wissenschaftlichen Anstalten das Prinzip herrschend, Wissenschaft als solche zu suchen, so braucht nicht mehr für irgend etwas anderes einzeln gesorgt zu werden. Es fehlt alsdann weder an Einheit noch an Vollständigkeit, die eine sucht die andere von selbst und beide setzen sich von selbst, worin das Geheimnis jeder guten wissenschaftlichen Methode besteht, in die richtige Wechselwirkung." Und zu diesem Vertrauen auf die autonome Regulation des wissenschaftlichen Lebens in sich kommt das Vertrauen auf die sich ebenso autonom ergebende Nutzwirkung nach außen. Hier fordert Humboldt: „Er (der Staat) muß im ganzen von ihnen (den Universitäten) nichts fordern, was sich unmittelbar und geradezu auf ihn bezieht, sondern die innere Überzeugung haben, daß, wenn sie ihren Endzweck erreichen, sie auch seine Zwecke und zwar von einem viel höheren Gesichtspunkt aus erfüllen, von einem, von dem sich viel mehr zusammenfassen läßt und ganz andere Kräfte und Hebel angebracht werden können, als er in Bewegung zu setzen vermag."

Das sind die vier Artikel dieses Bekenntnisses zum aufgegebenen Wesen nicht nur der Berliner, sondern der deutschen Universität. Es ist eine gesamtdeutsche geistige Macht geworden. Die ersten Statuten der Berliner Universität enthalten wenig davon. Es war ihr ungeschriebenes Grundgesetz, weil es das Gesetz ihres idealistisch-humanistischen Geistes war, und mit diesem Geist hat es unmerklich und unwiderstehlich alle deutschen Universitäten erobert. Daß es die unabdingbare Lebensnorm der deutschen Universität auch geblieben war, ist vor dem nationalsozialistischen Einbruch nicht ernstlich bezweifelt worden.

Daher bedeuten äußere Gestalt und Satzung der Universität seitdem etwas völlig anderes als vorher. Göttingen wurde 1737 durch Privileg und Satzung eingegliedert in die rechtlich, sozial, politisch durchgegliederte Welt des Spätbarock. Berlin wurde gegen die Einebnung der barocken Welt in der Stein-Hardenbergschen Reform und gegen den modernen Staat und seine Verwaltung abgedeckt durch seine Verfassung; wenn Humboldt ihm die hergebrachte Ordnung mit Rektor, Senat und Fakultäten ließ, so in dem neuen Sinne nicht der Konstituierung, sondern der Sicherung. Konstitutiv war daran die Eröffnung eines Raumes zur Selbstentfaltung des wissenschaftlichen Geistes, getragen von den dazu berufenen wissenschaftlichen Persönlichkeiten — in Freiheit schon dadurch, daß die Universität nicht mehr eine Zweckveranstaltung, nicht mehr in erster Linie eine Lehranstalt war (mochten die Statuten diesen überkommenen Charakter auch noch voranstellen), sondern eine Lebensform der freien Spontaneität des wissenschaftlichen Geistes, von der man die Förderung der Bildung der Studierenden und der Zwecke des Staates erwarten, aber nicht fordern oder erzwingen durfte.

Vermöge dieser Revolutionierung ist die Universität aus der vorgefundenen Lehranstalt, einer Zweckveranstaltung des Staats, der Raum zweckfreier Forschung ohne den bisherigen Schulcharakter geworden, ist ihre Würde nicht mehr die ständische einer barocken Korporation, sondern die des Geltungsanspruchs des freien Geistes moderner Wissenschaft. Es ist seltsam, daß eine solche Wandlung sich nicht stärker gesetzlich niedergeschlagen hat. Freilich: an welcher Stelle der Rechtsquellen des absoluten Staates hätte sich das hier ins Leben getretene Grundrecht der Freiheit der Wissenschaft unterbringen lassen? Ihre normative Gestalt gewann die Neuordnung vor allem in ihren persönlichen Trägern. Zu ihnen gehörten vorweg die, deren Denkschriften den neuen Gedanken entwickelt hatten: Fichte, Schleiermacher, Humboldt. Hinzu traten Friedr. Aug. Wolf und Niebuhr, Savigny und August Boeckh und andere mehr. Ihr Zusammenhalt in diesen Jahren war der eines immer neuen geistigen Austauschs, z. T. auch im gegenseitigen Vorlesungsbesuch: die großen Vortragsreihen z. B. Fichtes und Schlegels, Schleiermachers und Fr. Aug. Wolfs waren Orte solcher geistiger Begegnung, ebenso wie seit 1810 Niebuhrs Vorlesungen über römische Geschichte, von denen Max Lenz, der Historiker der Berliner Universität, urteilt: „Für unsere Universität ist es fast die größte Erinnerung an die Zeit ihrer Gründung, daß sie den Bahnbrecher der modernen Geschichtswissenschaft ein paar Jahre hindurch unter ihren Lehrern gehabt hat[10].“ Unter seinem

[10] Geschichte der Universität Berlin (1910), I 262, 345. — Niebuhr hat diesem Kreise in der Vorrede seiner Römischen Geschichte (I, 1811, S. XIII f.)

Katheder saßen Schleiermacher und Savigny und die führenden Persönlichkeiten der Wissenschaftsverwaltung. Der seit 1818 maßgebende Bearbeiter der Universitätsangelegenheiten, Johannes Schulze, hörte sämtliche Vorlesungen Hegels. Als Alexander v. Humboldt 1827 aus Paris zurückgekehrt in zwei großen Vorlesungsreihen die erste Gestalt seines Kosmos vortrug, war das ein Glied dieser Reihe von Veranstaltungen; er selbst war gleichzeitig der ständige Hörer der philologischen Vorlesungen von August Boeckh, wie vierzig Jahre früher in Göttingen der Vorlesungen Christian Gottlob Heynes. Wenn Harnack sagen durfte, daß Wolf, Niebuhr, Schleiermacher und Wilhelm v. Humboldt und mit ihnen im Bunde Savigny die Geisteswissenschaft des 19. Jahrhunderts geschaffen haben, so meint er damit nicht eine Summe von Einzelleistungen, sondern die Frucht einer einzigartigen geistigen Gemeinschaft[11]. Und zu diesem Kreise gehörten die Spitzen der Bürokratie, soweit sie mit wissenschaftlichen Dingen zu tun hatten, und ihre Wirksamkeit wurde von hier aus wesentlich bestimmt, bei Johannes Schulze wohl ziemlich einseitig durch Hegel, bis Friedrich Wilhelm IV. nach seiner Thronbesteigung 1840 der Epoche Hegels an der Universität auch von Staats wegen ein Ende machte. Dieser Gemeinschaftskreis der Spitzen der Wissenschaft und der Verwaltung leistete das, was man von einer geschriebenen neuen Magna Charta der Wissenschaft erwartet hätte: er gewährleistete den Universitäten ihre neue Freiheit und dem Staat ein gesundes Verhältnis dieser Freiheit zum Staat vermöge der hier bestehenden dauernden engen Beziehungen, und er ersetzte zunächst in Berlin das dort erst 1838 formell gewährte Vorschlagsrecht zu Berufungen. Mindestens ebenso wichtig aber ist die andere Leistung dieses Kreises: daß das Neue, das in ihm Gestalt gewonnen hatte, statt rechtlich formalisiert und dadurch begrenzt zu werden, nun zugleich eine Strahlungskraft entwickeln konnte, die die ganze deutsche akademische Welt ergriff und uns zwingt, die Humboldtsche Gründung von Berlin zugleich als eine Humboldtsche Neugründung der deutschen Universität überhaupt zu verstehen und zu würdigen.

---

die schönen Worte gewidmet: „Es giebt eine Begeisterung, die von der Gegenwart und dem Umgang geliebter Personen ausgeht; eine unmittelbare Einwirkung wodurch sich uns die Musen offenbaren, Lust und Kraft wecken, und den Blick erhellen: der ich in meinem ganzen Leben das Beste was ich war verdanke."

[11] Geschichte der Kgl. Preuß. Akademie der Wissenschaften zu Berlin (1900) I, S. 629 und Anm. 2.

Ebensowenig wie die Gründung von 1810 ein Ereignis lediglich der Berliner Universitätsgeschichte ist, ebensowenig ist die Geschichte dieser Universität im 19. und beginnenden 20. Jahrhundert als die Geschichte einer isoliert zu denkenden Einheit zu fassen. Die Berliner Friedrich-Wilhelms-Universität war nicht, um den von einem berühmten Berliner Juristen, Otto Gierke, geprägten Begriff zu gebrauchen, eine „reale Gesamtpersönlichkeit"; sie war keine geschlossene geistige Individualität. Aber sie war ein Raum, in dem die Entwicklung der deutschen Wissenschaft in dieser Zeit in besonderer Weise vorwärtsging. Sie war zugleich eine Korporation, die sich in dieser Zeit auf ihre besondere Weise mit dem Staat, mit der Öffentlichkeit auseinanderzusetzen hatte. Und damit hat sich zugleich in ihr eine Art wissenschaftlicher und akademischer Haltung und eines damit gegebenen Selbstverständnisses entwickelt, die wohl eine gewisse Sonderprägung deutscher wissenschaftlicher und akademischer Art überhaupt bedeutete.

Von dem Kreise um Humboldt, dem eigentlichen Gründerkreise, trat ein Teil in die Professuren der Universität ein und gab, zusammen mit einer Anzahl von auswärts Berufener, nunmehr der Gründung erst ihr eigentliches Gesicht. Die Werbung um die Größen der anderen Universitäten war vielfach erfolgreich; „völlig versagt", so klagt Max Lenz, „hatte sich allen Werbungen die stolze Georgia Augusta"[12], und es wirkte wie eine Gesamtkrise der Universität, als 1816 der sogenannte Vater der deutschen Rechtsgeschichte und Begründer der deutschen evangelischen Kirchenrechtswissenschaft, Karl Friedrich Eichhorn, von Berlin nach Göttingen übertrat, um dort für eine Reihe von Jahren die große Zugkraft der Universität zu werden[13]. Erst nach und nach fühlte man sich Göttingen gewachsen, ohne daß man in Berlin jemals eigentliche Vergleiche gezogen oder Konkurrenz- und Rangfragen gestellt hätte. Die ersten Jahre brachten empfindliche Anfangsnöte. Humboldt, der die Professoren und ihre Schwächen kannte[14], war am Ende seiner Berliner Gründungsarbeit peinlich überrascht, mit wie vielen persönlichen Schwierigkeiten er hatte kämpfen müssen[15], und vieles der Art belastete die folgenden Jahre und Jahrzehnte. Allerdings waren zwei der Großen aus der Gründungs- und Anfangszeit, F. A. Wolf und Fichte, zu verständnis-

---

[12] Geschichte der Universität Berlin (1910) I 274.
[13] Das., S. 565 ff.
[14] Wilhelm und Caroline v. H. in ihren Briefen III (1909) 19.
[15] Das., S. 399. — Besonders scharf Hardenberg 1818, Lenz IV 344.

voller Einordnung besonders ungeeignet und daher Mittelpunkte ganzer Herde von Schwierigkeiten. Auch über die Studenten und ihre Neigung zum Brotstudium, sehr im Gegensatz zum hohen Sinne der Gründung, hatte man Anlaß zu klagen[16]. Bitter und fast verzweifelt urteilt Humboldt 1816: „Ich sehe ..., daß die Berlinische Universität mehr noch als untergeht ... Der Geist ist aus allem gewichen. Man sinkt in eine ungeheure Alltäglichkeit zurück ...[17]." Das ist insofern paradox, als er die Schuld vor allem Humboldts Nachfolger Schuckmann zuschreibt, während nach Humboldts eigener grundsätzlicher Konzeption ja das Eigentliche zu leisten gar nicht Sache des Staates, der Bürokratie sein konnte. Und dies Eigentliche hat die Universität in stiller Arbeit doch geleistet. Ihre ersten Jahrzehnte waren und blieben eine große Zeit. Man empfand das stark, als nach der Mitte des Jahrhunderts aus äußeren und inneren Gründen stillere, deshalb freilich weithin nicht weniger fruchtbare Zeiten waren[18]. Mit dem äußeren Aufsteigen der Reichsgründungszeit und mit dem gleichzeitigen Hervortreten der inzwischen erarbeiteten großen neuen Leistungen der Natur- wie der Geisteswissenschaften trat die Universität in die krönenden Jahrzehnte dieses wissenschaftlichen Jahrhunderts und der — ach so rasch verspielten — hegemonialen Weltgeltung der deutschen Wissenschaft ein.

Innerhalb dieser allgemeinen Entwicklungskurve verlaufen sehr verschiedene Entwicklungslinien der einzelnen Fächer und Fakultäten.

Ganz besonderer Art war der Verlauf der Vertretung der Philosophie in Berlin. Die Wirksamkeit Fichtes seit 1804, als Professor 1810 bis 1814, Hegels 1818—1831, aber auch Schleiermachers 1809—1834 ist Geschichte des deutschen Geistes überhaupt. Es war ein Vorzug Berlins, daß diese große Epoche gerade hier ihren eigentlichen Schauplatz hatte, und auch ihr Ende hat sich besonders greifbar in Berlin abgespielt, im geistigen Absterben des Geltungsanspruchs der idealistischen und insbesondere der spekulativen Philosophie, und in der institutionellen Gegenwirkung gegen die von Friedrich Wilhelm IV. so genannte Drachensaat des Hegelschen Pantheismus in der erfolg-

[16] Boeckh bei Lenz IV 340.

[17] Das. I 567.

[18] „Das jugendliche Streben jener Zeit hatte einen höheren Charakter der Idealität als die Wissenschaft der Gegenwart" usw.: Boeckhs Rede 15. 10. 1856, Ges. kl. Schriften II 136. — Zu den Perioden der Geschichte der Universität die Jubiläumsrede von Max Lenz, in: Jahrhundertfeier der Königl. Friedr.-Wilhelms-Universität zu Berlin 10.—12. Oktober 1910 (Berlin 1911), S. 99 ff., bes. 108 ff.

reichen Wirksamkeit des Rechts- und Staatsphilosophen Friedrich Julius Stahl 1840—1861 und dem gescheiterten Versuch Schellings seit 1841. Seitdem ist die Berliner Philosophie mindestens ihrem äußeren Anspruch nach eine Einzeldisziplin wie andere gewesen.

Im Kreise der Fakultäten und des neuen Anlaufs der Wissenschaft waren die Geisteswissenschaften zunächst ebenso führend wie im Gründungsvorgang der Universität. Wenn Harnack auf fünf Namen jener Zeit die Schöpfung der Geisteswissenschaft des 19. Jahrhunderts zurückführt[19], so bezieht er darin neben Humboldt — Wolf — Niebuhr Schleiermacher und Savigny ein, bezieht die Einheit dieses großen geistesgeschichtlichen Vorgangs also mit Grund auf alle drei geisteswissenschaftlichen Fakultäten. Innerhalb dieses weiteren Kreises nahm aber die philosophische Fakultät mit ihren philologischen und historischen Disziplinen eine Vorzugsstellung ein. In diesem Bereich entwickelten sich am bewußtesten und erfolgreichsten die neuen kritischen Methoden, denen die Zukunft gehörte. Und in ihnen verlief der Prozeß, der eines der eindrücklichsten Stücke der Berliner Universitätsgeschichte ist, der Vorgang des Wachstums, der Entfaltung, der immer weiteren Verzweigung der historisch-philologischen Disziplinen aus der urgewaltigen Triebkraft der klassischen Philologie und der neuen historischen Arbeitsweise jener Tage, repräsentiert eben durch Wolf und Niebuhr[20].

Die Wissenschaft vom klassischen Altertum stand in doppeltem Sinne im Mittelpunkt der Berliner Gründung. Einmal im allgemeingeistigen, im Bildungssinne; so rühmt Niebuhr 1811 vom Berliner Lehrkörper, er sei geeignet, die Jugend mit dem Geist zu erfüllen, „wodurch Altertumswissenschaft immer das Salz der Erde war“[21]. Aber zugleich im engeren wissenschaftlichen Sinne: von ihr spalteten sich die einzelnen philologischen und historischen Sonderdisziplinen ab, und vermöge dieser sozusagen mütterlichen Rolle behielt sie mindestens für das Bewußtsein von uns Alten jene exemplarische Aufgabe, die Harnack 1900 so ausgedrückt hat: „Niemals wird die klassische Philologie vergessen dürfen, daß ihr die Pflege der Grammatik und der literarischen Kritik gleichsam für alle Wissenschaften, die sich

---

[19] S. oben S. 557.

[20] Zur Geschichte der Fakultäten und Disziplinen eine Reihe wichtiger Aufsätze in der — mir in Korrekturabzügen dankenswert zugänglich gemachten — Berliner Gedenkschrift „Studium Berolinense“, 1960.

[21] An Schuckmann 2. 5. 1811, bei R. Köpke, Die Gründung der Königl. Friedrich-Wilhelms-Universität zu Berlin (1860) 230.

auf Grammatik und Kritik gründen, anvertraut ist — sie soll in Musterleistungen zeigen, wie und warum man ihrer in vollkommenster Ausbildung bedarf[22]." Dabei war sie selbst alles andere als eine statische Größe: Werner Jaeger hat ihre Berliner Anfänge als die einer ungeheuren Diastole, ihrer Entwicklung zur klassischen Altertumswissenschaft bezeichnet[23]. Träger dieser Diastole waren zunächst die beiden Lieblingsschüler F. A. Wolfs, August Boeckh und Immanuel Bekker, von denen der eine 1810 bis 1867, der andere von 1812 bis 1871 das Fach in Berlin vertrat, Boeckh neben allem anderen vor allem doch der Realphilologe, der Verfasser des Buchs über den Staatshaushalt der Athener und damit einigermaßen des Parallelwerks zu Niebuhrs Römischer Geschichte, Bekker das große Vorbild kritischer Textphilologie, darin wohl noch übertroffen durch Lachmann, der, wie sein Nachfolger Moritz Haupt, neben der klassischen zugleich die germanische Philologie vertrat. So dehnte sich die Philologie auf neue Felder aus: 1821 in Franz Bopp, dem zeitweiligen Mitarbeiter Wilhelm v. Humboldts, auf Sanskrit und Sprachvergleichung, die später je für sich ihre besonderen Wege gingen, auf die Orientalistik, zumal in Olshausen seit 1860, die Germanistik wurde selbständig in Müllenhoff und Scherer, nach den verschiedenen Seiten der Sprach- und Altertumskunde einer-, der Literaturgeschichte anderseits, und entwickelte sich im fortschreitenden Auseinander und Zueinander fort, aus dem die drei Germanisten der Jahrhundertwende, Erich Schmidt, Gustav Roethe, Andreas Heusler, genannt sein mögen — die Romanistik, die Lachmann noch neben seinem klassisch-philologischen und germanistischen Lehrauftrage nebenbei vertreten hatte, seit 1867 mit Adolf Tobler, die Ägyptologie seit 1842 mit Richard Lepsius — alle ihrer klassisch-philologischen Herkunft wohl bewußt.

Hatte sich die Philologie hier in gewissem Sinne durch Abgliederung entlastet, so häuften sich ihre Aufgaben im Laufe des Jahrhunderts doch unverhältnismäßig mehr. Neben ihr lief her als der andere Teil der Altertumswissenschaft die Alte Geschichte, von Niebuhr grundlegend eingeführt, von Droysen und vor allem von Mommsen auf neue wissenschaftsgeschichtliche Stufen gehoben, bis hin zu Eduard Meyers Begründung einer antiken Universalgeschichte. In der Geschichte der Geisteswissenschaften in der Berliner Fakultät in der zweiten Hälfte des neunzehnten Jahrhunderts ist Mommsen, der

[22] Geschichte der Akademie I 2, S. 856.
[23] Berliner Gedenkschrift, 1960, S. 466.

Historiker, Jurist und Philologe, wenn nicht die beherrschende, so doch die repräsentative Figur: in der Mächtigkeit des Prozesses der Ausdehnung der Arbeit auf neue sachliche und regionale Bereiche und vor allem auf die planmäßige Erfassung und Aufarbeitung des gesamten nichtliterarischen Materials bestimmend für alle geisteswissenschaftlichen Fakultäten und Disziplinen. Mochten dabei einzelne Fächer die Wege ihrer besonderen Entwicklung gehen, wie Geographie, Archäologie und andere — Mommsen, ihm nächstverwandt im Verständnis der Aufgabe damaliger Altertumswissenschaft der Gräzist Wilamowitz, ihrer wissenschaftlichen Art nicht fern der Kirchenhistoriker Harnack: sie erschienen in der Zeit der Berliner Erinnerungsfeiern der Akademie 1900 und der Universität 1910 uns heute Alten und der damaligen internationalen wissenschaftlichen Welt als die großen Repräsentanten zeitgenössischer Geisteswissenschaft überhaupt, wie die Inkarnation der stolzen Ergebnisse des abgelaufenen wissenschaftlichen Jahrhunderts. Bezeichnenderweise unter ihnen weniger als unter den Großen der Gründungszeit eine Figur von eigentlicher Genialität — wie es denn auch keine eigentlich tiefere geistige Strömung war, die sie trug.

Aus dem inneren Kreise heraus wurden die historisch-philologischen Wissenschaften sogar in Frage gestellt: von der Geschichte her.

Es ist ein kaum übersehbarer Reichtum an Geschichtsforschung und Geschichtsschreibung, den die Berliner Historiker hinterlassen haben. Auch hier verzweigt sich die Arbeit, gliedert sich immer mehr in Einzeldisziplinen, erobert neue Gebiete, erschließt neue Materialschichten, verfeinert immerfort ihre Methode und lehrt sie im historischen Seminar, das sie nach dem Vorbilde des philologischen Seminars entwickelt, stellt aber auch unter sich wandelnden Gesichtspunkten grundsätzlich immer neue Fragen, bis sie sich selbst als Historismus zur Frage und zum unlösbaren Problem wird. Statt eines Bildes sechs geläufigste Namen mit den Jahreszahlen ihrer Berliner Professorenzeit: Rankes alle Anderen überragende Größe 1825—1886, Droysen 1859—1884, Mommsen 1861—1903, Treitschke 1874—1896, Meinecke 1914—1945, Oncken 1928—1945. Mit ihnen löst die Historie als Grundlegung der Geisteswissenschaften die Philologie ab. Das 20. Jahrhundert steht, so stellt Troeltsch fest, vor der Tatsache der grundsätzlichen Historisierung alles unseres Denkens über den Menschen, seine Kultur und seine Werte[24], und nach Harnacks Urteil vor der Rolle der Geschichte als

[24] Gesammelte Schriften III 102.

der alle tiefere Bedeutung beherrschenden Wissenschaft[25]. Aber ihr extensiver Siegeszug durch alle geisteswissenschaftlichen Fakultäten und Disziplinen und ihre intensiven Eroberungen in vertieftem Fragen, verfeinerten Methoden, immer fortschreitenden Spezialisierungen ließ sie quantitativ den Überblick verlieren und, in einem gewissen Zusammenhange damit, qualitativ die Sicherheit ihres Standpunkts, ihrer Maßstäbe, ja vielfach geradezu ihrer Wissenschaftlichkeit, ihres Daseinsrechts. Läßt die Historisierung noch irgendwelche Grundlagen und Maßstäbe bestehen, oder ist sie, wenn es solche gibt, durch solche Festbestände umgekehrt in ihrem eigenen Wahrheitswert in Frage gestellt? Es ist wohl die Grundfrage heutiger Geisteswissenschaft überhaupt. Aber Berlin war der Vorort des Ringens um sie.

In sehr verschiedener Weise haben dieselben Grundprobleme auch die Geschichte der beiden anderen geisteswissenschaftlichen Fakultäten beherrscht.

Die theologische[25a] hatte zwei große Zeiten: in Deutschland führend in den ersten Jahrzehnten, auch dem Auslande gegenüber repräsentierend vor und nach 1900. In den ersten Jahrzehnten, bis 1834, im Glanz der Wirksamkeit Schleiermachers, neben ihm als sein hegelianischer Gegenspieler Marheineke, de Wette, der 1819 wegen eines Trostbriefs an die Mutter des Kotzebue-Mörders Sand ohne Verfahren entlassen wurde, und der Kirchenhistoriker Neander, ein geborener Göttinger, wohl als der Begründer deutscher evangelischer Kirchengeschichte gefeiert und als der sogenannte „letzte Kirchenvater" sehr geliebt. Von 1826—1869 gehörte als Exeget, vor allem des Alten Testaments, Ernst Wilhelm Hengstenberg der Fakultät an, als Gründer der Evangelischen Kirchenzeitung 1827 und Mitbegründer und Führer des neuen Konfessionalismus von hoher kirchengeschichtlicher Bedeutung, wissenschaftlich bedeutungslos, Exponent des Niedergangs der Fakultät, deren Geschichte in den Jahrzehnten vor und nach der Jahrhundertmitte noch lange nachher die Hengstenbergsche Wüste hieß. In den siebziger Jahren setzte mit den Vertretern der philologisch-historischen Methoden in Exegese und Kirchengeschichte und der Vermittlungstheologie in der Dogmatik eine neue Periode der Blüte ein. Der Alttestamentler Dillmann feierte in seiner Rektoratsrede 1875 die Wiederbesinnung seiner Fakultät auf die Wissenschaftlichkeit der ihr

---

25 Geschichte der Akademie II 2, S. 872.

25a Harnack, Aus Wissenschaft und Leben II (1911) 153 ff.

gestellten Aufgabe[26], und mit der Berufung Harnacks 1888 gewann sie das Mitglied, das ihren internationalen Rang hauptsächlich begründete und nach Mommsens Tod einigermaßen in dessen Rolle des repräsentativsten deutschen Gelehrten, mindestens im geisteswissenschaftlichen Bereich, eintrat. Man hat ihn wegen seiner weltmännischen Art und seiner großen organisatorischen Leistungen wohl mit Wilhelm v. Humboldt verglichen. Aber er war nicht, wie dieser, ein schöpferischer Wegbereiter einer neuen Zeit, sondern eine große Inkarnation des abgeschlossenen neunzehnten, des wissenschaftlichen Jahrhunderts, in dessen Fülle, aber wohl ohne eigentliche Klarheit über dessen Grenzen und Ende.

Als Namen seien noch genannt Dillmann, Greßmann und Bertholet, B. Weiß und Deißmann, Holl und Lietzmann, Nitzsch, Dorner, Pfleiderer, Kaftan und R. Seeberg.

In ganz anderer Kurve verlief die Geschichte der Juristenfakultät[27]. Auch sie hatte sich mit den Wandlungen der geistigen Lage auseinanderzusetzen, wie die geisteswissenschaftlichen Schwesterfakultäten. Aber eine besondere Gunst der Wissenschaftsgeschichte hat ihr eine eigentümliche Kontinuität ihrer Grundhaltung, ihres Ranges und ihrer praktischen Wirksamkeit möglich gemacht.

Sie verdankte das zum guten Teile ihrem zeitlich ersten und dauernd bedeutendsten Mitgliede, Friedrich Carl v. Savigny, der ihr während der ersten zweiunddreißig Jahre ihres Bestandes angehörte und ihr das Gesicht gab. Ein großer Rechtshistoriker und Systematiker zugleich, der Begründer der historischen Rechtsschule und damit der deutschen Rechtswissenschaft des Jahrhunderts überhaupt, ein einzigartiger Lehrer, der, wie Franz Wieacker es ausdrückt, „die Jurisprudenz zu einer der Wissenschaften machte, in denen die neue Kulturnation sich selbst verstand, der, wie man zuspitzend gesagt hat, juristische Bücher zu einem Bestandteil unserer Nationalliteratur machte“[28], der die deutsche Rechtspraxis noch Jahrzehnte über seinen Tod hinaus beherrschte. Die Fakultät ist in dieser Linie geblieben, bis der Nationalsozialismus sie zerschlug. Sie machte von einer Generation

---

[26] Über die Theologie als Universitätswissenschaft, 1875. Über den Abstieg Lenz II 2, S. 112.

[27] E. Heymann, Hundert Jahre Berliner Rechtsfakultät, in: Otto Liebmann, Die Juristische Fakultät der Universität Berlin von ihrer Gründung bis zur Gegenwart, 1910. — Daran anschließend meine Skizze in der Berliner Gedenkschrift, S. 109 ff.

[28] Die großen Deutschen III (1956) 47.

zur anderen immer wieder die Erfahrung, daß die gelehrte historische Grundlage, die stets der Mehrzahl ihrer Mitglieder gemeinsam war, zugleich eine besondere Kraft und Elastizität ihrer Arbeit am geltenden Recht begründete. Emil Seckel nannte das den von Savigny ausgegangenen „königlichen Anstoß zur Rechtsgeschichte als Bildungsmacht und lebensgestaltender Kraft"[29]; er war das Arcanum der Fakultät bis zuletzt. Sie war mit den Wandlungen der philologischen und historischen Methoden in der engen Fühlung ständiger Mitarbeit; sie nahm vollen Anteil an den Epochen der Geistesgeschichte, war aber in ihrer historischen Fundierung und ihrer steten Nötigung zu praktischer Bewährung so gut verankert, daß sie sich mit den Krisen und grundsätzlichen Infragestellungen, denen die Schwesterfakultäten ausgesetzt waren, mit größerer innerer Sicherheit auseinandersetzen konnte.

So wenig sie einen Sonderrang beanspruchte, so festgewurzelt war ihre Autorität. Von hier aus konnte Otto Gierke in seiner Rektoratsrede 1903 das Ende des Schulstreits der Romanisten und Germanisten im bürgerlichen Recht proklamieren[30]. Hier konnten Wilhelm Kahl und Franz v. Liszt als Repräsentanten der beiden kriminalistischen Schulen, der älteren, idealistischen „klassischen" und der jüngeren, kriminalpolitischen, 1902 das Abkommen über die Zusammenarbeit der beiden Richtungen in der praktischen Strafrechtsreform schließen, das diese Arbeit dann Jahrzehnte hindurch getragen hat.

Statt aller Einzelheiten nenne ich nur einige wenige Namen. Als Zeitgenossen Savignys Eichhorn und Bethmann-Hollweg. Als Savignys Nachfolger Puchta, neben ihm seit 1840 der bedeutende konservative Rechts- und Staatsphilosoph Stahl, seine Berufung bezeichnend für den Thronwechsel von 1840, wie das verspätete Aufrücken des liberalen Gneist 1858 für die einsetzende Neue Ära. Aus der zweiten Hälfte des Jahrhunderts die Germanisten Beseler, Gierke, Brunner, den Romanisten Pernice, die Zivilrechtler Dernburg, Goldschmidt, Kohler, die Kriminalisten Kahl und Liszt, den Kirchenrechtler Hinschius, den Staatsrechtler Anschütz. Von den nach 1900 Berufenen die Romanisten Kipp, Seckel, Partsch, Rabel, Fritz Schulz, die Germanisten Heymann und Stutz, den Staats- und Völkerrechtler Triepel, endlich den Zivilrechtler Martin Wolff, den wirksamsten Lehrer der Fakultät seit Savigny.

---

29 Das römische Recht und seine Wissenschaft im Wandel der Jahrhunderte, 1921, S. 23.
30 Die historische Rechtsschule und die Germanisten, 1903.

Es war die von den Berliner Fakultäten, in deren Bestand das Dritte Reich am stärksten einzugreifen nötig fand. Es zerstörte hier eine Gemeinschaft der Arbeit, der Gesinnung, der Freundschaft.

— Die Entwicklungslinie der Medizin und der Naturwissenschaft war anderer Art, als die der Geisteswissenschaften: im Ausgangspunkt, und in der besonderen Steilheit ihres Aufstiegs.

Die Geisteswissenschaften gingen nicht eigentlich von der idealistischen Philosophie aus. Aber sofern diese eine Philosophie des Geistes war, war das Verhältnis doch von vornherein das einer fruchtbaren Nähe.

Medizin und Naturwissenschaften dagegen fanden eine Naturphilosophie vor, die ihnen als ein unwissenschaftlicher Taumelgeist erscheinen mußte, von der sich zu befreien überhaupt die Voraussetzung der eigenen Wissenschaftlichkeit war.

Der sachlich Fernstehende darf hier nur mit Vorsicht einiges Allgemeine weitergeben.

Aus der Geschichte der medizinischen Fakultät kann er, was den Bereich der klinischen Fächer angeht, nur vereinzelte ärztliche Namen und nur gewissermaßen vom Hörensagen nennen: für die Frühzeit etwa Reil, Hufeland, Schönlein, Dieffenbach, für die spätere Frerichs, Langenbeck, Bardeleben, v. Leyden, v. Graefe Vater und Sohn, v. Bergmann Vater und Sohn, A. Bier, bis hin zu einigen Namen der letzten Zeit: Bonhoeffer, Sauerbruch, His, Siebeck. Nur einen Eindruck hat hier auch der nicht Unterrichtete: von der Einwirkung, ja dem Einbruch der großen physiologischen Entdeckungen um die Mitte und seit der Mitte des 19. Jahrhunderts in die klinische Medizin, und anderseits von der fortschreitenden Eingrenzung dieses Totalitätsanspruchs vom ärztlichen Bewußtsein und von fortschreitender methodischer Gegenbesinnung her.

Das wissenschaftliche Ereignis in der Geschichte der medizinischen Fakultät, das in die Berliner Universitätsgeschichte und in die allgemeine deutsche Geistesgeschichte auf Jahrzehnte hinaus am stärksten eingewirkt hat, war die Schule des Physiologen Johannes Müller, das Ganze der hier gelungenen Entdeckungen und die Fülle der von hier ausgegangenen Bewegungen. Der Laie versucht die Bedeutung des hier Geleisteten daran zu ermessen, daß dieser Kreis um die Mitte des Jahrhunderts hoffte, die Bahn zu einer mechanistischen Aufhellung des Lebensvorgangs, zu seiner Zurückführung auf letzte und einfache physikalisch-chemische Vorgänge, eröffnet zu haben. Einer von ihnen, du Bois-Reymond, hat später, in der berühmten „Ignorabimus"-Rede von 1872 und in der Rede von 1880 über die sieben Welträtsel, die mindestens einstweilen unüberwindlichen Schranken dieser Hoffnung anerkannt. Aber ihre über die Fachgrenzen weit hinausführende Fruchtbarkeit wurde schon daran deutlich, daß drei Glieder dieses Kreises in der Folgezeit in Berlin die Führung in sehr verschiedenen Fächern übernahmen, du Bois-Reymond als Physiologe, Virchow als Begründer der modernen Pathologie, Helmholtz als Physiker. Darüber hinaus drangen diese Energien in den von der Philosophie verlassenen Raum mit weltanschaulichem Anspruch ein, freilich nicht in geschlossener Front: vom Monismus Ernst Haeckels, der ebenfalls dem Kreise angehörte, verlief eine nicht einfache Linie über Virchow und du Bois-Reymond bis zu Helmholtz und dem christlichen Protest des dem Kreise wissenschaftlich nicht fernstehenden Göttinger Physiologen Rudolf Wagner und anderseits dem derben Gegenstoß gegen diesen in Karl Vogts Schrift „Köhlerglaube und Wissenschaft" von 1855. Berlin war und blieb das Zentrum dieser Forschungsarbeit und dieser weltanschaulichen Auseinandersetzung, und so mochte Virchow sich 1893 legitimiert finden, in seiner Rektoratsrede die Ablösung des philosophischen Zeitalters durch das naturwissenschaftliche als endgültig zu verkünden — nicht ohne daß dann ein Jubiläumsredner von 1910, Erich Schmidt, dem nachträglich und nachdrücklich widersprach[31].

Überhaupt war diese wissenschaftliche Bewegung der Öffentlichkeit zugewandt und in ihren Leistungen der Öffentlichkeit verständlich. Virchow war ein eifriger Politiker, in Staat und Gemeinde, Berlin verdankte ihm die Grundlegung seiner modernen sanitären Einrichtungen. Die Übernahme des ersten Lehrstuhls für Hygiene durch Robert Koch 1885 bezeichnete einen weiteren Abschnitt wissenschaftlicher Entdeckungen und neuer volkshygienischer Möglichkeiten. Die Fortarbeit der theoretischen Fächer im übrigen blieb mehr in akademischer Zurückgezogenheit. Uns Alten waren die Namen der Anatomen Waldeyer und Hertwig geläufig, in späterer Zeit beklagte man das frühe Ende der Brüder Trendelenburg, des Physiologen und des Pharmakologen.

— Vollends vom mathematisch-naturwissenschaftlichen Bereich der alten philosophischen Fakultät wagt der Laie nur Allgemeinstes zu sagen.

---

31 Erich Schmidt, Reden zur Litteratur- und Universitätsgeschichte (1911) 46.

Deutlich ist die Linie des Aufstiegs im ganzen. Die Geisteswissenschaften waren im Anfang durchaus führend. Ebenso wie die Medizin mußte sich die Naturwissenschaft von herkömmlicher Naturphilosophie befreien, und mehr als die Medizin sich, mindestens in gewissen Fächern, des inzwischen im Auslande, namentlich in Frankreich, Erarbeiteten nachholend bemächtigen. Ein Ausdruck dieser Lage ist der Widerwille, mit dem Alexander v. Humboldt sich 1827 aus dem Kreise der französischen Naturforscher nach Berlin zurückholen ließ. Von da an verläuft wohl überall eine Linie fortschreitenden Aufstieges, im Gegensatz zu den stilleren und schwächeren Jahrzehnten in den Geisteswissenschaften vor und nach der Jahrhundertmitte.

Der Fernstehende kann hier nur mit einigem Vorbehalt einige Namen nennen, ohne Vollständigkeit der Fächer und ohne Gewähr für die Auswahl: von Mathematikern Dirichlet, Jacobi, Weierstraß, von Physikern Poggendorff, Dove, den Begründer der modernen Meteorologie, Magnus, Warburg, Rubens, unter ihnen Helmholtz nach Walther Gerlach als den letzten allseitigen Naturforscher, „den Vollender, man könnte fast sagen, den Begründer der ‚klassischen' Periode der Physik"[32]; insbesondere als theoretische Physiker Kirchhoff, Max Planck, v. Laue, Schrödinger, als physikalischen Chemiker Nernst, als Chemiker Mitscherlich, Aug. Wilh. v. Hofmann, Emil Fischer, Willstätter. Statt der Biologen mag hier wieder an den Kreis Johannes Müllers erinnert werden: Alexander v. Humboldt hat in ihm offenbar eine besonders wichtige vorwärtstreibende Kraft der damaligen Naturwissenschaft gesehen, hat die Jungen in ihm so gefördert, daß sie ihn ihren Vater, ihren guten Engel nannten[33], hat als beinahe Neunzigjähriger 1858 dem Schulhaupt Joh. Müller die Grabrede gehalten. Mitglieder dieses Kreises waren auch die ersten Wortführer in der Proklamierung des naturwissenschaftlichen Zeitalters.

Das zwanzigste Jahrhundert brachte hier die neue stolze Reihe berühmter Namen und großer Entdeckungen, aber zugleich seit der Begründung der Kaiser-Wilhelm-Gesellschaft zur Förderung der Wissenschaften 1910 die Abwanderung dieser Männer und ihrer Arbeit in die Institute der Gesellschaft, außerhalb der Universität. Genetik, Relativitätstheorie, Atomphysik: ihre Entdecker und Vertreter Correns und Einstein, Fritz Haber und Otto Hahn, Debye und Heisen-

---

[32] Die großen Deutschen III 456.

[33] Estelle du Bois-Reymond, Zwei große Naturforscher. Ein Briefwechsel zwischen Emil du Bois-Reymond und Karl Ludwig (1927), S. 61, 67.

berg und so mancher Andere: sie waren nur noch Gäste der Universität, etwa als lesende Mitglieder der Akademie oder als Honorarprofessoren. Aber die in ihnen verkörperte Welt der Naturwissenschaften stand nun der geisteswissenschaftlichen Sphäre mindestens für das öffentliche Bewußtsein in völlig anderer Struktur gegenüber. In den Geisteswissenschaften, bei allem Profil der Persönlichkeiten und der Forschungen, doch gerade in dieser Zeit vor allem eine mehr gleichmäßige, geradezu institutionelle Höhe methodisch hochgesteigerter Leistung und wissenschaftlicher Kultur — in den Naturwissenschaften die weltbewegenden Ereignisse der großen Entdeckungen und die alsbald weltbekannten Einzelgestalten ihrer großen Träger.

Angesichts solcher Gegensätze, angesichts der fortschreitenden Spezialisierung, Zersplitterung und Vielfalt auch der Einzelwissenschaften je für sich ist es zweifelhaft, ob eine Universität, ob die Berliner Friedrich-Wilhelms-Universität noch irgendwie eine Einheit des Wesens beanspruchen konnte, eine Einheit, die als solche so etwas wie eine Geschichte haben konnte, über das bloße Nebeneinander der Entwicklung ihrer Fakultäten und Disziplinen hinaus, eine Einheit, die nicht nur mit ihrer korporativen Verfassung gegeben war, die nicht nur in der äußeren Einheit ihrer Repräsentation und der amtlichen und außeramtlichen Vertretung ihrer gesamtakademischen Interessen bestanden hätte.

Uns ist das skeptische Wort geläufig, daß die Einheit der Wissenschaft, damit die geistige Einheit der Universität, daß das Humboldtsche Erbe nur noch in akademischen Festreden vorkomme, nicht mehr in der Wirklichkeit.

Jedenfalls ist es eine Wirklichkeit gewesen. Und gerade Festreden können hier auch positive Beweismittel sein. Durchwandert man die lange Reihe der akademischen Reden, die der erste Professor Eloquentiae der Universität, August Boeckh, durch fünf Jahrzehnte hindurch zuerst noch lateinisch, dann deutsch gehalten hat, dann wird dem Leser anschaulich, daß dieser Redner eine echte Gemeinschaft voraussetzen durfte, eine Gemeinschaft des idealistisch-humanistischen Gesamtbesitzes und zugleich des wissenschaftlichen Gestaltungswillens diesem Besitz gegenüber[34], allerdings mit einer gewissen klassischphilologischen Färbung, im Sinne des Niebuhr-Worts, daß „Altertumswissenschaft immer das Salz der Erde war".

34 Dazu Harnack, a.a.O., S. 623.

Der Gedanke dieser letzten Einheit der Wissenschaft hat in der Berliner Universitätsgeschichte sehr verschiedene Fassungen gefunden und sehr wechselvolle Schicksale erlebt. Man könnte die Geschichte der Berliner Universität als Ganzes auch verstehen als die Geschichte eines besonderen, eines schließlich tragischen Ringens um diese Einheit.

Wie die Wissenschaft überhaupt, so ist vollends ihre Einheit für diese Zeit ein dauernd aufgegebenes, ein nie ganz zu lösendes Problem. Von der fortlaufenden Aufgegebenheit der Wissenschaft, der Unmöglichkeit ihrer abschließenden Problemlösung unterscheidet sich das Einheitsproblem durch seinen noch entschiedener eschatologischen Charakter. Diesen Charakter hat es bei Humboldt trotz der rationalistischen Restbestände in seinem Wissenschaftsbegriff, es behält ihn trotz allem in den spekulativen Systemen Schleiermachers und Hegels. Und hier gilt, wie sonst, daß „nicht auszusagen ist, was die gesamte geistige Cultur unseres Vaterlandes dadurch empfangen hat, daß ihr innerer Gehalt auf eine Einheit zurückgeführt wurde“[35]. Aber mit dem Geltungsanspruch dieser Systeme war auch die hier gegebene Begründung der Einheit der Wissenschaft dahin, und wir empfinden heute stärker als früher das Berechtigte in der Abwehr gegen die Grenzüberschreitungen der Spekulation, etwa in der in der Universitätsgeschichte im übrigen negativ beurteilten Hengstenbergschen Reaktion. Der Einheitsgedanke war in die Verteidigung gedrängt: beide Humboldts, Schelling, Jacob Grimm, Johannes Müller hatten ihn gegen immer stärkere Infragestellungen zu verteidigen, und seine ursprüngliche breitere Trägerschaft verblaßte zu der kraftlosen heimlichen akademischen Religionsgemeinschaft des humanistischen Geistes.

In der Jahrhundertmitte tritt das Einheitsproblem in eine zweite Phase ein, die seiner zu kurzschlüssigen Lösungsversuche.

Der erste, innerhalb des wissenschaftlichen Raumes verlaufende ist aus der Schule Johannes Müllers hervorgegangen. Virchow hat aus ihren großen Entdeckungen, die zum guten Teile seine persönlichen waren, im Hochgefühl der erschlossenen neuen Horizonte die Folgerung gezogen, daß man nun auf dem Wege zur methodischen Erschließung der Welt der wissenschaftlichen Probleme überhaupt sei — in der Gewinnung offenbar eines letztlich mechanistisch-monistischen Weltbildes — in pflichtmäßiger Besinnung auf den allgemeinen Sinn, den jede Disziplin über ihr besonderes Wissensziel hinaus habe, unter

---

[35] Harnack von der Wirkung Hegels, a.a.O., S. 727.

Auflösung auch der verdunkelnden Besonderheiten der geisteswissenschaftlichen Arbeit in die neue Freiheit der Naturwissenschaft hinein[36]. Damit rückt das bisher eschatologisch-transzendent gedachte letzte Leitbild der Wissenschaft, ihrer Einheit und ihres letzten Zieles, in greifbare Nähe. Indem sich der Wissenschaft diese Möglichkeiten eröffnen, wird sie zur Religion: „es ist die Wissenschaft für uns zur Religion geworden", verkündigt Virchow auf der Naturforscherversammlung von 1865[37].

Er ist dann aus dem eigenen Kreise sozusagen zur Ordnung gerufen worden. Helmholtz war weit entfernt von derartigem Wissensoptimismus, und du Bois-Reymond, der ursprünglich ebenso gedacht hatte, hat sich später zu gewissen unübersteigbaren Grenzen des monistisch-mechanistischen Erkennens bekannt; seine Ignorabimus-Rede auf der Naturforscherversammlung von 1872 ist die Antwort auf Virchows Manifest von 1865, abschließend fortgeführt in der Dubitemus-Rede von 1880. Virchow selbst hat die Illusionen seiner früheren Jahre später wohl aufgegeben, aber immerhin enthält seine Rektoratsrede von 1893 vom Übergang aus dem philosophischen in das naturwissenschaftliche Zeitalter wieder die laute Genugtuung über das Ende der Philosophie und zugleich die stille Bestreitung der Eigenständigkeit der Geisteswissenschaften. Damit stand er aber immer mehr allein; als die Philologen und Historiker eine Trennung der philosophischen Fakultät anregten, widersprachen die Naturwissenschaftler in würdiger Vertretung des Nebeneinander der großen Wissenschaftsgruppen, aber zugleich der überhöhenden Einheit der Wissenschaft, vor allem in der schönen Rektoratsrede des Chemikers Aug. Wilh. v. Hofmann 1880.

Jene Konsolidation der konkreten, gegenwärtigen Wissenschaft zu der ihr letztlich aufgegebenen Ganzheit erwartet und betreibt Virchow aber noch in einer zweiten Richtung. Einheit der Wissenschaft bedeutet, wenn sie nicht mehr eine eschatologisch-transzendente Idee, sondern erreichbare diesseitige Wirklichkeit ist, das Aufgehen der Wissenschaft in die diesseitige Lebenstotalität hinein, geistig und praktisch gestaltend. Geistig, indem sie sich mit dem allgemeinen Denken in eins setzt, das seinerseits wieder fruchtbar zurückwirkt auf das Denken der Gelehrten — und insbesondere dadurch, wie die Rede von 1865 ausführt, „daß allmählich die naturwissenschaftliche Metho-

[36] Über die nationale Entwickelung und Bedeutung der Naturwissenschaften, 1865, bes. S. 6, 20.

[37] a.a.O., S. 18.

de, weil sich doch am Ende niemand dem Umstande verschließen kann, daß sie die eigentliche Methode des menschlichen Geistes ist, sich in die Schulen hineinarbeitet[38]". Praktisch, indem sie die Welt zum Guten umgestaltet, mit der Baconschen Devise: scientia est potentia, Wissen ist Macht[39] — es ist wohl schon eine Resignation des alten Mannes, wenn sich seine Rektoratsrede auf diese Linie beschränkt. Aber indem die Wissenschaft das geistige und das praktische Dasein zu neuer Einheit und Höhe führen soll, führt sie zugleich zum Durchbruch von nationaler Einheit und demokratischer Freiheit. Die politische Erfüllung gehört zu der Einheitskonsolidation, auf die die Wissenschaft ausgerichtet ist — Wissenschaft und nationale Demokratie werden in eins gesetzt[40].

Es ist ein Utopismus, der in dieser Zeit nicht allein steht. Ein Stück von solchem Utopismus beseelt auch die sogenannten nationalen Historiker, Droysen, Treitschke, v. Sybel, wenn sie nicht nur das politische Ziel der nationalen Einigung vorhersagten und anzubahnen suchten, sondern in dieser Einigung zugleich ein metaphysisches Ereignis, einen Sieg des Guten über das Böse erhofften, ja zu erleben meinten.

Inzwischen ging die Wissenschaft den Weg ihrer unaufhaltsamen Entwicklung weiter in die fortschreitende Spezialisierung der Fächer und der Methoden, ganz besonders in den besonderen Entfaltungsmöglichkeiten in Berlin. Unzweifelhaft sind die vielbeklagten Folgen: Positivismus und Empirismus, das Haften am Stoff, die Überbewertung der zusammenhanglosen Einzelheit und der einzelnen Erfahrungstatsache, wohl auch der Technizismus, das Interesse an irgendeiner praktischen Verwendbarkeit statt am Wahrheitszusammenhang — alles in allem das, was man mit dem verbrauchten Schlagwort den Verlust der Mitte nennt. Man tut allerdings Humboldt Unrecht, wenn man in dem von ihm durchgeführten Vorrang der Forschung die Wurzel dieser Übel findet wie auch den Ursprung der Lebensfremdheit von Universität und Wissenschaft und der Intellektualisierung der deutschen Bildung[41]. Die eigentlichen Repräsentanten der Berliner Wissenschaft sind diesen Gefahren nicht erlegen. Allerdings gewinnt ihre Lebensarbeit gegenüber der Überfülle des immerfort wachsenden und zudrängenden Stoffs einen neuen Charakter heroischen Rin-

---

[38] Über die nationale Entwickelung, S. 14, 23.

[39] Rektoratsrede, S. 25.

[40] Lenz II 2, S. 183.

[41] Franz Schnabel, Deutsche Geschichte im neunzehnten Jahrhundert I (1929), S. 446, 447 f., 454.

gens mit dieser Fülle: das Großartige an Lebenswerk und Persönlichkeit von Mommsen, Harnack, Gierke, Wilamowitz, Dilthey. Aber einen Einheitsbegriff der Wissenschaft im Humboldtschen Sinne hatten sie nicht mehr: die großen Festschriften zum Akademie- und Universitätsjubiläum von 1900 und 1910 von Harnack und Max Lenz stimmen darin überein, daß ihnen der Entwicklungsgedanke das Verbindende der Wissenschaft zu sein scheint[42] — als ob er nicht nur ein heuristisches Prinzip wie andere wäre. Andere Repräsentanten überhöhender geistiger Einheit versagten, der blasse Spätklassizismus, mit dem Ernst Curtius 1868 von Göttingen nach Berlin zurückkehrte, konnte die humanistische Gemeinschaft der Gründungszeit nicht erneuern, so wenig wie der spätere neuhumanistische Ansatz Werner Jaegers, und das gleiche galt von der in Virchows Rektoratsrede 1893 mit grimmiger Genugtuung für tot erklärten Philosophie, von Hermann Lotzes Mikrokosmos, mit dem er 1880 für wenige letzte Lebensmonate von Göttingen nach Berlin übersiedelte, wie von den Späteren, über Heinrich Maier und Spranger bis zu Nicolai Hartmann. Ernst Troeltsch war ein machtvoller Ausdruck der bestehenden Aporie, und Wilhelm Diltheys Philosophie war zwar das Fluidum, das nach 1900 die Berliner Vertreter der Geisteswissenschaften umgab, aber nicht mehr. Ein neues aufgegebenes Feld praktischer Wirkung und, so empfand man es, wissenschaftlicher Sinnerfüllung, fanden die Kathedersozialisten, Schmoller und Wagner, und die mit ihnen an der Gründung des Evangelisch-Sozialen Kongresses 1890 Beteiligten, voran Harnack. Aber im ganzen war man irgendwie, bei aller ständig wachsenden Weltgeltung, in der Verteidigung. Stützung und Verteidigung der preußischen Universitäten und insbesondere der Berliner, bei aller Sorge für ihre beinahe explosive Ausdehnung, war die große Lebensleistung Friedrich Althoffs, der sie in dem Vierteljahrhundert von 1882 bis 1907 betreute. Bezeichnend für diese Schutzpolitik seine Sicherung der Universität gegen die neue und andersartige Welt des sie übergewaltig bedrohenden gestaltenden Machtwillens der modernen Technik durch die Gründung und damit die Ausgliederung der Technischen Hochschulen — seltsam, daß alles damals Erwogene heute vergessen scheint.

Das letzte Kapitel dieser Entwicklung ist die Ära des Berliner Hochschulreferenten und späteren Kultusministers Carl Heinrich Becker 1916—1930. Ein hervorragender Gelehrter und Professor, ein

[42] Harnack, a.a.O., S. 872, Lenz II 2, S. 377.

Mann von Welt und in den obersten Schichten der geistigen Welt im In- und Auslande als ebenbürtig geschätzt, also nicht ohne gewisse Humboldtische Züge, versuchte er, der vorgefundenen Lage in Wissenschaft und Universität, nicht zuletzt in Berlin, erneuernd abzuhelfen. Lebensnähe und Lebensphilosophie, Synthese und Soziologie, ja: Revolution der Wissenschaft und mindestens Demokratisierung der Universität waren wechselnde Stichworte dieses Erneuerungswillens. Dabei kämpfte er an zwei Fronten: was der Universität, voran der Berliner, weithin und gutenteils nicht ohne Recht als dilettantische Zumutung erschien, war als Versprechen der jungen Demokratie gegenüber zur Verteidigung der als reaktionär verdächtigen akademischen Welt nötig und wirksam. Als Beschützer von Wissenschaft und Universität ist er noch immer nicht genug gewürdigt. Als demokratischer Reformer hat er sich in seiner Hochschulreform in verständigen Schranken gehalten, in der Einsicht, daß jede zu weitgehende Demokratisierung in akademischen Dingen die Herrschaft der Manager und der Bürokratie bedeutet. Als geistiger Anreger ist er noch immer eine fortwirkende Kraft.

Wenn sich hier die Universitäten und voran die Berliner Universität mit einem gewissen passiven Widerstande durchsetzten, so in sachlich begründetem Gebrauch ihrer Autonomie und in der Linie ihres Verhältnisses zum Staat, wie es seit 1810 bestanden hatte.

Das oberste Gesetz dieses Verhältnisses war und blieb, daß die Universität zwar eine Veranstaltung des Staates, aber nicht ein Instrument, ein politisches Mittel des Staates war. Allerdings hatte Humboldt 1810 in seinem Antrage an den König auf Eröffnung der Universität den politischen Sinn der Gründung unterstrichen, und nicht nur ad usum Delphini: „daß ein Staat wie ein Privatmann immer gut und politisch zugleich handelt, wenn er in einem Augenblick, wo ungünstige Ereignisse ihn betroffen haben, seine Kräfte anstrengt, irgend etwas bedeutendes Wohltätiges dauernd für die Zukunft zu stiften und es an seinen Namen anzuknüpfen"[43]. Aber das lag ganz und gar nicht in dem Bereich, den etwa das Manifest der Neuen Ära von 1860 mit den „moralischen Eroberungen" meint, die Preußen zu machen habe, so sehr das scheinbar an das Wort von 1807 von den geistigen Kräften statt der verlorenen physischen erinnern mag. Die Universität war weder ein Mittel noch ein Bereich moralischer Eroberungen. In ihr sollte Wissenschaft, Forschung in

[43] Akademie-Ausgabe 10, 277.

vollster Freiheit das Erste sein, und das Weitere sich daraus ergeben. Als 1849 einige Mitglieder der Berliner Akademie das Verhältnis von Staat und Wissenschaft im Rückblick auf die Märzrevolution grundsätzlich formulierten, bezeichnete der Philosoph Adolf Trendelenburg die geltende Ordnung in aller Schärfe dahin: „Die Wissenschaft hat gleich der Andacht ihren Zweck in sich. Aber indem sie nach der Erkenntnis des Wesens trachtet und nach nichts Anderem, fällt ihr, wie dem Wesen in allen Dingen, das Übrige von selbst zu, und sie dient von selbst dem Unterricht und der Anwendung[44]."

Bis 1933 hat der Staat diese grundsätzliche Lage der Universität geachtet, und sein Verhältnis zu ihr ist im ganzen unproblematisch geblieben. An den unruhigen Zeiten von 1819 und 1848 war sie wenig beteiligt, abgesehen von der Entlassung de Wettes und verhältnismäßig geringem Anteil an den Professoren der Paulskirche. Wie sie nach dem Humboldtschen Plan ausdrücklich eine Lebensform des nationalen Geistes sein sollte, so war auch das politische Empfinden in ihrem Kreise seit Schleiermachers politischer Leidenschaft wesentlich deutsch. Allerdings war die Luft nicht die des liberalen Bürgertums, wie in Heidelberg, sondern die des patriarchalisch-bürokratischen Absolutismus. Der liberale Professor der Eloquenz August Boeckh bediente sich in seiner alljährlichen offiziellen Festrede des patriarchalischen Sprachgebrauchs der Zeit, nicht ohne den König gelegentlich an die noch schmerzende Wunde von de Wettes Entlassung oder anderes Mißliche zu erinnern. Man lebte in Berlin im Stil des staatsrechtlichen Personalismus jener Zeit miteinander, den die Stahlsche Staatsphilosophie mit der Konstruktion des Staates als eines sittlichen Reichs festzuhalten gesucht hat. Friedrich Wilhelm IV. hat sich als Kronprinz und als König für Berufungen in seinem, d. h. vor allem im antihegelschen Sinne erfolgreich eingesetzt, auch die Gewinnung der Göttinger Sieben für Preußen und insbesondere für Berlin war ihm ein Anliegen. Mit der Neuen Ära, für die die Berufung Droysens und Mommsens und der Aufstieg Gneists zum Ordinarius kennzeichnend war, versachlichte sich das Verhältnis von Staat und Universität endgültig. In der Reichshauptstadt wuchs der sachlich und persönlich schnell wachsenden Universität eine internationale Geltung und Repräsentationsaufgabe zu, die sie auch den Behörden gegenüber zu einer ziem-

[44] Bericht über die zur Bekanntmachung geeigneten Verhandlungen der Königlich Preußischen Akademie der Wissenschaften zu Berlin, 1849, S. 272. Ähnlich der hier nur anklingende Vers Mt. 6, 33, häufig verwandt von Helmholtz: Harnack, S. 984.

lich unabhängigen, beinahe koordinierten Macht werden ließ. In ihr gab es sehr verschiedene Strömungen; aber jedenfalls war es eine an Verleumdung grenzende Leichtfertigkeit du Bois-Reymonds, wenn er in seiner Rektoratsrede 1870 im Überschwang loyaler Kriegsstimmung die Universität als das geistige Leibregiment des Hauses Hohenzollern charakterisierte. Die Universität wußte auch hier Abstand zu halten; gegenüber dem Stil Wilhelms II. hielt sie sich an das Wort Friedrichs des Großen, die Berliner Akademie sei nicht zur Parade da. Ihre Rolle konnte dem Staat gegenüber nicht aktiv sein, so sehr sie von Anfang an ihren Standpunkt in Rechts- und anderen Fragen den Behörden und dem König gegenüber nachdrücklich zu wahren pflegte. Nur passiver Widerstand konnte im Konfliktsfalle ihre Sache sein, und von daher ist ihre Haltung in den 1920er Jahren zu verstehen, als stärker universitätspolitisch gemeint und universitätspolitisch begründet, als sie von außen gesehen erscheinen mochte — von daher auch ihre Haltung 1933, die man allerdings von hintennach (was leicht ist) geschlossener und entschiedener wünschen möchte. Durch das Führerprinzip ihrer Autonomie beraubt und mit gefügigen und fanatischen Parteigenossen durchsetzt, haben sich ihre Reste bis 1945 und noch nach 1945 weithin bemüht, wenigstens an ihrem Teile das Humboldtsche Erbe nicht zu verleugnen.

Das Humboldtsche Erbe bedeutete nicht den Anspruch, das wissenschaftliche Zentrum für Deutschland zu werden, wie Paris es für Frankreich ist. Es bedeutete nicht einmal den Anspruch auf einen Vorrang irgendwelcher Art. Aber es bedeutete allerdings, daß hier der Raum für ein unendlich reiches geistiges Geschehen eröffnet war, auf die Dauer reicher als an den Schwesteruniversitäten, selbst in der Glanzzeit des Deutschen Reichs nicht die einzige repräsentative deutsche Universität, aber doch Trägerin mancher besonderen Aufgaben, die sie in starker korporativer Bewußtheit zu erfüllen gesucht hat.

Das anschaulich zu machen ist in der Kürze nicht möglich. Möglich ist zum Abschluß nur ein kurzes Wort darüber, welches der Kern der akademischen Art und Haltung der Berliner Universität war, wie sie sich verstand, wie sie der Linie ihrer Gründer gerecht zu werden suchte.

Dieses Selbstverständnis wurde einigermaßen bewußt und zum Problem dadurch, daß die Entwickelung der Dinge es in Frage stellte. Schon längst beobachtete man Wandlungen im Wesen der Universität, die Heteronomie der Anforderungen von außen, die mittelbare Gestaltung ihrer Arbeit durch die staatlichen Prüfungsordnungen, auf die sie sich in gewissem Maße ausrichten mußte, schließlich dem Druck ihrer völlig veränderten Umgebung, der modernen Industrie- und Massengesellschaft. Daraus ergab sich, so schien es, ein völlig verändertes Leitbild, eine neue Sinngebung für die Universität.

Ich versuche dies neue Leitbild als Gegenbeispiel dessen, was die Berliner Universität war und bleiben wollte, in drei Richtungen sozusagen idealtypisch zu bezeichnen.

Einmal in seinem Wissenschaftsbegriff. Er ist uns geläufig in seiner heutigen Zweiteilung in Zweckforschung und Grundlagenforschung. Die Zweckforschung dient unmittelbar den Zwecken, die dem Steuerzahler einleuchten, von der Verdauungspille bis zur Atombombe. Die Grundlagenforschung macht die Zweckforschung möglich, sie ist mittelbar zweckbestimmt.

Das ist das Gegenteil des Wissenschaftsbegriffs der Humboldtzeit.

Verändert ist auch das Idealbild des wissenschaftlichen Arbeiters. Helmuth Pleßner hat diese Veränderung schon vor bald vierzig Jahren andeutend beschrieben[45] und hat sie 1953 vor dem internationalen Kongreß für Wissenschaft und Freiheit weiterentwickelt[46], unter dem Stichwort der „ideologischen Anfälligkeit der Wissenschaftler", unter anderem in dem Sinne, daß anstelle des überwiegend rezeptiven Gelehrten der Vergangenheit, dem es vor allem um Bildung ging, der aktive Forscher, der „Arbeiter" im modern-technischen Sinne getreten sei, dem es um die Leistung geht. Wir wissen Alle davon, auch von der industrieartigen Einspannung von uns Allen in die Zusammenarbeit, die Institutsarbeit, und damit in ein neues gemeinschaftsförmiges wissenschaftliches Arbeitsethos, getragen von unserem persönlichen Gleichheitswillen, mag er von Tocqueville oder von Karl Marx herkommen, getragen von dem Wunsch, wie an einer großen, von Allen freudig bejahten Mobilmachung mit ganzem Einsatz des eigenen Wesens den eigenen begeisternden Anteil zu haben.

Auch das ist sehr verschieden vom Gedanken der wissenschaftlichen Arbeit in der Humboldtzeit.

Verändert ist endlich das Verständnis von Sinn und Ergebnis des akademischen Unterrichts.

Von jeher war es die Aufgabe der Universität, Ärzte und Richter und Verwaltungsbeamte, Pfarrer und Lehrer für ihre Berufe auszu-

---

45 Versuche zu einer Soziologie des Wissens, hrsg. von Max Scheler, 1924, S. 412 ff.

46 Wissenschaft und Freiheit, Berlin 1954, 159 ff.

bilden. Je mehr diese Vorbildung durch das Prüfungswesen normiert wurde, um so mehr wurde die autonome eigentliche Bildungsaufgabe der Universität gefährdet. Bezeichnend dafür ist die Entdeckung einer besonderen Erziehungsaufgabe der Universität: sähe man in ihr noch die alte Anstalt zur Bildung durch Wissenschaft, so wäre daneben für eine zusätzliche Erziehung durch Wissenschaft kein Raum. Es ist die moderne Konsumentengesellschaft, die die Aufgabe der Universität in ihrem Sinne versteht. Sie will über einen akademischen Ladentisch hinweg mit genormter akademischer Markenware bedient werden, mit genormten Examenskenntnissen, mit Lebenschancen, berechenbar nach Gehalts- und Lohntarifen, und die Gesellschaft im ganzen will ihren Jahresbedarf an wissenschaftlich abgerichteten Funktionären geliefert bekommen, einen bedarfdeckenden Ausstoß an Juristen und Medizinern und Philologen und so weiter.

Auch da befinden wir uns in einer ganz und gar neuen Welt.

Die alte akademische Welt, wie Berlin sie hervorragend repräsentierte, war eine gelehrte Welt.

Das in seinem Vollgehalt nicht definierbare Wort bezeichnete zunächst jedenfalls ein besonderes Maß von gelehrtem Wissen und gelehrter Arbeit. Da lag der in der Universität gültige Maßstab, nach dem man sich gegenseitig bewertete. Deshalb gab es in Berlin keine Bonzenherrschaft der Geheimräte[47]. Der ernsthafte wissenschaftliche Arbeiter stand in vollem Respekt, auch ohne Universitätsrang. Und der berühmte Favorit für eine Rektorwahl konnte durchfallen, weil man ihn irgendwie als Gelehrten fragwürdig fand.

Die Gelehrsamkeit, um die es dabei ging, war selbstverständlich nicht die des planlosen Vielwissens, nicht die des gelehrten Narren, der mit gier'ger Hand nach Schätzen gräbt und froh ist, wenn er Regenwürmer findet. Zum Gelehrten gehört ja vor allem der Sinn für das richtige Fragen, nach dem, was wissenswürdig ist. Das kann sehr wohl, je nach dem Gegenstande, auch die Frage nach dem Bildungswert, nach der Heilsamkeit, ja nach der unmittelbaren oder mittelbaren Nützlichkeit enthalten.

Der Gelehrte selbst: man wird heutzutage beinahe sagen müssen, ein archaischer Typus, wie der Arzt, der Seelsorger, der Lehrer, bei aller unvermeidlichen Einordnung in objektive Arbeitszusammen-

[47] Daß das „den Professor leicht ankränkelnde Gefühl der Gottähnlichkeit" in Berlin weniger gedieh als anderswo, wußte man wohl, führte das allerdings, und nicht ohne Grund, auch auf die Berührung mit „allerlei bedeutsamen Kreisen" der Hauptstadt zurück: Erich Schmidt, Reden, S. 56.

hänge und Arbeitsgemeinschaften doch ein Mikrokosmos, eine Individualität, auf ihre einzigartige Weise sich mit Individualitäten auseinandersetzend und diese bildend. Nicht im Sinne irgendwelcher besonderen Ansprüche: man war bedenklich gegen Carl Heinrich Beckers Neigung, nach seinem Bilde den Professor zum Mann von Welt zu erziehen, und man fand es lächerlich, wenn akademische Festreden jeden jungen Akademiker für einen Erben Humboldts und jeden Professor selbst für einen halben Humboldt erklären wollten. Um so mehr hielt man auf die eigene und eigentliche Ehre der gelehrten Arbeit und der ihr entsprechenden Haltung — eine Art Zunftehre und Zunftstolz. Dazu gehörte das besondere Arbeitsethos der neuen Zeit: nicht das unserer akademischen Urgroßväter im Schlafrock mit langer Pfeife, sondern das der harten Arbeit der gegenwärtigen arbeitsteiligen Wissenschaftslage, aber so, daß dabei Keinem eine Arbeit zu gering sein dürfe. Als Mommsen die volle Mittragung der mühsamen Einzelarbeit am Corpus Inscriptionum Latinarum übernahm, empfand er das Opfer schwer: „Wie viel lieber als anderen Leuten Ziegel machen, baute ich selbst Häuser“[48]; aber er tat die Kleinarbeit mit, und seine Indices waren die besten. Das war Berliner akademische Zunftmoral.

Man war aus langer Erfahrung vertraut mit dem Segen dieser Haltung. Wer sich auf sie zurückzog, hatte einen Rückhalt gegen die gerade in Berlin gefährlichen außerakademischen Ansprüche, an Gutachten und anderen Abhaltungen. Im Namen ihrer gelehrten Substanz waren die akademischen Korporationen, Universität und Fakultäten, den Behörden gegenüber in ähnlich unangreifbarer Lage, wie die Kirchen, wenn es um die Behauptung ihres eigentlichen Berufs geht. Das gegenseitige Wissen von der gelehrten Lebensarbeit der Anderen schuf eine Atmosphäre achtungsvoller Wärme, auffallend für Jeden, der von außen in diesen Kreis eintrat. Das Schönste und Beste daran aber war, daß diese gelehrte Haltung zugleich die Mitteilung forderte: daraus ging die besondere Färbung des Berliner Verständnisses der akademischen Lehraufgabe hervor. Gesamturteile über die Lehrwirksamkeit von Universitäten sind bedenklich. Aber es gab und gibt in diesem Punkt sehr verschiedene Klimata. Der Berliner Kirchenhistoriker Neander unterscheidet als Schüler Schleiermachers noch in Halle scharf zwischen der dortigen akademischen Luft und der seiner Heimatuniversität Göttingen, der „Philistropolis“, „so kalt, daß man

[48] Lenz II 2, S. 333.

erfrieren möchte"[49]. Philiströs und kalt war das damalige Halle und das spätere Berlin jedenfalls nicht, auch abgesehen von Neander selbst, den seine Hörer andichteten: „Mann der Tugend, Mann des Herzens!"[50] — in dieser humanistischen Universität bezeugen die damaligen Hörer eine humane Lutf[51]. Das war auch später jedenfalls weithin so. Als Mommsen 1901 dem Juristen Ernst Eck die Grabschrift setzte: Multos docuit et quos docuit amavit — er war Vielen ein Lehrer, und die, deren Lehrer er war, die hat er lieb gehabt — da empfand man das als gleichzeitiger Berliner Student nicht als das besondere Lob eines Einzelnen, und es ging auch nicht als solches, sondern als allgemeine stille Devise in der späteren Fakultätsüberlieferung mit. Die Wirkung des gefeiertsten Berliner Rechtslehrers seit Savigny, Martin Wolffs, beruhte nicht auf dem lichtvollen Glanz seines Vortrags, sondern auf der persönlichen Inanspruchnahme jedes Hörers, mit der er weithin auch den Widerstand des stumpfen Brotstudenten besiegte. Es war der schönste und tiefste Eindruck, den der Berliner Student und der Berliner Professor haben konnte, bei wie vielen akademischen Lehrern die lehrende Kraft als sittliche Frucht aus gelehrter Substanz und Haltung hervorwuchs.

Angesichts des Untergangs eines so bedeutenden Wesens bedrückt die Erfahrung, daß im Reiche des Geistes große Institutionen schwer zu schaffen, leicht zu zerstören und nicht wiederherzustellen sind. Es bleibt der Trost, daß die Wissenschaft sie überdauert. In einer bedrückenden Lage der Berliner Universität und Akademie hat der Philosoph Trendelenburg das dem verzagten Mißmut entgegengestellt: „Es ist die Wissenschaft das größte Beispiel einer fortgesetzten Entwickelung, das es gibt. Kein Kern, der zur tausendjährigen Eiche auswächst, kein Tier, das sich auslebt, kein Mensch, so glücklich er sich vollende, kein Volk und kein Staat, so lange sie auch blühen und so spät sie auch altern, hat eine so stetige, so fortlaufende Entwicklung als die Wissenschaft. Selbst die benachbarte Kunst hat sie nicht ...[52]." Oder wie Mommsen es kurz und gut gesagt hat: „Die Menschen kommen und gehen, die Wissenschaft bleibt[53]."

---

49 Lenz I 615, auch das Zitat S. 616.

50 Lenz II 2, S. 105.

51 Zu vergleichen auch das schöne Zeugnis Niebuhrs bei Erich Schmidt, Reden, S. 48.

52 Monatsberichte der Königl. Preußischen Akademie der Wissenschaften zu Berlin, 1857, S. 441.

53 Sitzungsberichte der Königl. Preußischen Akademie der Wissenschaften, 1887, II 633.

Das Bundesverfassungsgericht*

Die feiernde Besinnung auf das erste Arbeitsjahrzehnt des Bundesverfassungsgerichts hat notwendig einen andersartigen Gegenstand als die Zehnjahresfeiern anderer oberster Institutionen der Bundesrepublik. Die anderen haben mehr als das Bundesverfassungsgericht eine Vergangenheit, knüpfen an diese an und verstehen sich im Lichte dieser Vergangenheit. Das Bundesverfassungsgericht hat keine Vergangenheit, kein Vorbild in diesem Sinne, auch nicht im Staatsgerichtshof der Weimarer Verfassung.

Als der Bundesgerichtshof kürzlich den gleichen Festtag beging, geschah die Besinnung auf sein erstes Jahrzehnt nicht ausdrücklich, aber unvermeidlich auf dem Hintergrunde der großen Überlieferung des Leipziger Reichsgerichts. Die Karlsruher Nachfolger durften auf einen einleuchtenden Reichtum eigener neuer, selbständiger und zeitgemäßer Leistung zurückblicken. Aber, trotz einiger unvermeidlicher polemischer Auseinandersetzung war dieser Rückblick insofern unproblematisch, als er sich, bei manchem gebotenen grundsätzlichen Wandel, doch in der Linie jener Überlieferung wissen durfte. Und dieser Rückblick hatte zugleich unvermeidlich einen gewissen esoterischen Einschlag: Die hohe Kunst letztinstanzlicher Zivil- und Strafjustiz kann nicht volkstümlich, kann nicht Gegenstand eines würdigenden Allgemeinbewußtseins sein.

Ganz anders das Bundesverfassungsgericht. Es ist neu, es war sozusagen ein Versuch mit zunächst noch nicht vorauszusehendem Ergebnis. Zugleich aber steht es im hellsten Licht des allgemeinen Bewußtseins, und dies Bewußtsein nimmt an vielen hier anhängigen Streitsachen Anteil, oft in leidenschaftlichem Für und Wider. Es ist selbstverständlich, daß die jeweils Unterlegenen die einzelne Entscheidung mißbilligen, und es liegt jedenfalls nahe, daß es auch in der grundsätzlichen Beurteilung der Institution wenigstens in gewissen Grenzen ein lebhaftes Für und Wider gab und gibt.

---

* Festvortrag zur Feier des zehnjährigen Bestehens des Bundesverfassungsgerichts am 26. Januar 1962.

Gegenüber allem Streit der Meinungen, gegenüber aller Kritik ist die Rechtsprechung des Bundesverfassungsgerichts inzwischen eine große Tatsache geworden. Das Grundgesetz gilt nunmehr praktisch so, wie das Bundesverfassungsgericht es auslegt, und die Literatur kommentiert es in diesem Sinne. Auch gegenüber weiten anderen Sachgebieten hat das Bundesverfassungsgericht vom Verfassungsrecht her grundlegende Klarstellungen vorgenommen, und auch sie sind nunmehr geltendes Recht. Den methodischen Wegen, die zu diesen Entscheidungen geführt haben, geht die sich erneuernde juristische Disziplin der Auslegungslehre, der Hermeneutik, mit eindringender Kritik nach. Aber auch diese Kritik rückt die geschichtliche Tatsache dieser Rechtsprechung, indem sie sich methodisch mit ihr auseinandersetzt, nur noch mehr ins Licht.

Eine Übersicht über diese sachliche Leistung im einzelnen kann so wenig die Aufgabe einer Feierstunde sein, wie eine kritische Durchmusterung der ihr zugrundeliegenden Arbeitsweise. Um so mehr legt ein Abschnitt wie dieser eine Besinnung vom Ganzen her nahe, eine Frage nach der Einordnung der Verfassungsjustiz in das Ganze des Lebens der Bundesrepublik und des in ihr geltenden Rechts. Also statt einer Art Höhenwanderung über die dem öffentlichen Bewußtsein besonders gegenwärtigen Entscheidungen, wie Parteiverbot und Südweststaaturteil, Reichskonkordats- und Fernseh-, Beamten- und Gleichberechtigungsurteil, einen Blick auf das eigentliche Massiv dieser Institution, ihr Wesen und ihr Tun, gesehen als ein Faktor der Totalität unseres Verfassungs- und Rechtslebens.

Diese Sicht ist nicht zu gewinnen vom grundgesetzlichen System der Verfassungsorgane, von der Teilung der Gewalten her. Zwar ist die Verfassungsgerichtsbarkeit als Teil der rechtsprechenden Gewalt des Grundgesetzes ein Stück des Systems der Gewaltenteilung. Vermöge ihrer besonderen Zuständigkeit gehört sie zugleich in die Reihe der obersten Verfassungsorgane. Im rechtsstaatlichen System des Grundgesetzes ist sie die abschließende Krönung. Aber damit ist sie in ihrem eigenen, ihrem eigentlichen Wesen nicht erfaßt. Justiz überhaupt ist nicht zu begreifen als ein arbeitsteilig bestimmtes und begrenztes Stück des Funktionensystems des modernen Staats, so, daß ihr Wesen vom Ganzen der Gewaltenteilung her zu erfassen wäre. Sie wird von der Gewaltenteilung nur vorgefunden und schlecht und recht in sie eingeordnet. Man darf die drei Gewalten nicht verstehen als einander zugeordnet etwa wie die Stücke eines Kaffeeservices, die von verschiedener Funktion, aber doch von gleichem Stil und Muster sind, gleicher Herkunft, gleichen Alters, homogen und strukturverwandt, in Gestalt und Funktion ganz und gar auf einem einheitlichen Plan beruhend.

Die Gewalten unserer Verfassungen sind nicht aus einem ihnen zugrundeliegenden Einheitsplan hervorgegangen, sondern sie sind verschiedenen Alters, verschiedener Wurzel, nachträglich zueinander in bestimmte Beziehungen gesetzt, und daher in ihrem eigentlichen Wesen auch nicht durch diese Beziehungen bestimmt.

Man hat mit Recht vom Richterstande gesagt, er gehöre zu den Urberufen, die bereits in nicht-staatlich verfaßten Ordnungen vorhanden waren[1]. Es ist ein richtiges Bild früher Zustände, wenn die uns geläufigste Darstellung einer antiken Volksgeschichte, die des Alten Testaments, der Staatwerdung im Königtum eine vorstaatliche Periode der Richter vorangehen läßt, und wenn der erste Erbkönig, Salomo, nach seinem Antritt im Traumgesicht von Gibeon den Herrn statt anderer Güter und Erfolge um die Richtereignung bittet, um Verstand, Gericht zu hören — und Gott belohnt diese Bewertung der richterlichen Aufgabe nach dem ersten Königsbuch mit Anerkennung. Gericht und Richtertum gehören zu den ältesten und unabdingbaren Grundlagen menschlicher Gesittung. Das positive Recht gibt ihnen Gestalt, stellt ihnen ihre Aufgaben, regelt ihr Verfahren. Aber in den so gezogenen Schranken führt die Justiz ihr Leben nach einer Eigengesetzlichkeit, die kein Gesetzgeber ändern kann. Das uns geläufigste Stück solcher Eigengesetzlichkeit sind die Wesensgrenzen des Urteils, die Grenzen der Judizialität. Sie sind in unseren Tagen viel erörtert, und das Bundesverfassungsgericht ist sich ihrer in seiner Rechtsprechung unverkennbar bewußt gewesen. Zu diesem vom Gesetzgeber nicht zu ändernden Eigenwesen der Justiz gehört die Unabhängigkeit ihrer Arbeitsweise in Rechtsfindung und Rechtsanwendung, gehört aber vor allem ihre Einbettung in das Leben des Rechts im ganzen, in die Dialektik seiner Träger und seiner Teilprozesse, vermöge derer sich dieser Lebensvorgang des Rechts nach seinem immanenten Lebensgesetz seine Bahn sucht und sich verwirklicht, unter verschiedenen Umständen allerdings auf verschiedene Weise. Die uns geläufigsten Varianten in dieser dialektischen Rolle der Justiz im Ganzen des Rechts sind die ihres verschiedenen Verhältnisses zum objektiven Recht — je nachdem die Justiz nur die Vollzieherin einer umfassenden Gesetzgebung ist, oder aber, anstatt eines fehlenden oder versagenden

[1] Fr. Werner, Das Problem des Richterstaats. 1960, S. 3, Anm. 5.

Gesetzgebers, ihrerseits die rechtsschöpferische Funktion in der Bildung eines Richterrechts ganz oder teilweise zu übernehmen hat.

An dieser eigenständigen, wesensmäßigen inneren Mächtigkeit der Justiz hat das Bundesverfassungsgericht seinen vollen Anteil. Darauf beruht seine doppelte geschichtliche Leistung im ersten Jahrzehnt seines Bestehens für die Grundlegung unseres Verfassungsrechts im ganzen und für seine Klärung und Festigung im einzelnen. Jene erste und allgemeinere Aufgabe und Möglichkeit hat der Herr Ministerpräsident dieses Landes bei der Einführungsfeier am 13. Februar 1959 mit Recht so bezeichnet, daß dem Bundesverfassungsgericht nicht der geringste Teil am Gründungs- und Festigungswerk des neuen Staats zufalle[2].

Damit ist zunächst die grundgesetzliche Aufgabe des richterlichen Hüters der Verfassung gemeint: die Entscheidung über streitige Hoheitsrechte, Grundrechte und Zuständigkeiten, und die damit verbundene Klärung zweifelhaften objektiven Rechts. Aber jener starke Ausdruck meint noch mehr. Es geht in der Arbeit des Bundesverfassungsgerichts zugleich um eine „Gründung und Festigung" der Verfassung in einem tieferen Sinne. Das Grundgesetz schweigt darüber, und es lag wohl überhaupt nicht im Machtbereich des Gesetzgebers, darüber zu verfügen. Aber um so mehr hat uns die Tragödie unserer Verfassungsgeschichte in den vergangenen Jahrzehnten dazu zu sagen.

Die Geschichte der Weimarer Verfassung ist unter anderem und vielleicht vor allem die Geschichte eines Kampfes um ihre Legitimität. Der Widerstand der Flügelparteien gegen sie bestritt ihr eine eigentliche Legitimität, wie sie nach Meinung der Rechten nur im Anschluß an die Tradition, nach Meinung der Linken nur in einer echten Revolution begründet werden könne. Die auf dem Boden der Verfassung stehenden Parteien und Staatsmänner stützten sich dagegen auf die Legalität ihres Zustandekommens und auf die in ihrem Rahmen, auf ihrer Grundlage hingebend und nicht ohne Erfolg getane politische Arbeit: die Erhaltung der deutschen Einheit und des inneren Friedens, und die fortschreitende Lockerung der Versailler Fesseln. Aber ihre menschliche Würde und der Rang ihrer geschichtlichen Leistung, von dem ersten Reichspräsidenten bis zu der allerdings einseitig hingebenden Sachlichkeit des Reichskanzlers Brüning haben die eigentümliche Schwäche der Weimarer Republik und ihrer Verfassung nicht

[2] Ansprache zur Amtseinführung des Präsidenten des Bundesverfassungsgerichts Dr. Gebhard Müller am 13. Februar 1959, Karlruhe 1959, S. 14.

ändern können. Die notwendige, endgültige, tiefere Fundamentierung gelang nicht[3].

Das Dritte Reich benutzte wirkungsvoll diese Schwäche, indem es in Anspruch nahm, einerseits der legitime Erbe der Tradition von Friedrich dem Großen bis Hindenburg und zugleich das Ergebnis einer echten, neue Legitimität schaffenden Revolution zu sein — ein wichtiger Beleg für die Geschichtsmächtigkeit solcher Legitimitätsvorstellungen auch im verlogensten Mißbrauch.

Es ist die Frage, ob nicht die heutige Verfassungslage in der Bundesrepublik gewisse mit der Lage der Weimarer Zeit verwandte Züge trägt. Nicht als ob das Bonner Grundgesetz von extremen Parteien her in Frage gestellt würde — das Grundgesetz leidet eher darunter, daß es zu wenig, als daß es zu sehr in Frage gestellt würde. Eine gesetzgeberische Leistung, die hohe Achtung verdient, hat es doch etwas von einer Treibhauspflanze: nicht in der freien Luft eines souveränen Staates und Volkes entstanden, sondern beeinflußt, aber auch geschützt durch die Besatzungsmächte, und in seinem Inkrafttreten und Leben abgeschirmt durch das Verbot der radikalen Parteien. Von einem nicht an eine demokratische Ordnung gewöhnten und nun seiner Geschichte und der Politik müde gewordenen Volk hingenommen, ist es keine Fahne geworden, unter der sich ein neues Staatsbewußtsein, ein neuer starker, durch diese Verfassung konstitutionell geformter Wille zu neuem geschichtlichem Leben gesammelt hätte — das steht in demselben Zusammenhange, den die vorige Neujahrsansprache des Herrn Bundespräsidenten mit dem Kriterium der Schwäche unserer nationalen Symbole gekennzeichnet hat.

Das politische, das Staatsbewußtsein in der Bundesrepublik orientiert sich an Bonn als an einem Ort der politischen und verwaltenden Arbeit, es versteht das konstitutionelle Zusammenspiel von Parlament, Regierung und Parteien sozusagen als einen Routinebetrieb und das Grundgesetz als die Regel dieser Routine. Der Weimarer Zeit war ihre Verfassung und deren Geltung infolge der tiefen politischen Spannungen zu wenig selbstverständlich. Der Gegenwart ist die Verfassung der Bundesrepublik und ihre Geltung, nicht zuletzt infolge der geringen sachlichen Gegensätze zwischen den Parteien, allzu selbstverständlich und deshalb kein Problem und deshalb auch kein nach Gebühr geschätzter Besitz. Wie damals, so hat jetzt wiederum

---

[3] K. D. Bracher, Die Auflösung der Weimarer Republik, 1955, S. 24, 18 ff., 22; Th. Eschenburg, Die improvisierte Demokratie der Weimarer Republik, 1954, S. 34 f., 19, 47 f.

alle Leistung der Wiederaufbaujahre nicht zu vertiefter Geltungskraft des Grundgesetzes geführt, obwohl dessen Geltung doch die Voraussetzung dieses Wiederaufbaus war. Der bisherige Herr Bundesinnenminister hat das vor einiger Zeit so ausgedrückt, daß die beste Verfassung nicht mehr sei, als eine Chance. „Rechtlich in Kraft gesetzt" — so sagt er vom Bonner Grundgesetz — „ist sie, aber nicht verwirklicht. Wirklich ist sie, wenn das Volk sie sich innerlich zu eigen gemacht hat[4]." Das Gebot „erwirb es, um es zu besitzen" ist hier eine noch nicht, mindestens noch nicht befriedigend erfüllte Forderung.

Diese Geltungsschwäche, man wird es kaum anders nennen können, dieser Legitimitätsmangel gehört zum Bilde unserer Verfassungswirklichkeit. Und auch das Bundesverfassungsgericht hat damit zu tun.

Nicht als ob hier eine seiner verfassungsmäßigen Aufgaben läge. Als Hüter der Verfassung dient es der Verfassung, wie sie gilt, auch da, wo sie, der Offenheit unserer Grundordnung entsprechend, sich fortentwickelt. Die Verfassungsrechtsprechung dient unmittelbar nur dem sachlichen Inhalt, nicht der Geltungsqualität des Verfassungsrechts.

Aber sie wirkt auf diese Geltung, unter anderem und praktisch vor allem durch ihre Publizitätswirkung, unwillkürlich und unzweideutig ein. Rechtlich vorgesehen ist diese Publizität nicht in dem Sinne, wie die des Bundestages, sie ist von Rechts wegen keine andere, als die jedes anderen Gerichts. Aber in ihrer Wirksamkeit ist sie nur mit der des Bundestages zu vergleichen, und wie diese ursprünglich eine Grundforderung der konstitutionellen Bewegung und ihres Kontrollbedürfnisses war und heute in umgekehrter Richtung mehr ein Angebot, ein Weg der Werbung, der Interessierung der Staatsbürgerschaft für ihr Verfassungsleben geworden ist, so ist auch die Publizität der Bundesverfassungsjustiz heute ein Weg der Werbung und der Inanspruchnahme, kurz gesagt der politischen Erziehung des Bürgers in der Bundesrepublik.

Diese ihre Öffentlichkeitswirkung liegt, je nach den Hauptrichtungen ihrer Spruchpraxis, in sehr verschiedenen Ebenen.

Die Normenkontrolle hat, abgesehen von ihrer weithin vor allem rechtstechnischen Koordinierungsaufgabe, ihr Wirkungsfeld mehr intern, innerhalb der Faktoren der Gesetzgebung, die mit ihr zu rechnen haben, die sie in ihrer Arbeit nie aus den Augen verlieren dürfen.

4 Frankf. Allg. Ztg., 7. 7. 1961. Auch A. Arndt, Das nicht erfüllte Grundgesetz, 1960, S. 22 f.

Eine eigentliche Publizitätswirkung ist hier die Ausnahme und gebunden an ein besonderes sachliches Interesse, wie im Fall des Gleichberechtigungsurteils.

Ganz anders die Rechtsprechung in den Streitsachen zwischen Bund und Ländern, mit der leidenschaftlichen Beteiligung weiter Kreise, mit der vielfach schroffen Kritik an ihren Entscheidungen. Ihre erziehende Wirkung ist von höchstem Wert: Hier hat der Bundesbürger erfahren, daß Recht, daß das Recht der Bundesrepublik der Politik vorgeht, und die Schärfe, die zum Teil maßlosen Übertreibungen der Kritik haben die Tatsache des rechtsstaatlichen Charakters unserer Verfassung nur um so nachdrücklicher bewußt gemacht.

Wieder anderer Art der wohl umstrittenste Bereich der Verfassungsjudikatur, der der Verfassungsbeschwerde. Besonders hier liegt das Wesentliche nicht in den einzelnen Entscheidungen mit sensationeller Tragweite, wie dem 131er-, dem Beamten- und wieder dem Gleichberechtigungsurteil, sondern in der Stetigkeit dieser Praxis. Wenn man in stilleren Zeiten als den augenblicklichen in unsere staatsbürgerliche Welt hineinhört, so stößt man immer wieder auf das Interesse an eingelegten Verfassungsbeschwerden, ganz unabhängig vom Erfolg. Hier erfährt der Einzelne von Lagen, in derengleichen er auch selbst geraten könnte, an denen er sich virtuell beteiligt fühlt. Er erlebt, daß gegebenenfalls auch er persönlich unter Verfassungsschutz steht; an der vielgetadelten angeblichen Superrevision wegen ungenügend gewährten rechtlichen Gehörs erfährt er, daß nicht nur das Strafgesetzbuch die Magna Charta des Verbrechers, sondern auch die Prozeßordnung, insbesondere die Strafprozeßordnung, eine Habeas-Corpus-Akte des freien Mannes, eine stolze konstitutionelle Errungenschaft ist, die ihm nicht nur mit strafprozessualen, sondern sogar mit verfassungsrechtlichen Mitteln gewährleistet wird. Er erfährt an einer möglicherweise auch ihn einmal betreffenden sehr konkreten Lage, daß er nicht nur ein Sandkorn in einer anonymen Massengesellschaft, sondern eine ganz persönlich in ihrer Würde grundgesetzlich geschützte Person ist.

Man hat solche Wirkung der Verfassungsbeschwerde bezweifelt. Ein Mitglied des Bundesverfassungsgerichts hat solchen Ertrag im ganzen verneint: Verfassungsgerichtsbarkeit sei kein Ersatz für eine gewachsene Demokratie[5]. Eine formal gültige Verfassung des legalen Gesetz-

---

[5] M. Draht, Veröffentlichungen der Vereinigung der deutschen Staatsrechtslehrer, Bd. 9 (1951), S. 133.

gebers ist es aber auch nicht. Wir Älteren erinnern uns noch der aus einer ganz anderen Welt herüberklingenden Verse Uhlands zu diesem Thema: „Noch ist kein Fürst so hochgefürstet, so auserwählt kein ird'scher Mann, daß, wenn die Welt nach Freiheit dürstet, er sie mit Freiheit tränken kann, daß er allein in seinen Händen den Reichtum alles Rechtes hält, um an die Völker auszuspenden, so viel, so wenig ihm gefällt." Das war damals ein Widerspruch gegen eine einseitig oktroyierte Verfassung, aber im tieferen Grunde meinte es die Schwäche einer nur legalen Ordnung ohne tiefere Legitimität.

In den letzten Jahren und Jahrzehnten ist das bekannte Wort vielfach abgewandelt und auf sehr verschiedene Lagen angewendet worden, daß Völker nur aus Tatsachen lernen. Das ist eine nicht ernst genug zu nehmende Infragestellung unserer politischen Bildungsarbeit. Die Bundesverfassungsgerichtsbarkeit ist aber jedenfalls eine solche Tatsache, aus der die Bürger der Bundesrepublik lernen können und lernen, fruchtbar in ihrer politischen Erziehungswirkung und in dem damit eng verbundenen Zusammenhang der Legitimierung des Grundgesetzes. Es sind geschichtliche Vorgänge verschiedenster Art, durch die ein Volk sich seine Verfassung aneignet, sie legitim macht. Die trostlose Geschichte der Auflösung der Weimarer Republik ist eine Geschichte von all dem, was hier hätte geschehen müssen und unterblieben oder verhindert ist. Demgegenüber ist die Praxis der Bundesverfassungsjustiz ein positiver, produktiver geschichtlicher Vorgang, in dem Stein um Stein zum tieferen Fundament des Grundgesetzes hinzugefügt wird.

Es wird Sache des künftigen Historikers sein, diesen Anteil des Bundesverfassungsgerichts am „Gründungs- und Festigungswerk" unserer Demokratie endgültig zu bestätigen. Trotzdem dürfen schon an einem Tage wie dem heutigen die Feiernden es nicht fehlen lassen an bewußter Rechenschaft und dankbarer Anerkennung, was diese mittelbare Wirkung, diese Ausstrahlung unserer Verfassungsjustiz für die innere Lebenskraft der Bundesrepublik bedeutet.

Es wird Sache des künftigen Rechtshistorikers sein, der im engeren Sinne juristischen Leistung des Bundesverfassungsgerichts gerecht zu werden. Er wird diese Leistung in verschiedenen Richtungen oder Ebenen suchen, und man darf schon heute voraussetzen, daß er sie jedenfalls in drei Richtungen bejahen wird.

Zunächst und selbstverständlich, soweit dem Gericht in seinem Zuständigkeitsbereich eine umfassende, höchst vielseitige Aufgabe der unmittelbaren Klärung und Streitentscheidung gestellt war. Wir können uns schon heute den in unserem Verfassungsbereich bestehenden Bedarf an Klärung und Regelung konkreter Rechtsfragen nicht mehr ohne die Entscheidungspraxis eines Gerichts mit dem Range eines obersten Verfassungsorgans vorstellen. Es hat sich als unentbehrlich in der Ökonomie unseres öffentlichen Gesamtlebens erwiesen, zunächst im Dienst der in Frage gestellten, unklaren oder streitigen Ordnung überhaupt.

Vom sachlichen Inhalt der Verfassung her gesehen liegt diese seine Tätigkeit in den beiden Hauptbereichen des Grundgesetzes, dem der Grundrechte und dem des konstitutionellen und föderativen Gesamtgefüges der staatlichen Gewalten. Es liegt in der Natur der Sache, daß es in dem ersten Bereich, in dem der Grundrechte, zu viel beansprucht wird, daß die Menge törichter, ja frivoler Verfassungsbeschwerden immer wieder die Frage nahelegt, ob sich diese Fülle mit der Würde des Gerichts vertrage und den dadurch erforderten Aufwand an Richterkraft lohne. Die hohe erziehende Bedeutung dieser Praxis erzwingt aber immer wieder die dringende Bitte an den Gesetzgeber, trotz und trotz allem auch auf dieses Stück Rechtsstaat nicht zu verzichten. Es liegt ebenfalls in der Natur der Sache, daß die Organstreitigkeiten und die möglichen Streitfälle zwischen Bund und Ländern nur begrenzt in Karlsruhe ausgetragen werden, daß hier die Vernunft der Beteiligten den Karlsruher Spruch durch sorgfältige Beobachtung der grundgesetzlichen Rechtslage und gegebenenfalls durch Verständigung zu vermeiden sucht. So übt das Bundesverfassungsgericht hier eine doppelte Wirksamkeit: neben der Entscheidung in den großen und in der Regel die öffentliche Meinung stark beschäftigenden Streitfällen die stille des erziehenden Drucks auf alle Faktoren unseres Verfassungslebens im Sinne der Verfassungstreue und des Verfassungsfriedens.

Das alles bedeutet keinen Justizstaat, wie man anfangs vielfach befürchtete. Die Stimmen, die die Bundesrepublik so charakterisieren möchten, werden immer seltener, je mehr deutlich wird, daß die Verfassungsbeschwerde keine Superrevisionsinstanz begründet und Normenkontrolle und sonstige Verfassungsstreitentscheidungen keine Superlegislatur. Es bedarf kaum des Vergleichs der Karlsruher Rechtsprechung mit den Idealbildern des Justizstaats in der Literatur, um die Grundlosigkeit dieses Vorwurfs (denn als Vorwurf ist diese These gemeint) augenscheinlich zu machen.

Es geht endlich um die methodische Leistung des Bundesverfassungsgerichts. Hier ist der Ansatzpunkt der grundsätzlichsten Kritik und damit notwendig zugleich der Frage nach der Bestimmung des Orts des Bundesverfassungsgerichts in der geistig-politischen Welt unserer Tage überhaupt.

Die kritische Gegenposition zur grundsätzlichen Haltung des Bundesverfassungsgerichts beruht auf weit zurückreichenden geschichtlichen Wurzeln und Zusammenhängen. Aus ihr ging in der Weimarer Republik der Vorwurf unvermeidlicher Grenzüberschreitung der Verfassungsgerichtsbarkeit hervor, sofern ihre Entscheidungen in Streitfällen mit politischen Gegenständen notwendig politische Entscheidungen und nicht echte Gerichtsurteile seien. Diese Bedenken sind auch gegenüber dem Bundesverfassungsgericht wieder laut geworden, seine Erklärung vom Dezember 1952 hat sie mit Recht zurückgewiesen, und seitdem ist von ihnen immer weniger die Rede. Trotzdem ist es noch immer der Mühe wert, sich der Worte des Reichsgerichtspräsidenten Simons, der zugleich Präsident des Staatsgerichtshofs war, zu dieser Frage zu erinnern. Gegen die These, daß eine Streitsache begriffsnotwendig nur entweder eine politische oder eine juristische sein könne, wendet er ein: „Einen solchen Gegensatz zu konstruieren wäre ebenso unlogisch wie der im Strafrecht immer wieder gemachte Versuch, einen Gegensatz zwischen künstlerischen und unsittlichen Schriften oder Bildern darzutun; beides kommt auf dasselbe hinaus, als wollte man die Blumen in wohlriechende und giftige einteilen." Und darauf folgt jene klassische Scheidung zwischen politischer und juristischer Aufgabe in politischen Streitfragen: „Im allgemeinen darf man davon ausgehen, daß man politische Probleme am besten durch politische Mittel, d. h. durch Verhandlungen von Regierung zu Regierung, zu lösen sucht und sich bei Meinungsverschiedenheiten nicht auf ein formales Recht versteift, sondern zu einem erträglichen Kompromiß entschließt. Bringen aber die Regierungen statt dessen die Streitsache vor den Staatsgerichtshof, so darf dieser nicht handeln wie ein Verwaltungsgericht, das nach einer weitverbreiteten, wenn auch nicht unbestrittenen Meinung der Zweckmäßigkeit einen erheblichen Einfluß auf seine Entscheidungen einräumen, dem Ermessen der Exekutive einen möglichst weiten Spielraum lassen muß. Sobald es sich um die Auslegung der Verfassung handelt, die den Gewalten in Reich und Staat ihre Aufgaben zuweist und ihre Grenzen steckt, dann gibt es für den Staatsgerichtshof keinen anderen Maßstab der Entscheidung als die Rechtsnorm, die das souveräne Volk durch seine verfassunggebende Vertretung aufgestellt hat und zu deren Hüter er berufen ist. Dabei kann der Gerichtshof keine anderen Auslegungsregeln anwenden als jedes andere Gericht. Zu ihnen gehört selbstverständlich auch die Regel, nach der eine Gesetzesnorm im Falle des Zweifels so ausgelegt werden muß, daß ein verständiger Sinn herauskommt; die Prüfung der Frage nach der politischen Zweckmäßigkeit muß dagegen der Verfassungsrichter dem Gesetzgeber überlassen[6]." Der bewährte praktische Staatsmann und der große Jurist und Richter, der Simons in einer Person war, wußte das besser als die der Praxis fremde Begrifflichkeit einer skeptischen Theorie.

Aus deren gedanklichen Zusammenhängen gehen auch die Bedenken hervor, die heute gegen die Arbeitsweise des Bundesverfassungsgerichts geltend gemacht werden. Sie wenden sich gegen die Methode seiner Verfassungsauslegung und gegen deren praktische Folge einer „die Substanz ergreifenden" „Verfassungswandlung"[7]. Statt „exakter Gesetzesinterpretation" lege es die Verfassung „geisteswissenschaftlich-werthierarchisch" aus, diskreditiere so die Legalität, die formelle Gesetzmäßigkeit der Verfassung, zugunsten eines Wertsystems, das eine geistige Dimension bezeichne, aber keine, die im Bereich juristischer Normeninterpretation ihre Stelle haben könnte. Damit werde der Charakter der Verfassung als Dezision verkannt, ihre Geltung unsicher, der Rechtsstaat zum Justizstaat.

Diese Angriffe sind fruchtbar, sofern sie die deutsche Staats- und Rechtstheorie zu neuer nachdrücklicher Überprüfung ihrer Grundlagen anregen. Sie sind vergeblich, sofern sich die Praxis, vorweg des Bundesverfassungsgerichts, durch sie nicht beirren läßt. Diese Praxis steht nicht allein: es ist die Entwicklung des deutschen Rechts überhaupt, in Rechtsprechung und Wissenschaft, die im Zuge der Geschichte des Geistes und des Rechts diese unausweichliche Richtung eingeschlagen hat. Eine Darstellung dieses geschichtlichen Weges wie die in Wieackers Privatrechtsgeschichte der Neuzeit hat unsere geschichtliche Phase nur als die des Zusammenbruchs und der Überwindung des Positivismus und vor allem als die der Rückwege zur materialen Gerechtigkeit verständlich machen können; und um diese materiale Gerechtigkeit geht es hier. Auch der Bundesgerichtshof hat sich bei seiner Zehnjahresfeier zu diesem Selbstverständnis heutiger deutscher Justiz

---

[6] H. H. Lammers und W. Simons, Die Rechtsprechung des Staatsgerichtshofs für das Deutsche Reich, Bd. II (1930), S. 9.

[7] Repräsentativ: E. Forsthoff, Zur Problematik der Verfassungsauslegung, „Res publica", Band 7 (1961); Die Umbildung des Verfassungsgesetzes, Festschrift für Carl Schmitt zum 70. Geburtstag, 1959, S. 35 ff.

bekannt: Jene Angriffe beschränken sich zu Unrecht auf das Bundesverfassungsgericht und verkennen damit, daß die Frage, um die es hier geht, viel weniger eine Frage des Verfassungsrechts und insbesondere der Gewaltenteilung, als eine von Recht und Gerichtsbarkeit ist. Und Recht und Gerichtsbarkeit sind nicht Geschöpfe der Verfassung, sondern haben ihr Wesen weithin unabhängig von ihr.

Es ist kein Zweifel, daß diese Kritik, wie ihre gegen politische Grenzüberschreitung der Staatsgerichtsbarkeit gerichtete Vorstufe, ein Wahrheitsmoment insofern enthält, als sie an Grenzen der Verfassungsgerichtsbarkeit erinnert. Aber es ist Sache der Weisheit und des richterlichen Takts der Verfassungsjustiz, diese Grenzen einzuhalten.

Diese Infragestellung der bundesverfassungsgerichtlichen Praxis ist alsbald mit durchschlagenden Gründen widerlegt worden. Ich brauche diese Gründe hier nicht zu wiederholen. Aber ich muß an einen wesensbestimmenden Zusammenhang dieser Kritik erinnern.

Sie hat unverkennbar einen skeptischen Grundzug. Sie verdankt ihn ihrer Herkunft aus einem wichtigen und verdienstvollen Zweige des politischen und sozialwissenschaftlichen Denkens um die Jahrhundertwende, jener Bewegung, die mit tiefeindringender Kritik die Schwächen des wilhelminischen Systems wie die der Weimarer Republik analysiert und ins Licht gerückt hat, in einem notwendigen Kampf gegen Illusionen und irreführende Ideologien. Mit dieser Kritik ging keine Aufbauwirkung von gleichem Range zusammen — dafür war sie zu sehr von den Schwächen ihrer Herkunft, von ihren naturalistischen Komponenten bis hin zu ihren neukantisch-erkenntniskritischen, belastet. Entscheidend für ihren Charakter ist ihr skeptischer Einschlag: Er war die förderliche Triebfeder ihrer Kritik, er ist die Schwäche ihrer positiven aufbauenden Leistung. Um Aufbau aber geht es heute, auf den Ruinen des deutschen Staats und des deutschen Staatsbewußtseins, hinein in die Leere, die der Zerfall des nationalsozialistischen Lügengebäudes hinterlassen hat. Auch das Bundesverfassungsgericht kann der Nötigung nicht ausweichen, das Bonner Grundgesetz im Sinne des Wiederaufbaus zu verstehen und zu handhaben, das heißt in Nüchternheit, aber nicht in Skepsis.

Der Herr Bundespräsident hat zu Neujahr 1961 von der geistigen und politischen Kraft des Rechtes gesprochen. Eine solche Kraft ist das Recht nicht als formale Ordnungsmacht, sondern — bei allen unvermeidlichen Umwegen und Brechungen über Gesetz und Richterspruch — als eine materiale Macht des Rechten und Guten. Nur als solche ist es grundsätzlich zu verstehen und im einzelnen richtig auszulegen und anzuwenden. Das gilt von aller Rechtspraxis, und es tritt in der Verfassungsjustiz nur stärker ins Bewußtsein, weil ihre Gegenstände oft einmaliger Art, ihre Arbeit oft ohne Rechtssätze ist, nach denen sie unmittelbar entscheiden könnte. Daher bedarf sie oft der Klärung jener materiellen Voraussetzungen ihrer Entscheidungen, mag sie sie begrifflich im Naturrecht oder in einem anderen Wertsystem finden; daher die gelegentlich getadelte und doch so dankenswerte „Leitsatzfreudigkeit" der Urteile aus den ersten Jahren des Bundesverfassungsgerichts, die der Ausdruck nicht müßiger rechtsphilosophischer Spekulation, sondern ernster Rechenschaft über die grundsätzlichen Voraussetzungen der jeweiligen Entscheidung sind.

Das Bonner Grundgesetz ist keine formale Ordnung um der Ordnung willen, sondern eine Ordnung im Dienste von Gerechtigkeit und Menschenwürde, und nur von dieser Voraussetzung her kann es richtig verstanden und angewendet werden. Nur so kann es davor bewahrt werden, ein Machtmittel von Volksbetrügern und Verbrechern zu werden, wie vor dreißig Jahren. Nur so kann es an seinem Teile das staatsmüde deutsche Volk in dem Sinne erziehen, daß auch unserem staatlichen Leben große und gute Aufgaben gestellt sind und daß es sich lohnt, sich in den Dienst an diesen Aufgaben einzuordnen. Es ist wohlbegründet, daß das Bundesverfassungsgericht unsere Verfassung in solchem Sinne versteht und anwendet, nicht als die Geschäftsordnung für einen wirtschaftlichen und verwaltungstechnischen Zweckverband, sondern als gute und gerechte Lebensordnung für das deutsche Volk.

So erfüllt das Bundesverfassungsgericht eine dreifache Aufgabe. Es schafft Ordnung in dem weiten Bereich verfassungsrechtlicher Fragen, in dem nur eine unabhängige Justiz höchsten Ranges echte Ordnung schaffen kann. Es verstärkt die Fundamente unseres politischen Daseins, indem es uns die Rechtsstaatlichkeit unseres Gemeinwesens und die gewährleistete Würde des freien Bürgers als Wirklichkeit erleben läßt. Es kämpft um die Herrschaft des Rechten und Guten, indem es diese höchsten irdischen Werte ausdrücklich zur Grundlage seiner Entscheidungen macht.

Wir danken dem Bundesverfassungsgericht für solche Arbeit. Wir wünschen ihm auch ferner, mit den Worten jenes alttestamentlichen Königs vor bald dreitausend Jahren, „Weisheit, das Volk recht zu richten". Wir wünschen dem deutschen Volk ein offenes Ohr für die von hier ausgehende Weisung auf den rechten Weg durch Recht zur Freiheit.

Heinrich Triepel

Die Schatten großer Juristen wirksam zu beschwören, ist keine leichte und keine sehr dankbare Aufgabe. Ihre Lebensarbeit, ihre stoffliche Beherrschung weitester Bereiche des Lebens und ihres Rechts, und die Intensität erfolgreicher sinnerschließender Arbeit an dieser stofflichen Fülle ist nur dem Fachmann zugänglich und auch ihm nur in eindringender Nacharbeit des von den Meistern Vorgearbeiteten.

Allenfalls mag es anders liegen, wenn der Name eines hervorragenden Juristen oder ein von ihm ausgegebenes Stichwort verbunden ist mit einer volkstümlichen rechtspolitischen Bewegung: als Repräsentant einer strafrechtlichen Richtung oder eines großen zivilrechtlichen Gesetzgebungswerks. Aber auf Heinrich Triepel trifft dergleichen nicht zu. Ja, es mag außerdem so scheinen, daß gerade seine Lebensarbeit, man möge sie einschätzen wie man wolle, ihre Bedeutung für uns verloren hätte, da die Welten, denen sie vor allem galt, untergegangen sind: die internationale Welt des 19. Jahrhunderts im Grunde kaum weniger als die Reichsverfassungen von 1871 und 1919.

Damit würde aber schon die fortwirkende praktische Bedeutung seines Lebenswerks durchaus verkannt. Und vollends bleibt er, mehr als seine Zeitgenossen im Fach, im ganzen ein richtungweisendes Vorbild für seine Nachfolger.

Allerdings haben die Umwälzungen, die die Entstehung dieses Lebenswerks begleitet und bedingt haben, seine Eigenart mitbestimmt: die politischen Katastrophen, die die staats- und völkerrechtliche Materie verändert, die geistigen Entwicklungen, die ihre Bearbeitung bedingt haben. So ist es ein Werk des Übergangs, und sein Verfasser schon vermöge seiner Lebensjahre (1868—1946)[1] eine Gestalt des Über-

---

[1] Geboren zu Leipzig 12. Februar 1868, Promotion und Habilitation daselbst 1891 und 1893, außerordentlicher Professor in Leipzig 1899, ordentlicher in Tübingen 1900, in Kiel 1909, in Berlin 1913, dort zum 1. April 1935 entpflichtet, verstorben in Grainau 23. November 1946.

Im Archiv des öffentlichen Rechts wird eine Abhandlung von Alexander Hollerbach über Triepel erscheinen, mit einer Bibliographie, der ich wertvolle Hinweise verdanke. (Erschienen Bd. 91, 1966, S. 417 ff., 537 ff., 551 ff.)

gangs. Und damit gehören der Mann und das Werk zu jener jüngsten Vergangenheit, die uns in fragwürdiger Problemfassung zur „Bewältigung“ aufgegeben ist. Das bedeutet hier den aufgegebenen bewußten Antritt eines guten und großen Erbes, im Werk und Wesen eines außerordentlichen, bedeutenden Mannes.

In zwei Richtungen ist Triepels fortdauernder Geltungsanspruch unbestritten. Im Völkerrecht: hier trägt der Recueil Martens, die seit 1791 erscheinende monumentale Sammlung des internationalen Vertragsstoffs, das berühmte Hilfsmittel für Theorie und Praxis des Völkerrechts und der Politik, in seiner Umgestaltung seit 1909 als Nouveau Recueil Triepels Namen in alle Erdteile. Und hier geht in der Erörterung der Grundlagen des Völkerrechts das Ringen um sein Buch und seine These „Völkerrecht und Landesrecht“ (1899) noch immer fort. Und im Staatsrecht sind seine Arbeiten zum Recht der Bismarckschen und der Weimarer Reichsverfassung, zumal die „Reichsaufsicht“ von 1917, noch immer zum guten Teile vorbildlich, ja unmittelbar Elemente staatsrechtlicher Erörterungen.

Damit ist die Rechenschaft, die die deutsche Rechtswissenschaft sich über Triepels ihr anvertrautes Erbe abzulegen hat, nicht erschöpft. Das Ganze von Persönlichkeit und Werk zum Sprechen zu bringen, würde in der uns aufgegebenen Geschichtsbewältigung eine wichtige Hilfe sein. Dazu sollen die folgenden Zeilen beitragen[2].

Triepels erste große Epoche steht im Zeichen des Völkerrechts und des Positivismus. Seine Habilitationsschrift über das Interregnum (1892), für uns Deutsche auch heute noch beachtlich, gab sich als eine Anwendung der Lehre des allgemeinen Staatsrechts vom Werden und Vergehen der Staaten und war ein erfreuliches Zeugnis einer in der Entwicklung befindlichen wissenschaftlichen Begabung. Darauf folgten sechs stille Jahre anlaufender akademischer Tätigkeit und zugleich hilfsrichterlicher Beschäftigung in der Justiz. Ihr eigentliches Ergebnis, die Frucht unermüdlicher stofflicher und gedanklicher Arbeit, legte er 1899 vor, das Buch „Völkerrecht und Landesrecht“. Damit war

[2] Frühere Würdigungen: Rudolf Smend, Heinrich Triepel zum 70. Geburtstage, Forschungen und Fortschritte, 14, 1938, 58 f. — Erich Kaufmann, Heinrich Triepel, Deutsche Rechts-Zeitschrift 2, 1947, 60 f. — Gerhard Leibholz, In Memoriam Heinrich Triepel, Deutsche Verwaltung II, 1949, 141 f. — Carl Bilfinger, In memoriam Heinrich Triepel 1868—1946, Zeitschrift für ausländisches öffentliches Recht und Völkerrecht, 13, 1950, 1 ff. — Rudolf Smend, in: Studium Berolinense, Gedenkschrift, hrsg. von Hans Leussink u. a., 1960, S. 123 f. — Ulrich Scheuner, Art. Triepel, Staatslexikon der Görres-Gesellschaft, 6. Aufl. VII 1962, Sp. 1044 f.

Triepel in den Kreis der Autoritäten der deutschen Völkerrechtswissenschaft getreten, anerkannt oder polemisch beachtet auch im Auslande.

Er hat sich seitdem im Grunde nicht mehr wesentlich gewandelt. Allerdings in seinem Arbeitsfelde: während er noch 1911 von sich sagen konnte, er habe sich die wissenschaftliche Forschung auf dem Gebiete des Völkerrechts zur Lebensaufgabe gemacht[3], hat er sich später mehr dem Staatsrecht zugewandt. Und allenfalls in gewissen Grenzen in seiner methodischen Haltung: er ließ in ihr dem (auch vorher nicht vernachlässigten) historisch-politischen Moment weiteren Spielraum. Aber die Grundlage seiner Arbeit blieb die an „Völkerrecht und Landesrecht" erarbeitete und erprobte. Einmal die einer keine Mühe scheuenden völligen Heranziehung des Stoffs: damals und später konnte man sich bei jeder seiner Arbeiten darauf verlassen, daß er nichts übersehen, in der Regel aber den herkömmlichen Stoff überraschend bereichert hatte. Sodann die strenge begriffliche Verarbeitung, mit einer in sich geschlossenen, aufs schärfste durchdachten, aber zugleich ganz und gar am Stoff gewonnenen, ihm angemessenen Begriffswelt[4]. Als Gegebenheit setzt er den souveränen Staat ein (und vom Souveränitätsbegriff hat er sich auch später nicht trennen wollen[5]), und von da her entwickelt er die einander ausschließende Gegensätzlichkeit von Völkerrecht und Landesrecht nach Inhalt und nach Rechtsquellen, und mit der von ihm so oft geübten souveränen Distinktionskunst die möglichen Arten der Beziehungen zwischen ihnen. In Deutschland voll erfolgreich[6], in Frankreich und Italien auf verschiedene Weise, für die angelsächsische Welt fremdartig, aber wenigstens vielfach beunruhigend, ist die „dualistische" Theorie vom Gegensatz von Völkerrecht und Landesrecht mindestens ein wesentliches Problem der internationalen Welt geworden. Triepel entwickelte sie in großer Schmuck- und Anspruchslosigkeit, ohne den bei seinem Lehrer

[3] Marine-Rundschau XXII 2, 1911, S. 1217.

[4] Auf diese beiden Momente legt das Selbstverständnis des Positivismus das entscheidende Gewicht. So Ad. Merkel über Bindings Handbuch des Strafrechts: „Ein Werk erstaunlichen Fleißes, zugleich ein Zeugnis für eine ungewöhnliche Fähigkeit, einen ungeheuren Stoff zu bewältigen" (Gesammelte Abhandlungen II 509). Triepel war hier dem Lehrer ebenbürtig. Aber er wuchs über ihn hinaus. So konnte er sich am Ende seines Lebens von Bindings konstruktivem Positivismus als Angehöriger einer anderen Generation distanzieren: Neue Deutsche Biographie II, 1955, S. 245.

[5] Internationale Wasserläufe, 1931, S. 31 f.

[6] Vielleicht abgesehen von der Unterscheidung von Vertrag und Vereinbarung.

Binding nicht seltenen Glanz und Anspruch. Ein Vierteljahrhundert später hat Triepel in einem Haager Akademievortrage die „dualistische“ Theorie noch einmal in Kürze dargestellt[7], klar und nüchtern, bestechend nur durch die helle und zwingende Darlegung. Noch einmal entwickelt er die dualistische Theorie, den Gegensatz der beiden Reiche, des Völker- und Landesrechts, und die Unmöglichkeit der Herübernahme eines Rechtssatzes aus dem einen Gebiet in das andere ohne Wesensänderung, „Transformation“. Sowenig wie nach dem berühmten Wort das allmächtige englische Parlament aus einem Mann eine Frau machen könne, sowenig könne ein Staatsgesetz ohne „Transformation“ aus Völkerrecht Landesrecht machen.

Die Würdigung der dauernden fachlichen Bedeutung des Buchs und seiner Thesen muß dem Geschichtsschreiber der Völkerrechtswissenschaft vorbehalten bleiben. In der allgemeinen Geschichte der Rechtswissenschaft sichert seine Eigenart ihm einen dauernden Platz.

In ihm hat sich der Triepel überkommene Positivismus bewährt und ist dabei zugleich über sich hinausgewachsen.

Triepel hat sich mindestens als Völkerrechtler dem Positivismus zugerechnet: „La science du droit international est aujourd'hui en général une science positiviste.“[8] Aber er hat sich ebenso ausdrücklich von dem Positivismus seines Vorgängers auf dem Tübinger und dem Berliner Lehrstuhl F. v. Martitz abgesetzt — von dessen Spezialisierung auf Einzelfragen, und davon, daß v. Martitz seine „in mancher Beziehung anfechtbare Grundanschauung durch vertiefende Untersuchungen zu begründen, niemals für erforderlich erachtet habe[9]. Triepel war sozusagen ein radikalerer Positivist, sofern er stets nur aus der voll erfaßten und beherrschten Fülle des gesamten positiven Stoffs heraus arbeitete, und zugleich ein kritischerer Positivist, indem er die von seiner Art der Stoffbewältigung her geforderte „Grundanschauung“ in juristisch vollendeter begrifflicher Systematik zu gewinnen suchte. Nicht im Sinne formalistischer Systematik: die scharfe gedankliche Scheidung der beiden von ihm so wirkungsvoll kontrastierten Rechtsmassen bedeutete zugleich die schärfere Herausstellung von Recht, Pflicht und Würde des Staates einer-, des einzelnen Menschen andererseits, als das vielfach in der überkommenen, naturrechtlich oder angelsächsisch bestimmten Völkerrechtslehre möglich war.

[7] Académie de Droit International, Recueil des Cours, I 1923, p. 73 ss.
[8] Recueil des Cours I, 100.
[9] Niemeyers Zeitschrift für internationales Recht XXX (1923), 167.

Insofern setzte das Buch von 1899 auch entschiedene materiale Wertakzente, aber doch echt juristisch nicht aus überpositiven Zusammenhängen (so wenig es Triepel an philosophischer Bildung fehlte), sondern als Verständnisvoraussetzungen, die ein befriedigendes Durchdenken des Gesamtstoffs erst möglich machten, insofern in ihm begründet waren. Die weltweite Wirkung des Buchs, auch da, wo man es ablehnte, beruhte aber zunächst auf seiner formalen Gedankenleistung, seiner Vertreibung überkommenen Zwielichts von Naturrecht und Landesrecht, einer gewissen „Entrümpelung" des völkerrechtlichen Arbeitsfeldes.

Die Tübinger Jahre (1900—1909) brachten die Einarbeitung in die volle akademische Wirksamkeit. Nun wurde das Staatsrecht ein in Angriff genommenes Arbeitsfeld — ein Symptom davon und zugleich von erweitertem methodischem Horizont ist die Schrift „Unitarismus und Föderalismus im Deutschen Reich. Eine staatsrechtliche und politische Studie" 1907, und im gleichen Jahre endgültiger Plan und Verlagsvertrag zum zweiten großen Hauptstück seines Lebenswerks, der „Reichsaufsicht". „Der Streit um die Thronfolge im Fürstentum Lippe" (1903) bezeichnet zugleich den Anlauf einer umfassenden Gutachtertätigkeit in staats- und völkerrechtlichen Fragen. Und 1908 übernahm er die Redaktion des Recueil Martens und damit eine Aufgabe, der nur eine so unermüdliche Arbeitskraft und eine so souveräne kritische Stoffbeherrschung genügen konnte, wie Triepel sie besaß und für Jahrzehnte bis 1944 in den Dienst seiner Erneuerung des großen Werkes stellen konnte[10].

Die Übergangszeit an der Kieler Universität (1909—1913) führte Triepel noch einmal zum Völkerrecht zurück. Die Vertretung des Völkerrechts an der Marineakademie war einerseits als Vorbereitung auf die Praxis gedacht, „mit besonderer Rücksicht auf das Verhalten eines Seebefehlshabers, im Frieden und im Kriege, in praktischen Fällen", wie der Lehrauftrag lautete, und so hat Triepel hier seine methodische Haltung einigermaßen fortentwickelt: „wissenschaftliche Methode besteht im Aufsuchen kritischer Maßstäbe, im Schlagen von Brücken zu den Nachbargebieten des politischen, staatsrechtlichen, wirtschaftlichen Lebens"[11], auch im Hinblick auf die Fortentwicklung

[10] Seine Wirksamkeit am Recueil gewürdigt von F. v. Martitz, Archiv des öffentlichen Rechts 40 (1921), 50 ff.

[11] Marine-Rundschau, a.a.O., 1222.

des Völkerrechts[12]. Als Hilfsbuch hinterließ er den Seeoffizieren ein auf engem Raum sehr inhaltsreiches Kompendium des Völkerrechts[13].

Die zweiundzwanzig Jahre in der Berliner Professur von 1913 bis 1935 stellten Triepel in die größte Öffentlichkeit und vor die großen Probleme der Zeit, des ersten Weltkrieges und der Weimarer Republik. Seine Antwort auf die vielfachen Herausforderungen ist in viele Arbeiten verschiedensten Charakters über verschiedenste Gegenstände verstreut. Letztlich ist sie aber von folgerichtiger Einheit: vermöge des unwandelbaren Charakters des Mannes und vermöge der in „Völkerrecht und Landesrecht" endgültig gewonnenen Grundlegung und Ausrichtung seiner wissenschaftlichen Arbeit.

Das gilt zunächst von seinem gutenteils schon in die Tübinger Zeit zurückreichenden Hauptwerk, der „Reichsaufsicht" von 1917.

Nur ein Jahr hat das Recht noch gegolten, dem dies unendlich stoffreiche Buch (mit seinen 734 Seiten Lexikon-Oktav) gewidmet war. Es war und ist das beste Buch über das Staats- und Verwaltungsrecht des kaiserlichen Reichs überhaupt — bei aller noch heute gebotenen Anerkennung der großen Leistungen von Laband, Hänel und Anschütz. Wieder hat Triepel, hier als Einziger, den gesamten irgendwie erreichbaren Stoff des Staats- und Verwaltungsrechts aufgenommen, da die Reichsaufsicht mit allen Stücken der Verfassung in Beziehung stehe — diesen Stoff verstanden als Gegenstand und Schauplatz historisch-politischer Kräfte — und er hat auf ihn wieder die Kunst begrifflicher Klärung und Distinktion angewendet, wovon die Unterscheidung abhängiger und selbständiger Reichsaufsicht alsbald praktische Anerkennung gefunden hat, eine Reihe anderer derartiger komplementärer Begriffspaare noch heute gültig ist. Ganze Materien der öffentlichen Ordnung sind hier zum ersten Male rechtswissenschaftlich bearbeitet, und vieles davon ist auch heute unmittelbar oder mittelbar gültig oder beachtenswert. Das Ganze ist die hohe Schule staatsrechtlichen, verfassungspolitischen, verwaltungsorganisatorischen Denkens, die wir in der deutschen Literatur besitzen.

Bis dahin hat der Bundesstaat im Mittelpunkt seines staatsrechtlichen Interesses gestanden. Dies Interesse war zugleich politischen Charakters: einigermaßen das des vorwiegend unitarisch Gerichteten.

---

12 Das., 1223.

13 Marine-Rundschau, a.a.O., 1217 ff., 1515 ff. — Aus dieser Zeit: Gerichtsbarkeit über fremde Staaten, Archiv des öffentlichen Rechts 28. 1912, 212 ff.

Es kam grundsätzlich zu Worte in der Schrift über Unitarismus und Föderalismus im Deutschen Reiche (1907), in juristischen Folgerungen für „die Kompetenzen des Bundesstaats und die geschriebene Verfassung“ (1908)[14], gelegentlich in scharfer Kontrastierung mit dem oft über bayerischen Föderalismus hinausgehenden Partikularismus seiner sächsischen Heimat[15], aber auch in streng historischer Quellenforschung[16].

Der erste Weltkrieg fand ihn, schon in seiner Eigenschaft als Herausgeber des Recueil Martens, in sorgfältiger Beobachtung des Geschehens unter völkerrechtlichem Gesichtspunkt. Bezeichnend für die juristische Zucht und Grundhaltung seines Wesens ist, daß er keine eigentlichen Kriegsreden gehalten, keine Kriegsschriften in dem Sinne geschrieben hat, auf den die deutsche Universitätsgeschichte heute nicht uneingeschränkt stolz sein kann. Einige staatsrechtliche Betrachtungen verteidigen ruhig die Eigenart der deutschen Verfassung[17]. Polemischer ist seine Auseinandersetzung mit dem Weltkriege und den Kriegsgegnern in seinen völkerrechtlichen Äußerungen dieser Zeit[18]. Aber auch hier spricht der Kämpfer für das geltende oder für ein besseres Völkerrecht — nicht der leidenschaftliche Patriot, der er zugleich war.

Mit dem Kriegsende und der Weimarer Verfassung trat Triepel erst ganz in das Licht der Öffentlichkeit, jedenfalls der juristischen, und zwar wesentlich mit seinen Äußerungen zum neuen Staatsrecht. Die völkerrechtliche Aussprache mit den bisherigen Feinden war gehemmt; 1920 trat er mit v. Martitz und Meurer aus dem Institut de Droit International aus, und seine völkerrechtlichen Abhandlungen aus dieser Zeit treten im Gesamtwerk zurück[19].

---

14 Staatsrechtliche Abhandlungen, Festgabe für Paul Laband 1908, II 247 ff.

15 Reichsaufsicht, S. 211, 216, Anm. 4.

16 Zur Vorgeschichte der Norddeutschen Bundesverfassung, Festschrift für Otto Gierke zum 70. Geburtstage, 1911, S. 589 ff.

17 Bismarck und die Reichsverfassung, Das neue Deutschland, 31. 3. 1915, S. 185 ff.; Staatsgewalt und bürgerliche Freiheit, Internationale Monatsschrift für Wissenschaft, Kunst und Technik 10, 1916, 1029 ff.

18 Genannt seien: Völkerrecht und Weltkrieg, Das neue Deutschland, 1914, Nr. 50. — Der Widerstand feindlicher Handelsschiffe gegen die Aufbringung, Zeitschrift für Völkerrecht, VIII, 1914, S. 2 ff. — Die Zukunft des Völkerrechts, Vorträge der Gehe-Stiftung zu Dresden, VIII, 1916, Heft 2. — Die Freiheit der Meere und der künftige Friedensschluß, 1917 — Konterbande, Blockade und Seesperre, Meereskunde, XII, Heft 3, 1918.

19 Über den Friedensschluß (Recht und Wirtschaft, VII. 39). Der Zusammenschluß des Deutschen Reiches und des Staates Deutsch-Österreich, in: Groß-

An den vorbereitenden Arbeiten für die neue Verfassung hat er sich als Mitglied des vom Verein „Recht und Wirtschaft" eingesetzten Ausschusses lebhaft beteiligt. Ende Februar 1919 hat er in einer sehr lebendigen Studie über „Die Entwürfe zur neuen Reichsverfassung"[20] berichtet, in nachdrücklicher Bejahung demokratischer Ordnung, aber skeptisch gegenüber dem Parlamentarismus aus begründeter Sorge angesichts der deutschen Parteienzerplitterung, im übrigen vorgreifend auf später durchgesetzte Forderungen, wie die des richterlichen Gesetzprüfungsrechts. Manches weist hier zurück auf frühe Zeugnisse eigenartigen verfassungspolitischen Denkens[21], manches über die Weimarer Verfassung hinaus.

Über die Weimarer Verfassung hat er kein zusammenfassendes Buch geschrieben, in der Art seiner beiden vorangegangenen Hauptwerke. Bei diesen hatte der Stoff für seine Sicht eine gewisse Homogenität, war unter dem Gesichtspunkt der gestellten Frage eine große Einheit. Das war die Problemwelt des Weimarer Staatsrechts für ihn nicht — sie war für ihn sozusagen nicht auf eine Fläche projizierbar. Grundsätzlich ist ihm diese Schwierigkeit wohl erst nach und nach bewußt geworden. Er hat ihrer nur dadurch Herr zu werden vermocht, daß er sich ihr auf drei ganz verschiedenen Ebenen näherte.

Die nächstliegende war die des zünftigen Juristen, d. h. der Auslegung des Weimarer Grundgesetzes nach herkömmlicher Methode. Hier hat er drei Einzelfragen mit höchster Meisterschaft behandelt: den Weg der Gesetzgebung nach der neuen Reichsverfassung in der großen Abhandlung von 1920[22], die Streitigkeiten zwischen Reich und Ländern 1923[23], Wesen und Entwicklung der Staatsgerichtsbarkeit 1928[24] — mit der geschulten Phantasie des Juristen den wahren Um-

---

deutsch oder Kleindeutsch, Reden über den Anschluß Deutsch-Österreichs an die Deutsche Republik, 1919, S. 32 ff. Auslieferung des Kaisers, Deutsche Politik, S. 299 ff. — Dauernd wichtig: Virtuelle Staatsangehörigkeit. Ein Beitrag zur Kritik der Rechtsprechung des Französisch-Deutschen Gemischten Schiedsgerichtshofs. Abhandlungen zum Friedensvertrage I, 1921. — Internationale Regelung der Staatsangehörigkeit, Zeitschrift für ausländisches öffentliches Recht und Völkerrecht, I, 1, 1929, S. 183 ff. — Internationale Wasserläufe. Völkerrechtsfragen, Heft 35, 1931. — Die auswärtige Politik der Privatpersonen. Zeitschrift für ausländisches öffentliches Recht und Völkerrecht, IX, 1939, S. 1 ff.

20 Schmollers Jahrbuch 49, 1919, 459 ff.

21 Etwa auf: Wahlrecht und Wahlpflicht (Vorträge der Gehe-Stiftung 1900).

22 Archiv des öffentlichen Rechts 39, 456—546.

23 Festgabe der Berliner Juristischen Fakultät für Wilhelm Kahl, S. 51 ff.

fang der Probleme erschließend und in ihm die Einzelheiten methodisch entwickelnd. So sehr sie im Range die übrige staatsrechtliche Literatur der Zeit übertreffen, so sehr lagen sie in der Ebene von Lehrbuch und Kommentar.

Anders die Fragen des Verhältnisses von Verfassungsgesetz und Recht. Schon in den früheren Arbeiten war ihm die Beziehung des geschriebenen Verfassungs- und Gesetzesrechts zum ungeschriebenen, zum Urgestein des Rechts begegnet, unter anderem im Zusammenhang mit dem Problem des ungeschriebenen Verfassungsrechts[25]. Die ungeschriebenen Voraussetzungen des Völkerrechts, der kaiserlichen Reichsverfassung konnten als gegeben und verhältnismäßig unproblematisch vorausgesetzt werden. Mit der Umwälzung von 1918 wurden solche Voraussetzungen in Frage gestellt und zum Teil andere, neue in Anspruch genommen. Auf dem 32. und 33. Juristentage (1921, 1925[26]) und im Gutachten über Goldbilanzen-Verordnung und Vorzugsaktien von 1924 legte Triepel den Grund zu den uns selbstverständlich gewordenen Lehren von den Grenzen des Gesetzgebers, gegenüber den Grundrechten, bei Verfassungsänderungen, bei Delegationen — dies alles gesichert durch das richterliche Prüfungsrecht. So wurden insbesondere die Grundrechte dreifach aufgewertet. Sie wurden inhaltsreicher, im Vergleich mit ihrem bisherigen formalisierenden Verständnis, geltungskräftiger gegenüber dem Gesetzgeber, geltungsgesicherter durch das richterliche Prüfungsrecht. Das Erbe überkommenen obrigkeitlichen Staatsrechtsdenkens wehrte sich bei den älteren Fachgenossen gegen das neue Denken. Ihm gehörte die Zukunft, nicht zuletzt die des Bonner Grundgesetzes.

Unwillkürlich erinnert diese Linie des Triepelschen Denkens an entsprechende Infragestellungen der bloßen Gesetzespositivität bei anderen Autoren. Carl Schmitt ließ die letzte Grundlage der staatlich-

---

[24] Veröffentlichungen der Vereinigung der deutschen Staatsrechtslehrer, Heft 5, 1929, S. 2 ff. Von den staatsrechtlichen Abhandlungen dieser Zeit seien noch genannt: Das preußische Gesetz über die Einführung einer Altersgrenze, AöR 40 (1920), 349 ff.; Krisis des Parlamentarismus in der Welt, Deutsche Allgemeine Zeitung vom 22. 4. 1923; Die Ermächtigungsgesetze, DJZ 1924, 2; Das Abdrosselungsgesetz, DJZ 1926, S. 45 ff.; Die Entscheidung des Staatsgerichtshofes im Verfassungsstreit zwischen Preußen und dem Reiche, DJZ 1932, 1501 ff.

[25] Z. B. Festschrift für Otto Gierke, II, 335.

[26] Triepels Themen: Empfiehlt es sich, in die Reichsverfassung neue Vorschriften über die Grenzen zwischen Gesetz und Rechtsverordnung aufzunehmen? (1921) — und: Zulässigkeit und Form von Verfassungsänderungen ohne Änderung der Verfassungsurkunde (1925).

politischen Welt in der diktatorischen Machtfülle des Art. 48 der Weimarer Verfassung zutage treten — Triepel im Recht. Für ihn bedingten sich Staatsautorität und rechtsstaatliche Freiheit gegenseitig.

Nur zögernd und allmählich hat Triepel den Boden der dritten Ebene der Problematik des Weimarer Staates betreten, den seines Mangels an übergreifenden, wirkungsvoll bindenden politischen Zielsetzungen. Der Durchbruch zu der Einsicht, daß auch dies in gewissem Sinne zum Staatsrecht gehöre, war nicht erst durch den Eindruck des Verfassungslebens der Weimarer Zeit bedingt. Er fand seinen programmatischen Ausdruck in seinen beiden Rektoratsreden, über Staatsrecht und Politik und über die Staatsverfassung und die politischen Parteien, gehalten 1926 und 1927[27]. Es wurde ihm, dem vom Positivismus Ausgegangenen, im juristischen Gewissen nicht ganz leicht, seine — im Grunde konservative — politische Empfindung wehrte sich ausdrücklich gegen die Verdrängung der liberalen Welt durch die Massendemokratie, und ein gewisser Etatismus erschwerte ihm die Bejahung des Parteienstaats. Aber er sah die Unausweichlichkeit der Einbeziehung der politischen Wirklichkeit in das staatsrechtliche Denken, auch und vor allem unter dem Gesichtspunkt, daß hier die Bedingungen einer damals prekären Lebenskräftigkeit des verfaßten Staates lagen und liegen. Und er verhalf damit zu seinem Teile der damaligen wissenschaftlichen Bewegung zu neuer, lebensnäherer Sicht auch der Verfassung zum Durchbruch.

Damit war sein Ort in der Entwicklung seiner Wissenschaft endgültig erreicht, zumal in der Solidarität mit den Jüngeren.

Allgemeinerer Art war die außerordentliche Autorität, die er im übrigen genoß, beruhend auf der Gesamtheit seiner Leistungen. Zu ihnen gehörten allerlei weitere Arbeiten zum Staats- und Völkerrecht, gehörte eine ausgedehnte Gutachtenpraxis, zum Teil in hochpolitischen Sachen, gehörte eine gewisse publizistische Tätigkeit, vor allem im „Roten Tag“, gehörte die Mitherausgabe des Archivs für öffentliches Recht und der Zeitschrift für ausländisches öffentliches Recht und Völkerrecht, gehörte die gar nicht zu überschätzende geistige Anspannung und qualitative Arbeitsleistung am Recueil Martens, aber auch an den immer neuen Auflagen der Quellensammlung zum Reichsstaatsrecht. Diese Stellung brachte ihn in die Leitung vieler Gremien, in denen er dann ein treuer, fleißiger Mitarbeiter war, wie unter anderem im Institut der Kaiser-Wilhelm-Gesellschaft für aus-

[27] Im Druck erschienen 1927 und 1928.

ländisches öffentliches Recht und Völkerrecht. Er gehörte zu den Autoritäten des offiziellen Berlin, bei aller persönlichen Zurückhaltung — bis das Jahr 1933 ihn in die innere Emigration zwang.

Das Spätwerk besteht vor allem in der der Reichsaufsicht an Umfang gleichkommenden „Hegemonie" (1938, 1943 und 1963 wieder aufgelegt), zuerst bezeichnet als „Ein Buch von führenden Staaten" — einsetzend mit einer phänomenologischen Generalschau der Führung von Mensch, Gruppe, Staat, im Hauptteil eine Verfolgung der Hegemonie in den Hauptperioden der Geschichte. Kein eigentlich historisches Buch, aber eine Fundgrube historischen und grundsätzlichen Stoffs zu einer inzwischen ja sehr viel aktueller gewordenen Frage. Zu nennen sind außerdem „Delegation und Mandat im öffentlichen Recht. Eine kritische Studie" 1942, und posthum erschienen: „Vom Stil des Rechts. Beiträge zu einer Ästhetik des Rechts" 1947.

War Triepel ein Positivist? Sicher in dem Sinne, daß er um die Feststellung dessen, was gilt, so gewissenhaft bemüht war, wie irgendwer. Nur ein Positivist kann ein so guter Herausgeber von Quellen sein, wie er.

Er war Jurist in dem Sinne höchstentwickelten spezifisch juristischen Denkens. Besondere Kabinettstücke solcher Arbeit sind seine Entfaltungen der möglichen Typen und Fälle eines Rechtsinstituts: in der Staatsgerichtsbarkeit, im Wege der Gesetzgebung und sonst, und die mit sorgfältiger Schärfe entwickelten Unterscheidungen der möglichen Verhältnisse von Rechtsquellen zueinander, der vielerlei Typen der Reichsaufsicht, der Bindungstypen, wie Erfüllung und Durchführung, Stiftung und Einrichtung[28]; in selbständiger Durchführung in „Staatsdienst und staatlich gebundener Beruf" (Festschrift Bindung 1911) und in „Delegation und Mandat" (1942), einer Sonderuntersuchung, an die er vierzig Jahre des Nachdenkens gewendet hat.

Er hat sich gegen die Klassiker des Positivismus mit öffentlicher Kritik abgesetzt, hat Gerber und Laband einigermaßen entartete Kinder der großen Mutter der Historischen Schule genannt, sich Gierkes Urteil über Gerber angeeignet, er habe mit seinen romanistischen Konstruktionen die deutsche Seele im deutschen Recht getötet[29], er hat dem logischen Purismus vorgeworfen, er lasse alle staatlichen Einrichtungen nur als blutlose Schemen erscheinen, lasse ihren ethischen Gehalt unbegriffen, führe notwendig zu einer Verdorrung der Staats- und

[28] Reichsaufsicht, 377, 587.

[29] Staatsrecht und Politik, amtliche Ausgabe, S. 25.

Rechtslehre[30]. Aber das, was jene auszeichnete, die Treue zur Rechtsquelle und die Sauberkeit des Denkens, hat er selbst im höchsten Maße geübt. Allerdings fragte er zugleich nach Sinn und Maßstäben. Einen gleichbleibenden Namen für die Quelle solcher Sinngebung hatte er nicht, insbesondere nicht den des Naturrechts; er konnte sich auf die agnostisch klingende Formel zurückziehen: „Ohne den Glauben an irgend etwas ‚Überpositives' kommen wir nicht durch."[31] Aber diese Unausweichlichkeit ergab sich ihm unmittelbar aus der Praxis seiner juristischen Kunst, aus ihr allerdings mit der ganzen Zuverlässigkeit, Evidenz und unentrinnbaren Gefordertheit, die der Rektoratsrede über Staatsrecht und Politik ihre dauernde richtungweisende Bedeutung verliehen hat.

Er hatte von Binding einen gewissen etatistischen Einschlag seines Denkens übernommen. Aber dieser war bei ihm alsbald tiefer begründet: in der stärkeren Inanspruchnahme des Staats als Träger von Verantwortung — im Völkerrecht für Humanität und Solidarität, im Staatsrecht (auch in einer gewissen, erst in den letzten Lebensjahren aufgegebenen unitarischen Neigung) für rechts- und verfassungsstaatliche Ordnung.

In den zwanziger Jahren hatte er in Berlin neben sich die jüngeren Kämpfer im Methodenstreit, der damals ja wesentlich auf staatsrechtlichem Boden geführt wurde. Sie kamen zumeist irgendwie zugleich von außerhalb der Jurisprudenz her zu ihren Thesen: von Philosophie, Soziologie, Geschichtsphilosophie und anderen nicht juristischen Ausgangspunkten. Triepel hat sich daran nicht beteiligt. Auch er kannte seine philosophischen Klassiker und wußte sie gegebenenfalls vortrefflich zu verwenden. Aber er blieb ganz und gar Jurist, war uns darin weit überlegen und allerdings mit seiner Bundesgenossenschaft eine unschätzbare Legitimationshilfe. Freilich: daß seine Überwindung des Positivismus von innen heraus zugleich auch eine Bestätigung des Positivismus war, das wollten wir nicht wahrhaben.

Die tiefe Lauterkeit seiner Haltung schützte auch ihn nicht vor der Verdächtigung der politischen Unsachlichkeit. Er fand das selbstverständlich[32], freilich nicht ohne tiefe Verachtung. Einmal hat er allerdings in Sachen der Staatsrechtswissenschaft Politik getrieben: als er 1922 die Vereinigung der deutschen Staatsrechtslehrer gründete und

[30] Das., S. 18.
[31] Vereinigung der deutschen Staatsrechtslehrer, III, 1927, S. 50 f.
[32] Staatsrecht und Politik, S. 11 f.

damit den Boden und die Möglichkeit sachlicher und letztlich sittlicher Gemeinschaft schuf — eine Tatsache von folgenreicher Bedeutung, von den Historikern jener Zeit noch nicht entdeckt oder nicht genug gewürdigt[33].

Eine Gesamtwürdigung des Mannes ist nicht leicht, vor allem ist seine hohe Bedeutung dem Nichtfachmann kaum anschaulich zu machen. Dualistische Theorie und richterliches Prüfungsrecht, Grenzen der Gesetzgebung und Geltungskraft der Grundrechte bieten sich an, aber sie sind heute überwiegend Selbstverständlichkeiten geworden und von ihm her gesehen nur Einzelergebnisse einer ungeheuren Lebensleistung. Diese Leistung ist vergleichbar einem Massengebirge, sie ist voll höchster Spitzenleistung, aber deren Fülle erweckt eher den Eindruck eines geschlossenen Massivs. Nur der Vergleich mit anderen führt hier weiter: wie viel weniger in die Tiefe dringend erscheint dagegen Laband, wie lediglich monographisch das doch von verwandtem Ausgangspunkt entstandene Staatsrecht Albert Hänels! In der Masse des Geleisteten kam ihm von den Fachgenossen keiner gleich, in der Gediegenheit, im spezifischen Gewicht wenige.

Diese Lebensleistung war die Frucht einer glücklichen Entwicklung, aufgrund einer glücklichen Anlage und zielbewußter Lebensarbeit, von den Erschütterungen des 20. Jahrhunderts betroffen, aber nicht in Frage gestellt — ein Gelehrtenleben noch in der Art des 19. Jahrhunderts.

---

[33] Für Triepels Absicht und zugleich für seinen damaligen methodischen Standpunkt kennzeichnend seine Begründung (Arch. ö. R. 43, 1922, 349 f.), daß die Vereinigung „den Boden für eine, in den Nöten der Gegenwart dringend erwünschte und trotz vielfacher Gegensätze in wissenschaftlicher Methode und politischer Anschauung mögliche Arbeitsgemeinschaft bieten sollte...

Gewiß lassen sich, wie wir Heutigen mit wenigen Ausnahmen glauben, Staatsrecht und Politik nicht völlig voneinander trennen, lassen sich staatsrechtliche Fragen nur selten lösen, ohne daß die letzte Entscheidung von politischen Werturteilen bestimmt wird. Aber es ist eben das Ziel der Wissenschaft, die Grenze aufzuzeigen, wo objektive Erkenntnisse durch subjektive Urteile abgelöst werden; es ist ihre Pflicht, zu versuchen, diese Grenze möglichst weit hinauszuschieben, und sie hat endlich nach allgemeingültigen Maßstäben zu forschen, nach denen sich die zur Entscheidung rechtlicher Interessenkonflikte erforderlichen Abwägungen wertenden Charakters zu vollziehen haben."

Das Bild, das K. Sontheimer von der Entwickelung und politischen Rolle der deutschen Staatsrechtswissenschaft in den zwanziger Jahren entwirft (Antidemokratisches Denken in der Weimarer Republik, 1962, bes. S. 84 ff.), würde wesentlich anders und nicht erfreulicher sein, wenn es die Vereinigung nicht gegeben hätte.

Im Außerordentlichen seiner Leistung war dies Leben allerdings getragen von einer auch angesichts der herannahenden Erblindung unverwüstlichen Arbeitskraft und Arbeitszucht. Triepel war ein Arbeiter kraft tiefer charakterlicher Prägung.

Charaktervoll aufrechte Haltung war die hervorstechende Eigentümlichkeit seines Wesens. Sein Wort an seinen Nachfolger im Rektoramt bei der Übergabe des Rektormantels: „er ist schwer, das ist gut, man kann ihn nicht so leicht nach dem Winde hängen" — nicht pathetisch, sondern nüchtern und etwas grimmig gesprochen, war ein seltenes aber richtiges Selbstzeugnis. Im amtlichen, kollegialen, wissenschaftlichen Miteinander war er verbindlich aber charaktervoll-überzeugungskräftig — nur dem ganz Ungehörigen widerfuhr gelegentlich eine schneidige Abfuhr durch den alten Korpsstudenten. Die tiefe Kraftquelle in allem Verkehr war seine unbedingte Wahrheitsliebe. Es fiel auf, daß er in Würdigungen und Nachrufen stets warm war und doch kein Wort zuviel sagte. Er sprach insbesondere, wenn irgend vermeidbar, nicht von sich, während der eine oder andere von uns Jüngeren dazu neigte, sein Licht als sein persönliches leuchten zu lassen. Es fiel auf, daß er die ungeheure Arbeit, die er mit der Ingangsetzung der neuen Reihe des Recueil Martens auf sich nahm, mit keiner Einleitung und keinem Wort von sich eröffnete[34]. Diese herbe Vornehmheit war nicht ohne erziehende Kraft. Sie gab auch der nüchternklaren aber gepflegten Prosa seiner Werke ihren besonderen Klang.

Seine Bereitschaft zu Verständnis und Verständigung war dem Dritten Reich gegenüber nach kurzer Zeit erschöpft. Vor dem Eindringen der Pöbelherrschaft des Dritten Reichs in die Universität trat er in ruhiger Würde ab.

Mit den Seiten seines Wesens, die die Öffentlichkeit nicht berührten, hielt er zurück. Er war in Leipzig Armenpfleger gewesen und war in Berlin Kirchenvorsteher seiner Kirchengemeinde — dahinter stand ein starkes Bewußtsein. Er hatte ein tiefes Verhältnis zur Musik. Er überraschte nach seinem Tode durch ein posthumes Buch „Vom Stil des Rechts, Beiträge zu einer Ästhetik des Rechts" (1947), das ihn als gründlichen Kenner der philosophischen Ästhetik und zugleich als leidenschaftlichen Schönheitssucher in einem bisher kaum bekannten Licht zeigte.

---

[34] F. v. Martitz, Archiv des öffentlichen Rechts, 40 (1921), 51.

Gerhard Leibholz hat mit Recht in Anspruch genommen, wohl der einzige lebende Rechtslehrer an einer deutschen Universität zu sein, der sich als zu Triepels engerem Schülerkreise gehörig betrachten dürfe. Als solcher hat er mit besonderem Recht und mit besonderer Betonung den Dienst an Recht und Wahrheit als die Ausrichtung von Triepels Wesen und Lebensarbeit bezeichnet[35]. Diese starke, außerordentliche Persönlichkeit wußte sich ganz und gar in Anspruch genommen und mit ihrer ganzen außerordentlichen Kraft verantwortlich für die Klärung und Geltung von Wahrheit und Recht. Darin lag seine starke Wirkung, als Lehrer und Erzieher, im akademischen, amtlichen, öffentlichen Wirken — nicht in Pathos und Rhetorik, die seine Sprache (mit ganz leicht sächsischem Anklang und in sächsischer Nüchternheit) sorgfältig mied. In aller Gemessenheit ein mächtiger Zeuge schlechthinniger Geltung und Aufgegebenheit von Recht und Wahrheit — so lebt er in der Erinnerung derer, die ihn gekannt haben, und in dem dauernden Schatz seiner Werke — und so sollte sein Bild der Nachwelt erhalten bleiben.

[35] Deutsche Verwaltung, II, 1949, 142.

Deutsche Staatsrechtswissenschaft vor hundert Jahren — und heute

I.

Die deutsche Krisenzeit vor hundert Jahren hat ein eigentümliches, ja wohl einzigartiges Dokument der gleichzeitigen Wandlung der deutschen Staatsrechtswissenschaft hinterlassen: die von Ludwig Karl Aegidi herausgegebene Zeitschrift für Deutsches Staatsrecht und Deutsche Verfassungsgeschichte — erster und einziger Band 1867 in Berlin im Verlage von Georg Reimer erschienen.

Über ihre Entstehung und ihr alsbaldiges Ende ist Näheres nicht mehr zu ermitteln. Aber ihr Begründer ist in der Vielseitigkeit seines Wirkens eine charakteristische und nicht unbedeutende Figur jener Übergangszeiten. Und seine Zeitschrift, nimmt man zu den Mitarbeitern dieses Bandes die Reihe der Mitherausgeber (W. E. Albrecht, R. v. Mohl, G. Waitz, H. A. Zachariä) und gar die „Freunde der Zeitschrift“ [1] hinzu, vermittelt, wie in einem Gruppenbilde, eine Übersicht über die damaligen Vertreter und Nachbarn des staatsrechtlichen Fachs. Aegidi, obwohl ebenso sehr Publizist wie Gelehrter, war von Mohl 1856 warm begrüßt worden: „In diesem jungen Manne ist dem deutschen Staatsrechte ein neuer Stern aufgegangen, welcher hoffentlich lange glänzen wird.“ [2] Und jetzt besaß er genug Autorität, um diesen Kreis um die neue Zeitschrift zu versammeln. In der Geschichte der Wissenschaft wird er aber nicht mehr genannt, weder in Stintzing-Landsbergs „Geschichte der deutschen Rechtswissenschaft“, noch in G. v. Selles „Geschichte der Göttinger Universität“ [3], und auch der Zeitschrift wird neuerdings kaum mehr gedacht.

---

[1] darunter O. Bähr, Bluntschli, Ficker, Gerber, Gneist, Hälschner, Hänel, K. Hegel, Herrmann, Jolly, Kaltenborn, Klauhold, Marquardsen, Ernst Meier, Pözl, L. v. Rönne, Paul Roth, v. Scheurl, Hermann Schulze, Eduard Simson, Stobbe, H. v. Treitschke.

[2] R. v. Mohl, Die Geschichte und Literatur der Staatswissenschaften II, 1856, S. 262 f.

Selbst in Zeiten, in denen die überkommenen Arbeitsgrundlagen der Staatsrechtswissenschaft in Frage gestellt wurden, griff man auf dies Zeugnis des letzten großen Wendepunkts in der Vorgeschichte dieser Grundprobleme nicht zurück, und so wurde es erst von einem nichtjuristischen, dem soziologischen Blickpunkt aus sozusagen wieder entdeckt und sorgfältig analysiert.[4]

Die Zeitschrift stellt sich ausdrücklich in ihren konkreten geschichtlichen Raum: „Im Hinblick auf den nunmehr siegreich ausgekämpften dänisch-deutschen Streit . . . machte sich . . . der Mangel einer Zeitschrift fühlbar, in welcher die für das politische Leben unserer Nation bedeutsamen Fragen des öffentlichen Rechts nach strengwissenschaftlichen Grundsätzen untersucht und erörtert würden . . ." — so eröffnet der Herausgeber am 31. Dezember 1864 das erste Heft. Zuweilen durchbricht der leidenschaftliche Ausbruch des politischen Ringens der Zeit die Strenge der fachwissenschaftlichen Erörterung; so, wenn im dritten Heft der badische Bundestagsgesandte R. v. Mohl die Schriftsteller bedauert, die ihre Mühe an das Bundesrecht, einen „so unbefriedigenden Gegenstand verschwenden" müssen, „an die Satzungen eines Bundes, über dessen gefährliche und schmähliche Unzureichenheit nur eine Stimme ist von dem höchsten Throne an bis zur Arbeitsstube, an ein nur mit Fictionen und Noth aus einem Chaos zu gewinnendes Scheinbild gemeinsamen und wenigstens als Lückenbüßer zu verwendenden Rechts" (S. 383). Und das letzte Heft bezeugt die Lösung der deutschen Frage, indem der Herausgeber von der Mainlinie handelt, was sie nach dem Prager Frieden bedeute und was sie nicht bedeute.

Verhältnismäßig wenig Beiträge gelten der Liquidation nunmehr beendigter oder zu Ende gehender staatsrechtlicher Zustände, wie der schleswig-holsteinischen Frage, der Infragestellung öffentlicher Religionsübung

---

[3] Seine Lebensdaten (1825-1901): 1851 und 1853 Promotion und Habilitation in Göttingen, dort unter politischem Druck ausgeschieden, 1857-1859 a. o. Professor in Erlangen, 1859-1868 Professor für Geschichte und Staatswissenschaft am Hamburger Akademischen Gymnasium, in dieser Zeit völkerrechtliche und kirchenrechtliche Betätigung und literarische Produktion, 1861 mit Klauhold Begründung des Staatsarchivs (Mitherausgeber bis 1871), 1864 Begründung der Zeitschrift für Deutsches Staatsrecht, 1868-1870 Professor für Staatsrecht in Bonn, 1867-1870 Mitglied des Norddeutschen Reichstags, 1867-1879 des Preußischen Landtags, 1871-1877 Vortragender Rat im Auswärtigen Amt (Pressedezernat), seit 1877 Honorarprofessor an der Universität Berlin. Neue Dtsch. Biogr. I 1953 S. 88 ff. Biogr. Jahrb. und Dtsch. Nekrolog VI 264 ff.

[4] P. v. Oertzen, Die soziale Funktion des staatsrechtlichen Positivismus, Phil. Diss. Gött. 1953 (Masch. Schr.), bes. S. 172 ff.

der großen christlichen Kirchen, der politischen Maßregelung eines Tübinger Professors. Das Gewicht des Bandes beruht auf seinen Erörterungen großer und fortdauernder Probleme in drei Gruppen der in ihm enthaltenen Stücke. In diesen geht es um das rechte Verständnis des modernen Staats auf deutschem Boden, um die Frage seiner Rechtsstaatlichkeit und um die Daseinslegitimation deutscher Mittelstaaten. Der Reiz des Bandes für den heutigen Leser beruht darin, daß in jeder dieser drei Gruppen zwei gegensätzliche Meinungen, zwei gegensätzliche Grundhaltungen zu Worte kommen. In der ersten (Gerber, Held, Mohl, Schulze) in einer auf den ersten Blick gemeinsamen Front — in der zweiten (v. Stockmar, John, v. Rönne) in einem durch die ersten Aufsätze dieser Reihe eingeleiteten Streitgespräch — in der dritten (v. Marschall, Nöllner) im Nebeneinander zweier beinahe ein halbes Jahrhundert auseinander liegender höchst gegensätzlicher Dokumente.

1. Der (in einem bestimmten Sinne) juristische Glanzpunkt des Bandes ist der ihn eröffnende Aufsatz von C. F. v. Gerber „Über die Theilbarkeit deutscher Staatsgebiete". Die Frage gehört für uns einer fernen Vergangenheit an, ihre verneinende Beantwortung erscheint uns trivial, und ihre Erörterung ist nicht mehr als eine Anwendung des neuen methodischen Denkens, das Gerber anderweitig grundsätzlich gefordert und zu entwickeln begonnen hatte (Über öffentliche Rechte 1852, fortgeführt in der ersten Auflage der Grundzüge des deutschen Staatsrechts 1865). Aber in dieser zeitgenössischen Umgebung geht von diesem Gerberschen Fragment der eigentümliche Zauber aus, den auch die zeitgenössische Kritik bezeugt und Erich Kaufmann vor 60 Jahren beschrieben hat.[5] Gerbers staatsrechtliches Denken „entrümpelt" seinen Raum durch die These der völligen Diskontinuität von Einst und Jetzt, von allen Tatbeständen und Argumenten der Vergangenheit. Er ersetzt sie durch die wenigen Begriffe vom Staat als Organismus, als Persönlichkeit, deren Seele die Staatsgewalt ist, eine Willensmacht, deren Wesen das Beherrschen ist. In dieser Welt „ist die politische Entwicklung das Factische, oder um mit Leist zu reden, das naturale Element, das sich schließlich in Rechtssätzen niederschlägt, wie dies im Privatrecht die Antriebe des individuellen sittlichen Lebens sind". Die konkrete Frage konnte nur sein, ob das einzelne Staatswesen den Fortschritt vom patrimonial verstandenen zum modernen Staat schon vollzogen hat.[6]

[5] z. B. Zeitschr. a. a. O., S. 367, 418. E. Kaufmann, Über den Begriff des Organismus in der Staatslehre des 19. Jahrhunderts, 1908, S. 22 f., jetzt in: Ges. Schriften III, 1960, S. 60.

Es ist eine neue Welt des juristischen Denkens, gegenüber den drei anderen Beiträgen zum Staatsproblem von Held, Mohl und Schulze[7], sozusagen schon etwas wie eine „reine Rechtslehre" des Staates.

Von jenen sind nur die Aufsätze von Mohl und Schulze an Gerber, und zwar gegensätzlich, orientiert. Held sieht das Thronfolgerecht in einen neuen sinngebenden „politischen" Zusammenhang gerückt: „wenn des Augustenburgers Anspruch Grund und Boden hat, so besteht dieser nicht minder durch die noch keineswegs vollständig abgeklärten Anschauungen über die dringenden politischen Anforderungen der Gegenwart und Zukunft, als in den alten Rechtsurkunden", weil „ein zu kleiner Thron des rechten staatlichen Gehalts entbehrt". „Da aber die sittlichen Anschauungen und die materiellen Existenzbedingungen eines Volkes mit dessen Vernunfterkenntnissen, zu denen das Recht gehört, innig zusammenhängen", so entwickelt er seine Lösung aufgrund einer bemerkenswerten Skizze der deutschen Verfassungsgeschichte seit Karl dem Großen und einer damit zusammenhängenden Gewinnung der „Gesetze der Natur- und Vernunftnotwendigkeit des Staates" und insbesondere der „Postulate des ausgebildeten modernen Staats" (S. 45 f., 58, 94). Mohl und Schulze stellen der strengen Isolierung des rechtlichen Moments durch Gerber die vollere Sicht der öffentlichen Ordnung im ganzen gegenüber, des „ganzen Organismus und Mechanismus" (Mohl), des Staats als „organisches Gemeinwesen, wo jedes Glied nicht bloß Mittel, sondern zugleich Zweck ist, um, indem es zum Besten des Ganzen mitwirkt, durch die Idee des Ganzen wiederum, seiner Stellung und Funktion nach, bestimmt zu werden" (H. Schulze S. 356, 425).

Gemeinsam ist ihnen der Gedanke sittlicher Ordnung, in der der moderne Staat selbst solche sittliche, geschichtlich begründete, notwendige Ordnung ist. Sie vermissen im System des Staatsrechts nach Gerber Vieles: Mohl jede sachliche Zweckbestimmung, damit auch die Rechte des einzelnen im Staat, und das Recht von Justiz und Verwaltung, Schulze

---

[6] Zeitschrift S. 8, 20 f. — Zum weiteren wissenschaftsgeschichtlichen Zusammenhang vor allem P. v. Oertzen, Die Bedeutung C. F. v. Gerbers für die deutsche Staatsrechtslehre, in: Staatsverfassung und Kirchenordnung, Festgabe für R. Smend, 1962, S. 183 ff.; ders.: Diss. a. a. O., passim, bes. S. 188 ff. — F. Wieacker, Privatrechtsgeschichte der Neuzeit, 2. Aufl. 1967, S. 404 f., 412 Anm. 111, 416 Nr. 2, 431 Anm. 2, 436 Anm. 19. — W. Wilhelm, Zur juristischen Methodenlehre im 19. Jahrhundert, 1958, S. 129 ff.

[7] J. Held, Über die geschichtliche Entwicklung des deutschen Thronfolgerechts, S. 41 ff. — R. v. Mohl, Bemerkungen über die neuesten Bearbeitungen des allgemeinen deutschen Staatsrechts, S. 354 ff. — H. Schulze, Über Prinzip, Methode und System des deutschen Staatsrechts, S. 417 ff.

vor allem das Recht der Glieder des Staats, der Staatsbürger und der Gemeinden (S. 366, 445).

Gerber ist ihnen die Antwort nicht schuldig geblieben, zumal in Sachen des einzelnen: „die staatsbürgerliche Unterwerfung ist der prinzipielle Tatbestand", staatsbürgerliche Rechte haben nur „gewissermaßen den Charakter einer Gegengabe"[8].

Bei aller formalen Überlegenheit Gerbers lassen die Auseinandersetzungen dieser Zeit die Partner noch als ebenbürtig erscheinen. Bald danach aber tritt in der Nachfolge Gerbers der formalistische Positivismus Labands die Herrschaft im staatsrechtlichen Fach an. P. v. Oertzen hat diesen Vorgang vom Standpunkt des Soziologen eingehend untersucht, in seiner Einordnung in die Totalität des gesellschaftlich-geschichtlichen Prozesses, der politischen Niederlage und weltanschaulichen Auflösung des älteren Liberalismus, der veränderten Soziologie des Bürgers, der damit gegebenen Veränderungen der Standorts- und Gegenstandsgebundenheit für die wissenschaftliche Sicht.[9] Das fördert auch eine immanent-wissenschaftsgeschichtliche Aufklärung des Vorgangs. Die Verteidiger der überkommenen Arbeitsweise, die Aegidi zu so repräsentativer Vertretung der älteren Sicht berufen hat, haben methodisch noch mit der historischen und „philosophischen" Einordnung des Gegenstandes eingesetzt. Aber der Spätidealismus und der Historismus traten bald nacheinander, ermüdet, von ihrer beherrschenden Rolle ab, und gleichzeitig forderte der neue Gegenstand neuen Verfassungsrechts im Reich eine neue, dem Bedarf entsprechend sich als wesentlich instrumental verstehende Behandlung heraus, einleuchtend für die im neuen Zustande aufwachsende Generation. Wenn das ältere Denken sich vielfach in der nationalen Sehnsucht geradezu „endgeschichtlich" übersteigert hatte[10], so forderte die Ernüchterung eine gegenteilige Haltung auch gegenüber der nunmehr erfüllten Sehnsucht geradezu heraus. Und nach dem Eindruck derer, die die Jahrhundertwende bewußt erlebt haben, trat zu dieser Grundlage der Nüchternheit ein ästhetisches Moment hinzu: Gerber und Anschütz waren, nach der literarisch bestechenden Einführung

---

[8] Grundzüge eines Systems des deutschen Staatsrechts, 3. Aufl. 1880, S. 227 ff.

[9] Diss. S. 281 ff., 319 ff.

[10] Der oft zitierte Brief H. v. Sybels vom 27. 1. 1871: „Was zwanzig Jahre der Inhalt alles Wünschens und Strebens gewesen ist, das ist nun in so unendlich herrlicher Weise erfüllt" — „woher soll man in meinen Lebensjahren noch einen neuen Gehalt für das weitere Leben hernehmen?" (H. Heyderhoff u. P. Wentzke, Deutscher Liberalismus im Zeitalter Bismarcks, 1925, S. 494). — Zum „endgeschichtlichen Denken des 19. Jahrhunderts" K. Löwith, Von Hegel zu Nietzsche, 2. Aufl. 1950, S. 44 ff.

der neuen Richtung durch Gerber, glänzende Lehrer von hoher Anziehungskraft, in einer Zeit, in der der Lehrvortrag berühmter Lehrer auch von den jugendlichen juristischen Banausen als solcher gewürdigt wurde und noch nicht unter der Konkurrenz der Massenmedien stand, wie heute.

2. Eine zweite Aufsatzgruppe ist dem Einzelproblem der Verfassungsgarantie gewidmet. Sich nur mit einer Chiffre (E. A. Chr.) bezeichnend behandelt E. A. C. Freiherr v. Stockmar[11] in vier „Studien zum preußischen Staatsrecht" (S. 179 ff., 196 ff., 221 ff., 477 ff.) die Fragwürdigkeit der preußischen Verfassung von 1850 unter diesem Gesichtspunkt. Angesichts der verfassungsmäßigen „Rechtsgültigkeit gehörig verkündeter königlicher Verordnungen" und des Fehlens eines richterlichen Prüfungsrechts und eines Gesetzes über die Verantwortlichkeit der Minister könne der König Beliebiges wirksam verordnen, „die preußische Verfassung hat die Gesetzgebungsgewalt des Königs ganz so unbeschränkt gelassen, wie sie vor 1848 war", „die ganze Verfassung besteht also nur durch Duldung des Königs" (S. 182, 192). Die zweite Studie („Gesetz und Verordnung") bezieht das Verordnungsrecht des Königs nur auf Ausführungsverordnungen und weist dem Gesetzgeber, unter Einführung der Unterscheidung von formellem und materiellem Gesetzesbegriff, „alle allgemeinen Rechtsnormen überhaupt" zu (S. 207, 209). In der anschließenden Studie (Die Verordnung mit Gesetzeskraft — mit weiteren Untersuchungen auch zum materiellen Gesetzesbereich) erscheinen wiederum die verfassungsmäßigen Grenzen für die Regierung wegen der mangelnden Sanktion als bloße „Catechismuspflichten" (S. 234), und in der letzten, vom Mangel an Sanktionen für die Verfassungsvorschriften, wird aus diesem Mangel die paradoxe Folgerung gezogen, daß dem König das Recht gelassen ist, die Gesetze, ja die Verfassung selbst einseitig aber rechtsgültig aufzuheben und abzuändern (S. 477).

Wegen dieser Paradoxien hat man auch die Erörterungen zum Gesetzesbegriff in der Folgezeit unbeachtet gelassen,[12] und die eigentlichen Thesen haben noch in der Zeitschrift selbst R. John und L. v. Rönne

---

[11] 1823-1886, Sohn des bekannteren C. F. Frhr. v. Stockmar (1787-1863), des Beraters König Leopolds I. von Belgien und der Königin Victoria und des Prinzgemahls. Privatdozent in Jena 1852-1855, 1858-1864 Privatsekretär der preußischen Kronprinzessin, späteren Kaiserin Friedrich, seitdem eines Leidens wegen Privatgelehrter. Seinem Großneffen, Herrn Bundesverfassungsrichter Dr. F. v. Schlabrendorff, bin ich für nähere Information verpflichtet.

[12] So A. Hänel, Studien zum Deutschen Staatsrechte, II, 2, 1880, S. 100, der Stockmar „eine mit seltener Geschicklichkeit gehandhabte Dialektik" bescheinigt. Gute Würdigung bei von Oertzen Diss. S. 119 ff., 180.

erfolgreich bestritten: wegen der unangemessenen zivilrechtlichen Methode des Verfassers, mangelnder Heranziehung der Entstehungsgeschichte und vor allem wegen des mangelnden Sinnes für das Wesen des Verfassungsrechts, dessen Verletzung Staatsstreich sei oder doch mindestens den ganzen Ernst verfassungswidriger Zustände herbeiführe. Damals schon seit fünfzehn Jahren mit dem Gegenstande beschäftigt, ist Stockmar offenbar immer mehr zum juristischen Eigenbrödler geworden.[13]

3. Das Problem der gesamtdeutschen Einordnung der deutschen Mittelstaaten beleuchtet die Zeitschrift durch das wirkungsvolle Nebeneinander zweier Schriftstücke, der Denkschrift des nassauischen Ministerpräsidenten Frhrn. v. Marschall von 1819 zur württembergischen Verfassung von 1819, und eines Aufsatzes des Darmstädter Oberappellations- und Cassationsgerichtsrats Dr. Nöllner über die Entstehung der großherzoglich-hessischen Verfassung von 1819 (S. 149, 119 ff.).

Die Kritik v. Marschalls an der württembergischen Verfassung zielt auf eine Infragestellung ihrer Gültigkeit von Bundeswegen. Sie bestreitet dem württembergischen Staat seine Eigenständigkeit, angesichts des völkerrechtlichen Ursprungs seines territorialen Bestandes, charakterisiert die Verfassung wegen ihres Vertragscharakters als aus einer Verwirrung aller Begriffe im Sinne demokratischen Schwindels hervorgegangen, von der revolutionären Partei in Deutschland als Triumph angesehen, in ihrem Gemeinderecht als die Republikanisierung des Staats von unten herauf, in ihrem Finanzkapitel, in dem der König sein Familiengut für Volksgut erklärt habe, vollends als einen Erfolg in der Linie der revolutionären Partei. „An seine öffentliche Mißbilligung zunächst von Seiten des deutschen Staatenbundes knüpft sich die Erhaltung und Befestigung der inneren Ruhe in Deutschland." Ein knappes halbes Jahrhundert später verläuft die gesamtdeutsche Komponente im einzelstaatlichen Verfassungswesen in umgekehrter Richtung. Der hohe hessische Richter muß feststellen, daß die vormärzliche Politik der einzelstaatlichen Konsolidierung durch Vereinbarung von Verfassungen schließlich das Gegenteil herbeigeführt habe, vermöge des Einheitsdrangs gerade auch in diesen Bahnen des partikularen Verfassungslebens. Den Fortschritt von autoritärer zu demokratisch-nationaler Orientierung und Legitimierung der

13 Immerhin bemerkenswert seine früheren Studien, die allerdings auch schon die Eigenschaft des „constitutionellen" Staats von denselben Verfassungsgarantien abhängen lassen: „Ist der deutsche Richter an allgemeine landesherrliche Constitutionen gebunden, welche ohne die nach Vorschrift der Verfassung einzuholende ständische Zustimmung erlassen sind? Eine kritische Untersucbung", Zeitschr. f. Zivilrecht und Prozeß N. F. Bd. 10, 1853, S. 18 ff.

einzelstaatlichen Verfassungen hat der Herausgeber hier drastisch anschaulich gemacht.

II.

Auch heute, nach hundert Jahren, geht die deutsche Staatsrechtswissenschaft nicht einmütig dieselben Wege. Zwar ist ihr Gegenstand im neueren Sinne gemeinsam: das Recht des vor hundert Jahren entstandenen deutschen Staates, und neuerdings dazu eine umfassende staatsrechtliche Rechtsprechung. Aber anders als in jener Übergangszeit ist die Lage insofern, als die heutigen Gegensätze nicht die zwischen alter und neuer Zeit sind, wie damals, sondern, zwar im Nacheinander entstanden, doch in aktueller Gleichzeitigkeit konkurrieren. Sie bedienen sich weithin nicht desselben literarischen Organs, wie die Autoren der Zeitschrift von 1867, sondern des alteingeführten Archivs des öffentlichen Rechts einer-, der Zeitschrift „Der Staat" (seit 1962) andererseits.[14] Allerdings entspricht die Verteilung auf die beiden Zeitschriften nur im allgemeinen der wissenschaftlichen und weltanschaulichen Gruppierung der Autoren, beide Organe bringen Beiträge von Verfassern verschiedener theoretischer Richtung.

Ein eigentümlicher, keineswegs geradliniger Weg führt vom Damals zum Heute.

Er setzt ein mit dem von Aegidi repräsentativ bekundeten hohen Bewußtsein vom sachlich-geschichtlichen Beruf der staatsrechtlichen Disziplin. „Ehe Macht gegen Macht auf den Trümmern gesellschaftlicher Ordnung die rohen Kräfte ins Feld ruft, ehe die Stimme der Vernunft durch Naturlaute zügelloser Leidenschaft überschrien wird, hat die Wissenschaft mit äußerster Anstrengung ihrer geistigen Mittel diejenigen obersten Grundsätze und unwiderleglichen Wahrheiten zur Herrschaft und anerkannten Geltung zu bringen, ohne die das Bestehende keinen Bestand, die Menschheit keine Würde, das Leben keinen Werth hat. Und in diesen verhängnisvollen Zeiten eines Übergangs von Epoche zu Epoche darf vor allem die Wissenschaft vom Recht und unter ihren Disciplinen zumeist die Wissenschaft des Staatsrechts nicht anstehen, ihre Kräfte zu sammeln und Panier aufzuwerfen, damit der Willkür ein Ziel gesetzt, die dreiste Unwissenheit zum Schweigen gebracht und der

---

[14] Ähnlich kontrastiert sind auch die gleichzeitigen beiden großen Festschriften: „Die moderne Demokratie und ihr Recht", Festschrift für Gerhard Leibholz, 1966 und „Epirrhosis", Festschrift für Carl Schmitt, 1968.

Macht die sittliche Weihe wiedergegeben werde, welche nur die Unverbrüchlichkeit des Rechts gewähren kann."[15] Und Hermann Schulze nimmt für die deutsche Staatsrechtswissenschaft in Anspruch, geradezu „ein Surrogat der fehlenden staatlichen Einheit zu sein", im Nachweise der leitenden Rechtsgedanken, in der partikularrechtlichen Mannigfaltigkeit und im Versuch des Zusammenhaltes des staatsrechtlichen Gesamtbewußtseins der deutschen Nation (S. 451).

Aber die jüngeren Zeitgenossen der Reichsgründung haben sich alsbald der anspruchslosen Technizität eines neuen Denkens zugewandt. Vierzig Jahre nach Aegidis Zeitschrift proklamiert abschließend, an repräsentativer Stelle des Eröffnungsbandes des Jahrbuchs des öffentlichen Rechts der Gegenwart, Philipp Zorn 1907 mit endgültigem Anspruch die nunmehrige Herrschaft des positivistischen Formalismus. Laband habe „dem Staatsrecht neue Bahnen gewiesen, aus denen es niemals wieder ausweichen dürfe". Von einer Wissenschaft des deutschen Staatsrechts vor 1866 könne kaum die Rede sein.[16] Es ist wohl bezeichnend, daß gerade für diese Aussage an diesem Ort der Vertreter eines besonders naiven Wilhelminismus gewählt wurde.

Die wissenschaftliche Gegenbewegung der zwanziger Jahre suchte das Staatsrecht nicht als ein System formalrechtlicher Willensverhältnisse zu verstehen, sondern als Ordnung eines nach Wesen und Sinn richtig verstandenen politischen Lebens, insbesondere in der Aufwertung der Grundrechte im Sinne eines neuen Verständnisses der durch Schranken oder auch als Aufgabe grundrechtlich geregelten Lebensverhältnisse. Der Zusammenbruch von 1918 löste das schon vorher eingeleitete neue Denken endgültig aus und belastete es zugleich, und die Katastrophe von 1933 brachte es um seine weitere Auswirkung — es wurde nun ein stilles Erbe der inneren und äußeren Emigration.

Die Staatsrechtslehre des Kaiserreichs, ihre Voranstellung des Staatswillens als ihres wesentlichen Gegenstandes, blieb im Dritten Reich leidlich verwendbar, angereichert nicht zuletzt durch den Dezisionismus. In vielfacher Veränderung und vertiefter Begründung hat sich daraus ein heutiges Staats- und Staatsrechtsdenken entwickelt, dessen Hauptanliegen die Sorge ist, daß „das Verständnis für die politische und rechtliche Bedeutung staatlicher Autorität geschwunden, der Staat zerredet worden ist"[17], die Sorge um die „disziplinierende Ausstrahlung der Staatlich-

---

15 Aegidi Zeitschr. Einleitung S. 2.

16 a. a. O., S. 68, 49.

17 Zeitschrift „Der Staat" I 1962, S. 1.

keit“[18]. Diese Eigenart und das damit verbundene statische Denken (z. B. von der Verfassung als „Verteilungssystem“ zwischen Staat und Einzelnem) dürfte der Grund dafür sein, daß sie zu keiner befriedigenden Theorie der Demokratie als Kernstruktur der Verfassung gelangt ist. Ein Schmerzenskind der deutschen Staatstheorie ist die Demokratie allerdings überhaupt. Aber eine demokratische Staats- und Verfassungslehre kann nicht am formalen Staatswillen einsetzen, sondern nur am Menschen in seiner gesellschaftlichen, politischen Lage, an der Frage, was von ihm zu erwarten, was ihm zu bieten und zuzumuten sein möge. Das spielte schon vor hundert Jahren eine entscheidende Rolle. Die Autoren der Zeitschrift von 1867 traten Gerber gegenüber für die vollste theoretische Einbeziehung der einzelnen als Staatsglieder ein[19], und für Held spielt der Mensch im System eine besonders gewichtige Rolle.[20] Aber das statische Nebeneinander von Mensch und Staatsgewalt, ihre Zuordnung unter dem Bilde der „beiden Hemisphären jedweder Verfassung“[21], entspricht als gedankliches Bild vergangener Zeiten der Wirklichkeit nicht mehr und konnte also auch keine theoretische Hilfe mehr sein. Aber mit Recht wird hier gefordert, daß der Staat vom Menschen und seiner Bestimmung her verstanden werden muß.[22] A. Arndt hat diese Forderung positivrechtlich begründet: „Die Grundfreiheiten definieren den Staat; sie geben ihm seine Struktur; sie erst lassen Ordnung, die an sich völlig wertlos ist, durch ihre Güte als freiheitliche Ordnung zur Rechtsordnung werden“, und so ist das Humanum, die Frage, wer und was der Mensch ist, für den Staat eine schlechthinnige Vorgegebenheit.[23] Solche Vorgegebenheit setzt sich auch neben den verfassungsrechtlich anerkannten Bereichen als rechtserheblich durch. Nur von einem derartigen Ausgangspunkt aus werden etwa Erscheinungen wie die der „Außerparlamentarischen Opposition“ oder der Mitbestimmung (im Betrieb, im Parteiengesetz) von der Verfassungstheorie sachgemäß erfaßt.[24]

---

[18] „Epirrhosis“, S. 211.

[19] Zu H. A. Zachariä noch Stintzing-Landsberg III, 2, S. 658.

[20] Zeitschrift S. 453 I, 456 d, 460.

[21] Aegidi Zeitschrift S. 111, entsprechend dem heutigen „Verteilungssystem“.

[22] Scheuner, Festgabe Smend, S. 255.

[23] A. Arndt in: Die moderne Demokratie und ihr Recht, Festschrift für Gerhard Leibholz, 1966, II, S. 183.

[24] Da lag und liegt auch der Sinn der Integrationslehre.

Wie vor hundert Jahren, wenn auch in anderer Weise, steht auch heute die staatsrechtliche Arbeit im Zeichen einer Alternative. Was in der Zukunft gültig sein wird, mag die Zukunft entscheiden. „Geschichtliches Denken“, so A. Arndt, „erfordert in den gemeinschaftsgestaltenden Ereignissen die Wende zu erkennen, sie bewußt werden zu lassen und schöpferisch zum Zeitgerechten fortzubilden.“[25]

---

25 Festschrift Leibholz, II, S. 181.

Die Vereinigung der Deutschen Staatsrechtslehrer und der Richtungsstreit

Im Jahre 1972 hatte sich die Vereinigung der Deutschen Staatsrechtslehrer ihres fünfzigjährigen Bestehens seit ihrer Gründungstagung im Oktober 1922 zu erinnern. Eingeführt von Konrad Hesse[1], lieferten Ulrich Scheuner für die Tagungen von 1922-1931, Hans Peter Ipsen für die Tagungen von 1949-1971 höchst dankenswerte eingehende Berichte über Leben und Leistung der Vereinigung, in sachlicher Übersicht und eingehender Würdigung — eine unschätzbare Hilfe für die Benutzung dieses reichen wissenschaftlichen Stoffs[2].

H. P. Ipsen hat dabei bezweifelt, ob mit seinem Bericht „eine Geschichte der deutschen Staatsrechtswissenschaft unter dem Grundgesetz geliefert werden" könne[3] — und er würde das wohl auch für den von U. Scheuner erstatteten gelten lassen. Immerhin würde hier für einen Historiker des Fachs wichtigster Stoff bereitstehen, und in ganz vortrefflicher vorbereitender Bearbeitung. Und schon jetzt reizen diese Berichte, in dem hier übersichtlich gewordenen Gesamtablauf Schwerpunkte zu suchen und Akzente zu setzen.

Zwischen den beiden Berichtsperioden klafft eine Lücke von siebzehn Jahren ohne Tagungen der Vereinigung. Das bedeutet für die zweite Periode eine beinahe vollständige, für die erste dagegen eine erloschene Aktualität. Für weite Bereiche der fachwissenschaftlichen Literatur vor dem Grundgesetz gilt Werner Webers zunächst auf einen einzelnen Gegenstand bezogenes Urteil: wenn man heute nachlese, was damals darüber geschrieben ist, „dann mutet einen heute doch vieles davon beinahe archaisch und verhältnismäßig einfach an"[4].

Das gilt mindestens zum guten Teile auch von der Fülle des in den Verhandlungen von 1922 bis 1931 enthaltenen Stoffs. Es mag so sein,

---

[1] Arch. ö. R. 97, 345 ff.

[2] a. a. O. 349 ff., 375 ff.

[3] a. a. O. 375.

daß trotzdem „von der Diskussion dieser Zeit" noch immer „starke Einflüsse auf die Gegenwart ausgehen", um so mehr, als diese Gegenwart sich „noch auf der Suche nach einer tiefer fundierten Methode der Rechtsdeutung und Auslegung" befindet[5].

Eine derartige Nachwirkung wird man weniger bei den damaligen Bemühungen um das positive Recht der Weimarer Verfassung vermuten, da das Grundgesetz bewußt andere Wege einschlägt, als die der Verfassungsgeber von 1919 — sondern eher in den Erörterungen grundsätzlicher, theoretischer und methodischer Probleme, und nicht zuletzt im Für und Wider des sogenannten Methoden- oder Richtungsstreits.

Der sogenannte Methodenstreit, dieses grundsätzliche Ringen sehr verschiedener wissenschaftlicher Grundhaltungen, war eine nicht vorhergesehene, überraschende Episode im Verlauf der Tagungen, überraschend in der widersprüchlichen Vielfalt der Äußerungen, in denen er mehr oder weniger provozierend ausgelöst wurde, überraschend in der trotzdem nicht geringen Breite der Zustimmung, die ihm antwortete.

Nach dem jähen Ende des auf Fortsetzung angelegten Gesprächs mochte die Tätigkeit der Vereinigung im ganzen wie der Richtungsstreit im besonderen als Episode erscheinen. Immerhin hatte die Vereinigung ihren ersten, nie ausgesprochenen aber für die Gründer dringlichsten Zweck erfüllt, den Auseinanderfall der Fachgenossen in gegensätzliche politische Gruppen und damit den öffentlichen Kreditverlust der deutschen Staatsrechtswissenschaft zu verhindern. Sie sollte im Gegenteil die Rolle einer — wenn auch noch so bescheidenen — Einheitsstütze im Chaos der inner- und außerpolitischen Nöte und Spaltungen der Zeit übernehmen. Ihr Bindemittel sollte sein, wie die Satzung von 1922 vorsah, „wissenschaftliche und Gesetzgebungsfragen aus dem Gebiete des öffentlichen Rechts durch Aussprache in Versammlungen der Mitglieder zu klären"[6]. Grundsätzliche wissenschaftliche Gegensätze im Kreise der Fachgenossen lagen nicht im Horizont der Gründer und im allgemeinen auch nicht im Horizont der Gründungszeit, und so war zunächst Fortset-

---

4 VVDStRL 27, 193, Tagung von 1968. — Im Folgenden sind die Tagungsberichte mit der Jahreszahl der Tagung und der Seitenzahl der entsprechenden Veröffentlichung zitiert.

5 Scheuner, Arch. ö. R. 67, 369.

6 Arch. ö. R. 42, 1922, 351 ff. Die weiteren Aufgaben im Bereich des Ausbildungswesens und der mehr oder weniger öffentlichen Stellungnahmen „in wichtigen Fragen des öffentlichen Rechts" haben im weiteren Verlauf keine große Rolle gespielt.

zung der fachlichen Arbeit in überkommener Weise an den alten und vor allem den neuen Fragen das selbstverständliche Programm. So eröffnete Thoma die Gemeinschaftsarbeit mit einem meisterhaften Vortrag über das alte und neue Problem des richterlichen Prüfungsrechts[7], um gewissermaßen die Tonart des geplanten Zusammenspiels zu bezeichnen. Im Jahre darauf geriet man allerdings auf das eigentlich „politische" Gebiet. Der „deutsche Föderalismus", von Anschütz mit der Frage des alten Liedes „Was ist des Deutschen Vaterland? „ stimmungsvoll eingeleitet[8], geschichtlich untersucht, von Unitariern und Föderalisten kritisch beleuchtet und als neu gestelltes Verfassungsproblem im einzelnen besprochen, blieb (bei Überwiegen der unitarisch Gesonnenen) Gegenstand vielfach auseinandergehender und zum Teil wesentlich gefühlsmäßiger Äußerungen. Umgekehrt verlief der zweite Verhandlungstag: die Referenten C. Schmitt und E. Jacobi behandelten die „Diktatur des Reichspräsidenten" mit einem gewissen extensiven Wohlwollen, dessen Echo der knappe Bericht über die Aussprache[9] diplomatisch dahin zusammenfaßt, es habe „nur wenig Unterstützung" gefunden[10]. In dieser Haltung trat die Vereinigung ausnahmsweise später (1931) auch in die Öffentlichkeit mit ihrer Aufforderung an die Regierungen des Reichs und der Länder, „strenger als bisher darüber zu wachen, daß das Mittel der Notverordnung nicht mißbraucht werde[11] . . ."

Wenn seit 1925 die „großen" Themen, wie Demokratie und Staatsform, nicht als solche in der Reihe der Verhandlungsgegenstände erscheinen, so nicht aus „politischen" Gesichtspunkten, sondern aus der doppelten Erwägung, daß Referate und Aussprachen darüber den Rahmen eines Tagungsprogramms überschreiten würden, aber zugleich aus der bis heute immer mehr bestätigten Erwägung heraus, daß es nunmehr gerade auf die Bewältigung der Einzelprobleme unter dem Gesichtspunkt ihrer Einordnung in die neue Verfassungslage ankomme, um befriedigender Erfassung dieser Gesamtlage selbst näher zu kommen. Unter diesem Gesichtspunkt stand die Auswahl der Themen der sechs folgenden Tagungen (Der Schutz des öffentlichen Rechts, und die neueste Entwicklung

---

[7] Arch. ö. R. 42, 1922, 267 ff.

[8] 1924, 32.

[9] 1924, 137. Der Bericht brachte, noch in indirekter Rede, den Übergang zu der späteren wörtlichen Wiedergabe der Diskussion.

[10] Auch die Klage Stier-Somlos, es sei ihm „schwer geworden" (wohl als Vorstandsmitglied der Vereinigung), den Bericht „in der pragmatischen Objektivität des Chronisten zu halten", galt wohl vor allem den Referaten über Art. 48.

[11] 1931, 1.

des Gemeindeverfassungsrechts 1925, die Gleichheit vor dem Gesetz im Sinne des Art. 109 der Reichsverfassung, und der Einfluß des Steuerrechts auf die Begriffsbildung des öffentlichen Rechts (dies der einzige rein verwaltungsrechtliche, nicht auf die Verfassung bezogene Gegenstand) 1926, das Recht der freien Meinungsäußerung, und der Begriff des Gesetzes in der Reichsverfassung 1927, Wesen und Entwicklung der Staatsgerichtsbarkeit, und Überprüfung von Verwaltungsakten durch die ordentlichen Gerichte 1928, Bundesstaatliche und gliedstaatliche Rechtsordnung, und Verwaltungsrecht der öffentlichen Anstalt 1929, Entwicklung und Form des Beamtenrechts, und die Reform des Wahlrechts 1931). Für die sachliche Gruppierung und Würdigung darf ich auf die von Scheuner, a. a. O., gegebene Würdigung verweisen[12].

Diese Gespräche liegen nun vierzig bis fünfzig Jahre zurück, und auf sie folgten siebzehn Jahre der Unterbrechung. So sind sie im großen und ganzen, gerade infolge ihrer überwiegenden Ausrichtung auf die Weimarer Verfassung, überholt. Aber sie haben ihren Dienst getan, nicht nur darin, daß dies Zusammenfinden der Fachgenossen ihre politische Spaltung zum Schaden nicht nur der Wissenschaft verhinderte, sondern auch darin, daß es eine Arbeitsgemeinschaft unter ihnen begründete, die nach der Hitlerzeit in voller Selbstverständlichkeit wieder in Tätigkeit treten konnte.

Ob und wie weit das in ihrem Kreise bis 1931 Verhandelte inzwischen geltendes Recht geworden ist oder in der fachlichen Erörterung fortwirkt, ist überwiegend nur an den Einzelproblemen zu ermitteln.

In diese ersten zehn Jahre der Vereinigung eingebettet verlief von 1926 an in ihrem Kreise die Verhandlung des „Methodenstreits". Von den fünfzehn Verhandlungstagen dieser Zeit hat er nur vier und auch diese nur zum Teil beansprucht. Schon deshalb mag er in heutiger Sicht als eine ferne Episode erscheinen. In der Wissenschaftsgeschichte des Fachs ist er das jedenfalls nicht.

Seine geläufige Bezeichnung als Methodenstreit ist irreführend. Er forderte zwar ein methodisches Umdenken, aber er hatte zugleich sachliche und insoweit politische Ziele, aber keine parteipolitischen — der oppositionellen Gruppe, die ihn begann und führte, gehörten Vertreter aller damaligen größeren politischen Richtungen an[13]. Und wenn es zu-

---

12 Dazu jetzt Manfred Friedrich, Die Grundlagendiskussion in der Weimarer-Staatsrechtslehre, Politische Vierteljahresschrift 13 (1972), 582 ff.

13 Scheuner, a. a. O., 367 ff., Holstein, Arch. ö. R. 50, 37.

nächst dabei um die Methode ging, so — mindestens auf den ersten Blick paradoxerweise — doch nicht um dieselbe Methode. Nur in der Ablehnung des bis dahin vorherrschenden formalistischen Positivismus war man einig. Insofern mochte man diese Opposition als eine Kampfgemeinschaft verstehen, die auch in der Zeit nach dem Grundgesetz fortbestand[14]. Die positiven Ergebnisse des Streits waren die Aufwertung der Grundrechte, vertieftes Verständnis der konstitutionellen Gewalten, und anderes mehr. Die Frage ist, ob der Bewegung nicht noch ein weiteres, bisher nicht genügend gewürdigtes Verdienst zukommt.

Die Opposition war einig im Widerspruch gegen den formalistischen Positivismus. E. Kaufmann nahm 1926 an, „daß der Positivismus in der Rechtswissenschaft heute so weit als erledigt angesehen werden kann, daß unsere Vereinigung zum mindesten das Problem als Problem empfindet“[15]. Unzweifelhaft schieden sich danach die Geister. Aber wie sich die Mitglieder zahlenmäßig danach gruppierten, war nicht zu sagen, und Nawiasky protestierte 1927 mit Recht überhaupt dagegen, „so ohne weiteres von einer herrschenden Lehre zu sprechen“[16].

Die grundsätzlichen Äußerungen der Gruppe im Kreise der Vereinigung liegen zunächst in den Referaten von vier Mitgliedern vor: (der zeitlichen Folge nach) von Kaufmann 1926, von Smend und Heller 1927, von Leibholz 1931. Sie hatten jedes Mal einen zweiten Referenten neben sich, meist gegensätzlicher Richtung (am schärfsten Nawiasky neben Kaufmann, aber auch Rothenbücher neben Smend, Wenzel neben Heller), lediglich ergänzend Pohl neben Leibholz.

Diese Erörterungen waren Streitgespräche, jeweils durch die nicht unter dem Gesichtspunkt dieser Gegensätze getroffene Auswahl von Themen und Referenten bedingt und nicht durch Feststellung von Ergebnissen abgeschlossen. Sie waren auf Fortsetzung angelegt, aber an deren Stelle folgte die erzwungene siebzehnjährige Pause. So blieben im Rückblick von dieser grundlegenden Auseinandersetzung nur einige unzusammenhängende Fragmente[17].

---

[14] So E. Kaufmann, Gesammelte Schriften Bd. 3, XXX.

[15] 1926, 3.

[16] 1927, 180.

[17] Diese Erinnerungsblätter sollen keinen Beitrag zur „wissenschaftsgeschichtlichen Aufarbeitung der Entwicklungen in den Zwanzigerjahren“ liefern, für die Manfred Friedrich eindringlich vier methodische Maximen aufgestellt hat (Pol. V.J.Schr. 13, 1972, 598). Selbst um Objektivität bemühten Historikern und Staatswissenschaftlern ist eine befriedigende Klärung nicht gelungen, geschweige dann, wenn mit „Verdrehungen, rabulistischer Textinterpretation, völliger Ver-

Der erste Vorstoß, das Referat Kaufmanns 1926 in Münster über die Gleichheit vor dem Gesetz im Sinne des Art. 109 der Reichsverfassung, war zugleich der eigenartigste. Seine Voraussetzungen waren einerseits Kaufmanns letzte grundsätzliche Schrift, die Kritik der neukantischen Rechtsphilosophie von 1921, eine philosophische Kampfschrift hohen Ranges, und andererseits seine Eindrücke der westeuropäischen Rechtskultur, mit der er sich gerade praktisch in den zwanziger Jahren in den Gemischten Schiedsgerichten auseinanderzusetzen hatte. Sozusagen in einer Kampfpause, als „nichts Fertiges und nichts Abgerundetes, nichts an sich zur Veröffentlichung Bestimmtes", getragen von philosophischer Bewegtheit und neuen Anregungen der Praxis, entstand diese sehr persönliche Äußerung, keine Auslegung des Art. 109, sondern eher eine Erörterung transzendenter und historisch-empirischer Voraussetzungen seines Stellenwerts, und damit zugleich ein „Bekenntnis"[18]. Als solches machte es einen starken Eindruck auf den ganzen Kreis, und ein Satz wie dieser: „Der Staat schafft nicht Recht, der Staat schafft Gesetze: und Staat und Gesetze stehen unter dem Recht"[19] ist bei vielen als die Quintessenz dieses „Bekenntnisses" unvergeßlich geblieben. Aber die Exegese des Art. 109 kam über seiner nicht näher begründeten Gleichsetzung mit dem Gebot der Gerechtigkeit[20] zu kurz, und die hervorragende Antwort des Korreferenten Nawiasky, die in sorgfältiger Durchmusterung der Verfassung nachzuweisen suchte, „daß neben der Rechtsanwendungsgleichheit der Gedanke der persönlichen Rechtsgleichheit die ganze Verfassung wie ein roter Faden durchzieht, während sachliche Rechtsgleichheit nur eine untergeordnete Rolle spielt"[21], daß also Art. 109 nur ein Verbot persönlicher Rechtsungleichheit enthält, aber auch für den Gesetzgeber — diese Antwort ging jedenfalls gründlich auf die Frage der Tragweite des Art. 109 ein. Und Kaufmanns schöne Schilderung des — nach ihm auch zur Prüfung der Gesetze am Maßstabe der Gerechtigkeit berufenen — Richters, der nur als ethische Persönlichkeit ein guter und gerechter Richter sein kann[22], stieß auch auf naheliegende Bedenken[23].

zerrung" (so Manfred Friedrich, a. a. O., S. 591 - 594 zu Wolfram Bauer, Wertrelativismus und Wertbestimmtheit im Kampf um die Weimarer Verfassung, Berlin 1968) gearbeitet wird.

[18] 1926, 2.

[19] a. a. O., S. 20.

[20] S. 10 ff.

[21] S. 36, 43.

[22] a. a. O., S. 22 f.

[23] a. a. O., S. 44, 53 f., 56, 59.

Immerhin stimmte eine nicht geringe Anzahl der Teilnehmer (Triepel, R. Schmidt, Holstein, Heller, Hensel, Jellinek) Kaufmann ausdrücklich zu — jedenfalls seiner Grundhaltung. Aber es blieb das Verlangen nach einer entschiedenen „juristischen" Begründung für die neue Sicht. Kaufmann hat selbst später erklärt, daß das Referat in Münster seinem Bedürfnis nach Aussprache über die Weiterentwicklung seiner rechtsphilosophischen Gedanken gedient habe, und deshalb sei eine Aufklärung über diese Zusammenhänge derartiger Vorträge und zunächst dieses Referats „zu ihrem besseren Verständnis" notwendig[24]. Auch Holstein dürfte das empfunden haben, wenn er seinem Tagungsbericht eine gründliche Ergänzung der Kaufmannschen Darlegungen beifügte[25]. Kaufmann selbst hat über die Tagung und die „fast allgemeine Ablehnung", die er in der Aussprache gefunden habe (der gedruckte Bericht verzeichnet sechs Zustimmende und drei Widersprechende) und das „wirklich totale Schweigen und Verschweigen im fachwissenschaftlichen Schrifttum" bitter geurteilt und sich nur an Triepel dankbar erinnert, „der mit seiner unbeirrbaren intellektuellen Redlichkeit und seinem sicheren Gefühl für das, was Recht ist, die richtigen Worte fand"[26]. Ein derart distanzierendes Urteil ist nicht begründet, jedenfalls nicht für die fünf anderen, die ihm ausdrücklich beigetreten sind.

Die folgende Jahrestagung in München (1927) brachte nacheinander Verhandlungen über das Recht der freien Meinungsäußerung und über den Begriff des Gesetzes in der Reichsverfassung. Beide boten Gelegenheit zu Vorstößen im Sinne der Opposition, für Smend zur Meinungsäußerung als zweitem, für Heller zum Gesetzesproblem als erstem Berichterstatter.

Smend hatte eine umfassende Behandlung dem Erstreferenten Rothenbücher überlassen, der dieser Aufgabe vortrefflich gerecht wurde. So blieb für das zweite Referat die Möglichkeit der Spezialisierung: auf die grundsätzliche Frage der Weimarer Grundrechte überhaupt, auf einzelne Bemerkungen zur Meinungsfreiheit nach der Weimarer Verfassung (Art. 118), und auf die Wissenschafts- und Lehrfreiheit nach Art. 142. Es war damals notwendig, das volle Gewicht der Grundrechte in der neuen Verfassung herauszustellen, voran durch Anerkennung ihrer Geltung für den Gesetzgeber — eine heute abgetane Sache, von deren Be-

---

[24] Gesammelte Schriften Bd. 3, XXVIII f.

[25] „um die allgemeine geistige Situation der Tagung noch einmal zu umreißen und die Stellung dieser Zeitschrift und der in ihr verbundenen Arbeitsgemeinschaft darin zu umgrenzen", Arch. ö. R. 50, 25 ff.

[26] Ges. Schriften, a. a. O., S. XXIX.

handlung ich heute die zu starke Betonung des Gedankens eines Systems der Grundrechte zurückziehen würde. Das grundsätzliche Verständnis des Art. 118 dürfte heute Gemeingut sein, dem Fortschritt der Zeit entsprechend als eine Fülle damals nicht vorherzusehender neuer Fragen; und das Problem der „allgemeinen Gesetze" ist inzwischen weit über den damaligen Erörterungsstand hinaus gefördert. Um so mehr ist die Frage des „Grundrechts der deutschen Universität" im Streit, und ich muß dessen Erledigung anderen überlassen[27].

Das für unseren Kreis wichtigste Ereignis der Tagung war, daß Triepel in seiner nüchternen Weise, aber mit dem Gewicht seiner wissenschaftlichen und moralischen Autorität auf die Seite des neuen Grundrechtsverständnisses trat[28]. Bei den Angegriffenen wurde ein gewisses Zurückweichen in eine Verteidigungshaltung spürbar, auch wenn Anschütz zornig erklärte: „liberale Reden hier zu halten ist dankbar", und Thoma meinem Referat zustimmende Ausführungen Kaufmanns in ihrer Begrifflichkeit als „für mich sozusagen chinesisch" beanstandete[29]. Allerdings meinte Thoma, sich hier zu einer ernsten Sorge bekennen zu müssen: „Ich verstehe es einfach nicht und bin durchaus nicht der einzige in diesem Saale, der es nicht versteht. Ich spreche das aus, weil es doch ein sehr beunruhigendes Symptom der gegenwärtigen wissenschaftlichen Situation ist, daß selbst in einem so engen Kreise spezialisierter Fachgelehrter sich eine solche Kluft des Nichtverstehens der Problematik und der Terminologie der einen Gruppe durch die andere Gruppe auftut." Für uns Angreifer war es eine zunehmend stärkere Sorge, daß unser Kreis auch unter sich aus Vertretern sehr verschiedener Ausgangspunkte und

27 Meine Sicht des Verhältnisses von der Nähe von akademischem Lehrer und Hochschule als Gegenständen besonderen rechtlichen Schutzes beruht auf der Sicht der geschichtlichen Zusammenhänge. Forschung und Lehre ist in Deutschland von jeher im ganzen Sache des beamteten Professors gewesen — den Aristokraten als Forscher, wie in den letzten Jahrhunderten in Frankreich, gab es in dem ärmeren Deutschland nicht — die Humboldts sind internationale Größen gewesen und als solche Ausnahmen. Das Karlsbader „Universitätsgesetz" von 1819 begreift unter die „in Ansehung der Universitäten zu ergreifenden Maßregeln" die akademischen Lehrer selbstverständlich ein, und umgekehrt bleibt dieser Akt die Orientierung für die Gegenbewegung des Jahrhunderts. Es sind die akademischen Korporationen, die sich gegebenenfalls zu Wortführern des Protestes gegen Maßregelungen oder tendenziöse Berufungen machen — die rechtliche Kompetenz dazu wurde ihnen nicht bestritten, auch bei sachlicher Ablehnung durch die Behörde. Angriff und Verteidigung galten unter dem Gesichtspunkt von „Forschung und Lehre" diesem institutionell-persönlichen Komplex.

28 1927, 89

29 1927, 75, 86

Methoden bestand, und ich meinte, in meinem Schlußwort mein Bedauern darüber ausdrücken zu sollen, daß die neue staatsrechtliche Denkweise noch nicht in einer systematischen Arbeit grundsätzlichen Charakters auf breitere staatsrechtliche Stoffmengen angewendet sei[30]. Kaufmann löste seine breit geführte, eindringende Unterstützung meiner Thesen in München[31] schon bald durch eine nachdrückliche Polemik ab[32].

Den dritten Vorstoß aus der oppositionellen Gruppe führte am folgenden Tage H. Heller zur Frage des Begriffs des Gesetzes in der Reichsverfassung. Unter nachdrücklicher zustimmender Bezugnahme auf mein Referat vom Tage vorher erklärte er, „auf rechtsphilosophische Erörterungen verzichten und sich fast ganz ausschließlich rechtshistorischen und positivrechtlichen Erwägungen hingeben zu können“[33]. Mit der Mahnung, „daß die heutige Staatsrechtslehre keinen Schritt tun darf, ohne ihre letzten höchst fragwürdig gewordenen Fundamente zu überprüfen“, lehnte er jeden „formalistischen Apriorismus“ ab, aber auch jede Verknüpfung des geltenden Gesetzesbegriffs mit einem irgendwie allgemeingültigen Rechtsbegriff[34]. Er sah den heutigen Gesetzesbegriff als entstanden mit der bürgerlichen Revolution, also als Stück der Gewaltenteilung, und fand in der Verkennung dieses seines sinnbestimmenden Ursprungs die Wurzel der Irrlehre vom doppelten Gesetzesbegriff. Diese, als „theoretisch unhaltbar und praktisch teils bedeutungslos, teils gefährlich“ zu erweisen, war dann der eigentliche Gegenstand des Berichts, in einer Kritik der herrschenden Lehre, dagegen einer Herausstellung des „materiellen Rechtsstaatsgedankens“, eigener Unterscheidung von Rechtssatz und Rechtsgrundsatz, und einer Durchführung dieser Thesen an der Reichsverfassung[35]. Dabei fallen geläufige Kategorien des Gesetzes, wie seine besondere Rechtsnormqualität, und die Allgemeingültigkeit als nicht haltbar aus[36].

---

30 1927, 96 f.

31 1927, 77 ff., auch Gesammelte Schriften 3, 266 ff.

32 Das. S. XXX ff.

33 1927, 98. Eine allgemeine theoretische Begründung zu dem hier konkret eingeschlagenen Verfahren folgte 1929 in seiner Abhandlung „Bemerkungen zur staats- und rechtstheoretischen Problematik der Gegenwart“ (Arch. ö. R. 55, 321 ff.). Er bezeichnet diesen Arbeitsbereich damals ausdrücklich als Geisteswissenschaft, später hat er ihn davon nachdrücklich als „Wirklichkeitswissenschaft“ unterschieden (Staatslehre 1934, S. 43).

34 1927, 201, 203, 101. — Damit erledigte sich sachlich auch der Zweitbericht von Wenzel.

35 1927, 107 ff., 115 ff., 118 ff., 121 ff.

Der Gesetzesbegriff wird demnach durch die Tatsache bestimmt, daß heute für Staat und Recht ihre demokratischen Legitimitätsgrundlagen entscheidend sind. Daraus folgt insbesondere, daß es keinen allgemeinen Vorbehalt des Gesetzes gibt. Für dessen Abgrenzung kann keine logische Unterscheidung der „materiellen" Gesetzgebung, die es nicht gibt, entscheiden, sondern Tradition, Zweckmäßigkeit, Machtlage und Rechtsbewußtsein, als „substantielle Kräfte"[37].

Damit war der Streit um den Gesetzesbegriff, zumal um den doppelten Gesetzesbegriff, nicht beendigt, aber in ein anderes Stadium getreten. Als 1956 diese Problematik unter dem Gesichtspunkt „Das Gesetz als Norm und Maßnahme" wieder in der Vereinigung verhandelt wurde, mußte Scheuner ähnliches über die Herkunft des Gesetzesbegriffs feststellen, und dazu mindestens soviel, daß „die Entwicklung des modernen Gesetzesbegriffs zu einer völligen Verschleißung seiner inhaltlichen Qualitäten vorwärts gegangen" sei[38].

Der Entschiedenheit der Angriffe an beiden Tagen entsprach vielfach die besondere Schärfe der Verteidigung. So wurde die Tagung die polemisch bewegteste der Weimarer Zeit, und die beiden folgenden unterschieden sich von ihr spürbar durch ihr gleichmäßig „akademisches" Klima.

Demgegenüber führte die letzte 1931 an ihrem zweiten Verhandlungstage über Reform des Wahlrechts auf einen besonderen Höhepunkt.

Das von dem inzwischen verstorbenen Erstreferenten Pohl verfaßte Referat bestand im wesentlichen aus kritischen Bemerkungen und Gegenvorschlägen zu einem vorliegenden Regierungsentwurf. Dieser „mathematisch-technischen" Einzelkritik stellte Leibholz eine Gesamtentwicklung des Wahlrechtsproblems „von imponierender Geschlossenheit" (Triepel) gegenüber.

Sein methodisches Prinzip war eine „auf einer immanenten Bewertung beruhende, verfassungstheoretische Analyse der politisch-soziologischen Verhältnisse der Gegenwart" zu liefern[39] — eine dem gemeinsamen Ziel der Oppositionsgruppe mehr entsprechende Sicht der Aufgabe als etwa die von Kaufmann. Seine durch seine früheren Arbeiten vorbereitete Leistung war die Zusammenfassung kraftvoller Anschauung der ge-

---

36 a. a. O., 107, 110.

37 a. a. O., 121 f.

38 1956, 70.

39 1931, 202.

schichtlichen Gegenwart mit ebenso entschiedener verfassungstheoretischer Begrifflichkeit, die Immanenz der Methode einer- und des Verfassungsbildes anderseits, und endlich die dadurch ermöglichte Kritik der überholten Gedankenelemente der Vergangenheit wie ihrer überständigen Restbestände in der Weimarer Verfassung.

Wenn Pohl grundsätzlich richtig das Wahlrecht vom Prinzip der Volkssouveränität her zu begründen suchte, so galten seine Folgerungen doch wesentlich nur Einzelpunkten: der befriedigenden Einordnung des Wählers und der Gewinnung klarer parlamentarischer Mehrheiten. Dem stellte Leibholz die Forderung gegenüber, statt eines besten Wahlsystems, das es bei dem strukturellen Zusammenhang eines jeden Wahlrechts mit den politisch-soziologischen Grundlagen einer Verfassung gar nicht geben könne, zunächst die das Wahlrecht bedingende objektive Wirklichkeit herauszustellen. Die für das Wahlrecht entscheidende Frage sei die der Erfüllung des Legitimitätsanspruchs der entscheidenden politischen Instanzen: in der Monarchie transzendent, in der Demokratie immanent begründet, im Liberalismus des 19. Jahrhunderts auf den elitären Gedanken der unmittelbaren Persönlichkeitswahl, in der heutigen Massendemokratie auf die auf die Parteien hin orientierte Verhältniswahl. Wie die zugrundeliegenden sozialen Strukturen, so schließen sich deshalb die entsprechenden Verfassungstypen des repräsentativen und des parteienstaatlichen Parlamentarismus und damit des Mehrheits- und des Verhältniswahlrechts gegenseitig aus. Erst von dieser Sicht her ist eine Befreiung „aus der traditionellen geistigen Umklammerung des 19. Jahrhunderts" und eine begründete Wahlrechtskritik möglich. Daraus ergaben sich allerdings auch neue Forderungen, zumal an deren Demokratisierung[40].

Es bedarf keiner Erinnerung, wie viel Leibholz in späteren Jahren wissenschaftlich und praktisch zur Durchführung dieser seiner Gedanken geleistet hat. Was er damals vorführte, mochte dem Kreise zunächst als Kontrastierung von zwei Idealtypen — um das zu Unrecht allzusehr verketzerte Wort zu gebrauchen — erscheinen. In der Aussprache wurden im ganzen nur begrenzte Vorbehalte geltend gemacht, für liberale Errungenschaften oder gar „Ewigkeitswerte des Liberalismus"[41]. Der Bericht setzte für Verfassungstheorie und Verfassungsauslegung ein nicht mehr zu übersehendes Zeichen, als bedeutenden und bedeutungsvollen Abschluß der ersten Periode der Vereinigung.

---

[40] 1931, 187, 189.

[41] Koellreutter 1931, 199. Gewisse gleichzeitige Vorbehalte bei Köttgen, Arch. ö. R. 50, 1932, 428 ff.

Für siebzehn Jahre war dann ein in gutem Fortschreiten begriffenes Gespräch abgebrochen. Von abschließend gewonnenen Ergebnissen konnte damals schwerlich die Rede sein. Um so mehr hatte man sich im Rückblick der Fortwirkung dessen zu erinnern, was damals in Bewegung gekommen war.

Als Juristen — und die deutschen Staatsrechtslehrer verhandelten gerade auch auf diesen Tagungen mit juristischen Argumenten um juristische Meinungsverschiedenheiten bei der Auslegung der Weimarer Verfassung — wußten sich die vier Referenten der Opposition grundsätzlich als eine Kampfgemeinschaft gegen den überkommenen Positivismus, gegen die ausschließliche Grundsätzlichkeit seines Ansatzes und gegen die damit gegebenen Fehlerquellen seiner juristischen Argumentation. Der Überblick über diese ihre Gemeinsamkeit als solche mochte, mindestens für das Verständnis der Hörer, Leser und Gegner, dadurch erschwert sein, daß die einzelnen Referate mit ihrer Kritik in verschiedenen Schichten ihres Gegenstandes ansetzten. Kaufmann entwickelte die allgemeine philosophische Grundlage seines objektiven Idealismus als die Voraussetzung seiner Kritik. Umgekehrt belegte Leibholz die Notwendigkeit und Richtigkeit grundsätzlich neuer Sicht sofort mit der geradezu kontradiktorischen und daher nicht unangefochten bleibenden Gegenüberstellung von Alt und Neu im Recht von Wahlrecht und Parlament mit der umwälzenden, grundsätzlichen Ablösung der überkommenen Legitimierung „repräsentativer" Instanzen durch eine Ordnung plebiszitären Charakters. Zugleich verwendete er das wesentliche Stichwort für die Neuordnung und für ihr damit aufgegebenes Verständnis, den Gegensatz von transzendenter und immanenter Begründung in der Monarchie und in der Demokratie einer- und anderseits[42]. Heller und Smend hatten die ausdrückliche Unterstellung ihrer Referate unter diese allgemeine Alternative unterlassen, um sich strikt an ihre besondere Aufgabe zu halten. Aber sie realisierten diese Alternative an ihren sehr verschiedenen Gegenständen zwar auf sehr verschiedenen methodischen Wegen, aber in derselben Ausrichtung und mit demselben Ergebnis. Heller räumte alle anderen Gesetzesbegriffe aus zugunsten des ausschließlichen Geltungsanspruchs des positiven Gesetzesbegriffs der konkreten Verfassungen, d. h. in der Demokratie der von oder mit der Volkslegislatur gesetzten obersten Rechtssätze. Und die Integrationslehre versuchte durch die radikale und ausschließliche Zurückführung aller staatlichen Wirklichkeit und Rechtsordnung auf einen immanenten Lebensvorgang alle

[42] 1931, 160.

heteronomen Reste monarchischer Ordnung aus dem nunmehr geforderten Verfassungsdenken auszuschließen. Alle Bestandteile der politischen Ordnung waren danach in dem neuen Struktursystem zu denken, etwa wie die magnetisch bestimmten Bestandteile eines Magnetfeldes, das einen neuen anderweitig gelagerten Pol bekommen hat[43].

Der Methodenstreit oder besser der Methodengegensatz hat das Dritte Reich überdauert. Zunächst allerdings war er stillgelegt, nicht nur dadurch, daß die Vertreter der Opposition gutenteils ausfielen (drei von den vier oppositionellen Referenten der Weimarer Jahre gingen in die Verbannung, und eine Anzahl der Jüngeren, die sich ihnen angeschlossen hatten, starben früh, zuerst Günther Holstein [1931]), sondern überhaupt infolge der Unmöglichkeit freier Meinungsäußerung in Sachen der Verfassungspolitik und Verfassungskritik. Und als die Auseinandersetzung der Richtungen, soweit sie als lose Gruppen mit unbestimmten Grenzen überhaupt erkennbar waren, wieder aufgenommen wurde, geschah es mit neuen Aufgaben und daher auf veränderte Weise.

Die Themenreihe der Tagungen von 1921 bis 1931 bietet ein buntes Bild ohne eigentlichen Plan, jeweils bestimmt teils nach Aktualität, teils nach sich darbietenden wünschenswerten Referenten. Dem entsprach es, daß die Versuche neuen Verfassungsverständnisses und veränderter Verfassungsauslegung nur zerstreut und ohne Plan und Zusammenhang zur Erörterung gestellt werden konnten. Ganz anders in der neuen Periode seit 1949, in ihrem sozusagen logischen, ja beinahe dramatischen Ablauf. Zuerst die kurze Zeit, in der die Tagungen noch im Schatten des Grundgesetzes standen: 1949 im Zeichen der ersten Klärung, nicht zuletzt durch das Zeugnis der „Väter" des Grundgesetzes, 1950 im Bemühen um eine gewisse Orientierung in dem neuen verfassungsrechtlichen Raum; dann aber 1951 in entschlossener Ausrichtung auf die Gewinnung von Leitlinien des Verständnisses im Grundgesetz, einleitend nachdrücklich gefordert von H. P. Ipsen, die „Entscheidung des Grundgesetzes" zu verstehen im Sinne der „Bereitschaft und Zuständigkeit seines Staates zur Gestaltung der sozialen Ordnung" — jeder Verzicht darauf gehe „an der Realität unserer Daseinsweise vorüber" — damit allerdings das Grundgesetz fortentwickelnd auszulegen, „die grundgesetzliche Entscheidung für den Sozialstaat im Sinne der Gestaltung der Sozialordnung zu vertiefen und zu verbreitern"[44]. Hier an der Einzelfrage von Enteignung

[43] Die unter Politologen verbreiteten „politischen" Mißverständnisse und Entstellungen dieser juristischen Auseinandersetzungen unter Juristen lasse ich auf sich beruhen. Die Kritik eines besonders verwunderlichen Falls oben S. 624 Anm. 17.

und Sozialisierung erörtert und auf die Probe gestellt, wurde das Neue 1952 in breiter Übersicht über die „staatliche Intervention im Bereich der Wirtschaft" fortentwickelt, nicht ohne daß schon die Ankündigung des Themas „wie ein Fanal empfunden"[45] und dann Abstand vom Neoliberalismus einerseits, von totaler Wirtschaftskontrolle anderseits gesucht wurde[46]. Die Thesen dieser beiden Tagungen forderten eine grundsätzliche Auseinandersetzung über ihre verfassungsrechtliche Grundlage, über „Begriffe und Wesen des sozialen Rechtsstaates", die sich 1953 anschloß und, allerdings in starker Verschiebung, den alten Gegensatz wieder hervortreten ließ. Aber im Gefälle der Sozial- und Verfassungsgeschichte war die sozialstaatliche Entwicklung nicht aufzuhalten, besonders anschaulich im fortschreitenden Verständnis der Grundrechte „im Zusammenhang mit den Zielentscheidungen der Verfassung"[47], bis hin zu den Verhandlungen über die Grundrechte im Leistungsstaat (1971), anschaulich auch im Vergleich des Verwaltungsrechtsdenkens einst und jetzt (1971), wobei E. Kaufmanns großer Wörterbuchartikel „Verwaltung, Verwaltungsrecht" von 1914 überraschend wieder zu Ehren kam. In diesen beinahe zwei Jahrzehnten gelangten eine beträchtliche Anzahl von erfolgreichen Entdeckungsreisen in die Überfülle neuer Rechtsformen und Rechtsprobleme der Zeit als Tagungsreferate in die Veröffentlichungsreihe der Vereinigung, um deren Anregung sich der Vorstand erhebliche Verdienste erworben hatte. Das vielfältige Hin und Her zwischen gesellschaftlichen, wirtschaftlichen und staatlichen Stellen und die dafür erforderlichen neuen Instrumentarien und Begriffe, die „ständige Konfrontation allen Verwaltungshandelns mit der Verfassung", wie überhaupt die Fülle neuer, seit 1951 erörterter Probleme, das alles in ständiger Rechtsfortbildung, nicht zuletzt im „Wechselspiel von Lehre und Rechtsprechung", mit den unsicheren Hilfen des Systemdenkens[48] und den unsicheren Grenzen für die dogmatische Aufgabe, ihre neuen Gegen-

44 1951, 74 f.

45 F. Klein 1952, 126.

46 Leitsatz Scheuner I 4, 1952, 68: Jede wirtschaftliche Ordnung wird getragen und maßgebend geformt durch die rechtliche Ordnung der Verfassung, der grundlegenden Institutionen des Privatrechts (Eigentum, Vertragsfreiheit, Erbrecht) und der Verwaltung sowie ihre Handhabung. Die Grundlagen, die man als Wirtschaftsverfassung bezeichnen kann, stehen mit der Staatsform und der politischen Verfassung in wechselseitigem Zusammenhang. Eine rechtsstaatliche Ordnung kann nicht mit einem System vollständiger kollektiver Zwangswirtschaft zusammengehen.

47 Ipsen, Arch. ö. R. 97, 1972, 398.

48 Bachof 1971, 205, 215, 224.

stände „in eine veränderte soziopolitische Landschaft einzufügen, ohne die Traditionsbande zu zerreißen und den bewährten Boden völlig zu verlassen“ [49] — alle diese Bemühungen geraten seitdem unmittelbar in das Licht diescr oft kontroversen Auseinandersetzungen und damit in eine besondere Öffentlichkeit, die freilich die nicht ohne Grund von Drath und anderen geforderte eigentliche Publizitätswirkung [50] nicht erreichen kann. Eine Öffnung zum weiteren Kreise wird immerhin auch bedeuten, „unter grundsätzlichem Festhalten an der juristischen Methode die Erkenntnisse der Sozialwissenschaften wieder in stärkerem Maße zu berücksichtigen“ [51].

Die zweite Periode der Vereinigung, seit 1949, hat verhältnismäßig mehr an produktiver Leistung aufzuweisen, als die erste. Eine größere Zahl qualifizierter Mitarbeiter stand auf politisch und wissenschaftlich gefestigterem Boden einer größeren und lohnenderen Fülle wissenschaftlicher Aufgaben und Anregungen gegenüber. Die Anstöße der ersten Periode und vor allem der damaligen Reformer kamen ihnen dabei zugute: die von ihnen angeregten neuen Elemente des Grundgesetzes, und das wissenschaftliche Erbe des grundsätzlichen Immanenzdenkens [52] vom Staat als Leben [53], im Gegensatz zur reinen Statik des früheren Staatsbildes und der früheren sozusagen klassischen Streitfragen. Davon wurde auch der grundsätzliche Anlauf seit 1951 getragen, die Abkehr vom Positivismus und die Einbeziehung sozialwissenschaftlicher und politologischer Elemente in die eigene Grundlegung [54]. So brauchte die alte Gruppe nicht mehr als solche hervorzutreten, obwohl der alte Methodengegensatz im stillen fortbestand [55] und bei Auseinandersetzungen wie der

---

[49] Dactoglou 1971, 341.

[50] 1949, 154; 1950, 127 und öfter, auch Arch. ö. R. 98, 1973, 134.

[51] Bachof 1971, 217; Friauf 1968, 111; Ipsen, Arch. ö. R. 97, 409. Umgekehrt gelingt es den Historikern (und man muß hinzufügen, auch den Politologen auch abgesehen von besonderen Fällen wie dem oben S. 622 Anm. 17 erwähnten) nicht immer, die richtige Perspektive für rechtswissenschaftsgeschichtliche Entwicklungen zu gewinnen: Scheuner, Arch. ö. R. 97, 1972, 359. Bemerkenswert die „Empfehlungen der deutschen Staatsrechtslehrer zu der Frage, in welcher Form sich die juristischen Fakultäten in Forschung und Lehre an der Pflege der Wissenschaft von der Politik beteiligen sollten“, AöR 89 (1964), 485.

[52] Z. B. Heller 1927, 102 f., Leibholz 1931, 160, 202.

[53] Scheuner 1957, 122.

[54] Ipsen, Arch. ö. R. 97, 1972, 377.

[55] Scheuner Arch. ö. R. 97, 369, Bachof 1971, 217. Die im Anschluß an die Tagung von 1963 (Saarbrücken) von H. H. Rupp geforderte Auseinandersetzung zur Methodenfrage (Arch. ö. R. 89, 255) würde auf einem anderen Felde liegen.

um den sozialen Rechtsstaat (1953) und um die Prinzipien der Verfassungsinterpretation (1961) wieder zutage trat. Die besonderen Aufgaben einer mehr positivistisch ausgerichteten Arbeitsweise kamen daneben nicht genügend zur Sprache: in der Deutung und Bewahrung großer, in den nur in seiner Immanenz zu verstehenden Lebensstrom und seine rechtlichen Gestaltungen nicht oder nicht voll einzubeziehender Rechtsbestände, wie in gewissen Grenzen des Staatskirchenrechts — oder gegenüber der radikalen Infragestellung der Positivität des Rechts, repräsentiert durch das bedeutende und bedenkliche Buch über Naturrecht und menschliche Würde (1961) von Ernst Bloch.

Eine besondere Rolle in diesen Auseinandersetzungen, innerhalb und außerhalb der Vereinigung, ist Ulrich Scheuner zugefallen. Selbst ein entschiedener Anhänger der „modernen" Richtung und als solcher ein kräftiger Mitstreiter in der Fortentwicklung der grundgesetzlichen Ordnung, vor allem in der sozialstaatlichen Linie, ist er zugleich auch wissenschaftlich Andersdenkenden gegenüber aufgeschlossen (mit Zurückhaltung allenfalls gegenüber der Wiener Schule), aufgeschlossen den pluralistischen Elementen unserer Verfassung, ein sorgfältiger Beobachter auch des laufenden Verfassungswandels. In seltener Souveränität der gleichmäßigen Beherrschung aller Disziplinen des öffentlichen Rechts, in Geschichte und System, deutscher und ausländischer Literatur und Praxis, übt er eine weise Kunst der Auslegung, deren Maxime die Harmonisierung ist, die Zusammenfügung der „einzelnen Güter der Verfassung zu einer Ordnung, d. h. zu einem harmonischen Ganzen, aber nicht zu einem System, aus dem man deduktiv ableitet" — mit einer Beherrschung des Gegenstandes, die ihm die Fülle seines Sinnes entlockt und ihm doch keine Gewalt antut[56]. So weiß er auch im wissenschaftlichen Gespräch mit den Fachgenossen umzugehen, in einem Miteinander, das in seiner Fruchtbarkeit auch zu den Ergebnissen des Richtungsstreits gehört, und in dessen stiller und weiser Anregung, Beeinflussung und Leitung er ein Meister ist.

---

[56] 1963, 178, auch 20, 125.

Bibliographie Rudolf Smend

(Die in diesen Band aufgenommenen Stücke sind mit einem Stern bezeichnet)

1. Die Preußische Verfassungsurkunde im Vergleich mit der Belgischen. Eine von der Juristischen Fakultät der Universität Göttingen gekrönte Preisschrift in erweiterter Form. Dieterichsche Universitäts-Buchdruckerei (W. Fr. Kaestner), Göttingen 1904, 85 S.

2. Die Stellvertretung des Reichskanzlers. Annalen des Deutschen Reichs 39 (1905), S. 321-341.

3. Brandenburg-Preußen und das Reichskammergericht. Forschungen zur Brandenburgischen und Preußischen Geschichte 20 (1907), S. 161-199.

4. Ein Reichsreformprojekt aus dem Schriftenkreise des Basler Konzils. Neues Archiv der Gesellschaft für ältere deutsche Geschichtskunde 32 (1907), S. 746-749.

5. Besprechung: A. Rhamm, Die Verfassungsgesetze des Herzogtums Braunschweig (2. Aufl. 1907). Göttingische Gelehrte Anzeigen 169 (1907), S. 966-969.

6. Besprechung: O. Loening, Das Testament im Gebiet des Magdeburger Stadtrechtes (1906). Deutsche Literaturzeitung 29 (1908), Sp. 2807-2808.

7. Besprechung: O. Loening, Grunderwerb und Treuhand in Lübeck (1907). Deutsche Literaturzeitung 30 (1909), Sp. 1469-1470.

8. Besprechung: S. Rietschel, Neue Studien über die älteren Stadtrechte von Freiburg im Breisgau (1907). Deutsche Literaturzeitung 30 (1909), Sp. 1843-1845.

*9. Zur Geschichte der Formel „Kaiser und Reich" in den letzten Jahrhunderten des alten Reiches. Historische Aufsatze, Karl Zeumer zum sechzigsten Geburtstag als Festgabe dargebracht. H. Böhlaus Nachfolger, Weimar 1910 S. 439-449.

10. Besprechung: U. Stutz, Der neueste Stand des deutschen Bischofswahlrechts (1909). Deutsche Literaturzeitung 31 (1910), Sp. 2419-2420.

11. Das Reichskammergericht. Erster Teil. Geschichte und Verfassung. (Quellen und Studien zur Verfassungsgeschichte des Deutschen Reiches in Mittelalter und Neuzeit, hrsg. v. K. Zeumer, Bd. IV, Heft 3). H. Böhlaus Nachfolger, Weimar 1911, XVI, 402 S. (Neudruck: Scientia Verlag, Aalen 1965).

12. Besprechung: A. Walther, Die burgundischen Zentralbehörden unter Maximilian I. und Karl V. (1909). Göttingische Gelehrte Anzeigen 173 (1911), S. 460-465.

13. Besprechung: E. Jordan, Friedrich Wilhelm IV. und der preußische Adel bei Umwandlung der ersten Kammer in das Herrenhaus (1909). Deutsche Literaturzeitung 32 (1911), Sp. 2283.

*14. Maßstäbe des parlamentarischen Wahlrechts in der deutschen Staatstheorie des 19. Jahrhunderts. Tübinger Antrittsrede. Ferdinand Enke, Stuttgart 1912, 27 S.

15. Die Zuständigkeit des Bundesrats in der braunschweigischen Frage. Deutsche Juristen-Zeitung XVIII (1913), Sp. 1347-1350.

16. Krieg und Kultur. Vortrag. Durch Kampf zum Frieden, Tübinger Kriegsschriften VIII. W. Kloeres, Tübingen 1915, 20 S.

*17. Ungeschriebenes Verfassungsrecht im monarchischen Bundesstaat. Festgabe für Otto Mayer zum 70. Geburtstag. J. C. B. Mohr (Paul Siebeck), Tübingen 1916, S. 245-270.

18. Besprechung: M. Weber, Parlament und Regierung im neugeordneten Deutschland (1918). Schmollers Jahrbuch für Gesetzgebung, Verwaltung und Volkswirtschaft im Deutschen Reiche 42 (1918), S. 369-373.

*19. Die Verschiebung der konstitutionellen Ordnung durch die Verhältniswahl. Festgabe der Bonner Juristischen Fakultät für Karl Bergbohm zum 70. Geburtstag. A. Marcus & E. Webers Verlag, Bonn 1919, S. 270-287.

*20. Die politische Gewalt im Verfassungsstaat und das Problem der Staatsform. Festgabe der Berliner Juristischen Fakultät für Wilhelm Kahl zum Doktorjubiläum am 19. April 1923. J. C. B. Mohr (Paul Siebeck), Tübingen 1923, Teil III (25 S.).

21. [Nachruf auf Josef Partsch]. Zum Gedächtnis an Josef Partsch. Reden, gehalten bei der Trauerfeier in Berlin am 8. April 1925, S. 4-9.

22. Zur 5. Tagung der Vereinigung der deutschen Staatsrechtslehrer. Juristische Wochenschrift 56 (1927), S. 745.

*23. Das Recht der freien Meinungsäußerung. Mitbericht auf der vierten Tagung der Vereinigung der Deutschen Staatsrechtslehrer am 24. März 1927. Veröffentlichungen der Vereinigung der Deutschen Staatsrechtslehrer, Heft 4. W. de Gruyter & Co., Berlin und Leipzig 1928, S. 44-74; 96-97.

*24. Verfassung und Verfassungsrecht. Duncker & Humblot, München und Leipzig 1928, VIII, 178 S.

25. Die Verfassung des Deutschen Reichs vom 11. August 1919 (Textausgabe mit Einleitung, 23 S.), in der Reihe: Die deutsche Reichsgesetzgebung. Sieben Stäbe-Verlags- und Druckereigesellschaft, Berlin 1929.

*26. Hochschule und Parteien. „Das akademische Deutschland", III (1930), S. 153-162.

27. Les actes de gouvernement en Allemagne. Rapport. Annuaire de l'Institut International de Droit Public, Bd. 2, Paris 1931, S. 192-232.

28. Günther Holstein 22.5.1892-11.1.1931. Archiv des öffentlichen Rechts NF 20 (1931), S. 1-6.

29. Günther Holstein 22. 5. 1892 - 11. 1. 1931. Preußische Kirchenzeitung 27 (1931), Sp. 33-38.

30. Ein Wendepunkt in der evangelischen Kirchengeschichte. Der Kirchenvertrag vor dem Landtag. Deutsche Allgemeine Zeitung. Ausgabe Groß-Berlin Jg. 70 Nr. 253, 7. Juni 1931, S. 1-2.

31. Artikel: Kahl, Wilhelm (1849-1932). Encyclopaedia of the Social Sciences vol. 8 (1932), S. 534 f.

32. Wissenschaft in Gefahr. Deutsche Juristen-Zeitung 37 (1932), Sp. 121-125.

*33. Protestantismus und Demokratie. In: Krisis, Ein politisches Manifest. Erich Lichtenstein, Weimar 1932, S. 182-193 (auch: Kirche und moderne Demokratie, hrsg. v. Th. Strohm und H.-D. Wendland, WdF 205, Darmstadt 1973, S. 1-13).

*34. Bürger und Bourgeois im deutschen Staatsrecht. Rede, gehalten bei der Reichsgründungsfeier der Friedrich-Wilhelms-Universität Berlin am 18. Januar 1933. Preußische Druckerei- und Verlags-Aktiengesellschaft, Berlin 1933. 24 S.

35. Bürger und Bourgeois im deutschen Staatsrecht. Forschungen und Fortschritte 9 (1933), S. 92-93.

36. Noch einmal das Problem der „Reichskirche". Archiv des öffentlichen Rechts NF 24 (1934), S. 94-97.

37. Besprechung: G. Lenz, Demokratie und Diktatur in der englischen Revolution 1640-1660 (1933). Zeitschrift der Savigny-Stiftung für Rechtsgeschichte, Germ. Abteilung 54 (1934), S. 436-437.

38. Besprechung: O. Koser, Repertorium der Akten des Reichskammergerichts, Untrennbarer Bestand. I (1933). Zeitschrift der Savigny-Stiftung für Rechtsgeschichte, Germ. Abteilung 55 (1936), S. 368-370.

39. Zum Gedenktag der Göttinger Sieben. Zeitschrift der Akademie für Deutsches Recht 4 (1937), S. 691.

40. Die Göttinger Sieben (1837). Sonderbeilage der „Göttinger Nachrichten" am 25. Juni 1937.

41. Heinrich Triepel zum 70. Geburtstage am 12. Februar 1938. Forschungen und Fortschritte 14 (1938), S. 58-59.

42. Besprechung: Jahrbuch der Akademie für Deutsches Recht, 4. Jahrgang 1937. Zeitschrift der Akademie für Deutsches Recht 5 (1938), S. 679.

43. Patronatswesen, Grundherrschaft, Lehnswesen. Zeitschrift der Gesellschaft für niedersächsische Kirchengeschichte 43 (1938), S. 305-308.

*44. Der Einfluß der deutschen Staats- und Verwaltungsrechtslehre des 19. Jahrhunderts auf das Leben in Verfassung und Verwaltung. Deutsche Rechtswissenschaft 4 (1939), S. 25-39.

45. [Nachruf auf Julius Binder]. Jahrbuch der Akademie der Wissenschaften in Göttingen 1939/40, S. 36 f.

46. [Nachruf auf Herbert Meyer]. Jahrbuch der Akademie der Wissenschaften in Göttingen 1940/41, S. 53 f.

*47. Politisches Erlebnis und Staatsdenken seit dem 18. Jahrhundert. Nachrichten von der Akademie der Wissenschaften in Göttingen. Philologisch-Historische Klasse, Jahrgang 1943, S. 517-534 (auch: Archiv für Rechts- und Sozialphilosophie 36 (1943), S. 359-374).

*48. Staat und Politik. Rede zur Eröffnung der historisch-politischen Vortrags- und Diskussionsabende der Universität Göttingen im Dezember 1945.

49. Zwischen den Jahren. Göttinger Universitäts-Zeitung 1 (1945/46), Nr. 3, S. 1.

50. Die nordwestdeutsche Hochschulkonferenz. Göttinger Universitäts-Zeitung 1 (1945/46), Nr. 7, S. 20.

*51. Das Problem der Presse in der heutigen geistigen Lage. Einleitungsvortrag der Tagung des Norddeutschen Zeitungsverlegervereins in Oldenburg, 13. August 1946.

52. Unsere Einordnung in die Ökumene. Göttinger Universitäts-Zeitung 2 (1946/47), Nr. 2, S. 2-4.

53. Karl Brandi. Gedächtnisrede des Rektors Prof. R. Smend an seinem Sarge am 14.3.46. Universitätsbund Göttingen e. V., Mitteilungen 25 (1947), S. 1 f.

54. Amsterdam und die Versammlung des Ökumenischen Rates der Kirchen. Göttinger Universitäts-Zeitung 3 (1948), Nr. 20, S. 6-8.

55. Kirche auf dem Wege. Die Bedeutung der Tagung des Ökumenischen Rates. Göttinger Universitäts-Zeitung 3 (1948), Nr. 21, S. 4-5.

56. Staatsrechtler-Vereinigung neu gegründet. Göttinger Universitäts-Zeitung 4 (1949) Nr. 21, S. 15 f.

57. Zu Erich Kaufmanns wissenschaftlichem Werk. Um Recht und Gerechtigkeit. Festgabe für Erich Kaufmann zu seinem 70. Geburtstage. Kohlhammer, Stuttgart und Köln 1950, S. 391-400.

58. Deutsches evangelisches Kirchenrecht und Ökumene. Verantwortung und Zuversicht. Festgabe für Otto Dibelius. Bertelsmann, Gütersloh 1950, S. 179-187.

*59. Die Göttinger Sieben. Rede zur Immatrikulationsfeier der Georgia Augusta zu Göttingen am 24. Mai 1950. „Musterschmidt" Wissenschaftlicher Verlag, Göttingen, Berlin und Frankfurt 1951, 23 S.; 2. Auflage 1958, 30 S.

*60. Staat und Kirche nach dem Bonner Grundgesetz. Zeitschrift für evangelisches Kirchenrecht [ZevKR] 1 (1951), S. 4-14 (auch: Staat und Kirchen in der Bundesrepublik. Staatskirchenrechtliche Aufsätze 1950-1967, hrsg. v. H. Quaritsch und H. Weber, Verlag Gehlen, Bad Homburg/Berlin/Zürich 1967, S. 34-43).

61. Zur Rechtsgültigkeit der Westfälischen Ordnung für das Verfahren bei Verletzung der Amtspflichten von Geistlichen vom 1.9.1945. ZevKR 1 (1951), S. 302-306.

*62. Die Göttinger Gesellschaft der Wissenschaften. Festschrift zur Feier des zweihundertjährigen Bestehens der Akademie der Wissenschaften in Göttingen. Springer, Berlin, Göttingen und Heidelberg 1951, S. V-XIX.

63. Gutachtliche Äußerung zur Frage der Erforderlichkeit einer Änderung des Grundgesetzes für die Bundesrepublik Deutschland als Voraussetzung des deutschen Wehrbeitrages zur Europäischen Verteidigungsgemeinschaft. Der Kampf um den Wehrbeitrag, 1. Halbband, Die Feststellungsklage (Veröffentlichungen des Instituts für Staatslehre und Politik e. V. in Mainz Bd. 2) Isar-Verlag München 1952, S. 148-155.

64. Zur Gewährung der Rechte einer Körperschaft des öffentlichen Rechts an Religionsgesellschaften gemäß Art. 137 WRV. ZevKR 2 (1952/53), S. 374-381.

65. Zur Verfassung der Bremischen Evangelischen Kirche. ZevKR 2 (1952/53), S. 419-422 (auch: als Beilage zu Hospitium Ecclesiae. Forschungen zur bremischen Kirchengeschichte, Walther Boettcher Verlag, Bremen 1954).

*66. Die Göttinger Universität und ihre Umwelt. Rede, gehalten am Tage der Universität (1. Juli 1953) im Rahmen der Tausendjahrfeier der Stadt Göttingen. Sonderheft der Mitteilungen des Universitätsbundes Göttingen e. V., Göttingen 1953, 18 S.

67. Zur Biographie Otto Mejers. Festschrift für Hans Niedermeyer zum 70. Geburtstag. Göttinger rechtswissenschaftliche Studien 10. O. Schwartz & Co., Göttingen 1953, S. 249-260.

68. Glaubensfreiheit als innerkirchliches Grundrecht. Mensch und Staat in Recht und Geschichte. Festschrift für Herbert Kraus zur Vollendung seines 70. Lebensjahres. Holzner, Kitzingen 1954, S. 211-221 (auch: ZevKR 3 (1953/54), S. 113-125; als Beilage zu Hospitium Ecclesiae. Forschungen zur bremischen Kirchengeschichte, Walther Boettcher Verlag, Bremen 1954).

69. Das Kirchenrecht und die kirchlichen Werke und Dienste, Einrichtungen und Verbände. Zur Eröffnung einer Diskussionsfolge. ZevKR 4 (1955), S. 71-73.

*70. Zum Problem des Öffentlichen und der Öffentlichkeit. Forschungen und Berichte aus dem öffentlichen Recht. Gedächtnisschrift für W. Jellinek. Veröffentlichungen des Instituts für Staatslehre und Politik Mainz 6. Isar-Verlag München 1955, S. 11-20.

*71. Artikel: Integrationslehre. Handwörterbuch der Sozialwissenschaften 5 (1956), S. 299-302.

*72. Das Problem der Institutionen und der Staat — Staat als Beruf. Vortrag in der Institutionenkommission der Evangelischen Studiengemeinschaft (Christophorusstift) 1956. Zeitschrift für evangelische Ethik 6 (1962), S. 55-77 (auch: Recht und Institution. Zweite Eolge. Arbeitsberichte und Referate aus der Institutionenkommission der Evangelischen Studiengemeinschaft, hrsg. v. H. Dombois, Ernst Klett Verlag Stuttgart 1969, S. 66-82).

73. Der Niedersächsische Kirchenvertrag und das heutige deutsche Staatskirchenrecht. Juristenzeitung 11 (1956), S. 50-53.

*74. Reichskonkordat und Schulgesetzgebung. Juristenzeitung 11 (1956), S. 265-267, 352, 395-396.

75. Kirchenrechtstagungen in Loccum und Heidelberg. ZevKR 5 (1956), S. 282 f.

76. Kirchenrechtstagung in Herrenalb. ZevKR 5 (1956), S. 421 f.

77. Zweihundert Jahre Göttinger Kirchenrechtswissenschaft. Evangelisch-Lutherische Kirchenzeitung 10 (1956), Nr. 12 (Festausgabe zum 60. Geburtstage von Präsident D. Heinz Brunotte), S. 235-237.

78. Politisches Erlebnis und Staatsdenken. Gesellschaft — Staat — Erziehung 2 (1957), S. 316-319.

79. Zum Problem des kirchlichen Mitgliedschaftsrechts. ZevKR 6 (1957/58), S. 113-127 (auch: Das Problem der Kirchengliedschaft heute, hrsg. v. P. Meinhold, WdF 524, Darmstadt 1979, S. 42-57).

80. Wissenschafts- und Gestaltprobleme im evangelischen Kirchenrecht. ZevKR 6 (1957/58), S. 225-240.

81. Das Recht der Kirchenleitung zur Auflösung einer Landessynode. ZevKR 6 (1957/58), S. 295-299.

82. [Nachruf auf] Walther Schönfeld. ZevKR 6 (1957/58), S. 177.

83. Kirchenrechtstagungen in Erlangen und Tutzing. ZevKR 6 (1957/58), S. 191 f.

84. Besprechung: Die Religion in Geschichte und Gegenwart. 3. Aufl. I (1957). ZevKR 6 (1957/58), S. 194-196.

85. Kirchenrechtstagung in Heidelberg 1.-3. Mai 1958. ZevKR 6 (1957 / 58), S. 250-255.

86. Akademietagung der Kirchenjuristen 1958. ZevKR 6 (1957/58), S. 404 f.

87. Artikel: Disziplinarrecht, kirchliches. Die Religion in Geschichte und Gegenwart, 3. Aufl. II (1958), Sp. 210-213.

88. Artikel: Göttingen, Universität. Die Religion in Geschichte und Gegenwart, 3. Aufl. II (1958), Sp. 1676-1680.

89. Grundsätzliche Rechtsbeziehungen der Landeskirchen untereinander. Für Kirche und Recht. Festschrift für Johannes Heckel zum 70. Geburtstag. Böhlau, Köln und Graz 1959, S. 184-194.

90. Artikel: Evangelische Kirchenrechtswissenschaft. Die Religion in Geschichte und Gegenwart, 3. Aufl. III (1959), Sp. 1515-1519.

91. Artikel: Evangelische Kirchenverfassung der neuesten Zeit in Deutschland. Die Religion in Geschichte und Gegenwart, 3. Aufl. III (1959), Sp. 1584-1591.

*92. Artikel: Staat. Evangelisches Kirchenlexikon III (1959), Sp. 1105-1113.

93. Artikel: Universität. Evangelisches Kirchenlexikon III (1959), Sp. 1568-1574.

94. [Nachruf auf] Carl Bilfinger. Zeitschrift für ausländisches öffentliches Recht und Völkerrecht 20 (1959/60), S. 1-4.

95. Rechtliche Bedeutung und Rechtsprobleme heutiger landeskirchlicher Einheit. ZevKR 7 (1959/60), S. 279-288.

96. Kirchenrechtstagung in Heidelberg 30. April-1. Mai 1959. ZevKR 7 (1959/60) S. 73

97. Johannes Heckel 70 Jahre alt. ZevKR 7 (1959/60), S. 187.

98. Akademietagung der Kirchenjuristen 1959. ZevKR 7 (1959/60), S. 196-198.

99. Besprechung: Die Religion in Geschichte und Gegenwart, 3. Aufl. II (1958), III (1959). ZevKR 7 (1959/60), S. 203 f.; 307-312.

100. Artikel: Otto Mejer. Die Religion in Geschichte und Gegenwart, 3. Aufl. IV (1960), Sp. 830.

*101. Zur Geschichte der Berliner Juristenfakultät im 20. Jahrhundert. Studium Berolinense. Gedenkschrift der Westdeutschen Rektorenkonferenz und der Freien Universität Berlin zur 150. Wiederkehr des Gründungsjahres der Friedrich-Wilhelms-Universität zu Berlin. W. de Gruyter & Co., Berlin 1960, S. 109-128.

102. [Begegnung mit Adolf Grimme]. Wirkendes Sorgendes Dasein — Begegnungen mit Adolf Grimme, hrsg. v. W. G. Oschilewsky, arani-Verlags GmbH, Berlin 1960, S. 105-108.

103. Kirchenrechtstagung in Loccum. ZevKR 8 (1961/62), S. 198.

104. Besprechung: Die Religion in Geschichte und Gegenwart, 3. Aufl. IV (1960). ZevKR 8 (1961/62), S. 200-202.

105. Besprechung: K. Dumrath, Das Adelige Damenstift Waizenbach [Sonderdruck]. ZevKR 8 (1961/62), S. 401.

*106. Die Berliner Friedrich-Wilhelms-Universität. Rede zum 150jährigen Gedächtnis ihrer Gründung. Göttinger Universitätsreden 31. Vandenhoeck & Ruprecht, Göttingen 1961, 48 S.

*107. Das Bundesverfassungsgericht. Festvortrag zur Feier des zehnjährigen Bestehens des Bundesverfassungsgerichts am 26. Januar 1962. Das Bundesverfassungsgericht (Festschrift). C. F. Müller, Karlsruhe 1962, S. 23-37, 2. Auflage 1971, S. 15-29 (auch: Führung und Bildung in der heutigen Welt. Herausgegeben zum 60. Geburtstag von Ministerpräsident Kurt Georg Kiesinger. Deutsche Verlags-Anstalt Stuttgart 1964, S. 235-246; Verfassungsgerichtsbarkeit, hrsg. v. P. Häberle, WdF 495, Darmstadt 1976, S. 329-343; Auszüge in Frankfurter Allgemeine Zeitung Nr. 38 vom 14. Februar 1962, S. 11 f.).

108. Einführung in das Verzeichnis der Göttinger Gedenktafeln. W. Nissen, Göttinger Gedenktafeln. Vandenhoeck & Ruprecht, Göttingen 1962, S. 5-10.

109. Neuanfang in der Georgia Augusta 1945/46. 225 Jahre Georg-August-Universität zu Göttingen. Sonderdruck der Göttinger Presse November 1962, S. 8.

110. Besprechung: Die Religion in Geschichte und Gegenwart, 3. Aufl. V (1961). ZevKR 9 (1962/63), S. 89 f.

111. Tagung der Kirchenjuristen 1963. ZevKR 9 (1962/63), S. 405 f.

112. Kirchenrechtstagung in Heidelberg. ZevKR 9 (1962/63), S. 406-409.

113. Besprechung: Die Religion in Geschichte und Gegenwart, 3. Aufl. VI (1962). ZevKR 9 (1962/63), S. 414-416.

114. Die Konsistorien in Geschichte und heutiger Bewertung. ZevKR 10 (1963/64), S. 134-143.

115. Zur neueren Bedeutungsgeschichte der evangelischen Synode. ZevKR 10 (1963/64), S. 248-264.

116. Die Hannoversche Vorsynode von 1863 und Synode heute. Festvortrag zur Hundertjahrfeier am 3. November 1963 vor der Landessynode der Evangelisch-Lutherischen Landeskirche Hannovers. 100 Jahre Wirksamkeit synodaler Organe in der Hannoverschen Landeskirche 1863-1963, Drucksache der Landessynode 1964, S. 11-29. Auch in: Jahrbuch der Gesellschaft für Niedersächsische Kirchengeschichte 62 (1964), S. 93-111.

117. Die Georg-August-Universität. Göttinger Bürgerbuch, hrsg. von der Stadt Göttingen 1964, S. 71-76.

118. Zur Einführung, in: Jan Remmers Weerda, Nach Gottes Wort reformierte Kirche. Theologische Bücherei Band 23. Christian Kaiser Verlag München 1964, S. 5-7.

119. Kirchenrechtstagungen 1964 in Heidelberg und Kiel. ZevKR 11 (1964/65), S. 139-141.

120. Kirchenrechtstagung in Heidelberg 1965. ZevKR 11 (1964/65), S. 394.

*121. Artikel: Integration. Evangelisches Staatslexikon, Kreuz-Verlag Stuttgart/Berlin 1966, Sp. 803-805; 2. Auflage 1975, Sp. 1024-1027; 3. Auflage 1987, Sp. 1354-1358.

*122. Heinrich Triepel. Die moderne Demokratie und ihr Recht. Festschrift für Gerhard Leibholz zum 65. Geburtstag. J. C. B. Mohr (Paul Siebeck), Tübingen 1966, Band 2, S. 107-120.

123. Tagung der Kirchenjuristen 1965. ZevKR 12 (1966/67), S. 137 f.

124. Kirchenrechtstagung in Heidelberg 1966. ZevKR 12 (1966/67), S. 370 f.

125. Tagung der Kirchenjuristen 1966. ZevKR 12 (1966/67), S. 372 f.

126. Besprechung: Die Religion in Geschichte und Gegenwart, 3. Aufl., Registerband (1965). ZevKR 12 (1966/67), S. 408 f.

127. Kirchenrechtstagung in Heidelberg 1967. ZevKR 13 (1967/68), S. 139 f.

128. Staat und Kirche nach dem Grundgesetz in der Sicht der deutschen Staatsrechtslehrer. ZevKR 13 (1967/68), S. 299 f.

129. Tagung der Kirchenjuristen 1967. ZevKR 13 (1967/68), S. 301 f.

130. Brüdergemeine und Landeskirche. Festschrift für Erich Ruppel zum 65. Geburtstag. Lutherhaus Verlag Hannover/Lutherisches Verlagshaus Berlin und Hamburg 1968, S. 226-236.

131. Kirchenrechtstagung in Heidelberg 1968. ZevKR 14 (1968/69), S. 132 f.

132. Besprechung: Evangelisches Staatslexikon (1966). ZevKR 14 (1968/69), S. 215-218.

133. Kirchenjuristentagung in Travemünde 1968. ZevKR 14 (1968/69), S. 351-353.

*134. Deutsche Staatsrechtswissenschaft vor hundert Jahren — und heute. Festschrift für Adolf Arndt zum 65. Geburtstag. Europäische Verlagsanstalt Frankfurt a. M. 1969, S. 451-461.

135. Gerhard Leibholz zum 70. Geburtstag. Archiv des öffentlichen Rechts 96 (1971), S. 568-572.

136. Besprechung: S. Grundmann, Gesammelte Abhandlungen zum Kirchenrecht (1969). ZevKR 16 (1971), S. 223-227.

137. Grundsätzliche Bemerkungen zum Korporationsstatus der Kirchen [Besprechung von: E. G. Mahrenholz, Die Kirchen in der Gesellschaft der Bundesrepublik (1969)]. ZevKR 16 (1971), S. 241-248 (auch: P. Häberle, Rezensierte Verfassungsrechtswissenschaft [1982], S. 349-355).

138. Kirchenrechtliche Gutachten, in den Jahren 1946-1969 erstattet vom Kirchenrechtlichen Institut der Evangelischen Kirche in Deutschland unter Leitung von Rudolf Smend. Jus Ecclesiasticum Band 14. Claudius Verlag München 1972, 387 S.

*139. Die Vereinigung der Deutschen Staatsrechtslehrer und der Richtungsstreit. Festschrift für Ulrich Scheuner zum 70. Geburtstag. Duncker & Humblot, Berlin 1973, S. 575-589 (auch: Verfassung. Beiträge zur Verfassungstheorie, hrsg. v. M. Friedrich, WdF 452, Darmstadt 1978, S. 380-398).

Namen- und Sachregister